D1439653

CODE CIVIL
DU QUÉBEC
Édition critique

CIVIL CODE
OF QUÉBEC
A Critical Edition

2013–2014
21e édition / 21st Edition

Règlements et lois connexes
Regulations and Related Statutes

CODE CIVIL DU QUÉBEC
Édition critique

CIVIL CODE OF QUÉBEC
A Critical Edition

2013-2014
21e édition / 21st Edition

Jean-Maurice Brisson
Professeur honoraire, Faculté de droit, Université de Montréal
Honorary Professor, Faculty of Law, Université de Montréal

Nicholas Kasirer
Juge à la Cour d'appel du Québec / Justice of the Quebec Court of Appeal

Règlements et lois connexes
Regulations and Related Statutes

Centre Paul-André Crépeau de droit privé et comparé
Paul-André Crépeau Centre for Private and Comparative Law

ÉDITIONS YVON BLAIS

Catalogage avant publication de Bibliothèque et Archives nationales du Québec et Bibliothèque et Archives Canada
Québec (Province)

        Code civil du Québec = Civil Code of Québec
        Éd. critique = A critical ed.
        Comprend un index.
        Texte en français et en anglais.
        ISSN 1702-0832
        ISBN 978-2-89635-774-1

        1. Droit civil - Québec (Province). I. Brisson, Jean-Maurice. II. Kasirer, Nicholas. III. Titre. IV. Titre : Civil Code of Québec.

KEQ214.5.A19B522   346.714'002632   C2002-300570-XF

> Nous reconnaissons l'aide financière du gouvernement du Canada accordée par l'entremise du Fonds du livre du Canada (FLC) pour nos activités d'édition.

Dépôt légal: 3ᵉ trimestre 2013
Bibliothèque et Archives nationales du Québec
Bibliothèque et Archives Canada
ISBN: 978-2-89635-774-1

Imprimé aux États-Unis.

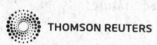

THOMSON REUTERS

Éditions Yvon Blais, une division de Thomson Reuters Canada Limitée

C.P. 180 Cowansville
(Québec) Canada
J2K 3H6

Service à la clientèle
Téléphone : 1-800-363-3047
Télécopieur : 450-263-9256
Site Internet : www.editionsyvonblais.com

Bibliothèque et Archives nationales du Québec and Library and Archives Canada cataloguing in publication
Québec (Province)
      Code civil du Québec = Civil Code of Québec
      Éd. critique = A critical ed.
      Includes index.
      Text in French and English.
      ISSN 1702-0832
      ISBN 978-2-89635-774-1

      1. Civil law - Québec (Province). I. Brisson, Jean-Maurice. II. Kasirer, Nicholas. III. Title. IV. Title : Civil Code of Québec.

KEQ214.5.A19B522   346.714'002632   C2002-300570-XE

We acknowledge the financial support of the Government of Canada through the Canada Book Fund (CBF) for our publishing activities.

Legal Deposit: 3rd trimester 2013
Bibliothèque et Archives nationales du Québec
Library and Archives Canada
ISBN: 978-2-89635-774-1

Printed in the United States.

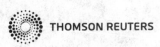

THOMSON REUTERS

Éditions Yvon Blais, a division of Thomson Reuters Canada Limited

C.P. 180 Cowansville
(Québec) Canada
J2K 3H6

Customer Service:
Phone: 1-800-363-3047
Fax: 450-263-9256
www.editionsyvonblais.com

TABLE DES MATIÈRES

TABLE OF CONTENTS

TABLE DES MATIÈRES /
TABLE OF CONTENTS

TABLE OF CONTENTS

TABLE DES MATIÈRES

TABLE OF CONTENTS

LISTE DES ABRÉVIATIONS ET DES SIGNES

1. Abréviations

al.	alinéa
art. ou a.	article
c.	chapitre
cf.	comparer
comp.	comparer
C.c.B.C.	Code civil du Bas Canada
C.c. ou C.C.Q. ou C.c.Q.	Code civil du Québec, L.Q. 1991, c. 64
C.c.Q., L.II	Loi instituant un nouveau Code civil et portant réforme du droit de la famille, L.Q. 1980, c. 39, et les lois qui l'ont modifiée
C.c.Q., L.IV	Loi portant réforme au Code civil du Québec du droit des personnes, des successions et des biens, L.Q. 1987, c. 18
C.p.c. ou C.P.C.	Code de procédure civile
D.	Décret
D.T.	Dispositions transitoires de la Loi sur l'application de la réforme du Code civil
E.E.V.	Entrée en vigueur
G.O.	Gazette officielle du Québec
L.	Livre
L.C.	Lois du Canada
L.Q.	Lois du Québec
L.R.C.	Lois révisées du Canada
L.R.Q.	Lois refondues du Québec
O.R.C.C.	Office de révision du Code civil
par.	paragraphe

2. Signes

*	erreur
†	défaut de conformité des textes français et anglais
■	articles liés

MODIFICATIONS / AMENDMENTS

- Loi insérant l'article 1974.1 au Code civil, L.Q. 2005, c. 49, a. 1 / An Act to insert article 1974.1 in the Civil Code, S.Q. 2005, c. 49, s. 1
- Loi sur l'abolition de certains organismes publics et le transfert de responsabilités administratives, L.Q. 2005, c. 44, a. 47 / An Act to abolish certain public bodies and transfer administrative responsibilities, S.Q. 2005, c. 44, s. 47
- Loi modifiant la Loi sur l'accès aux documents des organismes publics et sur la protection des renseignements personnels et d'autres dispositions législatives, L.Q. 2006, c. 22, a. 177 / An Act to amend the Act respecting Access to documents held by public bodies and the Protection of personal information and other legislative provisions, S.Q. 2006, c. 22, s. 177
- Loi modifiant la Loi sur la protection de la jeunesse et d'autres dispositions législatives, L.Q. 2006, c. 34, a. 61 / An Act to amend the Youth Protection Act and other legislative provisions, S.Q. 2006, c. 34, s. 61
- Loi modifiant la Loi sur les valeurs mobilières et d'autres dispositions législatives, L.Q. 2006, c. 50, a. 112 / An Act to amend the Securities Act and other legislative provisions, S.Q. 2006, c. 50, s. 112
- Loi modifiant la Loi sur les assurances, la Loi sur les sociétés de fiducie et les sociétés d'épargne et d'autres dispositions législatives, L.Q. 2007, c. 16, a. 4 / An Act to amend the Act respecting insurance, the Act respecting trust companies and savings companies and other legislative provisions, S.Q. 2007, c. 16, s. 4
- Loi modifiant la Loi sur Services Québec et d'autres dispositions législatives, L.Q. 2007, c. 32, a. 8-11 / An Act to amend the Act respecting Services Québec and other legislative provisions, S.Q 2007, c. 32, s. 8-11
- Loi sur le transfert de valeurs mobilières et l'obtention de titres intermédiés, L.Q. 2008, c. 20, a. 131-139 / An Act respecting the transfer of Securities and the Establishment of Security Entitlements, S.Q. 2008, c. 20, s. 131-139
- Loi sur l'Agence du revenu du Québec, L.Q. 2010, c. 31, a. 81 / An Act Respecting the Agence du Revenu du Québec, S.Q. 2010, c. 31, s. 81
- Loi sur la publicité légale des entreprises, L.Q. 2010, c. 7, a. 164-175 / An Act respecting the legal publicity of enterprises, S.Q. 2010, c. 7, s. 164-175
- Loi modifiant la Loi sur le cadastre et le Code civil, L.Q. 2010, c. 4, a. 2-4 / An Act to amend the Cadastre Act and the Civil Code, S.Q. 2010, c. 4, s. 2-4
- Loi édictant la Loi sur les entreprises de services monétaires et modifiant diverses dispositions législatives, L.Q. 2010, c. 40, a. 92 / An Act to enact the Money-Services Business Act and to amend various legislative provisions, S.Q. 2010, c. 40, s. 92
- Loi sur les biens non réclamés, L.Q. 2011, c. 10, a. 63, 64 / Unclaimed Property Act, S.Q. 2011, c. 10, s. 63, 64
- Loi modifiant le Code civil concernant certains cas de résiliation du bail d'un logement, L.Q. 2011, c. 29, a. 1-7 / An Act to amend the Civil Code as regards the resiliation of a dwelling lease in certain cases, S.Q. 2011, c. 29, s. 1-7
- Loi favorisant l'accès à la justice en matière familiale, L.Q. 2012, c. 20, a. 43-44 / An Act to promote access to justice in family matters, S.Q. 2012, c. 20, s. 43-44
- Loi modifiant la Loi sur l'indemnisation des victimes d'actes criminels, la Loi visant à favoriser le civisme et certaines dispositions du Code civil relatives à la prescription, L.Q. 2013, c. 8, a. 6-10 / An Act to amend the Crime Victims Compensation Act, the Act to promote good citizenship and certain provisions of the Civil Code concerning prescription, S.Q. 2013, c. 8, s. 6-10.

MODIFICATIONS / AMENDMENTS

– Loi modifiant le Code civil et d'autres dispositions législatives en matière de recherche, L.Q. 2013, c. 17, a. 1-5 / An Act to amend the Civil Code and other legislative provisions with respect to research, S.Q. 2013, c. 17, s. 1-5.

DISPOSITIONS NON EN VIGUEUR

– L'article 2441.1 entrera en vigueur lors de l'entrée en vigueur de l'article 48 du chapitre 25 des lois de 2009 à la date fixée par le gouvernement / Article 2441.1 will be in force upon the coming into force of section 48 of chapter 25 of the statutes of 2009 on the date fixed by the Government

– L'article 2442 sera modifié lors de l'entrée en vigueur de l'article 49 du chapitre 25 des lois de 2009 à la date fixée par le gouvernement / Article 2442 will be amended upon the coming into force of section 49 of chapter 25 of the statutes of 2009 on the date fixed by the Government

– L'article 594 sera modifié lors de l'entrée en vigueur de l'article 42 du chapitre 20 des lois de 2012 à la date fixée par le gouvernement/ Section 594 will be amended upon the coming into force of section 42 of chapter 20 of the statutes of 2012 on the date fixed by the Government

DISPOSITIONS TRANSITOIRES
ET FINALES

TRANSITIONAL AND
FINAL PROVISIONS

TRANSITIONAL AND FINAL PROVISIONS

(From September 17, 1999)

An Act to amend the Civil Code and other legislative provisions as regards the publication of personal and movable real rights and the constitution of movable hypothecs without delivery, S.Q. 1998, c. 5.

s. 23.   Unless it has already been published, a trust in respect of movable property established on or after 1 January 1994 to secure the performance of an obligation must be published within one year of 17 September 1999 in order to retain its initial effect against third persons.

s. 24.   Reservations of ownership or rights of redemption in respect of movable property, as well as transfers of such reservations or rights, granted before 17 September 1999, whose effect against third persons is, pursuant to the provisions enacted herein, henceforth subject to publication formalities must be published within one year of that date in order to retain their initial effect against third persons.

The same applies to a lessor's ownership rights under a leasing contract, unpublished rights under a lease of movable property with a term of more than one year or stipulations of unseizability in respect of movable property, or to any transfer thereof, granted before 17 September 1999, if the effect of such rights or transfers against third persons is, pursuant to the provisions enacted herein, henceforth subject to publication formalities.

s. 25.   From 17 September 1999, no entry referring to a right referred to in section 23 or 24 may be made in the register of personal and movable real rights unless the right itself is registered therein.

s. 26.   [The amendment to article 2700 C.C.P.] has effect from 1 January 1994.

An Act to amend the Civil Code as regards names and the register of civil status, S.Q. 1999, c. 47.

s. 16.   Article 51 of the said Code, replaced by section 1 of this Act and article 145 of the said Code, amended by section 13 of this Act, are deemed to have always read in their new versions.

s. 17.   The registrar of civil status may, on the request of the father and mother of a minor child, substitute a surname consisting of one of the surnames composing his parents' surnames for the compound surname assigned to the child in a declaration of birth made between 1 January 1994 and 5 November 1999.

DISPOSITIONS TRANSITOIRES ET FINALES

(Depuis le 17 septembre 1999)

Loi modifiant le Code civil et d'autres dispositions législatives relativement à la publicité des droits personnels et réels mobiliers et à la constitution d'hypothèques mobilières sans dépossession, L.Q. 1998, c. 5.

a. 23. À moins qu'elle ne soit déjà publiée, la fiducie établie depuis le 1er janvier 1994 pour garantir l'exécution d'une obligation doit, dès lors qu'elle porte sur des biens meubles, être publiée dans l'année qui suit le 17 septembre 1999 pour conserver son opposabilité initiale.

a. 24. Les réserves de propriété ou facultés de rachat de biens meubles, ainsi que les cessions de ces réserves ou facultés, qui ont été consenties antérieurement au 17 septembre 1999 et qui, en application des dispositions introduites par la présente loi, sont désormais assujetties à des formalités de publicité pour être opposables aux tiers doivent, pour conserver leur opposabilité initiale, être publiées dans l'année qui suit cette date.

Il en est de même des droits de propriété d'un crédit-bailleur, des droits résultant du bail d'une durée de plus d'un an d'un portant sur un bien meuble qui n'ont pas déjà été publiés, des stipulations d'insaisissabilité relatives à des biens meubles et des cessions de ces droits, si ces droits ou cessions, ayant été consentis antérieurement au 17 septembre 1999, sont désormais assujettis à des formalités de publicité pour être opposables aux tiers en application des dispositions introduites par la présente loi.

a. 25. À compter du 17 septembre 1999, aucune inscription sur le registre des droits personnels et réels mobiliers ne peut être effectuée, lorsqu'elle renvoie à un droit visé aux articles 23 et 24, à moins que le droit lui-même n'y soit inscrit.

a. 26. [La modification apportée à l'article 2700 C.c.] a effet depuis le 1er janvier 1994.

Loi modifiant le Code civil en matière de nom et de registre de l'état civil, L.Q. 1999, c. 47.

a. 16. L'article 51 de ce code, remplacé par l'article 1 de la présente loi, et l'article 145 de ce code, modifié par l'article 13 de la présente loi, sont réputés s'être toujours lus dans leur version nouvelle.

a. 17. Le directeur de l'état civil peut, sur demande des père et mère, remplacer le nom de famille composé de leur enfant mineur, attribué lors d'une déclaration de naissance faite entre le 1er janvier 1994 et le 5 novembre 1999, par un nom formé d'une seule partie provenant de celles qui forment les noms de famille de ses parents.

This section ceases to have effect on 5 November 2001.

s. 18.   Sections 7 and 9 to 12 [amending articles 129, 134, 135, 137 and 142 C.C.] have effect from 1 January 1994.

An Act to amend the Civil Code as regards publication of certain rights by means of a notice, **S.Q. 1999, c. 49.**

s. 3.   Rights under a lease on an immovable other than a dwelling or the assignment of such a lease that are or is evidenced by an act or document registered in a land register on or after 1 January 1994 shall be deemed validly published provided that the act or document contains at the least the particulars required by article 2999.1 of the Civil Code enacted by this Act.

However, for the purposes of this rule, a reference to the lease to which the act or document relates and an indication of the rights existing in respect of the renewal of the lease are not required.

An Act to amend various legislative provisions respecting municipal affairs, **S.Q. 1999, c. 90.**

s. 45.   Every provision of an Act or statutory instrument indicating that the costs, charges, taxes or other sums owed to a municipality are secured by a legal hypothec is deemed, where the sums also constitute a prior claim within the meaning of paragraph 5 of article 2651 of the Civil Code, to confer such security only in respect of claims that do not constitute a real right.

An Act to amend the Civil Code and other legislative provisions relating to land registration, **S.Q. 2000, c. 42.**

s. 237.   Until the date fixed in a notice published in the *Gazette officielle du Québec* by the Minister of Natural Resources stating that a registry office established in a registration division in Québec is fully computerized for land registration purposes, the application of the provisions of this Act as they concern that registry office is subject to the restrictions contained in the following sections.

The notice may suspend temporarily, for the period indicated, certain computerized services at the registry office, or other services affected by the computerization such as consultation of documents kept at the registry office; the registry office shall be considered to be fully computerized despite such suspension.

Notice of the publication in the *Gazette officielle du Québec* shall be published in a daily or weekly newspaper circulated in the registration division concerned.

s. 238.   Until the date fixed in the notice of the Minister of Natural Resources stating that a registry office is fully computerized for land registration purposes, the provisions of

Le présent article cesse d'avoir effet le 5 novembre 2001.

a. 18.   Les articles 7 et 9 à 12 [modifiant les articles 129, 134, 135, 137 et 142 C.c.] ont effet depuis le 1er janvier 1994.

Loi modifiant le Code civil relativement à la publication de certains droits au moyen d'avis, **L.Q. 1999, c. 49.**

a. 3.   Les droits résultant d'un bail immobilier autre qu'un bail relatif à un logement, de même que toute cession d'un tel bail, sont, si l'acte ou le document qui les constate a fait l'objet, depuis le 1er janvier 1994, d'une inscription sur les registres fonciers, réputés valablement publiés dès lors que cet acte ou ce document contient au moins les mentions requises par l'article 2999.1 du Code civil introduit par la présente loi.

La référence au bail auquel se rapporte l'acte ou le document inscrit et l'indication des droits de renouvellement ou de reconduction du bail ne sont toutefois pas requises pour l'application de la présente règle.

Loi modifiant diverses dispositions législatives en matière municipale, **L.Q. 1999, c. 90.**

a. 45.   Toute disposition d'une loi ou de ses textes d'application indiquant que des coûts, frais, taxes ou autres sommes dues à une municipalité sont garantis par une hypothèque légale est, lorsque ces sommes constituent aussi une créance prioritaire au sens du paragraphe 5o de l'article 2651 du Code civil, réputée ne conférer une telle garantie qu'à l'égard de créances non constitutives d'un droit réel.

Loi modifiant le Code civil et d'autres dispositions législatives relativement à la publicité foncière, **L.Q. 2000, c. 42.**

a. 237.   Jusqu'à la date fixée dans un avis du ministre des Ressources naturelles, publié à la *Gazette officielle du Québec*, indiquant qu'un bureau de la publicité des droits établi dans l'une des circonscriptions foncières du Québec est pleinement informatisé en ce qui a trait à la publicité foncière, l'application des dispositions de la présente loi est, relativement à ce bureau, assujettie aux réserves exprimées dans les articles qui suivent.

L'avis peut, pour la période qui y est indiquée, suspendre temporairement certains services informatisés du bureau, de même que d'autres services touchés par son informatisation, notamment les services de consultation des documents conservés dans le bureau; le bureau est considéré comme étant pleinement informatisé malgré cette suspension.

Un avis de la publication à la *Gazette officielle du Québec* est donné dans un quotidien ou hebdomadaire circulant dans la circonscription foncière visée.

a. 238.   Jusqu'à la date fixée dans l'avis du ministre des Ressources naturelles indiquant qu'un bureau de la publicité des droits est pleinement informatisé en ce qui a trait à

the Civil Code, as amended by this Act, shall apply subject to the following restrictions:

(1) the land register within the meaning of article 2972 and the other articles that refer thereto means the land register kept in that registry office, consisting of an index of names, an index of immovables, a register of real rights of State resource development, a register of public service networks and immovables situated in territory without a cadastral survey and the directory which completes the latter two registers; in addition, a land file within the meaning of those articles means a leaf of the index of immovables, the register of real rights of State resource development or the register of public service networks and immovables situated in territory without a cadastral survey;

(2) the date, hour and minute according to which the rights published in the land register kept in that registry office rank pursuant to article 2945 shall be entered on the memorial of presentation;

(3) notwithstanding article 2969, the registers and documents kept or preserved in that registry office on the 8th of October 2001 shall continue to be kept or preserved in that registry office;

(4) rights concerning an immovable situated in the registration division for which the registry office is established shall, for the purposes of article 2970, be published in the land register kept in that registry office;

(5) article 2981.1 is not applicable in that registry office;

(6) notwithstanding article 2982, an application for registration concerning an immovable situated in the registration division for which the registry office is established can only be presented at that registry office and in paper form;

(7) a subrogation or assignment referred to in article 3003 shall be published in the land register kept in that registry office if the hypothec concerned was also published in that registry office, and the documents that must be furnished to the debtor pursuant to that article are the application presented, bearing the registration certificate, and, where if application is in the form of a summary, the accompanying document;

(8) for the purposes of article 3006.1, the registrar assigned to that registry office shall enter the date, hour and minute of presentation of an application on a memorial of presentation which he shall give to the applicant; the registrar shall neither convert the application or the documents to electronic form, transmit them in electronic form to the Land Registry Office, nor return the originals to the applicant;

(9) the certified statement that the registrar assigned to that registry office must remit to the applicant pursuant to article 3011 means a duplicate of the application presented, bearing the registration certificate; as well, for the purposes of that arti-

la publicité foncière, les dispositions du Code civil, telles que modifiées par la présente loi, doivent être considérées avec les réserves qui suivent:

1° le registre foncier au sens de l'article 2972 et des autres articles s'y rapportant s'entend du registre foncier tenu dans ce bureau, constitué d'un index des noms, d'un index des immeubles, d'un registre des droits réels d'exploitation de ressources de l'État, d'un registre des réseaux de services publics et des immeubles situés en territoire non cadastré et du répertoire complétant ces deux derniers registres; en outre, les fiches immobilières au sens de ces articles s'entendent des feuillets de l'index des immeubles, du registre des droits réels d'exploitation de ressources de l'État ou du registre des réseaux de services publics et des immeubles situés en territoire non cadastré;

2° la date, l'heure et la minute auxquelles les droits publiés sur le registre foncier tenu dans ce bureau prennent rang, suivant l'article 2945, sont inscrites sur un bordereau de présentation;

3° nonobstant l'article 2969, les registres et documents tenus ou conservés dans ce bureau le 8 octobre 2001, continuent d'y être tenus ou conservés;

4° la publicité des droits qui concernent un immeuble situé dans la circonscription foncière pour laquelle le bureau est établi se fait, pour l'application de l'article 2970, au registre foncier tenu dans ce bureau;

5° l'article 2981.1 ne reçoit pas application dans ce bureau;

6° les réquisitions d'inscription qui concernent un immeuble situé dans la circonscription foncière pour laquelle le bureau est établi ne peuvent, nonobstant l'article 2982, être présentées qu'à ce bureau, sur un support papier;

7° la publicité de la subrogation ou de la cession visée à l'article 3003 se fait au registre foncier tenu dans ce bureau, lorsque l'hypothèque en cause y avait été publiée, et les documents qui doivent être remis au débiteur en vertu de cet article sont la réquisition présentée portant certificat d'inscription et, lorsque cette réquisition prend la forme d'un sommaire, le document qui l'accompagne;

8° pour l'application de l'article 3006.1, l'officier de la publicité affecté à ce bureau porte la date, l'heure et la minute de la présentation des réquisitions sur un bordereau de présentation, qu'il remet ensuite aux requérants; il ne procède ni au transfert des réquisitions et documents sur un support informatique et à leur transmission, sur ce support, au Bureau de la publicité foncière, ni à la remise subséquente des réquisitions aux requérants;

9° l'état certifié que l'officier affecté à ce bureau doit remettre au requérant en vertu de l'article 3011 s'entend d'un double de la réquisition présentée portant certificat

cle, the registrar shall keep a duplicate of the application presented, bearing the registration certificate;

(10) the registrar is not required, in that registry office, to make the verifications prescribed by article 3014 concerning the title of indebtedness, and the mentions required by that article, with the related indications, shall be entered in the margin of the application relating to the right or the debt concerned;

(11) the certified statement referred to in articles 3016 and 3044 means, in that registry office, the registration certificate;

(12) the certified statement of a particular entry referred to in the second paragraph of article 3019 means, in that registry office, the registration certificate affixed to an authentic copy of the application, if the application is authentic but not notarized *en brevet*, or on a duplicate of the application, where it is notarized *en brevet* or in private writing;

(13) for the purposes of article 3022, the registrar may not be required in that registry office to register an electronic address;

(14) the cancellation, in that registry office, of a registration within the meaning of article 3057 means a cancellation arising from an entry made in the margin of the document or application relating to the right to be cancelled; a reference to the registration number of the application requiring the cancellation shall be made in the appropriate register, except the index of names;

(15) article 3057.2 is not applicable in that registry office;

(16) the following provisions apply, in that registry office, in place of the provisions of article 3075.1:

"**3075.1.** Notwithstanding articles 3069 and 3070, if a single document requires both the registration of a right and the cancellation of a registration or the reduction of an entry, the registration and the cancellation or reduction must be applied for separately by means of separate applications or by the presentation of an additional copy of the document."

s. 239. Until the date fixed in the notice of the Minister of Natural Resources stating that a first registry office is fully computerized for land registration purposes, any immovable to which article 2918 of the Civil Code applies must be considered as non-registered for the purposes of that article.

s. 240. Notwithstanding section 94 of this Act, the *Provisional Regulation respecting the land register* made by Order in Council 1596-93 (1993, *G.O.* II, 6239), except sections 18, 48 and 48.1, shall remain applicable to every registry office established in a registration division in Québec until the date fixed in the notice of the Minister of Natural Resources stating that that registry office is fully computerized for land registration purposes.

laire, de la tutelle légale, de la tutelle dative, de l'administration tutélaire, du conseil de tutelle, des mesures de surveillance de la tutelle, ainsi que du remplacement du tuteur et de la fin de la tutelle. Quant au troisième chapitre, il établit les règles des régimes de protection du majeur; il présente quelques dispositions générales et d'autres règles traitant de l'ouverture des régimes de protection, de la curatelle au majeur, de la tutelle au majeur, du conseiller au majeur et de la fin du régime de protection.

Enfin, le titre cinquième du Livre premier porte sur les personnes morales. Il établit, dans un premier chapitre, les règles générales de la personnalité juridique des personnes morales et aborde les questions relatives à la constitution et aux espèces de personnes morales, aux effets de la personnalité juridique qui leur est attribuée, aux obligations des administrateurs et à leurs inhabilités ainsi qu'à l'attribution judiciaire de la personnalité. Un second chapitre, consacré aux dispositions applicables à certaines personnes morales, traite du fonctionnement de ces personnes morales, de leur dissolution et de leur liquidation.

tutorship councils, the supervision of tutorships, the replacement of a tutor and the end of tutorship, respectively. Chapter III lays down the rules on the protective supervision of persons of full age, setting out, in order, general provisions, rules on the institution of protective supervision, curatorship to persons of full age, tutorship to persons of full age, advisers to persons of full age, and the end of protective supervision.

The fifth and final Title of Book One is concerned with legal persons. It sets out the general rules on the juridical personality of legal persons in Chapter I, which deals with the constitution and kinds of legal persons, the effects of their juridical personality, the obligations and disqualification of directors, and the judicial attribution of personality. Chapter II contains provisions applicable to certain legal persons, and deals with the functioning, dissolution and winding-up of legal persons.

LIVRE 2
DE LA FAMILLE

Le Livre deuxième porte sur le droit de la famille. Il reprend substantiellement le chapitre 39 des lois de 1980, tel qu'il a été modifié au cours des ans, tout en introduisant quelques règles nouvelles, notamment en matière de filiation, pour tenir compte du développement de la procréation médicalement assistée. Ce livre comprend quatre titres.

Le premier titre traite du mariage et est divisé en sept chapitres. Les trois premiers chapitres portent respectivement sur le mariage et sa célébration, sur la preuve du mariage et sur les nullités de mariage. Le

BOOK 2
THE FAMILY

Book Two, on family law, takes up in substance the provisions of chapter 39 of the statutes of 1980, as amended over the years, and introduces some new rules, concerning filiation in particular, to take account of the development of medically assisted procreation.

The first of its four Titles deals with marriage, and is divided into seven chapters. The first three are concerned with marriage and solemnization of marriage, proof of marriage and nullity of marriage, respec-

quatrième chapitre détermine les effets du mariage et contient les dispositions relatives aux droits et aux devoirs des époux, à la résidence familiale, à la constitution et au partage du patrimoine familial et à la prestation compensatoire. Le cinquième chapitre, après avoir énoncé certaines règles générales sur le choix du régime matrimonial et l'exercice des droits et pouvoirs résultant du régime matrimonial, précise les règles applicables au régime de la société d'acquêts, à celui de la séparation de biens et aux régimes communautaires. Les chapitres sixième et septième portent sur la séparation de corps et la dissolution du mariage, le dernier chapitre reprenant certaines règles édictées en 1980 relativement aux effets du divorce.

Le titre deuxième s'attache à la filiation par le sang ou consécutive à l'adoption. Le premier chapitre, sur la filiation par le sang, détermine les preuves de la filiation et les actions qui s'y rattachent, et il introduit certaines règles sur la procréation médicalement assistée. Le deuxième chapitre, sur l'adoption, énonce les conditions de l'adoption, précise la nature de l'ordonnance de placement et du jugement d'adoption, indique les effets de l'adoption et établit le caractère confidentiel des dossiers d'adoption.

Les deux derniers titres du Livre deuxième ont trait à l'obligation alimentaire et à l'autorité parentale.

LIVRE 3
DES SUCCESSIONS

Le Livre troisième porte sur le droit des successions. Il reprend substantiellement les dispositions adoptées par le chapitre 18 des lois de 1987 et les modifications apportées au Code civil du Bas Canada par le chapitre 55 des lois de 1989. Ce livre compte six titres.

tively. Chapter IV determines the effects of marriage and contains provisions relating to the rights and duties of the spouses, the family residence, the establishment and partition of the family patrimony, and the compensatory allowance. The fifth chapter contains some general rules governing the choice of a matrimonial regime and the exercise of the rights and powers arising from the regime chosen. It also specifies the rules applicable to each regime, namely, partnership of acquests, separation as to property and the community regime. Chapter VI deals with separation from bed and board, and Chapter VII, on the dissolution of marriage, contains some rules enacted in 1980 in respect of the effects of divorce.

Title Two is devoted to filiation by blood or resulting from adoption. Chapter I, on filiation by blood, determines what constitutes proof of filiation and the actions relating to it, and introduces a number of rules respecting medically assisted procreation. Chapter II, on adoption, sets out conditions for adoption, specifies the nature of an order of placement and an adoption judgment, indicates the effects of adoption and establishes the confidentiality of adoption files.

Titles Three and Four cover, respectively, the obligation of support and parental authority.

BOOK 3
SUCCESSIONS

Book Three contains the law of successions. It takes up in substance the provisions contained in chapter 18 of the statutes of 1987, together with the amendments made to the Civil Code of Lower Canada by chapter 55 of the statutes of 1989. This book comprises six titles.

Le titre premier détermine les circonstances de l'ouverture d'une succession et établit les qualités requises pour succéder.

Le titre deuxième, qui traite de la transmission de la succession, comprend trois chapitres. Le premier porte sur la saisine, le deuxième sur la pétition d'hérédité et ses effets sur la transmission de la succession, tandis que le troisième concerne le droit d'option des successibles et énonce les règles relatives à la délibération et à l'option, à l'acceptation d'une succession et à la renonciation à celle-ci.

Le titre troisième, qui établit les règles de la dévolution légale des successions, est divisé en six chapitres. Le premier chapitre détermine la vocation successorale. Le deuxième porte sur la parenté et fixe les notions de degré, de génération et de ligne, directe ou collatérale, ascendante ou descendante. Le troisième chapitre définit la représentation, détermine quand elle a lieu et en précise les effets. Le quatrième chapitre établit l'ordre de dévolution des successions entre le conjoint survivant, les descendants, les ascendants et collatéraux privilégiés ou ordinaires. Le cinquième chapitre établit les règles relatives à la survie de l'obligation alimentaire. Enfin, le sixième chapitre aborde la question des droits de l'État.

Le titre quatrième, divisé en six chapitres, traite successivement de la nature du testament, de la capacité requise pour tester, des formes de testament, des dispositions testamentaires et des légataires, de la révocation des testaments et legs, ainsi que de la preuve et de la vérification des testaments.

Le titre cinquième, qui comprend quatre chapitres, énonce les règles relatives à la liquidation successorale: le premier traite de l'objet de la liquidation et de la séparation

Title One determines the circumstances surrounding the opening of successions and establishes the qualities required for succession.

Title Two, which deals with the transmission of successions, has three chapters. Chapter I is on seisin; Chapter II, on the petition of inheritance and its effects on the transmission of the succession; Chapter III covers the right of option of successors and sets out the rules governing deliberation and option, and acceptance and renunciation of a succession.

Title Three establishes the rules on the legal devolution of successions, and has six chapters. Chapter I determines heirship. Chapter II deals with relationship, defining degrees, generations and direct and collateral lines of ascent and descent. Chapter III defines representation, determines when it takes place and details its effects. Chapter IV establishes the order of devolution of successions among the surviving spouse, descendants, privileged ascendants and collaterals and ordinary ascendants or collaterals. Chapter V establishes the rules relating to the survival of the obligation to provide support. Finally, Chapter VI deals with the rights of the State.

The six chapters of Title Four deal, in order, with the nature of wills, the capacity required to make a will, the forms of wills, testamentary dispositions and legatees, the revocation of wills and legacies, and the proof and probate of wills.

Title Five, which has four chapters, sets out the rules on the liquidation of successions. Chapter I deals with the object of liquidation and the separation of patrimonies.

des patrimoines; le deuxième porte sur le liquidateur de la succession et établit les règles concernant la désignation et la charge du liquidateur, l'inventaire des biens et les fonctions du liquidateur; le troisième porte sur le paiement des dettes et des legs particuliers et le quatrième chapitre régit la fin de la liquidation.

Le titre sixième, divisé en cinq chapitres, contient les règles du partage. Y sont traités les droits au partage et au maintien de l'indivision, les modalités du partage, les règles à suivre pour la composition des lots, les attributions préférentielles ou les contestations et la remise des titres; y sont également déterminés l'obligation de rapporter les dons, les legs et les dettes, la façon de rapporter et les effets du rapport. Les deux derniers chapitres portent sur les effets du partage et sur la nullité du partage.

Chapter II deals with the liquidator of the succession and lays down the rules on the appointment and responsibilities of the liquidator, the inventory of the property and the functions of the liquidator. Chapter III deals with the payment of the debts and legacies by particular title, and Chapter IV governs the end of the liquidation.

Title Six, with five chapters, contains the rules on partition. It deals with the right to partition and the right to maintain undivided ownership, the conditions of partition and the rules for making up the shares, making preferential allotments or contestation, and delivering titles. It also determines the obligation to return gifts, legacies and debts, the manner of making a return and the effects of the return. The two final chapters deal with the effects of partition and the nullity of partition.

LIVRE 4
DES BIENS

Le Livre quatrième porte sur le droit des biens. Il reprend substantiellement les dispositions adoptées par le chapitre 18 des lois de 1987 et intègre les modifications apportées au Code civil du Bas Canada par le chapitre 16 des lois de 1988. Ce livre compte sept titres.

Le titre premier porte sur la distinction des biens et leur appropriation. Ses quatre chapitres traitent respectivement de la distinction des biens, immeubles et meubles, des biens dans leurs rapports avec ce qu'ils produisent, des biens dans leurs rapports avec ceux qui y ont des droits ou qui les possèdent et de certains rapports de fait concernant les biens. Dans le dernier chapitre sont précisées les règles de la possession et celles sur l'acquisition des biens vacants, biens sans maître ou meubles perdus ou oubliés.

BOOK 4
PROPERTY

Book Four sets out the law of property. It takes up in substance the provisions contained in chapter 18 of the statutes of 1987, and incorporates amendments made to the Civil Code of Lower Canada by chapter 16 of the statutes of 1988.

The first of its seven titles is concerned with the kinds of property and its appropriation. Its four chapters deal, in order, with the kinds of property, that is, movable and immovable property; property in relation to its proceeds; property in relation to persons having rights in it or possession of it, and certain *de facto* relationships concerning property. This last chapter sets out the rules on possession and those on the acquisition of vacant property, things without an owner or lost or forgotten movables.

Le titre deuxième traite de la propriété. Le premier chapitre précise la nature et l'étendue du droit de propriété et le deuxième les règles relatives à l'accession immobilière et mobilière. Quant au troisième chapitre, il énonce d'abord une règle générale sur les inconvénients normaux du voisinage puis des règles particulières à la propriété immobilière, telles celles sur les limites des fonds et le bornage, sur les eaux, les arbres, l'accès au fonds d'autrui et sa protection, les vues, le droit de passage et les clôtures et ouvrages mitoyens.

Le titre troisième est consacré aux principales modalités de la propriété. Le premier chapitre définit la copropriété par indivision, la copropriété dite divise et la propriété superficiaire; les trois autres chapitres régissent les régimes de la copropriété par indivision, de la copropriété divise et de la propriété superficiaire.

Le titre quatrième régit les démembrements du droit de propriété. Ce titre, divisé en quatre chapitres, traite successivement de l'usufruit, de l'usage, des servitudes et de l'emphytéose.

Le titre cinquième établit les règles relatives aux restrictions à la libre disposition de certains biens. Le premier chapitre énonce les règles concernant les stipulations d'inaliénabilité et le second celles qui concernent la substitution.

Le titre sixième porte sur certains patrimoines d'affectation. Le premier chapitre définit la fondation et le second est consacré à la fiducie: il en précise la nature, détermine les diverses espèces de fiducie et leur durée, établit les règles relatives à l'administration de la fiducie, prévoit les modifications à la fiducie et au patrimoine, ainsi que la fin de la fiducie.

Title Two is concerned with ownership. Chapter I defines the nature and extent of the right of ownership, while Chapter II sets out the rules on immovable and movable accession. The final chapter, Chapter III, first sets out a general rule on normal neighbourhood annoyances, followed by specific rules on the ownership of immovables, such as limits and boundaries of land, waters, trees, access to and protection of another's land, views, right of way, and common fences and works.

Title Three is devoted to the principal special modes of ownership. Chapter I defines undivided co-ownership, so-called divided co-ownership, and superficies. The three other chapters give the rules governing undivided co-ownership, divided co-ownership and superficies.

Title Four governs dismemberments of the right of ownership. Its four chapters deal, in order, with usufruct, use, servitudes and emphyteusis.

Title Five sets out the rules regarding restrictions on the free disposition of certain property. Chapter I contains the rules on stipulations of inalienability, and Chapter II, those on substitution.

Title Six deals with certain patrimonies by appropriation. Chapter I defines the foundation, while Chapter II defines the trust, specifying the various kinds of trust and their duration, setting out the rules on their administration, and providing for termination of the trust and changes to the trust and to the patrimony.

Enfin, le titre septième détermine les règles relatives à l'administration du bien d'autrui. Le premier chapitre contient des dispositions générales et le deuxième détermine l'étendue des activités de l'administrateur du bien d'autrui selon deux types d'administration, la simple ou la pleine administration; le troisième chapitre, sur les règles de l'administration, précise les obligations de l'administrateur envers le bénéficiaire et les tiers, celles du bénéficiaire envers les tiers, et d'autres règles sur l'inventaire, les sûretés et les assurances, sur l'administration collective et la délégation, sur les placements présumés sûrs, sur la répartition des bénéfices et des dépenses, ainsi que sur le compte annuel. Le quatrième chapitre, sur la fin de l'administration, détermine les causes qui mettent fin à l'administration, ainsi que les règles relatives à la reddition de compte et à la remise du bien.

The seventh and final title, divided into four chapters, lays down the rules governing administration of the property of others. The first chapter contains general provisions, while Chapter II determines the scope of the activities of the administrator of the property of others according to whether he has simple or full administration. Chapter III, on the rules of administration, sets out the obligations of the administrator towards the beneficiary and third persons and those of the beneficiary towards third persons, together with the rules on inventory, security and insurance, joint administration and delegation, presumed sound investments, apportionment of profit and expenditure, and the annual account. Chapter IV, on the termination of administration, determines the causes of termination of administration and the rules on the rendering of account and delivery of the property.

LIVRE 5
DES OBLIGATIONS

BOOK 5
OBLIGATIONS

Le Livre cinquième porte sur le droit des obligations. Il comprend deux titres: un titre premier sur les obligations en général et un titre deuxième sur les contrats nommés.

Book Five deals with the law of obligations, and comprises two titles: the first, on obligations in general, and the second, on nominate contracts.

TITRE 1
DES OBLIGATIONS EN GÉNÉRAL

TITLE 1
OBLIGATIONS IN GENERAL

Le titre premier du Livre cinquième présente les éléments de la théorie générale des obligations; il est divisé en neuf chapitres.

Title One of Book Five sets forth the elements of the general theory of obligations. It is divided into nine chapters.

Le premier chapitre, introductif de la matière, établit les principes qui sont à la base même de la théorie générale des obligations.

Chapter I, an introductory chapter, lays down the fundamental principles of the general theory of obligations.

Le chapitre deuxième, intitulé «Du contrat», compte cinq sections. Les deux premières, générales, prévoient l'assujettissement des contrats aux règles du chapitre et traitent de la nature du contrat et de certaines de ses espèces. La troisième section établit

Chapter II, entitled "Contracts", comprises five sections. The first two sections contain general provisions, establishing that contracts are subject to the rules set out in the chapter, and dealing with the nature of a contract and certain classes of contracts.

les conditions de formation du contrat que sont le consentement, la capacité, la cause, l'objet et, en certains cas, la forme, et elle fixe la sanction de l'inobservation de ces conditions. La quatrième section est consacrée aux règles d'interprétation du contrat tandis que la cinquième traite des effets du contrat à l'égard des parties et des tiers, de même que de ceux qui sont particuliers à certains contrats.

Le chapitre troisième regroupe les principales règles de la responsabilité civile. Il traite des conditions de la responsabilité, de certains cas d'exonération de responsabilité et du partage de responsabilité.

Le chapitre quatrième complète l'exposé des principales sources de l'obligation et traite successivement de la gestion d'affaires, de la réception de l'indu et de l'enrichissement sans cause ou injustifié.

Le chapitre cinquième est consacré aux modalités de l'obligation. Y sont successivement abordées les obligations à modalité simple, soit l'obligation conditionnelle et l'obligation à terme, de même que les obligations à modalité complexe, soit l'obligation conjointe, divisible et indivisible, solidaire, alternative et facultative.

Le sixième chapitre, qui traite de l'exécution de l'obligation, est divisé en trois sections. La première énonce les règles du paiement, y compris celles relatives à l'imputation des paiements, aux offres réelles et à la consignation. La deuxième est consacrée à la mise en oeuvre du droit à l'exécution de l'obligation et traite non seulement de l'exception d'inexécution, du droit de rétention et de la mise en demeure préalable, mais également des divers recours ouverts au créancier pour forcer l'exécution en nature de l'obligation, pour obtenir la résolution ou la résiliation du contrat et la réduction de l'obligation ou pour en obtenir l'exécution

The third section lays down the conditions of formation of a contract, namely, consent, capacity, cause, object and, in some cases, form, and establishes sanctions for failure to observe them. The fourth section is devoted to the rules of interpretation of contracts, while the fifth section deals with the effects of a contract with respect to the parties and to third persons, together with the special effects of certain contracts.

Chapter III brings together the main rules on civil liability. It deals with the conditions of liability, certain cases of exemption from liability and the apportionment of liability.

Chapter IV completes the presentation of the principal sources of obligations, dealing successively with the management of the business of another, reception of a thing not due and unjust enrichment.

Chapter V is devoted to the modalities of obligations. It deals in turn with obligations with simple modalities, comprising conditional obligations and obligations with a term, and obligations with complex modalities, including joint, divisible, indivisible, solidary, alternative and facultative obligations.

Chapter VI, dealing with the performance of obligations, is divided into three sections. Section I sets out the rules on payment, including the rules on imputation of payment and on tender and deposit. Section II, having to do with the exercise of the right to enforce performance, deals with exception for nonperformance, right of retention and prior putting in default, and with the various remedies available to the creditor to force specific performance of the obligation, to obtain resolution or resiliation of the contract and reduction of the obligation, or to obtain its performance by equivalence in money. Section III is devoted to measures

par équivalence pécuniaire. La troisième section est consacrée aux mesures de protection du droit à l'exécution de l'obligation: mesures conservatoires, action oblique et action paulienne ou en inopposabilité.

Le septième chapitre concerne la transmission et les mutations de l'obligation. Y sont successivement présentées les règles de la cession de créance, de la subrogation, de la novation et de la délégation.

Le chapitre huitième est consacré aux causes d'extinction de l'obligation et il traite spécifiquement de la compensation, de la confusion, de la remise, de l'impossibilité d'exécuter l'obligation et de la libération du débiteur.

Enfin, le neuvième chapitre regroupe les principales règles de la restitution des prestations consécutive à l'anéantissement rétroactif d'un acte juridique.

TITRE 2
DES CONTRATS NOMMÉS

Le titre deuxième du Livre cinquième regroupe les règles particulières à divers contrats, dits nommés; il est divisé en dix-huit chapitres.

Le premier chapitre, réservé à la vente, compte trois sections. La première, générale, traite de la promesse de vente, de la vente du bien d'autrui, des obligations du vendeur et de l'acheteur, et elle présente aussi les règles propres à l'exercice des droits des parties. Cette section traite en outre de diverses modalités de la vente: la vente à l'essai, la vente à tempérament, la vente avec faculté de rachat et la vente aux enchères, et elle expose les règles sur la vente d'entreprise et sur celle de certains biens incorporels, soit les droits successoraux et les droits litigieux. La deuxième section présente les règles particulières à la vente d'immeubles à usage d'habitation et la

for protection of the right to performance of the obligation, namely, conservatory measures, the oblique action and the Paulian or revocatory action.

Chapter VII concerns transmission and alteration of obligations. It presents, in order, the rules on assignment of a claim, subrogation, novation and delegation.

Chapter VIII is devoted to the causes of extinction of obligations, and deals specifically with compensation, confusion, release, impossibility of performance and discharge of the debtor.

The ninth and final chapter contains the principal rules respecting the restitution of prestations following the retroactive annulment of a juridical act.

TITLE 2
NOMINATE CONTRACTS

Title Two of Book Five, which brings together the special rules relating to so-called nominate contracts, is divided into eighteen chapters.

Chapter I, on sale, has three sections. The first, of a general nature, deals with the promise of sale, the sale of property of another and the obligations of the seller and buyer, and sets forth special rules regarding the exercise of the rights of the parties. This first section also deals with various modes of sale, namely, trial sale, instalment sale, sale with a right of redemption and auction sale, and it lays down the rules governing the sale of an enterprise and the sale of certain incorporeal rights, specifically the sale of rights of succession and the sale of litigious rights. Section II sets out the special rules regarding the sale of immovables used for residential purposes, while Section III is

troisième est réservée aux contrats apparentés à la vente, soit l'échange, la dation en paiement et le bail à rente.

Le chapitre deuxième, sur la donation, traite de la nature et de l'étendue du contrat de donation et de certaines conditions de la donation, y compris les règles de validité et les règles de forme; il traite aussi des droits et obligations des parties, de la révocation de la donation pour cause d'ingratitude, ainsi que de la donation par contrat de mariage.

Le chapitre troisième énonce les principales règles du contrat de crédit-bail.

Le chapitre quatrième est consacré au louage et il traite d'abord de la nature du louage, des droits et obligations résultant du bail et de la fin du bail. Suivent les dispositions particulières au bail d'un logement et notamment les règles relatives à ce bail, au loyer, à l'état du logement, à certaines modifications au logement, à l'accès et à la visite du logement, au droit au maintien dans les lieux et à la résiliation du bail. Sont enfin présentées les règles particulières au bail dans un établissement d'enseignement, au bail d'un logement à loyer modique et au bail d'un terrain pour maison mobile.

Le chapitre cinquième concerne l'affrètement et il prévoit, outre les règles générales applicables à tout contrat d'affrètement, les règles particulières à l'affrètement coque-nue, à temps, ou au voyage.

Le chapitre sixième, sur le transport, expose les règles générales pour tout mode de transport, de personnes ou de biens, puis les règles particulières au transport maritime de biens.

Le chapitre septième porte sur le contrat de travail.

Le chapitre huitième regroupe les règles relatives au contrat d'entreprise et au contrat

devoted to contracts akin to contracts of sale, that is, exchange, giving in payment and alienation for rent.

Chapter II, on gifts, deals with the nature and scope of the contract of gift and of certain conditions pertaining to gifts, including rules governing their validity and form. It also deals with the rights and obligations of the parties, the revocation of a gift for ingratitude, and gifts made by marriage contract.

Chapter III sets out the principal rules governing the contract of leasing.

Chapter IV, devoted to the lease, deals first with the nature of a lease, the rights and obligations resulting from a lease and the termination of the lease. It then sets out special provisions for the lease of a dwelling, including, in particular, those governing such a lease, the rent, the condition of the dwelling, certain changes to the dwelling, access to and visit of the dwelling, the right to maintain occupancy, and resiliation of the lease. Lastly, it sets out the special rules on leases with educational institutions, leases of dwellings in low-rental housing, and leases of land for mobile homes.

Chapter V, on affreightment, contains general rules applicable to all contracts of affreightment, and special rules relating to bareboat charters, time charters and voyage charters.

Chapter VI, on carriage, sets out the rules applicable to all means of transportation, whether of persons or of property, and the special rules governing carriage of goods by water.

Chapter VII deals with the contract of employment.

Chapter VIII groups together the rules governing contracts of enterprise and con-

de service; il contient, entre autres, les règles particulières aux ouvrages, notamment les règles propres aux ouvrages immobiliers.

Le chapitre neuvième, sur le mandat, traite successivement de la nature et de l'étendue du mandat, des obligations des parties entre elles ou envers les tiers et de la fin du mandat et il présente les règles particulières au mandat donné en prévision de l'inaptitude du mandant.

Le chapitre dixième est consacré à la société et à l'association et il traite plus particulièrement de la société en nom collectif, de la société en commandite et de la société en participation.

Le chapitre onzième est réservé au dépôt; il traite du dépôt en général, du dépôt nécessaire, du dépôt hôtelier et du séquestre.

Le chapitre douzième concerne le contrat de prêt et il traite plus particulièrement du prêt à usage et du simple prêt.

Le chapitre treizième est consacré au cautionnement; y sont présentées les règles relatives à la nature, à l'objet et à l'étendue du cautionnement, de même que les règles propres aux effets et à la fin du cautionnement.

Le chapitre quatorzième, sur la rente, traite de la nature, de l'étendue et de certains effets du contrat de rente.

Le chapitre quinzième, sur les assurances, compte quatre sections. La première, générale, traite de la nature du contrat d'assurances et de ses espèces, de la formation et du contenu du contrat, ainsi que des déclarations et engagements du preneur en assurance terrestre. La deuxième section, qui porte sur les assurances de personnes, établit entre autres les règles relatives au contenu

tracts for services, and includes, among others, the special rules relating to works, particularly the specific rules on immovable works.

Chapter IX, on the mandate, deals, in order, with the nature and scope of a mandate, the mutual obligations of the parties, the obligations of the parties towards third persons and the termination of a mandate. It sets forth the special rules regarding the mandate given in anticipation of the incapacity of the mandator.

Chapter X, devoted to partnership and association, deals especially with general partnerships, limited partnerships and undeclared partnerships.

Chapter XI concerns deposit, dealing with deposit in general, necessary deposit, deposit with an innkeeper and sequestration.

Chapter XII concerns the contract of loan, giving special treatment to the loan for use and the simple loan.

Chapter XIII, devoted to suretyship, sets out the rules on the nature, object and extent of suretyship, and the special rules relating to the effects and the termination of suretyship.

Chapter XIV, on the annuity, deals with the nature, scope and certain effects of the contract of annuity.

Chapter XV, on insurance, comprises four sections. Section I contains general provisions dealing with the nature of the insurance contract, the classes of insurance, the formation and content of the contract, and the representations and warranties of the client in non-marine insurance. Section II, dealing with insurance of persons, contains rules on, among other things, the content of

de la police, à l'intérêt d'assurance, à la déclaration de l'âge et du risque, à la prise d'effet et à l'exécution de l'assurance, ainsi qu'à la désignation des bénéficiaires et des titulaires subrogés. La troisième section est consacrée à l'assurance de dommages et elle présente, outre les dispositions communes, les dispositions relatives aux assurances de biens et aux assurances de responsabilité. La quatrième section est réservée à l'assurance maritime.

Enfin, les trois derniers chapitres du titre deuxième sont respectivement consacrés au contrat de jeu et pari, à la transaction et à la convention d'arbitrage.

LIVRE 6
DES PRIORITÉS ET DES HYPOTHÈQUES

Le Livre sixième établit le régime juridique des priorités et des hypothèques. Il comprend trois titres.

Le titre premier, sur le gage commun des créanciers, maintient, avec certains aménagements, la règle selon laquelle les biens d'un débiteur sont affectés à l'exécution de ses obligations et constituent le gage commun de ses créanciers.

Le titre deuxième, sur les priorités, établit le droit de préférence, sans publication, de certaines créances, dans les cas prévus expressément au Code.

Le titre troisième porte sur les hypothèques et compte six chapitres. Le premier traite de la nature et des espèces d'hypothèques, ainsi que de leur objet et de leur étendue. Le deuxième chapitre, qui porte sur l'hypothèque conventionnelle, indique qui peut être constituant d'une hypothèque, suivant son espèce, et traite des règles relatives à l'obligation garantie par hypothèque. Ce chapitre présente aussi les règles applicables aux diverses espèces d'hypothèques:

the policy, insurable interest, representation of age and risk, effective date, performance under the terms of the policy, designation of beneficiaries and subrogated policyholders. Section III is devoted to damage insurance and sets out both common provisions and special rules relating to property insurance and to liability insurance. The fourth section is devoted to marine insurance.

The final three chapters of Title Two are devoted to gaming and wagering contracts, transaction and arbitration agreements.

BOOK 6
PRIOR CLAIMS AND HYPOTHECS

Book Six establishes the body of legal rules governing prior claims and hypothecs. It comprises three titles.

Title One, on the common pledge of creditors, preserves, with certain alterations, the rule that the property of a debtor is charged with the performance of his obligations and is the common pledge of his creditors.

Title Two, on prior claims, establishes the right to preference, without publication, for certain claims in the cases expressly provided for in the Code.

Title Three, on hypothecs, comprises six chapters. Chapter I deals with the nature of a hypothec, the kinds of hypothec and the object and extent of hypothecs. Chapter II, on conventional hypothecs, indicates who may grant the different kinds of hypothec, and deals with the rules concerning obligations secured by hypothec. It also sets out the rules applicable to the various kinds of hypothec: immovable hypothecs, movable hypothecs, with or without delivery, and

l'hypothèque immobilière, l'hypothèque mobilière, avec ou sans dépossession, et l'hypothèque dite ouverte. Le chapitre troisième est consacré à l'hypothèque légale. Le quatrième chapitre traite en particulier de certains effets de l'hypothèque. Le chapitre cinquième, divisé en sept sections, porte sur l'exercice des droits hypothécaires qui permettent au créancier de faire valoir sa sûreté. La première section expose quelques règles générales et la deuxième, les conditions générales d'exercice des droits hypothécaires. La troisième section concerne les mesures préalables à l'exercice des droits hypothécaires, dont le préavis d'exercice de ces droits donné par le créancier, les droits du débiteur ou de celui contre qui le droit est exercé et le délaissement. Les quatre dernières sections présentent les règles propres à chacun des droits hypothécaires, qu'il s'agisse de la prise de possession à des fins d'administration, de la prise en paiement du bien ou de la vente de celui-ci par le créancier, ou encore de la vente sous contrôle de justice. Enfin, le chapitre sixième expose les règles sur l'extinction des hypothèques.

so-called floating hypothecs. Chapter III deals with legal hypothecs, and Chapter IV deals particularly with certain effects of hypothecs. Chapter V contains seven sections dealing with the exercise of hypothecary rights enabling the creditor to enforce his security. Section I lays down some general rules, and Section II establishes the general conditions for exercising hypothecary rights. Section III is concerned with measures preceding the exercise of hypothecary rights, including prior notice of the exercise of such rights to be given by the creditor, the rights of the debtor or the person against whom the right is exercised, and surrender. The last four sections set out specific rules governing each hypothecary right: taking possession for administration purposes, taking in payment of the property or sale of the property by the creditor, or sale by judicial authority. Finally, Chapter VI lays down the rules on the extinction of hypothecs.

LIVRE 7
DE LA PREUVE

Le Livre septième établit le droit de la preuve; il comprend trois titres.

Le titre premier traite du régime général de la preuve et comprend deux chapitres. Le premier porte sur l'objet et la charge de la preuve et le second présente les règles relatives à la connaissance d'office.

Le titre deuxième porte sur les moyens de preuve; il est divisé en cinq chapitres traitant respectivement des cinq moyens de preuve. Le premier chapitre concerne la preuve par un écrit et comprend sept sections qui traitent successivement des copies de lois, des actes authentiques, des actes semi-authentiques, des actes sous seing

BOOK 7
EVIDENCE

Book Seven establishes the law of evidence. It comprises three titles.

Title One, dealing with the general rules of evidence, has two chapters. Chapter I is concerned with the object and burden of proof, while Chapter II laws down the rules on judicial notice.

Title Two deals with the means of proof. It is divided into five chapters, each concerned with one of the five means of proof. Chapter I, on proof by writings, is divided into seven sections, dealing respectively with copies of statutes, authentic acts, semi-authentic acts, private writings, other writings, computerized records, and reproduc-

privé, des autres écrits, des inscriptions informatisées et, enfin, de la reproduction d'un écrit. Le chapitre deuxième est consacré au témoignage. Il définit le témoignage et sa valeur probante. Les chapitres troisième et quatrième, portant respectivement sur la présomption et l'aveu, définissent et distinguent les différentes catégories de présomptions et d'aveux et déterminent leur valeur probante. Le chapitre cinquième introduit dans le Code civil du Québec un cinquième moyen de preuve, la présentation d'un élément matériel.

Le titre troisième concerne la recevabilité des éléments et des moyens de preuve. Il comprend trois chapitres: le premier, portant sur les éléments de preuve, établit le principe général de recevabilité, le deuxième présente les règles relatives à la recevabilité des moyens de preuve et le troisième, les règles relatives à certaines déclarations.

tion of writings. Chapter II, devoted to testimony, defines testimony and its probative force. Chapters III and IV, on presumption and admission, respectively, define and distinguish between the different kinds of presumptions and admissions and determine their probative force. Chapter V introduces a new means of proof, the production of material things, into the Civil Code of Québec.

Title Three, concerning the admissibility of evidence and proof, contains three chapters. The first, dealing with evidence, lays down the general principle of admissibility. The second sets out the rules on the admissibility of means of proof, and the third, the rules on certain statements.

LIVRE 8
DE LA PRESCRIPTION

Le Livre huitième, relatif au droit de la prescription, compte trois titres.

Le titre premier porte sur le régime de la prescription. Ses quatre chapitres traitent respectivement des dispositions générales applicables à la prescription acquisitive et à la prescription extinctive, de la renonciation à la prescription, de l'interruption de la prescription et de la suspension de la prescription.

Le titre deuxième traite de la prescription acquisitive et comprend deux chapitres. Le premier chapitre précise les conditions d'exercice de la prescription acquisitive et le deuxième, les délais de cette prescription.

Le titre troisième présente les règles particulières à la prescription extinctive.

BOOK 8
PRESCRIPTION

Book Eight regards the law of prescription.

The first of its three titles sets down the rules on prescription. It comprises four chapters, dealing respectively with the general rules applicable to acquisitive prescription and extinctive prescription, renunciation of prescription, interruption of prescription and suspension of prescription.

Title Two, comprising two chapters, is devoted to acquisitive prescription. The first chapter specifies the conditions under which acquisitive prescription operates, while the second determines the periods required for such prescription.

Title Three sets out the special rules relating to extinctive prescription.

LIVRE 9
DE LA PUBLICITÉ DES DROITS

BOOK 9
PUBLICATION OF RIGHTS

Le Livre neuvième porte sur la publicité des droits, publicité qui résulte essentiellement de l'inscription qui est faite d'un droit sur le registre approprié. Il est divisé en cinq titres.

Le premier titre établit le domaine de la publicité en indiquant notamment quels sont les droits soumis à la publicité.

Le titre deuxième porte sur les effets de la publicité, notamment sur l'opposabilité des droits à l'égard des tiers, sur le rang des droits entre eux et sur la protection des tiers de bonne foi. Y sont également présentées les règles sur la préinscription.

Le titre troisième expose les modalités de la publicité. Le premier chapitre désigne les registres où sont inscrits les droits et traite du registre foncier et du registre des droits personnels et réels mobiliers. Le deuxième chapitre traite des réquisitions d'inscription et notamment des attestations et de certaines règles d'inscription particulières. Le troisième chapitre présente les devoirs et fonctions de l'officier de la publicité des droits. Le quatrième chapitre traite de l'inscription des adresses et, enfin, le cinquième chapitre précise le cadre des règlements d'application à être établis.

Le titre quatrième, sur l'immatriculation des immeubles, traite à la fois du plan cadastral et des modifications qui y sont apportées. Il prévoit aussi des règles pour le report des droits; il expose également certaines règles applicables aux parties de lots.

Enfin, le titre cinquième, portant sur la radiation des droits, traite successivement des causes de radiation, de certaines radiations et des formalités et effets de la radiation.

Book Nine deals with the publication of rights, which results essentially from entry of the rights in the proper register. The Book is divided into five titles.

Title One defines the scope of publication, indicating which rights require publication.

Title Two deals with the effects of publication, namely, the setting up of registered rights against third persons, the ranking of rights and the protection of third persons in good faith. It also sets out the rules on advance registration.

Title Three sets out the formalities of registration. Chapter I designates the registers in which rights are entered, and deals with the land register and the register of personal and movable real rights. Chapter II deals with applications for registration, and in particular with certificates and certain special registration rules. Chapter III sets out the duties and functions of the registrar, and Chapter IV deals with the registration of addresses. Lastly, Chapter V is concerned with the regulations to be established to govern the application of these provisions.

Title Four, on the immatriculation of immovables, deals both with the cadastral plan and with amendments to it. It also provides for the carry-over of rights, and lays down rules governing parts of lots.

Finally, Title Five, on the cancellation of rights, deals in turn with the causes of cancellation, certain cases of cancellation and the formalities and effects of cancellation.

LIVRE 10
DU DROIT INTERNATIONAL PRIVÉ

Le Livre dixième introduit dans le Code civil un ensemble de règles portant sur le droit international privé. Il comprend quatre titres.

Le titre premier énonce les principes fondamentaux de cette branche du droit civil.

Le titre deuxième établit les règles de conflits de lois qui indiquent le système juridique compétent pour résoudre les situations comportant un élément d'extranéité. Il est divisé en quatre chapitres qui correspondent aux grandes divisions du droit civil soit le statut personnel, le statut réel, le statut des obligations et celui de la procédure.

Le titre troisième traite de la compétence internationale des autorités du Québec. Il est divisé en deux chapitres, l'un contenant des dispositions générales et l'autre les dispositions particulières aux matières personnelles à caractère extrapatrimonial et familial, aux matières personnelles à caractère patrimonial, ainsi qu'aux matières réelles et mixtes.

Enfin, le titre quatrième, divisé en deux chapitres, énonce les règles applicables à la reconnaissance et à l'exécution des décisions étrangères, de même que les règles relatives à la compétence des autorités étrangères.

BOOK 10
PRIVATE INTERNATIONAL LAW

Book Ten introduces into the Civil Code a set of rules concerning private international law. It contains four titles.

Title One sets forth the basic principles of this branch of civil law.

Title Two establishes the rules governing conflict of laws, indicating which legal system has jurisdiction to solve situations involving extraneous elements. This title is divided into four chapters, corresponding to the primary divisions of civil law, namely, the status of persons, the status of property, the status of obligations and the status of procedure.

Title Three deals with the international jurisdiction of Québec authorities. It is divided into two chapters, one containing general provisions, and the other containing the special provisions relating to matters of an extrapatrimonial and family nature or of a personal and patrimonial nature, and to real and mixed actions.

Title IV, consisting of two chapters, lays down the rules applicable to the recognition and enforcement of foreign decisions, and those regarding the jurisdiction of foreign authorities.

TABLE DES MATIÈRES
DU CODE CIVIL

TABLE OF CONTENTS
OF THE CIVIL CODE

TABLE OF CONTENTS OF THE CIVIL CODE

PRELIMINARY PROVISION

BOOK 1
PERSONS

TABLE DES MATIÈRES DU CODE CIVIL

DISPOSITION PRÉLIMINAIRE

LIVRE 1
DES PERSONNES

TABLE OF CONTENTS OF THE CIVIL CODE

BOOK 2
THE FAMILY

LIVRE 2
DE LA FAMILLE

TABLE OF CONTENTS OF THE CIVIL CODE

TABLE OF CONTENTS OF THE CIVIL CODE

BOOK 3
SUCCESSIONS

TABLE DES MATIÈRES DU CODE CIVIL

LIVRE 3
DES SUCCESSIONS

TABLE OF CONTENTS OF THE CIVIL CODE

TABLE OF CONTENTS OF THE CIVIL CODE

BOOK 4
PROPERTY

LIVRE 4
DES BIENS

TABLE OF CONTENTS OF THE CIVIL CODE

TABLE OF CONTENTS OF THE CIVIL CODE

BOOK 5
OBLIGATIONS

LIVRE 5
DES OBLIGATIONS

TABLE OF CONTENTS OF THE CIVIL CODE

TABLE DES MATIÈRES DU CODE CIVIL

TABLE OF CONTENTS OF THE CIVIL CODE

TABLE OF CONTENTS OF THE CIVIL CODE

TABLE DES MATIÈRES DU CODE CIVIL

BOOK 6
PRIOR CLAIMS AND HYPOTHECS

LIVRE SIXIÈME
DES PRIORITÉS ET DES HYPOTHÈQUES

BOOK 7
EVIDENCE

LIVRE 7
DE LA PREUVE

BOOK 8
PRESCRIPTION

BOOK 9
PUBLICATION OF RIGHTS

LIVRE 8
DE LA PRESCRIPTION

LIVRE 9
DE LA PUBLICITÉ DES DROITS

TABLE DES MATIÈRES DU CODE CIVIL

TABLE OF CONTENTS OF THE CIVIL CODE

BOOK 10
PRIVATE INTERNATIONAL LAW

LIVRE DIXIÈME
DU DROIT INTERNATIONAL PRIVÉ

TABLE OF CONTENTS OF THE CIVIL CODE

21. Un mineur ou un majeur inapte ne peut participer à une recherche susceptible de porter atteinte à son intégrité qu'à la condition que le risque couru, en tenant compte de son état de santé et de sa condition personnelle, ne soit pas hors de proportion avec le bienfait qu'on peut raisonnablement en espérer.

Il ne peut, en outre, participer à une telle recherche qu'à la condition que la recherche laisse espérer, si elle ne vise que lui, un bienfait pour sa santé ou, si elle vise un groupe, des résultats qui seraient bénéfiques aux personnes possédant les mêmes caractéristiques d'âge, de maladie ou de handicap que les membres du groupe.

Dans tous les cas, il ne peut participer à une telle recherche s'il s'y oppose alors qu'il en comprend la nature et les conséquences.

Le projet de recherche doit être approuvé et suivi par un comité d'éthique de la recherche compétent. Un tel comité est institué par le ministre de la Santé et des Services sociaux ou désigné par lui parmi les comités d'éthique de la recherche existants; la composition et les conditions de fonctionnement d'un tel comité sont établies par le ministre et sont publiées à la *Gazette officielle du Québec*.

Le consentement à une recherche susceptible de porter atteinte à l'intégrité du mineur est donné, pour ce dernier, par le titulaire de l'autorité parentale ou le tuteur. Le mineur de 14 ans et plus peut néanmoins consentir seul si, de l'avis du comité d'éthique de la recherche compétent, la recherche ne comporte qu'un risque minimal et que les circonstances le justifient.

Le consentement à une recherche susceptible de porter atteinte à l'intégrité du majeur est donné, pour ce dernier, par le mandataire, le tuteur ou le curateur. Cependant, lorsque le majeur n'est pas ainsi représenté et que la recherche ne comporte qu'un risque minimal, le consentement peut être donné par la personne habilitée à consentir aux soins requis par l'état de santé du majeur. Le consentement peut

21. A minor or a person of full age who is incapable of giving consent may participate in research that could interfere with the integrity of his person only if the risk incurred, taking into account his state of health and personal condition, is not disproportionate to the benefit that may reasonably be anticipated.

Moreover, a minor or a person of full age incapable of giving consent may participate in such research only if, where he is the only subject of the research, it has the potential to produce benefit to his health or only if, in the case of research on a group, it has the potential to produce results capable of conferring benefit to other persons in the same age category or having the same disease or handicap.

In all cases, a minor or a person of full age incapable of giving consent may not participate in such research where he understands the nature and consequences of the research and objects to participating in it.

The research project must be approved and monitored by a competent research ethics committee. Such a committee is formed by the Minister of Health and Social Services or designated by that Minister from among existing research ethics committees; the composition and operating conditions of such a committee are determined by the Minister and published in the *Gazette officielle du Québec*.

Consent to research that could interfere with the integrity of a minor may be given by the person having parental authority or the tutor. A minor 14 years of age or over, however, may give consent alone if, in the opinion of the competent research ethics committee, the research involves only minimal risk and the circumstances justify it.

Consent to research that could interfere with the integrity of a person of full age incapable of giving consent may be given by the mandatary, tutor or curator. However, where such a person of full age is not so represented and the research involves only minimal risk, consent may be given by the person qualified to consent to any care required by the state of health of the person of full age. Consent may also be

aussi être donné par une telle personne lorsque l'inaptitude du majeur est subite et que la recherche, dans la mesure où elle doit être effectuée rapidement après l'apparition de l'état qui y donne lieu, ne permet pas d'attribuer au majeur un tel représentant en temps utile. Dans les deux cas, il appartient au comité d'éthique de la recherche compétent de déterminer, lors de l'évaluation du projet de recherche, si le projet satisfait aux conditions requises.

[1991, c. 64, a. 21; 1998, c. 32, a. 1; 2013, c. 17, a. 2].

▌C.C.Q., 24.

given by such a qualified person where a person of full age suddenly becomes incapable of giving consent and the research, insofar as it must be undertaken promptly after the appearance of the condition giving rise to it, does not permit, for lack of time, the designation of a legal representative for the person of full age. In both cases, it is incumbent upon the competent research ethics committee to determine, when evaluating the research project, whether it meets the prescribed requirements.

[1991, c. 64, a. 21; 1992, c. 57, s. 716; 1998, c. 32, s. 1; 2013, c. 17, s. 2].

22. Une partie du corps, qu'il s'agisse d'organes, de tissus ou d'autres substances, prélevée sur une personne dans le cadre de soins qui lui sont prodigués, peut être utilisée aux fins de recherche, avec le consentement de la personne concernée ou de celle habilitée à consentir pour elle ou, si la personne concernée est décédée, de la personne qui pouvait ou aurait pu consentir aux soins requis par son état de santé.

[1991, c. 64, a. 22; 2013, c. 17, a. 3].

▌C.C.Q., 11, 12, 14-16.

22. A part of the body, whether an organ, tissue or other substance, removed from a person as part of the care he receives may, with his consent or that of the person qualified to give consent for him, be used for purposes of research or, if he has died, be so used with the consent of the person who could give or could have given consent to any care required by his state of health.

[1991, c. 64, a. 22; 2013, c. 17, s. 3].

23. Le tribunal appelé à statuer sur une demande d'autorisation relative à des soins ou à l'aliénation d'une partie du corps, prend l'avis d'experts, du titulaire de l'autorité parentale, du mandataire, du tuteur ou du curateur et du conseil de tutelle; il peut aussi prendre l'avis de toute personne qui manifeste un intérêt particulier pour la personne concernée par la demande.

Il est aussi tenu, sauf impossibilité, de recueillir l'avis de cette personne et, à moins qu'il ne s'agisse de soins requis par son état de santé, de respecter son refus.

[1991, c. 64, a. 23; 1998, c. 32, a. 2].

▌C.C.Q., 16, 18, 19, 21.

23. When the court is called upon to rule on an application for authorization with respect to care or the alienation of a body part, it obtains the opinions of experts, of the person having parental authority, of the mandatary, of the tutor or the curator and of the tutorship council; it may also obtain the opinion of any person who shows a special interest in the person concerned by the application.

The court is also bound to obtain the opinion of the person concerned unless that is impossible, and to respect his refusal unless the care is required by his state of health.

[1991, c. 64, a. 23; 1998, c. 32, s. 2].

24. Le consentement aux soins qui ne sont pas requis par l'état de santé, à l'aliénation d'une partie du corps ou à une recherche susceptible de porter atteinte à l'intégrité doit être donné par écrit.

24. Consent to care not required by a person's state of health, to the alienation of a part of a person's body, or to research that could interfere with the integrity of his person shall be given in writing.

Toutefois, le consentement à une telle recherche peut être donné autrement que par écrit si, de l'avis d'un comité d'éthique de la recherche, les circonstances le justifient. Dans un tel cas, le comité détermine les modalités d'obtention du consentement qui permettent d'en constituer une preuve.

Il peut toujours être révoqué, même verbalement.

[1991, c. 64, a. 24; 2013, c. 17, a. 4].

❚ C.C.Q., 11, 17-22.

However, consent to such research may be given otherwise than in writing if justified in the circumstances in the opinion of a research ethics committee. In such a case, the committee determines the proper manner, for evidential purposes, of obtaining consent.

It may be withdrawn at any time, even verbally.

[1991, c. 64, a. 24; 2013, c. 17, s. 4].

25. L'aliénation que fait une personne d'une partie ou de produits de son corps doit être gratuite; elle ne peut être répétée si elle présente un risque pour la santé.

La participation d'une personne à une recherche susceptible de porter atteinte à son intégrité ne peut donner lieu à aucune contrepartie financière hormis le versement d'une indemnité en compensation des pertes et des contraintes subies.

[1991, c. 64, a. 25; 2013, c. 17, a. 5].

❚ C.C.Q., 19-22, 24.

25. The alienation by a person of a part or product of his body shall be gratuitous; it may not be repeated if it involves a risk to his health.

A person's participation in research that could interfere with the integrity of his person may not give rise to any financial reward other than the payment of an indemnity as compensation for the loss and inconvenience suffered.

[1991, c. 64, a. 25; 2013, c. 17, s. 5].

SECTION II —
DE LA GARDE EN ÉTABLISSEMENT ET DE L'ÉVALUATION PSYCHIATRIQUE

SECTION II —
CONFINEMENT IN AN INSTITUTION AND PSYCHIATRIC ASSESSMENT

26. Nul ne peut être gardé dans un établissement de santé ou de services sociaux, en vue d'une évaluation psychiatrique ou à la suite d'une évaluation psychiatrique concluant à la nécessité d'une garde, sans son consentement ou sans que la loi ou le tribunal l'autorise.

Le consentement peut être donné par le titulaire de l'autorité parentale ou, lorsque la personne est majeure et qu'elle ne peut manifester sa volonté, par son mandataire, son tuteur ou son curateur. Ce consentement ne peut être donné par le représentant qu'en l'absence d'opposition de la personne.

[1991, c. 64, a. 26; 1997, c. 75, a. 29].

❚ C.C.Q., 10; C.P.C., 778, 779.

26. No person may be confined in a health or social services institution for a psychiatric assessment or following a psychiatric assessment concluding that confinement is necessary without his consent or without authorization by law or the court.

Consent may be given by the person having parental authority or, in the case of a person of full age unable to express his wishes, by his mandatary, tutor or curator. Such consent may be given by the representative only if the person concerned does not object.

[1991, c. 64, a. 26; 1997, c. 75, s. 29].

27. S'il a des motifs sérieux de croire qu'une personne représente un danger pour elle-même ou pour autrui en raison de son état mental, le tribunal peut, à la demande d'un médecin ou d'un intéressé, ordonner qu'elle soit, malgré l'absence de consentement, gardée provisoirement dans un établissement de santé ou de services sociaux pour y subir une évaluation psychiatrique. Le tribunal peut aussi, s'il y a lieu, autoriser tout autre examen médical rendu nécessaire par les circonstances. Si la demande est refusée, elle ne peut être présentée à nouveau que si d'autres faits sont allégués.

Si le danger est grave et immédiat, la personne peut être mise sous garde préventive, sans l'autorisation du tribunal, comme il est prévu par la *Loi sur la protection des personnes dont l'état mental présente un danger pour elles-mêmes ou pour autrui* (chapitre P-38.001).

[1991, c. 64, a. 27; 1997, c. 75, a. 30].

▌C.C.Q., 26.

27. Where the court has serious reasons to believe that a person is a danger to himself or to others owing to his mental state, it may, on the application of a physician or an interested person and notwithstanding the absence of consent, order that he be confined temporarily in a health or social services institution for a psychiatric assessment. The court may also, where appropriate, authorize any other medical examination that is necessary in the circumstances. The application, if refused, may not be submitted again except where different facts are alleged.

If the danger is grave and immediate, the person may be placed under preventive confinement, without the authorization of the court, as provided for in the *Act respecting the protection of persons whose mental state presents a danger to themselves or to others* (chapter P-38.001).

[1991, c. 64, a. 27; 1997, c. 75, s. 30].

28. Lorsque le tribunal ordonne une mise sous garde en vue d'une évaluation psychiatrique, un examen doit avoir lieu dans les vingt-quatre heures de la prise en charge par l'établissement de la personne concernée ou, si celle-ci était déjà sous garde préventive, de l'ordonnance du tribunal.

Si le médecin qui procède à l'examen conclut à la nécessité de garder la personne en établissement, un second examen psychiatrique doit être effectué par un autre médecin, au plus tard† dans les quatre-vingt-seize heures de la prise en charge ou, si la personne était initialement sous garde préventive, dans les quarante-huit heures de l'ordonnance.

Dès lors† qu'un médecin conclut que la garde n'est pas nécessaire, la personne doit être libérée. Si les deux médecins concluent à la nécessité de la garde, la personne peut être maintenue sous garde, pour un maximum de quarante-huit heures, sans son consentement ou l'autorisation du tribunal.

[1991, c. 64, a. 28; 1997, c. 75, a. 31].

▌C.C.Q., 26; C.P.C., 781.

28. Where the court orders that a person be placed under confinement for a psychiatric assessment, an examination must be carried out within twenty-four hours after the person is taken in charge by the institution or, if the person was already under preventive confinement, within twenty-four hours of the court order.

If the physician who carries out the examination concludes that confinement in an institution is necessary, a second psychiatric examination must be carried out by another physician within† ninety-six hours after the person is taken in charge by the institution or, if the person was already under preventive confinement, within forty-eight hours of the court order.

If† a physician reaches the conclusion that confinement is not necessary, the person must be released. If both physicians reach the conclusion that confinement is necessary, the person may be kept under confinement without his consent or the authorization of the court for no longer than forty-eight hours.

[1991, c. 64, a. 28; 1997, c. 75, s. 31].

Nulle atteinte ne peut être portée à la vie privée d'une personne sans que celle-ci y consente ou sans que la loi l'autorise.

[1991, c. 64, a. 35; 2002, c. 19, a. 2].

No one may invade the privacy of a person without the consent of the person unless authorized by law.

[1991, c. 64, a. 35; 2002, c. 19, s. 2].

Note : Dans le deuxième alinéa, l'interdiction vise les atteintes elles-mêmes dans le texte français, alors qu'elle s'impose à l'auteur de l'acte dans le texte anglais. Comp. O.R.C.C., Livre I, a. 13, dans les deux langues (« Nul ne peut porter atteinte... »; « No person may invade... »). / In the second paragraph, the prohibition is directed at the invasions of privacy themselves in the French text, whereas the prohibition is directed at the actor in the English text. Comp. C.C.R.O., Book I, a. 13 ("No person may invade..."; "*Nul ne peut porter atteinte...*").

❚ C.C.Q., 36.

36. Peuvent être notamment considérés comme des atteintes à la vie privée d'une personne les actes suivants:

1° Pénétrer chez elle† ou y prendre quoi que ce soit;

2° Intercepter ou utiliser volontairement une communication privée;

3° Capter ou utiliser son image ou sa voix lorsqu'elle se trouve dans des lieux privés;

4° Surveiller sa vie privée par quelque moyen que ce soit;

5° Utiliser son nom, son image, sa ressemblance ou sa voix à toute autre fin que l'information légitime du public;

6° Utiliser sa correspondance, ses manuscrits ou ses autres documents personnels.

[1991, c. 64, a. 36].

❚ C.C.Q., 35.

36. The following acts, in particular, may be considered as invasions of the privacy of a person:

(1) entering or taking anything in his dwelling†;

(2) intentionally intercepting or using his private communications;

(3) appropriating or using his image or voice while he is in private premises;

(4) keeping his private life under observation by any means;

(5) using his name, image, likeness or voice for a purpose other than the legitimate information of the public;

(6) using his correspondence, manuscripts or other personal documents.

[1991, c. 64, a. 36].

37. Toute personne qui constitue un dossier sur une autre personne doit avoir un intérêt sérieux et légitime à le faire. Elle ne peut recueillir que les renseignements pertinents à l'objet déclaré du dossier et elle ne peut, sans le consentement de l'intéressé ou l'autorisation de la loi, les communiquer à des tiers ou les utiliser à des fins incompatibles avec celles de sa constitution; elle ne peut non plus, dans la constitution ou l'utilisation du dossier, porter autrement atteinte à la vie privée de l'intéressé ni à sa réputation.

[1991, c. 64, a. 37].

❚ C.C.Q., 35.

37. Every person who establishes a file on another person shall have a serious and legitimate reason for doing so. He may gather only information which is relevant to the stated objective of the file, and may not, without the consent of the person concerned or authorization by law, communicate such information to third persons or use it for purposes that are inconsistent with the purposes for which the file was established. In addition, he may not, when establishing or using the file, otherwise invade the privacy or damage the reputation of the person concerned.

[1991, c. 64, a. 37].

38. Sous réserve des autres dispositions de la loi, toute personne peut, gratuitement, consulter et faire rectifier un dossier qu'une autre personne détient sur elle soit pour prendre une décision à son égard, soit pour informer un tiers; elle peut aussi le faire reproduire, moyennant† des frais raisonnables. Les renseignements contenus dans le dossier doivent être accessibles dans une transcription intelligible.

[1991, c. 64, a. 38].

38. Except as otherwise provided by law, any person may, free of charge, examine and cause the rectification of a file kept on him by another person with a view to making a decision in his regard or to informing a third person; he may also cause a copy of it to be made at† reasonable cost. The information contained in the file shall be made accessible in an intelligible transcript.

[1991, c. 64, a. 38].

Note : Comp. a./arts 952, 1802, 1842.

❚ C.C.Q., 39-41.

39. Celui qui détient un dossier sur une personne ne peut lui refuser l'accès aux renseignements qui y sont contenus à moins qu'il ne justifie d'un intérêt sérieux et légitime à le faire ou que ces renseignements ne soient susceptibles de nuire sérieusement à un tiers.

[1991, c. 64, a. 39].

39. A person keeping a file on a person may not deny him access to the information contained therein unless he has a serious and legitimate reason for doing so or unless the information is of a nature that may seriously prejudice a third person.

[1991, c. 64, a. 39].

❚ C.C.Q., 38, 40, 41.

40. Toute personne peut faire corriger, dans un dossier qui la concerne, des renseignements inexacts, incomplets ou équivoques; elle peut aussi faire supprimer un renseignement périmé ou non justifié par l'objet du dossier, ou formuler par écrit des commentaires et les verser au dossier.

La rectification est notifiée, sans délai, à toute personne qui a reçu les renseignements dans les six mois précédents et, le cas échéant, à la personne de qui elle les tient. Il en est de même de la demande de rectification, si elle est contestée.

[1991, c. 64, a. 40].

40. Every person may cause information which is contained in a file concerning him and which is inaccurate, incomplete or equivocal to be rectified; he may also cause obsolete information or information not justified by the purpose of the file to be deleted, or deposit his written comments in the file.

Notice of the rectification is given without delay to every person having received the information in the preceding six months and, where applicable, to the person who provided that information. The same rule applies to an application for rectification, if it is contested.

[1991, c. 64, a. 40].

❚ C.C.Q., 38, 39, 41.

41. Lorsque la loi ne prévoit pas les conditions et les modalités d'exercice du droit de consultation ou de rectification d'un dossier, le tribunal les détermine sur demande.

De même, s'il survient une difficulté dans

41. Where the law does not provide the conditions and modalities of exercise of the right of examination or rectification of a file, the court, upon application, determines them.

Similarly, if it becomes difficult to exer-

l'exercice de ces droits, le tribunal la tranche sur demande.

[1991, c. 64, a. 41].

▌ C.C.Q., 38-40.

cise those rights, the court, upon application, settles the difficulty.

[1991, c. 64, a. 41].

Chapitre IV ▬
Du respect du corps après le décès

Chapter IV ▬
Respect of the body after death

42. Le majeur peut régler ses funérailles et le mode de disposition de son corps; le mineur le peut également avec le consentement écrit du titulaire de l'autorité parentale ou de son tuteur. À défaut de volontés exprimées par le défunt, on s'en remet à la volonté des héritiers ou des successibles. Dans l'un et l'autre cas, les héritiers ou† les successibles sont tenus d'agir; les frais sont à la charge de la succession.

[1991, c. 64, a. 42].

▌ C.C.Q., 43.

42. A person of full age may determine the nature of his funeral and the disposal of his body; a minor may also do so with the written consent of the person having parental authority or his tutor. Failing the expressed wishes of the deceased, the wishes of the heirs or successors prevail; in both cases, the heirs and† successors are bound to act; the expenses are charged to the succession.

[1991, c. 64, a. 42].

43. Le majeur ou le mineur âgé de quatorze ans et plus peut, dans un but médical ou scientifique, donner son corps ou autoriser sur celui-ci le prélèvement d'organes ou de tissus. Le mineur de moins de quatorze ans le peut également, avec le consentement du titulaire de l'autorité parentale ou de son tuteur.

Cette volonté est exprimée soit verbalement devant deux témoins, soit par écrit, et elle peut être révoquée de la même manière. Il doit être donné effet à la volonté exprimée, sauf motif impérieux.

[1991, c. 64, a. 43].

▌ C.C.Q., 42, 44.

43. A person of full age or a minor fourteen years of age or over may, for medical or scientific purposes, give his body or authorize the removal of organs or tissues therefrom. A minor under fourteen years of age may also do so with the consent of the person having parental authority or of his tutor.

These wishes are expressed verbally before two witnesses, or in writing, and may be revoked in the same manner. The expressed wishes shall be followed, except for a compelling reason.

[1991, c. 64, a. 43].

44. À défaut de volontés connues ou présumées du défunt, le prélèvement peut être effectué avec le consentement de la personne qui pouvait ou aurait pu consentir aux soins.

Ce consentement n'est pas nécessaire lorsque deux médecins attestent par écrit l'impossibilité de l'obtenir en temps utile, l'urgence de l'intervention et l'espoir sérieux de sauver une vie humaine ou d'en améliorer sensiblement la qualité.

[1991, c. 64, a. 44].

44. A part of the body of a deceased person may be removed in the absence of knowledge or presumed knowledge of the wishes of the deceased, with the consent of the person who could give consent to care or could have given it.

Consent is not required where two physicians attest in writing to the impossibility of obtaining it in due time, the urgency of the operation and the serious hope of saving a human life or of improving its quality to an appreciable degree.

1991, c. 64, a. 44].

■ C.C.Q., 43, 45.

45. Le prélèvement ne peut être effectué avant que le décès du donneur n'ait été constaté par deux médecins qui ne participent ni au prélèvement ni à la transplantation.

[1991, c. 64, a. 45].

■ C.C.Q., 44.

45. No part of the body may be removed before the death of the donor is attested by two physicians who do not participate either in the removal or in the transplantation.

[1991, c. 64, a. 45].

46. L'autopsie peut être effectuée dans les cas prévus par la loi ou si le défunt y avait déjà consenti; elle peut aussi l'être avec le consentement de la personne qui pouvait ou aurait pu consentir aux soins. Celui qui demande l'autopsie ou qui y a consenti a le droit de recevoir une copie du rapport.

[1991, c. 64, a. 46].

■ C.C.Q., 47-49.

46. An autopsy may be performed in the cases provided for by law or if the deceased had already given his consent thereto; it may also be performed with the consent of the person who was or would have been authorized to give his consent to care. The person requesting the autopsy or having given his consent thereto has a right to receive a copy of the report.

[1991, c. 64, a. 46].

47. Le tribunal peut, si les circonstances le justifient, ordonner l'autopsie du défunt sur demande d'un médecin ou d'un intéressé; en ce dernier cas, il peut restreindre partiellement la divulgation du rapport d'autopsie.

Le coroner peut également, dans les cas prévus par la loi, ordonner l'autopsie du défunt.

[1991, c. 64, a. 47].

■ C.C.Q., 46, 48, 49.

47. The court may, if circumstances justify it, order the performance of an autopsy on the deceased at the request of a physician or any interested person; in the latter case, it may restrict the release of parts of the autopsy report.

The coroner may also order the performance of an autopsy on the deceased in the cases provided for by law.

[1991, c. 64, a. 47].

48. Nul ne peut embaumer, inhumer ou incinérer un corps avant que le constat de décès n'ait été dressé et qu'il ne se soit écoulé six heures depuis le constat.

[1991, c. 64, a. 48].

■ C.C.Q., 46, 47, 49.

48. No person may embalm, bury or cremate a body before an attestation of death has been drawn up and six hours have elapsed since that was done.

[1991, c. 64, a. 48].

49. Il est permis, en suivant les prescriptions de la loi, d'exhumer un corps si un tribunal l'ordonne, si la destination du lieu où il est inhumé change ou s'il s'agit de l'inhumer ailleurs ou de réparer la sépulture.

L'exhumation est également permise si,

49. Subject to compliance with the prescriptions of law, it is permissible to disinter a body on the order of a court, on the change of destination of its burial place or in order to bury it elsewhere or to repair the sepulture.

Disinterment is also permissible on the or-

conformément à la loi, un coroner l'ordonne.

[1991, c. 64, a. 49].

▌ C.C.Q., 46-48.

der of a coroner in accordance with the law.

[1991, c. 64, a. 49].

TITRE 3 ━
DE CERTAINS ÉLÉMENTS RELATIFS À L'ÉTAT DES PERSONNES

TITLE 3 ━
CERTAIN PARTICULARS RELATING TO THE STATUS OF PERSONS

Chapitre I ━ Du nom

Chapter I ━ Name

SECTION I ━
DE L'ATTRIBUTION DU NOM

SECTION I ━
ASSIGNMENT OF NAME

50. Toute personne a un nom qui lui est attribué à la naissance et qui est énoncé dans l'acte de naissance.

Le nom comprend le nom de famille et les prénoms.

[1991, c. 64, a. 50].

▌ C.C.Q., 5, 56, 393.

50. Every person has a name which is assigned to him at birth and is stated in his act of birth.

The name includes the surname and given names.

[1991, c. 64, a. 50].

51. L'enfant reçoit, au choix de ses père et mère, un ou plusieurs prénoms ainsi qu'un nom de famille formé d'au plus deux parties† provenant de celles qui forment les noms de famille de ses parents.

[1991, c. 64, a. 51; 1999, c. 47, a. 1].

▌ C.C.Q., 52-54.

51. A child is given, as his mother and father choose, one or more given names and a surname composed of not more than two of the surnames† composing his parents' surnames.

[1991, c. 64, a. 51; 1999, c. 47, s. 1].

52. En cas de désaccord sur le choix du nom de famille, le directeur de l'état civil attribue à l'enfant un nom composé de deux parties provenant l'une du nom de famille du père, l'autre de celui de la mère, selon leur choix respectif.

Si le désaccord porte sur le choix du prénom, il attribue à l'enfant deux prénoms au choix respectif des père et mère.

[1991, c. 64, a. 52].

▌ C.C.Q., 33, 51, 53, 54.

52. In case of disagreement over the choice of a surname, the registrar of civil status assigns to the child a surname consisting of two parts, one part being taken from the surname of his father and the other from that of his mother, according to their choice, respectively.

If the disagreement is over the choice of a given name, he assigns to the child two given names chosen by his father and his mother, respectively.

[1991, c. 64, a. 52].

53. L'enfant dont seule la filiation paternelle ou maternelle est établie porte le nom de famille de son père ou de sa mère, selon le cas, et un ou plusieurs prénoms choisis par son père ou sa mère.

L'enfant dont la filiation n'est pas établie porte le nom qui lui est attribué par le directeur de l'état civil.

[1991, c. 64, a. 53].

▌ C.C.Q., 51, 52, 54.

54. Lorsque le nom choisi par les père et mère comporte un nom de famille composé ou des prénoms inusités qui, manifestement, prêtent au ridicule ou sont susceptibles de déconsidérer l'enfant, le directeur de l'état civil peut inviter les parents à modifier leur choix.

Si ceux-ci refusent de le faire, il dresse néanmoins l'acte de naissance et en avise le Procureur général du Québec. Celui-ci peut saisir le tribunal, dans les quatre-vingt-dix jours de l'inscription de l'acte, pour lui demander de remplacer le nom ou les prénoms choisis par les parents par le nom de famille de l'un d'eux ou par deux prénoms usuels, selon le cas.

Jusqu'à l'expiration du délai pour saisir le tribunal ou, si un recours est exercé, jusqu'à ce que le jugement soit passé en force de chose jugée, le directeur de l'état civil fait mention de l'avis donné au procureur général sur les copies, certificats et attestations relatifs à cet acte de naissance.

[1991, c. 64, a. 54; 1999, c. 47, a. 2].

▌ C.C.Q., 51-53.

53. If only the paternal or the maternal filiation of a child is established, he bears the surname of his father or of his mother, as the case may be, and one or more given names chosen by his father or mother.

A child whose filiation is not established bears the name assigned to him by the registrar of civil status.

[1991, c. 64, a. 53].

54. Where the name chosen by the father and mother contains an odd compound surname or odd given names which clearly invite ridicule or may discredit the child, the registrar of civil status may suggest to the parents that they change the child's name.

If they refuse to do so, the registrar nevertheless draws up the act of birth and notifies the Attorney General of Québec. The Attorney General may bring the matter before the court within ninety days of the registration of the act to request that the surname of one of the parents be substituted for the surname chosen by the parents or that two given names in common use be substituted for the given names chosen by the parents.

Until the time for bringing the matter before the court expires or, if proceedings are brought, until the judgment acquires the authority of *res judicata*, the registrar of civil status makes a notation of the notice given to the Attorney General on every copy, certificate and attestation issued on the basis of the act of birth.

[1991, c. 64, a. 54; 1999, c. 47, s. 2].

SECTION II —
DE L'UTILISATION DU NOM

55. Toute personne a droit au respect de son nom.

Elle peut utiliser un ou plusieurs des prénoms énoncés dans son acte de naissance.

[1991, c. 64, a. 55].

▌ C.C.Q., 5, 50, 56, 393.

SECTION II —
USE OF NAME

55. Every person has a right to the respect of his name.

He may use one or more of the given names stated in his act of birth.

[1991, c. 64, a. 55].

56. Celui qui utilise un autre nom que le sien est responsable de la confusion ou du préjudice qui peut en résulter.

Tant le titulaire du nom que la personne à laquelle il est marié ou uni civilement ou ses proches parents, peuvent s'opposer à cette utilisation et demander la réparation du préjudice causé.

[1991, c. 64, a. 56; 2002, c. 6, a. 2].

▌ C.C.Q., 393, 1457.

56. A person who uses a name other than his or her own is liable for any resulting confusion or damage.

The holder of a name as well as his or her married or civil union spouse or close relatives may object to such use and demand redress for the damage caused.

[1991, c. 64, a. 56; 2002, c. 6, s. 2].

SECTION III —
DU CHANGEMENT DE NOM

SECTION III —
CHANGE OF NAME

§ 1. — Disposition générale

§ 1. — General provision

57. Qu'il porte sur le nom de famille ou le prénom, le changement de nom d'une personne ne peut avoir lieu sans l'autorisation du directeur de l'état civil ou du tribunal, suivant ce qui est prévu à la présente section.

[1991, c. 64, a. 57].

▌ C.C.Q., 74; D.T., 11; C.P.C., 864, 864.1.

57. No change may be made to a person's name, whether of his surname or given name, without the authorization of the registrar of civil status or the court, in accordance with the provisions of this section.

[1991, c. 64, a. 57].

§ 2. — Du changement de nom
par voie administrative

§ 2. — Change of name by way
of administrative process

58. Le directeur de l'état civil a compétence pour autoriser le changement de nom pour un motif sérieux dans tous les cas qui ne ressortissent pas à la compétence du tribunal; il en est ainsi, notamment, lorsque le nom généralement utilisé ne correspond pas à celui qui est inscrit dans l'acte de naissance, que le nom est d'origine étrangère ou trop difficile à prononcer ou à écrire dans sa forme originale ou que le nom prête au ridicule ou est frappé d'infamie.

Il a également compétence lorsque l'on demande l'ajout au nom de famille d'une partie provenant du nom de famille du père ou de la mère, déclaré dans l'acte de naissance.

[1991, c. 64, a. 58].

▌ C.C.Q., 57, 65.

58. The registrar of civil status has competence to authorize a change of name for a serious reason in every case that does not come under the jurisdiction of the court, and in particular where the name generally used does not correspond to that appearing in the act of birth, where the name is of foreign origin or too difficult to pronounce or write in its original form or where the name invites ridicule or has become infamous.

The registrar also has competence where a person applies for the addition to the surname of a part taken from the surname of the father or mother, as declared in the act of birth.

[1991, c. 64, a. 58].

59. Le majeur qui a la citoyenneté canadienne et est domicilié au Québec depuis au moins un an peut demander le changement de son nom. Cette demande vaut aussi, si elle porte sur le nom de famille, pour ses enfants mineurs qui portent le même nom ou une partie de ce nom.

Il peut aussi demander que les prénoms de ses enfants mineurs soient modifiés ou qu'il soit ajouté à leur nom de famille une partie provenant de son propre nom.

[1991, c. 64, a. 59].

▌C.C.Q., 57, 58.

60. Le tuteur d'un mineur peut demander le changement de nom de son pupille, si ce dernier a la citoyenneté canadienne et est domicilié au Québec depuis au moins un an.

[1991, c. 64, a. 60].

▌C.C.Q., 57, 58.

61. Celui qui demande un changement de nom expose ses motifs et indique le nom de ses père et mère, le nom de la personne à laquelle il est marié ou uni civilement, celui de ses enfants et, s'il y a lieu, le nom de l'autre parent de ces derniers.

Il atteste sous serment que les motifs exposés et les renseignements donnés sont exacts, et il joint à sa demande tous les documents utiles.

[1991, c. 64, a. 61; 2002, c. 6, a. 3]

▌C.C.Q., 3, 4, 57, 58.

62. À moins d'un motif impérieux, le changement de nom à l'égard d'un enfant mineur n'est pas accordé si le tuteur ou le mineur de quatorze ans et plus n'a pas été avisé de la demande ou s'il s'y oppose.

Cependant, lorsque l'on demande l'ajout au nom de famille du mineur d'une partie provenant du nom de famille de son père ou de sa mère, le droit d'opposition est réservé au mineur.

[1991, c. 64, a. 62].

▌C.C.Q., 6, 8, 57, 58.

59. A person of full age who is a Canadian citizen and who has been domiciled in Québec for at least one year may apply for a change of name. If the application concerns the surname, it is also valid as an application in respect of the person's minor children who bear the same surname or part of that surname.

A person may also apply for the change of the given names of the minor children or the addition of a part to their surname taken from the person's own surname.

[1991, c. 64, a. 59].

60. The tutor to a minor may apply for the change of the name of his pupil, if the latter is a Canadian citizen and has been domiciled in Québec for at least one year.

[1991, c. 64, a. 60].

61. A person applying for a change of name states the reasons for the application and gives the names of his or her father and mother, the name of his or her married or civil union spouse and children and, where applicable, the name of the children's other parent.

The person attests under oath that the reasons stated and the information given are true, and appends all the necessary documents to the application.

[1991, c. 64, a. 61; 2001, c. 6, a. 3].

62. Except for a compelling reason, no change of name of a minor child may be granted if the tutor or the minor, if fourteen years of age or over, has not been notified of the application or objects to it.

However, in the case of an application for the addition to the surname of the minor of a part taken from the surname of the father or mother, only the minor has the right to object.

[1991, c. 64, a. 62].

63. Avant d'autoriser un changement de nom, le directeur de l'état civil doit, à moins qu'une dispense spéciale de publication n'ait été accordée par le ministre de la Justice pour des motifs d'intérêt général, s'assurer que les avis de la demande ont été publiés; il doit donner aux tiers qui le demandent la possibilité de faire connaître leurs observations.

Il peut aussi exiger du demandeur les explications et les renseignements supplémentaires dont il a besoin.

[1991, c. 64, a. 63; 1996, c. 21, a. 27; 2007, c. 32, a. 8].

❚ C.C.Q., 5, 57, 58.

63. Before authorizing a change of name, the registrar of civil status shall ascertain that the notices of the application have been published, unless a special exemption from publication has been granted by the Minister of Justice for reasons of general interest; he shall give to third persons who so request the opportunity to state their views.

The registrar may also require the applicant to furnish any additional explanation and information he may need.

[1991, c. 64, a. 63; 1996, c. 21, s. 27; 2007, c. 32, s. 8].

64. Les autres règles relatives à la procédure de changement de nom, à la publicité de la demande et de la décision et les droits exigibles de la personne qui fait la demande sont déterminés par règlement du gouvernement.

[1991, c. 64, a. 64].

64. All other rules respecting the procedure for a change of name, the publication of the application and decision, and the duties payable by the person making the application are determined by regulation of the Government.

[1991, c. 64, a. 64].

§ 3. — Du changement de nom par voie judiciaire

§ 3. — Change of name by way of judicial process

65. Le tribunal est seul compétent pour autoriser le changement de nom d'un enfant en cas de changement dans la filiation, d'abandon par le père ou la mère ou de déchéance de l'autorité parentale.

[1991, c. 64, a. 65].

❚ C.C.Q., 57; C.P.C., 864, 864.1.

65. The court has exclusive jurisdiction to authorize the change of the name of a child in the case of a change of filiation, of abandonment by the father or mother, or of deprivation of parental authority.

[1991, c. 64, a. 65].

66. Le mineur de quatorze ans et plus peut présenter lui-même une demande de changement de nom, mais il doit alors aviser le titulaire de l'autorité parentale et le tuteur.

Il peut aussi s'opposer seul à une demande.

[1991, c. 64, a. 66].

❚ C.C.Q., 57; C.P.C., 864, 864.1.

66. A minor fourteen years of age or over acting alone may present an application for a change of name, but he shall in such a case give notice of the application to the person having parental authority and to the tutor.

The minor acting alone may also object to an application.

[1991, c. 64, a. 66].

67. Le changement de nom produit ses effets dès que le jugement qui l'autorise est passé en force de chose jugée ou que la décision du directeur de l'état civil n'est plus susceptible d'être révisée.

Un avis en est publié à la *Gazette officielle du Québec*, à moins qu'une dispense spéciale de publication ne soit accordée par le ministre de la Justice pour des motifs d'intérêt général.

[1991, c. 64, a. 67; 1996, c. 21, a. 27; 2007, c. 32, a. 9].

▮ C.C.Q., 57; C.P.C., 864, 864.1.

67. A change of name produces its effects from the time the judgment authorizing it acquires the authority of a final judgment (*res judicata*) or from the time that the decision of the registrar of civil status is no longer open to review.

Notice of the change is published in the *Gazette officielle du Québec* unless a special exemption from publication is granted by the Minister of Justice for reasons of general interest.

[1991, c. 64, a. 67; 1996, c. 21, s. 27; 2007, c. 32, s. 9].

68. Le changement de nom ne modifie en rien les droits et les obligations d'une personne.

[1991, c. 64, a. 68].

▮ C.C.Q., 5.

68. A change of name nowise alters the rights and obligations of a person.

[1991, c. 64, a. 68].

69. Les documents faits sous l'ancien nom d'une personne sont réputés faits sous son nouveau nom.

Cette personne ou un tiers intéressé peut, à ses frais et en fournissant la preuve du changement de nom, exiger que ces documents soient rectifiés par l'indication du nouveau nom.

[1991, c. 64, a. 69].

▮ C.C.Q., 67.

69. All documents made under the former name of a person are deemed to be made under his new name.

The person or any interested third person may, at his expense and upon furnishing proof of the change of name, demand that the documents be rectified by indicating the new name.

[1991, c. 64, a. 69].

70. Les actions auxquelles est partie une personne qui a changé de nom se poursuivent sous son nouveau nom, sans reprise d'instance.

[1991, c. 64, a. 70].

▮ C.C.Q., 67.

70. Any proceedings to which a person who has changed his name is a party are continued under his new name, without continuance of suit.

[1991, c. 64, a. 70].

**SECTION IV ——
DU CHANGEMENT DE LA MENTION DU SEXE**

**SECTION IV ——
CHANGE OF DESIGNATION OF SEX**

71. La personne qui a subi avec succès des traitements médicaux et des interventions

71. Every person who has successfully undergone medical treatments and surgical

chirurgicales impliquant une modification structurale des organes sexuels, et destinés à changer ses caractères sexuels apparents, peut obtenir la modification de la mention du sexe figurant sur son acte de naissance et, s'il y a lieu, de ses prénoms.

Seul un majeur domicilié au Québec depuis au moins un an et ayant la citoyenneté canadienne, peut faire cette demande.

[1991, c. 64, a. 71; 2004, c. 23, a. 1].

▮ C.C.Q., 16; D.T., 11; C.P.C., 864.

72. La demande est faite au directeur de l'état civil; outre les autres documents pertinents, elle est accompagnée d'un certificat du médecin traitant et d'une attestation du succès des soins établie par un autre médecin qui exerce au Québec.

[1991, c. 64, a. 72].

▮ C.C.Q., 19, 20, 71; C.P.C., 864.

73. La demande obéit à la même procédure que la demande de changement de nom. Elle est sujette à la même publicité et aux mêmes droits et les règles relatives aux effets du changement de nom s'y appliquent, compte tenu des adaptations nécessaires.

[1991, c. 64, a. 73; 2004, c. 23, a. 2].

▮ C.C.Q., 18, 19, 22; C.P.C., 864.

SECTION V —
DE LA RÉVISION DES DÉCISIONS

74. Les décisions du directeur de l'état civil relatives à l'attribution du nom ou à un changement de nom ou de mention du sexe, peuvent être révisées par le tribunal, sur demande d'une personne intéressée.

[1991, c. 64, a. 74].

▮ C.C.Q., 71, 72; C.P.C., 864.2.

operations involving a structural modification of the sexual organs intended to change his secondary sexual characteristics may have the designation of sex which appears on his act of birth and, if necessary, his given names changed.

Only a person of full age who has been domiciled in Québec for at least one year and is a Canadian citizen may make an application under this article.

[1991, c. 64, a. 71; 2004, c. 23, s. 1].

72. The application is made to the registrar of civil status; it is accompanied with, in addition to the other relevant documents, a certificate of the attending physician and an attestation by another physician practising in Québec to the effect that the treatments and operations were successful.

[1991, c. 64, a. 72].

73. The application is subject to the same procedure as an application for a change of name and to the same publication requirements and the same duties. The rules relating to the effects of a change of name, adapted as required, apply to a change of designation of sex.

[1991, c. 64, a. 73; 2004, c. 23, s. 2].

SECTION V —
REVIEW OF DECISIONS

74. Any decision of the registrar of civil status relating to the assignment of a name or to a change of name or designation of sex may be reviewed by the court, on the application of an interested person.

[1991, c. 64, a. 74].

Chapitre II ——	Chapter II ——
Du domicile et de la résidence	**Domicile and residence**

75. Le domicile d'une personne, quant à l'exercice de ses droits civils, est au lieu de son principal établissement.

[1991, c. 64, a. 75].

■ C.C.Q., 3083, 3098, 3126; C.P.C., 68, 77, 83, 123, 307.

75. The domicile of a person, for the exercise of his civil rights, is at the place of his principal establishment.

[1991, c. 64, a. 75].

76. Le changement de domicile s'opère par le fait d'établir sa résidence dans un autre lieu, avec l'intention d'en faire son principal établissement.

La preuve de l'intention résulte des déclarations de la personne et des circonstances.

[1991, c. 64, a. 76].

■ C.C.Q., 75.

76. Change of domicile is effected by actual residence in another place coupled with the intention of the person to make it the seat of his principal establishment.

The proof of such intention results from the declarations of the person and from the circumstances of the case.

[1991, c. 64, a. 76].

77. La résidence d'une personne est le lieu où elle demeure de façon habituelle; en cas de pluralité de résidences, on considère, pour l'établissement du domicile, celle qui a le caractère principal.

[1991, c. 64, a. 77].

■ C.C.Q., 75, 76.

77. The residence of a person is the place where he ordinarily resides; if a person has more than one residence, his principal residence is considered in establishing his domicile.

[1991, c. 64, a. 77].

78. La personne dont on ne peut établir le domicile avec certitude est réputée domiciliée au lieu de sa résidence.

À défaut de résidence, elle est réputée domiciliée au lieu où elle se trouve† ou, s'il est inconnu, au lieu de son dernier domicile connu.

[1991, c. 64, a. 78].

■ C.C.Q., 75, 77.

78. A person whose domicile cannot be determined with certainty is deemed to be domiciled at the place of his residence.

A person who has no residence is deemed to be domiciled at the place where he lives† or, if that is unknown, at the place of his last known domicile.

[1991, c. 64, a. 78].

79. La personne appelée à une fonction publique, temporaire ou révocable, conserve son domicile, à moins qu'elle ne manifeste l'intention contraire.

[1991, c. 64, a. 79].

■ C.C.Q., 75.

79. A person called to a temporary or revocable public office retains his domicile, unless he manifests a contrary intention.

[1991, c. 64, a. 79].

80. Le mineur non émancipé a son domicile chez† son tuteur.

Lorsque les père et mère exercent la tutelle

80. An unemancipated minor is domiciled with† his tutor.

Where the father and mother exercise the

mais n'ont pas de domicile commun, le mineur est présumé domicilié chez† celui de ses parents avec lequel il réside habituellement, à moins que le tribunal n'ait autrement fixé le domicile de l'enfant.

[1991, c. 64, a. 80].

❚ C.C.Q., 75, 177 et s.

81. Le majeur en tutelle est domicilié chez† son tuteur, celui en curatelle, chez† son curateur.

[1991, c. 64, a. 81].

❚ C.C.Q., 75, 256 et s.

82. Les époux et les conjoints unis civilement peuvent avoir un domicile distinct, sans qu'il soit pour autant porté atteinte aux règles relatives à la vie commune†.

[1991, c. 64, a. 82; 2002, c. 6, a. 4].

❚ C.C.Q., 75, 392, 395.

83. Les parties à un acte juridique peuvent, par écrit, faire une élection de domicile en vue de l'exécution de cet acte ou de l'exercice des droits qui en découlent.

L'élection de domicile ne se présume pas.

[1991, c. 64, a. 83].

❚ C.C.Q., 75; C.P.C., 63, 64, 68, 140.

Chapitre III
De l'absence et du décès

SECTION I
DE L'ABSENCE

84. L'absent est celui qui, alors qu'il avait son domicile au Québec, a cessé d'y paraître sans donner de nouvelles, et sans que l'on sache s'il vit encore.

[1991, c. 64, a. 84].

❚ C.C.Q., 85; C.P.C., 865.1.

85. L'absent est présumé vivant durant les sept années qui suivent sa disparition, à moins que son décès ne soit prouvé avant l'expiration de ce délai.

[1991, c. 64, a. 85].

tutorship but have no common domicile, the minor is presumed to be domiciled with the parent with† whom he usually resides unless the court has fixed the domicile of the child elsewhere.

[1991, c. 64, a. 80].

81. A person of full age under tutorship is domiciled with† his tutor; a person under curatorship is domiciled with† his curator.

[1991, c. 64, a. 81].

82. Married or civil union spouses may have separate domiciles without prejudice to the rules respecting their living together†.

[1991, c. 64, a. 82; 2002, c. 6, s. 4].

83. The parties to a juridical act may, in writing, elect domicile with a view to the execution of the act or the exercise of the rights arising from it.

Election of domicile is not presumed.

[1991, c. 64, a. 83].

Chapter III
Absence and death

SECTION I
ABSENCE

84. An absentee is a person who, while he had his domicile in Québec, ceased to appear there without advising anyone, and of whom it is unknown whether he is still alive.

[1991, c. 64, a. 84].

85. An absentee is presumed to be alive for seven years following his disappearance, unless proof of his death is made before then.

[1991, c. 64, a. 85].

▌ C.C.Q., 95, 97.

86. Un tuteur peut être nommé à l'absent qui a des droits à exercer ou des biens à administrer si l'absent n'a pas désigné un administrateur de ses biens ou si ce dernier n'est pas connu, refuse ou néglige d'agir, ou en est empêché.

[1991, c. 64, a. 86].

▌ D.T., 12; C.P.C., 865.1.

86. A tutor may be appointed to an absentee who has rights to be exercised or property to be administered if the absentee did not designate an administrator to his property or if the administrator is unknown, refuses or neglects to act or is prevented from acting.

[1991, c. 64, a. 86].

87. Tout intéressé, y compris le curateur public ou un créancier de l'absent, peut demander l'ouverture d'une tutelle à l'absent.

La tutelle est déférée par le tribunal sur avis du conseil de tutelle et les règles relatives à la tutelle au mineur s'y appliquent, compte tenu des adaptations nécessaires.

[1991, c. 64, a. 87].

▌ C.C.Q., 206, 224; D.T., 12, 13; C.P.C., 865.1.

87. Any interested person, including the Public Curator or a creditor of the absentee, may apply for the institution of tutorship to the absentee.

Tutorship is awarded by the court on the advice of the tutorship council and the rules respecting tutorship to minors, adapted as required, apply to tutorship to absentees.

[1991, c. 64, a. 87].

88. Le tribunal fixe, à la demande du tuteur ou d'un intéressé et suivant l'importance des biens, les sommes qu'il convient d'affecter aux charges du mariage ou de l'union civile, à l'entretien de la famille ou au paiement des obligations alimentaires de l'absent.

[1991, c. 64, a. 88; 2002, c. 6, a. 5].

▌ C.P.C., 865.2.

88. The court, on the application of the tutor or of an interested person and according to the extent of the property, fixes the amounts that it is expedient to allocate to the expenses of the marriage or civil union, to the maintenance of the family or to the payment of the obligation of support of the absentee.

[1991, c. 64, a. 88; 2002, c. 6, s. 5].

89. L'époux ou le conjoint uni civilement ou le tuteur de l'absent peut, après un an d'absence, demander au tribunal de déclarer que les droits patrimoniaux des conjoints sont susceptibles de liquidation.

Le tuteur doit obtenir l'autorisation du tribunal pour accepter le partage des acquêts du conjoint de l'absent ou y renoncer, ou autrement se prononcer sur les autres droits de l'absent.

[1991, c. 64, a. 89; 2002, c. 6, a. 6].

▌ C.C.Q., 465; C.P.C., 865.2.

89. The married or civil union spouse of or the tutor to the absentee may, after one year of absence, apply to the court for a declaration that the patrimonial rights of the spouses may be liquidated.

The tutor shall obtain the authorization of the court to accept or renounce the partition of the acquests of the spouse of the absentee or otherwise decide on the other rights of the absentee.

[1991, c. 64, a. 89; 2002, c. 6, s. 6].

90. La tutelle à l'absent se termine par son retour, par la désignation qu'il fait d'un

90. Tutorship to an absentee is terminated by his return, by the appointment by him

administrateur de ses biens, par le jugement déclaratif de décès ou par le décès
prouvé de l'absent.

[1991, c. 64, a. 90].

▌C.C.Q., 92, 97; D.T., 13.

of an administrator to his property, by declaratory judgment of death or by proof of
his death.

[1991, c. 64, a. 90].

91. En cas de force majeure, on peut aussi
nommer, comme à l'absent, un tuteur à la
personne empêchée de paraître à son domicile et qui ne peut désigner un administrateur de ses biens.

[1991, c. 64, a. 91].

▌C.C.Q., 84; D.T., 12; C.P.C., 865.1.

91. In case of superior force, a tutor may
also be appointed, as in the case of an absentee, to a person prevented from appearing at his domicile and who is unable to
appoint an administrator to his property.

[1991, c. 64, a. 91].

SECTION II —
DU JUGEMENT DÉCLARATIF DE DÉCÈS

SECTION II —
DECLARATORY JUDGMENT OF DEATH

92. Lorsqu'il s'est écoulé sept ans depuis
la disparition, le jugement déclaratif de décès peut être prononcé, à la demande de
tout intéressé, y compris le curateur public
et le ministre du Revenu dans ses fonctions d'administrateur provisoire de biens.

Le jugement peut également être prononcé
avant ce temps lorsque la mort d'une personne domiciliée au Québec ou qui est
présumée y être décédée peut être tenue
pour certaine, sans qu'il soit possible de
dresser un constat de décès.

[1991, c. 64, a. 92; 2005, c. 44, a. 47].

▌D.T., 14; C.P.C., 865.3, 865.4.

92. A declaratory judgment of death may
be pronounced on the application of any
interested person, including the Public Curator or the Minister of Revenue as provisional administrator of property, seven
years after disappearance.

It may also be pronounced before that time
where the death of a person domiciled in
Québec or presumed to have died there
may be held to be certain although it is impossible to draw up an attestation of death.

[1991, c. 64, a. 92; 2005, c. 44, s. 47].

93. Le jugement déclaratif de décès
énonce le nom et le sexe du défunt présumé et, s'ils sont connus, les lieu et date
de sa naissance et, le cas échéant, de son
mariage ou de son union civile, le nom du
conjoint, le nom de ses père et mère ainsi
que le lieu de son dernier domicile et les
lieu, date et heure du décès.

Une copie du jugement est transmise, sans
délai, au coroner en chef par le greffier du
tribunal qui a rendu la décision.

[1991, c. 64, a. 93; 2002, c. 6, a. 7].

▌C.C.Q., 126; D.T., 14; C.P.C., 865.3, 865.4.

93. A declaratory judgment of death states
the name and sex of the person presumed
dead and, if known, the place and date of
his or her birth and, if applicable, marriage
or civil union, the name of the spouse, the
names of his or her father and mother as
well as his or her last domicile, and the
date, time and place of death.

A copy of the judgment is transmitted
without delay to the chief coroner by the
clerk of the court that rendered the decision.

[1991, c. 64, a. 93; 2002, c. 6, s. 7].

94. La date du décès est fixée soit à l'expiration de sept ans à compter de la dispari-

94. The date fixed as the date of death is
either the date occurring on the expiry of

tion, soit plus tôt si les présomptions tirées des circonstances permettent de tenir la mort d'une personne pour certaine.

Le lieu du décès est fixé, en l'absence d'autres preuves, là où la personne a été vue pour la dernière fois.

[1991, c. 64, a. 94].

❚ C.C.Q., 126; D.T., 14; C.P.C., 865.3, 865.4.

95. Le jugement déclaratif de décès produit les mêmes effets que le décès.

[1991, c. 64, a. 95].

❚ C.C.Q., 92, 93, 126, 129.

96. S'il est prouvé que la date du décès est antérieure à celle que fixe le jugement déclaratif de décès, la dissolution du régime matrimonial ou d'union civile rétroagit à la date réelle du décès et la succession est ouverte à compter de cette date.

S'il est prouvé que la date du décès est postérieure à celle fixée par le jugement, la dissolution du régime matrimonial ou d'union civile rétroagit à la date fixée par ce jugement, mais la succession n'est ouverte qu'à compter de la date réelle du décès.

Les rapports entre les héritiers apparents et véritables obéissent aux règles du livre Des obligations relatives à la restitution des prestations.

[1991, c. 64, a. 96; 2002, c. 6, a. 8].

❚ C.C.Q., 417, 466, 613, 2847.

seven years from disappearance, or an earlier date if the presumptions drawn from the circumstances allow the death of a person to be held to be certain at that date.

In the absence of other proof, the place fixed as the place of death is that where the person was last seen.

[1991, c. 64, a. 94].

95. A declaratory judgment of death produces the same effects as death.

[1991, c. 64, a. 95].

96. If the date of death is proved to precede that fixed by the declaratory judgment of death, the dissolution of the matrimonial or civil union regime is retroactive to the true date of death and the succession is open from that date.

If the date of death is proved to follow that fixed by the declaratory judgment of death, the dissolution of the matrimonial or civil union regime is retroactive to the date fixed by the judgment but the succession is open only from the true date of death.

Relations between the apparent heirs and the true heirs are governed by those rules contained in the Book on Obligations which concern the restitution of prestations.

[1991, c. 64, a. 96; 2002, c. 6, s. 8].

SECTION III —
DU RETOUR

SECTION III —
RETURN

97. Les effets du jugement déclaratif de décès cessent au retour de la personne déclarée décédée, mais le mariage ou l'union civile demeure dissous.

Cependant, s'il surgit des difficultés concernant la garde des enfants ou les aliments, elles sont réglées comme s'il y avait eu séparation de corps ou dissolution de l'union civile.

[1991, c. 64, a. 97; 2002, c. 6, a. 9].

97. Where a person declared dead by a declaratory judgment of death returns, the effects of the judgment cease but the marriage or civil union remains dissolved.

However, if difficulties arise over custody of the children or support, they are settled as in the case of separation from bed and board or the dissolution of a civil union.

[1991, c. 64, a. 97; 2002, c. 6, s. 9].

∎ C.C.Q., 101, 373.

98. Celui qui revient doit demander au tribunal l'annulation du jugement déclaratif de décès et la rectification du registre de l'état civil. Il peut aussi, sous réserve des droits des tiers, demander au tribunal la radiation ou la rectification des mentions ou inscriptions faites à la suite du jugement déclaratif de décès, et que le retour rend sans effet, comme si elles avaient été faites sans droit.

Tout intéressé peut présenter la demande au tribunal aux frais de celui qui revient, à défaut pour ce dernier d'agir.

[1991, c. 64, a. 98].

∎ C.C.Q., 97.

99. Celui qui revient reprend ses biens suivant les modalités prévues par les règles du livre Des obligations relatives à la restitution des prestations. Il rembourse les personnes qui étaient, de bonne foi, en possession de ses biens et qui ont acquitté ses obligations autrement qu'avec ses biens.

[1991, c. 64, a. 99].

∎ C.P.C., 865.5.

100. Tout paiement qui a été fait aux héritiers ou aux légataires particuliers de celui qui revient postérieurement à un jugement déclaratif de décès, mais avant la radiation ou la rectification des mentions ou inscriptions, est valable et libératoire.

[1991, c. 64, a. 100].

∎ C.C.Q., 97.

101. L'héritier apparent qui apprend l'existence de la personne déclarée décédée conserve la possession des biens et en acquiert les fruits et les revenus, tant que celui qui revient ne demande pas de reprendre les biens.

[1991, c. 64, a. 101].

∎ C.C.Q., 931, 932, 2805.

98. A person who has returned shall apply to the court for annulment of the declaratory judgment of death and rectification of the register of civil status. He may also, subject to the rights of third persons, apply to the court for the cancellation or rectification of the particulars or entries made following the declaratory judgment of death and nullified by his return, as if they had been made without right.

Any interested person may make the application to the court at the expense of the person who has returned if the latter fails to act.

[1991, c. 64, a. 98].

99. A person who has returned recovers his property according to the rules contained in the Book on Obligations which concern the restitution of prestations. He reimburses the persons who, in good faith, were in possession of his property and who discharged his obligations otherwise than with his property.

[1991, c. 64, a. 99].

100. Any payment made to the heirs or legatees by particular title of a person who has returned after a declaratory judgment of death but before the particulars or entries are cancelled or rectified is valid and constitutes a valid discharge.

[1991, c. 64, a. 100].

101. An apparent heir who learns that the person declared dead is alive retains possession of the property and acquires the fruits and revenues thereof until the person who has returned applies to resume possession of his property.

[1991, c. 64, a. 101].

SECTION IV —
DE LA PREUVE DU DÉCÈS

SECTION IV —
PROOF OF DEATH

102. La preuve du décès s'établit par l'acte de décès, hormis les cas où la loi autorise un autre mode de preuve.

[1991, c. 64, a. 102].

■ C.C.Q., 378, 2813, 2818.

102. Proof of death is established by an act of death, except in cases where the law authorizes another mode of proof.

[1991, c. 64, a. 102].

Chapitre IV —
Du registre et des actes de l'état civil

Chapter IV —
Register and acts of civil status

SECTION I —
DE L'OFFICIER DE L'ÉTAT CIVIL

SECTION I —
OFFICER OF CIVIL STATUS

103. Le directeur de l'état civil est le seul officier de l'état civil.

Il est chargé de dresser les actes de l'état civil et de les modifier, de tenir le registre de l'état civil, de le garder et d'en assurer la publicité†.

[1991, c. 64, a. 103].

■ D.T., 16, 21; C.P.C., 817.1, 864.

103. The registrar of civil status is the sole officer of civil status.

The registrar is responsible for drawing up and altering acts of civil status, for the keeping and custody of the register of civil status and for providing access† to it.

[1991, c. 64, a. 103].

SECTION II —
DU REGISTRE DE L'ÉTAT CIVIL

SECTION II —
REGISTER OF CIVIL STATUS

104. Le registre de l'état civil est constitué de l'ensemble des actes de l'état civil et des actes juridiques qui les modifient.

[1991, c. 64, a. 104].

■ D.T., 19.

104. The register of civil status consists of all the acts of civil status and the juridical acts by which they are altered.

[1991, c. 64, a. 104].

105. Le registre de l'état civil est tenu en double exemplaire; l'un est constitué de tous les documents écrits, l'autre contient l'information sur support informatique.

S'il y a divergence entre les deux exemplaires du registre, l'écrit[1] prévaut, mais dans tous les cas, l'un des exemplaires peut servir à reconstituer l'autre.

[1991, c. 64, a. 105].

105. The register of civil status is kept in duplicate; one duplicate consists of all the written documents and the other is kept on a data retrieval system.

If there is any variance between the duplicates of the register, that in writing[1] prevails but in all cases, one of the duplicates may be used to reconstitute the other.

[1991, c. 64, a. 105].

Note 1 : Comp. a. 2837.

■ D.T., 15, 21.

106. Une version du registre de l'état civil est aussi conservée dans un lieu différent de celui où sont gardés les exemplaires du registre.

[1991, c. 64, a. 106].

❚ C.C.Q., 104, 105.

106. One version of the register of civil status is also kept in a different place from that where the duplicates of the register are kept.

[1991, c. 64, a. 106].

SECTION III —
DES ACTES DE L'ÉTAT CIVIL

SECTION III —
ACTS OF CIVIL STATUS

§ 1. — Dispositions générales

§ 1. — General provisions

107. Les seuls actes de l'état civil sont les actes de naissance, de mariage, d'union civile et de décès.

Ils ne contiennent que ce qui est exigé par la loi; ils sont authentiques.

[1991, c. 64, a. 107; 2002, c. 6, a. 10].

❚ C.C.Q., 126, 2814; D.T., 17, 162; C.P.C., 870-871.4.

107. The only acts of civil status are acts of birth, acts of marriage or civil union and acts of death.

They contain only what is required by law, and are authentic.

[1991, c. 64, a. 107; 2002, c. 6, s. 10].

108. Les actes de l'état civil sont dressés, sans délai, à partir des constats, des déclarations et des actes juridiques reçus par le directeur de l'état civil, relatifs aux naissances, mariages, unions civiles et décès qui surviennent au Québec ou qui concernent une personne qui y est domiciliée.

Lorsqu'un nom comporte des caractères, des signes diacritiques ou une combinaison d'un caractère et d'un signe diacritique qui ne sont pas utilisés pour l'écriture du français ou de l'anglais, il doit être transcrit en français ou en anglais, au choix de la personne intéressée. Cette transcription est portée sur l'exemplaire écrit du registre et est substituée à la graphie originale sur l'exemplaire informatique, les copies d'actes, les certificats et les attestations. L'orthographe originale du nom est respectée sous réserve des modifications que cette transcription exige.

[1991, c. 64, a. 108; 1999, c. 47, a. 3; 2002, c. 6, a. 11].

❚ D.T., 17.

108. The acts of civil status are drawn up without delay from the attestations, declarations and juridical acts received by the registrar of civil status, regarding births, marriages, civil unions and deaths occurring in Québec or concerning persons domiciled in Québec.

Where a name contains characters, diacritical signs or a combination of a character and a diacritical sign that are not used for the writing of French or English, the name must be transcribed into French or English, at the option of the interested person. The transcription is entered on the written copy of the register and is substituted for the original form of the name in the computerized copy of the register and on copies of acts, certificates and attestations. The original spelling of the name is preserved, subject to the modifications required by the transcription.

[1991, c. 64, a. 108; 1999, c. 47, s. 3; 2002, c. 6, s. 11].

109. Le directeur de l'état civil dresse l'acte de l'état civil en signant la déclaration qu'il reçoit, ou en l'établissant lui-même conformément au jugement ou à un autre acte qu'il reçoit. Pour l'établir, il

109. The registrar of civil status prepares an act of civil status by signing the declaration he receives, or by drawing it up himself in accordance with the judgment or other act he receives. Where necessary

procède, s'il y a lieu, à une enquête sommaire pour obtenir les informations requises.

Il date la déclaration, y appose un numéro d'inscription et l'insère dans le registre de l'état civil; elle constitue, dès lors, l'acte de l'état civil.

[1991, c. 64, a. 109; 2004, c. 3, a. 12].

▮ C.C.Q., 110, 130; C.P.C., 817.1.

110. Les constats et les déclarations énoncent la date où ils sont faits, les nom, qualité et domicile de leur auteur et ils portent sa signature.

[1991, c. 64, a. 110].

▮ C.C.Q., 109; D.T., 17; C.P.C., 817.1.

§ 2. — Des actes de naissance

111. L'accoucheur dresse le constat de la naissance.

Le constat énonce les lieu, date et heure de la naissance, le sexe de l'enfant, de même que le nom et le domicile de la mère.

[1991, c. 64, a. 111].

▮ C.C.Q., 107.

112. L'accoucheur remet un exemplaire du constat à ceux qui doivent déclarer la naissance; il transmet, sans délai, un autre exemplaire du constat au directeur de l'état civil, avec la déclaration de naissance de l'enfant, à moins que celle-ci ne puisse être transmise immédiatement.

[1991, c. 64, a. 112].

▮ C.C.Q., 111.

113. La déclaration de naissance de l'enfant est faite au directeur de l'état civil, dans les trente jours, par les père et mère ou par l'un d'eux. Elle est faite devant un témoin qui la signe.

[1991, c. 64, a. 113].

▮ C.C.Q., 109.

114. Seuls le père ou la mère peuvent déclarer la filiation de l'enfant à leur égard. Cependant, lorsque la conception ou la

to obtain the information required to draw up the act of civil status, the registrar makes a summary investigation.

He dates the declaration, affixes a registration number to it and places it in the register of civil status. The declaration thereupon constitutes an act of civil status.

[1991, c. 64, a. 109; 2004, c. 3, s. 12].

110. Every attestation and declaration indicates the date on which it was made and the name, quality and domicile of the person making it and bears his signature.

[1991, c. 64, a. 110].

§ 2. — Acts of birth

111. The accoucheur draws up an attestation of birth.

An attestation states the place, date and time of birth, the sex of the child, and the name and domicile of the mother.

[1991, c. 64, a. 111].

112. The accoucheur transmits a copy of the attestation to those who are required to declare the birth; he transmits without delay another copy of the attestation to the registrar of civil status, together with the declaration of birth of the child, unless it cannot be transmitted immediately.

[1991, c. 64, a. 112].

113. The declaration of birth of a child is made by the father and mother, or by either of them, to the registrar of civil status within thirty days, before a witness, who signs it.

1991, c. 64, a. 113].

114. Only the father or mother may declare the filiation of a child with regard to themselves. However, where the child is

naissance survient pendant le mariage ou l'union civile, l'un des conjoints peut déclarer la filiation de l'enfant à l'égard de l'autre.

Aucune autre personne ne peut déclarer la filiation à l'égard d'un parent sans l'autorisation de ce dernier.

[1991, c. 64, a. 114; 2002, c. 6, a. 12].

▌ C.C.Q., 113.

115. La déclaration de naissance énonce le nom attribué à l'enfant, son sexe, les lieu, date et heure de la naissance, le nom et le domicile des père et mère et du témoin, de même que le lien de parenté du déclarant avec l'enfant. Lorsque les parents sont de même sexe, ils sont désignés comme les mères ou les pères de l'enfant, selon le cas.

L'auteur de la déclaration joint à celle-ci un exemplaire du constat de naissance.

[1991, c. 64, a. 115; 2002, c. 6, a. 13].

▌ C.C.Q., 107, 130.

116. La personne qui recueille ou garde un nouveau-né, dont les père et mère sont inconnus ou empêchés d'agir, est tenue, dans les trente jours, de déclarer la naissance au directeur de l'état civil.

La déclaration mentionne le sexe de l'enfant et, s'ils sont connus, son nom et les lieu, date et heure de la naissance. L'auteur de la déclaration doit joindre à celle-ci une note faisant état des faits et des circonstances et y indiquer, s'ils lui sont connus, les noms des père et mère.

[1991, c. 64, a. 116].

▌ C.C.Q., 113-115.

117. Lorsqu'ils sont inconnus, le directeur de l'état civil fixe les lieu, date et heure de la naissance sur la foi d'un rapport médical et suivant les présomptions tirées des circonstances.

[1991, c. 64, a. 117].

▌ C.C.Q., 115.

conceived or born during the marriage or civil union, one of the spouses may declare the filiation of the child with regard to the other.

No other person may declare the filiation with regard to one of the parents, except with the authorization of that parent.

[1991, c. 64, a. 114; 2002, c. 6, s. 12].

115. A declaration of birth states the name assigned to the child, the sex and the place, date and time of birth of the child, the name and domicile of the father, of the mother, and of the witness, and the family relationship between the declarant and the child. Where the parents are of the same sex, they are designated as the mothers or fathers of the child, as the case may be.

The person who makes the declaration attaches to it a copy of the attestation of birth.

[1991, c. 64, a. 115; 2002, c. 19, s. 15; 2002, c. 6, s. 13].

116. Every person who gives shelter to or takes custody of a newborn child whose father and mother are unknown or prevented from acting is bound to declare the birth to the registrar of civil status within thirty days.

A declaration states the sex and, if known, the name and the place, date and time of birth of the child. The person making a declaration shall attach a note to it relating the facts and circumstances and indicating, if known to him, the names of the father and mother.

[1991, c. 64, a. 116].

117. Where the place, date and time of birth are unknown, the registrar of civil status fixes them on the basis of a medical report and the presumptions that may be drawn from the circumstances.

[1991, c. 64, a. 117].

§ 3. — Des actes de mariage

§ 3. — Acts of marriage

118. La déclaration de mariage est faite, sans délai, au directeur de l'état civil par celui qui célèbre le mariage.

[1991, c. 64, a. 118; 1999, c. 47, a. 4].

❚ C.C.Q., 119-121.

118. The declaration of marriage is made without delay to the registrar of civil status by the person having solemnized the marriage.

[1991, c. 64, a. 118; 1999, c. 47, s. 4].

119. La déclaration de mariage énonce les nom et domicile des époux, le lieu et la date de leur naissance et de† leur mariage, ainsi que le nom de leur père et mère et des témoins.

Elle énonce aussi les nom, domicile et qualité du célébrant, et indique, s'il y a lieu, la société religieuse² à laquelle il appartient.

[1991, c. 64, a. 119].

119. A declaration of marriage states the name and domicile of each spouse, their places and dates of birth, the date† of their marriage, and the name of the father and mother of each of them and of the witnesses.

The declaration also states the name, domicile and quality of the officiant and indicates, where applicable, his religious affiliation².

[1991, c. 64, a. 119].

Note 1 : Le texte anglais n'impose pas que la déclaration énonce le lieu du mariage. Comp. a. 121.2 et O.R.C.C., Livre I, a. 91. / The English text does not require that the declaration state the place of the marriage. Comp. a. 121.2 and C.C.R.O., Book I, a. 91.

Note 2 : Comp. a. 121.2.

❚ C.C.Q., 110, 118, 120, 121, 366.

120. La déclaration de mariage indique, s'il y a lieu, le fait d'une dispense de publication, le fait que les époux étaient déjà liés par une union civile et, si l'un des époux est mineur, les autorisations ou consentements obtenus.

[1991, c. 64, a. 120; 2004, c. 23, a. 3].

❚ C.C.Q., 118, 119, 121, 135.

120. A declaration of marriage indicates, where such is the case, the fact of a dispensation from publication, the fact that the spouses were already in a civil union and, if one of the spouses is a minor, the authorizations or consents obtained.

[1991, c. 64, a. 120; 2004, c. 23, s. 3].

121. La déclaration est signée par le célébrant, les époux et les témoins.

[1991, c. 64, a. 121].

❚ C.C.Q., 118-120.

121. The declaration is signed by the officiant, the spouses and the witnesses.

[1991, c. 64, a. 121].

§ 3.1. — Des actes d'union civile

§ 3.1. — Acts of civil union

121.1. La déclaration d'union civile est faite, sans délai, au directeur de l'état civil par celui qui célèbre l'union.

[2002, c. 6, a. 14].

121.1. The declaration of civil union is made without delay to the registrar of civil status by the person having solemnized the civil union.

[2002, c. 6, s. 14].

121.2. La déclaration d'union civile énonce les nom et domicile des conjoints, le lieu et la date de leur naissance et de leur union ainsi que le nom de leur père et mère et des témoins. Elle indique, s'il y a lieu, le fait d'une dispense de publication.

121.2. The declaration of civil union states the names and domicile and places and dates of birth of the spouses, the date and place of solemnization of the civil union, and the names of their fathers and mothers and witnesses. Where applicable, the declaration indicates that a dispensation from publication has been granted.

Elle énonce aussi les nom, domicile et qualité du célébrant et indique, s'il y a lieu, la société religieuse[1] à laquelle il appartient.

[2002, c. 6, a. 14].

The declaration also states the name, domicile and quality of the officiant and indicates, where applicable, the officiant's religious affiliation[1].

[2002, c. 6, s. 14].

Note 1 : Voir les articles 366 et 521.2 C.c.Q. pour un emploi du terme « *religious society* » au lieu de « *religious affiliation* », le texte français du code employant dans les deux cas le terme société religieuse. / See articles 366 et 521.2 C.C.Q. where the term "religious society" rather than religious affiliation is used. In French, the term "*société religieuse*" is used in both instances.

121.3. La déclaration est signée par le célébrant, les conjoints et les témoins.

[2002, c. 6, a. 14].

121.3. The declaration is signed by the officiant, the spouses and the witnesses.

[2002, c. 6, s. 14].

§ 4. — Des actes de décès

§ 4. — Acts of death

122. Le médecin qui constate un décès en dresse le constat.

122. The physician who establishes that a death has occurred draws up an attestation of death.

Il remet un exemplaire à celui qui est tenu de déclarer le décès. Un autre exemplaire est transmis, sans délai, au directeur de l'état civil par le médecin ou par le directeur de funérailles qui prend charge du corps du défunt, avec la déclaration de décès, à moins que celle-ci ne puisse être transmise immédiatement.

[1991, c. 64, a. 122; 1999, c. 47, a. 5].

He transmits a copy of the attestation to the person who is required to declare the death. Another copy is sent without delay to the registrar of civil status by the physician or by the funeral director who takes charge of the body of the deceased, together with the declaration of death, unless it cannot be transmitted immediately.

[1991, c. 64, a. 122; 1999, c. 47, s. 5].

▌C.C.Q., 107-110.

123. S'il est impossible de faire constater le décès par un médecin dans un délai raisonnable, mais que la mort est évidente, le

123. If it is impossible to have a death attested by a physician within a reasonable time, and if death is obvious, the attesta-

constat de décès peut être dressé par deux agents de la paix, qui sont tenus aux mêmes obligations que le médecin.

[1991, c. 64, a. 123].

❚ C.C.Q., 122.

124. Le constat énonce le nom et le sexe du défunt, ainsi que les lieu, date et heure du décès.

[1991, c. 64, a. 124].

❚ C.C.Q., 110, 122, 123.

125. La déclaration de décès est faite, sans délai, au directeur de l'état civil, soit par le conjoint du défunt, soit par un proche parent ou un allié, soit, à défaut, par toute autre personne capable d'identifier le défunt. Dans le cas où un directeur de funérailles prend charge du corps, il déclare le moment, le lieu et le mode de disposition du corps. La déclaration est faite devant un témoin qui la signe.

[1991, c. 64, a. 125; 1999, c. 47, a. 6].

❚ C.C.Q., 109, 122, 123.

126. La déclaration de décès énonce le nom et le sexe du défunt, le lieu et la date de sa naissance et, le cas échéant, de son mariage ou de son union civile, le nom du conjoint, le nom de ses père et mère, le lieu de son dernier domicile, les lieu, date et heure du décès ainsi que le moment, le lieu et le mode de disposition du corps.

L'auteur de la déclaration joint à celle-ci un exemplaire du constat de décès.

[1991, c. 64, a. 126; 2002, c. 6, a. 15].

❚ C.C.Q., 110, 125.

127. Lorsqu'elles sont inconnues, le directeur de l'état civil fixe la date et l'heure du décès sur la foi du rapport d'un coroner et suivant les présomptions tirées des circonstances.

Si le lieu du décès n'est pas connu, le lieu présumé est celui où le corps a été découvert.

[1991, c. 64, a. 127].

tion of death may be drawn up by two peace officers, who are then bound by the same obligations as the physician.

[1991, c. 64, a. 123].

124. An attestation states the name and sex of the deceased and the place, date and time of death.

[1991, c. 64, a. 124].

125. A declaration of death is made without delay to the registrar of civil status by the spouse of the deceased, a close relative or a person connected by marriage or a civil union or, failing them, by any other person able to identify the deceased. If a funeral director has taken charge of the body, he declares the time, place and mode of disposal of the body. The declaration is made before a witness, who signs it.

[1991, c. 64, a. 125; 1999, c. 47, s. 6; 2002, c. 6, s. 235].

126. A declaration of death states the name and sex, place and date of birth and, if applicable, of marriage or civil union of the deceased, the name of the spouse, the names of the father and mother and the last domicile of the deceased and the place, date and time of death as well as the time, place and mode of disposal of the body.

The person who makes the declaration attaches to it a copy of the attestation of death.

[1991, c. 64, a. 126; 2002, c. 6, s. 15].

127. Where the date and time of death are unknown, the registrar of civil status fixes them on the basis of the report of a coroner and the presumptions that may be drawn from the circumstances.

If the place of death is unknown, it is presumed to be the place where the body was discovered.

[1991, c. 64, a. 127].

◼ C.C.Q., 126.

128. Si l'identité† du défunt est inconnue, le constat contient son signalement et décrit les circonstances de la découverte du corps.

[1991, c. 64, a. 128].

128. If the deceased cannot be identified†, the attestation includes a description of the body and an account of the circumstances surrounding its discovery.

[1991, c. 64, a. 128].

Note : Comp. O.R.C.C., Livre I, a. 96, où l'on parle, dans le texte français, de l'identification du défunt plutôt que de son identité. / Comp. C.C.R.O., Book I, a. 96, where the French text refers to the "*identification du défunt*" rather than the "*identité*".

SECTION IV —
DE LA MODIFICATION DU REGISTRE DE L'ÉTAT CIVIL

SECTION IV —
ALTERATION OF THE REGISTER OF CIVIL STATUS

§ 1. — Disposition générale

§ 1. — General provision

129. Le greffier du tribunal qui a rendu un jugement qui change le nom d'une personne ou modifie autrement l'état d'une personne ou une mention à l'un des actes de l'état civil, notifie ce jugement au directeur de l'état civil, dès qu'il est passé en force de chose jugée.

Le notaire qui reçoit[1] une déclaration commune de dissolution d'une union civile la notifie sans délai au directeur de l'état civil.

Le directeur de l'état civil fait alors, sur l'exemplaire informatique, les inscriptions nécessaires pour assurer la publicité du registre.

[1991, c. 64, a. 129; 1999, c. 47, a. 7; 2002, c. 6, a. 16].

129. The clerk of the court that has rendered a judgment changing the name of a person or otherwise altering the status of a person or any particular in an act of civil status gives notice of the judgment to the registrar of civil status as soon as it acquires the authority of a final judgment (*res judicata*).

The notary who executes[1] a joint declaration dissolving a civil union gives notice of the declaration without delay to the registrar of civil status.

The registrar of civil status then makes the required entries in the computerized copy of the register to ensure the publication of the register.

[1991, c. 64, a. 129; 1999, c. 47, s. 7; 2002, c. 6, s. 16].

Note 1 : Comp. les articles 441 et 759, où les verbes « recevoir » et « *to receive* » sont présentés comme équivalents. Voir cependant l'article 2988 où, comme c'est le cas ici, l'on emploi plutôt concurremment « recevoir » et « *to execute*, en accord avec le droit commun notarial exprimé dans la *Loi sur le notariat*, RLRQ, c. N-2, a. 6 et suiv. / Comp. articles 441 and 759, in which the verbs "to receive" and "*recevoir*" are employed as equivalents. See, however, art. 2988 in which, as in the case of this provision, "to execute" and "*recevoir*" are used simultaneously, in keeping with the common law notarial matters as set forth in the *Notarial Act*, CQLR, c. N-2.

◼ C.C.Q., 3015, 3023; C.P.C., 817.1, 864.

§ 2. — De la confection des actes et des mentions

§ 2. — Preparation of acts and notations

130. Lorsqu'une naissance, un mariage, une union civile ou un décès survenu au

130. Where a birth, marriage, civil union or death having occurred in Québec is not

Québec n'est pas constaté ou déclaré, ou l'est incorrectement ou tardivement, le directeur de l'état civil procède à une enquête sommaire, dresse l'acte de l'état civil sur la foi de l'information qu'il obtient et l'insère dans le registre de l'état civil.

En cas de déclaration tardive s'ajoutant à une autre déclaration sans la contredire, le directeur de l'état civil peut, avec le consentement de l'auteur de la déclaration précédente, apporter la modification correspondante à l'acte de l'état civil. Toutefois, s'il s'agit d'une déclaration de filiation, la modification est, en outre, conditionnelle au consentement de l'enfant âgé de quatorze ans ou plus et à l'absence d'un lien de filiation établi en faveur d'une autre personne par un titre†, une possession constante d'état ou une présomption légale; elle est aussi conditionnelle à l'absence d'objection d'un tiers dans les vingt jours d'un avis publié conformément aux règles fixées par règlement du gouvernement.

[1991, c. 64, a. 130; 1999, c. 47, a. 8; 2002, c. 6, a. 17].

▮ C.C.Q., 109, 131; D.T., 16.

attested or declared or is attested or declared inaccurately or late, the registrar of civil status makes a summary investigation, draws up the act of civil status on the basis of the information he obtains and inserts the act in the register of civil status.

Where a tardy declaration is made which adds to an earlier one without contradicting it, the registrar of civil status may, with the consent of the author of the earlier declaration, alter the act of civil status accordingly. However, in the case of a declaration of filiation, alteration of the act of civil status is conditional upon the consent of the child if he is 14 years of age or over and upon the absence of a bond of filiation established in favour of another person by an act†, uninterrupted possession of status or a legal presumption; it is also conditional upon the absence of any objection from a third person within twenty days of the publication of a notice in accordance with the rules determined by government regulation.

[1991, c. 64, a. 130; 1999, c. 47, s. 8; 2002, c. 6, s. 17].

131. Lorsque la déclaration et le constat contiennent des mentions contradictoires, par ailleurs essentielles pour permettre d'établir l'état de la personne, l'acte de l'état civil ne peut être dressé qu'avec l'autorisation du tribunal, sur demande du directeur de l'état civil ou d'une personne intéressée.

[1991, c. 64, a. 131].

▮ C.P.C., 817.1, 864.

131. Where the declaration and the attestation contain particulars that are contradictory yet essential to the establishment of the status of a person, no act of civil status may be drawn up except with the authorization of the court, on the application of the registrar of civil status or of an interested person.

[1991, c. 64, a. 131].

132. Un nouvel acte de l'état civil est dressé, à la demande d'une personne intéressée, lorsqu'un jugement qui modifie une mention essentielle d'un acte de l'état civil, tel le nom ou la filiation, a été notifié au directeur de l'état civil ou que la décision d'autoriser un changement de nom ou de la mention du sexe a acquis un caractère définitif.

Pour compléter l'acte, le directeur peut requérir que la nouvelle déclaration qu'il

132. A new act of civil status is drawn up, on the application of an interested person, where a judgment changing an essential particular in an act of civil status, such as the name or filiation of a person, has been notified to the registrar of civil status or where the decision to authorize a change of name or of designation of sex has become final.

To complete the act, the registrar may require the new declaration he draws up to

établit soit signée par ceux qui auraient pu la signer eût-elle été la déclaration primitive.

Le nouvel acte se substitue à l'acte primitif; il en reprend toutes les énonciations et les mentions qui n'ont pas fait l'objet† de modifications. De plus, une mention de la substitution est portée à l'acte primitif.

[1991, c. 64, a. 132].

▌ C.C.Q., 129, 149; C.P.C., 817.1, 864.

132.1. Lorsqu'il s'agit de l'adoption d'un enfant domicilié hors du Québec par une personne domiciliée au Québec, le directeur de l'état civil dresse l'acte de naissance à partir du jugement rendu au Québec, de la décision reconnue judiciairement au Québec ou d'un autre acte qui, en vertu de la loi, produit les effets de l'adoption au Québec et qui lui a été notifié.

Le greffier du tribunal notifie au directeur de l'état civil le jugement dès qu'il est passé en force de chose jugée et y joint la décision ou l'acte, le cas échéant.

Le greffier du tribunal notifie également au directeur de l'état civil le certificat qu'il délivre en vertu de la *Loi sur les adoptions d'enfants domiciliés en République populaire de Chine* (chapitre A-7.01).

Le ministre de la Santé et des Services sociaux notifie au directeur de l'État civil le certificat de conformité délivré par l'autorité compétente étrangère et la déclaration contenant le nom choisi pour l'enfant, qui lui sont transmis en application de la *Loi assurant la mise en oeuvre de la Convention sur la protection des enfants et la coopération en matière d'adoption internationale* (chapitre M-35.1.3), à moins qu'il n'ait saisi le tribunal en vertu du deuxième alinéa de l'article 9 de cette loi. Le ministre notifie également, le cas échéant, le certificat attestant la conversion de l'adoption qu'il dresse en vertu du même article.

[2004, c. 3, a. 13; 2006, c. 34, a. 76].

▌ C.C.Q., 565, 573.1, 581.

be signed by those who could have signed it if it had been the original declaration.

The new act is substituted for the original act; it repeats all the statements and particulars that are not affected† by the alterations. In addition, the substitution is noted in the original act.

[1991, c. 64, a. 132].

132.1. Where a child domiciled outside Québec is adopted by a person domiciled in Québec, the registrar of civil status draws up the act of birth on the basis of the judgment rendered in Québec, the decision judicially recognized in Québec or any other act notified to the registrar which, under the law, produces the effects of adoption in Québec.

The clerk of the court notifies the judgment to the registrar of civil status as soon as it becomes *res judicata* and, where applicable, attaches the decision or the act thereto.

The clerk of the court also notifies to the registrar of civil status any certificate the clerk issues under the *Act respecting adoptions of children domiciled in the People's Republic of China* (chapter A-7.01).

The Minister of Health and Social Services notifies to the registrar of civil status the certificate issued by the foreign competent authority and the declaration containing the name chosen for the child transmitted to the Minister under the *Act to implement the Convention on Protection of Children and Co-operation in Respect of Intercountry Adoption* (chapter M-35.1.3), unless the Minister has applied to the court for a ruling under the second paragraph of section 9 of that Act. Where applicable, the Minister also notifies the certificate drawn up by the Minister under the same section to attest to the conversion of the adoption.

[2004, c. 3, s. 13; 2006, c. 34, s. 76].

133. Lorsqu'un jugement déclaratif de décès lui est notifié, le directeur de l'état civil dresse l'acte de décès en y indiquant les mentions conformes au jugement.

[1991, c. 64, a. 133].

I D.T., 20; C.P.C., 817.1, 864.

134. Le directeur de l'état civil fait mention, sur l'acte de naissance, de l'acte de mariage ou d'union civile; il fait aussi mention, sur les actes de naissance et de mariage ou d'union civile, de l'acte de décès.

Ces mentions sont portées sur l'exemplaire informatique du registre.

[1991, c. 64, a. 134; 1999, c. 47, a. 9; 2002, c. 6, a. 18].

I D.T., 20.

135. Le directeur de l'état civil doit, sur notification d'un jugement prononçant un divorce, en faire mention sur l'exemplaire informatique des actes de naissance et de mariage de chacune des parties.

Il doit, sur notification d'une déclaration commune notariée ou d'un jugement de dissolution d'une union civile, en faire mention sur l'exemplaire informatique des actes de naissance et d'union civile de chacune des personnes concernées.

Il doit, lorsqu'il reçoit une déclaration de mariage qui indique que les époux étaient déjà unis civilement, en faire mention sur l'exemplaire informatique de l'acte d'union civile.

Il doit également, sur notification d'un jugement prononçant la nullité de mariage ou d'union civile ou annulant un jugement déclaratif de décès, annuler, selon le cas, l'acte de mariage, d'union civile ou de décès et faire, sur l'exemplaire informatique, les inscriptions nécessaires pour assurer la cohérence du registre.

[1991, c. 64, a. 135; 1999, c. 47, a. 10; 2002, c. 6, a. 19; 2004, c. 23, a. 4].

I C.C.Q., 120; D.T., 20; C.P.C., 817.1, 864.

133. Where a declaratory judgment of death is notified to him, the registrar of civil status draws up the act of death, indicating the particulars in accordance with the judgment.

[1991, c. 64, a. 133].

134. The registrar of civil status makes a notation of the act of marriage or civil union in the act of birth; he also makes a notation of the act of death in the act of birth and the act of marriage or civil union.

Such notations are made in the computerized copy of the register.

[1991, c. 64, a. 134; 1999, c. 47, s. 9; 2002, c. 6, s. 18].

135. The registrar of civil status, upon notification of a judgment granting a divorce, shall make a notation of the judgment in the computerized version of the acts of birth and marriage of each of the parties.

Upon notification of a notarized joint declaration or a judgment dissolving a civil union, the registrar shall make a notation of the declaration or judgment in the computerized version of the acts of birth and civil union of each of the persons concerned.

Upon receiving a declaration of marriage indicating that the spouses were already in a civil union, the registrar shall make a notation of the declaration in the computerized version of the act of civil union.

Upon notification of a judgment in nullity of marriage or civil union or annulling a declaratory judgment of death, the registrar shall cancel the act of marriage or civil union or of death, as the case may be, and make the required entries in the computerized copy of the register to ensure the coherence of the register.

[1991, c. 64, a. 135; 1999, c. 47, s. 10; 2002, c. 6, s. 19; 2004, c. 23, s. 4].

136. Lorsque la mention qu'il porte à un acte résulte d'un jugement, le directeur de l'état civil inscrit sur l'acte, l'objet et la date du jugement, le tribunal qui l'a rendu et le numéro du dossier.

Dans les autres cas, il porte sur l'acte les mentions qui permettent de retrouver l'acte modificatif.

[1991, c. 64, a. 136].

▮ C.P.C., 817.1, 864.

136. Where the registrar of civil status makes a notation in an act as a result of a judgment, he enters, in the act, the object and date of the judgment, the court that rendered it and the number of the court record.

In any other case, he makes the necessary notations in the act to allow retrieval of the altering act.

[1991, c. 64, a. 136].

137. Le directeur de l'état civil, sur réception d'un acte de l'état civil fait hors du Québec, mais concernant une personne domiciliée au Québec, insère cet acte dans le registre comme s'il s'agissait d'un acte dressé au Québec.

Il insère également les actes juridiques faits hors du Québec modifiant ou remplaçant un acte qu'il détient; il fait alors, sur l'exemplaire informatique, les inscriptions nécessaires pour assurer la publicité du registre.

Malgré leur insertion au registre, les actes juridiques, y compris les actes de l'état civil, faits hors du Québec conservent leur caractère d'actes semi-authentiques, à moins que leur validité n'ait été reconnue par un tribunal du† Québec. Le directeur doit mentionner ce fait lorsqu'il délivre des copies, certificats ou attestations qui concernent ces actes.

[1991, c. 64, a. 137; 1999, c. 47, a. 11].

▮ C.C.Q., 3134; D.T., 162; C.P.C., 817.1, 864.

137. The registrar of civil status, upon receiving an act of civil status made outside Québec but relating to a person domiciled in Québec, inserts the act in the register as though it were an act drawn up in Québec.

He inserts the juridical acts made outside Québec which alter or replace acts of civil status in his possession; he then makes the required entries in the computerized copy of the register to ensure the publication of the register.

Notwithstanding their insertion in the register, juridical acts, including acts of civil status, made outside Québec retain their status as semi-authentic acts until their validity is recognized by a court in† Québec. The registrar shall mention this fact when issuing copies, certificates or attestations in respect of such acts.

[1991, c. 64, a. 137; 1999, c. 47, s. 11].

138. Lorsqu'il y a un doute sur la validité de l'acte de l'état civil ou de l'acte juridique fait hors du Québec, le directeur de l'état civil peut refuser d'agir, à moins que la validité du document ne soit reconnue par un tribunal du† Québec.

[1991, c. 64, a. 138].

▮ C.P.C., 817.1, 864.

138. Where there is any doubt as to the validity of an act of civil status or a juridical act made outside Québec, the registrar of civil status may refuse to act until the validity of the document is recognized by a court in† Québec.

[1991, c. 64, a. 138].

139. Si l'acte de l'état civil dressé hors du Québec a été perdu, détruit ou s'il est impossible d'en obtenir une copie, le directeur de l'état civil ne peut dresser un acte de l'état civil ou porter une mention sur un

139. If an act of civil status drawn up outside Québec has been lost or destroyed or if no copy of it can be obtained, the registrar of civil status shall not draw up an act of civil status or make a notation in an

acte qu'il détient déjà que s'il y est autorisé par le tribunal.

[1991, c. 64, a. 139].

❚ C.P.C., 817.1, 864.

140. Les actes de l'état civil et les actes juridiques faits hors du Québec et rédigés dans une autre langue que le français ou l'anglais doivent être accompagnés d'une traduction vidimée au Québec.

[1991, c. 64, a. 140].

❚ C.P.C., 817.1, 864.

§ 3. —— De la rectification et de la reconstitution des actes et du registre

141. Hormis les cas prévus au présent chapitre, le tribunal peut seul ordonner la rectification d'un acte de l'état civil ou son insertion dans le registre.

Il peut aussi, sur demande d'un intéressé, réviser toute décision du directeur de l'état civil relative à un acte de l'état civil.

[1991, c. 64, a. 141].

❚ C.C.Q., 130-132, 137, 142; C.P.C., 817.1, 864.

142. Le directeur de l'état civil corrige dans tous les actes les erreurs purement matérielles. La correction est portée sur l'exemplaire informatique du registre.

[1991, c. 64, a. 142; 1999, c. 47, a. 12].

❚ C.C.Q., 130.

143. Sur la foi des renseignements qu'il obtient, le directeur de l'état civil reconstitue, conformément au *Code de procédure civile* (chapitre C-25), l'acte perdu ou détruit.

[1991, c. 64, a. 143].

❚ D.T., 16, 21; C.P.C., 870-871.4.

act already in his possession except with the authorization of the court.

[1991, c. 64, a. 139].

140. Every act of civil status or juridical act made outside Québec and drawn up in a language other than French or English shall be accompanied by a translation authenticated in Québec.

[1991, c. 64, a. 140].

§ 3. —— Rectification and reconstitution of an act and of the register

141. Except in the cases provided for in this chapter, only the court may order the rectification of an act of civil status or its insertion in the register.

The court may also, on the application of an interested person, review any decision of the registrar of civil status relating to an act of civil status.

[1991, c. 64, a. 141].

142. The registrar of civil status corrects the clerical errors in all acts. Corrections are carried over to the computerized version of the register.

[1991, c. 64, a. 142; 1999, c. 47, s. 12].

143. On the basis of the information he obtains, the registrar of civil status reconstitutes, in accordance with the *Code of Civil Procedure* (chapter C-25), any act which has been lost or destroyed.

[1991, c. 64, a. 143].

SECTION V —
DE LA PUBLICITÉ DU REGISTRE DE
L'ÉTAT CIVIL

SECTION V —
PUBLICATION OF THE REGISTER OF CIVIL
STATUS

144. La publicité du registre de l'état civil se fait par la délivrance de copies d'actes, de certificats ou d'attestations portant le vidimus du directeur de l'état civil et la date de la délivrance.

Les copies d'actes de l'état civil, les certificats et les attestations ainsi délivrés sont authentiques, sous réserve de l'article 137.

[1991, c. 64, a. 144].

■ D.T., 18, 20.

144. The register of civil status is published by the issuing of copies of acts, certificates or attestations bearing the vidimus of the registrar of civil status and the date of issue.

Subject to article 137, copies of acts of civil status, certificates and attestations issued under this section are authentic.

[1991, c. 64, a. 144].

145. Est une copie d'un acte de l'état civil le document qui reproduit intégralement les énonciations de l'acte, y compris les mentions portées à l'acte, telles qu'elles ont pu être modifiées, à l'exception des mentions exigées par règlement qui ne sont pas essentielles pour établir l'état d'une personne.

[1991, c. 64, a. 145; 1999, c. 47, a. 13].

■ C.C.Q., 144; C.P.C., 870-871.4.

145. Any document which reproduces in their entirety the statements of an act of civil status, including the notations thereon, as altered, but excluding notations required by regulation which are not essential to the establishment of the status of a person, is a copy of that act.

1991, c. 64, a. 145; 1999, c. 47, s. 13].

146. Le certificat d'état civil énonce les nom, sexe, lieu et date de naissance de la personne et, si elle est décédée, les lieu et date du décès. Il énonce également, le cas échéant, les lieu et date de mariage ou d'union civile et le nom du conjoint.

Le directeur de l'état civil peut également délivrer des certificats de naissance, de mariage, d'union civile ou de décès portant les seules mentions relatives à un fait certifié.

[1991, c. 64, a. 146; 2002, c. 6, a. 20].

■ C.C.Q., 144.

146. A certificate of civil status sets forth the person's name, sex, place and date of birth and, if the person is deceased, the place and date of death. It also sets forth, if applicable, the place and date of marriage or civil union and the name of the spouse.

The registrar of civil status may also issue certificates of birth, marriage, civil union or death bearing only the particulars relating to one certified fact.

[1991, c. 64, a. 146; 2002, c. 6, s. 20].

147. L'attestation porte sur la présence ou l'absence, dans le registre, d'un acte ou d'une mention dont la loi exige qu'elle soit portée sur l'acte.

[1991, c. 64, a. 147].

■ C.C.Q., 144.

147. An attestation deals with the presence or absence in the register of an act or of a notation required by law to be made in the act.

[1991, c. 64, a. 147].

148. Le directeur de l'état civil ne délivre la copie d'un acte ou un certificat qu'aux

148. The registrar of civil status issues a copy of an act or a certificate only to the

personnes qui y sont mentionnées ou à celles qui justifient de leur intérêt. Le directeur peut exiger d'une personne qui demande la copie d'un acte ou un certificat qu'elle lui fournisse les documents ou renseignements nécessaires pour vérifier son identité ou son intérêt.

Il délivre les attestations à toute personne qui en fait la demande si la mention ou le fait qu'il atteste est de la nature de ceux qui apparaissent sur un certificat; autrement, il ne les délivre qu'aux seules personnes qui justifient de leur intérêt.

[1991, c. 64, a. 148; 2001, c. 41, a. 1; 2001, c. 70, a. 1].

▌ C.C.Q., 144, 150.

149. Lorsqu'un nouvel acte a été dressé, seules les personnes mentionnées à l'acte nouveau peuvent obtenir copie de l'acte primitif. En cas d'adoption cependant, il n'est jamais délivré copie de l'acte primitif, à moins que, les autres conditions de la loi étant remplies, le tribunal ne l'autorise.

Dès lors qu'un acte est annulé, seules les personnes qui démontrent leur intérêt peuvent obtenir une copie de celui-ci.

[1991, c. 64, a. 149].

▌ C.C.Q., 144, 148, 582-584.

150. Le registre de l'état civil ne peut être consulté sans l'autorisation du directeur de l'état civil.

Celui-ci, s'il permet la consultation, détermine alors les conditions nécessaires à la sauvegarde des renseignements inscrits.

[1991, c. 64, a. 150].

▌ C.C.Q., 104-106.

SECTION VI —
DES POUVOIRS RÉGLEMENTAIRES RELATIFS À LA TENUE ET À LA PUBLICITÉ DU REGISTRE DE L'ÉTAT CIVIL

151. Le directeur de l'état civil peut désigner une ou plusieurs personnes de son personnel pour le remplacer temporaire-

---

persons mentioned in the act or to persons who establish their interest. The registrar may require any person applying for a copy of an act or a certificate to produce such documents and information as are necessary to verify the person's identity or interest.

The registrar issues an attestation to all persons who apply therefor if the particular or fact it attests to is of the kind which appears on certificates; otherwise, he issues it only to persons who establish their interest.

1991, c. 64, a. 148; 2001, c. 41, s. 1; 2001, c. 70, s. 1].

149. Where a new act has been drawn up, only the persons mentioned in the new act may obtain a copy of the original act. However, in cases of adoption, no copy of the original act is ever issued unless, the other conditions of law having been fulfilled, it is authorized by the court.

Once an act has been annulled, only persons who establish their interest may obtain a copy of the annulled act.

[1991, c. 64, a. 149].

150. The register of civil status may be consulted only with the authorization of the registrar of civil status.

Where the registrar allows the register to be consulted, he determines the conditions required for the safeguard of the information it contains.

[1991, c. 64, a. 150].

SECTION VI —
REGULATORY POWERS RELATING TO THE KEEPING AND PUBLICATION OF THE REGISTER OF CIVIL STATUS

151. The registrar of civil status may designate one or more members of his personnel to replace him temporarily if he is ab-

ment en cas d'absence ou d'empêchement. Il peut également déléguer à son personnel certaines de ses fonctions.

La désignation et la délégation sont faites par écrit. Elles prennent effet dès leur signature par le directeur de l'état civil. Les actes de désignation et de délégation sont publiés à la *Gazette officielle du Québec.*

Les mentions additionnelles qui peuvent apparaître sur les constats et les déclarations, les droits de délivrance de copies d'actes, de certificats ou d'attestations et les droits exigibles pour la confection ou la modification d'un acte ou pour la consultation du registre sont déterminés par le règlement d'application pris par le gouvernement.

[1991, c. 64, a. 151; 1996, c. 21, a. 27; 1999, c. 47, a. 14].

❚ C.C.Q., 104-106.

sent or unable to act. He may also delegate certain of his functions to his personnel.

Designations and delegations under the first paragraph are made in writing. They take effect upon their signature by the registrar of civil status. Acts of designation and delegation must be published in the *Gazette officielle du Québec.*

The additional particulars that may appear on attestations and declarations, the duties payable for the issuing of copies of acts, certificates or attestations and the charge for preparing or altering an act or for consulting the register are fixed by regulation of the Government.

[1991, c. 64, a. 151; 1996, c. 21, s. 27; 1999, c. 47, s. 14].

152. Dans les communautés cries, inuit ou naskapies, l'agent local d'inscription ou un autre fonctionnaire nommé en vertu des lois relatives aux autochtones cris, inuit et naskapis peut, dans la mesure prévue au règlement d'application, être autorisé à exercer certaines fonctions du directeur de l'état civil.

Dans le cadre d'une entente conclue entre le gouvernement et une communauté mohawk, le directeur de l'état civil peut convenir avec la personne désignée par la communauté de modalités particulières portant sur la transmission des informations relatives aux mariages célébrés sur le territoire défini dans l'entente et sur la transmission des déclarations de naissance, de mariage ou de décès des membres de la communauté, ainsi que pour l'inscription sur le registre des noms traditionnels des membres de la communauté.

[1991, c. 64, a. 152; 1999, c. 53, a. 19].

❚ C.C.Q., 104-106.

152. In Cree, Inuit or Naskapi communities, the local registry officer or another public servant appointed under any *Act respecting Cree, Inuit and Naskapi* native persons may be authorized, to the extent provided by regulation, to perform certain duties of the registrar of civil status.

Within the context of an agreement concluded between the Government and a Mohawk community, the registrar of civil status may agree with the person designated by the community to a special procedure for the transmission of information concerning marriages solemnized in the territory defined in the agreement and for the transmission of declarations of birth, marriage or death concerning members of the community, as well as for entry in the register of the traditional names of the members of the community.

[1991, c. 64, a. 152; 1999, c. 53, s. 19].

TITRE 4 ▬
DE LA CAPACITÉ DES PERSONNES

TITLE 4 ▬
CAPACITY OF PERSONS

Chapitre I —
De la majorité et de la minorité

Chapter I —
Majority and minority

SECTION I —
DE LA MAJORITÉ

SECTION I —
MAJORITY

153. L'âge de la majorité est fixé à dix-huit ans.

La personne, jusqu'alors mineure, devient capable d'exercer pleinement tous ses droits civils.

[1991, c. 64, a. 153].

❚ C.C.Q., 4, 171, 175, 176, 373, 1409.

153. Full age or the age of majority is eighteen years.

On attaining full age, a person ceases to be a minor and has the full exercise of all his civil rights.

[1991, c. 64, a. 153].

154. La capacité du majeur ne peut être limitée que par une disposition expresse de la loi ou par un jugement prononçant l'ouverture d'un régime de protection.

[1991, c. 64, a. 154].

❚ C.C.Q., 1409.

154. In no case may the capacity of a person of full age be limited except by express provision of law or by a judgment ordering the institution of protective supervision.

[1991, c. 64, a. 154].

SECTION II —
DE LA MINORITÉ

SECTION II —
MINORITY

155. Le mineur exerce ses droits civils dans la seule mesure prévue par la loi.

[1991, c. 64, a. 155].

❚ C.C.Q., 638, 703, 708, 1318, 1405, 2905, 2964; C.P.C., 56, 165, 394.1, 483.

155. A minor exercises his civil rights only to the extent provided by law.

[1991, c. 64, a. 155].

156. Le mineur de quatorze ans et plus est réputé majeur pour tous les actes relatifs à son emploi, ou à l'exercice de son art ou de sa profession.

[1991, c. 64, a. 156].

❚ C.C.Q., 1318; C.P.C., 56.

156. A minor fourteen years of age or over is deemed to be of full age for all acts pertaining to his employment or to the practice of his craft or profession.

[1991, c. 64, a. 156].

157. Le mineur peut, compte tenu de son âge et de son discernement, contracter seul pour satisfaire ses besoins ordinaires et usuels.

[1991, c. 64, a. 157].

❚ C.C.Q., 155, 163.

157. A minor may, within the limits imposed by his age and power of discernment, enter into contracts alone to meet his ordinary and usual needs.

[1991, c. 64, a. 157].

158. Hors les cas où il peut agir seul, le mineur est représenté par son tuteur pour l'exercice de ses droits civils.

158. Except where he may act alone, a minor is represented by his tutor for the exercise of his civil rights.

À moins que la loi ou la nature de l'acte ne le permette pas, l'acte que le mineur peut faire seul peut aussi être fait valablement par son représentant.

[1991, c. 64, a. 158].

▌ C.C.Q., 177, 188, 208.

159. Le mineur doit être représenté en justice par son tuteur; ses actions sont portées au nom de ce dernier.

Toutefois, le mineur peut, avec l'autorisation du tribunal, intenter seul une action relative à son état, à l'exercice de l'autorité parentale ou à un acte à l'égard duquel il peut agir seul; en ces cas, il peut agir seul en défense.

[1991, c. 64, a. 159].

▌ C.C.Q., 156-158; C.P.C., 56.

160. Le mineur peut invoquer seul, en défense, l'irrégularité provenant du défaut de représentation ou l'incapacité lui résultant de sa minorité.

[1991, c. 64, a. 160].

▌ C.C.Q., 708, 1421; C.P.C., 165, 394.1.

161. L'acte fait seul par le mineur, lorsque la loi ne lui permet pas d'agir seul ou représenté, est nul de nullité absolue.

[1991, c. 64, a. 161].

▌ C.C.Q., 1417, 1418.

162. L'acte accompli par le tuteur sans l'autorisation du tribunal, alors que celle-ci est requise par la nature de l'acte, peut être annulé à la demande du mineur, sans qu'il soit nécessaire d'établir qu'il a subi un préjudice.

[1991, c. 64, a. 162].

▌ C.C.Q., 213, 214.

163. L'acte fait seul par le mineur ou fait par le tuteur sans l'autorisation du conseil de tutelle, alors que celle-ci est requise par la nature de l'acte, ne peut être annulé ou les obligations qui en découlent réduites, à

Unless the law or the nature of the act does not allow it, an act that may be performed by a minor alone may also be validly performed by his representative.

[1991, c. 64, a. 158].

159. In judicial matters, a minor shall be represented by his tutor; his actions are brought in the name of his tutor.

A minor may, however, with the authorization of the court, institute alone an action relating to his status, to the exercise of parental authority or to an act that he may perform alone; he may in such cases act alone as defendant.

[1991, c. 64, a. 159].

160. A minor may invoke, alone, in his defence, any irregularity arising from lack of representation or incapacity resulting from his minority.

[1991, c. 64, a. 160].

161. An act performed alone by a minor where the law does not allow him to act alone or through a representative is absolutely null.

[1991, c. 64, a. 161].

162. An act performed by the tutor without the authorization of the court although the nature of the act requires it may be annulled on the application of the minor, without any requirement to prove that he has suffered damage.

[1991, c. 64, a. 162].

163. An act performed alone by a minor or his tutor without the authorization of the tutorship council although the nature of the act requires it may not be annulled or the obligations arising from it reduced, on

la demande du mineur, que s'il en subit un préjudice.

[1991, c. 64, a. 163].

▌ C.C.Q., 213, 1405.

the application of the minor, unless he suffers damage therefrom.

[1991, c. 64, a. 163].

164. Le mineur ne peut exercer l'action en nullité ou en réduction de ses obligations lorsque le préjudice qu'il subit résulte d'un événement casuel et imprévu.

Il ne peut non plus se soustraire à l'obligation extracontractuelle de réparer le préjudice causé à autrui par sa faute.

[1991, c. 64, a. 164].

▌ C.C.Q., 1457.

164. A minor may not bring an action in nullity or reduction of his obligations if the damage he suffers is caused by a fortuitous and unforeseen event.

A minor may not avoid an extracontractual obligation to redress damage caused to another person by his fault.

[1991, c. 64, a. 164].

165. La simple déclaration faite par un mineur qu'il est majeur ne le prive pas de son action en nullité ou en réduction de ses obligations.

[1991, c. 64, a. 165].

▌ C.C.Q., 1407.

165. The mere declaration by a minor that he is of full age does not deprive him of his action in nullity or reduction of his obligations.

[1991, c. 64, a. 165].

166. Le mineur devenu majeur peut confirmer l'acte fait seul en minorité, alors qu'il devait être représenté. Après la reddition du compte de tutelle, il peut également confirmer l'acte fait par son tuteur sans que toutes les formalités aient été observées.

[1991, c. 64, a. 166].

▌ C.C.Q., 1423.

166. On attaining full age, a person may confirm an act he performed alone during minority for which he required* to be represented. After accounts of tutorship are rendered, he may also confirm an act performed by his tutor without observance of all the formalities.

[1991, c. 64, a. 166].

SECTION III — DE L'ÉMANCIPATION

§ 1. — De la simple émancipation

167. Le tuteur peut, avec l'accord du conseil de tutelle, émanciper le mineur de seize ans et plus qui le lui demande, par le dépôt d'une déclaration en ce sens auprès du curateur public.

L'émancipation prend effet au moment du dépôt de cette déclaration.

[1991, c. 64, a. 167].

▌ D.T., 22.

SECTION III — EMANCIPATION

§ 1. — Simple emancipation

167. The tutor may, after obtaining the agreement of the tutorship council, emancipate a minor if he is sixteen years of age or over and requests it, by filing a declaration to that effect with the Public Curator.

Emancipation is effective from the filing of the declaration.

[1991, c. 64, a. 167].

168. Le tribunal peut aussi, après avoir pris l'avis du tuteur et, le cas échéant, du conseil de tutelle, émanciper le mineur.

Le mineur peut demander seul son émancipation.

[1991, c. 64, a. 168].

∎ C.C.Q., 169, 223.

168. The court may likewise, after obtaining the advice of the tutor and, where applicable, of the tutorship council, emancipate a minor.

A minor may apply alone for his emancipation.

[1991, c. 64, a. 168].

169. Le tuteur doit rendre compte† de son administration au mineur émancipé; il continue, néanmoins, de l'assister gratuitement.

[1991, c. 64, a. 169].

∎ C.C.Q., 247.

169. The tutor is accountable† for his administration to the emancipated minor; he continues, however, to assist him gratuitously.

[1991, c. 64, a. 169].

170. L'émancipation ne met pas fin à la minorité et ne confère pas tous les droits résultant de la majorité, mais elle libère le mineur de l'obligation d'être représenté pour l'exercice de ses droits civils.

[1991, c. 64, a. 170].

∎ C.C.Q., 175, 176.

170. Emancipation does not put an end to minority nor does it confer all the rights resulting from majority, but it releases the minor from the obligation to be represented for the exercise of his civil rights.

[1991, c. 64, a. 170].

171. Le mineur émancipé peut établir son propre domicile; il cesse d'être sous l'autorité de ses père et mère.

[1991, c. 64, a. 171].

∎ C.C.Q., 80, 170, 598, 602.

171. An emancipated minor may establish his own domicile, and he ceases to be under the authority of his father and mother.

[1991, c. 64, a. 171].

172. Outre les actes que le mineur peut faire seul, le mineur émancipé peut faire tous les actes de simple administration; il peut ainsi, à titre de locataire, passer des baux d'une durée d'au plus trois ans ou donner des biens suivant ses facultés s'il n'entame pas notablement son capital.

[1991, c. 64, a. 172].

∎ C.C.Q., 157, 167, 168.

172. In addition to the acts that a minor may perform alone, an emancipated minor may perform all acts of simple administration; thus, he may, as a lessee, sign leases for terms not exceeding three years and make gifts of his property according to his means, provided he does not notably reduce his capital.

[1991, c. 64, a. 172].

173. Le mineur émancipé doit être assisté de son tuteur pour tous les actes excédant la simple administration, notamment pour accepter une donation avec charge ou pour renoncer à une succession.

L'acte accompli sans assistance ne peut être annulé ou les obligations qui en dé-

173. An emancipated minor shall be assisted by his tutor for every act beyond simple administration, and in particular for accepting a gift encumbered with a charge or for renouncing a succession.

An act performed without assistance may not be annulled or the obligations arising

coulent réduites que si le mineur en subit un préjudice.

[1991, c. 64, a. 173].

▌C.C.Q., 208, 213, 214; C.P.C., 56.

from it reduced unless the minor suffers damage therefrom.

[1991, c. 64, a. 173].

174. Les prêts ou les emprunts considérables, eu égard au patrimoine du mineur émancipé, et les actes d'aliénation d'un immeuble ou d'une entreprise doivent être autorisés par le tribunal, sur avis du tuteur. Autrement, l'acte ne peut être annulé ou les obligations qui en découlent réduites, à la demande du mineur, que s'il en subit un préjudice.

[1991, c. 64, a. 174].

▌C.C.Q., 213.

174. Loans or borrowings of large amounts, considering the patrimony of an emancipated minor, and acts of alienation of an immovable or enterprise require the authorization of the court, on the advice of the tutor. Otherwise, the act may not be annulled or the obligations arising from it reduced, on the application of the minor, unless he suffers damage therefrom.

[1991, c. 64, a. 174].

§ 2. — De la pleine émancipation

§ 2. — Full emancipation

175. La pleine émancipation a lieu par le mariage.

Elle peut aussi, à la demande du mineur, être déclarée par le tribunal pour un motif sérieux; en ce cas, le titulaire de l'autorité parentale, le tuteur et toute personne qui a la garde du mineur doivent être appelés à donner leur avis ainsi que, s'il y a lieu, le conseil de tutelle.

[1991, c. 64, a. 175].

▌C.C.Q., 373.

175. Full emancipation is obtained by marriage.

It may also, on the application of the minor, be granted by the court for a serious reason; in that case, the person having parental authority, the tutor and any person having custody of the minor and, where applicable, the tutorship council shall be summoned to give their opinion.

[1991, c. 64, a. 175].

176. La pleine émancipation rend le mineur capable, comme s'il était majeur, d'exercer ses droits civils.

[1991, c. 64, a. 176].

▌C.C.Q., 175.

176. Full emancipation enables a minor to exercise his civil rights as if he were of full age.

[1991, c. 64, a. 176].

Chapitre II — De la tutelle au mineur

Chapter II — Tutorship to minors

SECTION I — DE LA CHARGE TUTÉLAIRE

SECTION I — TUTORSHIP

177. La tutelle est établie dans l'intérêt du mineur; elle est destinée à assurer la protection de sa personne, l'administration de

177. Tutorship is established in the interest of the minor; it is intended to ensure the protection of his person, the administration

son patrimoine et, en général, l'exercice de ses droits civils.

[1991, c. 64, a. 177].

▌C.C.Q., 158, 188, 208, 209; D.T., 23.

178. La tutelle au mineur est légale ou dative.

La tutelle légale résulte de la loi; la tutelle dative est celle qui est déférée par les père et mère ou par le tribunal.

[1991, c. 64, a. 178].

▌C.C.Q., 200, 205, 215-221.

179. La tutelle est une charge personnelle, accessible à toute personne physique capable du plein exercice de ses droits civils et apte à exercer la charge.

[1991, c. 64, a. 179].

▌C.C.Q., 304; D.T., 23.

180. Nul ne peut être contraint d'accepter une tutelle dative, sauf, à défaut d'une autre personne, le directeur de la protection de la jeunesse ou, pour une tutelle aux biens, le curateur public.

[1991, c. 64, a. 180].

▌C.C.Q., 200.

181. La tutelle ne passe pas aux héritiers du tuteur; ceux-ci sont seulement responsables de la gestion de leur auteur. S'ils sont majeurs, ils sont tenus de continuer l'administration de leur auteur jusqu'à la nomination d'un nouveau tuteur.

[1991, c. 64, a. 181].

▌C.C.Q., 1361, 2183.

182. La tutelle exercée par le directeur de la protection de la jeunesse ou le curateur public est liée à sa fonction.

[1991, c. 64, a. 182].

▌C.C.Q., 180, 183, 193.

183. Les père et mère, le directeur de la protection de la jeunesse ou la personne qu'il recommande comme tuteur exercent la tutelle gratuitement.

Toutefois, les père et mère peuvent, pour

of his patrimony and, generally, to secure the exercise of his civil rights.

1991, c. 64, a. 177].

178. Tutorship to minors is legal or dative.

Tutorship resulting from the law is legal; tutorship conferred by the father and mother or by the court is dative.

[1991, c. 64, a. 178].

179. Tutorship is a personal office open to every natural person capable of fully exercising his civil rights who is able to assume the office.

[1991, c. 64, a. 179].

180. No person may be compelled to accept a dative tutorship except, failing any other person, the director of youth protection or, for tutorship to property, the Public Curator.

[1991, c. 64, a. 180].

181. Tutorship does not pass to the heirs of the tutor; they are simply responsible for his administration. If they are of full age, they are bound to continue his administration until a new tutor is appointed.

[1991, c. 64, a. 181].

182. Tutorship exercised by the director of youth protection or the Public Curator is attached to the office.

[1991, c. 64, a. 182].

183. Fathers and mothers, the director of youth protection or the person recommended by him as tutor exercise tutorship gratuitously.

However, a father and* mother may re-

l'administration des biens de leur enfant, recevoir une rémunération que fixe le tribunal, sur l'avis du conseil de tutelle, dès lors qu'il s'agit pour eux d'une occupation principale.

[1991, c. 64, a. 183].

∎ C.C.Q., 180, 192.

ceive such remuneration as may be fixed by the court, on the advice of the tutorship council, for the administration of the property of their child where that is one of their principal occupations.

[1991, c. 64, a. 183].

184. Le tuteur datif peut recevoir une rémunération que fixe le tribunal sur l'avis du conseil de tutelle, ou, encore, le père ou la mère qui le nomme ou, s'il y est autorisé, le liquidateur de leur succession. Il est tenu compte des charges de la tutelle et des revenus des biens à gérer.

[1991, c. 64, a. 184].

∎ C.C.Q., 178.

184. A dative tutor may receive such remuneration as is fixed by the court on the advice of the tutorship council or by the father or mother by whom he is appointed, or by the liquidator of their succession if so authorized. The expenses of the tutorship and the revenue from the property to be administered are taken into account.

[1991, c. 64, a. 184].

185. Sauf division, la tutelle s'étend à la personne et aux biens du mineur.

[1991, c. 64, a. 185].

∎ C.C.Q., 177, 187, 188.

185. Except where divided, tutorship extends to the person and property of the minor.

[1991, c. 64, a. 185].

186. Lorsque la tutelle s'étend à la personne du mineur et qu'elle est exercée par une personne autre que les père et mère, le tuteur agit comme titulaire de l'autorité parentale, à moins que le tribunal n'en décide autrement.

[1991, c. 64, a. 186].

∎ C.C.Q., 607.

186. Where tutorship extends to the person of the minor and is exercised by a person other than the father or mother, the tutor acts as the person having parental authority, unless the court decides otherwise.

[1991, c. 64, a. 186].

187. On ne peut nommer qu'un tuteur à la personne, mais on peut en nommer plusieurs aux biens.

[1991, c. 64, a. 187].

∎ C.C.Q., 185, 188.

187. In no case may more than one tutor to the person be appointed, but several tutors to property may be appointed.

1991, c. 64, a. 187].

188. Le tuteur aux biens est responsable de l'administration des biens du mineur; cependant, le tuteur à la personne représente le mineur en justice quant à ces biens.

Lorsque plusieurs tuteurs aux biens sont nommés, chacun d'eux est responsable de la gestion des biens qui lui ont été confiés.

[1991, c. 64, a. 188].

188. The tutor to property is responsible for the administration of the property of the minor, but the tutor to the person represents the minor in judicial proceedings regarding that property.

Where several tutors to property are appointed, each of them is accountable for the management of the property entrusted to him.

[1991, c. 64, a. 188].

▌ C.C.Q., 185, 246; D.T., 28.

189. Une personne morale peut agir comme tuteur aux biens si elle y est autorisée par la loi.

[1991, c. 64, a. 189].

▌ C.C.Q., 188, 783.

189. A legal person may act as tutor to property, if so authorized by law.

[1991, c. 64, a. 189].

190. Chaque fois qu'un mineur a des intérêts à discuter en justice avec son tuteur, on lui nomme un tuteur *ad hoc*.

[1991, c. 64, a. 190].

▌ C.C.Q., 235; C.P.C., 394.2.

190. Whenever a minor has any interest to discuss judicially with his tutor, a tutor *ad hoc* is appointed to him.

[1991, c. 64, a. 190].

191. Le siège de la tutelle est au domicile du mineur.

Dans le cas où la tutelle est exercée par le directeur de la protection de la jeunesse ou par le curateur public, le siège de la tutelle est au lieu où il exerce ses fonctions.

[1991, c. 64, a. 191].

▌ C.C.Q., 80, 177, 180.

191. Tutorship is based at the domicile of the minor.

If a tutorship is exercised by the director of youth protection or by the Public Curator, the tutorship is based at the place where that person holds office.

[1991, c. 64, a. 191].

SECTION II —
DE LA TUTELLE LÉGALE

SECTION II —
LEGAL TUTORSHIP

192. Outre les droits et devoirs liés à l'autorité parentale, les père et mère, s'ils sont majeurs ou émancipés, sont de plein droit tuteurs de leur enfant mineur, afin d'assurer sa représentation dans l'exercice de ses droits civils et d'administrer son patrimoine.

Ils le sont également de leur enfant conçu qui n'est pas encore né, et ils sont chargés d'agir pour lui dans tous les cas où son intérêt patrimonial l'exige.

[1991, c. 64, a. 192].

▌ D.T., 24, 26.

192. In addition to having the rights and duties connected with parental authority, the father and mother, if of full age or emancipated, are, of right, tutors to their minor child for the purposes of representing him in the exercise of his civil rights and administering his patrimony.

The father and mother are also tutors to their child conceived but yet unborn and are responsible for acting on his behalf in all cases where his patrimonial interests require it.

[1991, c. 64, a. 192].

193. Les père et mère exercent ensemble la tutelle, à moins que l'un d'eux ne soit décédé ou ne se trouve empêché de manifester sa volonté ou de le faire en temps utile.

[1991, c. 64, a. 193].

193. The father and mother exercise tutorship together unless one parent is deceased or prevented from expressing his wishes or from doing so in due time.

[1991, c. 64, a. 193].

▌ C.C.Q., 192, 600.

194. L'un des parents peut donner à l'autre mandat de le représenter dans des actes relatifs à l'exercice de la tutelle.

Ce mandat est présumé à l'égard des tiers de bonne foi.

[1991, c. 64, a. 194].

▌ C.C.Q., 398, 2130.

194. Either parent may give the other the mandate to represent him in the performance of acts pertaining to the exercise of tutorship.

The mandate is presumed with regard to third persons in good faith.

[1991, c. 64, a. 194].

195. Lorsque la garde de l'enfant fait l'objet d'un jugement, la tutelle continue d'être exercée par les père et mère, à moins que le tribunal, pour des motifs graves, n'en décide autrement.

[1991, c. 64, a. 195].

▌ C.C.Q., 514.

195. Where the custody of a child is decided by judgment, the tutorship continues to be exercised by the father and mother, unless the court, for grave reasons, decides otherwise.

[1991, c. 64, a. 195].

196. En cas de désaccord relativement à l'exercice de la tutelle entre les père et mère, l'un ou l'autre peut saisir le tribunal du différend.

Le tribunal statue dans l'intérêt du mineur, après avoir favorisé la conciliation des parties et avoir obtenu, au besoin, l'avis du conseil de tutelle.

[1991, c. 64, a. 196].

▌ C.C.Q., 514, 604.

196. In case of disagreement relating to the exercise of the tutorship between the father and mother, either of them may refer the dispute to the court.

The court decides in the interest of the minor after fostering the conciliation of the parties and, if need be, obtaining the opinion of the tutorship council.

[1991, c. 64, a. 196].

197. La déchéance de l'autorité parentale entraîne la perte de la tutelle; le retrait de certains attributs de l'autorité ou de leur exercice n'entraîne la perte de la tutelle que si le tribunal en décide ainsi.

[1991, c. 64, a. 197].

▌ C.C.Q., 199.

197. Deprivation of parental authority entails loss of tutorship; withdrawal of certain attributes of parental authority or of the exercise of such attributes entails loss of tutorship only if so decided by the court.

[1991, c. 64, a. 197].

198. Le père ou la mère qui s'est vu retirer la tutelle, par suite de la déchéance de l'autorité parentale ou du retrait de l'exercice de certains attributs de cette autorité, peut, même après l'ouverture d'une tutelle dative, être rétabli dans sa charge lorsqu'il jouit de nouveau du plein exercice de l'autorité parentale.

[1991, c. 64, a. 198].

▌ C.C.Q., 197; C.P.C., 826.1.

198. A father or mother deprived of tutorship as a result of having been deprived of parental authority or having had the exercise of certain attributes of parental authority withdrawn may, even after dative tutorship is instituted, be reinstated as tutor once he or she again has full exercise of parental authority.

[1991, c. 64, a. 198].

199. Lorsque le tribunal prononce la déchéance de l'autorité parentale à l'égard des père et mère du mineur, sans procéder à la nomination d'un tuteur, le directeur de la protection de la jeunesse du lieu où réside l'enfant devient d'office tuteur légal, à moins que l'enfant n'ait déjà un tuteur autre que ses père et mère.

Le directeur de la protection de la jeunesse est aussi, jusqu'à l'ordonnance de placement, tuteur légal de l'enfant qu'il a fait déclarer admissible à l'adoption ou au sujet duquel un consentement général à l'adoption lui a été remis, excepté dans le cas où le tribunal a nommé un autre tuteur.

[1991, c. 64, a. 199].

▌C.C.Q., 556, 562, 572, 607; C.P.C., 826.

199. Where the court declares the father and mother of a minor deprived of parental authority without appointing another tutor, the director of youth protection having jurisdiction in the child's place of residence becomes by virtue of his office legal tutor to the child unless the child is already provided with a tutor other than his father and mother.

The director of youth protection is also, until the order of placement, legal tutor to a child he has caused to be declared eligible for adoption or in whose respect he has received a general consent to adoption, except where the court has appointed another tutor.

[1991, c. 64, a. 199].

SECTION III —
DE LA TUTELLE DATIVE

SECTION III —
DATIVE TUTORSHIP

200. Le père ou la mère peut nommer un tuteur à son enfant mineur, par testament, par un mandat donné en prévision de son inaptitude ou par une déclaration en ce sens transmise au curateur public.

[1991, c. 64, a. 200; 1998, c. 51, a. 22].

▌C.C.Q., 178; D.T., 25.

200. A father or mother may appoint a tutor to his or her minor child by will, by a mandate given in anticipation of the mandator's incapacity or by filing a declaration to that effect with the Public Curator.

[1991, c. 64, a. 200; 1998, c. 51, s. 22].

201. Le droit de nommer le tuteur n'appartient qu'au dernier mourant des père et mère ou, selon le cas, au dernier des deux apte à assumer l'exercice de la tutelle, s'il a conservé au jour de son décès la tutelle légale.

Lorsque les père et mère décèdent en même temps ou perdent leur aptitude à assumer la tutelle au cours du même événement, en ayant chacun désigné comme tuteur une personne différente qui accepte la charge, le tribunal décide laquelle l'exercera†.

[1991, c. 64, a. 201; 1998, c. 51, a. 23].

▌C.C.Q., 200; D.T., 25.

201. The right to appoint a tutor belongs exclusively to the last surviving parent or to the last parent who is able to exercise tutorship, as the case may be, if that parent has retained legal tutorship to the day of his death.

Where both parents die simultaneously or lose the ability to exercise tutorship during the same event, each having designated a different person as tutor, and both persons accept the office, the court decides which person will hold† it.

[1991, c. 64, a. 201; 1998, c. 51, s. 23].

202. À moins que la désignation ne soit contestée, le tuteur nommé par le père ou la mère entre en fonction au moment de son acceptation de la charge.

La personne est présumée avoir accepté la tutelle si elle n'a pas refusé la charge dans les trente jours, à compter du moment où elle a eu connaissance† de sa nomination.

[1991, c. 64, a. 202; 1998, c. 51, a. 24].

▌C.C.Q., 200.

202. Unless the designation is contested, the tutor appointed by the father or mother assumes office upon accepting it.

If the person does not refuse the office within thirty days after being informed† of his appointment, he is presumed to have accepted.

[1991, c. 64, a. 202; 1998, c. 51, s. 24].

203. Le tuteur nommé par le père ou la mère doit, qu'il accepte ou refuse la charge, en aviser le liquidateur de la succession et le curateur public.

[1991, c. 64, a. 203].

▌C.C.Q., 1361.

203. Whether the tutor appointed by the father or mother accepts or refuses the office, he shall notify the liquidator of the succession and the Public Curator.

[1991, c. 64, a. 203].

204. Lorsque la personne désignée par le parent refuse la tutelle, elle doit en aviser, sans délai, son remplaçant si le parent en a désigné un.

Elle peut, néanmoins, revenir sur son refus avant qu'un remplaçant n'accepte la charge ou que l'ouverture d'une tutelle ne soit demandée au tribunal.

[1991, c. 64, a. 204].

▌C.P.C., 885.

204. Where the person appointed by either parent refuses tutorship, he shall without delay notify his refusal to the replacement, if any, designated by the parent.

The person may, however, retract his refusal before the replacement accepts the office or an application to institute tutorship is made to the court.

[1991, c. 64, a. 204].

205. La tutelle est déférée par le tribunal lorsqu'il y a lieu de nommer un tuteur ou de le remplacer, de nommer un tuteur *ad hoc* ou un tuteur aux biens, ou encore en cas de contestation du choix d'un tuteur nommé par les père et mère.

Elle est déférée sur avis du conseil de tutelle, à moins qu'elle ne soit demandée par le directeur de la protection de la jeunesse.

[1991, c. 64, a. 205].

▌C.C.Q., 178, 200, 235; C.P.C., 394.2.

205. Tutorship is conferred by the court where it is expedient to appoint a tutor or a replacement, to appoint a tutor *ad hoc* or a tutor to property or where the designation of a tutor appointed by the father and mother is contested.

Tutorship is conferred on the advice of the tutorship council, unless it is applied for by the director of youth protection.

[1991, c. 64, a. 205].

206. Le mineur, le père ou la mère et les proches† parents et alliés du mineur, ou toute autre personne intéressée, y compris le curateur public, peuvent s'adresser au tribunal et proposer, le cas échéant, une

206. The minor, the father or mother and close† relatives of the minor and persons connected by marriage or a civil union to the minor or any other interested person, including the Public Curator, may apply to

personne qui soit apte à exercer la tutelle et prête à accepter la charge.

[1991, c. 64, a. 206].

the court and, if necessary, propose a suitable person who is willing to accept the tutorship.

[1991, c. 64, a. 206; 2002, c. 6, s. 235].

Note : Dans le texte français, l'adjectif « proches » paraît viser aussi bien les parents que les alliés, alors qu'en anglais, le terme « close » ne qualifie que « relatives ». / In the French text, the adjective *"proches"* appears to apply both to *"parents"* and *"alliés du mineur"*. The term "close" in the English text, however, only serves to modify the noun "relatives".

▌ C.C.Q., 224, 251; C.P.C., 885.

207. Le directeur de la protection de la jeunesse ou la personne qu'il recommande pour l'exercer peut aussi demander l'ouverture d'une tutelle à un enfant mineur orphelin qui n'est pas déjà pourvu d'un tuteur, à un enfant dont ni le père ni la mère n'assument, de fait, le soin, l'entretien ou l'éducation, ou à un enfant qui serait vraisemblablement en danger s'il retournait auprès de ses père et mère.

[1991, c. 64, a. 207].

207. The director of youth protection or the person recommended as tutor by him may also apply for the institution of tutorship to an orphan who is a minor and who has no tutor, or to a child whose father and mother both fail, in fact, to assume his care, maintenance or education, or to a child who in all likelihood would be in danger if he returned to his father and mother.

[1991, c. 64, a. 207].

▌ C.C.Q., 885.

SECTION IV — DE L'ADMINISTRATION TUTÉLAIRE

SECTION IV — ADMINISTRATION OF TUTORS

208. Le tuteur agit à l'égard des biens du mineur à titre d'administrateur chargé de la simple administration.

[1991, c. 64, a. 208].

208. In respect of the property of the minor, the tutor acts as an administrator entrusted with simple administration.

[1991, c. 64, a. 208].

▌ C.C.Q., 177, 188.

209. Les père et mère ne sont pas tenus, dans l'administration des biens de leur enfant mineur, de faire l'inventaire des biens, de fournir une sûreté garantissant leur administration, de rendre un compte de gestion annuel, ou d'obtenir du conseil de tutelle ou du tribunal des avis ou autorisations, à moins que la valeur des biens ne soit supérieure à 25 000 $ ou que le tribunal ne l'ordonne, à la demande d'un intéressé.

[1991, c. 64, a. 209].

209. Fathers and mothers are not required in the administration of the property of their minor child to make an inventory of the property, to furnish a security as a guarantee of their administration, to render an annual account of management or to obtain any advice or authorization from the tutorship council or the court unless the property is worth more than $25 000 or it is ordered by the court on the application of an interested person.

[1991, c. 64, a. 209].

▌ C.C.Q., 240, 242, 243, 246, 249.

210. Les biens donnés ou légués à un mineur, à la condition qu'ils soient administrés par un tiers, sont soustraits à l'administration du tuteur.

210. All property given or bequeathed to a minor on condition that it be administered by a third person is withdrawn from the administration of the tutor.

Si l'acte n'indique pas le régime d'administration de ces biens, la personne qui les administre a les droits et obligations d'un tuteur aux biens.

[1991, c. 64, a. 210].

▌C.C.Q., 208, 246.

If the act does not indicate the particular mode of administration of the property, the person administering it has the rights and obligations of a tutor to property.

[1991, c. 64, a. 210].

211. Le tuteur peut accepter seul une donation en faveur de son pupille. Toutefois, il ne peut accepter une donation avec charge sans obtenir l'autorisation du conseil de tutelle.

[1991, c. 64, a. 211].

▌C.C.Q., 1814, 1824.

211. A tutor may accept alone any gift in favour of his pupil. He may not accept any gift with a charge, however, without obtaining the authorization of the tutorship council.

[1991, c. 64, a. 211].

212. Le tuteur ne peut transiger ni poursuivre un appel sans l'autorisation du conseil de tutelle.

[1991, c. 64, a. 212].

▌C.C.Q., 213, 222.

212. A tutor may not transact or prosecute an appeal without the authorization of the tutorship council.

[1991, c. 64, a. 212].

213. S'il s'agit de contracter un emprunt important eu égard au patrimoine du mineur, de grever un bien d'une sûreté, d'aliéner un bien† important à caractère familial, un immeuble ou une entreprise, ou de provoquer le partage définitif des immeubles d'un mineur indivisaire, le tuteur doit être autorisé par le conseil de tutelle ou, si la valeur du bien ou de la sûreté excède 25 000 $, par le tribunal, qui sollicite l'avis du conseil de tutelle.

Le conseil de tutelle ou le tribunal ne permet de contracter l'emprunt, d'aliéner un bien à titre onéreux ou de le grever d'une sûreté, que dans les cas où cela est nécessaire pour l'éducation et l'entretien du mineur, pour payer ses dettes, pour maintenir le bien en bon état ou pour conserver sa valeur. L'autorisation indique alors le montant et les conditions de l'emprunt, les biens qui peuvent être aliénés ou grevés d'une sûreté, ainsi que les conditions dans lesquelles ils peuvent l'être.

[1991, c. 64, a. 213].

▌C.C.Q., 162; D.T., 29.

213. The tutor, before contracting a substantial loan in relation to the patrimony of the minor, offering property as security, alienating an important piece† of family property, an immovable or an enterprise, or demanding the definitive partition of immovables held by the minor in undivided co-ownership, shall obtain the authorization of the tutorship council or, if the property or security is worth more than $25 000, of the court, which seeks the advice of the tutorship council.

The tutorship council or the court does not allow the loan to be contracted, or property to be alienated by onerous title or offered as security, except where that is necessary to ensure the education and maintenance of the minor, to pay his debts or to maintain the property in good order or safeguard its value. The authorization then indicates the amount and terms and conditions of the loan, the property that may be alienated or offered as security, and sets forth the conditions under which it may be done.

[1991, c. 64, a. 213; 2002, c. 19, s. 15].

214. Le tuteur ne peut, sans avoir obtenu l'évaluation d'un expert, aliéner un bien dont la valeur excède 25 000 $, sauf s'il s'agit de valeurs cotées et négociées à une bourse reconnue suivant les dispositions relatives aux placements présumés sûrs. Une copie de l'évaluation est jointe au compte de gestion annuel.

Constituent un seul et même acte les opérations juridiques connexes par leur nature, leur objet ou le moment de leur passation.

[1991, c. 64, a. 214].

▌C.C.Q., 162.

214. No tutor may, before obtaining an expert's appraisal, alienate property worth more than $25, 000, except in the case of securities quoted and traded on a recognized stock exchange according to the provisions respecting presumed sound investments. A copy of the appraisal is attached to the annual management account.

Juridical acts which are related according to their nature, their object or the time they are performed constitute one and the same act.

[1991, c. 64, a. 214].

215. Le tuteur peut conclure seul une convention tendant au maintien de l'indivision, mais, en ce cas, le mineur devenu majeur peut y mettre fin dans l'année qui suit sa majorité, quelle que soit la durée de la convention.

La convention autorisée par le conseil de tutelle et par le tribunal lie le mineur devenu majeur.

[1991, c. 64, a. 215].

▌C.C.Q., 839-846, 1012 et s.

215. A tutor acting alone may enter into an agreement to continue in indivision, but in that case the minor, once of full age, may terminate the agreement within one year, regardless of its term.

Any agreement authorized by the tutorship council and by the court is binding on the minor once* of full age.

[1991, c. 64, a. 215].

216. Le greffier du tribunal donne, sans délai, avis au conseil de tutelle et au curateur public de tout jugement relatif aux intérêts patrimoniaux du mineur, ainsi que de toute transaction effectuée dans le cadre d'une action à laquelle le tuteur est partie en cette qualité.

[1991, c. 64, a. 216].

▌C.C.Q., 208.

216. The clerk of the court gives notice without delay to the tutorship council and to the Public Curator of any judgment relating to the interests of the patrimony of a minor and of any transaction effected pursuant to an action to which the tutor is a party in that quality.

[1991, c. 64, a. 216].

217. Lorsque la valeur des biens excède 25 000 $, le liquidateur d'une succession dévolue ou léguée à un mineur et le donateur d'un bien si le donataire est mineur ou, dans tous les cas, toute personne qui paie une indemnité au bénéfice d'un mineur, doit déclarer le fait au curateur public et indiquer la valeur des biens.

[1991, c. 64, a. 217].

▌C.C.Q., 209, 211, 638.

217. Where the property is worth more than $25, 000, the liquidator of a succession which devolves or is bequeathed to a minor and the donor of property if the donee is a minor, and, in any case, any person who pays an indemnity for the benefit of a minor, shall declare that fact to the Public Curator and state the value of the property.

[1991, c. 64, a. 217].

218. Le tuteur prélève sur les biens qu'il administre les sommes nécessaires pour acquitter les charges de la tutelle, notamment pour l'exercice des droits civils du mineur et l'administration de son patrimoine; il effectue aussi un tel prélèvement si, pour assurer l'entretien ou l'éducation du mineur, il y a lieu de suppléer† l'obligation alimentaire des père et mère.

[1991, c. 64, a. 218].

218. A tutor sets aside from the property under his administration all sums necessary to pay the expenses of the tutorship, in particular, to provide for the exercise of the civil rights of the minor and the administration of his patrimony. He also does so where, to ensure the minor's maintenance and education, it is necessary to make up† for the support owed by the father and mother.

[1991, c. 64, a. 218].

Note : L'expression anglaise « to make up for support » semble viser la possibilité de combler une dette impayée, alors qu'en français, « suppléer l'obligation alimentaire » paraît plus large, parce que permettant d'ajouter à des aliments payés mais insuffisants pour satisfaire les besoins du mineur. / The English expression "to make up for the support owed" appears to refer to amounts furnished to make up for an unpaid debt. In French, "*suppléer l'obligation alimentaire*" is potentially broader, extending to support that is paid but insufficient to meet the needs of the minor.

▌ C.C.Q., 219.

219. Le tuteur à la personne convient avec le tuteur aux biens des sommes qui lui sont nécessaires, annuellement, pour acquitter les charges de la tutelle.

S'ils ne s'entendent pas sur ces sommes ou leur paiement, le conseil de tutelle ou, à défaut, le tribunal tranche.

[1991, c. 64, a. 219].

219. The tutor to the person agrees with the tutor to property as to the amounts he requires each year to pay the expenses of the tutorship.

If the tutors do not agree on the amounts or their payment, the tutorship council or, failing that, the court decides.

[1991, c. 64, a. 219].

▌ C.C.Q., 218.

220. Le mineur gère le produit de son travail et les allocations qui lui sont versées pour combler ses besoins ordinaires et usuels.

Lorsque les revenus du mineur sont considérables ou que les circonstances le justifient, le tribunal peut, après avoir obtenu l'avis du tuteur et, le cas échéant, du conseil de tutelle, fixer les sommes dont le mineur conserve la gestion. Il tient compte de l'âge et du discernement du mineur, des conditions générales de son entretien et de son éducation, ainsi que de ses obligations alimentaires et de celles de ses parents.

[1991, c. 64, a. 220].

220. The minor manages the proceeds of his work and any allowances paid to him to meet his ordinary and usual needs.

Where the revenues of the minor are considerable or where justified by the circumstances, the court, after obtaining the advice of the tutor and, where applicable, the tutorship council, may fix the amounts that remain under the management of the minor. It takes into account the age and power of discernment of the minor, the general conditions of his maintenance and education and his obligations of support and those of his parents.

[1991, c. 64, a. 220].

▌ C.C.Q., 157.

221. Le directeur de la protection de la jeunesse qui exerce la tutelle ou la personne qu'il recommande pour l'exercer, doivent, lorsque la loi prévoit que le tuteur doit, pour agir, obtenir l'avis ou l'autorisa-

221. A director of youth protection exercising a tutorship or the person he recommends to exercise it shall obtain the authorization of the court where the law requires the tutor to obtain the advice or

tion du conseil de tutelle, être autorisés par le tribunal.

Cependant, lorsque la valeur des biens est supérieure à 25 000 $ ou, dans tous les cas lorsque le tribunal l'ordonne, la tutelle aux biens est déférée au curateur public. Celui-ci a, dès lors, les droits et les obligations du tuteur datif, sous réserve des dispositions de la loi.

[1991, c. 64, a. 221].

▌ C.C.Q., 180, 182.

authorization of the tutorship council before acting.

Where the property is worth more than $25 000, however, or, at all events, where the court so orders, tutorship to property is conferred on the Public Curator, who has from that time the rights and obligations of a dative tutor, subject to the provisions of law.

[1991, c. 64, a. 221].

SECTION V ——
DU CONSEIL DE TUTELLE

SECTION V ——
TUTORSHIP COUNCIL

§ 1. —— Du rôle et de la constitution du conseil

§ 1. —— Role and establishment of the council

222. Le conseil de tutelle a pour rôle de surveiller la tutelle. Il est formé de trois personnes désignées par une assemblée de parents, d'alliés ou d'amis ou, si le tribunal le décide, d'une seule personne.

[1991, c. 64, a. 222].

▌ C.C.Q., 226, 233, 236; D.T., 27.

222. The role of the tutorship council is to supervise the tutorship. The tutorship council is composed of three persons designated by a meeting of relatives, persons connected by marriage or a civil union and friends or, if the court so decides, of only one person.

[1991, c. 64, a. 222; 2002, c. 6, s. 235].

223. Le conseil de tutelle est constitué soit qu'il y ait tutelle dative, soit qu'il y ait tutelle légale, mais, en ce dernier cas, seulement si les père et mère sont tenus, dans l'administration des biens du mineur, de faire inventaire, de fournir une sûreté ou de rendre un compte annuel de gestion.

Il n'est pas constitué lorsque la tutelle est exercée par le directeur de la protection de la jeunesse ou une personne qu'il recommande comme tuteur, ou par le curateur public.

[1991, c. 64, a. 223].

▌ C.C.Q., 209, 222.

223. A tutorship council is established both in the case of dative tutorship and in that of legal tutorship, although, in the latter case, only where the father and mother are required, in respect of the administration of the property of the minor, to make an inventory, to furnish security or to render an annual account of management.

No council is established where the tutorship is exercised by the director of youth protection, a person he has recommended as tutor, or the Public Curator.

[1991, c. 64, a. 223].

224. Toute personne intéressée peut provoquer la constitution du conseil de tutelle en demandant soit à un notaire, soit au tribunal du lieu où le mineur a son domicile

224. Any interested person may initiate the establishment of a tutorship council by applying either to a notary or to the court of the place where the minor has his domicile

ou sa résidence, de convoquer une assemblée de parents, d'alliés ou† d'amis.

Le tribunal saisi d'une demande pour nommer ou remplacer un tuteur ou un conseil de tutelle le peut également, même d'office.

[1991, c. 64, a. 224].

Note : Comp. a. 222.

▮ C.P.C., 872-876.1.

225. Le tuteur nommé par le père ou la mère du mineur ou les père et mère, le cas échéant, doivent provoquer la constitution du conseil de tutelle.

Les père et mère peuvent, à leur choix, convoquer une assemblée de parents, d'alliés ou d'amis, ou demander au tribunal de constituer un conseil de tutelle d'une seule personne et de la désigner.

[1991, c. 64, a. 225].

▮ C.C.Q., 224, 251; C.P.C., 872-876.1.

226. Doivent être convoqués à l'assemblée de parents, d'alliés ou d'amis appelée à constituer un conseil de tutelle, les père et mère du mineur et, s'ils ont une résidence connue au Québec, ses autres ascendants ainsi que ses frères et sœurs majeurs.

Peuvent être convoqués à l'assemblée, pourvu qu'ils soient majeurs, les autres parents et alliés du mineur et ses amis.

Au moins cinq personnes doivent assister à cette assemblée et, autant que possible, les lignes maternelle et paternelle doivent être représentées.

[1991, c. 64, a. 226].

▮ C.P.C., 873, 874.

227. Les personnes qui doivent être convoquées ont toujours le droit de se présenter

or residence for the calling of a meeting of relatives, persons connected by marriage or a civil union and† friends.

The court examining an application for the appointment or replacement of a tutor or tutorship council may do likewise, even of its own motion.

[1991, c. 64, a. 224; 2002, c. 6, s. 235].

225. The tutor appointed by the father or mother of a minor or the father and mother, as the case may be, shall initiate the establishment of the tutorship council.

The father and mother may, at their option, convene a meeting of relatives, persons connected by marriage or a civil union and friends or make an application to the court for the establishment of a tutorship council composed of only one person designated by the court.

[1991, c. 64, a. 225; 2002, c. 6, s. 235].

226. The father and mother of the minor and, if they have a known residence in Québec, his other ascendants and his brothers and sisters of full age shall be called to the meeting of relatives, persons connected by marriage or a civil union and friends called to establish a tutorship council.

The other relatives, persons connected by marriage or a civil union and friends of the minor may be called to the meeting provided they are of full age.

Not fewer than five persons shall attend the meeting and, as far as possible, the maternal and paternal lines shall be represented.

[1991, c. 64, a. 226; 2002, c. 6, s. 235].

227. Persons who shall be called are always entitled to present themselves at the

à l'assemblée de constitution et d'y donner leur avis, même si on a omis de les convoquer.

[1991, c. 64, a. 227].

▋ C.P.C., 873, 874.

first meeting and give their opinion even if they were not called.

[1991, c. 64, a. 227].

---

228. L'assemblée désigne les trois membres du conseil et deux suppléants, en respectant, dans la mesure du possible, la représentation des lignes maternelle et paternelle.

Elle désigne également un secrétaire, membre ou non du conseil, chargé de rédiger et de conserver les procès-verbaux des délibérations; le cas échéant, elle fixe la rémunération du secrétaire.

Le tuteur ne peut être membre du conseil de tutelle.

[1991, c. 64, a. 228].

▋ C.C.Q., 222.

228. The meeting* appoints the three members of the council and designates two alternates, giving consideration so far as possible to representation of the maternal and paternal lines.

It* also appoints a secretary, who may or may not be a member of the council, responsible for taking and keeping the minutes of the deliberations; it* fixes the remuneration of the secretary, where applicable.

The tutor may not be a member of the tutorship council.

[1991, c. 64, a. 228].

---

229. Le conseil comble les vacances en choisissant un des suppléants déjà désignés appartenant à la ligne où s'est produite la vacance. À défaut de suppléant, il choisit un parent ou un allié de la même ligne ou, à défaut, un parent ou un allié de l'autre ligne ou un ami.

[1991, c. 64, a. 229].

▋ C.C.Q., 226.

229. Vacancies are filled by the council by selecting a designated alternate in the line where the vacancy occurred. If there is no alternate, the council selects a relative or a person connected by marriage or a civil union in the same line or, if none, a relative or a person connected by marriage or a civil union in the other line or a friend.

1991, c. 64, a. 229; 2002, c. 6, s. 235].

---

230. Le conseil de tutelle est tenu d'inviter le tuteur à toutes ses séances pour y prendre son avis; le mineur peut y être invité.

[1991, c. 64, a. 230].

▋ C.C.Q., 226.

230. The tutorship council is bound to invite the tutor to each of its meetings to hear his opinion; the minor may be invited.

[1991, c. 64, a. 230].

---

231. Le tribunal peut, sur demande ou d'office, décider que le conseil de tutelle sera formé d'une seule personne qu'il désigne, lorsque la constitution d'un conseil formé de trois personnes est inopportune, en raison de l'éloignement†, de l'indifférence ou d'un empêchement majeur des membres de la famille, ou en raison de la situation personnelle ou familiale du mineur.

231. The court may, on application or of its own motion, rule that the tutorship council will be composed of only one person designated by it where, owing to the dispersal† or indifference of the family members or their inability, for serious reasons, to attend, or to the personal or family situation of the minor, it would be inadvisable to establish a council composed of three persons.

Il peut alors désigner une personne qui démontre un intérêt particulier pour le mineur ou, à défaut et s'il n'est pas déjà tuteur, le directeur de la protection de la jeunesse ou le curateur public.

Le tribunal peut dispenser celui qui présente la demande de procéder au préalable à la convocation d'une assemblée de parents, d'alliés ou d'amis, s'il lui est démontré que des efforts suffisants ont été faits pour réunir cette assemblée et qu'ils ont été vains.

[1991, c. 64, a. 231].

▌ C.C.Q., 222, 225; C.P.C., 872.

232. À l'exception du directeur de la protection de la jeunesse et du curateur public, nul ne peut être contraint d'accepter une charge au conseil; celui qui a accepté une charge peut toujours en être relevé, pourvu que cela ne soit pas fait à contretemps.

La charge est personnelle et gratuite.

[1991, c. 64, a. 232].

▌ C.C.Q., 179, 180, 250.

§ 2. — Des droits et obligations du conseil

233. Le conseil de tutelle donne les avis et prend les décisions dans tous les cas prévus par la loi.

En outre, lorsque les règles de l'administration du bien d'autrui prévoient que le bénéficiaire doit ou peut consentir à un acte, recevoir un avis ou être consulté, le conseil agit au nom du mineur bénéficiaire.

[1991, c, 64, a. 233].

▌ C.C.Q., 222, 1299-1370.

234. Le conseil, lorsqu'il est formé de trois personnes, se réunit au moins une fois l'an; il ne délibère valablement que si la majorité de ses membres est réunie ou si tous les membres peuvent s'exprimer à

The court may in such a case designate a person who shows a special interest in the minor or, failing that, the director of youth protection or the Public Curator, if he is not already the tutor.

The court may exempt the person making the application from first calling a meeting of relatives, persons connected by marriage or a civil union and friends if it is shown that sufficient effort has been made to call the meeting, but that such effort has been in vain.

[1991, c. 64, a. 231; 2002, c. 6, s. 235].

232. Excepting the director of youth protection and the Public Curator, no person may be compelled to accept membership in the council; a person who has agreed to become a member may be released at any time provided it is not done at an inopportune moment.

Membership of a tutorship council is a personal charge that entails no remuneration.

[1991, c. 64, a. 232].

§ 2. — Rights and obligations of the council

233. The tutorship council gives advice and makes decisions in every case provided for by law.

Moreover, where the rules of administration of the property of others provide that the beneficiary shall or may give his consent to an act, obtain advice or be consulted, the council acts on behalf of the minor who is the beneficiary.

[1991, c. 64, a. 233].

234. The council, where composed of three persons, meets at least once a year; deliberations are not valid unless a majority of its members attend the meeting or unless all the members can express them-

l'aide de moyens permettant à tous de communiquer immédiatement entre eux.

Les décisions sont prises, et les avis donnés, à la majorité des voix; les motifs de chacun doivent être exprimés.

[1991, c. 64, a. 234].

▌C.P.C., 876.1.

235. Le conseil doit faire nommer un tuteur *ad hoc* chaque fois que le mineur a des intérêts à discuter en justice avec son tuteur.

[1991, c. 64, a. 235].

▌C.C.Q., 190; C.P.C., 394.2.

236. Le conseil s'assure que le tuteur fait l'inventaire des biens du mineur et qu'il fournit et maintient une sûreté.

Il reçoit le compte annuel de gestion du tuteur et a le droit de consulter tous les documents et pièces à l'appui du compte, et de s'en faire remettre une copie.

[1991, c. 64, a. 236].

▌C.C.Q., 240, 243, 246, 1324, 1351.

237. Toute personne intéressée peut, pour un motif grave, demander au tribunal la révision, dans un délai de dix jours, d'une décision du conseil ou l'autorisation de provoquer la constitution d'un nouveau conseil.

[1991, c. 64, a. 237].

▌C.P.C., 872, 876.1.

238. Le tuteur peut provoquer la convocation du conseil ou, à défaut de pouvoir le faire, demander au tribunal l'autorisation d'agir seul.

[1991, c. 64, a. 238].

▌C.C.Q., 222.

239. Il est de la responsabilité du conseil d'assurer la conservation des archives et, à la fin de la tutelle, de les remettre au mineur ou à ses héritiers.

[1991, c. 64, a. 239].

selves by a means which allows all of them to communicate directly with each other.

The decisions and advice of the council are taken or given by majority vote; each member shall give reasons.

[1991, c. 64, a. 234].

235. Whenever a minor has any interest to discuss judicially with his tutor, the council causes a tutor *ad hoc* to be appointed to him.

[1991, c. 64, a. 235].

236. The council ascertains that the tutor makes an inventory of the property of the minor and that he furnishes and maintains a security.

The council receives the annual management account from the tutor and is entitled to examine all documents and vouchers attached to the account and obtain a copy of them.

[1991, c. 64, a. 236].

237. Any interested person may, for a grave reason, apply to the court within ten days to have a decision of the council reviewed or for authorization to initiate the establishment of a new council.

[1991, c. 64, a. 237].

238. The tutor may demand the convening of the council or, if it cannot be convened, apply to the court for authorization to act alone.

[1991, c. 64, a. 238].

239. The council is responsible for seeing that the records of the tutorship are preserved and for transmitting them to the minor or his heirs at the end of the tutorship.

[1991, c. 64, a. 239].

❚ C.C.Q., 233.

§ 1. — De l'inventaire

§ 1. — Inventory

240. Dans les soixante jours de l'ouverture de la tutelle, le tuteur doit faire l'inventaire des biens à administrer. Il doit faire de même à l'égard des biens échus au mineur après l'ouverture de la tutelle.

Une copie de l'inventaire est transmise au curateur public et au conseil de tutelle.

[1991, c. 64, a. 240].

❚ C.C.Q., 241, 638, 1142.

240. Within sixty days of the institution of the tutorship, the tutor shall make an inventory of the property to be administered. He shall do the same in respect of property devolved to the minor after the tutorship is instituted.

A copy of the inventory is transmitted to the Public Curator and to the tutorship council.

[1991, c. 64, a. 240].

241. Le tuteur qui continue l'administration d'un autre tuteur, après la reddition de compte, est dispensé de faire l'inventaire des biens.

[1991, c. 64, a. 241].

❚ C.C.Q., 240.

241. A tutor who continues the administration of another tutor after the rendering of account is exempt from making an inventory.

[1991, c. 64, a. 241].

§ 2. — De la sûreté

§ 2. — Security

242. Le tuteur est tenu, lorsque la valeur des biens à administrer excède 25, 000 $, de souscrire une assurance ou de fournir une autre sûreté pour garantir l'exécution de ses obligations. La nature et l'objet de la sûreté, ainsi que le délai pour la fournir, sont déterminés par le conseil de tutelle.

Les frais de la sûreté sont à la charge de la tutelle.

[1991, c. 64, a. 242].

❚ C.C.Q., 243.

242. The tutor is bound, if the value of the property to be administered exceeds $25 000, to take out liability insurance or furnish other security to guarantee the performance of his obligations. The kind and object of the security and the time granted to furnish it are determined by the tutorship council.

The tutorship is liable for the costs of the security.

[1991, c. 64, a. 242].

243. Le tuteur doit, sans délai, justifier de la sûreté au conseil de tutelle et au curateur public.

Il doit, pendant la durée de sa charge, maintenir cette sûreté ou en offrir une au-

243. The tutor shall without delay furnish proof of the security to the tutorship council and to the Public Curator.

The tutor shall maintain the security or another of sufficient value for the duration of

tre de valeur suffisante, et la justifier annuellement.

[1991, c. 64, a. 243].

❚ C.C.Q., 236, 242.

his office and furnish proof of it every year.

[1991, c. 64, a. 243].

244. La personne morale qui exerce la tutelle aux biens est dispensée de fournir une sûreté.

[1991, c. 64, a. 244].

❚ C.C.Q., 189.

244. A legal person exercising tutorship to property is exempt from furnishing security.

[1991, c. 64, a. 244].

245. Lorsqu'il y a lieu de donner mainlevée d'une sûreté, le conseil de tutelle ou le mineur devenu majeur peut le faire et requérir, s'il y a lieu, aux frais de la tutelle, la radiation de l'inscription. Un avis de la radiation est donné au curateur public.

[1991, c. 64, a. 245].

❚ C.P.C., 804.

245. Where it is advisable to release the security, the tutorship council or the minor, once he attains full age, may do so and, at the cost of the tutorship, apply for cancellation of the registration, if any. Notice of the cancellation is given to the Public Curator.

[1991, c. 64, a. 245].

§ 3. — Des rapports et comptes

246. Le tuteur transmet au mineur de quatorze ans et plus, au conseil de tutelle et au curateur public, le compte annuel de sa gestion.

Le tuteur aux biens rend compte annuellement au tuteur à la personne.

[1991, c. 64, a. 246].

❚ C.C.Q., 1351.

§ 3. — Reports and accounts

246. The tutor sends the annual account of his management to the minor fourteen years of age or over, to the tutorship council and to the Public Curator.

The tutor to property renders an annual account to the tutor to the person.

[1991, c. 64, a. 246].

247. À la fin de son administration, le tuteur rend un compte définitif au mineur devenu majeur; il doit aussi rendre compte au tuteur qui le remplace et au mineur de quatorze ans et plus ou, le cas échéant, au liquidateur de la succession du mineur. Il doit transmettre une copie du compte définitif au conseil de tutelle et au curateur public.

[1991, c. 64, a. 247].

❚ C.C.Q., 169, 246, 1363; C.P.C., 532-539.

247. At the end of his administration, the tutor shall give a final account to the minor who has come of age; he shall also give an account to the tutor who replaces him and to the minor fourteen years of age or over or, where applicable, to the liquidator of the succession of the minor. He shall send a copy of his final account to the tutorship council and to the Public Curator.

[1991, c. 64, a. 247].

248. Tout accord entre le tuteur et le mineur devenu majeur portant sur l'administration ou sur le compte est nul, s'il n'est précédé de la reddition d'un compte dé-

248. Every agreement between the tutor and the minor who has come of age relating to the administration or the account is null unless it is preceded by a detailed ren-

taillé et de la remise des pièces justificatives.

[1991, c. 64, a. 248].

▌C.C.Q., 246, 247.

dering of account and the delivery of the related vouchers.

[1991, c. 64, a. 248].

249. Le curateur public examine les comptes annuels de gestion du tuteur et le compte définitif. Il s'assure aussi du maintien de la sûreté.

Il a le droit d'exiger tout document et toute explication concernant ces comptes et il peut, lorsque la loi le prévoit, en requérir la vérification.

[1991, c. 64, a. 249].

▌C.C.Q., 246, 247.

249. The Public Curator examines the annual accounts of management and the final account of the tutor. He also ascertains that the security is maintained.

He may require any document and any explanation concerning the accounts and, where provided for by law, require that they be audited.

[1991, c. 64, a. 249].

<h3 style="text-align:center">SECTION VII —
DU REMPLACEMENT DU TUTEUR ET DE
LA FIN DE LA TUTELLE</h3>

250. Le tuteur datif peut, pour un motif sérieux, demander au tribunal d'être relevé de sa charge, pourvu que sa demande ne soit pas faite à contretemps et qu'un avis en ait été donné au conseil de tutelle.

[1991, c. 64, a. 250].

▌C.C.Q., 180, 203.

<h3 style="text-align:center">SECTION VII —
REPLACEMENT OF TUTOR AND END OF
TUTORSHIP</h3>

250. A dative tutor may, for a serious reason, apply to the court to be relieved of his duties, provided his application is not made at an inopportune moment and notice of it has been given to the tutorship council.

[1991, c. 64, a. 250].

251. Le conseil de tutelle ou, en cas d'urgence, l'un de ses membres doit demander le remplacement du tuteur qui ne peut exercer sa charge ou ne respecte pas ses obligations. Le tuteur à la personne doit agir de même à l'égard d'un tuteur aux biens.

Tout intéressé, y compris le curateur public, peut aussi demander le remplacement du tuteur pour ces motifs.

[1991, c. 64, a. 251].

▌C.C.Q., 206, 222; C.P.C., 885.

251. The tutorship council or, in case of emergency, one of its members shall apply for the replacement of a tutor who is unable to perform his duties or neglects his obligations. A tutor to the person shall act in the same manner with regard to a tutor to property.

Any interested person, including the Public Curator, may also, for the reasons set forth in the first paragraph, apply for the replacement of the tutor.

[1991, c. 64, a. 251].

252. Lorsque la tutelle est exercée par le directeur de la protection de la jeunesse, par une personne qu'il recommande comme tuteur ou par le curateur public, tout intéressé peut demander leur rempla-

252. Where tutorship is exercised by the director of youth protection, by a person he recommends as tutor or by the Public Curator, any interested person may apply for his replacement without having to jus-

cement sans avoir à justifier d'un autre motif que l'intérêt du mineur.

[1991, c. 64, a. 252].

▌ C.P.C., 885.

tify it for any reason other than the interest of the minor.

[1991, c. 64, a. 252].

253. Pendant l'instance, le tuteur continue à exercer sa charge, à moins que le tribunal n'en décide autrement et ne désigne un administrateur provisoire chargé de la simple administration des biens du mineur.

[1991, c. 64, a. 253].

▌ C.C.Q., 1301-1305.

253. During the proceedings, the tutor continues to exercise his duties unless the court decides otherwise and appoints a provisional administrator responsible for the simple administration of the property of the minor.

[1991, c. 64, a. 253].

254. Le jugement qui met fin à la charge du tuteur doit énoncer les motifs du remplacement et désigner le nouveau tuteur.

[1991, c. 64, a. 254].

▌ C.P.C., 885.

254. Every judgment terminating the duties of a tutor contains the reasons for replacing him and designates the new tutor.

[1991, c. 64, a. 254].

255. La tutelle prend fin à la majorité, lors de la pleine émancipation ou au décès du mineur.

La charge du tuteur cesse à la fin de la tutelle, au remplacement du tuteur ou à son décès.

[1991, c. 64, a. 255].

▌ C.C.Q., 153, 175, 176, 251.

255. Tutorship ends when the minor attains full age, obtains full emancipation or dies.

The office of a tutor ceases at the end of the tutorship, when the tutor is replaced or on his death.

[1991, c. 64, a. 255].

Chapitre III ——
Des régimes de protection du majeur

Section I ——
Dispositions générales

Chapter III ——
Protective supervision of persons of full age

Section I ——
General provisions

256. Les régimes de protection du majeur sont établis dans son intérêt; ils sont destinés à assurer la protection de sa personne, l'administration de son patrimoine et, en général, l'exercice de ses droits civils.

L'incapacité qui en résulte est établie en sa faveur seulement.

[1991, c. 64, a. 256].

▌ C.C.Q., 1318, 1405; C.P.C., 394.1, 877-884.

256. Protective supervision of a person of full age is established in his interest and is intended to ensure the protection of his person, the administration of his patrimony and, generally, the exercise of his civil rights.

Any incapacity resulting from protective supervision is established solely in favour of the person under protection.

[1991, c. 64, a. 256].

257. Toute décision relative à l'ouverture d'un régime de protection ou qui concerne le majeur protégé doit être prise dans son intérêt, le respect de ses droits et la sauvegarde de son autonomie.

Le majeur doit, dans la mesure du possible et sans délai, en être informé.

[1991, c. 64, a. 257].

∎ C.C.Q., 256.

257. Every decision relating to the institution of protective supervision or concerning a protected person of full age shall be in his interest, respect his rights and safeguard his autonomy.

The person of full age shall, so far as possible and without delay, be informed of the decision.

[1991, c. 64, a. 257].

258. Il est nommé au majeur un curateur ou un tuteur pour le représenter, ou un conseiller pour l'assister, dans la mesure où il est inapte à prendre soin de lui-même ou à administrer ses biens, par suite, notamment, d'une maladie, d'une déficience ou d'un affaiblissement dû à l'âge qui altère ses facultés mentales ou son aptitude physique à exprimer sa volonté.

Il peut aussi être nommé un tuteur ou un conseiller au prodigue qui met en danger le bien-être de son époux ou conjoint uni civilement ou de ses enfants mineurs.

[1991, c. 64, a. 258; 2002, c. 6, a. 21].

∎ C.C.Q., 256, 257; C.P.C., 877-884.

258. A tutor or curator is appointed to represent, or an adviser to assist, a person of full age who is incapable of caring for himself or herself or of administering property by reason, in particular, of illness, deficiency or debility due to age which impairs the person's mental faculties or physical ability to express his or her will.

A tutor or an adviser may also be appointed to a prodigal who endangers the well-being of his or her married or civil union spouse or minor children.

[1991, c. 64, a. 258; 2002, c. 6, s. 21].

259. Dans le choix d'un régime de protection, il est tenu compte du degré d'inaptitude de la personne à prendre soin d'elle-même ou à administrer ses biens.

[1991, c. 64, a. 259].

∎ C.C.Q., 258.

259. In selecting the form of protective supervision, consideration is given to the degree of the person's incapacity to care for himself or administer his property.

[1991, c. 64, a. 259].

260. Le curateur ou le tuteur au majeur protégé a la responsabilité de sa garde et de son entretien; il a également celle d'assurer le bien-être moral et matériel du majeur, en tenant compte de la condition de celui-ci, de ses besoins et de ses facultés, et des autres circonstances dans lesquelles il se trouve.

Il peut déléguer l'exercice de la garde et de l'entretien du majeur protégé, mais, dans la mesure du possible, il doit, de même que le délégué, maintenir une relation personnelle avec le majeur, obtenir son avis, le cas échéant, et le tenir informé des décisions prises à son sujet.

[1991, c. 64, a. 260].

260. The curator or the tutor to a protected person of full age is responsible for his custody and maintenance; he is also responsible for ensuring the moral and material well-being of the protected person, taking into account his condition, needs and faculties and the other aspects of his situation.

He may delegate the exercise of the custody and maintenance of the protected person of full age but, so far as possible, he and the delegated person shall maintain a personal relationship with the protected person, obtain his advice where necessary, and keep him informed of the decisions made in his regard.

[1991, c. 64, a. 260; 2002, c. 19, s. 15].

Note : Comp. a. 394.

▮ C.C.Q., 256.

261. Le curateur public n'exerce la curatelle ou la tutelle au majeur protégé, que s'il est nommé par le tribunal pour exercer la charge; il peut aussi agir d'office si le majeur n'est plus pourvu d'un curateur ou d'un tuteur.

[1991, c. 64, a. 261].

▮ C.P.C., 877-884.

261. The Public Curator does not exercise curatorship or tutorship to a protected person of full age unless he is appointed by the court to do so; he may also act by virtue of his office if the person of full age is no longer provided with a curator or tutor.

[1991, c. 64, a. 261].

262. Le curateur public a la simple administration des biens du majeur protégé, même lorsqu'il agit comme curateur.

[1991, c. 64, a. 262].

▮ C.C.Q., 208, 1301-1305.

262. The Public Curator has the simple administration of the property of a protected person of full age even when acting as curator.

[1991, c. 64, a. 262].

263. Le curateur public n'a pas la garde du majeur protégé auquel il est nommé tuteur ou curateur, à moins que le tribunal, si aucune autre personne ne peut l'exercer, ne la lui confie. Il est cependant chargé, dans tous les cas, d'assurer la protection du majeur.

La personne à qui la garde est confiée exerce, cependant, les pouvoirs du tuteur ou du curateur pour consentir aux soins requis par l'état de santé du majeur, à l'exception de ceux que le curateur public choisit de se réserver.

[1991, c. 64, a. 263].

▮ C.C.Q., 15, 261, 262.

263. The Public Curator does not have custody of the protected person of full age to whom he is appointed tutor or curator unless, where no other person can assume it, the court entrusts it to him. He is nevertheless, in all cases, responsible for protection of the person of full age.

The person to whom custody is entrusted, however, has the power of a tutor or curator to give consent to the care required by the state of health of the person of full age, except the care which the Public Curator elects to provide.

[1991, c. 64, a. 263].

264. Le curateur public qui agit comme tuteur ou curateur d'un majeur protégé peut déléguer l'exercice de certaines fonctions de la tutelle ou de la curatelle à une personne qu'il désigne, après s'être assuré, si le majeur est soigné dans un établissement de santé ou de services sociaux, que la personne choisie n'est pas un salarié de cet établissement et n'y occupe aucune fonction. Il peut néanmoins, lorsque les circonstances le justifient, passer outre à cette restriction si le salarié de l'établissement est le conjoint ou un proche parent du majeur ou s'il s'agit de gérer, selon ses directives, l'allocation mensuelle destinée au majeur pour ses dépenses personnelles.

264. The Public Curator acting as tutor or curator to a protected person of full age may delegate the exercise of certain functions related to tutorship or curatorship to a person he designates after ascertaining, where the person of full age is being treated in a health or social services establishment, that the designated person is not an employee of the establishment and has no duties therewith. He may, however, where circumstances warrant, disregard this restriction if the employee of the establishment is the spouse or a close relative of the person of full age or if the function delegated is the management, according to the Public Curator's instruc-

tions, of the monthly personal expense allowance granted to the person.

Il peut autoriser le délégué à consentir aux soins requis par l'état de santé du majeur, à l'exception de ceux qu'il choisit de se réserver.

[1991, c. 64, a. 264; 1999, c. 30, a. 21].

❚ C.C.Q., 261.

He may authorize the delegate to consent to the care required by the state of health of the person of full age, except care which the Public Curator elects to provide.

[1991, c. 64, a. 264; 1999, c. 30, s. 21].

265. Le délégué rend compte de l'exercice de la garde au curateur public, au moins une fois l'an. Ce dernier peut, en cas de conflit d'intérêts entre le délégué et le majeur protégé ou pour un autre motif sérieux, retirer la délégation.

[1991, c. 64, a. 265].

❚ C.C.Q., 264.

265. At least once a year, the delegate renders account of the exercise of the custody to the Public Curator. The Public Curator may revoke the delegation if there is a conflict of interest between the delegate and the protected person of full age or for any other serious reason.

[1991, c. 64, a. 265].

266. Les règles relatives à la tutelle au mineur s'appliquent à la tutelle et à la curatelle au majeur, compte tenu des adaptations nécessaires.

Ainsi, s'ajoutent aux personnes qui doivent être convoquées à l'assemblée de parents, d'alliés ou† d'amis en application de l'article 226, le conjoint et les descendants du majeur au premier degré.

[1991, c. 64, a. 266; 1998, c. 51, a. 25].

❚ C.C.Q., 177-255.

266. The rules pertaining to tutorship to minors apply, adapted as required, to tutorship and curatorship to persons of full age.

Thus, the spouse and descendants in the first degree of the person of full age shall be called to the meeting of relatives, persons connected by marriage or a civil union and† friends along with the persons to be called to it pursuant to article 226.

[1991, c. 64, a. 266; 1998, c. 51, a. 25; 2002, c. 6, s. 235].

267. Lorsque le curateur public demande l'ouverture ou la révision d'un régime de protection et qu'il démontre que des efforts suffisants ont été faits pour réunir l'assemblée de parents, d'alliés ou d'amis et qu'ils ont été vains, le tribunal peut procéder sans que cette assemblée soit tenue.

[1991, c. 64, a. 267].

❚ C.P.C., 877-884.

267. Where the Public Curator requires the institution or review of protective supervision and shows that sufficient effort has been made to call the meeting of relatives, persons connected by marriage or a civil union and friends but that such effort has been in vain, the court may proceed without the meeting being held.

[1991, c. 64, a. 267; 2002, c. 6, s. 235].

268. L'ouverture d'un régime de protection est prononcée par le tribunal.

Celui-ci n'est pas lié par la demande et il peut fixer un régime différent de celui dont on demande l'ouverture.

[1991, c. 64, a. 268].

❚ C.P.C., 877-884.

268. The institution of protective supervision is awarded by the court.

The court is not bound by the application and may decide on a form of protective supervision other than the form contemplated in the application.

[1991, c. 64, a. 268].

269. Peuvent demander l'ouverture d'un régime de protection le majeur lui-même, son conjoint, ses proches† parents et alliés, toute personne qui démontre pour le majeur un intérêt particulier ou tout autre intéressé, y compris le mandataire désigné par le majeur ou le curateur public.

[1991, c. 64, a. 269].

269. The person of full age himself, his spouse, his close† relatives and the persons connected to him by marriage or a civil union, any person showing a special interest in the person or any other interested person, including the mandatary designated by the person of full age or the Public Curator, may apply for the institution of protective supervision.

[1991, c. 64, a. 269; 2002, c. 6, s. 235].

Note : *Cf.* note sous l'article 206. / *Cf.* note respecting article 206.

❚ C.C.Q., 268; C.P.C., 877-884.

270. Lorsqu'un majeur, qui reçoit des soins ou des services d'un établissement de santé ou de services sociaux, a besoin d'être assisté ou représenté dans l'exercice de ses droits civils en raison de son isolement, de la durée prévisible de son inaptitude, de la nature ou de l'état de ses affaires ou en raison du fait qu'aucun mandataire désigné par lui n'assure déjà une assistance ou une représentation adéquate, le directeur général de l'établissement en fait rapport au curateur public, transmet une copie de ce rapport au majeur et en informe un des proches† de ce majeur.

Le rapport est constitué, entre autres, de l'évaluation médicale et psychosociale de celui qui a examiné le majeur; il porte sur la nature et le degré d'inaptitude du majeur, l'étendue de ses besoins et les autres circonstances de sa condition, ainsi que sur l'opportunité d'ouvrir à son égard un régime de protection. Il mentionne également, s'ils sont connus, les noms des per-

270. Where a person of full age receiving care or services from a health or social services establishment requires to be assisted or represented in the exercise of his civil rights by reason of his isolation, the foreseeable duration of his incapacity, the nature or state of his affairs or because no mandatary already designated by him gives him adequate assistance or representation, the executive director of the health or social services institution reports that fact to the Public Curator, transmits a copy of his report to the person of full age and informs a close relative† of that person.

Such a report contains, in particular, the medical and psychosocial assessment prepared by the person who examined the person of full age; it deals with the nature and degree of the incapacity of the person of full age, the extent of his needs and the other circumstances of his situation and with the advisability of instituting protective supervision for him. It also sets out

sonnes qui ont qualité pour demander l'ouverture du régime de protection.

[1991, c. 64, a. 270].

▌C.C.Q., 256-258, 269.

271. L'ouverture d'un régime de protection du majeur peut être demandée dans l'année précédant la majorité.

Le jugement ne prend effet qu'à la majorité.

[1991, c. 64, a. 271].

▌C.C.Q., 153; C.P.C., 877-884.

272. En cours d'instance, le tribunal peut, même d'office, statuer sur la garde du majeur s'il est manifeste qu'il ne peut prendre soin de lui-même et que sa garde est nécessaire pour lui éviter un préjudice sérieux.

Même avant l'instance, le tribunal peut, si une demande† d'ouverture d'un régime de protection est imminente et qu'il y a lieu d'agir pour éviter au majeur un préjudice sérieux, désigner provisoirement le curateur public ou une autre personne pour assurer la protection de la personne du majeur ou pour le représenter dans l'exercice de ses droits civils.

[1991, c. 64, a. 272; 1999, c. 30, a. 22].

▌C.P.C., 877-884.

273. L'acte par lequel le majeur a déjà chargé une autre personne de l'administration de ses biens continue de produire ses effets malgré l'instance, à moins que, pour un motif sérieux, cet acte ne soit révoqué par le tribunal.

En l'absence d'un mandat donné par le majeur ou par le tribunal en vertu de l'article 444, on suit les règles de la gestion d'affaires, et le curateur public, ainsi que toute autre personne qui a qualité pour demander l'ouverture du régime, peut faire, en cas d'urgence et même avant l'instance si une demande d'ouverture est immi-

the names, if known, of the persons qualified to apply for the institution of protective supervision.

[1991, c. 64, a. 270].

271. The institution of protective supervision of a person of full age may be applied for in the year preceding his attaining full age.

The judgment takes effect on the day the person attains full age.

[1991, c. 64, a. 271].

272. During proceedings, the court may, even of its own motion, decide on the custody of the person of full age if it is clear that he is unable to care for himself and that custody is required to save him from serious harm.

Even before the proceedings, the Court may, if protective supervision is about to be instituted† and it is necessary to act in order to save the person of full age from serious harm, designate the Public Curator or another person provisionally to ensure protection of the person of full age or to represent him in the exercise of his civil rights.

[1991, c. 64, a. 272; 1999, c. 30, s. 22].

273. An act under which the person of full age has entrusted another person with the administration of his property continues to produce its effects notwithstanding the proceedings unless it is revoked by the court for a serious reason.

If no mandate has been given by the person of full age or by the court under article 444, the rules provided in respect of the management of the business of another are observed and the Public Curator and any other person who is qualified to apply for the institution of protective supervision may, in an emergency or even before pro-

nente, les actes nécessaires à la conservation du patrimoine.

[1991, c. 64, a. 273].

∎ C.C.Q., 444, 1482-1490; C.P.C., 877-884.

274. Hors les cas du mandat ou de la gestion d'affaires, ou même avant l'instance si une demande d'ouverture d'un régime de protection est imminente, le tribunal peut, s'il y a lieu d'agir pour éviter un préjudice sérieux, désigner provisoirement le curateur public ou une autre personne, soit pour accomplir un acte déterminé, soit pour administrer les biens du majeur dans les limites de la simple administration du bien d'autrui.

[1991, c. 64, a. 274].

∎ C.C.Q., 262, 272, 273.

275. Pendant l'instance et par la suite, si le régime de protection applicable est la tutelle, le logement du majeur protégé et les meubles dont il est garni doivent être conservés à sa disposition. Le pouvoir d'administrer ces biens ne permet que des conventions de jouissance précaire, lesquelles cessent d'avoir effet de plein droit dès le retour du majeur protégé.

S'il devient nécessaire ou s'il est de l'intérêt du majeur protégé qu'il soit disposé des meubles ou des droits relatifs au logement, l'acte doit être autorisé par le conseil de tutelle. Même en ce cas, il ne peut être disposé des souvenirs et autres objets à caractère personnel, à moins d'un motif impérieux; ils doivent, dans la mesure du possible, être gardés à la disposition du majeur par l'établissement de santé ou de services sociaux.

[1991, c. 64, a. 275].

∎ C.C.Q., 213, 233; C.P.C., 877-884.

276. Le tribunal saisi de la demande d'ouverture d'un régime de protection prend en considération, outre l'avis des personnes susceptibles d'être appelées à former le conseil de tutelle, les preuves médicales et psychosociales, les volontés exprimées par

ceedings if an application for the institution of protective supervision is about to be made, perform the acts required to preserve the patrimony.

[1991, c. 64, a. 273].

274. In cases where there is no mandate or management of the business of another or even before proceedings if an application for the institution of protective supervision is about to be made, the court may, if it is necessary to act in order to prevent serious harm, provisionally designate the Public Curator or another person either to perform a specific act or to administer the property of the person of full age within the limits of simple administration of the property of others.

[1991, c. 64, a. 274].

275. During proceedings and thereafter, if the form of protective supervision is a tutorship, the dwelling of the protected person of full age and the furniture in it are kept at his disposal. The power to administer that property extends only to agreements granting precarious enjoyment, which cease to have effect by operation of law upon the return of the protected person of full age.

Should it be necessary or in the best interest of the protected person of full age that his furniture or his rights in respect of a dwelling be disposed of, the act may be done only with the authorization of the tutorship council. Even in such a case, except for a compelling reason, souvenirs and other personal effects may not be disposed of and shall, so far as possible, be kept at the disposal of the person of full age by the health or social services establishment.

[1991, c. 64, a. 275].

276. Where the court examines an application to institute protective supervision, it takes into consideration, in addition to the advice of the persons who may be called to form the tutorship council, the medical and psychosocial evidence, the wishes ex-

le majeur dans un mandat qu'il a donné en prévision de son inaptitude mais qui n'a pas été homologué, ainsi que le degré d'autonomie de la personne pour laquelle on demande l'ouverture d'un régime.

Il doit donner au majeur l'occasion d'être entendu, personnellement ou par représentant si son état de santé le requiert, sur le bien-fondé de la demande et, le cas échéant, sur la nature du régime et sur la personne qui sera chargée de le représenter ou de l'assister.

[1991, c. 64, a. 276].

▌ C.P.C., 877-884.

277. Le jugement qui concerne un régime de protection est toujours susceptible de révision.

[1991, c. 64, a. 277].

▌ C.P.C., 884.

278. Le régime de protection est réévalué, à moins que le tribunal ne fixe un délai plus court, tous les trois ans s'il s'agit d'un cas de tutelle ou s'il y a eu nomination d'un conseiller, ou tous les cinq ans en cas de curatelle.

Le curateur, le tuteur ou le conseiller du majeur est tenu de veiller à ce que le majeur soit soumis à une évaluation médicale et psychosociale en temps voulu. Lorsque celui qui procède à l'évaluation constate que la situation du majeur a suffisamment changé pour justifier la fin du régime ou sa modification, il en fait rapport au majeur et à la personne qui a demandé l'évaluation et il en dépose une copie au greffe du tribunal.

[1991, c. 64, a. 278].

▌ C.C.Q., 277; C.P.C., 885.

279. Le directeur général de l'établissement de santé ou de services sociaux qui prodigue au majeur des soins ou des services doit, en cas de cessation de l'inaptitude justifiant le régime de protection, l'attester dans un rapport qu'il dépose au

pressed by the person of full age in a mandate given in anticipation of his incapacity but which has not been homologated, and the degree of autonomy of the person in whose respect the institution of protective supervision is applied for.

The court shall give to the person of full age an opportunity to be heard, personally or through a representative where required by his state of health, on the merits of the application and, where applicable, on the form of protective supervision and as to the person who will represent or assist him.

[1991, c. 64, a. 276].

277. A judgment concerning protective supervision may be reviewed at any time.

[1991, c. 64, a. 277].

278. Unless the court fixes an earlier date, the protective supervision is reviewed every three years in the case of a tutorship or where an adviser has been appointed or every five years in the case of a curatorship.

The curator, tutor or adviser to the person of full age is bound to see to it that the person of full age is submitted to a medical and psychosocial assessment in due time. Where the person making the assessment becomes aware that the situation of the person of full age has so changed as to justify the termination or modification of protective supervision, he makes a report to the person of full age and to the person having applied for the assessment and files a copy of the report in the office of the court.

[1991, c. 64, a. 278].

279. The executive director of the health or social services institution providing care or services to the person of full age shall, if the incapacity that justified protective supervision ceases, attest that fact in a report which he files in the office of the

greffe du tribunal. Ce rapport est constitué, entre autres, de l'évaluation médicale et psychosociale.

[1991, c. 64, a. 279].

▌ C.C.Q., 278, 280.

280. Sur dépôt d'un rapport de révision d'un régime de protection, le greffier avise les personnes habilitées à intervenir dans la demande d'ouverture du régime. À défaut d'opposition dans les trente jours du dépôt, la mainlevée ou la modification du régime a lieu de plein droit. Un constat est dressé par le greffier et transmis, sans délai, au majeur lui-même et au curateur public.

[1991, c. 64, a. 280].

▌ C.C.Q., 278, 279.

SECTION III
DE LA CURATELLE AU MAJEUR
---

281. Le tribunal ouvre une curatelle s'il est établi que l'inaptitude du majeur à prendre soin de lui-même et à administrer ses biens est totale et permanente, et qu'il a besoin d'être représenté dans l'exercice de ses droits civils.

Il nomme alors un curateur.

[1991, c. 64, a. 281].

▌ C.P.C., 877-884.

282. Le curateur a la pleine administration des biens du majeur protégé, à cette exception qu'il est tenu, comme l'administrateur du bien d'autrui chargé de la simple administration, de ne faire que des placements présumés sûrs. Seules les règles de l'administration du bien d'autrui s'appliquent à son administration.

[1991, c. 64, a. 282].

▌ C.C.Q., 281, 1299-1370.

283. L'acte fait seul par le majeur en curatelle peut être annulé ou les obligations qui

court. Such a report includes the medical and psychosocial assessment.

[1991, c. 64, a. 279].

280. When a report on the review of protective supervision has been filed, the clerk notifies the persons qualified to intervene in the application for protective supervision. If no objection is made within thirty days after the report is filed, protective supervision is modified or terminated without other formality. An attestation is drawn up by the clerk and transmitted without delay to the person of full age himself and to the Public Curator.

[1991, c. 64, a. 280; 2002, c. 19, s. 15].

SECTION III
CURATORSHIP TO PERSONS OF FULL AGE
---

281. The court institutes curatorship to a person of full age if it is established that the incapacity of that person to care for himself and to administer his property is total and permanent and that he requires to be represented in the exercise of his civil rights.

The court then appoints a curator.

[1991, c. 64, a. 281; 2002, c. 19, s. 15].

282. The curator has the full administration of the property of the protected person of full age, except that he is bound, as the administrator entrusted with simple administration of the property of others, to make only investments that are presumed sound. The only rules which apply to his administration are the rules of administration of the property of others.

[1991, c. 64, a. 282].

283. An act performed alone by a person of full age under curatorship may be de-

en découlent réduites, sans qu'il soit nécessaire d'établir un préjudice.

[1991, c. 64, a. 283].

▌ C.C.Q., 284.

clared null or the obligations resulting from it reduced, without any requirement to prove damage.

[1991, c. 64, a. 283].

284. Les actes faits antérieurement à la curatelle peuvent être annulés ou les obligations qui en découlent réduites, sur la seule preuve que l'inaptitude était notoire ou connue du cocontractant à l'époque où les actes ont été passés.

[1991, c. 64, a. 284].

▌ C.C.Q., 290.

284. Acts performed before the curatorship may be annulled or the obligations resulting from them reduced on the mere proof that the incapacity was notorious or known to the other party at the time the acts were performed.

[1991, c. 64, a. 284].

SECTION IV —
DE LA TUTELLE AU MAJEUR

SECTION IV —
TUTORSHIP TO PERSONS OF FULL AGE

285. Le tribunal ouvre une tutelle s'il est établi que l'inaptitude du majeur à prendre soin de lui-même ou à administrer ses biens est partielle ou temporaire, et qu'il a besoin d'être représenté dans l'exercice de ses droits civils.

Il nomme alors un tuteur à la personne et aux biens ou un tuteur soit à la personne, soit aux biens.

[1991, c. 64, a. 285].

▌ C.P.C., 877-884.

285. The court institutes tutorship to a person of full age if it is established that the incapacity of that person to care for himself or to administer his property is partial or temporary and that he requires to be represented in the exercise of his civil rights.

The court then appoints a tutor to the person and to property, or a tutor either to the person or to property.

[1991, c. 64, a. 285].

286. Le tuteur a la simple administration des biens du majeur incapable d'administrer ses biens. Il l'exerce de la même manière que le tuteur au mineur, sauf décision contraire du tribunal.

[1991, c. 64, a. 286].

▌ C.C.Q., 208, 287.

286. The tutor has the simple administration of the property of the person of full age incapable of administering his property. He exercises his administration in the same manner as the tutor to a minor, unless the court decides otherwise.

[1991, c. 64, a. 286].

287. Les règles relatives à l'exercice des droits civils du mineur s'appliquent au majeur en tutelle, compte tenu des adaptations nécessaires.

[1991, c. 64, a. 287].

▌ C.C.Q., 155, 286.

287. The rules pertaining to the exercise of the civil rights of a minor apply, adapted as required, to a person of full age under tutorship.

[1991, c. 64, a. 287].

288. À l'ouverture de la tutelle ou postérieurement, le tribunal peut déterminer le

288. The court may, on the institution of the tutorship or subsequently, determine

degré de capacité du majeur en tutelle, en prenant en considération l'évaluation médicale et psychosociale et, selon le cas, l'avis du conseil de tutelle ou des personnes susceptibles d'être appelées à en faire partie.

Il indique alors les actes que la personne en tutelle peut faire elle-même, seule ou avec l'assistance du tuteur, ou ceux qu'elle ne peut faire sans être représentée.

[1991, c. 64, a. 288].

‖ C.C.Q., 233; C.P.C., 877-884.

289. Le majeur en tutelle conserve la gestion du produit de son travail, à moins que le tribunal n'en décide autrement.

[1991, c. 64, a. 289].

‖ C.C.Q., 220; C.P.C., 885.

290. Les actes faits antérieurement à la tutelle peuvent être annulés ou les obligations qui en découlent réduites, sur la seule preuve que l'inaptitude était notoire ou connue du cocontractant à l'époque où les actes ont été passés.

[1991, c. 64, a. 290].

‖ C.C.Q., 284.

SECTION V —
DU CONSEILLER AU MAJEUR

291. Le tribunal nomme un conseiller au majeur si celui-ci, bien que généralement ou habituellement apte à prendre soin de lui-même et à administrer ses biens, a besoin, pour certains actes ou temporairement, d'être assisté ou conseillé dans l'administration de ses biens.

[1991, c. 64, a. 291].

‖ C.P.C., 877-884.

292. Le conseiller n'a pas l'administration des biens du majeur protégé. Il doit, cependant, intervenir aux actes pour lesquels il est tenu de lui prêter assistance.

[1991, c. 64, a. 292].

the degree of capacity of the person of full age under tutorship, taking into consideration the medical and psychosocial assessment and, as the case may be, the advice of the tutorship council or of the persons who may be called upon to form the tutorship council.

The court then indicates the acts which the person under tutorship may perform alone or with the assistance of the tutor, or which he may not perform unless he is represented.

[1991, c. 64, a. 288].

289. The person of full age under tutorship retains the administration of the proceeds of his work, unless the court decides otherwise.

[1991, c. 64, a. 289].

290. Acts performed before the tutorship may be annulled or the obligations resulting from them reduced on the mere proof that the incapacity was notorious or known to the other party at the time the acts were performed.

[1991, c. 64, a. 290].

SECTION V —
ADVISERS TO PERSONS OF FULL AGE

291. The court appoints an adviser to a person of full age who, although generally and habitually capable of caring for himself and of administering his property, requires, for certain acts or for a certain time, to be assisted or advised in the administration of his property.

[1991, c. 64, a. 291].

292. The adviser does not have the administration of the property of the protected person of full age. He shall, however, intervene in the acts for which he is bound to give him assistance.

[1991, c. 64, a. 292].

❚ C.C.Q., 291.

293. À l'ouverture du régime ou postérieurement, le tribunal indique les actes pour lesquels l'assistance du conseiller est requise ou†, à l'inverse, ceux pour lesquels elle ne l'est pas.

Si le tribunal ne donne aucune indication, le majeur protégé doit être assisté de son conseiller dans tous les actes qui excèdent la capacité du mineur simplement émancipé.

[1991, c. 64, a. 293].

❚ C.C.Q., 167-174; C.P.C., 877-884.

293. The court, on the institution of the advisership or subsequently, indicates the acts for which the adviser's assistance is required, and† those for which it is not required.

If the court gives no indication, the protected person of full age shall be assisted by his adviser for every act beyond the capacity of a minor who has been granted simple emancipation.

[1991, c. 64, a. 293].

294. L'acte fait seul par le majeur, alors que l'intervention de son conseiller était requise, ne peut être annulé ou les obligations qui en découlent réduites que si le majeur en subit un préjudice.

[1991, c. 64, a. 294].

❚ C.C.Q., 162, 283.

294. Acts performed alone by a person of full age for which the intervention of his adviser was required may be annulled or the obligations resulting from them reduced only if the person of full age suffers prejudice therefrom.

1991, c. 64, a. 294].

SECTION VI —
DE LA FIN DU RÉGIME DE PROTECTION

SECTION VI —
END OF PROTECTIVE SUPERVISION

295. Le régime de protection cesse par l'effet d'un jugement de mainlevée ou par le décès du majeur protégé.

Il cesse aussi à l'expiration du délai prévu pour contester le rapport qui atteste la cessation de l'inaptitude.

[1991, c. 64, a. 295].

❚ C.C.Q., 278-280.

295. Protective supervision ceases by a judgment of release or by the death of the protected person of full age.

Protective supervision also ceases upon the expiry of the prescribed period for contesting the report attesting the cessation of the incapacity.

[1991, c. 64, a. 295].

296. Le majeur protégé peut toujours, après la mainlevée du régime et, le cas échéant, la reddition de compte du curateur ou du tuteur, confirmer un acte autrement nul.

[1991, c. 64, a. 296].

❚ C.C.Q., 295.

296. A protected person of full age may at any time after the release of protective supervision and, where applicable, after the rendering of account by the tutor or curator, confirm any act otherwise null.

[1991, c. 64, a. 296].

297. La vacance de la charge de curateur, de tuteur ou de conseiller ne met pas fin au régime de protection.

297. A vacancy in the office of curator, tutor or adviser does not terminate protective supervision.

Le conseil de tutelle doit, le cas échéant, provoquer la nomination d'un nouveau curateur ou tuteur; tout intéressé peut aussi provoquer cette nomination, de même que celle d'un nouveau conseiller.

1991, c. 64, a. 297].

▌ D.T., 29; C.P.C., 877-884.

The tutorship council shall, on the occurrence of a vacancy, initiate the appointment of a new curator or tutor; any interested person may also initiate such an appointment, as well as that of a new adviser.

[1991, c. 64, a. 297].

TITRE 5 ⎯
DES PERSONNES MORALES

TITLE 5 ⎯
LEGAL PERSONS

Chapitre I ⎯
De la personnalité juridique

Chapter I ⎯
Juridical personality

SECTION I ⎯
DE LA CONSTITUTION ET DES ESPÈCES
DE PERSONNES MORALES

SECTION I ⎯
CONSTITUTION AND KINDS OF LEGAL
PERSONS

298. Les personnes morales ont la personnalité juridique.

Elles sont de droit public ou de droit privé.

[1991, c. 64, a. 298].

298. Legal persons are endowed with juridical personality.

Legal persons are established in the public interest or for a private interest.

[1991, c. 64, a. 298].

Note : On notera l'importante différence de perspective que fait apparaître la formulation du deuxième alinéa entre les textes français et anglais. / The terminology used in the English and French texts of the second paragraph is founded on a marked difference of perspective.

▌ C.C.Q., 301-320; C.P.C., 828.

299. Les personnes morales sont constituées suivant les formes juridiques prévues par la loi, et parfois directement par la loi.

Elles existent à compter de l'entrée en vigueur de la loi ou au temps que celle-ci prévoit, si elles sont de droit public, ou si elles sont constituées directement par la loi ou par l'effet de celle-ci; autrement, elles existent au temps prévu par les lois qui leur sont applicables.

[1991, c. 64, a. 299].

▌ D.T., 30.

299. Legal persons are constituted in accordance with the juridical forms provided by law, and sometimes directly by law.

Legal persons exist from the coming into force of the Act or from the time prescribed therein if they are established in the public interest or if they are constituted directly by law or through the effect of law; otherwise, they exist from the time provided for in the Acts that are applicable to them.

[1991, c. 64, a. 299].

300. Les personnes morales de droit public sont d'abord régies par les lois particulières qui les constituent et par celles qui leur sont applicables; les personnes morales de droit privé sont d'abord régies par les lois applicables à leur espèce.

Les unes et les autres sont aussi régies par le présent code lorsqu'il y a lieu de compléter les dispositions de ces lois, notamment quant à leur statut de personne morale, leurs biens ou leurs rapports avec les autres personnes.

[1991, c. 64, a. 300].

■ C.C.Q., 298, 299, 334, 1376.

300. Legal persons established in the public interest are primarily governed by the special Acts by which they are constituted and by those which are applicable to them; legal persons established for a private interest are primarily governed by the Acts applicable to their particular type.

Both kinds of legal persons are also governed by this Code where the provisions of such Acts require to be complemented, particularly with regard to their status as legal persons, their property or their relations with other persons.

[1991, c. 64, a. 300].

SECTION II —
DES EFFETS DE LA PERSONNALITÉ JURIDIQUE

SECTION II —
EFFECTS OF JURIDICAL PERSONALITY

301. Les personnes morales ont la pleine jouissance des droits civils.

[1991, c. 64, a. 301].

■ C.C.Q., 4-9, 303.

301. Legal persons have full enjoyment of civil rights.

[1991, c. 64, a. 301].

302. Les personnes morales sont titulaires d'un patrimoine qui peut, dans la seule mesure prévue par la loi, faire l'objet d'une division ou d'une affectation. Elles ont aussi des droits et obligations extrapatrimoniaux liés à leur nature.

[1991, c. 64, a. 302].

■ C.C.Q., 2, 309, 315, 317.

302. Every legal person has a patrimony which may, to the extent provided by law, be divided or appropriated to a purpose. It also has the extra-patrimonial rights and obligations flowing from its nature.

[1991, c. 64, a. 302].

303. Les personnes morales ont la capacité requise pour exercer tous leurs droits, et les dispositions du présent code relatives à l'exercice des droits civils par les personnes physiques leur sont applicables, compte tenu des adaptations nécessaires.

Elles n'ont d'autres incapacités que celles qui résultent de leur nature ou d'une disposition expresse de la loi.

[1991, c. 64, a. 303].

■ C.C.Q., 4-9, 304, 783, 1123, 1272.

303. Legal persons have capacity to exercise all their rights, and the provisions of this Code respecting the exercise of civil rights by natural persons are applicable to them, adapted as required.

They have no incapacities other than those which may result from their nature or from an express provision of law.

[1991, c. 64, a. 303].

304. Les personnes morales ne peuvent exercer ni la tutelle ni la curatelle à la personne.

Elles peuvent cependant, dans la mesure où elles sont autorisées par la loi à agir à ce titre, exercer la charge de tuteur ou de curateur aux biens, de liquidateur d'une succession, de séquestre, de fiduciaire ou d'administrateur d'une autre personne morale.

[1991, c. 64, a. 304].

❚ C.C.Q., 189, 224, 783, 1272.

304. Legal persons may not exercise tutorship or curatorship to the person.

They may, however, to the extent that they are authorized by law to act as such, hold office as tutor or curator to property, liquidator of a succession, sequestrator, trustee or administrator of another legal person.

[1991, c. 64, a. 304].

305. Les personnes morales ont un nom qui leur est donné au moment de leur constitution; elles exercent leurs droits et exécutent leurs obligations sous ce nom.

Ce nom doit être conforme à la loi et inclure, lorsque la loi le requiert, une mention indiquant clairement la forme juridique qu'elles empruntent.

[1991, c. 64, a. 305].

❚ C.P.C., 130.

305. Every legal person has a name which is assigned to it when it is constituted, and under which it exercises its rights and performs its obligations.

It shall be assigned a name which conforms to law and which includes, where required by law, an expression that clearly indicates the juridical form assumed by the legal person.

[1991, c. 64, a. 305].

306. La personne morale peut exercer une activité ou s'identifier sous un nom autre que le sien. Elle doit en donner avis au registraire des entreprises en lui produisant une déclaration en ce sens conformément à la *Loi sur la publicité légale des entreprises* (chapitre P-44.1) et, si elle est un syndicat de copropriétaires, requérir l'inscription d'un tel avis sur le registre foncier.

[1991, c. 64, a. 306; 2000, c. 42, a. 1; 2002, c. 45, a. 157; 2010, c. 7, a. 164].

❚ C.C.Q., 358; C.P.C., 115.

306. A legal person may engage in an activity or identify itself under a name other than its own name. It shall give notice to the enterprise registrar by filing a declaration to that effect in accordance with the *Act respecting the legal publicity of enterprises* (chapter P-44.1) and, if the legal person is a syndicate of co-owners, apply for the registration of such a notice in the land register.

[1991, c. 64, a. 306; 2000, c. 42, s. 1; 2002, c. 45, s. 157; 2010, c. 7, s. 164].

307. La personne morale a son domicile aux lieu et adresse de son siège.

[1991, c. 64, a. 307].

❚ C.P.C., 130, 132.

307. The domicile of a legal person is at the place and address of its head office.

[1991, c. 64, a. 307].

308. La personne morale peut changer son nom ou son domicile en suivant la procédure établie par la loi.

[1991, c. 64, a. 308].

❚ C.C.Q., 305, 307.

308. A legal person may change its name or its domicile by following the procedure established by law.

[1991, c. 64, a. 308].

309. Les personnes morales sont distinctes de leurs membres. Leurs actes n'engagent qu'elles-mêmes, sauf les exceptions prévues par la loi.

[1991, c. 64, a. 309].

❚ C.C.Q., 315.

309. Legal persons are distinct from their members. Their acts bind none but themselves, except as provided by law.

[1991, c. 64, a. 309].

310. Le fonctionnement, l'administration du patrimoine et l'activité des personnes morales sont réglés par la loi, l'acte constitutif et les règlements; dans la mesure où la loi le permet, ils peuvent aussi être réglés par une convention unanime des membres.

En cas de divergence entre l'acte constitutif et les règlements, l'acte constitutif prévaut.

[1991, c. 64, a. 310].

❚ C.C.Q., 335.

310. The functioning, the administration of the patrimony and the activities of a legal person are regulated by law, the constituting act and the by-laws; to the extent permitted by law, they may also be regulated by a unanimous agreement of the members.

In case of inconsistency between the constituting act and the by-laws, the constituting act prevails.

[1991, c. 64, a. 310].

311. Les personnes morales agissent par leurs organes, tels le conseil d'administration et l'assemblée des membres.

[1991, c. 64, a. 311].

❚ C.C.Q., 335, 345.

311. Legal persons act through their organs, such as the board of directors and the general meeting of the members.

[1991, c. 64, a. 311].

312. La personne morale est représentée par ses dirigeants, qui l'obligent dans la mesure des pouvoirs que la loi, l'acte constitutif ou les règlements leur confèrent.

[1991, c. 64, a. 312].

❚ C.C.Q., 313; C.P.C., 61.

312. A legal person is represented by its senior officers, who bind it to the extent of the powers vested in them by law, the constituting act or the by-laws.

[1991, c. 64, a. 312].

313. Les règlements de la personne morale établissent† des rapports de nature contractuelle entre elle et ses membres.

[1991, c. 64, a. 313].

❚ C.C.Q., 309, 310.

313. The by-laws of a legal person set out† the contractual relations existing between the legal person and its members.

[1991, c. 64, a. 313].

314. L'existence d'une personne morale est perpétuelle, à moins que la loi ou l'acte constitutif n'en dispose autrement.

[1991, c. 64, a. 314].

❚ C.C.Q., 2228, 2260.

314. A legal person exists in perpetuity unless otherwise provided by law or its constituting act.

[1991, c. 64, a. 314].

315. Les membres d'une personne morale sont tenus envers elle de ce qu'ils promet-

315. The members of a legal person are liable toward the legal person for anything

tent d'y apporter, à moins que la loi n'en dispose autrement.

[1991, c. 64, a. 315].

■ C.C.Q., 2198-2218.

they have promised to contribute to it, unless otherwise provided by law.

[1991, c. 64, a. 315].

316. En cas de fraude à l'égard de la personne morale, le tribunal peut, à la demande de tout intéressé, tenir les fondateurs, les administrateurs, les autres dirigeants ou les membres de la personne morale qui ont participé à l'acte reproché ou en ont tiré un profit personnel responsables, dans la mesure qu'il indique, du préjudice subi par la personne morale.

[1991, c. 64, a. 316].

■ C.C.Q., 1457.

316. In case of fraud with regard to the legal person, the court may, on the application of an interested person, hold the founders, directors, other senior officers or members of the legal person who have participated in the alleged act or derived personal profit therefrom liable, to the extent it indicates, for any damage suffered by the legal person.

[1991, c. 64, a. 316].

317. La personnalité juridique d'une personne morale ne peut être invoquée†[1] à l'encontre d'une personne de bonne foi, dès lors qu'on invoque cette personnalité pour masquer la fraude, l'abus de droit ou une contravention à une règle intéressant l'ordre public.

[1991, c. 64, a. 317].

317. In no case may a legal person†[1] set up juridical personality against a person in good faith if it is set up to dissemble fraud, abuse of right or contravention of a rule of public order.

[1991, c. 64, a. 317].

Note 1 : La possibilité d'invoquer la personnalité juridique n'est pas restreinte, en français, à la personne morale en cause, comme c'est le cas en anglais. / In the French text, the possibility of invoking the juridical personality is not limited to the legal person in question.

■ C.P.C., 828.

318. Le tribunal peut, pour statuer sur l'action d'un tiers de bonne foi, décider qu'une personne ou un groupement qui n'a pas le statut de personne morale est tenu au même titre qu'une personne morale s'il a agi comme tel à l'égard de ce tiers.

[1991, c. 64, a. 318].

■ C.P.C., 828.

318. The court, in deciding an action by a third person in good faith, may rule that a person or group not having status as a legal person has the same obligations as a legal person if the person or group acted as such in respect of the third person.

[1991, c. 64, a. 318].

319. La personne morale peut ratifier l'acte accompli pour elle avant sa constitution; elle est alors substituée à la personne qui a agi pour elle.

La ratification n'opère pas novation; la personne qui a agi a, dès lors, les mêmes droits et est soumise aux mêmes obligations qu'un mandataire à l'égard de la personne morale.

[1991, c. 64, a. 319].

■ C.C.Q., 320, 2138-2148.

319. A legal person may ratify an act performed for it before it was constituted; it is then substituted for the person who acted for it.

The ratification does not effect novation; the person who acted has thenceforth the same rights and is subject to the same obligations as a mandatary in respect of the legal person.

[1991, c. 64, a. 319].

320. Celui qui agit pour une personne morale avant qu'elle ne soit constituée est tenu des obligations ainsi contractées, à moins que le contrat ne stipule autrement et ne mentionne la possibilité que la personne morale ne soit pas constituée ou n'assume pas les obligations ainsi souscrites.

[1991, c. 64, a. 320].

❚ C.C.Q., 319.

320. A person who acts for a legal person before it is constituted is bound by the obligations so contracted, unless the contract stipulates otherwise and includes a statement to the effect that the legal person might not be constituted or might not assume the obligations subscribed in the contract.

[1991, c. 64, a. 320].

SECTION III —
DES OBLIGATIONS DES ADMINISTRATEURS ET DE LEURS INHABILITÉS

SECTION III —
OBLIGATIONS AND DISQUALIFICATION OF DIRECTORS

321. L'administrateur est considéré comme mandataire de la personne morale. Il doit, dans l'exercice de ses fonctions, respecter les obligations que la loi, l'acte constitutif et les règlements lui imposent et agir dans les limites des pouvoirs qui lui sont conférés.

[1991, c. 64, a. 321].

❚ C.C.Q., 322, 2138-2148.

321. A director is considered to be the mandatary of the legal person. He shall, in the performance of his duties, conform to the obligations imposed on him by law, the constituting act or the by-laws and he shall act within the limits of the powers conferred on him.

[1991, c. 64, a. 321].

322. L'administrateur doit agir avec prudence et diligence.

Il doit aussi agir avec honnêteté et loyauté dans l'intérêt de la personne morale.

[1991, c. 64, a. 322].

Note : Comp. a. 1309.

❚ C.C.Q., 321, 1309, 1375, 2088, 2138.

322. A director shall act with prudence and diligence.

He shall also act with honesty and loyalty in the interest of the legal person.

[1991, c. 64, a. 322; 2002, c. 19, s. 15].

323. L'administrateur ne peut confondre les biens de la personne morale avec les siens; il ne peut utiliser, à son profit ou au profit d'un tiers, les biens de la personne morale ou l'information qu'il obtient en raison de ses fonctions, à moins qu'il ne soit autorisé à le faire par les membres de la personne morale.

[1991, c. 64, a. 323].

❚ C.C.Q., 1313, 1314, 2146.

323. No director may mingle the property of the legal person with his own property nor may he use for his own profit or that of a third person any property of the legal person or any information he obtains by reason of his duties, unless he is authorized to do so by the members of the legal person.

[1991, c. 64, a. 323].

324. L'administrateur doit éviter de se placer dans une situation de conflit entre son intérêt personnel et ses obligations d'administrateur.

324. A director shall avoid placing himself in any situation where his personal interest would be in conflict with his obligations as a director.

Il doit dénoncer à la personne morale tout intérêt qu'il a dans une entreprise ou une association susceptible de le placer en situation de conflit d'intérêts, ainsi que les droits qu'il peut faire valoir contre elle, en indiquant, le cas échéant, leur nature et leur valeur. Cette dénonciation d'intérêt est consignée au procès-verbal des délibérations du conseil d'administration ou à ce qui en tient lieu.

[1991, c. 64, a. 324].

▌ C.C.Q., 322, 323, 1310, 1311; C.P.C., 828.

A director shall declare to the legal person any interest he has in an enterprise or association that may place him in a situation of conflict of interest and of any right he may set up against it, indicating their nature and value, where applicable. The declaration of interest is recorded in the minutes of the proceedings of the board of directors or the equivalent.

[1991, c. 64, a. 324].

325. Tout administrateur peut, même dans l'exercice de ses fonctions, acquérir, directement ou indirectement, des droits dans les biens qu'il administre ou contracter avec la personne morale.

Il doit signaler aussitôt le fait à la personne morale, en indiquant la nature et la valeur des droits qu'il acquiert, et demander que le fait soit consigné au procès-verbal des délibérations du conseil d'administration ou à ce qui en tient lieu. Il doit, sauf nécessité, s'abstenir de délibérer et de voter sur la question. La présente règle ne s'applique pas, toutefois, aux questions qui concernent la rémunération de l'administrateur ou ses conditions de travail.

[1991, c. 64, a. 325].

▌ C.C.Q., 321-324, 1312.

325. A director may, even in carrying on his duties, acquire, directly or indirectly, rights in the property under his administration or enter into contracts with the legal person.

The director shall immediately inform the legal person of any acquisition or contract described in the first paragraph, indicating the nature and value of the rights he is acquiring, and request that the fact be recorded in the minutes of proceedings of the board of directors or the equivalent. He shall abstain, except if required, from the discussion and voting on the question. This rule does not, however, apply to matters concerning the remuneration or conditions of employment of the director.

[1991, c. 64, a. 325].

326. Lorsque l'administrateur de la personne morale omet de dénoncer correctement et sans délai une acquisition ou un contrat, le tribunal, à la demande de la personne morale ou d'un membre, peut, entre autres mesures, annuler l'acte ou ordonner à l'administrateur de rendre compte et de remettre à la personne morale le profit réalisé ou l'avantage reçu.

L'action doit être intentée dans l'année qui suit la connaissance de l'acquisition ou du contrat.

[1991, c. 64, a. 326].

▌ C.C.Q., 325; C.P.C., 828.

326. Where the director of a legal person fails to give information correctly and immediately of an acquisition or a contract, the court, on the application of the legal person or a member, may, among other measures, annul the act or order the director to render account and to remit the profit or benefit realized to the legal person.

The action may be brought only within one year after knowledge is gained of the acquisition or contract.

[1991, c. 64, a. 326].

327. Sont inhabiles à être administrateurs les mineurs, les majeurs en tutelle ou en curatelle, les faillis et les personnes à qui

327. Minors, persons of full age under tutorship or curatorship, bankrupts and persons prohibited by the court from holding

le tribunal interdit l'exercice de cette fonction.

Cependant, les mineurs et les majeurs en tutelle peuvent être administrateurs d'une association constituée en personne morale qui n'a pas pour but de réaliser des bénéfices pécuniaires et dont l'objet les concerne.

[1991, c. 64, a. 327].

❚ C.C.Q., 329.

328. Les actes des administrateurs ou des autres dirigeants ne peuvent être annulés pour le seul motif que ces derniers étaient inhabiles ou que leur désignation était irrégulière.

[1991, c. 64, a. 328].

❚ C.C.Q., 327, 329.

329. Le tribunal peut, à la demande de tout intéressé, interdire l'exercice de la fonction d'administrateur d'une personne morale à toute personne trouvée coupable d'un acte criminel comportant fraude ou malhonnêteté, dans une matière reliée aux personnes morales, ainsi qu'à toute personne qui, de façon répétée, enfreint les lois relatives aux personnes morales ou manque à ses obligations d'administrateur.

[1991, c. 64, a. 329].

❚ C.C.Q., 327.

330. L'interdiction ne peut excéder cinq ans à compter du dernier acte reproché.

Le tribunal peut, à la demande de la personne concernée, lever l'interdiction aux conditions qu'il juge appropriées.

[1991, c. 64, a. 330].

❚ C.C.Q., 327, 329.

SECTION IV —
DE L'ATTRIBUTION JUDICIAIRE DE LA PERSONNALITÉ

331. La personnalité juridique peut, rétroactivement, être conférée par le tribunal à une personne morale qui, avant qu'elle ne soit constituée, a présenté de façon publique, continue et non équivoque, toutes les

such office are disqualified for office as directors.

However, minors and persons of full age under tutorship may be directors of associations constituted as legal persons that do not aim to make pecuniary profits and whose objects concern them.

[1991, c. 64, a. 327].

328. The acts of a director or senior officer may not be annulled on the sole ground that he was disqualified or that his designation was irregular.

[1991, c. 64, a. 328].

329. The court, on the application of an interested person, may prohibit a person from holding office as a director of a legal person if the person has been found guilty of an indictable offence involving fraud or dishonesty in a matter related to legal persons, or who has repeatedly violated the Acts relating to legal persons or failed to fulfil his obligations as a director.

[1991, c. 64, a. 329].

330. No prohibition may extend beyond five years from the latest act charged.

The court may lift the prohibition under the conditions it sees fit, on the application of the person concerned by the prohibition.

[1991, c. 64, a. 330].

SECTION IV —
JUDICIAL ATTRIBUTION OF PERSONALITY

331. Juridical personality may be conferred retroactively by the court on a legal person which, before being constituted, had publicly, continuously and unequivocally all the appearances of a legal person

apparences d'une personne morale et a agi comme telle tant à l'égard de ses membres que des tiers.

and acted as such in respect of both its members and third persons.

L'autorité qui, à l'origine, aurait dû en contrôler la constitution doit, au préalable, consentir à la demande.

[1991, c. 64, a. 331].

Prior consent to the application shall be obtained from the authority that should originally have had control over the constitution of the person.

[1991, c. 64, a. 331].

332. Tout intéressé peut intervenir dans l'instance, ou se pourvoir contre le jugement qui, en fraude de ses droits, a attribué la personnalité.

[1991, c. 64, a. 332].

▌ C.P.C., 828.

332. Any interested person may intervene in the proceedings or contest a judgment which, in fraud of his rights, has attributed juridical personality.

[1991, c. 64, a. 332; 2002, c. 19, s. 15].

333. Le jugement confère la personnalité juridique à compter de la date qu'il indique. Il ne modifie en rien les droits et obligations existant à cette date.

Une copie en est transmise sans délai, par le greffier du tribunal, à l'autorité qui a reçu ou délivré l'acte constitutif de la personne morale. Avis du jugement doit être publié par cette autorité à la *Gazette officielle du Québec*.

[1991, c. 64, a. 333].

▌ C.C.Q., 331, 332.

333. The judgment confers juridical personality from the date it indicates. It nowise alters the rights and obligations existing on that date.

A copy of the judgment is transmitted without delay by the clerk of the court to the authority which accepted or issued the constituting act of the legal person. Notice of the judgment shall be published by the authority in the *Gazette officielle du Québec*.

[1991, c. 64, a. 333].

Chapitre II ▬▬
Des dispositions applicables à certaines personnes morales

Chapter II ▬▬
Provisions applicable to certain legal persons

334. Les personnes morales qui empruntent une forme juridique régie par un autre titre de ce code sont soumises aux règles du présent chapitre; il en est de même de toute autre personne morale, si la loi qui la constitue ou qui lui est applicable le prévoit ou si cette loi n'indique aucun autre régime de fonctionnement, de dissolution ou de liquidation.

Elles peuvent cependant, dans leurs règlements, déroger aux règles établies pour leur fonctionnement, à condition, toutefois, que les droits des membres soient préservés.

[1991, c. 64, a. 334].

▌ C.C.Q., 313.

334. Legal persons assuming a juridical form governed by another title of this Code are subject to the rules of this chapter; the same applies to any other legal person if the Act by which it is constituted or which applies to it so provides or indicates no other rules of functioning, dissolution or liquidation.

They may, however, make derogations in their by-laws from the rules concerning their functioning, provided the rights of the members are safeguarded.

[1991, c. 64, a. 334].

SECTION I —
DU FONCTIONNEMENT DES PERSONNES
MORALES

SECTION I —
FUNCTIONAL STRUCTURE OF LEGAL
PERSONS

§ 1. — De l'administration

§ 1. — Administration

335. Le conseil d'administration gère les affaires de la personne morale et exerce tous les pouvoirs nécessaires à cette fin; il peut créer des postes de direction et d'autres organes, et déléguer aux titulaires de ces postes et à ces organes l'exercice de certains de ces pouvoirs.

Il adopte et met en vigueur les règlements de gestion, sauf à les faire ratifier par les membres à l'assemblée qui suit.

[1991, c. 64, a. 335].

▌ C.C.Q., 310, 311, 321-326.

335. The board of directors manages the affairs of the legal person and exercises all the powers necessary for that purpose; it may create management positions and other organs, and delegate the exercise of certain powers to the holders of those positions and to those organs.

The board of directors adopts and implements management by-laws, subject to approval by the members at the next general meeting.

[1991, c. 64, a. 335].

336. Les décisions du conseil d'administration sont prises à la majorité des voix des administrateurs.

[1991, c. 64, a. 336].

▌ C.C.Q., 335.

336. The decisions of the board of directors are taken by the vote of a majority of the directors.

[1991, c. 64, a. 336].

337. Tout administrateur est responsable, avec ses coadministrateurs, des décisions du conseil d'administration, à moins qu'il n'ait fait consigner sa dissidence au procès-verbal des délibérations ou à ce qui en tient lieu.

Toutefois, un administrateur absent à une réunion du conseil est présumé ne pas avoir approuvé les décisions prises lors de cette réunion.

[1991, c. 64, a. 337].

337. Every director is, with the other directors, liable for the decisions taken by the board of directors unless he requested that his dissent be recorded in the minutes of proceedings or the equivalent.

However, a director who was absent from a meeting of the board is presumed not to have approved the decisions taken at that meeting.

[1991, c. 64, a. 337].

338. Les administrateurs de la personne morale sont désignés par les membres.

Nul ne peut être désigné comme administrateur s'il n'y consent expressément.

[1991, c. 64, a. 338].

▌ C.C.Q., 311.

338. The directors of a legal person are designated by the members.

No person may be designated as a director without his express consent.

[1991, c. 64, a. 338].

339. La durée du mandat des administrateurs est d'un an; à l'expiration de ce temps, leur mandat se continue s'il n'est pas dénoncé.

[1991, c. 64, a. 339].

▌C.C.Q., 338.

339. The term of office of directors is one year; at the expiry of that period, their term continues unless it is revoked.

[1991, c. 64, a. 339].

340. Les administrateurs comblent les vacances au sein du conseil. Ces vacances ne les empêchent pas d'agir; si leur nombre est devenu inférieur au quorum, ceux qui restent peuvent valablement convoquer les membres.

[1991, c. 64, a. 340].

▌C.C.Q., 338, 339.

340. The directors fill the vacancies on the board. Vacancies on the board do not prevent the directors from acting; if their number has become less than a quorum, the remaining directors may validly convene the members.

[1991, c. 64, a. 340].

341. Si, en cas d'empêchement ou par suite de l'opposition systématique de certains administrateurs, le conseil ne peut plus agir selon la règle de la majorité ou selon une autre proportion prévue, les autres peuvent agir seuls pour les actes conservatoires; ils peuvent aussi agir seuls pour des actes qui demandent célérité, s'ils y sont autorisés par le tribunal.

Lorsque la situation persiste et que l'administration s'en trouve sérieusement entravée, le tribunal peut, à la demande d'un intéressé, dispenser les administrateurs d'agir suivant la proportion prévue, diviser leurs fonctions, accorder une voix prépondérante à l'un d'eux ou rendre toute ordonnance qu'il estime appropriée suivant les circonstances.

[1991, c. 64, a. 341].

▌C.C.Q., 336.

341. Where the board is prevented from acting according to majority rule or in the specified proportion owing to the incapacity or systematic opposition of some directors, the others may act alone for conservatory acts; they may also, with the authorization of the court, act alone for acts requiring immediate action.

Where the situation persists and the administration is seriously impaired as a result, the court, on the application of an interested person, may exempt the directors from acting in the specified proportion, divide their duties, grant a casting vote to one of them or make any order it sees fit in the circumstances.

[1991, c. 64, a. 341].

342. Le conseil d'administration tient la liste des membres, ainsi que les livres et registres nécessaires au bon fonctionnement de la personne morale.

Ces documents sont la propriété de la personne morale et les membres y ont accès.

[1991, c. 64, a. 342].

▌C.C.Q., 335.

342. The board of directors keeps the list of members and the books and registers necessary for the proper functioning of the legal person.

The documents referred to in the first paragraph are the property of the legal person and the members have access to them.

[1991, c. 64, a. 342].

343. Le conseil d'administration peut désigner une personne pour tenir les livres et registres de la personne morale.

343. The board of directors may designate a person to keep the books and registers of the legal person.

Cette personne peut délivrer des copies des documents dont elle est dépositaire; jusqu'à preuve du contraire, ces copies font preuve de leur contenu, sans qu'il soit nécessaire de prouver la signature qui y est apposée ni l'autorité de son auteur.

[1991, c. 64, a. 343].

❚ C.C.Q., 335, 342.

The designated person may issue copies of the documents deposited with him; until proof to the contrary, the copies are proof of their contents without any requirement to prove the signature affixed to them or the authority of the author.

[1991, c. 64, a. 343].

344. Les administrateurs peuvent, si tous sont d'accord, participer à une réunion du conseil d'administration à l'aide de moyens permettant à tous les participants de communiquer immédiatement entre eux.

[1991, c. 64, a. 344].

❚ C.C.Q., 335.

344. If all the directors are in agreement, they may participate in a meeting of the board of directors by the use of a means which allows all those participating to communicate directly with each other.

[1991, c. 64, a. 344].

§ 2. — De l'assemblée des membres

§ 2. — General meeting

345. L'assemblée des membres est convoquée chaque année par le conseil d'administration, ou suivant ses directives, dans les six mois de la clôture de l'exercice financier.

La première assemblée est réunie dans les six mois qui suivent la constitution de la personne morale.

[1991, c. 64, a. 345].

❚ C.C.Q., 335.

345. The general meeting is convened each year by the board of directors, or following its directives, within six months after the close of the financial period.

The first general meeting is held within six months from the constitution of the legal person.

[1991, c. 64, a. 345].

346. L'avis de convocation de l'assemblée annuelle indique la date, l'heure et le lieu où elle est tenue, ainsi que l'ordre du jour; il est envoyé à chacun des membres habiles à y assister, au moins dix jours, mais pas plus de quarante-cinq jours, avant l'assemblée.

Il n'est pas nécessaire de mentionner à l'ordre du jour de l'assemblée annuelle les questions qui y sont ordinairement traitées.

[1991, c. 64, a. 346].

❚ C.C.Q., 345.

346. The notice convening the annual general meeting indicates the date, time and place of the meeting and the agenda; it is sent to each member qualified to attend, not less than ten but not more than forty-five days before the meeting.

Ordinary business need not be mentioned in the agenda of the annual meeting.

[1991, c. 64, a. 346].

347. L'avis de convocation de l'assemblée annuelle est accompagné du bilan, de l'état

347. The notice convening the annual general meeting is accompanied with the bal-

des résultats de l'exercice écoulé et d'un état des dettes et créances.

[1991, c. 64, a. 347].

■ C.C.Q., 345, 346.

348. L'assemblée des membres ne peut délibérer sur d'autres questions que celles figurant à l'ordre du jour, à moins que tous les membres qui devaient être convoqués ne soient présents et n'y consentent. Cependant, lors de l'assemblée annuelle, chacun peut soulever toute question d'intérêt pour la personne morale ou ses membres.

[1991, c. 64, a. 348].

■ C.C.Q., 345, 346.

349. L'assemblée ne délibère valablement que si la majorité des voix qui peuvent s'exprimer sont présentes ou représentées.

[1991, c. 64, a. 349].

■ C.C.Q., 345, 348.

350. Un membre peut se faire représenter à une assemblée s'il donne un mandat écrit à cet effet.

[1991, c. 64, a. 350].

■ C.C.Q., 346.

351. Les décisions de l'assemblée se prennent à la majorité des voix exprimées.

Le vote des membres se fait à main levée ou, sur demande, au scrutin secret.

[1991, c. 64, a. 351].

■ C.C.Q., 349.

352. S'ils représentent 10% des voix, des membres peuvent requérir des administrateurs ou du secrétaire la convocation d'une assemblée annuelle ou extraordinaire en précisant, dans un avis écrit, les questions qui devront y être traitées.

À défaut par les administrateurs ou le secrétaire d'agir dans un délai de vingt et un

ance sheet, the statement of income for the preceding financial period and a statement of debts and claims.

[1991, c. 64, a. 347].

348. No business may be discussed at a general meeting except that appearing on the agenda, unless all the members entitled to be convened are present and consent. However, at an annual meeting, each member may raise any question of interest to the legal person or its members.

[1991, c. 64, a. 348].

349. The proceedings of the general meeting are invalid unless a majority of the members qualified to vote are present or represented.

[1991, c. 64, a. 349].

350. A member may be represented at a general meeting if he has given a written mandate to that effect.

[1991, c. 64, a. 350].

351. Decisions of the meeting are taken by a majority of the votes given.

The vote of the members is taken by a show of hands or, upon request, by secret ballot.

[1991, c. 64, a. 351].

352. If they represent 10% of the votes, members may requisition the directors or the secretary to convene an annual or special general meeting, stating in a written requisition the business to be transacted at the meeting.

If the directors or the secretary fail to act within twenty-one days after receiving the

jours à compter de la réception de l'avis, tout membre signataire de l'avis peut convoquer l'assemblée.

La personne morale est tenue de rembourser aux membres les frais utiles qu'ils ont pris en charge pour tenir l'assemblée, à moins que celle-ci n'en décide autrement.

[1991, c. 64, a. 352].

❚ C.C.Q., 345.

requisition, any of the members who signed it may convene the meeting.

The legal person is bound to reimburse to the members the useful expenses incurred by them to hold the meeting, unless the meeting decides otherwise.

[1991, c. 64, a. 352; 2002, c. 19, s. 15].

§ 3. —— Des dispositions communes aux réunions d'administrateurs et aux assemblées de membres

§ 3. —— Provisions common to meetings of directors and general meetings

353. Les administrateurs ou les membres peuvent renoncer à l'avis de convocation à une réunion du conseil d'administration, à une assemblée des membres ou à une séance d'un autre organe.

Leur seule présence équivaut à une renonciation à l'avis de convocation, à moins qu'ils ne soient là pour contester la régularité de la convocation.

[1991, c. 64, a. 353].

❚ C.C.Q., 345, 346.

353. The directors or the members may waive the notice convening a meeting of the board of directors, a general meeting or a meeting of any other organ.

The mere presence of the directors or the members is equivalent to a waiver of the convening notice unless they are attending to object that the meeting was not regularly convened.

[1991, c. 64, a. 353].

354. Les résolutions écrites, signées par toutes les personnes habiles à voter, ont la même valeur que si elles avaient été adoptées lors d'une réunion du conseil d'administration, d'une assemblée des membres ou d'une séance d'un autre organe.

Un exemplaire de ces résolutions est conservé avec les procès-verbaux des délibérations ou ce qui en tient lieu.

[1991, c. 64, a. 354].

❚ C.C.Q., 337, 345.

354. Resolutions in writing signed by all the persons qualified to vote at a meeting are as valid as if passed at a meeting of the board of directors, at a general meeting or at a meeting of any other organ.

A copy of the resolutions is kept with the minutes of proceedings or the equivalent.

[1991, c. 64, a. 354].

SECTION II —— DE LA DISSOLUTION ET DE LA LIQUIDATION DES PERSONNES MORALES

SECTION II —— DISSOLUTION AND LIQUIDATION OF LEGAL PERSONS

355. La personne morale est dissoute par l'annulation de son acte constitutif ou pour toute autre cause prévue par l'acte constitutif ou par la loi.

355. A legal person is dissolved by the annulment of its constituting act or for any other cause provided for by the constituting act or by law.

Elle est aussi dissoute lorsque le tribunal constate l'avènement de la condition apposée à l'acte constitutif, l'accomplissement de l'objet pour lequel la personne morale a été constituée ou l'impossibilité d'accomplir cet objet ou encore l'existence d'une autre cause légitime.

[1991, c. 64, a. 355].

❚ C.C.Q., 2230-2235, 2258.

It is also dissolved where the court confirms the fulfilment of the condition attached to the constituting act, the accomplishment of the object for which the legal person was constituted, or the impossibility of accomplishing that object, or the existence of some other legitimate cause.

[1991, c. 64, a. 355

356. La personne morale peut aussi être dissoute du consentement d'au moins les deux tiers des voix exprimées à une assemblée des membres convoquée expressément à cette fin.

L'avis de convocation doit être envoyé au moins trente jours, mais pas plus de quarante-cinq jours, avant la date de l'assemblée et non à contretemps.

[1991, c. 64, a. 356].

❚ C.C.Q., 2226, 2230, 2258.

356. A legal person may also be dissolved by consent of not less than two-thirds of the votes given at a general meeting convened expressly for that purpose.

The notice convening the meeting shall be sent not less than thirty days but not more than forty-five days before the meeting and not at an inopportune moment.

[1991, c. 64, a. 356].

357. La personnalité juridique de la personne morale subsiste aux fins de la liquidation.

[1991, c. 64, a. 357].

❚ C.C.Q., 298.

357. The juridical personality of the legal person continues to exist for the purposes of the liquidation.

[1991, c. 64, a. 357].

358. Les administrateurs doivent donner un avis de la dissolution au registraire des entreprises en lui produisant une déclaration en ce sens conformément à la *Loi sur la publicité légale des entreprises* (chapitre P-44.1) et, s'il s'agit d'un syndicat de copropriétaires, requérir l'inscription d'un tel avis sur le registre foncier. De plus, ils doivent désigner, conformément aux règlements, un liquidateur qui doit procéder immédiatement à la liquidation.

À défaut de respecter ces obligations, les administrateurs peuvent être tenus responsables des actes de la personne morale, et tout intéressé peut s'adresser au tribunal pour que celui-ci désigne un liquidateur.

[1991, c. 64, a. 358; 2000, c. 42, a. 2; 2002, c. 45, a. 158; 2010, c. 7, a. 165].

❚ C.C.Q., 306, 2235, 2264, 2266.

358. The directors shall give notice of the dissolution to the enterprise registrar by filing a declaration to that effect in accordance with the *Act respecting the legal publicity of enterprises* (chapter P-44.1) and, if the legal person is a syndicate of co-owners, apply for the registration of the notice in the land register. They shall also appoint a liquidator, according to the by-laws, who shall proceed immediately with the liquidation.

If the directors fail to fulfil these obligations, they may be held liable for the acts of the legal person, and any interested person may apply to the court for the appointment of a liquidator.

[1991, c. 64, a. 358; 2000, c. 42, s. 2; 2002, c. 45, s. 158; 2010, c. 7, s. 165].

359. Un avis de la nomination du liquidateur, comme de toute révocation, est produit au même lieu et de la même manière que l'avis de dissolution. La nomination et la révocation sont opposables aux tiers à compter du dépôt de l'avis au registre des entreprises visé au chapitre II de la *Loi sur la publicité légale des entreprises* (chapitre P-44.1).

[1991, c. 64, a. 359; 2010, c. 7, a. 166; 2010, c. 40, a. 92].

■ C.C.Q., 358, 2235, 2264, 2266.

359. Notice of the appointment of a liquidator, as also of any revocation, is filed in the same place and in the same manner as the notice of dissolution. The appointment and revocation may be set up against third persons from the filing of the notice in the enterprise register kept under Chapter II of the *Act respecting the legal publicity of enterprises* (chapter P-44.1).

[1991, c. 64, a. 359; 2010, c. 7, s. 166; 2010, c. 40, s. 92].

360. Le liquidateur a la saisine des biens de la personne morale; il agit à titre d'administrateur du bien d'autrui chargé de la pleine administration.

Il a le droit d'exiger des administrateurs et des membres de la personne morale tout document et toute explication concernant les droits et les obligations de la personne morale.

[1991, c. 64, a. 360].

■ C.C.Q., 2235, 2264, 2266.

360. The liquidator is seised of the property of the legal person and acts as an administrator of the property of others entrusted with full administration.

The liquidator is entitled to require from the directors and the members of the legal person any document and any explanation concerning the rights and obligations of the legal person.

[1991, c. 64, a. 360].

361. Le liquidateur procède au paiement des dettes, puis au remboursement des apports.

Il procède ensuite, sous réserve des dispositions de l'alinéa suivant, au partage de l'actif entre les membres, en proportion de leurs droits ou, autrement, en parts égales; il suit, au besoin, les règles relatives au partage d'un bien indivis. S'il subsiste un reliquat, il est dévolu à l'État.

Si l'actif comprend des biens provenant des contributions de tiers, le liquidateur doit remettre ces biens à une autre personne morale ou à une fiducie partageant des objectifs semblables à la personne morale liquidée; à défaut de pouvoir être ainsi employés, ces biens sont dévolus à l'État ou, s'ils sont de peu d'importance, partagés également entre les membres.

[1991, c. 64, a. 361].

■ C.C.Q., 360, 2279.

361. The liquidator first repays the debts, then effects the reimbursement of the capital contributions.

The liquidator, subject to the provisions of the following paragraph, then partitions the assets among the members in proportion to their rights or, otherwise, in equal portions, following if need be the rules relating to the partition of property in undivided co-ownership. Any residue devolves to the State.

If the assets include property coming from contributions of third persons, the liquidator shall remit such property to another legal person or a trust sharing objectives similar to those of the legal person being liquidated; if that is not possible, it devolves to the State or, if of little value, is shared equally among the members.

[1991, c. 64, a. 361].

362. Le liquidateur conserve les livres et registres de la personne morale pendant les cinq années qui suivent la clôture de la li-

362. The liquidator keeps the books and records of the legal person for five years from the closing of the liquidation; he

quidation; il les conserve pour une plus longue période si les livres et registres sont requis en preuve dans une instance.

Par la suite, il en dispose à son gré.
[1991, c. 64, a. 362].

▌C.C.Q., 360.

363. À moins que le liquidateur n'obtienne une prolongation du tribunal, le ministre du Revenu entreprend ou poursuit la liquidation qui n'est pas terminée dans les cinq ans qui suivent le dépôt de l'avis de dissolution.

Le ministre du Revenu a alors les mêmes droits et obligations qu'un liquidateur.
[1991, c. 64, a. 363; 2005, c. 44, a. 54].

▌C.C.Q., 362.

364. La liquidation de la personne morale est close par la production de l'avis de clôture au même lieu et de la même manière que l'avis de dissolution. Le cas échéant, le dépôt de cet avis au registre opère radiation de toute inscription concernant la personne morale.
[1991, c. 64, a. 364; 2010, c. 7, a. 167].

▌C.C.Q., 358.

LIVRE 2 ——
DE LA FAMILLE

TITRE 1 ——
DU MARIAGE

Chapitre I ——
Du mariage et de sa célébration

365. Le mariage doit être contracté publiquement devant un célébrant compétent et en présence de deux témoins.
[1991, c. 64, a. 365; 2002, c. 6, a. 22].

▌C.C.Q., 1386, 1398, 1399.

keeps them for a longer period if the books and records are required as evidence in proceedings.

He disposes of them thereafter as he sees fit.
[1991, c. 64, a. 362].

363. Unless the liquidator obtains an extension from the court, the Minister of Revenue undertakes or continues a liquidation that is not terminated within five years from the filing of the notice of dissolution.

The Minister of Revenue has, in that case, the same rights and obligations as a liquidator.
[1991, c. 64, a. 363; 2005, c. 44, s. 54].

364. The liquidation of a legal person is closed by the filing of a notice of closure in the same place and in the same manner as the notice of dissolution. The filing of the notice in the register cancels any other registrations concerning the legal person.
[1991, c. 64, a. 364; 2010, c. 7, s. 167].

BOOK 2 ——
THE FAMILY

TITLE 1 ——
MARRIAGE

Chapter I ——
Marriage and solemnization of marriage

365. Marriage shall be contracted openly, in the presence of two witnesses, before a competent officiant.
[1991, c. 64, a. 365; 2002, c. 6, s. 22].

366. Sont des célébrants compétents pour célébrer les mariages, les greffiers et greffiers-adjoints de la Cour supérieure désignés par le ministre de la Justice, les notaires habilités par la loi à recevoir des actes notariés[1] ainsi que, sur le territoire défini dans son acte de désignation, toute autre personne désignée par le ministre de la Justice, notamment des maires, d'autres membres des conseils municipaux ou des conseils d'arrondissements et des fonctionnaires municipaux.

Le sont aussi les ministres du culte habilités à le faire par la société religieuse[2] à laquelle ils appartiennent, pourvu qu'ils résident au Québec et que le ressort dans lequel ils exercent leur ministère soit situé en tout ou en partie au Québec, que l'existence, les rites et les cérémonies de leur confession aient un caractère permanent, qu'ils[3] célèbrent les mariages dans des lieux conformes à ces rites ou aux règles prescrites par le ministre de la Justice et qu'ils soient autorisés par ce dernier.

Les ministres du culte qui, sans résider au Québec, y demeurent temporairement peuvent aussi être autorisés à y célébrer des mariages pour un temps qu'il appartient au ministre de la Justice de fixer.

Sont également compétentes pour célébrer les mariages sur le territoire défini dans une entente conclue entre le gouvernement et une communauté mohawk les personnes désignées par le ministre de la Justice et la communauté.

[1991, c. 64, a. 366; 1996, c. 21, a. 28; 1999, c. 53, a. 20; 2002, c. 6, a. 23; 2007, c. 32, a. 10].

366. Every clerk or deputy clerk of the Superior Court designated by the Minister of Justice, every notary authorized by law to execute notarized[1] acts and, within the territory defined in the instrument of designation, any other person designated by the Minister of Justice, including mayors, members of municipal or borough councils and municipal officers, is competent to solemnize marriage.

In addition, every minister of religion authorized to solemnize marriage by the religious society[2] to which he belongs is competent to do so, provided that he is resident in Québec, that he carries on the whole or part of his ministry in Québec, that the existence, rites and ceremonies of his confession are of a permanent nature, that he[3] solemnizes marriages in places which conform to those rites or to the rules prescribed by the Minister of Justice and that he is authorized by the latter.

Any minister of religion not resident but living temporarily in Québec may also be authorized to solemnize marriage in Québec for such time as the Minister of Justice determines.

In the territory defined in an agreement concluded between the Government and a Mohawk community, the persons designated by the Minister of Justice and the community are also competent to solemnize marriages.

[1991, c. 64, a. 366; 1996, c. 21, s. 28; 1999, c. 53, s. 20; 2002, c. 6, s. 23; 2004, c. 5, s. 1; 2007, c. 32, s. 10].

Note 1 : Comp. a. 2814 (6°).

Note 2 : Comp. a. 121.2.

Note 3 : L'emploi systématique, dans les modifications apportées au Code civil par la *Loi instituant l'union civile et établissant de nouvelles règles de filiation*, du tandem « *his or her* » et « *he or she* » aurait dû être étendu à l'identification des personnes aptes à agir ici comme ministres du culte. / The consistent reference, in the *Act instituting civil unions and establishing new rules of filiation*, of the tandem "his or her" and "he or she" should have been extended to the identification of ministers of religion authorized here.

❚ C.C.Q., 365.

367. Aucun ministre du culte ne peut être contraint à célébrer un mariage contre lequel il existe quelque empêchement selon

367. No minister of religion may be compelled to solemnize a marriage to which there is any impediment according to his

sa religion et la discipline de la société religieuse[1] à laquelle il appartient.

[1991, c. 64, a. 367].

Note 1 : Comp. a. 121.2.

∎ C.C.Q., 365, 366.

368. On doit, avant de procéder à la célébration d'un mariage, faire une publication par voie d'affiche apposée, pendant vingt jours avant la date prévue pour la célébration, au lieu où doit être célébré le mariage. Aucune publication n'est toutefois exigée lorsque les futurs époux sont déjà unis civilement.

Au moment de la publication ou de la demande de dispense, les époux doivent être informés de l'opportunité d'un examen médical prénuptial.

[1991, c. 64, a. 368; 2004, c. 23, a. 5].

∎ C.C.Q., 369.

369. La publication de mariage énonce les nom et domicile de chacun des futurs époux, ainsi que la date et le lieu de leur naissance. L'exactitude de ces énonciations est attestée par un témoin majeur.

[1991, c. 64, a. 369].

∎ C.C.Q., 368.

370. Le célébrant peut, pour un motif sérieux, accorder une dispense de publication.

[1991, c. 64, a. 370].

∎ C.C.Q., 120, 368.

371. Si le mariage n'est pas célébré dans les trois mois à compter de la vingtième journée de la publication, celle-ci doit être faite de nouveau.

[1991, c. 64, a. 371].

∎ C.C.Q., 368.

372. Toute personne intéressée peut faire opposition à la célébration d'un mariage entre personnes inhabiles à le contracter.

Le mineur peut s'opposer seul à un mariage; il peut aussi agir seul en défense.

[1991, c. 64, a. 372].

religion and to the discipline of the religious society[1] to which he belongs.

[1991, c. 64, a. 367].

368. Before the solemnization of a marriage, publication shall be effected by means of a notice posted up, for twenty days before the date fixed for the marriage, at the place where the marriage is to be solemnized. No publication is required if the intended spouses are already in a civil union.

At the time of the publication or of the application for a dispensation, the spouses shall be informed of the advisability of a premarital medical examination.

[1991, c. 64, a. 368; 2004, c. 23, s. 5].

369. The publication sets forth the name and domicile of each of the intended spouses, and the date and place of birth of each. The correctness of these particulars is confirmed by a witness of full age.

1991, c. 64, a. 369].

370. The officiant may, for a serious reason, grant a dispensation from publication.

[1991, c. 64, a. 370].

371. If a marriage is not solemnized within three months from the twentieth day after publication, the publication shall be renewed.

[1991, c. 64, a. 371].

372. Any interested person may oppose the solemnization of a marriage between persons incapable of contracting it.

A minor may oppose a marriage alone. He may also act alone as defendant.

[1991, c. 64, a. 372].

▌ C.P.C., 70, 819-819.4.

373. Avant de procéder au mariage, le célébrant s'assure de l'identité des futurs époux, ainsi que du respect des conditions de formation du mariage et de l'accomplissement des formalités prescrites par la loi. Il s'assure en particulier qu'ils sont libres de tout lien de mariage ou d'union civile antérieur, sauf, en ce dernier cas, s'il s'agit des mêmes conjoints et, s'ils sont mineurs, que le titulaire de l'autorité parentale ou, le cas échéant, le tuteur a consenti au mariage.

[1991, c. 64, a. 373; 2002, c. 6, a. 24; 2004, c. 23, a. 6].

▌ C.C.Q., 120, 153, 434; D.T., 31.

373. Before solemnizing a marriage, the officiant ascertains the identity of the intended spouses, compliance with the conditions for the formation of the marriage and observance of the formalities prescribed by law. More particularly, the officiant ascertains that the intended spouses are free from any previous bond of marriage or civil union, except in the case of a civil union between the same spouses, and, in the case of minors, that the person having parental authority or, if applicable, the tutor has consented to the marriage.

[1991, c. 64, a. 373; 2002, c. 6, s. 24; 2004, c. 23, s. 6].

374. Le célébrant fait lecture aux futurs époux, en présence des témoins, des dispositions des articles 392 à 396.

Il demande à chacun des futurs époux et reçoit d'eux personnellement la déclaration qu'ils veulent se prendre pour époux†. Il les déclare alors unis par le mariage.

[1991, c. 64, a. 374].

▌ C.C.Q., 392-396.

374. In the presence of the witnesses, the officiant reads articles 392 to 396 to the intended spouses.

He requests and receives, from each of the intended spouses personally, a declaration of their wish to take each other as husband and wife†. He then declares them united in marriage.

[1991, c. 64, a. 374].

375. Le célébrant établit la déclaration de mariage et la transmet sans délai au directeur de l'état civil.

[1991, c. 64, a. 375; 1999, c. 47, a. 15].

▌ C.C.Q., 118.

375. The officiant draws up the declaration of marriage and sends it without delay to the registrar of civil status.

[1991, c. 64, a. 375; 1999, c. 47, s. 15].

376. Les greffiers et les greffiers-adjoints, les notaires, ainsi que les personnes désignées par le ministre de la Justice procèdent à la célébration du mariage selon les règles prescrites par ce dernier.

Les greffiers et greffiers-adjoints perçoivent des futurs époux, pour le compte du ministre des Finances, les droits fixés par règlement du gouvernement.

Les notaires et les personnes désignées perçoivent des futurs époux les honoraires convenus avec ceux-ci. Toutefois, les maires, les autres membres des conseils municipaux ou d'arrondissements et les

376. Clerks and deputy clerks, notaries and persons designated by the Minister of Justice solemnize marriages according to the rules prescribed by the Minister of Justice.

Clerks and deputy clerks collect the duties fixed by regulation of the Government from the intended spouses, on behalf of the Minister of Finance.

Notaries and designated persons collect the agreed fees from the intended spouses. However, mayors, other members of municipal or borough councils and municipal officers collect the duties fixed by munici-

fonctionnaires municipaux perçoivent des futurs époux, pour le compte de leur municipalité, les droits fixés par règlement de la municipalité; ces droits doivent respecter les minimum et maximum fixés par règlement du gouvernement.

[1991, c. 64, a. 376; 2002, c. 6, a. 25].

▌ C.C.Q., 366.

pal by-law from the intended spouses, on behalf of the municipality; such duties must be in keeping with the minimum and maximum amounts fixed by regulation of the Government.

[1991, c. 64, a. 376; 2002, c. 6, s. 25].

377. Sauf s'il lui a délégué le pouvoir d'accorder les autorisations et les désignations prévues à l'article 366, le ministre de la Justice porte à l'attention du directeur de l'état civil, pour l'inscription ou la radiation des mentions appropriées sur un registre, les autorisations, désignations et révocations qu'il donne ou effectue, ou auxquelles il participe, relativement aux célébrants compétents à célébrer les mariages.

Le secrétaire de l'Ordre des notaires du Québec porte de même à l'attention du directeur de l'état civil, pour les mêmes fins, une liste, qu'il doit maintenir à jour, des notaires compétents à célébrer les mariages en indiquant, pour chacun de ces notaires, la date à laquelle il est ainsi devenu compétent et, le cas échéant, celle à laquelle il cessera de l'être.

En cas d'inhabilité† ou de décès d'un célébrant, il appartient à la société religieuse[1], au greffier de la Cour supérieure ou au secrétaire de l'Ordre des notaires du Québec, selon le cas, d'en aviser le directeur de l'état civil afin qu'il procède aux radiations appropriées sur le registre.

[1991, c. 64, a. 377; 1996, c. 21, a. 29; 2002, c. 6, a. 26; 2007, c. 32, a. 11].

Note 1 : Comp. a. 121.2.

▌ C.C.Q., 366.

377. Unless the Minister of Justice has already delegated to the registrar of civil status the power to grant the authorizations and make the designations provided for in article 366, the Minister of Justice keeps the registrar informed of the authorizations, designations and revocations the Minister of Justice gives, makes or takes part in with respect to officiants competent to solemnize marriages, so that appropriate entries and corrections may be made in a register.

For the same purposes, the secretary of the Ordre des notaires du Québec maintains, and communicates to the registrar of civil status, an updated list of the notaries who are competent to solemnize marriages, specifying the date on which each notary became so competent and, if known, the date on which the notary will cease to be so competent.

If an officiant is unable† to act or dies, the religious society[1], the clerk of the Superior Court or the secretary of the Ordre des notaires du Québec, as the case may be, is responsible for informing the registrar of civil status so that the appropriate corrections may be made in the register.

[1991, c. 64, a. 377; 1996, c. 21, s. 29; 2002, c. 6, s. 26; 2007, c. 32, s. 11].

Chapitre II ━━ De la preuve du mariage

Chapter II ━━ Proof of marriage

378. Le mariage se prouve par l'acte de mariage, sauf les cas où la loi autorise un autre mode de preuve.

[1991, c. 64, a. 378].

▌ C.C.Q., 107, 118-121.

378. Marriage is proved by an act of marriage, except in cases where the law authorizes another mode of proof.

[1991, c. 64, a. 378].

379. La possession d'état d'époux suppléé aux défauts de forme de l'acte de mariage.

[1991, c. 64, a. 379].

❚ C.C.Q., 107, 118-121, 378.

379. Possession of the status of spouses compensates for a defect of form in the act of marriage.

[1991, c. 64, a. 379].

Chapitre III ——
Des nullités de mariage

Chapter III ——
Nullity of marriage

380. Le mariage qui n'est pas célébré suivant les prescriptions du présent titre et suivant les conditions nécessaires à sa formation peut être frappé de nullité à la demande de toute personne intéressée, sauf au tribunal à juger suivant les circonstances.

L'action est irrecevable s'il s'est écoulé trois ans depuis la célébration, sauf si l'ordre public est en cause.

[1991, c. 64, a. 380].

Note : *Cf.* a. 1416.

❚ C.C.Q., 1398-1408; D.T., 31.

380. A marriage which is not solemnized according to the prescriptions of this Title and the necessary conditions for its formation may be declared null upon the application of any interested person, although the court may decide according to the circumstances.

No action lies after the lapse of three years from the solemnization, except where public order is concerned.

[1991, c. 64, a. 380; 2002, c. 19, s. 15].

381. La nullité du mariage, pour quelque cause que ce soit, ne prive pas les enfants des avantages qui leur sont assurés par la loi ou par le contrat de mariage.

Elle laisse subsister les droits et les devoirs des pères et mères à l'égard de leurs enfants.

[1991, c. 64, a. 381].

❚ C.C.Q., 599.

381. The nullity of a marriage, for whatever reason, does not deprive the children of the advantages secured to them by law or by the marriage contract.

The rights and duties of fathers and mothers towards their children are unaffected by the nullity of their marriage.

[1991, c. 64, a. 381

382. Le mariage qui a été frappé de nullité produit ses effets en faveur des époux qui étaient de bonne foi.

Il est procédé notamment à la liquidation de leurs droits patrimoniaux qui sont alors présumés avoir existé, à moins que les époux ne conviennent de reprendre chacun leurs biens.

[1991, c. 64, a. 382].

❚ C.C.Q., 2805.

382. A marriage, although declared null, produces its effects with regard to the spouses if they were in good faith.

In particular, the liquidation of the patrimonial rights that are then presumed to have existed is proceeded with, unless the spouses each agree on taking back their property.

[1991, c. 64, a. 382].

383. Si les époux étaient de mauvaise foi, ils reprennent chacun leurs biens.

[1991, c. 64, a. 383].

383. If the spouses were in bad faith, they each take back their property.

[1991, c. 64, a. 383].

❚ C.C.Q., 382.

384. Si un seul des époux était de bonne foi, il peut, à son choix, reprendre ses biens ou demander la liquidation des droits patrimoniaux qui lui résultent du mariage.

[1991, c. 64, a. 384].

❚ C.C.Q., 382, 383.

385. Sous réserve de l'article 386, l'époux de bonne foi a droit aux donations qui lui ont été consenties en considération du mariage.

Toutefois, le tribunal peut, au moment où il prononce la nullité du mariage, les déclarer caduques ou les réduire, ou ordonner que le paiement des donations entre vifs soit différé pour un temps qu'il détermine, en tenant compte des circonstances dans lesquelles se trouvent les parties.

[1991, c. 64, a. 385].

❚ C.C.Q., 386, 624.

386. La nullité du mariage rend nulles les donations entre vifs consenties à l'époux de mauvaise foi en considération du mariage.

Elle rend également nulles les donations à cause de mort qu'un époux a consenties à l'autre en considération du mariage.

[1991, c. 64, a. 386].

❚ C.C.Q., 1819.

387. Un époux est présumé avoir contracté mariage de bonne foi, à moins que le tribunal, en prononçant la nullité, ne le déclare de mauvaise foi.

[1991, c. 64, a. 387].

❚ C.C.Q., 2805.

388. Le tribunal statue, comme en matière de séparation de corps, sur les mesures provisoires durant l'instance, sur la garde, l'entretien et l'éducation des enfants; en prononçant la nullité, il statue sur le droit de l'époux de bonne foi à des aliments ou à une prestation compensatoire.

[1991, c. 64, a. 388].

384. If only one spouse was in good faith, that spouse may either take back his or her property or apply for the liquidation of the patrimonial rights resulting to him or her from the marriage.

[1991, c. 64, a. 384].

385. Subject to article 386, spouses in good faith are entitled to the gifts made to them in consideration of marriage.

However, the court may, when declaring a marriage null, declare the gifts to have lapsed or reduce them, or order the payment of the gifts *inter vivos* deferred for the period of time it fixes, taking the circumstances of the parties into account.

[1991, c. 64, a. 385].

386. The nullity of the marriage renders null the gifts *inter vivos* made in consideration of the marriage to a spouse in bad faith.

It also renders null the gifts *mortis causa* made by one spouse to the other in consideration of the marriage.

[1991, c. 64, a. 386].

387. A spouse is presumed to have contracted marriage in good faith unless, when declaring the marriage null, the court declares that spouse to be in bad faith.

[1991, c. 64, a. 387].

388. The court decides, as in proceedings for separation from bed and board, as to the provisional measures pending suit, the custody, maintenance and education of the children and, in declaring nullity, it decides as to the right of a spouse in good faith to support or to a compensatory allowance.

[1991, c. 64, a. 388].

❚ C.C.Q., 427, 499, 511, 514.

389. La nullité du mariage éteint le droit qu'avaient les époux de se réclamer des aliments, à moins que, sur demande, le tribunal, au moment où il prononce la nullité, n'ordonne à l'un des époux de verser des aliments à l'autre ou, s'il ne peut statuer équitablement sur la question en raison des circonstances, ne réserve le droit d'en réclamer.

Le droit de réclamer des aliments ne peut être réservé que pour une période d'au plus deux ans; il est éteint de plein droit à l'expiration de cette période.

[1991, c. 64, a. 389].

❚ C.C.Q., 502, 511.

389. Nullity of marriage extinguishes the right which the spouses had to claim support unless, on a demand, the court, in declaring nullity, orders one of them to pay support to the other or, being unable, owing to the circumstances, to decide the question equitably, reserves the right to claim support.

The right to claim support may not be reserved for a period of over two years; it is extinguished by operation of law at the expiry of that period.

[1991, c. 64, a. 389].

390. Lorsque le tribunal a accordé des aliments ou réservé le droit d'en réclamer, il peut toujours, postérieurement à l'annulation du mariage, déclarer éteint le droit à des aliments.

[1991, c. 64, a. 390].

❚ C.C.Q., 594.

390. Where the court has awarded support or reserved the right to claim support, it may at any time after the marriage is annulled declare the right to support extinguished.

[1991, c. 64, a. 390].

Chapitre IV ——
Des effets du mariage

Chapter IV ——
Effects of marriage

391. Les époux ne peuvent déroger aux dispositions du présent chapitre, quel que soit leur régime matrimonial.

[1991, c. 64, a. 391].

❚ C.C.Q., 9, 431, 3081, 3089, 3145; D.T., 5.

391. In no case may spouses derogate from the provisions of this chapter, whatever their matrimonial regime.

[1991, c. 64, a. 391].

SECTION I ——
DES DROITS ET DES DEVOIRS DES ÉPOUX

SECTION I ——
RIGHTS AND DUTIES OF SPOUSES

392. Les époux ont, en mariage, les mêmes droits et les mêmes obligations.

Ils se doivent mutuellement respect, fidélité, secours et assistance.

Ils sont tenus de faire vie commune†.

[1991, c. 64, a. 392].

392. The spouses have the same rights and obligations in marriage.

They owe each other respect, fidelity, succour and assistance.

They are bound to live together†.

1991, c. 64, a. 392].

Note : Il est douteux que les termes « *living together* » et « vie commune » soient équivalents. On pourrait soutenir que le terme anglais ne vise que la simple cohabitation, alors que « vie commune » évoque, plus largement, une communauté d'intérêts entre les époux. / The equivalence between "*vie commune*" and "living together" in this provision and others in the law of marriage is questionable. It is arguable that the expression in the English text signifies mere cohabitation, while "*vie commune*" is suggestive of a community of interests between husband and wife that transcends living under one roof.

▌ C.C.Q., 82, 374, 393-400, 494, 499, 507, 585, 3089.

393. Chacun des époux conserve, en mariage, son nom; il exerce ses droits civils sous ce nom.

[1991, c. 64, a. 393].

▌ C.C.Q., 5, 50, 3089.

393. In marriage, both spouses retain their respective names, and exercise their respective civil rights under those names.

[1991, c. 64, a. 393].

394. Ensemble, les époux assurent la direction morale et matérielle de la famille, exercent l'autorité parentale et assument les tâches qui en découlent.

[1991, c. 64, a. 394].

▌ C.C.Q., 397, 398, 400, 597-600, 3089.

394. The spouses together take in hand the moral and material direction of the family, exercise parental authority and assume the tasks resulting therefrom.

[1991, c. 64, a. 394].

395. Les époux choisissent de concert la résidence familiale.

En l'absence de choix exprès, la résidence familiale est présumée être celle où les membres de la famille habitent lorsqu'ils exercent leurs principales activités.

[1991, c. 64, a. 395].

▌ C.C.Q., 77, 401-413, 415, 3062, 3063, 3089.

395. The spouses choose the family residence together.

In the absence of an express choice, the family residence is presumed to be the residence where the members of the family live while carrying on their principal activities.

[1991, c. 64, a. 395].

396. Les époux contribuent aux charges du mariage à proportion de leurs facultés respectives.

Chaque époux peut s'acquitter de sa contribution par son activité au foyer.

[1991, c. 64, a. 396].

▌ C.C.Q., 400, 427, 3089.

396. The spouses contribute towards the expenses of the marriage in proportion to their respective means.

The spouses may make their respective contributions by their activities within the home.

[1991, c. 64, a. 396].

397. L'époux qui contracte pour les besoins courants de la famille engage aussi pour le tout son conjoint non séparé de corps.

Toutefois, le conjoint n'est pas obligé à la dette s'il avait préalablement porté à la

397. A spouse who enters into a contract for the current needs of the family also binds the other spouse for the whole, if they are not separated from bed and board.

However, the non-contracting spouse is not liable for the debt if he or she had pre-

connaissance du cocontractant sa volonté de n'être pas engagé.

[1991, c. 64, a. 397].

▌C.C.Q., 394, 464, 3089.

viously informed the other contracting party of his or her unwillingness to be bound.

[1991, c. 64, a. 397].

398. Chacun des époux peut donner à l'autre mandat de le représenter dans des actes relatifs à la direction morale et matérielle de la famille.

Ce mandat est présumé lorsque l'un des époux est dans l'impossibilité de manifester sa volonté pour quelque cause que ce soit ou ne peut le faire en temps utile.

[1991, c. 64, a. 398].

▌C.C.Q., 394, 443, 464, 600-603, 2130, 3089.

398. Either spouse may give the other a mandate in order to be represented in acts relating to the moral and material direction of the family.

This mandate is presumed if one spouse is unable to express his or her will for any reason or if he or she is unable to do so in due time.

[1991, c. 64, a. 398].

399. Un époux peut être autorisé par le tribunal à passer seul un acte pour lequel le consentement de son conjoint serait nécessaire, s'il ne peut l'obtenir pour quelque cause que ce soit ou si le refus n'est pas justifié par l'intérêt de la famille.

L'autorisation est spéciale et pour un temps déterminé; elle peut être modifiée ou révoquée.

[1991, c. 64, a. 399].

▌C.C.Q., 400-406, 408, 444-447, 462, 3089; C.P.C., 813, 813.4.

399. Either spouse may be authorized by the court to enter alone into any act for which the consent of the other would be required, provided such consent is unobtainable for any reason, or its refusal is not justified by the interest of the family.

The authorization is special and for a specified time; it may be amended or revoked.

[1991, c. 64, a. 399].

400. Si les époux ne parviennent pas à s'accorder sur l'exercice de leurs droits et l'accomplissement de leurs devoirs, les époux ou l'un d'eux peuvent saisir le tribunal qui statuera dans l'intérêt de la famille, après avoir favorisé la conciliation des parties.

[1991, c. 64, a. 400].

▌C.C.Q., 33, 394, 604, 3089; C.P.C., 813, 815.1-815.4.

400. If the spouses disagree as to the exercise of their rights and the performance of their duties, they or either of them may apply to the court, which will decide in the interest of the family after fostering the conciliation of the parties.

[1991, c. 64, a. 400].

SECTION II —
DE LA RÉSIDENCE FAMILIALE

SECTION II —
THE FAMILY RESIDENCE

401. Un époux ne peut, sans le consentement de son conjoint, aliéner, hypothéquer ni transporter hors de la résidence familiale les meubles qui servent à l'usage du ménage.

Les meubles qui servent à l'usage du mé-

401. Neither spouse may, without the consent of the other, alienate, hypothecate or remove from the family residence the movable property serving for the use of the household.

The movable property serving for the use

nage ne comprennent que les meubles destinés à garnir la résidence familiale, ou encore à l'orner; sont compris dans les ornements, les tableaux et œuvres d'art, mais non les collections.

[1991, c. 64, a. 401].

of the household includes only the movable property destined to furnish the family residence or decorate it; decorations include pictures and other works of art, but not collections.

[1991, c. 64, a. 401].

∎ C.C.Q., 399, 402, 407, 408, 410, 415, 500, 840, 2668, 3089; C.P.C., 552, 642, 652.

---

402. Le conjoint qui n'a pas donné son consentement à un acte relatif à un meuble qui sert à l'usage du ménage peut, s'il n'a pas ratifié l'acte, en demander la nullité.

Toutefois, l'acte à titre onéreux ne peut être annulé si le cocontractant était de bonne foi.

[1991, c. 64, a. 402].

402. A spouse having neither consented to nor ratified an act concerning any movable property serving for the use of the household may apply to have it annulled.

However, an act by onerous title may not be annulled if the other contracting party was in good faith.

[1991, c. 64, a. 402].

∎ C.C.Q., 399, 401, 408, 447, 1381, 2085, 2906, 2925, 2927, 3089; C.P.C., 813.

---

403. L'époux locataire de la résidence familiale ne peut, sans le consentement écrit de son conjoint, sous-louer, céder son droit, ni mettre fin au bail lorsque le locateur a été avisé, par l'un ou l'autre des époux, du fait que le logement servait de résidence familiale.

Le conjoint qui n'a pas donné son consentement à l'acte peut, s'il ne l'a pas ratifié, en demander la nullité.

[1991, c. 64, a. 403].

403. Neither spouse, if the lessee of the family residence, may, without the written consent of the other, sublet it, transfer the right or terminate the lease where the lessor has been notified, by either of them, that the dwelling is used as the family residence.

A spouse having neither consented to nor ratified the act may apply to have it annulled.

[1991, c. 64, a. 403].

∎ C.C.Q., 395, 399, 408, 409, 1870-1876, 1938, 2906, 2925, 2927, 2995, 3089; C.P.C., 813.

---

404. L'époux propriétaire d'un immeuble de moins de cinq logements qui sert, en tout ou en partie, de résidence familiale ne peut, sans le consentement écrit de son conjoint, l'aliéner, le grever d'un droit réel ni en louer la partie réservée à l'usage de la famille.

À moins qu'il n'ait ratifié l'acte, le conjoint qui n'y a pas donné son consentement peut en demander la nullité si une déclaration de résidence familiale a été préalablement inscrite[1] contre l'immeuble.

[1991, c. 64, a. 404].

404. Neither spouse, if the owner of an immovable with fewer than five dwellings that is used in whole or in part as the family residence, may, without the written consent of the other, alienate the immovable, charge it with a real right or lease that part of it reserved for the use of the family.

A spouse having neither consented to nor ratified the act may apply to have it annulled if a declaration of family residence was previously entered[1] against the immovable.

[1991, c. 64, a. 404].

Note 1 : Comp. a. 405(2).

∎ C.C.Q., 395, 399, 406, 407, 408, 2906, 2925, 2927, 2995, 3022, 3044, 3062, 3063, 3089; D.T., 9.

405. L'époux propriétaire d'un immeuble de cinq logements ou plus qui sert, en tout ou en partie, de résidence familiale ne peut, sans le consentement écrit de son conjoint, l'aliéner ni en louer la partie réservée à l'usage de la famille.

Si une déclaration de résidence familiale a été préalablement inscrite contre l'immeuble, le conjoint qui n'a pas donné son consentement à l'acte† d'aliénation peut exiger de l'acquéreur qu'il lui consente un bail des lieux déjà occupés à des fins d'habitation, aux conditions régissant le bail d'un logement; sous la même condition, celui qui n'a pas donné son consentement à l'acte de location peut, s'il ne l'a pas ratifié, en demander la nullité.

[1991, c. 64, a. 405].

405. Neither spouse, if the owner of an immovable with five dwellings or more that is used in whole or in part as the family residence may, without the written consent of the other, alienate the immovable or lease that part of it reserved for the use of the family.

Where a declaration of family residence was previously registered against the immovable, a spouse not having consented to the deed† of alienation may require to be granted a lease by the acquirer of the premises already occupied as a dwelling under the conditions governing the lease of a dwelling; on the same condition, a spouse having neither consented to nor ratified the act of lease may apply to have it annulled.

[1991, c. 64, a. 405].

Note : Une discordance semblable a été corrigée par le législateur par L.Q. 1992, c. 57, a. 716: *Cf.* a. 423. / A similar discordance was corrected by the legislature by S.Q. 1992, c. 57, s. 716: *Cf.* a. 423.

❚ C.C.Q., 395, 399, 406, 407, 408, 2906, 2925, 2995, 3022, 3044, 3062, 3063, 3089; D.T., 9.

406. L'usufruitier, l'emphytéote et l'usager sont soumis aux règles des articles 404 et 405.

L'époux autrement titulaire de droits qui lui confèrent l'usage de la résidence familiale ne peut non plus en disposer sans le consentement de son conjoint.

[1991, c. 64, a. 406].

406. The usufructuary, the emphyteutic lessee and the user are subject to the rules of articles 404 and 405.

Neither spouse may, without the consent of the other, dispose of rights held by another title conferring use of the family residence.

[1991, c. 64, a. 406].

❚ C.C.Q., 399, 404, 405, 408, 1119-1211, 2906, 3089.

407. La déclaration de résidence familiale est faite par les époux ou l'un d'eux.

Elle peut aussi résulter d'une déclaration à cet effet contenue dans un acte destiné à la publicité.

[1991, c. 64, a. 407].

407. The declaration of family residence is made by both spouses or by either of them.

It may also result from a declaration to that effect contained in an act intended for publication.

[1991, c. 64, a. 407].

❚ C.C.Q., 395, 404-406, 2995, 3022, 3044, 3062, 3063, 3089; C.P.C., 813.4.

408. L'époux qui n'a pas consenti à l'acte pour lequel son consentement était requis peut, sans porter atteinte à ses autres droits, réclamer des dommages-intérêts de son conjoint ou de toute autre personne qui, par sa faute, lui a causé un préjudice.

[1991, c. 64, a. 408].

408. A spouse not having given consent to an act for which it was required may, without prejudice to any other right, claim damages from the other spouse or from any other person having, through his fault, caused damage.

[1991, c. 64, a. 408].

❚ C.C.Q., 399, 401-406, 2906, 3089.

409. En cas de séparation de corps, de divorce ou de nullité du mariage, le tribunal peut, à la demande de l'un des époux, attribuer au conjoint du locataire le bail de la résidence familiale.

L'attribution lie le locateur dès que le jugement lui est signifié et libère, pour l'avenir, le locataire originaire des droits et obligations résultant du bail.

[1991, c. 64, a. 409].

∎ C.C.Q., 403, 500, 512, 1660-1666, 1938, 3089; C.P.C., 813.4, 817.

409. In the event of separation from bed and board, divorce or nullity of a marriage, the court may, upon the application of either spouse, award to the spouse of the lessee the lease of the family residence.

The award binds the lessor upon being served on him and relieves the original lessee of the rights and obligations arising out of the lease from that time forward.

[1991, c. 64, a. 409].

410. En cas de séparation de corps, de dissolution ou de nullité du mariage, le tribunal peut attribuer, à l'un des époux ou au survivant, la propriété ou l'usage de meubles de son conjoint, qui servent à l'usage du ménage.

Il peut également attribuer à l'époux auquel il accorde la garde d'un enfant un droit d'usage de la résidence familiale.

L'usager est dispensé de fournir une sûreté et de dresser un inventaire des biens, à moins que le tribunal n'en décide autrement.

[1991, c. 64, a. 410].

∎ C.C.Q., 388, 395, 401, 404-406, 411-413, 415, 429, 482, 500, 512, 840, 856, 1172-1176, 3032, 3033, 3036, 3037, 3089; C.P.C., 817.

410. In the event of separation from bed and board, or the dissolution or nullity of a marriage, the court may award, to either spouse or to the surviving spouse, the ownership or use of the movable property of the other which serves for the use of the household.

It may also award the right of use of the family residence to the spouse to whom it awards custody of a child.

The user is exempted from furnishing security and from making an inventory of the property unless the court decides otherwise.

[1991, c. 64, a. 410].

411. L'attribution du droit d'usage ou de propriété se fait, à défaut d'accord entre les parties, aux conditions que le tribunal détermine et notamment, s'il y a lieu, moyennant une soulte payable au comptant ou par versements.

Lorsque la soulte est payable par versements, le tribunal en fixe les modalités de garantie et de paiement.

[1991, c. 64, a. 411].

∎ C.C.Q., 410, 412, 413, 482, 856, 1172-1176, 3089.

411. The award of the right of use or ownership is effected, failing agreement between the parties, on the conditions determined by the court and, in particular, on condition of payment of any balance, in cash or by instalments.

When the balance is payable by instalments, the court fixes the terms and conditions of guarantee and payment.

[1991, c. 64, a. 411].

412. L'attribution judiciaire d'un droit de propriété est assujettie aux dispositions relatives à la vente.

[1991, c. 64, a. 412].

∎ C.C.Q., 1708-1805, 3089.

412. Judicial award of a right of ownership is subject to the provisions relating to sale.

[1991, c. 64, a. 412].

413. Le jugement qui attribue un droit d'usage ou de propriété équivaut à titre et en a tous les effets.

[1991, c. 64, a. 413].

413. A judgment awarding a right of use or ownership is equivalent to title and has the effects thereof.

[1991, c. 64, a. 413].

▌C.C.Q., 410, 411, 1119, 1172-1176, 2938, 2941, 3032, 3033, 3036, 3037, 3089; C.P.C., 118, 817.

SECTION III —
DU PATRIMOINE FAMILIAL

SECTION III —
FAMILY PATRIMONY

§ 1. — De la constitution du patrimoine

§ 1. — Establishment of patrimony

414. Le mariage emporte constitution d'un patrimoine familial formé de certains biens des époux sans égard à celui des deux qui détient un droit de propriété sur ces biens.

[1991, c. 64, a. 414].

414. Marriage entails the establishment of a family patrimony consisting of certain property of the spouses regardless of which of them holds a right of ownership in that property.

[1991, c. 64, a. 414].

▌C.C.Q., 391, 415, 3089.

415. Le patrimoine familial est constitué des biens suivants dont l'un ou l'autre des époux est propriétaire: les résidences de la famille ou les droits qui en confèrent l'usage, les meubles qui les garnissent ou les ornent et qui servent à l'usage du ménage, les véhicules automobiles utilisés pour les déplacements de la famille et les droits accumulés durant le mariage au titre d'un régime de retraite. Le versement de cotisations au titre d'un régime de retraite emporte accumulation de droits au titre de ce régime; il en est de même de la prestation de services reconnus aux termes d'un régime de retraite.

Entrent également dans ce patrimoine, les gains inscrits, durant le mariage, au nom de chaque époux en application de la *Loi sur le régime de rentes du Québec* (chapitre R-9) ou de programmes équivalents.

Sont toutefois exclus du patrimoine familial, si la dissolution du mariage résulte du décès, les gains visés au deuxième alinéa ainsi que les droits accumulés au titre d'un régime de retraite régi ou établi par une loi qui accorde au conjoint survivant le droit à des prestations de décès.

Sont également exclus du patrimoine familial, les biens échus à l'un des époux par

415. The family patrimony is composed of the following property owned by one or the other of the spouses: the residences of the family or the rights which confer use of them, the movable property with which they are furnished or decorated and which serves for the use of the household, the motor vehicles used for family travel and the benefits accrued during the marriage under a retirement plan. The payment of contributions into a pension plan entails an accrual of benefits under the pension plan; so does the accumulation of service recognized for the purposes of a pension plan.

This patrimony also includes the registered earnings, during the marriage, of each spouse pursuant to the *Act respecting the Québec Pension Plan* (chapter R-9) or to similar plans.

The earnings contemplated in the second paragraph and accrued benefits under a retirement plan governed or established by an Act which grants a right to death benefits to the surviving spouse where the marriage is dissolved as a result of death are, however, excluded from the family patrimony.

Property devolved to one of the spouses by succession or gift before or during the

succession ou donation avant ou pendant le mariage.

Pour l'application des règles sur le patrimoine familial, est un régime de retraite:

– le régime régi par la *Loi sur les régimes complémentaires de retraite* (chapitre R-15.1) ou celui qui serait régi par cette loi si celle-ci s'appliquait au lieu où l'époux travaille,

– le régime de retraite régi par une loi semblable émanant d'une autorité législative autre que le Parlement du Québec,

– le régime établi par une loi émanant du Parlement du Québec ou d'une autre autorité législative,

– un régime d'épargne-retraite,

– tout autre instrument d'épargne-retraite, dont un contrat constitutif de rente, dans lequel ont été transférées des sommes provenant de l'un ou l'autre de ces régimes.

[1991, c. 64, a. 415; 2002, c. 19, a. 3].

∎ C.C.Q., 401, 414, 691, 1119-1176, 1806-1841, 3089.

marriage is also excluded from the family patrimony.

For the purposes of the rules on family patrimony, a retirement plan is any of the following:

– a plan governed by the *Supplemental Pension Plans Act* (chapter R-15.1) or that would be governed thereby if it applied where the spouse works;

– a retirement plan governed by a similar Act of a legislative jurisdiction other than the Parliament of Québec;

– a plan established by an Act of the Parliament of Québec or of another legislative jurisdiction;

– a retirement-savings plan;

– any other retirement-savings instrument, including an annuity contract, into which sums from any of such plans have been transferred.

[1991, c. 64, a. 415; 2002, c. 19, s. 3].

§ 2. — Du partage du patrimoine

§ 2. — Partition of patrimony

416. En cas de séparation de corps, de dissolution ou de nullité du mariage, la valeur du patrimoine familial des époux, déduction faite des dettes contractées pour l'acquisition, l'amélioration, l'entretien ou la conservation des biens qui le constituent, est divisée à parts égales, entre les époux ou entre l'époux survivant et les héritiers, selon le cas.

Lorsque le partage a eu lieu à l'occasion de la séparation de corps, il n'y a pas de nouveau partage si, sans qu'il y ait eu reprise volontaire de la vie commune†, il y a ultérieurement dissolution ou nullité du mariage; en cas de nouveau partage, la date de reprise de la vie commune†, remplace celle du mariage pour l'application des règles de la présente section.

[1991, c. 64, a. 416].

416. In the event of separation from bed and board, or the dissolution or nullity of a marriage, the value of the family patrimony of the spouses, after deducting the debts contracted for the acquisition, improvement, maintenance or preservation of the property composing it, is equally divided between the spouses or between the surviving spouse and the heirs, as the case may be.

Where partition is effected upon separation from bed and board, no new partition is effected upon the subsequent dissolution or nullity of the marriage unless the spouses had voluntarily resumed living together†; where a new partition is effected, the date when the spouses resumed living together† is substituted for the date of the marriage for the purposes of this section.

[1991, c. 64, a. 416].

∎ C.C.Q., 415, 417-419, 422, 423, 619, 3089; C.P.C., 814.3 -814.14, 815.2.1, 815.2.2, 827.3, 827.4.

417. La valeur nette du patrimoine familial est établie selon la valeur des biens qui constituent le patrimoine et des dettes contractées pour l'acquisition, l'amélioration, l'entretien ou la conservation des biens qui le constituent à la date du décès de l'époux ou à la date d'introduction de l'instance en vertu de laquelle il est statué sur la séparation de corps, le divorce ou la nullité du mariage, selon le cas; les biens sont évalués à leur valeur marchande.

Le tribunal peut, toutefois, à la demande de l'un ou l'autre des époux ou de leurs ayants cause, décider que la valeur nette du patrimoine familial sera établie selon la valeur de ces biens et de ces dettes à la date où les époux ont cessé de faire vie commune†.

[1991, c. 64, a. 417].

▌ C.C.Q., 415, 416, 418, 3089.

418. Une fois établie la valeur nette du patrimoine familial, on en déduit la valeur nette, au moment du mariage, du bien que l'un des époux possédait alors et qui fait partie de ce patrimoine; on en déduit de même celle de l'apport, fait par l'un des époux pendant le mariage, pour l'acquisition ou l'amélioration d'un bien de ce patrimoine, lorsque cet apport a été fait à même les biens échus par succession ou donation, ou leur remploi.

On déduit également de cette valeur, dans le premier cas, la plus-value acquise, pendant le mariage, par le bien, dans la même proportion que celle qui existait, au moment du mariage, entre la valeur nette et la valeur brute du bien et, dans le second cas, la plus-value acquise, depuis l'apport, dans la même proportion que celle qui existait, au moment de l'apport, entre la valeur de l'apport et la valeur brute du bien.

Le remploi, pendant le mariage, d'un bien du patrimoine familial possédé† lors du mariage donne lieu aux mêmes déduc-

417. The net value of the family patrimony is determined according to the value of the property composing the patrimony and the debts contracted for the acquisition, improvement, maintenance or preservation of the property composing it on the date of death of the spouse or on the date of the institution of the action in which separation from bed and board, divorce or nullity of the marriage, as the case may be, is decided; the property is valued at its market value.

The court may, however, upon the application of one or the other of the spouses or of their successors, decide that the net value of the family patrimony will be established according to the value of such property and such debts on the date when the spouses ceased living together†.

[1991, c. 64, a. 417].

418. Once the net value of the family patrimony has been established, a deduction is made from it of the net value, at the time of the marriage, of the property then owned by one of the spouses that is included in the family patrimony; similarly, a deduction is made from it of the net value of a contribution made by one of the spouses during the marriage for the acquisition or improvement of property included in the family patrimony, where the contribution was made out of property devolved by succession or gift, or its reinvestment.

A further deduction from the net value is made, in the first case, of the increase in value acquired by the property during the marriage, proportionately to the ratio existing at the time of the marriage between the net value and the gross value of the property, and, in the second case, of the increase in value acquired since the contribution, proportionately to the ratio existing at the time of the contribution between the value of the contribution and the gross value of the property.

Reinvestment during the marriage of property included in the family patrimony that was owned† at the time of the marriage

tions, compte tenu des adaptations nécessaires.

[1991, c. 64, a. 418].

▌C.C.Q., 415, 418, 421, 3089.

gives rise to the same deductions, adapted as required.

[1991, c. 64, a. 418].

419. L'exécution du partage du patrimoine familial a lieu en numéraire ou par dation en paiement.

Si l'exécution du partage a lieu par dation en paiement, les époux peuvent convenir de transférer la propriété d'autres biens que ceux du patrimoine familial.

[1991, c. 64, a. 419].

▌C.C.Q., 415, 416, 426, 1799-1801, 3089; C.P.C., 553, al. 2.

419. Partition of the family patrimony is effected by giving in payment or by payment in money.

If partition is effected by giving in payment, the spouses may agree to transfer ownership of other property than that composing the family patrimony.

1991, c. 64, a. 419].

420. Outre qu'il peut, lors du partage, attribuer certains biens à l'un des époux, le tribunal peut aussi, si cela est nécessaire pour éviter un préjudice, ordonner que l'époux débiteur exécute son obligation par versements échelonnés sur une période qui ne dépasse pas dix ans.

Il peut, également, ordonner toute autre mesure qu'il estime appropriée pour assurer la bonne exécution du jugement et, notamment, ordonner qu'une sûreté soit conférée à l'une des parties pour garantir l'exécution des obligations de l'époux débiteur.

[1991, c. 64, a. 420].

▌C.C.Q., 419, 3089; C.P.C., 817.

420. The court may, at the time of partition, award certain property to one of the spouses and also, where it is necessary to avoid damage, order the debtor spouse to perform his or her obligation by way of instalments spread over a period of not over ten years.

It may also order any other measure it considers appropriate to ensure that the judgment is properly executed, and, in particular, order that security be granted to one of the parties to guarantee performance of the obligations of the debtor spouse.

[1991, c. 64, a. 420].

421. Lorsqu'un bien qui faisait partie du patrimoine familial a été aliéné ou diverti dans l'année précédant le décès de l'un des époux ou l'introduction de l'instance en séparation de corps, divorce ou annulation de mariage et que ce bien n'a pas été remplacé, le tribunal peut ordonner qu'un paiement compensatoire soit fait à l'époux à qui aurait profité l'inclusion de ce bien dans le patrimoine familial.

Il en est de même lorsque le bien a été aliéné plus d'un an avant le décès de l'un des époux ou l'introduction de l'instance et que cette aliénation a été faite dans le but de diminuer la part de l'époux à qui

421. Where property included in the family patrimony was alienated or misappropriated in the year preceding the death of one of the spouses or the institution of proceedings for separation from bed and board, divorce or annulment of marriage and was not replaced, the court may order that a compensatory payment be made to the spouse who would have benefited from the inclusion of that property in the family patrimony.

The same rule applies where the property was alienated over one year before the death of one of the spouses or the institution of proceedings and the alienation was made for the purpose of decreasing the

aurait profité l'inclusion de ce bien dans le patrimoine familial.

[1991, c. 64, a. 421].

■ C.C.Q., 415, 416, 418, 3089; C.P.C., 813, 817.

share of the spouse who would have benefited from the inclusion of that property in the family patrimony.

[1991, c. 64, a. 421

422. Le tribunal peut, sur demande, déroger au principe du partage égal et, quant aux gains inscrits en vertu de la *Loi sur le régime de rentes du Québec* (chapitre R-9) ou de programmes équivalents, décider qu'il n'y aura aucun partage de ces gains, lorsqu'il en résulterait une injustice compte tenu, notamment, de la brève durée du mariage, de la dilapidation de certains biens par l'un des époux ou encore de la mauvaise foi de l'un d'eux.

[1991, c. 64, a. 422].

■ C.C.Q., 415, 416, 425, 3089; C.P.C., 817.

422. The court may, on an application, make an exception to the rule of partition into equal shares, and decide that there will be no partition of earnings registered pursuant to the *Act respecting the Québec Pension Plan* (chapter R-9) or to similar plans where it would result in an injustice considering, in particular, the brevity of the marriage, the waste of certain property by one of the spouses, or the bad faith of one of them.

[1991, c. 64, a. 422].

423. Les époux ne peuvent renoncer, par leur contrat de mariage ou autrement, à leurs droits dans le patrimoine familial.

Toutefois, un époux† peut, à compter du décès de son conjoint ou du jugement de divorce, de séparation de corps ou de nullité de mariage, y renoncer, en tout ou en partie, par acte notarié en minute; il† peut aussi y renoncer, par une déclaration judiciaire dont il est donné acte, dans le cadre d'une instance en divorce, en séparation de corps ou en nullité de mariage.

La renonciation doit être inscrite au registre des droits personnels et réels mobiliers. À défaut d'inscription dans un délai d'un an à compter du jour de l'ouverture du droit au partage, l'époux renonçant est réputé avoir accepté.

[1991, c. 64, a. 423].

■ C.C.Q., 415, 416, 646, 2938, 2980, 3089.

423. The spouses may not, by way of their marriage contract or otherwise, renounce their rights in the family patrimony.

One† spouse may, however, from the death of the other spouse or from the judgment of divorce, separation from bed and board or nullity of marriage, renounce such rights, in whole or in part, by notarial act *en minute*; that† spouse may also renounce them by a judicial declaration which is recorded, in the course of proceedings for divorce, separation from bed and board or nullity of marriage.

Renunciation shall be entered in the register of personal and movable real rights. Failing entry within a period of one year from the time when the right to partition arose, the renouncing spouse is deemed to have accepted.

[1991, c. 64, a. 423; 1992, c. 57, s. 716].

424. La renonciation de l'un des époux, par acte notarié, au partage du patrimoine familial peut être annulée pour cause de lésion ou pour toute autre cause de nullité des contrats.

[1991, c. 64, a. 424].

■ C.C.Q., 423, 1398-1408, 1411, 1413, 1416; C.P.C., 813; D.T., 7, 75-80.

424. Renunciation by one of the spouses, by notarial act, of partition of the family patrimony may be annulled by reason of lesion or any other cause of nullity of contracts.

[1991, c. 64, a. 424].

425. Le partage des gains inscrits au nom de chaque époux en application de la *Loi sur le régime de rentes du Québec* (chapitre R-9) ou de programmes équivalents est exécuté par l'organisme chargé d'administrer le régime ou le programme, conformément à cette loi ou à la loi applicable à ce programme, sauf si cette dernière ne prévoit aucune règle de partage.

[1991, c. 64, a. 425].

▌C.C.Q., 414, 415, 422, 423, 425, 3089; C.P.C., 817.2.

425. The partition of the earnings registered in the name of each spouse pursuant to the *Act respecting the Québec Pension Plan* (chapter R-9) or to a similar plan is effected by the body responsible for administering the plan, in accordance with that Act or the Act applicable to that plan, unless the latter Act provides no rules for partition.

[1991, c. 64, a. 425].

426. Le partage des droits accumulés par l'un des époux au titre d'un régime de retraite régi ou établi par une loi est effectué conformément, s'il en existe, aux règles d'évaluation et de dévolution édictées par cette loi ou, s'il n'en existe pas, conformément à celles déterminées par le tribunal saisi de la demande.

Toutefois, le partage de ces droits ne peut en aucun cas avoir pour effet de priver le titulaire original de ces droits de plus de la moitié de la valeur totale des droits qu'il a accumulés avant ou pendant le mariage, ni de conférer au bénéficiaire du droit au partage plus de droits qu'en possède, en vertu de son régime, le titulaire original de ces droits.

Entre les époux ou pour leur bénéfice, et nonobstant toute disposition contraire, ces droits, ainsi que ceux accumulés au titre d'un autre régime de retraite, sont cessibles et saisissables pour le partage du patrimoine familial.

[1991, c. 64, a. 426; 2002, c. 19, a. 4].

▌C.C.Q., 415, 416, 3089; C.P.C., 553, al. 1 (7), 553, al. 2.

426. The partition of the accrued benefits of one of the spouses under a pension plan governed or established by an Act is effected according to the rules of valuation and devolution contained in that Act or, where there are no such rules, according to the rules determined by the court seized of the application.

In no case, however, may the partition of such benefits deprive the original holder of such benefits of over one-half of the total value of the benefits accrued to him before or during the marriage, or confer more benefits on the beneficiary of the right to partition than the original holder of these benefits has under his plan.

Between the spouses or for their benefit, and notwithstanding any provision to the contrary, such benefits and benefits accrued under any other pension plan are transferable and seizable for partition of the family patrimony.

[1991, c. 64, a. 426; 2002, c. 19, s. 4].

SECTION IV —
DE LA PRESTATION COMPENSATOIRE

SECTION IV —
COMPENSATORY ALLOWANCE

427. Au moment où il prononce la séparation de corps, le divorce ou la nullité du mariage, le tribunal peut ordonner à l'un des époux de verser à l'autre, en compensation de l'apport de ce dernier, en biens ou en services, à l'enrichissement du patrimoine de son conjoint, une prestation payable au comptant ou par versements, en tenant compte, notamment, des avantages que procurent le régime matrimonial et le contrat de mariage. Il en est de même en

427. The court, in declaring separation from bed and board, divorce or nullity of marriage, may order either spouse to pay to the other, as compensation for the latter's contribution, in property or services, to the enrichment of the patrimony of the former, an allowance payable in cash or by instalments, taking into account, in particular, the advantages of the matrimonial regime and of the marriage contract. The same rule applies in case of

cas de décès; il est alors, en outre, tenu compte des avantages que procure au conjoint survivant la succession.

Lorsque le droit à la prestation compensatoire est fondé sur la collaboration régulière de l'époux à une entreprise, que cette entreprise ait trait à un bien ou à un service et qu'elle soit ou non à caractère commercial, la demande peut en être faite dès la fin de la collaboration si celle-ci est causée par l'aliénation, la dissolution ou la liquidation volontaire ou forcée de l'entreprise.

[1991, c. 64, a. 427].

death; in such a case, the advantages of the succession to the surviving spouse are also taken into account.

Where the right to the compensatory allowance is founded on the regular cooperation of the spouse in an enterprise, whether the enterprise deals in property or in services and whether or not it is a commercial enterprise, it may be applied for from the time the cooperation ends, if this results from the alienation, dissolution or voluntary or forced liquidation of the enterprise.

[1991, c. 64, a. 427].

❚ C.C.Q., 396, 429, 430, 809, 1525, 2928, 3089; C.P.C., 734.0.1, 813, 814.3-814.14, 815.2.1, 815.2.2, 817, 827.1, 827.3, 827.4.

428. L'époux collaborateur peut prouver son apport à l'enrichissement du patrimoine de son conjoint par tous moyens.

[1991, c. 64, a. 428].

428. The cooperating spouse may adduce any evidence to prove his or her contribution to the enrichment of the patrimony of the other spouse.

[1991, c. 64, a. 428].

❚ C.C.Q., 427, 2811-2856, 3089.

429. Lorsqu'il y a lieu au paiement d'une prestation compensatoire, le tribunal en fixe la valeur, à défaut d'accord entre les parties. Celui-ci peut également déterminer, le cas échéant, les modalités du paiement et ordonner que la prestation soit payée au comptant ou par versements ou qu'elle soit payée par l'attribution de droits dans certains biens.

Si le tribunal attribue à l'un des époux ou au conjoint survivant un droit sur la résidence familiale, sur les meubles qui servent à l'usage du ménage ou des droits accumulés au titre d'un régime de retraite, les dispositions des sections II et III sont applicables.

[1991, c. 64, a. 429].

429. Where a compensatory allowance becomes payable, the court, failing agreement between the parties, fixes the amount thereof. It may also, where applicable, fix the terms and conditions of payment and order that the allowance be paid in cash or by instalments or that it be paid by the awarding of rights in certain property.

If the court awards a right in the family residence, a right in the movable property serving for the use of the household or retirement benefits accrued under a retirement plan to one of the spouses or to the surviving spouse, the provisions of Sections II and III are applicable.

[1991, c. 64, a. 429].

❚ C.C.Q., 401-426, 430, 809, 2928, 3089; C.P.C., 817.

430. L'un des époux peut, pendant le mariage, convenir avec son conjoint d'acquitter en partie la prestation compensatoire. Le paiement reçu doit être déduit lorsqu'il y a lieu de fixer la valeur de la prestation compensatoire.

[1991, c. 64, a. 430].

430. One of the spouses may, during the marriage, agree with the other spouse to make partial payment of the compensatory allowance. The payment received shall be deducted when the time comes to fix the value of the compensatory allowance.

[1991, c. 64, a. 430].

❚ C.C.Q., 427, 429, 3089.

Chapitre V —
Des régimes matrimoniaux

Chapter V —
Matrimonial regimes

SECTION I —
DISPOSITIONS GÉNÉRALES

SECTION I —
GENERAL PROVISIONS

§ 1. — Du choix du régime
matrimonial

§ 1. — Choice of matrimonial
regime

431. Il est permis de faire, par contrat de mariage, toutes sortes de stipulations, sous réserve des dispositions impératives de la loi et de l'ordre public.

[1991, c. 64, a. 431].

▌C.C.Q., 9, 391-430, 432 et s., 521.8, 1806-1841.

431. Any kind of stipulation may be made in a marriage contract, subject to the imperative provisions of law and public order.

[1991, c. 64, a. 431].

432. Les époux qui, avant la célébration du mariage, n'ont pas fixé leur régime matrimonial par contrat de mariage sont soumis au régime de la société d'acquêts.

[1991, c. 64, a. 432].

▌C.C.Q., 431, 448-484.

432. Spouses who, before the solemnization of their marriage, have not fixed their matrimonial regime in a marriage contract, are subject to the regime of partnership of acquests.

[1991, c. 64, a. 432].

433. Le régime matrimonial, qu'il soit légal ou conventionnel, prend effet du jour de la célébration du mariage.

La modification du régime effectuée pendant le mariage prend effet du jour de l'acte la constatant.

On ne peut stipuler que le régime matrimonial ou sa modification prendra effet à une autre date.

[1991, c. 64, a. 433].

▌C.C.Q., 431, 437, 438.

433. A matrimonial regime, whether legal or conventional, takes effect on the day when the marriage is solemnized.

A change made to the matrimonial regime during the marriage takes effect on the day of the act attesting the change.

In no case may the parties stipulate that their matrimonial regime or any change to it will take effect on another date.

[1991, c. 64, a. 433].

434. Le mineur autorisé à se marier peut, avant la célébration du mariage, consentir toutes les conventions matrimoniales permises dans un contrat de mariage, pourvu qu'il soit autorisé à cet effet par le tribunal.

Le titulaire de l'autorité parentale ou, le cas échéant, le tuteur doivent être appelés à donner leur avis.

434. A minor authorized to marry may, before the marriage is solemnized, make all such matrimonial agreements as the marriage contract admits of, provided he is authorized to that effect by the court.

The person having parental authority or, as the case may be, the tutor shall be summoned to give his opinion.

Le mineur peut demander seul l'autorisation.

[1991, c. 64, a. 434].

▌ C.C.Q., 153, 159, 435; C.P.C., 70, 813, 818.1.

The minor may apply for the authorization alone.

[1991, c. 64, a. 434].

435. Les conventions non autorisées par le tribunal ne peuvent être attaquées que par le mineur ou les personnes qui devaient être appelées à donner leur avis; elles ne peuvent plus l'être lorsqu'il s'est écoulé une année depuis la célébration du mariage.

[1991, c. 64, a. 435].

▌ C.C.Q., 434, 1416-1423.

435. Agreements not authorized by the court may be impugned only by the minor or by the persons who had to be summoned to give their opinions; no such agreement may be impugned if one year has elapsed since the marriage was solemnized.

1991, c. 64, a. 435].

436. Le majeur en tutelle ou pourvu d'un conseiller ne peut passer de conventions matrimoniales sans l'assistance de son tuteur ou de son conseiller; le tuteur doit être autorisé à cet effet par le tribunal sur l'avis du conseil de tutelle.

Les conventions passées en violation du présent article ne peuvent être attaquées que par le majeur lui-même, son tuteur ou son conseiller, selon le cas; elles ne peuvent plus l'être lorsqu'il s'est écoulé une année depuis la célébration du mariage ou depuis le jour de l'acte modifiant les conventions matrimoniales.

[1991, c. 64, a. 436].

▌ C.C.Q., 222 et s., 285-290, 291-294, 438; C.P.C., 70, 813, 818.2.

436. No person of full age under tutorship or provided with an adviser may make matrimonial agreements without the assistance of his tutor or adviser; the tutor shall be authorized for this purpose by the court upon the advice of the tutorship council.

No agreement made in violation of this article may be impugned except by the person of full age himself, his tutor or his adviser, as the case may be, nor except in the year immediately following the solemnization of the marriage or the day of the act changing the matrimonial agreements.

[1991, c. 64, a. 436].

437. Les futurs époux peuvent modifier leurs conventions matrimoniales, avant la célébration du mariage, en présence et avec le consentement de tous ceux qui ont été parties au contrat de mariage, pourvu que ces modifications soient elles-mêmes faites par contrat de mariage.

[1991, c. 64, a. 437].

▌ C.C.Q., 438-442.

437. Intended spouses may change their matrimonial agreements before the solemnization of the marriage, in the presence and with the consent of all those who were parties to the marriage contract, provided the changes themselves are made by marriage contract.

[1991, c. 64, a. 437].

438. Les époux peuvent, pendant le mariage, modifier leur régime matrimonial, ainsi que toute stipulation de leur contrat de mariage, pourvu que ces modifications soient elles-mêmes faites par contrat de mariage.

Les donations portées au contrat de ma-

438. During marriage, spouses may change their matrimonial regime and any stipulation in their marriage contract, provided the change itself is made by marriage contract.

Gifts made in marriage contracts, includ-

riage, y compris celles qui sont faites à cause de mort, peuvent être modifiées, même si elles sont stipulées irrévocables, pourvu que soit obtenu le consentement de tous les intéressés.

Les créanciers, s'ils en subissent préjudice, peuvent, dans le délai d'un an à compter du jour où ils ont eu connaissance des modifications apportées au contrat de mariage, les faire déclarer inopposables à leur égard.

[1991, c. 64, a. 438].

▌ C.C.Q., 431, 433, 439-442, 465(2), 1839-1841.

ing gifts *mortis causa*, may be changed even if they are stipulated as irrevocable, provided that the consent of all interested persons is obtained.

If a creditor sustains damage as the result of a change to a marriage contract, he may, within one year of becoming aware of the change, obtain a declaration that it may not be set up against him.

[1991, c. 64, a. 438].

439. Les enfants à naître sont représentés par les époux pour la modification ou la suppression, avant ou pendant le mariage, des donations faites en leur faveur par contrat de mariage.

[1991, c. 64, a. 439].

▌ C.C.Q., 192, 437, 438, 1840.

439. Children to be born are represented by the spouses for the modification or cancellation, before or during the marriage, of gifts made to them by the marriage contract.

[1991, c. 64, a. 439].

440. Les contrats de mariage doivent être faits par acte notarié en minute, à peine de nullité absolue.

[1991, c. 64, a. 440].

▌ C.C.Q., 1416-1418, 1422, 2814.

440. Marriage contracts shall be established by a notarial act *en minute*, on pain of absolute nullity.

[1991, c. 64, a. 440].

441. Le notaire qui reçoit[1] le contrat de mariage modifiant un contrat antérieur doit, sans délai, en donner avis au dépositaire de la minute du contrat de mariage original et au dépositaire de la minute de tout contrat modifiant le régime matrimonial. Le dépositaire est tenu de faire mention du changement sur la minute et sur toute copie qu'il en délivre, en indiquant la date du contrat, le nom du notaire et le numéro de sa minute.

[1991, c. 64, a. 441].

441. The notary receiving[1] a marriage contract changing a previous contract shall immediately notify the depositary of the original marriage contract and the depositary of any contract changing the matrimonial regime. The depositary is bound to enter the change on the original and on any copy he may make of it, indicating the date of the contract, the name of the notary and the number of his minute.

[1991, c. 64, a. 441].

Note 1 : Comp. les articles 129 et 2988, où les termes « recevoir » et « *to execute* » sont présentés comme équivalents, en accord avec le droit commun notarial exprimé dans la *Loi sur le notariat*, RLRQ, c. N-2, a. 6 et suiv. / Comp. a. 129 and 2988, in which the verbs "to execute" and "*recevoir*" are employed as equivalents, in keeping with the common law notarial matters as set forth in the *Notarial Act*, CQLR, c. N-2.

▌ C.C.Q., 437, 438.

442. Un avis de tout contrat de mariage doit être inscrit au registre des droits personnels et réels mobiliers sur la réquisition du notaire instrumentant.

[1991, c. 64, a. 442].

442. A notice of every marriage contract shall be entered in the register of personal and movable real rights at the requisition of the receiving notary.

[1991, c. 64, a. 442].

▌ C.C.Q., 437, 438, 440, 441, 2980; D.T., 163.

§ 2. — De l'exercice des droits et pouvoirs résultant du régime matrimonial

§ 2. — Exercise of the rights and powers arising out of the matrimonial regime

443. Chacun des époux peut donner à l'autre mandat de le représenter dans l'exercice des droits et pouvoirs que le régime matrimonial lui attribue.

[1991, c. 64, a. 443].

▌ C.C.Q., 398, 444-446, 2130-2185.

443. Either spouse may give a mandate to the other in order to be represented in the exercise of rights and powers granted by the matrimonial regime.

[1991, c. 64, a. 443].

444. Le tribunal peut confier à l'un des époux le mandat d'administrer les biens de son conjoint ou les biens dont celui-ci a l'administration en vertu du régime matrimonial, lorsque le conjoint ne peut manifester sa volonté ou ne peut le faire en temps utile.

Il fixe les modalités et les conditions d'exercice des pouvoirs conférés.

[1991, c. 64, a. 444].

▌ C.C.Q., 399, 443, 445-447, 462, 2130-2185; C.P.C., 813.

444. Where an expression of will cannot be given or cannot be given in due time by one spouse, the court may confer a mandate upon the other spouse to administer the property of that spouse or property administered by that spouse under the matrimonial regime.

The court fixes the terms and conditions of exercise of the powers conferred.

[1991, c. 64, a. 444].

445. Le tribunal peut prononcer le retrait du mandat judiciaire dès qu'il est établi qu'il n'est plus nécessaire.

Ce mandat cesse de plein droit dès que le conjoint est pourvu d'un tuteur ou d'un curateur.

[1991, c. 64, a. 445].

▌ C.C.Q., 86, 268, 281, 285, 444, 446.

445. The court may declare the judicial mandate withdrawn once it is established that it is no longer necessary.

The mandate ceases by operation of law upon the other spouse's being provided with a tutor or curator.

[1991, c. 64, a. 445].

446. L'époux qui a eu l'administration des biens de son conjoint est comptable même des fruits et revenus qui ont été consommés avant qu'il n'ait été en demeure de rendre compte.

[1991, c. 64, a. 446].

▌ C.C.Q., 443-445, 910, 2184.

446. Either spouse, having administered the property of the other, is accountable even for the fruits and revenues consumed before receiving a demand to render an account.

[1991, c. 64, a. 446].

447. Si l'un des époux a outrepassé les pouvoirs que lui attribue le régime matrimonial, l'autre, à moins qu'il n'ait ratifié l'acte, peut en demander la nullité.

Toutefois, en matière de meubles, chaque époux est réputé, à l'égard des tiers de

447. If one spouse exceeds the powers granted by the matrimonial regime and the other has not ratified the act, the latter may apply to have it declared null.

As regards movable property, however, each spouse is deemed, in respect of third

bonne foi, avoir le pouvoir de passer seul les actes à titre onéreux pour lesquels le consentement du conjoint serait nécessaire.

[1991, c. 64, a. 447].

❚ C.C.Q., 461, 486, 492, 1420, 2805, 2906; C.P.C., 813.

parties in good faith, to have power to enter alone into acts by onerous title for which the consent of the other spouse would be necessary.

[1991, c. 64, a. 447].

SECTION II —
DE LA SOCIÉTÉ D'ACQUÊTS

SECTION II —
PARTNERSHIP OF ACQUESTS

§ 1. — De ce qui compose la société d'acquêts

§ 1. — Composition of the partnership of acquests

448. Les biens que chacun des époux possède au début du régime ou qu'il acquiert par la suite constituent des acquêts ou des propres selon les règles prévues ci-après.

[1991, c. 64, a. 448].

❚ C.C.Q., 449-460.

448. The property that the spouses possess individually when the regime comes into effect or that they subsequently acquire constitutes acquests or private property according to the rules that follow.

[1991, c. 64, a. 448].

449. Les acquêts de chaque époux comprennent tous les biens non déclarés propres par la loi et notamment:

1° Le produit de son travail au cours du régime;

2° Les fruits et revenus échus ou perçus au cours du régime, provenant de tous ses biens, propres ou acquêts.

[1991, c. 64, a. 449].

❚ C.C.Q., 450-460, 910.

449. The acquests of each spouse include all property not declared to be private property by law, and, in particular,

(1) the proceeds of that spouse's work during the regime;

(2) the fruits and income due or collected from all that spouse's private property or acquests during the regime.

[1991, c. 64, a. 449].

450. Sont propres à chacun des époux:

1° Les biens dont il a la propriété ou la possession au début du régime;

2° Les biens qui lui échoient au cours du régime, par succession ou donation et, si le testateur ou le donateur l'a stipulé, les fruits et revenus qui en proviennent;

3° Les biens qu'il acquiert en remplacement d'un propre de même que les indemnités d'assurance qui s'y rattachent;

4° Les droits ou avantages qui lui échoient à titre de titulaire subrogé ou à titre de bénéficiaire déterminé d'un contrat ou d'un

450. The private property of each spouse consists of

(1) property owned or possessed by that spouse when the regime comes into effect;

(2) property which devolves to that spouse during the regime by succession or gift, and the fruits and income derived from it if the testator or donor has so provided;

(3) property acquired by that spouse to replace private property and any insurance indemnity relating thereto;

(4) the rights or benefits devolved to that spouse as a subrogated holder or as a specified beneficiary under a contract or plan

régime de retraite, d'une autre rente ou d'une assurance de personnes;

of retirement, other annuity or insurance of persons;

5° Ses vêtements et ses papiers personnels, ses alliances†, ses décorations et ses diplômes;

(5) that spouse's clothing and personal papers, wedding ring†, decorations and diplomas;

6° Les instruments de travail nécessaires à sa profession, sauf récompense s'il y a lieu.

[1991, c. 64, a. 450].

(6) the instruments required for that spouse's occupation, saving compensation where applicable.

[1991, c. 64, a. 450].

▌ C.C.Q., 433, 448 et s., 613 et s., 1806 et s., 2367 et s., 2445 et s.

451. Est également propre, à charge de récompense, le bien acquis avec des propres et des acquêts, si la valeur des propres employés est supérieure à la moitié du coût total d'acquisition de ce bien. Autrement, il est acquêt à charge de récompense.

451. Property acquired with private property and acquests is also private property, subject to compensation, if the value of the private property used is greater than one-half of the total cost of acquisition of the property. Otherwise, it is an acquest subject to compensation.

La même règle s'applique à l'assurance sur la vie, de même qu'aux pensions de retraite et autres rentes. Le coût total est déterminé par l'ensemble des primes ou sommes versées, sauf dans le cas de l'assurance temporaire où il est déterminé par la dernière prime.

[1991, c. 64, a. 451].

The same rule applies to life insurance, retirement pensions and other annuities. The total cost is the aggregate of the premiums or sums paid, except in term insurance where it is the amount of the latest premium.

[1991, c. 64, a. 451].

▌ C.C.Q., 449, 450, 475.

452. Lorsque, au cours du régime, un époux, déjà propriétaire en propre d'une partie indivise d'un bien, en acquiert une autre partie, celle-ci lui est également propre, sauf récompense s'il y a lieu.

452. Where, during the regime, a spouse who is already privately an undivided co-owner of a property acquires another part of it, this acquired part is also that spouse's private property, saving compensation where applicable.

Toutefois, si la valeur des acquêts employés pour cette acquisition est égale ou supérieure à la moitié de la valeur totale du bien dont l'époux est devenu propriétaire, ce bien devient acquêt à charge de récompense.

[1991, c. 64, a. 452].

However, if the value of the acquests used to acquire that part is equal to or greater than one-half of the total value of the property of which the spouse has become the owner, this property becomes an acquest, subject to compensation.

[1991, c. 64, a. 452].

▌ C.C.Q., 449, 460, 475, 1010.

453. Le droit d'un époux à une pension† alimentaire, à une pension d'invalidité ou à quelque autre avantage de même nature, lui reste propre, mais sont acquêts tous les avantages pécuniaires qui en proviennent et qui sont échus ou perçus au cours du ré-

453. The right of a spouse to support†, to a disability allowance or to any other benefit of the same nature remains the private property of that spouse; however, all pecuniary benefits derived from these are acquests, if they fall due or are collected

gime ou qui sont payables, à son décès, à ses héritiers et ayants cause.

Aucune récompense n'est due en raison des sommes ou primes payées avec les acquêts ou les propres pour acquérir ces pensions† ou autres avantages.

[1991, c. 64, a. 453].

Note : Comp. a. 590.

▌C.C.Q., 449, 450, 585-596.

during the regime or are payable to that spouse's heirs and successors at death.

No compensation is due by reason of any amount or premium paid with the acquests or the private property to acquire the support†, allowance or other benefits.

[1991, c. 64, a. 453].

454. Sont également propres à l'époux le droit de réclamer des dommages-intérêts et l'indemnité reçue en réparation d'un préjudice moral ou corporel.

La même règle s'applique au droit et à l'indemnité découlant d'un contrat d'assurance ou de tout autre régime d'indemnisation, mais aucune récompense n'est due en raison des primes ou sommes payées avec les acquêts.

[1991, c. 64, a. 454].

▌C.C.Q., 3, 10, 35-41, 449, 450, 453, 1457-1481, 1611 et s.

454. The right to claim damages and the compensation received for moral or corporal injury are also the private property of the spouse.

The same rule applies to the right and the compensation arising from an insurance contract or any other indemnification scheme, but no compensation is payable in respect of the premiums or amounts paid with the acquests.

[1991, c. 64, a. 454].

455. Le bien acquis à titre d'accessoire ou d'annexe d'un bien propre ainsi que les constructions, ouvrages ou plantations faits sur un immeuble propre restent propres, sauf récompense s'il y a lieu.

Cependant, si c'est avec les acquêts qu'a été acquis l'accessoire ou l'annexe, ou qu'ont été faits les constructions, ouvrages ou plantations et que leur valeur est égale ou supérieure à celle du bien propre, le tout devient acquêt à charge de récompense.

[1991, c. 64, a. 455].

▌C.C.Q., 449-452, 475, 948, 955 et s.

455. Property acquired as an accessory of or an annex to private property, and any construction, work or plantation on or in an immovable which is private property, remain private, saving compensation, if need be.

However, if the accessory or annex was acquired, or the construction, work or plantation made, from acquests, and if its value is equal to or greater than that of the private property, the whole becomes an acquest subject to compensation.

[1991, c. 64, a. 455].

456. Les valeurs mobilières acquises par suite de la déclaration de dividendes sur des valeurs propres à l'un des époux lui restent propres, sauf récompense.

Les valeurs mobilières acquises par suite de l'exercice d'un droit de souscription ou de préemption ou autre droit semblable que confèrent des valeurs propres à l'un

456. Securities acquired by the effect of a declaration of dividends on securities that are the private property of either spouse remain that spouse's private property, saving compensation.

Securities acquired by the effect of the exercise of a subscription right, a pre-emptive right or any other similar right conferred on either spouse by securities that

des époux lui restent également propres, sauf récompense s'il y a lieu.

are that spouse's private property likewise remain so, saving compensation, if need be.

Les primes de rachat ou de remboursement anticipé de valeurs mobilières propres à l'un des époux lui restent propres sans récompense.

[1991, c. 64, a. 456].

▮ C.C.Q., 449, 450, 475; D.T., 32.

Redemption premiums and prepaid premiums on securities that are the private property of either spouse remain that spouse's private property without compensation.

[1991, c. 64, a. 456].

457. Sont propres, à charge de récompense, les revenus provenant de l'exploitation d'une entreprise propre à l'un des époux, s'ils sont investis dans l'entreprise.

Toutefois, aucune récompense n'est due si l'investissement était nécessaire pour maintenir les revenus de cette entreprise.

[1991, c. 64, a. 457].

▮ C.C.Q., 449, 450, 475, 1525.

457. Income derived from the operation of an enterprise that is the private property of either spouse remains that spouse's private property, subject to compensation, if it is reinvested in the enterprise.

No compensation is due, however, if the investment was necessary in order to maintain the income of the enterprise.

[1991, c. 64, a. 457].

458. Les droits de propriété intellectuelle et industrielle sont propres, mais sont acquêts tous les fruits et revenus qui en proviennent et qui sont perçus ou échus au cours du régime.

[1991, c. 64, a. 458].

▮ C.C.Q., 449, 910.

458. Intellectual and industrial property rights are private property, but all fruits and income arising from them and collected or fallen due during the regime are acquests.

[1991, c. 64, a. 458].

459. Tout bien est présumé acquêt, tant entre les époux qu'à l'égard des tiers, à moins qu'il ne soit établi qu'il est un propre.

[1991, c. 64, a. 459].

▮ C.C.Q., 448, 449, 460, 487, 2846, 2847.

459. All property is presumed to constitute an acquest, both between the spouses and with respect to third persons, unless it is established that it is private property.

[1991, c. 64, a. 459].

460. Le bien qu'un époux ne peut prouver lui† être exclusivement propre ou acquêt est présumé appartenir aux deux indivisément, à chacun pour moitié.

[1991, c. 64, a. 460].

460. Any property that a spouse is unable to prove to be an*† exclusively private property or acquest is presumed to be held by both spouses in undivided co-ownership, one-half by each.

[1991, c. 64, a. 460].

Note : Comp. a. 492 C.c.Q. (L.Q. 1980, c. 39). / Comp. a. 492 C.C.Q. (S.Q. 1980, c. 39).

▮ C.C.Q., 459, 1010-1037, 2846, 2847.

§ 2. — De l'administration des biens et de la responsabilité des dettes

§ 2. — Administration of property and liability for debts

461. Chaque époux a l'administration, la jouissance et la libre disposition de ses biens propres et de ses acquêts.

[1991, c. 64, a. 461].

▌ C.C.Q., 391 et s., 462.

461. Each spouse has the administration, enjoyment and free disposal of his or her private property and acquests.

[1991, c. 64, a. 461].

462. Un époux ne peut cependant, sans le consentement de son conjoint, disposer de ses acquêts entre vifs à titre gratuit, si ce n'est de biens de peu de valeur ou de cadeaux d'usage.

Toutefois, il peut être autorisé par le tribunal à passer seul un tel acte, si le consentement ne peut être obtenu pour quelque cause que ce soit ou si le refus n'est pas justifié par l'intérêt de la famille.

[1991, c. 64, a. 462].

▌ C.C.Q., 447, 461, 1807; C.P.C., 70, 813.3.

462. Neither spouse may, however, without the consent of the other, dispose of acquests *inter vivos* by gratuitous title, with the exception of property of small value or customary presents.

A spouse may be authorized by the court to enter into the act alone, however, if consent cannot be obtained for any reason or if refusal is not justified in the interest of the family.

[1991, c. 64, a. 462].

463. La restriction au droit de disposer ne limite pas le droit d'un époux de désigner un tiers comme bénéficiaire ou titulaire subrogé d'une assurance de personnes, d'une pension de retraite ou autre rente, sous réserve de l'application des règles relatives au patrimoine familial.

Aucune récompense n'est due en raison des sommes ou primes payées avec les acquêts si la désignation est en faveur du conjoint ou des enfants de l'époux ou du conjoint.

[1991, c. 64, a. 463].

▌ C.C.Q., 414-426, 462, 2445 et s.

463. The restriction to the right to dispose of acquests does not limit the right of either spouse to designate a third person as a beneficiary or subrogated holder of an insurance of persons, a retirement pension or any other annuity, subject to the application of the rules respecting the family patrimony.

No compensation is due by reason of the sums or premiums paid with the acquests if the designation is in favour of the other spouse or of the children of either spouse.

[1991, c. 64, a. 463].

464. Chacun des époux est tenu, tant sur ses biens propres que sur ses acquêts, des dettes nées de son chef avant ou pendant le mariage.

Il n'est pas tenu, pendant la durée du régime, des dettes nées du chef de son conjoint, sous réserve des dispositions des articles 397 et 398.

[1991, c. 64, a. 464].

▌ C.C.Q., 397, 398, 443-447, 484.

464. The spouses, individually, are liable on both their private property and their acquests for all debts incurred by them before or during the marriage.

While the regime lasts, neither spouse is liable for the debts incurred by the other, subject to articles 397 and 398.

[1991, c. 64, a. 464].

<table>
<tr>
<td>

§ 3. —— De la dissolution et de la liquidation du régime

</td>
<td>

§ 3. —— Dissolution and liquidation of the regime

</td>
</tr>
</table>

465. Le régime de la société d'acquêts se dissout:

1° Par le décès de l'un des époux;

2° Par le changement conventionnel de régime pendant le mariage;

3° Par le jugement qui prononce le divorce, la séparation de corps ou la séparation de biens;

4° Par l'absence de l'un des époux dans les cas prévus par la loi;

5° Par la nullité du mariage si celui-ci produit néanmoins des effets.

Les effets de la dissolution se produisent immédiatement, sauf dans les cas des [paragraphes] 3° et 5°, où ils remontent, entre les époux, au jour de la demande.

[1991, c. 64, a. 465].

465. The regime of partnership of acquests is dissolved by

(1) the death of one of the spouses;

(2) a conventional change of regime during the marriage;

(3) a judgment of divorce, separation from bed and board, or separation as to property;

(4) the absence of one of the spouses in the cases provided for by law;

(5) the nullity of the marriage if, nevertheless, the marriage produces effects.

The effects of the dissolution are produced immediately, except in the cases of sub-paragraphs 3 and 5, where they are retroactive, between the spouses, to the day of the application.

[1991, c. 64, a. 465].

▌ C.C.Q., 89, 96, 122 et s., 382, 383, 438, 466, 476, 488, 489, 508, 518, 521.19; C.P.C., 813 et s., 817.

466. Dans tous les cas de dissolution du régime, le tribunal peut, à la demande de l'un ou l'autre des époux ou de leurs ayants cause, décider que, dans les rapports mutuels des conjoints, les effets de la dissolution remonteront à la date où ils ont cessé de faire vie commune†.

[1991, c. 64, a. 466].

466. In any case of dissolution of a regime, the court may, upon the application of either spouse or of the latter's successors, decide that, in the mutual relations of the spouses, the effects of the dissolution are retroactive to the date when they ceased to live together†.

[1991, c. 64, a. 466].

▌ C.C.Q., 417, 465, 489, 508, 518; C.P.C., 813 et s., 817.

467. Après la dissolution du régime, chaque époux conserve ses biens propres.

Il a la faculté d'accepter le partage des acquêts de son conjoint ou d'y renoncer, nonobstant toute convention contraire.

[1991, c. 64, a. 467].

467. Each spouse retains his or her private property after the regime is dissolved.

One spouse may accept or renounce the partition of the other spouse's acquests, notwithstanding any agreement to the contrary.

[1991, c. 64, a. 467].

▌ C.C.Q., 465, 468-474.

468. L'acceptation peut être expresse ou tacite.

468. Acceptance may be either express or tacit.

L'époux qui s'est immiscé dans la gestion des acquêts de son conjoint postérieurement à la dissolution du régime ne peut recevoir la part des acquêts de son conjoint qui lui revient que si ce dernier a lui-même accepté le partage des acquêts de celui qui s'est immiscé.

Les actes de simple administration n'emportent point immixtion.

[1991, c. 64, a. 468].

No spouse who has interfered in the management of the acquests of the other spouse after the regime is dissolved may receive the share of the acquests of the other spouse to which he or she is entitled unless the other spouse has accepted the partition of the acquests of the spouse who interfered.

Acts of simple administration do not constitute interference.

[1991, c. 64, a. 468].

▌ C.C.Q., 467, 471, 1301-1305.

469. La renonciation doit être faite par acte notarié en minute ou par une déclaration judiciaire dont il est donné acte.

La renonciation doit être inscrite au registre des droits personnels et réels mobiliers; à défaut d'inscription dans un délai d'un an à compter du jour de la dissolution, l'époux est réputé avoir accepté.

[1991, c. 64, a. 469].

469. Renunciation shall be made by notarial act *en minute* or by a judicial declaration which is recorded.

Renunciation shall be entered in the register of personal and movable real rights; failing entry within one year from the date of the dissolution, the spouse is deemed to have accepted.

[1991, c. 64, a. 469].

▌ C.C.Q., 423, 467-474, 2938, 2941, 2963.

470. Si l'époux renonce, la part à laquelle il aurait eu droit dans les acquêts de son conjoint reste acquise à ce dernier.

Toutefois, les créanciers de l'époux qui renonce au préjudice de leurs droits peuvent demander au tribunal de déclarer que la renonciation leur est inopposable et accepter la part des acquêts du conjoint de leur débiteur au lieu et place de ce dernier.

Dans ce cas, leur acceptation n'a d'effet qu'en leur faveur et à concurrence seulement de leurs créances; elle ne vaut pas au profit de l'époux renonçant.

[1991, c. 64, a. 470].

470. If either spouse renounces partition, the share of the other's acquests to which he or she would have been entitled remains vested in the other.

However, the creditors of the spouse who renounces partition to the prejudice of their rights may apply to the court for a declaration that the renunciation may not be set up against them, and accept the share of the acquests of their debtor's spouse in his or her place and stead.

In that case, their acceptance has effect only in their favour and only to the extent of the amount of their claims; it is not valid in favour of the renouncing spouse.

[1991, c. 64, a. 470].

▌ C.C.Q., 469.

471. Un époux est privé de sa part dans les acquêts de son conjoint s'il a diverti ou recelé des acquêts, s'il a dilapidé ses† acquêts ou s'il les a administrés de mauvaise foi.

[1991, c. 64, a. 471].

471. A spouse who has misappropriated or concealed acquests, wasted† acquests or administered them in bad faith forfeits his or her share of the acquests of the other spouse.

[1991, c. 64, a. 471].

▌ C.C.Q., 467.

472. L'acceptation ou la renonciation est irrévocable. Toutefois, la renonciation peut être annulée pour cause de lésion ou pour toute autre cause de nullité des contrats.

[1991, c. 64, a. 472].

▌ C.C.Q., 467-470, 1399 et s.

472. Acceptance and renunciation are irrevocable. Renunciation may be annulled, however, by reason of lesion or any other cause of nullity of contracts.

[1991, c. 64, a. 472].

473. Lorsque le régime est dissous par décès et que le conjoint survivant a accepté le partage des acquêts de l'époux décédé, les héritiers de l'époux décédé ont la faculté d'accepter le partage des acquêts du conjoint survivant ou d'y renoncer et, à l'exception des attributions préférentielles dont seul peut bénéficier le conjoint survivant, les dispositions sur la dissolution et la liquidation du régime leur sont applicables.

Si, parmi les héritiers, l'un accepte et les autres renoncent, celui qui accepte ne peut prendre que la portion d'acquêts qu'il aurait eue si tous avaient accepté.

La renonciation du conjoint survivant est opposable aux créanciers de l'époux décédé.

[1991, c. 64, a. 473].

▌ C.C.Q., 465-484.

473. When the regime is dissolved by death and the surviving spouse has accepted the partition of the acquests of the deceased spouse, the heirs of the deceased spouse may accept or renounce the partition of the surviving spouse's acquests, and, excepting preferential awards which only the surviving spouse is entitled to receive, the provisions on the dissolution and liquidation of the regime apply to them.

If one of the heirs accepts partition and the others renounce it, the heir who accepts may not take more than the portion of the acquests that he would have had if all had accepted.

Renunciation by the surviving spouse may be set up against the creditors of the deceased spouse.

[1991, c. 64, a. 473].

474. Lorsqu'un époux décède alors qu'il était encore en droit de renoncer, ses héritiers ont, à compter du décès, un nouveau délai d'un an pour faire inscrire leur renonciation.

[1991, c. 64, a. 474].

▌ C.C.Q., 467-472.

474. When a spouse dies while still entitled to renounce partition, the heirs have a further period of one year from the date of death in which to have their renunciation entered.

[1991, c. 64, a. 474].

475. Sur acceptation du partage des acquêts du conjoint, on forme d'abord deux masses des biens de ce dernier, l'une constituée des propres, l'autre des acquêts.

On dresse ensuite un compte des récompenses dues par la masse des propres à la masse des acquêts de ce conjoint et réciproquement.

475. When the partition of a spouse's acquests is accepted, the property of the patrimony of that spouse is first divided into two masses, one comprising the private property and the other the acquests.

A statement is then prepared of the compensation owed by the mass of private property to the mass of the spouse's acquests, and *vice versa*.

La récompense est égale à l'enrichissement dont une masse a bénéficié au détriment de l'autre.

[1991, c. 64, a. 475].

▌ C.C.Q., 448, 450-457, 465, 467, 468, 476-481.

The compensation is equal to the enrichment enjoyed by one mass to the detriment of the other.

[1991, c. 64, a. 475].

476. Les biens susceptibles de récompense s'estiment† d'après leur état au jour de la dissolution du régime et d'après leur valeur au temps de la liquidation.

L'enrichissement est évalué au jour de la dissolution du régime; toutefois, lorsque le bien acquis ou amélioré a été aliéné au cours du régime, l'enrichissement est évalué au jour de l'aliénation.

[1991, c. 64, a. 476].

▌ C.C.Q., 450-457, 465, 466, 475, 478, 479.

476. Property susceptible of compensation is estimated† according to its condition at the time of dissolution of the regime and to its value at the time of liquidation.

The enrichment is valued as on the day the regime is dissolved; however, when the property acquired or improved was alienated during the regime, the enrichment is valued as on the day of the alienation.

[1991, c. 64, a. 476].

477. Aucune récompense n'est due en raison des impenses[1] nécessaires ou utiles à l'entretien ou à la conservation des biens.

[1991, c. 64, a. 477].

477. No compensation is due by reason of expenses[1] necessary or useful for the maintenance or preservation of the property.

[1991, c. 64, a. 477].

Note 1 : Comp. a. 958.

▌ C.C.Q., 455, 475, 957 et s.

478. Les dettes contractées au profit des propres et non acquittées donnent lieu à récompense comme si elles avaient déjà été payées avec les acquêts.

[1991, c. 64, a. 478].

▌ C.C.Q., 475, 476, 484.

478. Unpaid debts incurred for the benefit of the private property give rise to compensation as if they had already been paid with the acquests.

[1991, c. 64, a. 478].

479. Le paiement, avec les acquêts, d'une amende imposée en vertu de la loi donne lieu à récompense.

[1991, c. 64, a. 479].

▌ C.C.Q., 475, 476.

479. Payment with the acquests of any fine imposed by law gives rise to compensation.

[1991, c. 64, a. 479].

480. Si le compte accuse un solde en faveur de la masse des acquêts, l'époux titulaire du patrimoine en fait rapport à cette masse partageable, soit en moins prenant, soit en valeur, soit avec des propres.

S'il accuse un solde en faveur de la masse des propres, l'époux prélève parmi ses ac-

480. If the statement shows a balance in favour of the mass of acquests, the spouse who holds the patrimony makes a return to that mass for partition, either by taking less, or in value, or with his or her private property.

If the statement shows a balance in favour of the mass of private property, the spouse

quêts des biens jusqu'à concurrence de la somme due.

[1991, c. 64, a. 480].

▌C.C.Q., 475, 481.

removes assets from his or her acquests up to the amount owed.

[1991, c. 64, a. 480].

481. Le règlement des récompenses effectué, on établit la valeur nette de la masse des acquêts et cette valeur est partagée, par moitié, entre les époux. L'époux titulaire du patrimoine peut payer à son conjoint la part qui lui revient en numéraire ou par dation en paiement.

[1991, c. 64, a. 481].

▌C.C.Q., 475, 476, 482.

481. Once the settlement of compensation has been effected, the net value of the mass of acquests is established and evenly divided between the spouses. The spouse who holds the patrimony may pay the portion due to the other spouse by paying him or her in money or by giving in payment.

[1991, c. 64, a. 481].

482. Si la dissolution du régime résulte du décès ou de l'absence de l'époux titulaire du patrimoine, son conjoint peut exiger qu'on lui donne en paiement, moyennant, s'il y a lieu, une soulte payable au comptant ou par versements, la résidence familiale et les meubles qui servent à l'usage du ménage ou tout autre bien à caractère familial pour autant qu'ils fussent des acquêts ou des biens faisant partie du patrimoine familial.

À défaut d'accord sur le paiement de la soulte, le tribunal en fixe les modalités de garantie et de paiement.

[1991, c. 64, a. 482].

▌C.C.Q., 84, 89, 415, 449, 459, 465, 473, 481.

482. If the dissolution of the regime results from the death or absence of the spouse who holds the patrimony, the other spouse may require to be given in payment, on condition of payment of any balance, in cash or by instalments, the family residence and the movable property serving for the use of the household or any other family property to the extent that they were acquests or property forming part of the family patrimony.

If there is no agreement on the payment of the balance, the court fixes the terms and conditions of guarantee and payment.

[1991, c. 64, a. 482].

483. Si les parties ne s'entendent pas sur l'estimation des biens, celle-ci est faite par des experts que désignent les parties ou, à défaut, le tribunal.

[1991, c. 64, a. 483].

▌C.C.Q., 476; C.P.C., 414 et s., 813, 815.1.

483. If the parties do not agree on the valuation of the property, it is valued by experts designated by the parties or, failing them, the court.

[1991, c. 64, a. 483].

484. La dissolution du régime ne peut préjudicier, avant le partage, aux droits des créanciers antérieurs sur l'intégralité du patrimoine de leur débiteur.

Après le partage, les créanciers antérieurs peuvent uniquement poursuivre le paiement de leur créance contre l'époux débiteur, à moins qu'il n'ait pas été tenu compte de cette créance lors du partage. En ce cas, ils peuvent, après avoir discuté les biens de leur débiteur, poursuivre le

484. Dissolution of the regime does not prejudice the rights, before the partition, of former* creditors against the whole of their debtor's patrimony.

After the partition, former* creditors may only pursue payment of their claims against the debtor spouse. However, if the claims were not taken into account when the partition was made, they may, after discussion of the property of their debtor, pursue the other spouse. Each spouse then

conjoint. Chaque époux conserve alors un recours contre son conjoint pour les sommes auxquelles il aurait eu droit si la créance avait été payée avant le partage.

Le conjoint de l'époux débiteur ne peut, en aucun cas, être appelé à payer une somme supérieure à la part des acquêts qu'il a reçue de son conjoint.

[1991, c. 64, a. 484].

❚ C.C.Q., 397, 398, 464, 481.

preserves a remedy against the other for the amounts he or she would have been entitled to if the claims had been paid before the partition.

In no case may the spouse of the debtor spouse be called upon to pay a greater amount than the portion of the acquests he or she received from the latter.

[1991, c. 64, a. 484].

SECTION III — DE LA SÉPARATION DE BIENS

SECTION III — SEPARATION AS TO PROPERTY

§ 1. — De la séparation conventionnelle de biens

§ 1. — Conventional separation as to property

485. Le régime de séparation conventionnelle de biens s'établit par la simple déclaration faite à cet effet dans le contrat de mariage.

[1991, c. 64, a. 485].

❚ C.C.Q., 431, 486, 487.

485. The regime of conventional separation as to property is established by a simple declaration to this effect in the marriage contract.

[1991, c. 64, a. 485].

486. En régime de séparation de biens, chaque époux a l'administration, la jouissance et la libre disposition de tous ses biens.

[1991, c. 64, a. 486].

❚ C.C.Q., 391 et s., 485, 487.

486. Under the regime of separation as to property, the spouses, individually, have the administration, enjoyment and free disposal of all their property.

[1991, c. 64, a. 486].

487. Le bien sur lequel aucun des époux ne peut justifier de son droit exclusif de propriété est présumé appartenir aux deux indivisément, à chacun pour moitié.

[1991, c. 64, a. 487].

❚ C.C.Q., 1010-1037, 2846, 2847.

487. Property over which the spouses are unable to establish their exclusive right of ownership is presumed to be held by both in undivided co-ownership, one-half by each.

[1991, c. 64, a. 487].

§ 2. — De la séparation judiciaire de biens

§ 2. — Judicial separation as to property

488. La séparation de biens peut être poursuivie par l'un ou l'autre des époux lorsque l'application des règles du régime matrimonial se révèle contraire à ses intérêts ou à ceux de la famille.

[1991, c. 64, a. 488].

488. Either spouse may obtain separation as to property when the application of the rules of the matrimonial regime appears to be contrary to the interests of that spouse or of the family.

[1991, c. 64, a. 488].

❚ C.C.Q., 489-491; C.P.C., 821.

489. La séparation de biens prononcée en justice emporte dissolution du régime matrimonial et place les époux dans la situation de ceux qui sont conventionnellement séparés de biens.

Entre les époux, les effets de la séparation remontent au jour de la demande, à moins que le tribunal ne les fasse remonter à la date où les époux ont cessé de faire vie commune†.

[1991, c. 64, a. 489].

❚ C.C.Q., 465 et s., 485-488, 490, 491, 492.

490. Les créanciers des époux ne peuvent demander la séparation de biens, mais ils peuvent intervenir dans l'instance.

Ils peuvent aussi se pourvoir contre la séparation de biens prononcée ou exécutée en fraude de leurs droits.

[1991, c. 64, a. 490].

❚ C.C.Q., 488, 1626-1630; C.P.C., 208-211, 489.

491. La dissolution du régime matrimonial opérée par la séparation de biens ne donne pas ouverture aux droits de survie, sauf stipulation contraire dans le contrat de mariage.

[1991, c. 64, a. 491].

❚ C.C.Q., 431, 488.

SECTION IV —
DES RÉGIMES COMMUNAUTAIRES

492. Lorsque les époux optent pour un régime matrimonial communautaire et qu'il est nécessaire de suppléer aux dispositions de la convention, on doit se référer aux règles de la société d'acquêts, compte tenu des adaptations nécessaires.

Les époux mariés sous l'ancien régime de communauté légale peuvent invoquer les règles de dissolution et de liquidation du régime de la société d'acquêts lorsqu'elles ne sont pas incompatibles avec les règles de leur régime matrimonial.

[1991, c. 64, a. 492].

489. Separation as to property judicially obtained entails dissolution of the matrimonial regime and puts the spouses in the situation of those who are conventionally separate as to property.

Between spouses, the effects of the separation are retroactive to the day of the application unless the court makes them retroactive to the date on which the spouses ceased to live together†.

[1991, c. 64, a. 489].

490. Creditors of the spouses may not apply for separation as to property, but may intervene in the action.

They may also institute proceedings against separation as to property pronounced or executed in fraud of their rights.

[1991, c. 64, a. 490].

491. Dissolution of the matrimonial regime effected by separation as to property does not give rise to the rights of survivorship, unless otherwise stipulated in the marriage contract.

[1991, c. 64, a. 491].

SECTION IV —
COMMUNITY REGIMES

492. Where the spouses elect for a community matrimonial regime and it is necessary to supplement the provisions of the agreement, reference shall be made to the rules respecting partnership of acquests, adapted as required.

Spouses married under the former regime of legal community may invoke the rules of dissolution and liquidation of the regime of partnership of acquests where these are not inconsistent with their matrimonial regime.

[1991, c. 64, a. 492].

▌C.C.Q., 391, 448-484.

| Chapitre VI —— | Chapter VI —— |
| De la séparation de corps | Separation from bed and board |

DES CAUSES DE LA SÉPARATION DE CORPS

SECTION I ——
GROUNDS FOR SEPARATION FROM BED AND BOARD

493. La séparation de corps est prononcée lorsque la volonté de vie commune† est gravement atteinte.

[1991, c. 64, a. 493].

▌C.C.Q., 392, 494, 498; C.P.C., 70, 813.4, 822.

493. Separation from bed and board is granted when the will to live together† is gravely undermined.

[1991, c. 64, a. 493].

494. Il en† est ainsi notamment:

1° Lorsque les époux ou l'un d'eux rapportent la preuve d'un ensemble de faits rendant difficilement tolérable le maintien de la vie commune†;

2° Lorsqu'au moment de la demande, les époux vivent séparés l'un de l'autre;

3° Lorsque l'un des époux a manqué gravement à une obligation du mariage, sans toutefois que cet époux puisse invoquer son propre manquement.

[1991, c. 64, a. 494].

▌C.C.Q., 392, 395, 396, 493, 498, 506, 2847.

494. The will to live together† is gravely undermined particularly

(1) where proof of an accumulation of facts that make further living together† hardly tolerable is adduced by the spouses or either of them;

(2) where, at the time of the application, the spouses are living apart;

(3) where either spouse has seriously failed to perform an obligation resulting from the marriage; however, the spouse may not invoke his or her own failure.

[1991, c. 64, a. 494].

495. Les époux qui soumettent à l'approbation du tribunal un projet d'accord qui règle les conséquences de leur séparation de corps peuvent la demander sans avoir à en faire connaître la cause.

Le tribunal prononce alors la séparation, s'il considère que le consentement des époux est réel et que l'accord préserve suffisamment les intérêts de chacun d'eux et des enfants.

[1991, c. 64, a. 495].

▌C.C.Q., 504, 512; C.P.C., 822, 822.5.

495. If the spouses submit to the approval of the court a draft agreement settling the consequences of their separation from bed and board, they may apply for separation without disclosing the ground.

The court then grants the separation if it is satisfied that the spouses truly consent and that the agreement sufficiently preserves the interests of each of them and of the children.

[1991, c. 64, a. 495].

<table>
<tr><td>

SECTION II —
DE L'INSTANCE EN SÉPARATION DE CORPS

</td><td>

SECTION II —
PROCEEDINGS FOR SEPARATION FROM BED AND BOARD

</td></tr>
</table>

§ 1. — Disposition générale	**§ 1. — General provision**

496. À tout moment de l'instance en séparation de corps, il entre dans la mission du tribunal de conseiller les époux, de favoriser leur conciliation et de veiller aux intérêts des enfants et au respect de leurs droits.

[1991, c. 64, a. 496].

▌C.C.Q., 32-34, 500-506; C.P.C., 547g, 815.2, 815.3, 827.2.

496. It comes within the role of the court to counsel and to foster the conciliation of the spouses, and to see to the interests of the children and the respect of their rights, at all stages of the proceedings for separation from bed and board.

[1991, c. 64, a. 496].

§ 2. — De la demande et de la preuve	**§ 2. — Application and proof**

497. La demande en séparation de corps peut être présentée par les époux ou l'un d'eux.

[1991, c. 64, a. 497].

▌C.C.Q., 493, 498; C.P.C., 814.1, 822.

497. An application for separation from bed and board may be presented by both spouses or either of them.

[1991, c. 64, a. 497].

498. La preuve que le maintien de la vie commune† est difficilement tolérable peut résulter du témoignage† d'une partie, mais le tribunal peut exiger une preuve additionnelle.

[1991, c. 64, a. 498].

▌C.C.Q., 493-495, 498; C.P.C., 13, 195, 404, 457, 815.1, 815.3, 822.2.

498. Proof that further living together† is hardly tolerable for the spouses may result from the admission† of one party but the court may require additional evidence.

[1991, c. 64, a. 498].

§ 3. — Des mesures provisoires	**§ 3. — Provisional measures**

499. La demande en séparation de corps délie les époux de l'obligation de faire vie commune†.

[1991, c. 64, a. 499].

▌C.C.Q., 392, 500-503; C.P.C., 813-817.4.

499. An application for separation from bed and board releases the spouses from the obligation to live together†.

[1991, c. 64, a. 499].

500. Le tribunal peut ordonner à l'un des époux de quitter la résidence familiale pendant l'instance.

Il peut aussi autoriser l'un d'eux à conser-

500. The court may order either spouse to leave the family residence during the proceedings.

It may also authorize either spouse to re-

ver provisoirement des biens meubles qui jusque-là servaient à l'usage commun.

[1991, c. 64, a. 500].

■ C.C.Q., 392, 403, 405, 499, 501-503; C.P.C., 813-817.4.

501. Le tribunal peut statuer sur la garde et l'éducation des enfants.

Il fixe la contribution de chacun des époux à leur entretien pendant l'instance.

[1991, c. 64, a. 501].

■ C.C.Q., 499, 500, 502, 503, 599, 605; C.P.C., 813-817.4.

502. Le tribunal peut ordonner à l'un des époux de verser à l'autre une pension† alimentaire et une provision pour les frais de l'instance.

[1991, c. 64, a. 502].

Note : Comp. a. 590.

■ C.C.Q., 499-501, 503, 590; C.P.C., 813-817.4.

503. Les mesures provisoires sont sujettes à révision lorsqu'un fait nouveau le justifie.

[1991, c. 64, a. 503].

■ C.C.Q., 499-502; C.P.C., 813-817.4.

§ 4. — Des ajournements et de la réconciliation

504. Le tribunal peut ajourner l'instruction de la demande en séparation de corps, s'il croit que l'ajournement peut favoriser la réconciliation des époux ou éviter un préjudice sérieux à l'un des conjoints ou à l'un de leurs enfants.

Il peut aussi le faire s'il estime que les époux peuvent régler à l'amiable les conséquences de leur séparation de corps et conclure, à ce sujet, des accords que le tribunal pourra prendre en considération.

[1991, c. 64, a. 504].

■ C.C.Q., 505, 506; C.P.C., 815.2, 827.2, 827.3.

tain temporarily certain movable property which until that time had served for common use.

[1991, c. 64, a. 500].

501. The court may decide as to the custody and education of the children.

It fixes the contribution payable by each spouse to the maintenance of the children during the proceedings.

[1991, c. 64, a. 501].

502. The court may order either spouse to pay support† to the other, and a provisional sum to cover the costs of the proceedings.

[1991, c. 64, a. 502].

503. Provisional measures may be reviewed whenever warranted by any new fact.

[1991, c. 64, a. 503].

§ 4. — Adjournments and reconciliation

504. The court may adjourn the hearing of the application for separation from bed and board if it considers that adjournment can foster the reconciliation of the spouses or avoid serious prejudice to either spouse or to any of their children.

The court may also adjourn the hearing if it considers that the spouses are able to settle the consequences of their separation from bed and board and to make agreements in that respect which the court will be able to take into account.

[1991, c. 64, a. 504].

505. La réconciliation des époux survenue depuis la demande met fin à l'instance.

Chacun des époux peut néanmoins présenter une nouvelle demande pour cause survenue depuis la réconciliation et alors faire usage des anciennes causes pour appuyer sa demande.

[1991, c. 64, a. 505].

■ C.C.Q., 493, 494, 504, 506; C.P.C., 815.2.

505. Reconciliation between the spouses occurring after the application is presented terminates the proceedings.

Either spouse may nevertheless present a new application on any ground arising after the reconciliation and, in that case, may invoke the previous grounds in support of the application.

[1991, c. 64, a. 505].

506. La seule reprise de la cohabitation pendant moins de quatre-vingt-dix jours ne fait pas présumer la réconciliation.

[1991, c. 64, a. 506].

■ C.C.Q., 504, 505; C.P.C., 815.2.

506. Resumption of cohabitation for less than ninety days does not by itself create a presumption of reconciliation.

[1991, c. 64, a. 506].

SECTION III —
DES EFFETS DE LA SÉPARATION DE CORPS ENTRE LES ÉPOUX

SECTION III —
EFFECTS BETWEEN SPOUSES OF SEPARATION FROM BED AND BOARD

507. La séparation de corps délie les époux de l'obligation de faire vie commune†; elle ne rompt pas le lien du mariage.

[1991, c. 64, a. 507].

■ C.C.Q., 392, 508-512, 513, 516, 525.

507. Separation from bed and board releases the spouses from the obligation to live together†; it does not break the bond of marriage.

[1991, c. 64, a. 507].

508. La séparation de corps emporte séparation de biens, s'il y a lieu.

Entre les époux, les effets de la séparation de biens remontent au jour de la demande en séparation de corps, à moins que le tribunal ne les fasse remonter à la date où les époux ont cessé de faire vie commune†.

[1991, c. 64, a. 508].

■ C.C.Q., 438, 465, 466, 485-491, 515; C.P.C., 817.

508. Separation from bed and board carries with it separation as to property, where applicable.

Between spouses, the effects of separation as to property are produced from the day of the application for separation from bed and board, unless the court makes them retroactive to the date on which the spouses ceased to live together†.

[1991, c. 64, a. 508].

509. La séparation de corps ne donne pas immédiatement ouverture aux droits de survie, sauf stipulation contraire dans le contrat de mariage.

[1991, c. 64, a. 509].

■ C.C.Q., 431, 491, 684, 695.

509. Separation from bed and board does not immediately give rise to rights of survivorship, unless otherwise stipulated in the marriage contract.

[1991, c. 64, a. 509].

510. La séparation de corps ne rend pas caduques les donations consenties aux époux en considération du mariage.

Toutefois, le tribunal peut, au moment où il prononce la séparation, les déclarer caduques ou les réduire, ou ordonner que le paiement des donations entre vifs soit différé pour un temps qu'il détermine, en tenant compte des circonstances dans lesquelles se trouvent les parties.

[1991, c. 64, a. 510].

▌ C.C.Q., 386, 512, 1807, 1839, 1840.

510. Separation from bed and board does not entail the lapse of gifts made to the spouses in consideration of marriage.

However, the court, when granting a separation, may declare the gifts lapsed or reduce them, or order the payment of gifts *inter vivos* deferred for such time as it may fix, taking the circumstances of the parties into account.

[1991, c. 64, a. 510].

511. Au moment où il prononce la séparation de corps ou postérieurement, le tribunal peut ordonner à l'un des époux de verser des aliments à l'autre.

[1991, c. 64, a. 511].

▌ C.C.Q., 388, 389, 392, 507, 512, 585-596, 1262, 2724, 2730; C.P.C., 817.

511. The court, when granting a separation from bed and board or subsequently, may order either spouse to pay support to the other.

[1991, c. 64, a. 511].

512. Dans les décisions relatives aux effets de la séparation de corps à l'égard des époux, le tribunal tient compte des circonstances dans lesquelles ils se trouvent; il prend en considération, entre autres, leurs besoins et leurs facultés, les accords qu'ils ont conclus entre eux, leur âge et leur état de santé, leurs obligations familiales, leurs possibilités d'emploi, leur situation patrimoniale existante et prévisible, en évaluant tant leur capital que leurs revenus et, s'il y a lieu, le temps nécessaire au créancier pour acquérir une autonomie suffisante.

[1991, c. 64, a. 512].

▌ C.C.Q., 495, 507-511.

512. In any decision relating to the effects of separation from bed and board in respect of the spouses, the court takes their circumstances into account; it considers, among other things, their needs and means, the agreements made between them, their age and state of health, their family obligations, their chances of finding employment, their existing and foreseeable patrimonial situation, evaluating both their capital and their income, and, as the case may be, the time needed by the creditor of support to acquire sufficient autonomy.

[1991, c. 64, a. 512].

SECTION IV ——
DES EFFETS DE LA SÉPARATION DE
CORPS À L'ÉGARD DES ENFANTS

SECTION IV ——
EFFECTS OF SEPARATION FROM BED
AND BOARD ON CHILDREN

513. La séparation de corps ne prive pas les enfants des avantages qui leur sont assurés par la loi ou par le contrat de mariage.

Elle laisse subsister les droits et les devoirs des père et mère à l'égard de leurs enfants.

[1991, c. 64, a. 513].

▌ C.C.Q., 394, 585, 597-612.

513. Separation from bed and board does not deprive the children of the advantages secured to them by law or by the marriage contract.

The rights and duties of fathers and mothers towards their children are unaffected by separation from bed and board.

[1991, c. 64, a. 513].

514. Au moment où il prononce la séparation de corps ou postérieurement, le tribunal statue sur la garde, l'entretien et l'éducation des enfants, dans l'intérêt de ceux-ci et le respect de leurs droits, en tenant compte, s'il y a lieu, des accords conclus entre les époux.

[1991, c. 64, a. 514].

▌ C.C.Q., 33, 34, 195, 597-612; C.P.C., 817.

514. The court, in granting separation from bed and board or subsequently, decides as to the custody, maintenance and education of the children, in their interest and in the respect of their rights, taking into account the agreements made between the spouses, where such is the case.

[1991, c. 64, a. 514].

SECTION V —
DE LA FIN DE LA SÉPARATION DE CORPS

SECTION V —
END OF SEPARATION FROM BED AND BOARD

515. La reprise volontaire de la vie commune† met fin à la séparation de corps.

La séparation de biens subsiste, sauf si les époux choisissent, par contrat de mariage, un régime matrimonial différent.

[1991, c. 64, a. 515].

▌ C.C.Q., 485-491, 507, 516.

515. Separation from bed and board is terminated upon the spouses' voluntarily resuming living together†.

Separation as to property remains unless the spouses elect another matrimonial regime by marriage contract.

[1991, c. 64, a. 515].

Chapitre VII —
De la dissolution du mariage

Chapter VII —
Dissolution of marriage

SECTION I —
DISPOSITIONS GÉNÉRALES

SECTION I —
GENERAL PROVISIONS

516. Le mariage se dissout par le décès de l'un des conjoints ou par le divorce.

[1991, c. 64, a. 516].

▌ C.C.Q., 392, 416, 427, 465, 466, 481, 492, 517, 518.

516. Marriage is dissolved by the death of either spouse or by divorce.

[1991, c. 64, a. 516].

517. Le divorce est prononcé conformément à la loi† canadienne sur le divorce. Les règles relatives à l'instance en séparation de corps édictées par le présent code et les règles du *Code de procédure civile* (chapitre C-25) s'appliquent à ces demandes dans la mesure où elles sont compatibles avec la loi† canadienne.

[1991, c. 64, a. 517].

517. Divorce is granted in accordance with the Divorce Act† of Canada. The rules governing proceedings for separation from bed and board enacted by this Code and the rules of the *Code of Civil Procedure* (chapter C-25) apply to such applications to the extent that they are consistent with the Divorce Act† of Canada.

[1991, c. 64, a. 517].

Note: Le texte anglais comporte des références explicites au titre abrégé de la *Loi concernant le divorce et les mesures accessoires*, L.R.C., c. D-3.4. / The English text refers explicitly to the short title of *An Act respecting divorce and corollary relief*, R.S.C., c. D-3.4.

▌ C.C.Q., 392, 496-506, 516, 518, 2966; D.T., 34; C.P.C., 813.

518. Le divorce emporte la dissolution du régime matrimonial.

Les effets de la dissolution du régime remontent, entre les époux, au jour de la demande†, à moins que le tribunal ne les fasse remonter à la date où les époux ont cessé de faire vie commune†.

[1991, c. 64, a. 518].

518. Divorce carries with it the dissolution of the matrimonial regime.

The effects of the dissolution of the regime are produced between the spouses from the day the application is presented†, unless the court makes them retroactive to the date on which the spouses ceased to live together†.

[1991, c. 64, a. 518].

Note : Comp. a. 521.19.

▌ C.C.Q., 427, 448-487, 516; C.P.C., 817.

519. Le divorce rend caduques les donations à cause de mort qu'un époux a consenties à l'autre en considération du mariage.

[1991, c. 64, a. 519].

519. Divorce entails the lapse of gifts *mortis causa* made by one spouse to the other in consideration of marriage.

[1991, c. 64, a. 519].

▌ C.C.Q., 386, 510, 516, 518, 520, 1808, 1839-1841, 2459; D.T., 106; C.P.C., 813, 817.4.

520. Le divorce ne rend pas caduques les autres donations à cause de mort ni les donations entre vifs consenties aux époux en considération du mariage.

Toutefois, le tribunal peut, au moment où il prononce le divorce, les déclarer caduques ou les réduire, ou ordonner que le paiement des donations entre vifs soit différé pour un temps qu'il détermine.

[1991, c. 64, a. 520].

520. Divorce does not entail the lapse of other gifts *mortis causa* or gifts *inter vivos* made to the spouses in consideration of marriage.

The court may, however, when granting a divorce, declare such gifts lapsed or reduce them, or order the payment of gifts *inter vivos* deferred for such time as it may fix.

[1991, c. 64, a. 520].

▌ C.C.Q., 385, 386, 510, 520, 1807, 1818, 1819, 1839, 1840, 2459.

521. À l'égard des enfants, le divorce produit les mêmes effets que la séparation de corps.

[1991, c. 64, a. 521].

521. Divorce has the same effects in respect of children as separation from bed and board.

[1991, c. 64, a. 521].

▌ C.C.Q., 32-34, 513, 514, 586, 597, 599, 600, 1840.

Chapitre I ——
De la formation de l'union civile

Chapter I ——
Formation of civil union

521.1. L'union civile est l'engagement de deux personnes âgées de 18 ans ou plus qui expriment leur consentement libre et éclairé à faire vie commune† et à respecter les droits et obligations liés à cet état.

521.1. A civil union is a commitment by two persons eighteen years of age or over who express their free and enlightened consent to live together† and to uphold the rights and obligations that derive from that status.

Elle ne peut être contractée qu'entre personnes libres de tout lien de mariage ou d'union civile antérieur et que si l'une n'est pas, par rapport à l'autre, un ascendant, un descendant, un frère ou une sœur.
[2002, c. 6, a. 27].

A civil union may only be contracted between persons who are free from any previous bond of marriage or civil union and who in relation to each other are neither an ascendant or a descendant, nor a brother or a sister.

[2002, c. 6, s. 27].

▌C.C.Q., 1386, 1398, 1399.

521.2. L'union civile doit être contractée publiquement devant un célébrant compétent à célébrer les mariages et en présence de deux témoins.

521.2. A civil union must be contracted openly before an officiant competent to solemnize marriages and in the presence of two witnesses.

Aucun ministre du culte ne peut être contraint à célébrer une union civile contre laquelle il existe quelque empêchement selon sa religion et la discipline de la société religieuse¹ à laquelle il appartient.
[2002, c. 6, a. 27].

No minister of religion may be compelled to solemnize a civil union to which there is an impediment according to the minister's religion and the discipline of the religious society[1] to which he or she belongs.

[2002, c. 6, s. 27].

Note 1 : Comp. a. 121.2.

▌C.C.Q., 1386, 1398, 1399.

521.3. Avant de procéder à l'union civile, le célébrant s'assure de l'identité des futurs conjoints, ainsi que du respect des conditions de formation de l'union et de l'accomplissement des formalités prescrites par la loi.

521.3. Before proceeding with a civil union, the officiant ascertains the identity of the intended spouses as well as compliance with the conditions for the formation of a civil union and observance of the formalities prescribed by law.

La célébration d'une union civile est soumise, avec les adaptations nécessaires, aux mêmes règles que celles de la célébration d'un mariage, y compris celles relatives à la publication préalable.
[2002, c. 6, a. 27].

The solemnization of a civil union is subject to the same rules, with the necessary modifications, as are applicable to the solemnization of a marriage, including the rules relating to prior publication.

[2002, c. 6, s. 27].

▌C.C.Q., 368-372.

521.4. Toute personne intéressée peut faire opposition à une union civile entre personnes inhabiles à la contracter.

521.4. Any interested person may oppose a civil union between persons incapable of contracting a civil union.

Le mineur peut s'opposer seul à une union civile.

[2002, c. 6, a. 27].

∎ C.C.Q., 372.

A minor may act alone to oppose a civil union.

[2002, c. 6, s. 27].

521.5. L'union civile se prouve par l'acte d'union civile, sauf les cas où la loi autorise un autre mode de preuve.

La possession d'état de conjoints unis civilement supplée aux défauts de forme de l'acte d'union civile.

[2002, c. 6, a. 27].

∎ C.C.Q., 121.1, 378.

521.5. A civil union is proved by an act of civil union, except where another mode of proof is authorized by law.

Possession of the status of civil union spouses compensates for a defect of form in the act of civil union.

[2002, c. 6, s. 27].

Chapitre II ━━
Des effets civils de l'union civile

Chapter II ━━
Civil effects of civil union

521.6. Les conjoints ont, en union civile, les mêmes droits et les mêmes obligations.

Ils se doivent mutuellement respect, fidélité, secours et assistance.

Ils sont tenus de faire vie commune†.

L'union civile, en ce qui concerne la direction de la famille, l'exercice de l'autorité parentale, la contribution aux charges, la résidence familiale, le patrimoine familial et la prestation compensatoire, a, compte tenu des adaptations nécessaires, les mêmes effets que le mariage.

Les conjoints ne peuvent déroger aux dispositions du présent article quel que soit leur régime d'union civile.

[2002, c. 6, a. 27].

∎ C.C.Q., 391, 392.

521.6. The spouses in a civil union have the same rights and obligations.

They owe each other respect, fidelity, succour and assistance.

They are bound to live together†.

The effects of the civil union as regards the direction of the family, the exercise of parental authority, contribution towards expenses, the family residence, the family patrimony and the compensatory allowance are the same as the effects of marriage, with the necessary modifications.

Whatever their civil union regime, the spouses may not derogate from the provisions of this article.

[2002, c. 6, s. 27].

521.7. L'union civile crée une alliance entre chaque conjoint et les parents de son conjoint.

[2002, c. 6, a. 27].

521.7. A civil union creates a family connection between each spouse and the relatives of his or her spouse.

[2002, c. 6, s. 27].

521.8. Il est permis, par voie contractuelle, d'établir un régime d'union civile et de faire toutes sortes de stipulations, sous réserve des dispositions impératives de la loi et de l'ordre public.

521.8. A civil union regime may be created by and any kind of stipulation may be made in a civil union contract, subject to the imperative provisions of law and public order.

Les conjoints qui, avant la célébration de leur union, n'ont pas ainsi fixé leur régime sont soumis au régime de la société d'acquêts.

Le régime d'union civile, qu'il soit légal ou conventionnel, et le contrat d'union civile sont, compte tenu des adaptations nécessaires, soumis aux règles applicables respectivement aux régimes matrimoniaux et au contrat de mariage.

[2002, c. 6, a. 27].

521.9. Si les conjoints ne parviennent pas à s'accorder sur l'exercice de leurs droits et l'accomplissement de leurs devoirs, ils peuvent, ensemble ou individuellement, saisir le tribunal qui statuera dans l'intérêt[1] de la famille, après avoir favorisé la conciliation des parties.

[2002, c. 6, a. 27].

Note 1 : Comp. a. 322, 400.

▌C.C.Q., 400.

Chapitre III ——
De la nullité de l'union civile

521.10. L'union civile qui n'est pas contractée suivant les prescriptions du présent titre peut être frappée de nullité à la demande de toute personne intéressée, sauf au tribunal à juger suivant les circonstances.

L'action est irrecevable s'il s'est écoulé trois ans depuis la célébration, sauf si l'ordre public est en cause.

[2002, c. 6, a. 27].

▌C.C.Q., 380, 1398-1408.

521.11. La nullité de l'union civile emporte les mêmes effets que la nullité du mariage.

[2002, c. 6, a. 27].

Spouses who, before the solemnization of their civil union, have not so fixed their civil union regime are subject to the regime of partnership of acquests.

Civil union regimes, whether legal or conventional, and civil union contracts are subject to the same rules as are applicable to matrimonial regimes and marriage contracts, with the necessary modifications.

[2002, c. 6, s. 27].

521.9. If spouses cannot agree as to the exercise of their rights and the performance of their duties, they or either of them may apply to the court, which will decide in the best[1] interests of the family after fostering conciliation of the parties.

[2002, c. 6, s. 27].

Chapter III ——
Nullity of civil union

521.10. A civil union which is not contracted in accordance with the prescriptions of this Title may be declared null upon the application of any interested person, although the court may decide according to the circumstances.

No action lies after the lapse of three years from the solemnization, except where public order is concerned.

[2002, c. 6, s. 27].

521.11. The nullity of a civil union entails the same effects as the nullity of a marriage.

[2002, c. 6, s. 27].

Chapitre IV ——
De la dissolution de l'union civile

Chapter IV ——
Dissolution of civil union

521.12. L'union civile se dissout par le décès de l'un des conjoints. Elle se dissout également par un jugement du tribunal ou par une déclaration commune notariée lorsque la volonté de vie commune† des conjoints est irrémédiablement atteinte.

L'union civile se dissout également par le mariage des deux† conjoints. Cette dissolution n'emporte comme seule conséquence que la rupture du lien d'union civile. Ainsi, les effets de l'union civile sont maintenus et considérés comme des effets du mariage subséquent à compter de la date de l'union civile et le régime d'union civile des conjoints devient le régime matrimonial[1] des époux, à moins que ceux-ci n'y aient apporté des modifications par contrat de mariage.

[2002, c. 6, a. 27; 2004, c. 23, a. 7].

521.12. A civil union is dissolved by the death of either spouse. It is also dissolved by a court judgment or by a notarized joint declaration where the spouses' will to live together† is irretrievably undermined.

A civil union is also dissolved by the marriage of the spouses to one another†. The sole consequence of the dissolution is the severing of the bond of civil union. The effects of the civil union are maintained and are considered to be effects of the marriage from the date of the civil union, and the civil union regime of the spouses becomes the marriage[1] regime, unless they have made changes to it by marriage contract.

[2002, c. 6, s. 27; 2004, c. 23, s. 7].

Note 1 : Comp. intitulé du Chapitre V du Livre deuxième. / Title of Chapter V of Book Two.

▌C.C.Q., 516; C.P.C., 813.

521.13. Les conjoints peuvent consentir, dans une déclaration commune, à la dissolution de leur union s'ils en règlent toutes les conséquences dans un accord.

La déclaration et l'accord doivent être reçus devant notaire et constatés dans des actes notariés en minute.

Le notaire ne peut recevoir[1] la déclaration avant que l'accord ne soit constaté dans un contrat de transaction notarié. Au préalable, il doit informer les conjoints des conséquences de la dissolution et s'assurer que le consentement de ceux-ci est réel et que l'accord n'est pas contraire à des dispositions impératives ou à l'ordre public. Il peut, s'il l'estime approprié, les informer sur les services qu'il connaît† et qui sont susceptibles de les aider à la conciliation.

[2002, c. 6, a. 27].

521.13. The spouses may consent, by way of a joint declaration, to the dissolution of the civil union provided they settle all the consequences of the dissolution in an agreement.

The declaration and the agreement must be executed before a notary and recorded in notarial acts *en minute*.

The notary may not execute[1] the declaration before the agreement is recorded in a notarized transaction contract. The notary must inform the spouses beforehand of the consequences of the dissolution and make sure that they truly consent to the dissolution and that the agreement is not contrary to imperative provisions of law or public order. If appropriate, the notary may provide information to the spouses on any available† conciliation services.

[2002, c. 6, s. 27].

Note 1 : Voir a. 129. / See a. 129.

521.14. Le contrat de transaction précise la date à laquelle la valeur nette du patrimoine familial est établie. Cette date ne peut être antérieure à la démarche† commune de dissolution ou à la date de cessation de la vie commune† ni postérieure à la date à laquelle le contrat est reçu[1] devant notaire.

[2002, c. 6, a. 27].

521.14. The transaction contract specifies the date on which the net value of the family patrimony is established. The date may not be earlier than the date of the joint procedure† for the dissolution of the civil union or the date on which the spouses ceased living together†, or later than the date of the execution[1] of the contract before a notary.

[2002, c. 6, s. 27].

Note 1 : Voir a. 129. / See a. 129.

521.15. La déclaration commune de dissolution précise le nom et le domicile des conjoints, le lieu et la date de leur naissance et de leur union; elle indique les dates et lieux où le contrat de transaction et la déclaration sont reçus ainsi que le numéro de la minute de chacun de ces actes.

[2002, c. 6, a. 27].

521.15. The joint declaration dissolving a civil union states the names and domicile of the spouses, their places and dates of birth and the place and date of solemnization of the union; it also indicates the places and dates of execution of the transaction contract and of the declaration as well as the minute number given to each of those acts.

[2002, c. 6, s. 27].

521.16. La déclaration commune de dissolution et le contrat de transaction ont, à compter de la date où ils sont reçus devant notaire et sans autre formalité, les effets d'un jugement de dissolution de l'union civile.

Outre sa notification au directeur de l'état civil, la déclaration notariée doit être transmise au dépositaire de la minute du contrat d'union civile original et, le cas échéant, au dépositaire de la minute de tout contrat qui en modifie le régime. Le dépositaire est tenu de faire mention, sur la minute et sur toute copie qu'il en délivre, de la déclaration commune de dissolution qui lui a été transmise, en indiquant la date de la déclaration, le numéro de la minute ainsi que le nom et l'adresse du notaire qui l'a reçue[1]. La déclaration et la transaction notariées doivent, en outre, être transmises à la Régie des rentes du Québec.

Sur réquisition du notaire instrumentant, un avis de la déclaration notariée doit être inscrit au registre des droits personnels et réels mobiliers.

[2002, c. 6, a. 27].

521.16. From the date of their execution before a notary and without further formality, the joint declaration dissolving the civil union and the transaction contract have the effects of a judgment dissolving a civil union.

In addition to being notified to the registrar of civil status, the notarized declaration must be sent to the depositary of the original civil union contract and to the depositary of any contract modifying the civil union regime established by the original contract. The depositary is bound to make a reference to the joint declaration of dissolution on the original of the contract and on any copy issued, specifying the date of the declaration, the minute number and the name and address of the notary who executed[1] the declaration. The notarized declaration and transaction must also be sent to the Régie des rentes du Québec.

A notice of the notarized declaration must be entered in the register of personal and movable real rights on the application of the executing notary.

[2002, c. 6, s. 27].

Note 1 : Voir a. 129. / See a. 129.

521.17. À défaut d'une déclaration commune de dissolution reçue devant notaire ou lorsque les intérêts des enfants communs des conjoints sont en cause, la dissolution doit être prononcée par le tribunal.

Il incombe au tribunal de s'assurer que la volonté de vie commune† est irrémédiablement atteinte, de favoriser la conciliation et de veiller aux intérêts[1] des enfants et au respect[1] de leurs droits. Il peut, pendant l'instance, décider de mesures provisoires, comme s'il s'agissait d'une séparation de corps.

Au moment où il prononce la dissolution ou postérieurement, le tribunal peut ordonner à l'un des conjoints de verser des aliments à l'autre, statuer sur la garde, l'entretien et l'éducation des enfants, dans l'intérêt[1] de ceux-ci et le respect[1] de leurs droits, en tenant compte, s'il y a lieu, des accords conclus entre les conjoints.

[2002, c. 6, a. 27].

521.17. In the absence of a joint declaration dissolving the civil union executed before a notary or where the interests of the common children of the spouses are at stake, the dissolution of the union must be pronounced by the court.

The court must ascertain that the spouses' will to live together† is irretrievably undermined, foster conciliation and see to the interests[1] of the children and the protection[1] of their rights. During the proceeding, the court may determine provisional measures, as in the case of separation from bed and board.

Upon or after pronouncing the dissolution, the court may order one of the spouses to pay support to the other, decide as to the custody, maintenance and education of the children, in their best interests[1] and with due regard[1] for their rights, and in keeping with any agreements made between the spouses.

[2002, c. 6, s. 27].

Note 1 : Comp. a./arts 33, 604.

521.18. La dissolution de l'union civile ne prive pas les enfants des avantages qui leur sont assurés par la loi ou le contrat d'union civile.

Elle laisse subsister les droits et les devoirs[1] des parents à l'égard de leurs enfants.

[2002, c. 6, a. 27].

521.18. The dissolution of a civil union does not deprive the children of the advantages secured to them by law or by the civil union contract.

The rights and obligations[1] of parents towards their children are unaffected by the dissolution of the union.

[2002, c. 6, s. 27].

Note 1 : Comp. a./arts 513, 599.

∎ C.C.Q., 513.

521.19. La dissolution de l'union civile emporte la dissolution du régime d'union civile. Les effets de cette dissolution du régime, entre les conjoints, remontent au jour du décès, au jour où la déclaration commune de dissolution est reçue[1] devant notaire ou, si les conjoints en ont convenu dans la transaction notariée, à la date à laquelle la valeur nette du patrimoine familial est établie. Dans le cas où la dissolu-

521.19. The dissolution of a civil union entails the dissolution of the civil union regime. Between the spouses, the effects of the dissolution of the regime are retroactive to the day of the death, the day of execution[1] of the joint declaration of dissolution before a notary or, if the spouses so stipulated in the notarized transaction, the day on which the net value of the family patrimony is established. If the dissolution

tion est prononcée par le tribunal, ils remontent au jour de la demande en justice, à moins que le tribunal ne lui fasse remonter au jour où les conjoints ont cessé de faire vie commune†.

La dissolution autrement que par décès rend caduques les donations à cause de mort qu'un conjoint a consenties à l'autre en considération de l'union civile. Elle ne rend pas caduques les autres donations à cause de mort ni les donations entre vifs consenties aux conjoints en considération de l'union, sous réserve que le tribunal peut, au moment où il prononce la dissolution, les déclarer caduques ou les réduire, ou ordonner que le paiement des donations entre vifs soit différé pour un temps qu'il détermine.

[2002, c. 6, a. 27].

Note 1 : Voir a. 129. / See a. 129.

❚ C.C.Q., 518, 519, 520.

is pronounced by the court, its effects are retroactive to the day of the application to the court, unless the court makes them retroactive to the day on which the spouses ceased living together†.

Dissolution, otherwise than by death, entails the lapse of gifts *mortis causa* made by one spouse to the other in consideration of the civil union. It does not entail the lapse of other gifts *mortis causa* or of gifts *inter vivos* between the spouses in consideration of the union, except that the court may, upon pronouncing the dissolution, declare such gifts lapsed or reduce them, or order the payment of gifts *inter vivos* deferred for such time as it may fix.

[2002, c. 6, s. 27].

TITRE 2
DE LA FILIATION
Disposition générale

TITLE 2
FILIATION
General provision

522. Tous les enfants dont la filiation est établie ont les mêmes droits et les mêmes obligations, quelles que soient les circonstances de leur naissance.

[1991, c. 64, a. 522].

❚ C.C.Q., 32.

522. All children whose filiation is established have the same rights and obligations, regardless of their circumstances of birth.

[1991, c. 64, a. 522].

Chapitre I
De la filiation par le sang

Chapter I
Filiation by blood

SECTION I
DES PREUVES DE LA FILIATION

SECTION I
PROOF OF FILIATION

§ 1. — Du titre et de la possession d'état

§ 1. — Title and possession of status

523. La filiation tant paternelle que maternelle se prouve par l'acte de naissance, quelles que soient les circonstances de la naissance de l'enfant.

523. Paternal filiation and maternal filiation are proved by the act of birth, regardless of the circumstances of the child's birth.

À défaut de ce titre, la possession constante d'état suffit.

[1991, c. 64, a. 523].

❚ C.C.Q., 107, 111-117, 524.

In the absence of an act of birth, uninterrupted possession of status is sufficient.

[1991, c. 64, a. 523].

524. La possession constante d'état s'établit par une réunion suffisante de faits qui indiquent les rapports de filiation entre l'enfant et les personnes dont on le dit issu.

[1991, c. 64, a. 524].

❚ C.C.Q., 523.

524. Uninterrupted possession of status is established by an adequate combination of facts which indicate the relationship of filiation between the child and the persons of whom he is said to be born.

[1991, c. 64, a. 524].

§ 2. — De la présomption de paternité

525. L'enfant né pendant le mariage ou l'union civile de personnes de sexe différent ou dans les trois cents jours après sa dissolution ou son annulation est présumé avoir pour père le conjoint de sa mère.

Cette présomption de paternité est écartée lorsque l'enfant naît plus de trois cents jours après le jugement prononçant la séparation de corps des époux, sauf s'il y a eu reprise volontaire de la vie commune† avant la naissance.

La présomption est également écartée à l'égard de l'ex-conjoint lorsque l'enfant est né dans les trois cents jours de la dissolution ou de l'annulation du mariage ou de l'union civile, mais après le mariage ou l'union civile subséquent de sa mère.

[1991, c. 64, a. 525; 2002, c. 6, a. 28].

❚ C.C.Q., 2846.

§ 2. — Presumption of paternity

525. If a child is born during a marriage or a civil union between persons of opposite sex, or within three hundred days after its dissolution or annulment, the spouse of the child's mother is presumed to be the father.

The presumption of paternity is rebutted if the child is born more than three hundred days after the judgment ordering separation from bed and board of married spouses, unless the spouses have voluntarily resumed living together† before the birth.

The presumption is also rebutted in respect of the former spouse if the child born is within three hundred days of the dissolution or annulment of the marriage or civil union, but after a subsequent marriage or civil union of the child's mother.

[1991, c. 64, a. 525; 2002, c. 6, s. 28].

§ 3. — De la reconnaissance volontaire

526. Si la maternité ou la paternité ne peut être déterminée par application des articles qui précèdent, la filiation de l'enfant peut aussi être établie par reconnaissance volontaire.

[1991, c. 64, a. 526].

❚ C.C.Q., 523-525, 527-529.

§ 3. — Voluntary acknowledgement

526. If maternity or paternity cannot be determined by applying the preceding articles, the filiation of a child may also be established by voluntary acknowledgement.

[1991, c. 64, a. 526].

527. La reconnaissance de maternité résulte de la déclaration faite par une femme qu'elle est la mère de l'enfant.

La reconnaissance de paternité résulte de la déclaration faite par un homme qu'il est le père de l'enfant.

[1991, c. 64, a. 527].

▌ C.C.Q., 526, 528, 529.

528. La seule reconnaissance de maternité ou de paternité ne lie que son auteur.

[1991, c. 64, a. 528].

▌ C.C.Q., 526, 527, 529.

529. On ne peut contredire par la seule reconnaissance de maternité ou de paternité une filiation déjà établie et non infirmée en justice.

[1991, c. 64, a. 529].

▌ C.C.Q., 526-528.

SECTION II —
DES ACTIONS RELATIVES À LA FILIATION

530. Nul ne peut réclamer une filiation contraire à celle que lui donnent son acte de naissance et la possession d'état conforme à ce titre.

Nul ne peut contester l'état de celui qui a une possession d'état conforme à son acte de naissance.

[1991, c. 64, a. 530].

▌ C.C.Q., 107, 111-117, 531.

531. Toute personne intéressée, y compris le père ou la mère, peut contester par tous moyens la filiation de celui qui n'a pas une possession d'état conforme à son acte de naissance.

Toutefois, le père présumé ne peut contester la filiation et désavouer l'enfant que dans un délai d'un an à compter du jour où la présomption de paternité prend effet, à moins qu'il n'ait pas eu connaissance de la naissance, auquel cas le délai commence à courir du jour de cette connaissance. La mère peut contester la paternité du père

527. Maternity is acknowledged by a declaration made by a woman that she is the mother of the child.

Paternity is acknowledged by a declaration made by a man that he is the father of the child.

[1991, c. 64, a. 527].

528. Mere acknowledgement of maternity or of paternity binds only the person who made it.

[1991, c. 64, a. 528].

529. An established filiation which has not been successfully contested in court is not impugnable by a mere acknowledgement of maternity or of paternity.

[1991, c. 64, a. 529].

SECTION II —
ACTIONS RELATING TO FILIATION

530. No person may claim a filiation contrary to that assigned to him by his act of birth and the possession of status consistent with that act.

No person may contest the status of a person whose possession of status is consistent with his act of birth.

[1991, c. 64, a. 530].

531. Any interested person, including the father or the mother, may, by any means, contest the filiation of a person whose possession of status is not consistent with his act of birth.

However, the presumed father may contest the filiation and disavow the child only within one year of the date on which the presumption of paternity takes effect, unless he is unaware of the birth, in which case the time limit begins to run on the day he becomes aware of it. The mother may contest the paternity of the presumed fa-

présumé dans l'année qui suit la naissance de l'enfant.

[1991, c. 64, a. 531].

❚ C.C.Q., 107, 111-117, 525, 530.

ther within one year from the birth of the child.

[1991, c. 64, a. 531].

532. L'enfant dont la filiation n'est pas établie par un titre et une possession d'état conforme peut réclamer sa filiation en justice. Pareillement, les père et mère peuvent réclamer la paternité ou la maternité d'un enfant dont la filiation n'est pas établie à leur égard par un titre et une possession d'état conforme.

Si l'enfant a déjà une autre filiation établie soit par un titre, soit par la possession d'état, soit par l'effet de la présomption de paternité, l'action en réclamation d'état ne peut être exercée qu'à la condition d'être jointe à une action en contestation de l'état ainsi établi.

Les recours en désaveu ou en contestation d'état sont dirigés contre l'enfant et, selon le cas, contre la mère ou le père présumé.

[1991, c. 64, a. 532].

532. A child whose filiation is not established by an act and by possession of status consistent therewith may claim his filiation before the court. Similarly, the father or the mother may claim paternity or maternity of a child whose filiation in their regard is not established by an act and by possession of status consistent therewith.

If the child already has another filiation established by an act of birth, by the possession of status, or by the effect of a presumption of paternity, an action to claim status may not be brought unless it is joined to an action contesting the status thus established.

The action for disavowal or for contestation of status is directed against the child and against the mother or the presumed father, as the case may be.

[1991, c. 64, a. 532].

533. La preuve de la filiation pourra se faire par tous moyens. Toutefois, les témoignages ne sont admissibles que s'il y a commencement de preuve, ou lorsque les présomptions ou indices résultant de faits déjà clairement établis sont assez graves pour en déterminer l'admission.

[1991, c. 64, a. 533].

❚ C.C.Q., 2811.

533. Proof of filiation may be made by any mode of proof. However, testimony is not admissible unless there is a commencement of proof, or unless the presumptions or indications resulting from already clearly established facts are sufficiently strong to permit its admission.

[1991, c. 64, a. 533].

534. Le commencement de preuve résulte des titres de famille, des registres et papiers domestiques, ainsi que de tous autres écrits publics ou privés émanés d'une partie engagée dans la contestation ou qui y aurait intérêt si elle était vivante.

[1991, c. 64, a. 534].

❚ C.C.Q., 2865.

534. Commencement of proof results from the family documents, domestic records and papers, and all other public or private writings proceeding from a party engaged in the contestation or who would have an interest therein if he were alive.

[1991, c. 64, a. 534].

535. Tous les moyens de preuve sont admissibles pour s'opposer à une action relative à la filiation.

De même, sont recevables tous les moyens de preuve propres à établir que le mari ou

535. Every mode of proof is admissible to contest an action concerning filiation.

Any mode of proof tending to establish that the husband or civil union spouse is

le conjoint uni civilement n'est pas le père de l'enfant.

[1991, c. 64, a. 535; 2002, c. 6, a. 29].

▌ C.C.Q., 2811.

not the father of the child is also admissible.

[1991, c. 64, a. 535; 2002, c. 6, s. 29].

535.1. Le tribunal saisi d'une action relative à la filiation peut, à la demande d'un intéressé, ordonner qu'il soit procédé à une analyse permettant, par prélèvement d'une substance corporelle, d'établir l'empreinte génétique d'une personne visée par l'action.

Toutefois, lorsque l'action vise à établir la filiation, le tribunal ne peut rendre une telle ordonnance que s'il y a commencement de preuve de la filiation établi par le demandeur ou si les présomptions ou indices résultant de faits déjà clairement établis par celui-ci sont assez graves pour justifier l'ordonnance.

Le tribunal fixe les conditions du prélèvement et de l'analyse, de manière qu'elles portent le moins possible atteinte à l'intégrité de la personne qui y est soumise ou au respect de son corps. Ces conditions ont trait, notamment, à la nature et aux date et lieu du prélèvement, à l'identité de l'expert chargé d'y procéder et d'en faire l'analyse, à l'utilisation des échantillons prélevés et à la confidentialité des résultats de l'analyse.

Le tribunal peut tirer une présomption négative du refus injustifié de se soumettre à l'analyse visée par l'ordonnance.

[2002, c. 19, a. 5].

▌ C.C.Q., 35.

535.1. Where the court is seized of an action concerning filiation, it may, on the application of an interested person, order the analysis of a sample of a bodily substance so that the genetic profile of a person involved in the action may be established.

However, where the purpose of the action is to establish filiation, the court may not issue such an order unless a commencement of proof of filiation has been established by the person having brought the action or unless the presumptions or indications resulting from facts already clearly established by that person are sufficiently strong to warrant such an order.

The court determines conditions for the sample-taking and analysis that are as respectful as possible of the physical integrity of the person concerned or of the body of the deceased. These conditions include the nature and the date and place of the sample-taking, the identity of the expert charged with taking and analyzing the sample, the use of any sample taken and the confidentiality of the analysis results.

The court may draw a negative presumption from an unjustified refusal to submit to the analysis ordered by the court.

[2002, c. 19, s. 5].

536. Toutes les fois qu'elles ne sont pas enfermées par la loi dans des délais plus courts, les actions relatives à la filiation se prescrivent par trente ans, à compter du jour où l'enfant a été privé de l'état qui est réclamé ou a commencé à jouir de l'état qui lui est contesté.

Les héritiers de l'enfant décédé sans avoir réclamé son état, mais alors qu'il était encore dans les délais utiles pour le faire, peuvent agir dans les trois ans de son décès.

[1991, c. 64, a. 536].

536. In all cases where the law does not impose a shorter period, actions concerning filiation are prescribed by thirty years from the day the child is deprived of the claimed status or begins to enjoy the contested status.

If a child has died without having claimed his status but while he was still within the time limit to do so, his heirs may take action within three years of his death.

[1991, c. 64, a. 536].

537. Le décès du père présumé ou de la mère avant l'expiration du délai prévu pour le désaveu ou la contestation d'état n'éteint pas le droit d'action.

Toutefois, ce droit doit être exercé par les héritiers dans l'année qui suit le décès.

[1991, c. 64, a. 537].

■ C.C.Q., 525, 536.

537. The death of the presumed father or of the mother before the expiry of the period for disavowal or for contestation of status does not extinguish the right of action.

The heirs may exercise this right, however, only within one year after the death.

[1991, c. 64, a. 537].

Chapitre I.1 ——
De la filiation des enfants nés d'une procréation assistée

538. Le projet parental avec assistance à la procréation existe dès lors qu'une personne seule ou des conjoints ont décidé, afin d'avoir un enfant, de recourir aux forces génétiques d'une personne qui n'est pas partie au projet parental.

[1991, c. 64, a. 538; 2002, c. 6, a. 30].

■ C.C.Q., 539-542.

Chapter I.1 ——
Filiation of children born of assisted procreation

538. A parental project involving assisted procreation exists from the moment a person alone decides or spouses by mutual consent decide, in order to have a child, to resort to the genetic material of a person who is not party to the parental project.

[1991, c. 64, a. 538; 2002, c. 6, s. 30].

538.1. La filiation de l'enfant né d'une procréation assistée s'établit, comme une filiation par le sang, par l'acte de naissance. À défaut de ce titre, la possession constante d'état suffit; celle-ci s'établit par une réunion suffisante de faits qui indiquent le rapport de filiation entre l'enfant, la femme qui lui a donné naissance et, le cas échéant, la personne qui a formé, avec cette femme, le projet parental commun.

Cette filiation fait naître les mêmes droits et obligations que la filiation par le sang.

[2002, c. 6, a. 30].

538.1. As in the case of filiation by blood, the filiation of a child born of assisted procreation is established by the act of birth. In the absence of an act of birth, uninterrupted possession of status is sufficient; the latter is established by an adequate combination of facts which indicate the relationship of filiation between the child, the woman who gave birth to the child and, where applicable, the other party to the parental project.

This filiation creates the same rights and obligations as filiation by blood.

[2002, c. 6, s. 30].

538.2. L'apport de forces génétiques au projet parental d'autrui[1] ne peut fonder aucun lien de filiation entre l'auteur de l'apport et l'enfant qui en est issu.

Cependant, lorsque l'apport de forces génétiques se fait par relation sexuelle, un lien de filiation peut être établi, dans l'année qui suit la naissance, entre l'auteur de l'apport et l'enfant. Pendant cette période, le conjoint de la femme qui a donné naissance à l'enfant ne peut, pour s'opposer à

538.2. The contribution of genetic material for the purposes of a third-party[1] parental project does not create any bond of filiation between the contributor and the child born of the parental project.

However, if the genetic material is provided by way of sexual intercourse, a bond of filiation may be established, in the year following the birth, between the contributor and the child. During that period, the spouse of the woman who gave birth to the child may not invoke possession of status

cette demande, invoquer une possession d'état conforme au titre.

[2002, c. 6, a. 30].

consistent with the act of birth in order to oppose the application for establishment of the filiation.

[2002, c. 6, s. 30].

Note 1 : Le terme « *third party* » est habituellement employé pour signaler la présence d'une tierce personne par rapport à une situation juridique impliquant déjà deux acteurs, ce qui n'est pas nécessairement le cas ici. / The expression "third party" is generally used in reference to juridical arrangements which involve more than two persons, which is not necessarily the case here.

538.3. L'enfant, issu par procréation assistée d'un projet parental entre époux ou conjoints unis civilement, qui est né pendant leur union ou dans les trois cents jours après sa dissolution ou son annulation est présumé avoir pour autre parent le conjoint de la femme qui lui a donné naissance.

Cette présomption est écartée lorsque l'enfant naît plus de trois cents jours après le jugement prononçant la séparation de corps des époux, sauf s'il y a eu reprise volontaire de la vie commune† avant la naissance.

La présomption est également écartée à l'égard de l'ex-conjoint lorsque l'enfant est né dans les trois cents jours de la fin de l'union, mais après le mariage ou l'union civile subséquent de la femme qui lui a donné naissance.

[2002, c. 6, a. 30].

538.3. If a child is born of a parental project involving assisted procreation between married or civil union spouses during the marriage or the civil union or within three hundred days after its dissolution or annulment, the spouse of the woman who gave birth to the child is presumed to be the child's other parent.

The presumption is rebutted if the child is born more than three hundred days after the judgment ordering separation from bed and board of the married spouses, unless they have voluntarily resumed living together† before the birth.

The presumption is also rebutted in respect of the former spouse if the child is born within three hundred days of the termination of the marriage or civil union, but after a subsequent marriage or civil union of the woman who gave birth to the child.

[2002, c. 6, s. 30].

539. Nul ne peut contester la filiation de l'enfant pour la seule raison qu'il est issu d'un projet parental avec assistance à la procréation. Toutefois, la personne mariée ou unie civilement à la femme qui a donné naissance à l'enfant peut, s'il n'y a pas eu formation d'un projet parental commun ou sur preuve que l'enfant n'est pas issu de la procréation assistée, contester la filiation et désavouer l'enfant.

Les règles relatives aux actions en matière de filiation par le sang s'appliquent, avec les adaptations nécessaires, aux contestations d'une filiation établie par application du présent chapitre.

[1991, c. 64, a. 539; 2002, c. 6, a. 30].

539. No person may contest the filiation of a child solely on the grounds of the child being born of a parental project involving assisted procreation. However, the married or civil union spouse of the woman who gave birth to the child may contest the filiation and disavow the child if there was no mutual parental project or if it is established that the child was not born of the assisted procreation.

The rules governing actions relating to filiation by blood apply with the necessary modifications to any contestation of a filiation established pursuant to this chapter.

[1991, c. 64, s. 539; 2002, c. 6, s. 30].

▌ C.C.Q., 523-529, 530-537, 538, 540-542.

539.1. Lorsque les parents sont tous deux de sexe féminin, les droits et obligations que la loi attribue au père, là où ils se distinguent de ceux de la mère, sont attribués à celle des deux mères qui n'a pas donné naissance à l'enfant.

[2002, c. 6, a. 30].

539.1. If both parents are women, the rights and obligations assigned by law to the father, insofar as they differ from the mother's, are assigned to the mother who did not give birth to the child.

[2002, c. 6, s. 30].

540. La personne qui, après avoir formé un projet parental commun† hors mariage ou union civile, ne déclare pas, au registre de l'état civil, son lien de filiation avec l'enfant qui en est issu engage sa responsabilité envers cet enfant et la mère de ce dernier.

[1991, c. 64, a. 540; 2002, c. 6, a. 30].

❚ C.C.Q., 523-529, 538, 539, 541, 542; D.T., 35.

540. A person who, after consenting to a parental project† outside marriage or a civil union, fails to declare his or her bond of filiation with the child born of that project in the register of civil status is liable toward the child and the child's mother.

[1991, c. 64, s. 540; 2002, c. 6, s. 30].

541. Toute convention par laquelle une femme s'engage à procréer ou à porter un enfant pour le compte d'autrui est nulle de nullité absolue.

[1991, c. 64, a. 541; 2002, c. 6, a. 30].

❚ C.C.Q., 523-529, 538-540, 542, 1417, 1418.

541. Any agreement whereby a woman undertakes to procreate or carry a child for another person is absolutely null.

[1991, c. 64, s. 541; 2002, c. 6, s. 30].

542. Les renseignements personnels relatifs à la procréation médicalement assistée d'un enfant sont confidentiels.

Toutefois, lorsqu'un préjudice grave risque d'être causé à la santé d'une personne ainsi procréée ou de ses descendants si cette personne est privée des renseignements qu'elle requiert, le tribunal peut permettre leur transmission, confidentiellement, aux autorités médicales concernées. L'un des descendants de cette personne peut également se prévaloir de ce droit si le fait d'être privé des renseignements qu'il requiert risque de causer un préjudice grave à sa santé ou à celle de l'un de ses proches†.

[1991, c. 64, a. 542; 2002, c. 6, a. 30; 2006, c. 22, a. 177].

❚ C.C.Q., 3, 148, 150, 538-540.

542. Personal information relating to medically assisted procreation is confidential.

However, where the health of a person born of medically assisted procreation or of any descendant of that person could be seriously harmed if the person were deprived of the information requested, the court may allow the information to be transmitted confidentially to the medical authorities concerned. A descendant of such a person may also exercise this right where the health of that descendant or of a close relative† could be seriously harmed if the descendant were deprived of the information requested.

[1991, c. 64, s. 542; 2002, c. 6, s. 30; 2006, c. 22, s. 177].

Chapitre II —
De l'adoption

Chapter II —
Adoption

SECTION I —
DES CONDITIONS DE L'ADOPTION

SECTION I —
CONDITIONS FOR ADOPTION

§ 1. — **Dispositions générales**

§ 1. — **General provisions**

543. L'adoption ne peut avoir lieu que dans l'intérêt de l'enfant et aux conditions prévues par la loi.

Elle ne peut avoir lieu pour confirmer une filiation déjà établie par le sang.
[1991, c. 64, a. 543].

∎ C.C.Q., 523-542; C.P.C., 823-825.7.

543. No adoption may take place except in the interest of the child and on the conditions prescribed by law.

No adoption may take place for the purpose of confirming filiation already established by blood.
[1991, c. 64, a. 543].

544. L'enfant mineur ne peut être adopté que si ses père et mère ou tuteur ont consenti à l'adoption ou s'il a été déclaré judiciairement admissible à l'adoption.
[1991, c. 64, a. 544].

∎ C.C.Q., 177, 185, 548, 551-562; C.P.C., 823-825.7.

544. No minor child may be adopted unless his father and mother or his tutor have consented to the adoption or unless he has been judicially declared eligible for adoption.
[1991, c. 64, a. 544].

545. Une personne majeure ne peut être adoptée que par ceux qui, alors qu'elle était mineure, remplissaient auprès d'elle le rôle de parent.

Toutefois, le tribunal peut, dans l'intérêt de l'adopté, passer outre à cette exigence.
[1991, c. 64, a. 545].

∎ C.C.Q., 543; C.P.C., 823-825.7.

545. No person of full age may be adopted except by the persons who stood *in loco parentis* towards him when he was a minor.

The court, however, may dispense with this requirement in the interest of the person to be adopted.
[1991, c. 64, a. 545].

546. Toute personne majeure peut, seule ou conjointement avec une autre personne, adopter un enfant.
[1991, c. 64, a. 546].

∎ C.C.Q., 543; C.P.C., 823-825.7.

546. Any person of full age may, alone or jointly with another person, adopt a child.
[1991, c. 64, a. 546].

547. L'adoptant doit avoir au moins dix-huit ans de plus que l'adopté, sauf si ce dernier est l'enfant de son conjoint.

547. A person may not be an adopter unless he is at least eighteen years older than the person adopted, except where the person adopted is the child of the spouse of the adopter.

Toutefois, le tribunal peut, dans l'intérêt de l'adopté, passer outre à cette exigence.
[1991, c. 64, a. 547].

The court may, however, dispense with this requirement in the interest of the person to be adopted.
[1991, c. 64, a. 547].

▮ C.C.Q., 546; C.P.C., 823-825.7.

548. Les consentements prévus au présent chapitre doivent être donnés par écrit devant deux témoins.

548. Consent provided for in this chapter shall be given in writing and before two witnesses.

Il en est de même de leur rétractation.
[1991, c. 64, a. 548].

The same rule applies to the withdrawal of consent.
[1991, c. 64, a. 548].

▮ C.C.Q., 544, 549, 551-558, 568, 574; C.P.C., 823-825.7.

§ 2. — Du consentement de l'adopté

§ 2. — Consent of the adopted person

549. L'adoption ne peut avoir lieu qu'avec le consentement de l'enfant, s'il est âgé de dix ans et plus, à moins que ce dernier ne soit dans l'impossibilité de manifester sa volonté.

549. No child ten years of age or over may be adopted without his consent, unless he is unable to express his will.

Toutefois, lorsque l'enfant de moins de quatorze ans refuse son consentement, le tribunal peut différer son jugement pour la période de temps qu'il indique ou, nonobstant le refus, prononcer l'adoption.
[1991, c. 64, a. 549].

However, when a child under fourteen years of age refuses to give his consent, the court may defer its judgment for the period of time it indicates, or grant adoption notwithstanding his refusal.
[1991, c. 64, a. 549].

▮ C.C.Q., 34, 548, 550; C.P.C., 823-825.7.

550. Le refus de l'enfant âgé de quatorze ans et plus fait obstacle à l'adoption.
[1991, c. 64, a. 550].

550. Refusal by a child fourteen years of age or over is a bar to adoption.
[1991, c. 64, a. 550].

▮ C.C.Q., 549; C.P.C., 823-825.7.

§ 3. — Du consentement des parents ou du tuteur

§ 3. — Consent of parents or tutor

551. Lorsque l'adoption a lieu du consentement des parents, les deux doivent y consentir si la filiation de l'enfant est établie à l'égard de l'un et de l'autre.

551. When adoption takes place with the consent of the parents, the consent of both parents to the adoption is necessary if the filiation of the child is established with regard to both of them.

Si la filiation de l'enfant n'est établie qu'à

If the filiation of the child is established

l'égard de l'un d'eux, le consentement de ce dernier suffit.

[1991, c. 64, a. 551].

■ C.C.Q., 544, 548; C.P.C., 823-825.7.

with regard to only one parent, the consent of that parent is sufficient.

[1991, c. 64, a. 551].

552. Si l'un des deux parents est décédé ou dans l'impossibilité de manifester sa volonté, ou s'il est déchu de l'autorité parentale, le consentement de l'autre suffit.

[1991, c. 64, a. 552].

■ C.C.Q., 548, 600; C.P.C., 823-825.7.

552. If either parent is deceased, or if he is unable to express his will, or if he is deprived of parental authority, the consent of the other parent is sufficient.

[1991, c. 64, a. 552]

553. Si les deux parents sont décédés, dans l'impossibilité de manifester leur volonté ou déchus de l'autorité parentale, l'adoption de l'enfant est subordonnée au consentement du tuteur, si l'enfant en est pourvu.

[1991, c. 64, a. 553].

■ C.C.Q., 544, 548; C.P.C., 823-825.7.

553. If both parents are deceased, if they are unable to express their will, or if they are deprived of parental authority, the adoption of the child is subject to the consent of the tutor, if the child has a tutor.

[1991, c. 64, a. 553].

554. Le parent mineur peut consentir lui-même, sans autorisation, à l'adoption de son enfant.

[1991, c. 64, a. 554].

■ C.C.Q., 544, 548; C.P.C., 823-825.7.

554. A parent of minor age may himself, without authorization, give his consent to the adoption of his child.

[1991, c. 64, a. 554].

555. Le consentement à l'adoption peut être général ou spécial. Le consentement spécial ne peut être donné qu'en faveur d'un ascendant de l'enfant, d'un parent en ligne collatérale jusqu'au troisième degré ou du conjoint de cet ascendant ou parent; il peut également être donné en faveur du conjoint du père ou de la mère. Cependant, lorsqu'il s'agit de conjoints de fait, ces derniers doivent cohabiter depuis au moins trois ans.

[1991, c. 64, a. 555; 2002, c. 6, a. 31].

■ C.C.Q., 548, 655-659; C.P.C., 823.4.

555. Consent to adoption may be general or special; special consent may be given only in favour of an ascendant of the child, a relative in the collateral line to the third degree or the spouse of that ascendant or relative; it may also be given in favour of the spouse of the father or mother. However, in the case of *de facto* spouses, they must have been cohabiting for at least three years.

[1991, c. 64, a. 555; 2002, c. 6, s. 31].

556. Le consentement à l'adoption entraîne de plein droit, jusqu'à l'ordonnance de placement, délégation de l'autorité parentale à la personne à qui l'enfant est remis.

[1991, c. 64, a. 556].

■ C.C.Q., 548, 597-612; C.P.C., 823-825.7.

556. Consent to adoption entails, until the order of placement, delegation by operation of law of parental authority to the person to whom the child is given.

[1991, c. 64, a. 556].

557. Celui qui a donné son consentement à l'adoption peut le rétracter dans les trente jours suivant la date à laquelle il a été donné.

L'enfant doit alors être rendu sans formalité ni délai à l'auteur de la rétractation.

[1991, c. 64, a. 557].

▍ C.C.Q., 548, 558; C.P.C., 824.

558. Celui qui n'a pas rétracté son consentement dans les trente jours peut, à tout moment avant l'ordonnance de placement, s'adresser au tribunal en vue d'obtenir la restitution de l'enfant.

[1991, c. 64, a. 558].

▍ C.C.Q., 548, 557; C.P.C., 824.

§ 4. — De la déclaration d'admissibilité à l'adoption

559. Peut être judiciairement déclaré admissible à l'adoption:

1° L'enfant de plus de trois mois dont ni la filiation paternelle ni la filiation maternelle ne sont établies;

2° L'enfant dont ni les père et mère ni le tuteur n'ont assumé de fait le soin, l'entretien ou l'éducation depuis au moins six mois;

3° L'enfant dont les père et mère sont déchus de l'autorité parentale, s'il n'est pas pourvu d'un tuteur;

4° L'enfant orphelin† de père et de mère, s'il n'est pas pourvu d'un tuteur.

[1991, c. 64, a. 559].

▍ C.C.Q., 560-562; C.P.C., 824.1.

560. La demande en déclaration d'admissibilité à l'adoption ne peut être présentée que par un ascendant de l'enfant, un parent en ligne collatérale jusqu'au troisième degré, le conjoint de cet ascendant ou parent, par l'enfant lui-même s'il est âgé de quatorze ans et plus ou par un directeur de la protection de la jeunesse.

[1991, c. 64, a. 560].

557. A person who has given his consent to adoption may withdraw it within thirty days from the date it was given.

The child shall then be returned without formality or delay to the person who has withdrawn his consent.

[1991, c. 64, a. 557].

558. If a person has not withdrawn his consent within thirty days, he may, at any time before the order of placement, apply to the court to have the child returned.

[1991, c. 64, a. 558].

§ 4. — Declaration of eligibility for adoption

559. The following may be judicially declared eligible for adoption:

(1) a child over three months old, if neither his paternal filiation nor his maternal filiation has been established;

(2) a child whose care, maintenance or education has not in fact been taken in hand by his mother, father or tutor for at least six months;

(3) a child whose father and mother have been deprived of parental authority, if he has no tutor;

(4) a child† who has neither father nor mother, if he has no tutor.

[1991, c. 64, a. 559].

560. An application for a declaration of eligibility for adoption may be made by no one except an ascendant of the child, a relative in the collateral line to the third degree, the spouse of such an ascendant or relative, the child himself if fourteen years of age or over, or a director of youth protection.

[1991, c. 64, a. 560].

▌ C.C.Q., 559, 561, 562, 655-659; C.P.C., 824.1.

561. L'enfant ne peut être déclaré admissible à l'adoption que s'il est improbable que son père, sa mère ou son tuteur en reprenne la garde et en assume le soin, l'entretien ou l'éducation. Cette improbabilité est présumée.

[1991, c. 64, a. 561].

▌ C.C.Q., 559, 560, 562; C.P.C., 824.1.

562. Lorsqu'il déclare l'enfant admissible à l'adoption, le tribunal désigne la personne qui exercera l'autorité parentale à son égard.

[1991, c. 64, a. 562].

▌ C.C.Q., 559-561; C.P.C., 824.1.

§ 5. — Des conditions particulières à l'adoption d'un enfant domicilié hors du Québec

563. Toute personne domiciliée au Québec qui veut adopter un enfant domicilié hors du Québec doit préalablement faire l'objet d'une évaluation psychosociale effectuée dans les conditions prévues par la *Loi sur la protection de la jeunesse* (chapitre P-34.1).

[1991, c. 64, a. 563].

564. Les démarches en vue de l'adoption sont effectuées par un organisme agréé par le ministre de la Santé et des Services sociaux en vertu de la *Loi sur la protection de la jeunesse* (chapitre P-34.1), à moins qu'un arrêté de ce ministre publié à la *Gazette officielle du Québec* ne prévoie autrement.

[1991, c. 64, a. 564; 2004, c. 3, a. 14].

565. L'adoption d'un enfant domicilié hors du Québec doit être prononcée soit à l'étranger, soit judiciairement au Québec. Le jugement prononcé au Québec est précédé d'une ordonnance de placement. La décision prononcée à l'étranger doit faire l'objet d'une reconnaissance judiciaire au Québec, sauf si l'adoption est certifiée conforme à la Convention sur la protection des enfants et la coopération en matière

561. A child may not be declared eligible for adoption unless it is unlikely that his father, mother or tutor will resume custody of him and take in hand his care, maintenance or education. This unlikelihood is presumed.

[1991, c. 64, a. 561].

562. The court, when declaring a child eligible for adoption, designates the person who is to exercise parental authority in his regard.

[1991, c. 64, a. 562].

§ 5. — Special conditions respecting adoption of a child domiciled outside Québec

563. Every person domiciled in Québec wishing to adopt a child domiciled outside Québec shall previously undergo a psychosocial assessment made in accordance with the conditions provided in the *Youth Protection Act* (chapter P-34.1).

[1991, c. 64, a. 563].

564. The adoption arrangements are made by a body certified by the Minister of Health and Social Services pursuant to the *Youth Protection Act* (chapter P-34.1), unless an order of the Minister published in the *Gazette officielle du Québec* provides otherwise.

[1991, c. 64, a. 564; 2004, c. 3, s. 14].

565. The adoption of a child domiciled outside Québec must be granted abroad or granted by judicial decision in Québec. A judgment granted in Québec is preceded by an order of placement. A decision granted abroad must be recognized by the court in Québec, unless the adoption has been certified by the competent authority of the State where it took place as having been made in accordance with the Con-

d'adoption internationale par l'autorité compétente de l'État où elle a eu lieu.

[1991, c. 64, a. 565; 2004, c. 3, a. 14].

vention on Protection of Children and Co-operation in Respect of Intercountry Adoption.

[1991, c. 64, a. 565; 2004, c. 3, s. 14].

Note : Comp. a. 581.

▌ C.C.Q., 132.1, 573.1, 581, 3147.

SECTION II —
DE L'ORDONNANCE DE PLACEMENT ET DU JUGEMENT D'ADOPTION

SECTION II —
ORDER OF PLACEMENT AND ADOPTION JUDGMENT

566. Le placement d'un mineur ne peut avoir lieu que sur ordonnance du tribunal et son adoption ne peut être prononcée que s'il a vécu au moins six mois avec l'adoptant depuis l'ordonnance.

Ce délai peut toutefois être réduit d'une période n'excédant pas trois mois, en prenant notamment en considération le temps pendant lequel le mineur aurait déjà vécu avec l'adoptant antérieurement à l'ordonnance.

[1991, c. 64, a. 566].

▌ C.C.Q., 568-571, 573; C.P.C., 825-825.5.

566. The placement of a minor may not take place except on a court order nor may the adoption of a child be granted unless the child has lived with the adopter for at least six months since the court order.

The period may be reduced by up to three months, however, particularly in consideration of the time during which the minor has already lived with the adopter before the order.

[1991, c. 64, a. 566].

567. Une ordonnance de placement ne peut être prononcée s'il ne s'est pas écoulé trente jours depuis qu'un consentement à l'adoption a été donné.

[1991, c. 64, a. 567].

▌ C.C.Q., 548, 568; C.P.C., 825-825.5.

567. An order of placement may not be granted before the lapse of thirty days after the giving of consent to adoption.

[1991, c. 64, a. 567].

568. Avant de prononcer l'ordonnance de placement, le tribunal s'assure que les conditions de l'adoption ont été remplies et, notamment, que les consentements requis ont été valablement donnés en vue d'une adoption qui a pour effet de rompre le lien préexistant de filiation entre l'enfant et sa famille d'origine.

Le tribunal vérifie en outre, lorsque le placement d'un enfant domicilié hors du Québec est fait en vertu d'un accord conclu en application de la *Loi sur la protection de la jeunesse* (chapitre P-34.1) , si la procédure suivie est conforme à l'accord. Lorsque le placement de l'enfant est fait dans le cadre de la Convention sur la protection

568. Before granting an order of placement, the court ascertains that the conditions for adoption have been complied with and, particularly, that the prescribed consents have been validly given for the purposes of an adoption resulting in the dissolution of the pre-existing bond of filiation between the child and the child's family of origin.

Where the placement of a child domiciled outside Québec is made under an agreement entered into by virtue of the *Youth Protection Act* (chapter P-34.1), the court also verifies that the procedure followed is as provided in the agreement. Where the placement of a child is made within the framework of the Convention on Protec-

des enfants et la coopération en matière d'adoption internationale, il vérifie si les conditions qui y sont prévues ont été respectées.

Le placement peut, pour des motifs sérieux et si l'intérêt de l'enfant le commande, être ordonné bien que l'adoptant ne se soit pas conformé aux dispositions des articles 563 et 564. Cependant, la requête doit être accompagnée d'une évaluation psychosociale effectuée par le directeur de la protection de la jeunesse.

[1991, c. 64, a. 568; 2004, c. 3, a. 15].

❚ C.C.Q., 33, 548, 563, 564; C.P.C., 825-825.5.

tion of Children and Co-operation in Respect of Intercountry Adoption, the court verifies that the conditions provided therein have been complied with.

Even if the adopter has not complied with the provisions of articles 563 and 564, the placement may be ordered for serious reasons and if the interest of the child demands it. However, the application shall be accompanied with a psychosocial assessment made by the director of youth protection.

[1991, c. 64, a. 568; 2004, c. 3, s. 15].

569. L'ordonnance de placement confère l'exercice de l'autorité parentale à l'adoptant; elle permet à l'enfant, pendant la durée du placement, d'exercer ses droits civils sous les nom et prénoms choisis par l'adoptant, lesquels sont constatés dans l'ordonnance.

Elle fait obstacle à toute restitution de l'enfant à ses parents ou à son tuteur, ainsi qu'à l'établissement d'un lien de filiation entre l'enfant et ses parents par le sang.

[1991, c. 64, a. 569].

❚ C.C.Q., 65; C.P.C., 825-825.5.

569. The order of placement confers the exercise of parental authority on the adopter; it allows the child, for the term of the placement, to exercise his civil rights under the surname and given names chosen by the adopter, which are recorded in the order.

The order is a bar to the return of the child to his parents or to his tutor and to the establishment of filial relationship between the child and his parents by blood.

[1991, c. 64, a. 569].

570. Les effets de cette ordonnance cessent s'il est mis fin au placement ou si le tribunal refuse de prononcer l'adoption.

[1991, c. 64, a. 570].

❚ C.P.C., 825-825.5.

570. The effects of the order of placement cease if placement terminates or if the court refuses to grant the adoption.

[1991, c. 64, a. 570].

571. Si l'adoptant ne présente pas sa demande d'adoption dans un délai raisonnable à compter de la fin de la période minimale de placement, l'ordonnance de placement peut être révoquée, à la demande de l'enfant lui-même s'il est âgé de quatorze ans et plus ou de tout intéressé.

[1991, c. 64, a. 571].

❚ C.C.Q., 34; C.P.C., 825-825.5.

571. If the adopter fails to present his application for adoption within a reasonable time after the expiry of the minimum period of placement, the order of placement may be revoked on the application of the child himself if he is fourteen years of age or over or by any interested person.

[1991, c. 64, a. 571].

572. Lorsque les effets de l'ordonnance de placement cessent sans qu'il y ait eu adoption, le tribunal désigne, même d'office, la personne qui exercera l'autorité parentale à l'égard de l'enfant; le directeur de la pro-

572. Where the effects of the order of placement cease and no adoption has taken place, the court, even of its own motion, designates the person who is to exercise parental authority over the child; the direc-

tection de la jeunesse qui exerçait la tutelle antérieurement à l'ordonnance de placement, l'exerce à nouveau.

[1991, c. 64, a. 572].

❚ C.C.Q., 597-612; C.P.C., 825-825.5.

573. Le tribunal prononce l'adoption sur la demande que lui en font les adoptants, à moins qu'un rapport n'indique que l'enfant ne s'est pas adapté à sa famille adoptive. En ce cas ou chaque fois que l'intérêt de l'enfant le commande, le tribunal peut requérir toute autre preuve qu'il estime nécessaire.

[1991, c. 64, a. 573].

❚ C.C.Q., 33; C.P.C., 825-825.5.

573.1. Le tribunal qui, dans le cadre de la Convention sur la protection des enfants et la coopération en matière d'adoption internationale, prononce l'adoption au Québec d'un enfant résidant habituellement hors du Québec délivre le certificat de conformité prévu à la Convention, dès que le jugement d'adoption est passé en force de chose jugée.

[2004, c. 3, a. 16].

❚ C.C.Q., 132.1.

574. Le tribunal appelé à reconnaître une décision d'adoption rendue hors du Québec s'assure que les règles concernant le consentement à l'adoption et l'admissibilité à l'adoption de l'enfant ont été respectées et que les consentements ont été donnés en vue d'une adoption qui a pour effet de rompre le lien préexistant de filiation entre l'enfant et sa famille d'origine.

Le tribunal vérifie en outre, lorsque la décision d'adoption a été rendue hors du Québec en vertu d'un accord conclu en application de la *Loi sur la protection de la jeunesse* (chapitre P-34.1), si la procédure suivie est conforme à l'accord.

La reconnaissance peut, pour des motifs sérieux et si l'intérêt de l'enfant le commande, être accordée bien que l'adoptant ne se soit pas conformé aux dispositions des articles 563 et 564. Cependant, la re-

tor of youth protection who was the legal tutor before the order of placement again becomes the legal tutor.

[1991, c. 64, a. 572].

573. The court grants adoption on the application of the adopters unless a report indicates that the child has not adapted to his adopting family. In this case or whenever the interest of the child demands it, the court may require any additional proof it considers necessary.

[1991, c. 64, a. 573].

573.1. Where the court, within the framework of the Convention on Protection of Children and Co-operation in Respect of Intercountry Adoption, grants an adoption in Québec of a child habitually residing outside Québec, it issues the certificate provided for in the Convention as soon as the adoption judgment becomes *res judicata*.

[2004, c. 3, s. 16].

574. The court, where called upon to recognize a decision granting an adoption made outside Québec, ascertains that the rules respecting consent to adoption and eligibility for adoption have been observed and that the consents have been given for the purposes of an adoption resulting in the dissolution of the pre-existing bond of filiation between the child and the child's family of origin.

Where the decision granting the adoption has been made outside Québec under an agreement entered into by virtue of the *Youth Protection Act* (chapter P-34.1), the court also verifies that the procedure followed is as provided in the agreement.

Even if the adopter has not complied with the provisions of articles 563 and 564, recognition may be granted for serious reasons and if the interest of the child demands it. However, the application shall

quête doit être accompagnée d'une évaluation psychosociale.

[1991, c. 64, a. 574; 2004, c. 3, a. 17].

■ C.C.Q., 33, 548; C.P.C., 825-825.5.

575. Si l'un des adoptants décède après l'ordonnance de placement, le tribunal peut prononcer l'adoption même à l'égard de l'adoptant décédé.

Il peut aussi reconnaître une décision d'adoption rendue hors du Québec malgré le décès de l'adoptant.

[1991, c. 64, a. 575; 2004, c. 3, a. 18].

■ C.P.C., 825-825.5.

576. Le tribunal attribue à l'adopté les nom et prénoms choisis par l'adoptant, à moins qu'il ne décide, à la demande de l'adoptant ou de l'adopté, de lui laisser ses nom et prénoms d'origine.

[1991, c. 64, a. 576].

■ C.C.Q., 50, 65, 66; C.P.C., 825-825.5.

SECTION III — DES EFFETS DE L'ADOPTION

577. L'adoption confère à l'adopté une filiation qui se substitue à sa filiation d'origine.

L'adopté cesse d'appartenir à sa famille d'origine, sous réserve des empêchements de mariage ou d'union civile.

[1991, c. 64, a. 577; 2002, c. 6, a. 32].

■ C.C.Q., 373.

578. L'adoption fait naître les mêmes droits et obligations que la filiation par le sang.

Toutefois, le tribunal peut, suivant les circonstances, permettre un mariage ou une union civile en ligne collatérale entre l'adopté et un membre de sa famille d'adoption.

[1991, c. 64, a. 578; 2002, c. 6, a. 33].

■ C.C.Q., 522-542.

be accompanied with a psychosocial assessment.

[1991, c. 64, a. 574; 2004, c. 3, s. 17].

575. If either of the adopters dies after the order of placement, the court may grant adoption even with regard to the deceased adopter.

The court may also recognize a decision granting an adoption made outside Québec notwithstanding the death of the adopter.

[1991, c. 64, a. 575; 2004, c. 3, s. 18].

576. The court assigns to the adopted person the surname and given names chosen by the adopter unless, at the request of the adopter or of the adopted person, it allows him to keep his original surname and given names.

[1991, c. 64, a. 576].

SECTION III — EFFECTS OF ADOPTION

577. Adoption confers on the adopted person a filiation which replaces his or her original filiation.

The adopted person ceases to belong to his or her original family, subject to any impediments to marriage or a civil union.

[1991, c. 64, a. 577; 2002, c. 6, s. 32].

578. Adoption creates the same rights and obligations as filiation by blood.

The court may, however, according to circumstances, permit a marriage or civil union in the collateral line between the adopted person and a member of his or her adoptive family.

[1991, c. 64, a. 578; 2002, c. 6, s. 33].

578.1. Lorsque les parents de l'adopté sont de même sexe, celui qui a un lien biologique avec l'enfant a, dans le cas où la loi attribue à chaque parent des droits et obligations distincts, ceux du père, s'il s'agit d'un couple de sexe masculin, et ceux de la mère, s'il s'agit d'un couple de sexe féminin. L'adoptant a alors les droits et obligations que la loi attribue à l'autre parent.

Lorsqu'aucun des parents n'a de lien biologique avec l'enfant, le jugement d'adoption détermine les droits et obligations de chacun.

[2002, c. 6, a. 34].

579. Lorsque l'adoption est prononcée, les effets de la filiation précédente prennent fin; le tuteur, s'il en existe, perd ses droits et est libéré de ses devoirs à l'endroit de l'adopté, sauf l'obligation de rendre compte.

Cependant, l'adoption, par une personne, de l'enfant de son conjoint ne rompt pas le lien de filiation établi entre ce conjoint et son enfant.

[1991, c. 64, a. 579; 2002, c. 6, a. 35].

▌C.C.Q., 246-249.

580. L'adoption prononcée en faveur d'adoptants dont l'un est décédé après l'ordonnance de placement produit ses effets à compter de l'ordonnance.

[1991, c. 64, a. 580].

▌C.P.C., 825-825.5.

581. La reconnaissance d'une décision d'adoption produit les mêmes effets qu'un jugement d'adoption rendu au Québec à compter du prononcé de la décision d'adoption rendue hors du Québec.

La reconnaissance de plein droit d'une adoption prévue à la Convention sur la protection des enfants et la coopération en matière d'adoption internationale produit les mêmes effets qu'un jugement d'adoption rendu au Québec à compter du prononcé de la décision d'adoption, sous réserve de l'article 9 de la *Loi assurant la mise en oeuvre de la Convention sur la*

578.1. If the parents of an adopted child are of the same sex and where different rights and obligations are assigned by law to the father and to the mother, the parent who is biologically related to the child has the rights and obligations assigned to the father in the case of a male couple and those assigned to the mother in the case of a female couple. The adoptive parent has the rights and obligations assigned by law to the other parent.

If neither parent is biologically related to the child, the rights and obligations of each parent are determined in the adoption judgment.

[2002, c. 6, s. 34].

579. When adoption is granted, the effects of the preceding filiation cease; the tutor, if any, loses his or her rights and is discharged from his or her duties regarding the adopted person, save the obligation to render account.

Notwithstanding the foregoing, a person's adoption of a child of his or her spouse does not dissolve the bond of filiation between the child and that parent.

[1991, c. 64, a. 579; 2002, c. 6, s. 35].

580. Where one of the adopters dies after the order of placement is made, the adoption produces its effects from the date of the order.

[1991, c. 64, a. 580].

581. The recognition of a decision granting an adoption produces the same effects as an adoption judgment rendered in Québec from the time the decision granting the adoption was pronounced outside Québec.

The recognition by operation of law of an adoption as provided for in the Convention on Protection of Children and Co-operation in Respect of Intercountry Adoption produces the same effects as an adoption judgment rendered in Québec from the time the decision granting the adoption is pronounced, subject to section 9 of *the Act to implement the Convention on Protection*

protection des enfants et la coopération en matière d'adoption internationale (chapitre M-35.1.3).

[1991, c. 64, a. 581; 2004, c. 3, a. 19].

❚ C.P.C., 825-825.5.

of Children and Co-operation in Respect of Intercountry Adoption (chapter M-35.1.3).

[1991, c. 64, a. 581; 2004, c. 3, s. 19].

SECTION IV —
DU CARACTÈRE CONFIDENTIEL DES DOSSIERS D'ADOPTION

SECTION IV —
CONFIDENTIALITY OF ADOPTION FILES

582. Les dossiers judiciaires et administratifs ayant trait à l'adoption d'un enfant sont confidentiels et aucun des renseignements qu'ils contiennent ne peut être révélé, si ce n'est pour se conformer à la loi.

Toutefois, le tribunal peut permettre la consultation d'un dossier d'adoption à des fins d'étude, d'enseignement, de recherche ou d'enquête publique, pourvu que soit respecté l'anonymat de l'enfant, des parents et de l'adoptant.

[1991, c. 64, a. 582].

❚ C.C.Q., 3, 35-41.

582. The judicial and administrative files respecting the adoption of a child are confidential and no information contained in them may be revealed except as required by law.

However, the court may allow an adoption file to be examined for the purposes of study, teaching, research or a public inquiry, provided that the anonymity of the child, of the parents and of the adopter is preserved.

[1991, c. 64, a. 582].

583. L'adopté majeur ou l'adopté mineur de quatorze ans et plus a le droit d'obtenir les renseignements lui permettant de retrouver ses parents, si ces derniers y ont préalablement consenti. Il en va de même des parents d'un enfant adopté, si ce dernier, devenu majeur, y a préalablement consenti.

L'adopté mineur de moins de quatorze ans a également le droit d'obtenir les renseignements lui permettant de retrouver ses parents, si ces derniers, ainsi que ses parents adoptifs, y ont préalablement consenti.

Ces consentements ne doivent faire l'objet d'aucune sollicitation; un adopté mineur ne peut cependant être informé de la demande de renseignements de son parent.

[1991, c. 64, a. 583].

❚ C.C.Q., 548.

583. An adopted person of full age or an adopted minor fourteen years of age or over is entitled to obtain the information enabling him to find his parents if they have previously consented thereto. The same holds true of the parents of an adopted child if the child, once of full age, has previously consented thereto.

An adopted minor under fourteen years of age is entitled to obtain information enabling him to find his parents if the parents and the adoptive parents have previously consented thereto.

Consent may not be solicited; however, an adopted minor may not be informed of the application for information made by his father or mother.

[1991, c. 64, a. 583].

584. Lorsqu'un préjudice grave risque d'être causé à la santé de l'adopté, majeur ou mineur, ou de l'un de ses proches parents s'il est privé des renseignements

584. Where serious injury could be caused to the health of the adopted person, whether a minor or of full age, or of any of his close relatives if he is deprived of the

qu'il requiert, le tribunal peut permettre que l'adopté obtienne ces renseignements.

L'un des proches parents de l'adopté peut également se prévaloir de ce droit si le fait d'être privé des renseignements qu'il requiert risque de causer un préjudice grave à sa santé ou à celle de l'un de ses proches†.

[1991, c. 64, a. 584].

❚ C.C.Q., 582, 583.

information he requires, the court may allow the adopted person to obtain such information.

A close relative of the adopted person may also avail himself of such right if the fact of being deprived of the information he requires could be the cause of serious injury to his health or the health of any of his close relatives†.

[1991, c. 64, a. 584].

TITRE 3 ——
DE L'OBLIGATION ALIMENTAIRE

585. Les époux et conjoints unis civilement de même que les parents en ligne directe au premier degré se doivent des aliments.

[1991, c. 64, a. 585; 1996, c. 28, a. 1; 2002, c. 6, a. 36].

❚ C.C.Q., 656, 657.

586. Le recours alimentaire de l'enfant mineur peut être exercé par le titulaire de l'autorité parentale, par son tuteur ou par toute autre personne qui en a la garde, selon les circonstances.

Un parent qui subvient en partie aux besoins de son enfant majeur qui n'est pas en mesure d'assurer sa propre subsistance peut exercer pour lui un recours alimentaire, à moins que l'enfant ne s'y oppose.

Le tribunal peut déclarer les aliments payables à la personne qui a la garde de l'enfant ou au parent de l'enfant majeur qui exerce le recours pour lui.

[1991, c. 64, a. 586; 2004, c. 5, a. 2].

❚ C.C.Q., 159.

587. Les aliments sont accordés en tenant compte des besoins et des facultés des parties, des circonstances dans lesquelles elles

TITLE 3 ——
OBLIGATION OF SUPPORT

585. Married or civil union spouses, and relatives in the direct line in the first degree, owe each other support.

[1991, c. 64, a. 585; 1996, c. 28, s. 1; 2002, c. 6, s. 36].

586. Proceedings for the support of a minor child may be instituted by the holder of parental authority, his tutor, or any person who has custody of him, according to the circumstances.

A parent providing in part for the needs of a child of full age unable to support himself may institute support proceedings on the child's behalf, unless the child objects.

The court may order the support payable to the person who has custody of the child or to the parent of the child of full age who instituted the proceedings on the child's behalf.

[1991, c. 64, a. 586; 2004, c. 5, s. 2].

587. In awarding support, account is taken of the needs and means of the parties, their circumstances and, as the case may be, the

se trouvent et, s'il y a lieu, du temps nécessaire au créancier pour acquérir une autonomie suffisante.

[1991, c. 64, a. 587].

❚ C.C.Q., 585.

587.1. En ce qui concerne l'obligation alimentaire des parents à l'égard de leur enfant, la contribution alimentaire parentale de base, établie conformément aux règles de fixation des pensions alimentaires pour enfants édictées en application du *Code de procédure civile* (chapitre C-25), est présumée correspondre aux besoins de l'enfant et aux facultés des parents.

Cette contribution alimentaire peut être augmentée pour tenir compte de certains frais relatifs à l'enfant prévus par ces règles, dans la mesure où ceux-ci sont raisonnables eu égard aux besoins et facultés de chacun.

[1996, c. 68, a. 1].

❚ C.C.Q., 585, 587; C.P.C., 825.8-825.14.

587.2. Les aliments exigibles d'un parent pour son enfant sont équivalents à sa part de la contribution alimentaire parentale de base, augmentée, le cas échéant, pour tenir compte des frais relatifs à l'enfant.

La valeur de ces aliments peut toutefois être augmentée ou réduite par le tribunal si la valeur des actifs d'un parent ou l'importance des ressources dont dispose l'enfant le justifie ou encore en considération, le cas échéant, des obligations alimentaires qu'a l'un ou l'autre des parents à l'égard d'enfants qui ne sont pas visés par la demande, si le tribunal estime que ces obligations entraînent pour eux des difficultés.

Le tribunal peut également augmenter ou réduire la valeur de ces aliments s'il estime que son maintien entraînerait, pour l'un ou l'autre des parents, des difficultés excessives dans les circonstances; ces difficultés peuvent résulter, entre autres, de frais liés à l'exercice de droits de visite à l'égard de l'enfant, d'obligations alimentaires assumées à l'endroit d'autres personnes que des enfants ou, encore, de dettes raisonnablement[1] contractées† pour des besoins familiaux.

[1996, c. 68, a. 1; 2004, c. 5, a. 3].

time needed by the creditor of support to acquire sufficient autonomy.

[1991, c. 64, a. 587].

587.1. As regards the support owed to a child by his parents, the basic parental contribution, as determined pursuant to the rules for the determination of child support payments adopted under the *Code of Civil Procedure* (chapter C-25), is presumed to meet the needs of the child and to be in proportion to the means of the parents.

The basic parental contribution may be increased having regard to certain expenses relating to the child which are specified in the rules, to the extent that such expenses are reasonable considering the needs and means of the parents and child.

[1996, c. 68, s. 1].

587.2. The support to be provided by a parent for his child is equal to that parent's share of the basic parental contribution, increased, where applicable, having regard to specified expenses relating to the child.

The court may, however, increase or reduce the level of support where warranted by the value of either parent's assets or the extent of the resources available to the child, or to take account of either parent's obligation to provide support to children not named in the application, if the court considers the obligation entails hardship for that parent.

The court may also increase or reduce the level of support if it is of the opinion that, in the special circumstances of the case, not doing so would entail undue hardship for either parent. Such hardship may be due, among other reasons, to the costs involved in exercising visiting rights in respect of the child, an obligation to provide support to persons other than children or reasonable[1] debts incurred† to meet family needs.

[1996, c. 68, s. 1; 2004, c. 5, s. 3].

Note 1 : On peut douter que les deux expressions « *reasonable debts* » et « dettes raisonnablement contractées » soient équivalentes, dans la mesure où le texte français met l'accent sur la conduite du débiteur plutôt que sur la qualité de la dette elle-même. / One might well question whether the two expressions "*dettes raisonnablement contractées*" and "reasonable debts" are equivalents insofar as the French text emphasizes the conduct of the debtor rather than the quality of the debt itself.

∎ C.C.Q., 585, 587; C.P.C., 825.8-825.14.

587.3. Les parents peuvent, à l'égard de leur enfant, convenir d'aliments d'une valeur différente de celle qui serait exigible en application des règles de fixation des pensions alimentaires pour enfants, sauf au tribunal à vérifier que ces aliments pourvoient suffisamment aux besoins de l'enfant.

[1996, c. 68, a. 1].

∎ C.C.Q., 585, 587; C.P.C., 825.8-825.14.

587.3. Parents may make a private agreement stipulating a level of child support that departs from the level which would be required to be provided under the rules for the determination of child support payments, subject to the court being satisfied that the needs of the child are adequately provided for.

[1996, c. 68, s. 1].

588. Le tribunal peut accorder au créancier d'aliments une pension provisoire pour la durée de l'instance.

Il peut, également, accorder au créancier d'aliments une provision pour les frais de l'instance.

[1991, c. 64, a. 588].

∎ C.C.Q., 502.

588. The court may award provisional support to the creditor of support for the duration of the proceedings.

It may also award a provisional sum to the creditor of support to cover the costs of the proceedings.

[1991, c. 64, a. 588].

589. Les aliments sont payables sous forme de pension; le tribunal peut exceptionnellement remplacer ou compléter cette pension alimentaire par une somme forfaitaire payable au comptant ou par versements.

[1991, c. 64, a. 589].

∎ C.C.Q., 585.

589. Support is payable as a pension; the court may, by way of exception, replace or complete the alimentary pension by a lump sum payable in cash or by instalments.

[1991, c. 64, a. 589].

590. Afin de maintenir la valeur monétaire réelle de la créance qui résulte du jugement accordant des aliments, ceux-ci, s'ils sont payables sous forme de pension, sont indexés de plein droit, au 1er janvier de chaque année, suivant l'indice annuel des rentes établi conformément à l'article 119 de la *Loi sur le régime de rentes du Québec* (chapitre R-9).

Toutefois, lorsque l'application de cet indice entraîne une disproportion sérieuse entre les besoins du créancier et les facultés du débiteur, le tribunal peut, dans l'exercice de sa compétence, soit fixer un

590. If support is payable as a pension, it is indexed by operation of law on 1 January each year, in accordance with the annual Pension Index established pursuant to section 119 of the *Act respecting the Québec Pension Plan* (chapter R-9), in order to maintain the real monetary value of the claim resulting from the judgment awarding support.

However, where the application of the index brings about a serious imbalance between the needs of the creditor and the means of the debtor, the court may, in exercising its jurisdiction, either fix another

autre indice d'indexation, soit ordonner que la créance ne soit pas indexée.

[1991, c. 64, a. 590].

basis of indexation or order that the claim not be indexed.

[1991, c. 64, a. 590].

591. Le tribunal peut, s'il l'estime nécessaire, ordonner au débiteur de fournir, au-delà de l'hypothèque légale, une sûreté suffisante pour le paiement des aliments ou ordonner la constitution d'une fiducie destinée à garantir ce paiement.

[1991, c. 64, a. 591].

▮ C.C.Q., 1262, 2724-2732.

591. The court, if it considers it necessary, may order the debtor to furnish sufficient security beyond the legal hypothec for payment of support, or order the constitution of a trust to secure such payment.

[1991, c. 64, a. 591].

592. Le débiteur qui offre de recevoir chez lui son créancier alimentaire peut, si les circonstances s'y prêtent, être dispensé du paiement des aliments ou d'une partie de ceux-ci.

[1991, c. 64, a. 592].

▮ C.C.Q., 585.

592. If the debtor offers to take the creditor of support into his home, he may, if circumstances permit, be dispensed from paying all or part of the support.

[1991, c. 64, a. 592].

593. Le créancier peut exercer son recours contre un de ses débiteurs alimentaires ou contre plusieurs simultanément.

Le tribunal fixe le montant de la pension† que doit payer chacun des débiteurs poursuivis ou mis en cause.

[1991, c. 64, a. 593].

Note : Comp. a. 590.

▮ C.C.Q., 586.

593. The creditor may pursue a remedy against one of the debtors of support or against several of them simultaneously.

The court fixes the amount of support† that each of the debtors sued or impleaded shall pay.

[1991, c. 64, a. 593].

594. Le jugement qui accorde des aliments, que ceux-ci soient indexés ou non, est sujet à révision chaque fois que les circonstances le justifient.

Toutefois, s'il ordonne le paiement d'une somme forfaitaire, il ne peut être révisé que s'il n'a pas été exécuté.

[1991, c. 64, a. 594].

▮ C.C.Q., 586, 588, 590.

594. The judgment awarding support, whether it is indexed or not, may be reviewed by the court whenever warranted by circumstances.

However, a judgment awarding payment of a lump sum may be reviewed only if it has not been executed.

[1991, c. 64, a. 594].

595. On peut réclamer, pour un enfant, des aliments pour des besoins existant avant la demande; on ne peut cependant les exiger au-delà de trois ans, sauf si le parent débiteur a eu un comportement répréhensible envers l'autre parent ou l'enfant.

595. Child support may be claimed for needs that existed before the application; however, child support cannot be claimed for needs that existed more than three years before the application, unless the debtor parent behaved in a reprehensible

manner toward the other parent or the child.

En outre, lorsque les aliments ne sont pas réclamés pour un enfant, ceux-ci peuvent l'être pour des besoins existant avant la demande sans néanmoins pouvoir les exiger au-delà de l'année écoulée; le créancier doit alors prouver qu'il s'est trouvé en fait dans l'impossibilité d'agir plus tôt, à moins qu'il n'ait mis le débiteur en demeure dans l'année écoulée, auquel cas les aliments sont accordés à compter de la demeure.

[1991, c. 64, a. 595; 2012, c. 20, a. 43].

▌ C.C.Q., 585.

If the support is not claimed for a child, it may nevertheless be claimed for needs that existed before the application, but not for needs that existed more than one year before the application; the creditor must prove that it was in fact impossible to act sooner, unless a formal demand was made to the debtor within one year before the application, in which case support is awarded from the date of the demand.

[1991, c. 64, a. 595; 2012, c. 20, s. 43].

596. Le débiteur de qui on réclame des arrérages peut opposer un changement dans sa condition ou celle de son créancier survenu depuis le jugement et être libéré de tout ou partie de leur paiement.

Cependant, lorsque les arrérages sont dus depuis plus de six mois, le débiteur ne peut être libéré de leur paiement que s'il démontre qu'il lui a été impossible d'exercer ses recours pour obtenir une révision du jugement fixant la pension alimentaire.

[1991, c. 64, a. 596].

▌ C.C.Q., 595.

596. A debtor from whom arrears are claimed may plead a change, after judgment, in his condition or in that of his creditor and be released from payment of the whole or a part of them.

However, in no case where the arrears claimed have been due for over six months may the debtor be released from payment of them unless he shows that it was impossible for him to exercise his right to obtain a review of the judgment fixing the alimentary pension.

[1991, c. 64, a. 596; 2002, c. 19, s. 15].

596.1. Afin de maintenir à jour la valeur des aliments dus à leur enfant, les parents doivent, à la demande de l'un d'eux et au plus une fois l'an, ou selon les modalités fixées par le tribunal, se tenir mutuellement informés de l'état de leurs revenus respectifs et fournir, à cette fin, les documents prescrits par les règles de fixation des pensions alimentaires pour enfants édictées en application du *Code de procédure civile* (chapitre C-25).

L'inexécution de cette obligation par l'un des parents confère à l'autre le droit de demander, outre l'exécution en nature et les dépens, des dommages-intérêts en réparation du préjudice qu'il a subi, notamment pour compenser les honoraires et débours extrajudiciaires qu'il a engagés.

[2012, c. 20, a. 44].

596.1. In order to update the amount of support payable to their child, parents must, on the request of one of them and no more than once a year, or as required by the court, keep each other mutually informed of the state of their respective incomes and provide, to that end, the documents determined by the rules for the determination of child support payments adopted under the *Code of Civil Procedure* (chapter C-25).

Failure by one parent to fulfill that obligation confers on the other parent the right to demand, in addition to the specific performance of the obligation and payment of the costs, damages in reparation for the prejudice suffered, including the professional fees and extrajudicial costs incurred.

[2012, c. 20, s. 44].

TITLE 4 ⸻
PARENTAL AUTHORITY

TITRE 4 ⸻
DE L'AUTORITÉ PARENTALE

597. L'enfant, à tout âge, doit respect à ses père et mère.

[1991, c. 64, a. 597].

❚ C.P.C., 826-826.3.

597. Every child, regardless of age, owes respect to his father and mother.

[1991, c. 64, a. 597].

598. L'enfant reste sous l'autorité de ses père et mère jusqu'à sa majorité ou son émancipation.

[1991, c. 64, a. 598].

❚ C.C.Q., 153, 167-176, 599, 600, 602.

598. A child remains subject to the authority of his father and mother until his majority or emancipation.

[1991, c. 64, a. 598].

599. Les père et mère ont, à l'égard de leur enfant, le droit et le devoir de garde, de surveillance et d'éducation.

Ils doivent nourrir et entretenir leur enfant.

[1991, c. 64, a. 599].

❚ C.C.Q., 600, 601, 605.

599. The father and mother have the rights and duties of custody, supervision and education of their children.

They shall maintain their children.

[1991, c. 64, a. 599].

600. Les père et mère exercent ensemble l'autorité parentale.

Si l'un d'eux décède, est déchu de l'autorité parentale ou n'est pas en mesure de manifester sa volonté, l'autorité est exercée par l'autre.

[1991, c. 64, a. 600].

❚ C.C.Q., 599, 601, 604, 606-610.

600. The father and mother exercise parental authority together.

If either parent dies, is deprived of parental authority or is unable to express his or her will, parental authority is exercised by the other parent.

[1991, c. 64, a. 600].

601. Le titulaire de l'autorité parentale peut déléguer la garde, la surveillance ou l'éducation de l'enfant.

[1991, c. 64, a. 601].

❚ C.C.Q., 599, 600.

601. The person having parental authority may delegate the custody, supervision or education of the child.

[1991, c. 64, a. 601].

602. Le mineur non émancipé ne peut, sans le consentement du titulaire de l'autorité parentale, quitter son domicile.

[1991, c. 64, a. 602].

❚ C.C.Q., 75, 80, 598, 599, 600.

602. No unemancipated minor may leave his domicile without the consent of the person having parental authority.

[1991, c. 64, a. 602].

603. À l'égard des tiers de bonne foi, le père ou la mère qui accomplit seul un acte

603. Where the father or the mother performs alone any act of authority concern-

d'autorité à l'égard de l'enfant est présumé agir avec l'accord de l'autre.

[1991, c. 64, a. 603].

▌ C.C.Q., 599, 600.

604. En cas de difficultés relatives à l'exercice de l'autorité parentale, le titulaire de l'autorité parentale peut saisir le tribunal qui statuera dans l'intérêt de l'enfant après avoir favorisé la conciliation des parties.

[1991, c. 64, a. 604].

▌ C.C.Q., 33, 495, 496, 514, 543, 573, 599, 600.

605. Que la garde de l'enfant ait été confiée à l'un des parents ou à une tierce personne, quelles qu'en soient les raisons, les père et mère conservent le droit de surveiller son entretien et son éducation et sont tenus d'y contribuer à proportion de leurs facultés.

[1991, c. 64, a. 605].

▌ C.C.Q., 599, 600, 601.

606. La déchéance de l'autorité parentale peut être prononcée par le tribunal, à la demande de tout intéressé, à l'égard des père et mère, de l'un d'eux ou du tiers à qui elle aurait été attribuée, si des motifs graves et l'intérêt de l'enfant justifient une telle mesure.

Si la situation ne requiert pas l'application d'une telle mesure, mais requiert néanmoins une intervention, le tribunal peut plutôt prononcer le retrait d'un attribut de l'autorité parentale ou de son exercice†. Il peut aussi être saisi directement d'une demande de retrait.

[1991, c. 64, a. 606].

▌ C.C.Q., 33, 599, 607-610; C.P.C., 826-826.3.

607. Le tribunal peut, au moment où il prononce la déchéance, le retrait d'un attribut de l'autorité parentale ou de son exercice†, désigner la personne qui exercera l'autorité parentale ou l'un de ses attributs; il peut aussi prendre, le cas échéant, l'avis du conseil de tutelle avant de procéder à

ing their child, he or she is, with regard to third persons in good faith, presumed to be acting with the consent of the other parent.

[1991, c. 64, a. 603].

604. In the case of difficulties relating to the exercise of parental authority, the person having parental authority may refer the matter to the court, which will decide in the interest of the child after fostering the conciliation of the parties.

[1991, c. 64, a. 604].

605. Whether custody is entrusted to one of the parents or to a third person, and whatever the reasons may be, the father and mother retain the right to supervise the maintenance and education of the children, and are bound to contribute thereto in proportion to their means.

[1991, c. 64, a. 605].

606. The court may, for a grave reason and in the interest of the child, on the application of any interested person, declare the father, the mother or either of them, or a third person on whom parental authority may have been conferred, to be deprived of such authority.

Where such a measure is not required by the situation but action is nevertheless necessary, the court may declare, instead, the withdrawal of an attribute of parental authority or of the exercise of such authority†. The court may also directly examine an application for withdrawal.

[1991, c. 64, a. 606].

607. The court may, in declaring deprivation or withdrawal of an attribute of parental authority or of the exercise of such authority†, designate the person who is to exercise parental authority or an attribute thereof; it may also, where applicable, obtain the advice of the tutorship council

cette désignation ou, si l'intérêt de l'enfant l'exige, à la nomination d'un tuteur.

[1991, c. 64, a. 607].

before designating the person or, if required in the interest of the child, appointing a tutor.

[1991, c. 64, a. 607].

❚ C.C.Q., 33, 599, 606, 608-610; C.P.C., 826-826.3; D.T., 36.

608. La déchéance s'étend à tous les enfants mineurs déjà nés au moment du jugement, à moins que le tribunal n'en décide autrement.

[1991, c. 64, a. 608].

608. Deprivation extends to all minor children born at the time of the judgment, unless the court decides otherwise.

[1991, c. 64, a. 608].

❚ C.C.Q., 599, 606, 607, 609, 610; C.P.C., 826-826.3.

609. La déchéance emporte pour l'enfant dispense de l'obligation alimentaire, à moins que le tribunal n'en décide autrement. Cette dispense peut néanmoins, si les circonstances le justifient, être levée après la majorité.

[1991, c. 64, a. 609].

609. Deprivation entails the exemption of the child from the obligation to provide support, unless the court decides otherwise. However, where circumstances warrant it, the exemption may be lifted after the child reaches full age.

[1991, c. 64, a. 609].

❚ C.C.Q., 599, 606-608, 610; C.P.C., 826-826.3.

610. Le père ou la mère qui a fait l'objet d'une déchéance ou du retrait de l'un des attributs de l'autorité parentale peut obtenir, en justifiant de circonstances nouvelles, que lui soit restituée l'autorité dont il avait été privé, sous réserve des dispositions relatives à l'adoption.

[1991, c. 64, a. 610].

610. A father or mother who has been deprived of parental authority or from whom an attribute of parental authority has been withdrawn may have the withdrawn authority restored, provided he or she alleges new circumstances, subject to the provisions governing adoption.

[1991, c. 64, a. 610].

❚ C.C.Q., 33, 551-576, 599, 606-609; C.P.C., 826-826.3.

611. Les père et mère ne peuvent sans motifs graves faire obstacle aux relations personnelles de l'enfant avec ses grands-parents.

À défaut d'accord entre les parties, les modalités de ces relations sont réglées par le tribunal.

[1991, c. 64, a. 611].

611. In no case may the father or mother, without a grave reason, interfere with personal relations between the child and his grandparents.

Failing agreement between the parties, the terms and conditions of these relations are decided by the court.

[1991, c. 64, a. 611].

❚ C.C.Q., 33, 612; C.P.C., 813.8.

612. Les décisions qui concernent les enfants peuvent être révisées à tout moment par le tribunal, si les circonstances le justifient.

[1991, c. 64, a. 612].

612. Decisions concerning the children may be reviewed at any time by the court, if warranted by circumstances.

[1991, c. 64, a. 612].

❚ C.C.Q., 33, 600-605, 611.

LIVRE 3 ━━
DES SUCCESSIONS

BOOK 3 ━━
SUCCESSIONS

TITRE 1 ━━
DE L'OUVERTURE DES SUCCESSIONS ET
DES QUALITÉS REQUISES POUR
SUCCÉDER

TITLE 1 ━━
OPENING OF SUCCESSIONS AND
QUALITIES FOR SUCCESSION

Chapitre I ━━
De l'ouverture des successions

Chapter I ━━
Opening of successions

613. La succession d'une personne s'ouvre par son décès, au lieu de son dernier domicile.

Elle est dévolue suivant les prescriptions de la loi, à moins que le défunt n'ait, par des dispositions† testamentaires, réglé autrement la dévolution de ses biens. La donation à cause de mort est, à cet égard, une disposition† testamentaire.

[1991, c. 64, a. 613].

613. The succession of a person opens by his death, at the place of his last domicile.

The succession devolves according to the prescriptions of law unless the deceased has, by testamentary dispositions†, provided otherwise for the devolution of his property. Gifts *mortis causa* are, in that respect, testamentary dispositions†.

[1991, c. 64, a. 613].

Note : Comp. a./arts 705, 736, 737.

▌C.C.Q., 75-83, 92-96, 102, 108, 122-128, 666-683, 736, 1808, 1819, 1841; D.T., 37, 39.

614. La loi ne considère ni l'origine ni la nature des biens pour en régler la succession; tous ensemble, ils ne forment qu'un seul patrimoine.

[1991, c. 64, a. 614].

614. In determining succession, the law considers neither the origin nor the nature of the property; all the property as a whole constitutes a single patrimony.

[1991, c. 64, a. 614].

▌C.C.Q., 899-907.

615. Lorsqu'une personne décède en laissant des biens situés hors du Québec ou des créances contre des personnes qui n'y résident pas, on peut, suivant les règles prévues au *Code de procédure civile* (chapitre C-25), obtenir des lettres de vérification.

[1991, c. 64, a. 615].

615. When a person dies leaving property situated outside Québec or claims against persons not residing in Québec, letters of verification may be obtained in the manner provided in the *Code of Civil Procedure* (chapter C-25).

[1991, c. 64, a. 615].

▌C.C.Q., 3098-3101; C.P.C., 892-896.

616. Les personnes qui décèdent sans qu'il soit possible d'établir laquelle a survécu à l'autre sont réputées décédées au même

616. Where persons die and it is impossible to determine which survived the other, they are deemed to have died at the same

instant, si au moins l'une d'entre elles est appelée à la succession de l'autre.

time if at least one of them is called to the succession of the other.

La succession de chacune d'elles est alors dévolue aux personnes qui auraient été appelées à la recueillir à leur défaut.

[1991, c. 64, a. 616].

The succession of each of the decedents then devolves to the persons who would have been called to take it in his place.

[1991, c. 64, a. 616].

❙ C.C.Q., 660-665, 703, 736, 2448, 2803-2874.

Chapitre II ─── Des qualités requises pour succéder

Chapter II ─── Qualities for succession

617. Peuvent succéder les personnes physiques qui existent au moment de l'ouverture de la succession, y compris l'absent présumé vivant à cette époque et l'enfant conçu, mais non encore né, s'il naît vivant et viable.

617. Natural persons who exist at the time the succession opens, including absentees presumed to be alive at that time and children conceived but yet unborn, if they are born alive and viable, may inherit.

Peuvent également succéder, en cas de substitution ou de fiducie, les personnes qui ont les qualités requises lorsque la disposition produit effet à leur égard.

[1991, c. 64, a. 617].

In the case of a substitution or trust, persons who have the required qualities when the disposition produces its effect in their regard may also inherit.

[1991, c. 64, a. 617].

❙ C.C.Q., 75-83, 85, 92-96, 102, 108, 122-128, 660, 666-683, 736, 750, 1266, 1808, 1818, 1841; D.T., 37.

618. L'État peut recevoir par testament; les personnes morales le peuvent aussi, dans la limite des biens qu'elles peuvent posséder.

618. The State may receive by will. Legal persons may receive by will such property as they may legally hold.

Le fiduciaire peut recevoir le legs destiné à la fiducie ou celui qui sert à la poursuite du but de la fiducie.

[1991, c. 64, a. 618].

A trustee may receive a legacy intended for the trust or a legacy to be used to accomplish the object of the trust.

[1991, c. 64, a. 618].

❙ C.C.Q., 303, 653, 696, 1266-1273.

619. Est héritier depuis l'ouverture de la succession, pour autant qu'il l'accepte, le successible à qui est dévolue la succession *ab intestat* et celui qui reçoit, par testament, un legs universel ou à titre universel.

[1991, c. 64, a. 619].

619. A successor to whom an intestate succession devolves or who receives a universal legacy or a legacy by general title by will is an heir from the opening of the succession, provided he accepts it.

[1991, c. 64, a. 619].

❙ C.C.Q., 625, 630, 731-742, 1808, 1819.

620. Est de plein droit indigne de succéder:

620. The following persons are unworthy of inheriting by operation of law:

1° Celui qui est déclaré coupable d'avoir attenté à la vie du défunt;

(1) a person convicted of making an attempt on the life of the deceased;

2º Celui qui est déchu de l'autorité parentale sur son enfant, avec dispense pour celui-ci de l'obligation alimentaire, à l'égard de la succession de cet enfant.

[1991, c. 64, a. 620].

■ C.C.Q., 606, 609, 621, 622, 1836; D.T., 38.

(2) a person deprived of parental authority over his child while his child is exempted from the obligation of providing support, in respect of that child's succession.

[1991, c. 64, a. 620].

621. Peut être déclaré indigne de succéder:

1º Celui qui a exercé des sévices† sur le défunt ou a eu autrement envers lui un comportement hautement[1] répréhensible;

2º Celui qui a recelé, altéré ou détruit de mauvaise foi le testament du défunt;

3º Celui qui a gêné le testateur dans la rédaction, la modification ou la révocation de son testament.

[1991, c. 64, a. 621].

621. The following persons may be declared unworthy of inheriting:

(1) a person guilty of cruelty† towards the deceased or having otherwise behaved towards him in a seriously reprehensible manner;

(2) a person who has concealed, altered or destroyed in bad faith the will of the deceased;

(3) a person who had hindered the testator in the writing, amendment or revocation of his will.

[1991, c. 64, a. 621].

Note 1 : Comp. a. 1836.

■ C.C.Q., 620, 622, 623, 627, 628, 660, 740, 1699-1707, 1836, 2805, 2925; D.T., 38.

622. L'héritier n'est pas indigne de succéder et ne peut être déclaré tel si le défunt, connaissant la cause d'indignité, l'a néanmoins avantagé ou n'a pas modifié la libéralité, alors qu'il aurait pu le faire.

[1991, c. 64, a. 622].

■ C.C.Q., 620, 621, 623.

622. An heir is not unworthy of inheriting nor subject to being declared so if the deceased knew the cause of unworthiness and yet conferred a benefit on him or did not modify the liberality when he could have done so.

[1991, c. 64, a. 622].

623. Tout successible peut, dans l'année qui suit l'ouverture de la succession ou la connaissance d'une cause d'indignité, demander au tribunal de déclarer l'indignité d'un héritier lorsque celui-ci n'est pas indigne de plein droit.

[1991, c. 64, a. 623].

■ C.C.Q., 620-622; D.T., 6; C.P.C., 110.

623. Any successor may, within one year after the opening of the succession or becoming aware of a cause of unworthiness, apply to the court to declare an heir unworthy if that heir is not unworthy by operation of law.

[1991, c. 64, a. 623].

624. L'époux ou le conjoint uni civilement de bonne foi succède à son conjoint si la nullité du mariage ou de l'union civile est prononcée après le décès.

[1991, c. 64, a. 624; 2002, c. 6, a. 37].

■ C.C.Q., 365-378, 380-390, 764, 2805.

624. The surviving* married or civil union spouse in good faith of the deceased inherits if the marriage or civil union is declared null after the death.

[1991, c. 64, a. 624; 2002, c. 6, s. 37].

175

TITRE 2 ——
DE LA TRANSMISSION DE LA
SUCCESSION

TITLE 2 ——
TRANSMISSION OF SUCCESSIONS

Chapitre I ——
De la saisine

Chapter I ——
Seisin

625. Les héritiers sont, par le décès du défunt ou par l'événement qui donne effet à un legs, saisis du patrimoine du défunt, sous réserve des dispositions relatives à la liquidation successorale.

Ils ne sont pas, sauf les exceptions prévues au présent livre, tenus des obligations du défunt au-delà de la valeur des biens qu'ils recueillent et ils conservent le droit de réclamer de la succession le paiement de leurs créances.

Ils sont saisis des droits d'action du défunt contre l'auteur de toute violation d'un droit de la personnalité ou contre ses représentants.

[1991, c. 64, a. 625].

625. The heirs are seised, by the death of the deceased or by the event which gives effect to the legacy, of the patrimony of the deceased, subject to the provisions on the liquidation of successions.

The heirs are not, unless by way of exception provided for in this Book, bound by the obligations of the deceased to a greater extent than the value of the property they receive, and they retain their right to demand payment of their claims from the succession.

The heirs are seised of the rights of action of the deceased against any person or that person's representatives, for breach of his personality rights.

[1991, c. 64, a. 625].

❚ C.C.Q., 10, 35, 613, 619, 645, 697, 739, 777, 779, 780, 782, 799-801, 823, 826, 829, 834, 835, 916.

Chapitre II ——
De la pétition d'hérédité et de ses
effets sur la transmission de la
succession

Chapter II ——
Petition of inheritance and its
effects on the transmission of the
succession

626. Le successible peut toujours faire reconnaître sa qualité d'héritier, dans les dix ans qui suivent soit l'ouverture de la succession à laquelle il prétend avoir droit, soit le jour où son droit s'est ouvert.

[1991, c. 64, a. 626].

626. A successor is entitled to have his heirship recognized at any time within ten years from the opening of the succession to which he claims to be entitled or from the day his right arises.

[1991, c. 64, a. 626].

❚ C.C.Q., 523-529, 613, 619, 650, 698, 772, 1240, 1242, 1272, 1279; D.T., 39; C.P.C., 74, 116.

627. La reconnaissance de la qualité d'héritier au successible oblige l'héritier apparent à la restitution de ce qu'il a reçu sans droit de la succession, suivant les règles du

627. An apparent heir is obliged, by the recognition of the heirship of the successor, to restore everything he has received from the succession without being entitled

livre Des obligations relatives à la restitution des prestations.

[1991, c. 64, a. 627].

to it, in accordance with the rules in the Book on Obligations relating to restitution of prestations.

[1991, c. 64, a. 627].

▋ C.C.Q., 619, 626, 670, 674, 955-964, 1699-1707, 2805, 2944.

628. L'indigne qui a reçu un bien de la succession est réputé héritier apparent de mauvaise foi.

[1991, c. 64, a. 628].

628. Any person who is unworthy and who has received property from the succession is deemed to be an apparent heir in bad faith.

[1991, c. 64, a. 628].

▋ C.C.Q., 620-624, 750, 1699-1707.

629. Les obligations du défunt acquittées par les héritiers apparents, autrement qu'avec des biens provenant de la succession, sont remboursées par les héritiers véritables.

[1991, c. 64, a. 629].

629. Obligations of the deceased discharged by the apparent heirs otherwise than out of property from the succession are reimbursed by the true heirs.

[1991, c. 64, a. 629].

▋ C.C.Q., 99, 626-628, 772, 792, 821.

Chapitre III ——
Du droit d'option

Chapter III ——
The right of option

SECTION I ——
DE LA DÉLIBÉRATION ET DE L'OPTION

SECTION I ——
DELIBERATION AND OPTION

630. Tout successible a le droit d'accepter la succession ou d'y renoncer.

L'option est indivisible. Toutefois, le successible qui cumule plus d'une vocation successorale a, pour chacune d'elles, un droit d'option distinct.

[1991, c. 64, a. 630].

630. Every successor has the right to accept or to renounce the succession.

The option is indivisible. However, a successor called to the succession in several ways has a separate option for each.

[1991, c. 64, a. 630].

▋ C.C.Q., 173, 619, 625, 633, 646-652, 779, 800, 801, 867; D.T., 39.

631. Nul ne peut exercer d'option sur une succession non ouverte ni faire aucune stipulation sur une pareille succession, même avec le consentement de celui dont la succession est en cause.

[1991, c. 64, a. 631].

631. No person may exercise his option with respect to a succession not yet opened or make any stipulation with respect to such a succession, even with the consent of the person whose succession it is.

[1991, c. 64, a. 631].

▋ C.C.Q., 8, 9, 632, 757, 1409-1413, 1417, 1418, 3081.

632. Le successible a six mois, à compter du jour où son droit s'est ouvert, pour délibérer et exercer son option. Ce délai est prolongé de plein droit d'autant de jours

632. A successor has six months from the day his right arises to deliberate and exercise his option. The period is extended of right by as many days as necessary to af-

qu'il est nécessaire pour qu'il dispose d'un délai de soixante jours à compter de la clôture de l'inventaire.

ford him sixty days from closure of the inventory.

Pendant la période de délibération, il ne peut être condamné à titre d'héritier, à moins qu'il n'ait déjà accepté la succession.

[1991, c. 64, a. 632].

During the period for deliberation, no judgment may be rendered against the successor as an heir unless he has already accepted the succession.

[1991, c. 64, a. 632].

❚ C.C.Q., 630, 633-636, 640, 741, 794-796, 800.

633. Le successible qui connaît sa qualité et ne renonce pas dans le délai de délibération est présumé avoir accepté, sauf prolongation du délai par le tribunal. Celui qui ignorait sa qualité peut être contraint d'opter dans le délai fixé par le tribunal.

633. If the successor aware of his heirship does not renounce within the period for deliberation, he is presumed to have accepted unless the period has been extended by the court. If a successor is unaware of his heirship, he may be constrained to exercise his option within the time determined by the court.

Le successible qui n'opte pas dans le délai imparti par le tribunal est présumé avoir renoncé.

[1991, c. 64, a. 633].

If a successor does not exercise his option within the time determined by the court, he is presumed to have renounced.

[1991, c. 64, a. 633].

❚ C.C.Q., 625, 630, 632, 634, 650, 2847.

634. Si le successible renonce dans le délai de délibération fixé à l'article 632, les frais légitimement faits jusqu'à cette époque sont à la charge de la succession.

[1991, c. 64, a. 634].

634. If a successor renounces within the period for deliberation fixed in article 632, the lawful expenses incurred to that time are borne by the succession.

[1991, c. 64, a. 634].

❚ C.C.Q., 630, 632, 633.

635. Si le successible décède avant d'avoir exercé son option, ses héritiers délibèrent et exercent cette option, dans le délai qui leur est imparti pour délibérer et opter à l'égard de la succession de leur auteur.

635. If a successor dies before exercising his option, his heirs deliberate and exercise the option within the period allotted to them for deliberation and option in respect of the succession of their predecessor in title.

Chacun des héritiers du successible exerce séparément son option; la part de l'héritier qui renonce accroît aux cohéritiers.

[1991, c. 64, a. 635].

Each of the heirs of the successor exercises his option separately; the share of an heir who renounces accrues to the coheirs.

[1991, c. 64, a. 635].

❚ C.C.Q., 619, 630, 632.

636. Une personne peut faire annuler son option pour les causes et dans les délais prévus pour invoquer la nullité des contrats.

[1991, c. 64, a. 636].

636. A person may cause an option he has exercised to be annulled on the grounds and within the time prescribed for invoking nullity of contracts.

[1991, c. 64, a. 636].

❚ C.C.Q., 163, 283, 287, 637, 638, 646, 1398-1408, 1416-1422, 1699-1707, 2925, 2927.

SECTION II — DE L'ACCEPTATION

SECTION II — ACCEPTANCE

637. L'acceptation est expresse ou tacite. Elle peut aussi résulter de la loi.

L'acceptation est expresse quand le successible prend formellement le titre ou la qualité d'héritier; elle est tacite quand le successible fait un acte qui suppose nécessairement son intention d'accepter.

[1991, c. 64, a. 637].

637. Acceptance is express or tacit. It may also result from the law.

Acceptance is express where the successor formally assumes the title or quality of heir; it is tacit where the successor performs an act that necessarily implies his intention of accepting.

[1991, c. 64, a. 637].

▌ C.C.Q., 619, 625, 630, 633, 636, 638-645, 648, 780, 785, 2455.

638. La succession dévolue au mineur, au majeur protégé ou à l'absent est réputée acceptée, sauf renonciation, dans les délais de délibération et d'option:

1° Par le représentant du successible avec l'autorisation du conseil de tutelle, s'il s'agit du mineur non émancipé, du majeur en tutelle ou en curatelle, ou de l'absent;

2° Par le successible lui-même, assisté de son tuteur ou de son conseiller, selon qu'il s'agit du mineur émancipé ou du majeur qui a besoin d'assistance.

Le mineur, le majeur protégé ou l'absent ne peut jamais être tenu au paiement des dettes de la succession au-delà de la valeur des biens qu'il recueille.

[1991, c. 64, a. 638].

638. A succession devolving to a minor, to a protected person of full age or to an absent person is deemed to be accepted, except where it is renounced within the time for deliberation and option,

(1) in the case of an unemancipated minor, a person of full age under tutorship or curatorship or an absent person, by the representative of the successor with the authorization of the tutorship council;

(2) in the case of an emancipated minor or person of full age who requires assistance, by the successor himself, assisted by his tutor or his adviser.

In no case is the minor, the protected person of full age or the absent person liable for the payment of debts of the succession amounting to more than the value of the property he receives.

[1991, c. 64, a. 638].

▌ C.C.Q., 86, 158, 163, 167-176, 192, 223, 233, 258, 281, 282, 285, 287, 288, 293, 294, 617, 625, 632, 646, 779, 2166-2185, 2847; D.T., 39(1).

639. Le fait pour le successible de dispenser le liquidateur de faire inventaire ou celui de confondre, après le décès, les biens de la succession avec ses biens personnels emporte acceptation de la succession.

[1991, c. 64, a. 639].

639. The fact that the successor exempts the liquidator from making an inventory or mingles property of the succession with his personal property, unless the property was mingled before the death, entails acceptance of the succession.

[1991, c. 64, a. 639].

▌ C.C.Q., 619, 625, 632, 640, 779, 780, 794, 799, 801, 835.

640. La succession est présumée acceptée lorsque le successible, sachant que le liquidateur refuse ou néglige de faire inven-

640. The succession is presumed to be accepted where the successor, knowing that the liquidator refuses or is neglecting to

taire, néglige lui-même de procéder à l'inventaire ou de demander au tribunal soit de remplacer le liquidateur, soit de lui enjoindre de le faire dans les soixante jours qui suivent l'expiration du délai de délibération de six mois.

[1991, c. 64, a. 640].

❚ C.C.Q., 625, 632, 780, 794, 800, 835, 2847.

make the inventory, himself neglects to make the inventory or to apply to the court either to replace the liquidator or to order him to make the inventory within sixty days after expiry of the six months for deliberation.

[1991, c. 64, a. 640].

641. La cession, à titre gratuit ou onéreux, qu'une personne fait de ses droits dans la succession emporte acceptation.

Il en est ainsi de la renonciation au profit d'un ou de plusieurs cohéritiers, même si elle est à titre gratuit, ou de la renonciation à titre onéreux, encore qu'elle soit au profit de tous les cohéritiers indistinctement.

[1991, c. 64, a. 641].

❚ C.C.Q., 625, 631, 780, 1779-1781, 1809.

641. The transfer by a person of his rights in a succession by gratuitous or onerous title entails acceptance.

The same rule applies to renunciation in favour of one or more coheirs, even by gratuitous title, and to renunciation by onerous title, even though it be in favour of all the coheirs without distinction.

[1991, c. 64, a. 641].

642. Les actes purement conservatoires, de surveillance et d'administration provisoire n'emportent pas, à eux seuls, acceptation de la succession.

Il en est ainsi de l'acte rendu nécessaire par des circonstances exceptionnelles et accompli par le successible dans l'intérêt de la succession.

[1991, c. 64, a. 642].

❚ C.C.Q., 639, 640, 643, 644, 1301, 1309.

642. Mere conservatory acts and acts of supervision and provisional administration do not, by themselves, entail acceptance of the succession.

The same rule applies to an act rendered necessary by exceptional circumstances which the successor performs in the interest of the succession.

[1991, c. 64, a. 642].

643. La répartition des vêtements, papiers personnels, décorations et diplômes du défunt, ainsi que des souvenirs de famille, n'emporte pas, à elle seule, acceptation de la succession si elle est faite avec l'accord de tous les successibles.

L'acceptation, par un successible, de la transmission en sa faveur d'un emplacement destiné à recevoir un corps ou des cendres n'emporte pas, non plus, acceptation de la succession.

[1991, c. 64, a. 643].

❚ C.C.Q., 637, 639.

643. The distribution of the clothing, private papers, medals and diplomas of the deceased and family souvenirs does not by itself entail acceptance of the succession if it is done with the agreement of all the successors.

Acceptance by a successor of the transmission in his favour of a site intended for a body or ashes does not entail acceptance of the succession.

[1991, c. 64, a. 643].

644. S'il existe dans la succession des biens† susceptibles de dépérissement, le successible peut, avant la désignation du liquidateur, les vendre de gré à gré ou, s'il

644. If a succession includes perishable things†, the successor may, before the designation of a liquidator, sell them by agreement or, if he cannot find a buyer in

ne peut trouver preneur en temps utile, les donner à des organismes de bienfaisance ou encore les distribuer entre les successibles, sans qu'on puisse en inférer une acceptation de sa part.

due time, give them to charitable institutions or distribute them among the successors, without implying acceptance on his part.

Il peut aussi aliéner les biens† qui, sans être susceptibles de dépérissement, sont dispendieux à conserver ou susceptibles de se déprécier rapidement. Il agit alors comme administrateur du bien d'autrui.

[1991, c. 64, a. 644].

He may also alienate movable† property which, although not perishable, is expensive to preserve or is likely to depreciate rapidly. In this case, he acts as an administrator of the property of others.

[1991, c. 64, a. 644].

∎ C.C.Q., 619, 639, 777, 784, 785, 786, 792, 1299-1370.

645. L'acceptation confirme la transmission qui s'est opérée de plein droit au moment du décès.

[1991, c. 64, a. 645].

645. Acceptance confirms the transmission which took place by operation of law at the time of death.

[1991, c. 64, a. 645].

∎ C.C.Q., 613, 619, 625, 637, 738, 739, 743.

SECTION III —
DE LA RENONCIATION

SECTION III —
RENUNCIATION

646. La renonciation est expresse. Elle peut aussi résulter de la loi.

646. Renunciation is express. It may also result from the law.

La renonciation expresse se fait par acte notarié en minute ou par une déclaration judiciaire dont il est donné acte.

[1991, c. 64, a. 646].

Express renunciation is made by notarial act *en minute* or by a judicial declaration which is recorded.

[1991, c. 64, a. 646].

∎ C.C.Q., 173, 625, 630-633, 636, 638, 647-651, 867, 868, 1824, 2814, 2938, 2970.

647. Celui qui renonce est réputé n'avoir jamais été successible.

[1991, c. 64, a. 647].

647. A person who renounces is deemed never to have been a successor.

[1991, c. 64, a. 647].

∎ C.C.Q., 617-624, 660, 664, 697, 867, 2847.

648. Le successible peut renoncer à la succession, pourvu qu'il n'ait pas fait d'acte qui emporte acceptation ou qu'il n'existe pas contre lui de jugement passé en force de chose jugée qui le condamne à titre d'héritier.

[1991, c. 64, a. 648].

648. A successor may renounce the succession provided that he has not performed any act entailing acceptance and that no judgment having the authority of a final judgment (*res judicata*) has been rendered against him as an heir.

[1991, c. 64, a. 648].

∎ C.C.Q., 630, 632, 633, 636, 637, 639, 641-645, 649, 785.

649. Le successible qui a renoncé à la succession conserve, dans les dix ans depuis le jour où son droit s'est ouvert, la faculté

649. A successor who has renounced the succession retains the faculty of accepting it for ten years from the day his right

d'accepter la succession qui n'a pas été acceptée par un autre.

L'acceptation se fait par acte notarié en minute ou par une déclaration judiciaire dont il est donné acte.

L'héritier prend la succession dans l'état où elle se trouve alors et sous réserve des droits acquis par des tiers sur les biens de la succession.

[1991, c. 64, a. 649].

▌ C.C.Q., 617, 632, 646, 650, 697, 701, 702, 2915; D.T., 39.

650. Le successible qui a ignoré sa qualité ou ne l'a pas fait connaître durant dix ans, à compter du jour où son droit s'est ouvert, est réputé avoir renoncé à la succession.

[1991, c. 64, a. 650].

▌ C.C.Q., 617-624, 630, 633, 648, 2847; D.T., 39(4).

651. Le successible qui, de mauvaise foi, a diverti ou recelé un bien de la succession ou omis de le comprendre dans l'inventaire est réputé avoir renoncé à la succession, malgré toute acceptation antérieure.

[1991, c. 64, a. 651].

▌ C.C.Q., 621, 617-624, 637-645, 647, 664, 794, 1326, 2805, 2847.

652. Les créanciers de celui qui renonce au préjudice de leurs droits peuvent, dans l'année, demander au tribunal de déclarer que la renonciation leur est inopposable et accepter la succession au lieu et place de leur débiteur.

L'acceptation n'a d'effet qu'en leur faveur et à concurrence seulement du montant de leur créance. Elle ne vaut pas au profit de celui qui a renoncé.

[1991, c. 64, a. 652].

▌ C.C.Q., 649, 1627, 1631, 2645, 2938, 2970; D.T., 36; C.P.C., 110.

arose, if it has not been accepted by another person.

Acceptance is made by notarial act *en minute* or by a judicial declaration which is recorded.

The heir takes the succession in its actual condition at that time and subject to the acquired rights of third persons in the property of the succession.

[1991, c. 64, a. 649].

650. A successor who has been unaware of his heirship or has not made it known for ten years from the day his right arose is deemed to have renounced the succession.

[1991, c. 64, a. 650].

651. A successor who, in bad faith, has abstracted or concealed property of the succession or failed to include property in the inventory is deemed to have renounced the succession notwithstanding any prior acceptance.

[1991, c. 64, a. 651].

652. The creditors of a person who renounces may, if the renunciation is damaging to them, apply within one year to the court to declare that the renunciation may not be set up against them, and accept the succession in lieu of their debtor.

The acceptance has effect only in favour of the creditors who applied for it, and only up to the amount of their claim. It has no effect in favour of the person who renounced.

[1991, c. 64, a. 652].

TITRE 3 ——
DE LA DÉVOLUTION LÉGALE DES
SUCCESSIONS

TITLE 3 ——
LEGAL DEVOLUTION OF SUCCESSIONS

Chapitre I ⸻
De la vocation successorale

Chapter I ⸻
Heirship

653. À moins de dispositions testamentaires autres, la succession est dévolue au conjoint survivant qui était lié au défunt par mariage ou union civile et aux parents du défunt, dans l'ordre et suivant les règles du présent titre. À défaut d'héritier, elle échoit à l'État.

[1991, c. 64, a. 653; 2002, c. 6, a. 38].

▌C.C.Q., 666, 671, 696.

653. Unless otherwise provided by testamentary dispositions, a succession devolves to the surviving married or civil union spouse and relatives of the deceased, in the order and according to the rules laid down in this Title. Where there is no heir, it falls to the State.

[1991, c. 64, a. 653; 2002, c. 6, s. 38].

654. La vocation successorale du conjoint survivant n'est pas subordonnée à la renonciation aux droits et avantages qui lui résultent du mariage ou de l'union civile.

[1991, c. 64, a. 654; 2002, c. 6, a. 39].

▌C.C.Q., 416, 427, 684.

654. The surviving spouse's heirship is not dependent on the renunciation of his or her rights and benefits by reason of the marriage or civil union.

[1991, c. 64, a. 654; 2002, c. 6, s. 39].

Chapitre II ⸻
De la parenté

Chapter II ⸻
Relationship

655. La parenté est fondée sur les liens du sang ou de l'adoption.

[1991, c. 64, a. 655].

▌C.C.Q., 522-584.

655. Relationship is based on ties of blood or of adoption.

[1991, c. 64, a. 655].

656. Le degré de parenté est déterminé par le nombre de générations, chacune formant un degré. La suite des degrés forme la ligne directe ou collatérale.

[1991, c. 64, a. 656].

▌C.C.Q., 655.

656. The degree of relationship is established by the number of generations, each forming one degree. The series of degrees forms the direct line or the collateral line.

[1991, c. 64, a. 656].

657. La ligne directe est la suite des degrés entre personnes qui descendent l'une de l'autre. On compte alors autant de degrés qu'il y a de générations entre le successible et le défunt.

[1991, c. 64, a. 657].

▌C.C.Q., 656.

657. The direct line is the series of degrees between persons descended one from another. The number of degrees in the direct line is equal to the number of generations between the successor and the deceased.

[1991, c. 64, a. 657].

658. La ligne directe descendante est celle qui lie la personne avec ses descendants; la ligne directe ascendante est celle qui lie la personne avec ses auteurs.

[1991, c. 64, a. 658].

▌C.C.Q., 656, 657.

658. The direct line of descent connects a person with his descendants; the direct line of ascent connects him with his ancestors.

[1991, c. 64, a. 658].

659. La ligne collatérale est la suite des degrés entre personnes qui ne descendent pas l'une de l'autre, mais d'un auteur commun.

En ligne collatérale, on compte autant de degrés qu'il y a de générations entre le successible et l'auteur commun, puis entre ce dernier et le défunt.

[1991, c. 64, a. 659].

▌ C.C.Q., 656.

659. The collateral line is the series of degrees between persons descended not one from another but from a common ancestor.

In the collateral line, the number of degrees is equal to the number of generations between the successor and the common ancestor and between the common ancestor and the deceased.

[1991, c. 64, a. 659].

Chapitre III ——
De la représentation

Chapter III ——
Representation

660. La représentation est une faveur accordée par la loi, en vertu de laquelle un parent est appelé à recueillir une succession qu'aurait recueillie son ascendant, parent moins éloigné du défunt, qui, étant indigne, prédécédé ou décédé au même instant que lui, ne peut la recueillir lui-même.

[1991, c. 64, a. 660].

▌ C.C.Q., 749, 1252; D.T., 41.

660. Representation is a favour granted by law by which a relative is called to a succession which his ascendant, who is a closer relative of the deceased, would have taken but is unable to take himself, having died previously or at the same time or being unworthy.

[1991, c. 64, a. 660].

661. La représentation a lieu à l'infini dans la ligne directe descendante.

Elle est admise soit que les enfants du défunt concourent avec les descendants d'un enfant représenté, soit que, tous les enfants du défunt étant décédés ou indignes, leurs descendants se trouvent, entre eux, en degrés égaux ou inégaux.

[1991, c. 64, a. 661].

▌ C.C.Q., 658, 660.

661. There is no limit to representation in the direct line of descent.

Representation is allowed whether the children of the deceased compete with the descendants of a represented child, or whether, all the children of the deceased being themselves deceased or unworthy, their descendants are in equal or unequal degrees of relationship to each other.

[1991, c. 64, a. 661].

662. La représentation n'a pas lieu en faveur des ascendants; le plus proche dans chaque ligne exclut les plus éloignés.

[1991, c. 64, a. 662].

▌ C.C.Q., 658, 660.

662. Representation does not take place in favour of ascendants, the nearer ascendant in each line excluding the more distant.

[1991, c. 64, a. 662].

663. En ligne collatérale, la représentation a lieu, entre collatéraux privilégiés, en faveur des descendants au premier degré des frères et sœurs du défunt, qu'ils concourent ou non avec ces derniers; entre colla-

663. In the collateral line, representation takes place, between privileged collaterals, in favour of the descendants in the first degree of the brothers and sisters of the deceased, whether or not they compete with

téraux ordinaires, elle a lieu en faveur des autres descendants des frères et sœurs du défunt à d'autres degrés, qu'ils se trouvent, entre eux, en degrés égaux ou inégaux.

[1991, c. 64, a. 663].

▌ C.C.Q., 674, 677.

664. On ne représente pas celui qui a renoncé à la succession, mais on peut représenter celui à la succession duquel on a renoncé.

[1991, c. 64, a. 664].

▌ C.C.Q., 646-652, 660.

665. Dans tous les cas où la représentation est admise, le partage s'opère par souche.

Si une même souche a plusieurs branches, la subdivision se fait aussi par souche dans chaque branche, et les membres de la même branche partagent entre eux par tête.

[1991, c. 64, a. 665].

▌ C.C.Q., 660.

them and, between ordinary collaterals, in favour of the other descendants of the brothers and sisters of the deceased in other degrees, whether they are in equal or unequal degrees of relationship to each other.

[1991, c. 64, a. 663].

664. No person who has renounced a succession may be represented, but a person whose succession has been renounced may be represented.

[1991, c. 64, a. 664].

665. In all cases where representation is permitted, partition is effected by roots.

If one root has several branches, the subdivision is also made by roots in each branch, and the members of the same branch share among themselves by heads.

[1991, c. 64, a. 665].

Chapitre IV — De l'ordre de dévolution de la succession

Chapter IV — Order of devolution of successions

SECTION I — DE LA DÉVOLUTION AU CONJOINT SURVIVANT ET AUX DESCENDANTS

SECTION I — DEVOLUTION TO THE SURVIVING SPOUSE AND TO DESCENDANTS

666. Si le défunt laisse un conjoint et des descendants, la succession leur est dévolue.

Le conjoint recueille un tiers de la succession et les descendants les deux autres tiers.

[1991, c. 64, a. 666].

▌ C.C.Q., 671.

666. If the deceased leaves a spouse and descendants, the succession devolves to them.

The spouse takes one-third of the succession and the descendants, the other two-thirds.

[1991, c. 64, a. 666].

667. À défaut de conjoint, la succession est dévolue pour le tout aux descendants.

[1991, c. 64, a. 667].

▌ C.C.Q., 666.

667. Where there is no spouse, the entire succession devolves to the descendants.

[1991, c. 64, a. 667].

668. Si les descendants qui succèdent sont tous au même degré et appelés de leur chef, ils partagent par égales portions et par tête.

S'il y a représentation, ils partagent par souche.

[1991, c. 64, a. 668].

▌ C.C.Q., 660-667.

668. If the descendants who inherit are all in the same degree and called in their own right, they share in equal portions and by heads.

If there is representation, they share by roots.

[1991, c. 64, a. 668].

669. Sauf s'il y a représentation, le descendant qui se trouve au degré le plus proche recueille la part attribuée aux descendants, à l'exclusion de tous les autres.

[1991, c. 64, a. 669].

▌ C.C.Q., 658, 660 à 665.

669. Unless there is representation, the descendant in the closest degree takes the share of the descendants, to the exclusion of all the others.

[1991, c. 64, a. 669].

SECTION II —
DE LA DÉVOLUTION AU CONJOINT SURVIVANT ET AUX ASCENDANTS OU COLLATÉRAUX PRIVILÉGIÉS

SECTION II —
DEVOLUTION TO THE SURVIVING SPOUSE AND TO PRIVILEGED ASCENDANTS OR COLLATERALS

670. Sont des ascendants privilégiés, les père et mère du défunt.

Sont des collatéraux privilégiés, les frères et sœurs du défunt, ainsi que leurs descendants au premier degré.

[1991, c. 64, a. 670].

▌ C.C.Q., 656, 658, 659.

670. The father and mother of the deceased are privileged ascendants.

The brothers and sisters of the deceased and their descendants in the first degree are privileged collaterals.

[1991, c. 64, a. 670].

671. À défaut de descendants, d'ascendants et de collatéraux privilégiés, la succession est dévolue pour le tout au conjoint survivant.

[1991, c. 64, a. 671].

▌ C.C.Q., 654, 670.

671. Where there are neither descendants, privileged ascendants nor privileged collaterals, the entire succession devolves to the surviving spouse.

[1991, c. 64, a. 671].

672. À défaut de descendants, la succession est dévolue au conjoint survivant pour deux tiers et aux ascendants privilégiés pour l'autre tiers.

[1991, c. 64, a. 672].

▌ C.C.Q., 658, 670.

672. Where there are no descendants, two-thirds of the succession devolves to the surviving spouse and one-third to the privileged ascendants.

[1991, c. 64, a. 672].

673. À défaut de descendants et d'ascendants privilégiés, la succession est dévolue au conjoint survivant pour deux tiers et

673. Where there are no descendants and no privileged ascendants, two-thirds of the succession devolves to the surviving

aux collatéraux privilégiés pour l'autre tiers.

[1991, c. 64, a. 673].

■ C.C.Q., 658, 659, 670.

674. À défaut de descendants et de conjoint survivant, la succession est partagée également entre les ascendants privilégiés et les collatéraux privilégiés.

À défaut d'ascendants privilégiés, les collatéraux privilégiés succèdent pour la totalité, et inversement.

[1991, c. 64, a. 674].

■ C.C.Q., 658, 659, 670.

675. Lorsque les ascendants privilégiés succèdent, ils partagent par égales portions; si l'un d'eux seulement succède, il recueille la part qui aurait été dévolue à l'autre.

[1991, c. 64, a. 675].

■ C.C.Q., 670.

676. Lorsque les collatéraux privilégiés qui succèdent sont des parents germains du défunt, ils partagent par égales portions ou par souche, le cas échéant.

Au cas contraire, la part qui leur revient est divisée également entre les lignes paternelle et maternelle du défunt; les germains prennent part dans les deux lignes et les utérins ou consanguins dans leur ligne seulement.

S'il n'y a de collatéraux privilégiés que dans une ligne, ils succèdent pour le tout, à l'exclusion de tous les autres ascendants et collatéraux ordinaires de l'autre ligne.

[1991, c. 64, a. 676].

■ C.C.Q., 663, 670.

spouse and one-third to the privileged collaterals.

[1991, c. 64, a. 673].

674. Where there are no descendants and no surviving spouse, the succession is partitioned equally between the privileged ascendants and the privileged collaterals.

Where there are no privileged ascendants, the privileged collaterals inherit the entire succession, and *vice versa.*

[1991, c. 64, a. 674].

675. Where the privileged ascendants inherit, they share equally; where only one of the privileged ascendants inherits, he takes the share that would have devolved to the other.

[1991, c. 64, a. 675].

676. Where the privileged collaterals who inherit are fully related by blood to the deceased, they share equally or by roots, as the case may be.

Where this is not the case, the share which devolves to them is divided equally between the paternal line and the maternal line of the deceased; persons fully related by blood partake in both lines and those half related by blood partake each in his own line.

If the privileged collaterals are in one line only, they inherit the entire succession to the exclusion of all other ascendants and ordinary collaterals in the other line.

[1991, c. 64, a. 676].

SECTION III —
DE LA DÉVOLUTION AUX ASCENDANTS ET COLLATÉRAUX ORDINAIRES

677. Les ascendants et collatéraux ordinaires ne sont appelés à la succession qu'à défaut de conjoint, de descendants et d'as-

SECTION III —
DEVOLUTION TO ORDINARY ASCENDANTS AND COLLATERALS

677. The ordinary ascendants and collaterals are not called to the succession unless the deceased left no spouse, no descend-

cendants ou collatéraux privilégiés du défunt.

[1991, c. 64, a. 677].

❚ C.C.Q., 662.

ants and no privileged ascendants or collaterals.

[1991, c. 64, a. 677].

678. Si parmi les collatéraux ordinaires se trouvent des descendants des collatéraux privilégiés, ils recueillent la moitié de la succession; l'autre moitié est dévolue aux ascendants et aux autres collatéraux.

À défaut de descendants de collatéraux privilégiés, la totalité de la succession est dévolue aux ascendants et aux autres collatéraux, et inversement.

[1991, c. 64, a. 678].

❚ C.C.Q., 670.

678. If the ordinary collaterals include descendants of the privileged collaterals, these descendants take one-half of the succession and the other half devolves to the ascendants and the other collaterals.

Where there are no descendants of privileged collaterals, the entire succession devolves to the ascendants and the other collaterals, and *vice versa*.

[1991, c. 64, a. 678].

679. Le partage de la succession dévolue aux ascendants† et aux autres collatéraux ordinaires† du défunt s'opère également entre les lignes paternelle et maternelle.

Dans chaque ligne, les personnes qui succèdent partagent par tête.

[1991, c. 64, a. 679].

❚ C.C.Q., 658, 659.

679. The succession devolving to the ordinary† ascendants and the other collaterals† of the deceased is divided equally between the paternal and maternal lines.

In each line, the persons who inherit share by heads.

[1991, c. 64, a. 679].

680. Dans chaque ligne, l'ascendant qui se trouve au deuxième degré recueille la part attribuée à sa ligne, à l'exclusion de tous les autres ascendants ou collatéraux ordinaires.

À défaut d'ascendant au deuxième degré dans une ligne, la part attribuée à cette ligne est dévolue aux collatéraux ordinaires qui descendent de cet ascendant et qui se trouvent au degré le plus proche.

[1991, c. 64, a. 680].

❚ C.C.Q., 658, 659.

680. In each line, the ascendant in the second degree takes the share allotted to his line, to the exclusion of the other ordinary ascendants or collaterals.

Where in one line there is no ascendant in the second degree, the share allotted to that line devolves to the closest ordinary collaterals descended from that ascendant.

[1991, c. 64, a. 680].

681. À défaut, dans une ligne, de collatéraux ordinaires qui descendent des ascendants au deuxième degré, la part attribuée à cette ligne est dévolue aux ascendants qui se trouvent au troisième degré ou, à leur défaut, aux plus proches collatéraux ordinaires qui descendent de cet ascendant, et ainsi de suite, jusqu'à épuisement des parents au degré successible.

[1991, c. 64, a. 681].

681. Where in one line there are no ordinary collaterals descended from the ascendants in the second degree, the share allotted to that line devolves to the ascendants in the third degree or, if there are none, to the closest ordinary collaterals descended from them, and so on until no relatives within the degrees of succession remain.

[1991, c. 64, a. 681].

▌C.C.Q., 658, 659.

682. À défaut de parents au degré successible dans une ligne, les parents de l'autre ligne succèdent pour le tout.

[1991, c. 64, a. 682].

▌C.C.Q., 656-659.

683. Les parents au-delà du huitième degré ne succèdent pas.

[1991, c. 64, a. 683].

▌C.C.Q., 656.

682. If there are no relatives within the degrees of succession in one line, the relatives in the other line inherit the entire succession.

[1991, c. 64, a. 682].

683. Relatives beyond the eighth degree do not inherit.

[1991, c. 64, a. 683].

Chapitre V ▬
De la survie de l'obligation alimentaire

Chapter V ▬
The survival of the obligation to provide support

684. Tout créancier d'aliments peut, dans les six mois qui suivent le décès, réclamer de la succession une contribution financière à titre d'aliments.

Ce droit existe encore que le créancier soit héritier ou légataire particulier ou que le droit aux aliments n'ait pas été exercé avant la date du décès, mais il n'existe pas au profit de celui qui est indigne de succéder au défunt.

[1991, c. 64, a. 684].

▌C.C.Q., 585, 620, 654.

684. Every creditor of support may within six months after the death claim a financial contribution from the succession as support.

The right exists even where the creditor is an heir or a legatee by particular title or where the right to support was not exercised before the date of the death, but does not exist in favour of a person unworthy of inheriting from the deceased.

[1991, c. 64, a. 684].

685. La contribution est attribuée sous forme d'une somme forfaitaire payable au comptant ou par versements.

À l'exception de celle qui est attribuée à l'ex-conjoint du défunt qui percevait effectivement une pension† alimentaire au moment du décès, la contribution attribuée aux créanciers d'aliments est fixée en accord avec le liquidateur de la succession agissant avec le consentement des héritiers et des légataires particuliers ou, à défaut d'entente, par le tribunal.

[1991, c. 64, a. 685].

Note : Comp. a. 590.

▌C.C.Q., 654, 807.

685. The contribution is made in the form of a lump sum payable in cash or by instalments.

The contribution made to the creditors of support†, with the exception of that made to the former spouse of the deceased who was in fact receiving support at the time of the death, is fixed with the concurrence of the liquidator of the succession acting with the consent of the heirs and legatees by particular title or, failing agreement, by the court.

[1991, c. 64, a. 685].

686. Pour fixer la contribution, il est tenu compte des besoins et facultés du créancier, des circonstances dans lesquelles il se trouve et du temps qui lui est nécessaire pour acquérir une autonomie suffisante ou, si le créancier percevait effectivement des aliments du défunt à l'époque du décès, du montant des versements qui avait été fixé par le tribunal pour le paiement de la pension† alimentaire ou de la somme forfaitaire accordée à titre d'aliments.

Il est tenu compte également de l'actif de la succession, des avantages que celle-ci procure au créancier, des besoins et facultés des héritiers et des légataires particuliers, ainsi que, le cas échéant, du droit aux aliments que d'autres personnes peuvent faire valoir.

[1991, c. 64, a. 686].

Note : Comp. a. 590.

❚ C.C.Q., 587.

687. Lorsque la contribution est réclamée par le conjoint ou un descendant, la valeur des libéralités faites par le défunt par acte entre vifs dans les trois ans précédant le décès et celles ayant pour terme† le décès sont considérées comme faisant partie de la succession pour fixer la contribution.

[1991, c. 64, a. 687].

❚ C.C.Q., 684-686, 690-692.

688. La contribution attribuée au conjoint ou à un descendant ne peut excéder la différence entre la moitié de la part à laquelle il aurait pu prétendre si toute la succession, y compris la valeur des libéralités, avait été dévolue suivant la loi et ce qu'il reçoit de la succession.

Celle qui est attribuée à l'ex-conjoint est égale à douze mois d'aliments, celle attribuée à un autre créancier d'aliments est égale à six mois d'aliments; toutefois, dans l'un et l'autre cas, elle ne peut, même si le créancier percevait effectivement des aliments du défunt à l'époque de la succession, excéder le moindre de la valeur de douze ou six mois d'aliments ou 10% de la

686. In fixing the contribution, the needs and means of the creditor of support, his circumstances and the time he needs to acquire sufficient autonomy or, if he was in fact receiving support from the deceased at the time of the death, the amount of the instalments that had been fixed by the court for the payment of the alimentary support† or of the lump sum awarded as support are taken into account.

Account is also taken of the assets of the succession, the benefits derived from the succession by the creditor of support, the needs and means of the heirs and legatees by particular title and, where that is the case, the right to support which may be claimed by other persons.

[1991, c. 64, a. 686].

687. Where the contribution is claimed by the spouse or a descendant, the value of the liberalities made by the deceased by act *inter vivos* during the three years preceding the death and those taking effect† at the death are considered to be part of the succession for the fixing of the contribution.

[1991, c. 64, a. 687].

688. The contribution granted to the spouse or to a descendant may not exceed the difference between one-half of the share he could have claimed had the entire succession, including the value of the liberalities, devolved according to law, and what he receives from the succession.

The contribution granted to the former spouse is equal to the value of twelve months' support, and that granted to other creditors of support is equal to the value of six months' support; however, in neither case may such a contribution, even where the creditor was in fact receiving support from the deceased at the time of the succession, exceed the lesser of the value of

valeur de la succession, y compris, le cas échéant, la valeur des libéralités.

[1991, c. 64, a. 688].

twelve or six months' support and 10% of the value of the succession including, where that is the case, the value of the liberalities.

[1991, c. 64, a. 688].

▌ C.C.Q., 684-686.

689. Lorsque l'actif de la succession est insuffisant pour payer entièrement les contributions dues au conjoint ou à un descendant, en raison des libéralités faites par acte entre vifs dans les trois ans précédant le décès ou de celles ayant pour terme† le décès, le tribunal peut ordonner la réduction de ces libéralités.

Toutefois, les libéralités auxquelles le conjoint ou le descendant a consenti ne peuvent être réduites et celles qu'il a reçues doivent être imputées sur sa créance.

[1991, c. 64, a. 689].

▌ C.C.Q., 684-687.

689. Where the assets of the succession are insufficient to make full payment of the contributions due to the spouse or to a descendant, as a result of liberalities made by acts *inter vivos* during the three years preceding the death or taking effect† at the death, the court may order the liberalities reduced.

Liberalities to which the spouse or descendant consented may not be reduced, however, and those he has received shall be debited from his claim.

[1991, c. 64, a. 689].

690. Est présumée être une libéralité toute aliénation, sûreté ou charge consentie par le défunt pour une prestation dont la valeur est nettement inférieure à celle du bien au moment où elle a été faite.

[1991, c. 64, a. 690].

▌ C.C.Q., 691, 692.

690. Any alienation, security or charge granted by the deceased for a prestation clearly of smaller value than that of the property at the time it was made is presumed to be a liberality.

[1991, c. 64, a. 690].

691. Sont assimilés à des libéralités les avantages découlant d'un régime de retraite visé à l'article 415 ou d'un contrat d'assurance de personne, lorsque ces avantages auraient fait partie de la succession ou auraient été versés au créancier n'eût été la désignation d'un titulaire subrogé ou d'un bénéficiaire, par le défunt, dans les trois ans précédant le décès. Malgré toute disposition contraire, les droits que confèrent les avantages découlant de ces régimes ou contrats sont cessibles et saisissables pour le paiement d'une créance alimentaire payable en vertu du présent chapitre.

[1991, c. 64, a. 691].

▌ C.C.Q., 690, 692, 2461.

691. Benefits under a retirement plan contemplated in article 415 or under a contract of insurance of persons, where these benefits would have been part of the succession or would have been paid to the creditor had it not been for the designation of a subrogated holder or a beneficiary, by the deceased, during the three years preceding the death, are classed as liberalities. Notwithstanding any provision to the contrary, rights conferred by benefits under any such plan or contract may be transferred or seized for the payment of support due under this chapter.

[1991, c. 64, a. 691].

692. À moins qu'ils n'aient été manifestement exagérés eu égard aux facultés du défunt, les frais d'entretien ou d'éducation et

692. The cost of education or maintenance and customary presents are not considered to be liberalities unless, considering the

les cadeaux d'usage ne sont pas considérés comme des libéralités.

[1991, c. 64, a. 692].

▌ C.C.Q., 690, 691.

means of the deceased, they are manifestly exaggerated.

[1991, c. 64, a. 692].

693. La réduction des libéralités se fait contre un ou plusieurs des bénéficiaires simultanément.

Au besoin, le tribunal fixe la part que doit payer chacun des bénéficiaires poursuivis ou mis en cause.

[1991, c. 64, a. 693].

▌ C.C.Q., 689.

693. Reduction of the liberalities may operate against only one of the beneficiaries or against several of them simultaneously.

If need be, the court fixes the share that shall be payable by each of the beneficiaries sued or impleaded.

[1991, c. 64, a. 693].

694. Le paiement de la réduction se fait, à défaut d'accord entre les parties, aux conditions que le tribunal détermine et suivant les modalités de garantie et de paiement qu'il fixe.

Elle ne peut être ordonnée en nature, mais le débiteur peut toujours se libérer par la remise du bien.

[1991, c. 64, a. 694].

▌ C.C.Q., 689, 693.

694. Payment of the reduction is made, failing agreement between the parties, on the conditions determined by the court and on the terms and conditions of warranty and payment it fixes.

Payment in kind may not be ordered, but the debtor may relieve his debt at any time by handing over the property.

[1991, c. 64, a. 694].

695. Les biens s'évaluent suivant leur état à l'époque de la libéralité et leur valeur à l'ouverture de la succession; si un bien a été aliéné, on considère sa valeur à l'époque de l'aliénation ou, en cas de remploi, la valeur du bien substitué au jour de l'ouverture de la succession.

Les libéralités en† usufruit, en droit d'usage, en rente ou en revenus d'une fiducie sont comptées pour leur valeur en capital au jour de l'ouverture de la succession.

[1991, c. 64, a. 695].

▌ C.C.Q., 687, 689-694, 874.

695. Property is valued according to its condition at the time of the liberality and its value at the opening of the succession; if property has been alienated, its value at the time of alienation or, in the case of reinvestment, the value of the replacement property on the opening day of the succession is the value considered.

Liberalities in the form† of a usufruct, right of use, annuity or income from a trust are counted at their capital value on the opening day of the succession.

[1991, c. 64, a. 695].

**Chapitre VI ——
Des droits de l'État**

**Chapter VI ——
Rights of the State**

696. Lorsque le défunt ne laisse ni conjoint ni parents au degré successible, ou que tous les successibles ont renoncé à la succession ou qu'aucun successible n'est

696. Where the deceased leaves no spouse or relatives within the degrees of succession, or where all the successors have renounced the succession, or where no suc-

connu ou ne la réclame, l'État recueille, de plein droit, les biens de la succession qui sont situés au Québec.

Est sans effet la disposition testamentaire qui, sans régler la dévolution des biens, vient faire échec à ce droit.

[1991, c. 64, a. 696].

▌ C.C.Q., 653, 916, 935.

697. L'État n'est pas un héritier; il est néanmoins saisi, comme un héritier, des biens du défunt, dès que tous les successibles connus ont renoncé à la succession ou six mois après le décès, lorsque aucun successible n'est connu ou ne réclame la succession.

Il n'est pas tenu des obligations du défunt au-delà de la valeur des biens qu'il recueille.

[1991, c. 64, a. 697].

▌ C.C.Q., 696.

698. La saisine de l'État à l'égard d'une succession qui lui est échue est exercée† par le ministre du Revenu.

Tant qu'ils demeurent confiés à l'administration du ministre du Revenu, les biens de la succession ne sont pas confondus avec les biens de l'État.

[1991, c. 64, a. 698; 1997, c. 80, a. 46; 2005, c. 44, a. 54].

▌ C.C.Q., 650, 696, 697.

699. Sous réserve de la *Loi sur les biens non réclamés* (chapitre B-5.1) et sans autre formalité, le ministre du Revenu agit comme liquidateur de la succession. Il est tenu de faire inventaire et de donner avis de la saisine de l'État à la *Gazette officielle du Québec*; il doit également faire publier l'avis dans un journal distribué dans la localité où était établi le domicile du défunt.

[1991, c. 64, a. 699; 2005, c. 44, a. 54; 2011, c. 10, a. 63].

▌ C.C.Q., 777, 794.

cessor is known or claims the succession, the State takes of right the property of the succession situated in Québec.

Any testamentary disposition which would render this right nugatory without otherwise providing for the devolution of the property is without effect.

[1991, c. 64, a. 696].

697. The State is not an heir, but, once all known successors have renounced the succession, or, where no successor is known or claims the succession, six months after the death, is seised of the property of the deceased in the same manner as an heir.

It is not liable for obligations of the deceased amounting to more than the value of the property it receives.

[1991, c. 64, a. 697].

698. Seisin of a succession which falls to the State is vested† in the Minister of Revenue.

No property of a succession may be mingled with the property of the State so long as it remains under the administration of the Minister of Revenue.

[1991, c. 64, a. 698; 1997, c. 80, s. 46; 2005, c. 44, s. 54].

699. Subject to the *Unclaimed Property Act* (chapter B-5.1) and without any other formality, the Minister of Revenue acts as liquidator of the succession. He is bound to make an inventory and give notice of the seisin of the State in the *Gazette officielle du Québec*; he shall also cause the notice to be published in a newspaper circulated in the locality where the deceased was domiciled.

[1991, c. 64, a. 699; 2005, c. 44, s. 54; 2011, c. 10, s. 63].

700. À la fin de la liquidation, le ministre du Revenu rend compte au ministre des Finances.

Il donne et publie un avis de la fin de la liquidation, de la même manière que s'il s'agissait d'un avis de la saisine de l'État; il indique, à l'avis, le reliquat de la succession et le délai pendant lequel tout successible peut faire valoir ses droits d'héritier.

[1991, c. 64, a. 700; 2005, c. 44, a. 54].

❚ C.C.Q., 819, 1363.

700. At the end of the liquidation, the Minister of Revenue renders an account to the Minister of Finance.

The Minister of Revenue gives and publishes a notice of the end of the liquidation in the same manner as for a notice of seisin of the State. He indicates in the notice the residue of the succession and the time granted to successors to assert their rights of heirship.

[1991, c. 64, a. 700; 2005, c. 44, s. 54].

701. Le ministre du Revenu, au moment où il rend compte, remet au ministre des Finances les sommes constituant le reliquat de la succession, qui sont alors acquises à l'État.

Tout héritier qui établit sa qualité peut néanmoins, dans les 10 ans qui suivent soit l'ouverture de la succession, soit le jour où son droit s'est ouvert, récupérer ces sommes auprès du ministre du Revenu avec les intérêts, capitalisés quotidiennement et calculés depuis la remise de ces sommes au ministre des Finances au taux fixé en application du deuxième alinéa de l'article 28 de la *Loi sur l'administration fiscale* (chapitre A-6.002).

[1991, c. 64, a. 701; 1997, c. 80, a. 47; 2005, c. 44, a. 54; 2011, c. 10, a. 64].

❚ C.C.Q., 626.

701. The Minister of Revenue, upon rendering account, transfers to the Minister of Finance the amounts constituting the residue of the succession, which then become the property of the State.

Heirs who establish their quality may, however, within 10 years from the opening of the succession or from the day their right arises, recover those amounts from the Minister of Revenue with interest capitalized daily and calculated from the time the amounts were transferred to the Minister of Finance, at the rate set under the second paragraph of section 28 of the *Tax Administration Act* (chapter A-6.002).

[1991, c. 64, a. 701; 1997, c. 80, s. 47; 2005, c. 44, s. 54; 2011, c. 10, s. 64].

702. L'héritier qui réclame la succession avant la fin de la liquidation la reprend dans l'état où elle se trouve, sauf son droit de réclamer des dommages-intérêts si les formalités de la loi n'ont pas été suivies.

[1991, c. 64, a. 702; 1997, c. 80, a. 48].

❚ C.C.Q., 1318, 1611.

702. An heir who claims the succession before the end of the liquidation takes it in its actual condition, subject to his right to claim damages if the legal formalities have not been followed.

[1991, c. 64, a. 702; 1997, c. 80, s. 48].

TITRE 4 ——
DES TESTAMENTS

TITLE 4 ——
WILLS

Chapitre I ——
De la nature du testament

Chapter I ——
The nature of wills

703. Toute personne ayant la capacité requise peut, par testament, régler autrement que ne le fait la loi la dévolution, à sa mort, de tout ou partie de ses biens.

[1991, c. 64, a. 703].

703. Every person having the required capacity may, by will, provide otherwise than as by law for the devolution upon his death of the whole or part of his property.

[1991, c. 64, a. 703].

❚ C.C.Q., 1, 4, 153-176, 200, 201, 256-297, 414-426, 613, 684-695, 704-711, 736, 1398-1408, 3098; D.T., 7, 40.

704. Le testament est un acte juridique unilatéral, révocable, établi dans l'une des formes prévues par la loi, par lequel le testateur dispose, par libéralité, de tout ou partie de ses biens, pour n'avoir effet qu'à son décès.

Il ne peut être fait conjointement par deux ou plusieurs personnes.

[1991, c. 64, a. 704].

704. A will is a unilateral and revocable juridical act drawn up in one of the forms provided for by law, by which the testator disposes by liberality of all or part of his property, to take effect only after his death.

In no case may a will be made jointly by two or more persons.

[1991, c. 64, a. 704].

❚ C.C.Q., 200, 201, 613, 631, 703, 705-730, 736, 737, 741, 759-761, 763-775, 1282, 1371, 1398 et s., 1806, 1808, 1819, 1839-1841; D.T., 7, 40.

705. Le testament peut ne contenir que des dispositions relatives à la liquidation successorale, à la révocation de dispositions testamentaires antérieures ou à l'exclusion d'un héritier.

[1991, c. 64, a. 705].

705. The act is a will even if it contains only provisions regarding the liquidation of the succession, the revocation of previous testamentary dispositions or the exclusion of an heir.

[1991, c. 64, a. 705].

❚ C.C.Q., 200, 201, 613, 697, 703, 704, 712, 736, 763 et s., 772, 778, 785.

706. Personne ne peut, même par contrat de mariage ou d'union civile, si ce n'est dans les limites prévues par l'article 1841, abdiquer sa faculté de tester, de disposer à cause de mort ou de révoquer les dispositions testamentaires qu'il a faites.

[1991, c. 64, a. 706; 2002, c. 6, a. 40].

706. No person may, even in a marriage or civil union contract, except within the limits provided in article 1841, renounce his or her right to make a will, to dispose of his or her property in contemplation of death or to revoke the testamentary dispositions he or she has made.

[1991, c. 64, a. 706; 2002, c. 6, s. 40].

❚ C.C.Q., 8, 9, 416, 438, 519, 521.8, 521.19, 631, 684 et s., 703, 704, 741, 763-771, 1253, 1255, 1282, 1841, 2450, 3081; D.T., 106.

Chapitre II ——
De la capacité requise pour tester

Chapter II ——
The capacity required to make a will

707. La capacité du testateur se considère au temps de son testament.

[1991, c. 64, a. 707].

707. The capacity of the testator is considered relatively to the time he made his will.

[1991, c. 64, a. 707].

C.C.Q., 4, 153, 154 et s., 256 et s., 284, 703, 708-712, 726-730, 772; D.T., 7, 40.

708. Le mineur ne peut tester d'aucune partie de ses biens si ce n'est de biens† de peu de valeur.

[1991, c. 64, a. 708].

708. A minor may not dispose of any part of his property by will, except articles† of little value.

[1991, c. 64, a. 708].

▌ C.C.Q., 4, 42, 43, 153, 155, 157, 161-163, 167, 168, 170, 172, 175, 176, 220, 434, 653 et s., 703, 707, 711, 712, 1301-1305, 1315, 1398, 1813, 1840.

709. Le testament fait par un majeur après sa mise en tutelle peut être confirmé par le tribunal si la nature de ses dispositions et les circonstances qui entourent sa confection le permettent.

[1991, c. 64, a. 709].

709. A will made by a person of full age after he has been placed under tutorship may be confirmed by the court if the nature of its dispositions and the circumstances in which it was drawn up allow it.

[1991, c. 64, a. 709].

▌ C.C.Q., 153, al. 2, 154, 266, 285-290, 436, 521.8, 703, 704, 707, 711, 1398, 2166-2174; C.P.C., 885.

710. Le majeur en curatelle ne peut tester. Le majeur pourvu d'un conseiller peut tester sans être assisté.

[1991, c. 64, a. 710].

710. A person of full age under curatorship may not make a will. A person of full age provided with an adviser may make a will without assistance.

[1991, c. 64, a. 710].

▌ C.C.Q., 153, al. 2, 154, 256, 281-284, 291-294, 436, 521.8, 703, 704, 706, 707, 711, 1398, 1841.

711. Les tuteurs, curateurs ou conseillers ne peuvent tester pour ceux qu'ils représentent ou assistent, ni seuls ni conjointement avec ces derniers.

[1991, c. 64, a. 711].

711. A tutor, curator or adviser may not make a will on behalf of the person whom he represents or assists, either alone or jointly with that person.

[1991, c. 64, a. 711].

▌ C.C.Q., 282, 286, 292, 293, 703, 704, 708-710, 772, 2166 et s.

Chapitre III —
Des formes du testament

Chapter III —
Forms of wills

SECTION I —
DISPOSITIONS GÉNÉRALES

SECTION I —
GENERAL PROVISIONS

712. On ne peut tester que par testament notarié, olographe ou devant témoins.

[1991, c. 64, a. 712].

712. The only forms of will that may be made are the notarial will, the holograph will and the will made in the presence of witnesses.

[1991, c. 64, a. 712].

▌ C.C.Q., 703, 704, 713-730, 772, 773, 1385, 3109; D.T., 7, 40.

713. Les formalités auxquelles les divers testaments sont assujettis doivent être observées, à peine de nullité.

Néanmoins, le testament fait sous une

713. The formalities governing the various kinds of wills shall be observed on pain of nullity.

However, if a will made in one form does

forme donnée et qui ne satisfait pas aux exigences de cette forme vaut comme testament fait sous une autre forme, s'il en respecte les conditions de validité.

[1991, c. 64, a. 713].

not meet the requirements of that form of will, it is valid as a will made in another form if it meets the requirements for validity of that other form.

[1991, c. 64, a. 713].

▌C.C.Q., 712, 715-730, 772, 773, 2814 (6), 3098-3101; C.P.C., 887-891; D.T., 7, 40.

714. Le testament olographe ou devant témoins qui ne satisfait pas pleinement aux conditions requises par sa forme vaut néanmoins s'il y satisfait pour l'essentiel et s'il contient de façon certaine et non équivoque les dernières volontés du défunt.

[1991, c. 64, a. 714].

714. A holograph will or a will made in the presence of witnesses that does not meet all the requirements of that form is valid nevertheless if it meets the essential requirements thereof and if it unquestionably and unequivocally contains the last wishes of the deceased.

[1991, c. 64, a. 714].

▌C.C.Q., 704, 712, 713, 726, 727-730, 772 et s.; C.P.C., 887 et s.; D.T., 7, 40.

715. Nul ne peut soumettre la validité de son testament à des formalités que la loi ne prévoit pas.

[1991, c. 64, a. 715].

715. No person may cause the validity of his will to be subject to any formality not required by law.

[1991, c. 64, a. 715].

▌C.C.Q., 8, 9, 703, 704, 706, 712-714, 765, 766, 772-775, 3109, 3110; D.T., 7, 40.

SECTION II —
DU TESTAMENT NOTARIÉ

SECTION II —
NOTARIAL WILLS

716. Le testament notarié est reçu en minute par un notaire, assisté d'un témoin ou, en certains cas, de deux témoins.

Il doit porter mention de la date et du lieu où il est reçu.

[1991, c. 64, a. 716].

716. A notarial will is made before a notary, *en minute*, in the presence of a witness or, in certain cases, two witnesses.

The date and place of the making of the will shall be noted on the will.

[1991, c. 64, a. 716].

▌C.C.Q., 712-714, 717-725, 765, 766, 768, 2814, 2818, 2819, 2821, 3109, 3110; D.T., 7, 40.

717. Le testament notarié est lu par le notaire au testateur seul ou, au choix du testateur, en présence d'un témoin. Une fois la lecture faite, le testateur doit déclarer en présence du témoin que l'acte lu contient l'expression de ses dernières volontés.

Le testament est ensuite signé par le testateur et le ou les témoins, ainsi que par le notaire; tous signent en présence les uns des autres.

[1991, c. 64, a. 717].

717. A notarial will is read by the notary to the testator alone or, if the testator chooses, in the presence of a witness. Once the reading is done, the testator shall declare in the presence of the witness that the act read contains the expression of his last wishes.

The will, after being read, is signed by the testator, the witness or witnesses and the notary, in each other's presence.

[1991, c. 64, a. 717; 1992, c. 57, s. 716].

▌C.C.Q., 55, 56, 713, 716, 718-725, 2819, 2827.

718. Les formalités du testament notarié sont présumées avoir été accomplies, même s'il n'en est pas fait mention expresse, sous réserve des lois relatives au notariat.

Cependant, en cas de formalités spéciales à certains testaments, mention doit être faite dans l'acte de la cause de leur accomplissement.

[1991, c. 64, a. 718].

❚ C.C.Q., 716, 717, 719-725, 2814, 2821, 2847.

718. The formalities governing notarial wills are presumed to have been observed even when this is not expressly stated, subject to the Acts respecting notaries.

However, where special formalities are attached to certain wills, the reason for their observance shall be mentioned in the act.

[1991, c. 64, a. 718

719. Le testament notarié de celui qui ne peut signer contient la déclaration du testateur faisant état de ce fait. Cette déclaration est également lue par le notaire au testateur, en présence de deux témoins, et elle supplée à l'absence de signature du testateur.

[1991, c. 64, a. 719].

❚ C.C.Q., 716-718, 725, 760, 2819.

719. The notarial will of a testator who cannot sign contains a declaration by him to that effect. This declaration also is read by the notary to the testator in the presence of two witnesses, and it compensates for the absence of the signature of the testator.

[1991, c. 64, a. 719].

720. Le testament notarié de l'aveugle est lu par le notaire au testateur en présence de deux témoins.

Dans le testament, le notaire déclare qu'il en a fait la lecture en présence des témoins; cette déclaration est également lue.

[1991, c. 64, a. 720].

❚ C.C.Q., 713, 717, 718, 725, 729, 772.

720. The notarial will of a blind person is read by the notary to the testator in the presence of two witnesses.

In the will, the notary declares that he has read the will in the presence of the witnesses, and this declaration also is read.

[1991, c. 64, a. 720].

721. Le testament notarié du sourd ou du sourd-muet est lu par le testateur lui-même en présence du notaire seul ou, à son choix, du notaire et d'un témoin. La lecture est faite à haute voix si le testateur est sourd seulement.

Dans le testament, le testateur déclare qu'il l'a lu en présence du notaire et, le cas échéant, du témoin.

Si le testateur est sourd-muet, cette déclaration lui est lue par le notaire en présence du témoin; s'il est sourd, elle est lue par lui-même à haute voix, en présence du notaire et du témoin.

[1991, c. 64, a. 721].

❚ C.C.Q., 713, 718, 722, 725.

721. The notarial will of a deaf person or a deaf-mute is read by the testator himself in the presence of the notary alone or, if he chooses, of the notary and a witness. If the testator is only deaf, he reads the will aloud.

In the will, the testator declares that he has read it in the presence of the notary and, where such is the case, the witness.

If the testator is deaf-mute, the declaration is read to him by the notary in the presence of the witness; if he is deaf, it is read aloud by the testator himself, in the presence of the notary and the witness.

[1991, c. 64, a. 721].

722. La personne qui, ne pouvant s'exprimer de vive voix, désire faire un testament notarié, instruit le notaire de ses volontés par écrit.

[1991, c. 64, a. 722].

❚ C.C.Q., 716-718, 721, 730.

722. A person unable to express himself aloud who wishes to make a notarial will conveys his wishes to the notary in writing.

[1991, c. 64, a. 722].

723. Le testament notarié ne peut être reçu par un notaire conjoint, parent ou allié du testateur, ni en ligne directe, ni en ligne collatérale jusqu'au troisième degré inclusivement.

[1991, c. 64, a. 723].

❚ C.C.Q., 655-659, 716, 759.

723. In no case may a notarial will be made before a notary who is the spouse of the testator or is related to him in either the direct or the collateral line up to and including the third degree, or connected with him by marriage or a civil union.

[1991, c. 64, a. 723; 2002, c. 6, s. 235].

724. Le notaire qui reçoit un testament peut y être désigné comme liquidateur, à la condition de remplir gratuitement cette charge.

[1991, c. 64, a. 724].

❚ C.C.Q., 716, 759, 777-779, 783-793.

724. The notary before whom a will is made may be designated in the will as the liquidator, provided his discharge of that office is gratuitous.

[1991, c. 64, a. 724].

725. Le témoin appelé à assister au testament notarié doit y être nommé et désigné.

Tout majeur peut assister comme témoin au testament notarié, à l'exception des employés du notaire instrumentant[1] qui ne sont pas notaires.

[1991, c. 64, a. 725].

725. A witness called upon to be present at the making of a notarial will shall be named and designated in the will.

Any person of full age may witness a notarial will, except an employee of the attesting[1] notary who is not himself a notary.

[1991, c. 64, a. 725].

Note 1 : Comp. *Loi sur le notariat*, c. N-1, a. 40/*Notarial Act*, c. N-1, s. 40: notaire instrumentant/officiating notary.

❚ C.C.Q., 5, 153, 176, 716, 717, 719, 720, 721, 723, 2819.

SECTION III —
DU TESTAMENT OLOGRAPHE

SECTION III —
HOLOGRAPH WILLS

726. Le testament olographe doit être entièrement écrit par le testateur et signé par lui, autrement que par un moyen technique†.

Il n'est assujetti à aucune autre forme.

[1991, c. 64, a. 726].

726. A holograph will shall be written entirely by the testator and signed by him without the use of any mechanical† process.

It is subject to no other formal requirement.

[1991, c. 64, a. 726; 1992, c. 57, s. 716].

❚ C.C.Q., 703, 704, 712-714, 737, 765-768, 772-775, 2827, 3109, 3110; C.P.C., 887-891; D.T., 7, 40.

SECTION IV —
DU TESTAMENT DEVANT TÉMOINS

SECTION IV —
WILLS MADE IN THE PRESENCE OF WITNESSES

727. Le testament devant témoins est écrit par le testateur ou par un tiers.

En présence de deux témoins majeurs, le testateur déclare ensuite que l'écrit qu'il présente, et dont il n'a pas à divulguer le contenu, est son testament; il le signe à la fin ou, s'il l'a signé précédemment, reconnaît sa signature; il peut aussi le faire signer par un tiers pour lui, en sa présence et suivant ses instructions.

Les témoins signent aussitôt le testament en présence du testateur.

[1991, c. 64, a. 727].

727. A will made in the presence of witnesses is written by the testator or by a third person.

After making the will, the testator declares in the presence of two witnesses of full age that the document he is presenting is his will. He need not divulge its contents. He signs it at the end or, if he has already signed it, acknowledges his signature; he may also cause a third person to sign it for him in his presence and according to his instructions.

The witnesses thereupon sign the will in the presence of the testator.

[1991, c. 64, a. 727].

▮ C.C.Q., 703, 704, 707, 713, 714, 728-730, 760, 765-768, 772, 2827, 3109; C.P.C., 887-891; D.T., 7, 40.

728. Lorsque le testament est écrit par un tiers ou par un moyen technique†, le testateur et les témoins doivent parapher ou signer chaque page de l'acte qui ne porte pas leur signature.

L'absence de paraphe ou de signature à chaque page n'empêche pas le testament notarié, qui ne peut valoir comme tel, de valoir comme testament devant témoins si les autres formalités sont accomplies.

[1991, c. 64, a. 728].

728. Where the will is written by a third person or by a mechanical† process, the testator and the witnesses initial or sign each page of the act which does not bear their signature.

The absence of initials or a signature on each page does not prevent a will made before a notary that is not valid as a notarial will from being valid as a will made in the presence of witnesses, if the other formalities are observed.

[1991, c. 64, a. 728].

▮ C.C.Q., 713, 714, 727.

729. La personne qui ne peut lire ne peut faire un testament devant témoins, à moins que la lecture n'en soit faite au testateur par l'un des témoins en présence de l'autre.

En présence des mêmes témoins, le testateur déclare que l'écrit lu est son testament et le signe à la fin ou le fait signer par un tiers pour lui, en sa présence et suivant ses instructions.

Les témoins signent aussitôt le testament en présence du testateur.

[1991, c. 64, a. 729].

729. A person who is unable to read may not make a will in the presence of witnesses, unless the will is read to the testator by one of the witnesses in the presence of the other.

The testator, in the presence of the same witnesses, declares that the document read is his will and signs it at the end or causes a third person to sign it for him in his presence and according to his instructions.

The witnesses thereupon sign the will in the presence of the testator.

[1991, c. 64, a. 729].

▮ C.C.Q., 713, 714, 720, 727, 728.

730. La personne qui ne peut parler, mais peut écrire, peut faire un testament devant témoins, à la condition d'écrire elle-même, autrement que par un moyen technique† mais en présence des témoins, que l'écrit qu'elle présente est son testament.

[1991, c. 64, a. 730].

▌ C.C.Q., 727, 728.

730. A person who is unable to speak but able to write may make a will in the presence of witnesses, provided he indicates in writing, otherwise than by a mechanical† process, in the presence of witnesses, that the writing he is presenting is his will.

[1991, c. 64, a. 730].

Chapitre IV ━━
Des dispositions testamentaires et des légataires

Chapter IV ━━
Testamentary dispositions and legatees

SECTION I ━━
DES DIVERSES ESPÈCES DE LEGS

SECTION I ━━
VARIOUS KINDS OF LEGACIES

731. Les legs sont de trois espèces: universel, à titre universel ou à titre particulier.

[1991, c. 64, a. 731].

731. Legacies are of three kinds: universal, by general title and by particular title.

[1991, c. 64, a. 731].

▌ C.C.Q., 613, 619, 625, 626, 630, 632, 637, 703, 704, 732 et s., 785, 823-835, 1441.

732. Le legs universel est celui qui donne à une ou plusieurs personnes vocation à recueillir la totalité de la succession.

[1991, c. 64, a. 732].

▌ C.C.Q., 619, 731, 735-738, 749.

732. A universal legacy entitles one or several persons to take the entire succession.

[1991, c. 64, a. 732].

733. Le legs à titre universel est celui qui donne à une ou plusieurs personnes vocation à recueillir:

1° La propriété d'une quote-part de la succession;

2° Un démembrement du droit de propriété sur la totalité ou sur une quote-part de la succession;

3° La propriété ou un démembrement de ce droit sur la totalité ou sur une quote-part de l'universalité des immeubles ou des meubles, des biens propres, communs ou acquêts, ou des biens corporels ou incorporels.

[1991, c. 64, a. 733].

▌ C.C.Q., 619, 731, 735-738, 749, 823-825, 899-907, 1119-1211, 1779-1784.

733. A legacy by general title entitles one or several persons to take

(1) the ownership of an aliquot share of the succession;

(2) a dismemberment of the right of ownership of the whole or of an aliquot share of the succession;

(3) the ownership or a dismemberment of the right of ownership of the whole or of an aliquot share of all the immovable or movable property, private property, property in a community or acquests, or corporeal or incorporeal property.

[1991, c. 64, a. 733].

734. Tout legs qui n'est ni universel ni à titre universel est à titre particulier.

[1991, c. 64, a. 734].

734. Any legacy which is neither a universal legacy nor a legacy by general title is a legacy by particular title.

[1991, c. 64, a. 734].

❚ C.C.Q., 619, 731-742, 749, 755, 756, 762, 776, 812-818, 823-835, 1823.

735. L'exception de biens particuliers, quels qu'en soient le nombre et la valeur, n'enlève pas son caractère au legs universel ou à titre universel.

[1991, c. 64, a. 735].

735. The exception of particular items of property, whatever their number or value, does not destroy the character of a universal legacy or of a legacy by general title.

[1991, c. 64, a. 735].

❚ C.C.Q., 732-734.

736. Les biens que le testateur laisse sans en avoir disposé, ou à l'égard desquels les dispositions sont privées d'effet, demeurent dans sa succession *ab intestat* et sont dévolus suivant les règles relatives à la dévolution légale des successions.

[1991, c. 64, a. 736].

736. Property left by the testator for which he made no disposition or respecting which the dispositions of his will are without effect remains in his intestate succession and devolves according to the rules governing legal devolution of successions.

[1991, c. 64, a. 736].

❚ C.C.Q., 613, 619, 630, 653 et s., 703, 704, 732-734, 737, 750 et s., 1806 et s.

737. Les dispositions testamentaires faites sous le nom d'institution d'héritier, de don ou de legs, ou sous toute autre dénomination propre à manifester la volonté du testateur, produisent leurs effets suivant les règles établies au présent livre pour les legs universels, à titre universel ou à titre particulier.

Ces règles, de même que le sens attribué à certains termes, cèdent devant l'expression suffisante, par le testateur, d'une volonté différente.

[1991, c. 64, a. 737].

737. Testamentary dispositions made in the form of an appointment of heir, a gift or a legacy, or in other terms indicating the intentions of the testator, take effect according to the rules laid down in this Book with regard to universal legacies, legacies by general title or legacies by particular title.

Sufficient expression by the testator of a different intention takes precedence over the rules referred to in the first paragraph and the meaning ascribed to certain terms.

[1991, c. 64, a. 737].

❚ C.C.Q., 8, 9, 522, 578, 619, 703, 704, 736, 739, 764, 1425-1432, 3081; C.P.C., 453-456.

SECTION II —
DES LÉGATAIRES

SECTION II —
LEGATEES

738. Le légataire universel ou à titre universel est héritier dès l'ouverture de la succession, pour autant qu'il accepte le legs.

[1991, c. 64, a. 738].

738. A universal legatee or legatee by general title is the* heir upon the opening of the succession, provided he accepts the legacy.

[1991, c. 64, a. 738].

❚ C.C.Q., 416, 453, 473, 474, 521.6, 536, 537, 613, 619, 625, 630-645, 732-734, 739-742, 777, 779, 785, 839-848, 855-864, 1441, 2998.

739. Le légataire particulier qui accepte le legs n'est pas un héritier, mais il est néanmoins saisi, comme un héritier, des biens légués, par le décès du défunt ou par l'événement qui donne effet à son legs.

Il n'est pas tenu des obligations du défunt sur ces biens, à moins que les autres biens de la succession ne suffisent pas à payer les dettes; en ce cas, il n'est tenu qu'à concurrence de la valeur des biens qu'il recueille.

[1991, c. 64, a. 739].

739. A legatee by particular title who accepts the legacy is not an heir, but is seised as an heir of the property of the legacy by the death of the deceased or by the event giving effect to his legacy.

He is not liable for the debts of the deceased on the property of the legacy unless the other property of the succession is insufficient to pay the debts, in which case he is liable only up to the value of the property he takes.

[1991, c. 64, a. 739].

▌C.C.Q., 617, 625-629, 734, 738, 740-742, 749, 777, 812-816, 826-835, 2998.

740. Le légataire particulier doit, pour recevoir son legs, avoir les mêmes qualités que celles requises pour succéder.

Il peut être indigne de recevoir, comme on peut l'être pour succéder; il peut, comme un successible, demander au tribunal de déclarer l'indignité d'un héritier ou d'un colégataire particulier.

[1991, c. 64, a. 740].

740. In order to receive his legacy, the legatee by particular title is required to have the same qualities as for succession.

He may be unworthy to receive on the same grounds as for succession; like a successor, he may apply to the court to declare an heir or a colegatee by particular title unworthy.

[1991, c. 64, a. 740].

▌C.C.Q., 617-625, 739, 741, 742, 750, 755, 756, 777, 1242, 1279.

741. Le légataire particulier a le droit, comme un successible, de délibérer et d'exercer son option à l'égard du legs qui lui est fait, avec les mêmes effets et suivant les mêmes règles.

[1991, c. 64, a. 741].

741. Like a successor, a legatee by particular title has the right to deliberate and exercise his option in respect of the legacy made to him, with the same effects and according to the same rules.

[1991, c. 64, a. 741].

▌C.C.Q., 630-652, 734, 739, 740, 742.

742. Les dispositions relatives à la pétition d'hérédité et à ses effets sur la transmission de la succession sont également applicables au légataire particulier, compte tenu des adaptations nécessaires.

Pour le reste, le légataire particulier est assujetti aux dispositions du présent livre qui concernent les légataires.

[1991, c. 64, a. 742].

742. The provisions respecting the petition of inheritance and its effects on the transmission of the succession are also applicable, adapted as required, to a legatee by particular title.

In all other respects, the legatee by particular title is subject to the provisions of this Book respecting legatees.

[1991, c. 64, a. 742].

▌C.C.Q., 626-629, 738-741.

SECTION III —
DE L'EFFET DES LEGS

SECTION III —
THE EFFECT OF LEGACIES

743. Les fruits et revenus du bien légué profitent au légataire, à compter de l'ouverture de la succession ou du moment où la disposition produit effet à son égard.

[1991, c. 64, a. 743].

743. Fruits and revenues from the property bequeathed accrue to the legatee from the opening of the succession or the time when the disposition takes effect in his favour.

[1991, c. 64, a. 743].

❚ C.C.Q., 619, 625, 645, 738, 739, 744-746, 777, 871, 878, 910.

744. Le bien légué est délivré avec ses accessoires, dans l'état où il se trouve au décès du testateur.

Il en est de même, s'il s'agit d'un legs de valeurs mobilières, des droits qui leur sont attachés et n'ont pas encore été exercés.

[1991, c. 64, a. 744].

744. Bequeathed property is delivered, with its dependencies, in the condition it was in when the testator died.

This rule also applies to the rights attached to bequeathed securities, if they have not yet been exercised.

[1991, c. 64, a. 744].

❚ C.C.Q., 625, 738, 739, 745, 746, 751, 824, 825, 831, 878, 910, 1120 et s., 1177 et s.

745. En cas de legs d'un immeuble, l'immeuble accessoire ou annexe qui a été acquis par le testateur depuis la signature du testament est présumé compris dans le legs s'il compose un tout avec l'immeuble légué.

[1991, c. 64, a. 745].

745. Where immovable property is bequeathed, any dependent or annexed immovable property acquired by the testator after signing the will is presumed to be included in the legacy, provided the property forms a unit with the immovable bequeathed.

[1991, c. 64, a. 745].

❚ C.C.Q., 455, 703, 737, 744, 746, 900-904, 948, 954, 955, 2847.

746. Le legs d'une entreprise est présumé inclure les exploitations acquises ou créées depuis la signature du testament et qui composent, au décès, une unité économique avec l'entreprise léguée.

[1991, c. 64, a. 746].

746. The bequest of an enterprise is presumed to include the operations acquired or created after the signing of the will which, at the time of death, make up an economic unit with the bequeathed enterprise.

[1991, c. 64, a. 746].

❚ C.C.Q., 703, 737, 744, 839, 852, 1525, 2847.

747. Lorsque le paiement du legs est soumis à un terme, le légataire a, néanmoins, un droit acquis dès le décès du testateur et transmissible à ses propres héritiers ou légataires particuliers.

Son droit au legs fait sous condition est également transmissible, sauf si la condition a un caractère purement personnel.

[1991, c. 64, a. 747].

747. Where the payment of a legacy is subject to a term, the legatee nevertheless has an acquired right from the death of the testator which is transmissible to his own heirs or legatees by particular title.

The right of the legatee to a legacy made under a condition is also transmissible unless the condition is of a purely personal nature.

[1991, c. 64, a. 747].

■ C.C.Q., 625, 645, 739, 743, 750, 757, 1497-1517.

748. Le legs au créancier n'est pas présumé fait en compensation de sa créance.
[1991, c. 64, a. 748].

748. A legacy to a creditor is not presumed to have been made as compensation for his claim.
[1991, c. 64, a. 748].

■ C.C.Q., 776, 1672, 2847.

749. La représentation a lieu, dans les successions testamentaires, de la même manière et en faveur des mêmes personnes que dans les successions *ab intestat*, lorsque le legs est fait à tous les descendants ou collatéraux du testateur qui auraient été appelés à sa succession s'il était décédé *ab intestat*, à moins qu'elle ne soit exclue par le testateur, expressément ou par l'effet des dispositions du testament.

749. Where, in testamentary successions, the legacy is made to all the descendants or collaterals of the testator who would have been called to his succession had he died intestate, representation takes place in the same manner and in favour of the same persons as in intestate successions, unless it is excluded by the testator, expressly or by the effect of the dispositions of the will.

Cependant, il n'y a pas de représentation en matière de legs particulier, sauf disposition contraire du testateur.
[1991, c. 64, a. 749].

There is no representation in the matter of legacies by particular title, however, unless the testator has so provided.
[1991, c. 64, a. 749].

■ C.C.Q., 613, 653, 657, 659-665, 668, 669, 703, 750, 755, 756, 1252; D.T., 41.

SECTION IV —
DE LA CADUCITÉ ET DE LA NULLITÉ DES LEGS

SECTION IV —
LAPSE AND NULLITY OF LEGACIES

750. Le legs est caduc, sauf s'il y a lieu à représentation, lorsque le légataire n'a pas survécu au testateur.

750. A legacy lapses when the legatee does not survive the testator, except where there may be representation.

Il est aussi caduc lorsque le légataire le refuse, est indigne de le recevoir, ou encore lorsqu'il décède avant l'accomplissement de la condition suspensive dont le legs est assorti si la condition a un caractère purement personnel.
[1991, c. 64, a. 750].

A legacy also lapses where the legatee refuses it, is unworthy to receive it or, where he dies before the fulfilment of the suspensive condition attached to it, if the condition is of a purely personal nature.
[1991, c. 64, a. 750].

■ C.C.Q., 616, 617, 620-623, 631, 646-652, 660-665, 703, 740, 747, 749, 751-757, 1252, 1497 et s.

751. Le legs est également caduc si le bien légué a totalement péri du vivant du testateur ou avant l'ouverture du legs fait sous une condition suspensive.

751. A legacy also lapses if the bequeathed property perished totally during the lifetime of the testator or before the opening of a legacy made under a suspensive condition.

Si la perte du bien survient au décès du testateur, à l'ouverture du legs ou posté-

If the loss of the property occurs at the death of the testator, at the opening of the

rieurement, l'indemnité d'assurance est substituée au bien qui a péri.

[1991, c. 64, a. 751].

▮ C.C.Q., 747, 750, 752, 753, 1497 et s.

752. Lorsqu'un legs chargé d'un autre legs devient caduc pour une cause qui se rattache au légataire, le legs imposé comme charge devient lui-même caduc, à moins que l'héritier ou le légataire qui recueille ce qui faisait l'objet du legs atteint de caducité ne soit en mesure d'exécuter la charge.

[1991, c. 64, a. 752].

▮ C.C.Q., 750, 751, 753.

753. Le legs fait au liquidateur en guise de rémunération est caduc si le liquidateur n'accepte pas la charge.

Il en est de même du legs rémunératoire en faveur de la personne que le testateur nomme tuteur à un enfant mineur ou qu'il a désignée pour agir à titre d'administrateur du bien d'autrui.

[1991, c. 64, a. 753].

▮ C.C.Q., 184, 200, 201, 210, 724, 754, 760, 786, 789, 1278, 1300, 1367.

754. Le legs rémunératoire est résolu† lorsque le liquidateur, le tuteur ou autre administrateur du bien d'autrui désigné par le testateur cesse d'occuper sa charge; dans ce cas, il a droit à une rémunération proportionnelle à la valeur du legs et au temps pendant lequel il a occupé la charge.

[1991, c. 64, a. 754].

▮ C.C.Q., 184, 200, 201, 210, 753, 760, 786, 789, 1278, 1299 et s., 1367.

755. Il y a accroissement au profit des légataires particuliers lorsque le bien leur est légué conjointement et qu'il y a caducité à l'égard de l'un d'eux.

[1991, c. 64, a. 755].

▮ C.C.Q., 646, 647, 734, 736, 749-753, 756, 1166.

756. Le legs particulier est présumé fait conjointement lorsqu'il est fait par une seule et même disposition, et que le testateur n'a pas assigné la part de chacun des

bequest or subsequently, the insurance indemnity is substituted for the property that perished.

[1991, c. 64, a. 751].

752. Where a legacy charged with another legacy lapses from a cause depending on the legatee, the legacy imposed as a charge also lapses, unless the heir or legatee called to take what was the object of the lapsed legacy is able to execute the charge.

[1991, c. 64, a. 752].

753. A legacy made to the liquidator as remuneration lapses if he does not accept the office.

This is also the case where a legacy is made to remunerate the person appointed by the testator as tutor to a minor child or designated by him to act as the administrator of the property of others.

[1991, c. 64, a. 753].

754. A remunerative legacy ceases to have effect† where the liquidator, tutor or administrator of the property of others designated by the testator ceases to hold office as such; he has in this case a right to remuneration proportionate to the value of the legacy and the time for which he held office.

[1991, c. 64, a. 754].

755. Accretion takes place in favour of the legatees by particular title where property is bequeathed to them jointly and a lapse occurs with regard to one of them.

[1991, c. 64, a. 755].

756. A legacy by particular title is presumed to be made jointly if it is made by one and the same disposition and if the testator has not allotted the share of each

colégataires dans le bien légué ou qu'il leur a assigné des quotes-parts égales.

colegatee in the bequeathed property or has allotted the colegatees equal aliquot shares.

Il est encore présumé fait conjointement lorsque tout le bien a été légué par le même acte à plusieurs personnes séparément.

[1991, c. 64, a. 756].

It is also presumed to be made jointly when the entire property is bequeathed by the same act to several persons separately.

[1991, c. 64, a. 756].

▌ C.C.Q., 731-734, 750-755, 827, 2847.

757. La condition impossible ou contraire à l'ordre public est réputée non écrite.

757. A condition that is impossible or that is contrary to public order is deemed unwritten.

Ainsi est réputée non écrite la disposition limitant les droits du conjoint survivant lorsqu'il se lie de nouveau par un mariage ou une union civile.

[1991, c. 64, a. 757; 2002, c. 6, a. 41].

Thus, a clause limiting the rights of a surviving spouse in the event of a remarriage or new civil union is deemed unwritten.

[1991, c. 64, a. 757; 1992, c. 57, s. 716; 2002, c. 6, s. 41].

▌ C.C.Q., 8, 9, 747, 758, 1212-1217, 1373, 1411, 1499, 2847, 3081; D.T., 5.

758. La clause pénale ayant pour but d'empêcher l'héritier ou le légataire particulier de contester la validité de tout ou partie du testament est réputée non écrite.

758. A penal clause intended to prevent an heir or a legatee by particular title from contesting the validity of the will or any part of it is deemed unwritten.

Est aussi réputée non écrite l'exhérédation prenant la forme d'une clause pénale visant le même but.

[1991, c. 64, a. 758].

An exheredation taking the form of a penal clause intended for the same purpose is also deemed unwritten.

[1991, c. 64, a. 758].

▌ C.C.Q., 738, 757, 773, 1216, 1499, 1622, 2847; D.T., 42, 45.

759. Le legs fait au notaire qui reçoit[1] le testament ou celui fait au conjoint du notaire ou à l'un de ses parents au premier degré est sans effet; les autres dispositions du testament subsistent.

[1991, c. 64, a. 759].

759. A legacy made to the notary who receives[1] a will or to the spouse of the notary or to a relative in the first degree of the notary is without effect; this does not affect the other dispositions of the will.

[1991, c. 64, a. 759; 2002, c. 19, s. 15].

Note 1 : Comp. les articles 129 et 2988, où les termes « recevoir » et « *to execute* » sont présentés comme équivalents, en accord avec le droit commun notarial exprimé dans la *Loi sur le notariat*, RLRQ, c. N-2, a. 6 et suiv. / Comp. a. 129 and 2988, in which the verbs "to execute" and "*recevoir*" are employed as equivalents, in keeping with the common law notarial matters as set forth in the *Notarial Act*, CQLR, c. N-2.

▌ C.C.Q., 656, 703, 716, 723, 724, 753, 760, 761, 773; D.T., 5, 42.

760. Le legs fait au témoin, même en surnombre, est sans effet, mais laisse subsister les autres dispositions du testament.

760. A legacy made to a witness, even a supernumerary, is without effect, but this does not affect the other dispositions of the will.

Il en est de même, pour la partie qui excède sa rémunération, du legs fait en faveur

The same is true of that part of the legacy made to the liquidator or to another admin-

veur du liquidateur ou d'un autre administrateur du bien d'autrui désigné au testament, s'il agit comme témoin.

[1991, c. 64, a. 760].

C.C.Q., 703, 716, 724, 725, 727, 753, 754, 773, 789, 1300.

istrator of property of others designated in the will which exceeds his remuneration, if he acts as a witness.

[1991, c. 64, a. 760; 2002, c. 19, s. 15].

761. Le legs fait au propriétaire, à l'administrateur ou au salarié d'un établissement de santé ou de services sociaux qui n'est ni le conjoint ni un proche parent du testateur, est sans effet s'il a été fait à l'époque où le testateur y† était soigné ou y† recevait des services.

Le legs fait au membre de la famille d'accueil à l'époque où le testateur y demeurait est également sans effet†.

[1991, c. 64, a. 761].

C.C.Q., 703, 707-711, 1398 et s., 1817; D.T., 5.

761. A legacy made to the owner, a director or an employee of a health or social services establishment who is neither the spouse nor a close relative of the testator is without effect if it was made while the testator was receiving care or services from† the establishment.

A legacy made to a member of a foster family while the testator was residing with that family is also without effect†.

[1991, c. 64, a. 761; 2002, c. 19, s. 15].

762. Le legs du bien d'autrui est sans effet, sauf s'il apparaît que l'intention du testateur était d'obliger l'héritier à procurer le bien légué au légataire particulier.

[1991, c. 64, a. 762].

C.C.Q., 704, 737-739, 769, 916, 1713, 2288.

762. A legacy of property of another is without effect, unless it appears that the intention of the testator was to oblige the heir to obtain the bequeathed property for the legatee by particular title.

[1991, c. 64, a. 762; 2002, c. 19, s. 15].

Chapitre V ──
De la révocation du testament ou d'un legs

Chapter V ──
Revocation of wills and legacies

763. La révocation du testament ou d'un legs est expresse ou tacite.

[1991, c. 64, a. 763].

C.C.Q., 704, 706, 764-771, 1841, 2449, 2450; C.P.C., 866 et s.

763. Revocation of a will or of a legacy is express or tacit.

[1991, c. 64, a. 763].

764. Le legs fait au conjoint antérieurement au divorce ou à la dissolution de l'union civile est révoqué, à moins que le testateur n'ait, par des dispositions† testamentaires, manifesté l'intention d'avantager le conjoint malgré cette éventualité.

La révocation du legs emporte celle de la désignation du conjoint comme liquidateur de la succession.

Les mêmes règles s'appliquent en cas de

764. A legacy made to the spouse before a divorce or the dissolution of a civil union is revoked unless the testator manifested, by means of testamentary dispositions†, the intention of benefitting the spouse despite that possibility.

Revocation of the legacy entails revocation of the designation of the spouse as liquidator of the succession.

The same rules apply if the marriage or

nullité du mariage ou de l'union civile prononcée du vivant des conjoints.

[1991, c. 64, a. 764; 2002, c. 6, a. 42].

civil union is declared null during the lifetime of the spouses.

[1991, c. 64, a. 764; 2002, c. 6, s. 42].

Note : Dans le premier alinéa, le législateur a sans doute voulu parler de « disposition testamentaire » au sens de clause contenue dans un testament, auquel cas le terme « *testamentary disposition* » est un gallicisme. Il aurait plutôt fallu utiliser « disposition testamentaire » et « *testamentary provision* » comme termes équivalents. / In the first paragraph, the legislature no doubt refers to "*disposition testamentaire*" in the sense of clause contained in a will, in which case the expression "testamentary disposition" is a Gallicism. "Testamentary provision" and "*disposition testamentaire*" would have been preferable as equivalents.

❚ C.C.Q., 380, 386, 507, 510, 519, 521.10-521.12, 521.19, 624, 763, 786, 2459, 3096.

---

765. La révocation expresse est faite par un testament postérieur portant explicitement déclaration du changement de volonté.

La révocation qui ne vise pas spécialement l'acte révoqué ne cesse pas d'être expresse.

[1991, c. 64, a. 765].

❚ C.C.Q., 42, 703-705, 712, 763, 766, 2449, 2450.

765. Express revocation is made by a subsequent will explicitly declaring the change of intention.

A revocation that does not specifically refer to the revoked act is nonetheless express.

[1991, c. 64, a. 765].

---

766. Le testament qui en révoque un autre peut être fait dans une forme différente de celle du testament révoqué.

[1991, c. 64, a. 766].

❚ C.C.Q., 704, 705, 706, 712-714, 765, 768.

766. A will that revokes another will may be made in a different form from that of the revoked will.

[1991, c. 64, a. 766].

---

767. La destruction, la lacération ou la rature du testament olographe ou fait devant témoins emporte révocation s'il est établi qu'elle a été faite délibérément par le testateur ou sur son ordre. De même, la rature d'une de leurs dispositions emporte révocation du legs qui y est fait.

La destruction ou la perte du testament connue du testateur, alors qu'il était en mesure de le remplacer, emporte aussi révocation.

[1991, c. 64, a. 767].

❚ C.C.Q., 621, 704, 706, 763, 772, 774, 775, 2803, 2967; C.P.C., 870 et s.

767. The destruction, tearing or erasure of a holograph will or of a will made in the presence of witnesses entails revocation if it is established that this was done deliberately by the testator or on his instructions. Similarly, the erasure of any disposition of a will entails revocation of the legacy made by that disposition.

Revocation is entailed also where the testator was aware of the destruction or loss of the will and could have replaced it.

[1991, c. 64, a. 767].

---

768. La révocation tacite résulte pareillement de toute disposition testamentaire

768. A subsequent testamentary disposition similarly entails tacit revocation of a

nouvelle, dans la mesure où elle est incompatible avec une disposition antérieure.

Cette révocation conserve tout son effet, quoique la disposition nouvelle devienne caduque.

[1991, c. 64, a. 768].

▌ C.C.Q., 613, 750 et s., 763.

previous disposition to the extent that they are inconsistent.

The revocation retains its full effect even if the subsequent disposition lapses.

[1991, c. 64, a. 768].

769. L'aliénation du bien légué, même forcée ou faite sous une condition résolutoire ou par un échange, emporte aussi révocation pour tout ce qui a été aliéné, sauf disposition contraire.

La révocation subsiste, encore que le bien aliéné se retrouve dans le patrimoine du testateur, sauf preuve d'une intention contraire.

L'aliénation forcée du bien légué, si elle est annulée, n'emporte pas révocation.

[1991, c. 64, a. 769].

▌ C.C.Q., 762, 763, 1398, 1399, 1497, 1806.

769. Alienation of bequeathed property, even when forced or made under a resolutive condition or by exchange, also entails revocation with regard to everything that has been alienated, unless the testator provided otherwise.

Revocation subsists even if the alienated property has returned into the patrimony of the testator, unless a contrary intention is proved.

If the forced alienation of the bequeathed property is annulled, it does not entail revocation

[1991, c. 64, a. 769].

770. La révocation d'une révocation antérieure, expresse ou tacite, n'a pas pour effet de faire revivre la disposition primitive, à moins que le testateur n'ait manifesté une intention contraire ou que cette intention ne résulte des circonstances.

[1991, c. 64, a. 770].

▌ C.C.Q., 763, 766, 767.

770. Revocation of a previous express or tacit revocation does not revive the original disposition, unless the testator manifested a contrary intention or unless such intention is apparent from the circumstances.

[1991, c. 64, a. 770].

771. Si, en raison de circonstances imprévisibles lors de l'acceptation du legs, l'exécution d'une charge devient impossible ou trop onéreuse pour l'héritier ou le légataire particulier, le tribunal peut, après avoir entendu les intéressés, la révoquer ou la modifier, compte tenu de la valeur du legs, de l'intention du testateur et des circonstances.

[1991, c. 64, a. 771].

▌ C.C.Q., 619, 630, 637, 1294, 1834; C.P.C., 74, 453, 472; D.T., 44.

771. If, owing to circumstances unforeseeable at the time of the acceptance of the legacy, the execution of a charge becomes impossible or too burdensome for the heir or the legatee by particular title, the court, after hearing the interested persons, may revoke it or change it, taking account of the value of the legacy, the intention of the testator and the circumstances.

[1991, c. 64, a. 771].

Chapitre VI ——
De la preuve et de la vérification des testaments

Chapter VI ——
Proof and probate of wills

772. Le testament olographe ou devant témoins est vérifié, à la demande de tout intéressé, en la manière prescrite au *Code de procédure civile* (chapitre C-25).

Les héritiers et successibles connus doivent être appelés à la vérification du testament, sauf dispense du tribunal.

[1991, c. 64, a. 772].

772. A holograph will or a will made in the presence of witnesses is probated, on the demand of any interested person, in the manner prescribed in the *Code of Civil Procedure* (chapter C-25).

The known heirs and successors shall be summoned to the probate of the will unless an exemption is granted by the court.

[1991, c. 64, a. 772].

∎ C.C.Q., 102, 613, 703, 704, 713, 714, 726, 727, 773-775, 803, 2814, 2818, 2819, 2826, 3098-3101; C.P.C., 862 et s., 887-891; D.T., 44.

773. Celui qui a reconnu un testament ne peut plus en contester la validité; il peut toutefois en demander la vérification.

En cas de contestation d'un testament déjà vérifié, il appartient à celui qui se prévaut du testament d'en prouver l'origine et la régularité.

[1991, c. 64, a. 773].

773. No person having acknowledged a will may thereafter contest its validity, although he may bring a demand to probate it.

In the case of contestation of an already probated will, the burden is on the person who avails himself of the will to prove its origin and regularity.

[1991, c. 64, a. 773].

∎ C.C.Q., 713, 772, 803; C.P.C., 887-891; D.T., 44.

774. Le testament qui n'est pas produit ne peut être vérifié; il doit être reconstitué à la suite d'une action à laquelle les héritiers, les autres successibles et les légataires particuliers ont été appelés, et† la preuve de son contenu, de son origine et de sa régularité doit être concluante et non équivoque.

[1991, c. 64, a. 774].

774. A will that is not produced may not be probated; it shall be reconstituted upon an action in which the heirs, the other successors and the legatees by particular title have been summoned and unless† the proof of its contents, origin and regularity is conclusive and unequivocal.

[1991, c. 64, a. 774].

∎ C.C.Q., 772, 803, 2860, 2861, 2967; C.P.C., 74, 110, 870-871.4; D.T., 44.

775. La preuve testimoniale d'un testament qui ne peut être produit est admise, que le testament ait été perdu ou détruit ou qu'il se trouve en la possession d'un tiers, sans collusion de celui qui veut s'en prévaloir.

[1991, c. 64, a. 775].

775. Proof by testimony of a will that cannot be produced is admissible if the will has been lost or destroyed, or is in the possession of a third person, without the collusion of the person who wishes to avail himself of the will.

[1991, c. 64, a. 775].

∎ C.C.Q., 767, 774, 2815 et s., 2843-2845, 2860; C.P.C., 866 et s., 870-871.4; D.T., 44.

TITRE 5 ——
DE LA LIQUIDATION DE LA SUCCESSION

TITLE 5 ——
LIQUIDATION OF SUCCESSIONS

Chapitre I ——
De l'objet de la liquidation et de la
séparation des patrimoines

Chapter I ——
Object of liquidation and
separation of patrimonies

776. La liquidation de la succession *ab intestat* ou testamentaire consiste à identifier et à appeler les successibles, à déterminer le contenu de la succession, à recouvrer les créances, à payer les dettes de la succession, qu'il s'agisse des dettes du défunt, des charges de la succession ou des dettes alimentaires, à payer les legs particuliers, à rendre compte et à faire la délivrance des biens.

[1991, c. 64, a. 776].

776. The liquidation of an intestate or testate succession consists in identifying and calling in the successors, determining the content of the succession, recovering the claims, paying the debts of the succession, whether these be debts of the deceased, charges on the succession or debts of support, paying the legacies by particular title, rendering an account and delivering the property.

[1991, c. 64, a. 776].

❚ C.C.Q., 522, 578, 613, 616-624, 653-702, 704, 712-737, 772-775, 778, 779, 781, 792, 794, 795, 807-822, 836-898, 1012-1037, 1324-1331, 1819; D.T., 45.

777. Le liquidateur exerce†, à compter de l'ouverture de la succession et pendant le temps nécessaire à la liquidation, la saisine des héritiers et des légataires particuliers.

Il peut même revendiquer les biens contre ces héritiers et légataires.

La désignation ou le remplacement du liquidateur de la succession est publié au registre des droits personnels et réels mobiliers ainsi qu'au registre foncier, le cas échéant. L'inscription de la désignation ou du remplacement s'obtient par la présentation d'un avis qui fait référence à l'acte de désignation ou de remplacement, identifie le défunt et le liquidateur et contient, le cas échéant, la désignation de tout immeuble auquel il se rapporte.

[1991, c. 64, a. 777; 1998, c. 51, a. 26; 1999, c. 49, a. 1].

777. The liquidator has†, from the opening of the succession and for the time necessary for liquidation, the seisin of the heirs and the legatees by particular title.

The liquidator may even claim the property against the heirs and the legatees by particular title.

The designation or replacement of the liquidator of the succession is published in the register of personal and movable real rights and, where applicable, in the land register. Registration of the act of designation or replacement is obtained by presenting a notice which refers to the act of designation or replacement, identifies the deceased and the liquidator and contains the description of the immovables concerned, if any.

[1991, c. 64, a. 777; 1998, c. 51, s. 26; 1999, c. 49, s. 1].

❚ C.C.Q., 617-625, 697, 698, 739, 776, 778, 779, 785, 786, 802, 804, 822, 1301-1305.

778. Le testateur peut modifier la saisine du liquidateur, ses pouvoirs et obligations, et pourvoir de toute autre manière à la liquidation de sa succession ou à l'exécution de son testament. Toutefois, la clause qui a pour effet de restreindre les pouvoirs ou les obligations du liquidateur, de manière à empêcher un acte nécessaire à la li-

778. The testator may modify the seisin, powers and obligations of the liquidator and provide in any other manner for the liquidation of his succession or the execution of his will. However, a clause that would in effect restrict the powers or obligations of the liquidator in such a manner as to prevent an act necessary for liquida-

quidation ou à le dispenser de faire inventaire, est réputée non écrite.

[1991, c. 64, a. 778].

tion or to exempt him from making an inventory is deemed unwritten.

[1991, c. 64, a. 778; 2002, c. 19, s. 15].

▌ C.C.Q., 757, 758, 776, 777, 787, 789, 790, 802, 804, 820, 1305, 1339-1344, 1355, 1358, 2847.

779. Les héritiers peuvent, d'un commun accord, liquider la succession sans suivre les règles prescrites pour la liquidation, lorsque la succession est manifestement solvable. Ils sont, en conséquence de cette décision, tenus au paiement des dettes de la succession sur leur patrimoine propre, au-delà même de la valeur des biens qu'ils recueillent.

[1991, c. 64, a. 779].

779. Where the succession is manifestly solvent, the heirs may, by mutual agreement, liquidate it without following the prescribed rules for liquidation. As a result of this decision, they are liable for payment of the debts of the succession from their own patrimony, even where the debts are of greater value than the property they take.

[1991, c. 64, a. 779].

▌ C.C.Q., 619, 638, 739, 776-835, 1012-1037.

780. Le patrimoine du défunt et celui de l'héritier sont séparés de plein droit, tant que la succession n'a pas été liquidée.

Cette séparation a effet à l'égard tant des créanciers de la succession que des créanciers de l'héritier ou du légataire particulier.

[1991, c. 64, a. 780].

780. The patrimony of the deceased is separate from that of the heir by operation of law until the succession has been liquidated.

This separation operates in respect of both the creditors of the succession and the creditors of the heir or the legatee by particular title.

[1991, c. 64, a. 780].

▌ C.C.Q., 619, 645, 776, 781, 782.

781. Les biens de la succession sont employés au paiement des créanciers de la succession et au paiement des légataires particuliers, de préférence à tout créancier de l'héritier.

[1991, c. 64, a. 781].

781. The property of the succession is used to pay the creditors of the succession and to pay the legatees by particular title, in preference to any creditor of the heir.

[1991, c. 64, a. 781].

▌ C.C.Q., 639, 776, 780, 807-814.

782. Les biens de l'héritier ne sont employés au paiement des dettes de la succession que dans le seul cas où l'héritier est tenu au paiement de ces dettes au-delà de la valeur des biens qu'il recueille et qu'il y a insuffisance des biens de la succession.

Le paiement des créanciers de la succession ne vient, alors, qu'après le paiement des créanciers de chaque héritier dont la créance est née avant l'ouverture de la succession. Toutefois, les créanciers de l'héritier dont la créance est née après l'ouver-

782. The property of the heir is used to pay the debts of the succession only in the case where the heir is liable for debts of greater value than the property he takes and the property of the succession is insufficient.

In that case, payment of the creditor of the succession comes only after payment of the creditor of each heir whose claim arose before the opening of the succession. However, a creditor of the heir whose claim has arisen since the opening of the

ture de la succession sont payés concurremment avec les créanciers impayés de la succession.

[1991, c. 64, a. 782].

❚ C.C.Q., 613, 625, 639, 640, 779, 799-801, 826, 834.

succession is paid concurrently with the unpaid creditors of the succession.

[1991, c. 64, a. 782].

Chapitre II ——
Du liquidateur de la succession

Chapter II ——
Liquidator of the succession

SECTION I ——
DE LA DÉSIGNATION ET DE LA CHARGE DU LIQUIDATEUR

SECTION I ——
DESIGNATION AND RESPONSIBILITIES OF THE LIQUIDATOR

783. Toute personne pleinement capable de l'exercice de ses droits civils peut exercer la charge de liquidateur.

La personne morale autorisée par la loi à administrer le bien d'autrui peut exercer la charge de liquidateur.

[1991, c. 64, a. 783].

❚ C.C.Q., 153, 155, 157, 167-176, 179, 189, 281, 283, 298, 304, 311, 312.

783. Any person fully capable of exercising his civil rights may hold the office of liquidator.

A legal person authorized by law to administer the property of others may hold the office of liquidator.

[1991, c. 64, a. 783].

784. Nul n'est tenu d'accepter la charge de liquidateur d'une succession, à moins qu'il ne soit le seul héritier.

[1991, c. 64, a. 784].

❚ C.C.Q., 619, 625, 637, 733, 739, 776, 779, 783-788, 790, 792, 802-804, 823, 1301-1305.

784. No person is bound to accept the office of liquidator of a succession unless he is the sole heir.

[1991, c. 64, a. 784].

785. La charge de liquidateur incombe de plein droit aux héritiers, à moins d'une disposition testamentaire contraire; les héritiers peuvent désigner, à la majorité, le liquidateur et pourvoir au mode de son remplacement.

[1991, c. 64, a. 785].

❚ C.C.Q., 619, 625, 632, 739, 778, 783, 784, 786, 788, 791, 792.

785. The office of liquidator devolves of right to the heirs unless otherwise provided by a testamentary disposition; the heirs, by majority vote, may designate the liquidator and provide the mode of his replacement.

[1991, c. 64, a. 785].

786. Le testateur peut désigner un ou plusieurs liquidateurs; il peut aussi pourvoir au mode de leur remplacement.

La personne désignée par le testateur pour liquider la succession ou exécuter son testament a la qualité de liquidateur, qu'elle ait été désignée comme administrateur de succession, exécuteur testamentaire ou autrement.

[1991, c. 64, a. 786].

786. A testator may designate one or several liquidators; he may also provide the mode of their replacement.

A person designated by a testator to liquidate the succession or execute his will has the quality of liquidator whether he was designated as administrator of the succession, testamentary executor or otherwise.

[1991, c. 64, a. 786].

▌C.C.Q., 705, 724, 753, 754, 759, 778, 783-785, 787.

787. Les personnes qui exercent ensemble la charge de liquidateur doivent agir de concert, à moins qu'elles n'en soient dispensées par le testament ou, à défaut de disposition testamentaire, par les héritiers.

En cas d'empêchement d'un des liquidateurs, les autres peuvent agir seuls pour les actes conservatoires et ceux qui demandent célérité.

[1991, c. 64, a. 787].

▌C.C.Q., 619, 739, 785, 786, 1321-1338, 1353, 1363, 2145.

787. Persons holding the office of liquidator together shall act in concert, unless exempted therefrom by the will or, in the absence of a testamentary disposition, by the heirs.

If one of the liquidators is prevented from acting, the others may perform alone acts of a conservatory nature and acts requiring dispatch.

[1991, c. 64, a. 787].

788. Le tribunal peut, à la demande d'un intéressé, désigner ou remplacer un liquidateur, à défaut d'entente entre les héritiers ou en cas d'impossibilité de pourvoir à la nomination ou au remplacement du liquidateur.

[1991, c. 64, a. 788].

▌C.C.Q., 778, 783, 785, 786, 791, 792; C.P.C., 74, 885b.

788. The court may, on the application of an interested person, designate or replace a liquidator failing agreement among the heirs or if it is impossible to appoint or replace the liquidator.

[1991, c. 64, a. 788].

789. Le liquidateur a droit au remboursement des dépenses faites dans l'accomplissement de sa charge.

Il a droit à une rémunération s'il n'est pas un héritier; s'il l'est, il peut être rémunéré, à la condition que le testament y pourvoie ou que les héritiers en conviennent.

Si la rémunération n'a pas été fixée par le testateur, elle l'est par les héritiers ou, en cas de désaccord entre les intéressés, par le tribunal.

[1991, c. 64, a. 789].

▌C.C.Q., 619, 739, 753, 754, 1300, 1367, 1369, 2150; C.P.C., 885c.

789. The liquidator is entitled to the reimbursement of the expenses incurred in fulfilling his office.

He is entitled to remuneration if he is not an heir; if he is an heir, he may be remunerated if the will so provides or the heirs so agree.

If the remuneration was not fixed by the testator, it is fixed by the heirs or, in case of disagreement among the interested persons, by the court.

[1991, c. 64, a. 789].

790. Le liquidateur n'est pas tenu de souscrire une assurance ou de fournir une autre sûreté garantissant l'exécution de ses obligations, à moins que le testateur ou la majorité des héritiers ne l'exige, ou que le tribunal ne l'ordonne à la demande d'un intéressé qui établit la nécessité d'une telle mesure.

Si, étant requis de fournir une sûreté, le

790. The liquidator is not bound to take out insurance or to furnish other security guaranteeing the performance of his obligations, unless the testator or the majority of the heirs demand it or the court orders it on the application of any interested person who establishes the need for such a measure.

If a liquidator required to furnish security

liquidateur omet ou refuse de le faire, il est déchu de sa charge, à moins que le tribunal ne le relève de son défaut.

[1991, c. 64, a. 790].

fails or refuses to do so, he forfeits his office, unless exempted by the court.

[1991, c. 64, a. 790].

▌C.C.Q., 776, 802, 1301, 1305, 1324, 1331; C.P.C., 885c.

791. Tout intéressé peut demander au tribunal le remplacement du liquidateur qui est dans l'impossibilité d'exercer sa charge, néglige ses devoirs ou ne respecte pas ses obligations.

Le liquidateur continue à exercer sa charge pendant l'instance, à moins que le tribunal ne décide de désigner un liquidateur provisoire.

[1991, c. 64, a. 791].

791. Any interested person may apply to the court for the replacement of a liquidator who is unable to assume his responsibilities of office, who neglects his duties or who does not fulfil his obligations.

During the proceedings, the liquidator continues to hold office unless the court decides to designate an acting liquidator.

[1991, c. 64, a. 791].

▌C.C.Q., 640, 785, 788, 802, 806, 1304, 1309-1314, 1339-1344, 1360; C.P.C., 74, 885.

792. Tout intéressé peut, si le liquidateur n'est pas désigné, tarde à accepter ou à refuser la charge, ou doit être remplacé, s'adresser au tribunal pour faire apposer les scellés, faire inventaire, nommer provisoirement un liquidateur ou rendre toute autre ordonnance propre à assurer la conservation de ses droits. Ces mesures profitent à tous les intéressés, mais ne créent entre eux aucune préférence.

Les frais d'inventaire et de scellés sont à la charge de la succession.

[1991, c. 64, a. 792].

792. Where the liquidator is not designated, delays to accept or decline the office or is to be replaced, any interested person may apply to the court to have seals affixed, an inventory made, an acting liquidator appointed or any other order rendered which is necessary to preserve his rights. These measures benefit all the interested persons but create no preference among them.

The costs of inventory and seals are chargeable to the succession.

[1991, c. 64, a. 792].

▌C.C.Q., 632, 640, 785, 786, 788, 791, 794; C.P.C., 547, 885, 897.

793. Les actes faits par la personne qui, de bonne foi, se croyait liquidateur de la succession sont valables et opposables à tous.

[1991, c. 64, a. 793].

793. Acts performed by a person who, in good faith, believed he was liquidator of the succession are valid and may be set up against all persons.

[1991, c. 64, a. 793].

▌C.C.Q., 6, 785, 786, 1323, 1362, 2805.

SECTION II — DE L'INVENTAIRE DES BIENS

SECTION II — INVENTORY OF THE PROPERTY

794. Le liquidateur est tenu de faire inventaire, en la manière prévue au titre De l'administration du bien d'autrui.

[1991, c. 64, a. 794].

794. The liquidator is bound to make an inventory, in the manner prescribed in the Title on Administration of the Property of Others.

[1991, c. 64, a. 794].

▌C.C.Q., 625, 637, 639, 640, 776-780, 785, 786, 792, 795-797, 800, 802, 1326-1331; C.P.C., 168, 547, 885, 897.

795. La clôture de l'inventaire est publiée au registre des droits personnels et réels mobiliers au moyen de l'inscription d'un avis qui identifie le défunt et qui indique le lieu où l'inventaire peut être consulté par les intéressés.

Cet avis est aussi publié dans un journal distribué dans la localité de la dernière adresse connue du défunt.

[1991, c. 64, a. 795].

▌C.C.Q., 632, 700, 794, 797, 815, 816, 822, 2938, 2969, 2970, 2980, 2983.

796. Le liquidateur informe les héritiers, les successibles qui n'ont pas encore opté et les légataires particuliers, de même que les créanciers connus, de l'inscription de l'avis de clôture et du lieu où l'inventaire peut être consulté. Si cela peut être fait aisément, il leur transmet une copie de l'inventaire.

[1991, c. 64, a. 796].

▌C.C.Q., 632, 794, 795, 797, 815, 816, 1327, 2814, 2815, 2820.

797. Les créanciers de la succession, les héritiers, les successibles et les légataires particuliers peuvent contester l'inventaire ou l'une de ses inscriptions; ils peuvent aussi convenir de la révision de l'inventaire ou demander qu'il soit procédé à un nouvel inventaire.

[1991, c. 64, a. 797].

▌C.C.Q., 619, 794-796; C.P.C., 110.

798. Lorsqu'un inventaire a déjà été fait par un héritier ou un autre intéressé, le liquidateur doit le vérifier; il doit aussi s'assurer qu'un avis de clôture a été inscrit et que ceux qui devaient être informés l'ont été.

[1991, c. 64, a. 798].

▌C.C.Q., 619, 640, 776, 785, 786, 792, 794-796.

799. Le liquidateur ne peut être dispensé de faire inventaire que si tous les héritiers et les successibles y consentent.

Les héritiers, et les successibles devenus de ce fait héritiers, sont alors tenus au paiement des dettes de la succession au-

795. Closure of the inventory is published in the register of personal and movable real rights by registration of a notice identifying the deceased and indicating the place where the inventory may be consulted by interested persons.

The notice is also published in a newspaper circulated in the locality where the deceased had his last known address.

[1991, c. 64, a. 795].

796. The liquidator informs the heirs, the successors who have not yet exercised their option, the legatees by particular title and the known creditors of the registration of the notice of closure and of the place where the inventory may be consulted, and transmits a copy of the inventory to them if that can easily be done.

[1991, c. 64, a. 796].

797. The creditors of the succession, the heirs, the successors and the particular legatees may contest the inventory or any item in it; they may also concur on the revision of the inventory or apply for the making of a new inventory.

[1991, c. 64, a. 797].

798. Where an inventory has already been made by an heir or another interested person, the liquidator shall verify it. He shall also ascertain that the notice of closure has been registered and that everyone who should be informed has been informed.

[1991, c. 64, a. 798].

799. The liquidator may be exempted from making an inventory, but only with the consent of all the heirs and successors.

If they give their consent, the heirs, and the successors having by that fact become heirs, are liable for the debts of the succes-

delà de la valeur des biens qu'ils recueillent.

[1991, c. 64, a. 799].

❚ C.C.Q., 619, 625, 637, 639, 778, 782, 792, 794, 800, 826.

sion beyond the value of the property they take.

[1991, c. 64, a. 799].

800. Les héritiers qui, sachant que le liquidateur refuse ou néglige de faire inventaire, négligent eux-mêmes, dans les soixante jours qui suivent l'expiration du délai de délibération de six mois, soit de procéder à l'inventaire, soit de demander au tribunal de remplacer le liquidateur ou de lui enjoindre de procéder à l'inventaire, sont tenus au paiement des dettes de la succession au-delà de la valeur des biens qu'ils recueillent.

[1991, c. 64, a. 800].

❚ C.C.Q., 619, 632, 640, 776, 782, 791, 794-796, 799, 826, 835.

800. Where the heirs, knowing that the liquidator refuses or is neglecting to make the inventory, themselves neglect, for sixty days following the expiration of the six month period for deliberation, either to proceed to the inventory or to apply to the court to replace the liquidator or to enjoin him to proceed to the inventory, they are liable for the debts of the succession beyond the value of the property they take.

[1991, c. 64, a. 800].

801. Les héritiers qui, avant l'inventaire, confondent les biens de la succession avec leurs biens personnels, sauf si ces biens étaient déjà confondus avant le décès, notamment en cas de cohabitation, sont, de même, tenus au paiement des dettes de la succession au-delà de la valeur des biens qu'ils recueillent.

Si cette confusion survient après l'inventaire, mais avant la fin de la liquidation, ils sont tenus personnellement des dettes jusqu'à concurrence de la valeur des biens confondus.

[1991, c. 64, a. 801].

❚ C.C.Q., 625, 639, 780, 835, 2907.

801. Heirs who, before the inventory, mingle the property of the succession with their personal property, unless the property was already mingled before the death, such as in the case of cohabitation, are likewise liable for the debts of the succession beyond the value of the property they take.

If the mingling is done after the inventory but before the end of the liquidation, they are personally liable for the debts up to the value of the mingled property.

[1991, c. 64, a. 801].

SECTION III —
DES FONCTIONS DU LIQUIDATEUR

SECTION III —
FUNCTIONS OF THE LIQUIDATOR

802. Le liquidateur agit à l'égard des biens de la succession à titre d'administrateur du bien d'autrui chargé de la simple administration.

[1991, c. 64, a. 802].

❚ C.C.Q., 777, 805, 1301-1305, 1308-1354; D.T., 43.

802. The liquidator acts in respect of the property of the succession as an administrator of the property of others charged with simple administration.

[1991, c. 64, a. 802].

803. Le liquidateur doit rechercher si le défunt avait fait un testament.

Le cas échéant, il fait vérifier le testament

803. The liquidator shall make a search to ascertain whether the deceased made a will.

If the deceased made a will, the liquidator

et prend toutes les mesures nécessaires à son exécution.

[1991, c. 64, a. 803].

causes the will to be probated and takes all the necessary steps for its execution.

[1991, c. 64, a. 803].

▌ C.C.Q., 613, 726, 727, 772, 773, 1819, 2824; C.P.C., 885, 887-891.

804. Le liquidateur administre la succession. Il poursuit la réalisation des biens de la succession, dans la mesure nécessaire au paiement des dettes et des legs particuliers.

Il peut, en conséquence, aliéner seul le bien meuble susceptible de dépérir, de se déprécier rapidement ou dispendieux à conserver. Il peut aussi, avec le consentement des héritiers ou, à défaut, avec l'autorisation du tribunal, aliéner les autres biens de la succession.

[1991, c. 64, a. 804].

804. The liquidator administers the succession. He shall realize the property of the succession to the extent necessary to pay the debts and the legacies by particular title.

To do this, he may alienate, alone, movable property that is perishable, likely to depreciate rapidly or expensive to preserve. He may also alienate the other property of the succession with the consent of the heirs or, failing that, the authorization of the court.

[1991, c. 64, a. 804].

▌ C.C.Q., 619, 776, 777, 781, 783, 802, 807-814, 1339, 1340; C.P.C., 897-910.

805. Le liquidateur qui a une action à exercer contre la succession en donne avis au ministre du Revenu. Ce dernier agit d'office comme liquidateur *ad hoc*, à moins que les héritiers ou le tribunal ne désignent une autre personne.

[1991, c. 64, a. 805; 2005, c. 44, a. 54].

805. A liquidator who has an action to bring against the succession gives notice thereof to the Minister of Revenue. The latter acts by virtue of his office as liquidator *ad hoc*, unless the heirs or the court designate another person.

[1991, c. 64, a. 805; 2005, c. 44, s. 54].

▌ C.C.Q., 619, 739, 788, 794, 1309, 1310; C.P.C., 885.

806. Si la liquidation se prolonge au-delà d'une année, le liquidateur doit, à la fin de la première année et, par la suite, au moins une fois l'an, rendre un compte annuel de gestion aux héritiers, créanciers et légataires particuliers restés impayés.

[1991, c. 64, a. 806].

806. If the liquidation takes longer than one year, the liquidator shall, at the end of the first year, and at least once a year thereafter, render an annual account of management to the heirs, creditors and legatees by particular title who have not been paid.

[1991, c. 64, a. 806].

▌ C.C.Q., 777, 778, 819-822, 1351-1354.

807. Lorsque la succession est manifestement solvable, le liquidateur peut, après s'être assuré que tous les créanciers et légataires particuliers peuvent être payés, verser des acomptes aux créanciers d'aliments et aux héritiers et légataires particuliers de sommes d'argent. Ces acomptes s'imputent sur la part de ceux qui en bénéficient.

[1991, c. 64, a. 807].

807. Where the succession is manifestly solvent, the liquidator, after ascertaining that all the creditors and legatees by particular title can be paid, may pay advances to the creditors of support and to the heirs and legatees by particular title of sums of money. The advances are deducted from the shares of those who receive them.

[1991, c. 64, a. 807].

▌ C.C.Q., 776, 804, 808.

Chapitre III ——
Du paiement des dettes et des
legs particuliers

Chapter III ——
Payment of debts and of legacies
by particular title

SECTION I ——
DES PAIEMENTS FAITS PAR LE
LIQUIDATEUR

SECTION I ——
PAYMENTS BY THE LIQUIDATOR

808. Si les biens de la succession sont suffisants pour payer tous les créanciers et légataires particuliers et pourvu qu'une provision soit faite pour payer les créances qui font l'objet d'une instance, le liquidateur paie les créanciers et les légataires particuliers connus, au fur et à mesure qu'ils se présentent.

Il paie les comptes usuels d'entreprises de services publics et il rembourse les dettes qui demeurent payables à terme, au fur et à mesure de leur exigibilité ou suivant les modalités convenues.

[1991, c. 64, a. 808].

▌ C.C.Q., 776, 781, 804, 807-814, 817.

808. If the property of the succession is sufficient to pay all the creditors and all the legatees by particular title and if provision is made to pay the claims that are the subject of proceedings, the liquidator pays the known creditors and known legatees by particular title as and when they present themselves.

The liquidator pays the ordinary public utility bills and pays the outstanding debts as and when they become due or according to the agreed terms and conditions.

[1991, c. 64, a. 808].

809. Le liquidateur paie, comme toute autre dette de la succession, la prestation compensatoire du conjoint survivant et toute autre créance résultant de la liquidation des droits patrimoniaux des époux ou conjoints unis civilement, suivant ce que conviennent entre eux les héritiers, les légataires particuliers et le conjoint ou, s'ils ne s'entendent pas, suivant ce que détermine le tribunal.

[1991, c. 64, a. 809; 2002, c. 6, a. 43].

▌ C.C.Q., 414-430, 776, 778, 807-814, 2928.

809. The liquidator pays, in the same manner as any other debt of the succession, the compensatory allowance to the surviving spouse and any other debt resulting from the liquidation of the patrimonial rights of the married or civil union spouses, as agreed between the heirs, the legatees by particular title and the spouse or, failing such agreement, as determined by the court.

[1991, c. 64, a. 809; 2002, c. 6, s. 43].

810. Lorsque la solvabilité de la succession n'est pas manifeste, le liquidateur ne peut payer les dettes de cette dernière ni les legs particuliers, avant l'expiration d'un délai de soixante jours à compter de l'inscription de l'avis de clôture de l'inventaire ou depuis la dispense d'inventaire.

Il peut toutefois, si les circonstances l'exigent, payer avant l'expiration de ce délai les comptes usuels d'entreprises de services publics et les dettes dont le paiement revêt un caractère d'urgence.

[1991, c. 64, a. 810].

810. Where the succession is not manifestly solvent, the liquidator may not pay the debts of the succession or the legacies by particular title until the expiry of sixty days from registration of the notice of closure of inventory or from the exemption from making an inventory.

The liquidator may pay the ordinary public utility bills and the debts in urgent need of payment before the expiry of that time, however, if circumstances require it.

[1991, c. 64, a. 810].

▌ C.C.Q., 776, 795, 799, 807-814.

811. Si les biens de la succession sont insuffisants, le liquidateur ne peut payer aucune dette ou legs particulier avant d'en avoir dressé un état complet, donné avis aux intéressés et fait homologuer par le tribunal une proposition de paiement dans laquelle, s'il y a lieu, une provision est prévue pour acquitter un jugement éventuel.

[1991, c. 64, a. 811].

811. If the property of the succession is insufficient, the liquidator may not pay any debt or any legacy by particular title before drawing up a full statement thereof, giving notice thereof to the interested persons and obtaining homologation by the court of a payment proposal which contains a provision for a reserve for the payment of any future judgment.

[1991, c. 64, a. 811].

▌ C.C.Q., 776, 804, 807-814; C.P.C., 885.

812. En cas d'insuffisance des biens de la succession et conformément à sa proposition de paiement, le liquidateur paie d'abord les créanciers prioritaires ou hypothécaires, suivant leur rang; il paie ensuite les autres créanciers, sauf pour leur créance alimentaire et, s'il ne peut les rembourser entièrement, il les paie en proportion de leur créance.

Si, ces créanciers étant payés, il reste des biens, le liquidateur paie les créanciers d'aliments, en proportion de leur créance s'il ne peut les payer entièrement; il paie ensuite les légataires particuliers.

[1991, c. 64, a. 812].

812. Where the property of the succession is insufficient, the liquidator, in accordance with his payment proposal, first pays the preferred or hypothecary creditors, according to their rank; next, he pays the other creditors, except with regard to their claims for support, and, if he is unable to repay them fully, he pays them *pro rata* to their claims.

If property remains after the creditors have been paid, the liquidator pays the creditors of support, *pro rata* to their claims if he is unable to pay them fully, and he then pays the legatees by particular title.

[1991, c. 64, a. 812].

▌ C.C.Q., 809, 811, 813, 814, 1369; D.T., 43.

813. Le liquidateur peut aliéner un bien légué à titre particulier ou réduire les legs particuliers si les autres biens sont insuffisants pour payer toutes les dettes.

L'aliénation ou la réduction se fait dans l'ordre et suivant les proportions dont les légataires conviennent. À défaut d'accord, le liquidateur réduit d'abord les legs qui n'ont aucune préférence en vertu du testament et qui ne portent pas sur un bien† individualisé, en proportion de leur valeur; en cas d'insuffisance, il aliène l'objet des legs de biens† individualisés, puis l'objet des legs qui ont la préférence, ou réduit ces legs proportionnellement à leur valeur.

Les légataires peuvent toujours convenir

813. The liquidator may alienate property bequeathed as legacies by particular title or reduce the legacies by particular title if the other property of the succession is insufficient to pay all the debts.

The alienation or reduction is effected in the order and in the proportions agreed by the legatees. Failing agreement, the liquidator first reduces the legacies not having preference under the will nor involving determined things†, *pro rata* to their value. Where the property is still insufficient, he alienates the objects of legacies of determined things†, then the objects of legacies having preference, or reduces such legacies *pro rata* to their value.

The legatees may always agree to another

d'un autre mode de règlement ou se libérer en faisant remise de leur legs ou de sa valeur.

[1991, c. 64, a. 813].

I C.C.Q., 769, 776, 809, 812, 814, 833.

mode of settlement or be relieved by giving back their legacies or equivalent value.

[1991, c. 64, a. 813].

814. Si les biens de la succession sont insuffisants pour payer tous les légataires particuliers, le liquidateur, suivant sa proposition de paiement, paie d'abord ceux qui ont la préférence aux termes du testament, puis les légataires d'un bien individualisé†; les autres légataires subissent ensuite la réduction proportionnelle de leur legs et le partage du solde des biens se fait entre eux en proportion de la valeur de chaque legs.

[1991, c. 64, a. 814].

814. If the property of the succession is insufficient to pay all the legatees by particular title, the liquidator, in accordance with his payment proposal, first pays those having preference under the will and then the legatees of an* individual† property. The other legatees then incur the reduction of their legacies *pro rata*, and the remainder is partitioned among them *pro rata* to the value of each legacy.

[1991, c. 64, a. 814].

Note : Comp. a. 813.

I C.C.Q., 811-813, 833.

SECTION II —
DES RECOURS DES CRÉANCIERS ET LÉGATAIRES PARTICULIERS

SECTION II —
ACTION OF CREDITORS AND LEGATEES BY PARTICULAR TITLE

815. Les créanciers et légataires particuliers connus qui ont été omis dans les paiements faits par le liquidateur ont, outre leur recours en responsabilité† contre ce dernier, un recours contre les héritiers qui ont reçu des acomptes et contre les légataires particuliers payés à leur détriment.

Subsidiairement, les créanciers ont aussi un recours contre les autres créanciers en proportion de leurs créances, compte tenu des causes de préférence.

[1991, c. 64, a. 815].

I C.C.Q., 776, 777, 807-814, 816, 818; C.P.C., 110.

815. Known creditors and legatees by particular title who have been neglected in the payments made by the liquidator have, apart from their action in damages† against the liquidator, an action against the heirs who have received advances and against the legatees by particular title paid to their detriment.

The creditors also have a subsidiary action against the other creditors in proportion to their claims, taking account of causes of preference.

[1991, c. 64, a. 815].

816. Les créanciers et légataires particuliers qui, demeurés inconnus, ne se présentent qu'après les paiements régulièrement effectués, n'ont de recours contre les héritiers qui ont reçu des acomptes et contre les légataires particuliers payés à leur détriment, que s'ils justifient d'un motif sérieux pour n'avoir pu se présenter en temps utile.

816. Creditors and legatees by particular title who, remaining unknown, do not present themselves until after the payments have been regularly made have no action against the heirs who have received advances and against the legatees by particular title paid to their detriment unless they prove that they had a serious reason for not presenting themselves in due time.

En tout état de cause, ils n'ont aucun recours s'ils se présentent après l'expiration d'un délai de trois ans depuis la décharge du liquidateur, ni aucune préférence par rapport aux créanciers personnels des héritiers ou légataires.

[1991, c. 64, a. 816].

▌ C.C.Q., 807-815, 819, 822; C.P.C., 110.

In no case do they have an action if they present themselves after the expiry of three years from the discharge of the liquidator, or any preference over the personal creditors of the heirs or legatees.

[1991, c. 64, a. 816].

817. En cas d'insuffisance de la provision prévue dans une proposition de paiement, le créancier a, pour le paiement de sa part de créance restée impayée, un recours contre les héritiers qui ont reçu des acomptes et les légataires particuliers jusqu'à concurrence de ce qu'ils ont reçu et, subsidiairement, contre les autres créanciers en proportion de leur créance, compte tenu des causes de préférence.

[1991, c. 64, a. 817].

▌ C.C.Q., 807, 810, 811.

817. Where the reserve provided for in a payment proposal is insufficient, the creditor has, for the payment of his share of the outstanding claim, an action against the heirs who have received advances and legatees by particular title up to the amount they received and a subsidiary action against the other creditors, in proportion to their claims, taking account of causes of preference.

[1991, c. 64, a. 817].

818. Le créancier hypothécaire dont la créance demeure impayée conserve, outre son recours personnel, ses droits hypothécaires contre celui qui a reçu le bien grevé d'hypothèque.

[1991, c. 64, a. 818].

▌ C.C.Q., 2749.

818. A hypothecary creditor having an outstanding claim preserves, in addition to his personal action, his hypothecary rights against the person who received the hypothecated property.

[1991, c. 64, a. 818].

Chapitre IV ——
De la fin de la liquidation

Chapter IV ——
End of liquidation

SECTION I ——
DU COMPTE DU LIQUIDATEUR

SECTION I ——
ACCOUNT OF THE LIQUIDATOR

819. La liquidation est achevée lorsque les créanciers et légataires particuliers connus ont été payés ou que le paiement de leurs créances et legs est autrement réglé, ou pris en charge par des héritiers ou des légataires particuliers. Elle l'est aussi lorsque l'actif est épuisé.

Elle prend fin par la décharge du liquidateur.

[1991, c. 64, a. 819].

▌ C.C.Q., 776, 820, 822; C.P.C., 532-539.

819. Liquidation is complete when the known creditors and the known legatees by particular title have been paid or when payment of their claims and legacies is otherwise settled or assumed by heirs or legatees by particular title. It is also complete when the assets are exhausted.

It ends on the discharge of the liquidator.

[1991, c. 64, a. 819].

820. Le compte définitif du liquidateur a pour objet de déterminer l'actif net ou le déficit de la succession.

Il indique les dettes et legs restés impayés, ceux garantis par une sûreté ou pris en charge par des héritiers ou légataires particuliers, et ceux dont le paiement est autrement réglé, et il précise pour chacun le mode de paiement. Il établit, le cas échéant, les provisions nécessaires pour exécuter les jugements éventuels.

Le liquidateur doit, si le testament ou la majorité des héritiers le requiert, joindre à son compte une proposition de partage.

[1991, c. 64, a. 820].

❚ C.C.Q., 779, 816, 819, 822, 836, 838, 1363; C.P.C., 532-539.

821. Le liquidateur peut, en tout temps et de l'agrément de tous les héritiers, rendre compte à l'amiable†. Les frais de la reddition de compte sont à la charge de la succession.

Si le compte ne peut être rendu à l'amiable, la reddition de compte a lieu en justice.

[1991, c. 64, a. 821].

Note : Comp. a. 678 C.c.B.C. et O.R.C.C., Livre III, a. 137. Le souci de précision exprimé par l'ancien Code (« à l'amiable et sans formalités de justice ») et par l'Office de révision n'a pas eu de suite dans le texte français du Code actuel. / Comp. a. 678 C.C.L.C. and C.C.R.O., Book III, a. 137. The manner in which this rule was rendered precise in the former Code (*"à l'amiable et sans formalités de justice"*) and in the draft of the Civil Code Revision Office has not been carried forward in the French text of the present Code.

❚ C.C.Q., 820, 1363; C.P.C., 532-539.

822. Après l'acceptation du compte définitif, le liquidateur est déchargé de son administration et fait délivrance des biens aux héritiers.

La clôture du compte est publiée au registre des droits personnels et réels mobiliers au moyen de l'inscription d'un avis qui identifie le défunt et indique le lieu où le compte peut être consulté.

[1991, c. 64, a. 822].

❚ C.C.Q., 795, 812, 819, 820, 837, 838, 1330, 1363, 1369, 2938, 2969, 2983.

820. The object of the final account of the liquidator is to determine the net assets or the deficit of the succession.

The final account indicates the debts and legacies left unpaid, those guaranteed by security or assumed by heirs or legatees by particular title and those whose payment is settled otherwise, specifying the mode of payment for each. Where applicable, it establishes the reserves needed for the satisfaction of future judgments.

The liquidator shall append a proposal for partition to his account if that is required by the will or the majority of the heirs.

[1991, c. 64, a. 820].

821. The liquidator, at any time and with the concurrence of all the heirs, may render an amicable account without judicial formalities†. The cost of rendering the account is borne by the succession.

If an amicable account cannot be rendered, the account is rendered in court.

[1991, c. 64, a. 821].

822. After acceptance of the final account, the liquidator is discharged of his administration and makes delivery of the property to the heirs.

Closure of the account is published in the register of personal and movable real rights by registration of a notice identifying the deceased and indicating the place where interested persons may consult the account.

[1991, c. 64, a. 822].

823. L'héritier venant seul à la succession est tenu, jusqu'à concurrence de la valeur des biens qu'il recueille, de toutes les dettes restées impayées par le liquidateur. Les créanciers et légataires particuliers qui ne se présentent qu'après les paiements régulièrement effectués n'ont, toutefois, aucune préférence par rapport aux créanciers personnels de l'héritier.

Lorsque la succession est dévolue à plusieurs héritiers, chacun d'eux n'est tenu de ces dettes qu'en proportion de la part qu'il reçoit en qualité d'héritier, sous réserve des règles relatives aux dettes indivisibles.

[1991, c. 64, a. 823].

823. The sole heir to a succession is liable, up to the value of the property he takes, for all the debts not paid by the liquidator. However, the creditors and legatees by particular title who do not present themselves until after the payments have been regularly made have no preference over the personal creditors of the heir.

Where a succession devolves to several heirs, each of them is liable for the debts only in proportion to the share he receives as an heir, subject to the rules governing indivisible debts.

[1991, c. 64, a. 823].

▌ C.C.Q., 619, 625, 739, 780-782, 784, 807-814, 819, 826-829, 833-835, 1518-1520, 1540, 2742, 2900-2903.

824. Le légataire à titre universel de l'usufruit est, envers les créanciers, seul tenu des dettes restées impayées par le liquidateur, même du capital, en proportion de ce qu'il reçoit, et aussi des hypothèques grevant tout bien qu'il a reçu.

Entre lui et le nu-propriétaire, la contribution aux dettes s'établit d'après les règles prescrites au livre Des biens.

[1991, c. 64, a. 824].

824. The legatee by general title of a usufruct is solely liable to the creditors for the debts left unpaid by the liquidator, even for the capital, proportionately to what he receives, and also for hypothecs charged on any property he has received.

The relative contributions of the legatee by general title of the usufruct and of the bare owner to the debts are established according to the rules prescribed in the Book on Property.

[1991, c. 64, a. 824].

▌ C.C.Q., 625, 733, 833, 1119-1121, 1156-1158.

825. Le légataire à titre universel de l'usufruit de la totalité de la succession est, sans recours contre le nu-propriétaire, tenu au paiement des rentes ou pensions† établies par le testateur.

[1991, c. 64, a. 825].

825. The legatee by general title of a usufruct of the entire succession is, without recourse against the bare owner, liable for payment of any annuities or support† established by the testator.

[1991, c. 64, a. 825].

▌ C.C.Q., 733, 1156, 2367-2388.

826. Les héritiers sont tenus, comme pour le paiement des dettes, au paiement des legs particuliers restés impayés par le

826. The heirs are liable, as in the case of payment of the debts, for payment of the legacies by particular title left unpaid by

liquidateur, mais ils ne sont jamais tenus au-delà de la valeur des biens qu'ils recueillent.

the liquidator, but never for more than the value of the property they take.

Toutefois, si un legs est imposé en particulier à un héritier, le recours du légataire particulier ne s'étend pas aux autres.

[1991, c. 64, a. 826].

If a legacy is imposed on a specific heir, however, the action of the legatee by particular title does not lie against the others.

[1991, c. 64, a. 826].

❚ C.C.Q., 619, 739, 776, 780, 782, 807-814, 823, 1519, 1656, 2907; D.T., 43.

827. Les légataires particuliers ne sont tenus au paiement des dettes et des legs restés impayés par le liquidateur qu'en cas d'insuffisance des biens échus aux héritiers.

Lorsqu'un legs particulier est fait conjointement à plusieurs légataires, chacun d'eux n'est tenu des dettes et des legs qu'en proportion de sa part dans le bien légué, sous réserve des règles relatives aux dettes indivisibles.

[1991, c. 64, a. 827].

827. The legatees by particular title are liable for payment of the debts and legacies left unpaid by the liquidator only where the property falling to the heirs is insufficient.

Where a legacy by particular title is made jointly to several legatees, each of them is liable for the debts and legacies only in proportion to his share in the bequeathed property, subject to the rules on indivisible debts.

[1991, c. 64, a. 827].

❚ C.C.Q., 619, 732-734, 739, 756, 812, 813, 818, 833, 1519, 1520, 1540.

828. Lorsqu'un legs particulier comprend une universalité d'actif et de passif, le légataire est seul tenu au paiement des dettes qui se rattachent à cette universalité, sous réserve du recours subsidiaire des créanciers contre les héritiers et les autres légataires particuliers en cas d'insuffisance des biens de l'universalité.

[1991, c. 64, a. 828].

828. When a legacy by particular title includes a universality of assets and liabilities, the legatee is solely liable for payment of the debts connected with the universality, subject to the subsidiary action of the creditors against the heirs and the other legatees by particular title where the property of the universality is insufficient.

[1991, c. 64, a. 828].

❚ C.C.Q., 812, 827.

829. L'héritier ou le légataire particulier, qui a payé une portion des dettes et des legs supérieure à sa part, a un recours contre ses cohéritiers ou colégataires pour le remboursement de ce qui excédait sa part. Il ne peut, toutefois, l'exercer que pour la part que chacun d'eux aurait dû personnellement supporter, même s'il est subrogé dans les droits de celui qui a été payé.

[1991, c. 64, a. 829].

829. An heir or a legatee by particular title who has paid part of the debts and legacies in excess of his share has an action against his coheirs or colegatees for the reimbursement of the excess over his share. His action lies, however, only for the share that each of them ought to have paid individually, even if he is subrogated to the rights of the person who was paid.

[1991, c. 64, a. 829].

❚ C.C.Q., 823, 827, 830, 833-835.

830. En cas d'insolvabilité d'un cohéritier ou d'un colégataire, sa part dans le paiement des dettes ou dans la réduction des

830. If one of the coheirs or colegatees is insolvent, his share in the payment of the debts or in the reduction of the legacies is

legs est répartie entre ses cohéritiers ou co-légataires en proportion de leur part respective, à moins que l'un des cohéritiers ou colégataires n'accepte d'en supporter la totalité.

[1991, c. 64, a. 830].

■ C.C.Q., 823, 827, 829, 893, 1538.

divided among his coheirs or colegatees in proportion to their respective shares, unless one of the coheirs or colegatees agrees to bear the entire amount.

[1991, c. 64, a. 830].

831. L'usufruit constitué sur un bien légué est supporté sans recours par le légataire de la nue-propriété.

De même, la servitude est supportée sans recours par le légataire du bien grevé.

[1991, c. 64, a. 831].

■ C.C.Q., 824, 825, 1120, 1121, 1177, 1181.

831. A usufruct established on bequeathed property is borne without recourse by the legatee of the bare ownership.

Similarly, a servitude is borne without recourse by the legatee of the property charged with it.

[1991, c. 64, a. 831].

832. Lorsque les recours des créanciers ou légataires particuliers impayés sont exercés avant le partage, il doit être tenu compte, dans la composition des lots, des recours des héritiers ou légataires, contre leurs cohéritiers ou colégataires pour ce qu'ils ont payé en excédent de leur part.

Lorsque les recours des créanciers ou légataires impayés sont exercés après le partage, ceux des héritiers ou légataires qui ont payé plus que leur part ont lieu, le cas échéant, suivant les règles applicables à la garantie des copartageants, sauf stipulation contraire dans l'acte de partage.

[1991, c. 64, a. 832].

■ C.C.Q., 816, 823-848, 889-894.

832. Where the rights of action of the unpaid creditors or legatees by particular title are exercised before partition, account shall be taken, in the composition of the shares, of the actions of the heirs or legatees against their coheirs or colegatees for the amounts they paid in excess of their shares.

Where the rights of action of the unpaid creditors or legatees are exercised after partition, those of the heirs or legatees who paid more than their share are exercised, where such is the case, according to the rules applicable to the warranty of co-partitioners, unless the act of partition stipulates otherwise.

[1991, c. 64, a. 832].

833. Le testateur peut changer, entre ses héritiers et légataires particuliers, le mode et les proportions d'après lesquels la loi les rend responsables du paiement des dettes et leur impose la réduction des legs.

Ces modifications sont inopposables aux créanciers; elles n'ont d'effet qu'entre les héritiers et légataires particuliers.

[1991, c. 64, a. 833].

■ C.C.Q., 808-814, 823-835.

833. The testator may change the manner and proportion in which the law holds his heirs and legatees by particular title liable for payment of the debt* and imposes reduction of the legacies on them.

The changes may not be set up against the creditors; they operate only between the heirs and the legatees by particular title.

[1991, c. 64, a. 833].

834. L'héritier qui a assumé le paiement des dettes de la succession au-delà des

834. An heir having assumed payment of the debts of the succession beyond the

biens qu'il recueille ou celui qui y est tenu peut être contraint sur ses biens personnels pour sa part des dettes restées impayées.

[1991, c. 64, a. 834].

■ C.C.Q., 625, 779, 782, 799-801, 823, 833, 835.

835. L'héritier qui a assumé le paiement des dettes de la succession ou celui qui y est tenu en vertu des règles du présent titre peut, s'il était de bonne foi, demander au tribunal de réduire son obligation ou de limiter sa responsabilité à la valeur des biens qu'il a recueillis; il le peut, entre autres, s'il découvre des faits nouveaux ou s'il se présente un créancier dont il ne pouvait connaître l'existence au moment où il s'est obligé, lorsque de tels événements ont pour effet de modifier substantiellement l'étendue de son obligation.

[1991, c. 64, a. 835].

■ C.C.Q., 829, 834; D.T., 45.

value of the property he takes or being liable for them may be held liable on his personal property for his share of the debts left unpaid.

[1991, c. 64, a. 834].

835. An heir having assumed payment of the debts of the succession or being liable for them under the rules of this title may, if he was in good faith, move that the court reduce his liability or limit it to the value of the property he has taken if new circumstances substantially change the extent of his liability, including, but not limited to, his discovery of new facts, or the coming forward of a creditor of whose existence he could not have been aware when he assumed the liability.

[1991, c. 64, a. 835].

Titre 6 ——
Du partage de la succession

Title 6 ——
Partition of successions

Chapitre I ——
Du droit au partage

Chapter I ——
Right to partition

836. Le partage ne peut avoir lieu ni être exigé avant la fin de la liquidation.

[1991, c. 64, a. 836].

836. Partition may not take place or be applied for before the liquidation is terminated.

[1991, c. 64, a. 836].

■ C.C.Q., 776-779, 819, 820, 822, 837-844, 849-864, 867, 884, 895, 1013, 1030, 1037.

837. Le testateur peut, pour une cause sérieuse et légitime, ordonner que le partage soit totalement ou partiellement différé pendant un temps limité. Il peut aussi ordonner que le partage soit différé si, pour parfaire l'exécution de ses volontés, les pouvoirs et obligations du liquidateur doivent continuer à s'exercer à un autre titre.

[1991, c. 64, a. 837].

837. The testator, for a serious and legitimate reason, may order partition wholly or partly deferred for a limited time. He may also order it deferred if, to carry out his intentions fully, it is necessary that the powers and obligations of the liquidator continue to be held under another title.

[1991, c. 64, a. 837].

■ C.C.Q., 200-255, 778, 836, 839-844, 849, 1012-1037, 1274-1370; D.T., 46.

838. Si tous les héritiers sont d'accord, le partage se fait suivant la proposition jointe

838. If all the heirs agree, partition is made in accordance with the proposal appended

au compte définitif du liquidateur ou de la manière qu'ils jugent la meilleure.

to the final account of the liquidator; otherwise, partition is made as they see best.

En cas de désaccord entre les héritiers, il ne peut avoir lieu que dans les conditions fixées au chapitre deuxième et dans les formes requises par le *Code de procédure civile* (chapitre C-25).

[1991, c. 64, a. 838].

If the heirs disagree, partition may not take place except under the conditions laid down in Chapter II and in the forms required by the *Code of Civil Procedure* (chapter C-25).

[1991, c. 64, a. 838].

❚ C.C.Q., 86, 87, 208, 213, 286, 287, 619, 738, 739, 820, 822, 836, 837, 839-844, 846, 849-866, 1301-1305, 1363; D.T., 46; C.P.C., 809-811.

839. Malgré une demande de partage, l'indivision peut être maintenue à l'égard d'une entreprise à caractère familial dont l'exploitation était assurée par le défunt, ou à l'égard des parts sociales, actions ou autres valeurs mobilières liées à l'entreprise dans le cas où le défunt en était le principal associé ou actionnaire.

[1991, c. 64, a. 839].

839. Notwithstanding an application for partition, undivided ownership may be continued of a family enterprise that had been operated by the deceased, or of the stocks, shares or other securities connected with the enterprise where the deceased was the principal partner or shareholder.

[1991, c. 64, a. 839].

❚ C.C.Q., 401, 836, 838, 840-842, 844-846, 849, 856-858, 1030, 1525; D.T., 46.

840. L'indivision peut aussi être maintenue à l'égard de la résidence familiale ou des meubles qui servent à l'usage du ménage, même dans le cas où un droit de propriété, d'usufruit ou d'usage est attribué au conjoint survivant qui était lié au défunt par mariage ou union civile.

[1991, c. 64, a. 840; 2002, c. 6, a. 44].

840. Undivided ownership may also be continued of the family residence or of movable property serving for the use of the household, even where a right of ownership, usufruct or use is awarded to the surviving married or civil union spouse.

[1991, c. 64, a. 840; 2002, c. 6, s. 44].

❚ C.C.Q., 401, 419, 420, 429, 841, 842, 844, 845, 856, 857, 1030, 1120, 1172; D.T., 46.

841. Le maintien de l'indivision peut être demandé au tribunal par tout héritier qui, avant le décès, participait activement à l'exploitation de l'entreprise ou demeurait dans la résidence familiale.

[1991, c. 64, a. 841].

841. An heir who before the death actively participated in the operation of the enterprise or lived in the family residence may make an application to the court for the continuance of undivided ownership.

[1991, c. 64, a. 841].

❚ C.C.Q., 619, 739, 1525; D.T., 46; C.P.C., 809.

842. Lorsqu'il statue sur une demande visant à maintenir l'indivision, le tribunal prend en considération les dispositions testamentaires et les intérêts en présence, ainsi que les moyens de subsistance que la famille et les héritiers retirent des biens indivis; en tout état de cause, les conventions entre associés ou actionnaires auxquelles le défunt était partie sont respectées.

[1991, c. 64, a. 842].

842. When adjudicating upon an application for the continuance of undivided ownership, the court takes into account the testamentary dispositions, as well as the existing interests and means of livelihood which the family and the heirs draw from the undivided property; in all cases, the agreements among the partners or shareholders to which the deceased was a party are respected.

[1991, c. 64, a. 842].

■ C.C.Q., 839-841, 843, 844; D.T., 46.

843. À la demande d'un héritier, le tribunal peut, afin d'éviter une perte, surseoir au partage immédiat de tout ou partie des biens et maintenir l'indivision à leur égard.
[1991, c. 64, a. 843].

843. On the application of an heir, the court may, to avoid a loss, stay the immediate partition of the whole or part of the property and continue the undivided ownership of it.
[1991, c. 64, a. 843].

■ C.C.Q., 839, 840, 844-846, 1032; D.T., 46.

844. Le maintien de l'indivision a lieu aux conditions fixées par le tribunal; il ne peut, cependant, être accordé pour une durée supérieure à cinq ans, sauf l'accord de tous les intéressés.

Il peut être renouvelé jusqu'au décès de l'époux ou du conjoint uni civilement ou jusqu'à la majorité du plus jeune enfant du défunt.
[1991, c. 64, a. 844; 2002, c. 6, a. 45].

844. Continuance of undivided ownership takes place upon the conditions fixed by the court but may not be granted for a duration of more than five years except with the agreement of all the interested persons.

It may be renewed until the death of the married or civil union spouse or until the majority of the youngest child of the deceased.
[1991, c. 64, a. 844; 2002, c. 6, s. 45].

■ C.C.Q., 619, 739, 836, 845, 1012-1037; D.T., 46.

845. Le tribunal peut ordonner le partage lorsque les causes ayant justifié le maintien de l'indivision ont cessé, ou que l'indivision est devenue intolérable ou présente de grands† risques pour les héritiers.
[1991, c. 64, a. 845].

845. The court may order partition where the causes that justified the continuance of undivided ownership have ceased or where undivided ownership has become intolerable or presents too† great a risk for the heirs.
[1991, c. 64, a. 845].

■ C.C.Q., 836, 837, 839, 840, 843, 844, 1030; D.T., 46; C.P.C., 809.

846. Si la demande de maintien de l'indivision ne vise qu'un bien en particulier ou un ensemble de biens, rien n'empêche de procéder au partage du résidu des biens de la succession. Par ailleurs, les héritiers peuvent toujours satisfaire celui qui s'oppose au maintien de l'indivision en lui payant eux-mêmes sa part ou en lui attribuant, après évaluation, certains autres biens de la succession.
[1991, c. 64, a. 846].

846. If an application for the continuance of undivided ownership contemplates a particular item of property or a group of properties*, nothing prevents proceeding to partition of the residue of the property of the succession. Furthermore, the heirs may always satisfy an heir who objects to the continuance of undivided ownership by paying his share themselves or granting him, after evaluation, other property of the succession.
[1991, c. 64, a. 846].

■ C.C.Q., 839, 840, 843, 1033, 1034; D.T., 46.

847. Celui qui n'a droit qu'à la jouissance d'une part des biens indivis ne peut participer qu'à un partage provisionnel.
[1991, c. 64, a. 847].

847. A person entitled to enjoyment of only a share of the undivided property has no right to participate in a partition, except a provisional partition.
[1991, c. 64, a. 847].

❙ D.T., 46.

848. Tout héritier peut écarter du partage une personne qui n'est pas un héritier et à laquelle un autre héritier aurait cédé son droit à la succession, moyennant le remboursement de la valeur de ce droit à l'époque du retrait et des frais acquittés lors de la cession.

[1991, c. 64, a. 848].

❙ C.C.Q., 619, 641, 739, 1022, 1779.

848. Every heir may exclude from the partition a person who is not an heir but to whom another heir transferred his right in the succession, by paying him the value of the right at the time of the redemption and his disbursements for costs related to the transfer.

[1991, c. 64, a. 848].

Chapitre II ——
Des modalités† du partage

Chapter II ——
Modes† of partition

SECTION I ——
DE LA COMPOSITION DES LOTS

SECTION I ——
COMPOSITION OF SHARES

849. Le partage peut comprendre tous les biens indivis ou une partie seulement de ces biens.

Le partage d'un immeuble est réputé effectué, même s'il laisse subsister des parties communes impartageables ou destinées à rester dans l'indivision.

[1991, c. 64, a. 849].

❙ C.C.Q., 846, 884, 1010, 2847; D.T., 46.

849. Partition may include all or only part of the undivided property.

Partition of an immovable is deemed to have been carried out even if parts remain which are common and indivisible or which are intended to remain undivided.

[1991, c. 64, a. 849].

850. Si les parts sont égales, on compose autant de lots qu'il y a d'héritiers ou de souches copartageantes.

Si les parts sont inégales, on compose autant de lots qu'il est nécessaire pour permettre le tirage au sort.

[1991, c. 64, a. 850].

❙ C.C.Q., 838, 852, 853; D.T., 46; C.P.C., 809-811.

850. If the undivided shares are equal, as many shares are composed as there are heirs or partitioning roots.

If the undivided shares are unequal, as many shares are composed as necessary to allow a drawing of lots.

[1991, c. 64, a. 850].

851. Dans la composition des lots, il doit être tenu compte des dispositions testamentaires, notamment de celles mettant à la charge de certains héritiers le paiement de dettes ou de legs, ainsi que des recours qu'ont entre eux les héritiers pour ce qu'ils ont payé en excédent de leur part; il doit être aussi tenu compte des droits du conjoint survivant qui était lié au défunt par mariage ou union civile, des demandes d'attribution par voie de préférence, des

851. In composing the shares, account shall be taken of the testamentary dispositions, particularly those charging certain heirs with payment of debts or legacies, as well as the rights of action the heirs have against each other for the amounts they paid in excess of their shares; account shall also be taken of the rights of the surviving married or civil union spouse, the applications for allotment by preference, the contestations and, where such is the

oppositions et, le cas échéant, des provisions de fonds pour exécuter les jugements éventuels.

case, the reserve funds for satisfying future judgments.

Peuvent aussi être prises en considération, entre autres, les incidences fiscales de l'attribution, les intentions manifestées par certains héritiers de prendre en charge certaines dettes ou la commodité du mode d'attribution.

Consideration may also be given to, among other things, the fiscal consequences of the allotments, the intention shown by certain heirs to take charge of certain debts or the convenience of the mode of allotment.

[1991, c. 64, a. 851; 2002, c. 6, a. 46].

[1991, c. 64, a. 851; 2002, c. 6, s. 46].

❚ D.T., 46.

852. Dans la composition des lots, on évite de morceler les immeubles et de diviser les entreprises.

852. In composing the shares, immovables should not be broken up, nor should enterprises be divided.

Dans la mesure où le morcellement des immeubles et la division des entreprises peuvent être évités, chaque lot doit, autant que possible, être composé de meubles ou d'immeubles et de droits ou de créances de valeur équivalente.

So far as the breaking up of immovables and the division of enterprises can be avoided, each share shall, as far as possible, be composed of movable or immovable property and rights or claims of equivalent value.

L'inégalité de valeur des lots se compense par une soulte.

Any inequality in the value of the shares is compensated by a payment in money.

[1991, c. 64, a. 852].

[1991, c. 64, a. 852].

❚ C.C.Q., 746, 839, 840, 2651; D.T., 46.

853. Les indivisaires qui procèdent à un partage amiable composent les lots à leur gré et décident, d'un commun accord[1], de leur attribution ou de leur tirage au sort.

853. Undivided owners making an amicable partition compose the shares as they see fit and reach a consensus[1] on their allotment or on a drawing of lots for them.

S'ils estiment nécessaire de procéder à la vente des biens à partager ou de certains d'entre eux, ils fixent également, d'un commun accord[1], les modalités de la vente.

If they consider it necessary to sell the property to be partitioned or some of it, they also reach a consensus[1] on the terms and conditions of sale.

[1991, c. 64, a. 853].

[1991, c. 64, a. 853].

Note 1 : Comp. a. 779(1): d'un commun accord/by mutual agreement.

❚ C.C.Q., 779, 838, 852, 854; D.T., 46; C.P.C., 897-903.

854. À défaut d'accord entre les indivisaires quant à la composition des lots, ceux-ci sont faits par un expert désigné par le tribunal; si le désaccord porte sur leur attribution, les lots sont tirés au sort.

854. If the undivided owners fail to agree on the composition of the shares, these are composed by an expert designated by the court; if the disagreement has to do with the allotment of the shares, it is made by a drawing of lots.

Avant de procéder au tirage, chaque indi-

Before the drawing, each undivided owner

visaire est admis à proposer sa réclamation contre leur formation.

[1991, c. 64, a. 854].

∎ C.C.Q., 483, 853, 863, 1034; D.T., 46; C.P.C., 885b.

may contest the composition of the shares.

[1991, c. 64, a. 854].

SECTION II —
DES ATTRIBUTIONS PRÉFÉRENTIELLES
ET DES CONTESTATIONS

SECTION II —
PREFERENTIAL ALLOTMENTS AND
CONTESTATION

855. Chaque héritier reçoit en nature sa part des biens de la succession; il peut demander qu'on lui attribue, par voie de préférence, un bien† ou un lot.

[1991, c. 64, a. 855].

∎ C.C.Q., 852, 856-860; D.T., 46.

855. Each heir receives his share of the property of the succession in kind, and may apply for the allotment of a particular thing† or share by way of preference.

[1991, c. 64, a. 855].

856. Le conjoint survivant qui était lié au défunt par mariage ou union civile peut, par préférence à tout autre héritier, exiger que l'on place dans son lot la résidence familiale ou les droits qui lui en confèrent l'usage et les meubles qui servent à l'usage du ménage.

Si la valeur des biens excède la part due au conjoint, celui-ci les conserve à charge de soulte.

[1991, c. 64, a. 856; 2002, c. 6, a. 47].

∎ C.C.Q., 395, 482, 855, 857, 859, 860; D.T., 46.

856. The surviving married or civil union spouse may, in preference to any other heir, require that the family residence or the rights conferring use of it, together with the movable property serving for the use of the household, be placed in his or her share.

If the value of the property exceeds the share due to the spouse, he or she keeps the property, subject to a payment in money as compensation.

[1991, c. 64, a. 856; 2002, c. 6, s. 47].

857. Sous réserve des droits du conjoint survivant qui était lié au défunt par mariage ou union civile, lorsque plusieurs héritiers demandent qu'on leur attribue, par voie de préférence, l'immeuble qui servait de résidence au défunt, celui qui y résidait a la préférence.

[1991, c. 64, a. 857; 2002, c. 6, a. 48].

∎ C.C.Q., 420, 429, 482, 840, 852, 855, 856, 858, 859.

857. Subject to the rights of the surviving married or civil union spouse, if several heirs apply for the allotment, by preference, of the immovable that served as the residence of the deceased, the person who was living in it has preference over the others.

[1991, c. 64, a. 857; 2002, c. 6, s. 48].

858. Malgré l'opposition ou la demande d'attribution par voie de préférence formée par un autre copartageant, l'entreprise ou les parts sociales, actions ou autres valeurs mobilières liées à celle-ci sont attribuées, par préférence, à l'héritier qui participait activement à l'exploitation de l'entreprise au temps du décès.

[1991, c. 64, a. 858].

858. Notwithstanding any objection or application for an allotment by preference presented by another co-partitioner, the enterprise or the capital shares, stocks or other securities connected with the enterprise are allotted by preference to the heir who was actively participating in the operation of the enterprise at the time of the death.

[1991, c. 64, a. 858].

❚ C.C.Q., 839, 841, 852, 855, 857, 859, 1525; D.T., 46.

859. Si plusieurs héritiers font valoir le même droit de préférence ou† qu'il y ait un différend sur une demande d'attribution, la contestation est tranchée par le sort ou, s'il s'agit d'attribuer la résidence, l'entreprise ou les valeurs mobilières liées à celle-ci, par le tribunal. En ce cas, il est tenu compte, entre autres, des intérêts en présence, des motifs de préférence ou du degré de participation de chacun à l'exploitation de l'entreprise ou à l'entretien de la résidence.

[1991, c. 64, a. 859].

❚ C.C.Q., 855, 857, 858, 1525; D.T., 46; C.P.C., 809.

859. If several heirs exercise the same right of preference or† an application for an allotment is disputed, the contestation is settled by a drawing of lots or, if it concerns the allotment of the residence, the enterprise or the securities connected with the enterprise, by the court. In this case, account is taken of, among other things, the interests involved, the reasons for the preference of each party or the degree of his participation in the enterprise or in the upkeep of the residence.

[1991, c. 64, a. 859].

860. Lorsque la contestation entre les copartageants porte sur la détermination ou le paiement d'une soulte, le tribunal la détermine et peut, au besoin, fixer les modalités de garantie et de paiement appropriées aux circonstances.

[1991, c. 64, a. 860].

❚ C.C.Q., 855, 859; D.T., 46; C.P.C., 809.

860. Where the contestation among the copartitioners is over the determination or payment of an amount of money as compensation, the court determines it and may, if necessary, fix the appropriate terms and conditions of guarantee and payment in the circumstances.

[1991, c. 64, a. 860].

861. Les biens s'estiment d'après leur état et leur valeur au moment du partage.

[1991, c. 64, a. 861].

❚ C.C.Q., 695, 852, 863, 897; D.T., 46.

861. The property is appraised according to its condition and value at the time of partition.

[1991, c. 64, a. 861].

862. Si certains biens ne peuvent être commodément partagés ou attribués, les intéressés peuvent décider de procéder à leur vente.

[1991, c. 64, a. 862].

❚ C.C.Q., 839-843, 852, 855, 863, 885; D.T., 46; C.P.C., 809, 897-910.

862. If certain property cannot be conveniently partitioned or allotted, the interested persons may decide to sell it.

[1991, c. 64, a. 862].

863. En cas de désaccord entre les intéressés, le tribunal peut, le cas échéant, désigner des experts pour évaluer les biens, ordonner la vente des biens qui ne peuvent être commodément partagés ou attribués et en fixer les modalités, ou encore ordonner de surseoir au partage pour le temps qu'il indique.

[1991, c. 64, a. 863].

❚ C.C.Q., 861, 862; D.T., 46; C.P.C., 809, 897-910.

863. If the interested persons cannot agree, the court may, where applicable, designate experts to evaluate the property, order the sale of the property that cannot conveniently be partitioned or allotted and fix the terms and conditions of sale; or it may order a stay of partition for the time it indicates.

[1991, c. 64, a. 863].

864. Les créanciers de la succession et d'un héritier peuvent, pour éviter que le partage ne soit fait en fraude de leurs droits, assister au partage et y intervenir à leurs frais.

[1991, c. 64, a. 864].

❚ C.C.Q., 652, 797, 815, 855, 877, 1626, 1631; D.T., 46.

864. In order that the partition not be made in fraud of their rights, the creditors of the succession, and those of an heir, may be present at the partition and intervene at their own expense.

[1991, c. 64, a. 864].

SECTION III —
DE LA REMISE DES TITRES

SECTION III —
DELIVERY OF TITLES

865. Après le partage, les titres communs à tout ou partie de l'héritage sont remis à la personne choisie par les héritiers pour en être dépositaire, à charge d'en aider les copartageants, sur demande. En cas de désaccord sur ce choix, il est tranché par le sort.

[1991, c. 64, a. 865].

❚ C.C.Q., 866; D.T., 46.

865. After partition, the titles common to the entire inheritance or to a part of it are delivered to the person chosen by the heirs to act as depositary, on the condition that he assist the co-partitioners in this matter at their request. Failing agreement on the choice, it is made by a drawing of lots.

[1991, c. 64, a. 865].

866. Tout héritier qui en fait la demande peut obtenir, au temps du partage et à frais communs, une copie des titres qui concernent les biens dans lesquels il conserve des droits.

[1991, c. 64, a. 866].

❚ C.C.Q., 865; D.T., 46.

866. At partition, any heir may apply for and obtain a copy of the titles to property in which he has rights. The costs so incurred are shared.

[1991, c. 64, a. 866].

Chapitre III —
Des rapports

Chapter III —
Return

SECTION I —
DU RAPPORT DES DONS ET DES LEGS

SECTION I —
RETURN OF GIFTS AND LEGACIES

867. En vue du partage, chaque héritier n'est tenu de rapporter à la masse que ce qu'il a reçu du défunt, par donation ou testament, à charge expresse de rapport.

Le successible qui renonce à la succession ne doit pas le rapport.

[1991, c. 64, a. 867].

❚ C.C.Q., 619, 739, 869-872, 876, 879; D.T., 47.

867. With a view to partition, each coheir is bound to return to the mass only what he has received from the deceased by gift or by will under an express obligation to return it.

A successor who renounces the succession is under no obligation to make any return.

[1991, c. 64, a. 867].

868. Le représentant est tenu de rapporter, outre ce à quoi il est lui-même tenu, ce que le représenté aurait eu à rapporter.

868. A person who represents another in the succession is bound to return what the person represented would have had to re-

Le rapport est dû même si le représentant a renoncé à la succession du représenté.

[1991, c. 64, a. 868].

▮ C.C.Q., 657, 659-665, 670, 674, 867, 869.

turn, in addition to what he is bound to return in his own right.

A return is due even if the person who represents the other has renounced the succession of the person represented.

[1991, c. 64, a. 868].

869. Le rapport ne se fait qu'à la succession du donateur ou du testateur.

Il n'est dû que par le cohéritier à son cohéritier; il n'est dû ni aux légataires particuliers ni aux créanciers de la succession.

[1991, c. 64, a. 869].

▮ C.C.Q., 619, 739, 867, 868.

869. A return is made only to the succession of the donor or of the testator.

It is due only from one coheir to another and is not due to the legatees by particular title or to the creditors of the succession.

[1991, c. 64, a. 869].

870. Le rapport se fait en moins prenant.

Est sans effet la disposition imposant à l'héritier le rapport en nature. Toutefois, celui-ci a la faculté de faire le rapport en nature s'il est encore propriétaire du bien et s'il ne l'a pas grevé d'usufruit, de servitude, d'hypothèque ou d'un autre droit réel.

[1991, c. 64, a. 870].

▮ C.C.Q., 695, 757, 855, 867-875, 877-879, 882, 1561.

870. A return is made by taking less.

Any provision requiring the heir to make a return in kind is without effect. However, the heir may elect to make the return in kind if he still owns the property, unless he has charged it with a usufruct, servitude, hypothec or other real right.

[1991, c. 64, a. 870; 2002, c. 19, s. 15].

871. Chacun des cohéritiers à qui le rapport en moins prenant est dû prélève sur la masse de la succession des biens de valeur égale au montant du rapport.

Les prélèvements se font, autant que possible, en biens de même nature et qualité que ceux dont le rapport est dû.

Si les prélèvements ne peuvent se faire ainsi, l'héritier rapportant peut verser la valeur† en numéraire du bien reçu ou laisser chacun des cohéritiers prélever d'autres biens de valeur équivalente dans la masse.

[1991, c. 64, a. 871].

▮ C.C.Q., 420, 429, 482, 839-844, 850, 852, 856, 870, 872.

871. Each coheir to whom a return by taking less is due pre-takes from the mass of the succession property equal in value to the amount of the return.

As far as possible, pre-takings are made in property of the same kind and quality as the property due to be returned.

If it is impossible to pre-take in the manner described, the heir returning may either pay the cash value of the property received or allow each coheir to pre-take other equivalent† property from the mass.

[1991, c. 64, a. 871].

872. Le rapport en moins prenant peut aussi se faire en imputant au lot de l'héritier la valeur en numéraire du bien reçu.

[1991, c. 64, a. 872].

872. A return by taking less may also be made by debiting the cash value of the property received to the share of the heir.

[1991, c. 64, a. 872].

■ C.C.Q., 780, 871.

873. Sauf disposition contraire de la donation ou du testament, l'évaluation du bien donné qui est rapporté en moins prenant se fait au moment du partage, si le bien se trouve encore entre les mains de l'héritier, ou à la date de l'aliénation, si le bien a été aliéné avant le partage.

Le bien légué et celui qui est resté dans la succession s'évaluent d'après leur état et leur valeur au moment du partage.

[1991, c. 64, a. 873].

■ C.C.Q., 861, 874.

873. Unless otherwise provided in the gift or will, property returned by taking less is valued at the time of partition if it is still in the hands of the heir, or on the date of alienation if it was alienated before partition.

Bequeathed property, and that which remains in the succession, is valued according to its condition and value at the time of partition.

[1991, c. 64, a. 873].

874. La valeur du bien rapporté, en moins prenant ou en nature, doit être diminuée de la plus-value acquise par le bien du fait des impenses ou de l'initiative personnelle du rapportant.

Elle est aussi diminuée du montant des impenses nécessaires.

Réciproquement, la valeur est augmentée de la moins-value résultant du fait† du rapportant.

[1991, c. 64, a. 874].

Note : Comp. a. 876.

■ C.C.Q., 861, 870, 872, 873, 876, 957.

874. The value of property returned by taking less or in kind shall be reduced by the increase in value of the property resulting from the expenditures or personal initiative of the person returning it.

It is also reduced by the amount of the necessary disbursements.

Conversely, the value is increased by the decrease in value resulting from the actions† of the person making the return.

[1991, c. 64, a. 874].

875. L'héritier a le droit de retenir le bien qui doit être rapporté en nature jusqu'au remboursement des sommes qui lui sont dues.

[1991, c. 64, a. 875].

■ C.C.Q., 870, 874, 1591-1593, 2650, 2651.

875. The heir is entitled to retain the property due to be returned in kind until he has been reimbursed the amounts he is owed.

[1991, c. 64, a. 875].

876. L'héritier est tenu au rapport si la perte du bien résulte de son fait; il n'y est pas tenu si la perte résulte d'une force majeure.

Dans l'un ou l'autre cas, si une indemnité lui est versée à raison de la perte du bien, il doit la rapporter.

[1991, c. 64, a. 876].

■ C.C.Q., 874, 1457, 1470, 1701, 2739.

876. An heir is bound to return property whose loss results from his acts or omissions; he is not bound to do so if the loss results from a superior force.

In either case, he shall return any indemnity paid to him for the loss of the property.

[1991, c. 64, a. 876].

877. Les copartageants peuvent convenir que soit rapporté en nature un bien grevé d'une hypothèque ou d'un autre droit réel; le rapport se fait alors sans nuire au titulaire de ce droit. L'obligation qui en résulte est mise à la charge du rapportant dans le partage de la succession.

[1991, c. 64, a. 877].

❚ C.C.Q., 870.

877. The co-partitioners may agree that property affected by a hypothec or other real right be returned in kind; the return is then made without prejudice to the holder of the right. The obligation resulting therefrom is, in the partition of the succession, charged against the person who makes the return.

[1991, c. 64, a. 877].

878. Les fruits et revenus du bien donné ou légué, si ce bien est rapporté en nature, ou les intérêts de la somme sujette à rapport sont aussi rapportables, à compter de l'ouverture de la succession.

[1991, c. 64, a. 878].

❚ C.C.Q., 743, 867, 870, 883, 1018.

878. The fruits and revenues of the property given or bequeathed, if the property is returned in kind, or the interest on the amount returnable, are also returnable from the opening of the succession.

[1991, c. 64, a. 878].

SECTION II —
DU RAPPORT DES DETTES

SECTION II —
RETURN OF DEBTS

879. L'héritier venant au partage doit faire rapport à la masse des dettes qu'il a envers le défunt; il doit aussi faire rapport des sommes dont il est débiteur envers ses copartageants du fait de l'indivision.

Ces dettes sont rapportables même si elles ne sont pas échues au moment du partage; elles ne le sont pas si le défunt a stipulé remise de la dette pour prendre effet à l'ouverture de la succession.

[1991, c. 64, a. 879].

❚ C.C.Q., 613, 619, 739, 867, 880-883.

879. An heir coming to a partition shall return to the mass the debts he owes to the deceased; he shall also return the amounts he owes to his co-partitioners by reason of the indivision.

These debts are subject to return even if they are not due when partition takes place; they are not subject to return if the testator provided for release therefrom to take effect at the opening of the succession.

[1991, c. 64, a. 879].

880. Si le montant en capital et intérêts de la dette à rapporter excède la valeur de la part héréditaire de l'héritier tenu au rapport, celui-ci reste débiteur de l'excédent et doit en faire le paiement selon les modalités afférentes à la dette.

[1991, c. 64, a. 880].

❚ C.C.Q., 879, 883.

880. If the amount in capital and interest of the debt to be returned exceeds the value of the hereditary share of the heir who is bound to make the return, the heir remains indebted for the excess and shall pay it according to the terms and conditions attached to the debt.

[1991, c. 64, a. 880].

881. Si l'héritier tenu au rapport a lui-même une créance à faire valoir, encore qu'elle ne soit pas exigible au moment du

881. If an heir bound to make a return has a claim of his own to make, even though it is not exigible at the time of partition,

partage, il y a compensation et il n'est tenu de rapporter que le solde dont il reste débiteur.

compensation operates and he is bound to return only the balance of his debt.

La compensation s'opère aussi si la créance excède la dette et l'héritier reste créancier de l'excédent.

[1991, c. 64, a. 881].

Compensation also operates if the claim exceeds the debt and the heir remains creditor for the excess.

[1991, c. 64, a. 881].

∎ C.C.Q., 879, 1672, 1673.

882. Le rapport a lieu en moins prenant.

882. A return is made by taking less.

Le prélèvement effectué par les cohéritiers ou l'imputation de la somme au lot de l'héritier est opposable aux créanciers personnels de l'héritier tenu au rapport.

[1991, c. 64, a. 882].

The pre-taking effected by the coheirs or the debiting of the amount to the share of the heir may be set up against the personal creditors of the heir who is bound to make the return.

[1991, c. 64, a. 882].

∎ C.C.Q., 870, 879, 883.

883. Doit être rapportée la valeur de la dette en capital et intérêts au moment du partage.

883. A return shall be made of the value of the debt in capital and interest at the time of partition.

La dette rapportable porte intérêt à compter du décès si elle est antérieure au décès, et à compter du jour où elle est née si elle a pris naissance postérieurement au décès.

[1991, c. 64, a. 883].

A returnable debt bears interest from the death if it precedes the death and from the date when it arose if it arose after the death.

[1991, c. 64, a. 883].

∎ C.C.Q., 879.

Chapitre IV ——
Des effets du partage

Chapter IV ——
Effects of partition

SECTION I ——
DE L'EFFET DÉCLARATIF DU PARTAGE

SECTION I ——
THE DECLARATORY EFFECT OF PARTITION

884. Le partage est déclaratif de propriété.

884. Partition is declaratory of ownership.

Chaque copartageant est réputé avoir succédé, seul et immédiatement†, à tous les biens compris dans son lot ou qui lui sont échus par un acte de partage total ou partiel; il est censé† avoir eu la propriété de ces biens à compter du décès et n'avoir jamais été propriétaire des autres biens de la succession.

[1991, c. 64, a. 884].

Each co-partitioner is deemed to have inherited, alone and directly†, all the property included in his share or which devolves to him through any partial or complete partition. He is deemed† to have owned the property from the death, and never to have owned the other property of the succession.

[1991, c. 64, a. 884].

∎ C.C.Q., 645, 849, 885, 887, 888, 1021, 1037, 1522, 1540, 2679, 2847; D.T., 46.

885. Tout acte qui a pour objet de faire cesser l'indivision entre les copartageants vaut partage, lors même qu'il est qualifié de vente, d'échange, de transaction ou autrement.

[1991, c. 64, a. 885].

❚ C.C.Q., 884; D.T., 46.

885. Any act the object of which is to terminate indivision between co-partitioners is equivalent to a partition, even though the act is described as a sale, an exchange, a transaction or otherwise.

[1991, c. 64, a. 885].

886. Sous réserve des dispositions relatives à l'administration des biens indivis et des rapports juridiques entre un héritier et ses ayants cause, les actes accomplis par un indivisaire, de même que les droits réels qu'il a consentis sur les biens qui ne lui sont pas attribués, sont inopposables aux autres indivisaires qui n'y consentent pas.

[1991, c. 64, a. 886].

❚ C.C.Q., 877, 884, 887, 1015, 1025-1029; D.T., 46.

886. Subject to the provisions respecting the administration of undivided property and the juridical relationships between an heir and his successors, acts performed by an undivided heir and real rights granted by him in property which has not been allotted to him may not be set up against any other undivided heirs who have not consented to them.

[1991, c. 64, a. 886].

887. Les actes valablement faits pendant l'indivision résultant du décès conservent leur effet, quel que soit, au partage, l'héritier qui reçoit les biens.

Chaque héritier est alors réputé avoir fait l'acte qui concerne les biens qui lui sont échus.

[1991, c. 64, a. 887].

❚ C.C.Q., 778, 884, 886, 1012-1037, 2847; D.T., 46.

887. Acts validly made during indivision resulting from death retain their effect, regardless of which heir receives the property at partition.

Each heir is then deemed to have made the acts concerning the property which devolves to him.

[1991, c. 64, a. 887].

888. L'effet déclaratif s'applique pareillement aux créances contre des tiers, à la cession de ces créances faite pendant l'indivision par un cohéritier et à la saisie-arrêt de ces créances pratiquée par les créanciers d'un cohéritier.

L'attribution† des créances est assujettie, quant à son opposabilité aux débiteurs, aux règles du livre Des obligations relatives à la cession de créance.

[1991, c. 64, a. 888].

❚ C.C.Q., 884, 1637-1650; D.T., 46; C.P.C., 626.

888. The declaratory effect also applies to claims against third persons, to any assignment of these claims made during indivision by one of the coheirs and to any seizure by garnishment of the claims by the creditors of one of the coheirs.

The setting up† of claims against debtors is subject to the rules of the Book on Obligations relating to assignment of debts.

[1991, c. 64, a. 888].

SECTION II —
DE LA GARANTIE DES COPARTAGEANTS

SECTION II —
WARRANTY OF CO-PARTITIONERS

889. Les copartageants sont respectivement garants, les uns envers les autres, des

889. Co-partitioners are warrantors towards each other only for the disturbances

seuls troubles et évictions qui procèdent d'une cause antérieure au partage.

and evictions arising from a cause prior to the partition.

Néanmoins, chaque copartageant demeure toujours garant de l'éviction causée par son fait personnel.

[1991, c. 64, a. 889].

Each co-partitioner remains a warrantor nevertheless for any eviction caused by his personal act or omission.

[1991, c. 64, a. 889].

❚ C.C.Q., 852, 891, 892, 894, 1732, 1733; D.T., 46; C.P.C., 168(5), 216.

890. L'insolvabilité du débiteur d'une créance échue à l'un des copartageants donne lieu à la garantie, de la même manière que l'éviction, si l'insolvabilité est antérieure au partage.

[1991, c. 64, a. 890].

890. The insolvency of the debtor for a claim devolving to one of the co-partitioners gives rise to a warranty in the same manner as an eviction, if the insolvency occurred prior to partition.

[1991, c. 64, a. 890].

❚ C.C.Q., 889, 892, 894, 1639, 1640, 1723; D.T., 46.

891. La garantie n'a pas lieu si l'éviction se trouve exceptée par une stipulation de l'acte de partage; elle cesse si c'est par sa faute que le copartageant est évincé.

[1991, c. 64, a. 891].

891. The warranty does not arise if the eviction has been excepted by a stipulation in the act of partition; it terminates if the co-partitioner is evicted through his own fault.

[1991, c. 64, a. 891].

❚ C.C.Q., 889, 890, 1639, 1723-1725; D.T., 46.

892. Chacun des copartageants est personnellement obligé, en proportion de sa part, d'indemniser son copartageant de la perte que lui a causée l'éviction.

La perte est évaluée au jour du partage.

[1991, c. 64, a. 892].

892. Each co-partitioner is personally bound in proportion to his share to indemnify his co-partitioner for the loss which the eviction has caused him.

The loss is valued as on the day of the partition.

[1991, c. 64, a. 892].

❚ C.C.Q., 830, 893; D.T., 46.

893. Si l'un des copartageants se trouve insolvable, l'indemnité à laquelle il est tenu doit être répartie proportionnellement entre le garanti et tous les copartageants solvables.

[1991, c. 64, a. 893].

893. If one of the co-partitioners is insolvent, the indemnity for which he is liable shall be divided proportionately between the warrantee and all the solvent co-partitioners.

[1991, c. 64, a. 893].

❚ C.C.Q., 830, 889, 892; D.T., 46.

894. L'action en garantie se prescrit par trois ans depuis l'éviction ou la découverte du trouble, ou depuis le partage si elle a pour cause l'insolvabilité d'un débiteur de la succession.

[1991, c. 64, a. 894].

894. The action in warranty is prescribed by three years from eviction or discovery of the disturbance, or from partition if it is caused by the insolvency of a debtor to the succession.

[1991, c. 64, a. 894].

❚ C.C.Q., 889-892; D.T., 46; C.P.C., 71, 110, 168, 216-222, 1012.

Chapitre V ——
De la nullité du partage

Chapter V ——
Nullity of partition

895. Le partage, même partiel, peut être annulé pour les mêmes causes que les contrats.

895. Partition, even partial, may be annulled for the same causes as contracts.

Toutefois, plutôt que d'annuler, on peut procéder à un partage supplémentaire ou rectificatif, dans tous les cas où cela peut être fait avec avantage pour les copartageants.

A supplementary or corrective partition may be effected, however, in any case where it is to the advantage of the co-partitioners to do so.

[1991, c. 64, a. 895].

[1991, c. 64, a. 895].

▮ C.C.Q., 162, 213, 282, 283, 849, 896, 897, 1398-1408, 1411, 1419, 1422, 2925, 2927; D.T., 46; C.P.C., 110.

896. La simple omission d'un bien indivis ne donne pas ouverture à l'action en nullité, mais seulement à un supplément à l'acte de partage.

896. Mere omission of undivided property does not give rise to an action in nullity, but only to a supplementary partition.

[1991, c. 64, a. 896].

[1991, c. 64, a. 896].

▮ C.C.Q., 852, 895; D.T., 46.

897. Pour décider s'il y a eu lésion, c'est la valeur des biens au moment du partage qu'il faut considérer.

897. In deciding whether lesion has occurred, the value of the property is considered as at the time of partition.

[1991, c. 64, a. 897].

[1991, c. 64, a. 897].

▮ C.C.Q., 163, 213, 266, 287, 294, 695, 838, 861, 873, 895, 1045, 1405, 1406; D.T., 46.

898. Le défendeur à une demande en nullité de partage peut, dans tous les cas, en arrêter le cours et empêcher un nouveau partage, en offrant et en fournissant au demandeur le supplément de sa part dans la succession en numéraire ou en nature.

898. The defendant in an action in nullity of partition may, in all cases, terminate the action and prevent a new partition by offering and delivering to the plaintiff the supplement of his share of the succession in money or in kind.

[1991, c. 64, a. 898].

[1991, c. 64, a. 898].

▮ C.C.Q., 895; D.T., 46.

LIVRE 4 ——
DES BIENS

BOOK 4 ——
PROPERTY

TITRE 1 ——
DE LA DISTINCTION DES BIENS ET DE
LEUR APPROPRIATION

TITLE 1 ——
KINDS OF PROPERTY AND ITS
APPROPRIATION

Chapitre I ━━
De la distinction des biens

899. Les biens, tant corporels qu'incorporels, se divisent en immeubles et en meubles.

[1991, c. 64, a. 899].

▌C.C.Q., 3078.

900. Sont immeubles les fonds de terre, les constructions et ouvrages à caractère permanent qui s'y trouvent et tout ce qui en fait partie intégrante.

Le sont aussi les végétaux et les minéraux, tant qu'ils ne sont pas séparés ou extraits du fonds. Toutefois, les fruits et les autres produits du sol peuvent être considérés comme des meubles dans les actes de disposition† dont ils sont l'objet.

[1991, c. 64, a. 900].

▌C.C.Q., 899, 910, 2698.

901. Font partie intégrante d'un immeuble les meubles qui sont incorporés à l'immeuble, perdent leur individualité et assurent l'utilité de l'immeuble.

[1991, c. 64, a. 901].

▌C.C.Q., 899, 900.

902. Les parties intégrantes d'un immeuble qui sont temporairement détachées de l'immeuble, conservent leur caractère immobilier, si ces parties sont destinées à y être replacées.

[1991, c. 64, a. 902].

▌C.C.Q., 899, 900.

903. Les meubles qui sont, à demeure, matériellement attachés ou réunis à l'immeuble, sans perdre leur individualité et sans y être incorporés, sont immeubles tant qu'ils y restent.

[1991, c. 64, a. 903].

▌C.C.Q., 2672; D.T., 48.

904. Les droits réels qui portent sur des immeubles, les actions qui tendent à les

Chapter I ━━
Kinds of property

899. Property, whether corporeal or incorporeal, is divided into immovables and movables.

[1991, c. 64, a. 899].

900. Land, and any constructions and works of a permanent nature located thereon and anything forming an integral part thereof, are immovables.

Plants and minerals, as long as they are not separated or extracted from the land, are also immovables. Fruits and other products of the soil may be considered to be movables, however, when they are the object of an act of alienation†.

[1991, c. 64, a. 900; 2002, c. 19, s. 15].

901. Movables incorporated with an immovable that lose their individuality and ensure the utility of the immovable form an integral part of the immovable.

[1991, c. 64, a. 901].

902. Integral parts of an immovable that are temporarily detached therefrom retain their immovable character if they are destined to be put back.

[1991, c. 64, a. 902].

903. Movables which are permanently physically attached or joined to an immovable without losing their individuality and without being incorporated with the immovable are immovables for as long as they remain there.

[1991, c. 64, a. 903].

904. Real rights in immovables, as well as actions to assert such rights or to obtain

faire valoir et celles qui visent à obtenir la possession d'un immeuble sont immeubles.

[1991, c. 64, a. 904].

C.C.Q., 921, 1119, 1120, 1172, 1177, 1195, 2923, 3097.

possession of immovables, are immovables.

[1991, c. 64, a. 904].

905. Sont meubles les choses qui peuvent se transporter, soit qu'elles se meuvent elles-mêmes, soit qu'il faille une force étrangère pour les déplacer.

[1991, c. 64, a. 905].

C.C.Q., 899, 906, 907.

905. Things which can be moved either by themselves or by an extrinsic force are movables.

[1991, c. 64, a. 905].

906. Sont réputées meubles corporels les ondes ou l'énergie maîtrisées par l'être humain et mises à son service, quel que soit le caractère mobilier ou immobilier de leur source.

[1991, c. 64, a. 906].

C.C.Q., 899, 905.

906. Waves or energy harnessed and put to use by man, whether their source is movable or immovable, are deemed corporeal movables.

[1991, c. 64, a. 906].

907. Tous les autres biens que la loi ne qualifie pas sont meubles.

[1991, c. 64, a. 907].

C.C.Q., 899, 3078.

907. All other property, if not qualified by law, is movable.

[1991, c. 64, a. 907].

Chapitre II —
Des biens dans leurs rapports avec ce qu'ils produisent

Chapter II —
Property in relation to its proceeds

908. Les biens peuvent, suivant leurs rapports entre eux, se diviser en capitaux et en fruits et revenus.

[1991, c. 64, a. 908].

C.C.Q., 909, 910.

908. Property, according to its relation to other property, is divided into capital, and fruits and revenues.

[1991, c. 64, a. 908].

909. Sont du capital les biens dont on tire des fruits et revenus, les biens affectés au service ou à l'exploitation d'une entreprise, les actions ou les parts[1] sociales d'une personne morale ou d'une société, le remploi des fruits et revenus, le prix de la disposition d'un capital ou son remploi, ainsi que les indemnités d'expropriation ou d'assurance qui tiennent lieu du capital.

Le capital comprend aussi les droits de propriété intellectuelle et industrielle, sauf les sommes qui en proviennent sans qu'il y

909. Property that produces fruits and revenues, property appropriated for the service or operation of an enterprise, shares of the capital stock or common[1] shares of a legal person or partnership, the reinvestment of the fruits and revenues, the price for any disposal of capital or its reinvestment, and expropriation or insurance indemnities in replacement of capital, are capital.

Capital also includes rights of intellectual or industrial property except sums derived therefrom without alienation of the rights,

ait eu aliénation de ces droits, les obligations et autres titres d'emprunt payables en argent, de même que les droits dont l'exercice tend à accroître le capital, tels les droits de souscription des valeurs mobilières d'une personne morale, d'une société en commandite ou d'une fiducie.

[1991, c. 64, a. 909].

bonds and other loan certificates payable in cash and rights the exercise of which tends to increase the capital, such as the right to subscribe to securities of a legal person, limited partnership or trust.

[1991, c. 64, a. 909].

Note 1 : Comp. a. 2232.

■ C.C.Q., 908, 1525.

910. Les fruits et revenus sont ce que le bien produit sans que sa substance soit entamée ou ce qui provient de l'utilisation d'un capital. Ils comprennent aussi les droits dont l'exercice tend à accroître les fruits et revenus du bien.

Sont classés parmi les fruits ce qui est produit spontanément par le bien, ce qui est produit par la culture ou l'exploitation d'un fonds, de même que le produit ou le croît des animaux.

Sont classées parmi les revenus les sommes d'argent que le bien rapporte, tels les loyers, les intérêts, les dividendes, sauf s'ils représentent la distribution d'un capital d'une personne morale; le sont aussi les sommes reçues en raison de la résiliation ou du renouvellement d'un bail ou d'un paiement par anticipation, ou les sommes attribuées ou perçues dans des circonstances analogues.

[1991, c. 64, a. 910].

910. Fruits and revenues are that which is produced by property without any alteration to its substance or that which is derived from the use of capital. They also include rights the exercise of which tends to increase the fruits and revenues of the property.

Fruits comprise things spontaneously produced by property or produced by the cultivation or working of land, and the produce or increase of animals.

Revenues comprise sums of money yielded by property, such as rents, interest and dividends, except those representing the distribution of capital of a legal person; they also comprise sums received by reason of the resiliation or renewal of a lease or of prepayment, or sums allotted or collected in similar circumstances.

[1991, c. 64, a. 910].

■ C.C.Q., 900, 908, 949, 1126, 1129, 1130, 1175, 1281, 1284, 1348, 1349, 1456, 1586, 1587, 1704, 1780, 2287, 2698, 2737.

Chapitre III ——
Des biens dans leurs rapports avec ceux qui y ont des droits ou qui les possèdent

Chapter III ——
Property in relation to persons having rights in it or possession of it

911. On peut, à l'égard d'un bien, être titulaire, seul ou avec d'autres, d'un droit de propriété ou d'un autre droit réel, ou encore être possesseur du bien.

On peut aussi être détenteur ou administrateur du bien d'autrui, ou être fiduciaire d'un bien affecté à une fin particulière.

[1991, c. 64, a. 911].

911. A person, alone or with others, may hold a right of ownership or other real right in a* property, or have possession of the property.

A person also may hold or administer the property of others or be trustee of property appropriated to a particular purpose.

[1991, c. 64, a. 911].

❚ C.C.Q., 921, 928, 1260, 1299.

912. Le titulaire d'un droit de propriété ou d'un autre droit réel a le droit d'agir en justice pour faire reconnaître ce droit.

[1991, c. 64, a. 912].

❚ C.C.Q., 911, 953.

912. The holder of a right of ownership or other real right may take legal action to have his right acknowledged.

[1991, c. 64, a. 912].

913. Certaines choses ne sont pas susceptibles d'appropriation; leur usage, commun à tous, est régi par des lois d'intérêt général et, à certains égards, par le présent code.

L'air et l'eau qui ne sont pas destinés à l'utilité publique sont toutefois susceptibles d'appropriation s'ils sont recueillis et mis en récipient.

[1991, c. 64, a. 913].

❚ C.C.Q., 911.

913. Certain things may not be appropriated; their use, common to all, is governed by general laws and, in certain respects, by this Code.

However, water and air not intended for public utility may be appropriated if collected and placed in receptacles.

[1991, c. 64, a. 913].

914. Certaines autres choses qui, parce que sans maître, ne sont pas l'objet d'un droit peuvent néanmoins être appropriées par occupation, si celui qui les prend le fait avec l'intention de s'en rendre propriétaire.

[1991, c. 64, a. 914].

❚ C.C.Q., 934-946.

914. Certain other things, being without an owner, are not the object of any right, but may nevertheless be appropriated by occupation if the person taking them does so with the intention of becoming their owner.

[1991, c. 64, a. 914].

915. Les biens appartiennent aux personnes ou à l'État, ou font, en certains cas, l'objet d'une affectation.

[1991, c. 64, a. 915].

❚ C.C.Q., 653, 696, 934-946.

915. Property belongs to persons or to the State or, in certain cases, is appropriated to a purpose.

[1991, c. 64, a. 915].

916. Les biens s'acquièrent par contrat, par succession, par occupation, par prescription, par accession ou par tout autre mode prévu par la loi.

Cependant, nul ne peut s'approprier par occupation, prescription ou accession les biens de l'État, sauf ceux que ce dernier a acquis par succession, vacance ou confiscation, tant qu'ils n'ont pas été confondus avec ses autres biens. Nul ne peut non plus s'approprier les biens des personnes morales de droit public qui sont affectés à l'utilité publique.

[1991, c. 64, a. 916].

916. Property is acquired by contract, succession, occupation, prescription, accession or any other mode provided by law.

No one may appropriate property of the State for himself by occupation, prescription or accession except property the State has acquired by succession, vacancy or confiscation, so long as it has not been mingled with its other property. Nor may anyone acquire for himself property of legal persons established in the public interest that is appropriated to public utility.

[1991, c. 64, a. 916].

▌ C.C.Q., 625, 703, 927, 936, 948, 954, 1378, 2875, 2910.

917. Les biens confisqués en vertu de la loi sont, dès leur confiscation, la propriété de l'État ou, en certains cas, de la personne morale de droit public qui a légalement le pouvoir de les confisquer.

[1991, c. 64, a. 917].

▌ C.C.Q., 915.

917. Property confiscated under the law is, upon being confiscated, property of the State or, in certain cases, of the legal person established in the public interest authorized by law to confiscate it.

[1991, c. 64, a. 917].

918. Les parties du territoire qui ne sont pas la propriété de personnes physiques ou morales, ou qui ne sont pas transférées à un patrimoine fiduciaire, appartiennent à l'État et font partie de son domaine. Les titres originaires de l'État sur ces biens sont présumés.

[1991, c. 64, a. 918].

▌ C.C.Q., 919, 966.

918. Parts of the territory not owned by natural persons or legal persons nor transferred to a trust patrimony belong to the State and form part of its domain. The State is presumed to have the original titles to such property.

[1991, c. 64, a. 918].

919. Le lit des lacs et des cours d'eau navigables et flottables est, jusqu'à la ligne des hautes eaux, la propriété de l'État.

Il en est de même du lit des lacs et cours d'eau non navigables ni flottables bordant les terrains aliénés par l'État après le 9 février 1918; avant cette date, la propriété du fonds riverain emportait, dès l'aliénation, la propriété du lit des cours d'eau non navigables ni flottables.

Dans tous les cas, la loi ou l'acte de concession peuvent disposer autrement.

[1991, c. 64, a. 919].

▌ C.C.Q., 918, 966.

919. The beds of navigable and floatable lakes and watercourses are property of the State up to the high-water line.

The beds of non-navigable and non-floatable lakes and watercourses bordering lands alienated by the State after 9 February 1918 also are property of the State up to the high-water line; before that date, ownership of the riparian land carried with it, upon alienation, ownership of the beds of non-navigable and non-floatable watercourses.

In all cases, the law or the act of concession may provide otherwise.

[1991, c. 64, a. 919].

920. Toute personne peut circuler sur les cours d'eau et les lacs, à la condition de pouvoir y accéder légalement, de ne pas porter atteinte aux droits des propriétaires riverains, de ne pas prendre pied sur les berges et de respecter les conditions d'utilisation de l'eau.

[1991, c. 64, a. 920].

▌ C.C.Q., 981.

920. Any person may travel on watercourses and lakes provided he gains legal access to them, does not encroach on the rights of the riparian owners, does not set foot on the banks and observes the conditions of use of the water.

[1991, c. 64, a. 920].

Chapitre IV ——
De certains rapports de fait
concernant les biens

Chapter IV ——
Certain *de facto* relationships
concerning property

SECTION I ——
DE LA POSSESSION

SECTION I ——
POSSESSION

§ 1. —— De la nature de la
possession

§ 1. —— The nature of possession

921. La possession est l'exercice de fait, par soi-même ou par l'intermédiaire d'une autre personne qui détient le bien, d'un droit réel dont on se veut titulaire.

921. Possession is the exercise in fact, by a person himself or by another person having detention of the property, of a real right, with the intention of acting as the holder of that right.

Cette volonté est présumée. Si elle fait défaut, il y a détention.

[1991, c. 64, a. 921].

The intention is presumed. Where it is lacking, there is merely detention.

[1991, c. 64, a. 921].

❚ C.C.Q., 916, 927, 929, 930, 932, 2880, 2913, 2919, 2933.

922. Pour produire des effets, la possession doit être paisible, continue, publique et non équivoque.

[1991, c. 64, a. 922].

922. Only peaceful, continuous, public and unequivocal possession produces effects in law.

[1991, c. 64, a. 922].

❚ C.C.Q., 925, 929, 930, 932, 2880, 2913, 2919, 2933.

923. Celui qui a commencé à détenir pour le compte d'autrui ou avec reconnaissance d'un domaine supérieur est toujours présumé détenir en la même qualité, sauf s'il y a preuve d'interversion de titre résultant de faits non équivoques.

[1991, c. 64, a. 923].

923. A person having begun to detain property on behalf of another or with acknowledgement of a superior domain is presumed to continue to detain it in that quality unless inversion of title is proved on the basis of unequivocal facts.

[1991, c. 64, a. 923].

❚ C.C.Q., 2914.

924. Les actes de pure faculté ou de simple tolérance ne peuvent fonder la possession.

[1991, c. 64, a. 924].

924. Merely facultative acts or acts of sufferance do not found possession.

[1991, c. 64, a. 924].

❚ C.C.Q., 921.

925. Le possesseur actuel est présumé avoir une possession continue depuis le jour de son entrée en possession; il peut joindre sa possession et celle de ses auteurs.

925. The present possessor is presumed to have been in continuous possession from the time he came into possession; he may join his possession to that of his predecessors.

La possession demeure continue même si

Possession is continuous even if its exer-

l'exercice en est empêché ou interrompu temporairement.

[1991, c. 64, a. 925].

▍ C.C.Q., 922, 2847, 2889, 2912, 2914, 2920.

cise is temporarily prevented or interrupted.

[1991, c. 64, a. 925].

926. La possession entachée de quelque vice ne commence à produire des effets qu'à compter du moment où le vice a cessé.

Les ayants cause, à quelque titre que ce soit, ne souffrent pas des vices dans la possession de leur auteur.

[1991, c. 64, a. 926].

▍ C.C.Q., 927, 932, 1399.

926. Defective possession begins to produce effects only from the time the defect ceases.

Successors by whatever title do not suffer from defects in the possession of their predecessor.

[1991, c. 64, a. 926].

927. Le voleur, le receleur et le fraudeur ne peuvent invoquer les effets de la possession, mais leurs ayants cause, à quelque titre que ce soit, le peuvent s'ils ignoraient le vice.

[1991, c. 64, a. 927].

▍ C.C.Q., 921, 926, 932.

927. No thief, receiver of stolen goods or defrauder may invoke the effects of possession, but his successors by whatever title may do so if they were unaware of the defect.

[1991, c. 64, a. 927].

§ 2. — Des effets de la possession

§ 2. — Effects of possession

928. Le possesseur est présumé titulaire du droit réel qu'il exerce. C'est à celui qui conteste cette qualité à prouver son droit et, le cas échéant, l'absence de titre, ou encore les vices de la possession ou du titre du possesseur.

[1991, c. 64, a. 928].

▍ C.C.Q., 930.

928. A possessor is presumed to hold the real right he is exercising. A person contesting that presumption has the burden of proving his own right and, as the case may be, that the possessor has no title, a defective title, or defective possession.

[1991, c. 64, a. 928].

929. Le possesseur dont la possession a été continue pendant plus d'une année a, contre celui qui trouble sa possession ou qui l'a dépossédé, un droit d'action pour faire cesser le trouble ou être remis en possession.

[1991, c. 64, a. 929].

▍ C.C.Q., 953, 2923.

929. A possessor in continuous possession for more than a year has a right of action against any person who disturbs his possession or dispossesses him in order to put an end to the disturbance or be put back into possession.

[1991, c. 64, a. 929].

930. La possession rend le possesseur titulaire du droit réel qu'il exerce s'il se conforme aux règles de la prescription.

[1991, c. 64, a. 930].

▍ C.C.Q., 928, 932, 1454, 2880, 2910-2916, 2919.

930. Possession vests the possessor with the real right he is exercising if he complies with the rules on prescription.

[1991, c. 64, a. 930].

931. Le possesseur de bonne foi est dispensé de rendre compte des fruits et revenus du bien; il supporte les frais qu'il a engagés pour les produire.

Le possesseur de mauvaise foi doit, après avoir compensé les frais, remettre les fruits et revenus, à compter du jour où sa mauvaise foi a commencé.

[1991, c. 64, a. 931].

❚ C.C.Q., 101, 933, 957-959, 1492, 1703.

931. A possessor in good faith need not render account of the fruits and revenues of the property, and he bears the costs he incurred to produce them.

A possessor in bad faith shall, after compensating for the costs, return the fruits and revenues from the time he began to be in bad faith.

[1991, c. 64, a. 931].

932. Le possesseur est de bonne foi si, au début de sa possession, il est justifié de se croire titulaire du droit réel qu'il exerce. Sa bonne foi cesse du jour[1] où l'absence de titre ou les vices de sa possession ou de son titre lui sont dénoncés par une procédure civile.

[1991, c. 64, a. 932].

Note 1 : Comp. a. 2280.

❚ C.C.Q., 921, 926, 928, 2805.

932. A possessor is in good faith if, when his possession begins, he is justified in believing he holds the real right he is exercising. His good faith ceases from the time[1] his lack of title or the defects of his possession or title are notified to him by a civil proceeding.

[1991, c. 64, a. 932].

933. Le possesseur peut être remboursé ou indemnisé pour les constructions, ouvrages et plantations qu'il a faits, suivant les règles prévues au chapitre de l'accession.

[1991, c. 64, a. 933].

❚ C.C.Q., 931, 954-975, 1137, 1210, 1248; D.T., 49.

933. A possessor may be reimbursed or indemnified according to the rules in the chapter on accession for the constructions, plantations and works he has made.

[1991, c. 64, a. 933].

SECTION II —
DE L'ACQUISITION DES BIENS VACANTS

§ 1. — Des biens sans maître

SECTION II —
ACQUISITION OF VACANT PROPERTY

§ 1. — Things without an owner

934. Sont sans maître les biens qui n'ont pas de propriétaire, tels les animaux sauvages en liberté, ceux qui, capturés, ont recouvré leur liberté, la faune aquatique, ainsi que les biens qui ont été abandonnés par leur propriétaire.

Sont réputés abandonnés les meubles de peu de valeur ou très détériorés qui sont laissés en des lieux publics, y compris sur la voie publique ou dans des véhicules qui servent au transport du public.

[1991, c. 64, a. 934].

❚ C.C.Q., 914.

934. Things without an owner are things belonging to no one, such as animals in the wild, or formerly in captivity but returned to the wild, and aquatic fauna, and things abandoned by their owner.

Movables of slight value or in a very deteriorated condition that are left in a public place, including a public road or a vehicle used for public transportation, are deemed abandoned things.

[1991, c. 64, a. 934; 2002, c. 19, s. 15].

935. Les meubles sans maître appartiennent à la personne qui se les approprie par occupation.

Les meubles abandonnés que personne ne s'approprie appartiennent aux municipalités qui les recueillent sur leur territoire ou à l'État.

[1991, c. 64, a. 935].

❚ C.C.Q., 653, 696, 914, 916.

935. A movable without an owner belongs to the person who appropriates it for himself by occupation.

An abandoned movable, if no one appropriates it for himself, belongs to the municipality that collects it in its territory, or to the State.

[1991, c. 64, a. 935].

936. Les immeubles sans maître appartiennent à l'État. Toute personne peut néanmoins les acquérir, par accession naturelle ou prescription, à moins que l'État ne possède ces immeubles ou ne s'en soit déclaré propriétaire par un avis du ministre du Revenu inscrit au registre foncier.

[1991, c. 64, a. 936; 2005, c. 44, a. 54].

❚ C.C.Q., 653, 696, 914, 916.

936. An immovable without an owner belongs to the State. Any person may nevertheless acquire it by natural accession or prescription unless the State has possession of it or is declared the owner of it by a notice of the Minister of Revenue entered in the land register.

[1991, c. 64, a. 936; 2005, c. 44, s. 54].

937. Les biens sans maître que l'État s'approprie sont administrés par le ministre du Revenu; celui-ci en dispose conformément à la loi.

[1991, c. 64, a. 937; 2005, c. 44, a. 54].

937. Things without an owner which the State appropriates for itself are administered by the Minister of Revenue, who disposes of them according to law.

[1991, c. 64, a. 937; 2005, c. 44, s. 54].

938. Le trésor appartient à celui qui le trouve dans son fonds; s'il est découvert dans le fonds d'autrui, il appartient pour moitié au propriétaire du fonds et pour l'autre moitié à celui qui l'a découvert, à moins que l'inventeur n'ait agi pour le compte du propriétaire.

[1991, c. 64, a. 938].

❚ C.C.Q., 935.

938. Treasure belongs to the finder if he finds it on his own land; if it is found on the land of another, one-half belongs to the owner of the land and one-half to the finder, unless the finder was acting for the owner.

[1991, c. 64, a. 938].

§ 2. — Des meubles perdus ou oubliés

§ 2. — Lost or forgotten movables

939. Les meubles qui sont perdus ou oubliés entre les mains d'un tiers ou en un lieu public continuent d'appartenir à leur propriétaire.

Ces biens ne peuvent s'acquérir par occupation, mais ils peuvent, de même que le prix qui leur est subrogé, être prescrits par celui qui les détient.

[1991, c. 64, a. 939].

❚ C.C.Q., 941, 944, 945.

939. A movable that is lost or that is forgotten in the hands of a third person or in a public place continues to belong to its owner.

The movable may not be acquired by occupation, but may be prescribed by the person who detains it, as may the price subrogated thereto.

[1991, c. 64, a. 939].

940. Celui qui trouve un bien doit tenter d'en retrouver le propriétaire; le cas échéant, il doit lui remettre le bien.

[1991, c. 64, a. 940].

▮ C.C.Q., 2919.

940. The finder of a thing shall attempt to find its owner; if he finds him, he shall return it to him.

[1991, c. 64, a. 940].

941. Pour prescrire soit le bien, soit le prix qui lui est subrogé, celui qui trouve un bien perdu doit déclarer le fait à un agent de la paix, à la municipalité sur le territoire de laquelle il a été trouvé ou à la personne qui a la garde du lieu où il a été trouvé.

Il peut alors, à son choix, garder le bien, en disposer comme un détenteur ou le remettre à la personne à laquelle il a fait la déclaration pour que celle-ci le détienne.

[1991, c. 64, a. 941].

▮ C.C.Q., 942, 2919.

941. The finder of a lost thing, in order to acquire, by prescription, ownership of it or of the price subrogated to it, shall declare the fact that he has found it to a peace officer, to the municipality in whose territory it was found or to the person in charge of the place where it was found.

He may then, at his option, keep the thing, dispose of it in the manner of a person having detention or hand it over for detention to the person to whom he made the declaration.

[1991, c. 64, a. 941].

942. Le détenteur du bien trouvé, y compris l'État ou une municipalité, peut vendre le bien s'il n'est pas réclamé dans les soixante jours.

La vente du bien se fait aux enchères et elle a lieu à l'expiration d'un délai d'au moins dix jours après la publication, dans un journal distribué dans la localité où le bien est trouvé, d'un avis de vente mentionnant la nature du bien et indiquant le lieu, le jour et l'heure de la vente.

Cependant, le détenteur peut disposer sans délai du bien susceptible de dépérissement. Il peut aussi, à défaut d'enchérisseur, vendre le bien de gré à gré, le donner à un organisme de bienfaisance ou, s'il est impossible d'en disposer ainsi, le détruire.

[1991, c. 64, a. 942].

▮ C.C.Q., 939-941, 943.

942. The holder of a found thing, including the State or a municipality, may sell it if it is not claimed within sixty days.

The sale of the thing is held by auction and on the expiry of not less than ten days after publication of a notice of sale in a newspaper circulated in the locality where the thing was found, stating the nature of the thing and indicating the place, day and hour of the sale.

The holder may dispose of the thing immediately, however, if it is perishable. Also, if there is no bidder at the auction, he may sell the thing by agreement, give it to a charitable institution or, if it is impossible to dispose of it in this way, destroy it.

[1991, c. 64, a. 942].

943. L'État ou la municipalité peut vendre aux enchères, comme le détenteur du bien trouvé, les biens meubles qu'il détient, sans autres délais que ceux requis pour la publication, lorsque:

1° Le propriétaire du bien le réclame, mais néglige ou refuse de rembourser au déten-

943. The State or a municipality may, in the manner of the holder of a found thing, sell movable property in its hands by auction, without further delay than that required for publication, in the following cases:

(1) the owner of the property claims it but neglects or refuses to reimburse the holder

teur les frais d'administration dans les soixante jours de sa réclamation;

2º Plusieurs personnes réclament le bien à titre de propriétaire, mais aucune d'entre elles ne prouve indubitablement son titre ou n'agit en justice pour le faire établir dans le délai d'au moins soixante jours qui lui est imparti;

3º Le bien déposé au greffe d'un tribunal n'est pas réclamé par son propriétaire, soit dans les soixante jours de l'avis qui lui est donné de venir le prendre, soit dans les six mois qui suivent le jugement final ou le désistement d'instance si aucun avis n'a pu lui être donné.

[1991, c. 64, a. 943].

❚ C.C.Q., 942.

944. Lorsqu'un bien, confié pour être gardé, travaillé ou transformé, n'est pas réclamé dans les quatre-vingt-dix jours de la fin du travail ou de la période convenue, il est considéré comme oublié et son détenteur peut en disposer après avoir donné un avis de la même durée à celui qui lui a confié le bien.

[1991, c. 64, a. 944].

❚ D.T., 50.

945. Le détenteur du bien confié mais oublié dispose du bien en le vendant soit aux enchères comme s'il s'agissait d'un bien trouvé, soit de gré à gré. Il peut aussi donner à un organisme de bienfaisance le bien qui ne peut être vendu et, s'il ne peut être donné, il en dispose à son gré.

[1991, c. 64, a. 945].

❚ C.C.Q., 944; D.T., 50.

946. Le propriétaire d'un bien perdu ou oublié peut, tant que son droit de propriété n'est pas prescrit, le revendiquer en offrant de payer les frais d'administration du bien et, le cas échéant, la valeur du travail effectué. Le détenteur du bien a le droit de le retenir jusqu'au paiement.

Si le bien a été aliéné, le droit du propriétaire ne s'exerce, malgré l'article 1714, que sur ce qui reste du prix de la vente, déduction faite des frais d'administration

for the cost of administration of the property within sixty days of claiming it;

(2) several persons claim the property as owner, but none of them establishes a clear title or takes legal action to establish it within the sixty days or more allotted to him;

(3) a movable deposited in the office of a court is not claimed by its owner within sixty days from notice given him to fetch it or, if it has not been possible to give him any notice, within six months from the final judgment or from the discontinuance of the proceedings.

[1991, c. 64, a. 943].

944. Where a thing that has been entrusted for safekeeping, work or processing is not claimed within ninety days from completion of the work or the agreed time, it is considered to be forgotten and the holder, after having given notice of the same length of time to the person who entrusted him with the thing, may dispose of it.

[1991, c. 64, a. 944].

945. The holder of a thing entrusted but forgotten disposes of it by auction sale as in the case of a found thing, or by agreement. He may also give a thing that cannot be sold to a charitable institution or, if that is not possible, dispose of it as he sees fit.

[1991, c. 64, a. 945].

946. The owner of a lost or forgotten thing may revendicate it, so long as his right of ownership has not been prescribed, by offering to pay the cost of its administration and, where applicable, the value of the work done. The holder of the thing may retain it until payment.

If the thing has been alienated, the owner's right is exercised, notwithstanding article 1714, only against what is left of the price of sale, after deducting the cost of its ad-

et d'aliénation du bien et de la valeur du travail effectué.

[1991, c. 64, a. 946].

❚ C.C.Q., 939, 940, 1714.

ministration and alienation and the value of the work done.

[1991, c. 64, a. 946].

Titre 2
De la propriété

Titre 2
De la propriété

Chapitre I
De la nature et de l'étendue du droit de propriété

Title 2
Ownership

Chapter I
Nature and extent of the right of ownership

947. La propriété est le droit d'user, de jouir et de disposer librement et complètement d'un bien, sous réserve des limites et des conditions d'exercice fixées par la loi.

Elle est susceptible de modalités et de démembrements.

[1991, c. 64, a. 947].

❚ C.C.Q., 915, 916, 957, 978, 979, 1009, 1177.

947. Ownership is the right to use, enjoy and dispose of property fully and freely, subject to the limits and conditions for doing so determined by law.

Ownership may be in various modes and dismemberments.

[1991, c. 64, a. 947].

948. La propriété d'un bien donne droit à ce qu'il produit et à ce qui s'y unit, de façon naturelle ou artificielle, dès l'union. Ce droit se nomme droit d'accession.

[1991, c. 64, a. 948].

❚ C.C.Q., 916, 949, 954, 1718.

948. Ownership of property gives a right to what it produces and to what is united to it, naturally or artificially, from the time of union. This right is called a right of accession.

[1991, c. 64, a. 948; 1992, c. 57, s. 716].

949. Les fruits et revenus du bien appartiennent au propriétaire, qui supporte les frais qu'il a engagés pour les produire.

[1991, c. 64, a. 949].

❚ C.C.Q., 910, 931, 1129, 1130, 1349.

949. The fruits and revenues of property belong to the owner, who bears the costs he incurred to produce them.

[1991, c. 64, a. 949].

950. Le propriétaire du bien assume les risques de perte.

[1991, c. 64, a. 950].

❚ C.C.Q., 947, 1456.

950. The owner of the property assumes the risks of loss.

[1991, c. 64, a. 950].

951. La propriété du sol emporte celle du dessus et du dessous.

951. Ownership of the soil carries with it ownership of what is above and what is below the surface.

Le propriétaire peut faire, au-dessus et au-dessous, toutes les constructions, ouvrages et plantations qu'il juge à propos; il est tenu de respecter, entre autres, les droits publics† sur les mines, sur les nappes d'eau et sur les rivières souterraines.

[1991, c. 64, a. 951].

❚ C.C.Q., 955, 982, 990-992, 1002, 1011, 1110.

The owner may make such constructions, works or plantations above or below the surface as he sees fit; he is bound to respect, among other things, the rights of the State† in mines, sheets of water and underground streams.

[1991, c. 64, a. 951].

952. Le propriétaire ne peut être contraint de céder sa propriété, si ce n'est par voie d'expropriation faite suivant la loi pour une cause d'utilité publique et moyennant une juste et préalable indemnité.

[1991, c. 64, a. 952].

952. No owner may be compelled to transfer his ownership except by expropriation according to law for public utility and in consideration of a just and prior indemnity.

[1991, c. 64, a. 952].

953. Le propriétaire d'un bien a le droit de le revendiquer contre le possesseur ou celui qui le détient sans droit; il peut s'opposer à tout empiétement ou à tout usage que la loi ou lui-même n'a pas autorisé.

[1991, c. 64, a. 953].

❚ C.C.Q., 928.

953. The owner of property has a right to revendicate it against the possessor or the person detaining it without right, and may object to any encroachment or to any use not authorized by him or by law.

[1991, c. 64, a. 953].

Chapitre II ——
De l'accession

Chapter II ——
Accession

SECTION I ——
DE L'ACCESSION IMMOBILIÈRE

SECTION I ——
IMMOVABLE ACCESSION

954. L'accession à un immeuble d'un bien meuble ou immeuble peut être volontaire ou indépendante de toute volonté. Dans le premier cas, l'accession est artificielle; dans le second, elle est naturelle.

[1991, c. 64, a. 954].

❚ C.C.Q., 916, 933, 948.

954. Accession of movable or immovable property to an immovable may be voluntary or involuntary. Accession is artificial in the first case, natural in the second.

[1991, c. 64, a. 954].

§ 1. —— **De l'accession artificielle**

§ 1. —— **Artificial accession**

955. Les constructions, ouvrages ou plantations sur un immeuble sont présumés

955. Constructions, works or plantations on an immovable are presumed to have

avoir été faits par le propriétaire, à ses frais, et lui appartenir.

[1991, c. 64, a. 955].

▌ C.C.Q., 956, 957, 1011, 1110.

been made by the owner of the immovable at his own expense and to belong to him.

[1991, c. 64, a. 955].

956. Le propriétaire de l'immeuble devient propriétaire par accession des constructions, ouvrages ou plantations qu'il a faits avec des matériaux qui ne lui appartiennent pas, mais il est tenu de payer la valeur, au moment de l'incorporation, des matériaux utilisés.

Celui qui était propriétaire des matériaux n'a pas le droit de les enlever ni ne peut être contraint de les reprendre.

[1991, c. 64, a. 956].

▌ C.C.Q., 955.

956. The owner of an immovable becomes the owner by accession of the constructions, works or plantations he has made with materials which do not belong to him, but he is bound to pay the value, at the time they were incorporated, of the materials used.

The previous owner of the materials has no right to remove them nor any obligation to take them back.

[1991, c. 64, a. 956].

957. Le propriétaire de l'immeuble acquiert par accession la propriété des constructions, ouvrages ou plantations faits sur son immeuble par un possesseur, que les impenses soient nécessaires, utiles ou d'agrément.

[1991, c. 64, a. 957].

▌ C.C.Q., 874, 931, 933, 1137, 1210, 1248, 1488, 1703.

957. The owner of an immovable acquires by accession ownership of the constructions, works or plantations made on his immovable by a possessor, whether the disbursements were necessary, useful or for amenities.

[1991, c. 64, a. 957].

958. Le propriétaire doit rembourser au possesseur les impenses nécessaires, même si les constructions, ouvrages ou plantations n'existent plus.

Cependant, si le possesseur est de mauvaise foi, il y a lieu, déduction faite des frais engagés pour les produire, à la compensation des fruits et revenus perçus.

[1991, c. 64, a. 958].

▌ C.C.Q., 957; D.T., 49.

958. The owner shall reimburse the possessor for the necessary disbursements, even if the constructions, works or plantations no longer exist.

If the possessor is in bad faith, however, compensation may be claimed for the fruits and revenues collected, after deducting the costs incurred to produce them.

[1991, c. 64, a. 958].

959. Le propriétaire doit rembourser les impenses utiles faites par le possesseur de bonne foi si les constructions, ouvrages ou plantations existent encore; il peut aussi, à son choix, lui verser une indemnité égale à la plus-value.

Il peut, aux mêmes conditions, rembourser les impenses utiles faites par le possesseur de mauvaise foi; il peut alors opérer la

959. The owner shall reimburse the useful disbursements made by a possessor in good faith, if the constructions, works or plantations still exist; he may also, if he chooses, pay him compensation equal to the increase in value.

The owner may, on the same conditions, reimburse the useful disbursements made by the possessor in bad faith; he may in

compensation pour les fruits et revenus que le possesseur lui doit.

that case effect compensation for the fruits and revenues owed to him by the possessor.

Il peut aussi contraindre le possesseur de mauvaise foi à enlever ces constructions, ouvrages ou plantations et à remettre les lieux dans leur état antérieur; si la remise en l'état est impossible, le propriétaire peut les conserver sans indemnité ou contraindre le possesseur à les enlever.

[1991, c. 64, a. 959].

The owner may also compel the possessor in bad faith to remove the constructions, works or plantations and to restore the place to its former condition; if such restoration is impossible, the owner may keep them without compensation or compel the possessor to remove them.

[1991, c. 64, a. 959].

▌ C.C.Q., 957; D.T., 49.

960. Le propriétaire peut contraindre le possesseur à acquérir l'immeuble et à lui en payer la valeur, si les impenses utiles sont coûteuses et représentent une proportion considérable de cette valeur.

[1991, c. 64, a. 960].

960. The owner may compel the possessor to acquire the immovable and to pay him its value if the useful disbursements made are costly and represent a considerable proportion of that value.

[1991, c. 64, a. 960].

▌ C.C.Q., 964; D.T., 49.

961. Le possesseur de bonne foi qui a fait des impenses pour son propre agrément peut, au choix du propriétaire, enlever, en évitant d'endommager les lieux, les constructions, ouvrages ou plantations faits, s'ils peuvent l'être avantageusement, ou encore les abandonner.

Dans ce dernier cas, le propriétaire est tenu de rembourser au possesseur le moindre du coût ou de la plus-value accordée à l'immeuble.

[1991, c. 64, a. 961].

961. A possessor in good faith who has made disbursements for amenities for himself may, as the owner chooses, either remove the constructions, works or plantations he has made, if that can be done advantageously without causing damage to the place, or abandon them.

If he abandons them, the owner is bound to reimburse him for either their cost or the increase in value of the immovable, whichever is less.

[1991, c. 64, a. 961].

▌ C.C.Q., 957; D.T., 49.

962. Le propriétaire peut contraindre le possesseur de mauvaise foi à enlever les constructions, ouvrages ou plantations qu'il a faits pour son agrément et à remettre les lieux dans leur état antérieur; si la remise en l'état est impossible, il peut les conserver sans indemnité ou contraindre le possesseur à les enlever.

[1991, c. 64, a. 962].

962. The owner may compel the possessor in bad faith to remove the constructions, works or plantations he has made as amenities for himself and to restore the place to its former condition; if such restoration is impossible, he may keep them without compensation or compel the possessor to remove them.

[1991, c. 64, a. 962].

▌ C.C.Q., 957; D.T., 49.

963. Le possesseur de bonne foi a le droit de retenir l'immeuble jusqu'à ce qu'il ait obtenu le remboursement des impenses nécessaires ou utiles.

963. A possessor in good faith has a right to retain the immovable until he has been reimbursed for necessary or useful disbursements.

Le possesseur de mauvaise foi n'a ce droit qu'à l'égard des impenses nécessaires qu'il a faites.

[1991, c. 64, a. 963].

▌ C.C.Q., 875, 2770; D.T., 49.

A possessor in bad faith has no right under this article except in respect of necessary disbursements he has made.

[1991, c. 64, a. 963].

964. Les impenses faites par un détenteur sont traitées suivant les règles établies pour celles qui sont faites par un possesseur de mauvaise foi.

Le détenteur ne peut, toutefois, être contraint d'acquérir le bien.

[1991, c. 64, a. 964].

▌ C.C.Q., 921, 923, 957-962; D.T., 49.

964. Disbursements made by a person detaining property are dealt with according to the rules prescribed for disbursements made by a possessor in bad faith.

The person detaining the property is under no obligation to acquire it, however.

[1991, c. 64, a. 964].

§ 2. — De l'accession naturelle

§ 2. — Natural accession

965. L'alluvion profite au propriétaire riverain.

Les alluvions sont les atterrissements et les accroissements qui se forment successivement et imperceptiblement aux fonds riverains d'un cours d'eau.

[1991, c. 64, a. 965].

▌ C.C.Q., 918, 919, 948, 954, 968.

965. Alluvion becomes the property of the riparian owner.

Alluvion is the deposits of earth and augmentations which are gradually and imperceptibly formed on riparian lands of a watercourse.

[1991, c. 64, a. 965].

966. Les relais que forme l'eau courante qui se retire insensiblement de l'une des rives en se portant sur l'autre profitent au propriétaire de la rive découverte, sans que le propriétaire riverain du côté opposé ne puisse rien réclamer pour le terrain perdu.

Ce droit n'a pas lieu à l'égard des relais de la mer qui font partie du domaine de l'État.

[1991, c. 64, a. 966].

▌ C.C.Q., 918, 919.

966. Accretions left by the imperceptible recession of running water from one bank while it encroaches upon the opposite bank are acquired by the riparian owner on the bank gradually added to, and the riparian owner on the opposite bank has no claim for the lost land.

No right exists under this article in respect of accretions from the sea, which form part of the domain of the State.

[1991, c. 64, a. 966].

967. Si un cours d'eau enlève, par une force subite, une partie considérable et reconnaissable d'un fonds riverain et la porte vers un fonds inférieur ou sur la rive opposée, le propriétaire de la partie enlevée peut la réclamer.

Il est tenu, à peine de déchéance, de le

967. If, by sudden force, a watercourse carries away a large and recognizable part of a riparian land to a lower land or to the opposite bank, the owner of the part carried away may reclaim it.

The owner is bound, on pain of forfeiture,

faire dans l'année à compter de la prise de possession par le propriétaire du fonds auquel la partie a été réunie.

[1991, c. 64, a. 967].

▌ C.C.Q., 918, 919, 2880.

to reclaim the part carried away within one year after the owner of the land it has attached to takes possession of it.

[1991, c. 64, a. 967].

968. Les îles qui se forment dans le lit d'un cours d'eau appartiennent au propriétaire du lit.

[1991, c. 64, a. 968].

▌ C.C.Q., 918, 919.

968. An island formed in the bed of a watercourse belongs to the owner of the bed.

[1991, c. 64, a. 968].

969. Si un cours d'eau, en formant un bras nouveau, coupe un fonds riverain et en fait une île, le propriétaire du fonds riverain conserve la propriété de l'île ainsi formée.

[1991, c. 64, a. 969].

▌ C.C.Q., 918, 919.

969. If, in forming a new branch, a watercourse cuts a riparian land and thereby forms an island, the owner of the riparian land retains the ownership of the island so formed.

[1991, c. 64, a. 969].

970. Si un cours d'eau abandonne son lit pour s'en former un nouveau, l'ancien est attribué aux propriétaires des fonds nouvellement occupés, dans la proportion du terrain qui leur a été enlevé.

[1991, c. 64, a. 970].

▌ C.C.Q., 918, 919.

970. If a watercourse abandons its bed and forms a new bed, the former bed belongs to the owners of the newly occupied land, each in proportion to the land he has lost.

[1991, c. 64, a. 970].

SECTION II — DE L'ACCESSION MOBILIÈRE

SECTION II — MOVABLE ACCESSION

971. Lorsque des meubles appartenant à plusieurs propriétaires ont été mélangés ou unis de telle sorte qu'il n'est plus possible de les séparer sans détérioration ou sans un travail et des frais excessifs, le nouveau bien appartient à celui des propriétaires qui a contribué davantage à sa constitution, par la valeur du bien initial ou par son travail.

[1991, c. 64, a. 971].

▌ C.C.Q., 972-975.

971. Where movables belonging to several owners have been intermingled or united in such a way as to be no longer separable without deterioration or without excessive labour and cost, the new thing belongs to the owner having contributed most to its creation by the value of the original thing or by his work.

[1991, c. 64, a. 971].

972. La personne, qui a travaillé ou transformé une matière qui ne lui appartenait pas, acquiert la propriété du nouveau bien si la valeur du travail ou de la transformation est supérieure à celle de la matière employée.

[1991, c. 64, a. 972].

972. A person having worked on or processed material which did not belong to him acquires ownership of the new thing if the work or processing is worth more than the material used.

[1991, c. 64, a. 972].

■ C.C.Q., 971, 973-975.

973. Le propriétaire du nouveau bien doit payer la valeur de la matière ou de la main-d'œuvre à celui qui l'a fournie.

S'il est impossible de déterminer qui a contribué davantage à la constitution du nouveau bien, les intéressés en sont copropriétaires indivis.

[1991, c. 64, a. 973].

■ C.C.Q., 971, 972, 974, 975, 1012, 1030.

973. The owner of the new thing shall pay the value of the material or labour to the person having supplied it.

If it is impossible to determine who contributed most to the creation of the new thing, the interested persons are its undivided co-owners.

[1991, c. 64, a. 973].

974. Celui qui est tenu de restituer le nouveau bien peut le retenir jusqu'au paiement de l'indemnité qui lui est due par le propriétaire du nouveau bien.

[1991, c. 64, a. 974].

■ C.C.Q., 963, 971-973, 975, 2651.

974. The person bound to return the new thing may retain it until its owner pays him the compensation he owes him.

[1991, c. 64, a. 974

975. Dans les circonstances qui ne sont pas prévues, le droit d'accession en matière mobilière est entièrement subordonné aux principes de l'équité.

[1991, c. 64, a. 975].

■ C.C.Q., 971-974.

975. In unforeseen circumstances, the right of accession in respect of movable property is entirely subordinate to the principles of equity.

[1991, c. 64, a. 975].

Chapitre III — Des règles particulières à la propriété immobilière

Chapter III — Special rules on the ownership of immovables

SECTION I — DISPOSITION GÉNÉRALE

SECTION I — GENERAL PROVISION

976. Les voisins doivent accepter les inconvénients normaux du voisinage qui n'excèdent pas les limites de la tolérance qu'ils se doivent, suivant la nature ou la situation de leurs fonds, ou suivant les usages† locaux.

[1991, c. 64, a. 976].

■ C.C.Q., 6, 7.

976. Neighbours shall suffer the normal neighbourhood annoyances that are not beyond the limit of tolerance they owe each other, according to the nature or location of their land or local custom†.

[1991, c. 64, a. 976].

SECTION II — DES LIMITES DU FONDS ET DU BORNAGE

SECTION II — LIMITS AND BOUNDARIES OF LAND

977. Les limites d'un fonds sont déterminées par les titres, les plans cadastraux et

977. The limits of land are determined by the titles, the cadastral plan and the bound-

la démarcation du terrain et, au besoin, par tous autres indices ou documents utiles.

[1991, c. 64, a. 977].

❚ C.C.Q., 978.

978. Tout propriétaire peut obliger son voisin au bornage de leurs propriétés contiguës pour établir les bornes, rétablir des bornes déplacées ou disparues, reconnaître d'anciennes bornes ou rectifier la ligne séparative de leurs fonds.

Il doit au préalable, en l'absence d'accord entre eux, mettre le voisin en demeure† de consentir au bornage et de convenir avec lui du choix d'un arpenteur-géomètre pour procéder aux opérations requises, suivant les règles prévues au *Code de procédure civile* (chapitre C-25).

Le procès-verbal de bornage doit être inscrit au registre foncier.

[1991, c. 64, a. 978].

❚ C.C.Q., 2814, 2972, 2989, 2996; C.P.C., 787-794.

SECTION III — DES EAUX

979. Les fonds inférieurs sont assujettis, envers ceux qui sont plus élevés, à recevoir les eaux qui en découlent naturellement.

Le propriétaire du fonds inférieur ne peut élever aucun ouvrage qui empêche cet écoulement. Celui du fonds supérieur ne peut aggraver la situation du fonds inférieur; il n'est pas présumé le faire s'il effectue des travaux pour conduire plus commodément les eaux à leur pente naturelle ou si, son fonds étant voué à l'agriculture, il exécute des travaux de drainage.

[1991, c. 64, a. 979].

❚ C.C.Q., 976.

980. Le propriétaire qui a une source dans son fonds peut en user et en disposer.

Il peut, pour ses besoins, user de l'eau des

ary lines of the land, and by any other useful indication or document, if need be.

[1991, c. 64, a. 977].

978. Every owner may compel his neighbour to have the boundaries between their contiguous lands determined in order to fix the boundary markers, set displaced or missing boundary markers back in place, verify ancient boundary markers or rectify the dividing line between their properties.

Failing agreement between them, the owner shall first make a demand† to his neighbour to consent to having the boundaries determined and to agree upon the choice of a land surveyor to carry out the necessary operations according to the rules in the *Code of Civil Procedure* (chapter C-25).

The minutes of the determination of the boundaries shall be entered in the land register.

[1991, c. 64, a. 978].

SECTION III — WATERS

979. Lower land is subject to receiving water flowing onto it naturally from higher land.

The owner of lower land has no right to erect works to prevent the natural flow. The owner of higher land has no right to aggravate the condition of lower land, and is not presumed to do so if he carries out work to facilitate the natural run-off or, where his land is devoted to agriculture, he carries out drainage work.

[1991, c. 64, a. 979].

980. An owner who has a spring on his land may use it and dispose of it.

He may, for his needs, use water from the

lacs et étangs qui sont entièrement sur son fonds, mais en ayant soin d'en† conserver la qualité.

[1991, c. 64, a. 980].

I C.C.Q., 913, 976.

lakes and ponds that are entirely on his land, taking care to preserve their† quality.

[1991, c. 64, a. 980].

981. Le propriétaire riverain peut, pour ses besoins, se servir d'un lac, de la source tête d'un cours d'eau ou de tout autre cours d'eau qui borde ou traverse son fonds. À la sortie du fonds, il doit rendre ces eaux à leur cours ordinaire, sans modification importante de la qualité et de la quantité de l'eau.

Il ne peut, par son usage, empêcher l'exercice des mêmes droits par les autres personnes qui utilisent ces eaux.

[1991, c. 64, a. 981].

I C.C.Q., 920.

981. A riparian owner may, for his needs, make use of a lake, the headwaters of a watercourse or any other watercourse bordering or crossing his land. As the water leaves his land, he shall direct it, not substantially changed in quality or quantity, into its regular course.

No riparian owner may by his use of the water prevent other riparian owners from exercising the same right.

[1991, c. 64, a. 981].

982. À moins que cela ne soit contraire à l'intérêt général, celui qui a droit à l'usage d'une source, d'un lac, d'une nappe d'eau ou d'une rivière souterraine, ou d'une eau courante, peut, de façon à éviter la pollution ou l'épuisement de l'eau, exiger la destruction ou la modification de tout ouvrage qui pollue ou épuise l'eau.

[1991, c. 64, a. 982].

I C.C.Q., 951, 981.

982. Unless it is contrary to the general interest, a person having a right to use a spring, lake, sheet of water, underground stream or any running water may, to prevent the water from being polluted or used up, require the destruction or modification of any works by which the water is being polluted or dried up.

[1991, c. 64, a. 982].

983. Les toits doivent être établis de manière que les eaux, les neiges et les glaces tombent sur le fonds du propriétaire.

[1991, c. 64, a. 983].

I C.C.Q., 979.

983. Roofs are required to be built in such a manner that water, snow and ice fall on the owner's land.

[1991, c. 64, a. 983].

SECTION IV —
DES ARBRES

SECTION IV —
TREES

984. Les fruits qui tombent d'un arbre sur un fonds voisin appartiennent au propriétaire de l'arbre.

[1991, c. 64, a. 984].

I C.C.Q., 910, 949, 1129.

984. Fruit that falls from a tree onto neighbouring land belongs to the owner of the tree.

[1991, c. 64, a. 984].

985. Le propriétaire peut, si des branches ou des racines venant du fonds voisin s'avancent sur son fonds et nuisent sérieu-

985. If branches or roots extend over or upon an owner's land from the neighbouring land and seriously obstruct its use, the

sement à son usage, demander à son voisin de les couper; en cas de refus, il peut le contraindre à les couper.

Il peut aussi, si un arbre du fonds voisin menace de tomber sur son fonds, contraindre son voisin à abattre l'arbre ou à le redresser.

[1991, c. 64, a. 985].

▌ C.C.Q., 976.

986. Le propriétaire d'un fonds exploité à des fins agricoles peut contraindre son voisin à faire abattre, le long de la ligne séparative, sur une largeur qui ne peut excéder cinq mètres, les arbres qui nuisent sérieusement à son exploitation, sauf ceux qui sont dans les vergers et les érablières ou qui sont conservés pour l'embellissement de la propriété.

[1991, c. 64, a. 986].

▌ C.C.Q., 976.

Section V
De l'accès au fonds d'autrui et de
sa protection

987. Tout propriétaire doit, après avoir reçu un avis, verbal ou écrit, permettre à son voisin l'accès à son fonds si cela est nécessaire pour faire ou entretenir une construction, un ouvrage ou une plantation sur le fonds voisin.

[1991, c. 64, a. 987].

▌ C.C.Q., 976.

988. Le propriétaire qui doit permettre l'accès à son fonds a droit à la réparation du préjudice qu'il subit de ce seul fait et à la remise de son fonds en l'état.

[1991, c. 64, a. 988].

▌ C.C.Q., 997.

989. Lorsque, par l'effet d'une force naturelle ou majeure, des biens sont entraînés sur le fonds d'autrui ou s'y transportent, le propriétaire de ce fonds doit en permettre

owner may request his neighbour to cut them and, if he refuses, compel him to do so.

If a tree on the neighbouring land is in danger of falling on the owner's land, he may compel his neighbour to fell the tree, or to right it.

[1991, c. 64, a. 985].

986. The owner of land used for agricultural purposes may compel his neighbour to fell the trees along and not over five metres from the dividing line, if they are seriously damaging to his operations, except trees in an orchard or sugar bush and trees preserved to embellish the property.

[1991, c. 64, a. 986].

Section V
Access to and protection of the
land of another

987. Every owner of land, after having been notified verbally or in writing, shall allow his neighbour access to it if that is necessary to make or maintain a construction, works or plantation on the neighbouring land.

[1991, c. 64, a. 987].

988. An owner bound to give access to his land is entitled to compensation for any damage he sustains as a result of that sole fact and to the restoration of his land to its former condition.

[1991, c. 64, a. 988].

989. Where a thing is carried or strays onto the land of another by the effect of a natural or superior force, the owner of that land shall allow the thing to be searched

la recherche et l'enlèvement, à moins qu'il ne procède lui-même immédiatement à la recherche et ne remette les biens.

Ces biens, objets ou animaux, continuent d'appartenir à leur propriétaire, sauf s'il en abandonne la recherche; dans ce cas, le propriétaire du fonds les acquiert, à moins qu'il ne contraigne le propriétaire de ces biens à les enlever et à remettre son fonds dans son état antérieur.

[1991, c. 64, a. 989].

❚ C.C.Q., 934, 939, 940, 976.

990. Le propriétaire du fonds doit exécuter les travaux de réparation ou de démolition qui s'imposent afin d'éviter la chute d'une construction ou d'un ouvrage qui est sur son fonds et qui menace de tomber sur le fonds voisin, y compris sur la voie publique.

[1991, c. 64, a. 990].

❚ C.C.Q., 985, 987.

991. Le propriétaire du fonds ne doit pas, s'il fait des constructions, ouvrages ou plantations sur son fonds, ébranler le fonds voisin ni compromettre la solidité des constructions, ouvrages ou plantations qui s'y trouvent.

[1991, c. 64, a. 991].

❚ C.C.Q., 976.

992. Le propriétaire de bonne foi qui a bâti au-delà des limites de son fonds sur une parcelle de terrain qui appartient à autrui doit, au choix du propriétaire du fonds sur lequel il a empiété, soit acquérir cette parcelle en lui en payant la valeur, soit lui verser une indemnité pour la perte temporaire de l'usage de cette parcelle.

Si l'empiétement est considérable, cause un préjudice sérieux ou est fait de mauvaise foi, le propriétaire du fonds qui le subit peut contraindre le constructeur soit à acquérir son immeuble et à lui en payer la valeur, soit à enlever les constructions et à remettre les lieux en l'état.

[1991, c. 64, a. 992].

❚ C.C.Q., 988.

for and removed, unless he immediately searches for it himself and returns it.

The thing, whether object or animal, does not cease to belong to its owner unless he abandons the search, in which case it is acquired by the owner of the land unless he compels the owner of the thing to remove it and to restore his land to its former condition.

[1991, c. 64, a. 989].

990. The owner of land shall do any repair or demolition work needed to prevent the collapse of a construction or works situated on his land that is in danger of falling onto the neighbouring land, including a public road.

[1991, c. 64, a. 990].

991. Where the owner of land erects a construction or works or makes a plantation on his land, he may not disturb the neighbouring land or undermine the constructions, works or plantations situated on it.

[1991, c. 64, a. 991].

992. Where an owner has, in good faith, built beyond the limits of his land on a parcel of land belonging to another, he shall, as the owner of the land he has encroached upon elects, acquire the parcel by paying him its value, or pay him compensation for the temporary loss of use of the parcel.

If the encroachment is a considerable one, causes serious damage or is made in bad faith, the owner of the land encroached upon may compel the builder to acquire his immovable and to pay him its value, or to remove the constructions and to restore the place to its former condition.

[1991, c. 64, a. 992].

SECTION VI —
DES VUES

SECTION VI —
VIEWS

993. On ne peut avoir sur le fonds voisin de vues droites à moins d'un mètre cinquante de la ligne séparative.

Cette règle ne s'applique pas lorsqu'il s'agit de vues sur la voie publique ou sur un parc public, ou lorsqu'il s'agit de portes pleines ou à verre translucide.

[1991, c. 64, a. 993].

❚ C.C.Q., 947, 977.

993. No person may have upon the neighbouring land direct views less than one hundred and fifty centimetres from the dividing line.

This rule does not apply in the case of views on the public thoroughfare or on a public park or in the case of panelled doors or doors with translucid glass.

[1991, c. 64, a. 993; 1992, c. 57, s. 716].

994. La distance d'un mètre cinquante se mesure depuis le parement extérieur du mur où l'ouverture est faite et perpendiculairement à celui-ci jusqu'à la ligne séparative. S'il y a une fenêtre en saillie, cette distance se mesure depuis la ligne extérieure.

[1991, c. 64, a. 994].

❚ C.C.Q., 993.

994. The distance of one hundred and fifty centimetres is measured from the exterior facing of the wall where the opening is made and perpendicularly therefrom to the dividing line. In the case of a projecting window, the distance is measured from the exterior line.

[1991, c. 64, a. 994].

995. Des jours translucides et dormants peuvent être pratiqués dans un mur qui n'est pas mitoyen, même si celui-ci est à moins d'un mètre cinquante de la ligne séparative.

[1991, c. 64, a. 995].

❚ C.C.Q., 993.

995. A person may make fixed translucid lights in a wall that is not a common wall, even if it is less than one hundred and fifty centimetres from the dividing line.

[1991, c. 64, a. 995].

996. Le copropriétaire d'un mur mitoyen ne peut y pratiquer d'ouverture sans l'accord de l'autre.

[1991, c. 64, a. 996].

❚ C.C.Q., 1005, 1179.

996. A co-owner of a common wall has no right to make any opening in it without the agreement of the other co-owner.

[1991, c. 64, a. 996].

SECTION VII —
DU DROIT DE PASSAGE

SECTION VII —
RIGHT OF WAY

997. Le propriétaire dont le fonds est enclavé soit qu'il n'ait aucune issue sur la voie publique, soit que l'issue soit insuffisante, difficile ou impraticable, peut, si on refuse de lui accorder une servitude ou un autre mode d'accès, exiger de l'un de ses voisins qu'il lui fournisse le passage

997. The owner of land enclosed by that of others in such a way that there is no access or only an inadequate, difficult or impassable access to it from the public road may, if all his neighbours refuse to grant him a servitude or another mode of access, require one of them to provide him with the

nécessaire à l'utilisation et à l'exploitation de son fonds.

Il paie alors une indemnité proportionnelle au préjudice qu'il peut causer.

[1991, c. 64, a. 997].

∎ C.C.Q., 952, 1179, 1186, 1187.

998. Le droit de passage s'exerce contre le voisin à qui le passage peut être le plus naturellement réclamé, compte tenu de l'état des lieux, de l'avantage du fonds enclavé et des inconvénients que le passage occasionne au fonds qui le subit.

[1991, c. 64, a. 998].

∎ C.C.Q., 997.

999. Si l'enclave résulte de la division du fonds par suite d'un partage, d'un testament ou d'un contrat, le passage ne peut être demandé qu'au copartageant, à l'héritier ou au contractant, et non au propriétaire du fonds à qui le passage aurait été le plus naturellement réclamé. Le passage est alors fourni sans indemnité.

[1991, c. 64, a. 999].

∎ C.C.Q., 997; C.P.C., 809-811.

1000. Le bénéficiaire du droit de passage doit faire et entretenir tous les ouvrages nécessaires pour que son droit s'exerce dans les conditions les moins dommageables pour le fonds qui le subit.

[1991, c. 64, a. 1000].

∎ C.C.Q., 997, 998.

1001. Le droit de passage prend fin lorsqu'il cesse d'être nécessaire à l'utilisation et à l'exploitation du fonds. Il n'y a pas lieu à remboursement de l'indemnité; si elle était payable par annuités ou par versements, ceux-ci cessent d'être dus pour l'avenir.

[1991, c. 64, a. 1001].

∎ C.C.Q., 997.

necessary right of way to use and exploit his land.

Where an owner claims his right under this article, he pays compensation proportionate to any damage he might cause.

[1991, c. 64, a. 997].

998. Right of way is claimed from the owner whose land affords the most natural way out, taking into consideration the condition of the place, the benefit to the enclosed land and the inconvenience caused by the right of way to the land on which it is exercised.

[1991, c. 64, a. 998].

999. If land is enclosed as a result of the division of land pursuant to a partition, will or contract, right of way may be claimed only from a co-partitioner, heir or contracting party, not from the owner whose land affords the most natural way out, and in this case the way is provided without compensation.

[1991, c. 64, a. 999].

1000. The beneficiary of a right of way shall build and maintain all the works necessary to ensure that his right is exercised under conditions that cause the least possible damage to the land on which it is exercised.

[1991, c. 64, a. 1000].

1001. Right of way is extinguished when it ceases to be necessary for the use and exploitation of the land. The compensation is not reimbursed, but if it was payable as an annual rent or by instalments, future payments of these are no longer due.

[1991, c. 64, a. 1001].

Section VIII —
Des clôtures et des ouvrages
mitoyens

Section VIII —
Common fences and works

1002. Tout propriétaire peut clore son terrain à ses frais, l'entourer de murs, de fossés, de haies ou de toute autre clôture.

Il peut également obliger son voisin à faire sur la ligne séparative, pour moitié ou à frais communs, un ouvrage de clôture servant à séparer leurs fonds et qui tienne compte de la situation et de l'usage des lieux.

[1991, c. 64, a. 1002].

❚ C.C.Q., 951, 976, 996.

1002. Any owner of land may fence it, at his own expense, with walls, ditches, hedges or any other kind of fence.

He may also require his neighbour to make one-half of or share the cost of making a fence which is suited to the situation and use made of the premises, on the dividing line to divide his land from his neighbour's land.

[1991, c. 64, a. 1002].

1003. Toute clôture qui se trouve sur la ligne séparative est présumée mitoyenne. De même, le mur auquel sont appuyés, de chaque côté, des bâtiments est présumé mitoyen jusqu'à l'héberge.

[1991, c. 64, a. 1003].

❚ C.C.Q., 1002.

1003. A fence on the dividing line is presumed to be common. Similarly, a wall supporting buildings on either side is presumed to be common up to the point of disjunction.

[1991, c. 64, a. 1003].

1004. Tout propriétaire peut acquérir la mitoyenneté d'un mur privatif joignant directement la ligne séparative en remboursant au propriétaire du mur la moitié du coût de la portion rendue mitoyenne et, le cas échéant, la moitié de la valeur du sol utilisé. Le coût du mur est estimé à la date de l'acquisition de sa mitoyenneté compte tenu de l'état dans lequel il se trouve.

[1991, c. 64, a. 1004].

❚ C.C.Q., 952.

1004. Any owner may cause a private wall directly adjacent to the dividing line to be rendered common by reimbursing the owner of the wall for one-half of the cost of the section rendered common and, where applicable, one-half of the value of the ground used. The cost of the wall is estimated on the date on which it was rendered common, and account is taken of its state.

[1991, c. 64, a. 1004].

1005. Chaque propriétaire peut bâtir contre un mur mitoyen et y placer des poutres et des solives. Il doit obtenir l'accord de l'autre propriétaire sur la façon de le faire.

En cas de désaccord, il peut demander au tribunal de déterminer les moyens nécessaires pour que le nouvel ouvrage nuise le moins possible aux droits de l'autre propriétaire.

[1991, c. 64, a. 1005].

❚ C.C.Q., 996.

1005. Each owner may build against a common wall and set beams and joists against it. He shall obtain the concurrence of the other owner on how to proceed.

In case of disagreement, the owner may apply to the court to determine the means necessary to ensure that the new works infringe the rights of the other owner as little as possible.

[1991, c. 64, a. 1005].

1006. L'entretien, la réparation et la reconstruction du mur mitoyen sont à la charge des propriétaires, proportionnellement aux droits de chacun.

Le propriétaire qui n'utilise pas le mur mitoyen peut abandonner son droit et ainsi se libérer de son obligation de contribuer aux charges, en produisant un avis en ce sens au bureau de la publicité des droits et en transmettant sans délai une copie de cet avis aux autres propriétaires. Cet avis emporte renonciation à faire usage du mur.

[1991, c. 64, a. 1006].

❚ C.C.Q., 1185.

1006. The maintenance, repair and rebuilding of a common wall are at the expense of each owner in proportion to his right.

An owner who does not use the common wall may renounce his right and thereby be relieved of his obligation to share the expenses by producing a notice to that effect at the registry office and transmitting a copy of the notice to the other owners without delay. The notice entails renunciation of the right to make use of the wall.

[1991, c. 64, a. 1006].

1007. Le copropriétaire d'un mur mitoyen a le droit de le faire exhausser à ses frais, après s'être assuré, au moyen d'une expertise, que le mur est en état de supporter l'exhaussement; il doit payer à l'autre, à titre d'indemnité, un sixième du coût de l'exhaussement.

Si le mur n'est pas en état de supporter l'exhaussement, il doit le reconstruire en entier, à ses frais, et l'excédent d'épaisseur doit se prendre de son côté.

[1991, c. 64, a. 1007].

❚ C.C.Q., 1008.

1007. A co-owner of a common wall has a right to heighten it at his own expense after ascertaining by means of an expert appraisal that it can withstand it, and shall pay one-sixth of the cost of the heightening to the other as compensation.

If the wall cannot withstand heightening, the owner shall rebuild the entire wall at his own expense, any excess thickness going on his own side.

[1991, c. 64, a. 1007].

1008. La partie du mur exhaussé appartient à celui qui l'a faite et il en supporte les frais d'entretien, de réparation et de reconstruction.

Le voisin qui n'a pas contribué à l'exhaussement peut cependant en acquérir la mitoyenneté en payant la moitié du coût d'exhaussement ou de reconstruction et, le cas échéant, la moitié de la valeur du sol fourni pour l'excédent d'épaisseur. Il doit, en outre, rembourser l'indemnité reçue.

[1991, c. 64, a. 1008].

❚ C.C.Q., 1007.

1008. The heightened part of the wall belongs to the person who made it, and the cost of its maintenance, repair and rebuilding is his responsibility.

The neighbour who did not contribute to the heightening may nevertheless acquire common ownership of it by paying one-half of the cost of the heightening or rebuilding and, where applicable, one-half of the value of the ground provided for excess thickness. He shall also repay any compensation he has received.

[1991, c. 64, a. 1008].

TITRE 3 ——
DES MODALITÉS† DE LA PROPRIÉTÉ

TITLE 3 ——
SPECIAL MODES† OF OWNERSHIP

Chapitre I —
Dispositions générales

Chapter I —
General provisions

1009. Les principales modalités† de la propriété sont la copropriété et la propriété superficiaire.

[1991, c. 64, a. 1009].

❚ C.C.Q., 947, 1010, 1011.

1009. Ownership has two principal special modes†, co-ownership and superficies.

[1991, c. 64, a. 1009].

1010. La copropriété est la propriété que plusieurs personnes ont ensemble et concurremment sur un même bien, chacune d'elles étant investie, privativement, d'une quote-part du droit.

Elle est dite par indivision lorsque le droit de propriété ne s'accompagne pas d'une division matérielle du bien.

Elle est dite divise lorsque le droit de propriété se répartit entre les copropriétaires par fractions comprenant chacune une partie privative, matériellement divisée, et une quote-part des parties communes.

[1991, c. 64, a. 1010].

❚ C.C.Q., 1009, 1012, 1038.

1010. Co-ownership is ownership of the same property, jointly and at the same time, by several persons each of whom is privately vested with a share of the right of ownership.

Co-ownership is called undivided where the right of ownership is not accompanied with a physical division of the property.

It is called divided where the right of ownership is apportioned among the co-owners in fractions, each comprising a physically divided private portion and a share of the common portions.

[1991, c. 64, a. 1010].

1011. La propriété superficiaire est celle des constructions, ouvrages ou plantations situés sur l'immeuble appartenant à une autre personne, le tréfoncier.

[1991, c. 64, a. 1011].

❚ C.C.Q., 1009.

1011. Superficies is ownership of the constructions, works or plantations situated on an immovable belonging to another person, the owner of the subsoil.

[1991, c. 64, a. 1011].

Chapitre II —
De la copropriété par indivision

Chapter II —
Undivided co-ownership

Section I —
DE L'ÉTABLISSEMENT DE L'INDIVISION

Section I —
ESTABLISHMENT OF INDIVISION

1012. L'indivision peut résulter d'un contrat, d'une succession, d'un jugement ou de la loi.

[1991, c. 64, a. 1012].

❚ C.C.Q., 176, 215, 282, 287, 293, 361, 460, 487, 614, 836-848, 2970, 2981-2987; D.T., 51.

1012. Indivision arises from a contract, succession or judgment or by operation of law.

[1991, c. 64, a. 1012].

1013. Les indivisaires peuvent, par écrit, convenir de reporter le partage du bien à

1013. The undivided co-owners may agree, in writing, to postpone partition of

l'expiration de la durée prévue de l'indivision.

a* property on expiry of the provided period of indivision.

Cette convention ne doit pas excéder trente ans, mais elle peut être renouvelée. La convention qui excède trente ans est réduite à cette durée.

Such an agreement may not exceed thirty years, but is renewable. An agreement exceeding thirty years is reduced to that term.

[1991, c. 64, a. 1013].

[1991, c. 64, a. 1013].

❚ C.C.Q., 844, 1030, 1032, 2970, 2981-2987.

1014. L'indivision conventionnelle portant sur un immeuble doit être publiée pour être opposable aux tiers. La publication porte notamment sur la durée prévue† de l'indivision, sur l'identification des parts des indivisaires et, le cas échéant, sur les droits de préemption accordés ou sur l'attribution d'un droit d'usage ou de jouissance exclusive† d'une partie du bien indivis.

1014. Indivision by agreement in respect of an immovable shall be published if it is to be set up against third persons. In particular, publication mentions the expected† length of indivision, the identification of the shares of the co-owners and, where applicable, the pre-emptive rights granted or the awarding of a right of exclusive† use or enjoyment of a portion of the undivided property.

[1991, c. 64, a. 1014].

[1991, c. 64, a. 1014].

❚ C.C.Q., 1627, 2941, 2970, 2981-2987.

SECTION II —
DES DROITS ET OBLIGATIONS DES INDIVISAIRES

SECTION II —
RIGHTS AND OBLIGATIONS OF UNDIVIDED CO-OWNERS

1015. Les parts des indivisaires sont présumées égales.

1015. The shares of undivided co-owners are presumed equal.

Chacun des indivisaires a, relativement à sa part, les droits et les obligations d'un propriétaire exclusif. Il peut ainsi l'aliéner ou l'hypothéquer, et ses créanciers peuvent la saisir.

Each undivided co-owner has the rights and obligations of an exclusive owner as regards his share. Thus, each may alienate or hypothecate his share and his creditors may seize it.

[1991, c. 64, a. 1015].

[1991, c. 64, a. 1015].

❚ C.C.Q., 886, 1026, 2979.

1016. Chaque indivisaire peut se servir du bien indivis, à la condition de ne porter atteinte ni à sa destination ni aux droits des autres indivisaires.

1016. Each undivided co-owner may make use of the undivided property provided he does not affect its destination or the rights of the other co-owners.

Celui qui a l'usage et la jouissance exclusive† du bien est redevable d'une indemnité.

If one of the co-owners has exclusive† use and enjoyment of the property, he is liable for compensation.

[1991, c. 64, a. 1016].

[1991, c. 64, a. 1016].

❚ C.C.Q., 1010.

1017. Le droit d'accession profite à tous les indivisaires en proportion de leur part

1017. The right of accession operates to the benefit of all the undivided co-owners

dans l'indivision; néanmoins, lorsqu'un indivisaire bénéficie d'un droit d'usage ou de jouissance exclusive† sur une partie du bien indivis, le titulaire de ce droit a aussi l'usage ou la jouissance exclusive† de ce qui s'unit ou s'incorpore à cette partie.

[1991, c. 64, a. 1017].

▌C.C.Q., 744, 948, 954-975, 1020.

1018. Les fruits et revenus du bien indivis accroissent à l'indivision, à défaut de partage provisionnel ou de tout autre accord visant leur distribution périodique; ils accroissent encore à l'indivision s'ils ne sont pas réclamés dans les trois ans de leur date d'échéance.

[1991, c. 64, a. 1018].

▌C.C.Q., 743, 910, 949.

1019. Les indivisaires sont tenus, à proportion de leur part, des frais d'administration et des autres charges communes qui se rapportent au bien indivis.

[1991, c. 64, a. 1019].

▌C.C.Q., 1025.

1020. Chaque indivisaire a droit au remboursement des impenses nécessaires qu'il a faites pour conserver le bien indivis. Pour les autres impenses autorisées, il a droit, au moment du partage, à une indemnité égale à la plus-value donnée au bien.

Inversement, l'indivisaire répond des pertes qui diminuent, par son fait, la valeur du bien indivis.

[1991, c. 64, a. 1020].

▌C.C.Q., 876, 885, 958, 959, 1137, 1210, 1248, 1703, 2740.

1021. Le partage qui a lieu avant le moment fixé par la convention d'indivision n'est pas opposable au créancier qui détient une hypothèque sur une part indivise du bien, à moins qu'il n'ait consenti au partage ou que son débiteur ne conserve un droit de propriété sur quelque partie du bien.

[1991, c. 64, a. 1021].

proportionately to their shares in the indivision. Nevertheless, where a co-owner holds a right of exclusive† use or enjoyment of a portion of the undivided property, he also has exclusive† use or enjoyment of property joined or incorporated with that portion.

[1991, c. 64, a. 1017].

1018. The fruits and revenues of the undivided property accrue to the indivision, where there is no provisional partition and where no other agreement exists with respect to their periodic distribution. They also accrue to the indivision if they are not claimed within three years from their due date.

[1991, c. 64, a. 1018].

1019. The undivided co-owners are liable proportionately to their shares for the costs of administration and the other common charges related to the undivided property.

[1991, c. 64, a. 1019].

1020. Each undivided co-owner is entitled to be reimbursed for necessary disbursements he has made to preserve the undivided property. For other authorized disbursements, he is entitled, at partition, to compensation equal to the increase in value given to the property.

Conversely, each undivided co-owner is accountable for any loss which by his doing decreases the value of the undivided property.

[1991, c. 64, a. 1020].

1021. Partition which takes place before the time fixed by the indivision agreement may not be set up against a creditor holding a hypothec on an undivided portion of the property unless he has consented to the partition or unless his debtor preserves a right of ownership over some part of the property.

[1991, c. 64, a. 1021].

■ C.C.Q., 877, 1037, 2660.

1022. Tout indivisaire peut, dans les soixante jours où il apprend qu'une personne étrangère à l'indivision a acquis, à titre onéreux, la part d'un indivisaire, l'écarter de l'indivision en lui remboursant le prix de la cession et les frais qu'elle a acquittés. Ce droit doit être exercé dans l'année qui suit l'acquisition de la part.

Le droit de retrait ne peut être exercé lorsque les indivisaires ont, dans la convention d'indivision, stipulé des droits de préemption et que, portant sur un immeuble, ces droits ont été publiés.

[1991, c. 64, a. 1022].

■ C.C.Q., 848, 1023, 1024, 2209.

1022. Any undivided co-owner, within sixty days of learning that a third person has, by onerous title, acquired the share of an undivided co-owner, may exclude him from the indivision by reimbursing him for the transfer price and the expenses he has paid. This right may be exercised only within one year from the acquisition of the share.

The right of redemption may not be exercised where the co-owners have stipulated pre-emptive rights in the indivision agreement and where such rights, if they are rights in an immovable, have been published.

[1991, c. 64, a. 1022].

1023. L'indivisaire qui a fait inscrire son adresse au bureau de la publicité des droits peut, dans les soixante jours de la notification qui lui est faite de l'intention d'un créancier de faire vendre la part d'un indivisaire ou de la prendre en paiement d'une obligation, être subrogé dans les droits du créancier en lui payant la dette de l'indivisaire et les frais.

Il ne peut opposer†, s'il n'a pas fait inscrire son adresse, son droit de retrait à un créancier ou aux ayants cause de celui-ci.

[1991, c. 64, a. 1023].

■ C.C.Q., 1022, 1024, 1651.

1023. An undivided co-owner having caused his address to be registered at the registry office may, within sixty days of being notified of the intention of a creditor to sell the share of an undivided co-owner or to take it in payment of an obligation, be subrogated to the rights of the creditor by paying him the debt of the undivided co-owner, with costs.

An undivided co-owner not having caused his address to be registered has no† right of redemption against a creditor or the successors of the creditor.

[1991, c. 64, a. 1023].

1024. Si plusieurs indivisaires exercent leur droit de retrait ou de subrogation sur la part d'un indivisaire, ils la partagent proportionnellement à leur droit dans l'indivision.

[1991, c. 64, a. 1024].

■ C.C.Q., 1015, 1022, 1023.

1024. If several undivided co-owners exercise their rights of redemption or subrogation against the share of an undivided co-owner, it is partitioned among them proportionately to their rights in the undivided property.

[1991, c. 64, a. 1024].

SECTION III —
DE L'ADMINISTRATION DU BIEN INDIVIS

SECTION III —
ADMINISTRATION OF UNDIVIDED
PROPERTY

1025. Les indivisaires administrent le bien en commun.

[1991, c. 64, a. 1025].

▌ C.C.Q., 1027-1029.

1025. Undivided co-owners of property administer it jointly.

[1991, c. 64, a. 1025].

1026. Les décisions relatives à l'administration du bien sont prises à la majorité des indivisaires, en nombre et en parts.

Les décisions visant à aliéner le bien indivis, à le partager, à le grever d'un droit réel, à en changer la destination ou à y apporter des modifications substantielles sont prises à l'unanimité.

[1991, c. 64, a. 1026].

▌ C.C.Q., 885, 1015, 1019, 1332-1338.

1026. Administrative decisions are taken by a majority in number and shares of the undivided co-owners.

Decisions in view of alienating or partitioning the undivided property, charging it with a real right, changing its destination or making substantial alterations to it require unanimous approval.

[1991, c. 64, a. 1026].

1027. L'administration d'un bien indivis peut être confiée à un gérant choisi, ou non, parmi les indivisaires et nommé par eux.

Le tribunal peut, à la demande d'un indivisaire, désigner le gérant et fixer les conditions de sa charge lorsque le choix de la personne à nommer ne reçoit pas l'assentiment de la majorité, en nombre et en parts, des indivisaires, ou en cas d'impossibilité de pourvoir à la nomination ou au remplacement du gérant.

[1991, c. 64, a. 1027].

▌ C.C.Q., 1085.

1027. The undivided co-owners may appoint one of their number or another person as manager and entrust him with the administration of the undivided property.

The court may designate the manager on the motion of one of the undivided co-owners and determine his responsibilities where a majority in number and shares of the undivided co-owners cannot agree on whom to appoint, or where it is impossible to appoint or replace the manager.

[1991, c. 64, a. 1027].

1028. L'indivisaire qui administre le bien indivis à la connaissance des autres indivisaires et sans opposition de leur part est présumé avoir été nommé gérant.

[1991, c. 64, a. 1028].

▌ C.C.Q., 1482.

1028. Where one of the undivided co-owners administers the undivided property with the knowledge of the others and without objection on their part, he is presumed to have been appointed manager.

[1991, c. 64, a. 1028].

1029. Le gérant agit seul à l'égard du bien indivis, à titre d'administrateur du bien d'autrui chargé de la simple administration.

[1991, c. 64, a. 1029].

▌ C.C.Q., 1299-1370.

1029. The manager acts alone with respect to the undivided property as administrator of the property of others charged with simple administration.

[1991, c. 64, a. 1029].

1030. Nul n'est tenu de demeurer dans l'indivision. Le partage peut toujours être provoqué, à moins qu'il n'ait été reporté par une convention, par une disposition† testamentaire, par un jugement ou par l'effet de la loi, ou qu'il n'ait été rendu impossible du fait de l'affectation du bien à un but durable†.

[1991, c. 64, a. 1030].

▌ C.C.Q., 8, 9, 836-848, 885, 1013, 3081; C.P.C., 809-811.

1030. No one is bound to remain in indivision; partition may be demanded at any time unless it has been postponed by agreement, a testamentary disposition†, a judgment, or operation of law, or unless it has become impossible because the property has been appropriated to a durable† purpose.

[1991, c. 64, a. 1030].

1031. Malgré toute convention contraire, les trois quarts des indivisaires, représentant 90% des parts, peuvent mettre fin à la copropriété indivise d'un immeuble principalement à usage d'habitation pour en établir la copropriété divise.

Les indivisaires peuvent satisfaire ceux qui s'opposent à l'établissement d'une copropriété divise et qui refusent de signer la déclaration de copropriété en leur attribuant leur part en numéraire; la part de chaque indivisaire est alors augmentée en proportion de son paiement.

[1991, c. 64, a. 1031].

▌ C.C.Q., 1059, 1098, 1108.

1031. Notwithstanding any agreement to the contrary, three-quarters of the undivided co-owners representing 90% of the shares may terminate the undivided co-ownership of a mainly residential immovable in order to establish divided co-ownership of it.

The undivided co-owners may satisfy those who object to the establishment of divided co-ownership and who refuse to sign the declaration of co-ownership by apportioning their share to them in money; the share of each undivided co-owner is then increased in proportion to his payment.

[1991, c. 64, a. 1031].

1032. À la demande d'un indivisaire, le tribunal peut, afin d'éviter une perte, surseoir au partage immédiat de tout ou partie du bien et maintenir l'indivision pour une durée d'au plus deux ans.

Cette décision peut être révisée si les causes qui ont justifié le maintien de l'indivision ont cessé ou si l'indivision est devenue intolérable ou présente de grands risques pour les indivisaires.

[1991, c. 64, a. 1032].

▌ C.C.Q., 843-845.

1032. On a motion by an undivided co-owner, the court, to avoid a loss, may postpone the partition of the whole or part of the property and continue the indivision for not over two years.

A decision under the first paragraph may be revised if the causes shown for continuing the indivision have ceased to exist or if the indivision has become intolerable or too high a risk for the undivided co-owners.

[1991, c. 64, a. 1032].

1033. Les indivisaires peuvent toujours satisfaire celui qui s'oppose au maintien de l'indivision en lui attribuant sa part, selon sa préférence, soit en nature, pourvu

1033. If one of the undivided co-owners objects to continuing in indivision, the others may satisfy him at any time by apportioning his share to him in kind, pro-

qu'elle soit aisément détachable du reste du bien indivis, soit en numéraire.

Si la part est attribuée en nature, les indivisaires peuvent accorder celle qui est la moins nuisible à l'exercice de leurs droits.

Si la part est attribuée en numéraire, la part de chaque indivisaire est alors augmentée en proportion de son paiement.

[1991, c. 64, a. 1033].

▌ C.C.Q., 846.

1034. Si les indivisaires ne s'entendent pas sur la part à attribuer à l'un d'eux, en nature ou en numéraire, une expertise ou une évaluation est faite par une personne désignée par tous les indivisaires ou, s'ils ne s'accordent pas entre eux, par le tribunal.

[1991, c. 64, a. 1034].

▌ C.C.Q., 483, 854, 863.

1035. Les créanciers dont la créance résulte de l'administration sont payés par prélèvement sur l'actif, avant le partage.

Les créanciers, même hypothécaires, d'un indivisaire ne peuvent demander le partage si ce n'est par action oblique[1], dans le cas où l'indivisaire pourrait lui-même le demander.

[1991, c. 64, a. 1035].

Note 1 : Comp. a. 1627.

▌ C.C.Q., 1627-1630.

1036. Il peut être mis fin à l'indivision en cas de perte ou d'expropriation d'une partie importante du bien indivis si la majorité des indivisaires en nombre et en parts en décide ainsi.

[1991, c. 64, a. 1036].

▌ C.C.Q., 1026.

1037. L'indivision cesse par le partage du bien ou par son aliénation.

Si on procède au partage, les dispositions

vided it is easily detachable from the rest of the undivided property, or in money, as he chooses.

If the share is apportioned in kind, the undivided co-owners may make the allotment least prejudicial to the exercise of their rights.

If the share is apportioned in money, the share of each undivided co-owner is increased in proportion to his payment.

[1991, c. 64, a. 1033].

1034. If the undivided co-owners fail to agree on the share in kind or in money to be apportioned to one of them, an expert appraisal or a valuation is made by a person designated by all the undivided co-owners or, if they cannot agree among themselves, by the court.

[1991, c. 64, a. 1034].

1035. Creditors whose claims arise from the administration are paid out of the assets before partition.

No creditor, not even a hypothecary creditor, of an undivided co-owner may demand partition, except by an indirect[1] action where the undivided co-owner could demand it himself.

[1991, c. 64, a. 1035].

1036. Indivision may be terminated by the decision of a majority in number and shares of the undivided co-owners where a substantial part of the undivided property is lost or expropriated.

[1991, c. 64, a. 1036].

1037. Indivision ends by the partition or alienation of the property.

In the case of partition, the provisions re-

relatives au partage des successions s'appliquent, compte tenu des adaptations nécessaires.

Néanmoins, l'acte de partage qui met fin à une indivision autre que successorale est attributif du droit de propriété.

[1991, c. 64, a. 1037].

C.C.Q., 836-848, 1021, 2679.

lating to the partition of successions apply, adapted as required.

However, the act of partition which terminates indivision, other than indivision by succession, is an act of attribution of the right of ownership.

[1991, c. 64, a. 1037].

Chapitre III —
De la copropriété divise d'un immeuble

Chapter III —
Divided co-ownership of immovables

SECTION I —
DE L'ÉTABLISSEMENT DE LA COPROPRIÉTÉ DIVISE

SECTION I —
ESTABLISHMENT OF DIVIDED CO-OWNERSHIP

1038. La copropriété divise d'un immeuble est établie par la publication d'une déclaration en vertu de laquelle la propriété de l'immeuble est divisée en fractions, appartenant à une ou plusieurs personnes.

[1991, c. 64, a. 1038].

C.C.Q., 1010, 3030, 3041; D.T., 53.

1038. Divided co-ownership of an immovable is established by publication of a declaration under which ownership of the immovable is divided into fractions belonging to one or several persons.

[1991, c. 64, a. 1038].

1039. La collectivité des copropriétaires constitue, dès la publication de la déclaration de copropriété, une personne morale qui a pour objet la conservation de l'immeuble, l'entretien et l'administration des parties communes, la sauvegarde des droits afférents à l'immeuble ou à la copropriété, ainsi que toutes les opérations d'intérêt commun.

Elle prend le nom de syndicat.

[1991, c. 64, a. 1039].

D.T., 52.

1039. Upon the publication of the declaration of co-ownership, the co-owners as a body constitute a legal person, the objects of which are to preserve the immovable, to maintain and manage the common portions, to protect the rights appurtenant to the immovable or the co-ownership and to take all measures of common interest.

The legal person is called a syndicate.

[1991, c. 64, a. 1039].

1040. La copropriété divise peut être établie sur un immeuble bâti par l'emphytéote ou sur un immeuble qui fait l'objet d'une propriété superficiaire si la durée non écoulée des droits, au moment de la publication de la déclaration, est supérieure à cinquante ans.

En ce cas, chaque copropriétaire est tenu à l'égard du propriétaire de l'immeuble faisant l'objet de l'emphytéose ou de la pro-

1040. Divided co-ownership of an immovable that is built by an emphyteutic lessee or that is subject to superficies may be established if the unexpired term of the lease or right, at the time of publication of the declaration, is over fifty years.

In cases arising under the first paragraph, each co-owner, dividedly and proportionately to the relative value of his fraction, is

priété superficiaire, d'une manière divise et en proportion de la valeur relative de sa fraction, des obligations divisibles de l'emphytéote ou du superficiaire, selon le cas; le syndicat est tenu des obligations indivisibles.

[1991, c. 64, a. 1040].

▌ C.C.Q., 1785-1794.

liable for the divisible obligations of the emphyteutic lessee or superficiary, as the case may be, towards the owner of the immovable subject to emphyteusis or superficies. The syndicate assumes the indivisible obligations.

[1991, c. 64, a. 1040].

SECTION II —
DES FRACTIONS DE COPROPRIÉTÉ

SECTION II —
FRACTIONS OF CO-OWNERSHIP

1041. La valeur relative de chaque fraction de la copropriété divise est établie par rapport à la valeur de l'ensemble des fractions, en fonction de la nature, de la destination, des dimensions et de la situation de la partie privative de chaque fraction, mais sans tenir compte de son utilisation.

Elle est déterminée dans la déclaration.

[1991, c. 64, a. 1041].

▌ C.C.Q., 1038.

1041. The relative value of each of the fractions of a divided co-ownership with reference to the value of all the fractions together is determined in consideration of the nature, destination, dimensions and location of the private portion of each fraction, but not of its use.

The relative value is specified in the declaration.

[1991, c. 64, a. 1041].

1042. Sont dites privatives les parties des bâtiments et des terrains qui sont la propriété† d'un copropriétaire déterminé et dont il a l'usage exclusif.

[1991, c. 64, a. 1042].

▌ C.C.Q., 1038, 1041.

1042. Those portions of the buildings and land that are the property† of a specific co-owner and that are for his use alone are called the private portions.

[1991, c. 64, a. 1042].

1043. Sont dites communes les parties des bâtiments et des terrains qui sont la propriété de tous les copropriétaires et qui servent à leur usage commun.

Cependant, certaines de ces parties peuvent ne servir qu'à l'usage de certains copropriétaires ou d'un seul. Les règles relatives aux parties communes s'appliquent à ces parties communes à usage restreint.

[1991, c. 64, a. 1043].

▌ C.C.Q., 1038, 1064.

1043. Those portions of the buildings and land that are owned by all the co-owners and serve for their common use are called the common portions.

Some of these portions may nevertheless serve for the use of only one or several of the co-owners. The rules regarding the common portions apply to these common portions for restricted use.

[1991, c. 64, a. 1043].

1044. Sont présumées parties communes le sol, les cours, balcons, parcs et jardins, les voies d'accès, les escaliers et ascenseurs, les passages et corridors, les locaux des services communs, de stationnement et d'entreposage, les caves, le gros œuvre des

1044. The following are presumed to be common portions: the ground, yards, verandas or balconies, parks and gardens, access ways, stairways and elevators, passageways and halls, common service areas, parking and storage areas, base-

bâtiments, les équipements et les appareils communs, tels les systèmes centraux de chauffage et de climatisation et les canalisations, y compris celles qui traversent les parties privatives.

[1991, c. 64, a. 1044].

▌ C.C.Q., 1043.

ments, foundations and main walls of buildings, and common equipment and apparatus, such as the central heating and air-conditioning systems and the piping and wiring, including what crosses private portions.

[1991, c. 64, a. 1044].

1045. Les cloisons ou les murs non compris dans le gros œuvre du bâtiment et qui séparent une partie privative d'une partie commune ou d'une autre partie privative sont présumés mitoyens.

[1991, c. 64, a. 1045].

▌ C.C.Q., 1042-1044.

1045. Partitions or walls that are not part of the foundations and main walls of a building but which separate a private portion from a common portion or from another private portion are presumed common.

[1991, c. 64, a. 1045].

1046. Chaque copropriétaire a sur les parties communes un droit de propriété indivis. Sa quote-part dans les parties communes est égale à la valeur relative de sa fraction.

[1991, c. 64, a. 1046].

▌ C.C.Q., 1016, 1041.

1046. Each co-owner has an undivided right of ownership in the common portions. His share of the common portions is proportionate to the relative value of his fraction.

[1991, c. 64, a. 1046].

1047. Chaque fraction constitue une entité distincte et peut faire l'objet d'une aliénation totale ou partielle; elle comprend, dans chaque cas, la quote-part des parties communes afférente à la fraction, ainsi que le droit d'usage des parties communes à usage restreint, le cas échéant.

[1991, c. 64, a. 1047].

▌ C.C.Q., 1050, 1063.

1047. Each fraction constitutes a distinct entity and may be alienated in whole or in part; the alienation includes, in each case, the share of the common portions appurtenant to the fraction, as well as the right to use the common portions for restricted use, where applicable.

[1991, c. 64, a. 1047].

1048. La quote-part des parties communes d'une fraction ne peut faire l'objet, séparément de la partie privative de cette fraction, ni d'une aliénation ni d'une action en partage.

[1991, c. 64, a. 1048].

▌ C.C.Q., 1047, 1049.

1048. The share of the common portions appurtenant to a fraction may not, separately from the private portion of the fraction, be the object of alienation or an action in partition.

[1991, c. 64, a. 1048; 2002, c. 19, s. 15].

1049. L'aliénation d'une partie divise d'une partie privative est sans effet si la déclaration de copropriété et le plan cadastral n'ont pas été préalablement modifiés pour créer une nouvelle fraction, la décrire, lui attribuer un numéro cadastral distinct et déterminer sa valeur relative, ou

1049. Alienation of a divided part of a private portion is without effect unless the declaration of co-ownership and the cadastral plan have been altered prior to the alienation so as to create a new fraction, describe it, give it a separate cadastral number and determine its relative value, or

pour faire état des modifications apportées aux limites des parties privatives contiguës.

[1991, c. 64, a. 1049; 2000, c. 42, a. 3].

to record the alterations made to the boundaries between contiguous private portions.

[1991, c. 64, a. 1049; 2000, c. 42, s. 3; 2002, c. 19, s. 15].

▌ C.C.Q., 1047.

1050. Chaque fraction forme une entité distincte aux fins d'évaluation et d'imposition foncière†.

Le syndicat doit être mis en cause en cas de contestation en justice de l'évaluation d'une fraction par un copropriétaire.

[1991, c. 64, a. 1050].

1050. Each fraction forms a distinct entity for the purposes of real property† assessment and taxation.

The syndicate shall be impleaded in the case of any judicial contestation of the assessment of a fraction by a co-owner.

[1991, c. 64, a. 1050].

Note : Dans le langage civiliste traditionnel, l'adjectif « *real* », employé en pareil contexte, signifie normalement *in rem*. Il est parfois arrivé que, dans la terminologie juridique en usage au Québec, on ait à l'occasion eu recours — et cette position n'est pas indéfendable — au terme « *real* » (c'est le cas, par exemple, de l'expression « *real estate* » qui a été employée jusque dans la *Loi sur le courtage immobilier* (*Real Estate Brokerage Act*), RLRQ, c. C-73.1). Par la modification apportée à l'article 3069 C.c.Q., cependant, le législateur semble rejeter toute équivalence entre les termes « *real property* » et « *foncier* », du moins dans la langue de la législation. / In classical civilian parlance, the adjective "real" in this context is suggestive of *in rem*. Quebec legal terminology has arguably adopted the term "real" to mean "immovable" in certain instances (as in the case, for example, in respect of the expression "real estate" which even finds use in legislative texts such as the *Real Estate Brokerage Act*, CQLR, c. C-73.1). However by its amendment to article 3069 C.c.Q., the legislature appears to reject "real property" as an equivalent to "*foncier*" in respect of the formal language of legislative enactment.

1051. Malgré les articles 2650 et 2662, l'hypothèque, les sûretés additionnelles qui s'y greffent ou les priorités[1] existantes sur l'ensemble de l'immeuble détenu en copropriété, lors de l'inscription de la déclaration de copropriété, se divisent entre les fractions suivant la valeur relative de chacune d'elles ou suivant toute autre proportion prévue.

[1991, c. 64, a. 1051].

1051. Notwithstanding articles 2650 and 2662, a hypothec, any additional security accessory thereto or any preferences[1] existing at the time of registration of the declaration of co-ownership on the whole of an immovable held in co-ownership are divided among the fractions according to the relative value of each or according to any other established proportion.

[1991, c. 64, a. 1051].

Note 1 : Comp. a. 2647.

▌ C.C.Q., 2650, 2662.

SECTION III —
DE LA DÉCLARATION DE COPROPRIÉTÉ

SECTION III —
DECLARATION OF CO-OWNERSHIP

§ 1. — Du contenu de la déclaration

§ 1. — Content of the declaration

1052. La déclaration de copropriété comprend l'acte constitutif de copropriété, le règlement de l'immeuble et l'état descriptif des fractions.

[1991, c. 64, a. 1052].

1052. A declaration of co-ownership comprises the act constituting the co-ownership, the by-laws of the immovable and a description of the fractions.

[1991, c. 64, a. 1052].

❚ D.T., 54.

1053. L'acte constitutif de copropriété définit la destination de l'immeuble, des parties privatives[1] et des parties[2] communes.

Il détermine également la valeur relative de chaque fraction et indique la méthode suivie pour l'établir, la quote-part des charges et le nombre de voix attachées à chaque fraction et prévoit toute autre convention relative à l'immeuble ou à ses parties privatives ou communes. Il précise aussi les pouvoirs et devoirs respectifs du conseil d'administration du syndicat et de l'assemblée des copropriétaires.

[1991, c. 64, a. 1053].

Note 1 : Comp. a. 1042.

Note 2 : Comp. a. 1043.

❚ C.C.Q., 1041, 1052, 1054, 1058, 1059, 1068.

1054. Le règlement de l'immeuble contient les règles relatives à la jouissance, à l'usage et à l'entretien des parties privatives et communes, ainsi que celles relatives au fonctionnement et à l'administration de la copropriété.

Le règlement porte également sur la procédure de cotisation et de recouvrement des contributions aux charges communes.

[1991, c. 64, a. 1054].

❚ C.C.Q., 1052, 1057, 1894, 1897.

1055. L'état descriptif contient la désignation cadastrale des parties privatives et des parties communes de l'immeuble.

Il contient aussi une description des droits réels grevant l'immeuble ou existant en sa faveur, sauf les hypothèques et les sûretés additionnelles qui s'y greffent.

[1991, c. 64, a. 1055].

❚ C.C.Q., 1052.

1056. La déclaration de copropriété ne peut imposer aucune restriction aux droits

1053. A constituting act of co-ownership defines the destination of the immovable, of the exclusive[1] parts and of the common parts[2].

The act also specifies the relative value of each fraction, indicating how that value was determined, the share of the expenses and the number of votes attached to each fraction and provides any other agreement regarding the immovable or its private or common portions. In addition, it specifies the powers and duties of the board of directors of the syndicate and of the general meeting of the co-owners.

[1991, c. 64, a. 1053].

1054. The by-laws of an immovable contain the rules on the enjoyment, use and upkeep of the private and common portions, and those on the operation and administration of the co-ownership.

The by-laws also deal with the procedure of assessment and collection of contributions to the common expenses.

[1991, c. 64, a. 1054].

1055. A description of the fractions contains the cadastral description of the private portions and common portions of the immovable.

Such a description also contains a description of the real rights affecting or existing in favour of the immovable other than hypothecs, and additional security accessory thereto.

[1991, c. 64, a. 1055].

1056. No declaration of co-ownership may impose any restriction on the rights of the

des copropriétaires, sauf celles qui sont justifiées par la destination de l'immeuble, ses caractères ou sa situation.

[1991, c. 64, a. 1056].

▌ C.C.Q., 1016.

1057. Le règlement de l'immeuble est opposable au locataire ou à l'occupant d'une partie privative, dès qu'un exemplaire du règlement ou des modifications qui lui sont apportées lui est remis par le copropriétaire ou, à défaut, par le syndicat.

[1991, c. 64, a. 1057].

▌ C.C.Q., 1054, 1065, 1894; D.T., 55.

1058. À moins que l'acte constitutif de copropriété ne le prévoie expressément, une fraction ne peut être détenue par plusieurs personnes ayant chacune un droit de jouissance, périodique et successif, de la fraction et elle ne peut non plus être aliénée dans ce but.

Le cas échéant, l'acte doit indiquer le nombre de fractions qui peuvent être ainsi détenues, les périodes d'occupation, le nombre maximum de personnes qui peuvent détenir ces fractions, ainsi que les droits et les obligations de ces occupants.

[1991, c. 64, a. 1058].

▌ C.C.Q., 1098; D.T., 56.

§ 2. — De l'inscription de la déclaration

1059. La déclaration de copropriété doit être notariée et en minute; il en est de même des modifications qui sont apportées à l'acte constitutif de copropriété et à l'état descriptif des fractions.

La déclaration doit être signée par tous les propriétaires de l'immeuble, par l'emphytéote ou le superficiaire, le cas échéant, ainsi que par les créanciers qui détiennent une hypothèque sur l'immeuble; les modifications sont signées par le syndicat.

[1991, c. 64, a. 1059].

▌ C.C.Q., 1062, 2819, 2972, 3030, 3041.

co-owners except restrictions justified by the destination, characteristics or location of the immovable.

[1991, c. 64, a. 1056].

1057. The by-laws of the immovable may be set up against the lessee or occupant of a private portion upon his being given a copy of the by-laws or the amendments to them by the co-owner or, if not by him, by the syndicate.

[1991, c. 64, a. 1057].

1058. Unless express provision is made therefor in the act constituting the co-ownership, no fraction may be held by several persons each having a right of enjoyment periodically and successively in the fraction, nor may a fraction be alienated for that purpose.

Where the act makes provision for a periodical and successive right of enjoyment by holders, it indicates the number of fractions that may be held in this way, the occupancy periods, the maximum number of persons who may hold these fractions, and the rights and obligations of these occupants.

[1991, c. 64, a. 1058].

§ 2. — Registration of the declaration

1059. A declaration of co-ownership, and any amendments made to the constituting act of co-ownership or the description of the fractions, shall be in the form of a notarial act *en minute*.

The declaration shall be signed by all the owners of the immovable, by the emphyteutic lessee or the superficiary, if any, and by all the creditors holding hypothecs on the immovable; amendments are signed by the syndicate.

[1991, c. 64, a. 1059].

1060. La déclaration, ainsi que les modifications apportées à l'acte constitutif de copropriété et à l'état descriptif des fractions, sont présentées au bureau de la publicité des droits. La déclaration est inscrite au registre foncier, sous les numéros d'immatriculation des parties communes et des parties privatives; les modifications ne sont inscrites que sous le numéro d'immatriculation des parties communes, à moins qu'elles ne touchent directement une partie privative. Quant aux modifications apportées au règlement de l'immeuble, il suffit qu'elles soient déposées auprès du syndicat.

Le cas échéant, l'emphytéote ou le superficiaire doit donner avis de l'inscription au propriétaire de l'immeuble faisant l'objet d'une emphytéose ou sur lequel a été créée une propriété superficiaire.

[1991, c. 64, a. 1060].

❚ C.C.Q., 2972-2979.

1060. The declaration and any amendments made to the constituting act of co-ownership or the description of the fractions are deposited in the registry office. The declaration is entered in the land register under the registration numbers of the common portions and the private portions. The amendments are entered under the registration number of the common portions only, unless they directly affect a private portion. However, it is sufficient for amendments made to the by-laws of the immovable to be filed with the syndicate.

Where applicable, the emphyteutic lessee or superficiary shall give notice of the registration to the owner of an immovable under emphyteusis or on which superficies has been established.

[1991, c. 64, a. 1060].

1061. L'inscription d'un acte qui concerne une partie privative vaut pour la quote-part des parties communes qui y est afférente, sans qu'il y ait lieu de faire une inscription sous le numéro d'immatriculation des parties communes.

[1991, c. 64, a. 1061].

❚ C.C.Q., 1060.

1061. The registration of an act against a private portion is valid against the share of the common portions attached to it, without any requirement to make an entry under the registration number of the common portions.

[1991, c. 64, a. 1061].

1062. La déclaration de copropriété lie les copropriétaires, leurs ayants cause et les personnes qui l'ont signée et produit ses effets envers eux, à compter de son inscription.

[1991, c. 64, a. 1062].

❚ C.C.Q., 1059, 1434, 2819, 2941.

1062. The declaration of co-ownership binds the co-owners, their successors and the persons who signed it, and produces its effects towards them from the time of its registration.

[1991, c. 64, a. 1062].

SECTION IV —
DES DROITS ET OBLIGATIONS DES COPROPRIÉTAIRES

SECTION IV —
RIGHTS AND OBLIGATIONS OF CO-OWNERS

1063. Chaque copropriétaire dispose de sa fraction; il use et jouit librement de sa partie privative et des parties communes, à la condition de respecter le règlement de l'immeuble et de ne porter atteinte ni aux droits des autres copropriétaires ni à la destination de l'immeuble.

[1991, c. 64, a. 1063].

1063. Each co-owner has the disposal of his fraction; he has free use and enjoyment of his private portion and of the common portions, provided he observes the by-laws of the immovable and does not impair the rights of the other co-owners or the destination of the immovable.

[1991, c. 64, a. 1063].

▌C.C.Q., 947, 1016.

1064. Chacun des copropriétaires contribue, en proportion de la valeur relative de sa fraction, aux charges résultant de la copropriété et de l'exploitation de l'immeuble, ainsi qu'au fonds de prévoyance constitué en application de l'article 1071. Toutefois, les copropriétaires qui utilisent les parties communes à usage restreint contribuent seuls aux charges qui en résultent.

[1991, c. 64, a. 1064].

1064. Each co-owner contributes in proportion to the relative value of his fraction to the expenses arising from the co-ownership and from the operation of the immovable and the contingency fund established under article 1071, although only the co-owners who use common portions for restricted use contribute to the costs resulting from those portions.

[1991, c. 64, a. 1064].

▌C.C.Q., 1041, 1054, 1068, 1069, 1071, 1086, 1094; D.T., 53.

1065. Le copropriétaire qui loue sa partie privative doit le notifier au syndicat et indiquer le nom du locataire.

[1991, c. 64, a. 1065].

1065. A co-owner who gives a lease on his private portion shall notify the syndicate and give the name of the lessee.

[1991, c. 64, a. 1065].

▌C.C.Q., 1057, 1066, 1070, 1079, 1870.

1066. Aucun copropriétaire ne peut faire obstacle à l'exécution, même à l'intérieur de sa partie privative, des travaux nécessaires à la conservation de l'immeuble décidés par le syndicat ou des travaux urgents.

Lorsque la partie privative est louée, le syndicat donne au locataire, le cas échéant, les avis prévus par les articles 1922 et 1931 relatifs aux améliorations et aux travaux.

[1991, c. 64, a. 1066].

1066. No co-owner may interfere with the carrying out, even inside his private portion, of work required for the conservation of the immovable decided upon by the syndicate or of urgent work.

Where a private portion is leased, the syndicate gives the lessee, where applicable, the notices prescribed in articles 1922 and 1931 regarding improvements and work.

[1991, c. 64, a. 1066].

▌C.C.Q., 1865, 1868, 1922, 1931.

1067. Le copropriétaire qui subit un préjudice par suite de l'exécution des travaux, en raison d'une diminution définitive de la valeur de sa fraction, d'un trouble de jouissance grave, même temporaire, ou de dégradations, a le droit d'obtenir une indemnité qui est à la charge du syndicat si les travaux ont été faits à la demande de celui-ci; autrement l'indemnité est à la charge des copropriétaires qui ont fait les travaux.

[1991, c. 64, a. 1067].

1067. A co-owner who suffers prejudice by the carrying out of work, through a permanent diminution in the value of his fraction, a grave disturbance of enjoyment, even if temporary, or through deterioration, is entitled to obtain compensation from the syndicate if the syndicate ordered the work or, if it did not, from the co-owners who did the work.

[1991, c. 64, a. 1067].

▌C.C.Q., 1066.

1068. Tout copropriétaire peut, dans les cinq ans du jour de l'inscription de la dé-

1068. Every co-owner may, within five years from the day of registration of the

claration de copropriété, demander au tribunal la révision, pour l'avenir, de la valeur relative des fractions et de la répartition des charges communes.

Le droit à la révision ne peut être exercé que s'il existe, entre la valeur relative accordée à une fraction ou la part des charges communes qui y est afférente et la valeur relative ou la part qui aurait dû être établie, suivant les critères prévus à la déclaration de copropriété, un écart de plus d'un dixième soit en faveur d'un autre copropriétaire, soit au préjudice du copropriétaire qui fait la demande.

[1991, c. 64, a. 1068].

▌C.C.Q., 1041.

1069. Celui qui, par quelque mode que ce soit, y compris par suite de l'exercice d'un droit hypothécaire, acquiert une fraction de copropriété divise est tenu au paiement de toutes les charges communes dues relativement à cette fraction au moment de l'acquisition.

Celui qui se propose d'acquérir une fraction de copropriété peut néanmoins demander au syndicat des copropriétaires un état des charges communes dues relativement à cette fraction et le syndicat est, de ce fait, autorisé à le lui fournir, sauf à en aviser au préalable le propriétaire de la fraction ou ses ayants cause; le proposant acquéreur n'est alors tenu au paiement de ces charges communes que si l'état lui est fourni par le syndicat dans les quinze jours de la demande.

L'état fourni est ajusté selon le dernier budget annuel des copropriétaires.

[1991, c. 64, a. 1069; 2002, c. 19, a. 6].

▌C.C.Q., 1064, 1068.

declaration of co-ownership, apply to the court for a revision, for the future, of the relative value of the fractions and of the apportionment of the common expenses.

The right to apply for a revision may be exercised only if there exists, between the relative value attributed to a fraction or the share of common expenses attached thereto and the value or share that should have been determined, according to the criteria provided in the declaration of co-ownership, a difference in excess of one-tenth either in favour of another co-owner or to the prejudice of the applicant co-owner.

[1991, c. 64, a. 1068].

1069. A person who acquires a fraction of divided co-ownership, by whatever means, including the exercise of a hypothecary right, is bound to pay all common expenses due in respect of that fraction at the time of the acquisition.

A person contemplating the acquisition of such a fraction may request from the syndicate of co-owners a statement of the common expenses due in respect of the fraction and the syndicate is thereupon authorized to provide the statement to him, provided the syndicate gives prior notice to the owner of the fraction or his successors; in such a case, the prospective acquirer is only bound to pay the common expenses if the statement is provided to him by the syndicate within 15 days of the request.

The statement given to the buyer is adjusted to the last annual budget of the co-owners.

[1991, c. 64, a. 1069; 2002, c. 19, s. 6].

SECTION V —
DES DROITS ET OBLIGATIONS DU SYNDICAT

SECTION V —
RIGHTS AND OBLIGATIONS OF THE SYNDICATE

1070. Le syndicat tient à la disposition des copropriétaires un registre contenant le nom et l'adresse de chaque copropriétaire

1070. The syndicate keeps a register at the disposal of the co-owners containing the name and address of each co-owner and

et de chaque locataire, les procès-verbaux des assemblées des copropriétaires et du conseil d'administration, ainsi que les états financiers.

Il tient aussi à leur disposition la déclaration de copropriété, les copies de contrats auxquels il est partie, une copie du plan cadastral, les plans et devis de l'immeuble bâti, le cas échéant†, et tous autres documents relatifs à l'immeuble et au syndicat.

[1991, c. 64, a. 1070].

❚ C.C.Q., 342, 1039; D.T., 52.

1071. Le syndicat constitue, en fonction du coût estimatif des réparations majeures et du coût de remplacement des parties communes, un fonds de prévoyance, liquide et disponible à court terme, affecté uniquement à ces réparations et remplacements. Ce fonds est la propriété du syndicat.

[1991, c. 64, a. 1071].

❚ C.C.Q., 1064, 1078.

1072. Annuellement, le conseil d'administration fixe, après consultation de l'assemblée des copropriétaires, la contribution de ceux-ci aux charges communes, après avoir déterminé les sommes nécessaires pour faire face aux charges découlant de la copropriété et de l'exploitation de l'immeuble et les sommes à verser au fonds de prévoyance.

La contribution des copropriétaires au fonds de prévoyance est d'au moins 5% de leur contribution aux charges communes. Il peut être tenu compte, pour l'établir, des droits respectifs des copropriétaires sur les parties communes à usage restreint.

Le syndicat avise, sans délai, chaque copropriétaire du montant de ses contributions et de la date où elles sont exigibles.

[1991, c. 64, a. 1072].

❚ C.C.Q., 1064, 1071.

1073. Le syndicat a un intérêt assurable dans tout l'immeuble, y compris les parties privatives. Il doit souscrire des assurances contre les risques usuels, tels le vol et l'in-

each lessee, the minutes of the meetings of the co-owners and of the board of directors and the financial statements.

It also keeps at their disposal the declaration of co-ownership, the copies of the contracts to which it is a party, a copy of the cadastral plan, the plans and specifications of the immovable built† and all other documents relating to the immovable and the syndicate.

[1991, c. 64, a. 1070].

1071. The syndicate establishes, according to the estimated cost of major repairs and the cost of replacement of common portions, a contingency fund to provide cash funds on a short-term basis allocated exclusively to such repairs and replacement. The syndicate is the owner of the fund.

[1991, c. 64, a. 1071].

1072. Each year, the board of directors, after consultation with the general meeting of the co-owners, fixes their contribution for common expenses, after determining the sums required to meet the expenses arising from the co-ownership and the operation of the immovable, and the amounts to be paid into the contingency fund.

The contribution of the co-owners to the contingency fund is at least 5% of their contribution for common expenses. In fixing the contribution, the rights of any co-owner in the common portions for restricted use may be taken into account.

The syndicate, without delay, notifies each co-owner of the amount of his contribution and the date when it is payable.

[1991, c. 64, a. 1072].

1073. The syndicate has an insurable interest in the whole immovable, including the private portions. It shall take out insurance against ordinary risks, such as fire and

cendie, couvrant la totalité de l'immeuble, à l'exclusion des améliorations apportées par un copropriétaire à sa partie. Le montant de l'assurance souscrite correspond à la valeur à neuf de l'immeuble.

Il doit aussi souscrire une assurance couvrant sa responsabilité envers les tiers.

[1991, c. 64, a. 1073].

▌ C.C.Q., 1039, 1075, 1331, 2481.

1074. La violation d'une des conditions du contrat d'assurance par un copropriétaire n'est pas opposable au syndicat.

[1991, c. 64, a. 1074].

▌ C.C.Q., 1073.

1075. L'indemnité due au syndicat à la suite d'une perte importante est, malgré l'article 2494, versée au fiduciaire nommé dans l'acte constitutif de copropriété ou, à défaut, désigné par le syndicat.

Elle doit être utilisée pour la réparation ou la reconstruction de l'immeuble, sauf si le syndicat décide de mettre fin à la copropriété; en ce cas, le fiduciaire, après avoir déterminé la part de l'indemnité de chacun des copropriétaires en fonction de la valeur relative de sa fraction, paie, sur cette part, les créanciers prioritaires et hypothécaires suivant les règles de l'article 2497. Il remet, pour chacun des copropriétaires, le solde de l'indemnité au liquidateur du syndicat avec son rapport.

[1991, c. 64, a. 1075].

▌ C.C.Q., 1073, 2494.

1076. Le syndicat peut, s'il y est autorisé, acquérir ou aliéner des fractions, des parties communes ou d'autres droits réels.

L'acquisition qu'il fait d'une fraction n'enlève pas son caractère à la partie privative. Cependant, en assemblée générale, il ne dispose d'aucune voix pour ces parties et le total des voix qui peuvent être exprimées est réduit d'autant.

[1991, c. 64, a. 1076].

▌ C.C.Q., 1090.

theft, on the whole of the immovable, except improvements made by a co-owner to his part. The amount insured is equal to the replacement cost of the immovable.

The syndicate shall also take out third person liability insurance.

[1991, c. 64, a. 1073].

1074. Non-observance of a condition of the insurance contract by a co-owner may not be set up against the syndicate.

[1991, c. 64, a. 1074].

1075. The indemnity owing to the syndicate following a substantial loss is, notwithstanding article 2494, paid to the trustee appointed in the constituting act of co-ownership or, where none has been appointed, designated by the syndicate.

The indemnity shall be used to repair or rebuild the immovable, unless the syndicate decides to terminate the co-ownership, in which case the trustee, after determining the share of the indemnity of each of the co-owners according to the relative value of his fraction, pays the preferred and hypothecary creditors out of that share according to the rules in article 2497. For each of the co-owners, he remits the balance of the indemnity to the liquidator of the syndicate with his report.

[1991, c. 64, a. 1075].

1076. The syndicate may, if authorized to do so, acquire or alienate fractions, common portions or other real rights.

A private portion does not cease to be private by the fact that the fraction is acquired by the syndicate, but the syndicate has no vote for that portion at the general meeting and the total number of votes that may be given* is reduced accordingly.

[1991, c. 64, a. 1076].

1077. Le syndicat est responsable des dommages causés aux copropriétaires ou aux tiers par le vice de conception ou de construction ou le défaut d'entretien des parties communes, sans préjudice de toute action récursoire.

[1991, c. 64, a. 1077].

■ C.C.Q., 1073, 1081.

1077. The syndicate is liable for damage caused to the co-owners or third persons by faulty design, construction defects or lack of maintenance of the common portions, without prejudice to any counterclaim.

[1991, c. 64, a. 1077; 2002, c. 19, s. 15].

1078. Le jugement qui condamne le syndicat à payer une somme d'argent est exécutoire contre lui et contre chacune des personnes qui étaient copropriétaires au moment où la cause d'action a pris naissance, proportionnellement à la valeur relative de sa fraction.

Ce jugement ne peut être exécuté sur le fonds de prévoyance, sauf pour une dette née de la réparation de l'immeuble ou du remplacement des parties communes.

[1991, c. 64, a. 1078].

■ C.C.Q., 525-531.

1078. A judgment condemning the syndicate to pay a sum of money is executory against the syndicate and against each of the persons who were co-owners at the time the cause of action arose, proportionately to the relative value of his fraction.

The judgment may not be executed against the contingency fund, except for a debt arising from the repair of the immovable or the replacement of common portions.

[1991, c. 64, a. 1078].

1079. Le syndicat peut, après avoir avisé le locateur et le locataire, demander la résiliation du bail d'une partie privative lorsque l'inexécution d'une obligation par le locataire cause un préjudice sérieux à un copropriétaire ou à un autre occupant de l'immeuble.

[1991, c. 64, a. 1079].

■ C.C.Q., 1057, 1063, 1065, 1066, 1875.

1079. The syndicate may demand the resiliation of the lease of a private portion, after notifying the lessor and the lessee, where the non-performance of an obligation by the lessee causes serious prejudice to a co-owner or to another occupant of the immovable.

[1991, c. 64, a. 1079

1080. Lorsque le refus du copropriétaire de se conformer à la déclaration de copropriété cause un préjudice sérieux et irréparable au syndicat ou à l'un des copropriétaires, l'un ou l'autre peut demander au tribunal de lui enjoindre de s'y conformer.

Si le copropriétaire transgresse l'injonction ou refuse d'y obéir, le tribunal peut, outre les autres peines qu'il peut imposer, ordonner la vente de la fraction conformément aux dispositions du *Code de procédure civile* (chapitre C-25) relatives à la vente du bien d'autrui.

[1991, c. 64, a. 1080].

■ C.C.Q., 1056, 1063, 1079; C.P.C., 751.

1080. Where the refusal of a co-owner to comply with the declaration of co-ownership causes serious and irreparable prejudice to the syndicate or to one of the co-owners, either of them may apply to the court for an injunction ordering the co-owner to comply with the declaration.

If the co-owner violates the injunction or refuses to obey it, the court may, in addition to the other penalties it may impose, order the sale of the co-owner's fraction, in accordance with the provisions of the *Code of Civil Procedure* (chapter C-25) regarding the sale of the property of others.

[1991, c. 64, a. 1080].

1081. Le syndicat peut intenter toute action fondée sur un vice caché, un vice de conception ou de construction de l'immeuble ou un vice du sol. Dans le cas où les vices concernent les parties privatives, le syndicat ne peut agir sans avoir obtenu l'autorisation des copropriétaires de ces parties.

Le défaut de diligence que peut opposer le défendeur à l'action fondée sur un vice caché s'apprécie, à l'égard du syndicat ou d'un copropriétaire, à compter du jour de l'élection d'un nouveau conseil d'administration, après la perte de contrôle du promoteur sur le syndicat.

[1991, c. 64, a. 1081].

❚ C.C.Q., 1077, 1726, 2118; D.T., 57.

1081. The syndicate may institute any action on the grounds of latent defects, faulty design or construction defects of the immovable or defects in the ground. In a case where the faults or defects affect the private portions, the syndicate may not proceed until it has obtained the authorization of the co-owners of those portions.

Where the defendant sets up the failure to act with diligence against an action based on a latent defect, such diligence is appraised in respect of the syndicate or of a co-owner from the day of the election of a new board of directors, after the promoter loses control of the syndicate.

[1991, c. 64, a. 1081; 2002, c. 19, s. 15].

1082. Le syndicat a le droit, dans les six mois à compter de la notification qui lui est faite par le propriétaire de l'immeuble faisant l'objet d'une emphytéose ou d'une propriété superficiaire de son intention de céder à titre onéreux ses droits dans l'immeuble, de les acquérir, dans ce seul délai, par préférence à tout autre acquéreur éventuel. Si la cession projetée ne lui est pas notifiée, le syndicat peut, dans les six mois à compter du moment où il apprend qu'un tiers a acquis les droits du propriétaire, acquérir les droits de ce tiers en lui remboursant le prix de la cession et les frais qu'il a acquittés.

[1991, c. 64, a. 1082].

❚ C.C.Q., 1022, 1040, 1641.

1082. The syndicate, within six months of being notified by the owner of an immovable under emphyteusis or superficies that he intends to transfer by onerous title his rights in the immovable, may acquire such rights in preference to any other potential acquirer during that period. If it is not notified of the planned transfer, it may, within six months from the time it learns that a third person has acquired the owner's rights, acquire such rights from that person by reimbursing him for the price of transfer and the costs he has paid.

[1991, c. 64, a. 1082].

1083. Le syndicat peut adhérer à une association de syndicats de copropriétés constituée pour la création, l'administration et l'entretien de services communs à plusieurs immeubles détenus en copropriété ou pour la poursuite d'intérêts communs.

[1991, c. 64, a. 1083].

❚ C.C.Q., 1039.

1083. The syndicate may join an association of co-ownership syndicates formed for the creation, administration and upkeep of common services for several immovables held in co-ownership, or for the pursuit of common interests.

[1991, c. 64, a. 1083].

SECTION VI —
DU CONSEIL D'ADMINISTRATION DU
SYNDICAT

SECTION VI —
BOARD OF DIRECTORS OF THE
SYNDICATE

1084. La composition du conseil d'administration du syndicat, le mode de nomina-

1084. The composition of the board of directors of the syndicate, the mode of ap-

disposer, outre les voix attachées à la fraction qui lui sert de résidence, de plus de 60% de l'ensemble des voix des copropriétaires à l'expiration de la deuxième et de la troisième année de la date d'inscription de la déclaration de copropriété.

Ce nombre est réduit à 25% par la suite.

[1991, c. 64, a. 1092].

▌C.C.Q., 1091, 1093, 1099.

1093. Est considéré comme promoteur celui qui, au moment de l'inscription de la déclaration de copropriété, est propriétaire d'au moins la moitié de l'ensemble des fractions ou ses ayants cause, sauf celui qui acquiert de bonne foi et dans l'intention de l'habiter une fraction pour un prix égal à sa valeur marchande.

[1991, c. 64, a. 1093].

▌C.C.Q., 1092, 1785.

1094. Le copropriétaire qui, depuis plus de trois mois, n'a pas acquitté sa quote-part des charges communes ou sa contribution au fonds de prévoyance, est privé de son droit de vote.

[1991, c. 64, a. 1094].

▌C.C.Q., 1064, 1086, 2724.

1095. La cession des droits de vote d'un copropriétaire doit être dénoncée au syndicat pour lui être opposable.

[1991, c. 64, a. 1095].

▌C.C.Q., 1090-1092.

1096. Les décisions du syndicat sont prises à la majorité des voix des copropriétaires présents ou représentés à l'assemblée, y compris celles visant à corriger une erreur matérielle dans la déclaration de copropriété.

[1991, c. 64, a. 1096].

▌C.C.Q., 351, 1026, 1097.

1097. Sont prises à la majorité des copropriétaires, représentant les trois quarts des voix de tous les copropriétaires, les décisions qui concernent:

tled, in addition to the voting rights attached to the fraction serving as his residence, to over 60% of all the votes of the co-owners at the end of the second and third years after the date of registration of the declaration of co-ownership.

The limit is subsequently reduced to 25%.

[1991, c. 64, a. 1092].

1093. Any person who, at the time of registration of a declaration of co-ownership, owns at least one-half of all the fractions, or his successors, other than a person who in good faith acquires a fraction for a price equal to its market value with the intention of inhabiting it, is considered to be a promoter.

[1991, c. 64, a. 1093].

1094. Any co-owner who has not paid his share of the common expenses or his contribution to the contingency fund for more than three months is deprived of his voting rights.

[1991, c. 64, a. 1094].

1095. No assignment of the voting rights of a co-owner which has not been declared to the syndicate may be set up against it.

[1991, c. 64, a. 1095].

1096. Decisions of the syndicate, including a decision to correct a clerical error in the declaration of co-ownership, are taken by a majority of the co-owners present or represented at the meeting.

[1991, c. 64, a. 1096].

1097. Decisions respecting the following matters require a majority vote of the co-owners representing three-quarters of the voting rights of all the co-owners:

1° Les actes d'acquisition ou d'aliénation immobilière par le syndicat;

(1) acts of acquisition or alienation of immovables by the syndicate;

2° Les travaux de transformation†, d'agrandissement ou d'amélioration des parties communes, ainsi que la répartition du coût de ces travaux;

(2) work for the alteration†, enlargement or improvement of the common portions, and the apportionment of its cost;

3° La construction de bâtiments pour créer de nouvelles fractions;

(3) the construction of buildings for the creation of new fractions;

4° La modification de l'acte constitutif de copropriété ou de l'état descriptif des fractions.

[1991, c. 64, a. 1097].

(4) the amendment of the constituting act of co-ownership or of the description of the fractions.

[1991, c. 64, a. 1097].

❚ C.C.Q., 1096.

1098. Sont prises à la majorité des trois quarts des copropriétaires, représentant 90% des voix de tous les copropriétaires, les décisions:

1098. Decisions on the following matters require a majority vote of three-quarters of the co-owners representing 90% of the voting rights of all the co-owners:

1° Qui changent la destination de l'immeuble;

(1) to change the destination of the immovable;

2° Qui autorisent l'aliénation des parties communes dont la conservation est nécessaire au maintien de la destination de l'immeuble;

(2) to authorize the alienation of common portions the retention of which is necessary to the destination of the immovable;

3° Qui modifient la déclaration de copropriété pour permettre la détention d'une fraction par plusieurs personnes ayant un droit de jouissance périodique et successif.

[1991, c. 64, a. 1098].

(3) to amend the declaration of co-ownership in order to permit the holding of a fraction by several persons having a right of periodical and successive enjoyment.

[1991, c. 64, a. 1098].

❚ C.C.Q., 1031.

1099. Lorsque le nombre de voix dont dispose un copropriétaire ou un promoteur est réduit, en application de la présente section, le total des voix des copropriétaires est réduit d'autant pour le vote des décisions exigeant la majorité en nombre et en voix.

[1991, c. 64, a. 1099].

1099. Where the number of votes available to a co-owner or a promoter is reduced by the effect of this section, the total number of votes that may be cast by all the co-owners to decide a question requiring a majority in number and votes is reduced by the same number.

[1991, c. 64, a. 1099].

❚ C.C.Q., 1091, 1092.

1100. Les copropriétaires de parties privatives contiguës peuvent modifier les limites de leur partie privative sans l'accord de l'assemblée, à la condition d'obtenir le consentement de leur créancier hypothécaire et du syndicat. La modification ne peut augmenter ou diminuer la valeur rela-

1100. The co-owners of contiguous private portions may alter the boundaries between their private portions without obtaining the approval of the general meeting provided they obtain the consent of their hypothecary creditors and of the syndicate. No alteration may increase or decrease the rela-

tive de l'ensemble des parties privatives modifiées ou l'ensemble des droits de vote qui y sont attachés.

Le syndicat modifie la déclaration de copropriété et le plan cadastral aux frais de ces copropriétaires; l'acte de modification doit être accompagné des consentements des créanciers, des copropriétaires et du syndicat.

[1991, c. 64, a. 1100].

❚ C.C.Q., 1097.

1101. Est réputée non écrite toute stipulation de la déclaration de copropriété qui modifie le nombre de voix requis pour prendre une décision prévue par le présent chapitre.

[1991, c. 64, a. 1101].

❚ D.T., 53.

1102. Est sans effet toute décision du syndicat qui, à l'encontre de la déclaration de copropriété, impose au copropriétaire une modification à la valeur relative de sa fraction, à la destination de sa partie privative ou à l'usage qu'il peut en faire.

[1991, c. 64, a. 1102].

❚ C.C.Q., 1068.

1103. Tout copropriétaire peut demander au tribunal d'annuler une décision de l'assemblée si elle est partiale, si elle a été prise dans l'intention de nuire aux copropriétaires ou au mépris de leurs droits, ou encore si une erreur s'est produite dans le calcul des voix.

L'action doit, sous peine de déchéance, être intentée dans les soixante jours de l'assemblée.

Le tribunal peut, si l'action est futile ou vexatoire, condamner le demandeur à des dommages-intérêts.

[1991, c. 64, a. 1103].

❚ C.C.Q., 1607-1610.

tive value of the group of private portions altered or the total of the voting rights attached to them.

The syndicate amends the declaration of co-ownership and the cadastral plan at the expense of the co-owners contemplated in the first paragraph; the act of amendment shall be accompanied with the consent of the creditors, the co-owners and the syndicate.

[1991, c. 64, a. 1100].

1101. Any stipulation of the declaration of co-ownership which changes the number of votes required in this chapter for taking any decision is deemed unwritten.

1991, c. 64, a. 1101; 1992, c. 57, s. 716].

1102. Any decision of the syndicate which, contrary to the declaration of co-ownership, imposes on a co-owner a change in the relative value of his fraction, a change of destination of his private portion or a change in the use he may make of it is without effect.

[1991, c. 64, a. 1102; 2002, c. 19, s. 15].

1103. Any co-owner may apply to the court to annul a decision of the general meeting if the decision is biased, if it was taken with intent to injure the co-owners or in contempt of their rights, or if an error was made in counting the votes.

The action is forfeited unless instituted within sixty days after the meeting.

If the action is futile or vexatious, the court may condemn the plaintiff to pay damages.

[1991, c. 64, a. 1103].

SECTION VIII —
DE LA PERTE DE CONTRÔLE DU
PROMOTEUR SUR LE SYNDICAT

SECTION VIII —
LOSS OF CONTROL OF THE SYNDICATE
BY THE PROMOTER

1104. Dans les quatre-vingt-dix jours à compter de celui où le promoteur d'une copropriété ne détient plus la majorité des voix à l'assemblée des copropriétaires, le conseil d'administration doit convoquer une assemblée extraordinaire des copropriétaires pour l'élection d'un nouveau conseil d'administration.

Si l'assemblée n'est pas convoquée dans les quatre-vingt-dix jours, tout copropriétaire peut le faire.

[1991, c. 64, a. 1104].

▌ C.C.Q., 1092; D.T., 58.

1104. Within ninety days from the day on which the promoter of a co-ownership ceases to hold a majority of voting rights in the general meeting of the co-owners, the board of directors shall call a special meeting of the co-owners to elect a new board of directors.

If the meeting is not called within ninety days, any co-owner may call it.

[1991, c. 64, a. 1104].

1105. Le conseil d'administration, lors de cette assemblée, rend compte de son administration.

Il produit des états financiers, lesquels doivent être accompagnés de commentaires d'un comptable sur la situation financière du syndicat. Le comptable doit, dans son rapport aux copropriétaires, indiquer toute irrégularité qu'il constate.

Les états financiers doivent être vérifiés sur demande des copropriétaires représentant 40% des voix de tous les copropriétaires. Cette demande peut être faite en tout temps, même avant l'assemblée.

[1991, c. 64, a. 1105].

▌ C.C.Q., 1104, 1351-1354.

1105. The board of directors renders account of its administration at the special meeting.

It produces the financial statements, which shall be accompanied with the comments of an accountant on the financial situation of the syndicate. The accountant shall, in his report to the co-owners, indicate any irregularity that has come to his attention.

The financial statements shall be audited on the application of co-owners representing 40% of the voting rights of all the co-owners. The application may be made at any time, even before the meeting.

[1991, c. 64, a. 1105].

1106. Le comptable a accès, à tout moment, aux livres, comptes et pièces justificatives qui concernent la copropriété.

Il peut exiger du promoteur ou d'un administrateur les informations et explications qu'il estime† nécessaires à l'accomplissement de ses fonctions.

[1991, c. 64, a. 1106].

▌ C.C.Q., 1105.

1106. The accountant has a right of access at all times to the books, accounts and vouchers concerning the co-ownership.

He may require the promoter or an administrator to give him any information or explanation necessary† for the performance of his duties.

[1991, c. 64, a. 1106].

1107. Le nouveau conseil d'administration peut, dans les soixante jours de l'élection, mettre fin sans pénalité au contrat conclu par le syndicat pour l'entretien de l'im-

1107. The new board of directors may, within sixty days of the election, terminate, without penalty, a contract for the maintenance of the immovable or for other

meuble ou pour d'autres services, antérieurement à cette élection, lorsque la durée du contrat excède un an.

[1991, c. 64, a. 1107].

▌ C.C.Q., 1104; D.T., 58.

services entered into before the election by the syndicate, where the term of the contract exceeds one year.

[1991, c. 64, a. 1107].

SECTION IX —
DE LA FIN DE LA COPROPRIÉTÉ

SECTION IX —
TERMINATION OF CO-OWNERSHIP

1108. Il peut être mis fin à la copropriété par décision des trois quarts des copropriétaires représentant 90% des voix de tous les copropriétaires.

La décision de mettre fin à la copropriété doit être consignée dans un écrit que signent le syndicat et les personnes détenant des hypothèques sur tout ou partie de l'immeuble. Cette décision est inscrite au registre foncier, sous les numéros d'immatriculation des parties communes et des parties privatives.

[1991, c. 64, a. 1108].

▌ C.C.Q., 356, 358, 1301, 1098.

1108. Co-ownership of an immovable may be terminated by a decision of a majority of three-quarters of the co-owners representing 90% of the voting rights of all the co-owners.

The decision to terminate the co-ownership shall be recorded in writing and signed by the syndicate and the persons holding hypothecs on the immovable or part thereof. This decision is entered in the land register under the registration numbers of the common portions and private portions.

[1991, c. 64, a. 1108].

1109. Le syndicat est liquidé suivant les règles du livre premier applicables aux personnes morales.

À cette fin, le liquidateur est saisi, en plus des biens du syndicat, de l'immeuble et de tous les droits et obligations des copropriétaires dans l'immeuble.

[1991, c. 64, a. 1109].

▌ C.C.Q., 355-364.

1109. The syndicate is liquidated according to the rules of Book One on the liquidation of legal persons.

For that purpose, the liquidator is seised of the immovable and of all the rights and obligations of the co-owners in the immovable, in addition to the property of the syndicate.

[1991, c. 64, a. 1109].

Chapitre IV —
De la propriété superficiaire

Chapter IV —
Superficies

SECTION I —
DE L'ÉTABLISSEMENT DE LA PROPRIÉTÉ SUPERFICIAIRE

SECTION I —
ESTABLISHMENT OF SUPERFICIES

1110. La propriété superficiaire résulte de la division de l'objet du droit de propriété portant sur un immeuble, de la cession du droit d'accession ou de la renonciation au bénéfice de l'accession.

[1991, c. 64, a. 1110].

1110. Superficies results from division of the object of the right of ownership of an immovable, transfer of the right of accession or renunciation of the benefit of accession.

[1991, c. 64, a. 1110].

▌C.C.Q., 1009, 1011; D.T., 59.

1111. Le droit du propriétaire superficiaire à l'usage du tréfonds est réglé par la convention. À défaut, le tréfonds est grevé des servitudes nécessaires à l'exercice de ce droit; elles s'éteignent lorsqu'il prend fin.

[1991, c. 64, a. 1111].

▌C.C.Q., 1110.

1111. The right of the superficiary to use the subsoil is governed by an agreement. Failing agreement, the subsoil is charged with the servitudes necessary for the exercise of the right. These servitudes are extinguished upon termination of the right.

[1991, c. 64, a. 1111].

1112. Le superficiaire et le tréfoncier supportent les charges grevant ce qui fait l'objet de leurs droits de propriété respectifs.

[1991, c. 64, a. 1112].

▌C.C.Q., 1110.

1112. The superficiary and the owner of the subsoil each bear the charges encumbering what constitutes the object of their respective rights of ownership.

[1991, c. 64, a. 1112].

1113. La propriété superficiaire peut être perpétuelle, mais un terme peut être fixé par la convention qui établit la modalité superficiaire.

[1991, c. 64, a. 1113].

▌C.C.Q., 1110.

1113. Superficies may be perpetual, but a term may be fixed by the agreement establishing its conditions.

[1991, c. 64, a. 1113].

SECTION II —
DE LA FIN DE LA PROPRIÉTÉ
SUPERFICIAIRE

SECTION II —
TERMINATION OF SUPERFICIES

1114. La propriété superficiaire prend fin:

1° Par la réunion des qualités de tréfoncier et de superficiaire dans une même personne, sous réserve toutefois des droits des tiers;

2° Par l'avènement d'une condition résolutoire;

3° Par l'arrivée du terme.

[1991, c. 64, a. 1114].

▌C.C.Q., 1162, 1191, 1208.

1114. Superficies is terminated

(1) by the union of the qualities of subsoil owner and superficiary in the same person, subject to the rights of third persons;

(2) by the fulfilment of a resolutive condition;

(3) by the expiry of the term.

[1991, c. 64, a. 1114].

1115. La perte totale des constructions, ouvrages ou plantations ne met fin à la propriété superficiaire que si celle-ci résulte de la division de l'objet du droit de propriété.

L'expropriation des constructions, ou-

1115. The total loss of the constructions, works or plantations terminates superficies only if superficies is a result of the division of the object of the right of ownership.

Expropriation of the constructions, works

vrages ou plantations ou celle du tréfonds ne met pas fin à la propriété superficiaire.

[1991, c. 64, a. 1115].

❙ C.C.Q., 1163, 1164.

1116. À l'expiration de la propriété superficiaire, le tréfoncier acquiert par accession la propriété des constructions, ouvrages ou plantations en en payant la valeur au superficiaire.

Cependant, si la valeur est égale ou supérieure à celle du tréfonds, le superficiaire a le droit d'acquérir la propriété du tréfonds en en payant la valeur au tréfoncier, à moins qu'il ne préfère, à ses frais, enlever les constructions, ouvrages et plantations qu'il a faits et remettre le tréfonds dans son état antérieur.

[1991, c. 64, a. 1116].

❙ C.C.Q., 948, 1114, 1115.

1117. À défaut par le superficiaire d'exercer son droit d'acquérir la propriété du tréfonds, dans les quatre-vingt-dix jours suivant la fin de la propriété superficiaire, le tréfoncier conserve la propriété des constructions, ouvrages et plantations.

[1991, c. 64, a. 1117].

❙ C.C.Q., 1116.

1118. Le tréfoncier et le superficiaire qui ne s'entendent pas sur le prix et les autres conditions d'acquisition du tréfonds ou des constructions, ouvrages ou plantations, peuvent demander au tribunal de fixer le prix et les conditions d'acquisition. Le jugement vaut titre et en a tous les effets.

Ils peuvent aussi, en cas de désaccord sur les conditions d'enlèvement de ces constructions, ouvrages ou plantations, demander au tribunal de les déterminer.

[1991, c. 64, a. 1118].

❙ C.C.Q., 1116.

or plantations or expropriation of the subsoil does not terminate superficies.

[1991, c. 64, a. 1115].

1116. At the termination of superficies, the subsoil owner acquires by accession ownership of the constructions, works or plantations by paying their value to the superficiary.

If, however, the constructions, works or plantations are equal in value to the subsoil or of greater value, the superficiary has a right to acquire ownership of the subsoil by paying its value to the subsoil owner, unless he prefers to remove, at his own expense, the constructions, works and plantations he has made and return the subsoil to its former condition.

[1991, c. 64, a. 1116].

1117. Where the superficiary fails to exercise his right to acquire ownership of the subsoil within ninety days from the end of the superficies, the owner of the subsoil retains ownership of the constructions, works and plantations.

[1991, c. 64, a. 1117].

1118. A subsoil owner and a superficiary who do not agree on the price and other terms and conditions of acquisition of the subsoil or of the constructions, works or plantations may apply to the court to fix the price and the terms and conditions of acquisition. The judgment is equivalent to a valid title and has all the effects thereof.

They may also, if they fail to agree on the terms and conditions of removal of the constructions, works or plantations, apply to the court to fix them.

[1991, c. 64, a. 1118].

TITRE 4 ━━
DES DÉMEMBREMENTS DU DROIT DE
PROPRIÉTÉ

TITLE 4 ━━
DISMEMBERMENTS OF THE RIGHT OF
OWNERSHIP

Disposition générale

General provision

1119. L'usufruit, l'usage, la servitude et l'emphytéose sont des démembrements du droit de propriété et constituent des droits réels.

[1991, c. 64, a. 1119].

∎ C.C.Q., 1120, 1172, 1177.

1119. Usufruct, use, servitude and emphyteusis are dismemberments of the right of ownership and are real rights.

[1991, c. 64, a. 1119].

Chapitre I ━━
De l'usufruit

Chapter I ━━
Usufruct

SECTION I ━━
DE LA NATURE DE L'USUFRUIT

SECTION I ━━
NATURE OF USUFRUCT

1120. L'usufruit est le droit d'user et de jouir, pendant un certain temps, d'un bien dont un autre a la propriété, comme le propriétaire lui-même, mais à charge d'en conserver la substance.

[1991, c. 64, a. 1120].

∎ C.C.Q., 911, 947, 1124; D.T., 34.

1120. Usufruct is the right of use and enjoyment, for a certain time, of property owned by another as one's own, subject to the obligation of preserving its substance.

[1991, c. 64, a. 1120].

1121. L'usufruit s'établit par contrat, par testament ou par la loi; il peut aussi être établi par jugement dans les cas prévus par la loi.

[1991, c. 64, a. 1121].

∎ C.C.Q., 429, 1120.

1121. Usufruct is established by contract, by will or by law; it may also be established by judgment in the cases prescribed by law.

[1991, c. 64, a. 1121].

1122. L'usufruit peut être établi pour un seul ou plusieurs usufruitiers, conjointement ou successivement.

Les usufruitiers doivent exister lors de l'ouverture de l'usufruit en leur faveur.

[1991, c. 64, a. 1122].

∎ C.C.Q., 1120.

1122. Usufruct may be established for the benefit of one or several usufructuaries jointly or successively.

Only a person who exists when the usufruct in his favour opens may be a usufructuary.

[1991, c. 64, a. 1122].

1123. La durée de l'usufruit ne peut excéder cent ans, même si l'acte qui l'accorde prévoit une durée plus longue ou constitue un usufruit successif.

1123. No usufruct may last longer than one hundred years even if the act granting it provides a longer term or creates a successive usufruct.

à l'occasion du rachat d'une valeur mobilière, sont versés à l'usufruitier, qui en doit compte au nu-propriétaire à la fin de l'usufruit.

[1991, c. 64, a. 1131].

redemption of securities, are paid to the usufructuary, who is accountable for them to the bare owner at the end of the usufruct.

[1991, c. 64, a. 1131].

Note 1 : Les termes gains/*income* paraissent difficilement conciliables, le terme « *income* » évoquant plutôt la notion de revenu: voir art. 909. / The terms income/*gains* are difficult to reconcile. The term income evokes more readily the notion of revenue: see art. 909.

▌ C.C.Q., 1126.

1132. Si la créance sur laquelle porte l'usufruit vient à échéance au cours de l'usufruit, le prix en est payé à l'usufruitier, qui en donne quittance.

L'usufruitier en doit compte au nu-propriétaire à la fin de l'usufruit.

[1991, c. 64, a. 1132].

▌ C.C.Q., 1226, 1302.

1132. If a debt subject to a usufruct becomes payable during the usufruct, the price is paid to the usufructuary, who gives an acquittance for it.

The usufructuary is accountable for the debt to the bare owner at the end of the usufruct.

[1991, c. 64, a. 1132].

1133. Le droit d'augmenter le capital sujet à l'usufruit, comme celui de souscription à des valeurs mobilières, appartient au nu-propriétaire, mais le droit de l'usufruitier s'étend à cette augmentation.

Si le nu-propriétaire choisit d'aliéner son droit, le produit de l'aliénation est remis à l'usufruitier qui en est comptable à la fin de l'usufruit.

[1991, c. 64, a. 1133].

▌ C.C.Q., 1131.

1133. The right to increase the capital subject to the usufruct, such as the right to subscribe for securities, belongs to the bare owner, but the right of the usufructuary extends to the increase.

Where the bare owner elects to alienate his right, the proceeds of the alienation are remitted to the usufructuary, who is accountable for it at the end of the usufruct.

[1991, c. 64, a. 1133].

1134. Le droit de vote attaché à une action ou à une autre valeur mobilière, à une part indivise, à une fraction de copropriété ou à tout autre bien appartient à l'usufruitier.

Toutefois, appartient au nu-propriétaire le vote qui a pour effet de modifier la substance du bien principal, comme le capital social ou le bien détenu en copropriété, ou de changer la destination de ce bien ou de mettre fin à la personne morale, à l'entreprise ou au groupement concerné.

La répartition de l'exercice des droits de vote n'est pas opposable aux tiers; elle ne se discute qu'entre l'usufruitier et le nu-propriétaire.

[1991, c. 64, a. 1134].

1134. Voting rights attached to shares or to other securities, to an undivided share, to a fraction of a property held in co-ownership or to any other property belong to the usufructuary.

However, any vote having the effect of altering the substance of the principal property, such as the capital stock or property held in co-ownership, or of changing the destination of the property or terminating the legal person, enterprise or group concerned belongs to the bare owner.

The distribution of the exercise of the voting rights may not be set up against third persons; it is discussed only between the usufructuary and the bare owner.

[1991, c. 64, a. 1134].

❚ C.C.Q., 1124.

1135. L'usufruitier peut céder son droit ou louer un bien compris dans l'usufruit.

[1991, c. 64, a. 1135].

1135. The usufructuary may transfer his right or lease a* property included in the usufruct.

[1991, c. 64, a. 1135].

❚ C.C.Q., 1173, 1229.

1136. Le créancier de l'usufruitier peut faire saisir et vendre les droits de celui-ci, sous réserve des droits du nu-propriétaire.

Le créancier du nu-propriétaire peut également faire saisir et vendre les droits de celui-ci, sous réserve des droits de l'usufruitier.

[1991, c. 64, a. 1136].

1136. A creditor of the usufructuary may cause the rights of the usufructuary to be seized and sold, subject to the rights of the bare owner.

A creditor of the bare owner may also cause the rights of the bare owner to be seized and sold, subject to the rights of the usufructuary.

[1991, c. 64, a. 1136].

❚ C.C.Q., 1199.

§ 2. — Des impenses

§ 2. — Disbursements

1137. Les impenses nécessaires faites par l'usufruitier sont traitées, par rapport au nu-propriétaire, comme celles faites par un possesseur de bonne foi.

[1991, c. 64, a. 1137].

1137. Necessary disbursements made by the usufructuary are treated, in relation to the bare owner, as those made by a possessor in good faith.

[1991, c. 64, a. 1137].

❚ C.C.Q., 933, 957, 958, 1703; D.T., 49.

1138. Les impenses utiles faites par l'usufruitier sont, à la fin de l'usufruit, conservées par le nu-propriétaire sans indemnité, à moins que l'usufruitier ne choisisse de les enlever et de remettre le bien en l'état. Le nu-propriétaire ne peut cependant contraindre l'usufruitier à les enlever.

[1991, c. 64, a. 1138].

1138. The useful disbursements made by the usufructuary are preserved by the bare owner without indemnity at the end of the usufruct, unless the usufructuary elects to remove them and restore the property to its original state. However, the bare owner may not compel the usufructuary to remove them.

[1991, c. 64, a. 1138].

❚ C.C.Q., 957, 959; D.T., 49.

§ 3. — Des arbres et des minéraux

§ 3. — Trees and minerals

1139. L'usufruitier ne peut abattre les arbres qui croissent sur le fonds soumis à l'usufruit, sauf pour les réparations, l'entretien et l'exploitation du fonds. Il peut, cependant, disposer de ceux qui sont renversés ou qui meurent naturellement.

1139. In no case may the usufructuary fell trees growing on the land subject to the usufruct except for repairs, maintenance or exploitation of the land. He may, however, dispose of those which have fallen or died naturally.

Il remplace ceux qui sont détruits en suivant l'usage des lieux ou la coutume des propriétaires. Il remplace aussi les arbres des vergers et érablières, à moins qu'en grande partie ils n'aient été détruits.

[1991, c. 64, a. 1139].

∎ C.C.Q., 984-986; D.T., 60.

1140. L'usufruitier peut commencer une exploitation agricole ou sylvicole si le fonds soumis à l'usufruit s'y prête.

L'usufruitier qui commence une exploitation ou la continue doit veiller à ne pas épuiser le sol ni enrayer la reproduction de la forêt. S'il s'agit d'une exploitation sylvicole, il doit en outre, avant le début de son exploitation, faire approuver le plan d'exploitation par le nu-propriétaire. À défaut d'obtenir cette approbation, l'usufruitier peut faire approuver le plan par le tribunal.

[1991, c. 64, a. 1140].

∎ C.C.Q., 986, 1228; D.T., 60.

1141. L'usufruitier ne peut extraire les minéraux compris dans le fonds soumis à l'usufruit, sauf pour les réparations et l'entretien de ce fonds.

Si, toutefois, l'extraction de ces minéraux constituait, avant l'ouverture de l'usufruit, une source de revenus pour le propriétaire, l'usufruitier peut en continuer l'extraction de la même manière qu'elle a été commencée.

[1991, c. 64, a. 1141].

∎ C.C.Q., 1228; D.T., 60.

SECTION III —
DES OBLIGATIONS DE L'USUFRUITIER

§ 1. — De l'inventaire et des sûretés

1142. L'usufruitier fait l'inventaire des biens soumis à son droit, comme s'il était administrateur du bien d'autrui, à moins que celui qui a constitué l'usufruit n'ait lui-même fait l'inventaire ou n'ait dis-

The usufructuary replaces the trees that have been destroyed, in conformity with the usage of the place or the custom of the owners. He also replaces orchard and sugar bush trees, unless most of them have been destroyed.

[1991, c. 64, a. 1139].

1140. The usufructuary may begin agricultural or sylvicultural operations if the land subject to the usufruct is suitable therefor.

Where the usufructuary begins or continues operations, he shall do so in such a manner as not to exhaust the soil or prevent the regrowth of the forest. He shall also, in the case of sylvicultural operations, have his operating plan approved by the bare owner before his operations begin. If he fails to obtain such approval, he may have the plan approved by the court.

[1991, c. 64, a. 1140].

1141. No usufructuary may extract minerals from the land subject to the usufruct except for the repair and maintenance of the land.

However, where the extraction of minerals constituted a source of income for the owner before the opening of the usufruct, the usufructuary may continue the extraction in the same way as it was begun.

[1991, c. 64, a. 1141].

SECTION III —
OBLIGATIONS OF THE USUFRUCTUARY

§ 1. — Inventory and security

1142. The usufructuary, in the manner of an administrator of the property of others, makes an inventory of the property subject to his right unless the person constituting the usufruct has done so himself or has ex-

pensé l'usufruitier de le faire. La dispense ne peut être accordée si l'usufruit est successif.

L'usufruitier fait l'inventaire à ses frais et en fournit une copie au nu-propriétaire.

[1991, c. 64, a. 1142].

❚ C.C.Q., 240, 1122, 1201, 1224, 1324-1331.

1143. L'usufruitier ne peut contraindre celui qui constitue l'usufruit ou le nu-propriétaire à lui délivrer le bien, tant qu'il n'a pas fait un inventaire.

[1991, c. 64, a. 1143].

❚ C.C.Q., 1146.

1144. Sauf le cas du vendeur ou du donateur sous réserve d'usufruit, l'usufruitier doit, dans les soixante jours de l'ouverture de l'usufruit, souscrire une assurance ou fournir au nu-propriétaire une autre sûreté garantissant l'exécution de ses obligations. Il doit fournir une sûreté additionnelle si ses obligations viennent à augmenter pendant la durée de l'usufruit.

Il est dispensé de ces obligations s'il ne peut les exécuter ou si celui qui constitue l'usufruit le prévoit.

[1991, c. 64, a. 1144].

❚ C.C.Q., 236, 790, 1237, 1324.

1145. À défaut par l'usufruitier de fournir une sûreté dans le délai prévu, le nu-propriétaire peut obtenir la mise sous séquestre des biens.

Le séquestre place, comme un administrateur du bien d'autrui chargé de la simple administration, les sommes comprises dans l'usufruit et celles qui proviennent de la vente des biens susceptibles de dépérissement. Il place, de même, les sommes provenant du paiement des créances soumises à l'usufruit.

[1991, c. 64, a. 1145].

❚ C.C.Q., 1301-1305, 2305-2311; C.P.C., 742.

empted him from doing so. No exemption may be granted if the usufruct is successive.

The usufructuary makes the inventory at his own expense and furnishes a copy to the bare owner.

[1991, c. 64, a. 1142].

1143. In no case may the usufructuary compel the person constituting the usufruct or the bare owner to deliver the property to him until he has made an inventory.

[1991, c. 64, a. 1143].

1144. Except in the case of a vendor or donor who has reserved the usufruct, the usufructuary shall, within sixty days from the opening of the usufruct, take out insurance or furnish other security to the bare owner to guarantee performance of his obligations. The usufructuary shall furnish additional security if his obligations increase while the usufruct lasts.

The usufructuary is exempted from these obligations if he is unable to perform them or if the person constituting the usufruct so provides.

[1991, c. 64, a. 1144].

1145. If the usufructuary fails to furnish security within the allotted time, the bare owner may have the property sequestrated.

The sequestrator, in the manner of an administrator of the property of others charged with simple administration, invests the amounts included in the usufruct and the proceeds of the sale of perishable property. He similarly invests the amounts deriving from payment of the claims subject to the usufruct.

[1991, c. 64, a. 1145].

1146. Le retard injustifié de l'usufruitier à faire un inventaire des biens ou à fournir une sûreté le prive de son droit aux fruits et revenus, à compter de l'ouverture de l'usufruit jusqu'à l'exécution de son obligation.

[1991, c. 64, a. 1146].

❚ D.T., 61.

1146. Any unjustified delay by the usufructuary in making an inventory of the property or furnishing security deprives him of his right to the fruits and revenues from the opening of the usufruct until the performance of his obligations.

[1991, c. 64, a. 1146].

1147. L'usufruitier peut demander au tribunal que des meubles sous séquestre, nécessaires à son usage, lui soient laissés, à la seule charge de les rendre à la fin de l'usufruit.

[1991, c. 64, a. 1147].

❚ C.C.Q., 2305-2311.

1147. The usufructuary may apply to the court for leave to retain sequestrated movables necessary for his use under no other condition than that he undertake to produce them at the end of the usufruct.

[1991, c. 64, a. 1147].

§ 2. — Des assurances et des réparations

§ 2. — Insurance and repairs

1148. L'usufruitier est tenu d'assurer le bien contre les risques usuels, tels le vol et l'incendie, et de payer pendant la durée de l'usufruit les primes de cette assurance. Il est néanmoins dispensé de cette obligation si la prime d'assurance est trop élevée par rapport aux risques.

[1991, c. 64, a. 1148].

❚ C.C.Q., 1163, 1227, 1331; D.T., 62.

1148. The usufructuary is bound to insure the property against ordinary risks such as fire and theft and to pay the insurance premiums while the usufruct lasts. He is, however, exempt from that obligation where the insurance premium is too high in relation to the risks.

[1991, c. 64, a. 1148].

1149. En cas de perte, l'indemnité est versée à l'usufruitier qui en donne quittance à l'assureur.

L'usufruitier est tenu d'employer l'indemnité à la réparation du bien, sauf en cas de perte totale, où il peut jouir de l'indemnité.

[1991, c. 64, a. 1149].

❚ C.C.Q., 1148; D.T., 62.

1149. In the case of a loss, the indemnity is paid to the usufructuary, who gives an acquittance therefor to the insurer.

The usufructuary is bound to use the indemnity for the repair of the property, except in the case of total loss, where he may have enjoyment of the indemnity.

[1991, c. 64, a. 1149].

1150. L'usufruitier ou le nu-propriétaire peuvent contracter, pour leur compte, une assurance garantissant leur droit.

L'indemnité leur appartient respectivement.

[1991, c. 64, a. 1150].

❚ C.C.Q., 1148.

1150. The usufructuary or the bare owner may take out insurance on his own account to secure his rights.

The indemnity belongs to the usufructuary or the bare owner, as the case may be.

[1991, c. 64, a. 1150].

1151. L'entretien du bien est à la charge de l'usufruitier. Il n'est pas tenu de faire les réparations majeures, à moins† qu'elles ne résultent de son fait, notamment du défaut d'effectuer les réparations d'entretien depuis l'ouverture de l'usufruit.

[1991, c. 64, a. 1151].

❚ C.C.Q., 1124.

1151. Maintenance of the property is the responsibility of the usufructuary. He is not bound to make major repairs except where they are necessary† as the result of his act or omission, in particular his failure to carry out maintenance repairs since the opening of the usufruct.

[1991, c. 64, a. 1151].

1152. Les réparations majeures sont celles qui portent sur une partie importante du bien et nécessitent une dépense exceptionnelle, comme celles relatives aux poutres et aux murs portants, au remplacement des couvertures, aux murs de soutènement, aux systèmes de chauffage, d'électricité ou de plomberie ou aux systèmes électroniques et, à l'égard d'un meuble, aux pièces motrices ou à l'enveloppe du bien.

[1991, c. 64, a. 1152].

❚ C.C.Q., 1151.

1152. Major repairs are those which affect a substantial part of the property and require extraordinary outlays, such as repairs relating to beams and support walls, to the replacement of roofs, to prop-walls or to heating, electrical, plumbing or electronic systems, and, in respect of movables, to motive parts or the casing of the property.

[1991, c. 64, a. 1152].

1153. L'usufruitier doit aviser le nu-propriétaire de la nécessité de réparations majeures.

Le nu-propriétaire n'est pas tenu de les faire. S'il y procède, l'usufruitier supporte les inconvénients qui en résultent. Dans le cas contraire, l'usufruitier peut y procéder et s'en faire rembourser le coût à la fin de l'usufruit.

[1991, c. 64, a. 1153].

❚ D.T., 63.

1153. The usufructuary shall notify the bare owner that major repairs are necessary.

The bare owner is under no obligation to make the major repairs. If he makes them, the usufructuary suffers the resulting inconvenience. If he does not make them, the usufructuary may make them and be reimbursed for the cost at the end of the usufruct.

[1991, c. 64, a. 1153].

§ 3. — Des autres charges

§ 3. — Other charges

1154. L'usufruitier est tenu, en proportion de la durée de l'usufruit, des charges ordinaires grevant le bien soumis à son droit et des autres charges normalement payées avec les revenus.

Il est pareillement tenu des charges extraordinaires, lorsqu'elles sont payables par versements périodiques échelonnés sur plusieurs années.

[1991, c. 64, a. 1154].

❚ C.C.Q., 1112.

1154. The usufructuary is liable, in proportion to the duration of the usufruct, for ordinary charges affecting the property subject to his right and for the other charges that are ordinarily paid with the revenues.

The usufructuary is similarly liable for extraordinary charges that are payable in periodic instalments over several years.

[1991, c. 64, a. 1154].

1155. L'usufruitier à titre particulier peut, s'il est forcé de payer une dette de la succession pour conserver l'objet de son droit, en exiger le remboursement du débiteur immédiatement ou l'exiger du nu-propriétaire à la fin de l'usufruit.

[1991, c. 64, a. 1155].

❚ C.C.Q., 823, 827.

1155. If a usufructuary by particular title is forced to pay a debt of the succession in order to preserve the property subject to his right, he may require immediate reimbursement from the debtor or reimbursement from the bare owner at the end of the usufruct.

[1991, c. 64, a. 1155].

1156. L'usufruitier à titre universel et le nu-propriétaire sont tenus au paiement des dettes de la succession en proportion de leur part dans la succession.

Le nu-propriétaire est tenu du capital et l'usufruitier des intérêts.

[1991, c. 64, a. 1156].

❚ C.C.Q., 824.

1156. The usufructuary by general title and the bare owner are liable for the payment of the debts of the succession in proportion to their shares in the succession.

The bare owner is liable for the capital and the usufructuary for the interest.

[1991, c. 64, a. 1156].

1157. L'usufruitier à titre universel peut payer les dettes de la succession; le nu-propriétaire lui en doit compte à la fin de l'usufruit.

Si l'usufruitier choisit de ne pas les payer, le nu-propriétaire peut faire vendre, jusqu'à concurrence du montant des dettes, les biens soumis à l'usufruit ou les payer lui-même; en ce cas, l'usufruitier lui verse, pendant la durée de l'usufruit, des intérêts sur la somme payée.

[1991, c. 64, a. 1157].

❚ C.C.Q., 1156.

1157. The usufructuary under a legacy by general title may pay the debts of the succession; the bare owner is accountable therefor to him at the end of the usufruct.

Where the usufructuary elects not to pay the debts of the succession, the bare owner may cause property subject to the right of the usufructuary up to the amount of the debts to be sold or pay the debts himself; in this case, for the duration of the usufruct, the usufructuary pays interest to the bare owner on the amount paid.

[1991, c. 64, a. 1157].

1158. L'usufruitier est tenu aux dépens de toute demande en justice[1] se rapportant à son droit d'usufruit.

Si l'action concerne à la fois les droits du nu-propriétaire et ceux de l'usufruitier, les règles relatives au paiement des dettes de la succession entre l'usufruitier à titre universel et le nu-propriétaire s'appliquent, à moins que le jugement ne mette fin à l'usufruit. En ce cas, les frais sont partagés également entre l'usufruitier et le nu-propriétaire.

[1991, c. 64, a. 1158].

1158. The usufructuary is liable for the costs of any legal[1] proceedings related to his right of usufruct.

Where proceedings relate to both the rights of the bare owner and those of the usufructuary, the rules governing payment of the debts of the succession between the usufructuary under a legacy by general title and the bare owner apply unless the usufruct is terminated by the judgment, in which case the costs are divided equally between the usufructuary and the bare owner.

[1991, c. 64, a. 1158].

Note 1 : Comp. a. 1070.

∎ C.C.Q., 1156, 1157.

1159. L'usufruitier doit prévenir le nu-propriétaire de toute usurpation commise par un tiers sur le bien ou de toute autre atteinte aux droits du nu-propriétaire, faute de quoi il est responsable de tous les dommages qui peuvent en résulter, comme il le serait de dégradations commises par lui-même.

[1991, c. 64, a. 1159].

∎ C.C.Q., 1858.

1159. If, during the usufruct, a third person encroaches on the property of the bare owner or otherwise infringes his rights, the usufructuary shall notify the bare owner, failing which he is liable for all resulting damage, as if he himself had committed waste.

[1991, c. 64, a. 1159].

1160. Ni le nu-propriétaire ni l'usufruitier ne sont tenus de remplacer ce qui est tombé de vétusté.

L'usufruitier dispensé d'assurer le bien n'est pas tenu de remplacer ou de payer la valeur du bien qui périt par force majeure.

[1991, c. 64, a. 1160].

∎ C.C.Q., 1149, 1308, 1470.

1160. Neither the bare owner nor the usufructuary is under any obligation to replace anything that has fallen into decay.

A usufructuary exempted from insuring the property is under no obligation to replace or pay the value of any property that perishes by superior force.

[1991, c. 64, a. 1160].

1161. Si l'usufruit porte sur un troupeau qui périt entièrement par force majeure, l'usufruitier dispensé d'assurer le bien est tenu de rendre compte au nu-propriétaire des cuirs ou de leur valeur.

Si le troupeau ne périt pas entièrement, l'usufruitier est tenu de remplacer, à concurrence du croît, les animaux qui ont péri.

[1991, c. 64, a. 1161].

∎ C.C.Q., 1163.

1161. If a usufruct is established upon a herd or a flock and the entire herd or flock perishes by superior force, the usufructuary exempted from insuring the property is bound to account to the owner for the skins or their value.

If the herd or flock does not perish entirely, the usufructuary is bound to replace those animals which have perished, up to the number of the increase.

[1991, c. 64, a. 1161].

SECTION IV — DE L'EXTINCTION DE L'USUFRUIT

1162. L'usufruit s'éteint:

1° Par l'arrivée du terme;

2° Par le décès de l'usufruitier ou par la dissolution de la personne morale;

SECTION IV — EXTINCTION OF USUFRUCT

1162. Usufruct is extinguished

(1) by the expiry of the term;

(2) by the death of the usufructuary or the dissolution of the legal person;

3° Par la réunion des qualités d'usufruitier et de nu-propriétaire dans la même personne, sous réserve des droits des tiers;

(3) by the union of the qualities of usufructuary and bare owner in the same person, subject to the rights of third persons;

4° Par la déchéance du droit, son abandon ou sa conversion en rente;

(4) by the forfeiture or renunciation of the right or its conversion into an annuity;

5° Par le non-usage pendant dix ans.

[1991, c. 64, a. 1162].

(5) by non-user for ten years.

[1991, c. 64, a. 1162].

▌ C.C.Q., 355, 1114, 1123, 1163-1166, 1169-1171, 1191, 1208, 1296, 1356.

1163. L'usufruit prend fin également par la perte totale du bien sur lequel il est établi, sauf si le bien est assuré par l'usufruitier.

1163. Usufruct is also extinguished by the total loss of the property over which it is established, unless the property is insured by the usufructuary.

En cas de perte partielle du bien, l'usufruit subsiste sur le reste.

[1991, c. 64, a. 1163].

In case of partial loss of the property, the usufruct subsists upon the remainder.

[1991, c. 64, a. 1163].

▌ C.C.Q., 1115, 1123, 1162.

1164. L'usufruit ne prend pas fin par l'expropriation du bien sur lequel il est établi. L'indemnité est remise à l'usufruitier, à charge d'en rendre compte à la fin de l'usufruit.

[1991, c. 64, a. 1164].

1164. Usufruct is not extinguished by expropriation of the property on which it is established. The indemnity is remitted to the usufructuary under the condition of his rendering account of it at the end of the usufruct.

[1991, c. 64, a. 1164].

▌ C.C.Q., 1162, 1163.

1165. L'usufruit accordé jusqu'à ce qu'un tiers ait atteint un âge déterminé dure jusqu'à cette date, encore que le tiers soit décédé avant l'âge fixé.

[1991, c. 64, a. 1165].

1165. If a usufruct is granted until a third person reaches a certain age, it continues until the date he would have reached that age, even if he has died.

[1991, c. 64, a. 1165].

▌ C.C.Q., 1123, 1162-1164.

1166. L'usufruit créé au bénéfice de plusieurs usufruitiers successifs prend fin avec le décès du dernier usufruitier ou avec la dissolution de la dernière personne morale.

1166. A usufruct created for the benefit of several usufructuaries successively terminates with the death of the last usufructuary or the dissolution of the last legal person.

S'il est conjoint, l'extinction de l'usufruit à l'égard de l'un des usufruitiers profite au nu-propriétaire.

[1991, c. 64, a. 1166].

The extinguishment of the right of one of the usufructuaries in a joint usufruct benefits the bare owner.

[1991, c. 64, a. 1166].

▌ C.C.Q., 1162-1165.

1167. À la fin de l'usufruit, l'usufruitier rend au nu-propriétaire, dans l'état où il se

1167. At the end of the usufruct, the usufructuary returns the property subject to

trouve, le bien sur lequel porte son usufruit.

the usufruct to the bare owner in the condition in which it is at that time.

Il répond de la perte survenue par sa faute ou ne résultant pas de l'usage normal du bien.

The usufructuary is accountable for any loss caused by his fault or not resulting from normal use of the property.

[1991, c. 64, a. 1167].

[1991, c. 64, a. 1167].

❚ C.C.Q., 1162, 1163, 1165, 1166.

1168. L'usufruitier qui abuse de sa jouissance, qui commet des dégradations sur le bien ou le laisse dépérir ou qui, de toute autre façon, met en danger les droits du nu-propriétaire, peut être déchu de son droit.

1168. A usufructuary who makes misuse of enjoyment, who commits waste on the property, who allows it to depreciate or who in any manner endangers the rights of the bare owner may be declared to have forfeited his right.

Le tribunal peut, suivant la gravité des circonstances, prononcer l'extinction absolue de l'usufruit, avec indemnité payable immédiatement ou par versements au nu-propriétaire, ou sans indemnité. Il peut aussi prononcer la déchéance des droits de l'usufruitier en faveur d'un usufruitier conjoint ou successif, ou encore imposer des conditions pour la continuation de l'usufruit.

The court may, according to the gravity of the circumstances, pronounce the absolute extinction of the usufruct, with compensation payable immediately or by instalments to the bare owner, or without compensation. It may also declare the usufructuary's right forfeited in favour of a joint or successive usufructuary, or it may impose conditions for the continuance of the usufruct.

Les créanciers de l'usufruitier peuvent intervenir à la demande pour la conservation de leurs droits; ils peuvent offrir la réparation des dégradations commises et des garanties pour l'avenir.

The creditors of the usufructuary may intervene in the proceedings to ensure the preservation of their rights; they may offer to repair the waste and provide security for the future.

[1991, c. 64, a. 1168].

[1991, c. 64, a. 1168].

❚ C.C.Q., 1238.

1169. Un usufruitier peut abandonner tout ou partie de son droit.

1169. A usufructuary may renounce his right, in whole or in part.

En cas d'abandon partiel et à défaut d'entente, le tribunal fixe les nouvelles obligations de l'usufruitier en tenant compte, notamment, de l'étendue du droit, de sa durée, ainsi que des fruits et revenus qui en sont tirés.

Where part only of the right is renounced and failing an agreement, the court fixes the new obligations of the usufructuary, taking into account, in particular, the scope and duration of the right, and the fruits and revenues derived therefrom.

[1991, c. 64, a. 1169].

[1991, c. 64, a. 1169].

❚ C.C.Q., 1185, 1211.

1170. L'abandon total est opposable au nu-propriétaire à compter du jour de sa signification; l'abandon partiel est opposable à compter de la demande en justice ou de l'entente entre les parties.

1170. Total renunciation may be set up against the bare owner from the day he is served notice of it; partial renunciation may be set up from the date of judicial proceedings or of an agreement between the parties.

[1991, c. 64, a. 1170].

[1991, c. 64, a. 1170].

être stipulée que pour le service ou l'exploitation de l'immeuble.

[1991, c. 64, a. 1178].

❚ C.C.Q., 1177.

1179. Les servitudes sont continues ou discontinues.

La servitude continue est celle dont l'exercice ne requiert pas le fait actuel de son titulaire, comme la servitude de vue ou de non-construction.

La servitude discontinue est celle dont l'exercice requiert le fait actuel de son titulaire, comme la servitude de passage à pied ou en voiture.

[1991, c. 64, a. 1179].

❚ C.C.Q., 987, 993, 997, 1177, 1192, 2938.

1180. Les servitudes sont apparentes ou non apparentes.

La servitude est apparente lorsqu'elle se manifeste par un signe extérieur; autrement elle est non apparente.

[1991, c. 64, a. 1180].

❚ C.C.Q., 1177.

1181. La servitude s'établit par contrat, par testament, par destination du propriétaire ou par l'effet de la loi.

Elle ne peut s'établir sans titre et la possession, même immémoriale, ne suffit pas à cet effet.

[1991, c. 64, a. 1181].

❚ C.C.Q., 922, 924, 2938.

1182. Les mutations de propriété du fonds servant ou dominant ne portent pas atteinte à la servitude. Celle-ci suit les immeubles en quelques mains qu'ils passent, sous réserve des dispositions relatives à la publicité des droits.

[1991, c. 64, a. 1182].

❚ C.C.Q., 1177, 1187, 2941.

1183. La servitude par destination du propriétaire est constatée par un écrit du propriétaire du fonds qui, prévoyant le mor-

can only be stipulated for the service or exploitation of the immovable.

[1991, c. 64, a. 1178].

1179. Servitudes are either continuous or discontinuous.

Continuous servitudes, such as servitudes of view or of no building, do not require the actual intervention of the holder.

Discontinuous servitudes, such as pedestrian or vehicular rights of way, require the actual intervention of the holder.

[1991, c. 64, a. 1179].

1180. Servitudes are either apparent or unapparent.

A servitude is apparent if it is manifested by an external sign; otherwise it is unapparent.

[1991, c. 64, a. 1180].

1181. A servitude is established by contract, by will, by destination of proprietor or by the effect of law.

It may not be established without title, and possession, even immemorial, is insufficient for this purpose.

[1991, c. 64, a. 1181].

1182. Servitudes are not affected by the transfer of ownership of the servient or dominant land. They remain attached to the immovables through changes of ownership, subject to the provisions relating to the publication of rights.

[1991, c. 64, a. 1182].

1183. Servitude by destination of proprietor is evidenced in writing by the owner of the land who, in contemplation of its fu-

cellement éventuel de son fonds, établit immédiatement la nature, l'étendue et la situation de la servitude sur une partie du fonds en faveur d'autres parties.

[1991, c. 64, a. 1183].

■ C.C.Q., 8, 9, 1177, 1411.

ture parcelling, immediately establishes the nature, scope and situation of the servitude on one part of the land in favour of other parts.

[1991, c. 64, a. 1183].

SECTION II —
DE L'EXERCICE DE LA SERVITUDE

SECTION II —
EXERCISE OF SERVITUDES

1184. Le propriétaire du fonds dominant peut, à ses frais, prendre les mesures ou faire tous les ouvrages nécessaires pour user de la servitude et pour la conserver, à moins d'une stipulation contraire de l'acte constitutif de la servitude.

À la fin de la servitude, il doit, à la demande du propriétaire du fonds servant, remettre les lieux dans leur état antérieur.

[1991, c. 64, a. 1184].

■ C.C.Q., 1177.

1184. The owner of the dominant land may, at his own expense, take the measures or make all the works necessary for the exercise and preservation of the servitude unless otherwise stipulated in the act establishing the servitude.

At the end of the servitude he shall, at the request of the owner of the servient land, restore the place to its former condition.

[1991, c. 64, a. 1184].

1185. Le propriétaire du fonds servant, chargé par le titre de faire les ouvrages nécessaires pour l'usage et la conservation de la servitude, peut s'affranchir de cette charge en abandonnant au propriétaire du fonds dominant soit la totalité du fonds servant, soit une portion du fonds suffisante pour l'exercice de la servitude.

[1991, c. 64, a. 1185].

■ C.C.Q., 1006, 1169.

1185. The owner of the servient land, charged by the title with making the necessary works for the exercise and preservation of the servitude, may free himself of the charge by abandoning the entire servient land or any part of it sufficient for the exercise of the servitude to the owner of the dominant land.

[1991, c. 64, a. 1185].

1186. Le propriétaire du fonds dominant ne peut faire de changements qui aggravent la situation du fonds servant.

Le propriétaire du fonds servant ne peut rien faire qui tende à diminuer l'exercice de la servitude ou à le rendre moins commode; toutefois, s'il a un intérêt pour le faire, il peut déplacer, à ses frais, l'assiette de la servitude dans un autre endroit où son exercice est aussi commode pour le propriétaire du fonds dominant.

[1991, c. 64, a. 1186].

■ C.C.Q., 979, 1000, 1457.

1186. In no case may the owner of the dominant land make any change that would aggravate the situation of the servient land.

In no case may the owner of the servient land do anything that would tend to diminish the exercise of the servitude or to render it less convenient. However, he may, at his own expense, provided he has an interest in doing so, transfer the site of the servitude to another place where its exercise will be no less convenient to the owner of the dominant land.

[1991, c. 64, a. 1186].

1187. Si le fonds dominant vient à être divisé, la servitude reste due pour chaque portion, mais la condition du fonds servant ne doit pas en être aggravée.

Ainsi, dans le cas d'un droit de passage, tous les propriétaires des lots provenant de la division du fonds dominant doivent l'exercer par le même endroit.

[1991, c. 64, a. 1187].

▌ C.C.Q., 998, 1188, 1519.

1188. Si le fonds servant vient à être divisé, cette division ne porte pas atteinte aux droits du propriétaire du fonds dominant.

[1991, c. 64, a. 1188].

▌ C.C.Q., 1177, 1187.

1189. Sauf en cas d'enclave, la servitude de passage peut être rachetée lorsque son utilité pour le fonds dominant est hors de proportion avec l'inconvénient ou la dépréciation qu'elle entraîne pour le fonds servant.

À défaut d'entente, le tribunal, s'il accorde le droit au rachat, fixe le prix en tenant compte, notamment, de l'ancienneté de la servitude et du changement de valeur que la servitude entraîne, tant au profit du fonds servant qu'au détriment du fonds dominant.

[1991, c. 64, a. 1189].

▌ C.C.Q., 998; D.T., 64.

1190. Les parties peuvent, par écrit, exclure la faculté de racheter une servitude pour une période n'excédant pas trente ans.

[1991, c. 64, a. 1190].

▌ C.C.Q., 1189.

1187. If the dominant land is divided, the servitude remains due for each portion, but the situation of the servient land may not thereby be aggravated.

Thus, in the case of a right of way, all owners of lots resulting from the division of the dominant land shall exercise it over the same place.

[1991, c. 64, a. 1187].

1188. Division of the servient land does not affect the rights of the owner of the dominant land.

[1991, c. 64, a. 1188].

1189. Except in the case of land enclosed by that of others, a servitude of right of way may be redeemed where its usefulness to the dominant land is out of proportion to the inconvenience or depreciation it entails for the servient land.

Failing agreement, the court, if it grants the right of redemption, fixes the price, taking into account, in particular, the length of time for which the servitude has existed and the change of value entailed by the servitude both in favour of the servient land and to the detriment of the dominant land.

[1991, c. 64, a. 1189].

1190. The parties may, in writing, exclude the possibility of redeeming a servitude for a period of not over thirty years.

[1991, c. 64, a. 1190].

SECTION III —
DE L'EXTINCTION DES SERVITUDES

SECTION III —
EXTINCTION OF SERVITUDES

1191. La servitude s'éteint:

1191. A servitude is extinguished

1° Par la réunion dans une même personne de la qualité de propriétaire des fonds servant et dominant;

(1) by the union of the qualities of owner of the servient land and owner of the dominant land in the same person;

2° Par la renonciation expresse du propriétaire du fonds dominant;

(2) by the express renunciation of the owner of the dominant land;

3° Par l'arrivée du terme pour lequel elle a été constituée;

(3) by the expiry of the term for which it was established;

4° Par le rachat;

(4) by redemption;

5° Par le non-usage pendant dix ans.
[1991, c. 64, a. 1191].

(5) by non-user for ten years.
[1991, c. 64, a. 1191].

❚ C.C.Q., 1114, 1162, 1193, 1208, 1296, 1683.

1192. La prescription commence à courir, pour les servitudes discontinues, du jour où le propriétaire du fonds dominant cesse d'exercer la servitude et, pour les servitudes continues, du jour où il est fait un acte contraire à leur exercice.
[1991, c. 64, a. 1192].

1192. In the case of discontinuous servitudes, prescription begins to run from the day the owner of the dominant land ceases to exercise the servitude and in the case of continuous servitudes, from the day any act contrary to their exercise is done.
[1991, c. 64, a. 1192].

❚ C.C.Q., 1179, 2879.

1193. Le mode d'exercice de la servitude se prescrit comme la servitude elle-même et de la même manière.
[1991, c. 64, a. 1193].

1193. The mode of exercising a servitude may be prescribed just as the servitude itself, and in the same manner.
[1991, c. 64, a. 1193].

❚ C.C.Q., 1191, 1192.

1194. La prescription court même lorsque le fonds dominant ou le fonds servant subit un changement de nature à rendre impossible l'exercice de la servitude.
[1991, c. 64, a. 1194].

1194. Prescription runs even where the dominant land or the servient land undergoes a change of such a kind as to render exercise of the servitude impossible.
[1991, c. 64, a. 1194].

❚ C.C.Q., 1192.

Chapitre IV ——
De l'emphytéose

Chapter IV ——
Emphyteusis

SECTION I ——
DE LA NATURE DE L'EMPHYTÉOSE

SECTION I ——
NATURE OF EMPHYTEUSIS

1195. L'emphytéose est le droit qui permet à une personne, pendant un certain temps, d'utiliser† pleinement un immeuble appartenant à autrui et d'en tirer tous ses avantages, à la condition de ne pas en compromettre l'existence et à charge d'y faire des constructions, ouvrages ou plantations qui

1195. Emphyteusis is the right which, for a certain time, grants a person the full benefit and enjoyment† of an immovable owned by another provided he does not endanger its existence and undertakes to make constructions, works or plantations thereon that durably† increase its value.

augmentent sa valeur d'une façon durable†.

L'emphytéose s'établit par contrat ou par testament.

[1991, c. 64, a. 1195].

▌C.C.Q., 904, 947, 1119, 1229; D.T., 65.

Emphyteusis is established by contract or by will.

[1991, c. 64, a. 1195].

1196. L'emphytéose qui porte à la fois sur un terrain et un immeuble déjà bâti peut faire l'objet d'une déclaration de cœmphytéose, dont les règles sont les mêmes que celles prévues pour la déclaration de copropriété. Elle est en outre assujettie, compte tenu des adaptations nécessaires, aux règles de la copropriété établie sur un immeuble bâti† par un emphytéote.

[1991, c. 64, a. 1196].

▌C.C.Q., 1040, 1052.

1196. Emphyteusis affecting both the land and an existing immovable may be the subject of a declaration of co-emphyteusis which is governed by the same rules as those provided for a declaration of co-ownership. It is also subject to the rules, adapted as required, applicable to co-ownership established in respect of an existing† immovable by an emphyteutic lessee.

[1991, c. 64, a. 1196].

1197. L'emphytéose doit avoir une durée, stipulée dans l'acte constitutif, d'au moins dix ans et d'au plus cent ans. Si elle excède cent ans, elle est réduite à cette durée.

[1991, c. 64, a. 1197].

▌C.C.Q., 1208.

1197. The term of the emphyteusis shall be stipulated in the constituting act and be not less than ten nor more than one hundred years. If it is longer, it is reduced to one hundred years.

[1991, c. 64, a. 1197].

1198. L'emphytéose portant sur un terrain sur lequel est bâti l'immeuble détenu en copropriété, ainsi que celle qui porte à la fois sur un terrain et sur un immeuble déjà bâti, peuvent être renouvelées, sans que l'emphytéote soit obligé d'y faire de nouvelles constructions ou plantations ou de nouveaux ouvrages, autres que des impenses utiles.

[1991, c. 64, a. 1198].

▌C.C.Q., 1197.

1198. Emphyteusis affecting the land on which an existing immovable is held in co-ownership, or affecting both the land and an existing immovable may be renewed without the emphyteutic lessee's being required to make new constructions or plantations or new works, other than useful disbursements.

[1991, c. 64, a. 1198

1199. Le créancier de l'emphytéote peut faire saisir et vendre les droits de celui-ci, sous réserve des droits du propriétaire de l'immeuble.

Le créancier du propriétaire peut également faire saisir et vendre les droits de celui-ci, sous réserve des droits de l'emphytéote.

[1991, c. 64, a. 1199].

▌C.C.Q., 1136.

1199. The creditor of the emphyteutic lessee may cause the latter's rights to be seized and sold, subject to the rights of the owner of the immovable.

The creditor of the owner may also cause the latter's rights to be seized and sold, subject to the rights of the emphyteutic lessee.

[1991, c. 64, a. 1199].

Section II ——
Des droits et obligations de
l'emphytéote et du propriétaire

Section II ——
Rights and obligations of the
emphyteutic lessee and of the
owner

1200. L'emphytéote a, à l'égard de l'immeuble, tous les droits attachés à la qualité de propriétaire, sous réserve des limitations du présent chapitre et de l'acte constitutif d'emphytéose.

L'acte constitutif peut limiter l'exercice des droits des parties, notamment pour accorder au propriétaire des droits ou des garanties qui protègent la valeur de l'immeuble, assurent sa conservation, son rendement ou son utilité† ou pour autrement préserver les droits du propriétaire ou de l'emphytéote, ou régler l'exécution des obligations prévues dans l'acte constitutif.

[1991, c. 64, a. 1200].

▌ C.C.Q., 1207.

1200. The emphyteutic lessee has all the rights in the immovable that are attached to the quality of owner, subject to the restrictions contained in this chapter and in the act constituting emphyteusis.

The constituting act may limit the exercise of the rights of the parties, particularly by granting rights or guarantees to the owner for protecting the value of the immovable, ensuring its conservation, yield or use† or by otherwise preserving the rights of the owner or of the emphyteutic lessee or regulating the performance of the obligations established in the constituting act.

[1991, c. 64, a. 1200].

1201. L'emphytéote fait dresser à ses frais, en y appelant le propriétaire, un état des immeubles soumis à son droit, à moins que le propriétaire ne l'en ait dispensé.

[1991, c. 64, a. 1201].

▌ C.C.Q., 1200.

1201. The emphyteutic lessee, at his own expense, and after convening the owner, causes a statement of the immovables subject to his right to be drawn up, unless the owner has exempted him therefrom.

[1991, c. 64, a. 1201].

1202. La perte partielle de l'immeuble est à la charge de l'emphytéote; il demeure alors tenu au paiement intégral du prix stipulé dans l'acte constitutif.

[1991, c. 64, a. 1202].

▌ C.C.Q., 1167, 1210, 1702.

1202. The emphyteutic lessee is liable for a partial loss of the immovable; he remains liable in such a case for full payment of the price stipulated in the constituting act.

[1991, c. 64, a. 1202].

1203. L'emphytéote est tenu aux réparations, même majeures, qui se rapportent à l'immeuble ou aux constructions, ouvrages ou plantations qu'il a faits en exécution de son obligation.

[1991, c. 64, a. 1203].

▌ C.C.Q., 1151, 1152.

1203. The emphyteutic lessee is bound to make repairs, even major repairs, concerning the immovable or the constructions, works or plantations made in the performance of his obligation.

[1991, c. 64, a. 1203].

1204. Si l'emphytéote commet des dégradations sur l'immeuble ou le laisse dépérir ou, de toute autre façon, met en danger les

1204. An emphyteutic lessee who commits waste or fails to prevent the deterioration of the immovable or in any manner endan-

droits du propriétaire, il peut être déchu de son droit.

Le tribunal peut, suivant la gravité des circonstances, résilier l'emphytéose, avec indemnité payable immédiatement ou par versements au propriétaire, ou sans indemnité, ou encore obliger l'emphytéote à fournir d'autres sûretés ou lui imposer toutes autres obligations ou conditions.

Les créanciers de l'emphytéote peuvent intervenir à la demande pour la conservation de leurs droits; ils peuvent offrir la réparation des dégradations et des garanties pour l'avenir.

[1991, c. 64, a. 1204].

▌C.C.Q., 1168, 1238.

gers the rights of the owner may be declared forfeited of his right.

The court, according to the gravity of the circumstances, may resiliate the emphyteusis with compensation payable immediately or by instalments to the owner, or without compensation, or it may require the emphyteutic lessee to furnish other security or impose any other obligations or conditions on him.

The creditors of the emphyteutic lessee may intervene in the proceedings to preserve their rights; they may offer to repair the waste and give security for the future.

[1991, c. 64, a. 1204].

1205. L'emphytéote acquitte les charges foncières† dont l'immeuble est grevé.

[1991, c. 64, a. 1205].

1205. The emphyteutic lessee is liable for all real† property charges affecting the immovable.

[1991, c. 64, a. 1205].

Note : Dans le langage civiliste traditionnel, l'adjectif « *real* », employé en pareil contexte, signifie normalement *in rem*. Il est parfois arrivé que, dans la terminologie juridique en usage au Québec, on ait à l'occasion eu recours — et cette position n'est pas indéfendable — au terme « *real* » (c'est le cas, par exemple, de l'expression « real estate » qui a été employée jusque dans la *Loi sur le courtage immobilier (Real Estate Brokerage Act)*, RLRQ, c. C-73.1). Par la modification apportée à l'article 3069 C.c.Q., cependant, le législateur semble rejeter toute équivalence entre les termes « *real property* » et « foncier », du moins dans la langue de la législation. / In classical civilian parlance, the adjective "real" in this context is suggestive of *in rem*. Québec legal terminology has arguably adopted the term "real" to mean "immovable" in certain instances (as in the case, for example, in respect of the expression "real estate" which even finds use in legislative texts such as the *Real Estate Brokerage Act*, CQLR, c. C-73.1). However by its amendment to article 3069 C.C.Q., the legislature appears to reject "real property" as an equivalent to "*foncier*" in respect of the formal language of legislative enactment.

▌C.C.Q., 1112, 1154.

1206. Le propriétaire est tenu, à l'égard de l'emphytéote, aux mêmes obligations que le vendeur.

[1991, c. 64, a. 1206].

1206. The owner has the same obligations towards the emphyteutic lessee as a vendor.

[1991, c. 64, a. 1206].

▌C.C.Q., 1716-1733.

1207. Si un prix, payable globalement ou par versements, est fixé dans l'acte constitutif et que l'emphytéote laisse s'écouler trois années sans le payer, le propriétaire a le droit, après un avis d'au moins quatre-vingt-dix jours, de demander la résiliation de l'acte.

Ce droit ne peut être exercé lorsqu'une copropriété divise est établie sur un immeuble bâti par l'emphytéote. Il en est de

1207. Where a price payable in a lump sum or by instalments is fixed in the constituting act and the emphyteutic lessee fails to pay it for three years, the owner is entitled, after at least ninety days' notice, to apply for resiliation of the constituting act.

Resiliation may not be applied for where divided co-ownership is established in respect of an immovable built by the em-

même lorsque l'immeuble fait l'objet d'une déclaration de coemphytéose.

[1991, c. 64, a. 1207].

❚ C.C.Q., 1195.

phyteutic lessee. The same applies where the immovable is the subject of a declaration of co-emphyteusis.

[1991, c. 64, a. 1207].

SECTION III —
DE LA FIN DE L'EMPHYTÉOSE

1208. L'emphytéose prend fin:

1° Par l'arrivée du terme fixé dans l'acte constitutif;

2° Par la perte ou l'expropriation totales de l'immeuble;

3° Par la résiliation de l'acte constitutif;

4° Par la réunion des qualités de propriétaire et d'emphytéote dans une même personne;

5° Par le non-usage pendant dix ans;

6° Par l'abandon.

[1991, c. 64, a. 1208].

❚ C.C.Q., 1114, 1162, 1191, 1211, 1296, 1356.

SECTION III —
TERMINATION OF EMPHYTEUSIS

1208. Emphyteusis is terminated

(1) by the expiry of the term stipulated in the constituting act;

(2) by the total loss or expropriation of the immovable;

(3) by the resiliation of the constituting act;

(4) by the union of the qualities of owner and emphyteutic lessee in the same person;

(5) by non-user for ten years;

(6) by abandonment.

[1991, c. 64, a. 1208].

1209. À la fin de l'emphytéose, le propriétaire reprend l'immeuble libre de tous droits et charges consentis par l'emphytéote, sauf si la fin de l'emphytéose résulte d'une résiliation amiable ou de la réunion des qualités de propriétaire et d'emphytéote dans une même personne.

[1991, c. 64, a. 1209].

❚ C.C.Q., 1208.

1209. Upon termination of the emphyteusis, the owner resumes the immovable free of all the rights and charges granted by the emphyteutic lessee, unless the termination of the emphyteusis results from resiliation by agreement or from the union of the qualities of owner and emphyteutic lessee in the same person.

[1991, c. 64, a. 1209].

1210. À la fin de l'emphytéose, l'emphytéote doit remettre l'immeuble en bon état avec les constructions, ouvrages ou plantations prévus à l'acte constitutif, à moins qu'ils n'aient péri par force majeure.

Ce qu'il a ajouté à l'immeuble sans y être

1210. Upon termination of the emphyteusis, the emphyteutic lessee shall return the immovable in a good state of repair with the constructions, works or plantations stipulated in the constituting act, unless they have perished by superior force.

Any additions made to the immovable by

tenu est traité comme les impenses faites par un possesseur de bonne foi.

[1991, c. 64, a. 1210].

the emphyteutic lessee which he is under no obligation to make are treated as disbursements made by a possessor in good faith.

[1991, c. 64, a. 1210].

■ C.C.Q., 874, 957-961, 963, 1202; D.T., 49.

1211. À moins que l'emphytéote n'ait renoncé à son droit, l'emphytéose peut aussi prendre fin par l'abandon, qui ne peut avoir lieu que si l'emphytéote a satisfait pour le passé à toutes ses obligations et laisse l'immeuble libre de toutes charges.

[1991, c. 64, a. 1211].

1211. Unless the emphyteutic lessee has renounced his right, emphyteusis may also be terminated by abandonment, which may take place only if the emphyteutic lessee has fulfilled all his past obligations and leaves the immovable free of all charges.

[1991, c. 64, a. 1211].

■ C.C.Q., 1208.

TITRE 5
DES RESTRICTIONS À LA LIBRE
DISPOSITION DE CERTAINS BIENS

TITLE 5
RESTRICTIONS ON THE FREE
DISPOSITION OF CERTAIN PROPERTY

Chapitre I
Des stipulations d'inaliénabilité

Chapter I
Stipulations of inalienability

1212. La restriction à l'exercice du droit de disposer d'un bien ne peut être stipulée que par donation ou testament.

La stipulation d'inaliénabilité est faite par écrit à l'occasion du transfert, à une personne ou à une fiducie, de la propriété d'un bien ou d'un démembrement[1] du droit de propriété sur un bien.

Cette stipulation n'est valide que si elle est temporaire et justifiée par un intérêt sérieux et légitime. Néanmoins, dans le cas d'une substitution ou d'une fiducie, elle peut valoir pour leur durée.

[1991, c. 64, a. 1212].

1212. No restriction on the exercise of the right to dispose of property may be stipulated, except by gift or will.

A stipulation of inalienability is made in writing at the time of transfer of ownership of the property or a dismembered[1] right of ownership in it to a person or to a trust.

The stipulation of inalienability is valid only if it is temporary and justified by a serious and legitimate interest. Nevertheless, it may be valid for the duration of a substitution or trust.

[1991, c. 64, a. 1212].

Note 1 : Comp. a. 1119.

■ C.C.Q., 1214, 1272, 1273, 2377, 2649.

1213. Celui†[1] dont le bien est inaliénable peut être autorisé par le tribunal à disposer du bien si l'intérêt qui avait justifié la stipulation d'inaliénabilité a disparu ou s'il

1213. A person†[1] whose property is inalienable may be authorized by the court to dispose of the property if the interest that had justified the stipulation of inalienabil-

advient qu'un intérêt plus important l'exige.

Le tribunal peut, lorsqu'il autorise l'aliénation du bien, fixer toutes les conditions qu'il juge nécessaires pour sauvegarder les intérêts de celui qui a stipulé l'inaliénabilité, ceux de ses ayants cause ou ceux de la personne au bénéfice de laquelle elle a été stipulée.

[1991, c. 64, a. 1213].

ity has disappeared or where a greater interest comes to require it.

The court may, where it authorizes alienation of the property, fix any conditions it considers necessary to safeguard the interests of the person who stipulated inalienability, his successors or the person for whose benefit inalienability was stipulated.

[1991, c. 64, a. 1213].

Note 1 : L'article 1212(2) réfère à la fois à la personne et à la fiducie. / Article 1212(2) refers to both a person and a trust.

▌ C.C.Q., 1173, 1217; D.T., 66.

1214. La stipulation d'inaliénabilité n'est opposable aux tiers que si elle est publiée au registre approprié.

[1991, c. 64, a. 1214].

▌ C.C.Q., 1014, 1218, 2649, 2939.

1214. A stipulation of inalienability may not be set up against third persons unless it is published in the proper register.

[1991, c. 64, a. 1214].

1215. La stipulation d'inaliénabilité d'un bien entraîne l'insaisissabilité de celui-ci pour toute dette contractée, avant ou pendant la période d'inaliénabilité, par la personne qui reçoit le bien, sous réserve notamment† des dispositions du *Code de procédure civile* (chapitre C-25).

[1991, c. 64, a. 1215].

▌ C.C.Q., 1212.

1215. A stipulation of inalienability of a property renders the property unseizable for any debt contracted before or during the period of inalienability by the person who receives the property, subject, however†, to the provisions of the *Code of Civil Procedure* (chapter C-25).

[1991, c. 64, a. 1215].

1216. La clause tendant à empêcher celui dont le bien est inaliénable de contester la validité de la stipulation d'inaliénabilité ou de demander l'autorisation de l'aliéner est réputée non écrite.

L'est également la clause pénale au même effet.

[1991, c. 64, a. 1216].

▌ C.C.Q., 758, 1622.

1216. Any clause tending to prevent a person whose property is inalienable from contesting the validity of the stipulation of inalienability or from applying for authorization to transfer the property is deemed unwritten.

Any penal clause to the same effect is also deemed unwritten.

[1991, c. 64, a. 1216; 2002, c. 19, s. 15].

1217. La nullité de l'aliénation faite malgré une stipulation d'inaliénabilité et sans autorisation du tribunal, ne peut être invoquée que par celui qui a stipulé l'inaliénabilité et ses ayants cause ou par celui au bénéfice duquel elle a été stipulée.

[1991, c. 64, a. 1217].

1217. The nullity of an alienation made notwithstanding a stipulation of inalienability and without the authorization of the court may not be invoked by anyone except the person who made the stipulation and his successors or the person for whose benefit the stipulation was made.

[1991, c. 64, a. 1217].

▮ C.C.Q., 1419, 1420.

Chapitre II —
De la substitution

Chapter II —
Substitution

SECTION I —
DE LA NATURE ET DE L'ÉTENDUE DE LA SUBSTITUTION

SECTION I —
NATURE AND SCOPE OF SUBSTITUTION

1218. Il y a substitution lorsqu'une personne reçoit des biens par libéralité, avec l'obligation de les rendre après un certain temps à un tiers.

La substitution s'établit par donation ou par testament; elle doit être constatée par écrit et publiée au bureau de la publicité des droits.

[1991, c. 64, a. 1218].

1218. Substitution exists where a person receives property by a liberality with the obligation of delivering it over to a third person after a certain period.

Substitution is established by gift or by will; it shall be evidenced in writing and published in the registry office.

[1991, c. 64, a. 1218].

▮ C.C.Q., 172, 617, 703, 1222, 1240, 1252, 1279, 1315, 1455, 1813, 1816, 1820, 1824, 2938, 2939, 2961, 2998, 2999; D.T, 67.

1219. La personne qui a l'obligation de rendre se nomme le grevé; celle qui a droit de recueillir postérieurement se nomme l'appelé.

L'appelé qui recueille, avec l'obligation de rendre, devient à son tour grevé par rapport à l'appelé subséquent.

[1991, c. 64, a. 1219].

1219. The person who has the obligation to deliver over is called the institute and the person who is entitled to take after him is called the substitute.

A substitute who takes with the obligation to deliver over becomes in turn the institute in respect of the subsequent substitute.

[1991, c. 64, a. 1219].

▮ C.C.Q., 1221.

1220. La défense de tester des biens, faite au donataire ou légataire sans autre indication, emporte substitution en faveur de ses héritiers *ab intestat* quant aux biens donnés ou légués qui restent à son décès.

[1991, c. 64, a. 1220].

1220. A prohibition against disposing of the property by will that is subject to no other indication entails substitution in favour of the intestate heirs of the donee or legatee with respect to property given or bequeathed and remaining at his death.

[1991, c. 64, a. 1220].

▮ C.C.Q., 736, 1246.

1221. Aucune substitution ne peut s'étendre à plus de deux ordres successifs de personnes, outre celui du grevé initial; autrement, elle est sans effet pour les ordres subséquents.

Les accroissements qui ont lieu entre co-grevés au décès de l'un d'eux, lorsqu'il est stipulé que sa part passe aux grevés survi-

1221. A substitution may not extend to more than two successive ranks of persons exclusive of the initial institute, and is without effect for subsequent ranks.

Accretion between co-institutes upon the death of one of them, where it is stipulated that his share passes to the surviving insti-

vants, ne sont pas considérés comme étant faits à un ordre subséquent.

[1991, c. 64, a. 1221].

█ C.C.Q., 8, 9, 1240, 1241, 1252, 1271, 3081.

1222. Compte tenu des adaptations nécessaires, les règles des successions, notamment celles relatives au droit d'opter ou aux dispositions testamentaires, s'appliquent à la substitution à compter de l'ouverture, qu'elle soit établie par donation ou par testament.

[1991, c. 64, a. 1222].

█ C.C.Q., 630-636, 737, 1252.

SECTION II —
DE LA SUBSTITUTION AVANT L'OUVERTURE

§ 1. — Des droits et obligations du grevé

1223. Avant l'ouverture, le grevé est propriétaire des biens substitués; ces biens forment, au sein de son patrimoine personnel, un patrimoine distinct destiné à l'appelé.

[1991, c. 64, a. 1223].

█ C.C.Q., 780, 1232, 1313; D.T., 69, 70.

1224. Le grevé doit, de la même manière qu'un administrateur du bien d'autrui, faire, à ses frais, l'inventaire des biens dans les deux mois de la donation ou de l'acceptation du legs, en y convoquant l'appelé.

[1991, c. 64, a. 1224].

█ C.C.Q., 240, 794, 1142, 1236, 1324-1331.

1225. Dans l'exercice de ses droits et dans l'exécution de ses obligations, le grevé doit agir avec prudence et diligence eu égard aux droits de l'appelé.

[1991, c. 64, a. 1225].

█ C.C.Q., 1309.

1226. Le grevé doit faire les actes nécessaires à l'entretien et à la conservation des biens.

tutes, is not considered to be made to a subsequent rank.

[1991, c. 64, a. 1221].

1222. The rules on successions, particularly those relating to the right of option or to testamentary dispositions, adapted as required, apply to a substitution from the time it opens, whether it was created by gift or by will.

[1991, c. 64, a. 1222].

SECTION II —
SUBSTITUTIONS BEFORE OPENING

§ 1. — Rights and obligations of the institute

1223. Before the opening of a substitution, the institute is the owner of the substituted property, which forms, within his personal patrimony, a separate patrimony intended for the substitute.

[1991, c. 64, a. 1223].

1224. Within two months after the gift or after acceptance of the legacy, the institute, in the manner of an administrator of the property of others, shall make an inventory of the property at his own expense, after convening the substitute.

[1991, c. 64, a. 1224].

1225. The institute, in exercising his rights and performing his obligations, shall act with prudence and diligence, in view of the rights of the substitute.

[1991, c. 64, a. 1225].

1226. The institute shall perform all acts necessary to maintain and preserve the property.

Il paie les charges et les dettes qui deviennent exigibles avant l'ouverture, quelle que soit leur nature; il perçoit les créances, en donne quittance et exerce en justice les actions qui se rapportent aux biens substitués.

[1991, c. 64, a. 1226].

▌C.C.Q., 804, 1238, 1301, 1302, 1557; C.P.C., 734.

He pays the charges and debts of all kinds that became due before the opening; he collects the claims, gives acquittance therefor and exercises all judicial recourses relating to the substituted property.

[1991, c. 64, a. 1226].

1227. Le grevé doit assurer les biens contre les risques usuels, tels le vol et l'incendie. Il est, néanmoins, dispensé de cette obligation si la prime d'assurance est trop élevée par rapport aux risques.

L'indemnité d'assurance devient un bien substitué.

[1991, c. 64, a. 1227].

▌C.C.Q., 1237, 1324, 1331.

1227. The institute shall insure the property against ordinary risks such as fire and theft. He is, however, dispensed from that obligation if the insurance premium is too high in relation to the risks.

The insurance indemnity becomes substituted property.

[1991, c. 64, a. 1227].

1228. Le grevé est soumis aux règles de l'usufruit quant à son droit de commencer ou de continuer sur un fonds substitué une exploitation agricole, sylvicole ou minière.

[1991, c. 64, a. 1228].

▌C.C.Q., 1139-1141.

1228. The right of an institute to begin or continue agricultural, sylvicultural or mining operations on substituted land is governed by the rules on usufruct.

[1991, c. 64, a. 1228].

1229. Le grevé peut aliéner à titre onéreux les biens substitués ou les louer. Il peut aussi les grever d'une hypothèque si cela s'impose pour l'entretien et la conservation du bien ou pour faire un placement au nom de la substitution.

Les droits de l'acquéreur, du créancier ou du locataire ne sont pas affectés par les droits de l'appelé à l'ouverture de la substitution.

[1991, c. 64, a. 1229].

▌C.C.Q., 213, 214, 1304, 1305, 1339, 1707, 2682, 2916; D.T., 69.

1229. An institute may alienate the substituted property by onerous title or lease it. He may also charge it with a hypothec if that is required for its upkeep and conservation or to make an investment in the name of the substitution.

The rights of the acquirer, creditor or lessee are unaffected by the rights of the substitute at the opening of the substitution.

[1991, c. 64, a. 1229].

1230. Le grevé est tenu de faire remploi, au nom de la substitution, du prix de toute aliénation de biens substitués et des capitaux qui lui sont versés avant l'ouverture ou qu'il a reçus du disposant, conformément aux dispositions relatives aux placements présumés sûrs.

[1991, c. 64, a. 1230].

▌C.C.Q., 1232, 1238, 1244, 1304, 1339.

1230. The institute is bound to reinvest, in the name of the substitution, the proceeds of any alienation of substituted property and the capital paid to him before the opening or received by him from the grantor, in accordance with the provisions relating to presumed sound investments.

[1991, c. 64, a. 1230].

1231. Le grevé doit, à chaque anniversaire de la date de l'inventaire des biens, informer l'appelé de toute modification à la masse des biens; il doit l'informer aussi du remploi qu'il a fait du prix des biens aliénés.

[1991, c. 64, a. 1231].

▌ C.C.Q., 1224.

1232. Le grevé peut, si l'acte constitutif de la substitution le prévoit, disposer gratuitement des biens substitués ou ne pas faire remploi du prix de leur aliénation; il ne peut en tester sans que l'acte le permette expressément.

La substitution n'a alors d'effet qu'à l'égard des biens dont le grevé n'a pas disposé.

[1991, c. 64, a. 1232].

▌ C.C.Q., 1229, 1230.

1233. Les créanciers qui détiennent une priorité[1] ou une hypothèque sur les biens substitués peuvent exercer, sur ces biens, les droits et recours que la loi leur confère.

Les autres créanciers peuvent faire saisir et vendre ces biens en justice après discussion du patrimoine personnel du grevé. L'appelé peut faire opposition à la saisie et demander que la saisie et la vente soient limitées aux droits conférés au grevé par la substitution. À défaut d'opposition, la vente est valide; l'adjudicataire a un titre définitif et le recours de l'appelé ne peut être exercé que contre le grevé.

[1991, c. 64, a. 1233].

Note 1 : Comp. a. 2647.

▌ C.C.Q., 1136, 1199, 1757-1766, 2646, 2748; C.P.C., 696, 699.

1234. Le grevé peut, avant l'ouverture, renoncer à ses droits au profit de l'appelé et lui rendre par anticipation les biens substitués.

Cette renonciation ne peut nuire aux droits

1231. On each anniversary of the date of inventory of the property, the institute shall inform the substitute of any change in the general mass of the property; he shall also inform him of the reinvestment he has made of the proceeds of alienation of property.

[1991, c. 64, a. 1231].

1232. If the constituting act of the substitution provides therefor, the institute may dispose of the substituted property gratuitously or not reinvest the proceeds of its alienation; he has no right to bequeath it unless that is expressly permitted by the act.

In such cases, the substitution has effect only in respect of the property that was not disposed of by the institute.

[1991, c. 64, a. 1232].

1233. Creditors holding a preference[1] or hypothec on substituted property have, in respect of that property, the rights and remedies conferred on them by law.

The other creditors may cause substituted property to be seized and sold by judicial sale, after discussion of the personal patrimony of the institute. The substitute may oppose the seizure and demand that the seizure and sale be limited to the rights conferred on the institute by the substitution. Failing opposition, the sale is valid; the purchaser has a good title and the right of action of the substitute is exercisable only against the institute.

[1991, c. 64, a. 1233].

1234. The institute may, before the substitution opens, renounce his rights in favour of the substitute and deliver over the substituted property to him in anticipation.

In no case does renunciation by the insti-

de ses créanciers non plus qu'aux droits de l'appelé éventuel.

[1991, c. 64, a. 1234].

■ C.C.Q., 1240, 1626-1636.

tute prejudice the rights of his creditors or the rights of the eventual substitute.

[1991, c. 64, a. 1234].

§ 2. — Des droits de l'appelé

1235. Avant l'ouverture, l'appelé a un droit éventuel aux† biens substitués; il peut en disposer ou y renoncer et faire tous les actes conservatoires utiles à la protection de son droit.

[1991, c. 64, a. 1235].

■ C.C.Q., 1504, 2916; C.P.C., 733.

§ 2. — Rights of the substitute

1235. Before the substitution opens, the substitute has an eventual right in† the property substituted; he may dispose of or renounce his right and perform any conservatory act to ensure the protection of his right.

[1991, c. 64, a. 1235].

1236. L'appelé peut, si le grevé refuse ou néglige de faire l'inventaire des biens dans le délai requis, y procéder aux frais du grevé. Il convoque alors le grevé et les autres intéressés.

[1991, c. 64, a. 1236].

■ C.C.Q., 792, 1142, 1201, 1238.

1236. Where the institute refuses or fails to make an inventory of the property within the required time, the substitute may do so at the expense of the institute. He first convenes the institute and the other interested persons.

[1991, c. 64, a. 1236].

1237. Le grevé doit, si l'acte constitutif de la substitution le lui enjoint ou si le tribunal l'ordonne à la demande de l'appelé ou d'un intéressé qui établit la nécessité d'une telle mesure, souscrire une assurance ou fournir une autre sûreté garantissant l'exécution de ses obligations.

Il doit, de même, fournir une sûreté additionnelle si ses obligations viennent à augmenter avant l'ouverture.

[1991, c. 64, a. 1237].

■ C.C.Q., 1144, 1168, 1204, 1227, 1324, 1331.

1237. The institute shall, if the act creating the substitution so requires or if ordered by the court on the motion of the substitute or any interested person who establishes that such a measure is required, take out insurance or furnish other security to guarantee the performance of his obligations.

He shall also furnish additional security where his obligations are increased before the opening of the substitution.

[1991, c. 64, a. 1237].

1238. Si le grevé n'exécute pas ses obligations ou agit de façon à mettre en péril les droits de l'appelé, le tribunal peut, suivant la gravité des circonstances, priver le grevé des fruits et revenus, l'obliger à rétablir le capital, prononcer la déchéance de ses droits en faveur de l'appelé ou nommer un séquestre choisi de préférence parmi les appelés.

[1991, c. 64, a. 1238].

■ C.C.Q., 224, 791, 1168, 1204, 1360.

1238. If the institute fails to perform his obligations or acts in a manner that endangers the rights of the substitute, the court may, depending on the gravity of the circumstances, deprive him of fruits and revenues, require him to restore the capital, declare his rights forfeited in favour of the substitute or appoint a sequestrator chosen preferably from the substitutes.

[1991, c. 64, a. 1238].

1239. Les droits de l'appelé qui n'est pas conçu sont exercés par la personne désignée par le disposant pour agir comme curateur à la substitution et qui accepte cette charge ou, en l'absence de désignation ou d'acceptation, par celle que nomme le tribunal, à la demande du grevé ou de tout intéressé.

Le curateur public peut être désigné pour agir.

[1991, c. 64, a. 1239].

▌C.C.Q., 192, 206, 1242, 1289, 1814.

1239. The rights of a substitute who is not yet conceived are exercised by the person designated by the grantor to act as curator to the substitution and who accepts the office or, where such a person is not designated or does not accept, by the person appointed by the court on the application of the institute or any interested person.

The Public Curator may be designated to act.

[1991, c. 64, a. 1239].

SECTION III —
DE L'OUVERTURE DE LA SUBSTITUTION

SECTION III —
OPENING OF THE SUBSTITUTION

1240. À moins qu'une époque antérieure n'ait été fixée par le disposant, l'ouverture de la substitution a lieu au décès du grevé.

Si le grevé est une personne morale, l'ouverture de la substitution ne peut avoir lieu plus de trente ans après la donation ou l'ouverture de la succession, ou du jour de l'ouverture de son droit.

[1991, c. 64, a. 1240].

▌D.T., 68.

1240. Unless an earlier time has been fixed by the grantor, the opening of the substitution takes place on the death of the institute.

Where the institute is a legal person, the substitution may not open more than thirty years after the gift or the opening of succession, or after the day its right arises.

[1991, c. 64, a. 1240].

1241. Lorsqu'il est stipulé que la part d'un grevé passe, à son décès, aux grevés du même ordre qui lui survivent, l'ouverture de la substitution n'a lieu qu'au décès du dernier grevé.

Toutefois, l'ouverture ainsi différée ne peut nuire aux droits de l'appelé qui aurait reçu au décès d'un grevé, en l'absence d'une telle stipulation; le droit de recevoir lui est acquis, mais il ne peut être exercé avant l'ouverture.

[1991, c. 64, a. 1241].

▌C.C.Q., 1221.

1241. Where it is stipulated that the share of an institute passes, on his death, to the surviving institutes of the same rank, the opening of the substitution takes place only on the death of the last institute.

However, an opening so delayed may not prejudice the rights of the substitute who would have received on the death of an institute but for the stipulation; the right to receive is vested in the substitute but its exercise is suspended until the substitution opens.

[1991, c. 64, a. 1241].

1242. L'appelé doit avoir les qualités requises pour recevoir par donation ou par testament à l'ouverture de la substitution.

S'il y a plusieurs appelés du même ordre, il suffit que l'un d'eux ait les qualités re-

1242. Only a person having the required qualities to receive by gift or by will at the time the substitution opens may be a substitute.

Where there are several substitutes of the same rank, only one need have the re-

quises pour recevoir à l'ouverture de son droit afin que soit préservé le droit de tous les autres appelés à recevoir, s'ils acceptent la substitution par la suite.

[1991, c. 64, a. 1242].

■ C.C.Q., 617, 1239, 1279, 1813.

quired qualities to receive at the time his right arises to protect the right of all the other substitutes to receive, if they subsequently accept the substitution.

[1991, c. 64, a. 1242].

Section IV —
De la substitution après l'ouverture

Section IV —
Substitution after opening

1243. L'appelé, s'il accepte la substitution, reçoit les biens directement du disposant. Il est, par l'ouverture, saisi de la propriété des biens.

[1991, c. 64, a. 1243].

■ C.C.Q., 625, 739; D.T., 69.

1243. The substitute who accepts the substitution receives the property directly from the grantor and is, by the opening, seised of ownership of the property.

[1991, c. 64, a. 1243].

1244. Le grevé doit, à l'ouverture, rendre compte à l'appelé et lui remettre les biens substitués.

Si le bien substitué ne se trouve plus en nature, il rend ce qui a été acquis en remploi ou, à défaut, la valeur du bien au moment de l'aliénation.

[1991, c. 64, a. 1244].

■ C.C.Q., 1167, 1297, 1363.

1244. The institute shall, at the opening, render account to the substitute and deliver over the substituted property to him.

Where the substituted property is no longer in kind, the institute delivers over whatever has been acquired through reinvestment or, failing that, the value of the property at the time of the alienation.

[1991, c. 64, a. 1244].

1245. Le grevé rend les biens substitués dans l'état où ils se trouvent lors de l'ouverture.

Il répond de la perte survenue par sa faute ou ne résultant pas d'un usage normal.

[1991, c. 64, a. 1245].

■ C.C.Q., 876, 1167, 1244, 2286.

1245. The institute delivers the property in the condition it is in at the opening of the substitution.

The institute is liable for any loss caused by his fault or not resulting from normal use.

[1991, c. 64, a. 1245].

1246. Lorsque la substitution ne porte que sur le résidu des biens donnés ou légués, le grevé ne rend que les biens qui restent, ainsi que le solde du prix de ceux qui ont été aliénés.

[1991, c. 64, a. 1246].

■ C.C.Q., 1220, 1232.

1246. Where the substitution affects only the residue of the property given or bequeathed, the institute delivers over only the property remaining and the price still due on the alienated property.

[1991, c. 64, a. 1246].

1247. Le grevé a le droit d'être remboursé, avec les intérêts courus depuis l'ouverture,

1247. The institute is entitled to reimbursement, with interest accrued from the

des dettes en capital qu'il a payées sans en avoir été chargé et des dépenses généralement débitées au capital qu'il a faites en raison de la substitution.

opening, of capital debts that he has paid without having been charged to do so and the expenses generally debited from the capital that he has incurred by reason of the substitution.

Il a aussi le droit d'être remboursé, en proportion de la durée de son droit, des dépenses généralement débitées au revenu et dont l'objet excède cette durée.

[1991, c. 64, a. 1247].

The institute is also entitled to reimbursement, in proportion to the duration of his right, of expenses generally debited from the revenues for any object that exceeds that duration.

[1991, c. 64, a. 1247].

❚ C.C.Q., 1226, 1301, 1302, 1345-1347, 1565, 2150, 2293; D.T., 70.

1248. Le grevé a le droit d'être remboursé des impenses utiles qu'il a faites, suivant les règles applicables au possesseur de bonne foi.

[1991, c. 64, a. 1248].

1248. The institute is entitled to be reimbursed for the useful disbursements he has made, subject to the rules applicable to possessors in good faith.

[1991, c. 64, a. 1248].

❚ C.C.Q., 959, 961, 963, 1138, 1210, 1488, 1703; D.T., 49.

1249. L'ouverture de la substitution fait revivre les créances et les dettes qui existaient entre le grevé et le disposant; elle met fin à la confusion, dans la personne du grevé, des qualités de créancier et de débiteur, sauf pour les intérêts courus jusqu'à l'ouverture.

[1991, c. 64, a. 1249].

1249. The opening of a substitution revives the claims and debts that existed between the institute and the grantor and terminates the confusion, in the person of the institute, of the qualities of creditor and debtor, except in respect of interest accrued until the opening.

[1991, c. 64, a. 1249].

❚ C.C.Q., 1683.

1250. Le grevé peut retenir les biens substitués jusqu'au paiement de ce qui lui est dû.

[1991, c. 64, a. 1250].

1250. The institute may retain the substituted property until payment of what is due to him.

[1991, c. 64, a. 1250].

❚ C.C.Q., 963, 1592, 1593, 2293.

1251. Les héritiers du grevé sont tenus d'exécuter les obligations que les dispositions de la présente section imposent au grevé et ils exercent les droits qu'elles lui confèrent.

1251. The heirs of the institute are bound to perform the obligations that this section imposes on the institute, and they have the same rights as it confers on him.

Ils sont tenus de continuer ce qui est la suite nécessaire des actes du grevé ou ce qui ne peut être différé sans risque de perte.

[1991, c. 64, a. 1251].

The heirs of the institute are bound to continue anything that necessarily follows from the acts performed by him or that cannot be deferred without risk of loss.

[1991, c. 64, a. 1251].

❚ C.C.Q., 1361, 1484, 2162.

par un usage qui ne modifie pas sensiblement la consistance du patrimoine†.

[1991, c. 64, a. 1259].

∎ C.C.Q., 1256, 1293.

preciably alter the substance of the initial property†.

[1991, c. 64, a. 1259].

Chapitre II ⸺
De la fiducie

Chapter II ⸺
The trust

SECTION I ⸺
DE LA NATURE DE LA FIDUCIE

SECTION I ⸺
NATURE OF THE TRUST

1260. La fiducie résulte d'un acte par lequel une personne, le constituant, transfère de son patrimoine à un autre patrimoine qu'il constitue, des biens qu'il affecte à une fin particulière et qu'un fiduciaire s'oblige, par le fait de son acceptation, à détenir et à administrer.

[1991, c. 64, a. 1260].

∎ C.C.Q., 1256, 1278, 1287, 1297, 1306.

1260. A trust results from an act whereby a person, the settlor, transfers property from his patrimony to another patrimony constituted by him which he appropriates to a particular purpose and which a trustee undertakes, by his acceptance, to hold and administer.

[1991, c. 64, a. 1260].

1261. Le patrimoine fiduciaire, formé des biens transférés en fiducie, constitue un patrimoine d'affectation autonome et distinct de celui du constituant, du fiduciaire ou du bénéficiaire, sur lequel aucun d'entre eux n'a de droit réel.

[1991, c. 64, a. 1261].

∎ C.C.Q., 1260.

1261. The trust patrimony, consisting of the property transferred in trust, constitutes a patrimony by appropriation, autonomous and distinct from that of the settlor, trustee or beneficiary and in which none of them has any real right.

[1991, c. 64, a. 1261].

1262. La fiducie est établie par contrat, à titre onéreux ou gratuit, par testament ou, dans certains cas, par la loi. Elle peut aussi, lorsque la loi l'autorise, être établie par jugement.

[1991, c. 64, a. 1262].

∎ C.C.Q., 1258, 3107, 3108; D.T., 71.

1262. A trust is established by contract, whether by onerous title or gratuitously, by will, or, in certain cases, by operation of law. Where authorized by law, it may also be established by judgment.

[1991, c. 64, a. 1262].

1263. La fiducie établie par contrat à titre onéreux peut avoir pour objet de garantir l'exécution d'une obligation. En ce cas, la fiducie doit, pour être opposable aux tiers, être publiée au registre des droits personnels et réels mobiliers ou au registre foncier, selon la nature mobilière ou immobilière des biens transférés en fiducie.

Le fiduciaire est, en cas de défaut du constituant, assujetti aux règles relatives à

1263. The purpose of an onerous trust established by contract may be to secure the performance of an obligation. If that is the case, to have effect against third persons, the trust must be published in the register of personal and movable real rights or in the land register, according to the movable or immovable nature of the property transferred in trust.

In case of default by the settlor, the trustee is governed by the rules regarding the ex-

l'exercice des droits hypothécaires énoncées au livre Des priorités et des hypothèques.

[1991, c. 64, a. 1263; 1998, c. 5, a. 1].

ercise of hypothecary rights set out in the Book on Prior Claims and Hypothecs.

[1991, c. 64, a. 1263; 1998, c. 5, s. 1].

Note : L'expression « *to have effect against third persons* » utilisée à titre d'équivalent de « pour être opposable aux tiers » peut être comparée à celle, plus fréquemment usitée, de « *to be set up against third persons* », employée notamment à l'a. 2941. / The expression "to have effect against third persons" as equivalent for "*pour être opposable aux tiers*" may be compared to the more frequent use of "to be set up against third persons" in, *e.g.*, a. 2941.

▌ C.C.Q., 1233, 1590, 2647, 2656, 2687, 2735, 2749, 2757.

1264. La fiducie est constituée dès l'acceptation du fiduciaire ou, s'ils sont plusieurs, de l'un d'eux.

Lorsque la fiducie est établie par testament, les effets de l'acceptation rétroagissent au jour du décès.

[1991, c. 64, a. 1264].

▌ C.C.Q., 1260, 1262.

1264. A trust is constituted upon the acceptance of the trustee or of one of the trustees if there are several.

In the case of a testamentary trust, the effects of the trustee's acceptance are retroactive to the day of death.

[1991, c. 64, a. 1264].

1265. L'acceptation de la fiducie dessaisit le constituant des biens, charge le fiduciaire de veiller à leur affectation et à l'administration du patrimoine fiduciaire et suffit pour rendre certain le droit du bénéficiaire.

[1991, c. 64, a. 1265].

▌ C.C.Q., 625, 777, 1243.

1265. Acceptance of the trust divests the settlor of the property, charges the trustee with seeing to the appropriation of the property and the administration of the trust patrimony and is sufficient to establish the right of the beneficiary with certainty.

[1991, c. 64, a. 1265].

SECTION II —
DES DIVERSES ESPÈCES DE FIDUCIE ET DE LEUR DURÉE

SECTION II —
VARIOUS KINDS OF TRUSTS AND THEIR DURATION

1266. Les fiducies sont constituées à des fins personnelles, ou à des fins d'utilité privée ou sociale.

Elles peuvent, dans la mesure où une mention indique qu'il s'agit d'une fiducie, être identifiées sous le nom du disposant, du fiduciaire ou du bénéficiaire ou, si elles sont constituées à des fins d'utilité privée ou sociale, sous un nom qui désigne leur objet.

[1991, c. 64, a. 1266].

▌ C.C.Q., 1267, 1268.

1266. Trusts are constituted for personal purposes or for purposes of private or social utility.

Provided it is designated as a trust, a trust may be identified by the name of the grantor, the trustee or the beneficiary or, in the case of a trust constituted for purposes of private or social utility, by a name which reflects its object.

[1991, c. 64, a. 1266].

1267. La fiducie personnelle est constituée à titre gratuit, dans le but de procurer un

1267. A personal trust is constituted gratuitously for the purpose of securing a bene-

avantage à une personne déterminée ou qui peut l'être.

[1991, c. 64, a. 1267].

▮ C.C.Q., 1266, 1279, 1285, 1289.

fit for a determinate or determinable person.

[1991, c. 64, a. 1267].

1268. La fiducie d'utilité privée est celle qui a pour objet l'érection, l'entretien ou la conservation d'un bien corporel, ou l'utilisation d'un bien affecté à un usage déterminé, soit à l'avantage indirect d'une personne ou à sa mémoire, soit dans un autre but de nature privée.

[1991, c. 64, a. 1268].

▮ C.C.Q., 1266, 1285.

1268. A private trust is a trust created for the object of erecting, maintaining or preserving a thing or of using a* property appropriated to a specific use, whether for the indirect benefit of a person or in his memory, or for some other private purpose.

[1991, c. 64, a. 1268].

1269. Est aussi d'utilité privée la fiducie constituée à titre onéreux dans le but, notamment[1], de permettre la réalisation d'un profit au moyen de placements ou d'investissements, de pourvoir à une retraite ou de procurer un autre avantage au constituant ou aux personnes qu'il désigne, aux membres d'une société ou d'une association, à des salariés ou à des porteurs de titre†.

[1991, c. 64, a. 1269].

1269. A trust constituted by onerous title, particularly[1] one created for the purpose of allowing the making of profit by means of investments, providing for retirement or procuring another benefit for the settlor or for the persons he designates or for the members of a partnership, company or association, or for employees or shareholders†, is also a private trust.

[1991, c. 64, a. 1269].

Note 1 : Il convient de noter que l'emplacement des termes « notamment » et « *particularly* » donne à chacun des textes de cet article une structure différente. / It may be observed that the position of the words « particularly » and « *notamment* » gives each of the two texts a different structure.

▮ C.C.Q., 1266, 1285.

1270. La fiducie d'utilité sociale est celle qui est constituée dans un but d'intérêt général, notamment à caractère culturel, éducatif, philanthropique, religieux ou scientifique.

Elle n'a pas pour objet essentiel† de réaliser un bénéfice ni d'exploiter une entreprise.

[1991, c. 64, a. 1270].

▮ C.C.Q., 1256, 1266, 1294, 1298, 1525.

1270. A social trust is a trust constituted for a purpose of general interest, such as a cultural, educational, philanthropic, religious or scientific purpose.

It does not have the making of profit or the operation of an enterprise as its main† object.

[1991, c. 64, a. 1270].

1271. La fiducie personnelle constituée au bénéfice de plusieurs personnes successivement ne peut comprendre plus de deux ordres de bénéficiaires des fruits et revenus, outre celui du bénéficiaire du capital; elle est sans effet à l'égard des ordres subséquents qui y seraient visés.

1271. A personal trust constituted for the benefit of several persons successively may not include more than two ranks of beneficiaries of the fruits and revenues exclusive of the beneficiary of the capital; it is without effect in respect of any subsequent ranks it might contemplate.

Les accroissements, entre les cobénéficiaires des fruits et revenus d'un même ordre, ont lieu de la même façon qu'entre cogrevés du même ordre en matière de substitution.

[1991, c. 64, a. 1271].

∎ C.C.Q., 755, 909, 910, 1221, 1241, 1252.

Accretions of fruits and revenues between co-beneficiaries of the same rank are subject to the rules of substitution relating to accretions between co-institutes of the same rank.

[1991, c. 64, a. 1271].

1272. Le droit du bénéficiaire du premier ordre s'ouvre au plus tard à l'expiration des cent ans qui suivent la constitution de la fiducie, même si un terme plus long a été stipulé. Celui des bénéficiaires des ordres subséquents peut s'ouvrir postérieurement, mais au profit des seuls bénéficiaires qui ont la qualité requise pour recevoir à l'expiration des cent ans qui suivent la constitution de la fiducie.

Les personnes morales ne peuvent jamais être bénéficiaires pour une période excédant cent ans, même si un terme plus long a été stipulé.

[1991, c. 64, a. 1272].

∎ C.C.Q., 617, 1221, 1240, 1271; D.T., 72.

1272. The right of beneficiaries of the first rank opens not later than one hundred years after the trust is constituted, even if a longer term is stipulated. The right of beneficiaries of subsequent ranks may open later but solely for the benefit of those beneficiaries who have the required quality to receive at the expiry of one hundred years after creation of the trust.

In no case may a legal person be a beneficiary for a period exceeding one hundred years, even if a longer term is stipulated.

[1991, c. 64, a. 1272].

1273. La fiducie d'utilité privée ou sociale peut être perpétuelle.

[1991, c. 64, a. 1273].

∎ C.C.Q., 1268-1270, 1294, 1296.

1273. A private or social trust may be perpetual.

[1991, c. 64, a. 1273].

Section III —
De l'administration de la fiducie

Section III —
Administration of the trust

§ 1. — De la désignation et de la charge du fiduciaire

§ 1. — Appointment and office of the trustee

1274. La personne physique pleinement capable de l'exercice de ses droits civils peut être fiduciaire, de même que la personne morale autorisée par la loi.

[1991, c. 64, a. 1274].

∎ C.C.Q., 153, 301, 304, 783.

1274. Any natural person having the full exercise of his civil rights, and any legal person authorized by law, may act as a trustee.

[1991, c. 64, a. 1274].

1275. Le constituant ou le bénéficiaire peut être fiduciaire, mais il doit agir conjointement avec un fiduciaire qui n'est ni constituant ni bénéficiaire.

[1991, c. 64, a. 1275].

1275. The settlor or the beneficiary may be a trustee but he shall act jointly with a trustee who is neither the settlor nor a beneficiary.

[1991, c. 64, a. 1275].

▌C.C.Q., 1260.

1276. Le constituant peut désigner un ou plusieurs fiduciaires ou pourvoir au mode de leur désignation ou de leur remplacement.

[1991, c. 64, a. 1276].

▌C.C.Q., 788, 791, 1332-1338, 2264.

1276. The settlor may appoint one or several trustees or provide the mode of their appointment or replacement.

[1991, c. 64, a. 1276].

1277. Le tribunal peut, à la demande d'un intéressé et après un avis donné aux personnes qu'il indique, désigner un fiduciaire lorsque le constituant a omis de le désigner ou qu'il est impossible de pourvoir à la désignation ou au remplacement d'un fiduciaire.

Il peut, lorsque les conditions de l'administration l'exigent, désigner un ou plusieurs autres fiduciaires.

[1991, c. 64, a. 1277].

▌C.C.Q., 788, 791, 2264.

1277. The court may, at the request of an interested person and after notice has been given to the persons it indicates, appoint a trustee where the settlor has failed to do so or where it is impossible to appoint or replace a trustee.

The court may appoint one or several other trustees where required by the conditions of the administration.

[1991, c. 64, a. 1277].

1278. Le fiduciaire a la maîtrise et l'administration exclusive du patrimoine fiduciaire et les titres relatifs aux biens qui le composent sont établis à son nom; il exerce tous les droits afférents au patrimoine et peut prendre toute mesure propre à en assurer l'affectation.

Il agit à titre d'administrateur du bien d'autrui chargé de la pleine administration.

[1991, c. 64, a. 1278].

▌C.C.Q., 282, 360, 618, 802, 1299, 2137, 2238, 2266.

1278. A trustee has the control and the exclusive administration of the trust patrimony, and the titles relating to the property of which it is composed are drawn up in his name; he has the exercise of all the rights pertaining to the patrimony and may take any proper measure to secure its appropriation.

A trustee acts as the administrator of the property of others charged with full administration.

[1991, c. 64, a. 1278].

§ 2. — Du bénéficiaire et de ses droits

§ 2. — The beneficiary and his rights

1279. Le bénéficiaire d'une fiducie constituée à titre gratuit doit avoir les qualités requises pour recevoir par donation ou par testament à l'ouverture de son droit.

S'il y a plusieurs bénéficiaires du même ordre, il suffit que l'un d'eux ait ces qualités pour préserver le droit des autres bénéficiaires, s'ils s'en prévalent.

[1991, c. 64, a. 1279].

1279. Only a person having the qualities to receive by gift or by will at the time his right opens may be the beneficiary of a trust constituted gratuitously.

Where there are several beneficiaries of the same rank, it is sufficient that one of them have such qualities to preserve the right of the others if they avail themselves of it.

[1991, c. 64, a. 1279].

❚ C.C.Q., 617, 1221, 1222, 1239, 1242, 1264, 1289.

1280. Le bénéficiaire d'une fiducie doit, pour recevoir, remplir les conditions requises par l'acte constitutif.

[1991, c. 64, a. 1280].

❚ C.C.Q., 1262.

1280. To receive, the beneficiary of a trust shall meet the conditions required by the constituting act.

[1991, c. 64, a. 1280].

1281. Le constituant peut se réserver le droit de recevoir les fruits et revenus ou, éventuellement, le capital d'une fiducie, même constituée à titre gratuit, ou de participer aux avantages qu'elle procure.

[1991, c. 64, a. 1281].

❚ C.C.Q., 909, 910, 1349, 1456.

1281. The settlor may reserve the right to receive the fruits and revenues or even, where such is the case, the capital of the trust, even a trust constituted by gratuitous title, or share in the benefits it procures.

[1991, c. 64, a. 1281].

1282. Le constituant peut se réserver ou conférer au fiduciaire ou à un tiers la faculté d'élire les bénéficiaires ou de déterminer leur part.

En cas de fiducie d'utilité sociale, la faculté du fiduciaire d'élire les bénéficiaires et de déterminer leur part se présume. En cas de fiducie personnelle ou d'utilité privée, la faculté d'élire ne peut être exercée par le fiduciaire ou le tiers que si la catégorie de personnes parmi lesquelles ils doivent† choisir le bénéficiaire est clairement déterminée dans l'acte constitutif.

[1991, c. 64, a. 1282].

❚ C.C.Q., 833, 1255, 1276.

1282. The settlor may reserve for himself the power to appoint the beneficiaries or determine their shares, or confer it on the trustees or a third person.

In the case of a social trust, the trustee's power to appoint the beneficiaries and determine their shares is presumed. In the case of a personal or private trust, the power to appoint may be exercised by the trustee or the third person only if the class of persons from which he may† appoint the beneficiary is clearly determined in the constituting act.

[1991, c. 64, a. 1282].

1283. Celui qui a la faculté d'élire les bénéficiaires ou de déterminer leur part l'exerce comme il l'entend; il peut modifier ou révoquer sa décision pour les besoins de la fiducie.

Celui qui exerce la faculté ne peut le faire à son propre avantage.

[1991, c. 64, a. 1283].

❚ C.C.Q., 1282.

1283. The person holding the power to appoint the beneficiaries or determine their shares exercises it as he sees fit. He may change or revoke his decision for the requirements of the trust.

He may not appoint beneficiaries for his own benefit.

[1991, c. 64, a. 1283].

1284. Pendant la durée de la fiducie, le bénéficiaire a le droit d'exiger, suivant l'acte constitutif, soit la prestation d'un avantage qui lui est accordé, soit le paiement des fruits et revenus et du capital ou de l'un d'eux seulement.

[1991, c. 64, a. 1284].

1284. While the trust is in effect, the beneficiary has the right to require, according to the constituting act, either the provision of a benefit granted to him or the payment of both the fruits and revenues and the capital or of only one of these.

[1991, c. 64, a. 1284].

■ C.C.Q., 1290.

1285. Le bénéficiaire d'une fiducie constituée à titre gratuit est présumé avoir accepté le droit qui lui est accordé et il peut en disposer.

Il peut aussi y renoncer à tout moment; il doit alors le faire par acte notarié en minute s'il est bénéficiaire d'une fiducie personnelle ou d'utilité privée.

[1991, c. 64, a. 1285].

■ C.C.Q., 646, 1296.

1286. Si le bénéficiaire renonce à son droit ou que ce dernier devient sans effet, son droit passe, en proportion des parts de chacun, aux cobénéficiaires des fruits et revenus ou du capital, selon que lui-même est bénéficiaire des fruits et revenus ou du capital.

S'il est seul bénéficiaire des fruits et revenus dans son ordre, son droit passe, en proportion des parts de chacun, aux bénéficiaires des fruits et revenus du second ordre ou, à défaut, aux bénéficiaires du capital.

[1991, c. 64, a. 1286].

■ C.C.Q., 755, 1221, 1252, 1271.

§ 3. — Des mesures de surveillance et de contrôle

1287. L'administration de la fiducie est soumise à la surveillance du constituant ou de ses héritiers, s'il est décédé, et du bénéficiaire, même éventuel.

En outre, dans les cas prévus par la loi, l'administration des fiducies d'utilité privée ou sociale est soumise, suivant leur objet et leur fin, à la surveillance des personnes et organismes désignés par la loi.

[1991, c. 64, a. 1287].

■ C.C.Q., 1295.

1288. Dès la constitution de la fiducie d'utilité privée ou sociale soumise à la surveillance d'une personne ou d'un organisme désigné par la loi, le fiduciaire doit

1285. The beneficiary of a trust constituted by gratuitous title is presumed to have accepted the right granted to him and he is entitled to dispose of it.

He may renounce it at any time; he shall then do so by notarial act *en minute* if he is the beneficiary of a personal or private trust.

[1991, c. 64, a. 1285].

1286. If the beneficiary renounces his right, or if his right lapses, it passes, according to whether he is the beneficiary of the fruits and revenues or of the capital, to the co-beneficiaries of the fruits and revenues or of the capital, in proportion to the share of each.

If he is the sole beneficiary of the fruits and revenues of his rank, his right passes, in proportion to the share of each, to the beneficiaries of the fruits and revenues of the second rank, or where there are no such beneficiaries, to the beneficiaries of the capital.

[1991, c. 64, a. 1286].

§ 3. — Measures of supervision and control

1287. The administration of a trust is subject to the supervision of the settlor or of his heirs, if he has died, and of the beneficiary, even a future beneficiary.

In addition, in cases provided for by law, the administration of a private or social trust is subject, according to its object and purpose, to the supervision of the persons or bodies designated by law.

[1991, c. 64, a. 1287].

1288. Upon the constitution of a private or social trust subject to the supervision of a person or body designated by law, the trustee shall file with the person or body a

déposer auprès de la personne ou de l'organisme une déclaration indiquant, notamment, la nature et l'objet de la fiducie, sa durée, ainsi que les nom et adresse du fiduciaire.

Il doit, à la demande de la personne ou de l'organisme, permettre l'examen des dossiers de la fiducie et fournir tout compte, rapport ou information qui lui est demandé.

[1991, c. 64, a. 1288].

❚ C.C.Q., 360, 1295.

1289. Les droits du bénéficiaire d'une fiducie personnelle sont exercés, s'il n'est pas encore conçu, par la personne qui, ayant été désignée par le constituant pour agir comme curateur, accepte cette charge ou, à défaut, par celle que nomme le tribunal à la demande du fiduciaire ou de tout intéressé. Le curateur public peut être désigné pour agir.

En cas de fiducie d'utilité privée dont aucune personne, même déterminable ou éventuelle, ne peut être bénéficiaire, les droits que le présent paragraphe accorde au bénéficiaire peuvent être exercés par le curateur public.

[1991, c. 64, a. 1289].

❚ C.C.Q., 192, 224, 281, 617, 1239, 1267, 1814, 2905.

1290. Le constituant, le bénéficiaire ou un autre intéressé peut, malgré toute stipulation contraire, agir contre le fiduciaire pour le contraindre à exécuter ses obligations ou à faire un acte nécessaire à la fiducie, pour lui enjoindre de s'abstenir de tout acte dommageable à la fiducie ou pour obtenir sa destitution.

Il peut aussi attaquer les actes faits par le fiduciaire en fraude du patrimoine fiduciaire ou des droits du bénéficiaire.

[1991, c. 64, a. 1290].

❚ C.C.Q., 791, 792, 1080; C.P.C., 751-761.

1291. Le tribunal peut autoriser le constituant, le bénéficiaire ou un autre intéressé à agir en justice à la place du fiduciaire, lorsque celui-ci, sans motif suffisant, re-

statement indicating, in particular, the nature, object and term of the trust and the name and address of the trustee.

The trustee shall, at the request of the person or body, allow the trust records to be examined and furnish any account, report or information requested of him.

[1991, c. 64, a. 1288].

1289. The rights of the beneficiary of a personal trust, if he is not yet conceived, are exercised by the person who, having been designated by the settlor to act as curator, accepts the office or, failing him, by the person appointed by the court on the application of the trustee or any interested person. The Public Curator may be designated to act.

In a private trust of which no person, even determinable or future, may be a beneficiary, the rights granted to the beneficiary under this subsection may be exercised by the Public Curator.

[1991, c. 64, a. 1289].

1290. The settlor, the beneficiary or any other interested person may, notwithstanding any stipulation to the contrary, take action against the trustee to compel him to perform his obligations or to perform any act which is necessary in the interest of the trust, to enjoin him to abstain from any action harmful to the trust or to have him removed.

He may also impugn any acts performed by the trustee in fraud of the trust patrimony or the rights of the beneficiary.

[1991, c. 64, a. 1290].

1291. The court may authorize the settlor, the beneficiary or any other interested person to take legal action in the place and stead of the trustee when, without suffi-

fuse d'agir, néglige de le faire ou en est empêché.

[1991, c. 64, a. 1291].

▌ C.C.Q., 792.

1292. Le fiduciaire, le constituant et le bénéficiaire sont, s'ils y participent, solidairement responsables des actes exécutés en fraude des droits des créanciers du constituant ou du patrimoine fiduciaire.

[1991, c. 64, a. 1292].

▌ C.C.Q., 1523, 1525.

cient reason, he refuses or neglects to act or is prevented from acting.

[1991, c. 64, a. 1291].

1292. The trustee, the settlor and the beneficiary are solidarily liable for acts in which they participate that are performed in fraud of the rights of the creditors of the settlor or of the trust patrimony.

[1991, c. 64, a. 1292].

SECTION IV ──
DES MODIFICATIONS À LA FIDUCIE ET AU PATRIMOINE

SECTION IV ──
CHANGES TO THE TRUST AND TO THE PATRIMONY

1293. Toute personne peut augmenter le patrimoine fiduciaire en lui* transférant des biens par contrat ou par testament et en suivant, pour ces augmentations, les règles propres à la constitution d'une fiducie. Elle n'acquiert pas, de ce fait, les droits d'un constituant.

Les biens transférés se confondent dans le patrimoine fiduciaire et sont administrés conformément aux dispositions de l'acte constitutif.

[1991, c. 64, a. 1293].

▌ C.C.Q., 1257, 1259, 1261.

1293. Any person may increase the trust patrimony by transferring property to it by contract or by will in conformity with the rules applicable to the constitution of a trust. The person does not acquire the rights of a settlor by that fact.

The transferred property is mingled with the other property of the trust patrimony and is administered in accordance with the provisions of the constituting act.

[1991, c. 64, a. 1293].

1294. Lorsqu'une fiducie a cessé de répondre à la volonté première du constituant, notamment par suite de circonstances inconnues de lui ou imprévisibles qui rendent impossible ou trop onéreuse la poursuite du but de la fiducie, le tribunal peut, à la demande d'un intéressé, mettre fin à la fiducie; il peut aussi, dans le cas d'une fiducie d'utilité sociale, lui substituer un but qui se rapproche le plus possible† du but original.

Si la fiducie répond toujours à la volonté du constituant, mais que de nouvelles mesures permettraient de mieux respecter sa volonté ou favoriseraient l'accomplissement de la fiducie, le tribunal peut modifier les dispositions de l'acte constitutif.

[1991, c. 64, a. 1294].

▌ C.C.Q., 355, 1296, 1298.

1294. Where a trust has ceased to meet the first intent of the settlor, particularly as a result of circumstances unknown to him or unforeseeable and which make the pursuit of the purpose of the trust impossible or too onerous, the court may, on the application of an interested person, terminate the trust; the court may also, in the case of a social trust, substitute another closely† related purpose for the original purpose of the trust.

Where the trust continues to meet the intent of the settlor but new measures would allow a more faithful compliance with his intent or favour the fulfilment of the trust, the court may amend the provisions of the constituting act.

[1991, c. 64, a. 1294].

1295. Il doit être donné avis de la demande au constituant et au fiduciaire et, le cas échéant, au bénéficiaire, au liquidateur de la succession du constituant ou aux héritiers et à toute autre personne ou organisme désigné par la loi, si la fiducie est soumise à leur surveillance.

[1991, c. 64, a. 1295].

Note : Comp. a. 1298.

▪ C.C.Q., 1287, 1294, 1298.

1295. Notice of the application shall be given to the settlor and to the trustee and, where such is the case, to the beneficiary, to the liquidator of the succession of the settlor, or his heirs, and to any other person or body designated by law, where the trust is subject to their supervision.

[1991, c. 64, a. 1295].

SECTION V —
DE LA FIN DE LA FIDUCIE

SECTION V —
TERMINATION OF THE TRUST

1296. La fiducie prend fin par la renonciation ou la caducité du droit de tous les bénéficiaires, tant du capital que des fruits et revenus.

Elle prend fin aussi par l'arrivée du terme ou l'avènement de la condition, par le fait que le but de la fiducie a été atteint ou par l'impossibilité, constatée par le tribunal, de l'atteindre.

[1991, c. 64, a. 1296].

▪ C.C.Q., 355, 822, 1252, 1285, 1294, 1356.

1296. A trust is terminated by the renunciation or lapse of the right of all the beneficiaries, both of the capital and of the fruits and revenues.

A trust is also terminated by the expiry of the term or the fulfilment of the condition, by the attainment of the purpose of the trust or by the impossibility, confirmed by the court, of attaining it.

[1991, c. 64, a. 1296].

1297. Le fiduciaire doit, au terme de la fiducie, remettre les biens à ceux qui y ont droit.

À défaut de bénéficiaire, les biens qui restent au terme de la fiducie sont dévolus au constituant ou à ses héritiers.

[1991, c. 64, a. 1297].

▪ C.C.Q., 361, 1270, 1294, 1295, 2279.

1297. At the termination of a trust, the trustee shall deliver the property to those who are entitled to it.

Where there is no beneficiary, any property remaining when the trust is terminated devolves to the settlor or his heirs.

[1991, c. 64, a. 1297].

1298. Les biens de la fiducie d'utilité sociale qui prend fin par suite de l'impossibilité de l'accomplir sont dévolus à une fiducie, à une personne morale ou à tout autre groupement de personnes ayant une vocation se rapprochant le plus possible de celle de la fiducie. La désignation en est faite par le tribunal, sur la recommandation du fiduciaire. Le tribunal prend aussi l'avis de la personne ou de l'organisme désigné par la loi, si la fiducie était soumise à leur surveillance.

[1991, c. 64, a. 1298].

▪ C.C.Q., 361, 1270, 1294, 1295, 1297, 2279.

1298. The property of a social trust that terminates by the impossibility of its fulfilment devolves to a trust, to a legal person or to any other group of persons devoted to a purpose as nearly like that of the trust as possible, designated by the court on the recommendation of the trustee. The court also obtains the advice of any person or body designated by law to supervise the trust.

[1991, c. 64, a. 1298].

Chapitre I ——
Dispositions générales

Chapter I ——
General provisions

1299. Toute personne qui est chargée d'administrer un bien ou un patrimoine qui n'est pas le sien assume la charge d'administrateur du bien d'autrui. Les règles du présent titre s'appliquent à une administration, à moins qu'il ne résulte de la loi, de l'acte constitutif ou des circonstances qu'un autre régime d'administration ne soit applicable.

[1991, c. 64, a. 1299].

▮ C.C.Q., 208, 282, 286, 802, 1029, 1085, 1278; D.T., 73.

1299. Any person who is charged with the administration of property or a patrimony that is not his own assumes the office of administrator of the property of others. The rules of this Title apply to every administration unless another form of administration applies under the law or the constituting act, or due to circumstances.

[1991, c. 64, a. 1299].

1300. À moins que l'administration ne soit gratuite en vertu de la loi, de l'acte ou des circonstances, l'administrateur a droit à la rémunération fixée par l'acte, les usages ou la loi, ou encore à celle établie d'après la valeur des services.

Celui qui agit sans droit ou sans y être autorisé n'a droit à aucune rémunération.

[1991, c. 64, a. 1300].

▮ C.C.Q., 184, 753, 789, 1084, 1318, 1367, 2133, 2148.

1300. Unless the administration is gratuitous according to law, the act or the circumstances, the administrator is entitled to the remuneration fixed in the act, by usage or by law, or to the remuneration established according to the value of the services rendered.

A person acting without right or authorization is not entitled to any remuneration.

[1991, c. 64, a. 1300].

Chapitre II ——
Des formes de l'administration

Chapter II ——
Kinds of administration

1301. Celui qui est chargé de la simple administration doit faire tous les actes nécessaires à la conservation du bien ou ceux qui sont utiles pour maintenir l'usage auquel le bien est normalement destiné.

[1991, c. 64, a. 1301].

▮ C.C.Q., 208, 262, 282, 286, 802, 1029, 1039, 1226.

1301. A person charged with simple administration shall perform all the acts necessary for the preservation of the property or useful for the maintenance of the use for which the property is ordinarily destined.

[1991, c. 64, a. 1301].

1302. L'administrateur chargé de la simple administration est tenu de percevoir les fruits et revenus du bien qu'il administre et d'exercer les droits qui lui sont attachés.

Il perçoit les créances qui sont soumises à son administration et en donne valablement quittance; il exerce les droits attachés aux valeurs mobilières qu'il administre, tels les droits de vote, de conversion ou de rachat.

[1991, c. 64, a. 1302].

❚ C.C.Q., 1301.

1303. L'administrateur doit continuer l'utilisation ou l'exploitation du bien qui produit des fruits et revenus, sans en changer la destination, à moins d'y être autorisé par le bénéficiaire ou, en cas d'empêchement, par le tribunal.

[1991, c. 64, a. 1303].

❚ C.C.Q., 1301.

1304. L'administrateur est tenu de placer les sommes d'argent qu'il administre, conformément aux règles du présent titre relatives aux placements présumés sûrs.

Il peut modifier les placements faits avant son entrée en fonctions ou ceux qu'il a faits.

[1991, c. 64, a. 1304].

❚ C.C.Q., 1301, 1339-1344.

1305. L'administrateur peut, avec l'autorisation du bénéficiaire ou, si celui-ci est empêché, avec celle du tribunal, aliéner le bien à titre onéreux ou le grever d'une hypothèque, lorsque cela est nécessaire pour payer les dettes, maintenir l'usage auquel le bien est normalement destiné ou en conserver la valeur.

Il peut, toutefois, aliéner seul un bien susceptible de se déprécier rapidement ou de dépérir.

[1991, c. 64, a. 1305].

❚ C.C.Q., 162, 213, 804; C.P.C., 897-910.

1302. An administrator charged with simple administration is bound to collect the fruits and revenues of the property under his administration and to exercise the rights pertaining to the property.

He collects the debts under his administration and gives valid acquittance for them; he exercises the rights pertaining to the securities administered by him, such as voting, conversion or redemption rights.

[1991, c. 64, a. 1302].

1303. An administrator shall continue the use or operation of the property which produces fruits and revenues without changing its destination, unless he is authorized to make such a change by the beneficiary or, if that is prevented, by the court.

[1991, c. 64, a. 1303].

1304. An administrator is bound to invest the sums of money under his administration in accordance with the rules of this Title relating to presumed sound investments.

He may likewise change any investment made before he took office or that he has made himself.

[1991, c. 64, a. 1304].

1305. An administrator, with the authorization of the beneficiary or, if the beneficiary is prevented from acting, of the court, may alienate the property by onerous title or charge it with a hypothec where that is necessary for the payment of the debts, maintenance of the use for which the property is ordinarily destined, or the preservation of its value.

He may, however, alienate alone any property that is perishable or likely to depreciate rapidly.

[1991, c. 64, a. 1305].

Section II ——
Full administration of the
property of others

1306. Celui qui est chargé de la pleine administration doit conserver et faire fructifier le bien, accroître le patrimoine ou en réaliser† l'affectation, lorsque l'intérêt du bénéficiaire ou la poursuite du but de la fiducie l'exigent.

[1991, c. 64, a. 1306].

▌C.C.Q., 1278.

1306. A person charged with full administration shall preserve the property and make it productive, increase the patrimony or appropriate† it to a purpose, where the interest of the beneficiary or the pursuit of the purpose of the trust requires it.

[1991, c. 64, a. 1306].

1307. L'administrateur peut, pour exécuter ses obligations, aliéner le bien à titre onéreux, le grever d'un droit réel ou en changer la destination et faire tout autre acte nécessaire ou utile, y compris toutes espèces de placements.

[1991, c. 64, a. 1307].

▌C.C.Q., 1306, 2137.

1307. An administrator may, to perform his obligations, alienate the property by onerous title, charge it with a real right or change its destination and perform any other necessary or useful act, including any form of investment.

[1991, c. 64, a. 1307].

**Chapitre III ——
Des règles de l'administration**

**Chapter III ——
Rules of administration**

Section I ——
Des obligations de
l'administrateur envers le
bénéficiaire

Section I ——
Obligations of the administrator
towards the beneficiary

1308. L'administrateur du bien d'autrui doit, dans l'exercice de ses fonctions, respecter les obligations que la loi et l'acte constitutif lui imposent; il doit agir dans les limites des pouvoirs qui lui sont conférés.

Il ne répond pas de la perte du bien qui résulte d'une force majeure, de la vétusté du bien, de son dépérissement ou de l'usage normal et autorisé du bien.

[1991, c. 64, a. 1308].

▌C.C.Q., 1864, 1890, 2739.

1308. The administrator of the property of others shall, in carrying out his duties, comply with the obligations imposed on him by law or by the constituting act. He shall act within the powers conferred on him.

He is not liable for loss of the property resulting from a superior force or from its age, its perishable nature or its normal and authorized use.

[1991, c. 64, a. 1308].

1309. L'administrateur doit agir avec prudence et diligence.

Il doit aussi agir avec honnêteté et loyauté, dans le meilleur intérêt du bénéficiaire ou de la fin poursuivie.

[1991, c. 64, a. 1309].

1309. An administrator shall act with prudence and diligence.

He shall also act honestly and faithfully in the best interest of the beneficiary or of the object pursued.

[1991, c. 64, a. 1309].

▌C.C.Q., 322, 1128, 1225, 1343, 2138.

1310. L'administrateur ne peut exercer ses pouvoirs dans son propre intérêt ni dans celui d'un tiers; il ne peut non plus se placer dans une situation de conflit entre son intérêt personnel et ses obligations d'administrateur.

S'il est lui-même bénéficiaire, il doit exercer ses pouvoirs dans l'intérêt commun, en considérant son intérêt au même titre que celui des autres bénéficiaires.

[1991, c. 64, a. 1310].

▌C.C.Q., 324, 2147.

1311. L'administrateur doit, sans délai, dénoncer au bénéficiaire tout intérêt qu'il a dans une entreprise et qui est susceptible de le placer en situation de conflit d'intérêts, ainsi que les droits qu'il peut faire valoir contre lui ou dans les biens administrés, en indiquant, le cas échéant, la nature et la valeur de ces droits. Il n'est pas tenu de dénoncer l'intérêt ou les droits qui résultent de l'acte ayant donné lieu à l'administration.

Sont dénoncés à la personne ou à l'organisme désigné par la loi, l'intérêt ou les droits portant sur les biens d'une fiducie soumise à leur surveillance.

[1991, c. 64, a. 1311].

▌C.C.Q., 1309, 1310.

1312. L'administrateur ne peut, pendant son administration, se porter partie à un contrat qui touche les biens administrés, ni acquérir autrement que par succession des droits sur ces biens ou contre le bénéficiaire.

Il peut, néanmoins, y être expressément autorisé par le bénéficiaire ou, en cas d'empêchement ou à défaut d'un bénéficiaire déterminé, par le tribunal.

[1991, c. 64, a. 1312].

▌C.C.Q., 1709.

1310. No administrator may exercise his powers in his own interest or that of a third person or place himself in a position where his personal interest is in conflict with his obligations as administrator.

If the administrator himself is a beneficiary, he shall exercise his powers in the common interest, giving the same consideration to his own interest as to that of the other beneficiaries.

[1991, c. 64, a. 1310].

1311. An administrator shall, without delay, declare to the beneficiary any interest he has in an enterprise that could place him in a position of conflict of interest and of* the rights he may invoke against the beneficiary or in the property administered indicating, where that is the case, the nature and value of the rights. He is not bound to declare to him the interest or rights deriving from the act having given rise to the administration.

Any interest or right pertaining to the property of a trust under the supervision of a person or body designated by law is disclosed to that person or body.

[1991, c. 64, a. 1311].

1312. No administrator may, in the course of his administration, become a party to a contract affecting the administered property or acquire otherwise than by succession any right in the property or against the beneficiary.

He may, nevertheless, be expressly authorized to do so by the beneficiary or, in case of impediment or if there is no determinate beneficiary, by the court.

[1991, c. 64, a. 1312].

1313. L'administrateur ne doit pas confondre les biens administrés avec ses propres biens.

[1991, c. 64, a. 1313].

■ C.C.Q., 323, 780, 1257, 1260.

1313. No administrator may mingle the administered property with his own property.

[1991, c. 64, a. 1313].

1314. L'administrateur ne peut utiliser à son profit le bien qu'il administre ou l'information qu'il obtient en raison même de son administration, à moins que le bénéficiaire n'ait consenti à un tel usage ou qu'il ne résulte de la loi ou de l'acte constitutif de l'administration.

[1991, c. 64, a. 1314].

■ C.C.Q., 1366, 2283.

1314. No administrator may use for his benefit the property he administers or information he obtains by reason of his administration except with the consent of the beneficiary or unless it results from the law or the act constituting the administration.

[1991, c. 64, a. 1314].

1315. À moins qu'il ne soit de la nature de son administration de pouvoir le faire, l'administrateur ne peut disposer à titre gratuit des biens qui lui sont confiés; il le peut, néanmoins, s'il s'agit de biens de peu de valeur et que la disposition est faite dans l'intérêt du bénéficiaire ou de la fin poursuivie.

Il ne peut, sans contrepartie valable, renoncer à un droit qui appartient au bénéficiaire ou qui fait partie du patrimoine administré.

[1991, c. 64, a. 1315].

■ C.C.Q., 173, 1813.

1315. Unless it is of the very nature of his administration to do so, no administrator may dispose gratuitously of the property entrusted to him, except property of little value disposed of in the interest of the beneficiary or of the object pursued.

No administrator may, except for valuable consideration, renounce any right belonging to the beneficiary or forming part of the patrimony administered.

[1991, c. 64, a. 1315; 2002, c. 19, s. 15].

1316. L'administrateur peut ester en justice pour tout ce qui touche son administration; il peut aussi intervenir dans toute action concernant les biens administrés.

[1991, c. 64, a. 1316].

■ C.P.C., 59.

1316. An administrator may sue and be sued in respect of anything connected with his administration; he may also intervene in any action respecting the administered property.

[1991, c. 64, a. 1316].

1317. S'il y a plusieurs bénéficiaires de l'administration, simultanément ou successivement, l'administrateur est tenu d'agir avec impartialité à leur égard, compte tenu de leurs droits respectifs.

[1991, c. 64, a. 1317].

■ C.C.Q., 1370.

1317. If there are several beneficiaries of the administration, concurrently or successively, the administrator is bound to act impartially in their regard, taking account of their respective rights.

[1991, c. 64, a. 1317].

1318. Lorsqu'il apprécie l'étendue de la responsabilité d'un administrateur et fixe les dommages-intérêts en résultant, le tri-

1318. The court, in appreciating the extent of the liability of an administrator and fixing the resulting damages, may reduce

bunal peut les réduire, en tenant compte des circonstances dans lesquelles l'administration est assumée ou du fait que l'administrateur agit gratuitement, ou qu'il est mineur ou majeur protégé.

[1991, c. 64, a. 1318].

▌ C.C.Q., 2148.

them in view of the circumstances in which the administration is assumed or of the fact that the administrator acts gratuitously or that he is a minor or a protected person of full age.

[1991, c. 64, a. 1318].

SECTION II —
DES OBLIGATIONS DE
L'ADMINISTRATEUR ET DU BÉNÉFICIAIRE
ENVERS LE TIERS

SECTION II —
OBLIGATIONS OF THE ADMINISTRATOR
AND THE BENEFICIARY TOWARDS THIRD
PERSONS

1319. L'administrateur qui, dans les limites de ses pouvoirs, s'oblige au nom du bénéficiaire ou pour le patrimoine fiduciaire n'est pas personnellement responsable envers les tiers avec qui il contracte.

Il est responsable envers eux s'il s'oblige en son propre nom, sous réserve des droits des tiers contre le bénéficiaire ou le patrimoine fiduciaire, le cas échéant.

[1991, c. 64, a. 1319].

▌ C.C.Q., 2157.

1319. Where an administrator binds himself, within the limits of his powers, in the name of the beneficiary or the trust patrimony, he is not personally liable towards third persons with whom he contracts.

He is liable towards them if he binds himself in his own name, subject to any rights they have against the beneficiary or the trust patrimony.

[1991, c. 64, a. 1319].

1320. L'administrateur qui excède ses pouvoirs est responsable envers les tiers avec qui il contracte, à moins que les tiers n'en aient eu une connaissance suffisante ou que le bénéficiaire n'ait ratifié, expressément ou tacitement, les obligations contractées.

[1991, c. 64, a. 1320].

▌ C.C.Q., 2158.

1320. Where an administrator exceeds his powers, he is liable towards third persons with whom he contracts unless the third persons were sufficiently aware of that fact or unless the obligations contracted were expressly or tacitly ratified by the beneficiary.

[1991, c. 64, a. 1320].

1321. L'administrateur qui exerce seul des pouvoirs qu'il est chargé d'exercer avec un autre excède ses pouvoirs.

N'excède pas ses pouvoirs celui qui les exerce d'une manière plus avantageuse que celle qui lui était imposée.

[1991, c. 64, a. 1321].

▌ C.C.Q., 2145, 2158.

1321. An administrator who exercises alone powers that he is required to exercise jointly with another person exceeds his powers.

He does not exceed his powers if he exercises them more advantageously than he is required to do.

[1991, c. 64, a. 1321].

1322. Le bénéficiaire ne répond envers les tiers du préjudice causé par la faute de l'administrateur dans l'exercice de ses fonctions qu'à concurrence des avantages

1322. The beneficiary is liable towards third persons for the damage caused by the fault of the administrator in carrying out his duties only up to the amount of the

qu'il a retirés de l'acte. En cas de fiducie, ces obligations retombent sur le patrimoine fiduciaire.

[1991, c. 64, a. 1322].

❚ C.C.Q., 2164.

benefit he has derived from the act. In the case of a trust, these obligations fall back upon the trust patrimony.

[1991, c. 64, a. 1322].

1323. Celui qui, pleinement capable d'exercer ses droits civils, a donné à croire qu'une personne était administrateur de ses biens, est responsable, comme s'il y avait eu administration, envers les tiers qui ont contracté de bonne foi avec cette personne.

[1991, c. 64, a. 1323].

❚ C.C.Q., 2163.

1323. Where a person fully capable of exercising his civil rights has given reason to believe that another person was the administrator of his property, he is liable towards third persons who in good faith have contracted with that other person, as though the property had been under administration.

[1991, c. 64, a. 1323].

1324. L'administrateur n'est pas tenu de faire inventaire, de souscrire une assurance ou de fournir une autre sûreté pour garantir l'exécution de ses obligations, à moins d'y être obligé par la loi ou l'acte, ou encore par le tribunal, à la demande du bénéficiaire ou de tout intéressé.

Quand l'acte lui crée ces obligations, il peut, si les circonstances le justifient, demander d'en être dispensé.

[1991, c. 64, a. 1324].

❚ C.C.Q., 240, 790, 794, 1073, 1142, 1148, 1224, 1227.

1324. An administrator is not bound to make an inventory, to take out insurance or to furnish other security to guarantee the performance of his obligations unless required to do so by law or by the act, or, again, by the court on the application of the beneficiary or any interested person.

Where the act creates these obligations, the administrator may apply for an exemption if circumstances warrant it.

[1991, c. 64, a. 1324].

1325. Le tribunal saisi d'une demande tient compte, dans sa décision, de la valeur des biens administrés, de la situation des parties et des autres circonstances.

Il ne peut faire droit à la demande si cela a pour effet de remettre en cause les termes d'une† convention à laquelle l'administrateur et le bénéficiaire étaient initialement† parties.

[1991, c. 64, a. 1325].

❚ C.C.Q., 1324.

1325. In making its decision upon an application, the court takes account of the value of the property administered, the situation of the parties and the other circumstances.

It may not grant the application if that would, in effect, call into question the terms of the† initial† agreement between the administrator and the beneficiary.

[1991, c. 64, a. 1325].

1326. L'inventaire auquel peut être tenu l'administrateur doit comprendre l'énumé-

1326. An administrator bound to make an inventory shall include in it a faithful and

ration fidèle et exacte de tous les biens qu'il est chargé d'administrer ou qui forment le patrimoine administré.

Il comprend notamment:

1° La désignation des immeubles et la description des meubles, avec indication de leur valeur et, s'il s'agit d'une universalité de biens meubles, une identification suffisante de cette universalité;

2° La désignation des espèces en numéraire et des autres valeurs;

3° L'énumération des documents de valeur.

L'inventaire fait aussi état des dettes et se termine par une récapitulation de l'actif et du passif.

[1991, c. 64, a. 1326].

❚ C.C.Q., 1142, 1327-1330.

1327. L'inventaire est fait par acte notarié en minute. Il peut aussi être fait sous seing privé en présence de deux témoins. Dans ce cas, son auteur et les témoins le signent et y indiquent la date et le lieu où il est fait.

[1991, c. 64, a. 1327].

❚ C.C.Q., 1326.

1328. Lorsqu'il se trouve, dans le patrimoine administré, des effets personnels du titulaire du patrimoine ou, le cas échéant, du défunt, il suffit de les mentionner généralement dans l'inventaire et de n'énumérer† ou ne décrire que les vêtements, papiers personnels, bijoux ou objets d'usage courant dont la valeur excède pour chacun 100 $.

[1991, c. 64, a. 1328].

❚ C.C.Q., 1326.

1329. Les biens désignés dans l'inventaire sont présumés en bon état à la date de la confection de l'inventaire, à moins que l'administrateur n'y joigne un document attestant le contraire.

[1991, c. 64, a. 1329].

❚ C.C.Q., 1326.

exact enumeration of all the property entrusted to his administration or constituting the administered patrimony.

Such an inventory contains the following in particular:

(1) the description of the immovables, and a description of the movables, with indication of their value and, in the case of a universality of movable property, sufficient identification of the universality;

(2) a description of the currency in cash and other securities;

(3) a listing of valuable documents.

It also contains a statement of liabilities and concludes with a recapitulation of assets and liabilities.

[1991, c. 64, a. 1326].

1327. The inventory is made by notarial act *en minute*. It may also be made by a private writing before two witnesses. In the latter case, the author and the witnesses sign it, indicating the date and place of execution.

[1991, c. 64, a. 1327].

1328. Where the administered patrimony contains personal effects of the holder of the patrimony or, as the case may be, of the deceased, a general reference to them in the inventory is sufficient, describing† only clothing, personal papers, jewelry or ordinary personal things worth over $100 each.

[1991, c. 64, a. 1328].

1329. The property described in the inventory is presumed to be in good condition on the date of preparation of the inventory, unless the administrator appends a document attesting the contrary.

[1991, c. 64, a. 1329].

1330. L'administrateur doit fournir une copie de l'inventaire à celui qui l'a chargé de l'administration et au bénéficiaire de celle-ci, ainsi qu'à toute personne dont l'intérêt lui est connu. Il doit aussi, lorsque la loi le prévoit, déposer au lieu indiqué l'inventaire ou un avis de clôture en précisant alors le lieu où l'inventaire peut être consulté.

Tout intéressé peut contester l'inventaire ou l'une de ses inscriptions; il peut aussi demander qu'il soit procédé à un nouvel inventaire.

[1991, c. 64, a. 1330].

▮ C.C.Q., 1326.

1331. L'administrateur peut, aux frais du bénéficiaire ou de la fiducie, assurer les biens qui lui sont confiés contre les risques usuels, tels le vol et l'incendie.

Il peut aussi souscrire une assurance garantissant l'exécution de ses obligations; il le fait aux frais du bénéficiaire ou de la fiducie si l'administration est gratuite.

[1991, c. 64, a. 1331].

▮ C.C.Q., 2480-2497.

Section IV — De l'administration collective et de la délégation

1332. Lorsque plusieurs administrateurs sont chargés de l'administration, ils peuvent agir à la majorité d'entre eux, à moins que l'acte ou la loi ne prévoie qu'ils agissent de concert ou suivant une proportion déterminée.

[1991, c. 64, a. 1332].

▮ C.C.Q., 787, 1353, 2144.

1333. Si, en cas d'empêchement ou par suite de l'opposition systématique de certains d'entre eux, les administrateurs ne peuvent agir à la majorité ou selon la proportion prévue, les autres peuvent agir seuls pour les actes conservatoires; ils peu-

1330. The administrator shall furnish a copy of the inventory to the person who entrusted him with the administration and to the beneficiary of the administration, and also to every other person he knows to have an interest. He shall also, where required by law, file the inventory or notice of the closure of the inventory in the indicated place, specifying in the latter case where the inventory may be consulted.

Any interested person may contest the inventory or any item therein; he may also demand that a new inventory be prepared.

[1991, c. 64, a. 1330].

1331. An administrator may insure the property entrusted to him against ordinary risks such as fire and theft at the expense of the beneficiary or trust.

He may also take out insurance guaranteeing the performance of his obligations; he does so at the expense of the beneficiary or trust if his administration is gratuitous.

[1991, c. 64, a. 1331].

Section IV — Joint administration and delegation

1332. Where several administrators are charged with the administration, a majority of them may act unless the act or the law requires them to act jointly or in a determinate proportion.

[1991, c. 64, a. 1332].

1333. Where the administrators are prevented from acting by a majority or in the specified proportion, owing to an impediment or the systematic opposition of some of them, the others may act alone for conservatory acts; they may also, with the au-

vent aussi agir seuls pour des actes qui demandent célérité, s'ils y sont autorisés par le tribunal.

Lorsque la situation persiste et que l'administration s'en trouve sérieusement entravée, le tribunal peut, à la demande d'un intéressé, dispenser les administrateurs d'agir suivant la proportion prévue, diviser leurs fonctions, donner voix prépondérante à l'un d'eux ou rendre toute ordonnance qu'il estime appropriée dans les circonstances.

[1991, c. 64, a. 1333].

▌ C.C.Q., 1332.

thorization of the court, act alone for acts requiring immediate action.

Where the situation persists and the administration is seriously impaired by it, the court, on the application of an interested person, may exempt the administrators from acting in the specified proportion, divide their duties, give a casting vote to one of them or make any order it sees fit in the circumstances.

[1991, c. 64, a. 1333].

1334. Les administrateurs sont solidairement responsables de leur administration.

Toutefois, lorsque leurs fonctions ont été divisées par la loi, l'acte ou le tribunal et que cette division a été respectée, chacun n'est responsable que de sa propre administration.

[1991, c. 64, a. 1334].

▌ C.C.Q., 1353, 1363, 1523, 2144.

1334. Joint administrators are solidarily liable for their administration.

However, where the duties of joint administrators have been divided by law, the act or the court, and the division has been respected, each administrator is liable for his own administration only.

[1991, c. 64, a. 1334].

1335. L'administrateur est présumé avoir approuvé toute décision prise par ses coadministrateurs. Il en est responsable avec eux, à moins qu'il ne manifeste immédiatement sa dissidence à ses coadministrateurs et en avise le bénéficiaire dans un délai raisonnable.

L'administrateur qui justifie de motifs sérieux pour n'avoir pu faire connaître au bénéficiaire sa dissidence en temps utile peut, néanmoins, se dégager de sa responsabilité.

[1991, c. 64, a. 1335].

▌ C.C.Q., 337, 2212, 2215.

1335. An administrator is presumed to have approved any decision made by his co-administrators. He is liable with them for the decision unless he immediately indicates his dissent to them and notifies it to the beneficiary within a reasonable time.

The administrator may be relieved of liability, however, if he proves that he was unable for serious reasons to make his dissent known to the beneficiary in due time.

[1991, c. 64, a. 1335].

1336. L'administrateur est présumé avoir approuvé une décision prise en son absence, à moins qu'il ne manifeste sa dissidence aux autres administrateurs et au bénéficiaire dans un délai raisonnable après en avoir pris connaissance.

[1991, c. 64, a. 1336].

▌ C.C.Q., 1335.

1336. An administrator is presumed to have approved a decision made in his absence unless he makes his dissent known to the other administrators and to the beneficiary within a reasonable time after becoming aware of the decision.

[1991, c. 64, a. 1336].

1337. L'administrateur peut déléguer ses fonctions ou se faire représenter par un tiers pour un acte déterminé; toutefois, il ne peut déléguer généralement la conduite de l'administration ou l'exercice d'un pouvoir discrétionnaire, sauf à ses coadministrateurs.

Il répond de la personne qu'il a choisie, entre autres, lorsqu'il n'était pas autorisé à le faire; s'il l'était, il ne répond alors que du soin avec lequel il a choisi cette personne et lui a donné ses instructions.

[1991, c. 64, a. 1337].

∎ C.C.Q., 787, 1353, 2141, 2161.

1338. Le bénéficiaire qui subit un préjudice peut répudier les actes de la personne mandatée par l'administrateur, s'ils sont faits en violation de l'acte constitutif de l'administration ou des usages.

Il peut aussi, même si l'administrateur pouvait valablement confier le mandat, exercer ses recours† contre la personne mandatée.

[1991, c. 64, a. 1338].

∎ C.C.Q., 1337, 2161.

SECTION V —
DES PLACEMENTS PRÉSUMÉS SÛRS

1339. Sont présumés sûrs les placements faits dans les biens suivants:

1° Les titres de propriété sur un immeuble;

2° Les obligations ou autres titres d'emprunt émis ou garantis par le Québec, le Canada ou une province canadienne, les États-Unis d'Amérique ou l'un des États membres, la Banque internationale pour la reconstruction et le développement, une municipalité ou une commission scolaire au Canada ou une fabrique au Québec;

3° Les obligations ou autres titres d'emprunt émis par une personne morale exploitant un service public au Canada et investie du droit de fixer un tarif pour ce service;

1337. An administrator may delegate his duties or be represented by a third person for specific acts; however, he may not delegate generally the conduct of the administration or the exercise of a discretionary power, except to his co-administrators.

He is accountable for the person selected by him if, among other things, he was not authorized to make the selection. If he was so authorized, he is accountable only for the care with which he selected the person and gave him instructions.

[1991, c. 64, a. 1337].

1338. A beneficiary who suffers prejudice may repudiate the acts of the person mandated by the administrator if they are done contrary to the constituting act or to usage.

The beneficiary may also exercise his judicial† recourses against the mandated person even where the administrator was duly empowered to give the mandate.

[1991, c. 64, a. 1338].

SECTION V —
PRESUMED SOUND INVESTMENTS

1339. Investments in the following are presumed sound:

(1) titles of ownership in an immovable;

(2) bonds or other evidences of indebtedness issued or guaranteed by Québec, Canada or a province of Canada, the United States of America or any of its member states, the International Bank for Reconstruction and Development, a municipality or a school board in Canada, or a fabrique in Québec;

(3) bonds or other evidences of indebtedness issued by a legal person which operates a public service in Canada and which is entitled to impose a tariff for such service;

4° Les obligations ou autres titres d'emprunt garantis par l'engagement, pris envers un fiduciaire, du Québec, du Canada ou d'une province canadienne, de verser des subventions suffisantes pour acquitter les intérêts et le capital à leurs échéances respectives;

5° Les obligations ou autres titres d'emprunt d'une société dans les cas suivants:

a) Ils sont garantis par une hypothèque de premier rang sur un immeuble ou sur des titres présumés sûrs;

b) Ils sont garantis par une hypothèque de premier rang sur des équipements et la société a régulièrement assuré le service des intérêts sur ses emprunts au cours des dix derniers exercices;

c) Ils sont émis par une société dont les actions ordinaires ou privilégiées constituent des placements présumés sûrs;

6° Les obligations ou autres titres d'emprunt émis par une société de prêts constituée par une loi du Québec ou autorisée à exercer son activité au Québec en vertu de la *Loi sur les sociétés de prêts et de placements* (chapitre S-30), à la condition que cette société ait été spécialement agréée par le gouvernement et que son activité habituelle au Québec consiste à faire soit des prêts aux municipalités ou aux commissions scolaires et aux fabriques, soit des prêts garantis par une hypothèque de premier rang sur des immeubles situés au Québec;

7° Les créances garanties par hypothèque sur des immeubles situés au Québec:

a) Si le paiement du capital et des intérêts est garanti ou assuré par le Québec, le Canada ou une province canadienne;

b) Si le montant de la créance n'est pas supérieur à 80% de la valeur de l'immeuble qui en garantit le paiement, déduction faite des autres créances garanties par le même immeuble et ayant le même rang que la créance ou un rang antérieur;

(4) bonds or other evidences of indebtedness secured by an undertaking, towards a trustee, of Québec, Canada or a province of Canada, to pay sufficient subsidies to meet the interest and the capital on the maturity of each;

(5) bonds or other evidences of indebtedness of a company in the following cases:

(a) they are secured by a hypothec ranking first on an immovable, or by securities presumed to be sound investments;

(b) they are secured by a hypothec ranking first on equipment and the company has regularly serviced the interest on its borrowings during the last ten financial years;

(c) they are issued by a company whose common or preferred shares are presumed sound investments;

(6) bonds or other evidences of indebtedness issued by a loan society incorporated by a statute of Québec or authorized to do business in Québec under the *Loan and Investment Societies Act* (chapter S-30), provided it has been specially approved by the Government and its ordinary operations in Québec consist in making loans to municipalities or school boards and to fabriques or loans secured by hypothec ranking first on immovables situated in Québec;

(7) debts secured by hypothec on immovables in Québec:

(a) if payment of the capital and interest is guaranteed or secured by Québec, Canada or a province of Canada;

(b) if the amount of the debt is not more than 80% of the value of the immovable property securing payment of the debt after deduction of the other debts secured by the same immovable and ranking equally with or before the debt;

c) Si le montant de la créance qui excède 80% de la valeur de l'immeuble qui en garantit le paiement, déduction faite des autres créances garanties par le même immeuble et ayant le même rang que la créance ou un rang antérieur, est garanti ou assuré par le Québec, le Canada, une province canadienne, la Société canadienne d'hypothèques et de logements, la Société d'habitation du Québec ou par une police d'assurance hypothécaire délivrée par une société titulaire d'un permis en vertu de la *Loi sur les assurances* (chapitre A-32);

8° Les actions privilégiées libérées, émises par une société dont les actions ordinaires constituent des placements présumés sûrs ou qui, au cours des cinq derniers exercices, a distribué le dividende stipulé sur toutes ses actions privilégiées;

9° Les actions ordinaires, émises par une société qui satisfait depuis trois ans aux obligations d'information continue définies par la *Loi sur les valeurs mobilières* (chapitre V-1.1) dans la mesure où elles sont inscrites à la cote d'une bourse reconnue à cette fin par le gouvernement, sur recommandation de l'Autorité des marchés financiers, et où la capitalisation boursière de la société, compte non tenu des actions privilégiées et des blocs d'actions de 10% et plus, excède la somme alors fixée par le gouvernement;

10° Les titres d'un fonds d'investissement ou d'une fiducie d'utilité privée, à la condition que 60% de leur portefeuille soit composé de placements présumés sûrs et que le fonds ou la fiducie satisfait depuis trois ans aux obligations d'information continue définies par la *Loi sur les valeurs mobilières*.

[1991, c. 64, a. 1339; 2002, c. 19, a. 7; 2002, c. 45, a. 159; 2004, c. 37, a. 90; 2006, c. 50, a. 112; 2007, c. 16, a. 4].

▌ D.T., 74.

1340. L'administrateur décide des placements à faire en fonction du rendement et de la plus-value espérée; dans la mesure du possible, il tend à composer un portefeuille diversifié, assurant, dans une pro-

(c) if the amount of the debt that exceeds 80% of the value of the immovable by which it is secured, after deduction of the other debts secured by the same immovable and ranking equally with or before the debt, is guaranteed or secured by Québec, Canada or a province of Canada, the Central Mortgage and Housing Corporation, the Société d'habitation du Québec or a hypothec insurance policy issued by a company holding a permit under the *Act respecting insurance* (chapter A-32);

(8) fully paid preferred shares issued by a company whose common shares are presumed sound investments or which, during the last five financial years, has distributed the stipulated dividend on all its preferred shares;

(9) common shares issued by a company that for three years has been meeting the timely disclosure requirements defined in the *Securities Act* (chapter V-1.1) to such extent as they are listed by a stock exchange recognized for that purpose by the Government on the recommendation of the Autorité des marchés financiers, and when the market capitalization of the company, not considering preferred shares or blocks of shares of 10% or more, is higher than the amount so fixed by the Government;

(10) securities of an investment fund or of a private trust, provided that 60% of its portfolio consists of investments presumed sound and that the fund or trust has fulfilled in the last three years the continuous disclosure requirements specified in the *Securities Act*.

[1991, c. 64, a. 1339; 2002, c. 19, s. 7; 2002, c. 45, s. 159; 2004, c. 37, s. 90; 2006, c. 50, s. 112; 2007, c. 16, s. 4].

1340. The administrator decides on the investments to make according to the yield and the anticipated capital gain; so far as possible, he works toward a diversified portfolio producing fixed income and vari-

portion établie en fonction de la conjoncture, des revenus fixes et des revenus variables.

Il ne peut, cependant, acquérir plus de 5% des actions d'une même société, ni acquérir des actions, obligations ou autres titres d'emprunt d'une personne morale ou d'une société en commandite qui a omis de payer les dividendes prescrits sur ses actions ou les intérêts sur ses obligations ou autres titres, ni consentir un prêt à ladite personne morale ou société.

[1991, c. 64, a. 1340].

❚ C.C.Q., 1339.

able revenues in the proportion suggested by the prevailing economic conditions.

He may not, however, acquire more than 5% of the shares of the same company nor acquire shares, bonds or other evidences of indebtedness of a legal person or limited partnership which has failed to pay the prescribed dividends on its shares or interest on its bonds or other securities, nor grant a loan to that legal person or partnership.

[1991, c. 64, a. 1340].

1341. L'administrateur peut déposer les sommes d'argent dont il est saisi dans une banque, une caisse d'épargne et de crédit ou un autre établissement financier, si le dépôt est remboursable à vue ou sur un avis d'au plus trente jours.

Il peut aussi les déposer pour un terme plus long si le remboursement du dépôt est pleinement garanti par l'Autorité des marchés financiers; autrement, il ne le peut qu'avec l'autorisation du tribunal, aux conditions que celui-ci détermine.

[1991, c. 64, a. 1341; 2002, c. 45, a. 160; 2004, c. 37, a. 90].

❚ C.C.Q., 1339.

1341. An administrator may deposit the sums of money entrusted to him in or with a bank, a savings and credit union or any other financial institution, if the deposit is repayable on demand or on thirty days' notice.

He may also deposit the sums of money for a longer term if repayment of the deposit is fully guaranteed by the Autorité des marchés financiers; otherwise, he may not do so except with the authorization of the court and on the conditions it determines.

[1991, c. 64, a. 1341; 2002, c. 45, s. 160; 2004, c. 37, s. 90].

1342. L'administrateur peut maintenir les placements existants lors de son entrée en fonctions, même s'ils ne sont pas présumés sûrs.

Il peut aussi détenir les titres qui, par suite de la réorganisation, de la liquidation ou de la fusion d'une personne morale, remplacent ceux qu'il détenait.

[1991, c. 64, a. 1342].

❚ C.C.Q., 1339-1341.

1342. An administrator may maintain the existing investments upon his taking office even if they are not presumed sound investments.

The administrator may also hold securities which, following the reorganization, winding-up or amalgamation of a legal person, replace securities he held.

[1991, c. 64, a. 1342].

1343. L'administrateur qui agit conformément aux dispositions de la présente section est présumé agir prudemment.

L'administrateur qui effectue un placement qu'il n'est pas autorisé à faire est, par

1343. An administrator who acts in accordance with this section is presumed to act prudently.

An administrator who makes an investment he is not authorized to make is, by

ce seul fait et sans autre preuve de faute, responsable des pertes qui en résultent.

[1991, c. 64, a. 1343].

❚ C.C.Q., 1339-1342, 1344.

1344. Les placements effectués au cours de l'administration doivent l'être au nom de l'administrateur agissant ès qualités.

Ils peuvent aussi être faits au nom du bénéficiaire, pourvu que soit également indiqué qu'ils sont faits par l'administrateur agissant ès qualités.

[1991, c. 64, a. 1344].

❚ C.C.Q., 1339-1341.

SECTION VI —
DE LA RÉPARTITION DES BÉNÉFICES ET DES DÉPENSES

1345. La répartition des bénéfices et des dépenses, entre le bénéficiaire des fruits et revenus et celui du capital, se fait conformément aux dispositions de l'acte constitutif et suivant l'intention qui y est manifestée.

À défaut d'indication suffisante dans l'acte, cette répartition se fait le plus équitablement possible, en tenant compte de l'objet de l'administration, des circonstances qui y ont donné lieu et des usages comptables généralement reconnus.

[1991, c. 64, a. 1345].

❚ C.C.Q., 1346-1350.

1346. Le compte du revenu est généralement débité des dépenses suivantes et autres de même nature:

1° Les primes d'assurance, le coût des réparations mineures et les autres dépenses ordinaires de l'administration;

2° La moitié de la rémunération de l'administrateur et des dépenses raisonnables qu'il a faites dans l'administration conjointe du capital et des fruits et revenus;

3° Les impôts payables sur les biens administrés;

that very fact and without further proof of fault, liable for any loss resulting from it.

[1991, c. 64, a. 1343].

1344. Investments made in the course of administration shall be made in the name of the administrator acting in that quality.

Such investments may also be made in the name of the beneficiary, if it is also indicated that they are made by the administrator acting in that quality.

[1991, c. 64, a. 1344].

SECTION VI —
APPORTIONMENT OF PROFIT AND EXPENDITURE

1345. Apportionment of profit and expenditure between the beneficiary of the fruits and revenues and the beneficiary of the capital is made in accordance with the stipulations and clear intention of the constituting act.

Failing sufficient indication in the act, apportionment is made as equitably as possible, taking into account the object of the administration, the circumstances that gave rise to it and generally recognized accounting practices.

[1991, c. 64, a. 1345].

1346. The revenue account is generally debited for the following expenditures and other expenditures of the same kind:

(1) insurance premiums, the cost of minor repairs and other ordinary expenses of administration;

(2) one-half of the remuneration of the administrator and his reasonable expenses for joint administration of the capital and fruits and revenues;

(3) taxes payable on the administered property;

4º À moins que le tribunal n'en ordonne autrement, les frais acquittés pour protéger les droits du bénéficiaire des fruits et revenus et la moitié des frais de la reddition de compte en justice;

(4) unless the court orders otherwise, costs paid to safeguard the rights of the beneficiary of the fruits and revenues and one-half of the cost of the judicial rendering of account;

5º L'amortissement des biens, sauf ceux utilisés à des fins personnelles par le bénéficiaire.

(5) amortization of the property, except property used by the beneficiary for personal purposes.

L'administrateur peut, pour régulariser le revenu, répartir les dépenses considérables sur une période de temps raisonnable.

[1991, c. 64, a. 1346].

■ C.C.Q., 1345.

The administrator may, to maintain revenue at a regular level, spread substantial expenses over a reasonable period.

[1991, c. 64, a. 1346].

1347. Le compte du capital est généralement débité des dépenses qui ne sont pas débitées au revenu, y compris celles qui sont afférentes au placement du capital, à l'aliénation des biens, à la protection des droits du bénéficiaire du capital ou du droit de propriété des biens administrés.

1347. The capital account is generally debited for expenditures that are not debited from the revenues, including expenses pertaining to capital investment, alienation of property, and safeguard of the rights of the capital beneficiary or the right of ownership of the administered property.

Sont aussi généralement débités au compte du capital les impôts sur les gains ou les autres montants attribuables au capital, lors même que la loi qui régit ces impôts les considère comme impôts sur le revenu.

[1991, c. 64, a. 1347].

■ C.C.Q., 1345, 1346.

Taxes on gains and other amounts attributable to capital, even where the law governing such taxes considers them to be income taxes, are also generally debited from the capital account.

[1991, c. 64, a. 1347].

1348. Le bénéficiaire des fruits et revenus a droit au revenu net des biens administrés, à compter de la date déterminée dans l'acte donnant lieu à l'administration ou, à défaut, de la date du début de l'administration ou de celle du décès qui y a donné ouverture.

[1991, c. 64, a. 1348].

■ C.C.Q., 1345.

1348. The beneficiary of the fruits and revenues is entitled to the net income of the administered property from the date determined in the act giving rise to the administration or, if no date is determined, from the date of the beginning of the administration or that of the death which gave rise to it.

[1991, c. 64, a. 1348].

1349. Les fruits et revenus payables périodiquement sont comptés jour par jour.

1349. Fruits and revenues payable periodically are counted day by day.

Les dividendes et distributions d'une personne morale sont dus depuis la date indiquée à la déclaration de distribution ou, à défaut, depuis la date de cette déclaration.

[1991, c. 64, a. 1349].

■ C.C.Q., 910.

Dividends and distributions of a legal person are due from the date indicated in the declaration of distribution or, failing that, from the date of the declaration.

[1991, c. 64, a. 1349].

1350. Lorsque son droit prend fin, le bénéficiaire des fruits et revenus a droit aux fruits et revenus qui ne lui ont pas été versés et à la portion gagnée mais non encore perçue par l'administrateur.

Cependant, il n'a pas droit aux dividendes d'une personne morale qui n'ont pas été déclarés durant la période d'existence de son droit.

[1991, c. 64, a. 1350].

▌C.C.Q., 1345.

1350. At the extinction of his right, the beneficiary of the fruits and revenues is entitled to the fruits and revenues that have not been paid to him and to the portion earned but not yet collected by the administrator.

He is not entitled, however, to the dividends of a legal person that were not declared during the period his right existed.

[1991, c. 64, a. 1350].

SECTION VII —
DU COMPTE ANNUEL

SECTION VII —
ANNUAL ACCOUNT

1351. L'administrateur rend un compte sommaire de sa gestion au bénéficiaire au moins une fois l'an.

[1991, c. 64, a. 1351].

▌C.C.Q., 246, 819, 1105.

1351. An administrator renders a summary account of his administration to the beneficiary at least once a year.

[1991, c. 64, a. 1351].

1352. Le compte doit être suffisamment détaillé pour qu'on puisse en vérifier l'exactitude.

Tout intéressé peut, à l'occasion de la reddition de compte, demander au tribunal d'en ordonner la vérification par un expert.

[1991, c. 64, a. 1352].

▌C.C.Q., 1351.

1352. The account shall be made sufficiently detailed to allow verification of its accuracy.

Any interested person may, on a rendering of account, apply to the court for an order that the account be audited by an expert.

[1991, c. 64, a. 1352].

1353. S'il y a plusieurs administrateurs, ils doivent rendre un seul et même compte, sauf si leurs fonctions ont été divisées par la loi, l'acte ou le tribunal et que cette division a été respectée.

[1991, c. 64, a. 1353].

▌C.C.Q., 1334, 1363.

1353. Where there are several administrators, they shall render one and the same account unless their duties have been divided by law, the act or the court, and these have been divided accordingly.

[1991, c. 64, a. 1353].

1354. L'administrateur doit, à tout moment, permettre au bénéficiaire d'examiner les livres et pièces justificatives se rapportant à l'administration.

[1991, c. 64, a. 1354].

▌C.C.Q., 362.

1354. An administrator shall at all times allow the beneficiary to examine the books and vouchers relating to the administration.

[1991, c. 64, a. 1354].

<table>
<tr>
<td>

Chapitre IV ——
De la fin de l'administration

</td>
<td>

Chapter IV ——
Termination of administration

</td>
</tr>
<tr>
<td>

SECTION I ——
DES CAUSES METTANT FIN À
L'ADMINISTRATION

</td>
<td>

SECTION I ——
CAUSES TERMINATING ADMINISTRATION

</td>
</tr>
</table>

1355. Les fonctions de l'administrateur prennent fin par son décès, sa démission ou son remplacement, par sa faillite ou par l'ouverture à son égard d'un régime de protection.

Elles prennent fin aussi par la faillite du bénéficiaire ou par l'ouverture à son égard d'un régime de protection, si cela a un effet sur les biens administrés.

[1991, c. 64, a. 1355].

❚ C.C.Q., 250, 295, 819, 2175.

1356. L'administration prend fin:

1° Par la cessation du droit du bénéficiaire sur les biens administrés;

2° Par l'arrivée du terme ou l'avènement de la condition stipulée dans l'acte donnant lieu à l'administration;

3° Par l'accomplissement de l'objet de l'administration ou la disparition de la cause qui y a donné lieu.

[1991, c. 64, a. 1356].

❚ C.C.Q., 1355.

1357. L'administrateur peut renoncer à ses fonctions en avisant par écrit le bénéficiaire et, le cas échéant, ses coadministrateurs ou la personne qui peut lui nommer un remplaçant. S'il ne se trouve aucune de ces personnes ou s'il est impossible de leur donner l'avis, celui-ci est donné au ministre du Revenu qui, au besoin, assume provisoirement l'administration des biens et fait procéder au remplacement de l'administrateur.

L'administrateur d'une fiducie d'utilité privée ou sociale doit aussi aviser de sa

1355. The duties of an administrator terminate upon his death, resignation or replacement or his becoming bankrupt or being placed under protective supervision.

The duties of an administrator are also terminated where the beneficiary becomes bankrupt or is placed under protective supervision, if that affects the administered property.

[1991, c. 64, a. 1355].

1356. Administration is terminated

(1) by extinction of the right of the beneficiary in the administered property;

(2) by expiry of the term or fulfilment of the condition stipulated in the act giving rise to the administration;

(3) by achievement of the object of the administration or disappearance of the cause that gave rise to it.

[1991, c. 64, a. 1356].

1357. An administrator may resign by giving written notice to the beneficiary and, where such is the case, his co-administrators or the person empowered to appoint an administrator in his place. Where there are no such persons or where it is impossible to give notice to them, the notice is given to the Minister of Revenue who, if necessary, assumes the provisional administration of the property and causes a new administrator to be appointed in place of the administrator who has resigned.

The administrator of a private trust or social trust shall also notify his resignation to

démission la personne ou l'organisme désigné par la loi pour surveiller son administration.

[1991, c. 64, a. 1357; 2005, c. 44, a. 54].

■ C.C.Q., 1358, 1359, 2178.

the person or body designated by law to supervise his administration.

[1991, c. 64, a. 1357; 2005, c. 44, s. 54].

1358. La démission de l'administrateur prend effet à la date de la réception de l'avis ou à une date postérieure qui y est indiquée.

[1991, c. 64, a. 1358].

■ C.C.Q., 1357.

1358. The resignation of the administrator takes effect on the date the notice is received or on any later date indicated in the notice.

[1991, c. 64, a. 1358].

1359. L'administrateur est tenu de réparer le préjudice causé par sa démission si elle est donnée sans motif sérieux et à contre-temps, ou si elle équivaut à un manquement à ses devoirs.

[1991, c. 64, a. 1359].

■ C.C.Q., 1357, 1597.

1359. An administrator is bound to repair any prejudice caused by his resignation where it is submitted without a serious reason and at an inopportune moment or where it amounts to failure of duty.

[1991, c. 64, a. 1359].

1360. Le bénéficiaire qui a confié à autrui l'administration d'un bien peut remplacer l'administrateur ou mettre fin à l'administration, notamment en exerçant son droit d'exiger sur demande la remise du bien.

Tout intéressé peut demander le remplacement de l'administrateur qui ne peut exercer sa charge ou qui ne respecte pas ses obligations.

[1991, c. 64, a. 1360].

■ C.C.Q., 791, 792, 2175-2185.

1360. A beneficiary who has entrusted the administration of property to another person may replace the administrator or terminate the administration, particularly by exercising his right to require that the property be returned to him on demand.

Any interested person may apply for the replacement of an administrator who is unable to discharge his duties or does not fulfil his obligations.

[1991, c. 64, a. 1360].

1361. Lors du décès de l'administrateur ou de l'ouverture à son égard d'un régime de protection, le liquidateur de sa succession, son tuteur ou curateur qui est au courant de l'administration est tenu d'en aviser le bénéficiaire et, le cas échéant, les coadministrateurs ou, s'il s'agit d'une fiducie d'utilité privée ou sociale, la personne ou l'organisme désigné par la loi pour surveiller l'administration.

Le liquidateur, tuteur ou curateur est également tenu de faire, dans les affaires commencées, tout ce qui est immédiatement nécessaire pour prévenir une perte; il doit

1361. Upon the death of the administrator or his being placed under protective supervision, the liquidator of his succession, or his tutor or curator, if aware of the administration, is bound to give notice of the death or of the institution of protective supervision to the beneficiary and to the coadministrators, if any, or, in the case of a private trust or social trust, to the person or body designated by law to supervise the administration.

The liquidator, tutor or curator is also bound, in respect of any matter already begun, to do all that is immediately necessary to prevent a loss; he shall also render

aussi rendre compte et remettre les biens à ceux qui y ont droit.

[1991, c. 64, a. 1361].

❚ C.C.Q., 181, 2183.

account and deliver over the property to those entitled to it.

[1991, c. 64, a. 1361].

1362. Les obligations contractées envers les tiers de bonne foi par l'administrateur, dans l'ignorance du terme de son administration, sont valides et obligent le bénéficiaire ou le patrimoine fiduciaire; il en est de même des obligations contractées après la fin de l'administration qui en sont la suite nécessaire ou sont requises pour prévenir une perte.

Le bénéficiaire ou le patrimoine fiduciaire est aussi tenu des obligations contractées envers les tiers qui ignoraient la fin de l'administration.

[1991, c. 64, a. 1362].

❚ C.C.Q., 2152, 2162.

1362. Obligations contracted towards third persons in good faith by an administrator who is unaware that his administration has terminated are valid and bind the beneficiary or the trust patrimony; the same rule applies to obligations contracted by the administrator after the end of the administration that are its necessary consequence or are required to prevent a loss.

The beneficiary or the trust patrimony is also bound by the obligations contracted towards third persons who were unaware that the administration had terminated.

[1991, c. 64, a. 1362].

SECTION II —
DE LA REDDITION DE COMPTE ET DE LA REMISE DU BIEN

SECTION II —
RENDERING OF ACCOUNT AND DELIVERY OF THE PROPERTY

1363. L'administrateur doit, à la fin de son administration, rendre un compte définitif au bénéficiaire et, le cas échéant, à l'administrateur qui le remplace ou à ses coadministrateurs. S'il y a plusieurs administrateurs et que leur charge prend fin simultanément, ils doivent rendre un seul et même compte, à moins d'une division de leurs fonctions.

Le compte doit être suffisamment détaillé pour permettre d'en vérifier l'exactitude; les livres et les autres pièces justificatives se rapportant à l'administration peuvent être consultés par les intéressés.

L'acception du compte par le bénéficiaire en opère la clôture.

[1991, c. 64, a. 1363].

❚ C.C.Q., 247, 819, 2184; C.P.C., 532-539.

1363. On the termination of his administration, an administrator shall render a final account of his administration to the beneficiary and, where that is the case, to the administrator replacing him or to his co-administrators. Where there are several administrators and their duties are terminated simultaneously, they shall render one and the same account, except where their duties are divided.

The account shall be made sufficiently detailed to allow verification of its accuracy; the books and other vouchers pertaining to the administration may be consulted by interested persons.

The acceptance of the account by the beneficiary closes the account.

[1991, c. 64, a. 1363].

1364. L'administrateur peut, à tout moment et avec l'agrément de tous les bénéficiaires, rendre compte à l'amiable.

1364. An administrator may at any time and with the consent of all the beneficiaries render account by agreement.

Si le compte ne peut être rendu à l'amiable, la reddition de compte a lieu en justice.

[1991, c. 64, a. 1364].

▌C.C.Q., 821, 1363.

If there is no agreement, the rendering of account is made judicially.

[1991, c. 64, a. 1364].

1365. L'administrateur doit remettre le bien administré au lieu convenu ou, à défaut, au lieu où il se trouve.

[1991, c. 64, a. 1365].

▌C.C.Q., 1566, 2291.

1365. An administrator shall deliver over the administered property at the place agreed upon or, failing that, where it is.

[1991, c. 64, a. 1365].

1366. L'administrateur doit remettre tout ce qu'il a reçu dans l'exécution de ses fonctions, même si ce qu'il a reçu n'était pas dû au bénéficiaire ou au patrimoine fiduciaire; il est aussi comptable de tout profit ou avantage personnel qu'il a réalisé en utilisant, sans y être autorisé, l'information qu'il détenait en raison de son administration.

L'administrateur qui a utilisé un bien sans y être autorisé est tenu d'indemniser le bénéficiaire ou le patrimoine fiduciaire pour son usage, en payant soit un loyer approprié, soit l'intérêt sur le numéraire.

[1991, c. 64, a. 1366].

▌C.C.Q., 1363-1365, 2184, 2185.

1366. An administrator shall deliver over all that he has received in the performance of his duties, even if what he has received was not due to the beneficiary or to the trust patrimony; he is also accountable for any personal profit or benefit he has realized by using, without authorization, information he had obtained by reason of his administration.

Where an administrator has used property without authorization, he is bound to compensate the beneficiary or the trust patrimony for his use by paying an appropriate rent or the interest on the money.

[1991, c. 64, a. 1366].

1367. Les dépenses de l'administration, y compris les frais de la reddition de compte et de remise, sont à la charge du bénéficiaire ou du patrimoine fiduciaire.

La démission ou le remplacement de l'administrateur oblige le bénéficiaire ou le patrimoine fiduciaire à lui payer, outre les dépenses de l'administration, la part acquise de sa rémunération.

[1991, c. 64, a. 1367].

▌C.C.Q., 1360, 2293.

1367. Administration expenses, including the cost of rendering account and delivering the property, are borne by the beneficiary or the trust patrimony.

The resignation or replacement of the administrator binds the beneficiary or the trust patrimony to pay him, apart from the administration expenses, any remuneration he has earned.

[1991, c. 64, a. 1367].

1368. L'administrateur doit des intérêts sur le reliquat, à compter de la clôture du compte définitif ou de la mise en demeure de le produire; le bénéficiaire ou le patrimoine fiduciaire n'en doit qu'à compter de la mise en demeure.

[1991, c. 64, a. 1368].

▌C.C.Q., 1366, 1565, 2184.

1368. An administrator owes interest on the balance from the close of the final account or the formal notice to produce it; the beneficiary or the trust patrimony owes interest only from the formal notice.

[1991, c. 64, a. 1368].

1369. L'administrateur a le droit de déduire des sommes qu'il doit remettre ce que le bénéficiaire ou le patrimoine fiduciaire lui doit en raison de l'administration.

Il peut retenir le bien administré jusqu'au paiement de ce qui lui est dû.

[1991, c. 64, a. 1369].

■ C.C.Q., 875, 963, 1250, 1593, 2003, 2058, 2185, 2293, 2651.

1369. An administrator is entitled to deduct from the sums he is required to remit anything the beneficiary or the trust patrimony owes him by reason of the administration.

An administrator may retain the administered property until payment of what is owed to him.

[1991, c. 64, a. 1369].

1370. S'il y a plusieurs bénéficiaires, leur obligation envers l'administrateur est solidaire.

[1991, c. 64, a. 1370].

■ C.C.Q., 2156.

1370. Where there are several beneficiaries, their obligation towards the administrator is solidary.

[1991, c. 64, a. 1370].

LIVRE 5 ——
DES OBLIGATIONS

TITRE 1 ——
DES OBLIGATIONS EN GÉNÉRAL

Chapitre I ——
Dispositions générales

1371. Il est de l'essence de l'obligation qu'il y ait des personnes entre qui elle existe, une prestation qui en soit l'objet et, s'agissant d'une obligation découlant d'un acte juridique, une cause qui en justifie l'existence.

[1991, c. 64, a. 1371].

■ C.C.Q., 1385, 1409.

BOOK 5 ——
OBLIGATIONS

TITLE 1 ——
OBLIGATIONS IN GENERAL

Chapter I ——
General provisions

1371. It is of the essence of an obligation that there be persons between whom it exists, a prestation which forms its object, and, in the case of an obligation arising out of a juridical act, a cause which justifies its existence.

[1991, c. 64, a. 1371].

1372. L'obligation naît du contrat et de tout acte ou fait auquel la loi attache d'autorité les effets d'une obligation.

Elle peut être pure et simple ou assortie de modalités.

[1991, c. 64, a. 1372].

■ C.C.Q., 1385, 1457, 1482, 1491, 1493; C.P.C., 953b).

1372. An obligation arises from a contract or from any act or fact to which the effects of an obligation are attached by law.

An obligation may be pure and simple or subject to modalities.

[1991, c. 64, a. 1372].

1373. L'objet de l'obligation est la prestation à laquelle le débiteur est tenu envers le créancier et qui consiste à faire ou à ne pas faire quelque chose.

1373. The object of an obligation is the prestation that the debtor is bound to render to the creditor and which consists in doing or not doing something.

La prestation doit être possible et déterminée ou déterminable; elle ne doit être ni prohibée par la loi ni contraire à l'ordre public.

[1991, c. 64, a. 1373].

■ C.C.Q., 9, 1411, 3081.

The debtor is bound to render a prestation that is possible and determinate or determinable and that is neither forbidden by law nor contrary to public order.

[1991, c. 64, a. 1373].

1374. La prestation peut porter sur tout bien, même à venir, pourvu que le bien soit déterminé quant à son espèce et déterminable quant à sa quotité.

[1991, c. 64, a. 1374].

■ C.C.Q., 1453, 1563; C.P.C., 717.

1374. The prestation may relate to any property, even future property, provided that the property is determinate as to kind and determinable as to quantity.

[1991, c. 64, a. 1374].

1375. La bonne foi doit gouverner la conduite des parties, tant au moment de la naissance de l'obligation qu'à celui de son exécution ou de son extinction.

[1991, c. 64, a. 1375].

■ C.C.Q., 6, 7, 2805.

1375. The parties shall conduct themselves in good faith both at the time the obligation is created and at the time it is performed or extinguished.

[1991, c. 64, a. 1375].

1376. Les règles du présent livre s'appliquent à l'État, ainsi qu'à ses organismes et à toute autre personne morale de droit public, sous réserve des autres règles de droit qui leur sont applicables.

[1991, c. 64, a. 1376].

■ C.C.Q., 300, 916, 1464, 1672, 2877, 2694.

1376. The rules set forth in this Book apply to the State and its bodies, and to all other legal persons established in the public interest, subject to any other rules of law which may be applicable to them.

[1991, c. 64, a. 1376].

Chapitre II —
Du contrat

SECTION I —
DISPOSITION GÉNÉRALE

Chapter II —
Contracts

SECTION I —
GENERAL PROVISION

1377. Les règles générales du présent chapitre s'appliquent à tout contrat, quelle qu'en soit la nature.

Des règles particulières à certains contrats, qui complètent ces règles générales ou y dérogent, sont établies au titre deuxième du présent livre.

[1991, c. 64, a. 1377].

■ C.C.Q., 1378-1456; D.T., 4.

1377. The general rules set out in this chapter apply to all contracts, regardless of their nature.

Special rules for certain contracts which complement or depart from these general rules are established under Title Two of this Book.

[1991, c. 64, a. 1377].

SECTION II —
DE LA NATURE DU CONTRAT ET DE
CERTAINES DE SES ESPÈCES

SECTION II —
NATURE AND CERTAIN CLASSES OF
CONTRACTS

1378. Le contrat est un accord de volonté, par lequel une ou plusieurs personnes s'obligent envers une ou plusieurs autres à exécuter une prestation.

Il peut être d'adhésion ou de gré à gré, synallagmatique ou unilatéral, à titre onéreux ou gratuit, commutatif ou aléatoire et à exécution instantanée ou successive; il peut aussi être de consommation.

[1991, c. 64, a. 1378].

▌ C.C.Q., 1379-1384, 1433.

1378. A contract is an agreement of wills by which one or several persons obligate themselves to one or several other persons to perform a prestation.

Contracts may be divided into contracts of adhesion and contracts by mutual agreement, synallagmatic and unilateral contracts, onerous and gratuitous contracts, commutative and aleatory contracts, and contracts of instantaneous performance or of successive performance; they may also be consumer contracts.

[1991, c. 64, a. 1378].

1379. Le contrat est d'adhésion lorsque les stipulations essentielles qu'il comporte ont été imposées par l'une des parties ou rédigées par elle, pour son compte ou suivant ses instructions, et qu'elles ne pouvaient être librement discutées.

Tout contrat qui n'est pas d'adhésion est de gré à gré.

[1991, c. 64, a. 1379].

▌ C.C.Q., 1378, 1432, 1435-1437.

1379. A contract of adhesion is a contract in which the essential stipulations were imposed or drawn up by one of the parties, on his behalf or upon his instructions, and were not negotiable.

Any contract that is not a contract of adhesion is a contract by mutual agreement.

[1991, c. 64, a. 1379].

1380. Le contrat est synallagmatique ou bilatéral lorsque les parties s'obligent réciproquement, de manière que l'obligation de chacune d'elles soit corrélative à l'obligation de l'autre.

Il est unilatéral lorsque l'une des parties s'oblige envers l'autre sans que, de la part de cette dernière, il y ait d'obligation.

[1991, c. 64, a. 1380].

▌ C.C.Q., 1378, 1591.

1380. A contract is synallagmatic, or bilateral, when the parties obligate themselves reciprocally, each to the other, so that the obligation of one party is correlative to the obligation of the other.

When one party obligates himself to the other without any obligation on the part of the latter, the contract is unilateral.

[1991, c. 64, a. 1380].

1381. Le contrat à titre onéreux est celui par lequel chaque partie retire un avantage en échange de son obligation.

Le contrat à titre gratuit est celui par lequel l'une des parties s'oblige envers l'autre pour le bénéfice de celle-ci, sans retirer d'avantage en retour.

[1991, c. 64, a. 1381].

1381. A contract is onerous when each party obtains an advantage in return for his obligation.

When one party obligates himself to the other for the benefit of the latter without obtaining any advantage in return, the contract is gratuitous.

[1991, c. 64, a. 1381].

█ C.C.Q., 1378, 1632, 1633.

1382. Le contrat est commutatif lorsque, au moment où il est conclu, l'étendue des obligations des parties et des avantages qu'elles retirent en échange est certaine et déterminée.

Il est aléatoire lorsque l'étendue de l'obligation ou des avantages est incertaine.

[1991, c. 64, a. 1382].

1382. A contract is commutative when, at the time it is formed, the extent of the obligations of the parties and of the advantages obtained by them in return is certain and determinate.

When the extent of the obligations or of the advantages is uncertain, the contract is aleatory.

[1991, c. 64, a. 1382].

█ C.C.Q., 1378.

1383. Le contrat à exécution instantanée est celui où la nature des choses† ne s'oppose pas à ce que les obligations des parties s'exécutent en une seule et même fois.

Le contrat à exécution successive est celui où la nature des choses† exige que les obligations s'exécutent en plusieurs fois ou d'une façon continue.

[1991, c. 64, a. 1383].

1383. Where the circumstances† do not preclude the performance of the obligations of the parties at one single time, the contract is a contract of instantaneous performance.

Where the circumstances† absolutely require that the obligations be performed at several different times or without interruption, the contract is a contract of successive performance.

[1991, c. 64, a. 1383].

█ C.C.Q., 1378, 1604, 2931, 2932.

1384. Le contrat de consommation est le contrat dont le champ d'application est délimité par les lois relatives à la protection du consommateur, par lequel l'une des parties, étant une personne physique, le consommateur, acquiert, loue, emprunte ou se procure de toute autre manière, à des fins personnelles, familiales ou domestiques, des biens ou des services auprès de l'autre partie, laquelle offre de tels biens ou† services dans le cadre d'une entreprise qu'elle exploite.

[1991, c. 64, a. 1384].

1384. A consumer contract is a contract whose field of application is delimited by legislation respecting consumer protection whereby one of the parties, being a natural person, the consumer, acquires, leases, borrows or obtains in any other manner, for personal, family or domestic purposes, property or services from the other party, who offers such property and† services as part of an enterprise which he carries on.

[1991, c. 64, a. 1384].

█ C.C.Q., 1378, 1432, 1435-1437, 1525.

SECTION III —
DE LA FORMATION DU CONTRAT

SECTION III —
FORMATION OF CONTRACTS

§ 1. — Des conditions de
formation du contrat

§ 1. — Conditions of formation of
contracts

I — Disposition générale

I — General provision

1385. Le contrat se forme par le seul échange de consentement entre des personnes capables de contracter, à moins que la loi n'exige, en outre, le respect d'une forme particulière comme condition nécessaire à sa formation, ou que les parties n'assujettissent la formation du contrat à une forme solennelle.

Il est aussi de son essence qu'il ait une cause et un objet.

[1991, c. 64, a. 1385].

■ C.C.Q., 4, 1409, 1410, 1412, 3109.

1385. A contract is formed by the sole exchange of consents between persons having capacity to contract, unless, in addition, the law requires a particular form to be respected as a necessary condition of its formation, or unless the parties require the contract to take the form of a solemn agreement.

It is also of the essence of a contract that it have a cause and an object.

[1991, c. 64, a. 1385].

II — Du consentement

II — Consent

1 — De l'échange de consentement

1 — Exchange of consents

1386. L'échange de consentement se réalise par la manifestation, expresse ou tacite, de la volonté d'une personne d'accepter l'offre de contracter que lui fait une autre personne.

[1991, c. 64, a. 1386].

■ C.C.Q., 637, 1399, 2631.

1386. The exchange of consents is accomplished by the express or tacit manifestation of the will of a person to accept an offer to contract made to him by another person.

[1991, c. 64, a. 1386].

1387. Le contrat est formé au moment où l'offrant reçoit l'acceptation et au lieu où cette acceptation est reçue, quel qu'ait été le moyen utilisé pour la communiquer et lors même que les parties ont convenu de réserver leur accord sur certains† éléments secondaires.

[1991, c. 64, a. 1387].

■ C.C.Q., 2938.

1387. A contract is formed when and where acceptance is received by the offeror, regardless of the method of communication used, and even though the parties have agreed to reserve agreement as to† secondary terms.

[1991, c. 64, a. 1387].

2 — De l'offre et de l'acceptation

2 — Offer and acceptance

1388. Est une offre de contracter, la proposition qui comporte tous les éléments es-

1388. An offer to contract is a proposal which contains all the essential elements

sentiels du contrat envisagé et qui indique la volonté de son auteur d'être lié en cas d'acceptation.

[1991, c. 64, a. 1388].

❚ C.C.Q., 1386, 1387.

1389. L'offre de contracter émane de la personne qui prend l'initiative du contrat ou qui en détermine le contenu, ou même, en certains cas, qui présente le dernier élément essentiel du contrat projeté.

[1991, c. 64, a. 1389].

❚ C.C.Q., 1388.

1390. L'offre de contracter peut être faite à une personne déterminée ou indéterminée; elle peut être assortie ou non d'un délai pour son acceptation.

Celle qui est assortie d'un délai est irrévocable avant l'expiration du délai; celle qui n'en est pas assortie demeure révocable tant que l'offrant n'a pas reçu l'acceptation.

[1991, c. 64, a. 1390].

❚ C.C.Q., 1388, 1396.

1391. La révocation qui parvient au destinataire avant l'offre rend celle-ci caduque, lors même que l'offre est assortie d'un délai.

[1991, c. 64, a. 1391].

❚ C.C.Q., 1390.

1392. L'offre devient caduque si aucune acceptation n'est reçue par l'offrant avant l'expiration du délai imparti ou, en l'absence d'un tel délai, à l'expiration d'un délai raisonnable; elle devient également caduque à l'égard du destinataire qui l'a refusée.

Le décès ou la faillite de l'offrant ou du destinataire de l'offre, assortie ou non d'un délai, de même que l'ouverture à l'égard de l'un ou de l'autre d'un régime de protection, emportent aussi la caducité de l'offre, si ces causes de caducité surviennent avant que l'acceptation ne soit reçue par l'offrant.

[1991, c. 64, a. 1392].

of the proposed contract and in which the offeror signifies his willingness to be bound if it is accepted.

[1991, c. 64, a. 1388].

1389. An offer to contract derives from the person who initiates the contract or the person who determines its content or even, in certain cases, the person who presents the last essential element of the proposed contract.

[1991, c. 64, a. 1389].

1390. An offer to contract may be made to a determinate or an indeterminate person, and a term for acceptance may or may not be attached to it.

Where a term is attached, the offer may not be revoked before the term expires; if none is attached, the offer may be revoked at any time before acceptance is received by the offeror.

[1991, c. 64, a. 1390].

1391. Where the offeree receives a revocation before the offer, the offer lapses, even though a term is attached to it.

[1991, c. 64, a. 1391].

1392. An offer lapses if no acceptance is received by the offeror before the expiry of the specified term or, where no term is specified, before the expiry of a reasonable time; it also lapses in respect of the offeree if he has rejected it.

The death or bankruptcy of the offeror or the offeree, whether or not a term is attached to the offer, or the institution of protective supervision in respect of either of them also causes the offer to lapse, if that event occurs before acceptance is received by the offeror.

[1991, c. 64, a. 1392].

▌C.C.Q., 750, 1391.

1393. L'acceptation qui n'est pas substantiellement conforme à l'offre, de même que celle qui est reçue par l'offrant alors que l'offre était devenue caduque, ne vaut pas acceptation.

Elle peut, cependant, constituer elle-même une nouvelle offre.

[1991, c. 64, a. 1393].

▌C.C.Q., 1392.

1393. Acceptance which does not correspond substantially to the offer or which is received by the offeror after the offer has lapsed does not constitute acceptance.

It may, however, constitute a new offer.

[1991, c. 64, a. 1393].

1394. Le silence ne vaut pas acceptation, à moins qu'il n'en résulte autrement de la volonté des parties, de la loi ou de circonstances particulières, tels les usages ou les relations d'affaires antérieures.

[1991, c. 64, a. 1394].

▌C.C.Q., 1425, 1426, 2132.

1394. Silence does not imply acceptance of an offer, subject only to the will of the parties, the law or special circumstances, such as usage or a prior business relationship.

[1991, c. 64, a. 1394].

1395. L'offre de récompense à quiconque accomplira un acte donné est réputée acceptée et lie l'offrant dès qu'une personne, même sans connaître l'offre, accomplit cet acte, à moins que, dans les cas qui le permettent, l'offrant n'ait révoqué son offre antérieurement d'une manière expresse et suffisante.

[1991, c. 64, a. 1395].

▌C.C.Q., 1388-1390.

1395. The offer of a reward made to anyone who performs a particular act is deemed to be accepted and is binding on the offeror when the act is performed, even if the person who performs the act does not know of the offer, unless, in cases which admit of it, the offer was previously revoked expressly and adequately by the offeror.

[1991, c. 64, a. 1395].

1396. L'offre de contracter, faite à une personne déterminée, constitue une promesse de conclure le contrat envisagé, dès lors que le destinataire manifeste clairement à l'offrant son intention de prendre l'offre en considération et d'y répondre dans un délai raisonnable ou dans celui dont elle est assortie.

La promesse, à elle seule, n'équivaut pas au contrat envisagé; cependant, lorsque le bénéficiaire de la promesse l'accepte ou lève l'option à lui consentie, il s'oblige alors, de même que le promettant, à conclure le contrat, à moins qu'il ne décide de le conclure immédiatement.

[1991, c. 64, a. 1396].

▌C.C.Q., 1710.

1396. An offer to contract made to a determinate person constitutes a promise to enter into the proposed contract from the moment that the offeree clearly indicates to the offeror that he intends to consider the offer and reply to it within a reasonable time or within the time stated therein.

A mere promise is not equivalent to the proposed contract; however, where the beneficiary of the promise accepts the promise or takes up his option, both he and the promisor are bound to enter into the contract, unless the beneficiary decides to enter into the contract immediately.

[1991, c. 64, a. 1396].

1397. Le contrat conclu en violation d'une promesse de contracter est opposable au bénéficiaire de celle-ci, sans préjudice, toutefois, de ses recours en dommages-intérêts contre le promettant et la personne qui, de mauvaise foi, a conclu le contrat avec ce dernier.

Il en est de même du contrat conclu en violation d'un pacte de préférence.

[1991, c. 64, a. 1397].

▌C.C.Q., 1613.

1397. A contract made in violation of a promise to contract may be set up against the beneficiary of the promise, but without affecting his remedy for damages against the promisor and the person having contracted in bad faith with the promisor.

The same rule applies to a contract made in violation of a first refusal agreement.

[1991, c. 64, a. 1397].

3 — Des qualités et des vices du consentement

3 — Qualities and defects of consent

1398. Le consentement doit être donné par une personne qui, au temps où elle le manifeste, de façon expresse ou tacite, est apte à s'obliger.

[1991, c. 64, a. 1398].

▌C.C.Q., 153, 155-166, 172, 173, 256, 285, 291, 1405.

1398. Consent may be given only by a person who, at the time of manifesting such consent, either expressly or tacitly, is capable of binding himself.

[1991, c. 64, a. 1398].

1399. Le consentement doit être libre et éclairé.

Il peut être vicié par l'erreur, la crainte ou la lésion.

[1991, c. 64, a. 1399].

▌C.C.Q., 636, 895, 2927.

1399. Consent may be given only in a free and enlightened manner.

It may be vitiated by error, fear or lesion.

[1991, c. 64, a. 1399].

1400. L'erreur vicie le consentement des parties ou de l'une d'elles lorsqu'elle porte sur la nature du contrat, sur l'objet de la prestation ou, encore, sur tout élément essentiel qui a déterminé le consentement.

L'erreur inexcusable ne constitue pas un vice de consentement.

[1991, c. 64, a. 1400].

▌C.C.Q., 380, 1407, 2634; D.T., 75; C.P.C., 828.

1400. Error vitiates consent of the parties or of one of them where it relates to the nature of the contract, the object of the prestation or anything that was essential in determining that consent.

An inexcusable error does not constitute a defect of consent.

[1991, c. 64, a. 1400].

1401. L'erreur d'une partie, provoquée par le dol de l'autre partie ou à la connaissance de celle-ci, vicie le consentement dans tous les cas où, sans cela, la partie n'aurait pas contracté ou aurait contracté à des conditions différentes.

1401. Error on the part of one party induced by fraud committed by the other party or with his knowledge vitiates consent whenever, but for that error, the party would not have contracted, or would have contracted on different terms.

Le dol peut résulter du silence ou d'une réticence.

[1991, c. 64, a. 1401].

Fraud may result from silence or concealment.

[1991, c. 64, a. 1401].

❚ C.C.Q., 1407, 1713, 1726, 2411, 2466, 2805; D.T., 76; C.P.C., 483, 612, 698, 828.

1402. La crainte d'un préjudice sérieux pouvant porter atteinte à la personne ou aux biens de l'une des parties vicie le consentement donné par elle, lorsque cette crainte est provoquée par la violence ou la menace de l'autre partie ou à sa connaissance.

Le préjudice appréhendé peut aussi se rapporter à une autre personne ou à ses biens et il s'apprécie suivant les circonstances.

[1991, c. 64, a. 1402].

1402. Fear of serious injury to the person or property of one of the parties vitiates consent given by that party where the fear is induced by violence or threats exerted or made by or known to the other party.

Apprehended injury may also relate to another person or his property and is appraised according to the circumstances.

[1991, c. 64, a. 1402].

❚ C.C.Q., 1401, 1404, 1407, 2927; D.T., 77.

1403. La crainte inspirée par l'exercice abusif d'un droit ou d'une autorité ou par la menace d'un tel exercice vicie le consentement.

[1991, c. 64, a. 1403].

1403. Fear induced by the abusive exercise of a right or power or by the threat of such exercise vitiates consent.

[1991, c. 64, a. 1403].

❚ C.C.Q., 7.

1404. N'est pas vicié le consentement à un contrat qui a pour objet de soustraire celui qui le conclut à la crainte d'un préjudice sérieux, lorsque le cocontractant, bien qu'ayant connaissance de l'état de nécessité, est néanmoins de bonne foi.

[1991, c. 64, a. 1404].

1404. Consent to a contract the object of which is to deliver the person making it from fear of serious injury is not vitiated where the other contracting party, although aware of the state of necessity, is acting in good faith.

[1991, c. 64, a. 1404].

❚ C.C.Q., 1402.

1405. Outre les cas expressément prévus par la loi, la lésion ne vicie le consentement qu'à l'égard des mineurs et des majeurs protégés.

[1991, c. 64, a. 1405].

1405. Except in the cases expressly provided by law, lesion vitiates consent only in respect of minors and persons of full age under protective supervision.

[1991, c. 64, a. 1405].

❚ C.C.Q., 424, 472, 636, 895, 1901, 2332.

1406. La lésion résulte de l'exploitation de l'une des parties par l'autre, qui entraîne une disproportion importante entre les prestations des parties; le fait même qu'il y ait disproportion importante fait présumer l'exploitation.

Elle peut aussi résulter, lorsqu'un mineur

1406. Lesion results from the exploitation of one of the parties by the other, which creates a serious disproportion between the prestations of the parties; the fact that there is a serious disproportion creates a presumption of exploitation.

In cases involving a minor or a protected

ou un majeur protégé est en cause, d'une obligation estimée excessive eu égard à la situation patrimoniale de la personne, aux avantages qu'elle retire du contrat et à l'ensemble des circonstances.

[1991, c. 64, a. 1406].

■ C.C.Q., 897, 2332.

person of full age, lesion may also result from an obligation that is considered to be excessive in view of the patrimonial situation of the person, the advantages he gains from the contract and the general circumstances.

[1991, c. 64, a. 1406].

1407. Celui dont le consentement est vicié a le droit de demander la nullité du contrat; en cas d'erreur provoquée par le dol, de crainte ou de lésion, il peut demander, outre la nullité, des dommages-intérêts ou encore, s'il préfère que le contrat soit maintenu, demander une réduction de son obligation équivalente aux dommages-intérêts qu'il eût été justifié de réclamer.

[1991, c. 64, a. 1407].

■ C.C.Q., 1423, 1739, 1821; D.T., 78; C.P.C., 483.

1407. A person whose consent is vitiated has the right to apply for annulment of the contract; in the case of error occasioned by fraud, of fear or of lesion, he may, in addition to annulment, also claim damages or, where he prefers that the contract be maintained, apply for a reduction of his obligation equivalent to the damages he would be justified in claiming.

[1991, c. 64, a. 1407].

1408. Le tribunal peut, en cas de lésion, maintenir le contrat dont la nullité est demandée, lorsque le défendeur offre une réduction de sa créance ou un supplément pécuniaire équitable.

[1991, c. 64, a. 1408].

■ D.T., 78.

1408. In the case of a demand for the annulment of a contract on the ground of lesion, the court may maintain the contract where the defendant offers a reduction of his claim or an equitable pecuniary supplement.

[1991, c. 64, a. 1408].

III — De la capacité de contracter

III — Capacity to contract

1409. Les règles relatives à la capacité de contracter sont principalement établies au livre Des personnes.

[1991, c. 64, a. 1409].

1409. The rules relating to the capacity to contract are laid down principally in the Book on Persons.

[1991, c. 64, a. 1409].

■ C.C.Q., 153-166, 172, 173, 256, 285, 287-291, 293, 294, 1405, 2681.

IV — De la cause du contrat

IV — Cause of contracts

1410. La cause du contrat est la raison qui détermine chacune des parties à le conclure.

Il n'est pas nécessaire qu'elle soit exprimée.

[1991, c. 64, a. 1410].

■ C.C.Q., 1385, 1554, 2635.

1410. The cause of a contract is the reason that determines each of the parties to enter into the contract.

The cause need not be expressed.

[1991, c. 64, a. 1410].

1411. Est nul le contrat dont la cause est prohibée par la loi ou contraire à l'ordre public.

[1991, c. 64, a. 1411].

▌C.C.Q., 8, 9, 1385, 1410, 1416-1421, 2635, 2639, 3081.

1411. A contract whose cause is prohibited by law or contrary to public order is null.

[1991, c. 64, a. 1411].

V — De l'objet du contrat

V — Object of contracts

1412. L'objet du contrat est l'opération juridique envisagée par les parties au moment de sa conclusion, telle qu'elle ressort de l'ensemble des droits et obligations que le contrat fait naître.

[1991, c. 64, a. 1412].

▌C.C.Q., 1385, 1413.

1412. The object of a contract is the juridical operation envisaged by the parties at the time of its formation, as it emerges from all the rights and obligations created by the contract.

[1991, c. 64, a. 1412].

1413. Est nul le contrat dont l'objet est prohibé par la loi ou contraire à l'ordre public.

[1991, c. 64, a. 1413].

▌C.C.Q., 8, 9, 1416-1421, 3081.

1413. A contract whose object is prohibited by law or contrary to public order is null.

[1991, c. 64, a. 1413].

VI — De la forme du contrat

VI — Form of contracts

1414. Lorsqu'une forme particulière ou solennelle est exigée comme condition nécessaire à la formation du contrat, elle doit être observée; cette forme doit aussi être observée pour toute modification apportée à un contrat, à moins que la modification ne consiste qu'en stipulations accessoires.

[1991, c. 64, a. 1414].

▌C.C.Q., 440, 713, 1385.

1414. Where a particular or solemn form is required as a necessary condition of formation of a contract, it shall be observed; it shall also be observed for modifications to the contract, unless they are only accessory stipulations.

[1991, c. 64, a. 1414].

1415. La promesse de conclure un contrat n'est pas soumise à la forme exigée pour ce contrat.

[1991, c. 64, a. 1415].

▌C.C.Q., 1396, 1414.

1415. A promise to enter into a contract is not subject to the form required for the contract.

[1991, c. 64, a. 1415].

§ 2. — De la sanction des conditions de formation du contrat	§ 2. — Sanction of conditions of formation of contracts

I — De la nature de la nullité	I — Nature of nullity

1416. Tout contrat qui n'est pas conforme aux conditions nécessaires à sa formation peut être frappé de nullité.

[1991, c. 64, a. 1416].

■ C.C.Q., 636, 1422, 1713, 1819.

1416. Any contract which does not meet the necessary conditions of its formation may be annulled.

[1991, c. 64, a. 1416].

1417. La nullité d'un contrat est absolue lorsque la condition de formation qu'elle sanctionne s'impose pour la protection de l'intérêt général.

[1991, c. 64, a. 1417].

■ C.C.Q., 440, 1824.

1417. A contract is absolutely null where the condition of formation sanctioned by its nullity is necessary for the protection of the general interest.

[1991, c. 64, a. 1417].

1418. La nullité absolue d'un contrat peut être invoquée par toute personne qui y a un intérêt né et actuel; le tribunal la soulève d'office.

Le contrat frappé de nullité absolue n'est pas susceptible de confirmation.

[1991, c. 64, a. 1418].

■ C.C.Q., 1417.

1418. The absolute nullity of a contract may be invoked by any person having a present and actual interest in doing so; it is invoked by the court of its own motion.

A contract that is absolutely null may not be confirmed.

[1991, c. 64, a. 1418].

1419. La nullité d'un contrat est relative lorsque la condition de formation qu'elle sanctionne s'impose pour la protection d'intérêts particuliers; il en est ainsi lorsque le consentement des parties ou de l'une d'elles est vicié.

[1991, c. 64, a. 1419].

■ C.C.Q., 1420.

1419. A contract is relatively null where the condition of formation sanctioned by its nullity is necessary for the protection of an individual interest, such as where the consent of the parties or of one of them is vitiated.

[1991, c. 64, a. 1419].

1420. La nullité relative d'un contrat ne peut être invoquée que par la personne en faveur de qui elle est établie ou par son co-contractant, s'il est de bonne foi et en subit un préjudice sérieux; le tribunal ne peut la soulever d'office.

Le contrat frappé de nullité relative est susceptible de confirmation.

[1991, c. 64, a. 1420].

■ C.C.Q., 1217, 1405, 1419, 1706, 2927; D.T., 79.

1420. The relative nullity of a contract may be invoked only by the person in whose interest it is established or by the other contracting party, provided he is acting in good faith and sustains serious injury therefrom; it may not be invoked by the court of its own motion.

A contract that is relatively null may be confirmed.

[1991, c. 64, a. 1420].

1421. À moins que la loi n'indique clairement le caractère de la nullité, le contrat qui n'est pas conforme aux conditions nécessaires à sa formation est présumé n'être frappé que de nullité relative.

[1991, c. 64, a. 1421].

■ D.T., 78.

1421. Unless the nature of the nullity is clearly indicated in the law, a contract which does not meet the necessary conditions of its formation is presumed to be relatively null.

[1991, c. 64, a. 1421].

II — Des effets de la nullité

1422. Le contrat frappé de nullité est réputé n'avoir jamais existé.

Chacune des parties est, dans ce cas, tenue de restituer à l'autre les prestations qu'elle a reçues.

[1991, c. 64, a. 1422].

■ C.C.Q., 1606, 1699, 1706.

II — Effect of nullity

1422. A contract that is null is deemed never to have existed.

In such a case, each party is bound to restore to the other the prestations he has received.

[1991, c. 64, a. 1422].

III — De la confirmation du contrat

1423. La confirmation d'un contrat résulte de la volonté, expresse ou tacite, de renoncer à en invoquer la nullité.

La volonté de confirmer doit être certaine et évidente.

[1991, c. 64, a. 1423].

■ C.C.Q., 166, 2635; D.T., 80.

III — Confirmation of the contract

1423. The confirmation of a contract results from the express or tacit will to renounce the invocation of its nullity.

It results only if the will to confirm is certain and evident.

[1991, c. 64, a. 1423].

1424. Lorsque chacune des parties peut invoquer la nullité du contrat, ou que plusieurs d'entre elles le peuvent à l'encontre d'un cocontractant commun, la confirmation par l'une d'elles n'empêche pas les autres d'invoquer la nullité.

[1991, c. 64, a. 1424].

■ C.C.Q., 886.

1424. Where the nullity of a contract may be invoked by each of the parties or by several of them against a common opposite party to the contract, confirmation by one of them does not prevent the others from invoking nullity.

[1991, c. 64, a. 1424].

Section IV —
De l'interprétation du contrat

1425. Dans l'interprétation du contrat, on doit rechercher quelle a été la commune intention des parties plutôt que de s'arrêter au sens littéral des termes utilisés.

[1991, c. 64, a. 1425].

■ C.C.Q., 1426.

Section IV —
Interpretation of contracts

1425. The common intention of the parties rather than adherence to the literal meaning of the words shall be sought in interpreting a contract.

[1991, c. 64, a. 1425].

1426. On tient compte, dans l'interprétation du contrat, de sa nature, des circonstances dans lesquelles il a été conclu, de l'interprétation que les parties lui ont déjà donnée ou qu'il peut avoir reçue, ainsi que des usages.

[1991, c. 64, a. 1426].

∎ C.C.Q., 1434, 3112.

1426. In interpreting a contract, the nature of the contract, the circumstances in which it was formed, the interpretation which has already been given to it by the parties or which it may have received, and usage, are all taken into account.

[1991, c. 64, a. 1426].

1427. Les clauses s'interprètent les unes par les autres, en donnant à chacune le sens qui résulte de l'ensemble du contrat.

[1991, c. 64, a. 1427].

∎ C.C.Q., 1438; C.P.C., 2.

1427. Each clause of a contract is interpreted in light of the others so that each is given the meaning derived from the contract as a whole.

[1991, c. 64, a. 1427].

1428. Une clause s'entend dans le sens qui lui confère quelque effet plutôt que dans celui qui n'en produit aucun.

[1991, c. 64, a. 1428].

∎ C.C.Q., 1427.

1428. A clause is given a meaning that gives it some effect rather than one that gives it no effect.

[1991, c. 64, a. 1428].

1429. Les termes susceptibles de deux sens doivent être pris dans le sens qui convient le plus à la matière du contrat.

[1991, c. 64, a. 1429].

∎ C.C.Q., 1427.

1429. Words susceptible of two meanings shall be given the meaning that best conforms to the subject matter of the contract.

[1991, c. 64, a. 1429].

1430. La clause destinée à écarter tout doute sur l'application du contrat à un cas particulier ne restreint pas la portée du contrat par ailleurs conçu en termes généraux.

[1991, c. 64, a. 1430].

∎ C.C.Q., 1427.

1430. A clause intended to eliminate doubt as to the application of the contract to a specific situation does not restrict the scope of a contract otherwise expressed in general terms.

[1991, c. 64, a. 1430].

1431. Les clauses d'un contrat, même si elles sont énoncées en termes généraux, comprennent seulement ce sur quoi il paraît que les parties se sont proposé de contracter.

[1991, c. 64, a. 1431].

∎ C.C.Q., 1425, 1426, 1429.

1431. The clauses of a contract cover only what it appears that the parties intended to include, however general the terms used.

[1991, c. 64, a. 1431].

1432. Dans le doute, le contrat s'interprète en faveur de celui qui a contracté l'obligation et contre celui qui l'a stipulée. Dans

1432. In case of doubt, a contract is interpreted in favour of the person who contracted the obligation and against the per-

tous les cas, il s'interprète en faveur de l'adhérent ou du consommateur.

[1991, c. 64, a. 1432].

▌C.C.Q., 1379, 1384; D.T., 81.

son who stipulated it. In all cases, it is interpreted in favour of the adhering party or the consumer.

[1991, c. 64, a. 1432].

SECTION V —
DES EFFETS DU CONTRAT

SECTION V —
EFFECTS OF CONTRACTS

§ 1. — Des effets du contrat entre les parties

§ 1. — Effects of contracts between the parties

I — Disposition générale

I — General provision

1433. Le contrat crée des obligations et quelquefois les modifie ou les éteint.

En certains cas, il a aussi pour effet de constituer, transférer, modifier ou éteindre des droits réels.

[1991, c. 64, a. 1433].

▌C.C.Q., 1458, 1590, 1601, 1602.

1433. A contract creates obligations and, in certain cases, modifies or extinguishes them.

In some cases, it also has the effect of constituting, transferring, modifying or extinguishing real rights.

[1991, c. 64, a. 1433].

II — De la force obligatoire et du contenu du contrat

II — Binding force and content of contracts

1434. Le contrat valablement formé oblige ceux qui l'ont conclu non seulement pour ce qu'ils y ont exprimé, mais aussi pour tout ce qui en découle d'après sa nature et suivant les usages, l'équité ou la loi.

[1991, c. 64, a. 1434].

▌C.C.Q., 1426, 3111, 3112.

1434. A contract validly formed binds the parties who have entered into it not only as to what they have expressed in it but also as to what is incident to it according to its nature and in conformity with usage, equity or law.

[1991, c. 64, a. 1434].

1435. La clause externe à laquelle renvoie le contrat lie les parties.

Toutefois, dans un contrat de consommation ou d'adhésion, cette clause est nulle si, au moment de la formation du contrat, elle n'a pas été expressément portée à la connaissance du consommateur ou de la partie qui y adhère, à moins que l'autre partie ne prouve que le consommateur ou l'adhérent en avait par ailleurs connaissance.

[1991, c. 64, a. 1435].

1435. An external clause referred to in a contract is binding on the parties.

In a consumer contract or a contract of adhesion, however, an external clause is null if, at the time of formation of the contract, it was not expressly brought to the attention of the consumer or adhering party, unless the other party proves that the consumer or adhering party otherwise knew of it.

[1991, c. 64, a. 1435].

❚ C.C.Q., 1379, 1384.

1436. Dans un contrat de consommation ou d'adhésion, la clause illisible ou incompréhensible pour une personne raisonnable est nulle si le consommateur ou la partie qui y adhère en souffre préjudice, à moins que l'autre partie ne prouve que des explications adéquates sur la nature et l'étendue de la clause ont été données au consommateur ou à l'adhérent.

[1991, c. 64, a. 1436].

❚ C.C.Q., 1379, 1384; D.T., 82.

1436. In a consumer contract or a contract of adhesion, a clause which is illegible or incomprehensible to a reasonable person is null if the consumer or the adhering party suffers injury therefrom, unless the other party proves that an adequate explanation of the nature and scope of the clause was given to the consumer or adhering party.

[1991, c. 64, a. 1436].

1437. La clause abusive d'un contrat de consommation ou d'adhésion est nulle ou l'obligation qui en découle, réductible.

Est abusive toute clause qui désavantage le consommateur ou l'adhérent d'une manière excessive et déraisonnable, allant ainsi à l'encontre de ce qu'exige la bonne foi; est abusive, notamment, la clause si éloignée des obligations essentielles qui découlent des règles gouvernant habituellement le contrat qu'elle dénature celui-ci.

[1991, c. 64, a. 1437].

❚ C.C.Q., 1379, 1384; D.T., 82.

1437. An abusive clause in a consumer contract or contract of adhesion is null, or the obligation arising from it may be reduced.

An abusive clause is a clause which is excessively and unreasonably detrimental to the consumer or the adhering party and is therefore not in good faith; in particular, a clause which so departs from the fundamental obligations arising from the rules normally governing the contract that it changes the nature of the contract is an abusive clause.

[1991, c. 64, a. 1437].

1438. La clause qui est nulle ne rend pas le contrat invalide quant au reste, à moins qu'il n'apparaisse que le contrat doive être considéré comme un tout indivisible.

Il en est de même de la clause qui est sans effet ou réputée non écrite.

[1991, c. 64, a. 1438].

❚ C.C.Q., 757, 758, 1101.

1438. A clause which is null does not render the contract invalid in other respects, unless it is apparent that the contract may be considered only as an indivisible whole.

The same applies to a clause without effect or deemed unwritten.

[1991, c. 64, a. 1438].

1439. Le contrat ne peut être résolu, résilié, modifié ou révoqué que pour les causes reconnues par la loi ou de l'accord des parties.

[1991, c. 64, a. 1439].

❚ C.C.Q., 1458, 1590, 1601, 1604, 2125, 2230, 2260.

1439. A contract may not be resolved, resiliated, modified or revoked except on grounds recognized by law or by agreement of the parties.

[1991, c. 64, a. 1439].

§ 2. — Des effets du contrat à l'égard des tiers

§ 2. — Effects of contracts with respect to third persons

I — Dispositions générales

I — General provisions

1440. Le contrat n'a d'effet qu'entre les parties contractantes; il n'en a point quant aux tiers, excepté dans les cas prévus par la loi.

[1991, c. 64, a. 1440].

❚ C.C.Q., 886.

1440. A contract has effect only between the contracting parties; it does not affect third persons, except where provided by law.

[1991, c. 64, a. 1440].

1441. Les droits et obligations résultant du contrat sont, lors du décès de l'une des parties, transmis à ses héritiers si la nature du contrat ne s'y oppose pas.

[1991, c. 64, a. 1441].

❚ C.C.Q., 619, 2093, 2127, 2128, 2175, 2258, 2361.

1441. Upon the death of one of the parties, the rights and obligations arising from a contract pass to his heirs, if the nature of the contract permits it.

[1991, c. 64, a. 1441].

1442. Les droits des parties à un contrat sont transmis à leurs ayants cause à titre particulier s'ils constituent l'accessoire d'un bien qui leur est transmis ou s'ils lui sont intimement liés.

[1991, c. 64, a. 1442].

❚ D.T., 83.

1442. The rights of the parties to a contract pass to their successors by particular title if they are accessory to property which passes to them or are directly related to it.

[1991, c. 64, a. 1442].

II — De la promesse du fait d'autrui

II — Promise for another

1443. On ne peut, par un contrat fait en son propre nom, engager d'autres que soi-même et ses héritiers; mais on peut, en son propre nom, promettre qu'un tiers s'engagera à exécuter une obligation; en ce cas, on est tenu envers son cocontractant du préjudice qu'il subit si le tiers ne s'engage pas conformément à la promesse.

[1991, c. 64, a. 1443].

❚ C.C.Q., 1337, 1555, 2140, 2346, 2681.

1443. No person may bind anyone but himself and his heirs by a contract made in his own name, but he may promise in his own name that a third person will undertake to perform an obligation, and in that case he is liable to reparation for injury to the other contracting party if the third person does not undertake to perform the obligation as promised.

[1991, c. 64, a. 1443].

III — De la stipulation pour autrui

III — Stipulation for another

1444. On peut, dans un contrat, stipuler en faveur d'un tiers.

Cette stipulation confère au tiers bénéfi-

1444. A person may make a stipulation in a contract for the benefit of a third person.

The stipulation gives the third person ben-

ciaire le droit d'exiger directement du promettant l'exécution de l'obligation promise.

[1991, c. 64, a. 1444].

▌C.C.Q., 1667, 1773, 1806, 2333, 2369.

1445. Il n'est pas nécessaire que le tiers bénéficiaire soit déterminé ou existe au moment de la stipulation; il suffit qu'il soit déterminable à cette époque et qu'il existe au moment où le promettant doit exécuter l'obligation en sa faveur.

[1991, c. 64, a. 1445].

▌C.C.Q., 2447.

1446. La stipulation est révocable aussi longtemps que le tiers bénéficiaire n'a pas porté à la connaissance du stipulant ou du promettant sa volonté de l'accepter.

[1991, c. 64, a. 1446].

▌C.C.Q., 1253.

1447. Seul le stipulant peut révoquer la stipulation; ni ses héritiers ni ses créanciers ne le peuvent.

Il ne peut, toutefois, le faire sans le consentement du promettant, lorsque celui-ci a un intérêt à ce que la stipulation soit maintenue.

[1991, c. 64, a. 1447].

▌C.C.Q., 1446.

1448. La révocation de la stipulation prend effet dès qu'elle est portée à la connaissance du promettant, à moins qu'elle ne soit faite par testament, auquel cas elle prend effet dès l'ouverture de la succession.

La révocation profite au stipulant ou à ses héritiers, à défaut d'une nouvelle désignation de bénéficiaire.

[1991, c. 64, a. 1448].

▌C.C.Q., 1446, 1447.

1449. Le tiers bénéficiaire et ses héritiers peuvent valablement accepter la stipulation, même après le décès du stipulant ou du promettant.

[1991, c. 64, a. 1449].

eficiary the right to exact performance of the promised obligation directly from the promisor.

[1991, c. 64, a. 1444].

1445. A third person beneficiary need not exist nor be determinate when the stipulation is made; he need only be determinable at that time and exist when the promisor is to perform the obligation for his benefit.

[1991, c. 64, a. 1445].

1446. The stipulation may be revoked as long as the third person beneficiary has not advised the stipulator or the promisor of his will to accept it.

[1991, c. 64, a. 1446].

1447. Only the stipulator may revoke a stipulation; neither his heirs nor his creditors may do so.

If the promisor has an interest in maintaining the stipulation, however, the stipulator may not revoke it without his consent.

[1991, c. 64, a. 1447].

1448. Revocation of the stipulation has effect as soon as it is made known to the promisor; if it is made by will, however, it has effect upon the opening of the succession.

Where a new beneficiary is not designated, revocation benefits the stipulator or his heirs.

[1991, c. 64, a. 1448].

1449. A third person beneficiary or his heirs may validly accept the stipulation, even after the death of the stipulator or promisor.

[1991, c. 64, a. 1449].

▌C.C.Q., 1441, 1444.

1450. Le promettant peut opposer au tiers bénéficiaire les moyens qu'il aurait pu faire valoir contre le stipulant.

[1991, c. 64, a. 1450].

▌C.C.Q., 1449.

1450. A promisor may set up against the third person beneficiary such defenses as he could have set up against the stipulator.

[1991, c. 64, a. 1450].

IV — De la simulation

IV — Simulation

1451. Il y a une simulation lorsque les parties conviennent d'exprimer leur volonté réelle non point dans un contrat apparent, mais dans un contrat secret, aussi appelé contre-lettre.

Entre les parties, la contre-lettre l'emporte sur le contrat apparent.

[1991, c. 64, a. 1451].

▌C.C.Q., 1452.

1451. Simulation exists where the parties agree to express their true intent, not in an apparent contract, but in a secret contract, also called a counter letter.

Between the parties, a counter letter prevails over an apparent contract.

[1991, c. 64, a. 1451].

1452. Les tiers de bonne foi peuvent, selon leur intérêt, se prévaloir du contrat apparent ou de la contre-lettre, mais s'il survient entre eux un conflit d'intérêts, celui qui se prévaut du contrat apparent est préféré.

[1991, c. 64, a. 1452].

▌C.C.Q., 1451.

1452. Third persons in good faith may, according to their interest, avail themselves of the apparent contract or the counter letter; however, where conflicts of interest arise between them, preference is given to the person who avails himself of the apparent contract.

[1991, c. 64, a. 1452].

§ 3. —— Des effets particuliers à certains contrats

I — Du transfert de droits réels

§ 3. —— Special effects of certain contracts

I — Transfer of real rights

1453. Le transfert d'un droit réel portant sur un bien individualisé ou sur plusieurs biens considérés comme une universalité, en rend l'acquéreur titulaire dès la formation du contrat, quoique la délivrance n'ait pas lieu immédiatement et qu'une opération puisse rester nécessaire à la détermination du prix.

Le transfert portant sur un bien déterminé quant à son espèce seulement en rend l'acquéreur titulaire, dès qu'il a été informé de l'individualisation du bien.

[1991, c. 64, a. 1453].

1453. The transfer of a real right in a* certain and determinate property, or in several properties considered as a universality, vests the acquirer with the right upon the formation of the contract, even though the property is not delivered immediately and the price remains to be determined.

The transfer of a real right in a property determined only as to kind vests the acquirer with that right as soon as he is notified that the property is certain and determinate.

[1991, c. 64, a. 1453].

■ C.C.Q., 916, 1374, 1708, 1718, 1737, 1806, 2670.

1454. Si une partie transfère successivement, à des acquéreurs différents, un même droit réel portant sur un même bien meuble, l'acquéreur de bonne foi qui est mis en possession du bien en premier est titulaire du droit réel sur ce bien, quoique son titre soit postérieur.

[1991, c. 64, a. 1454].

■ C.C.Q., 1641, 2710, 2938, 2998.

1454. If a party transfers the same real right in the same movable property to different acquirers successively, the acquirer in good faith who is first given possession of the property is vested with the real right in that property, even though his title may be later in time.

[1991, c. 64, a. 1454].

1455. Le transfert d'un droit réel portant sur un bien immeuble n'est opposable aux tiers que suivant les règles relatives à la publicité des droits.

[1991, c. 64, a. 1455].

■ C.C.Q., 2663, 2938, 2948.

1455. The transfer of a real right in an* immovable property may not be set up against third persons except in accordance with the rules concerning the publication of rights.

[1991, c. 64, a. 1455].

II — Des fruits et revenus et des risques du bien

II — Fruits and revenues and risks incident to property

1456. L'attribution des fruits et revenus et la charge des risques du bien qui est l'objet d'un droit réel transféré par contrat sont principalement réglées au livre Des biens.

Toutefois, tant que la délivrance du bien n'a pas été faite, le débiteur de l'obligation de délivrance continue d'assumer les risques y afférents.

[1991, c. 64, a. 1456].

■ C.C.Q., 949, 950; D.T., 84.

1456. The allocation of fruits and revenues and the assumption of risks incident to property forming the object of a real right transferred by contract are principally governed by the Book on Property.

The debtor of the obligation to deliver the property continues, however, to bear the risks attached to the property until it is delivered.

[1991, c. 64, a. 1456].

Chapitre III — De la responsabilité civile

Chapter III — Civil liability

SECTION I — DES CONDITIONS DE LA RESPONSABILITÉ

SECTION I — CONDITIONS OF LIABILITY

§ 1. — Dispositions générales

§ 1. — General provisions

1457. Toute personne a le devoir de respecter les règles de conduite qui, suivant

1457. Every person has a duty to abide by the rules of conduct which lie upon him,

les circonstances, les usages ou la loi, s'imposent à elle, de manière à ne pas causer de préjudice à autrui.

Elle est, lorsqu'elle est douée de raison et qu'elle manque à ce devoir, responsable du préjudice qu'elle cause par cette faute à autrui et tenue de réparer ce préjudice, qu'il soit corporel, moral ou matériel.

Elle est aussi tenue, en certains cas, de réparer le préjudice causé à autrui par le fait† ou la faute d'une autre personne ou par le fait des biens qu'elle a sous sa garde.

[1991, c. 64, a. 1457].

according to the circumstances, usage or law, so as not to cause injury to another.

Where he is endowed with reason and fails in this duty, he is responsible for any injury he causes to another person by such fault and is liable to reparation for the injury, whether it be bodily, moral or material in nature.

He is also liable, in certain cases, to reparation for injury caused to another by the act† or fault of another person or by the act of things in his custody.

[1991, c. 64, a. 1457; 2002, c. 19, s. 15].

Note : Comp. a. 1462, qui emploie, au lieu du seul mot « *act* », les termes « *act or omission* » comme équivalents du mot « fait ». / Comp. a. 1462, in which the words "act or omission", rather than "act" alone, are used as the equivalent of the word "*fait*".

▌ C.C.Q., 164, 597, 1458, 1470, 1526, 1607, 1611, 2064, 2164, 2298, 3126-3129; D.T., 85, 86.

1458. Toute personne a le devoir d'honorer les engagements qu'elle a contractés.

Elle est, lorsqu'elle manque à ce devoir, responsable du préjudice, corporel, moral ou matériel, qu'elle cause à son cocontractant et tenue de réparer ce préjudice; ni elle ni le cocontractant ne peuvent alors se soustraire à l'application des règles du régime contractuel de responsabilité pour opter en faveur de règles qui leur seraient plus profitables.

[1991, c. 64, a. 1458].

1458. Every person has a duty to honour his contractual undertakings.

Where he fails in this duty, he is liable for any bodily, moral or material injury he causes to the other contracting party and is liable to reparation for the injury; neither he nor the other party may in such a case avoid the rules governing contractual liability by opting for rules that would be more favourable to them.

[1991, c. 64, a. 1458].

▌ C.C.Q., 1457, 1742, 1765, 2939; C.P.C., 66.

§ 2. — Du fait† ou de la faute d'autrui

§ 2. — Act† or fault of another

1459. Le titulaire de l'autorité parentale est tenu de réparer le préjudice causé à autrui par le fait† ou la faute du mineur à l'égard de qui il exerce cette autorité, à moins de prouver qu'il n'a lui-même commis aucune faute dans la garde, la surveillance ou l'éducation du mineur.

Celui qui a été déchu de l'autorité parentale est tenu de la même façon, si le fait†

1459. A person having parental authority is liable to reparation for injury caused to another by the act† or fault of the minor under his authority, unless he proves that he himself did not commit any fault with regard to the custody, supervision or education of the minor.

A person deprived of parental authority is liable in the same manner, if the act† or

ou la faute du mineur est lié à l'éducation qu'il lui a donnée.

[1991, c. 64, a. 1459].

▮ C.C.Q., 186, 197, 394, 597, 1462.

1460. La personne qui, sans être titulaire de l'autorité parentale, se voit confier, par délégation ou autrement, la garde, la surveillance ou l'éducation d'un mineur est tenue, de la même manière que le titulaire de l'autorité parentale, de réparer le préjudice causé par le fait† ou la faute du mineur.

Toutefois, elle n'y est tenue, lorsqu'elle agit gratuitement ou moyennant une récompense, que s'il est prouvé qu'elle a commis une faute.

[1991, c. 64, a. 1460].

▮ C.C.Q., 186, 601.

1461. La personne qui, agissant comme tuteur, curateur ou autrement, assume la garde d'un majeur non doué de raison n'est pas tenue de réparer le préjudice causé par le fait† de ce majeur, à moins qu'elle n'ait elle-même commis une faute intentionnelle ou lourde dans l'exercice de la garde.

[1991, c. 64, a. 1461].

▮ C.C.Q., 260, 1474.

1462. On ne peut être responsable du préjudice causé à autrui par le fait d'une personne non douée de raison que dans le cas où le comportement de celle-ci aurait été autrement considéré comme fautif.

[1991, c. 64, a. 1462].

▮ C.C.Q., 1457, 1459.

1463. Le commettant est tenu de réparer le préjudice causé par la faute de ses préposés† dans l'exécution de leurs fonctions; il conserve, néanmoins, ses recours contre eux.

[1991, c. 64, a. 1463].

▮ C.C.Q., 2073, 2301.

1464. Le préposé† de l'État ou d'une personne morale de droit public ne cesse pas

fault of the minor is related to the education he has given to him.

[1991, c. 64, a. 1459].

1460. A person who, without having parental authority, is entrusted, by delegation or otherwise, with the custody, supervision or education of a minor is liable, in the same manner as the person having parental authority, to reparation for injury caused by the act† or fault of the minor.

Where he is acting gratuitously or for reward, however, he is not liable unless it is proved that he has committed a fault.

[1991, c. 64, a. 1460].

1461. Any person who, as tutor or curator or in any other quality, has custody of a person of full age who is not endowed with reason, is not liable to reparation for injury caused by any act† of the person of full age, except where he is himself guilty of a deliberate or gross fault in exercising custody.

[1991, c. 64, a. 1461].

1462. No person is liable for injury caused to another by an act or omission of a person not endowed with reason except in the cases where the conduct of the person not endowed with reason would otherwise have been considered wrongful.

[1991, c. 64, a. 1462].

1463. The principal is liable to reparation for injury caused by the fault of his agents† and servants in the performance of their duties; nevertheless, he retains his recourses against them.

[1991, c. 64, a. 1463].

1464. An agent† or servant of the State or of a legal person established in the public

d'agir dans l'exécution de ses fonctions du seul fait qu'il commet un acte illégal, hors de sa compétence ou non autorisé, ou du fait qu'il agit comme agent de la paix.

[1991, c. 64, a. 1464].

▌C.C.Q., 1463.

interest does not cease to act in the performance of his duties by the mere fact that he performs an act that is illegal, unauthorized or outside his competence, or by the fact that he is acting as a peace officer.

[1991, c. 64, a. 1464].

§ 3. — Du fait† des biens

§ 3. — Act† of a thing

1465. Le gardien d'un bien est tenu de réparer le préjudice causé par le fait† autonome de celui-ci, à moins qu'il prouve n'avoir commis aucune faute.

[1991, c. 64, a. 1465].

▌C.C.Q., 1467.

1465. A person entrusted with the custody of a thing is liable to reparation for injury resulting from the autonomous act† of the thing, unless he proves that he is not at fault.

[1991, c. 64, a. 1465].

1466. Le propriétaire d'un animal est tenu de réparer le préjudice que l'animal a causé, soit qu'il fût sous sa garde ou sous celle d'un tiers, soit qu'il fût égaré ou échappé.

La personne qui se sert de l'animal en est aussi, pendant ce temps, responsable avec le propriétaire.

[1991, c. 64, a. 1466].

▌C.C.Q., 1470.

1466. The owner of an animal is liable to reparation for injury it has caused, whether the animal was under his custody or that of a third person, or had strayed or escaped.

A person making use of the animal is, together with the owner, also liable during that time.

[1991, c. 64, a. 1466].

1467. Le propriétaire, sans préjudice de sa responsabilité à titre de gardien, est tenu de réparer le préjudice causé par la ruine, même partielle, de son immeuble, qu'elle résulte d'un défaut d'entretien ou d'un vice de construction.

[1991, c. 64, a. 1467].

▌C.C.Q., 990, 1077, 1465.

1467. The owner of an immovable, without prejudice to his liability as custodian, is liable to reparation for injury caused by its ruin, even partial, where this has resulted from lack of repair or from a defect of construction.

[1991, c. 64, a. 1467].

1468. Le fabricant d'un bien meuble, même si ce bien est incorporé à un immeuble ou y est placé pour le service ou l'exploitation de celui-ci, est tenu de réparer le préjudice causé à un tiers par le défaut de sécurité du bien.

Il en est de même pour la personne qui fait la distribution du bien sous son nom ou comme étant son bien et pour tout fournis-

1468. The manufacturer of a* movable property is liable to reparation for injury caused to a third person by reason of a safety defect in the thing, even if it is incorporated with or placed in an immovable for the service or operation of the immovable.

The same rule applies to a person who distributes the thing under his name or as his own and to any supplier of the thing,

seur du bien, qu'il soit grossiste ou détaillant, ou qu'il soit ou non l'importateur du bien.

[1991, c. 64, a. 1468].

whether a wholesaler or a retailer and whether or not he imported the thing.

[1991, c. 64, a. 1468].

▌C.C.Q., 1442, 1458, 1469, 1473, 1730, 3128.

1469. Il y a défaut de sécurité du bien lorsque, compte tenu de toutes les circonstances, le bien n'offre pas la sécurité à laquelle on est normalement en droit de s'attendre, notamment en raison d'un vice de conception ou de fabrication du bien, d'une mauvaise conservation ou présentation du bien ou, encore, de l'absence d'indications suffisantes quant aux risques et dangers qu'il comporte ou quant aux moyens de s'en prémunir.

[1991, c. 64, a. 1469].

1469. A thing has a safety defect where, having regard to all the circumstances, it does not afford the safety which a person is normally entitled to expect, particularly by reason of a defect in the design or manufacture of the thing, poor preservation or presentation of the thing, or the lack of sufficient indications as to the risks and dangers it involves or as to safety precautions.

[1991, c. 64, a. 1469].

▌C.C.Q., 1468.

SECTION II —
DE CERTAINS CAS D'EXONÉRATION DE RESPONSABILITÉ

SECTION II —
CERTAIN CASES OF EXEMPTION FROM LIABILITY

1470. Toute personne peut se dégager de sa responsabilité pour le préjudice causé à autrui si elle prouve que le préjudice résulte d'une force majeure, à moins qu'elle ne se soit engagée à le réparer.

La force majeure est un événement imprévisible et irrésistible; y est assimilée la cause étrangère qui présente ces mêmes caractères.

[1991, c. 64, a. 1470].

1470. A person may free himself from his liability for injury caused to another by proving that the injury results from superior force, unless he has undertaken to make reparation for it.

A superior force is an unforeseeable and irresistible event, including external causes with the same characteristics.

[1991, c. 64, a. 1470].

▌C.C.Q., 876, 1160, 1600, 1693, 1727, 2029, 2034, 2100, 2322, 2739.

1471. La personne qui porte secours à autrui ou qui, dans un but désintéressé, dispose gratuitement[1] de biens au profit d'autrui est exonérée de toute responsabilité pour le préjudice qui peut en résulter, à moins que ce préjudice ne soit dû à sa faute intentionnelle ou à sa faute lourde.

[1991, c. 64, a. 1471].

1471. Where a person comes to the assistance of another person or, for an unselfish motive, disposes, free of charge[1], of property for the benefit of another person, he is exempt from all liability for injury that may result from it, unless the injury is due to his intentional or gross fault.

[1991, c. 64, a. 1471].

Note 1 : Comp. a./arts 1232, 1496.

▌C.C.Q., 1474.

1472. Toute personne peut se dégager de sa responsabilité pour le préjudice causé à

1472. A person may free himself from his liability for injury caused to another as a

autrui par suite de la divulgation d'un secret commercial si elle prouve que l'intérêt général l'emportait sur le maintien du secret et, notamment, que la divulgation de celui-ci était justifiée par des motifs liés à la santé ou à la sécurité du public.

[1991, c. 64, a. 1472].

❚ C.C.Q., 1612.

result of the disclosure of a trade secret by proving that considerations of general interest prevailed over keeping the secret and, particularly, that its disclosure was justified for reasons of public health or safety.

[1991, c. 64, a. 1472].

1473. Le fabricant, distributeur ou fournisseur d'un bien meuble n'est pas tenu de réparer le préjudice causé par le défaut de sécurité de ce bien s'il prouve que la victime connaissait ou était en mesure de connaître le défaut du bien, ou qu'elle pouvait prévoir le préjudice.

Il n'est pas tenu, non plus, de réparer le préjudice s'il prouve que le défaut ne pouvait être connu, compte tenu de l'état des connaissances, au moment où il a fabriqué, distribué ou fourni le bien et qu'il n'a pas été négligent dans son devoir d'information lorsqu'il a eu connaissance de l'existence de ce défaut.

[1991, c. 64, a. 1473].

❚ C.C.Q., 1468, 1469.

1473. The manufacturer, distributor or supplier of a* movable property is not liable to reparation for injury caused by a safety defect in the property if he proves that the victim knew or could have known of the defect, or could have foreseen the injury.

Nor is he liable to reparation if he proves that, according to the state of knowledge at the time that he manufactured, distributed or supplied the property, the existence of the defect could not have been known, and that he was not neglectful of his duty to provide information when he became aware of the defect.

[1991, c. 64, a. 1473; 2002, c. 19, s. 15].

1474. Une personne ne peut exclure ou limiter sa responsabilité pour le préjudice matériel causé à autrui par une faute intentionnelle ou une faute lourde; la faute lourde est celle qui dénote une insouciance, une imprudence ou une négligence grossières.

Elle ne peut aucunement exclure ou limiter sa responsabilité pour le préjudice corporel ou moral causé à autrui.

[1991, c. 64, a. 1474].

❚ C.C.Q., 1461, 1471.

1474. A person may not exclude or limit his liability for material injury caused to another through an intentional or gross fault; a gross fault is a fault which shows gross recklessness, gross carelessness or gross negligence.

He may not in any way exclude or limit his liability for bodily or moral injury caused to another.

[1991, c. 64, a. 1474].

1475. Un avis, qu'il soit ou non affiché, stipulant l'exclusion ou la limitation de l'obligation de réparer le préjudice résultant de l'inexécution d'une obligation contractuelle n'a d'effet, à l'égard du créancier, que si la partie qui invoque l'avis prouve que l'autre partie en avait connaissance au moment de la formation du contrat.

[1991, c. 64, a. 1475].

❚ C.C.Q., 1476.

1475. A notice, whether posted or not, stipulating the exclusion or limitation of the obligation to make reparation for injury resulting from the nonperformance of a contractual obligation has effect, in respect of the creditor, only if the party who invokes the notice proves that the other party was aware of its existence at the time the contract was formed.

[1991, c. 64, a. 1475].

1476. On ne peut, par un avis, exclure ou limiter, à l'égard des tiers, son obligation de réparer; mais, pareil avis peut valoir dénonciation d'un danger.

[1991, c. 64, a. 1476].

▌ C.C.Q., 1475.

1476. A person may not by way of a notice exclude or limit his obligation to make reparation in respect of third persons; such a notice may, however, constitute a warning of a danger.

[1991, c. 64, a. 1476].

1477. L'acceptation de risques par la victime, même si elle peut, eu égard aux circonstances, être considérée comme une imprudence, n'emporte pas renonciation à son recours contre l'auteur du préjudice.

[1991, c. 64, a. 1477].

▌ C.C.Q., 1457.

1477. The assumption of risk by the victim, although it may be considered imprudent having regard to the circumstances, does not entail renunciation of his remedy against the person who caused the injury.

[1991, c. 64, a. 1477].

SECTION III —
DU PARTAGE DE RESPONSABILITÉ

SECTION III —
APPORTIONMENT OF LIABILITY

1478. Lorsque le préjudice est causé par plusieurs personnes, la responsabilité se partage entre elles en proportion de la gravité de leur faute respective.

La faute de la victime, commune dans ses effets avec celle de l'auteur, entraîne également un tel partage.

[1991, c. 64, a. 1478].

▌ C.C.Q., 1479-1481.

1478. Where an injury has been caused by several persons, liability is shared by them in proportion to the seriousness of the fault of each.

The victim is included in the apportionment when the injury is partly the effect of his own fault.

[1991, c. 64, a. 1478].

1479. La personne qui est tenue de réparer un préjudice ne répond pas de l'aggravation de ce préjudice que la victime pouvait éviter.

[1991, c. 64, a. 1479].

▌ C.C.Q., 1478.

1479. A person who is liable to reparation for an injury is not liable in respect of any aggravation of the injury that the victim could have avoided.

[1991, c. 64, a. 1479].

1480. Lorsque plusieurs personnes ont participé à un fait† collectif fautif qui entraîne un préjudice ou qu'elles ont commis des fautes distinctes dont chacune est susceptible d'avoir causé le préjudice, sans qu'il soit possible, dans l'un ou l'autre cas, de déterminer laquelle l'a effectivement causé, elles sont tenues solidairement à la réparation du préjudice.

[1991, c. 64, a. 1480].

▌ C.C.Q., 1478, 1523, 1526, 2118.

1480. Where several persons have jointly taken part in a wrongful act† which has resulted in injury or have committed separate faults each of which may have caused the injury, and where it is impossible to determine, in either case, which of them actually caused it, they are solidarily liable for reparation thereof.

[1991, c. 64, a. 1480].

1481. Lorsque le préjudice est causé par plusieurs personnes et qu'une disposition expresse d'une loi particulière exonère l'une d'elles de toute responsabilité, la part de responsabilité qui lui aurait été attribuée est assumée de façon égale par les autres responsables du préjudice.

[1991, c. 64, a. 1481].

▌ C.C.Q., 1478.

1481. Where an injury has been caused by several persons and one of them is exempted from all liability by an express provision of a special Act, the share of the liability which would have been his is assumed equally by the other persons liable for the injury.

[1991, c. 64, a. 1481].

Chapitre IV —
De certaines autres sources de l'obligation

Chapter IV —
Certain other sources of obligations

SECTION I —
DE LA GESTION D'AFFAIRES

SECTION I —
MANAGEMENT OF THE BUSINESS OF ANOTHER

1482. Il y a gestion d'affaires lorsqu'une personne, le gérant, de façon spontanée et sans y être obligée, entreprend volontairement et opportunément de gérer l'affaire d'une autre personne, le géré, hors la connaissance de celle-ci ou à sa connaissance si elle n'était pas elle-même en mesure de désigner un mandataire ou d'y pourvoir de toute autre manière.

[1991, c. 64, a. 1482].

▌ C.C.Q., 3125.

1482. Management of the business of another exists where a person, the manager, spontaneously and under no obligation to act, voluntarily and opportunely undertakes to manage the business of another, the principal, without his knowledge, or with his knowledge if he was unable to appoint a mandatary or otherwise provide for it.

[1991, c. 64, a. 1482].

1483. Le gérant doit, dès qu'il lui est possible de le faire, informer le géré de la gestion qu'il a entreprise.

[1991, c. 64, a. 1483].

▌ C.C.Q., 1482.

1483. The manager shall as soon as possible inform the principal of the management he has undertaken.

[1991, c. 64, a. 1483].

1484. La gestion d'affaires oblige le gérant à continuer la gestion qu'il a entreprise jusqu'à ce qu'il puisse l'abandonner sans risque de perte ou jusqu'à ce que le géré, ses tuteur ou curateur, ou le liquidateur de sa succession, le cas échéant, soient en mesure d'y pourvoir.

Le gérant est, pour le reste, soumis dans sa gestion aux obligations générales de l'administrateur du bien d'autrui chargé de la simple administration, dans la mesure où ces obligations ne sont pas incompatibles, compte tenu des circonstances.

[1991, c. 64, a. 1484].

1484. The manager is bound to continue the management undertaken until he can withdraw without risk of loss or until the principal, or his tutor or curator, or the liquidator of the succession, as the case may be, is able to provide for it.

The manager is in all other respects of the administration subject to the general obligations of an administrator of the property of another entrusted with simple administration, so far as they are not incompatible, having regard to the circumstances.

[1991, c. 64, a. 1484].

❚ C.C.Q., 1251, 1309, 1318, 1361, 2182.

1485. Le liquidateur de la succession du gérant qui connaît la gestion, n'est tenu de faire, dans les affaires commencées, que ce qui est nécessaire pour prévenir une perte; il doit aussitôt rendre compte au géré.

[1991, c. 64, a. 1485].

❚ C.C.Q., 1361, 2183.

1485. The liquidator of the succession of the manager who is aware of the management is bound to do only what is necessary, in business already begun, to avoid loss; he shall immediately account to the principal.

[1991, c. 64, a. 1485].

1486. Le géré doit, lorsque les conditions de la gestion d'affaires sont réunies et même si le résultat recherché n'a pas été atteint, rembourser au gérant les dépenses nécessaires ou utiles faites par celui-ci et l'indemniser pour le préjudice qu'il a subi en raison de sa gestion et qui n'est pas dû à sa faute.

Il doit aussi remplir les engagements nécessaires ou utiles qui ont été contractés, en son nom ou à son bénéfice, par le gérant envers des tiers.

[1991, c. 64, a. 1486].

❚ C.C.Q., 1362, 2152.

1486. When the conditions of management of the business of another are fulfilled, even if the desired result has not been attained, the principal shall reimburse the manager for all the necessary or useful expenses he has incurred and indemnify him for any injury he has suffered by reason of his management and not through his own fault.

The principal shall also fulfil any necessary or useful obligations that the manager has contracted with third persons in his name or for his benefit.

[1991, c. 64, a. 1486].

1487. L'utilité ou la nécessité des dépenses faites par le gérant et des obligations qu'il a contractées s'apprécie au moment où elles ont été faites ou contractées.

[1991, c. 64, a. 1487].

❚ C.C.Q., 954-975, 1486.

1487. Expenses or obligations are assessed as to their necessity or usefulness at the time they were incurred or contracted by the manager.

[1991, c. 64, a. 1487].

1488. Les impenses faites par le gérant sur un immeuble appartenant au géré sont traitées suivant les règles établies pour celles faites par un possesseur de bonne foi.

[1991, c. 64, a. 1488].

❚ C.C.Q., 958, 959, 961, 963.

1488. Disbursements made by the manager in respect of an immovable belonging to the principal are treated according to the rules established for those made by a possessor in good faith.

[1991, c. 64, a. 1488].

1489. Le gérant qui agit en son propre nom est tenu envers les tiers avec qui il contracte, sans préjudice des recours de l'un et des autres contre le géré.

Le gérant qui agit au nom du géré n'est

1489. A manager acting in his own name is bound towards third persons with whom he contracts, without prejudice to his or their remedies against the principal.

A manager acting in the name of the prin-

tenu envers les tiers avec qui il contracte que si le géré n'est pas tenu envers eux.

[1991, c. 64, a. 1489].

■ C.C.Q., 1319, 2157.

1490. La gestion inopportunément entreprise par le gérant n'oblige le géré que dans la seule mesure de son enrichissement.

[1991, c. 64, a. 1490].

■ C.C.Q., 1482.

SECTION II —
DE LA RÉCEPTION DE L'INDU

1491. Le paiement fait par erreur, ou simplement pour éviter un préjudice à celui qui le fait en protestant qu'il ne doit rien, oblige celui qui l'a reçu à le restituer.

Toutefois, il n'y a pas lieu à la restitution lorsque, par suite du paiement, celui qui a reçu de bonne foi a désormais une créance prescrite, a détruit son titre ou s'est privé d'une sûreté, sauf le recours de celui qui a payé contre le véritable débiteur.

[1991, c. 64, a. 1491].

■ C.C.Q., 1554, 1556, 1559, 1643, 2630, 3125.

1492. La restitution de ce qui a été payé indûment se fait suivant les règles de la restitution des prestations.

[1991, c. 64, a. 1492].

■ C.C.Q., 931, 1554, 1562, 1699-1707.

SECTION III —
DE L'ENRICHISSEMENT INJUSTIFIÉ

1493. Celui qui s'enrichit aux dépens d'autrui doit, jusqu'à concurrence de son enrichissement, indemniser ce dernier de son appauvrissement corrélatif s'il n'existe aucune justification à l'enrichissement ou à l'appauvrissement.

[1991, c. 64, a. 1493].

■ C.C.Q., 3125.

cipal is bound towards third persons with whom he contracts only so far as the principal is not bound towards them.

[1991, c. 64, a. 1489].

1490. Management inopportunely undertaken by a manager is binding on the principal only to the extent of his enrichment.

[1991, c. 64, a. 1490].

SECTION II —
RECEPTION OF A THING NOT DUE

1491. A person who receives a payment made in error, or merely to avoid injury to the person making it while protesting that he owes nothing, is obliged to restore it.

He is not obliged to restore it, however, where, in consequence of the payment, the claim of the person who received the undue payment in good faith is prescribed or the person has destroyed his title or relinquished a security, saving the remedy of the person having made the payment against the true debtor.

[1991, c. 64, a. 1491].

1492. Restitution of payments not due is made according to the rules of restitution of prestations.

[1991, c. 64, a. 1492].

SECTION III —
UNJUST ENRICHMENT

1493. A person who is enriched at the expense of another shall, to the extent of his enrichment, indemnify the other for his correlative impoverishment, if there is no justification for the enrichment or the impoverishment.

[1991, c. 64, a. 1493].

1494. Il y a justification à l'enrichissement ou à l'appauvrissement lorsqu'il résulte de l'exécution d'une obligation, du défaut, par l'appauvri, d'exercer un droit qu'il peut ou aurait pu faire valoir contre l'enrichi ou d'un acte accompli par l'appauvri dans son intérêt personnel et exclusif ou à ses risques et périls ou, encore, dans une intention libérale constante.

[1991, c. 64, a. 1494].

❚ C.C.Q., 1493.

1494. Enrichment or impoverishment is justified where it results from the performance of an obligation, from the failure of the person impoverished to exercise a right of which he may avail himself or could have availed himself against the person enriched, or from an act performed by the person impoverished for his personal and exclusive interest or at his own risk and peril, or with a constant liberal intention.

[1991, c. 64, a. 1494].

1495. L'indemnité n'est due que si l'enrichissement subsiste au jour de la demande.

Tant l'enrichissement que l'appauvrissement s'apprécient au jour de la demande; toutefois, si les circonstances indiquent la mauvaise foi de l'enrichi, l'enrichissement peut s'apprécier au temps où il en a bénéficié.

[1991, c. 64, a. 1495].

❚ C.C.Q., 1493.

1495. An indemnity is due only if the enrichment continues to exist on the day of the demand.

Both the value of the enrichment and that of the impoverishment are assessed on the day of the demand; however, where the circumstances indicate the bad faith of the person enriched, the enrichment may be assessed at the time the person was enriched.

[1991, c. 64, a. 1495].

1496. Lorsque l'enrichi a disposé gratuitement de ce dont il s'est enrichi sans intention de frauder l'appauvri, l'action de ce dernier peut s'exercer contre le tiers bénéficiaire, si celui-ci était en mesure de connaître l'appauvrissement.

[1991, c. 64, a. 1496].

❚ C.C.Q., 1493.

1496. Where the person enriched disposes of his enrichment gratuitously, with no intention of defrauding the person impoverished, the action of the person impoverished may be taken against the third person beneficiary if the latter could have known of the impoverishment.

[1991, c. 64, a. 1496].

Chapitre V
Des modalités de l'obligation

Chapter V
Modalities of obligations

SECTION I
DE L'OBLIGATION À MODALITÉ SIMPLE

SECTION I
SIMPLE MODALITIES

§ 1. — De l'obligation conditionnelle

§ 1. — Conditional obligations

1497. L'obligation est conditionnelle lorsqu'on la fait dépendre d'un événement futur et incertain, soit en suspendant sa naissance jusqu'à ce que l'événement ar-

1497. An obligation is conditional where it is made to depend upon a future and uncertain event, either by suspending it until the event occurs or is certain not to occur,

rive ou qu'il devienne certain qu'il n'arrivera pas, soit en subordonnant son extinction au fait que l'événement arrive ou n'arrive pas.

[1991, c. 64, a. 1497].

❚ C.C.Q., 2658, 2680; C.P.C., 639, 716.

or by making its extinction dependent on whether or not the event occurs.

[1991, c. 64, a. 1497].

1498. N'est pas conditionnelle l'obligation dont la naissance ou l'extinction dépend d'un événement qui, à l'insu des parties, est déjà arrivé au moment où le débiteur s'est obligé sous condition.

[1991, c. 64, a. 1498].

❚ C.C.Q., 1487.

1498. An obligation is not conditional if it or its extinction depends on an event that, unknown to the parties, had already occurred at the time that the debtor obligated himself conditionally.

[1991, c. 64, a. 1498].

1499. La condition dont dépend l'obligation doit être possible et ne doit être ni prohibée par la loi ni contraire à l'ordre public; autrement, elle est nulle et rend nulle l'obligation qui en dépend.

[1991, c. 64, a. 1499].

❚ C.C.Q., 8, 9, 757, 1373, 1411, 1497, 3081.

1499. A condition upon which an obligation depends is one that is possible and neither unlawful nor contrary to public order; otherwise, it is null and renders null the obligation that depends upon it.

[1991, c. 64, a. 1499].

1500. L'obligation dont la naissance dépend d'une condition qui relève de la seule discrétion du débiteur est nulle; mais, si la condition consiste à faire ou à ne pas faire quelque chose, quoique cela relève de sa discrétion, l'obligation est valable.

[1991, c. 64, a. 1500].

❚ C.C.Q., 1822.

1500. An obligation that depends upon a condition that is at the sole discretion of the debtor is null; however, if the condition consists in doing or not doing something, the obligation is valid, even where the act is at the discretion of the debtor.

[1991, c. 64, a. 1500].

1501. La condition qui n'est assortie d'aucun délai pour son accomplissement peut toujours être accomplie; elle est toutefois défaillie s'il devient certain qu'elle ne s'accomplira pas.

[1991, c. 64, a. 1501].

❚ C.C.Q., 1497.

1501. If no time has been fixed for fulfillment of a condition, the condition may be fulfilled at any time; the condition fails, however, if it becomes certain that it will not be fulfilled.

[1991, c. 64, a. 1501].

1502. Lorsque l'obligation est subordonnée à la condition qu'un événement n'arrivera pas dans un temps déterminé, cette condition est accomplie lorsque le temps s'est écoulé sans que l'événement soit arrivé; elle l'est également lorsqu'il devient certain, avant l'écoulement du temps prévu, que l'événement n'arrivera pas.

S'il n'y a pas de temps déterminé, la con-

1502. Where an obligation is dependent on the condition that an event will not occur within a given time, the condition is considered fulfilled once the time has elapsed without the event having occurred, and also when, before the time has elapsed, it becomes certain that the event will not occur.

Where no time has been fixed, the condi-

dition n'est censée accomplie que lorsqu'il devient certain que l'événement n'arrivera pas.

[1991, c. 64, a. 1502].

▌C.C.Q., 1497.

tion is not considered fulfilled until it becomes certain that the event will not occur.

[1991, c. 64, a. 1502].

1503. L'obligation conditionnelle a tout son effet lorsque le débiteur obligé sous telle condition en empêche l'accomplissement.

[1991, c. 64, a. 1503].

▌C.C.Q., 1497.

1503. A conditional obligation becomes absolute when the debtor whose obligation is subject to the condition prevents it from being fulfilled.

[1991, c. 64, a. 1503].

1504. Le créancier peut, avant l'accomplissement de la condition, prendre toutes les mesures utiles à la conservation de ses droits.

[1991, c. 64, a. 1504].

▌C.C.Q., 642, 1626.

1504. The creditor, pending fulfillment of the condition, may take any useful measures to preserve his rights.

[1991, c. 64, a. 1504].

1505. Le simple fait que l'obligation soit conditionnelle ne l'empêche pas d'être cessible ou transmissible.

[1991, c. 64, a. 1505].

▌C.C.Q., 747, 750.

1505. The conditional nature of an obligation does not prevent it from being transferable or transmissible.

[1991, c. 64, a. 1505].

1506. La condition accomplie a, entre les parties et à l'égard des tiers, un effet rétroactif au jour où le débiteur s'est obligé sous condition.

[1991, c. 64, a. 1506].

▌C.C.Q., 1497.

1506. The fulfillment of a condition has a retroactive effect, between the parties and with respect to third persons, to the day on which the debtor obligated himself conditionally.

[1991, c. 64, a. 1506].

1507. La condition suspensive accomplie oblige le débiteur à exécuter l'obligation, comme si celle-ci avait existé depuis le jour où il s'est obligé sous telle condition.

La condition résolutoire accomplie oblige chacune des parties à restituer à l'autre les prestations qu'elle a reçues en vertu de l'obligation, comme si celle-ci n'avait jamais existé.

[1991, c. 64, a. 1507].

▌C.C.Q., 1671, 1742, 1743.

1507. The fulfillment of a suspensive condition obliges the debtor to perform the obligation, as though it had existed from the day on which he obligated himself under that condition.

The fulfillment of a resolutory condition obliges each party to return to the other the prestations he has received pursuant to the obligation, as though the obligation had never existed.

[1991, c. 64, a. 1507].

§ 2. — De l'obligation à terme

§ 2. — Obligations with a term

1508. L'obligation est à terme suspensif lorsque son exigibilité seule est suspendue jusqu'à l'arrivée d'un événement futur et certain.

[1991, c. 64, a. 1508].

▌C.C.Q., 747, 2319.

1508. An obligation with a suspensive term is an existing obligation that does not become exigible until the occurrence of a future and certain event.

[1991, c. 64, a. 1508].

1509. Lorsque l'exigibilité de l'obligation est suspendue jusqu'à l'expiration d'un délai, sans mention d'une date déterminée, on ne compte pas le jour qui marque le point de départ, mais on compte celui de l'échéance.

[1991, c. 64, a. 1509].

▌C.C.Q., 1508.

1509. Where the obligation does not become exigible until the expiry of a period of time but no specific date is mentioned, the first day of the period is not counted, but the day of its expiry is counted.

[1991, c. 64, a. 1509].

1510. Si l'événement qui était tenu pour certain n'arrive pas, l'obligation devient exigible au jour où l'événement aurait dû normalement arriver.

[1991, c. 64, a. 1510].

▌C.C.Q., 1508.

1510. If an event that was considered certain does not occur, the obligation is exigible from the day on which the event normally should have occurred.

[1991, c. 64, a. 1510].

1511. Le terme profite au débiteur, sauf s'il résulte de la loi, de la volonté des parties ou des circonstances qu'il a été stipulé en faveur du créancier ou des deux parties.

La partie au bénéfice exclusif de qui le terme est stipulé peut y renoncer, sans le consentement de l'autre partie.

[1991, c. 64, a. 1511].

▌C.C.Q., 1515.

1511. A term is for the benefit of the debtor, unless it is apparent from the law, the intent of the parties or the circumstances that it has been stipulated for the benefit of the creditor or both parties.

The party for whose exclusive benefit a term has been stipulated may renounce it, without the consent of the other party.

[1991, c. 64, a. 1511].

1512. Lorsque les parties ont convenu de retarder la détermination du terme ou de laisser à l'une d'elles le soin de le déterminer et qu'à l'expiration d'un délai raisonnable, elles n'y ont point encore procédé, le tribunal peut, à la demande de l'une d'elles, fixer ce terme en tenant compte de la nature de l'obligation, de la situation des parties et de toute circonstance appropriée.

Le tribunal peut aussi fixer ce terme lorsqu'il est de la nature de l'obligation

1512. Where the parties have agreed to delay the determination of the term or to leave it to one of them to make such determination and where, after a reasonable time, no term has been determined, the court may, upon the application of one of the parties, fix the term according to the nature of the obligation, the situation of the parties and the circumstances.

The court may also fix the term where a term is required by the nature of the obli-

qu'elle soit à terme et qu'il n'y a pas de convention par laquelle on puisse le déterminer.

[1991, c. 64, a. 1512].

▌ C.C.Q., 1508.

1513. Ce qui n'est dû qu'à terme ne peut être exigé avant l'échéance; mais ce qui a été exécuté d'avance, librement et sans erreur, ne peut être répété.

[1991, c. 64, a. 1513].

▌ C.C.Q., 1554, 2362.

1514. Le débiteur perd le bénéfice du terme s'il devient insolvable, est déclaré failli, ou diminue, par son fait† et sans le consentement du créancier, les sûretés qu'il a consenties à ce dernier.

Il perd aussi le bénéfice du terme s'il fait défaut de respecter les conditions en considération desquelles ce bénéfice lui avait été accordé.

[1991, c. 64, a. 1514].

▌ C.C.Q., 1721, 2354, 2359, 2386; C.P.C., 718.

1515. La renonciation au bénéfice du terme ou la déchéance du terme rend l'obligation immédiatement exigible.

[1991, c. 64, a. 1515].

▌ C.C.Q., 1511.

1516. La déchéance du terme encourue par l'un des débiteurs, même solidaire, est inopposable aux autres codébiteurs.

[1991, c. 64, a. 1516].

▌ C.C.Q., 1515.

1517. L'obligation est à terme extinctif lorsque sa durée est fixée par la loi ou par les parties et qu'elle s'éteint par l'arrivée du terme.

[1991, c. 64, a. 1517].

▌ C.C.Q., 355, 1673, 2230, 2258.

gation and there is no agreement as to how it may be determined.

[1991, c. 64, a. 1512].

1513. What is due with a term may not be exacted before the term expires, but anything performed freely and without error before the expiry of the term may not be recovered.

[1991, c. 64, a. 1513].

1514. A debtor loses the benefit of the term if he becomes insolvent, is declared bankrupt, or, by his own act† and without the consent of the creditor, reduces the security he has given to him.

He also loses the benefit of the term if he fails to meet the conditions in consideration of which it was granted to him.

[1991, c. 64, a. 1514].

1515. Renunciation of the benefit of the term or forfeiture of the term renders the obligation exigible immediately.

[1991, c. 64, a. 1515].

1516. Forfeiture of the term incurred by one of the debtors, even a solidary debtor, may not be set up against the other co-debtors.

[1991, c. 64, a. 1516].

1517. An obligation with an extinctive term is an obligation which has a duration fixed by law or by the parties and which is extinguished by expiry of the term.

[1991, c. 64, a. 1517].

SECTION II —
DE L'OBLIGATION À MODALITÉ
COMPLEXE

SECTION II —
COMPLEX MODALITIES

§ 1. — De l'obligation à plusieurs
sujets

§ 1. — Obligations with multiple
persons

I — De l'obligation conjointe,
divisible et indivisible

I — Joint, divisible and indivisible
obligations

1518. L'obligation est conjointe entre plusieurs débiteurs lorsqu'ils sont obligés à une même chose envers le créancier, mais de manière que chacun d'eux ne puisse être contraint à l'exécution de l'obligation que séparément et jusqu'à concurrence de sa part dans la dette.

Elle est conjointe entre plusieurs créanciers lorsque chacun d'eux ne peut exiger, du débiteur commun, que l'exécution de sa part dans la créance.

[1991, c. 64, a. 1518].

■ C.C.Q., 2120, 2221, 2274.

1518. An obligation is joint between two or more debtors where they are obligated to the creditor for the same thing but in such a way that each debtor may only be compelled to perform the obligation separately and only up to his share of the debt.

An obligation is joint between two or more creditors where each creditor may only exact the performance of his share of the claim from the common debtor.

[1991, c. 64, a. 1518].

1519. L'obligation est divisible de plein droit, à moins que l'indivisibilité n'ait été expressément stipulée ou que l'objet de l'obligation ne soit pas, de par sa nature, susceptible de division matérielle ou intellectuelle.

[1991, c. 64, a. 1519].

■ C.C.Q., 823, 827, 884, 1037, 1625, 1755, 2360, 2901, 2902.

1519. An obligation is divisible by operation of law, unless it is expressly stipulated that it is indivisible or unless the object of the obligation, owing to its nature, is not susceptible of division either materially or intellectually.

[1991, c. 64, a. 1519].

1520. L'obligation qui est indivisible ne se divise ni entre les débiteurs ou les créanciers, ni entre leurs héritiers.

Chacun des débiteurs ou de ses héritiers peut séparément être contraint à l'exécution de l'obligation entière et chacun des créanciers ou de ses héritiers peut, inversement, exiger son exécution intégrale, encore que l'obligation ne soit pas solidaire.

[1991, c. 64, a. 1520].

■ C.C.Q., 2900.

1520. An indivisible obligation is not susceptible of division, either between the creditors or the debtors or between their heirs.

Each of the debtors or of his heirs may separately be compelled to perform the whole obligation and, conversely, each of the creditors or of his heirs may exact the performance of the whole obligation, even though the obligation is not solidary.

1991, c. 64, a. 1520].

1521. La stipulation de solidarité, à elle seule, ne confère pas à l'obligation le caractère d'indivisibilité.

[1991, c. 64, a. 1521].

❚ C.C.Q., 1541-1544.

1521. A stipulation of solidarity does not make an obligation indivisible.

[1991, c. 64, a. 1521].

1522. L'obligation divisible qui n'a qu'un seul débiteur et qu'un seul créancier doit être exécutée entre eux comme si elle était indivisible; mais elle demeure divisible entre leurs héritiers.

[1991, c. 64, a. 1522].

❚ C.C.Q., 823, 827, 884, 1561.

1522. A divisible obligation binding only one debtor and one creditor may be performed between them only as if it were indivisible, but it remains divisible between the heirs.

[1991, c. 64, a. 1522].

II — De l'obligation solidaire

1 — De la solidarité entre les débiteurs

II — Solidary obligations

1 — Solidarity between debtors

1523. L'obligation est solidaire entre les débiteurs lorsqu'ils sont obligés à une même chose envers le créancier, de manière que chacun puisse être séparément contraint pour la totalité de l'obligation, et que l'exécution par un seul libère les autres envers le créancier.

[1991, c. 64, a. 1523].

❚ C.C.Q., 1334, 1525, 1664, 1689, 1690, 2156, 2221, 2326.

1523. An obligation is solidary between the debtors where they are obligated to the creditor for the same thing in such a way that each of them may be compelled separately to perform the whole obligation and where performance by a single debtor releases the others towards the creditor.

[1991, c. 64, a. 1523].

1524. L'obligation peut être solidaire quoique l'un des codébiteurs soit obligé différemment des autres à l'accomplissement de la même chose, par exemple si l'un est obligé conditionnellement tandis que l'engagement de l'autre n'est pas conditionnel, ou s'il est donné à l'un un terme qui n'est pas accordé à l'autre.

[1991, c. 64, a. 1524].

❚ C.C.Q., 1497, 1498, 1508.

1524. An obligation may be solidary even though one of the co-debtors is obliged differently from the others to perform the same thing, such as where one is conditionally bound while the obligation of the other is not conditional, or where one is allowed a term which is not granted to the other.

[1991, c. 64, a. 1524].

1525. La solidarité entre les débiteurs ne se présume pas; elle n'existe que lorsqu'elle est expressément stipulée par les parties ou prévue par la loi.

Elle est, au contraire, présumée entre les débiteurs d'une obligation contractée pour le service ou l'exploitation d'une entreprise.

Constitue l'exploitation d'une entreprise

1525. Solidarity between debtors is not presumed; it exists only where it is expressly stipulated by the parties or imposed by law.

Solidarity between debtors is presumed, however, where an obligation is contracted for the service or carrying on of an enterprise.

The carrying on by one or more persons of

l'exercice, par une ou plusieurs personnes, d'une activité économique organisée, qu'elle soit ou non à caractère commercial, consistant dans la production ou la réalisation de biens, leur administration ou leur aliénation, ou dans la prestation de services.

[1991, c. 64, a. 1525].

▌ C.C.Q., 1334, 1370, 2118, 2144, 2156, 2221, 2254.

an organized economic activity, whether or not it is commercial in nature, consisting of producing, administering or alienating property, or providing a service, constitutes the carrying on of an enterprise.

[1991, c. 64, a. 1525].

1526. L'obligation de réparer le préjudice causé à autrui par la faute de deux personnes ou plus est solidaire, lorsque cette obligation est extracontractuelle.

[1991, c. 64, a. 1526].

▌ C.C.Q., 1457-1469.

1526. The obligation to make reparation for injury caused to another through the fault of two or more persons is solidary where the obligation is extra-contractual.

[1991, c. 64, a. 1526].

1527. Lorsque l'exécution en nature d'une obligation devient impossible par la faute ou pendant la demeure de l'un ou de plusieurs des débiteurs solidaires, les autres codébiteurs ne sont pas déchargés de l'obligation d'en payer l'équivalent au créancier, mais ils ne sont pas tenus des dommages-intérêts additionnels qui pourraient lui être dus.

Le créancier ne peut réclamer des dommages-intérêts additionnels qu'aux codébiteurs par la faute desquels l'obligation est devenue impossible à exécuter et qu'à ceux qui étaient alors en demeure de l'exécuter.

[1991, c. 64, a. 1527].

▌ C.C.Q., 1594-1600.

1527. Where specific performance of an obligation has become impossible through the fault of one or more of the solidary debtors, or after he or they have been put in default, the other co-debtors are not released from their obligation to make an equivalent payment to the creditor, but they are not liable for additional damages which may be owed to him.

The creditor may not claim additional damages except from those co-debtors through whose fault the obligation became impossible to perform, and from those who were then in default.

[1991, c. 64, a. 1527].

1528. Le créancier d'une obligation solidaire peut s'adresser, pour en obtenir le paiement, à celui des codébiteurs qu'il choisit, sans que celui-ci puisse lui opposer le bénéfice de division.

[1991, c. 64, a. 1528].

▌ C.C.Q., 2349.

1528. The creditor of a solidary obligation may apply for payment to any one of the co-debtors at his option, without such debtor having a right to plead the benefit of division.

[1991, c. 64, a. 1528].

1529. La poursuite intentée contre l'un des débiteurs solidaires ne prive pas le créancier de son recours contre les autres, mais le débiteur poursuivi peut appeler, au procès, les autres débiteurs solidaires.

[1991, c. 64, a. 1529].

▌ C.P.C., 216.

1529. Proceedings instituted against one of the solidary debtors do not deprive the creditor of his remedy against the others, but the debtor sued may implead the other solidary debtors.

[1991, c. 64, a. 1529].

1530. Le débiteur solidaire poursuivi par le créancier peut opposer tous les moyens qui lui sont personnels, ainsi que ceux qui sont communs à tous les codébiteurs; mais il ne peut opposer les moyens qui sont purement personnels à l'un ou à plusieurs des autres codébiteurs.

[1991, c. 64, a. 1530].

∎ C.C.Q., 1671, 1678, 1679, 1689, 2353.

1531. Le débiteur solidaire qui, par le fait† du créancier, est privé d'une sûreté ou d'un droit qu'il aurait pu faire valoir par subrogation, est libéré jusqu'à concurrence de la valeur de la sûreté ou du droit dont il est privé.

[1991, c. 64, a. 1531].

∎ C.C.Q., 1656.

1532. Le créancier qui renonce à la solidarité à l'égard de l'un des débiteurs conserve son recours solidaire contre les autres pour le tout.

[1991, c. 64, a. 1532].

∎ C.C.Q., 1538, 1690, 2349.

1533. Le créancier qui reçoit divisément et sans réserve la part de l'un des débiteurs solidaires, en spécifiant dans sa quittance que c'est pour sa part, ne renonce à la solidarité qu'à l'égard de ce débiteur.

[1991, c. 64, a. 1533].

∎ C.C.Q., 1538.

1534. Le créancier qui reçoit divisément et sans réserve la part de l'un des débiteurs dans les arrérages ou les intérêts de la dette, en spécifiant dans la quittance que c'est pour sa part, perd son recours solidaire contre ce dernier pour les arrérages ou intérêts échus, mais non pour ceux à échoir, ni pour le capital, à moins que le paiement divisé ne se soit continué pendant trois ans consécutifs.

[1991, c. 64, a. 1534].

∎ C.C.Q., 1533.

1535. Le créancier qui poursuit un débiteur solidaire pour sa part perd son recours

1530. A solidary debtor who is sued by his creditor may set up all the defenses against him that are personal to him or that are common to all the co-debtors, but he may not set up defenses that are purely personal to one or several of the other co-debtors.

[1991, c. 64, a. 1530].

1531. Where, through the act† of the creditor, a solidary debtor is deprived of a security or of a right which he could have set up by subrogation, he is released to the extent of the value of the security or right of which he is deprived.

[1991, c. 64, a. 1531].

1532. A creditor who renounces solidarity in favour of one of the debtors retains his solidary remedy against the other debtors for the whole debt.

[1991, c. 64, a. 1532].

1533. A creditor who receives separately and without reserve the share of one of the solidary debtors and specifies in the acquittance that it applies to that share renounces solidarity in favour of that debtor alone.

[1991, c. 64, a. 1533].

1534. Where a creditor receives separately and without reserve the share of one of the debtors in the periodic payments or interest on the debt and specifies in the acquittance that it applies to his share, he loses his solidary remedy against that debtor for the periodic payments or interest due, but not for any that may become due in the future, nor for the capital, unless separate payment is continued for three consecutive years.

[1991, c. 64, a. 1534].

1535. A creditor who sues a solidary debtor for his share loses his solidary rem-

solidaire contre ce débiteur, lorsque celui-ci acquiesce à la demande ou est condamné par jugement.

[1991, c. 64, a. 1535].

❚ C.C.Q., 1528, 1529.

edy against him if the debtor acquiesces in the demand or is condemned by judgment.

[1991, c. 64, a. 1535].

1536. Le débiteur solidaire qui a exécuté l'obligation ne peut répéter de ses codébiteurs que leur part respective dans celle-ci, encore qu'il soit subrogé aux droits du créancier.

[1991, c. 64, a. 1536].

❚ C.C.Q., 829, 2360.

1536. A solidary debtor who has performed the obligation may not recover from his co-debtors more than their respective shares, although he is subrogated to the rights of the creditor.

[1991, c. 64, a. 1536].

1537. La contribution dans le paiement d'une obligation solidaire se fait en parts égales entre les débiteurs solidaires, à moins que leur intérêt dans la dette, y compris leur part dans l'obligation de réparer le préjudice causé à autrui, ne soit inégal, auquel cas la contribution se fait proportionnellement à l'intérêt de chacun dans la dette.

Cependant, si l'obligation a été contractée dans l'intérêt exclusif de l'un des débiteurs ou résulte de la faute d'un seul des codébiteurs, celui-ci est tenu seul de toute la dette envers ses codébiteurs, lesquels sont alors considérés, par rapport à lui, comme ses cautions.

[1991, c. 64, a. 1537].

❚ C.C.Q., 2347, 2352.

1537. Contribution to the payment of a solidary obligation is made by equal shares among the solidary debtors, unless their interests in the debt, including their shares of the obligation to make reparation for injury caused to another, are unequal, in which case their contributions are proportional to the interest of each in the debt.

However, if the obligation was contracted in the exclusive interest of one of the debtors or if it is due to the fault of one co-debtor alone, he is liable for the whole debt to the other co-debtors, who are then considered, in his regard, as his sureties.

[1991, c. 64, a. 1537].

1538. La perte occasionnée par l'insolvabilité de l'un des débiteurs solidaires se répartit en parts égales entre les autres codébiteurs, sauf si leur intérêt dans la dette est inégal.

Toutefois, le créancier qui a renoncé à la solidarité à l'égard de l'un des débiteurs supporte la part contributive de ce dernier.

[1991, c. 64, a. 1538].

❚ C.C.Q., 1532, 1533, 1690.

1538. A loss arising from the insolvency of a solidary debtor is equally divided between the other co-debtors, unless their interests in the debt are unequal.

A creditor who has renounced solidarity in favour of one debtor, however, bears the share of that debtor in the contribution.

[1991, c. 64, a. 1538].

1539. Le débiteur solidaire poursuivi en remboursement par celui des codébiteurs qui a exécuté l'obligation peut soulever les moyens communs que ce dernier n'a pas opposés au créancier; il peut aussi opposer les moyens qui lui sont personnels, mais

1539. A solidary debtor sued for reimbursement by the co-debtor who has performed the obligation may raise any common defenses that have not been set up by the co-debtor against the creditor. He may also set up defenses which are personal to

non ceux qui sont purement personnels à l'un ou à plusieurs des autres codébiteurs.

[1991, c. 64, a. 1539].

himself, but not those which are purely personal to one or several of the other co-debtors.

[1991, c. 64, a. 1539].

❚ C.C.Q., 1530, 1665, 1671, 1678-1680, 1689, 2353.

1540. L'obligation d'un débiteur solidaire se divise de plein droit entre ses héritiers, à moins qu'elle ne soit indivisible.

[1991, c. 64, a. 1540].

1540. The obligation of a solidary debtor is divided by operation of law between his heirs, except where it is indivisible.

[1991, c. 64, a. 1540].

❚ C.C.Q., 884, 1520, 1521, 1544.

2 — De la solidarité entre les créanciers

2 — Solidarity between creditors

1541. La solidarité n'existe entre les créanciers que lorsqu'elle a été expressément stipulée.

Elle donne alors à chacun d'eux le droit d'exiger du débiteur qu'il exécute entièrement l'obligation, ainsi que le droit d'en donner quittance pour le tout.

[1991, c. 64, a. 1541].

1541. Solidarity between creditors exists only where it has been expressly stipulated.

It entitles each of them to exact the whole performance of the obligation from the debtor and to give a full acquittance for it.

[1991, c. 64, a. 1541].

❚ C.C.Q., 1599, 1666, 1678, 1685, 2900, 2902.

1542. L'exécution de l'obligation au profit de l'un des créanciers solidaires libère le débiteur à l'égard des autres créanciers.

[1991, c. 64, a. 1542].

1542. Performance of an obligation in favour of one of the solidary creditors releases the debtor towards the other creditors.

[1991, c. 64, a. 1542].

❚ C.C.Q., 1541.

1543. Le débiteur a le choix d'exécuter l'obligation au profit de l'un ou l'autre des créanciers solidaires, tant qu'il n'a pas été poursuivi par l'un d'eux.

Néanmoins, si l'un des créanciers lui fait remise de l'obligation, le débiteur n'en est libéré que pour la part de ce créancier. Il en est de même dans tous les cas où l'obligation est éteinte autrement que par le paiement de celle-ci.

[1991, c. 64, a. 1543].

1543. A debtor has the option of performing the obligation in favour of any of the solidary creditors, provided he has not been sued by any of them.

A release from the obligation granted by one of the solidary creditors releases the debtor, but only for the portion of that creditor. The same rule applies to all cases in which the obligation is extinguished otherwise than by payment thereof.

[1991, c. 64, a. 1543].

❚ C.C.Q., 1689, 1690.

1544. L'obligation au profit d'un créancier solidaire se divise de plein droit entre ses héritiers.

[1991, c. 64, a. 1544].

▌ C.C.Q., 1521, 1540.

1544. An obligation for the benefit of a solidary creditor is divided by operation of law between his heirs.

[1991, c. 64, a. 1544].

§ 2. — De l'obligation à plusieurs objets

§ 2. — Obligations with multiple objects

I — De l'obligation alternative

I — Alternative obligations

1545. L'obligation est alternative lorsqu'elle a pour objet deux prestations principales et que l'exécution d'une seule libère le débiteur pour le tout.

L'obligation n'est pas considérée comme alternative si au moment où elle est née, l'une des prestations ne pouvait être l'objet de l'obligation.

[1991, c. 64, a. 1545].

▌ C.C.Q., 1551.

1545. An alternative obligation is one which has two principal prestations as its object, the performance of either of which releases the debtor for the whole.

An obligation is not considered to be alternative if, when it arose, one of the prestations could not be the object of the obligation.

[1991, c. 64, a. 1545].

1546. Le choix de la prestation appartient au débiteur, à moins qu'il n'ait été expressément accordé au créancier.

Toutefois, si la partie à qui appartient le choix de la prestation fait défaut, après mise en demeure, d'exercer son choix dans le délai qui lui est imparti pour le faire, le choix de la prestation revient à l'autre partie.

[1991, c. 64, a. 1546].

▌ C.C.Q., 1590.

1546. The choice of the prestation belongs to the debtor, unless it has been expressly granted to the creditor.

Where, after being put in default, the party who has the choice of the prestation fails to exercise it within the time allotted to him to do so, the choice of the prestation passes to the other party.

[1991, c. 64, a. 1546].

1547. Le débiteur ne peut exécuter ni être contraint d'exécuter partie d'une prestation et partie de l'autre.

[1991, c. 64, a. 1547].

▌ C.C.Q., 1561.

1547. A debtor may neither perform nor be compelled to perform part of one prestation and part of the other.

[1991, c. 64, a. 1547].

1548. Le débiteur qui a le choix de la prestation doit, si l'une ou l'autre des prestations devient impossible à exécuter même par sa faute, exécuter la prestation qui reste.

Si, dans le même cas, les deux prestations deviennent impossibles à exécuter et que

1548. Where the debtor has the option and one of the prestations becomes impossible to perform, even through his own fault, he shall perform the one that remains.

If, in the same case, both prestations become impossible to perform and the im-

l'impossibilité quant à l'une ou l'autre est due à la faute du débiteur, celui-ci est tenu envers le créancier jusqu'à concurrence de la valeur de la prestation qui est restée la dernière.

[1991, c. 64, a. 1548].

▌ C.C.Q., 1600, 1671.

1549. Le créancier qui a le choix de la prestation doit, si l'une ou l'autre des prestations devient impossible à exécuter, accepter la prestation qui reste, à moins que cette impossibilité ne résulte de la faute du débiteur, auquel cas il peut exiger soit l'exécution en nature de la prestation qui reste, soit la réparation, par équivalent, du préjudice résultant de l'inexécution de la prestation devenue impossible.

Si, dans le même cas, les prestations deviennent impossibles à exécuter et que l'impossibilité est due à la faute du débiteur, il peut exiger la réparation, par équivalent, du préjudice résultant de l'inexécution de l'une ou l'autre des prestations.

[1991, c. 64, a. 1549].

▌ C.C.Q., 1546.

1550. Lorsque toutes les prestations deviennent impossibles à exécuter sans la faute du débiteur, l'obligation est éteinte.

[1991, c. 64, a. 1550].

▌ C.C.Q., 1548, 1549.

1551. L'obligation est alternative même dans les cas où elle a pour objet plus de deux prestations principales; les règles du présent sous-paragraphe s'appliquent à ces cas, compte tenu des adaptations nécessaires.

[1991, c. 64, a. 1551].

▌ C.C.Q., 1545.

II — De l'obligation facultative

1552. L'obligation est facultative lorsqu'elle a pour objet une seule prestation principale dont le débiteur peut néan-

possibility of performing either of them is due to the fault of the debtor, he is liable to the creditor to the extent of the value of the last prestation remaining.

[1991, c. 64, a. 1548].

1549. Where the creditor has the option, he shall, if one of the prestations becomes impossible to perform, accept the remaining prestation unless the impossibility of performing it is due to the fault of the debtor, in which case the creditor has the right to exact specific performance of the remaining prestation or reparation, by equivalence, for the injury resulting from the nonperformance of the prestation that has become impossible.

If, in the same case, the prestations become impossible to perform and the impossibility of performing them is due to the fault of the debtor, the creditor may exact reparation, by equivalence, for the injury resulting from the nonperformance of one or another of the prestations.

[1991, c. 64, a. 1549].

1550. Where all the prestations become impossible to perform through no fault of the debtor, the obligation is extinguished.

[1991, c. 64, a. 1550].

1551. The obligation is an alternative obligation even where it has more than two principal prestations as its object, and the rules of this subdivision apply, adapted as required, to all such obligations.

[1991, c. 64, a. 1551].

II — Facultative obligations

1552. A facultative obligation is an obligation which has only one principal prestation as its object but from which the debtor

moins se libérer en exécutant une autre prestation.

may release himself by performing another prestation.

Le débiteur est libéré si la prestation principale devient impossible à exécuter sans que cela soit dû à sa faute.

[1991, c. 64, a. 1552].

❚ C.C.Q., 1545.

The debtor is released if the principal prestation, through no fault on his part, becomes impossible to perform.

[1991, c. 64, a. 1552].

Chapitre VI —
De l'exécution de l'obligation

Chapter VI —
Performance of obligations

SECTION I —
DU PAIEMENT

SECTION I —
PAYMENT

§ 1. — Du paiement en général

§ 1. — Payment in general

1553. Par paiement on entend non seulement le versement d'une somme d'argent pour acquitter une obligation, mais aussi l'exécution même de ce qui est l'objet de l'obligation.

[1991, c. 64, a. 1553].

❚ C.C.Q., 1554-1568, 2803 et s.; D.T., 87.

1553. Payment means not only the turning over of a sum of money in satisfaction of an obligation, but also the actual performance of whatever forms the object of the obligation.

[1991, c. 64, a. 1553].

1554. Tout paiement suppose une obligation: ce qui a été payé sans qu'il existe une obligation est sujet à répétition.

La répétition n'est cependant pas admise à l'égard des obligations naturelles qui ont été volontairement acquittées.

[1991, c. 64, a. 1554].

❚ C.C.Q., 1491, 1492, 1513, 1700, 2630.

1554. Every payment presupposes an obligation; what has been paid where there is no obligation may be recovered.

Recovery is not admitted, however, in the case of natural obligations that have been voluntarily paid.

[1991, c. 64, a. 1554].

1555. Le paiement peut être fait par toute personne, lors même qu'elle serait un tiers par rapport à l'obligation; le créancier peut être mis en demeure par l'offre d'un tiers d'exécuter l'obligation pour le débiteur, mais il faut que cette offre soit faite pour l'avantage du débiteur et non dans le seul but de changer de créancier.

Toutefois, le créancier ne peut être contraint de recevoir le paiement d'un tiers lorsqu'il a intérêt à ce que le paiement soit fait personnellement par le débiteur.

[1991, c. 64, a. 1555].

❚ C.C.Q., 1440, 1443, 1482, 1601-1603, 1651, 2128; C.P.C., 634, 637.

1555. Payment may be made by any person, even if he is a third person with respect to the obligation; the creditor may be put in default by the offer of a third person to perform the obligation in the name of the debtor, provided the offer is made for the benefit of the debtor and not merely to change creditors.

A creditor may not be compelled to take payment from a third person, however, if he has an interest in having the obligation performed by the debtor personally.

[1991, c. 64, a. 1555].

1556. Pour payer valablement, il faut avoir dans ce qui est dû un droit qui autorise à le donner en paiement.

Néanmoins, si ce qui est dû est une somme d'argent ou autre chose qui se consomme par l'usage, le paiement ne peut être recouvré contre le créancier qui l'a consommé de bonne foi, quoique ce paiement ait été fait par une personne qui n'était pas autorisée à le faire.

[1991, c. 64, a. 1556].

❚ C.C.Q., 1555.

1556. A valid payment may only be made by a person having a right in the thing due which entitles him to give it in payment.

However, payment of a sum of money or of any other thing due that is consumed by use may not be recovered against a creditor who has used it in good faith, even though it was made by a person who was not authorized to make it.

[1991, c. 64, a. 1556].

1557. Le paiement doit être fait au créancier ou à une personne autorisée à le recevoir pour lui.

S'il est fait à un tiers, il est valable si le créancier le ratifie; à défaut de ratification, il ne vaut que dans la mesure où le créancier en a profité.

[1991, c. 64, a. 1557].

❚ C.C.Q., 158, 173, 188, 208, 256, 1226, 1309, 1573, 1583, 1588, 2135.

1557. Payment shall be made to the creditor or to the person authorized to receive it for him.

Payment made to a third person is valid if the creditor ratifies it; if it is not ratified, the payment is valid only to the extent that it benefits the creditor.

[1991, c. 64, a. 1557].

1558. Le paiement fait à un créancier qui est incapable de le recevoir ne vaut que dans la mesure où il en a profité.

[1991, c. 64, a. 1558].

❚ C.C.Q., 1409, 1706.

1558. Payment made to a creditor without capacity to receive it is valid only to the extent of the benefit he derives from it.

[1991, c. 64, a. 1558].

1559. Le paiement fait de bonne foi au créancier apparent est valable, encore que subséquemment il soit établi qu'il n'est pas le véritable créancier.

[1991, c. 64, a. 1559].

❚ C.C.Q., 1491, 1492.

1559. Payment made in good faith to the apparent creditor is valid, even though it is subsequently established that he is not the rightful creditor.

[1991, c. 64, a. 1559].

1560. Le paiement fait par un débiteur à son créancier au détriment d'un créancier saisissant n'est pas valable à l'égard de celui-ci, lequel peut, selon ses droits, contraindre le débiteur à payer de nouveau; dans ce cas, le débiteur a un recours contre celui de ses créanciers qu'il a ainsi payé.

[1991, c. 64, a. 1560].

❚ C.C.Q., 1631, 1768; C.P.C., 626.

1560. Payment made by a debtor to his creditor to the detriment of a seizing creditor is not valid against the seizing creditor who, according to his rights, may compel the debtor to pay again; in that case, the debtor has a remedy against the creditor so paid.

[1991, c. 64, a. 1560].

1561. Le créancier ne peut être contraint de recevoir autre chose que ce qui lui est

1561. A creditor may not be compelled to accept anything other than what is due to

dû, quoique ce qui est offert soit d'une plus grande valeur.

him, even though the thing offered is of greater value.

Il ne peut, non plus, être contraint de recevoir le paiement partiel de l'obligation, à moins qu'il n'y ait un litige sur une partie de celle-ci, auquel cas il ne peut, si le débiteur offre de payer la partie non litigieuse, refuser d'en recevoir le paiement; mais il conserve son droit de réclamer l'autre partie de l'obligation.

[1991, c. 64, a. 1561].

Nor may he be compelled to accept partial payment of an obligation unless the obligation is disputed in part. In that case, if the debtor offers to pay the undisputed part, the creditor may not refuse to accept payment of it, but he preserves his right to claim the other part of the obligation.

[1991, c. 64, a. 1561].

■ C.C.Q., 1375, 1519; D.T., 87.

1562. Le débiteur d'un bien individualisé est libéré par la remise de celui-ci dans l'état où il se trouve lors du paiement, pourvu que les détériorations qu'il a subies ne résultent pas de son fait† ou de sa faute et ne soient pas survenues après qu'il fût en demeure de payer.

[1991, c. 64, a. 1562].

1562. A debtor of a certain and determinate thing is released by the handing over of the thing in its actual condition at the time of payment, provided the deterioration it has suffered is not due to his act† or fault and did not occur after he was in default.

[1991, c. 64, a. 1562].

■ C.C.Q., 1594, 1693, 1701.

1563. Le débiteur d'un bien qui n'est déterminé que par son espèce n'est pas tenu de le donner de la meilleure qualité, mais il ne peut l'offrir de la plus mauvaise.

[1991, c. 64, a. 1563].

1563. Where the thing is determinate as to its kind only, the debtor need not give one of the best quality, but he may not offer one of the worst quality.

[1991, c. 64, a. 1563].

■ C.C.Q., 1374, 1453.

1564. Le débiteur d'une somme d'argent est libéré par la remise au créancier de la somme nominale prévue, en monnaie ayant cours légal lors du paiement.

1564. Where the debt consists of a sum of money, the debtor is released by paying the nominal amount due in money which is legal tender at the time of payment.

Il est aussi libéré par la remise de la somme prévue au moyen d'un mandat postal, d'un chèque fait à l'ordre du créancier et certifié par un établissement financier exerçant son activité au Québec ou d'un autre effet de paiement offrant les mêmes garanties au créancier, ou, encore, si le créancier est en mesure de l'accepter, au moyen d'une carte de crédit ou d'un virement de fonds à un compte que détient le créancier dans un établissement financier.

[1991, c. 64, a. 1564].

He is also released by remitting the amount due by money order, by cheque made to the order of the creditor and certified by a financial institution carrying on business in Québec, or by any other instrument of payment offering the same guarantees to the creditor, or, if the creditor is in a position to accept it, by means of a credit card or a transfer of funds to an account of the creditor in a financial institution.

1991, c. 64, a. 1564].

■ C.C.Q., 1553.

1565. Les intérêts se paient au taux convenu ou, à défaut, au taux légal.

[1991, c. 64, a. 1565].

❚ C.C.Q., 1570.

1565. Interest is paid at the agreed rate or, if none, at the legal rate.

[1991, c. 64, a. 1565].

1566. Le paiement se fait au lieu désigné expressément ou implicitement par les parties.

Si le lieu n'est pas ainsi désigné, le paiement se fait au domicile du débiteur, à moins que ce qui est dû ne soit un bien individualisé, auquel cas le paiement se fait au lieu où le bien se trouvait lorsque l'obligation est née.

[1991, c. 64, a. 1566].

❚ C.C.Q., 75, 83, 1365, 1577, 1581, 1734, 2291.

1566. Payment is made at the place expressly or impliedly indicated by the parties.

If no place is indicated by the parties, payment is made at the domicile of the debtor, unless what is due is a certain and determinate thing, in which case payment is made at the place where the property was when the obligation arose.

[1991, c. 64, a. 1566].

1567. Les frais du paiement sont à la charge du débiteur.

[1991, c. 64, a. 1567].

❚ C.C.Q., 1367, 1722, 2292.

❚ C.C.Q., 1553-1567, 1573-1589.

1567. The expenses attending payment are borne by the debtor.

[1991, c. 64, a. 1567].

1568. Le débiteur qui paie a droit à une quittance et à la remise du titre original de l'obligation.

[1991, c. 64, a. 1568].

1568. A debtor who pays his debt is entitled to an acquittance and to the turning over of the original title of the obligation.

[1991, c. 64, a. 1568].

§ 2. — De l'imputation des paiements

§ 2. — Imputation of payment

1569. Le débiteur de plusieurs dettes a le droit d'indiquer, lorsqu'il paie, quelle dette il entend acquitter.

Il ne peut toutefois, sans le consentement du créancier, imputer le paiement sur une dette qui n'est pas encore échue de préférence à une dette qui est échue, à moins qu'il ne soit prévu qu'il puisse payer par anticipation.

[1991, c. 64, a. 1569].

❚ C.C.Q., 1677, 2206, 2743.

1569. When making payment, a debtor who owes several debts has the right to impute payment to the debt he intends to pay.

He may not, however, without the consent of the creditor, impute payment to a debt not yet due in preference to a debt which has become due, unless it was agreed that payment may be made by anticipation.

[1991, c. 64, a. 1569].

1570. Le débiteur d'une dette qui porte intérêt ou produit des arrérages ne peut, sans le consentement du créancier, imputer le

1570. A debtor who owes a debt that bears interest or yields periodic payments may not, without the consent of the creditor,

paiement qu'il fait sur le capital de préférence aux intérêts ou arrérages.

Le paiement fait sur capital et intérêts, mais qui n'est point intégral, s'impute d'abord sur les intérêts.

[1991, c. 64, a. 1570].

❚ C.C.Q., 1620.

impute a payment to the capital in preference to the interest or periodic payments.

Any partial payment made on the principal and interest is imputed first to the interest.

[1991, c. 64, a. 1570].

1571. Le débiteur de plusieurs dettes qui a accepté une quittance par laquelle le créancier a, lors du paiement, imputé ce qu'il a reçu sur l'une d'elles spécialement, ne peut plus demander l'imputation sur une dette différente, à moins que ne se présente une des causes de nullité des contrats.

[1991, c. 64, a. 1571].

❚ C.C.Q., 1407.

1571. Where a debtor who owes several debts has accepted an acquittance by which the creditor, at the time of payment, imputed payment to one specific debt, he may not subsequently require that it be imputed to a different debt, except upon grounds for which contracts may be annulled.

[1991, c. 64, a. 1571].

1572. À défaut d'imputation par les parties, le paiement est d'abord imputé sur la dette échue.

Entre plusieurs dettes échues, l'imputation se fait sur celle que le débiteur a, pour lors, le plus d'intérêt à acquitter.

À intérêt égal, l'imputation se fait sur la dette qui est échue la première, mais si toutes les dettes sont échues en même temps, elle se fait proportionnellement.

[1991, c. 64, a. 1572].

❚ C.C.Q., 1677.

1572. In the absence of imputation by the parties, payment is imputed first to the debt that is due.

Where several debts are due, payment is imputed to the debt which the debtor has the greatest interest in paying.

Where the debtor has the same interest in paying several debts, payment is imputed to the debt that became due first; if all of the debts became due at the same time, however, payment is imputed proportionately.

[1991, c. 64, a. 1572].

§ 3. — Des offres réelles et de la consignation

§ 3. — Tender and deposit

1573. Lorsque le créancier refuse ou néglige de recevoir le paiement, le débiteur peut lui faire des offres réelles.

Ces offres consistent à mettre à la disposition du créancier le bien qui est dû, aux temps et lieu où le paiement doit être fait. Elles doivent comprendre, outre le bien dû et les intérêts ou arrérages qu'il a produits, une somme raisonnable destinée à couvrir

1573. Where a creditor refuses or neglects to accept payment, the debtor may make a tender.

A tender consists in placing the thing which is due at the disposal of the creditor at the place and time that payment is due. In addition to the thing due, with the interest and periodic payments it has yielded, a reasonable amount to cover unliquidated

les frais non liquidés dus par le débiteur, sauf à les parfaire.

[1991, c. 64, a. 1573].

❚ C.C.Q., 1157, 1561, 2311; C.P.C., 187.

1574. Les offres réelles portant sur une somme d'argent peuvent être faites en monnaie ayant cours légal lors du paiement ou au moyen d'un chèque établi à l'ordre du créancier et certifié par un établissement financier exerçant son activité au Québec.

Elles peuvent aussi être faites par la présentation d'un engagement irrévocable, inconditionnel et à durée indéterminée, pris par un établissement financier exerçant son activité au Québec, de verser au créancier la somme qui fait l'objet des offres si ce dernier les accepte ou si le tribunal les déclare valables.

[1991, c. 64, a. 1574].

❚ C.C.Q., 1556, 1557.

1575. Les offres réelles peuvent être constatées par acte notarié en minute ou par une déclaration judiciaire dont il est donné acte; elles peuvent aussi être constatées par un autre écrit ou faites de toute autre manière, sauf, en ces cas, à en rapporter la preuve.

Lorsque les offres réelles sont constatées par acte notarié, le notaire y mentionne la réponse du créancier, de même que, en cas de refus, les motifs que celui-ci lui a donnés.

[1991, c. 64, a. 1575].

❚ C.C.Q., 1576.

1576. Les offres réelles faites par déclaration judiciaire qui ont pour objet une somme d'argent ou une valeur mobilière, doivent être complétées par la consignation de cette somme ou de cette valeur, suivant les règles du *Code de procédure civile* (chapitre C-25).

[1991, c. 64, a. 1576].

❚ C.P.C., 187-191.

1574. Where the object tendered is a sum of money, it may be tendered in currency which is legal tender at the time of payment or by cheque made to the order of the creditor and certified by a financial institution carrying on business in Québec.

Tender may also be made by way of an irrevocable and unconditional undertaking, for an indefinite term, by a financial institution carrying on business in Québec, to pay to the creditor the amount tendered if the creditor accepts the tender or if the court declares it valid.

[1991, c. 64, a. 1574].

1575. Tender may be made by notarial act *en minute* or by a judicial declaration which is recorded; it may also be made by any other writing or in any other manner, provided it is legally proved.

Where tender is made by notarial act, the notary records the answer of the creditor in the act and, in case of refusal, the reasons given by him.

[1991, c. 64, a. 1575; 1992, c. 57, s. 71].

1576. The tender of a sum of money or securities made by a judicial declaration which is recorded shall be completed by deposit of the sum or the securities, according to the rules of the *Code of Civil Procedure* (chapter C-25).

[1991, c. 64, a. 1576].

expenses owed by the debtor shall be included, saving the right to make up any deficiency in that amount.

[1991, c. 64, a. 1573].

1577. Lorsque le bien doit être payé ou livré au domicile du débiteur ou au lieu où le bien se trouve, l'avis écrit donné par le débiteur au créancier qu'il est prêt à y exécuter l'obligation tient lieu d'offres réelles.

Lorsque le bien n'a pas à être ainsi payé ou livré et qu'il est difficile de le transporter au lieu où il doit l'être, le débiteur peut, s'il est justifié de croire que le créancier en refusera le paiement, requérir ce dernier, par écrit, de lui faire connaître sa volonté de recevoir le bien; à défaut par le créancier de faire connaître sa volonté en temps utile, le débiteur est dispensé de transporter le bien au lieu où il doit être payé ou livré et son avis tient lieu d'offres réelles.

[1991, c. 64, a. 1577].

■ C.C.Q., 75, 83, 1566.

1578. Lorsque le bien qui est dû est une somme d'argent ou une valeur mobilière, l'avis écrit, donné par le débiteur au créancier, de la consignation de la somme ou de la valeur, tient lieu d'offres réelles.

[1991, c. 64, a. 1578].

■ C.C.Q., 1573, 1574, 1577, 1583; C.P.C., 187-191.

1579. Les offres réelles ou les avis qui en tiennent lieu doivent indiquer la nature de la dette, le titre qui la crée et le nom du créancier ou des personnes à qui le paiement doit être fait; de plus, elles doivent décrire le bien offert et, s'il s'agit d'espèces, en contenir l'énumération et la qualité.

[1991, c. 64, a. 1579].

■ C.P.C., 187-191.

1580. Le créancier est en demeure de plein droit de recevoir le paiement lorsqu'il refuse sans justification les offres réelles valablement faites, lorsqu'il refuse de donner suite à l'avis qui en tient lieu ou, encore, lorsqu'il exprime clairement son intention de refuser les offres que le débiteur pour-

1577. Where payment or delivery of the thing is to be made at the domicile of the debtor or at the place where the thing is located, a written notice given to the creditor by the debtor that he is ready to perform the obligation there has the same effect as a tender.

Where payment or delivery of the thing need not be so made and it is difficult to transport the thing to the place where it is to be made, the debtor may, in writing, require the creditor to advise him of his willingness to accept the thing, if he has reason to believe that the creditor will refuse it; if the creditor fails to advise the debtor of his willingness in due time, the debtor need not transport the thing to the place where it is to be paid or delivered and his notice to the creditor has the same effect as a tender.

[1991, c. 64, a. 1577; 2002, c. 19, s. 15].

1578. Where the thing which is due is a sum of money or securities, a written notice given by the debtor to the creditor that the sum of money or the securities are deposited has the same effect as a tender.

[1991, c. 64, a. 1578].

1579. In every tender, or notice having the same effect, the nature of the debt, the title under which it was created and the name of the creditor or the persons to whom payment is to be made shall be indicated; in addition, a description of the thing tendered shall be included with, in the case of a sum of money in cash, an enumeration of each denomination.

[1991, c. 64, a. 1579].

1580. A creditor is in default by operation of law where, without justification, he refuses a valid tender or refuses to act on the notice having the same effect, or where he clearly expresses his intention to refuse any tender that the debtor might wish to make; in this last case, the debtor need not

rait vouloir lui faire; en ce dernier cas, le débiteur est dispensé de lui faire des offres ou de lui donner l'avis qui en tient lieu.

Il est encore en demeure de plein droit lorsque le débiteur, malgré sa diligence, ne peut le trouver.

[1991, c. 64, a. 1580].

■ C.C.Q., 1581, 1582, 1597.

1581. Le débiteur peut, lorsque le créancier est en demeure de recevoir le paiement, prendre toutes les mesures nécessaires ou utiles à la conservation du bien qu'il doit et, notamment, le faire entreposer auprès d'un tiers ou lui en confier la garde.

Il peut aussi, dans le même cas, faire† vendre le bien pour en consigner le prix, lorsque celui-ci est susceptible de dépérir ou de se déprécier rapidement ou qu'il est dispendieux à conserver.

[1991, c. 64, a. 1581].

■ C.C.Q., 644, 804, 1305, 1580.

1582. Le créancier qui est en demeure de recevoir le paiement assume les frais raisonnables de conservation du bien, de même que les frais de la vente du bien et de la consignation du prix, le cas échéant.

Il assume aussi les risques de perte du bien par force majeure.

[1991, c. 64, a. 1582].

■ C.C.Q., 1580.

1583. La consignation consiste dans le dépôt, par le débiteur, de la somme d'argent ou de la valeur mobilière qu'il doit, au Bureau général de dépôts pour le Québec ou auprès d'une société de fiducie ou, encore, si le dépôt est fait en cours d'instance, suivant les règles du *Code de procédure civile* (chapitre C-25).

Outre le cas où le créancier refuse de recevoir la somme ou la valeur due par le débiteur, la consignation peut, entre autres, être faite lorsque la créance est l'objet d'un litige entre plusieurs personnes ou que le débiteur est empêché de payer parce que le

make any tender or give any notice having the same effect.

A creditor is also in default by operation of law where the debtor, despite his diligence, cannot find him.

[1991, c. 64, a. 1580].

1581. Where the creditor is in default, the debtor may take any measures necessary or useful for the preservation of the thing which he owes and, in particular, entrust it to a third person for storage or custody.

In the same case, if the thing is highly perishable, subject to rapid depreciation or expensive to preserve, the debtor may sell† it and deposit the proceeds.

[1991, c. 64, a. 1581].

1582. A creditor who is in default bears the reasonable costs of preservation of the thing, as well as any costs that may be incurred for the sale of the thing and the deposit of the proceeds.

He also bears the risks of loss of the thing by superior force.

[1991, c. 64, a. 1582].

1583. Deposit by the debtor of the sum of money or the securities which he owes is made in the general deposit office or any trust company or, during judicial proceedings, according to the rules of the *Code of Civil Procedure* (chapter C-25).

Deposit may be made not only where the creditor refuses to accept the money or securities owed by the debtor, but also, among other cases, where the claim is in dispute between several persons or where the debtor is prevented from making pay-

créancier ne peut être trouvé au lieu où le paiement doit être fait.

[1991, c. 64, a. 1583].

▌ C.C.Q., 2311; C.P.C., 187-191.

1584. Le débiteur peut retirer la somme d'argent ou la valeur mobilière consignée tant qu'elle n'a pas été acceptée par le créancier et, en ce cas, ni ses codébiteurs, ni ses cautions ne sont libérés.

Le retrait ne peut, toutefois, être fait en cours d'instance qu'avec l'autorisation du tribunal.

[1991, c. 64, a. 1584].

▌ C.C.Q., 1523, 2305, 2346; C.P.C., 187-191.

1585. Lorsque le tribunal déclare valable la consignation de la somme d'argent ou de la valeur mobilière, le débiteur ne peut la retirer qu'avec le consentement du créancier.

Ce retrait ne peut, toutefois, porter atteinte aux droits des tiers ni empêcher la libération des codébiteurs ou des cautions du débiteur.

[1991, c. 64, a. 1585].

▌ C.C.Q., 1584.

1586. La consignation faite dans les conditions prévues aux articles précédents libère le débiteur du paiement des intérêts ou des revenus produits pour l'avenir.

[1991, c. 64, a. 1586].

▌ C.C.Q., 1573.

1587. Les intérêts ou revenus produits pendant la consignation appartiennent au créancier. Néanmoins, ils appartiennent au débiteur jusqu'à ce que la consignation soit acceptée par le créancier, lorsque la consignation est faite afin d'obtenir l'exécution d'une obligation de ce dernier, elle-même corrélative à celle qu'entend exécuter le débiteur par la consignation.

[1991, c. 64, a. 1587].

▌ C.C.Q., 1586.

ment by reason of the fact that the creditor cannot be found at the place where the payment is to be made.

[1991, c. 64, a. 1583].

1584. A debtor may withdraw a sum of money or securities which he has deposited, so long as they have not been accepted by the creditor; if he withdraws them, neither his co-debtors nor his sureties are released.

No withdrawal may be made during judicial proceedings, however, except by authorization of the court.

[1991, c. 64, a. 1584].

1585. Where the deposit of a sum of money or of securities is declared valid by the court, the debtor may not withdraw them except with the consent of the creditor.

The withdrawal may not be made, however, if it would impair the rights of third persons or prevent the release of the co-debtors or the sureties of the debtor.

[1991, c. 64, a. 1585].

1586. A deposit made according to the conditions set forth in the preceding articles releases the debtor, for the future, from the payment of interest or income yielded.

[1991, c. 64, a. 1586].

1587. Interest or income yielded from the date of deposit belongs to the creditor. Nevertheless, where the deposit is made to obtain the performance of an obligation of the creditor that is correlative to the obligation the debtor intends to perform by the deposit, the interest or income belongs to the debtor until the deposit is accepted by the creditor.

[1991, c. 64, a. 1587].

1588. Les offres réelles acceptées par le créancier ou déclarées valables par le tribunal équivalent, quant au débiteur, à un paiement fait au jour des offres ou de l'avis qui en tient lieu, à la condition qu'il ait toujours été disposé à payer depuis ce jour.

[1991, c. 64, a. 1588].

▌ C.C.Q., 1585.

1588. A tender accepted by the creditor or declared valid by the court is equivalent, in respect of the debtor, to payment made on the day of the tender or of the notice having the same effect, provided the debtor has always been willing to pay from that time.

[1991, c. 64, a. 1588].

1589. Les frais des offres réelles et de la consignation sont à la charge du créancier lorsqu'elles sont acceptées ou déclarées valables.

[1991, c. 64, a. 1589].

▌ C.P.C., 191.

1589. Where tender and deposit are accepted or declared valid by the court, the expenses related to them are borne by the creditor.

[1991, c. 64, a. 1589].

SECTION II —
DE LA MISE EN ŒUVRE DU DROIT À L'EXÉCUTION DE L'OBLIGATION

SECTION II —
RIGHT TO ENFORCE PERFORMANCE

§ 1. — Disposition générale

§ 1. — General provision

1590. L'obligation confère au créancier le droit d'exiger qu'elle soit exécutée entièrement, correctement et sans retard.

Lorsque le débiteur, sans justification, n'exécute pas son obligation et qu'il est en demeure, le créancier peut, sans préjudice de son droit à l'exécution par équivalent de tout ou partie de l'obligation:

1° Forcer l'exécution en nature de l'obligation;

2° Obtenir, si l'obligation est contractuelle, la résolution ou la résiliation du contrat ou la réduction de sa propre obligation corrélative;

3° Prendre tout autre moyen que la loi prévoit pour la mise en œuvre de son droit à l'exécution de l'obligation.

[1991, c. 64, a. 1590].

▌ C.C.Q., 1595, 1742, 1743; D.T., 88.

1590. An obligation confers on the creditor the right to demand that the obligation be performed in full, properly and without delay.

Where the debtor fails to perform his obligation without justification on his part and he is in default, the creditor may, without prejudice to his right to the performance of the obligation in whole or in part by equivalence,

(1) force specific performance of the obligation;

(2) obtain, in the case of a contractual obligation, the resolution or resiliation of the contract or the reduction of his own correlative obligation;

(3) take any other measure provided by law to enforce his right to the performance of the obligation.

[1991, c. 64, a. 1590].

§ 2. — De l'exception d'inexécution et du droit de rétention

§ 2. — Exception for nonperformance and right of retention

1591. Lorsque les obligations résultant d'un contrat synallagmatique sont exigibles et que l'une des parties n'exécute pas substantiellement la sienne ou n'offre pas de l'exécuter, l'autre partie peut, dans une mesure correspondante, refuser d'exécuter son obligation corrélative, à moins qu'il ne résulte de la loi, de la volonté des parties ou des usages qu'elle soit tenue d'exécuter la première.

[1991, c. 64, a. 1591].

▌ C.C.Q., 1380.

1591. Where the obligations arising from a synallagmatic contract are exigible and one of the parties fails to perform his obligation to a substantial degree or does not offer to perform it, the other party may refuse to perform his correlative obligation to a corresponding degree, unless he is bound by law, the will of the parties or usage to perform first.

[1991, c. 64, a. 1591].

1592. Toute partie qui, du consentement de son cocontractant, détient un bien appartenant à celui-ci a le droit de le retenir jusqu'au paiement total de la créance qu'elle a contre lui, lorsque sa créance est exigible et est intimement liée au bien qu'elle détient.

[1991, c. 64, a. 1592].

▌ C.C.Q., 875, 946, 963, 974, 1250, 1369, 1593, 2003, 2058, 2185, 2293, 2302, 2324.

1592. A party who, with the consent of the other party, has detention of property belonging to the latter has a right to retain it pending full payment of his claim against him, if the claim is exigible and is directly related to the property of which he has detention.

[1991, c. 64, a. 1592].

1593. Le droit de rétention qu'exerce une partie est opposable à tous.

La dépossession involontaire du bien n'éteint pas le droit de rétention; la partie qui exerce ce droit peut revendiquer le bien, sous réserve des règles de la prescription.

[1991, c. 64, a. 1593].

▌ C.C.Q., 1592, 2880.

1593. The right of retention may be set up against anyone.

Involuntary dispossession does not extinguish a right of retention; the party exercising the right may revendicate the property, subject to the rules on prescription.

[1991, c. 64, a. 1593].

§ 3. — De la demeure

§ 3. — Default

1594. Le débiteur peut être constitué en demeure d'exécuter l'obligation par les termes mêmes du contrat, lorsqu'il y est stipulé que le seul écoulement du temps pour l'exécuter aura cet effet.

Il peut être aussi constitué en demeure par la demande extrajudiciaire que lui adresse son créancier d'exécuter l'obligation, par la demande en justice formée contre lui ou, encore, par le seul effet de la loi.

[1991, c. 64, a. 1594].

1594. A debtor may be in default by the terms of the contract itself, when it contains a stipulation that the mere lapse of time for performing it will have that effect.

A debtor may also be put in default by an extrajudicial demand addressed to him by his creditor to perform the obligation, a judicial demand filed against him or the sole operation of law.

[1991, c. 64, a. 1594].

▌C.C.Q., 1368, 1507, 1693; D.T., 89.

1595. La demande extrajudiciaire par laquelle le créancier met son débiteur en demeure doit être faite par écrit.

Elle doit accorder au débiteur un délai d'exécution suffisant, eu égard à la nature de l'obligation et aux circonstances; autrement, le débiteur peut toujours l'exécuter dans un délai raisonnable à compter de la demande.

[1991, c. 64, a. 1595].

▌C.C.Q., 1590, 1594.

1595. The extrajudicial demand by which a creditor puts his debtor in default shall be made in writing.

If the demand does not allow the debtor sufficient time for performance, having regard to the nature of the obligation and the circumstances, the debtor may perform the obligation within a reasonable time after the demand.

[1991, c. 64, a. 1595].

1596. La demande en justice formée par le créancier contre le débiteur, sans que celui-ci n'ait été autrement constitué en demeure au préalable, lui confère le droit d'exécuter l'obligation dans un délai raisonnable à compter de la demande. S'il y a exécution de l'obligation dans ce délai, les frais de la demande sont à la charge du créancier.

[1991, c. 64, a. 1596].

▌C.C.Q., 1594.

1596. Where a creditor files a judicial demand against the debtor without his otherwise being in default, the debtor is entitled to perform the obligation within a reasonable time after the demand. If the obligation is performed within a reasonable time, the costs of the demand are borne by the creditor.

[1991, c. 64, a. 1596].

1597. Le débiteur est en demeure de plein droit, par le seul effet de la loi, lorsque l'obligation ne pouvait être exécutée utilement que dans un certain temps qu'il a laissé s'écouler ou qu'il ne l'a pas exécutée immédiatement alors qu'il y avait urgence.

Il est également en demeure de plein droit lorsqu'il a manqué à une obligation de ne pas faire, ou qu'il a, par sa faute, rendu impossible l'exécution en nature de l'obligation; il l'est encore lorsqu'il a clairement manifesté au créancier son intention de ne pas exécuter l'obligation ou, s'il s'agit d'une obligation à exécution successive, qu'il refuse ou néglige de l'exécuter de manière répétée.

[1991, c. 64, a. 1597].

▌C.C.Q., 1458, 1527, 1548.

1597. A debtor is in default by the sole operation of law where the performance of the obligation would have been useful only within a certain time which he allowed to expire or where he failed to perform the obligation immediately despite the urgency that he do so.

A debtor is also in default by operation of law where he has violated an obligation not to do, or where specific performance of the obligation has become impossible through his fault, and also where he has made clear to the creditor his intention not to perform the obligation or where, in the case of an obligation of successive performance, he has repeatedly refused or neglected to perform it.

[1991, c. 64, a. 1597].

1598. Le créancier doit prouver la survenance de l'un des cas où il y a demeure de plein droit, malgré toute déclaration ou stipulation contraire.

[1991, c. 64, a. 1598].

1598. The creditor shall prove the occurrence of one of the cases of default by operation of law notwithstanding any statement or stipulation to the contrary.

[1991, c. 64, a. 1598].

▌ D.T., 89.

1599. La demande extrajudiciaire par laquelle le créancier met l'un des débiteurs solidaires en demeure vaut à l'égard des autres débiteurs.

Celle qui est faite par l'un des créanciers solidaires vaut, de même, à l'égard des autres créanciers.

[1991, c. 64, a. 1599].

▌ C.C.Q., 1594, 1595.

1599. An extrajudicial demand by which the creditor puts one of the solidary debtors in default has effect with respect to the other debtors.

Similarly, an extrajudicial demand made by one of the solidary creditors has effect with respect to the other creditors.

[1991, c. 64, a. 1599].

1600. Le débiteur, même s'il bénéficie d'un délai de grâce, répond, à compter de la demeure, du préjudice qui résulte du retard à exécuter l'obligation, lorsque celle-ci a pour objet une somme d'argent.

Il répond aussi, à compter de la demeure, de toute perte qui résulte d'une force majeure, à moins qu'il ne soit alors libéré.

[1991, c. 64, a. 1600].

▌ C.C.Q., 1368, 1693, 1701, 2184, 2198, 2287.

1600. Where the object of the performance is a sum of money, the debtor, although he may be granted a period of grace, is liable for injury resulting from delay in the performance of the obligation from the moment he begins to be in default.

The debtor in such a case is also liable from the same moment for any loss resulting from superior force, unless he is released thereby from his obligation.

[1991, c. 64, a. 1600].

§ 4. — De l'exécution en nature

§ 4. — Specific performance

1601. Le créancier, dans les cas qui le permettent, peut demander que le débiteur soit forcé d'exécuter en nature l'obligation.

[1991, c. 64, a. 1601].

▌ C.C.Q., 1750, 1802, 1807, 2368.

1601. A creditor may, in cases which admit of it, demand that the debtor be forced to make specific performance of the obligation.

[1991, c. 64, a. 1601].

1602. Le créancier peut, en cas de défaut, exécuter ou faire exécuter l'obligation aux frais du débiteur.

Le créancier qui veut se prévaloir de ce droit doit en aviser le débiteur dans sa demande, extrajudiciaire ou judiciaire, le constituant en demeure, sauf dans les cas où ce dernier est en demeure de plein droit ou par les termes mêmes du contrat.

[1991, c. 64, a. 1602].

▌ C.C.Q., 1601.

1602. In case of default, the creditor may perform the obligation or cause it to be performed at the expense of the debtor.

A creditor wishing to avail himself of this right shall so notify the debtor in the judicial or extrajudicial demand by which he puts him in default, except in cases where the debtor is in default by operation of law or by the terms of the contract itself.

[1991, c. 64, a. 1602].

1603. Le créancier peut être autorisé à détruire ou enlever, aux frais du débiteur, ce

1603. The creditor may be authorized to destroy or remove, at the expense of the

que celui-ci a fait en violation d'une obligation de ne pas faire.

[1991, c. 64, a. 1603].

▌C.C.Q., 1458, 1602.

debtor, what has been made by the debtor in violation of an obligation not to do.

[1991, c. 64, a. 1603].

§ 5. — De la résolution ou de la résiliation du contrat et de la réduction de l'obligation

§ 5. — Resolution or resiliation of contracts and reduction of obligations

1604. Le créancier, s'il ne se prévaut pas du droit de forcer, dans les cas qui le permettent, l'exécution en nature de l'obligation contractuelle de son débiteur, a droit à la résolution du contrat, ou à sa résiliation s'il s'agit d'un contrat à exécution successive.

Cependant, il n'y a pas droit, malgré toute stipulation contraire, lorsque le défaut du débiteur est de peu d'importance, à moins que, s'agissant d'une obligation à exécution successive, ce défaut n'ait un caractère répétitif; mais il a droit, alors, à la réduction proportionnelle de son obligation corrélative.

La réduction proportionnelle de l'obligation corrélative s'apprécie en tenant compte de toutes les circonstances appropriées; si elle ne peut avoir lieu, le créancier n'a droit qu'à des dommages-intérêts.

[1991, c. 64, a. 1604].

▌C.C.Q., 1383; D.T., 90.

1604. Where the creditor does not avail himself of the right to force the specific performance of the contractual obligation of the debtor in cases which admit of it, he is entitled either to the resolution of the contract, or to its resiliation in the case of a contract of successive performance.

However and notwithstanding any stipulation to the contrary, he is not entitled to resolution or resiliation of the contract if the default of the debtor is of minor importance, unless, in the case of an obligation of successive performance, the default occurs repeatedly, but he is then entitled to a proportional reduction of his correlative obligation.

All the relevant circumstances are taken into consideration in assessing the proportional reduction of the correlative obligation. If the obligation cannot be reduced, the creditor is entitled to damages only.

[1991, c. 64, a. 1604].

1605. La résolution ou la résiliation du contrat peut avoir lieu sans poursuite judiciaire lorsque le débiteur est en demeure de plein droit d'exécuter son obligation ou qu'il ne l'a pas exécutée dans le délai fixé par la mise en demeure†.

[1991, c. 64, a. 1605].

▌C.C.Q., 1604.

1605. A contract may be resolved or resiliated without judicial proceedings where the debtor is in default by operation of law or where he has failed to perform his obligation within the time allowed in the writing† putting him in default.

[1991, c. 64, a. 1605].

1606. Le contrat résolu est réputé n'avoir jamais existé; chacune des parties est, dans ce cas, tenue de restituer à l'autre les prestations qu'elle a reçues.

Le contrat résilié cesse d'exister pour l'avenir seulement.

[1991, c. 64, a. 1606].

1606. A contract which is resolved is deemed never to have existed; each party is, in such a case, bound to restore to the other the prestations he has already received.

A contract which is resiliated ceases to exist, but only for the future.

[1991, c. 64, a. 1606].

▌C.C.Q., 1422, 1604, 1699.

§ 6. —— De l'exécution par équivalent

I —— Dispositions générales

1607. Le créancier a droit à des dommages-intérêts en réparation du préjudice, qu'il soit corporel, moral ou matériel, que lui cause le défaut du débiteur et qui en est une suite immédiate et directe.

[1991, c. 64, a. 1607].

▌C.C.Q., 1457, 1527, 1622, 1765.

1608. L'obligation du débiteur de payer des dommages-intérêts au créancier n'est ni atténuée ni modifiée par le fait que le créancier reçoive une prestation d'un tiers, par suite du préjudice qu'il a subi, sauf dans la mesure où le tiers est subrogé aux droits du créancier.

[1991, c. 64, a. 1608].

▌C.C.Q., 1607.

1609. Les quittances, transactions ou déclarations obtenues du créancier par le débiteur, un assureur ou leurs représentants, lorsqu'elles sont liées au préjudice corporel ou moral subi par le créancier, sont sans effet si elles ont été obtenues dans les trente jours du fait† dommageable et sont préjudiciables au créancier.

[1991, c. 64, a. 1609].

▌C.C.Q., 8, 9, 3081.

1610. Le droit du créancier à des dommages-intérêts, même punitifs, est cessible et transmissible.

Il est fait exception à cette règle lorsque le droit du créancier résulte de la violation d'un droit de la personnalité; en ce cas, son droit à des dommages-intérêts est incessible, et il n'est transmissible qu'à ses héritiers.

[1991, c. 64, a. 1610].

▌C.C.Q., 3, 625, 1607.

§ 6. —— Performance by equivalence

I —— General provisions

1607. The creditor is entitled to damages for bodily, moral or material injury which is an immediate and direct consequence of the debtor's default.

[1991, c. 64, a. 1607].

1608. The obligation of the debtor to pay damages to the creditor is neither reduced nor altered by the fact that the creditor receives a prestation from a third person, as a result of the injury he has sustained, except so far as the third person is subrogated to the rights of the creditor.

[1991, c. 64, a. 1608].

1609. An acquittance, transaction or statement obtained from the creditor in connection with bodily or moral injury he has sustained, obtained by the debtor, an insurer or their representatives within thirty days of the act† which caused the injury, is without effect if it is damaging to the creditor.

[1991, c. 64, a. 1609].

1610. The right of a creditor to damages, including punitive damages, may be assigned or transmitted.

This rule does not apply where the right of the creditor results from a breach of a personality right; in such a case, the right of the creditor to damages may not be assigned, and may be transmitted only to his heirs.

[1991, c. 64, a. 1610].

II — De l'évaluation des dommages-intérêts

II — Assessment of damages

1 — De l'évaluation en général

1 — Assessment in general

1611. Les dommages-intérêts dus au créancier compensent la perte qu'il subit et le gain dont il est privé.

1611. The damages due to the creditor compensate for the amount of the loss he has sustained and the profit of which he has been deprived.

On tient compte, pour les déterminer, du préjudice futur lorsqu'il est certain et qu'il est susceptible d'être évalué.

[1991, c. 64, a. 1611].

Future injury which is certain and able to be assessed is taken into account in awarding damages.

[1991, c. 64, a. 1611].

❚ C.C.Q., 1607.

1612. En matière de secret commercial, la perte que subit le propriétaire† du secret comprend le coût des investissements faits pour son acquisition, sa mise au point et son exploitation; le gain dont il est privé peut être indemnisé sous forme de redevances.

[1991, c. 64, a. 1612].

1612. The loss sustained by the owner† of a trade secret includes the investment expenses incurred for its acquisition, perfection and use; the profit of which he is deprived may be compensated for through payment of royalties.

[1991, c. 64, a. 1612; 2002, c. 19, s. 15].

❚ C.C.Q., 1368, 1693, 1701, 2184, 2198, 2287.

1613. En matière contractuelle, le débiteur n'est tenu que des dommages-intérêts qui ont été prévus ou qu'on a pu prévoir au moment où l'obligation a été contractée, lorsque ce n'est point par sa faute intentionnelle ou par sa faute lourde qu'elle n'est point exécutée; même alors, les dommages-intérêts ne comprennent que ce qui est une suite immédiate et directe de l'inexécution.

[1991, c. 64, a. 1613].

1613. In contractual matters, the debtor is liable only for damages that were foreseen or foreseeable at the time the obligation was contracted, where the failure to perform the obligation does not proceed from intentional or gross fault on his part; even then, the damages include only what is an immediate and direct consequence of the nonperformance.

[1991, c. 64, a. 1613].

❚ C.C.Q., 1474.

1614. Les dommages-intérêts dus au créancier en réparation du préjudice corporel qu'il subit sont établis, quant aux aspects prospectifs du préjudice, en fonction des taux d'actualisation prescrits par règlement du gouvernement, dès lors que de tels taux sont ainsi fixés.

[1991, c. 64, a. 1614].

1614. Damages owed to the creditor for bodily injury he sustains are measured as to the future aspects of the injury according to the discount rates set by regulation of the Government, from the time such rates are set.

[1991, c. 64, a. 1614].

❚ C.C.Q., 1611; D.T., 91.

1615. Le tribunal, quand il accorde des dommages-intérêts en réparation d'un préjudice corporel peut, pour une période d'au plus trois ans, réserver au créancier le droit de demander des dommages-intérêts additionnels, lorsqu'il n'est pas possible de déterminer avec une précision suffisante l'évolution de sa condition physique au moment du jugement.

[1991, c. 64, a. 1615].

▌ C.C.Q., 1611, 1614; D.T., 91.

1615. The court, in awarding damages for bodily injury, may, for a period of not over three years, reserve the right of the creditor to apply for additional damages, if the course of his physical condition cannot be determined with sufficient precision at the time of the judgment.

[1991, c. 64, a. 1615].

1616. Les dommages-intérêts accordés pour la réparation d'un préjudice sont, à moins que les parties n'en conviennent autrement, exigibles sous la forme d'un capital payable au comptant.

Toutefois, lorsque le préjudice est corporel et que le créancier est mineur, le tribunal peut imposer, en tout ou en partie, le paiement sous forme de rente ou de versements périodiques, dont il fixe les modalités et peut prévoir l'indexation suivant un taux fixe. Dans les trois mois qui suivent sa majorité, le créancier peut exiger le paiement immédiat, actualisé, de tout ce qui lui reste à recevoir.

[1991, c. 64, a. 1616].

▌ C.C.Q., 1611, 1614, 1615; D.T., 91.

1616. Damages awarded for injury are exigible in the form of capital payable in cash, unless otherwise agreed by the parties.

Where the injury sustained is bodily injury and where the creditor is a minor, however, the court may order payment, in whole or in part, in the form of an annuity or by periodic instalments, on the terms and conditions it fixes and indexed according to a fixed rate. Within three months of the date on which the minor becomes of full age, the creditor may demand immediate and discounted payment of any amount still receivable.

[1991, c. 64, a. 1616].

1617. Les dommages-intérêts résultant du retard dans l'exécution d'une obligation de payer une somme d'argent consistent dans l'intérêt au taux convenu ou, à défaut de toute convention, au taux légal.

Le créancier y a droit à compter de la demeure sans être tenu de prouver qu'il a subi un préjudice.

Le créancier peut, cependant, stipuler qu'il aura droit à des dommages-intérêts additionnels, à condition de les justifier.

[1991, c. 64, a. 1617].

▌ C.C.Q., 1368, 1565, 2198, 2287, 2356.

1617. Damages which result from delay in the performance of an obligation to pay a sum of money consist of interest at the agreed rate or, in the absence of any agreement, at the legal rate.

The creditor is entitled to the damages from the date of default without having to prove that he has sustained any injury.

A creditor may stipulate, however, that he will be entitled to additional damages, provided he justifies them.

[1991, c. 64, a. 1617].

1618. Les dommages-intérêts autres que ceux résultant du retard dans l'exécution d'une obligation de payer une somme d'argent portent intérêt au taux convenu entre les parties ou, à défaut, au taux légal, depuis la demeure ou depuis toute autre

1618. Damages other than those resulting from delay in the performance of an obligation to pay a sum of money bear interest at the rate agreed by the parties, or, in the absence of agreement, at the legal rate, from the date of default or from any other

date postérieure que le tribunal estime approprié, eu égard à la nature du préjudice et aux circonstances.

[1991, c. 64, a. 1618].

▮ D.T., 91.

later date which the court considers appropriate, having regard to the nature of the injury and the circumstances.

[1991, c. 64, a. 1618].

1619. Il peut être ajouté aux dommages-intérêts accordés à quelque titre que ce soit, une indemnité fixée en appliquant à leur montant, à compter de l'une ou l'autre des dates servant à calculer les intérêts qu'ils portent, un pourcentage égal à l'excédent du taux d'intérêt fixé pour les créances de l'État en application de l'article 28 de la *Loi sur l'administration fiscale* (chapitre A-6.002) sur le taux d'intérêt convenu entre les parties ou, à défaut, sur le taux légal.

[1991, c. 64, a. 1619; 2010, c. 31, a. 175].

▮ C.C.Q., 1612-1618.

1619. An indemnity may be added to the amount of damages awarded for any reason, which is fixed by applying to the amount of the damages, from either of the dates used in computing the interest on them, a percentage equal to the excess of the rate of interest fixed for claims of the State under section 28 of the *Tax Administration Act* (chapter A-6.002) over the rate of interest agreed by the parties or, in the absence of agreement, over the legal rate.

[1991, c. 64, a. 1619; 2010, c. 31, s. 175].

1620. Les intérêts échus des capitaux ne produisent eux-mêmes des intérêts que s'il existe une convention ou une loi à cet effet ou si, dans une action, de nouveaux intérêts sont expressément demandés.

[1991, c. 64, a. 1620].

▮ C.C.Q., 1616.

1620. Interest accrued on principal does not itself bear interest except where that is provided by agreement or by law or where additional interest is expressly demanded in a suit.

[1991, c. 64, a. 1620].

1621. Lorsque la loi prévoit l'attribution de dommages-intérêts punitifs, ceux-ci ne peuvent excéder, en valeur, ce qui est suffisant pour assurer leur fonction préventive.

Ils s'apprécient en tenant compte de toutes les circonstances appropriées, notamment de la gravité de la faute du débiteur, de sa situation patrimoniale ou de l'étendue de la réparation à laquelle il est déjà tenu envers le créancier, ainsi que, le cas échéant, du fait que la prise en charge du paiement réparateur† est, en tout ou en partie, assumée par un tiers.

[1991, c. 64, a. 1621].

▮ C.C.Q., 1610, 1899, 1902, 1968.

1621. Where the awarding of punitive damages is provided for by law, the amount of such damages may not exceed what is sufficient to fulfil their preventive purpose.

Punitive damages are assessed in the light of all the appropriate circumstances, in particular the gravity of the debtor's fault, his patrimonial situation, the extent of the reparation for which he is already liable to the creditor and, where such is the case, the fact that the payment of the damages† is wholly or partly assumed by a third person.

[1991, c. 64, a. 1621].

2 — De l'évaluation anticipée

2 — Anticipated assessment of damages

1622. La clause pénale est celle par laquelle les parties évaluent par anticipation les dommages-intérêts en stipulant que le débiteur se soumettra à une peine au cas où il n'exécuterait pas son obligation.

Elle donne au créancier le droit de se prévaloir de cette clause au lieu de poursuivre, dans les cas qui le permettent, l'exécution en nature de l'obligation; mais il ne peut en aucun cas demander en même temps l'exécution et la peine, à moins que celle-ci n'ait été stipulée que pour le seul retard dans l'exécution de l'obligation.

[1991, c. 64, a. 1622].

▌ C.C.Q., 1901.

1622. A penal clause is one by which the parties assess the anticipated damages by stipulating that the debtor will suffer a penalty if he fails to perform his obligation.

A creditor has the right to avail himself of a penal clause instead of enforcing, in cases which admit of it, the specific performance of the obligation; but in no case may he exact both the performance and the penalty, unless the penalty has been stipulated for mere delay in the performance of the obligation.

[1991, c. 64, a. 1622].

1623. Le créancier qui se prévaut de la clause pénale a droit au montant de la peine stipulée sans avoir à prouver le préjudice qu'il a subi.

Cependant, le montant de la peine stipulée peut être réduit si l'exécution partielle de l'obligation a profité au créancier ou si la clause est abusive.

[1991, c. 64, a. 1623].

▌ C.C.Q., 1622; D.T., 92.

1623. A creditor who avails himself of a penal clause is entitled to the amount of the stipulated penalty without having to prove the injury he has suffered.

However, the amount of the stipulated penalty may be reduced if the creditor has benefited from partial performance of the obligation or if the clause is abusive.

[1991, c. 64, a. 1623].

1624. Lorsque l'obligation assortie d'une clause pénale est indivisible sans être solidaire et que son inexécution est le fait d'un seul des codébiteurs, la peine peut être demandée soit en totalité contre celui qui n'a pas exécuté, soit contre chacun des codébiteurs pour sa part; sauf, dans ce dernier cas, leur recours contre celui qui a fait encourir la peine.

[1991, c. 64, a. 1624].

▌ C.C.Q., 1622; D.T., 92.

1624. Where an obligation with a penal clause is indivisible without being solidary and its nonperformance is due to the act or omission of only one of the co-debtors, the penalty may be exacted in full against him or against each of the co-debtors for his share, but, in the latter case, without prejudice to their remedy against the co-debtor who caused the penalty to be incurred.

[1991, c. 64, a. 1624; 2002, c. 19, s. 15].

1625. Lorsque l'obligation assortie d'une clause pénale est divisible, la peine est également divisible et elle n'est encourue que par celui des codébiteurs qui n'exécute pas l'obligation, et pour la part dont il est tenu dans l'obligation, sans qu'il y ait d'action contre ceux qui l'ont exécutée.

Cette règle ne s'applique pas lorsque l'obligation est solidaire. Elle ne s'applique pas, non plus, lorsque la clause pé-

1625. Where an obligation with a penal clause is divisible, the penalty also is divisible and is incurred only by that debtor who fails to perform the obligation, and only for that part for which he is liable, without there being any action against those who have performed it.

This rule does not apply where the obligation is solidary, nor where the penal clause was stipulated to prevent partial payment

nale avait été stipulée afin que le paiement ne pût se faire partiellement et que l'un des codébiteurs a empêché l'exécution de l'obligation pour la totalité; en ce cas, la peine entière peut être exigée de lui, et des autres pour leur part seulement, sauf leur recours contre lui.

[1991, c. 64, a. 1625].

❚ C.C.Q., 1519, 1522, 1540; D.T., 92.

and one of the co-debtors has prevented the performance of the obligation for the whole; in this case, that co-debtor is liable for the whole penalty and the others are liable for their respective shares only, without prejudice to their remedy against him.

[1991, c. 64, a. 1625].

SECTION III —
DE LA PROTECTION DU DROIT À L'EXÉCUTION DE L'OBLIGATION

SECTION III —
PROTECTION OF THE RIGHT TO PERFORMANCE OF OBLIGATIONS

§ 1. — Des mesures conservatoires

§ 1. — Conservatory measures

1626. Le créancier peut prendre toutes les mesures nécessaires ou utiles à la conservation de ses droits.

[1991, c. 64, a. 1626].

❚ C.C.Q., 1504, 2735.

1626. A creditor may take all necessary or useful measures to preserve his rights.

[1991, c. 64, a. 1626].

§ 2. — De l'action oblique

§ 2. — Oblique action

1627. Le créancier dont la créance est certaine, liquide et exigible peut, au nom de son débiteur, exercer les droits et actions de celui-ci, lorsque le débiteur, au préjudice du créancier, refuse ou néglige de les exercer.

Il ne peut, toutefois, exercer les droits et actions qui sont exclusivement attachés à la personne du débiteur.

[1991, c. 64, a. 1627].

❚ C.C.Q., 652, 864, 1168, 1631, 2644; D.T., 93; C.P.C., 625.

1627. A creditor whose claim is certain, liquid and exigible may exercise the rights and actions belonging to the debtor, in the debtor's name, where the debtor refuses or neglects to exercise them to the prejudice of the creditor.

However, he may not exercise rights and actions which are strictly personal to the debtor.

[1991, c. 64, a. 1627].

1628. Il n'est pas nécessaire que la créance soit liquide et exigible au moment où l'action est intentée; mais elle doit l'être au moment du jugement sur l'action.

[1991, c. 64, a. 1628].

❚ C.C.Q., 1627.

1628. It is not necessary for the claim to be liquid and exigible at the time the action is instituted, but it is necessary that it be so at the time judgment is rendered.

[1991, c. 64, a. 1628

1629. Celui contre qui est exercée l'action oblique peut opposer au créancier tous les

1629. The person against whom an oblique action is brought may set up against the

moyens qu'il aurait pu opposer à son propre créancier.

[1991, c. 64, a. 1629].

▌ C.C.Q., 1627; D.T., 93.

creditor all the defenses he could have set up against his own creditor.

[1991, c. 64, a. 1629].

1630. Les biens recueillis par le créancier au nom de son débiteur tombent dans le patrimoine de celui-ci et profitent à tous ses créanciers.

[1991, c. 64, a. 1630].

▌ C.C.Q., 1627, 2644.

1630. Property recovered by a creditor in the name of the debtor falls into the patrimony of the debtor and benefits all his creditors.

[1991, c. 64, a. 1630].

§ 3. — De l'action en inopposabilité

§ 3. — Paulian action

1631. Le créancier, s'il en subit un préjudice, peut faire déclarer inopposable à son égard l'acte juridique que fait son débiteur en fraude de ses droits, notamment l'acte par lequel il se rend ou cherche à se rendre insolvable ou accorde, alors qu'il est insolvable, une préférence à un autre créancier.

[1991, c. 64, a. 1631].

▌ C.C.Q., 470, 490, 652, 864, 1560, 2887.

1631. A creditor who suffers prejudice through a juridical act made by his debtor in fraud of his rights, in particular an act by which he renders or seeks to render himself insolvent, or by which, being insolvent, he grants preference to another creditor may obtain a declaration that the act may not be set up against him.

[1991, c. 64, a. 1631].

1632. Un contrat à titre onéreux ou un paiement fait en exécution d'un tel contrat est réputé fait avec l'intention de frauder si le cocontractant ou le créancier connaissait l'insolvabilité du débiteur ou le fait que celui-ci, par cet acte, se rendait ou cherchait à se rendre insolvable.

[1991, c. 64, a. 1632].

▌ C.C.Q., 1631, 2963.

1632. An onerous contract or a payment made for the performance of such a contract is deemed to be made with fraudulent intent if the contracting party or the creditor knew the debtor to be insolvent or knew that the debtor, by the juridical act, was rendering himself or was seeking to render himself insolvent.

[1991, c. 64, a. 1632].

1633. Un contrat à titre gratuit ou un paiement fait en exécution d'un tel contrat est réputé fait avec l'intention de frauder, même si le cocontractant ou le créancier ignorait ces faits, dès lors que le débiteur est insolvable ou le devient au moment où le contrat est conclu ou le paiement effectué.

[1991, c. 64, a. 1633].

▌ C.C.Q., 1631.

1633. A gratuitous contract or a payment made for the performance of such a contract is deemed to be made with fraudulent intent, even if the contracting party or the creditor was unaware of the facts, where the debtor is or becomes insolvent at the time the contract is formed or the payment is made.

[1991, c. 64, a. 1633].

1634. La créance doit être certaine au moment où l'action est intentée; elle doit

1634. The creditor may bring a claim only if it is certain at the time the action is insti-

aussi être liquide et exigible au moment du jugement sur l'action.

La créance doit être antérieure à l'acte juridique attaqué, sauf si cet acte avait pour but de frauder un créancier postérieur†.

[1991, c. 64, a. 1634].

❚ C.C.Q., 1628, 1631; D.T., 93.

1635. L'action doit, à peine de déchéance, être intentée avant l'expiration d'un délai d'un an à compter du jour où le créancier a eu connaissance du préjudice résultant de l'acte attaqué ou, si l'action est intentée par un syndic de faillite pour le compte des créanciers collectivement, à compter du jour de la nomination du syndic.

[1991, c. 64, a. 1635].

❚ C.C.Q., 2878.

1636. Lorsque l'acte juridique est déclaré inopposable à l'égard du créancier, il l'est aussi à l'égard des autres créanciers qui pouvaient intenter l'action et qui y sont intervenus pour protéger leurs droits; tous peuvent faire saisir et vendre le bien qu'en†¹ est l'objet et être payés en proportion†² de leur créance, sous réserve des droits des créanciers prioritaires ou hypothécaires.

[1991, c. 64, a. 1636].

tuted, and if it is liquid and exigible at the time the judgment is rendered.

He may bring the claim only if it existed prior to the juridical act which is attacked, unless that act was made for the purpose of defrauding a later ranking† creditor.

[1991, c. 64, a. 1634].

1635. The action is forfeited unless it is brought within one year from the day on which the creditor learned of the injury resulting from the act which is attacked, or, where the action is brought by a trustee in bankruptcy on behalf of all the creditors, from the date of appointment of the trustee.

[1991, c. 64, a. 1635].

1636. Where it is declared that a juridical act may not be set up against the creditor, it may not be set up against any other creditors who were entitled to institute the action and who intervened in it to protect their rights; all may have the property forming the object of the contract or payment†¹ seized and sold and be paid according to†² their claims, subject to the rights of prior or hypothecary creditors.

[1991, c. 64, a. 1636].

Note 1 : Le mot « en » renvoie au terme « acte juridique » ("*juridical act*"), qui recouvre une réalité plus large que "*contract or payment*". / The word « *en* » replaces the term « *acte juridique* » ("juridical act") in the French text whereas "contract or payment" is used in English. A "juridical act" has a broader connotation than "contract or payment".

Note 2 : Comp. a. 1646(1), où l'on emploie simultanément "*in proportion to*" et en proportion de, au lieu, comme ici, de "*according to*" et en »proportion de ». / Comp. a. 1646(1) in which the expressions in proportion to and « *en proportion de* » are used simultaneously rather than "according to" and « en proportion de » as is the case here.

❚ C.C.Q., 1631.

Chapitre VII ——
De la transmission et des
mutations† de l'obligation

Chapter VII ——
Transfer and alteration† of
obligations

SECTION I ——
DE LA CESSION DE CRÉANCE

SECTION I ——
ASSIGNMENT OF CLAIMS

§ 1. —— De la cession de créance
en général

§ 1. —— Assignment of claims in
general

1637. Le créancier peut céder à un tiers, tout ou partie d'une créance ou d'un droit d'action qu'il a contre son débiteur.

Cette cession ne peut, cependant, porter atteinte aux droits du débiteur, ni rendre son obligation plus onéreuse.

[1991, c. 64, a. 1637].

❚ C.C.Q., 888, 1135, 1680, 2461, 2475; D.T., 94.

1637. A creditor may assign to a third person all or part of a claim or a right of action which he has against his debtor.

He may not, however, make an assignment that is injurious to the rights of the debtor or that renders his obligation more onerous.

[1991, c. 64, a. 1637].

1638. La cession d'une créance en comprend les accessoires.

[1991, c. 64, a. 1638].

❚ C.C.Q., 1718, 2661, 2671, 2712.

1638. The assignment of a claim includes its accessories.

[1991, c. 64, a. 1638].

1639. Le cédant à titre onéreux garantit que la créance existe et qu'elle lui est due même si la cession est faite sans garantie, à moins que le cessionnaire ne l'ait acquise à ses risques et périls ou qu'il n'ait connu, lors de la cession, le caractère incertain de la créance.

[1991, c. 64, a. 1639].

❚ C.C.Q., 889, 1716, 1723.

1639. Where the assignment is by onerous title, the assignor guarantees that the claim exists and is owed to him, even if the assignment is made without warranty, unless the assignee has acquired it at his own risk or knew of the uncertain nature of the claim at the time of the assignment.

[1991, c. 64, a. 1639].

1640. Le cédant à titre onéreux qui répond, par une simple clause de garantie, de la solvabilité du débiteur ne répond de cette solvabilité qu'au moment de la cession et qu'à concurrence du prix qu'il a reçu.

[1991, c. 64, a. 1640].

❚ C.C.Q., 890.

1640. Where the assignor by onerous title guarantees the solvency of the debtor by a simple clause of warranty, he is liable for the solvency only at the time of the assignment and to the extent of the price he received.

[1991, c. 64, a. 1640].

1641. La cession est opposable au débiteur et aux tiers, dès que le débiteur y a acquiescé ou qu'il a reçu une copie ou un extrait pertinent de l'acte de cession ou, en-

1641. An assignment may be set up against the debtor and the* third person as soon as the debtor has acquiesced in it or received a copy or a pertinent extract of

core, une autre preuve de la cession qui soit opposable au cédant.

the deed of assignment or any other evidence of the assignment which may be set up against the assignor.

Lorsque le débiteur ne peut être trouvé au Québec, la cession est opposable dès la publication d'un avis de la cession, dans un journal distribué dans la localité de la dernière adresse connue du débiteur ou, s'il exploite une entreprise, dans la localité où elle a son principal établissement.

[1991, c. 64, a. 1641].

Where the debtor cannot be found in Québec, the assignment may be set up upon publication of a notice of assignment in a newspaper distributed in the locality of the last known address of the debtor or, if he carries on an enterprise, in the locality where its principal establishment is situated.

[1991, c. 64, a. 1641; 1992, c. 57, s. 716].

Note : Comp. a./arts 1642, 1643(2).

❚ C.C.Q., 1525, 1680, 2461, 2710-2713, 3003.

1642. La cession d'une universalité de créances, actuelles ou futures, est opposable aux débiteurs et aux tiers, par l'inscription de la cession au registre des droits personnels et réels mobiliers, pourvu cependant, quant aux débiteurs qui n'ont pas acquiescé à la cession, que les autres formalités prévues pour leur rendre la cession opposable aient été accomplies.

[1991, c. 64, a. 1642].

1642. The assignment of a universality of claims, present or future, may be set up against debtors and third persons by the registration of the assignment in the register of personal and movable real rights, provided, however, that the other formalities whereby the assignment may be set up against the debtors who have not acquiesced in it have been accomplished.

[1991, c. 64, a. 1642].

❚ C.C.Q., 1641, 2710-2713, 2938.

1643. Le débiteur peut opposer au cessionnaire tout paiement fait au cédant avant que la cession ne lui ait été rendue opposable, ainsi que toute autre cause d'extinction de l'obligation survenue avant ce moment.

Il peut aussi opposer le paiement que lui-même ou sa caution a fait de bonne foi au créancier apparent, même si les formalités exigées pour rendre la cession opposable au débiteur et aux tiers ont été accomplies.

[1991, c. 64, a. 1643].

1643. A debtor may set up against the assignee any payment made to the assignor before the assignment could be set up against him, as well as any other cause of extinction of the obligation that occurred before that time.

A debtor may also set up any payment made in good faith by himself or his surety to an apparent creditor, even if the required formalities whereby the assignment may be set up against the debtor and third persons have been accomplished.

[1991, c. 64, a. 1643].

❚ C.C.Q., 1559.

1644. Lorsque la remise au débiteur de la copie ou d'un extrait de l'acte de cession ou d'une autre preuve de la cession qui soit opposable au cédant a lieu au moment de la signification d'une action exercée contre le débiteur, aucuns frais judiciaires ne peuvent être exigés de ce dernier s'il

1644. Where a copy or an extract of the deed of assignment or any other evidence of the assignment which may be set up against an assignor is handed over to the debtor at the time of service of an action brought against the debtor, no legal costs may be exacted from the debtor if he pays

paie dans le délai fixé pour la comparution, à moins qu'il n'ait déjà été en demeure d'exécuter l'obligation.

[1991, c. 64, a. 1644].

❚ C.C.Q., 1641-1643.

within the time fixed for appearance, unless he is already in default.

[1991, c. 64, a. 1644; 1992, c. 57, s. 716].

1645. La cession n'est opposable à la caution que si les formalités prévues pour rendre la cession opposable au débiteur ont été accomplies à l'égard de la caution elle-même.

[1991, c. 64, a. 1645].

❚ C.C.Q., 1641, 1642, 2333-2366.

1645. The assignment may not be set up against the surety unless the prescribed formalities for the setting up of assignment against the debtor have been accomplished in respect of the surety himself.

1991, c. 64, a. 1645].

1646. Les cessionnaires d'une même créance, de même que le cédant pour ce qui lui reste dû, sont payés en proportion de leur créance.

Néanmoins, ceux qui ont obtenu une cession avec la garantie de fournir et faire valoir sont payés par préférence à tous les autres cessionnaires, ainsi qu'au cédant, en tenant compte, entre eux, des dates auxquelles leurs cessions respectives sont devenues opposables au débiteur.

[1991, c. 64, a. 1646].

❚ C.C.Q., 1658, 1659.

1646. The assignees of the same claim, and the assignor in respect of any remainder due to him, are paid in proportion to the value of their claims.

However, persons having obtained an assignment with a guarantee of payment are paid in preference to all other assignees and to the assignor, and, among themselves, in the order of the dates on which their respective assignments could be set up against the debtor.

[1991, c. 64, a. 1646].

§ 2. — De la cession d'une créance constatée dans un titre au porteur

§ 2. — Assignment of claims attested by bearer instrument

1647. Il est de l'essence de toute créance constatée dans un titre au porteur émis par un débiteur, qu'elle puisse être cédée par la simple tradition, d'un porteur à un autre, du titre qui la constate.

[1991, c. 64, a. 1647].

❚ C.C.Q., 2043, 2044, 2528; C.P.C., 570.

1647. It is of the essence of a claim attested by a bearer instrument issued by a debtor that it may be assigned by mere delivery, to another bearer, of the instrument attesting it.

[1991, c. 64, a. 1647].

1648. Le débiteur qui a émis le titre au porteur est tenu de payer la créance qui y est constatée à tout porteur qui lui remet le titre, sauf s'il a reçu notification† d'un jugement lui ordonnant d'en retenir le paiement.

Il ne peut opposer au porteur d'autres moyens que ceux qui concernent la nullité ou un vice du titre, qui dérivent d'une sti-

1648. A debtor who has issued a bearer instrument is bound to pay the debt attested thereby to any bearer who hands over the instrument to him, except where he has received notice† of a judgment ordering him to withhold payment thereof.

He may not set up any defenses against the bearer other than defenses respecting the nullity or a defect of title, those founded

pulation expresse du titre ou qu'il peut faire valoir contre le porteur personnellement.

[1991, c. 64, a. 1648].

Note : Comp. a. 1650.

▌ C.C.Q., 1647, 1650.

1649. Le débiteur qui a émis le titre au porteur demeure tenu envers tout porteur de bonne foi, même s'il démontre que le titre a été mis en circulation contre sa volonté.

[1991, c. 64, a. 1649].

▌ C.C.Q., 1647, 1648, 1650.

1650. Celui qui a été injustement† dépossédé d'un titre au porteur ne peut empêcher le débiteur de payer la créance à celui qui le lui présente, que sur notification d'une ordonnance du tribunal.

[1991, c. 64, a. 1650].

▌ C.C.Q., 1648.

on an express stipulation in the instrument or such defenses as he may raise against the bearer personally.

1991, c. 64, a. 1648].

1649. A debtor who has issued a bearer instrument remains bound towards every bearer in good faith, even if the debtor shows that the instrument was negotiated against his will.

[1991, c. 64, a. 1649].

1650. A person who has been unlawfully† dispossessed of a bearer instrument may not prevent the debtor from paying the claim to the person who presents the instrument except on notification of an order of the court.

[1991, c. 64, a. 1650].

SECTION II —
DE LA SUBROGATION

SECTION II —
SUBROGATION

1651. La personne qui paie à la place du débiteur peut être subrogée dans les droits du créancier.

Elle n'a pas plus de droits que le subrogeant.

[1991, c. 64, a. 1651].

▌ C.C.Q., 829, 1023, 1536, 1555, 1637, 2360, 2474, 2620, 3003, 3004, 3014.

1651. A person who pays in the place of a debtor may be subrogated to the rights of the creditor.

He does not have more rights than the subrogating creditor.

[1991, c. 64, a. 1651].

1652. La subrogation est conventionnelle ou légale.

[1991, c. 64, a. 1652].

▌ C.C.Q., 1651, 1653, 1656.

1652. Subrogation may be conventional or legal.

[1991, c. 64, a. 1652].

1653. La subrogation conventionnelle peut être consentie par le créancier ou par le débiteur, mais elle doit être expresse et constatée par écrit.

[1991, c. 64, a. 1653].

▌ C.C.Q., 1652, 3003.

1653. Conventional subrogation may be made by the creditor or the debtor, but it shall be made expressly and in writing.

[1991, c. 64, a. 1653].

1654. La subrogation consentie par le créancier doit l'être en même temps qu'il reçoit le paiement. Elle s'opère sans le consentement du débiteur, malgré toute stipulation contraire.

[1991, c. 64, a. 1654].

❚ C.C.Q., 1639, 2956, 3003; D.T., 95.

1654. Subrogation may be made by the creditor only at the same time as he receives payment. It takes effect without the consent of the debtor, notwithstanding any stipulation to the contrary.

[1991, c. 64, a. 1654].

1655. La subrogation consentie par le débiteur ne peut l'être qu'au profit de son prêteur et elle s'opère sans le consentement du créancier.

Il faut, pour que cette subrogation soit valable, que l'acte de prêt et la quittance soient faits par acte notarié en minute ou par acte sous seing privé établi en présence de deux témoins qui le signent. En outre, il doit être déclaré, dans l'acte de prêt, que l'emprunt est fait pour acquitter la dette, et, dans la quittance, que le paiement est fait à même l'emprunt.

[1991, c. 64, a. 1655].

❚ C.C.Q., 3003, 3004, 3014.

1655. Subrogation may not be made by a debtor in favour of anyone except his lender and it takes effect without the consent of the creditor.

In order for subrogation to be valid in this case, the loan instrument and the acquittance shall each be made in the form of a notarial act *en minute* or by a private writing drawn up before two witnesses who sign it. In addition, a statement shall be made in the loan instrument that the loan is granted for the purpose of paying the debt, and, in the acquittance, that the debt is paid out of the loan.

[1991, c. 64, a. 1655].

1656. La subrogation s'opère par le seul effet de la loi:

1° Au profit d'un créancier qui paie un autre créancier qui lui est préférable en raison d'une créance prioritaire ou d'une hypothèque;

2° Au profit de l'acquéreur d'un bien qui paie un créancier dont la créance est garantie par une hypothèque sur ce bien;

3° Au profit de celui qui paie une dette à laquelle il est tenu avec d'autres ou pour d'autres et qu'il a intérêt à acquitter;

4° Au profit de l'héritier qui paie de ses propres deniers une dette de la succession à laquelle il n'était pas tenu;

5° Dans les autres cas établis par la loi.

[1991, c. 64, a. 1656].

1656. Subrogation takes place by operation of law

(1) in favour of a creditor who pays another creditor whose claim is preferred to his because of a prior claim or a hypothec;

(2) in favour of the acquirer of a* property who pays a creditor whose claim is secured by a hypothec on the property;

(3) in favour of a person who pays a debt to which he is bound with others or for others and which he has an interest in paying;

(4) in favour of an heir who pays with his own funds a debt of the succession for which he was not bound;

(5) in any other case provided by law.

[1991, c. 64, a. 1656].

❚ C.C.Q., 625, 799, 801, 826, 829, 1023, 1523, 1531, 1536, 2333, 2355, 2365, 2474, 2620, 2650, 2651, 2660 et s., 2941, 2945, 2952.

1657. La subrogation a effet contre le débiteur principal et ses garants, qui peuvent

1657. Subrogation has effect against the principal debtor and his warrantors, who

opposer au subrogé les moyens qu'ils avaient contre le créancier originaire.

[1991, c. 64, a. 1657].

■ C.C.Q., 1651, 1658, 1659.

1658. Le créancier qui n'a été payé qu'en partie peut exercer ses droits pour le solde de sa créance, par préférence au subrogé dont il n'a reçu qu'une partie de celle-ci.

Toutefois, si le créancier s'est obligé envers le subrogé à fournir et faire valoir le montant pour lequel sa subrogation est acquise, le subrogé lui est préféré.

[1991, c. 64, a. 1658].

■ C.C.Q., 1657, 1659, 2956.

1659. Ceux qui sont subrogés dans les droits d'un même créancier sont payés à proportion de leur part dans le paiement subrogatoire, sauf convention contraire.

[1991, c. 64, a. 1659].

■ C.C.Q., 1651, 1658, 1659.

SECTION III —
DE LA NOVATION

1660. La novation s'opère lorsque le débiteur contracte envers son créancier une nouvelle dette qui est substituée à l'ancienne, laquelle est éteinte, ou lorsqu'un nouveau débiteur est substitué à l'ancien, lequel est déchargé par le créancier; la novation peut alors s'opérer sans le consentement de l'ancien débiteur.

Elle s'opère aussi lorsque, par l'effet d'un nouveau contrat, un nouveau créancier est substitué à l'ancien envers lequel le débiteur est déchargé.

[1991, c. 64, a. 1660].

■ C.C.Q., 1555, 1654.

1661. La novation ne se présume pas; l'intention de l'opérer doit être évidente.

[1991, c. 64, a. 1661].

may set up against the person subrogated the defenses they had against the original creditor.

[1991, c. 64, a. 1657].

1658. A creditor who has been only partly paid may exercise his rights in respect of the balance of his claim in preference to the person subrogated from whom he has received only part of his claim.

However, if the creditor has obligated himself to the person subrogated to guarantee payment of the amount for which the subrogation is acquired, the person subrogated has the preference.

[1991, c. 64, a. 1658].

1659. Except where there is agreement to the contrary, persons who are subrogated to the rights of the same creditor are paid in proportion to the value of their share in the payment in subrogation.

[1991, c. 64, a. 1659].

SECTION III —
NOVATION

1660. Novation is effected where the debtor contracts towards his creditor a new debt which is substituted for the existing debt, which is extinguished, or where a new debtor is substituted for the former debtor, who is discharged by the creditor; in such a case, novation may be effected without the consent of the former debtor.

Novation is also effected where, by the effect of a new contract, a new creditor is substituted for the former creditor, towards whom the debtor is discharged.

[1991, c. 64, a. 1660].

1661. Novation is not presumed; it is effected only where the intention to effect it is evident.

[1991, c. 64, a. 1661].

▌C.C.Q., 319, 2803, 2849.

1662. Les hypothèques liées à l'ancienne créance ne passent point à celle qui lui est substituée, à moins que le créancier ne les ait expressément réservées.

[1991, c. 64, a. 1662].

▌C.C.Q., 1433, 1439, 2661.

1662. Hypothecs attached to the existing claim are not transferred to the claim substituted for it, unless they are expressly reserved by the creditor.

[1991, c. 64, a. 1662].

1663. Lorsque la novation s'opère par la substitution d'un nouveau débiteur, le nouveau débiteur ne peut opposer au créancier les moyens qu'il pouvait faire valoir contre l'ancien débiteur, ni ceux que l'ancien débiteur avait contre le créancier, à moins, dans ce dernier cas, qu'il ne puisse invoquer la nullité de l'acte qui les liait.

De plus, les hypothèques liées à l'ancienne créance ne peuvent point passer sur les biens du nouveau débiteur; et elles ne peuvent point, non plus, être réservées sur les biens de l'ancien débiteur sans son consentement. Mais elles peuvent passer sur les biens acquis de l'ancien débiteur par le nouveau débiteur, si celui-ci y consent.

[1991, c. 64, a. 1663].

▌C.C.Q., 1530, 1539, 1660, 2650, 2660, 2665, 2751.

1663. Where novation is effected by substitution of a new debtor, the new debtor may not set up against the creditor the defenses which he could have raised against the former debtor, nor the defenses which the former debtor had against the creditor, unless, in the latter case, he may invoke the nullity of the act that bound them.

Furthermore, hypothecs attached to the existing claim may not be transferred to the property of the new debtor; nor may they be reserved upon the property of the former debtor without his consent. However, they may be transferred to property acquired from the former debtor by the new debtor, if the new debtor consents thereto.

[1991, c. 64, a. 1663].

1664. Lorsque la novation s'opère entre le créancier et l'un des débiteurs solidaires, les hypothèques liées à l'ancienne créance ne peuvent être réservées que sur les biens du codébiteur qui contracte la nouvelle dette.

[1991, c. 64, a. 1664].

▌C.C.Q., 1660.

1664. Where novation is effected between the creditor and one of the solidary debtors, hypothecs attached to the existing claim may only be reserved upon the property of the co-debtor who contracts the new debt.

[1991, c. 64, a. 1664].

1665. La novation qui s'opère entre le créancier et l'un des débiteurs solidaires libère les autres codébiteurs à l'égard du créancier; celle qui s'opère à l'égard du débiteur principal libère les† cautions.

Toutefois, lorsque le créancier a exigé, dans le premier cas, l'accession des codébiteurs, ou, dans le second cas, celle des cautions, l'ancienne créance subsiste, si les codébiteurs ou les cautions refusent d'accéder au nouveau contrat.

[1991, c. 64, a. 1665].

1665. Novation effected between the creditor and one of the solidary debtors releases the other co-debtors in respect of the creditor; novation effected in respect of the principal debtor releases his† sureties.

However, where the creditor has required the accession of the co-debtors, in the first case, or of the sureties, in the second case, the existing claim subsists if the co-debtors or the sureties refuse to accede to the new contract.

[1991, c. 64, a. 1665].

▌ C.C.Q., 1523, 1689, 2365.

1666. La novation consentie par un créancier solidaire est inopposable à ses cocréanciers, excepté pour sa part dans la créance solidaire.

[1991, c. 64, a. 1666].

▌ C.C.Q., 1541-1544, 1690.

1666. Novation which has been agreed to by one of the solidary creditors may not be set up against the other co-creditors, except for his part in the solidary claim.

[1991, c. 64, a. 1666].

SECTION IV —
DE LA DÉLÉGATION

SECTION IV —
DELEGATION

1667. La désignation par le débiteur d'une personne qui paiera à sa place ne constitue une délégation de paiement que si le délégué s'oblige personnellement au paiement envers le créancier délégataire; autrement, elle ne constitue qu'une simple indication de paiement.

[1991, c. 64, a. 1667].

▌ C.C.Q., 1482, 1555, 1653, 1655.

1667. Designation by a debtor of a person who is to pay in his place constitutes a delegation of payment only when the delegate obligates himself personally to the delegatee to make the payment; otherwise, it merely constitutes an indication of payment.

[1991, c. 64, a. 1667

1668. Le créancier délégataire, s'il accepte la délégation, conserve ses droits contre le débiteur délégant, à moins qu'il ne soit évident que le créancier entend décharger ce débiteur.

[1991, c. 64, a. 1668].

▌ C.C.Q., 1667.

1668. Where the delegatee accepts the delegation, he preserves his rights against the delegator, unless the delegatee evidently intends to discharge him.

[1991, c. 64, a. 1668].

1669. Le délégué ne peut opposer au délégataire les moyens qu'il aurait pu faire valoir contre le délégant, même s'il en ignorait l'existence au moment de la délégation.

Cette règle ne s'applique pas, si, au moment de la délégation, rien n'est dû au délégataire, et elle ne préjudicie pas au recours du délégué contre le délégant.

[1991, c. 64, a. 1669].

▌ C.C.Q., 1667.

1669. The delegate may not set up against the delegatee the defenses he could have raised against the delegator, even though he did not know of their existence at the time of the delegation.

This rule does not apply if, at the time of the delegation, nothing is due to the delegatee, nor does it prejudice the remedy of the delegate against the delegator.

[1991, c. 64, a. 1669].

1670. Le délégué peut opposer au délégataire tous les moyens que le délégant aurait pu faire valoir contre le délégataire.

Le délégué ne peut, toutefois, opposer la compensation de ce que le délégant doit au

1670. The delegate may set up against the delegatee all such defenses as the delegator could have set up against the delegatee.

The delegate may not set up compensation, however, for what the delegator owes

délégataire, ni de ce que le délégataire doit au délégant.

[1991, c. 64, a. 1670].

C.C.Q., 1667, 1669.

to the delegatee or for what the delegatee owes to the delegator.

[1991, c. 64, a. 1670].

Chapitre VIII — De l'extinction de l'obligation

Chapter VIII — Extinction of obligations

SECTION I — DISPOSITION GÉNÉRALE

SECTION I — GENERAL PROVISION

1671. Outre les autres causes d'extinction prévues ailleurs dans ce code, tels le paiement, l'arrivée d'un terme extinctif, la novation ou la prescription, l'obligation est éteinte par la compensation, par la confusion, par la remise, par l'impossibilité de l'exécuter ou, encore, par la libération du débiteur.

[1991, c. 64, a. 1671].

1671. Obligations are extinguished not only by the causes of extinction contemplated in other provisions of this Code, such as payment, the expiry of an extinctive term, novation or prescription, but also by compensation, confusion, release, impossibility of performance or discharge of the debtor.

[1991, c. 64, a. 1671].

C.C.Q., 823, 827, 1360, 1553, 1660, 1672, 1683, 1687, 1693, 1695, 2875.

SECTION II — DE LA COMPENSATION

SECTION II — COMPENSATION

1672. Lorsque deux personnes se trouvent réciproquement débitrices et créancières l'une de l'autre, les dettes auxquelles elles sont tenues s'éteignent par compensation jusqu'à concurrence de la moindre.

La compensation ne peut être invoquée contre l'État, mais celui-ci peut s'en prévaloir.

[1991, c. 64, a. 1672].

1672. Where two persons are reciprocally debtor and creditor of each other, the debts for which they are liable are extinguished by compensation, up to the amount of the lesser debt.

Compensation may not be claimed from the State, but the State may claim it.

[1991, c. 64, a. 1672].

C.C.Q., 748, 881, 1376; C.P.C., 172.

1673. La compensation s'opère de plein droit dès que coexistent des dettes qui sont l'une et l'autre certaines, liquides et exigibles et qui ont pour objet une somme d'argent ou une certaine quantité de biens fongibles de même espèce.

Une partie peut demander la liquidation judiciaire d'une dette afin de l'opposer en compensation.

[1991, c. 64, a. 1673].

C.C.Q., 1672.

1673. Compensation is effected by operation of law upon the coexistence of debts that are certain, liquid and exigible and the object of both of which is a sum of money or a certain quantity of fungible property identical in kind.

A person may apply for judicial liquidation of a debt in order to set it up for compensation.

[1991, c. 64, a. 1673].

1674. La compensation s'opère même si les dettes ne sont pas payables au même lieu, sauf à tenir compte des frais de délivrance, le cas échéant.

[1991, c. 64, a. 1674].

■ C.C.Q., 1566, 1567.

1674. Compensation is effected even though the debts are not payable at the same place, provided allowance is made for the expenses of delivery, if any.

[1991, c. 64, a. 1674].

1675. Le délai de grâce accordé pour le paiement de l'une des dettes ne fait pas obstacle à la compensation.

[1991, c. 64, a. 1675].

■ C.C.Q., 1561.

1675. A period of grace granted for payment of one of the debts does not prevent compensation.

[1991, c. 64, a. 1675].

1676. La compensation s'opère quelle que soit la cause de l'obligation d'où résulte la dette.

Elle n'a pas lieu, cependant, si la créance résulte d'un acte fait dans l'intention de nuire ou si la dette a pour objet un bien insaisissable.

[1991, c. 64, a. 1676].

■ C.P.C., 553.

1676. Compensation is effected regardless of the cause of the obligation that has given rise to the debt.

Compensation does not take place, however, if the claim results from an act performed with intention to harm or if the object of the debt is property which is exempt from seizure.

[1991, c. 64, a. 1676].

1677. Lorsque plusieurs dettes susceptibles de compensation sont dues par le même débiteur, il est fait application des règles établies pour l'imputation des paiements.

[1991, c. 64, a. 1677].

■ C.C.Q., 1569-1572.

1677. Where several debts subject to compensation are owed by one debtor, the rules of imputation of payment apply.

[1991, c. 64, a. 1677].

1678. Le débiteur solidaire ne peut opposer la compensation de ce que le créancier doit à son codébiteur, excepté pour la part de ce dernier dans la dette solidaire.

Le débiteur, qu'il soit ou non solidaire, ne peut opposer à un créancier solidaire la compensation de ce qu'un cocréancier lui doit, excepté pour la part de ce dernier dans la créance solidaire.

[1991, c. 64, a. 1678].

■ C.C.Q., 1539.

1678. One of the solidary debtors may not set up compensation for what the creditor owes to his co-debtor, except for the share of that co-debtor in the solidary debt.

A debtor, whether solidary or not, may not set up compensation against one of the solidary creditors for what a co-creditor owes him, except for the share of that co-creditor in the solidary debt.

[1991, c. 64, a. 1678].

1679. La caution peut opposer la compensation de ce que le créancier doit au débiteur principal; mais le débiteur principal

1679. A surety may set up compensation for what the creditor owes to the principal debtor, but the principal debtor may not

ne peut opposer la compensation de ce que le créancier doit à la caution.

[1991, c. 64, a. 1679].

❚ C.C.Q., 1539, 2347, 2352, 2353.

set up compensation for what the creditor owes to the surety.

[1991, c. 64, a. 1679].

1680. Le débiteur qui acquiesce purement et simplement à la cession ou à l'hypothèque de créance consentie par son créancier à un tiers, ne peut plus opposer à ce tiers la compensation qu'il eût pu opposer au créancier originaire avant son acquiescement.

La cession ou l'hypothèque à laquelle le débiteur n'a pas acquiescé, mais qui lui est devenue opposable, n'empêche que la compensation des dettes du créancier originaire qui sont postérieures au moment où la cession ou l'hypothèque lui est ainsi devenue opposable.

[1991, c. 64, a. 1680].

❚ C.C.Q., 1637-1642, 2710-2713.

1680. A debtor who has acquiesced unconditionally in the assignment or hypothecating of claims by his creditor to a third person may not afterwards set up against the third person any compensation that he could have set up against the original creditor before he acquiesced.

An assignment or hypothec in which a debtor has not acquiesced, but which from a certain time may be set up against him, prevents compensation only for debts of the original creditor which come after that time.

[1991, c. 64, a. 1680].

1681. La compensation n'a pas lieu, et on ne peut non plus y renoncer, au préjudice des droits acquis à un tiers.

[1991, c. 64, a. 1681].

❚ C.C.Q., 1560.

1681. Compensation may neither be effected nor be renounced to the prejudice of the acquired rights of a third person.

[1991, c. 64, a. 1681].

1682. Le débiteur qui pouvait opposer la compensation et qui a néanmoins payé sa dette ne peut plus se prévaloir, au préjudice des tiers, des priorités ou des hypothèques attachées à sa créance.

[1991, c. 64, a. 1682].

❚ C.C.Q., 2644-2802.

1682. A debtor who could have set up compensation and has nevertheless paid his debt may not afterwards avail himself, to the prejudice of third persons, of any priority or hypothec attached to his claim.

[1991, c. 64, a. 1682; 2002, c. 19, s. 15].

SECTION III —
DE LA CONFUSION

SECTION III —
CONFUSION

1683. La réunion des qualités de créancier et de débiteur dans la même personne opère une confusion qui éteint l'obligation. Néanmoins, dans certains cas, lorsque la confusion cesse d'exister, ses effets cessent aussi.

[1991, c. 64, a. 1683].

❚ C.C.Q., 799, 801, 1162, 2659, 2797.

1683. Where the qualities of creditor and debtor are united in the same person, confusion is effected, extinguishing the obligation. Nevertheless, in certain cases where confusion ceases to exist, the effects cease also.

[1991, c. 64, a. 1683].

1684. La confusion qui s'opère par le concours des qualités de créancier et de débiteur en la même personne profite aux cautions. Celle qui s'opère par le concours des qualités de caution et de créancier, ou de caution et de débiteur principal, n'éteint pas l'obligation principale.

[1991, c. 64, a. 1684].

▌ C.C.Q., 1683.

1684. Confusion of the qualities of creditor and debtor in the same person avails the sureties. Confusion of the qualities of surety and creditor or of surety and principal debtor does not extinguish the primary obligation.

[1991, c. 64, a. 1684].

1685. La confusion qui s'opère par le concours des qualités de créancier et de codébiteur solidaire ou de débiteur et de cocréancier solidaire, n'éteint l'obligation qu'à concurrence de la part de ce codébiteur ou cocréancier.

[1991, c. 64, a. 1685].

▌ C.C.Q., 1683.

1685. Confusion of the qualities of creditor and solidary co-debtor or of debtor and solidary co-creditor extinguishes the obligation only to the extent of the share of that co-debtor or co-creditor.

[1991, c. 64, a. 1685].

1686. L'hypothèque s'éteint par la confusion des qualités de créancier hypothécaire et de propriétaire du bien hypothéqué.

Elle renaît, cependant, si le créancier est évincé pour quelque cause indépendante de lui.

[1991, c. 64, a. 1686].

▌ C.C.Q., 1249, 2772.

1686. A hypothec is extinguished by confusion of the qualities of hypothecary creditor and owner of the hypothecated property.

However, if the creditor is evicted for a cause which is not attributable to him, the hypothec revives.

[1991, c. 64, a. 1686].

SECTION IV —
DE LA REMISE

SECTION IV —
RELEASE

1687. Il y a remise lorsque le créancier libère son débiteur de son obligation.

La remise est totale, à moins qu'elle ne soit stipulée partielle.

[1991, c. 64, a. 1687].

▌ C.C.Q., 1688.

1687. Release takes place where the creditor releases his debtor from his obligation.

Release is complete, unless it is stipulated to be partial.

[1991, c. 64, a. 1687].

1688. La remise est expresse ou tacite.

Elle est à titre onéreux ou à titre gratuit, suivant la nature de l'acte dans lequel elle s'inscrit.

[1991, c. 64, a. 1688].

▌ C.C.Q., 1687.

1688. Release is either express or tacit.

Release is either onerous or gratuitous, according to the nature of the act from which it derives.

[1991, c. 64, a. 1688].

1689. Le créancier qui, volontairement, met son débiteur en possession du titre original de l'obligation est présumé lui faire remise de la dette, s'il n'y a d'autres circonstances permettant d'en déduire plutôt un paiement du débiteur.

Le créancier qui, pareillement, met l'un des débiteurs solidaires en possession du titre original de l'obligation est, de même, présumé faire remise de la dette à l'égard de tous.

[1991, c. 64, a. 1689].

❚ C.C.Q., 1523, 1687.

1689. A creditor who voluntarily surrenders the original title of an obligation to his debtor is presumed to grant him a release of the debt, unless the circumstances indicate that the debtor has paid the debt.

Similarly, a creditor who voluntarily surrenders the original title of an obligation to one of the solidary debtors is presumed to grant a release of the debt in favour of all the debtors.

[1991, c. 64, a. 1689].

1690. La remise expresse accordée à l'un des débiteurs solidaires ne libère les autres codébiteurs que pour la part de celui qu'il* a déchargé; et si l'un ou plusieurs des autres codébiteurs deviennent insolvables, les portions des insolvables sont réparties par contribution entre tous les autres codébiteurs, excepté celui à qui il a été fait remise, dont la part contributive est supportée par le créancier.

La remise expresse accordée par l'un des créanciers solidaires ne libère le débiteur que pour la part de ce créancier.

[1991, c. 64, a. 1690].

1690. Express release granted to one of the solidary debtors releases the other co-debtors for only the share of the person discharged; if one or several of the other co-debtors become insolvent, the shares of the insolvents are apportioned rateably between all the other co-debtors, except the co-debtor to whom the release was granted, whose share is borne by the creditor.

Express release granted by one of the solidary creditors releases the debtor only to the extent of the share of that creditor.

[1991, c. 64, a. 1690].

Note : Le pronom personnel désigne nécessairement, ici, l'auteur de la remise, qui n'a par ailleurs pas encore été identifié dans ce membre de phrase. / The personal pronoun "*il*" necessarily refers to the author of the release who is not yet identified in this portion of the sentence.

❚ C.C.Q., 1532, 1543, 1688, 1689.

1691. La renonciation expresse à une priorité ou à une hypothèque par le créancier ne fait pas présumer la remise de la dette garantie.

[1991, c. 64, a. 1691].

❚ C.C.Q., 1687-1689.

1691. Express renunciation of a priority or a hypothec by a creditor does not give rise to a presumption of release of the secured debt.

[1991, c. 64, a. 1691].

1692. La remise expresse accordée à l'une des cautions libère les autres, dans la mesure du recours que ces dernières auraient eu contre la caution libérée.

Toutefois, ce que le créancier a reçu de la caution pour sa libération n'est pas imputé à la décharge du débiteur principal ou des autres cautions, excepté, quant à ces derniers†, dans les cas où ils ont un recours

1692. Express release granted to one of the sureties releases the other sureties to the extent of the remedy they would have had against the released surety.

Nevertheless, no payment received by the creditor from the surety for his release may be imputed to the discharge of the principal debtor or of the other sureties, except, as regards the sureties†, where

contre la caution libérée et jusqu'à concurrence de tel recours.

[1991, c. 64, a. 1692].

❚ C.C.Q., 1687, 1688.

they have a remedy against the released surety and to the extent of that remedy.

[1991, c. 64, a. 1692].

SECTION V —
DE L'IMPOSSIBILITÉ D'EXÉCUTER L'OBLIGATION

SECTION V —
IMPOSSIBILITY OF PERFORMANCE

1693. Lorsqu'une obligation ne peut plus être exécutée par le débiteur, en raison d'une force majeure et avant qu'il soit en demeure, il est libéré de cette obligation; il en est également libéré, lors même qu'il était en demeure, lorsque le créancier n'aurait pu, de toute façon, bénéficier de l'exécution de l'obligation en raison de cette force majeure; à moins que, dans l'un et l'autre cas, le débiteur ne se soit expressément chargé des cas de force majeure.

La preuve d'une force majeure incombe au débiteur.

[1991, c. 64, a. 1693].

❚ C.C.Q., 1470, 1562, 1582, 1594-1600.

1693. A debtor is released where he cannot perform an obligation by reason of a superior force and before he is in default, or where, although he was in default, the creditor could not, in any case, benefit by the performance of the obligation by reason of that superior force, unless, in either case, the debtor has expressly assumed the risk of superior force.

The burden of proof of superior force is on the debtor.

[1991, c. 64, a. 1693].

1694. Le débiteur ainsi libéré ne peut exiger l'exécution de l'obligation corrélative du créancier; si elle a été exécutée, il y a lieu à restitution.

Lorsque le débiteur a exécuté son obligation en partie, le créancier demeure tenu d'exécuter la sienne jusqu'à concurrence de son enrichissement.

[1991, c. 64, a. 1694].

❚ C.C.Q., 1491, 1693, 1700.

1694. A debtor released by impossibility of performance may not exact performance of the correlative obligation of the creditor; if the performance has already been rendered, restitution is owed.

Where the debtor has performed part of his obligation, the creditor remains bound to perform his own obligation to the extent of his enrichment.

[1991, c. 64, a. 1694].

SECTION VI —
DE LA LIBÉRATION DU DÉBITEUR

SECTION VI —
DISCHARGE OF THE DEBTOR

1695. Lorsqu'un créancier prioritaire ou hypothécaire acquiert le bien sur lequel porte sa créance, à la suite d'une vente en justice, d'une vente faite par le créancier ou d'une vente sous contrôle de justice, le débiteur est libéré de sa dette envers ce créancier, jusqu'à concurrence de la valeur marchande du bien au moment de l'acquisition, déduction faite de toute autre

1695. Where a prior or hypothecary creditor acquires the property on which he has a claim, as a result of a judicial sale, a sale by the creditor or a sale by judicial authority, the debtor is released from his debt to the creditor up to the market value of the property at the time of acquisition, less any claims ranking ahead of the acquirer's claim.

créance ayant priorité de rang sur celle de l'acquéreur.

Le débiteur est également libéré lorsque, dans les trois années qui suivent la vente, ce créancier reçoit, en revendant le bien ou une partie de celui-ci, ou en faisant sur le bien d'autres opérations, une valeur au moins égale au montant de sa créance, en capital, intérêts et frais, au montant des impenses qu'il a faites sur le bien, portant intérêt, et au montant des autres créances prioritaires ou hypothécaires qui prennent rang avant la sienne.

[1991, c. 64, a. 1695].

∎ C.C.Q., 2657, 2784, 2791, 2945; D.T., 96.

The debtor is also released where, within three years from the sale, the creditor who acquired the property receives, by resale of all or part of the property or by any other transaction in respect of it, value equal to or greater than the amount of his claim, including capital, interest and costs, the amount of the disbursements he has made on the property, with interest, and the amount of the other prior or hypothecary claims ranking ahead of his own.

[1991, c. 64, a. 1695].

1696. Le créancier est présumé avoir acquis le bien s'il est vendu à une personne avec qui il est de connivence ou qui lui est liée, notamment, un conjoint, un parent† ou allié jusqu'au deuxième degré, une personne vivant sous son toit, ou encore un associé ou une personne morale dont il est un administrateur ou qu'il contrôle.

[1991, c. 64, a. 1696; 2002, c. 6, a. 49].

∎ C.C.Q., 326, 655; C.P.C., 686, 688, 689, 698, 700.

1696. The creditor is presumed to have acquired the property if it is sold to a person in collusion with or related to the creditor, especially a spouse, a relative by blood† or a person connected by marriage or a civil union up to the second degree, a person living with the creditor, a partner or a legal person of which the creditor is a director or which he or she controls.

[1991, c. 64, a. 1696; 1992, c. 57, s. 716; 2002, c. 6, s. 49].

1697. Le débiteur libéré a le droit d'obtenir quittance du créancier.

Si ce dernier refuse, le débiteur peut s'adresser au tribunal pour faire constater sa libération. Le jugement qui la constate vaut quittance à l'égard du créancier.

[1991, c. 64, a. 1697].

∎ C.C.Q., 1568, 1695, 3065.

1697. A debtor, on being released, is entitled to an acquittance from his creditor.

If the creditor refuses to grant the acquittance, the debtor may move that the court declare his release. The judgment attesting the release is equivalent to an acquittance with respect to the creditor.

[1991, c. 64, a. 1697].

1698. La libération du débiteur principal entraîne la libération de ses cautions et de ses autres garants, qui peuvent exercer les mêmes droits que le débiteur principal, même indépendamment de lui.

[1991, c. 64, a. 1698].

∎ C.C.Q., 1697.

1698. Release of the principal debtor entails release of his sureties and other warrantors, who may exercise the same rights as the principal debtor, even independently of him.

[1991, c. 64, a. 1698].

Chapitre IX ——
De la restitution des prestations

Chapter IX ——
Restitution of prestations

SECTION I ——
DES CIRCONSTANCES DANS LESQUELLES A LIEU LA RESTITUTION

SECTION I ——
CIRCUMSTANCES IN WHICH RESTITUTION TAKES PLACE

1699. La restitution des prestations a lieu chaque fois qu'une personne est, en vertu de la loi, tenue de rendre à une autre des biens qu'elle a reçus sans droit† ou par erreur, ou encore en vertu d'un acte juridique qui est subséquemment anéanti de façon rétroactive ou dont les obligations deviennent impossibles à exécuter en raison d'une force majeure.

Le tribunal peut, exceptionnellement, refuser la restitution lorsqu'elle aurait pour effet d'accorder à l'une des parties, débiteur ou créancier, un avantage indu, à moins qu'il ne juge suffisant, dans ce cas, de modifier plutôt l'étendue ou les modalités† de la restitution.

[1991, c. 64, a. 1699].

❚ D.T., 97.

1699. Restitution of prestations takes place where a person is bound by law to return to another person the property he has received, either unlawfully† or by error, or under a juridical act which is subsequently annulled retroactively or under which the obligations become impossible to perform by reason of superior force.

The court may, exceptionally, refuse restitution where it would have the effect of according an undue advantage to one party, whether the debtor or the creditor, unless it deems it sufficient, in that case, to modify the scope or mode† of the restitution instead.

[1991, c. 64, a. 1699].

SECTION II ——
DES MODALITÉS† DE LA RESTITUTION

SECTION II ——
MODE† OF RESTITUTION

1700. La restitution des prestations se fait en nature, mais si elle ne peut se faire ainsi en raison d'une impossibilité ou d'un inconvénient sérieux, elle se fait par équivalent.

L'équivalence s'apprécie au moment où le débiteur a reçu ce qu'il doit restituer.

[1991, c. 64, a. 1700].

❚ D.T., 97.

1700. Restitution of prestations is made in kind, but, if this is impossible or cannot be done without serious inconvenience, it may be made by equivalence.

Equivalence is estimated at the time when the debtor received what he is liable to restore.

[1991, c. 64, a. 1700].

1701. En cas de perte totale ou d'aliénation du bien sujet à restitution, celui qui a l'obligation de restituer est tenu de rendre la valeur du bien, considérée au moment de sa réception, de sa perte ou aliénation, ou encore au moment de la restitution, suivant la moindre de ces valeurs; mais s'il est de mauvaise foi ou si la cause† de restitution est due à sa faute, la restitution se fait suivant la valeur la plus élevée.

1701. In the case of total loss or alienation of property subject to restitution, the person liable to make the restitution is bound to return the value of the property, considered when it was received, or at the time of its loss or alienation, or at the time of its restitution, whichever value is the lowest, or, if the person is in bad faith or if the †restitution is due to his fault, whichever value is the highest.

Le débiteur est cependant dispensé de toute restitution si le bien a péri par force majeure, mais il doit alors céder au créancier, le cas échéant, l'indemnité qu'il a reçue pour cette perte, ou le droit à cette indemnité s'il ne l'a pas déjà reçue; lorsque le débiteur est de mauvaise foi ou que la cause† de restitution est due à sa faute, il n'est dispensé de la restitution que si le bien eût également péri entre les mains du créancier.

[1991, c. 64, a. 1701].

❚ D.T., 97.

If the property has perished by superior force, however, the debtor is exempt from making restitution, but he shall then assign to the creditor, as the case may be, the indemnity he has received for the loss of the property or, if he has not already received it, the right to the indemnity. If the debtor is in bad faith or if the †restitution is due to his fault, he is not exempt from making restitution unless the property would also have perished if it had been in the hands of the creditor.

[1991, c. 64, a. 1701].

1702. Lorsque le bien qu'il rend a subi une perte partielle, telle une détérioration ou une autre dépréciation de valeur, celui qui a l'obligation de restituer est tenu d'indemniser le créancier pour cette perte, à moins que celle-ci ne résulte de l'usage normal du bien.

[1991, c. 64, a. 1702].

❚ D.T., 97.

1702. Where the property he returns has suffered partial loss, for example a deterioration or any other depreciation in value, the person who is liable to make restitution is bound to indemnify the creditor for such loss, unless it results from normal use of the property.

[1991, c. 64, a. 1702].

1703. Le droit d'être remboursé des impenses† faites au bien sujet à la restitution est réglé conformément aux dispositions du livre Des biens applicables au possesseur de bonne foi ou, s'il y a mauvaise foi ou si la cause† de la restitution est due à la faute de celui qui a l'obligation de restituer, à celles qui sont applicables au possesseur de mauvaise foi.

[1991, c. 64, a. 1703].

1703. The right to reimbursement for expenses[1] incurred in respect of property subject to restitution is governed by the provisions of the Book on Property, applicable to a possessor in good faith or, in case of bad faith or if the †restitution is due to the fault of the person who is bound to make restitution, by those applicable to possessors in bad faith.

[1991, c. 64, a. 1703].

Note 1 : Comp. a. 958.

❚ C.C.Q., 874, 958, 1137, 1210, 1248, 1486, 1702; D.T., 97.

1704. Celui qui a l'obligation de restituer fait siens les fruits et revenus produits par le bien qu'il rend et il supporte les frais qu'il a engagés pour les produire. Il ne doit aucune indemnité pour la jouissance du bien, à moins que cette jouissance n'ait été l'objet principal de la prestation ou que le bien était susceptible de se déprécier rapidement.

Cependant, s'il est de mauvaise foi, ou si la cause† de la restitution est due à sa faute, il est tenu, après avoir compensé les

1704. The fruits and revenues of the property being restored belong to the person who is bound to make restitution, and he bears the costs he has incurred to produce them. He owes no indemnity for enjoyment of the property unless that was the primary object of the prestation or unless the property was subject to rapid depreciation.

If the person who is bound to make restitution is in bad faith or if the †restitution is due to his fault, he is bound, after compen-

frais, de rendre ces fruits et revenus et d'indemniser le créancier pour la jouissance qu'a pu lui procurer le bien.

[1991, c. 64, a. 1704].

sating for the costs, to return the fruits and revenues and indemnify the creditor for any enjoyment he has derived from the property.

[1991, c. 64, a. 1704].

▌ C.C.Q., 932; D.T., 97.

1705. Les frais de la restitution sont supportés par les parties, en proportion, le cas échéant, de la valeur des prestations qu'elles se restituent mutuellement.

Toutefois, lorsque l'une d'elles est de mauvaise foi ou que la cause† de la restitution est due à sa faute, elle seule supporte les frais de la restitution.

[1991, c. 64, a. 1705].

1705. Costs of restitution are borne by the parties, in proportion, where applicable, to the value of the prestations mutually restored.

Where one party is in bad faith, however, or where the †restitution is due to his fault, the costs are borne by that party alone.

[1991, c. 64, a. 1705].

▌ D.T., 97.

1706. Les personnes protégées ne sont tenues à la restitution des prestations que jusqu'à concurrence de l'enrichissement qu'elles en conservent†; la preuve de cet enrichissement incombe à celui qui exige la restitution.

Elles peuvent, toutefois, être tenues à la restitution intégrale lorsqu'elles ont rendu impossible la restitution par leur faute intentionnelle ou lourde.

[1991, c. 64, a. 1706].

1706. Protected persons are bound to make restitution of prestations to the extent of the enrichment they derive† from them; proof of such enrichment is borne by the person claiming restitution.

A protected person may, however, be bound to make full restitution where restitution has become impossible through his intentional or gross fault.

[1991, c. 64, a. 1706].

▌ C.C.Q., 1318, 1474, 1493, 1558, 2282; D.T., 97.

SECTION III —
DE LA SITUATION DES TIERS À L'ÉGARD DE LA RESTITUTION

SECTION III —
EFFECTS OF RESTITUTION ON THIRD PERSONS

1707. Les actes d'aliénation à titre onéreux faits par celui qui a l'obligation de restituer, s'ils ont été accomplis au profit d'un tiers de bonne foi, sont opposables à celui à qui est due la restitution. Ceux à titre gratuit sont inopposables, sous réserve des règles relatives à la prescription.

Les autres actes accomplis au profit d'un tiers de bonne foi sont opposables à celui à qui est due la restitution.

[1991, c. 64, a. 1707].

1707. Acts of alienation by onerous title performed by a person who is bound to make restitution, if made in favour of a third person in good faith, may be set up against the person to whom restitution is owed. Acts of alienation by gratuitous title may not be set up, subject to the rules on prescription.

Any other acts performed in favour of a third person in good faith may be set up against the person to whom restitution is owed.

[1991, c. 64, a. 1707].

▌ D.T., 97.

TITRE 2
DES CONTRATS NOMMÉS

TITLE 2
NOMINATE CONTRACTS

Chapitre I
De la vente

Chapter I
Sale

SECTION I
DE LA VENTE EN GÉNÉRAL

SECTION I
SALE IN GENERAL

§ 1. — Dispositions générales

§ 1. — General provisions

1708. La vente est le contrat par lequel une personne, le vendeur, transfère la propriété d'un bien à une autre personne, l'acheteur, moyennant un prix en argent que cette dernière s'oblige à payer.

Le transfert peut aussi porter sur un démembrement du droit de propriété ou sur tout autre droit dont on est titulaire.

[1991, c. 64, a. 1708].

∎ C.C.Q., 916, 1119, 1378-1424, 1453-1455, 1800, 2938.

1708. Sale is a contract by which a person, the seller, transfers ownership of property to another person, the buyer, for a price in money which the latter obligates himself to pay.

A dismemberment of the right of ownership, or any other right held by the person, may also be transferred by sale.

[1991, c. 64, a. 1708].

1709. Celui qui est chargé de vendre le bien d'autrui ne peut, même par partie interposée, se rendre acquéreur d'un tel bien; il en est de même de celui qui est chargé d'administrer le bien d'autrui ou de surveiller l'administration qui en est faite, sous réserve cependant, quant à l'administrateur, de l'article 1312.

Celui qui ne peut acquérir ne peut, non plus, vendre ses propres biens, moyennant un prix provenant du bien ou du patrimoine qu'il administre ou dont il surveille l'administration.

Ces personnes ne peuvent en aucun cas demander la nullité de la vente.

[1991, c. 64, a. 1709].

∎ C.C.Q., 1299-1370, 1416-1422; C.P.C., 610, 686, 688.

1709. A person charged with the sale of property of another may not acquire such property, even through an intermediary; the same applies to a person charged with administration of property of another or with supervision of its administration, subject, for the administrator, to article 1312.

Furthermore, such a person may not sell his own property for a price paid out of the property or patrimony which he administers or of which he supervises the administration.

In no case may such a person apply for annulment of the sale.

[1991, c. 64, a. 1709].

§ 2. — De la promesse

1710. La promesse de vente accompagnée de délivrance et possession actuelle équivaut à vente.

[1991, c. 64, a. 1710].

▌C.C.Q., 921-933, 1396, 1397, 1711, 1717.

1711. Toute somme versée à l'occasion d'une promesse de vente est présumée être un acompte sur le prix, à moins que le contrat n'en dispose autrement.

[1991, c. 64, a. 1711].

1712. Le défaut par le promettant vendeur ou le promettant acheteur de passer titre† confère au bénéficiaire de la promesse le droit d'obtenir un jugement qui en tienne lieu.

[1991, c. 64, a. 1712].

▌C.C.Q., 1396, 1397; C.P.C., 470.

§ 3. — De la vente du bien d'autrui

1713. La vente d'un bien par une personne qui n'en est pas propriétaire ou qui n'est pas chargée ni autorisée à le vendre, peut être frappée de nullité.

Elle ne peut plus l'être si le vendeur devient propriétaire du bien.

[1991, c. 64, a. 1713].

▌C.C.Q., 1416, 1422; C.P.C., 612.

1714. Le véritable propriétaire peut demander la nullité de la vente et revendiquer contre l'acheteur le bien vendu, à moins que la vente n'ait eu lieu sous l'autorité de la justice ou que l'acheteur ne puisse opposer une prescription acquisitive.

Il est tenu, si le bien est un meuble qui a été vendu dans le cours des activités d'une entreprise, de rembourser à l'acheteur de bonne foi le prix qu'il a payé.

[1991, c. 64, a. 1714].

▌C.C.Q., 921-933, 1525, 2805, 2910; C.P.C., 612.

§ 2. — Promise

1710. The promise of sale with delivery and actual possession is equivalent to sale.

[1991, c. 64, a. 1710].

1711. Any amount paid on the occasion of a promise of sale is presumed to be a deposit on the price unless otherwise stipulated in the contract.

[1991, c. 64, a. 1711].

1712. Failure by the promisor, whether he be the seller or the buyer, to execute the deed† entitles the beneficiary of the promise to obtain a judgment in lieu thereof.

[1991, c. 64, a. 1712].

§ 3. — Sale of property of another

1713. The sale of property by a person other than the owner or than a person charged with its sale or authorized to sell it may be declared null.

The sale may not be declared null, however, if the seller becomes the owner of the property.

[1991, c. 64, a. 1713].

1714. The true owner may apply for the annulment of the sale and revendicate the sold property from the buyer unless the sale was made under judicial authority or unless the buyer can set up positive prescription.

If the property is a movable sold in the ordinary course of business of an enterprise, the owner is bound to reimburse the buyer in good faith for the price he has paid.

[1991, c. 64, a. 1714].

1715. L'acheteur peut aussi demander la nullité de la vente.

Il n'est pas, toutefois, admis à le faire lorsque le propriétaire n'est pas lui-même admis à revendiquer le bien.

[1991, c. 64, a. 1715].

❚ C.C.Q., 1713, 1714.

1715. The buyer as well may apply for the annulment of the sale.

He may not do so, however, where the owner himself is not entitled to revendicate the property.

[1991, c. 64, a. 1715].

§ 4. ⸺ Des obligations du vendeur

§ 4. ⸺ Obligations of the seller

1716. Le vendeur est tenu de délivrer le bien, et d'en garantir le droit de propriété et la qualité.

Ces garanties existent de plein droit, sans qu'il soit nécessaire de les stipuler dans le contrat de vente.

[1991, c. 64, a. 1716].

❚ C.C.Q., 1457, 1458, 1590, 1601-1604, 1607, 1717-1731, 1740.

1716. The seller is bound to deliver the property and to warrant the ownership and quality of the property.

These warranties exist of right whether or not they are stipulated in the contract of sale.

[1991, c. 64, a. 1716].

I ⸺ De la délivrance

I ⸺ Delivery

1717. L'obligation de délivrer le bien est remplie lorsque le vendeur met l'acheteur en possession du bien ou consent à ce qu'il en prenne possession, tous obstacles étant écartés.

[1991, c. 64, a. 1717].

❚ C.C.Q., 1577, 1736; C.P.C., 640, 697.

1717. The obligation to deliver the property is fulfilled when the seller puts the buyer in possession of the property or consents to his taking possession of it and all hindrances are removed.

[1991, c. 64, a. 1717].

1718. Le vendeur est tenu de délivrer le bien dans l'état où il se trouve lors de la vente, avec tous ses accessoires.

[1991, c. 64, a. 1718].

❚ C.C.Q., 949, 1562, 1638; C.P.C., 695.

1718. The seller is bound to deliver the property in the state it is in at the time of the sale, with all its accessories.

[1991, c. 64, a. 1718].

1719. Le vendeur est tenu de remettre à l'acheteur les titres de propriété qu'il possède, ainsi que, s'il s'agit d'une vente immobilière, une copie de l'acte d'acquisition de l'immeuble, de même qu'une copie des titres antérieurs et du certificat de localisation qu'il possède.

[1991, c. 64, a. 1719].

❚ C.C.Q., 1717, 1718.

1719. The seller is bound to surrender to the buyer the titles of ownership in his possession and, in the case of the sale of an immovable, a copy of the deed of acquisition of the immovable, of any previous titles and of any location certificate in his possession.

[1991, c. 64, a. 1719].

1720. Le vendeur est tenu de délivrer la contenance ou la quantité indiquée au contrat, que la vente ait été faite à raison de tant la mesure ou pour un prix global, à moins qu'il ne soit évident que le bien individualisé a été vendu sans égard à cette contenance ou à cette quantité.

[1991, c. 64, a. 1720].

❚ C.C.Q., 1737; C.P.C., 695.

1720. The seller is bound to deliver the area, contents or quantity specified in the contract, whether the sale was made for a price based on measurements or for a flat price, unless it is obvious that the certain and determinate property was sold without regard to such area, contents or quantity.

[1991, c. 64, a. 1720].

1721. Le vendeur qui a accordé un délai pour le paiement n'est pas tenu de délivrer le bien si, depuis la vente, l'acheteur est devenu insolvable.

[1991, c. 64, a. 1721].

❚ C.C.Q., 1514, 1515.

1721. A seller having granted a term for payment is not bound to deliver the property if the buyer has become insolvent since the sale.

[1991, c. 64, a. 1721].

1722. Les frais de délivrance sont à la charge du vendeur; ceux d'enlèvement sont à la charge de l'acheteur.

[1991, c. 64, a. 1722].

❚ C.P.C., 540.

1722. Delivery expenses are assumed by the seller and removal expenses, by the buyer.

[1991, c. 64, a. 1722].

II — De la garantie du droit de propriété

II — Warranty of ownership

1723. Le vendeur est tenu de garantir à l'acheteur que le bien est libre de tous droits, à l'exception de ceux qu'il a déclarés lors de la vente.

Il est tenu de purger le bien des hypothèques qui le grèvent, même déclarées ou inscrites, à moins que l'acheteur n'ait assumé la dette ainsi garantie.

[1991, c. 64, a. 1723].

❚ C.C.Q., 404, 405, 930, 1639, 1640, 1738, 1766, 2600; C.P.C., 168, 216, 962, 1012.

1723. The seller is bound to warrant the buyer that the property is free of all rights except those he has declared at the time of the sale.

The seller is bound to discharge the property of all hypothecs, even declared or registered, unless the buyer has assumed the debt so secured.

[1991, c. 64, a. 1723].

1724. Le vendeur se porte garant envers l'acheteur de tout empiétement exercé par lui-même, à moins qu'il ne l'ait déclaré lors de la vente.

Il se porte garant, de même, de tout empiétement qu'un tiers aurait, à sa connaissance, commencé d'exercer avant la vente.

[1991, c. 64, a. 1724].

❚ C.C.Q., 992.

1724. The seller is warrantor towards the buyer for any encroachment on his part unless he has declared it at the time of the sale.

The seller is also warrantor for any encroachment commenced with his knowledge by a third person before the sale.

[1991, c. 64, a. 1724].

1725. Le vendeur d'un immeuble se porte garant envers l'acheteur de toute violation aux limitations de droit public qui grèvent le bien et qui échappent au droit commun de la propriété.

Le vendeur n'est pas tenu à cette garantie lorsqu'il a dénoncé ces limitations à l'acheteur lors de la vente, lorsqu'un acheteur prudent et diligent aurait pu les découvrir par la nature, la situation et l'utilisation des lieux ou lorsqu'elles ont fait l'objet d'une inscription au bureau de la publicité des droits.

[1991, c. 64, a. 1725].

∎ C.C.Q., 2943.

1725. The seller of an immovable is warrantor towards the buyer for any violation of restrictions of public law affecting the property which are exceptions to the ordinary law of ownership.

The seller is not warrantor towards the buyer where he has given notice of these restrictions to the buyer at the time of the sale, where a prudent and diligent buyer could have discovered them by reason of the nature, location and use of the premises or where such restrictions have been registered in the registry office.

[1991, c. 64, a. 1725].

III — De la garantie de qualité

1726. Le vendeur est tenu de garantir à l'acheteur que le bien et ses accessoires sont, lors de la vente, exempts de vices cachés qui le rendent impropre à l'usage auquel on le destine ou qui diminuent tellement son utilité que l'acheteur ne l'aurait pas acheté, ou n'aurait pas donné si haut prix, s'il les avait connus.

Il n'est, cependant, pas tenu de garantir le vice caché connu de l'acheteur ni le vice apparent; est apparent le vice qui peut être constaté par un acheteur prudent et diligent sans avoir besoin de recourir à un expert.

[1991, c. 64, a. 1726].

∎ C.C.Q., 1457, 1458, 1601-1603, 1739, 2328.

III — Warranty of quality

1726. The seller is bound to warrant the buyer that the property and its accessories are, at the time of the sale, free of latent defects which render it unfit for the use for which it was intended or which so diminish its usefulness that the buyer would not have bought it or paid so high a price if he had been aware of them.

The seller is not bound, however, to warrant against any latent defect known to the buyer or any apparent defect; an apparent defect is a defect that can be perceived by a prudent and diligent buyer without any need of expert assistance.

[1991, c. 64, a. 1726].

1727. Lorsque le bien périt en raison d'un vice caché qui existait lors de la vente, la perte échoit au vendeur, lequel est tenu à la restitution du prix; si la perte résulte d'une force majeure ou est due à la faute de l'acheteur, ce dernier doit déduire, du montant de sa réclamation, la valeur du bien, dans l'état où il se trouvait lors de la perte.

[1991, c. 64, a. 1727].

∎ C.C.Q., 1457, 1458, 1470.

1727. If the property perishes by reason of a latent defect that existed at the time of the sale, the loss is borne by the seller, who is bound to restore the price; if the loss results from superior force or is due to the fault of the buyer, the buyer shall deduct from his claim the value of the property in the state it was in at the time of the loss.

[1991, c. 64, a. 1727].

1728. Si le vendeur connaissait le vice caché ou ne pouvait l'ignorer, il est tenu,

1728. If the seller was aware or could not have been unaware of the latent defect, he

outre la restitution du prix, de tous les dommages-intérêts* soufferts par l'acheteur.

[1991, c. 64, a. 1728].

is bound not only to restore the price, but to pay all damages* suffered by the buyer.

[1991, c. 64, a. 1728].

Note : C'est manifestement le dommage qui est souffert plutôt que les dommages-intérêts (c'est-à-dire l'indemnité). Comp. a. 1793. / It is plainly the damage (*i.e.* the harm) that is suffered rather than the damages (*i.e.* the indemnity). Comp. a. 1793.

▋C.C.Q., 1607, 1611-1625, 1727, 1733.

1729. En cas de vente par un vendeur professionnel, l'existence d'un vice au moment de la vente est présumée, lorsque le mauvais fonctionnement du bien ou sa détérioration survient prématurément par rapport à des biens identiques ou de même espèce; cette présomption est repoussée si le défaut est dû à une mauvaise utilisation du bien par l'acheteur.

[1991, c. 64, a. 1729].

1729. A defect is presumed to have existed at the time of a sale by a professional seller if the property malfunctions or deteriorates prematurely in comparison with identical items of property or items of the same type; such a presumption is not made, however, where the defect is due to improper use of the property by the buyer.

[1991, c. 64, a. 1729].

1730. Sont également tenus† à la garantie du vendeur, le fabricant, toute personne qui fait la distribution du bien sous son nom ou comme étant son bien et tout fournisseur du bien, notamment le grossiste et l'importateur.

[1991, c. 64, a. 1730].

1730. The manufacturer, any person who distributes the property under his name or as his own, and any supplier of the property, in particular the wholesaler and the importer, are also bound to warrant the buyer† in the same manner as the seller.

[1991, c. 64, a. 1730].

Note : Contrairement au texte français, le texte anglais précise que le bénéficiaire de la garantie est l'acheteur (« *the buyer* »). / Unlike its French counterpart, the English text specifies that "the buyer" profits from the warranty.

▋C.C.Q., 1422, 1468.

1731. La vente faite sous l'autorité de la justice ne donne lieu à aucune obligation de garantie de qualité du bien vendu.

[1991, c. 64, a. 1731].

1731. Sale under judicial authority does not give rise to any obligation of warranty of the quality of the sold property.

[1991, c. 64, a. 1731].

▋C.C.Q., 1714, 1757-1766, 2794; C.P.C., 605-612, 695.

IV — De la garantie conventionnelle

IV — Conventional warranty

1732. Les parties peuvent, dans leur contrat, ajouter aux obligations de la garantie légale, en diminuer les effets, ou l'exclure entièrement, mais le vendeur ne peut, en aucun cas, se dégager de ses faits† personnels.

[1991, c. 64, a. 1732].

1732. The parties may, in their contract, add to the obligations of legal warranty, diminish its effects or exclude it altogether but in no case may the seller exempt himself from his personal fault†.

[1991, c. 64, a. 1732].

▋C.C.Q., 8, 9, 1622, 1716, 1723, 1726.

1733. Le vendeur ne peut exclure ni limiter sa responsabilité, s'il n'a pas révélé les vices qu'il connaissait ou ne pouvait ignorer et qui affectent le droit de propriété ou la qualité du bien.

Cette règle reçoit exception lorsque l'acheteur achète à ses risques et périls d'un vendeur non professionnel.

[1991, c. 64, a. 1733].

■ C.C.Q., 1639.

1733. A seller may not exclude or limit his liability unless he has disclosed the defects of which he was aware or could not have been unaware and which affect the right of ownership or the quality of the property.

An exception may be made to this rule where a buyer buys property at his own risk from a seller who is not a professional seller.

[1991, c. 64, a. 1733].

§ 5. — Des obligations de l'acheteur

§ 5. — Obligations of the buyer

1734. L'acheteur est tenu de prendre livraison du bien vendu et d'en payer le prix au moment et au lieu de la délivrance. Il est aussi tenu, le cas échéant, de payer les frais de l'acte de vente.

[1991, c. 64, a. 1734].

■ C.C.Q., 1474, 1553, 1566, 1600, 1607, 1617, 1740-1743; C.P.C., 194, 962.

1734. The buyer is bound to take delivery of the property sold, and to pay the price thereof at the time and place of delivery. He is also bound to pay any expenses related to the deed of sale.

[1991, c. 64, a. 1734].

1735. L'acheteur doit l'intérêt du prix de la vente, à compter de la délivrance du bien ou de l'expiration du délai convenu entre les parties.

[1991, c. 64, a. 1735].

■ C.C.Q., 1570, 1600, 1617, 1741; C.P.C., 27.

1735. The buyer owes interest on the sale price from the time of delivery of the property or the expiry of the period agreed by the parties.

[1991, c. 64, a. 1735].

§ 6. — Des règles particulières à l'exercice des droits des parties

§ 6. — Special rules regarding the exercise of the rights of the parties

I — Des droits de l'acheteur

I — Rights of the buyer

1736. L'acheteur d'un bien meuble peut, lorsque le vendeur ne délivre pas le bien, considérer la vente comme résolue si le vendeur est en demeure de plein droit d'exécuter son obligation ou s'il ne l'exécute pas dans le délai fixé par la mise en demeure.

[1991, c. 64, a. 1736].

■ C.C.Q., 1594, 1595, 1597, 1605, 1606, 1740.

1736. The buyer of movable property may, if the seller fails to deliver it, consider the sale resolved if the seller is in default by operation of law or if he fails to perform his obligation within the time allowed in the notice of default.

[1991, c. 64, a. 1736].

1737. Lorsque le vendeur est tenu de délivrer la contenance ou la quantité indiquée

1737. Where the seller is bound to deliver the area, contents or quantity specified in

au contrat et qu'il est dans l'impossibilité de le faire, l'acheteur peut obtenir une diminution du prix ou, si la différence lui cause un préjudice sérieux, la résolution de la vente.

Toutefois, l'acheteur est tenu, lorsque la contenance ou la quantité excède celle qui est indiquée au contrat, de payer l'excédent ou de remettre celui-ci au vendeur.

[1991, c. 64, a. 1737].

▌ C.C.Q., 1604-1606, 1720; C.P.C., 695, 699.

1738. L'acheteur qui découvre un risque d'atteinte à son droit de propriété doit, par écrit et dans un délai raisonnable depuis sa découverte, dénoncer au vendeur le droit ou la prétention du tiers, en précisant la nature de ce droit ou de cette prétention.

Le vendeur qui connaissait ou ne pouvait ignorer ce droit ou cette prétention ne peut, toutefois, se prévaloir d'une dénonciation tardive de l'acheteur.

[1991, c. 64, a. 1738].

▌ C.C.Q., 1723-1725.

1739. L'acheteur qui constate que le bien est atteint d'un vice doit†, par écrit, le dénoncer au vendeur dans un délai raisonnable depuis sa découverte. Ce délai commence à courir, lorsque le vice apparaît graduellement, du jour où l'acheteur a pu en soupçonner la gravité et l'étendue.

Le vendeur ne peut se prévaloir d'une dénonciation tardive de l'acheteur s'il connaissait ou ne pouvait ignorer le vice.

[1991, c. 64, a. 1739].

▌ C.C.Q., 1726-1731, 1738, 2118.

II — Des droits du vendeur

1740. Le vendeur d'un bien meuble peut, lorsque l'acheteur n'en paie pas le prix et n'en prend pas délivrance, considérer la vente comme résolue si l'acheteur est en demeure de plein droit d'exécuter ses obligations ou s'il ne les a pas exécutées dans le délai fixé par la mise en demeure.

Il peut aussi, lorsqu'il apparaît que l'ache-

the contract and is unable to do so, the buyer may obtain a reduction of the price or, if the difference causes him serious prejudice, resolution of the sale.

Where the area, contents or quantity exceeds that specified in the contract, the buyer is bound to pay for the excess or to restore it to the seller.

[1991, c. 64, a. 1737].

1738. A buyer who discovers a risk of infringement of his right of ownership shall, within a reasonable time after discovering it, give notice to the seller, in writing, of the right or claim of the third person, specifying its nature.

The seller may not invoke tardy notice from the buyer if he was aware of the right or claim or could not have been unaware of it.

[1991, c. 64, a. 1738].

1739. A buyer who ascertains that the property is defective may give† notice in writing of the defect to the seller only within a reasonable time after discovering it. The time begins to run, where the defect appears gradually, on the day that the buyer could have suspected the seriousness and extent of the defect.

The seller may not invoke tardy notice from the buyer if he was aware of the defect or could not have been unaware of it.

[1991, c. 64, a. 1739].

II — Rights of the seller

1740. The seller of movable property may, if the buyer fails to pay the sale price and to accept delivery of it, consider the sale resolved if the buyer is in default by operation of law or if he fails to perform his obligations within the time allowed in the notice of default.

The seller may also, where it appears that

teur n'exécutera pas une partie substantielle de ses obligations, arrêter la livraison du bien en cours de transport.

[1991, c. 64, a. 1740].

the buyer will not perform a substantial part of his obligations, stop delivery of the property in transit.

[1991, c. 64, a. 1740].

❚ C.C.Q., 1553, 1594, 1595, 1597, 1600, 1605, 1606, 1693, 1736.

1741. Lorsque la vente d'un bien meuble a été faite sans terme, le vendeur peut, dans les trente jours de la délivrance, considérer la vente comme résolue et revendiquer le bien, si l'acheteur, alors qu'il est en demeure, fait défaut de payer le prix et si le meuble est encore entier et dans le même état, sans être passé entre les mains d'un tiers qui en a payé le prix ou d'un créancier hypothécaire qui a obtenu le délaissement du bien.

La saisie par un tiers, alors que l'acheteur est en demeure de payer le prix et que le bien est dans les conditions prescrites pour la résolution, ne fait pas obstacle au droit du vendeur.

[1991, c. 64, a. 1741].

1741. Except in the case of a sale with a term, the seller of movable property may, within thirty days of delivery, consider the sale resolved and revendicate the property if the buyer, being in default, has failed to pay the price and if the property is still entire and in the same condition and has not passed into the hands of a third person who has paid the price thereof, or of a hypothecary creditor who has obtained surrender thereof.

Where the buyer is in default to pay the price and the property meets the conditions prescribed for resolution of the sale, the seizure of the property by a third person is no hindrance to the rights of the seller.

[1991, c. 64, a. 1741].

❚ C.C.Q., 1594, 1595, 1604-1606, 2763-2772; C.P.C., 580-594.1.

1742. Le vendeur d'un bien immeuble ne peut demander la résolution de la vente, faute par l'acheteur d'exécuter l'une de ses obligations, que si le contrat contient une stipulation particulière à cet effet.

S'il est dans les conditions pour demander la résolution, il est tenu d'exercer son droit dans un délai de cinq ans à compter de la vente.

[1991, c. 64, a. 1742].

1742. The seller of immovable property may not apply for resolution of the sale for failure by the buyer to perform one of his obligations unless the contract specially stipulates that right.

If the seller meets the conditions for applying for resolution, he is bound to exercise his right within five years after the sale.

[1991, c. 64, a. 1742].

❚ C.C.Q., 1507, 1604-1606; C.P.C., 604, 697.

1743. Le vendeur d'un bien immeuble qui veut se prévaloir d'une clause résolutoire doit mettre en demeure l'acheteur et, le cas échéant, tout acquéreur subséquent, de remédier au† défaut dans les soixante jours qui suivent l'inscription de la mise en demeure au registre foncier; les règles relatives à la prise en paiement énoncées au livre Des priorités et des hypothèques, ainsi que les mesures préalables à l'exercice de

1743. A seller of immovable property wishing to avail himself of a resolutory clause shall make a demand to the buyer and, where applicable, any subsequent acquirer, to remedy his† default within sixty days after the demand is entered in the land register; the rules pertaining to taking in payment set out in the Book on Preference*[1] and Hypothec and the measures to be taken prior to the exercise of that right

ce droit s'appliquent à la résolution de la vente, compte tenu des adaptations nécessaires.

Le vendeur qui reprend le bien par suite de l'exercice d'une telle clause le reprend libre de toutes les charges dont l'acheteur a pu le grever après que le vendeur a inscrit ses droits.

[1991, c. 64, a. 1743].

apply, adapted as required, to the resolution of the sale.

A seller who takes back property by exercising a resolutory clause takes it back free of any charges which the buyer may have placed on it after the seller registered his rights.

[1991, c. 64, a. 1743].

Note 1 : L'intitulé du Livre 6 se lit plutôt: « *Prior Claims and Hypothecs* ». / The title of the Book 6 is: « Prior Claims and Hypothecs ».

▌C.C.Q., 1594, 1595, 2778, 2934, 2938, 2939.

§ 7. —— De diverses modalités† de la vente

§ 7. —— Various modes† of sale

I — De la vente à l'essai

I — Trial sales

1744. La vente à l'essai d'un bien est présumée faite sous condition suspensive.

Lorsque la durée de l'essai n'est pas stipulée, la condition est réalisée par le défaut de l'acheteur de faire connaître son refus au vendeur dans les trente jours de la délivrance du bien.

[1991, c. 64, a. 1744].

1744. The sale of property on trial is presumed to be made under a suspensive condition.

Where the trial period is not stipulated, the condition is fulfilled upon the buyer's failure to inform the seller of his refusal within thirty days after delivery of the property.

[1991, c. 64, a. 1744].

▌C.C.Q., 1497-1517, 1717-1722.

II — De la vente à tempérament

II — Instalment sales

1745. La vente à tempérament est une vente à terme par laquelle le vendeur se réserve la propriété du bien jusqu'au paiement total du prix de vente.

La réserve de propriété d'un véhicule routier ou d'un autre bien meuble déterminés par règlement, de même que celle de tout bien meuble acquis pour le service ou l'exploitation d'une entreprise, n'est opposable aux tiers que si elle est publiée; cette opposabilité est acquise à compter de la vente si la réserve est publiée dans les quinze jours. La cession d'une telle ré-

1745. An instalment sale is a term sale by which the seller reserves ownership of the property until full payment of the sale price.

A reservation of ownership in respect of a road vehicle or other movable property determined by regulation, or in respect of any movable property acquired for the service or operation of an enterprise, has effect against third persons only if it has been published; effect against third persons operates from the date of the sale provided the reservation of ownership is pub-

serve n'est également opposable aux tiers que si elle est publiée.

[1991, c. 64, a. 1745; 1998, c. 5, a. 2].

lished within fifteen days. As well, the transfer of such a reservation has effect against third persons only if it has been published.

[1991, c. 64, a. 1745; 1998, c. 5, s. 2].

Note : L'expression « *to have effect against third persons* » utilisée à titre d'équivalent de « pour être opposable aux tiers » peut être comparée à celle, plus fréquemment usitée, de « *to set up against third persons* », employée notamment à l'a. 2941. / The expression "to have effect against third persons" as equivalent for "*pour être opposable aux tiers*" may be compared to the more frequent use of "to set up against third persons" in, *e.g.*, a. 2941.

▌C.C.Q., 1508, 1525, 2934.

1746. La vente à tempérament transfère à l'acheteur les risques de perte du bien à moins qu'il ne s'agisse d'un contrat de consommation ou que les parties n'aient stipulé autrement.

[1991, c. 64, a. 1746].

▌C.C.Q., 1384; D.T., 99.

1746. An instalment sale transfers to the buyer the risks of loss of the property, except in the case of a consumer contract or where the parties have stipulated otherwise.

[1991, c. 64, a. 1746].

1747. Le solde dû par l'acheteur devient exigible lorsque le bien est vendu sous l'autorité de la justice ou que l'acheteur, sans le consentement du vendeur, cède à un tiers le droit qu'il a sur le bien.

[1991, c. 64, a. 1747].

▌C.C.Q., 1637-1646; C.P.C., 605-612, 683-694.

1747. The balance owing by the buyer becomes exigible where the property is sold under judicial authority or where the buyer assigns his right in the property to a third person without the consent of the seller.

[1991, c. 64, a. 1747].

1748. Lorsque l'acheteur fait défaut de payer le prix de vente selon les modalités du contrat, le vendeur peut exiger le paiement immédiat des versements échus ou reprendre le bien vendu; si le contrat contient une clause de déchéance du terme, il peut plutôt exiger le paiement du solde du prix de vente.

[1991, c. 64, a. 1748].

▌C.C.Q., 1514, 1515.

1748. Where the buyer fails to pay the sale price in accordance with the terms and conditions of the contract, the seller may exact immediate payment of the instalments due or take back the sold property; if the contract contains a clause of forfeiture of benefit of the term, the seller may instead exact payment of the balance of the sale price.

[1991, c. 64, a. 1748].

1749. Le vendeur ou le cessionnaire qui, en cas de défaut de l'acheteur, choisit de reprendre le bien vendu est assujetti aux règles relatives à l'exercice des droits hypothécaires énoncées au livre Des priorités et des hypothèques; toutefois, en cas de contrat de consommation, seules les règles de la *Loi sur la protection du consommateur* (chapitre P-40.1) sont applicables à l'exercice du droit de reprise du vendeur ou cessionnaire.

Si la réserve de propriété devait être pu-

1749. A seller or transferee who, upon the default of the buyer, elects to take back the property sold is governed by the rules regarding the exercise of hypothecary rights set out in the Book on Prior Claims and Hypothecs; however, in the case of a consumer contract, only the rules contained in the *Consumer Protection Act* (chapter P-40.1) are applicable to the exercise by the seller or transferee of the right of repossession.

If the reservation of ownership required

bliée mais ne l'a pas été, le vendeur ou cessionnaire ne peut reprendre le bien vendu qu'entre les mains de l'acheteur immédiat† du bien; il reprend alors le bien dans l'état où il se trouve et sujet aux droits et charges dont l'acheteur a pu le grever.

Si la réserve de propriété devait être publiée mais ne l'a été que tardivement, le vendeur ou cessionnaire ne peut, de même, reprendre le bien vendu qu'entre les mains de l'acheteur immédiat† du bien, à moins que la réserve n'ait été publiée antérieurement à la vente du bien par cet acheteur†, auquel cas il peut aussi le reprendre entre les mains de tout acquéreur subséquent; dans tous les cas, le vendeur ou cessionnaire reprend le bien dans l'état où il se trouve, mais sujet aux seuls droits et charges dont l'acheteur† avait pu le grever au moment de la publication de la réserve et qui avaient alors été publiés.

[1991, c. 64, a. 1749; 1998, c. 5, a. 3].

■ C.C.Q., 1594, 1595, 2778, 2934, 2938, 2939.

III — De la vente avec faculté de rachat

1750. La vente faite avec faculté de rachat, aussi appelée vente à réméré, est une vente sous condition résolutoire par laquelle le vendeur transfère la propriété d'un bien à l'acheteur en se réservant la faculté de le racheter.

La faculté de rachat d'un véhicule routier ou d'un autre bien meuble déterminés par règlement, de même que celle de tout bien meuble acquis pour le service ou l'exploitation d'une entreprise, n'est opposable aux tiers que si elle est publiée; cette opposabilité est acquise à compter de la vente si la faculté est publiée dans les quinze jours. La cession d'une telle faculté n'est également opposable aux tiers que si elle est publiée.

[1991, c. 64, a. 1750; 1998, c. 5, a. 4].

publication but was not published, the seller or transferee may take the property back only if it is in the hands of the original† buyer; the seller or transferee takes the property back in its existing condition and subject to the rights and charges with which the buyer may have encumbered it.

If the reservation of ownership required publication but was published late, the seller or transferee may likewise take the property back only if it is in the hands of the original† buyer, unless the reservation was published before the sale of the property by the original† buyer, in which case the seller or transferee may also take the property back if it is in the hands of a subsequent acquirer; in all cases, the seller or transferee takes the property back in its existing condition, but subject only to such rights and charges with which the original† buyer may have encumbered it at the time of the publication of the reservation of ownership and which had already been published.

[1991, c. 64, a. 1749; 1998, c. 5, s. 3].

III — Sales with right of redemption

1750. A sale with a right of redemption is a sale under a resolutory condition by which the seller transfers ownership of property to the buyer while reserving the right to redeem it.

A right of redemption in respect of a road vehicle or other movable property determined by regulation, or in respect of any movable property acquired for the service or operation of an enterprise, has effect against third persons only if it has been published; effect against third persons operates from the date of the sale provided the right of redemption is published within fifteen days. As well, the transfer of such a right of redemption has effect against third persons only if it has been published.

[1991, c. 64, a. 1750; 1998, c. 5, s. 4].

Note : L'expression « *to have effect against third persons* » utilisée à titre d'équivalent de « pour être opposable aux tiers » peut être comparée à celle, plus fréquemment usitée, de « *to set up against third persons* », employée notamment

à l'a. 2941. / The expression "to have effect against third persons" as equivalent for *"pour être opposable aux tiers"* may be compared to the more frequent use of "to set up against third persons" in, *e.g.*, a. 2941.

❚ C.C.Q., 1497, 1507, 1525, 2934-2939.

1751. Le vendeur qui désire exercer la faculté de rachat et reprendre le bien doit donner un avis de son intention à l'acheteur et, si la faculté de rachat a été publiée, à tout acquéreur subséquent contre lequel il entend exercer son droit. Cet avis doit, si la faculté de rachat a été publiée, être lui-même publié; il s'agit, en ce cas, d'un avis de vingt jours si le bien est un meuble et d'un avis de soixante jours s'il est un immeuble. Le délai de vingt jours est porté à trente jours s'il s'agit d'un contrat de consommation.

[1991, c. 64, a. 1751; 1998, c. 5, a. 5].

❚ C.C.Q., 2934-2939.

1751. A seller wishing to exercise his right of redemption and take back property shall give notice of his intention to the buyer and, if the right of redemption has been published, to any subsequent acquirer against whom he intends to exercise his right. If the right of redemption has been published, the notice must also be published; in that case, the notice is of twenty days in the case of movable property and sixty days in the case of an immovable. In the case of a consumer contract, the twenty days' notice is increased to thirty days.

[1991, c. 64, a. 1751; 1998, c. 5, s. 5].

1752. Lorsque le vendeur exerce la faculté de rachat, il reprend le bien libre de toutes les charges dont l'acheteur a pu le grever, pourvu que le droit du vendeur, s'il devait être publié, l'ait été en temps utile et conformément aux règles relatives à la publicité des droits.

[1991, c. 64, a. 1752; 1998, c. 5, a. 6].

❚ C.C.Q., 2934-2939.

1752. Where the seller exercises his right of redemption, he takes back the property free of any charges which the buyer may have encumbered it with, provided the seller's right, if it required publication, was published in due time and in accordance with the rules regarding the publication of rights.

[1991, c. 64, a. 1752; 1998, c. 5, s. 6].

1753. La faculté de rachat ne peut être stipulée pour un terme excédant cinq ans; s'il excède cinq ans, le terme est réduit à cette durée.

[1991, c. 64, a. 1753].

❚ C.C.Q., 1508-1514; D.T., 100.

1753. The right of redemption may not be stipulated for a term exceeding five years. If the term exceeds five years, it is reduced to five years.

[1991, c. 64, a. 1753].

1754. Si l'acheteur d'une partie indivise d'un bien sujet à la faculté de rachat devient, par l'effet d'un partage, acquéreur de la totalité, il peut obliger le vendeur qui veut exercer la faculté à reprendre la totalité du bien.

[1991, c. 64, a. 1754].

❚ C.C.Q., 1012-1037; C.P.C., 809-811.

1754. If the buyer of an undivided part of a* property subject to a right of redemption acquires the whole property through the effect of a partition, he may oblige the seller, if the seller wishes to exercise his right, to take back the whole property.

[1991, c. 64, a. 1754].

1755. Lorsque la vente a été faite par plusieurs personnes conjointement et par un seul contrat ou lorsque le vendeur a laissé

1755. Where a sale is made by several persons jointly by way of a single contract or where the seller has left several heirs, the

plusieurs héritiers, l'acheteur peut s'opposer à la reprise partielle du bien et exiger que le covendeur ou le cohéritier reprenne la totalité du bien.

Pour le reste, les règles relatives à l'obligation conjointe ou divisible s'appliquent, compte tenu des adaptations nécessaires, à l'exercice de la faculté de rachat qui existe au profit de plusieurs vendeurs, à l'encontre de plusieurs acheteurs, ou entre leurs héritiers.

[1991, c. 64, a. 1755].

❚ C.C.Q., 1518-1522.

1756. Si la faculté de rachat a pour objet de garantir un prêt, le vendeur est réputé emprunteur et l'acquéreur est réputé créancier hypothécaire. Le vendeur ne pourra toutefois perdre le droit d'exercer la faculté de rachat, à moins que l'acquéreur ne suive les règles prévues au livre Des priorités et des hypothèques pour l'exercice des droits hypothécaires.

[1991, c. 64, a. 1756].

❚ C.C.Q., 2312-2316.

IV — De la vente aux enchères

1757. La vente aux enchères est celle par laquelle un bien est offert en vente à plusieurs personnes par l'entremise d'un tiers, l'encanteur, et est déclaré adjugé au plus offrant et dernier enchérisseur.

[1991, c. 64, a. 1757].

❚ C.P.C., 605-612, 683-694.

1758. La vente aux enchères est volontaire ou forcée; en ce dernier cas, la vente est alors soumise aux règles prévues au *Code de procédure civile* (chapitre C-25), ainsi qu'aux règles du présent sous-paragraphe, s'il n'y a pas incompatibilité.

[1991, c. 64, a. 1758].

❚ C.P.C., 605-612, 683-694.

1759. Le vendeur peut fixer une mise à prix ou d'autres conditions à la vente. Celles-ci ne sont, néanmoins, opposables à l'adjudicataire que si l'encanteur les a

buyer may object to the taking back of part of the property and require the joint seller or coheir to take back the whole property.

In other respects, the rules pertaining to joint or divisible obligations, adapted as required, apply to the exercise of the right of redemption existing for the benefit of several sellers, against several buyers, or between their heirs.

[1991, c. 64, a. 1755].

1756. Where the object of the right of redemption is to secure a loan, the seller is deemed to be a borrower and the acquirer is deemed to be a hypothecary creditor. The seller does not, however, lose the right to exercise his right of redemption unless the acquirer follows the rules respecting the exercise of hypothecary rights laid down in the Book on Prior Claims and Hypothecs.

[1991, c. 64, a. 1756].

IV — Auction sales

1757. An auction sale is a sale by which property is offered for sale to several persons through the intermediary of a third person, the auctioneer, and declared sold to the last and highest bidder.

[1991, c. 64, a. 1757].

1758. An auction sale is either voluntary or forced; forced sales are subject to the rules contained in the *Code of Civil Procedure* (chapter C-25) and to the rules contained under this subheading, so far as they are consistent.

[1991, c. 64, a. 1758].

1759. The seller may fix a reserve price or any other conditions of sale. The conditions of sale may not be set up against the successful bidder unless the auctioneer

communiquées aux personnes présentes avant de recevoir les enchères.

[1991, c. 64, a. 1759].

■ C.C.Q., 1765.

communicates them to the persons present before receiving bids.

[1991, c. 64, a. 1759].

1760. Le vendeur peut refuser de divulguer son identité lors des enchères, mais si celle-ci n'est pas divulguée à l'adjudicataire, l'encanteur est tenu personnellement de toutes les obligations du vendeur.

[1991, c. 64, a. 1760].

■ C.C.Q., 1716-1733.

1760. The seller may refuse to disclose his identity at the auction but, if his identity is not disclosed to the successful bidder, the auctioneer becomes personally bound by all the obligations of the seller.

[1991, c. 64, a. 1760].

1761. L'enchérisseur ne peut, en aucun temps, retirer son enchère.

[1991, c. 64, a. 1761].

■ C.P.C., 605-612, 683-694.

1761. At no time may a bidder withdraw his bid.

[1991, c. 64, a. 1761].

1762. La vente aux enchères est parfaite par l'adjudication du bien, par l'encanteur, au dernier enchérisseur. L'inscription, au registre de l'encanteur, du nom de l'adjudicataire et de son enchère fait preuve de la vente, mais, à défaut d'inscription, la preuve testimoniale est admise.

[1991, c. 64, a. 1762].

■ C.C.Q., 2843-2845.

1762. An auction sale is completed when the auctioneer declares the property sold to the last bidder. Entry of the name and bid of the successful bidder in the auctioneer's register makes proof of the sale; failing such entry, proof by testimony is admissible.

[1991, c. 64, a. 1762].

1763. Le vendeur et l'adjudicataire d'un immeuble doivent passer l'acte de vente dans les dix jours de la demande de l'une des parties.

[1991, c. 64, a. 1763].

■ C.C.Q., 2938-2940.

1763. The seller of an immovable and the successful bidder shall sign the deed of sale within ten days after either party so requests.

[1991, c. 64, a. 1763].

1764. (*Abrogé*).

[2002, c. 19, a. 8].

1764. (*Repealed*).

[2002, c. 19, s. 8].

1765. Le défaut de l'acheteur de payer le prix, selon les conditions de la vente, permet à l'encanteur, outre les recours ordinaires du vendeur, de revendre le bien à la folle enchère, selon l'usage et après un avis suffisant.

Le fol enchérisseur ne peut, alors, enchérir de nouveau et il est tenu, le cas échéant, de payer la différence entre le prix de son adjudication et le prix moindre de la revente, sans qu'il puisse réclamer l'excé-

1765. If the buyer fails to pay the price in compliance with the conditions of the sale, the auctioneer may, in addition to the ordinary remedies of a seller, resell the property for false bidding, according to usage and after sufficient notice.

A false bidder may not bid again at a resale on default. He is bound to pay the difference between the price at which the property was sold to him and the resale price, if lesser, but is not entitled to claim

dent. Il est aussi, en cas de vente forcée, responsable envers le vendeur, le saisi et les créanciers qui ont obtenu un jugement, des intérêts, des frais et des dommages-intérêts résultant de son défaut.

[1991, c. 64, a. 1765].

any excess amount. He is also, in the case of a forced sale, liable towards the seller, the person from whom the property was seized and the creditors having obtained the judgment, for all interest, costs and damages arising from his default.

[1991, c. 64, a. 1765].

▮ C.C.Q., 1457, 1458, 1566, 1601-1625; C.P.C., 686, 688.1, 690-694, 730.

1766. L'adjudicataire dont le droit de propriété sur un bien acquis lors d'une vente aux enchères est atteint à la suite d'une saisie exercée par un créancier du vendeur, peut recouvrer du vendeur le prix qu'il a payé, avec les intérêts et les frais; il peut aussi recouvrer des créanciers du vendeur le prix qui leur a été remis, avec intérêts, sous réserve de se faire opposer le bénéfice de discussion.

Il peut réclamer du créancier saisissant les dommages-intérêts qui résultent des irrégularités de la saisie ou de la vente.

[1991, c. 64, a. 1766].

1766. A successful bidder whose right of ownership of property acquired at an auction sale is infringed as a result of seizure of the property by a creditor of the seller may recover the price paid, with interest and costs, from the seller. He may also recover the price, with interest, from the creditors of the seller to whom it has been remitted, but they may set up the benefit of discussion against him.

He may claim damages resulting from any irregularity in the seizure or sale from the seizing creditor.

[1991, c. 64, a. 1766].

▮ C.C.Q., 1457, 1607-1625, 1714, 1723, 1731; C.P.C., 580-595.1, 612, 660-673, 695-700, 733-740.

§ 8. — De la vente d'entreprise

§ 8. — Sale of an enterprise

1767.-1778. (*Abrogés*).

[2002, c. 19, a. 8].

1767.-1778. (*Repealed*).

[2002, c. 19, s. 8].

§ 9. — De la vente de certains biens incorporels

§ 9. — Sale of certain incorporeal property

I — De la vente de droits successoraux†

I — Sale of rights of succession†

1779. Le vendeur de droits successoraux†, s'il ne spécifie pas en détail les biens sur lesquels portent les droits, ne garantit que sa qualité d'héritier.

[1991, c. 64, a. 1779].

1779. A person who sells rights of succession† without specifying in detail the property affected warrants only his quality as an heir.

[1991, c. 64, a. 1779].

▮ C.C.Q., 631, 641, 648, 848.

1780. Le vendeur est tenu de remettre à l'acheteur les fruits et revenus qu'il a perçus, de même que le capital de la créance

1780. The seller is bound to hand over the fruits and revenues he has received to the buyer, together with the capital of any

échue et le prix des biens qu'il a vendus et qui faisaient partie de la succession.

[1991, c. 64, a. 1780].

▌ C.C.Q., 878, 1718.

1781. L'acheteur est tenu de rembourser au vendeur les dettes de la succession et les frais de liquidation de celle-ci que le vendeur a payés, de même que les sommes que la succession lui doit.

Il doit aussi acquitter les dettes de la succession dont le vendeur est tenu.

[1991, c. 64, a. 1781].

▌ C.C.Q., 776-782, 808-814, 823-835.

II — De la vente de droits litigieux

1782. Un droit est litigieux lorsqu'il est incertain, disputé ou susceptible de dispute par le débiteur, que l'action soit intentée ou qu'il y ait lieu de présumer qu'elle sera nécessaire.

[1991, c. 64, a. 1782].

▌ C.C.Q., 2631.

1783. Les juges, avocats, notaires et officiers de justice ne peuvent se porter acquéreurs de droits litigieux, sous peine de nullité absolue de la vente.

[1991, c. 64, a. 1783].

▌ C.C.Q., 1418, 1422.

1784. Lorsqu'une vente de droits litigieux a lieu, celui de qui ils sont réclamés est entièrement déchargé en remboursant à l'acheteur le prix de cette vente, les frais et les intérêts sur le prix, à compter du jour où le paiement a été fait.

Ce droit de retrait ne peut être exercé lorsque la vente est faite à un créancier en paiement de ce qui lui est dû ou à un cohéritier ou copropriétaire du droit vendu, ou encore au possesseur du bien qui est l'objet du droit. Il ne peut l'être, non plus, lorsque le tribunal a rendu un jugement maintenant le droit vendu ou lorsque le

claim due and the price of any property he has sold which formed part of the succession.

[1991, c. 64, a. 1780].

1781. The buyer is bound to reimburse the seller for the debts and liquidation expenses of the succession that he has paid and all amounts owed to him by the succession.

The buyer shall also pay the debts of the succession for which the seller is liable.

[1991, c. 64, a. 1781].

II — Sale of litigious rights

1782. A right is litigious when it is uncertain, contested or contestable by the debtor, whether an action is pending or there is reason to presume that it will become necessary.

[1991, c. 64, a. 1782].

1783. No judge, advocate, notary or officer of justice may acquire litigious rights, on pain of absolute nullity of the sale.

[1991, c. 64, a. 1783].

1784. Where litigious rights are sold, the person from whom they are claimed is fully discharged by paying to the buyer the sale price, the costs related to the sale and interest on the price computed from the day on which the buyer paid it.

This right of redemption may not be exercised where the sale is made to a creditor in payment of what is due to him, to a coheir or co-owner of the rights sold or to the possessor of the property subject to the right. Nor may it be exercised where a court has rendered a judgment affirming the rights sold or where the rights have

droit a été établi et que le litige est en état d'être jugé.

[1991, c. 64, a. 1784].

❚ C.C.Q., 921-933, 1553-1589.

been established and the case is ready for judgment.

[1991, c. 64, a. 1784].

SECTION II —
DES RÈGLES PARTICULIÈRES À LA VENTE D'IMMEUBLES À USAGE D'HABITATION

SECTION II —
SPECIAL RULES REGARDING SALE OF RESIDENTIAL IMMOVABLES

1785. Dès lors que la vente d'un immeuble à usage d'habitation, bâti ou à bâtir, est faite par le constructeur de l'immeuble ou par un promoteur à une personne physique qui l'acquiert pour l'occuper elle-même, elle doit, que cette vente comporte ou non le transfert à l'acquéreur des droits du vendeur sur le sol[1], être précédée d'un contrat préliminaire par lequel une personne promet d'acheter l'immeuble.

Le contrat préliminaire doit contenir une stipulation par laquelle le promettant acheteur peut, dans les dix jours de l'acte, se dédire de la promesse.

[1991, c. 64, a. 1785].

Note 1 : Comp. a./ arts 900, 951.

❚ C.C.Q., 1786.

1785. The sale of an existing or planned residential immovable by the builder or a promoter to a natural person who acquires it to occupy it shall be preceded by a preliminary contract by which a person promises to buy the immovable, whether or not the sale includes the transfer to him of the seller's rights over the land[1].

A stipulation that the promisor may withdraw his promise within ten days after signing it shall be included in the preliminary contract.

[1991, c. 64, a. 1785].

1786. Outre qu'il doit indiquer les nom et adresse du vendeur et du promettant acheteur, les ouvrages à réaliser, le prix de vente, la date de délivrance et les droits réels qui grèvent l'immeuble, le contrat préliminaire doit contenir les informations utiles relatives aux caractéristiques de l'immeuble et mentionner, si le prix est révisable, les modalités de la révision.

Lorsque le contrat préliminaire prescrit une indemnité en cas d'exercice de la faculté de dédit, celle-ci ne peut excéder 0,5% du prix de vente convenu.

[1991, c. 64, a. 1786].

❚ C.C.Q., 1717-1722, 1785.

1786. In a preliminary contract, in addition to the name and address of the seller and of the promisor, an indication shall be included of the work to be performed, the sale price, the date of delivery and the real rights affecting the immovable, as well as any useful information pertaining to the features of the immovable and, where the sale price is subject to review, the terms and conditions of revision.

Where the preliminary contract provides for an indemnity in case of exercise of the right of withdrawal, the indemnity never exceeds 0.5% of the agreed sale price.

[1991, c. 64, a. 1786].

1787. Lorsque la vente porte sur une fraction de copropriété divise ou sur une part[1] indivise d'un immeuble à usage d'habitation et que cet immeuble comporte ou fait

1787. Where a fraction of an immovable under divided co-ownership or an undivided part[1] of a residential immovable comprising or forming part of a develop-

partie d'un ensemble qui comporte au moins dix unités de logement, le vendeur doit remettre au promettant acheteur, lors de la signature du contrat préliminaire, une note d'information; il doit également remettre cette note lorsque la vente porte sur une résidence faisant partie d'un ensemble comportant dix résidences ou plus et ayant des installations communes.

La vente qui porte sur la même fraction de copropriété faite à plusieurs personnes qui acquièrent ainsi sur cette fraction un droit de jouissance, périodique et successif, est aussi subordonnée à la remise d'une note d'information.

[1991, c. 64, a. 1787].

ment which comprises at least ten dwellings is sold, the seller shall give the promisor a memorandum, at the time of signing the preliminary contract; he shall also furnish the memorandum where a residence forming part of a development comprising at least ten residences and having common facilities is sold.

A memorandum shall also be given where the same fraction of an immovable under co-ownership is sold to several persons who thereby acquire a right of enjoyment in the fraction, periodically and successively.

[1991, c. 64, a. 1787].

Note 1 : Comp. a. 1015.

▌ C.C.Q., 1012-1109, 1788.

1788. La note d'information complète le contrat préliminaire. Elle énonce les noms des architectes, ingénieurs, constructeurs et promoteurs et contient un plan de l'ensemble du projet immobilier† et, s'il y a lieu, le plan général de développement du projet, ainsi que le sommaire d'un devis descriptif; elle fait état du budget prévisionnel, indique les installations communes et fournit les renseignements sur la gérance de l'immeuble, ainsi que, s'il y a lieu, sur les droits d'emphytéose et les droits de propriété superficiaire dont l'immeuble fait l'objet.

Une copie ou un résumé de la déclaration de copropriété ou de la convention d'indivision et du règlement de l'immeuble, même si ces documents sont à l'état d'ébauche, doit être annexé à la note d'information.

[1991, c. 64, a. 1788].

1788. The memorandum complements the preliminary contract. It contains the names of the architects, engineers, builders and promoters, a plan of the overall real estate† development project and, where applicable, the general development plan of the project and a summary of the descriptive specifications. It also contains the budget forecast, indicates the common facilities and contains information on the management of the immovable and, where applicable, on the right of emphyteusis or superficies affecting the immovable.

A copy or summary of the declaration of co-ownership or indivision agreement and of the by-laws of the immovable shall be appended to the memorandum even if they are draft documents.

[1991, c. 64, a. 1788].

Note : Voir la note sous l'a. 1791. / See note at a. 1791.

▌ C.C.Q., 1012-1037, 1052-1062, 1110-1118, 1195-1211, 1787.

1789. Lorsque la vente porte sur une fraction de copropriété divise, la note d'information contient un état des baux consentis par le promoteur ou le constructeur sur les parties privatives ou communes de l'immeuble et indique le nombre maximum de

1789. Where a fraction of an immovable under divided co-ownership is sold, the memorandum contains a statement of the leases granted by the promoter or the builder on the private or common portions of the immovable and indicates the maxi-

fractions destinées par eux à des fins locatives.

[1991, c. 64, a. 1789].

■ C.C.Q., 1038-1109, 1788.

mum number of fractions intended for lease by the promoter or builder.

[1991, c. 64, a. 1789].

1790. Lorsque le promoteur ou le constructeur consent un bail au-delà du maximum indiqué à la note d'information, le syndicat des copropriétaires peut, après avoir avisé le locateur et le locataire, demander la résiliation du bail. S'il y a plusieurs baux qui excèdent ce maximum, les baux les plus récents doivent d'abord être résiliés.

[1991, c. 64, a. 1790].

■ C.C.Q., 1604-1606, 1851-1853.

1790. Where the promoter or builder, by granting a lease, exceeds the maximum number indicated in the memorandum, the syndicate of co-owners, after notifying the lessor and the lessee, may demand the resiliation of the lease. If there are several leases in excess of the maximum number, the most recent leases shall be resiliated first.

[1991, c. 64, a. 1790].

1791. Le budget prévisionnel doit être établi sur une base annuelle d'occupation complète de l'immeuble; dans le cas d'une copropriété divise, il est établi pour une période débutant le jour où la déclaration de copropriété est inscrite.

Le budget comprend, notamment, un état des dettes et des créances, des recettes et débours et des charges communes. Il indique aussi, pour chaque fraction, les impôts† fonciers susceptibles d'être dus, le taux de ceux-ci, et les charges annuelles à payer, y compris, le cas échéant, la contribution au fonds de prévoyance.

[1991, c. 64, a. 1791].

1791. The budget forecast shall be prepared on the basis of one year of full occupancy of the immovable; in the case of an immovable under divided co-ownership, it is prepared for a period beginning on the date of registration of the declaration of co-ownership.

A budget includes, in particular, a statement of debts and claims, revenues and expenditures and common expenses. It also indicates, for each fraction, the likely amount of real estate† taxes, the rate of such taxes and the annual expenses payable, including, where applicable, the contribution to the contingency fund.

[1991, c. 64, a. 1791].

Note : Le terme « *real estate* », malgré ses origines de common law, est jugé suffisamment consacré par l'usage pour ne pas faire l'objet d'une modification comme celle qui a été apportée à l'article 3069, par la Loi d'application, L.Q. 1992, c. 57, au terme « *real property* », remplacé par « immovable ». / The term "real estate", notwithstanding its Common law origins, is perceived to be sufficiently consecrated by usage for employment in this context, whereas the term "real property" was replaced by "immovable" by the Implementation Act, S.Q. 1992, c. 57, in article 3069.

■ C.C.Q., 1038-1109, 1788, 2934, 2938.

1792. La vente d'une fraction de copropriété peut être résolue sans formalités lorsque la déclaration de copropriété n'est pas inscrite dans un délai de trente jours, à compter de la date où elle peut l'être suivant le livre De la publicité des droits.

[1991, c. 64, a. 1792].

■ C.C.Q., 1038, 1062, 1604-1606, 2934-2937.

1792. The sale of a fraction of an immovable under co-ownership may be resolved without formality where the declaration of co-ownership is not registered within thirty days after the date on which it may be registered pursuant to the Book on the Publication of Rights.

[1991, c. 64, a. 1792].

1793. La vente d'un immeuble à usage d'habitation qui n'est pas précédée du contrat préliminaire peut être annulée à la demande de l'acheteur, si celui-ci démontre qu'il en subit un préjudice sérieux.

[1991, c. 64, a. 1793].

▌ C.C.Q., 1416-1422.

1793. The sale of a residential immovable that is not preceded by the preliminary contract may be annulled on the application of the buyer if he shows that he suffers serious prejudice therefrom.

[1991, c. 64, a. 1793].

1794. La vente par un entrepreneur d'un fonds qui lui appartient, avec un immeuble à usage d'habitation bâti ou à bâtir, est assujettie aux règles du contrat d'entreprise ou de service relatives aux garanties, compte tenu des adaptations nécessaires. Les mêmes règles s'appliquent à la vente faite par un promoteur immobilier†.

[1991, c. 64, a. 1794].

1794. The sale, by a contractor, of land belonging to him together with an existing or planned residential immovable is subject to the rules regarding contracts for work or services pertaining to warranties, adapted as required. Those rules also apply to sales by a real estate† promoter.

[1991, c. 64, a. 1794].

Note : Le terme « *real estate* », malgré ses origines de common law, est jugé suffisamment consacré par l'usage pour ne pas faire l'objet d'une modification comme celle qui a été apportée à l'article 3069, par la Loi d'application, L.Q. 1992, c. 57, au terme « *real property* », remplacé par « immovable ». / The term "real estate", notwithstanding its Common law origins, is perceived to be sufficiently consecrated by usage for employment in this context, whereas the term "real property" was replaced by "immovable" by the Implementation Act, S.Q. 1992, c. 57, in article 3069.

▌ C.C.Q., 2098-2129.

SECTION III —
DE DIVERS CONTRATS APPARENTÉS À LA VENTE

SECTION III —
VARIOUS CONTRACTS SIMILAR TO SALE

§ 1. —— De l'échange

§ 1. —— Exchange

1795. L'échange est le contrat par lequel les parties se transfèrent respectivement la propriété d'un bien, autre qu'une somme d'argent.

[1991, c. 64, a. 1795].

▌ C.C.Q., 1377-1384, 1453.

1795. Exchange is a contract by which the parties transfer ownership of property other than money to each other.

[1991, c. 64, a. 1795].

1796. Lorsque l'une des parties, même après avoir reçu le bien qui lui est transféré en échange, prouve que l'autre partie n'en est pas propriétaire, elle ne peut être forcée à délivrer celui qu'elle a promis en contre-échange, mais seulement à rendre celui qu'elle a reçu.

[1991, c. 64, a. 1796].

▌ C.C.Q., 1795.

1796. Where one of the parties proves, even after having received the property transferred to him in exchange, that the other party was not the owner of the property, he may not be compelled to deliver the property he had promised in exchange, but only to return the property he has received.

[1991, c. 64, a. 1796].

1797. La partie qui est évincée du bien qu'elle a reçu en échange peut réclamer

1797. A party who is evicted of the property he has received in exchange may

des dommages-intérêts ou reprendre le bien qu'elle a transféré.

[1991, c. 64, a. 1797].

■ C.C.Q., 1607-1625, 1723.

1798. Les règles du contrat de vente sont, pour le reste, applicables au contrat d'échange.

[1991, c. 64, a. 1798].

■ C.C.Q., 1708, 1709.

§ 2. — De la dation en paiement

1799. La dation en paiement est le contrat par lequel un débiteur transfère la propriété d'un bien à son créancier qui accepte de la recevoir, à la place et en paiement d'une somme d'argent ou de quelque autre bien qui lui est dû.

[1991, c. 64, a. 1799].

■ C.C.Q., 1800.

1800. La dation en paiement est assujettie aux règles du contrat de vente et celui qui transfère ainsi un bien est tenu aux mêmes garanties que le vendeur.

Toutefois, la dation en paiement n'est parfaite que par la délivrance du bien.

[1991, c. 64, a. 1800].

■ C.C.Q., 1708-1794, 1799.

1801. Est réputée non écrite toute clause selon laquelle, pour garantir l'exécution de l'obligation de son débiteur, le créancier se réserve le droit de devenir propriétaire irrévocable du bien ou d'en disposer.

[1991, c. 64, a. 1801].

■ D.T., 102.

§ 3. — Du bail à rente

1802. Le bail à rente est le contrat par lequel le bailleur transfère la propriété d'un

claim damages or recover the property he has transferred.

[1991, c. 64, a. 1797].

1798. In all other respects, the rules pertaining to contracts of sale apply to contracts of exchange.

[1991, c. 64, a. 1798].

§ 2. — Giving in payment

1799. Giving in payment is a contract by which a debtor transfers ownership of property to his creditor, who is willing to take it in place and payment of a sum of money or some other property due to him.

[1991, c. 64, a. 1799].

1800. Giving in payment is subject to the rules pertaining to contracts of sale and the person who so transfers property is bound to the same warranties as a seller.

Giving in payment is perfected only by delivery of the property.

[1991, c. 64, a. 1800].

1801. Any clause by which a creditor, with a view to securing the performance of the obligation of his debtor, reserves the right to become the irrevocable owner of the property or to dispose of it is deemed not written.

[1991, c. 64, a. 1801].

§ 3. — Alienation for rent

1802. Alienation for rent is a contract by which the lessor transfers the ownership of

immeuble moyennant une rente foncière que le preneur s'oblige à payer.

La rente est payable en numéraire ou en nature; les redevances sont dues à la fin de chaque année et elles sont comptées à partir de la constitution de la rente.

[1991, c. 64, a. 1802].

▌ C.C.Q., 2367.

1803. Le preneur peut toujours se libérer du service de la rente en offrant de rembourser la valeur de la rente en capital et en renonçant à la répétition des redevances payées; mais il ne peut, pour le service de la rente, se faire remplacer par un assureur.

[1991, c. 64, a. 1803].

▌ C.C.Q., 2367-2370, 2388.

1804. Le preneur est tenu personnellement de la rente envers le bailleur. Le fait qu'il abandonne l'immeuble ou que celui-ci soit détruit par force majeure ne le libère pas de son obligation.

[1991, c. 64, a. 1804].

▌ C.C.Q., 1470.

1805. Les règles relatives au contrat de vente et à la rente sont, pour le reste, applicables au contrat de bail à rente.

[1991, c. 64, a. 1805].

▌ C.C.Q., 1708, 1709, 2367-2370, 2959, 3067.

Chapitre II —
De la donation

SECTION I —
DE LA NATURE ET DE L'ÉTENDUE DE LA DONATION

1806. La donation est le contrat par lequel une personne, le donateur, transfère la propriété d'un bien à titre gratuit à une autre personne, le donataire; le transfert peut

an immovable to a lessee in return for a ground rent which the latter obligates himself to pay.

The rent is payable in money or in kind, at the end of each year, from the date of constitution of the rent.

[1991, c. 64, a. 1802].

1803. The lessee may free himself at any time from the annual payments of rent by offering to reimburse the capital value of the rent and renouncing the recovery of the payments made, but he may not substitute an insurer to make the payments in his place.

[1991, c. 64, a. 1803].

1804. The lessee is personally liable towards the lessor for the rent. He is not discharged from his obligation by his abandonment of the immovable or its destruction by superior force.

[1991, c. 64, a. 1804].

1805. In all other respects, the rules pertaining to contracts of sale and to annuities apply to contracts of alienation for rent.

[1991, c. 64, a. 1805].

Chapter II —
Gifts

SECTION I —
NATURE AND SCOPE OF GIFTS

1806. Gift is a contract by which a person, the donor, transfers ownership of property by gratuitous title to another person, the donee; a dismemberment of the right of

aussi porter sur un démembrement du droit de propriété ou sur tout autre droit dont on est titulaire.

ownership, or any other right held by the person, may also be transferred by gift.

La donation peut être faite entre vifs ou à cause de mort.

[1991, c. 64, a. 1806].

Gifts may be *inter vivos* or *mortis causa*.

[1991, c. 64, a. 1806].

▌ C.C.Q., 916, 1371 et s., 1377-1456, 1807-1841.

1807. La donation entre vifs est celle qui emporte le dessaisissement actuel du donateur, en ce sens que celui-ci se constitue actuellement débiteur envers le donataire.

Le fait que le transfert du bien ou sa délivrance soient assortis d'un terme, ou que le transfert porte sur un bien individualisé que le donateur s'engage à acquérir, ou sur un bien déterminé quant à son espèce seulement que le donateur s'engage à délivrer, n'empêche pas le dessaisissement du donateur d'être actuel.

[1991, c. 64, a. 1807].

1807. A gift which entails actual divesting of the donor in the sense that the donor actually becomes the debtor of the donee is a gift *inter vivos*.

The fact that the transfer or delivery of the property is subject to a term or that the transfer affects a* certain and determinate property which the donor undertakes to acquire or a* property determinate only as to kind which the donor undertakes to deliver does not prevent the divesting of the donor from being actual divesting.

[1991, c. 64, a. 1807].

▌ C.C.Q., 1453, 1508 et s., 1806, 1818, 1821-1825, 1836-1841.

1808. La donation à cause de mort est celle où le dessaisissement du donateur demeure subordonné à son décès et n'a lieu qu'à ce moment.

[1991, c. 64, a. 1808].

1808. A gift whereby the divesting of the donor remains conditional on his death and takes place only at that time is a gift *mortis causa*.

[1991, c. 64, a. 1808].

▌ C.C.Q., 613 et s., 731 et s., 1806, 1818-1820, 1839-1841.

1809. L'acte par lequel une personne renonce à exercer un droit qui ne lui est pas encore acquis ou renonce, purement et simplement, à une succession ou à un legs ne constitue pas une donation.

[1991, c. 64, a. 1809].

1809. An act by which a person renounces a right that he has not yet acquired or unconditionally renounces a succession or legacy does not constitute a gift.

[1991, c. 64, a. 1809].

▌ C.C.Q., 619, 630-652, 741, 1806.

1810. La donation rémunératoire ou la donation avec charge ne vaut donation que pour ce qui excède la valeur de la rémunération ou de la charge.

[1991, c. 64, a. 1810].

1810. A remunerative gift or a gift with a charge constitutes a gift only for the value in excess of that of the remuneration or charge.

[1991, c. 64, a. 1810].

▌ C.C.Q., 1806, 1821, 1830, 1831-1835, 1838.

1811. La donation indirecte et la donation déguisée sont régies, sauf quant à la forme, par les dispositions du présent chapitre.

[1991, c. 64, a. 1811].

1811. Indirect gifts and disguised gifts are governed by this chapter, except as to their form.

[1991, c. 64, a. 1811].

▌ C.C.Q., 1451, 1688, 1806 et s.

1812. La promesse d'une donation n'équivaut pas à donation; elle ne confère au bénéficiaire de la promesse que le droit de réclamer du promettant, à défaut par ce dernier de remplir sa promesse, des dommages-intérêts équivalents aux avantages que ce bénéficiaire a concédés et aux frais qu'il a faits en considération de la promesse.

[1991, c. 64, a. 1812].

▌ C.C.Q., 1396, 1397, 1590, 1607 et s., 1806; D.T., 103.

1812. The promise of a gift does not constitute a gift but only confers on the beneficiary of the promise the right to claim damages from the promisor, on his failure to fulfil his promise, equivalent to the benefits which the beneficiary has granted and the expenses he has incurred in consideration of the promise.

[1991, c. 64, a. 1812].

SECTION II —
DE CERTAINES CONDITIONS DE LA DONATION

SECTION II —
CERTAIN CONDITIONS PERTAINING TO GIFTS

§ 1. — De la capacité de donner et de recevoir

§ 1. — Capacity to make and receive gifts

1813. Même représenté par son tuteur ou son curateur, le mineur ou le majeur protégé ne peut donner que des biens de peu de valeur et des cadeaux d'usage, sous réserve des règles relatives au contrat de mariage ou d'union civile.

[1991, c. 64, a. 1813; 2002, c. 6, a. 50].

▌ C.C.Q., 153-221, 256-290, 434-436, 1299 et s., 1816, 1839-1841.

1813. Minors and protected persons of full age, even represented by their tutors or curators, may not make gifts except gifts of property of little value or customary presents, subject to the rules pertaining to marriage or civil union contract.

[1991, c. 64, a. 1813; 2002, c. 6, s. 50].

1814. Les père et mère ou le tuteur peuvent accepter la donation faite à un mineur ou, sous la condition qu'il naisse vivant et viable, à un enfant conçu mais non encore né.

Seul le tuteur ou le curateur peut accepter la donation faite à un majeur protégé. Le mineur et le majeur pourvu d'un tuteur peuvent, néanmoins, accepter seuls la donation de biens de peu de valeur ou de cadeaux d'usage.

[1991, c. 64, a. 1814].

▌ C.C.Q., 153-221, 256-290, 1299 et s.

1814. Fathers and mothers or tutors may accept gifts made to minors or, provided they are born alive and viable, to children conceived but yet unborn.

Only tutors or curators may accept gifts made to protected persons of full age. Minors and persons of full age who have tutors may, nevertheless, accept alone gifts of property of little value or customary presents.

[1991, c. 64, a. 1814].

1815. Le majeur à qui il est nommé un conseiller dont l'assistance est requise pour accepter une donation peut aussi donner, s'il est ainsi assisté.

[1991, c. 64, a. 1815].

▌ C.C.Q., 172, 173, 258, 291-294.

1815. A person of full age who, to accept a gift, requires the assistance of the adviser appointed to him may also make a gift with his assistance.

[1991, c. 64, a. 1815].

§ 2. — De certaines règles de validité de la donation

1816. La donation d'un bien par une personne qui n'en est pas propriétaire ou qui n'est pas chargée de le donner ni autorisée à le faire est nulle, à moins que le donateur ne se soit expressément engagé à l'acquérir.

[1991, c. 64, a. 1816].

❚ C.C.Q., 1315, 1806, 1807, 1826.

1817. La donation faite au propriétaire, à l'administrateur ou au salarié d'un établissement de santé ou de services sociaux qui n'est ni le conjoint ni un proche parent du donateur est nulle si elle est faite au temps où le donateur y est soigné ou y reçoit des services.

La donation faite à un membre de la famille d'accueil à l'époque où le donateur y demeure est également nulle.

[1991, c. 64, a. 1817].

❚ C.C.Q., 761, 1416, 1419, 1806.

1818. La donation entre vifs ne peut porter que sur des biens présents.

Celle qui prétendrait porter sur des biens à venir est réputée faite à cause de mort, mais celle qui porte à la fois sur des biens présents et à venir n'est réputée faite à cause de mort qu'à l'égard des biens à venir.

[1991, c. 64, a. 1818].

❚ C.C.Q., 1807, 1808.

1819. La donation à cause de mort est nulle, à moins qu'elle ne soit faite par contrat de mariage ou d'union civile ou qu'elle ne puisse valoir comme legs.

[1991, c. 64, a. 1819; 2002, c. 6, a. 50].

❚ C.C.Q., 431, 521.8, 613, 704, 731 et s., 1416 et s., 1808, 1818, 1839-1841.

1820. La donation faite durant la maladie réputée mortelle du donateur, suivie ou non de son décès, est nulle comme faite à cause de mort si aucune circonstance n'aide à la valider.

§ 2. — Certain rules governing the validity of gifts

1816. The gift of property by a person who does not own it or who is not charged with giving it or authorized to give it is null, unless the donor has expressly undertaken to acquire the property.

[1991, c. 64, a. 1816].

1817. A gift made to the owner, a director or an employee of a health or social services establishment who is neither the spouse nor a close relative of the donor is null if it was made while the donor was receiving care or services at the establishment.

A gift made to a member of a foster family while the donor was residing with that family is also null.

[1991, c. 64, a. 1817].

1818. Gifts *inter vivos* are valid only as to present property.

The gift of future property is deemed to be *mortis causa*, but the gift of both present and future property is deemed to be *mortis causa* only with respect to the future property.

[1991, c. 64, a. 1818].

1819. A gift *mortis causa* is null unless it is made by marriage or civil union contract or unless it may be upheld as a legacy.

[1991, c. 64, a. 1819; 2002, c. 6, s. 50].

1820. A gift made during the deemed mortal illness of the donor is null as having been made *mortis causa*, whether or not death follows, unless circumstances tend to render it valid.

Néanmoins, si le donateur se rétablit et laisse le donataire en possession paisible pendant trois ans, le vice disparaît.

[1991, c. 64, a. 1820].

▌ C.C.Q., 921, 922, 1807, 1808.

1821. La donation entre vifs qui impose au donataire l'obligation d'acquitter des dettes ou des charges autres que celles qui existent lors de la donation est nulle, à moins que la nature de ces autres dettes ou charges ne soit exprimée au contrat et que leur montant n'y soit déterminé.

[1991, c. 64, a. 1821].

▌ C.C.Q., 1807, 1810, 1831-1835; D.T., 104.

1822. La donation entre vifs stipulée révocable suivant la seule discrétion du donateur est nulle, alors même qu'elle est faite par contrat de mariage ou d'union civile.

[1991, c. 64, a. 1822; 2002, c. 6, a. 50].

▌ C.C.Q., 431, 1500, 1807, 1839, 1840.

1823. La donation entre vifs ne peut être faite qu'à titre particulier; autrement, elle est nulle, de nullité absolue.

[1991, c. 64, a. 1823].

▌ C.C.Q., 734, 1807.

§ 3. — De la forme et de la publicité de la donation

1824. La donation d'un bien meuble ou immeuble s'effectue, à peine de nullité absolue, par acte notarié en minute; elle doit être publiée.

Il est fait exception à ces règles lorsque, s'agissant de la donation d'un bien meuble, le consentement des parties s'accompagne de la délivrance et de la possession immédiate du bien.

[1991, c. 64, a. 1824].

▌ C.C.Q., 899-907, 921 et s., 1416-1418, 1422, 2814, 2819, 2934, 2938, 2941, 2970.

If the donor recovers and leaves the donee in peaceable possession for three years, the nullity is covered.

[1991, c. 64, a. 1820].

1821. A gift *inter vivos* which imposes on the donee the obligation to pay debts or charges other than those existing at the time of the gift is null, unless the nature and amount of those other debts or charges are specified in the contract.

[1991, c. 64, a. 1821].

1822. A gift *inter vivos* stipulated to be revocable at the sole discretion of the donor is null, even if it is made by marriage or civil union contract.

[1991, c. 64, a. 1822; 2002, c. 6, s. 50].

1823. A gift *inter vivos* made otherwise than by particular title is absolutely null.

[1991, c. 64, a. 1823].

§ 3. — Form and publication of gifts

1824. The gift of movable or immovable property is made, on pain of absolute nullity, by notarial act *en minute*, and shall be published.

These rules do not apply where, in the case of the gift of movable property, the consent of the parties is accompanied by delivery and immediate possession of the property.

[1991, c. 64, a. 1824].

§ 1. — Dispositions générales

§ 1. — General provisions

1825. Le donateur délivre le bien en mettant le donataire en possession du bien ou en permettant au donataire qu'il en prenne possession, tous obstacles étant écartés.

[1991, c. 64, a. 1825].

■ C.C.Q., 1453, 1456, 1806, 1807.

1825. The donor delivers the property by putting the donee in possession of it or allowing him to take possession of it, all hindrances being removed.

[1991, c. 64, a. 1825].

1826. Le donateur n'est tenu de transférer que les droits qu'il a sur le bien donné.

[1991, c. 64, a. 1826].

■ C.C.Q., 1806, 1827.

1826. The donor is bound to transfer only the rights he holds in the property given.

[1991, c. 64, a. 1826].

1827. Le donataire ne peut recouvrer du donateur le paiement qu'il a fait pour libérer le bien donné d'un droit appartenant à un tiers ou pour exécuter une charge, que dans la mesure où le paiement excède l'avantage qu'il retire de la donation.

Cependant, le donataire évincé peut recouvrer du donateur les frais payés en raison de la donation, au-delà de l'avantage qu'il en retire, si l'éviction, totale ou partielle, provient d'un vice du droit transféré que le donateur connaissait mais n'a pas révélé lors de la donation.

[1991, c. 64, a. 1827].

■ C.C.Q., 1553, 1806, 1810, 1826; D.T., 83.

1827. The donee may not recover from the donor a payment he has made to free the property of a right vested in a third person or to execute a charge, except so far as the payment exceeds the benefit he derives from the gift.

The evicted donee may, however, recover from the donor the expenses paid in connection with the gift in excess of the benefit he derives from it if the eviction, whether total or partial, results from a defect in the transferred right which the donor was aware of but failed to disclose at the time of the gift.

[1991, c. 64, a. 1827].

1828. Le donateur ne répond pas des vices cachés qui affectent le bien donné.

Toutefois, il est tenu de réparer le préjudice causé au donataire en raison d'un vice qui porte atteinte à son intégrité physique, s'il connaissait ce vice et ne l'a pas révélé lors de la donation.

[1991, c. 64, a. 1828].

■ C.C.Q., 1458, 1471, 1474, 1607 et s., 1806; D.T., 83.

1828. The donor is not liable for latent defects in the property given.

He is liable, however, for injury caused to the donee as a result of a defect which impairs his physical integrity, if he was aware of the defect but failed to disclose it at the time of the gift.

[1991, c. 64, a. 1828].

1829. Le donateur paie les frais du contrat; le donataire, ceux de l'enlèvement du bien.

[1991, c. 64, a. 1829].

▌ C.C.Q., 1825.

§ 2. — Des dettes du donateur

1830. Le donataire n'est tenu que des dettes du donateur qui se rattachent à une universalité d'actif et de passif qu'il reçoit, à moins qu'il n'en résulte autrement du contrat ou de la loi.

[1991, c. 64, a. 1830].

▌ C.C.Q., 613, 1821, 1823, 1827, 1831-1835; D.T., 104.

§ 3. — Des charges stipulées en faveur d'un tiers

1831. La donation peut être assortie d'une charge ou d'une stipulation en faveur d'un tiers.

[1991, c. 64, a. 1831].

▌ C.C.Q., 1444-1450, 1810, 1832-1835, 1838.

1832. La charge stipulée au bénéfice de plusieurs personnes, sans détermination de leurs parts respectives, emporte, au décès de l'une, accroissement de sa part en faveur des cobénéficiaires survivants.

Toutefois, lorsque les parts respectives des bénéficiaires sont déterminées, le décès de l'un n'emporte pas accroissement.

[1991, c. 64, a. 1832].

▌ C.C.Q., 1810, 1831, 1835.

1833. Le donataire est tenu personnellement des charges grevant le bien donné.

[1991, c. 64, a. 1833].

▌ C.C.Q., 1810, 1821, 1831-1835.

1834. La charge qui, en raison de circonstances imprévisibles lors de l'acceptation de la donation, devient impossible ou trop onéreuse pour le donataire, peut être modifiée ou révoquée par le tribunal, compte

1829. The donor pays the expenses related to the contract and the donee, those related to the removal of the property.

[1991, c. 64, a. 1829].

§ 2. — Debts of the donor

1830. Unless otherwise provided in the contract or by law, the donee is only liable for debts of the donor connected with a universality of assets and liabilities he receives.

[1991, c. 64, a. 1830].

§ 3. — Charges stipulated in favour of third persons

1831. A gift may be made with a charge or a stipulation in favour of a third person.

[1991, c. 64, a. 1831].

1832. A charge stipulated in favour of several persons with no determination of their respective shares entails, upon the death of one of them, the accretion of his share in favour of the surviving co-beneficiaries.

Where the respective shares of the beneficiaries are determined, the death of one of them does not entail accretion.

[1991, c. 64, a. 1832].

1833. The donee is personally liable for charges on the property.

[1991, c. 64, a. 1833].

1834. A charge which, owing to circumstances unforeseeable at the time of the acceptance of the gift, becomes impossible or too burdensome for the donee may be varied or revoked by the court, taking ac-

tenu de la valeur de la donation, de l'intention du donateur et des circonstances.

[1991, c. 64, a. 1834].

▌C.C.Q., 771, 1810, 1831-1835.

1835. La révocation ou la caducité de la charge stipulée en faveur d'un tiers profite au donataire, à moins qu'un autre bénéficiaire ne soit désigné.

[1991, c. 64, a. 1835].

▌C.C.Q., 1831-1834.

count of the value of the gift, the intention of the donor and the circumstances.

[1991, c. 64, a. 1834].

1835. The revocation or lapse of a charge stipulated in favour of a third person benefits the donee, unless another beneficiary is designated.

[1991, c. 64, a. 1835].

SECTION IV —
DE LA RÉVOCATION DE LA DONATION POUR CAUSE D'INGRATITUDE

1836. Toute donation entre vifs peut être révoquée pour cause d'ingratitude.

Il y a cause d'ingratitude lorsque le donataire a eu envers le donateur un comportement gravement[1] répréhensible, eu égard à la nature de la donation, aux facultés des parties et aux circonstances.

[1991, c. 64, a. 1836].

Note 1 : Comp. a. 621.

▌C.C.Q., 620, 621, 1807, 1837, 1838.

SECTION IV —
REVOCATION OF GIFTS ON ACCOUNT OF INGRATITUDE

1836. Gifts *inter vivos* may be revoked on account of ingratitude.

Ingratitude is a ground of revocation where the donee has behaved in a seriously reprehensible manner towards the donor, having regard to the nature of the gift, the faculties of the parties and the circumstances.

[1991, c. 64, a. 1836].

1837. L'action en révocation doit être intentée du vivant du donataire et dans l'année qui suit la cause d'ingratitude ou le jour où le donateur en a eu connaissance.

Le décès du donateur, dans les délais utiles à l'exercice de l'action, n'éteint pas le droit, mais ses héritiers doivent agir dans l'année du décès.

[1991, c. 64, a. 1837].

▌C.C.Q., 1836, 1838, 2878.

1837. The action in revocation may be brought only during the lifetime of the donee and within one year after the ingratitude became a ground or the day the donor became aware of it.

The death of the donor within the time for bringing an action does not extinguish the right of action, but the heirs of the donor may act only within one year after his death.

[1991, c. 64, a. 1837].

1838. La révocation de la donation oblige le donataire à restituer au donateur ce qu'il a reçu en vertu du contrat, suivant les règles du présent livre relatives à la restitution des prestations.

1838. The revocation of a gift obliges the donee to restore to the donor what he has received under the contract, in accordance with the rules of this Book pertaining to the restitution of prestations.

Elle emporte extinction, pour l'avenir, des charges qui y sont stipulées.

[1991, c. 64, a. 1838].

■ C.C.Q., 1699-1707, 1810, 1831-1837.

The revocation extinguishes, for the future, the charges stipulated in the contract.

[1991, c. 64, a. 1838].

SECTION V —
DE LA DONATION PAR CONTRAT DE MARIAGE OU D'UNION CIVILE

SECTION V —
GIFTS MADE BY MARRIAGE OR CIVIL UNION CONTRACT

1839. Les donations consenties dans un contrat de mariage ou d'union civile peuvent être entre vifs ou à cause de mort.

Elles ne sont valides que si le contrat prend lui-même effet.

[1991, c. 64, a. 1839; 2002, c. 6, a. 50].

■ C.C.Q., 431-442, 521.8, 1806-1808, 1840, 1841.

1839. Gifts made by marriage or civil union contract may be *inter vivos* or *mortis causa*.

They are valid only if the contract takes effect.

[1991, c. 64, a. 1839; 2002, c. 6, s. 50].

1840. Toute personne peut faire une donation entre vifs par contrat de mariage ou d'union civile, mais seuls peuvent être donataires les futurs conjoints, les conjoints, leurs enfants respectifs et leurs enfants communs nés et à naître, s'ils naissent vivants et viables.

La donation à cause de mort ne peut avoir lieu qu'entre les personnes qui peuvent être bénéficiaires d'une donation entre vifs par contrat de mariage ou d'union civile.

[1991, c. 64, a. 1840; 2002, c. 6, a. 51].

■ C.C.Q., 431-442, 521.8, 522, 1806-1808, 1839, 1841; D.T., 105.

1840. Any person may make a gift *inter vivos* by marriage or civil union contract but only the future spouses, the spouses, their respective children and their common children born or yet unborn, if they are born alive and viable, may be donees.

The only persons between whom gifts *mortis causa* may be made are those entitled to be beneficiaries of gifts *inter vivos* made by marriage or civil union contract.

[1991, c. 64, a. 1840; 2002, c. 6, s. 51].

1841. La donation à cause de mort, même faite à titre particulier, est révocable.

Toutefois, lorsque le donateur a stipulé l'irrévocabilité de la donation, il ne peut disposer des biens à titre gratuit par acte entre vifs ou par testament, à moins d'avoir obtenu le consentement du donataire et de tous les autres intéressés ou qu'il ne s'agisse de biens de peu de valeur ou de cadeaux d'usage; il demeure, cependant, titulaire des droits sur les biens donnés et libre de les aliéner à titre onéreux.

[1991, c. 64, a. 1841].

■ C.C.Q., 437, 438, 613, 703 et s., 1808, 1839, 1840; D.T., 106.

1841. Gifts *mortis causa*, even those made by particular title, are revocable.

If a donor has stipulated that a gift is irrevocable, however, he may not dispose of the property gratuitously by an act *inter vivos* or by will without the consent of the donee and of all other interested persons, unless the gift consists of property of little value or customary presents. The donor continues nonetheless to hold his rights in the property given and he remains free to alienate it by onerous title.

[1991, c. 64, a. 1841].

Chapitre III —
Du crédit-bail

Chapter III —
Leasing

1842. Le crédit-bail est le contrat par lequel une personne, le crédit-bailleur, met un meuble à la disposition d'une autre personne, le crédit-preneur, pendant une période de temps déterminée et moyennant une contrepartie.

Le bien qui fait l'objet du crédit-bail est acquis d'un tiers par le crédit-bailleur, à la demande du crédit-preneur et conformément aux instructions de ce dernier.

Le crédit-bail ne peut être consenti qu'à des fins d'entreprise†.

[1991, c. 64, a. 1842].

Note : *Cf.* a. 1525(3); comp. a. 2683.

❚ C.C.Q., 1525, 2683.

1842. Leasing is a contract by which a person, the lessor, puts movable property at the disposal of another person, the lessee, for a fixed term and in return for payment.

The lessor acquires the property that is the subject of the leasing from a third person, at the demand and in accordance with the instructions of the lessee.

Leasing may be entered into for business† purposes only.

[1991, c. 64, a. 1842].

1843. Le bien qui fait l'objet du crédit-bail conserve sa nature mobilière tant que dure le contrat, même s'il est rattaché ou réuni à un immeuble, pourvu qu'il ne perde pas son individualité.

[1991, c. 64, a. 1843].

❚ C.C.Q., 903.

1843. Property that is the subject of a leasing, even if attached or joined to an immovable, retains its movable nature for as long as the contract lasts, provided it does not lose its individuality.

[1991, c. 64, a. 1843].

1844. Le crédit-bailleur doit dénoncer le contrat de crédit-bail dans l'acte d'achat.

[1991, c. 64, a. 1844].

❚ C.C.Q., 1845.

1844. The lessor shall disclose the contract of leasing in the deed of purchase.

[1991, c. 64, a. 1844].

1845. Le vendeur du bien est directement tenu envers le crédit-preneur des garanties légales et conventionnelles inhérentes au contrat de vente.

[1991, c. 64, a. 1845].

❚ C.C.Q., 1716-1733.

1845. The seller of the property is directly bound towards the lessee by the legal and conventional warranties inherent in the contract of sale.

[1991, c. 64, a. 1845].

1846. Le crédit-preneur assume, à compter du moment où il en prend possession, tous les risques de perte du bien, même par force majeure.

Il en assume, de même, les frais d'entretien et de réparation.

[1991, c. 64, a. 1846].

❚ C.C.Q., 921-933, 1470.

1846. The lessee assumes all risks of loss of the property, even by superior force, from the time he takes possession of it.

He likewise assumes all maintenance and repair expenses.

[1991, c. 64, a. 1846].

1847. Les droits de propriété du crédit-bailleur ne sont opposables aux tiers que s'ils sont publiés; cette opposabilité est acquise à compter du crédit-bail si ces droits sont publiés dans les quinze jours.

La cession des droits de propriété du crédit-bailleur n'est également opposable aux tiers que si elle est publiée.

[1991, c. 64, a. 1847; 1998, c. 5, a. 7].

1847. The rights of ownership of the lessor have effect against third persons only if they have been published; effect against third persons operates from the date of the leasing contract provided the rights are published within fifteen days.

As well, the transfer of the lessor's rights of ownership has effect against third persons only if it has been published.

[1991, c. 64, a. 1847; 1998, c. 5, s. 7].

Note : L'expression « *to have effect against third persons* » utilisée à titre d'équivalent de « pour être opposable aux tiers » peut être comparée à celle, plus fréquemment usitée, de « *to set up against third persons* », employée notamment à l'a. 2941. / The expression "to have effect against third persons" as equivalent for "*pour être opposable aux tiers*" may be compared to the more frequent use of "to set up against third persons" in, *e.g.*, a. 2941.

■ C.C.Q., 927, 2934-2940.

1848. Le crédit-preneur peut, après que le crédit-bailleur est en demeure, considérer le contrat de crédit-bail comme étant résolu si le bien ne lui est pas délivré dans un délai raisonnable depuis le contrat ou dans le délai fixé dans la mise en demeure.

[1991, c. 64, a. 1848].

■ C.C.Q., 1594, 1595, 1605, 1606, 1699-1707.

1848. If the property is not delivered to the lessee within a reasonable time after the formation of the contract or within the time fixed in the demand for delivery, the lessee may, once the lessor is in default, consider the contract of leasing resolved.

[1991, c. 64, a. 1848].

1849. Lorsque le contrat de crédit-bail est résolu et que le crédit-preneur a retiré un avantage du contrat, le crédit-bailleur peut déduire, lors de la restitution des prestations qu'il a reçues du crédit-preneur, une somme raisonnable qui tienne compte de cet avantage.

[1991, c. 64, a. 1849].

■ C.C.Q., 1605, 1606, 1699-1707.

1849. Where the contract of leasing is resolved and the lessee has derived a benefit from the contract, the lessor, when returning the prestations he has received from the lessee, may deduct a reasonable sum to take account of such benefit.

[1991, c. 64, a. 1849].

1850. Lorsque le contrat de crédit-bail prend fin, le crédit-preneur est tenu de rendre le bien au crédit-bailleur, à moins qu'il ne se soit prévalu, le cas échéant, de la faculté que lui réserve le contrat de l'acquérir.

[1991, c. 64, a. 1850].

■ C.C.Q., 1842, 1843.

1850. Upon termination of the contract of leasing, the lessee is bound to return the property to the lessor unless, where applicable, he has availed himself of the option to acquire it given to him by the contract.

[1991, c. 64, a. 1850].

Chapitre IV —
Du louage

Chapter IV —
Lease

SECTION I —
DE LA NATURE DU LOUAGE

SECTION I —
NATURE OF LEASE

1851. Le louage, aussi appelé bail, est le contrat par lequel une personne, le locateur, s'engage envers une autre personne, le locataire, à lui procurer, moyennant un loyer, la jouissance d'un bien, meuble ou immeuble, pendant un certain temps.

Le bail est à durée fixe ou indéterminée.

[1991, c. 64, a. 1851].

▌ C.C.Q., 1877.

1851. Lease is a contract by which a person, the lessor, undertakes to provide another person, the lessee, in return for a rent, with the enjoyment of a* movable or immovable property for a certain time.

The term of a lease is fixed or indeterminate.

[1991, c. 64, a. 1851].

1852. Les droits résultant du bail peuvent être publiés.

Sont toutefois soumis à la publicité les droits résultant du bail d'une durée de plus d'un an portant sur un véhicule routier ou un autre bien meuble déterminés par règlement, ou sur tout bien meuble requis pour le service ou l'exploitation d'une entreprise, sous réserve, en ce dernier cas, des exclusions prévues par règlement; l'opposabilité[1] de ces droits est acquise à compter du bail s'ils sont publiés dans les quinze jours. Le bail qui prévoit une période de location d'un an ou moins est réputé d'une durée de plus d'un an lorsque, par l'effet d'une clause de renouvellement, de reconduction[2] ou d'une autre convention de même effet, cette période peut être portée à plus d'un an.

La cession des droits résultant du bail est admise ou soumise à la publicité, selon que ces droits sont eux-mêmes admis ou soumis à la publicité.

[1991, c. 64, a. 1852; 1998, c. 5, a. 8].

1852. The rights resulting from the lease may be published.

Publication is required, however, in the case of rights under a lease with a term of more than one year in respect of a road vehicle or other movable property determined by regulation, or of any movable property required for the service or operation of an enterprise, subject, in the latter case, to regulatory exclusions; effect[1] of such rights against third persons operates from the date of the lease provided they are published within fifteen days. A lease with a term of one year or less is deemed to have a term of more than one year if, by the operation of a renewal[2] clause or other covenant to the same effect, the term of the lease may be increased to more than one year.

The transfer of rights under a lease requires or is open to publication, according to whether the rights themselves require or are open to publication.

[1991, c. 64, a. 1852; 1998, c. 5, s. 8].

Note 1 : L'expression « *to have effect against third persons* » utilisée à titre d'équivalent de « pour être opposable aux tiers » peut être comparée à celle, plus fréquemment usitée, de « *to set up against third persons* », employée notamment à l'a. 2941. / The expression "to have effect against third persons" as equivalent for "*pour être opposable aux tiers*" may be compared to the more frequent use of "to set up against third persons" in, *e.g.*, a. 2941.

Note 2 : Comp. a. 910.

▌ C.C.Q., 2934-2940, 2995.

1853. Le bail portant sur un bien meuble ne se présume pas; la personne qui utilise le bien, avec la tolérance du propriétaire, est présumée l'avoir emprunté en vertu d'un prêt à usage.

Le bail portant sur un bien immeuble est, pour sa part, présumé lorsqu'une personne occupe les lieux avec la tolérance du propriétaire. Ce bail est à durée indéterminée; il prend effet dès l'occupation et comporte un loyer correspondant à la valeur locative.

[1991, c. 64, a. 1853].

▌ C.C.Q., 1877, 2312, 2313, 2317-2326.

1853. The lease of movable property is not presumed; a person using the property by sufferance of the owner is presumed to have borrowed it by virtue of a loan for use.

The lease of immovable property is presumed where a person occupies the premises by sufferance of the owner. The term of the lease is indeterminate; the lease takes effect upon occupancy and entails the obligation to pay a rent corresponding to the rental value.

[1991, c. 64, a. 1853].

SECTION II —
DES DROITS ET OBLIGATIONS
RÉSULTANT DU BAIL

SECTION II —
RIGHTS AND OBLIGATIONS RESULTING
FROM LEASE

§ 1. — Dispositions générales

§ 1. — General provisions

1854. Le locateur est tenu de délivrer au locataire le bien loué en bon état de réparation de toute espèce et de lui en procurer la jouissance paisible pendant toute la durée du bail.

Il est aussi tenu de garantir au locataire que le bien peut servir à l'usage pour lequel il est loué, et de l'entretenir à cette fin pendant toute la durée du bail.

[1991, c. 64, a. 1854].

▌ C.C.Q., 1863, 1864, 1890, 1893, 1910.

1854. The lessor is bound to deliver the leased property to the lessee in a good state of repair in all respects and to provide him with peaceable enjoyment of the property throughout the term of the lease.

He is also bound to warrant the lessee that the property may be used for the purpose for which it was leased and to maintain the property for that purpose throughout the term of the lease.

[1991, c. 64, a. 1854].

1855. Le locataire est tenu, pendant la durée du bail, de payer le loyer convenu et d'user du bien avec prudence et diligence.

[1991, c. 64, a. 1855].

▌ C.C.Q., 1883, 1903, 1904, 1971.

1855. The lessee is bound to pay the agreed rent and to use the property with prudence and diligence during the term of the lease.

[1991, c. 64, a. 1855].

1856. Ni le locateur ni le locataire ne peuvent, au cours du bail, changer la forme ou la destination du bien loué.

[1991, c. 64, a. 1856].

▌ C.C.Q., 1893.

1856. Neither the lessor nor the lessee may change the form or destination of the leased property during the term of the lease.

[1991, c. 64, a. 1856].

1857. Le locateur a le droit de vérifier l'état du bien loué, d'y effectuer des travaux et, s'il s'agit d'un immeuble, de le faire visiter à un locataire ou à un acquéreur éventuel; il est toutefois tenu d'user de son droit de façon raisonnable.

[1991, c. 64, a. 1857].

■ C.C.Q., 1885, 1893, 1930-1935.

1857. The lessor has the right to ascertain the condition of the leased property, to carry out work thereon and, in the case of an immovable, to have it visited by a prospective lessee or acquirer, but he is bound to exercise his right in a reasonable manner.

[1991, c. 64, a. 1857].

1858. Le locateur est tenu de garantir le locataire des troubles de droit apportés à la jouissance du bien loué.

Le locataire, avant d'exercer ses recours, doit d'abord dénoncer le trouble au locateur.

[1991, c. 64, a. 1858].

■ C.C.Q., 1893; C.P.C., 168, 216, 962, 1012.

1858. The lessor is bound to warrant the lessee against legal disturbances of enjoyment of the leased property.

Before pursuing his remedies, the lessee shall notify the lessor of the disturbance.

[1991, c. 64, a. 1858].

1859. Le locateur n'est pas tenu de réparer le préjudice qui résulte du trouble de fait qu'un tiers apporte† à la jouissance du bien; il peut l'être lorsque le tiers est aussi locataire de ce bien ou est une personne à laquelle le locataire permet l'usage ou l'accès à celui-ci.

Toutefois, si la jouissance du bien en est diminuée, le locataire conserve ses autres recours contre le locateur.

[1991, c. 64, a. 1859].

1859. The lessor is not liable for damage resulting from the disturbance of enjoyment of the property by the act† of a third person; he may be so liable where the third person is also a lessee of that property or is a person whom the lessee allows to use or to have access to the property.

If the enjoyment of the property is diminished by the disturbance, however, the lessee retains his other remedies against the lessor.

1991, c. 64, a. 1859].

Note : Le silence du texte français quant au comportement du tiers permet de croire qu'il peut s'agir, de sa part, d'une action ou d'une omission, alors qu'en employant le terme « *act* », le texte anglais semble fermer la porte à l'omission. / That the French text does not qualify the conduct of the third person would suggest that such conduct includes acts and omissions. The use of the term "act" in the English text would appear to exclude omissions.

■ C.C.Q., 1860, 1861; C.P.C., 34.

1860. Le locataire est tenu de se conduire de manière à ne pas troubler la jouissance normale des autres locataires.

Il est tenu, envers le locateur et les autres locataires, de réparer le préjudice qui peut résulter de la violation de cette obligation, que cette violation soit due à son fait† ou au fait† des personnes auxquelles il permet l'usage du bien ou l'accès à celui-ci.

1860. A lessee is bound to act in such a way as not to disturb the normal enjoyment of the other lessees.

He is liable, towards the lessor and the other lessees, for damage that may result from a violation of that obligation, whether the violation is due to his own act† or to the act† of persons he allows to use or to have access to the property.

Le locateur peut, au cas de violation de cette obligation, demander la résiliation du bail.

[1991, c. 64, a. 1860].

▌ C.C.Q., 1457, 1607-1625, 1882, 1893.

In case of violation of this obligation, the lessor may demand resiliation of the lease.

[1991, c. 64, a. 1860].

1861. Le locataire, troublé par un autre locataire ou par les personnes auxquelles ce dernier permet l'usage du bien ou l'accès à celui-ci, peut obtenir, suivant les circonstances, une diminution de loyer ou la résiliation du bail, s'il a dénoncé au locateur commun le trouble et que celui-ci persiste.

Il peut aussi obtenir des dommages-intérêts du locateur commun, à moins que celui-ci ne prouve qu'il a agi avec prudence et diligence; le locateur peut s'adresser au locataire fautif, afin d'être indemnisé pour le préjudice qu'il a subi.

[1991, c. 64, a. 1861].

▌ C.C.Q., 1457, 1604-1625, 1893; C.P.C., 34.

1861. A lessee who is disturbed by another lessee or by persons whom another lessee allows to use or to have access to the property may obtain, according to the circumstances, a reduction of rent or the resiliation of the lease, if he notified the common lessor of the disturbance and if the disturbance persists.

He may also recover damages from the common lessor unless the lessor proves that he acted with prudence and diligence; the lessor has a recourse against the lessee at fault for compensation for the injury suffered by him.

[1991, c. 64, a. 1861].

1862. Le locataire est tenu de réparer le préjudice subi par le locateur en raison des pertes survenues au bien loué, à moins qu'il ne prouve que ces pertes ne sont pas dues à sa faute ou à celle des personnes à qui il permet l'usage du bien ou l'accès à celui-ci.

Néanmoins, lorsque le bien loué est un immeuble, le locataire n'est tenu des dommages-intérêts résultant d'un incendie que s'il est prouvé que celui-ci est dû à sa faute ou à celle des personnes à qui il a permis l'accès à l'immeuble.

[1991, c. 64, a. 1862].

▌ C.C.Q., 1457, 1607-1625, 1893.

1862. The lessee is liable for damage suffered by the lessor by reason of loss affecting the leased property unless he proves that the loss is not due to his fault or that of persons he allows to use or to have access to the property.

Where the leased property is an immovable, the lessee is not liable for damages resulting from a fire unless it is proved that the fire was due to his fault or that of persons he allowed to have access to the immovable.

[1991, c. 64, a. 1862; 2002, c. 19, s. 15].

1863. L'inexécution d'une obligation par l'une des parties confère à l'autre le droit de demander, outre des dommages-intérêts, l'exécution en nature, dans les cas qui le permettent. Si l'inexécution lui cause à elle-même ou, s'agissant d'un bail immobilier, aux autres occupants, un préjudice sérieux, elle peut demander la résiliation du bail.

L'inexécution confère, en outre, au locataire le droit de demander une diminution

1863. The nonperformance of an obligation by one of the parties entitles the other party to apply for, in addition to damages, specific performance of the obligation in cases which admit of it. He may apply for the resiliation of the lease where the nonperformance causes serious injury to him or, in the case of the lease of an immovable, to the other occupants.

The nonperformance also entitles the lessee to apply for a reduction of rent;

de loyer; lorsque le tribunal accorde une telle diminution de loyer, le locateur qui remédie au défaut a néanmoins le droit au rétablissement du loyer pour l'avenir.

[1991, c. 64, a. 1863].

▌ C.C.Q., 1457, 1601-1625, 1893.

where the court grants it, the lessor, upon remedying his default, is entitled to reestablish the rent for the future.

[1991, c. 64, a. 1863].

§ 2. — Des réparations

§ 2. — Repairs

1864. Le locateur est tenu, au cours du bail, de faire toutes les réparations nécessaires au bien loué, à l'exception des menues réparations d'entretien; celles-ci sont à la charge du locataire, à moins qu'elles ne résultent de la vétusté† du bien ou d'une force majeure.

[1991, c. 64, a. 1864].

1864. The lessor is bound, during the term of the lease, to make all necessary repairs to the leased property other than lesser maintenance repairs, which are assumed by the lessee unless they result from normal† aging of the property or superior force.

[1991, c. 64, a. 1864].

Note : Comp. A. 1890(1); a./arts 1623, 1627 C.c.B.C./C.C.L.C.

▌ C.C.Q., 1458, 1470.

1865. Le locataire doit subir les réparations urgentes et nécessaires pour assurer la conservation ou la jouissance du bien loué.

Le locateur qui procède à ces réparations peut exiger l'évacuation ou la dépossession temporaire du locataire, mais il doit, s'il ne s'agit pas de réparations urgentes, obtenir l'autorisation préalable du tribunal, lequel fixe alors les conditions requises pour la protection des droits du locataire.

Le locataire conserve néanmoins, suivant les circonstances, le droit d'obtenir une diminution de loyer, celui de demander la résiliation du bail ou, en cas d'évacuation ou de dépossession temporaire, celui d'exiger une indemnité.

[1991, c. 64, a. 1865].

▌ C.C.Q., 1604-1606, 1893; C.P.C., 46, 547.

1865. The lessee shall allow urgent and necessary repairs to be made to ensure the preservation or enjoyment of the leased property.

A lessor who makes such repairs may require the lessee to vacate or be dispossessed of the property temporarily but, if the repairs are not urgent, he shall first obtain the authorization of the court, which also fixes the conditions required to protect the rights of the lessee.

The lessee retains, according to the circumstances, the right to obtain a reduction of rent, to apply for the resiliation of the lease or, if he vacates or is dispossessed of the property temporarily, to demand compensation.

[1991, c. 64, a. 1865].

1866. Le locataire qui a connaissance d'une défectuosité ou d'une détérioration substantielles du bien loué, est tenu d'en aviser le locateur dans un délai raisonnable.

[1991, c. 64, a. 1866].

▌ C.C.Q., 1863, 1893.

1866. A lessee who becomes aware of a serious defect or deterioration of the leased property is bound to inform the lessor within a reasonable time.

[1991, c. 64, a. 1866].

1867. Lorsque le locateur n'effectue pas les réparations ou améliorations auxquelles il est tenu, en vertu du bail ou de la loi, le locataire peut s'adresser au tribunal afin d'être autorisé à les exécuter.

Le tribunal, s'il autorise les travaux, en détermine le montant et fixe les conditions pour les effectuer. Le locataire peut alors retenir sur son loyer les dépenses faites pour l'exécution des travaux autorisés, jusqu'à concurrence du montant ainsi fixé.

[1991, c. 64, a. 1867].

■ C.C.Q., 1907.

1868. Le locataire peut, après avoir tenté d'informer le locateur ou après l'avoir informé si celui-ci n'agit pas en temps utile, entreprendre une réparation ou engager une dépense, même sans autorisation du tribunal, pourvu que cette réparation ou cette dépense soit urgente et nécessaire pour assurer la conservation ou la jouissance du bien loué. Le locateur peut toutefois intervenir à tout moment pour poursuivre les travaux.

Le locataire a le droit d'être remboursé des dépenses raisonnables qu'il a faites dans ce but; il peut, si nécessaire, retenir sur son loyer le montant de ces dépenses.

[1991, c. 64, a. 1868].

■ C.C.Q., 1893; C.P.C., 547.

1869. Le locataire est tenu de rendre compte au locateur des réparations ou améliorations effectuées au bien et des dépenses engagées, de lui remettre les pièces justificatives de ces dépenses et, s'il s'agit d'un meuble, de lui remettre les pièces remplacées.

Le locateur, pour sa part, est tenu de rembourser la somme qui excède le loyer retenu, mais il n'est tenu, le cas échéant, qu'à concurrence de la somme que le locataire a été autorisé à débourser.

[1991, c. 64, a. 1869].

■ C.C.Q., 1863, 1893, 1907; C.P.C., 532.

1867. Where a lessor fails to make the repairs or improvements he is bound to make under the lease or by law, the lessee may apply to the court for authorization to carry them out himself.

If the court grants authorization to make the repairs or improvements, it determines their amount and fixes the conditions to be observed in carrying them out. The lessee may then withhold from his rent the amount of the expenses incurred to carry out the authorized work, up to the amount fixed by the court.

[1991, c. 64, a. 1867].

1868. Where the lessee has attempted to inform the lessor, or has informed him but the lessor has not acted in due course, the lessee may undertake repairs or incur expenses, even without the authorization of the court, provided they are urgent and necessary to ensure the preservation or enjoyment of the leased property. The lessor may intervene at any time, however, to pursue the work.

The lessee is entitled to reimbursement of the reasonable expenses he incurred for that purpose; he may, if necessary, withhold the amount of such expenses from his rent.

[1991, c. 64, a. 1868].

1869. The lessee is bound to render an account to the lessor of the repairs or improvements made to the property and the expenses incurred and to deliver to him the vouchers for such expenses and, in the case of movable property, the replaced parts.

The lessor is bound to reimburse the lessee for any amount in excess of the rent withheld, but not in excess of the amount the lessee was authorized to disburse, where that is the case.

[1991, c. 64, a. 1869].

§ 3. — De la sous-location du bien et de la cession du bail

§ 3. — Sublease of property and assignment of lease

1870. Le locataire peut sous-louer tout ou partie du bien loué ou céder le bail. Il est alors tenu d'aviser le locateur de son intention, de lui indiquer le nom et l'adresse de la personne à qui il entend sous-louer le bien ou céder le bail et d'obtenir le consentement du locateur à la sous-location ou à la cession.

[1991, c. 64, a. 1870].

▌C.C.Q., 1863, 1893, 1981, 1995.

1870. A lessee may sublease all or part of the leased property or assign his lease. In either case, he is bound to give notice of his intention and the name and address of the intended sublessee or assignee to the lessor and to obtain his consent.

[1991, c. 64, a. 1870].

1871. Le locateur ne peut refuser de consentir à la sous-location du bien ou à la cession du bail sans un motif sérieux.

Lorsqu'il refuse, le locateur est tenu d'indiquer au locataire, dans les quinze jours de la réception de l'avis, les motifs de son refus; s'il omet de le faire, il est réputé avoir consenti.

[1991, c. 64, a. 1871].

▌C.C.Q., 1863, 1893.

1871. The lessor may not refuse to consent to the sublease of the property or the assignment of the lease without a serious reason.

If he refuses, he is bound to inform the lessee of his reasons for refusing within fifteen days after receiving the notice; otherwise, he is deemed to have consented to the sublease or assignment.

[1991, c. 64, a. 1871].

1872. Le locateur qui consent à la sous-location ou à la cession ne peut exiger que le remboursement des dépenses raisonnables qui peuvent résulter de la sous-location ou de la cession.

[1991, c. 64, a. 1872].

▌C.C.Q., 1863, 1893.

1872. A lessor who consents to the sublease of the property or the assignment of the lease may not exact any payment other than the reimbursement of any reasonable expenses resulting from the sublease or assignment.

[1991, c. 64, a. 1872].

1873. La cession de bail décharge l'ancien locataire de ses obligations, à moins que, s'agissant d'un bail autre que le bail d'un logement, les parties n'aient convenu autrement.

[1991, c. 64, a. 1873].

▌C.C.Q., 1892-1902.

1873. The assignment of a lease acquits the former lessee of his obligations, unless, where the lease is not a lease of a dwelling, the parties agree otherwise.

[1991, c. 64, a. 1873].

1874. Lorsqu'une action est intentée par le locateur contre le locataire, le sous-locataire n'est tenu, envers le locateur, qu'à concurrence du loyer de la sous-location

1874. Where the lessor brings an action against the lessee, the sublessee may not be bound towards the lessor for any amount except the rent for the sublease

dont il est lui-même débiteur envers le locataire; il ne peut opposer les paiements faits par anticipation.

which he owes to the lessee; the sublessee may not set up advance payments.

Le paiement fait par le sous-locataire soit en vertu d'une stipulation portée à son bail et dénoncée au locateur, soit conformément à l'usage des lieux†, n'est pas considéré fait par anticipation.

Payments made by the sublessee under a stipulation included in his lease and notified to the lessor, or in accordance with local† usage are not considered to be advance payments.

[1991, c. 64, a. 1874].

[1991, c. 64, a. 1874].

▌ C.C.Q., 1553-1569.

1875. Lorsque l'inexécution d'une obligation par le sous-locataire cause un préjudice sérieux au locateur ou aux autres locataires ou occupants, le locateur peut demander la résiliation de la sous-location.

1875. Where the nonperformance of an obligation by a sublessee causes serious damage to the lessor or the other lessees or occupants, the lessor may apply for the resiliation of the sublease.

[1991, c. 64, a. 1875].

[1991, c. 64, a. 1875].

▌ C.C.Q., 1604-1606, 1893.

1876. Faute par le locateur d'exécuter les obligations auxquelles il est tenu, le sous-locataire peut exercer les droits et recours appartenant au locataire du bien pour les faire exécuter.

1876. Where a lessor fails to perform his obligations, the sublessee may exercise the rights and remedies of the lessee to have them performed.

[1991, c. 64, a. 1876].

[1991, c. 64, a. 1876].

▌ C.C.Q., 1893.

SECTION III —
DE LA FIN DU BAIL

SECTION III —
TERMINATION OF THE LEASE

1877. Le bail à durée fixe cesse de plein droit à l'arrivée du terme. Le bail à durée indéterminée cesse lorsqu'il est résilié par l'une ou l'autre des parties.

1877. A lease with a fixed term terminates of right upon expiry of the term. A lease with an indeterminate term terminates upon resiliation by one of the parties.

[1991, c. 64, a. 1877].

[1991, c. 64, a. 1877].

▌ C.C.Q., 1594, 1604-1606.

1878. Le bail à durée fixe peut être reconduit. Cette reconduction doit être expresse, à moins qu'il ne s'agisse du bail d'un immeuble, auquel cas elle peut être tacite.

1878. A lease with a fixed term may be renewed. It may only be renewed expressly, but the lease of an immovable may be renewed tacitly.

[1991, c. 64, a. 1878].

[1991, c. 64, a. 1878].

▌ C.C.Q., 1877, 1879.

1879. Le bail est reconduit tacitement lorsque le locataire continue, sans opposition

1879. A lease is renewed tacitly where the lessee continues to occupy the premises

de la part du locateur, d'occuper les lieux plus de dix jours après l'expiration du bail.

Dans ce cas, le bail est reconduit pour un an ou pour la durée du bail initial, si celle-ci était inférieure à un an, aux mêmes conditions. Le bail reconduit est lui-même sujet à reconduction.

[1991, c. 64, a. 1879].

❚ C.C.Q., 1878.

1880. La durée du bail ne peut excéder cent ans. Si elle excède cent ans, elle est réduite à cette durée.

[1991, c. 64, a. 1880].

❚ C.C.Q., 1123, 1197, 2376.

1881. La sûreté consentie par un tiers pour garantir l'exécution des obligations du locataire ne s'étend pas au bail reconduit.

[1991, c. 64, a. 1881].

❚ C.C.Q., 2335, 2343.

1882. La partie qui entend résilier un bail à durée indéterminée doit donner à l'autre partie un avis à cet effet.

L'avis est donné dans le même délai que le terme fixé pour le paiement du loyer ou, si le terme excède trois mois, dans un délai de trois mois. Toutefois, lorsque le bien loué est un bien meuble, ce délai est de dix jours, quel que soit le terme fixé pour le paiement du loyer.

[1991, c. 64, a. 1882].

❚ C.C.Q., 1946.

1883. Le locataire poursuivi en résiliation du bail pour défaut de paiement du loyer peut éviter la résiliation en payant, avant jugement, outre le loyer dû et les frais, les intérêts au taux fixé en application de l'article 28 de la *Loi sur l'administration fiscale* (chapitre A-6.002) ou à un autre taux convenu avec le locateur si ce taux est moins élevé.

[1991, c. 64, a. 1883; 2010, c. 31, a. 175].

❚ C.C.Q., 1893, 1971; C.P.C., 187-191.

for more than ten days after the expiry of the lease without opposition from the lessor.

In that case, the lease is renewed for one year or for the term of the initial lease, if that was less than one year, on the same conditions. The renewed lease is also subject to renewal.

[1991, c. 64, a. 1879].

1880. The term of a lease may not exceed one hundred years. If it exceeds one hundred years, it is reduced to that term.

[1991, c. 64, a. 1880].

1881. Security given by a third person to secure the performance of the obligations of the lessee does not extend to a renewed lease.

[1991, c. 64, a. 1881].

1882. A party who intends to resiliate a lease with an indeterminate term shall give the other party notice to that effect.

The term of the notice is of the same duration as the term fixed for payment of the rent, but may not be of more than three months. Where the leased property is a movable, however, the notice is of ten days, whatever the period fixed for payment of the rent may be.

[1991, c. 64, a. 1882].

1883. A lessee against whom proceedings for resiliation of a lease are brought for non-payment of the rent may avoid the resiliation by paying, before judgment, in addition to the rent due and costs, interest at the rate fixed in accordance with section 28 of the *Tax Administration Act* (chapter A-6.002) or at any other lower rate agreed with the lessor.

[1991, c. 64, a. 1883; 2010, c. 31, s. 175].

1884. Le décès de l'une des parties n'emporte pas résiliation du bail.

[1991, c. 64, a. 1884].

▌ C.C.Q., 1938, 1939, 1944, 1948.

1884. A lease is not resiliated by the death of either party.

[1991, c. 64, a. 1884].

1885. Lorsque le bail d'un immeuble est à durée fixe, le locataire doit, aux fins de location, permettre la visite des lieux et l'affichage au cours des trois mois qui précèdent l'expiration du bail, ou au cours du mois qui précède si le bail est de moins d'un an.

Lorsque le bail est à durée indéterminée, le locataire est tenu à cette obligation à compter de l'avis de résiliation.

[1991, c. 64, a. 1885].

▌ C.C.Q., 1857.

1885. Where the lease of an immovable is for a fixed term, the lessee shall allow the premises to be visited and signs to be posted, for leasing purposes, during the three months preceding the expiry of the lease, or during the month preceding it if the lease is for less than one year.

Where the lease is for an indeterminate term, the lessee is bound to allow such activities from the date of the notice of resiliation.

[1991, c. 64, a. 1885].

1886. L'aliénation volontaire ou forcée du bien loué, de même que l'extinction du titre du locateur pour toute autre cause, ne met pas fin de plein droit au bail.

[1991, c. 64, a. 1886].

▌ C.P.C., 684, 696.1.

1886. Voluntary or forced alienation of leased property or extinction of the lessor's title for any other reason does not terminate the lease of right.

[1991, c. 64, a. 1886].

1887. L'acquéreur ou celui qui bénéficie de l'extinction du titre peut résilier le bail à durée indéterminée en suivant les règles ordinaires de résiliation prévues à la présente section.

S'il s'agit d'un bail immobilier à durée fixe et qu'il reste à courir plus de douze mois à compter de l'aliénation ou de l'extinction du titre, il peut le résilier à l'expiration de ces douze mois en donnant par écrit un préavis de six mois au locataire. Si le bail a été inscrit au bureau de la publicité des droits avant que l'ait été l'acte d'aliénation ou l'acte à l'origine de l'extinction du titre, il ne peut résilier le bail.

S'il s'agit d'un bail mobilier à durée fixe, l'avis est d'un mois.

[1991, c. 64, a. 1887].

▌ C.C.Q., 1882, 2934-2940; C.P.C., 696.1.

1887. The acquirer or the person who benefits from the extinction of title may resiliate the lease, if it is a lease with an indeterminate term, in accordance with the ordinary rules pertaining to resiliation contained in this section.

In the case of the lease of an immovable with a fixed term and if more than twelve months remain from the date of alienation or extinction of title, he may resiliate it upon expiry of the twelve months by giving the lessee written notice of six months. He may not resiliate the lease if it was registered in the registry office before the deed of alienation or the act by which the title is extinguished was so registered.

In the case of the lease of a movable with a fixed term, notice is of one month.

[1991, c. 64, a. 1887].

1888. L'expropriation totale du bien loué met fin au bail à compter de la date à la-

1888. The total expropriation of leased property terminates the lease from the date

quelle l'expropriant peut prendre possession du bien selon la *Loi sur l'expropriation* (chapitre E-24).

on which the expropriating party is allowed to take possession of the property in accordance with the *Expropriation Act* (chapter E-24).

Si l'expropriation est partielle, le locataire peut, suivant les circonstances, obtenir une diminution du loyer ou la résiliation du bail.

[1991, c. 64, a. 1888].

In the case of partial expropriation, the lessee may, according to the circumstances, obtain a reduction of rent or the resiliation of his lease.

[1991, c. 64, a. 1888].

❚ C.C.Q., 1863.

1889. Le locateur d'un immeuble peut obtenir l'expulsion du locataire qui continue d'occuper les lieux loués après la fin du bail ou après la date convenue au cours du bail pour la remise des lieux; le locateur d'un meuble peut, dans les mêmes circonstances, obtenir la remise du bien.

[1991, c. 64, a. 1889].

1889. The lessor of an immovable may obtain the eviction of a lessee who continues to occupy the leased premises after the expiry of the lease or after the date for surrender of the premises agreed upon during the term of the lease; the lessor of a movable may, in the same circumstances, obtain the handing over of the property.

[1991, c. 64, a. 1889].

❚ C.C.Q., 1458, 1601-1603, 1607-1625, 1877, 1940; C.P.C., 547.

1890. Le locataire est tenu, à la fin du bail, de remettre le bien dans l'état où il l'a reçu, mais il n'est pas tenu des changements résultant de la vétusté, de l'usure normale du bien ou d'une force majeure.

1890. Upon termination of the lease, the lessee is bound to surrender the property in the condition in which he received it but he is not liable for changes resulting from aging or fair wear and tear of the property or superior force.

L'état du bien peut être constaté par la description ou les photographies qu'en ont faites les parties; à défaut de constatation, le locataire est présumé avoir reçu le bien en bon état au début du bail.

[1991, c. 64, a. 1890].

The condition of the property may be established by the description made or the photographs taken by the parties; if it is not so established, the lessee is presumed to have received the property in good condition at the beginning of the lease.

[1991, c. 64, a. 1890].

❚ C.C.Q., 1458, 1470, 1854.

1891. Le locataire est tenu, à la fin du bail, d'enlever les constructions, ouvrages ou plantations qu'il a faits.

1891. Upon termination of the lease, the lessee is bound to remove all the constructions, works or plantations he has made.

S'ils ne peuvent être enlevés sans détériorer le bien, le locateur peut les conserver en en payant la valeur au locataire ou forcer celui-ci à les enlever et à remettre le bien dans l'état où il l'a reçu.

If they cannot be removed without deteriorating the property, the lessor may retain them by paying the value thereof to the lessee or compel the lessee to remove them and to restore the property to the condition in which it was when he received it.

Si la remise en l'état est impossible, le locateur peut les conserver sans indemnité.

[1991, c. 64, a. 1891].

If the property cannot be restored to its original condition, the lessor may retain the constructions, works or plantations without compensation.

[1991, c. 64, a. 1891].

▌ C.C.Q., 1863.

SECTION IV —
RÈGLES PARTICULIÈRES AU BAIL D'UN
LOGEMENT

SECTION IV —
SPECIAL RULES RESPECTING LEASES OF
DWELLINGS

§ 1. — Du domaine d'application

§ 1. — Application

1892. Sont assimilés à un bail de logement, le bail d'une chambre, celui d'une maison mobile placée sur un châssis, qu'elle ait ou non une fondation permanente, et celui d'un terrain destiné à recevoir une maison mobile.

1892. The lease of a room, of a mobile home placed on a chassis, with or without a permanent foundation, or of land intended for the emplacement of a mobile home is deemed to be the lease of a dwelling.

Les dispositions de la présente section régissent également les baux relatifs aux services, accessoires et dépendances du logement, de la chambre, de la maison mobile ou du terrain, ainsi qu'aux services offerts† par le locateur qui se rattachent à la personne même du locataire.

The provisions of this section also govern leases relating to the services, accessories and dependencies attached to a dwelling, a room, a mobile home or land, and to services of a personal nature provided† by the lessor to the lessee.

Cependant, ces dispositions ne s'appliquent pas aux baux suivants:

The provisions of this section do not apply to

1° Le bail d'un logement loué à des fins de villégiature;

(1) the lease of a dwelling leased as a vacation resort;

2° Le bail d'un logement dont plus du tiers de la superficie totale est utilisée à un autre usage que l'habitation;

(2) the lease of a dwelling in which over one-third of the total floor area is used for purposes other than residential purposes;

3° Le bail d'une chambre située dans un établissement hôtelier;

(3) the lease of a room situated in a hotel establishment;

4° Le bail d'une chambre située dans la résidence principale du locateur, lorsque deux chambres au maximum y sont louées ou offertes en location et que la chambre ne possède ni sortie distincte donnant sur l'extérieur ni installations sanitaires indépendantes de celles utilisées par le locateur;

(4) the lease of a room situated in the principal residence of the lessor, if not more than two rooms are rented or offered for rent and if the room has neither a separate entrance from the outside nor sanitary facilities separate from those used by the lessor;

5° Le bail d'une chambre située dans un établissement de santé et de services sociaux, sauf en application de l'article 1974.

[1991, c. 64, a. 1892; 2011, c. 29, a. 1].

■ C.C.Q., 1892.1; ■ C.P.C., 34, 954, 983.

1892.1. Sont des services qui se rattachent à la personne même du locataire les services visés au formulaire dont le contenu apparaît à l'annexe 6 du *Règlement sur les formulaires de bail obligatoires et sur les mentions de l'avis au nouveau locataire* (chapitre R-8.1, r. 3).

[2011, c. 29, a. 2].

■ C.C.Q., 1892.

1893. Est sans effet la clause d'un bail portant sur un logement, qui déroge aux dispositions de la présente section, à celles du deuxième alinéa de l'article 1854 ou à celles des articles 1856 à 1858, 1860 à 1863, 1865, 1866, 1868 à 1872, 1875, 1876 et 1883.

[1991, c. 64, a. 1893].

■ C.C.Q., 1854, 1856-1858, 1860-1863, 1865, 1866, 1868-1872, 1875, 1876, 1883.

§ 2. — Du bail

1894. Le locateur est tenu, avant la conclusion du bail, de remettre au locataire, le cas échéant, un exemplaire du règlement de l'immeuble portant sur les règles relatives à la jouissance, à l'usage et à l'entretien des logements et des lieux d'usage commun.

Ce règlement fait partie du bail.

[1991, c. 64, a. 1894].

■ C.C.Q., 1863, 1897.

1895. Le locateur est tenu, dans les dix jours de la conclusion du bail, de remettre un exemplaire du bail au locataire ou, dans le cas d'un bail verbal, de lui remettre un écrit indiquant le nom et l'adresse du locateur, le nom du locataire, le loyer et l'adresse du logement loué et reproduisant les mentions prescrites par les règlements pris par le gouvernement. Cet écrit fait partie du bail. Le bail ou l'écrit doit être

(5) the lease of a room situated in a health or social services institution, except pursuant to article 1974.

[1991, c. 64, a. 1892; 2011, c. 29, s. 1].

1892.1. The services listed in the form reproduced in Schedule 6 to the *Regulation respecting mandatory lease forms and the particulars of a notice to a new lessee* (chapter R-8.1, r. 3) are services of a personal nature provided to the lessee.

[2011, c. 29, s. 2].

1893. A clause in a lease respecting a dwelling which is inconsistent with the provisions of this section, the second paragraph of article 1854 or articles 1856 to 1858, 1860 to 1863, 1865, 1866, 1868 to 1872, 1875, 1876 and 1883 is without effect.

[1991, c. 64, a. 1893].

§ 2. — Lease

1894. Before entering into a lease, the lessor is bound to give the lessee, where applicable, a copy of the by-laws of the immovable which pertain to the rules respecting the enjoyment, use and maintenance of the dwelling and of the common premises.

The by-laws form part of the lease.

[1991, c. 64, a. 1894].

1895. Within ten days after entering into the lease, the lessor is bound to give the lessee a copy of the lease or, in the case of an oral lease, a writing setting forth the name and address of the lessor, the name of the lessee, the rent and the address of the leased property, and containing the text of the particulars prescribed by the regulations of the Government. The writing forms part of the lease. The lease or writ-

fait sur le formulaire dont l'utilisation est rendue obligatoire par les règlements pris par le gouvernement.

Il est aussi tenu, lorsque le bail est reconduit et que les parties conviennent de le modifier, de remettre au locataire, avant le début de la reconduction, un écrit qui constate les modifications au bail initial.

Le locataire ne peut, toutefois, demander la résiliation du bail si le locateur fait défaut de se conformer à ces prescriptions.

[1991, c. 64, a. 1895; 1995, c. 61, a. 2].

▌ C.C.Q., 1895.1, 1897, 1941-1946.

1895.1. Lorsque le bail comprend des services qui se rattachent à la personne même du locataire, le locateur doit indiquer, dans l'annexe appropriée du formulaire obligatoire, la partie du loyer afférente au coût de chacun de ces services.

[2011, c. 29, a. 3].

▌ C.C.Q., 1892, 1892.1, 1895.

1896. Le locateur doit, lors de la conclusion du bail, remettre au nouveau locataire un avis indiquant le loyer le plus bas payé au cours des douze mois précédant le début du bail ou, le cas échéant, le loyer fixé par le tribunal au cours de la même période, ainsi que toute autre mention prescrite par les règlements pris par le gouvernement.

Il n'est pas tenu de cette obligation lorsque le bail porte sur un logement visé aux articles 1955 et 1956.

[1991, c. 64, a. 1896].

▌ C.C.Q., 1863, 1950, 1951.

1897. Le bail, ainsi que le règlement de l'immeuble, doivent être rédigés en français. Ils peuvent cependant être rédigés dans une autre langue si telle est la volonté expresse des parties.

[1991, c. 64, a. 1897].

▌ C.C.Q., 1863.

1898. Tout avis relatif au bail, à l'exception de celui qui est donné par le locateur afin d'avoir accès au logement, doit être

ing shall be made on the form the use of which is made mandatory by the regulations of the Government.

Where the lease is renewed and the parties agree to modify it, the lessor is bound to give a writing evidencing the modifications to the initial lease to the lessee before the beginning of the renewal.

The lessee may not apply for resiliation of the lease on the ground that the lessor has failed to comply with these prescriptions.

[1991, c. 64, a. 1895; 1995, c. 61, s. 2].

1895.1. If the lease includes services of a personal nature to be provided to the lessee, the lessor must specify, in the relevant schedule to the mandatory form, the part of the rent that relates to the cost of each of those services.

[2011, c. 29, s. 3].

1896. At the time of entering into a lease, the lessor shall give a notice to the new lessee, indicating the lowest rent paid in the twelve months preceding the beginning of the lease or the rent fixed by the court during the same period, as the case may be, and containing any other particular prescribed by the regulations of the Government.

The lessor is not bound to give the notice in the case of the lease of an immovable referred to in articles 1955 and 1956.

[1991, c. 64, a. 1896].

1897. The lease and the by-laws of the immovable shall be drawn up in French. They may, however, be drawn up in another language at the express wish of the parties.

[1991, c. 64, a. 1897].

1898. Every notice relating to a lease, except notice given by the lessor with a view to having access to the dwelling, shall be

donné par écrit à l'adresse indiquée dans le bail, ou à la nouvelle adresse d'une partie lorsque l'autre en a été avisée après la conclusion du bail; il doit être rédigé dans la même langue que le bail et respecter les règles prescrites par règlement.

L'avis qui ne respecte pas ces exigences est inopposable au destinataire, à moins que la personne qui a donné l'avis ne démontre au tribunal que le destinataire n'en subit aucun préjudice.

[1991, c. 64, a. 1898].

▌ C.C.Q., 1931.

1899. Le locateur ne peut refuser de consentir un bail à une personne, refuser de la maintenir dans ses droits ou lui imposer des conditions plus onéreuses pour le seul motif qu'elle est enceinte ou qu'elle a un ou plusieurs enfants, à moins que son refus ne soit justifié par les dimensions du logement; il ne peut, non plus, agir ainsi pour le seul motif que cette personne a exercé un droit qui lui est accordé en vertu du présent chapitre ou en vertu de la *Loi sur la Régie du logement* (chapitre R-8.1).

Il peut être attribué des dommages-intérêts punitifs en cas de violation de cette disposition.

[1991, c. 64, a. 1899].

▌ C.C.Q., 1457, 1607-1625, 1863.

1900. Est sans effet la clause qui limite la responsabilité du locateur, l'en exonère ou rend le locataire responsable d'un préjudice causé sans sa faute.

Est aussi sans effet la clause visant à modifier les droits du locataire en raison de l'augmentation du nombre d'occupants, à moins que les dimensions du logement n'en justifient l'application, ou la clause limitant le droit du locataire d'acheter des biens ou d'obtenir des services de personnes de son choix, suivant les modalités dont lui-même convient.

[1991, c. 64, a. 1900].

▌ C.C.Q., 1457, 2098-2129.

given in writing at the address indicated in the lease or, after the lease has been entered into, at the new address of the party, if the other party has been informed of it; the notice shall be drawn up in the same language as the lease and conform to the rules prescribed by regulation.

A notice that does not conform to the prescribed requirements may not be set up against the addressee unless the person who gave it proves to the court that the addressee has not suffered any damage as a consequence.

[1991, c. 64, a. 1898].

1899. A lessor may not refuse to enter into a lease with a person or to maintain the person in his or her rights, or impose more onerous conditions on the person for the sole reason that the person is pregnant or has one or several children, unless the refusal is warranted by the size of the dwelling; nor can he so act for the sole reason that the person has exercised his or her rights under this chapter or the *Act respecting the Régie du logement* (chapter R-8.1).

Punitive damages may be awarded in cases where this provision is violated.

[1991, c. 64, a. 1899].

1900. A clause which limits the liability of the lessor or exempts him from liability or renders the lessee liable for damage caused without his fault is without effect.

A clause to modify the rights of a lessee by reason of an increase in the number of occupants, unless the size of the dwelling warrants it, or to limit the right of a lessee to purchase property or obtain services from such persons as he chooses, and on such terms and conditions as he sees fit, is also without effect.

[1991, c. 64, a. 1900].

1901. Est abusive la clause qui stipule une peine dont le montant excède la valeur du préjudice réellement subi par le locateur, ainsi que celle qui impose au locataire une obligation qui est, en tenant compte des circonstances, déraisonnable.

Cette clause est nulle ou l'obligation qui en découle, réductible.

[1991, c. 64, a. 1901].

❚ C.C.Q., 1622-1625.

1901. A clause stipulating a penalty in an amount exceeding the value of the damage actually suffered by the lessor, or imposing an obligation on the lessee which is unreasonable in the circumstances, is an abusive clause.

Such a clause is null or any obligation arising from it may be reduced.

[1991, c. 64, a. 1901].

1902. Le locateur ou toute autre personne ne peut user de harcèlement envers un locataire de manière à restreindre son droit à la jouissance paisible des lieux ou à obtenir qu'il quitte le logement.

Le locataire, s'il est harcelé, peut demander que le locateur ou toute autre personne qui a usé de harcèlement soit condamné à des dommages-intérêts punitifs.

[1991, c. 64, a. 1902].

❚ C.C.Q., 1457, 1607-1625, 1863, 1968.

1902. Neither the lessor nor any other person may harass a lessee in such a manner as to limit his right to peaceable enjoyment of the premises or to induce him to leave the dwelling.

A lessee who suffers harassment may demand that the lessor or any other person who has harassed him be condemned to pay punitive damages.

[1991, c. 64, a. 1902].

§ 3. — Du loyer

§ 3. — Rent

1903. Le loyer convenu doit être indiqué dans le bail.

Il est payable par versements égaux, sauf le dernier qui peut être moindre; il est aussi payable le premier jour de chaque terme, à moins qu'il n'en soit convenu autrement.

[1991, c. 64, a. 1903].

❚ C.C.Q., 1863.

1903. The rent agreed upon shall be indicated in the lease.

It is payable in equal instalments, except the last, which may be less; it is payable on the first day of each payment period, unless otherwise agreed.

[1991, c. 64, a. 1903].

1904. Le locateur ne peut exiger que chaque versement excède un mois de loyer; il ne peut exiger d'avance que le paiement du premier terme de loyer ou, si ce terme excède un mois, le paiement de plus d'un mois de loyer.

Il ne peut, non plus, exiger une somme d'argent autre que le loyer, sous forme de dépôt ou autrement, ou exiger, pour le paiement, la remise d'un chèque ou d'un autre effet postdaté.

[1991, c. 64, a. 1904].

❚ C.C.Q., 1863.

1904. The lessor may not exact any instalment in excess of one month's rent; he may not exact payment of rent in advance for more than the first payment period or, if that period exceeds one month, payment of more than one month's rent.

Nor may he exact any amount of money other than the rent, in the form of a deposit or otherwise, or demand that payment be made by postdated cheque or any other postdated instrument.

[1991, c. 64, a. 1904].

relativement à la sécurité ou à la salubrité d'un logement;

2° Tout manquement du locateur aux exigences minimales fixées par la loi, relativement à l'entretien, à l'habitabilité, à la sécurité et à la salubrité d'un immeuble comportant un logement.

[1991, c. 64, a. 1912].

■ C.C.Q., 1863, 1907.

1913. Le locateur ne peut offrir en location ni délivrer un logement impropre à l'habitation.

Est impropre à l'habitation le logement dont l'état constitue une menace sérieuse pour la santé ou la sécurité des occupants ou du public, ou celui qui a été déclaré tel par le tribunal ou par l'autorité compétente.

[1991, c. 64, a. 1913].

■ C.C.Q., 1863, 1907.

1914. Le locataire peut refuser de prendre possession du logement qui lui est délivré s'il est impropre à l'habitation; le bail est alors résilié de plein droit.

[1991, c. 64, a. 1914].

■ C.C.Q., 1604-1606.

1915. Le locataire peut abandonner son logement s'il devient impropre à l'habitation. Il est alors tenu d'aviser le locateur de l'état du logement, avant l'abandon ou dans les dix jours qui suivent.

Le locataire qui donne cet avis est dispensé de payer le loyer pour la période pendant laquelle le logement est impropre à l'habitation, à moins que l'état du logement ne résulte de sa faute.

[1991, c. 64, a. 1915].

■ C.C.Q., 1457, 1898, 1972, 1975.

1916. Dès que le logement redevient propre à l'habitation, le locateur est tenu d'en aviser le locataire, si ce dernier l'a avisé de sa nouvelle adresse; le locataire est alors tenu, dans les dix jours, d'aviser le locateur de son intention de réintégrer ou non le logement.

posed by law with respect to the safety and sanitation of dwellings;

(2) failure on the part of the lessor to comply with the minimum requirements fixed by law with respect to the maintenance, habitability, safety and sanitation of immovables comprising a dwelling.

[1991, c. 64, a. 1912].

1913. The lessor may not offer for rent or deliver a dwelling that is unfit for habitation.

A dwelling is unfit for habitation if it is in such a condition as to be a serious danger to the health or safety of its occupants or the public, or if it has been declared so by the court or by a competent authority.

[1991, c. 64, a. 1913].

1914. A lessee may refuse to take possession of a dwelling delivered to him if it is unfit for habitation; in such a case, the lease is resiliated of right.

[1991, c. 64, a. 1914].

1915. A lessee may abandon his dwelling if it becomes unfit for habitation, but he is bound to inform the lessor of the condition of the dwelling before abandoning it or within the following ten days.

A lessee who gives such a notice to the lessor is exempt from rent for the period during which the dwelling is unfit for habitation, unless the condition of the dwelling is the result of his own fault.

[1991, c. 64, a. 1915].

1916. As soon as the dwelling becomes fit for habitation again, the lessor is bound to inform the lessee, if the lessee has given him his new address; the lessee is then bound to notify the lessor within the following ten days as to whether or not he intends to return to the dwelling.

Si le locataire n'a pas avisé le locateur de sa nouvelle adresse ou de son intention de réintégrer le logement, le bail est résilié de plein droit et le locateur peut consentir un bail à un nouveau locataire.

[1991, c. 64, a. 1916].

▌C.C.Q., 1604-1606, 1898.

Where the lessee has not given the lessor his new address or fails to notify him that he intends to return to the dwelling, the lease is resiliated of right and the lessor may enter into a lease with a new lessee.

[1991, c. 64, a. 1916].

1917. Le tribunal peut, à l'occasion de tout litige relatif au bail, déclarer, même d'office, qu'un logement est impropre à l'habitation; il peut alors statuer sur le loyer, fixer les conditions nécessaires à la protection des droits du locataire et, le cas échéant, ordonner que le logement soit rendu propre à l'habitation.

[1991, c. 64, a. 1917].

▌C.C.Q., 1913.

1917. The court, when seised of any dispute in connection with a lease, may, even of its own motion, declare that the dwelling is unfit for habitation; it may then rule on the rent, fix the conditions necessary for the protection of the rights of the lessee and, where applicable, order that the dwelling be made fit for habitation again.

[1991, c. 64, a. 1917].

1918. Le locataire peut requérir du tribunal qu'il enjoigne au locateur d'exécuter ses obligations relativement à l'état du logement lorsque leur inexécution risque de rendre le logement impropre à l'habitation.

[1991, c. 64, a. 1918].

▌C.C.Q., 1913.

1918. The lessee may apply to the court for an order enjoining the lessor to perform his obligations regarding the condition of the dwelling, where their nonperformance threatens to make the dwelling unfit for habitation.

[1991, c. 64, a. 1918].

1919. Le locataire ne peut, sans le consentement du locateur, employer ou conserver dans un logement une substance qui constitue un risque d'incendie ou d'explosion et qui aurait pour effet d'augmenter les primes d'assurance du locateur.

[1991, c. 64, a. 1919].

▌C.C.Q., 1863.

1919. The lessee may not, without the consent of the lessor, use or keep in a dwelling a substance which constitutes a risk of fire or explosion and which would lead to an increase in the insurance premiums of the lessor.

[1991, c. 64, a. 1919].

1920. Le nombre d'occupants d'un logement doit être tel qu'il permet à chacun de vivre dans des conditions normales de confort et de salubrité.

[1991, c. 64, a. 1920].

▌C.C.Q., 1911.

1920. The occupants of a dwelling shall be of such a number as to allow each of them to live in normal conditions of comfort and sanitation.

[1991, c. 64, a. 1920].

1921. Lorsqu'une personne handicapée, sérieusement restreinte dans ses déplacements, occupe un logement, qu'elle soit ou non elle-même locataire, le locateur est tenu, à la demande du locataire, d'identifier le logement, conformément à la *Loi*

1921. Where a handicapped person significantly limited in his movements occupies a dwelling, whether or not that person is the lessee, the lessor is bound, at the demand of the lessee, to identify the dwelling in accordance with the *Act to secure*

assurant l'exercice des droits des personnes handicapées en vue de leur intégration scolaire, professionnelle et sociale (chapitre E-20.1).

[1991, c. 64, a. 1921; 2004, c. 31, a. 71].

▌ C.C.Q., 1863.

handicapped persons in the exercise of their rights with a view to achieving social, school and workplace integration (chapter E-20.1).

[1991, c. 64, a. 1921; 2004, c. 31, s. 71].

§ 5. — De certaines modifications au logement

§ 5. — Certain changes to dwelling

1922. Une amélioration majeure ou une réparation majeure non urgente, ne peut être effectuée dans un logement avant que le locateur n'en ait avisé le locataire et, si l'évacuation temporaire du locataire est prévue†, avant que le locateur ne lui ait offert une indemnité égale aux dépenses raisonnables qu'il devra assumer en raison de cette évacuation.

[1991, c. 64, a. 1922].

▌ C.C.Q., 1066, 1863, 1898, 1929.

1922. No major improvements or repairs other than urgent improvements or repairs may be made in a dwelling without prior notice from the lessor to the lessee nor, if it is necessary† for the lessee to vacate temporarily, until the lessor has offered an indemnity to him equal to the reasonable expenses he will have to incur by reason of the vacancy.

[1991, c. 64, a. 1922].

1923. L'avis indique la nature des travaux, la date à laquelle ils débuteront et l'estimation de leur durée, ainsi que, s'il y a lieu, la période d'évacuation nécessaire; il précise aussi, le cas échéant, le montant de l'indemnité offerte, ainsi que toutes autres conditions dans lesquelles s'effectueront les travaux, si elles† sont susceptibles de diminuer substantiellement la jouissance des lieux.

L'avis doit être donné au moins dix jours avant la date prévue pour le début des travaux ou, s'il est prévu une période d'évacuation de plus d'une semaine, au moins trois mois avant celle-ci.

[1991, c. 64, a. 1923].

▌ C.C.Q., 1922.

1923. The notice given to the lessee indicates the nature of the work, the date on which it is to begin and an estimation of its duration and, where required, the necessary period of vacancy; it also specifies the amount of the indemnity offered, where applicable, and any other conditions under which the work will be carried out, if it† is of such a nature as to cause a substantial reduction of the enjoyment of the premises.

The notice shall be given at least ten days before the date on which the work is to begin or, if a period of vacancy of more than one week is necessary, at least three months before that date.

[1991, c. 64, a. 1923].

1924. L'indemnité due au locataire en cas d'évacuation temporaire est payable à la date de l'évacuation.

Si l'indemnité se révèle insuffisante, le locataire peut être remboursé des dépenses raisonnables faites en surplus.

Le locataire peut aussi obtenir, selon les

1924. The indemnity due to a lessee by reason of temporary vacancy is payable on the date he vacates.

If the indemnity proves inadequate, the lessee may be reimbursed for any reasonable expenses incurred beyond the amount of the indemnity.

The lessee may also, depending on the cir-

circonstances, une diminution de loyer ou la résiliation du bail.

[1991, c. 64, a. 1924].

▌ C.C.Q., 1604-1606.

1925. Lorsque l'avis du locateur prévoit une évacuation temporaire, le locataire doit, dans les dix jours de la réception de l'avis, aviser le locateur de son intention de s'y conformer ou non; s'il omet de le faire, il est réputé avoir refusé de quitter les lieux.

En cas de refus du locataire, le locateur peut, dans les dix jours du refus, demander au tribunal de statuer sur l'opportunité de l'évacuation.

[1991, c. 64, a. 1925].

▌ C.C.Q., 1922, 1927.

1926. Lorsque aucune évacuation temporaire n'est exigée ou lorsque l'évacuation est acceptée par le locataire, celui-ci peut, dans les dix jours de la réception de l'avis, demander au tribunal de modifier ou de supprimer une condition abusive.

[1991, c. 64, a. 1926].

▌ C.C.Q., 1922, 1927.

1927. La demande du locateur ou celle du locataire est instruite et jugée d'urgence. Elle suspend l'exécution des travaux, à moins que le tribunal n'en décide autrement.

Le tribunal peut imposer les conditions qu'il estime justes et raisonnables.

[1991, c. 64, a. 1927].

▌ C.C.Q., 1925, 1926.

1928. Il appartient au locateur, lorsque le tribunal est saisi d'une demande sur les conditions dans lesquelles les travaux seront effectués, de démontrer le caractère raisonnable de ces travaux et de ces conditions, ainsi que la nécessité de l'évacuation.

[1991, c. 64, a. 1928].

▌ C.C.Q., 1926.

cumstances, obtain a reduction of rent or resiliation of the lease.

[1991, c. 64, a. 1924].

1925. If the notice of the lessor provides for temporary vacancy, the lessee shall notify the lessor within ten days after receiving it that he intends or does not intend to comply with it; otherwise, he is deemed to have refused to vacate the premises.

If the lessee refuses to vacate, the lessor may apply to the court within ten days after the refusal for a ruling on the expediency of the vacancy.

[1991, c. 64, a. 1925].

1926. Where temporary vacancy is not required or the lessee agrees to vacate, the lessee, within ten days after receiving the notice, may apply to the court for the modification or suppression of any abusive condition.

[1991, c. 64, a. 1926].

1927. The application of the lessor or of the lessee is heard and decided by preference. It suspends the carrying out of the work unless the court orders otherwise.

The court may impose such conditions as it considers just and reasonable.

[1991, c. 64, a. 1927].

1928. Where the court is adjudicating upon an application respecting the conditions under which work is to be carried out, it is for the lessor to show that such work and conditions are reasonable and that the vacancy is necessary.

[1991, c. 64, a. 1928].

1929. Aucun avis n'est requis et aucune contestation n'est possible lorsque les modifications effectuées ont fait l'objet d'une entente entre le locateur et le locataire, dans le cadre d'un programme public de conservation et de remise en état des logements.

[1991, c. 64, a. 1929].

▌ C.C.Q., 1922, 1925, 1926.

1929. No notice is required and no contestation is allowed where the alterations made have been the subject of an agreement between the lessor and the lessee within the scope of a public housing preservation and restoration program.

[1991, c. 64, a. 1929].

§ 6. —— De l'accès et de la visite du logement

§ 6. —— Access to and visit of dwelling

1930. Le locataire qui avise le locateur de la non-reconduction du bail ou de sa résiliation est tenu de permettre la visite du logement et l'affichage, dès qu'il a donné cet avis.

[1991, c. 64, a. 1930].

▌ C.C.Q., 1863, 1898.

1930. Where a lessee gives notice of non-renewal or resiliation of the lease to the lessor, he is bound to allow the dwelling to be visited and signs to be posted from the time he gives the notice.

[1991, c. 64, a. 1930].

1931. Le locateur est tenu, à moins d'une urgence, de donner au locataire un préavis de vingt-quatre heures de son intention de vérifier l'état du logement, d'y effectuer des travaux ou de le faire visiter par un acquéreur éventuel.

[1991, c. 64, a. 1931].

▌ C.C.Q., 1857, 1863, 1898.

1931. The lessor is bound, except in case of emergency, to give the lessee a prior notice of twenty-four hours of his intention to ascertain the condition of the dwelling, to carry out work in the dwelling or to have it visited by a prospective acquirer.

[1991, c. 64, a. 1931].

1932. Le locataire peut, à moins d'une urgence, refuser que le logement soit visité par un locataire ou un acquéreur éventuel, si la visite doit avoir lieu avant 9 heures et après 21 heures; il en est de même dans le cas où le locateur désire en vérifier l'état.

Il peut, dans tous les cas, refuser la visite si le locateur ne peut être présent.

[1991, c. 64, a. 1932].

▌ C.C.Q., 1930, 1931.

1932. The lessee may, except in case of emergency, refuse to allow the dwelling to be visited by a prospective lessee or acquirer before 9 a.m. or after 9 p.m.; the same rule applies where the lessor wishes to ascertain the condition of the dwelling.

The lessee may, in any case, refuse to allow the dwelling to be visited if the lessor is unable to be present.

[1991, c. 64, a. 1932].

1933. Le locataire ne peut refuser l'accès du logement au locateur, lorsque celui-ci doit y effectuer des travaux.

Il peut, néanmoins, en refuser l'accès

1933. The lessee may not refuse to allow the lessor to have access to the dwelling to carry out work.

He may deny him access before 7 a.m. and

avant 7 heures et après 19 heures, à moins que le locateur ne doive y effectuer des travaux urgents.

[1991, c. 64, a. 1933].

█ C.C.Q., 1863.

after 7 p.m., however, unless the work is urgent.

[1991, c. 64, a. 1933].

1934. Aucune serrure ou autre mécanisme restreignant l'accès à un logement ne peut être posé ou changé sans le consentement du locateur et du locataire.

Le tribunal peut ordonner à la partie qui ne se conforme pas à cette obligation de permettre à l'autre l'accès au logement.

[1991, c. 64, a. 1934].

█ C.C.Q., 1863.

1934. No lock or other device restricting access to a dwelling may be installed or changed without the consent of the lessor and the lessee.

If either party fails to comply with his obligation, the court may order him to allow the other party to have access to the dwelling.

[1991, c. 64, a. 1934].

1935. Le locateur ne peut interdire l'accès à l'immeuble ou au logement à un candidat à une élection provinciale, fédérale, municipale ou scolaire, à un délégué officiel nommé par un comité national ou à leur représentant autorisé, à des fins de propagande électorale ou de consultation populaire en vertu d'une loi.

[1991, c. 64, a. 1935].

█ C.C.Q., 1863.

1935. The lessor may not prohibit a candidate in a provincial, federal, municipal or school election, an official delegate appointed by a national committee or the authorized representative of either from having access to the immovable or dwelling for the purposes of an election campaign or a legally constituted referendum.

[1991, c. 64, a. 1935].

§ 7. — Du droit au maintien dans les lieux

§ 7. — Right to maintain occupancy

I — Des bénéficiaires† du droit

I — Holders† of the right

1936. Tout locataire a un droit personnel au maintien dans les lieux; il ne peut être évincé du logement loué que dans les cas prévus par la loi.

[1991, c. 64, a. 1936].

█ C.C.Q., 1863, 1959, 1979, 1980.

1936. Every lessee has a personal right to maintain occupancy; he may not be evicted from the leased dwelling, except in the cases provided for by law.

[1991, c. 64, a. 1936].

1937. L'aliénation volontaire ou forcée d'un immeuble comportant un logement, ou l'extinction du titre du locateur, ne permet pas au nouveau locateur de résilier le

1937. The voluntary or forced alienation of an immovable comprising a dwelling or the extinction of the title of the lessor does not permit the new lessor to resiliate the

bail. Celui-ci est continué et peut être reconduit comme tout autre bail.

Le nouveau locateur a, envers le locataire, les droits et obligations résultant du bail.

[1991, c. 64, a. 1937].

❚ C.C.Q., 1863, 1941-1946; C.P.C., 696.1.

1938. L'époux ou le conjoint uni civilement d'un locataire ou, s'il habite avec ce dernier depuis au moins six mois, son conjoint de fait, un parent† ou un allié, a droit au maintien dans les lieux et devient locataire si, lorsque cesse la cohabitation, il continue d'occuper le logement et avise le locateur de ce fait dans les deux mois de la cessation de la cohabitation.

La personne qui habite avec le locataire au moment de son décès a le même droit et devient locataire, si elle continue d'occuper le logement et avise le locateur de ce fait dans les deux mois du décès; cependant, si elle ne se prévaut pas de ce droit, le liquidateur de la succession ou, à défaut, un héritier, peut dans le mois qui suit l'expiration de ce délai de deux mois, résilier le bail en donnant au locateur un avis d'un mois. Dans tous les cas, la personne qui habitait avec le locataire au moment de son décès, le liquidateur de sa succession ou l'héritier n'est tenu, le cas échéant, au paiement de la partie du loyer afférente au coût des services qui se rattachent à la personne même du locataire qu'à l'égard des services qui ont été fournis du vivant de celui-ci. Il en est de même du coût de tels services lorsqu'ils sont offerts† par le locateur en vertu d'un contrat distinct du bail.

[1991, c. 64, a. 1938; 2002, c. 6, a. 52; 2011, c. 29, a. 4].

❚ C.C.Q., 1863, 1892, 1892.1, 1898.

1939. Si personne n'habite avec le locataire au moment du décès, le liquidateur de la succession ou, à défaut, un héritier, peut résilier le bail en donnant au locateur, dans

lease, which is continued and may be renewed in the same manner as any other lease.

The new lessor has, towards the lessee, the rights and obligations resulting from the lease.

[1991, c. 64, a. 1937].

1938. The married or civil union spouse of a lessee, or a person who has been living with the lessee for at least six months, being the *de facto* spouse or blood† relative of the lessee or a person connected to the lessee by marriage or a civil union, is entitled to maintain occupancy if he or she continues to occupy the dwelling after the cessation of cohabitation and gives notice to that effect to the lessor within two months after the cessation of cohabitation. He or she becomes the lessee from that moment.

A person living with the lessee at the time of death of the lessee has the same right and becomes the lessee if he or she continues to occupy the dwelling and gives notice to that effect to the lessor within two months after the death. If the person does not avail himself or herself of this right, the liquidator of the succession or, failing him or her, an heir may, in the month which follows the expiry of the period of two months, resiliate the lease by giving notice of one month to that effect to the lessor. In all cases, if part of the rent covers services of a personal nature provided to the lessee, the person living with the lessee at the time of the lessee's death, the liquidator of the succession or the heir is only required to pay that part of the rent that relates to the services which were provided during the lifetime of the lessee. The same applies to the cost of such services if they are provided† by the lessor under a contract separate from the lease.

[1991, c. 64, a. 1938; 2002, c. 6, s. 52; 2011, c. 29, s. 4].

1939. If no one is living with the lessee at the time of his or her death, the liquidator of the succession or, if there is no liquidator, an heir may resiliate the lease by giv-

les six mois du décès, un avis de deux mois. La résiliation prend effet avant l'expiration de ce dernier délai si le liquidateur ou l'héritier et le locateur en conviennent ou lorsque le logement est reloué par le locateur pendant ce même délai.

Le liquidateur ou l'héritier n'est tenu, le cas échéant, au paiement de la partie du loyer afférente au coût des services qui se rattachent à la personne même du locataire qu'à l'égard des services qui ont été fournis du vivant de celui-ci. Il en est de même du coût de tels services lorsqu'ils sont offerts† par le locateur en vertu d'un contrat distinct du bail.

[1991, c. 64, a. 1939; 2011, c. 29, a. 5].

▌ C.C.Q., 1892, 1892.1, 1898.

ing the lessor two months' notice within six months after the death. The resiliation takes effect before the two-month period expires if the liquidator or the heir and the lessor so agree or when the dwelling is released by the lessor during that same period.

If part of the rent covers the cost of services of a personal nature provided to the lessee, the liquidator or the heir is only required to pay that part of the rent that relates to the services which were provided during the lifetime of the lessee. The same applies to the cost of such services if they are provided† by the lessor under a contract separate from the lease.

[1991, c. 64, a. 1939; 2011, c. 29, s. 5].

1940. Le sous-locataire d'un logement ne bénéficie pas du droit au maintien dans les lieux.

La sous-location prend fin au plus tard à la date à laquelle prend fin le bail du logement; le sous-locataire n'est cependant pas tenu de quitter les lieux avant d'avoir reçu du sous-locateur ou, en cas de défaut de sa part, du locateur principal, un avis de dix jours à cette fin.

[1991, c. 64, a. 1940].

▌ C.C.Q., 1877, 1898; D.T., 108.

1940. The sublessee of a dwelling is not entitled to maintain occupancy.

The sublease terminates not later than the date on which the lease of the dwelling terminates; however, the sublessee is not required to vacate the premises before receiving notice of ten days to that effect from the sublessor or, failing him, from the principal lessor.

[1991, c. 64, a. 1940].

II — De la reconduction et de la modification du bail

II — Renewal and modification of lease

1941. Le locataire qui a droit au maintien dans les lieux a droit à la reconduction de plein droit du bail à durée fixe lorsque celui-ci prend fin.

Le bail est, à son terme, reconduit aux mêmes conditions et pour la même durée ou, si la durée du bail initial excède douze mois, pour une durée de douze mois. Les parties peuvent, cependant, convenir d'un terme de reconduction différent.

[1991, c. 64, a. 1941].

▌ C.C.Q., 1863, 1877, 1949, 1969, 1977, 1991.

1941. A lessee entitled to maintain occupancy and having a lease with a fixed term is entitled of right to its renewal at term.

The lease is renewed at term on the same conditions and for the same term or, if the term of the initial lease exceeds twelve months, for a term of twelve months. The parties may, however, agree on a different renewal term.

[1991, c. 64, a. 1941].

1942. Le locateur peut, lors de la reconduction du bail, modifier les conditions de

1942. At the renewal of the lease, the lessor may modify its conditions, particularly

celui-ci, notamment la durée ou le loyer; il ne peut cependant le faire que s'il donne un avis de modification au locataire, au moins trois mois, mais pas plus de six mois, avant l'arrivée du terme. Si la durée du bail est de moins de douze mois, l'avis doit être donné, au moins un mois, mais pas plus de deux mois, avant le terme.

Lorsque le bail est à durée indéterminée, le locateur ne peut le modifier, à moins de donner au locataire un avis d'au moins un mois, mais d'au plus deux mois.

Ces délais sont respectivement réduits à dix jours et vingt jours s'il s'agit du bail d'une chambre.

[1991, c. 64, a. 1942].

▌ C.C.Q., 1877, 1898, 1947.

the term or the rent, but only if he gives notice of the modification to the lessee not less than three months nor more than six months before term. If the term of the lease is less than twelve months, the notice shall be given not less than one month nor more than two months before term.

A lessor may not modify a lease with an indeterminate term unless he gives the lessee a notice of not less than one month nor more than two months.

The notice is of not less than ten days nor more than twenty days in the case of the lease of a room.

[1991, c. 64, a. 1942].

1943. L'avis de modification qui vise à augmenter le loyer doit indiquer en dollars le nouveau loyer proposé, ou l'augmentation en dollars ou en pourcentage du loyer en cours. Cette augmentation peut être exprimée en pourcentage du loyer qui sera déterminé par le tribunal, si ce loyer fait déjà l'objet d'une demande de fixation ou de révision.

L'avis doit, de plus, indiquer la durée proposée du bail, si le locateur propose de la modifier, et le délai accordé au locataire pour refuser la modification proposée.

[1991, c. 64, a. 1943].

▌ C.C.Q., 1942, 1945.

1943. In every notice of modification with a view to an increase of the rent an indication shall be made of the new proposed rent in dollars or the increase expressed in dollars or as a percentage of the rent in force. The increase may be expressed as a percentage of the rent to be determined by the court, where an application for the fixing or review of the rent has been filed.

Where the lessor proposes to modify the term of the lease, the proposed term shall also be indicated in the notice, and the time granted to the lessee to refuse the proposed modification.

[1991, c. 64, a. 1943].

1944. Le locateur peut, lorsque le locataire a sous-loué le logement pendant plus de douze mois, éviter la reconduction du bail, s'il avise le locataire et le sous-locataire de son intention d'y mettre fin, dans les mêmes délais que s'il y apportait une modification.

Il peut de même, lorsque le locataire est décédé et que personne n'habitait avec lui lors de son décès, éviter la reconduction en avisant l'héritier ou le liquidateur de la succession.

[1991, c. 64, a. 1944].

▌ C.C.Q., 1898, 1948.

1944. The lessor may avoid the renewal of the lease where the lessee has subleased the dwelling for more than twelve months by giving notice, within the same time as for modification of the lease, of his intention to terminate it to the lessee and to the sublessee.

The lessor may similarly avoid the renewal of the lease where the lessee has died and no one was living with him at the time of the death, by giving the notice to the heir or to the liquidator of the succession.

[1991, c. 64, a. 1944].

1945. Le locataire qui refuse la modification proposée par le locateur est tenu, dans le mois de la réception de l'avis de modification du bail, d'aviser le locateur de son refus ou de l'aviser qu'il quitte le logement; s'il omet de le faire, il est réputé avoir accepté la reconduction du bail aux conditions proposées par le locateur.

Toutefois, lorsque le bail porte sur un logement visé à l'article 1955, le locataire qui refuse la modification proposée doit quitter le logement à la fin du bail.

[1991, c. 64, a. 1945].

■ C.C.Q., 1877, 1898, 1947.

1945. A lessee who objects to the modification proposed by the lessor is bound to notify the lessor, within one month after receiving the notice of modification of the lease, that he objects or that he is vacating the dwelling; otherwise, he is deemed to have agreed to the renewal of the lease on the conditions proposed by the lessor.

In the case of a lease of a dwelling described in article 1955, however, the lessee shall vacate the dwelling upon termination of the lease if he objects to the proposed modification.

[1991, c. 64, a. 1945].

1946. Le locataire qui n'a pas reçu du locateur un avis de modification des conditions du bail peut éviter la reconduction d'un bail à durée fixe ou mettre fin à un bail à durée indéterminée, en donnant au locateur un avis de non-reconduction ou de résiliation du bail, dans les mêmes délais que ceux que doit respecter le locateur lorsqu'il donne un avis de modification.

[1991, c. 64, a. 1946].

■ C.C.Q., 1898, 1942.

1946. A lessee who has not received a notice of modification of the conditions of the lease from the lessor may avoid the renewal of a lease with a fixed term or terminate a lease with an indeterminate term by giving notice of non-renewal or resiliation of the lease to the lessor, within the same time as a lessor giving notice of modification.

[1991, c. 64, a. 1946].

III — De la fixation des conditions du bail

III — Fixing conditions of lease

1947. Le locateur peut, lorsque le locataire refuse la modification proposée, s'adresser au tribunal dans le mois de la réception de l'avis de refus, pour faire fixer le loyer ou, suivant le cas, faire statuer sur toute autre modification du bail; s'il omet de le faire, le bail est reconduit de plein droit aux conditions antérieures.

[1991, c. 64, a. 1947].

■ C.C.Q., 1896, 1952, 1953, 1955, 1956.

1947. Where a lessee objects to the proposed modification, the lessor may apply to the court, within one month after receiving the notice of objection, for the fixing of the rent or for a ruling on any other modification of the lease, as the case may be; otherwise, the lease is renewed of right on the same conditions.

[1991, c. 64, a. 1947].

1948. Le locataire qui a sous-loué son logement pendant plus de douze mois, ainsi que l'héritier ou le liquidateur de la succession d'un locataire décédé, peut, dans le mois de la réception d'un avis donné par le locateur pour éviter la reconduction du bail, s'adresser au tribunal pour en contester le bien-fondé; s'il omet de le faire, il est réputé avoir accepté la fin du bail.

1948. A lessee who has subleased his dwelling for more than twelve months, or an heir or the liquidator of the succession of a lessee who has died may, within one month after receiving notice of the intention of the lessor to avoid the renewal of the lease, contest the notice on its merits before the court; otherwise, he is deemed to have agreed to terminate the lease.

Si le tribunal accueille la demande du locataire, mais que sa décision est rendue après l'expiration du délai pour donner un avis de modification du bail, celui-ci est reconduit, mais le locateur peut alors s'adresser au tribunal pour faire fixer un nouveau loyer, dans le mois de la décision finale.

[1991, c. 64, a. 1948].

C.C.Q., 1942, 1953, 1955, 1956.

Where the court grants the application of the lessee after the expiry of the time for giving notice of modification of the lease, the lease is renewed but the lessor may, within one month after the final judgment, apply to the court for the fixing of a new rent.

[1991, c. 64, a. 1948].

1949. Lorsque le bail prévoit le réajustement du loyer, les parties peuvent s'adresser au tribunal pour contester le caractère excessif ou insuffisant du réajustement proposé ou convenu et faire fixer le loyer.

La demande doit être faite dans le mois où le réajustement doit prendre effet.

[1991, c. 64, a. 1949].

C.C.Q., 1896, 1953, 1955, 1956.

1949. Where the lease provides for the adjustment of the rent, the parties may apply to the court to contest the excessive or inadequate nature of the proposed or agreed adjustment and for the fixing of the rent.

The application shall be made within one month from the date on which the adjustment is to take effect.

[1991, c. 64, a. 1949].

1950. Un nouveau locataire ou un sous-locataire peut faire fixer le loyer par le tribunal lorsqu'il paie un loyer supérieur au loyer le moins élevé des douze mois qui précèdent le début du bail ou, selon le cas, de la sous-location, à moins que ce loyer n'ait déjà été fixé par le tribunal.

La demande doit être présentée dans les dix jours de la conclusion du bail ou de la sous-location. Elle doit l'être dans les deux mois du début du bail ou de la sous-location lorsqu'elle est présentée par un nouveau locataire ou par un sous-locataire qui n'ont pas reçu du locateur, lors de la conclusion du bail ou de la sous-location, l'avis indiquant le loyer le moins élevé de l'année précédente; si le locateur a remis un avis comportant une fausse déclaration, la demande doit être présentée dans les deux mois de la connaissance de ce fait.

[1991, c. 64, a. 1950].

C.C.Q., 1896.

1950. A new lessee or a sublessee may apply to the court for the fixing of the rent if his rent is higher than the lowest rent paid during the twelve months preceding the beginning of the lease or sublease, as the case may be, unless that rent has already been fixed by the court.

He may apply only within ten days after the lease or sublease has been entered into. If at the time the lease or sublease is entered into he has not received the notice from the lessor indicating the lowest rent paid in the preceding year, he may apply no later than two months after the beginning of the lease or sublease; where the lessor has given a notice containing a false statement, the new lessee or sublessee may apply no later than two months after becoming aware of that fact.

[1991, c. 64, a. 1950].

1951. N'est pas considéré comme nouveau locataire celui à qui la loi reconnaît le droit d'être maintenu dans les lieux et de devenir locataire lorsque cesse la cohabitation avec le locataire ou que celui-ci décède.

[1991, c. 64, a. 1951].

1951. A person entitled by law to maintain occupancy and to become lessee upon the cessation of cohabitation with the lessee or the death of the lessee is not considered to be a new lessee.

[1991, c. 64, a. 1951].

C.C.Q., 1938.

1952. Le tribunal qui autorise la modification d'une condition du bail fixe le loyer exigible pour le logement, compte tenu de la valeur relative de la modification par rapport au loyer du logement.

[1991, c. 64, a. 1952].

C.C.Q., 1896.

1953. Le tribunal saisi d'une demande de fixation ou de réajustement de loyer détermine le loyer exigible, en tenant compte des normes fixées par les règlements.

Le loyer qu'il fixe est en vigueur pour la même durée que le bail reconduit ou pour celle qu'il détermine, mais qui ne peut excéder douze mois.

S'il accorde une augmentation de loyer, il peut échelonner le paiement des arriérés sur une période qui n'excède pas le terme du bail reconduit.

[1991, c. 64, a. 1953].

C.C.Q., 1553-1568, 1941.

1954. Lorsque le tribunal fixe le loyer à la demande d'un nouveau locataire, il le détermine pour la durée du bail.

Si la durée du bail excède douze mois, le locateur peut, néanmoins, en obtenir la fixation annuelle. La demande doit être faite trois mois avant l'expiration de chaque période de douze mois, après la date à laquelle la fixation du loyer a pris effet.

[1991, c. 64, a. 1954].

C.C.Q., 1950.

1955. Ni le locateur ni le locataire d'un logement loué par une coopérative d'habitation à l'un de ses membres, ne peut faire fixer le loyer ni modifier d'autres conditions du bail par le tribunal.

De même, ni le locateur ni le locataire d'un logement situé dans un immeuble nouvellement bâti ou dont l'utilisation à des fins locatives résulte d'un changement d'affectation récent ne peut exercer un tel

1952. Where the court authorizes the modification of a condition of a lease, it fixes the rent payable for the dwelling, taking into consideration the relative value of the modification in relation to the rent for the dwelling.

[1991, c. 64, a. 1952].

1953. Where the court has an application before it for the fixing or adjustment of rent, it takes into consideration the standards prescribed by regulation.

The rent fixed by the court is in force for the term of the renewed lease or for such term, not in excess of twelve months, as it determines.

If the court grants an increase of rent, it may spread the payment of the arrears over a period not exceeding the term of the renewed lease.

[1991, c. 64, a. 1953].

1954. Where the court fixes the rent on the application of a new lessee, it does so for the term of the lease.

Where the term of the lease exceeds twelve months, the lessor may nevertheless have the rent fixed annually. The application may be made no later than three months before the expiry of each period of twelve months from the date on which the fixed rent took effect.

[1991, c. 64, a. 1954].

1955. Neither the lessor nor the lessee of a dwelling leased by a housing cooperative to one of its members may apply to the court for the fixing of the rent or the modification of any other condition of the lease.

Nor may the lessor or the lessee of a dwelling situated in a recently erected immovable or an immovable used for renting as a result of a recent change of destination pursue the remedy referred to in the

recours, dans les cinq années qui suivent la date à laquelle l'immeuble est prêt pour l'usage auquel il est destiné.

Le bail d'un tel logement doit toutefois mentionner ces restrictions, à défaut de quoi le locateur ne peut les invoquer à l'encontre du locataire.

[1991, c. 64, a. 1955].

❚ C.C.Q., 1896, 1945; D.T., 109.

1956. Le locateur ou le locataire d'un logement à loyer modique ne peut faire fixer le loyer ou modifier d'autres conditions du bail que conformément aux dispositions particulières à ce type de bail.

[1991, c. 64, a. 1956].

❚ C.C.Q., 1896, 1984, 1992, 1993.

IV — De la reprise du logement et de l'éviction

1957. Le locateur d'un logement, s'il en est le propriétaire, peut le reprendre pour l'habiter lui-même ou y loger ses ascendants ou descendants au premier degré, ou tout autre parent ou allié dont il est le principal soutien.

Il peut aussi le reprendre pour y loger un conjoint dont il demeure le principal soutien après la séparation de corps, le divorce ou la dissolution de l'union civile.

[1991, c. 64, a. 1957; 2002, c. 6, a. 53].

❚ C.C.Q., 1960.

1958. Le propriétaire d'une part indivise d'un immeuble ne peut reprendre aucun logement s'y trouvant, à moins qu'il n'y ait qu'un seul autre propriétaire et que ce dernier soit son conjoint.

[1991, c. 64, a. 1958; 2002, c. 6, a. 54].

❚ C.C.Q., 1010; D.T., 110.

first paragraph within five years after the date on which the immovable is ready for its intended use.

Such restrictions shall be mentioned, however, in the lease of such a dwelling; if they are not mentioned, they may not be set up by the lessor against the lessee.

[1991, c. 64, a. 1955].

1956. The lessor or lessee of a dwelling in low-rental housing may not apply for the fixing of the rent or for the modification of any other condition of the lease except in accordance with the provisions specific to that type of lease.

[1991, c. 64, a. 1956].

IV — Repossession of a dwelling and eviction

1957. The lessor of a dwelling who is the owner of the dwelling may repossess it as a residence for himself or herself or for ascendants or descendants in the first degree or for any other relative or person connected by marriage or a civil union of whom the lessor is the main support.

The lessor may also repossess the dwelling as a residence for a spouse of whom the lessor remains the main support after a separation from bed and board or divorce or the dissolution of a civil union.

[1991, c. 64, a. 1957; 2002, c. 6, s. 53].

1958. The owner of an undivided share of an immovable may not repossess any dwelling in the immovable unless the only other owner is his or her spouse.

[1991, c. 64, a. 1958; 2002, c. 6, s. 54].

1959. Le locateur d'un logement peut en évincer le locataire pour subdiviser le logement, l'agrandir substantiellement ou en changer l'affectation.

[1991, c. 64, a. 1959].

▌ C.C.Q., 1960.

1959. The lessor of a dwelling may evict the lessee to divide the dwelling, enlarge it substantially or change its destination.

[1991, c. 64, a. 1959].

1960. Le locateur qui désire reprendre le logement ou évincer le locataire doit aviser celui-ci, au moins six mois avant l'expiration du bail à durée fixe; si la durée du bail est de six mois ou moins, l'avis est d'un mois.

Toutefois, lorsque le bail est à durée indéterminée, l'avis doit être donné six mois avant la date de la reprise ou de l'éviction.

[1991, c. 64, a. 1960].

▌ C.C.Q., 1877, 1898.

1960. A lessor wishing to repossess a dwelling or to evict a lessee shall notify him at least six months before the expiry of the lease in the case of a lease with a fixed term; if the term of the lease is six months or less, the notice is of one month.

In the case of a lease with an indeterminate term, the notice shall be given six months before the date of repossession or eviction.

[1991, c. 64, a. 1960].

1961. L'avis de reprise doit indiquer la date prévue pour l'exercer, le nom du bénéficiaire et, s'il y a lieu, le degré de parenté ou le lien du bénéficiaire avec le locateur.

L'avis d'éviction doit indiquer le motif et la date de l'éviction.

Toutefois, la reprise ou l'éviction peut prendre effet à une date postérieure, à la demande du locataire et sur autorisation du tribunal.

[1991, c. 64, a. 1961].

▌ C.C.Q., 1969.

1961. In a notice of repossession, the date fixed for the dwelling to be repossessed, the name of the beneficiary and, where applicable, the degree of relationship or the bond between the beneficiary and the lessor shall be indicated.

In a notice of eviction, the reason for and the date of eviction shall be indicated.

Repossession or eviction may take effect on a later date, however, upon the application of the lessee and with the authorization of the court.

[1991, c. 64, a. 1961].

1962. Dans le mois de la réception de l'avis de reprise, le locataire est tenu d'aviser le locateur de son intention de s'y conformer ou non; s'il omet de le faire, il est réputé avoir refusé de quitter le logement.

[1991, c. 64, a. 1962].

▌ C.C.Q., 1960, 1961.

1962. Within one month after receiving notice of repossession, the lessee is bound to notify the lessor as to whether or not he intends to comply with the notice; otherwise, he is deemed to refuse to vacate the dwelling.

[1991, c. 64, a. 1962].

laquelle le droit a été exercé, sans que le tribunal l'autorise.

Si le tribunal autorise la location du logement, il en fixe le loyer.

[1991, c. 64, a. 1970].

▌ C.C.Q., 1953.

leased or used for a purpose other than that for which the right was exercised.

If the court gives authorization to lease the dwelling, it fixes the rent.

[1991, c. 64, a. 1970].

§ 8. — De la résiliation du bail

§ 8. — Resiliation of lease

1971. Le locateur peut obtenir la résiliation du bail si le locataire est en retard de plus de trois semaines pour le paiement du loyer ou, encore, s'il en subit un préjudice sérieux, lorsque le locataire en retarde fréquemment le paiement.

[1991, c. 64, a. 1971].

▌ C.C.Q., 1907.

1971. The lessor may obtain the resiliation of the lease if the lessee is over three weeks late in paying the rent or, if he suffers serious prejudice as a result, where the lessee is frequently late in paying it.

[1991, c. 64, a. 1971].

1972. Le locateur ou le locataire peut demander la résiliation du bail lorsque le logement devient impropre à l'habitation.

[1991, c. 64, a. 1972].

▌ C.C.Q., 1913.

1972. The lessor or the lessee may apply for the resiliation of the lease if the dwelling becomes unfit for habitation.

[1991, c. 64, a. 1972].

1973. Lorsque l'une ou l'autre des parties demande la résiliation du bail, le tribunal peut l'accorder immédiatement ou ordonner au débiteur d'exécuter ses obligations dans le délai qu'il détermine, à moins qu'il ne s'agisse d'un retard de plus de trois semaines dans le paiement du loyer.

Si le débiteur ne se conforme pas à la décision du tribunal, celui-ci, à la demande du créancier, résilie le bail.

[1991, c. 64, a. 1973].

▌ C.C.Q., 1971, 1972.

1973. Where either of the parties applies for the resiliation of the lease, the court may grant it immediately or order the debtor to perform his obligations within the period it determines, except where payment of the rent is over three weeks late.

Where the debtor does not comply with the decision of the court, the court resiliates the lease on the application of the creditor.

[1991, c. 64, a. 1973].

1974. Un locataire peut résilier le bail en cours, s'il lui est attribué un logement à loyer modique ou si, en raison d'une décision du tribunal, il est relogé dans un logement équivalent qui correspond à ses besoins; il peut aussi le résilier s'il ne peut plus occuper son logement en raison d'un handicap ou, s'il s'agit d'une personne âgée, s'il est admis de façon permanente dans un centre d'hébergement et de soins de longue durée, dans une ressource inter-

1974. A lessee may resiliate the current lease if he or she is allocated a dwelling in low-rental housing or, because of a decision of the court, the lessee is relocated in an equivalent dwelling corresponding to his or her needs; the lessee may also resiliate the lease if he or she can no longer occupy the dwelling because of a handicap or, in the case of a senior, if he or she is permanently admitted to a residential and long-term care centre, to a fa-

médiaire, dans une résidence privée pour aînés où lui sont offerts† les soins infirmiers ou les services d'assistance personnelle que nécessite son état de santé ou dans tout autre lieu d'hébergement, quelle qu'en soit l'appellation, où lui sont offerts† de tels soins ou services, qu'il réside ou non dans un tel endroit au moment de son admission.

La résiliation prend effet deux mois après l'envoi d'un avis au locateur ou un mois après l'envoi d'un tel avis lorsque le bail est à durée indéterminée ou de moins de 12 mois. Elle prend toutefois effet avant l'expiration de ce† délai si les parties en conviennent ou lorsque le logement, étant libéré par le locataire, est reloué par le locateur pendant ce† même délai. L'avis doit être accompagné d'une attestation de l'autorité concernée, à laquelle est joint, dans le cas d'un aîné, le certificat d'une personne autorisée certifiant que les conditions nécessitant l'admission sont remplies.

Le locataire n'est tenu, le cas échéant, au paiement de la partie du loyer afférente au coût des services qui se rattachent à sa personne même qu'à l'égard des services qui lui ont été fournis avant qu'il quitte le logement. Il en est de même du coût de tels services lorsqu'ils sont offerts† par le locateur en vertu d'un contrat distinct du bail.

[1991, c. 64, a. 1974; 2011, c. 29, a. 6].

▌C.C.Q., 1892, 1892.1, 1898, 1984, 1990.

cility operated by an intermediate resource, to a private seniors' residence where the nursing care and personal assistance services required by his or her state of health are provided†, or to any other lodging facility, regardless of its name, where such care and services are provided†, whether or not the lessee already resides in such a place at the time of admission.

The resiliation takes effect two months after a notice is sent to the lessor, or one month after the notice is sent if the lease is for an indeterminate term or a term of less than 12 months. However, the resiliation takes effect before the two-month or one-month† period expires if the parties so agree or when the dwelling, having been vacated by the lessee, is re-leased by the lessor during that same† period. The notice must be sent with an acknowledgement from the authority concerned and, in the case of a senior, with a certificate from an authorized person stating that the conditions requiring admission to the facility have been met.

If part of the rent covers the cost of services of a personal nature provided to the lessee, the lessee is only required to pay that part of the rent that relates to the services which were provided before he or she vacated the dwelling. The same applies to the cost of such services if they are provided† by the lessor under a contract separate from the lease.

[1991, c. 64, a. 1974; 2011, c. 29, s. 6].

1974.1. Un locataire peut résilier le bail en cours si, en raison de la violence d'un conjoint ou d'un ancien conjoint ou en raison d'une agression à caractère sexuel, même par un tiers, sa sécurité ou celle d'un enfant qui habite avec lui est menacée.

La résiliation prend effet deux mois après l'envoi d'un avis au locateur ou un mois après l'envoi d'un tel avis lorsque le bail est à durée indéterminée ou de moins de 12 mois. Elle prend toutefois effet avant l'expiration de ce† délai si les parties en conviennent ou lorsque le logement, étant

1974.1. A lessee may resiliate the current lease if, because of the violent behaviour of a spouse or former spouse or because of a sexual aggression, even by a third party, the safety of the lessee or of a child living with the lessee is threatened.

The resiliation takes effect two months after a notice is sent to the lessor or one month after the notice is sent if the lease is for an indeterminate term or a term of less than 12 months. However, the resiliation takes effect before the two-month or one-month† period expires if the parties so

libéré par le locataire, est reloué par le locateur pendant ce† délai.

L'avis doit être accompagné d'une attestation d'un fonctionnaire ou d'un officier public désigné par le ministre de la Justice, qui, sur le vu de la déclaration sous serment du locataire selon laquelle il existe une situation de violence ou d'agression à caractère sexuel et sur le vu d'autres éléments de faits ou de documents provenant de personnes en contact avec les victimes et appuyant cette déclaration, considère que la résiliation du bail, pour le locataire, est une mesure de nature à assurer la sécurité de ce dernier ou celle d'un enfant qui habite avec lui. Le fonctionnaire ou l'officier public doit agir avec célérité.

Le locataire n'est tenu, le cas échéant, au paiement de la partie du loyer afférente au coût des services qui se rattachent à sa personne même ou à celle d'un enfant† qui habite avec lui qu'à l'égard des services qui ont été fournis avant qu'il quitte le logement. Il en est de même du coût de tels services lorsqu'ils sont offerts† par le locateur en vertu d'un contrat distinct du bail.

[2005, c. 49, a. 1; 2011, c. 29, a. 7].

❚ C.C.Q., 1892, 1892.1, 1898.

agree or when the dwelling, having been vacated by the lessee, is re-leased by the lessor during that same† period.

The notice must be sent with an attestation from a public servant or public officer designated by the Minister of Justice, who, on examining the lessee's sworn statement that there exists a situation involving violence or sexual aggression, and other factual elements or documents supporting the lessee's statement provided by persons in contact with the victims, considers that the resiliation of the lease is a measure that will ensure the safety of the lessee or of a child living with the lessee. The public servant or public officer must act promptly.

If part of the rent covers the cost of services of a personal nature provided to the lessee or to a child of the lessee† who lives with the lessee, the lessee is only required to pay that part of the rent that relates to the services which were provided before he or she vacated the dwelling. The same applies to the cost of such services if they are provided† by the lessor under a contract separate from the lease.

[2005, c. 49, s. 1; 2011, c. 29, s. 7].

1975. Le bail est résilié de plein droit lorsque, sans motif, un locataire déguerpit en emportant ses effets mobiliers; il peut être résilié, sans autre motif, lorsque le logement est impropre à l'habitation et que le locataire l'abandonne sans en aviser le locateur.

[1991, c. 64, a. 1975].

❚ C.C.Q., 1913, 1915, 1972.

1975. The lease is resiliated of right where a lessee abandons the dwelling without any reason, taking his movable effects with him; it may also be resiliated without further reason, where the dwelling is unfit for habitation and the lessee abandons it without notifying the lessor.

[1991, c. 64, a. 1975].

1976. Sauf stipulation contraire dans le contrat de travail, l'employeur peut résilier le bail accessoire à un tel contrat lorsque le salarié cesse d'être à son service, en lui donnant un préavis d'un mois.

Le salarié peut résilier un tel bail lorsque le contrat de travail a pris fin, s'il donne à l'employeur un préavis d'un mois, sauf stipulation contraire dans le contrat.

[1991, c. 64, a. 1976].

1976. An employer may, where an employee ceases to be in his employ, resiliate a lease that is accessory to the contract of employment by giving the employee prior notice of one month, unless otherwise stipulated in the contract.

An employee may resiliate such a lease upon the termination of the contract of employment by giving prior notice of one month to his employer, unless otherwise stipulated in the contract.

[1991, c. 64, a. 1976].

❚ C.C.Q., 1898.

1977. Lorsque le tribunal rejette une demande de résiliation de bail et que cette décision est rendue après les délais prévus pour éviter la reconduction du bail ou pour modifier celui-ci, le bail est reconduit de plein droit. Le locateur peut alors présenter au tribunal, dans le mois de la décision finale, une demande de fixation de loyer.

[1991, c. 64, a. 1977].

❚ C.C.Q., 1941, 1942, 1953.

1977. The lease is renewed of right where the court refuses an application for resiliation thereof and renders its decision after expiry of the period provided to avoid the renewal of the lease or to modify it. The lessor may then, within one month after the final decision, apply to the court to fix the rent.

[1991, c. 64, a. 1977].

1978. Le locataire doit, lorsque le bail est résilié ou qu'il quitte le logement, laisser celui-ci libre de tous effets mobiliers autres que ceux qui appartiennent au locateur. S'il laisse des effets à la fin de son bail ou après avoir abandonné le logement, le locateur en dispose conformément aux règles prescrites au livre Des biens pour le détenteur du bien confié et oublié.

[1991, c. 64, a. 1978].

❚ C.C.Q., 939-946, 1863.

1978. The lessee, on resiliation of the lease or when he vacates the dwelling, shall leave it free of all movable effects except those which belong to the lessor. If the lessee leaves movable effects at the end of the lease or after abandoning the dwelling, the lessor may dispose of them in accordance with the rules prescribed in the Book on Property which apply to the holder of property entrusted and forgotten.

[1991, c. 64, a. 1978].

§ 9. —— Des dispositions particulières à certains baux

§ 9. —— Special provisions respecting certain leases

I — Du bail dans un établissement d'enseignement

I — Lease with an educational institution

1979. La personne aux études qui loue un logement d'un établissement d'enseignement a droit au maintien dans les lieux pour toute période pendant laquelle elle est inscrite à temps plein dans cet établissement, mais elle n'y a pas droit si elle loue un logement dans un établissement autre que celui où elle est inscrite.

Celle à qui est consenti un bail pour la seule période estivale n'a pas non plus droit au maintien dans les lieux.

[1991, c. 64, a. 1979].

❚ C.C.Q., 1863.

1979. Every person pursuing studies who leases a dwelling from an educational institution is entitled to maintain occupancy for any period during which he is enrolled in the institution as a full-time student, but is not so entitled if he leases a dwelling from an institution other than the one in which he is enrolled.

A person having a lease for the summer period only is not entitled to maintain occupancy.

[1991, c. 64, a. 1979].

1980. La personne aux études qui désire bénéficier du droit au maintien dans les lieux doit donner un avis d'un mois avant

1980. A person pursuing studies who wishes to avail himself of the right to maintain occupancy shall give notice of

le terme du bail indiquant son intention de le reconduire.

L'établissement d'enseignement peut toutefois, pour des motifs sérieux, la reloger dans un logement de même genre que celui qu'elle occupe, situé dans les environs et de loyer équivalent.

[1991, c. 64, a. 1980].

▌C.C.Q., 1877, 1898, 1979.

1981. La personne aux études ne peut sous-louer son logement ou céder son bail.

[1991, c. 64, a. 1981].

▌C.C.Q., 1863.

1982. L'établissement d'enseignement peut résilier le bail d'une personne qui cesse d'étudier à plein temps; il doit cependant lui donner un préavis d'un mois, lequel peut être contesté, quant à son bienfondé, dans le mois de sa réception. La personne aux études peut, pareillement, résilier le bail.

[1991, c. 64, a. 1982].

▌C.C.Q., 1604, 1605, 1606, 1898.

1983. Le bail d'une personne aux études cesse de plein droit lorsqu'elle termine ses études ou lorsqu'elle n'est plus inscrite à l'établissement d'enseignement.

[1991, c. 64, a. 1983].

▌C.C.Q., 1979.

II — Du bail d'un logement à loyer modique

1984. Est à loyer modique le logement situé dans un immeuble d'habitation à loyer modique dont est propriétaire ou administratrice la Société d'habitation du Québec ou une personne morale dont les coûts d'exploitation sont subventionnés en totalité ou en partie par la Société, ou le logement situé dans un autre immeuble, mais dont le loyer est déterminé conformément aux règlements de la Société.

Est aussi à loyer modique le logement pour lequel la Société d'habitation du Québec convient de verser une somme à

one month before the expiry of the lease that he intends to renew it.

The educational institution may, however, for serious reasons, relocate the person in a dwelling of the same type as that which he occupies, situated in the same neighbourhood and at equivalent rent.

[1991, c. 64, a. 1980].

1981. A person pursuing studies may not sublease the dwelling or assign his lease.

[1991, c. 64, a. 1981].

1982. The educational institution may resiliate the lease of a person who ceases to be a full-time student. It shall give him prior notice of one month, which may be contested, on its merits, within one month after it is received. The person pursuing studies may, similarly, resiliate the lease.

[1991, c. 64, a. 1982].

1983. The lease of a person pursuing studies is resiliated of right when he ends his studies or ceases to be enrolled in the educational institution.

[1991, c. 64, a. 1983].

II — Lease of a dwelling in low-rental housing

1984. A dwelling situated in low-rental housing owned or administered by the Société d'habitation du Québec or by a legal person whose operating expenses are met, in whole or in part, by a subsidy from the Société d'habitation du Québec, or a dwelling which is not so situated but whose rent is fixed by by-law of the Société d'habitation du Québec is a dwelling in low-rental housing.

A dwelling for which the Société d'habitation du Québec agrees to pay an amount toward the rent is also a dwelling in low-

l'acquit du loyer, mais, en ce cas, les dispositions relatives au registre des demandes de location et à la liste d'admissibilité ne s'y appliquent pas lorsque le locataire est sélectionné par une association ayant la personnalité morale constituée à cette fin en vertu de la *Loi sur la Société d'habitation du Québec* (chapitre S-8).

[1991, c. 64, a. 1984].

∎ C.C.Q., 1974.

rental housing but, in this case, the provisions pertaining to the register of lease applications and to the eligible list do not apply where the lessee is selected by an association that is a legal person constituted for that purpose under the *Act respecting the Société d'habitation du Québec* (chapter S-8).

[1991, c. 64, a. 1984].

1985. Le locateur d'un logement à loyer modique doit tenir à jour un registre des demandes de location et une liste d'admissibilité à la location d'un logement, conformément aux règlements de la Société d'habitation du Québec et, le cas échéant, aux règlements qu'il est autorisé à prendre lui-même en application des règlements de la Société.

Lorsqu'un logement est vacant, il doit l'offrir à une personne inscrite sur la liste d'admissibilité, dans les conditions prévues par ces règlements.

[1991, c. 64, a. 1985].

1985. The lessor of a dwelling in low-rental housing shall keep an up-to-date register of lease applications and an eligible list for the lease of a dwelling, in accordance with the by-laws of the Société d'habitation du Québec and with any by-law made by the lessor himself as authorized by and pursuant to the by-laws of the Société d'habitation du Québec.

Where a dwelling is vacant, the lessor shall offer it to a person entered on the eligible list according to the conditions prescribed in the by-laws.

[1991, c. 64, a. 1985].

1986. Une personne peut, si le locateur refuse d'inscrire sa demande au registre ou de l'inscrire sur la liste d'admissibilité, s'adresser au tribunal, dans le mois du refus, pour faire réviser la décision du locateur.

La personne radiée de la liste ou inscrite dans une catégorie de logement, incluant une sous-catégorie, autre que celle à laquelle elle a droit peut, pareillement, faire réviser la décision du locateur, dans le mois qui suit la décision.

En ces cas, il incombe au locateur d'établir qu'il a agi dans les conditions prévues par les règlements. Le tribunal peut, le cas échéant, ordonner l'inscription de la demande au registre ou l'inscription, la réinscription ou le reclassement de la personne sur la liste d'admissibilité.

[1991, c. 64, a. 1986].

∎ C.C.Q., 1985.

1986. If a lessor refuses to enter the application of a person in the register or to enter his name on the eligible list, the person may apply to the court within one month after the refusal for a review of the decision.

A person whose name is removed from the list or entered on the list for a dwelling of a category or subcategory other than that to which he is entitled may also, within one month after the decision, apply to the court to have the decision of the lessor revised.

In such cases, the lessor has the burden of establishing that he acted within the conditions prescribed in the by-laws. The court may, as the case may be, order the application entered in the register or the name of the person entered, re-entered or reclassified on the eligible list.

[1991, c. 64, a. 1986].

Celui qui bénéficie du droit au maintien dans les lieux et qui reçoit un avis de résiliation du bail peut, pareillement, s'adresser au tribunal pour s'opposer au bienfondé de la résiliation, sinon il est réputé l'avoir acceptée.

[1991, c. 64, a. 1993].

❚ C.C.Q., 1936-1940.

A person who benefits from the right to maintain occupancy and who receives a notice of resiliation of the lease may, similarly, contest the resiliation on its merits before the court; otherwise, he is deemed to have agreed to it.

[1991, c. 64, a. 1993].

1994. Le locateur est tenu, au cours du bail et à la demande d'un locataire qui a subi une diminution de revenu ou un changement dans la composition de son ménage, de réduire le loyer conformément aux règlements de la Société d'habitation du Québec; s'il refuse ou néglige de le faire, le locataire peut s'adresser au tribunal pour obtenir la réduction.

Toutefois, si le revenu du locataire redevient égal ou supérieur à ce qu'il était, le loyer antérieur est rétabli; le locataire peut, dans le mois du rétablissement de loyer, s'adresser au tribunal pour contester ce rétablissement.

[1991, c. 64, a. 1994].

❚ C.C.Q., 1863.

1994. The lessor, at the request of a lessee who has suffered a reduction of income or a change in the composition of his household, is bound to reduce his rent during the term of the lease in accordance with the by-laws of the Société d'habitation du Québec; if he refuses or neglects to do so, the lessee may apply to the court for the reduction.

If the income of the lessee returns to or becomes greater than what it was, the former rent is re-established; the lessee may contest the re-establishment of the rent within one month after it is re-established.

[1991, c. 64, a. 1994].

1995. Le locataire d'un logement à loyer modique ne peut sous-louer le logement ou céder son bail.

Il peut cependant, en tout temps, résilier le bail en donnant un avis de trois mois au locateur.

[1991, c. 64, a. 1995].

❚ C.C.Q., 1863, 1898.

1995. The lessee of a dwelling in low-rental housing may not sublease the dwelling or assign his lease.

He may resiliate the lease at any time by giving three months' notice to the lessor.

[1991, c. 64, a. 1995].

III — Du bail d'un terrain destiné à l'installation d'une maison mobile

III — Lease of land intended for the installation of a mobile home

1996. Le locateur d'un terrain destiné à l'installation d'une maison mobile est tenu de délivrer le terrain et de l'entretenir en conformité avec les normes d'aménagement établies par la loi. Ces obligations font partie du bail.

[1991, c. 64, a. 1996].

❚ C.C.Q., 1863.

1996. The lessor of land intended for the installation of a mobile home is bound to deliver the land and maintain it in accordance with the development standards prescribed by law. These obligations form part of the lease.

[1991, c. 64, a. 1996].

1997. Le locateur ne peut exiger de procéder lui-même au déplacement de la maison mobile du locataire.

[1991, c. 64, a. 1997].

▌C.C.Q., 1996.

1997. No lessor may require that he, the lessor, remove the mobile home of the lessee.

[1991, c. 64, a. 1997].

1998. Le locateur ne peut restreindre le droit du locataire du terrain de remplacer sa maison par une autre maison mobile de son choix.

Il ne peut, non plus, limiter le droit du locataire d'aliéner ou de louer la maison mobile; il ne peut davantage exiger d'agir comme mandataire ou de choisir la personne qui agira comme mandataire du locataire pour l'aliénation ou la location de la maison mobile.

Le locataire qui aliène sa maison mobile doit toutefois en aviser immédiatement le locateur du terrain.

[1991, c. 64, a. 1998].

▌C.C.Q., 1863, 1898, 2130.

1998. The lessor may not limit the right of the lessee of the land to replace his mobile home by another mobile home of his choice.

The lessor may not limit the right of the lessee to alienate or lease his mobile home; nor may he require that he, the lessor, act as the mandatary or that he select the person to act as the mandatary of the lessee for the alienation or lease of the mobile home.

A lessee who alienates his mobile home shall, however, notify the lessor of the land immediately.

[1991, c. 64, a. 1998].

1999. Le locateur ne peut exiger du locataire de somme d'argent en raison de l'aliénation ou de la location de la maison mobile, à moins qu'il n'agisse comme mandataire du locataire pour l'aliénation ou la location de cette maison.

[1991, c. 64, a. 1999].

▌C.C.Q., 2130.

1999. The lessor may not require any amount of money from the lessee by reason of the alienation or lease of the mobile home, unless he acts as the mandatary of the lessee for alienation or lease.

[1991, c. 64, a. 1999].

2000. L'acquéreur d'une maison mobile située sur un terrain loué devient locataire du terrain, à moins qu'il n'avise le locateur de son intention de quitter les lieux dans le mois de l'acquisition.

[1991, c. 64, a. 2000].

2000. The acquirer of a mobile home situated on leased land becomes the lessee of the land unless he notifies the lessor of his intention to leave the premises within one month after the acquisition.

[1991, c. 64, a. 2000].

Chapitre V ———
De l'affrètement

Chapter V ———
Affreightment

SECTION I ———
DISPOSITIONS GÉNÉRALES

SECTION I ———
GENERAL PROVISIONS

2001. L'affrètement est le contrat par lequel une personne, le fréteur, moyennant un prix, aussi appelé fret, s'engage à met-

2001. Affreightment is a contract by which a person, the lessor, for a price, also called freight, undertakes to place all or part of a

tre à la disposition d'une autre personne, l'affréteur, tout ou partie d'un navire, en vue de le faire naviguer.

Le contrat, lorsqu'il est écrit, est constaté par une chartepartie qui énonce, outre le nom des parties, les engagements de celles-ci et les éléments d'individualisation du navire.

[1991, c. 64, a. 2001].

▌ C.C.Q., 2007-2029.

2002. L'affréteur est tenu de payer le prix de l'affrètement. Si aucun prix n'a été convenu, il doit payer une somme qui tienne compte des conditions du marché, au lieu et au moment de la conclusion du contrat.

[1991, c. 64, a. 2002].

▌ C.C.Q., 2012, 2019, 2027, 2028.

2003. Le fréteur qui n'est pas payé lors du déchargement de la cargaison du navire peut retenir les biens transportés jusqu'au paiement de ce qui lui est dû, y compris les frais raisonnables et les dommages qui résultent de cette rétention.

[1991, c. 64, a. 2003].

▌ C.C.Q., 1457, 1458, 1592, 1593, 1607-1625, 2651.

2004. Les dispositions relatives aux avaries communes sont celles admises par les règles et les usages† maritimes conventionnels, au lieu et au moment de la conclusion du contrat.

[1991, c. 64, a. 2004].

▌ C.C.Q., 2077, 2599.

2005. L'affréteur peut sous-fréter le navire, avec le consentement du fréteur, ou l'utiliser à des transports sous connaissements; dans l'un ou l'autre cas, il demeure tenu envers le fréteur des obligations résultant du contrat d'affrètement.

Le fréteur peut, dans la mesure de ce qui lui est dû par l'affréteur, agir contre le sous-affréteur en paiement du fret dû par celui-ci, mais le sous-affrètement n'établit pas d'autres relations directes entre le fréteur et le sous-affréteur.

[1991, c. 64, a. 2005].

ship at the disposal of another person, the charterer, for navigation.

The contract, if in writing, is evidenced by a charterparty containing the names of the parties, their undertakings under the contract and particulars identifying the ship.

[1991, c. 64, a. 2001].

2002. The charterer is bound to pay freight. If no freight has been agreed, he shall pay an amount consistent with market conditions, at the place and time of the contract.

[1991, c. 64, a. 2002].

2003. Where the lessor has not been paid at the time of discharge of the cargo from the ship, he may retain the property carried until payment of what is due to him, including the reasonable expenses and damages resulting from the retention.

[1991, c. 64, a. 2003].

2004. General average is governed by conventional maritime rules and customs† at the place and time of concluding the contract.

[1991, c. 64, a. 2004].

2005. The charterer may sublet the ship with the consent of the lessor or use it for carriage under bills of lading; in either case, he remains liable to the lessor for his obligations under the contract of affreightment.

The lessor may, to the extent of what is due to him by the charterer, bring action against the subcharterer for payment of the freight due by the latter, but the subletting of the ship establishes no other direct relationship between the lessor and the subcharterer.

[1991, c. 64, a. 2005].

▌ C.C.Q., 1601-1603, 2040-2058.

2006. La prescription des actions nées des contrats d'affrètement court, pour l'affrètement coque-nue ou à temps, depuis l'expiration de la durée du contrat ou l'interruption définitive de son exécution, et, pour l'affrètement au voyage, depuis le déchargement complet des biens transportés ou l'événement qui a mis fin au voyage.

La prescription des actions nées des contrats de sous-affrètement court dans les mêmes conditions.

[1991, c. 64, a. 2006].

▌ C.C.Q., 2001.

2006. Prescription of an action arising out of a contract of affreightment runs, in the case of a bareboat or time charter, from the expiry of the contract or permanent interruption of its performance or, in the case of a voyage charter, from the complete discharge of the property carried or the event which put an end to the voyage.

Prescription of an action arising out of a contract for the subletting of a ship runs likewise.

[1991, c. 64, a. 2006].

SECTION II — DES RÈGLES PARTICULIÈRES AUX DIFFÉRENTS CONTRATS D'AFFRÈTEMENT

SECTION II — SPECIAL RULES GOVERNING DIFFERENT CONTRACTS OF AFFREIGHTMENT

§ 1. — De l'affrètement coque-nue

§ 1. — Bareboat charter

2007. L'affrètement coque-nue est le contrat par lequel le fréteur met, pour un temps défini, un navire sans armement ni équipement, ou avec un armement et un équipement incomplets, à la disposition de l'affréteur et lui transfère la gestion nautique et la gestion commerciale du navire.

[1991, c. 64, a. 2007].

2007. A bareboat charter is a contract of affreightment by which a lessor places an unmanned and unequipped or partly manned and partly equipped ship at the disposal of a charterer for a determinate time, and transfers to him the navigation, management, employment and agency of the ship.

[1991, c. 64, a. 2007].

2008. Le fréteur présente, au lieu et au moment convenus, le navire en bon état de navigabilité et apte au service auquel il est destiné.

[1991, c. 64, a. 2008].

▌ C.C.Q., 2007.

2008. The lessor delivers the ship in a seaworthy condition and fit for the service for which it is intended, at the agreed place and time.

[1991, c. 64, a. 2008].

2009. L'affréteur peut utiliser le navire à toutes les fins conformes à sa destination normale†, mais le fréteur peut, dans le contrat, imposer des restrictions quant à cette utilisation.

[1991, c. 64, a. 2009].

▌ C.C.Q., 2007.

2009. The charterer may use the ship for any purpose for which it is intended†, but the lessor may stipulate restrictions as to the use of the ship.

[1991, c. 64, a. 2009].

2010. L'affréteur a l'usage du matériel et de l'équipement de bord du navire.

Il assure le navire et en supporte tous les frais d'exploitation. Il recrute l'équipage et assume toutes les dépenses liées à l'entretien de celui-ci.

[1991, c. 64, a. 2010].

❚ C.C.Q., 2007, 2505-2510.

2010. The charterer may use the ship's stores and equipment.

He insures the ship and bears all operating costs. He hires and maintains the crew.

[1991, c. 64, a. 2010].

2011. L'affréteur est tenu de garantir le fréteur contre tous les recours des tiers qui sont la conséquence de l'exploitation du navire.

[1991, c. 64, a. 2011].

❚ C.C.Q., 2007.

2011. The charterer is bound to warrant the lessor against all remedies of third persons arising out of the operation of the ship.

[1991, c. 64, a. 2011].

2012. L'affréteur est tenu de procéder à l'entretien du navire et d'effectuer les réparations et les remplacements nécessaires.

Le fréteur est, pour sa part, tenu des réparations et des remplacements occasionnés par les vices propres dont les effets se manifestent dans l'année de la remise du navire à l'affréteur et, si le navire est immobilisé par suite d'un tel vice, ce dernier ne doit aucun fret pendant l'immobilisation, si celle-ci dépasse vingt-quatre heures.

[1991, c. 64, a. 2012].

❚ C.C.Q., 2007.

2012. The charterer is bound to maintain the ship and make the necessary repairs and replacements.

The lessor is bound to make the repairs and replacements required by inherent defects which appear within one year after delivery of the ship to the charterer and if the ship is detained for more than twenty-four hours by reason of such a defect, no freight is payable by the charterer during the detention.

[1991, c. 64, a. 2012].

2013. L'affréteur restitue le navire, en fin de contrat, au lieu où il en a pris livraison et dans l'état où il l'a reçu; il n'est pas tenu d'indemniser le fréteur pour l'usure normale du navire, du matériel et de l'équipement de bord.

Il est cependant tenu, alors, de restituer la même quantité et la même qualité de matériel, de provisions et d'équipement de bord que ceux qu'il a reçus lorsqu'il a pris livraison du navire.

[1991, c. 64, a. 2013].

❚ C.C.Q., 2007.

2013. At the expiry of the contract, the charterer returns the ship at the place where it was delivered and in the state in which it was delivered; he is not bound to indemnify the lessor for fair wear and tear of the ship, stores and equipment.

He is bound, however, to return stores, provisions and equipment in quantity and of quality identical to those he received when the ship was delivered to him.

[1991, c. 64, a. 2013].

§ 2. —— De l'affrètement à temps

§ 2. —— Time charter

2014. L'affrètement à temps est le contrat par lequel le fréteur met à la disposition de l'affréteur, pour un temps défini, un navire armé et équipé, dont il conserve la gestion nautique, alors qu'il en transfère la gestion commerciale à l'affréteur.

[1991, c. 64, a. 2014].

❚ C.C.Q., 2015.

2014. A time charter is a contract of affreightment by which a lessor places a fully-equipped and manned ship at the disposal of a charterer for a fixed time and under which he retains the navigation and management of the ship but transfers its employment and agency to the charterer.

[1991, c. 64, a. 2014].

2015. Le fréteur présente, au lieu et au moment convenus, le navire en bon état de navigabilité, armé et équipé convenablement pour accomplir les opérations auxquelles il est destiné.

[1991, c. 64, a. 2015].

❚ C.C.Q., 2014.

2015. The lessor delivers the ship in a seaworthy condition and properly manned and equipped for the service for which it is intended, at the agreed place and time.

[1991, c. 64, a. 2015].

2016. L'affréteur assume les frais inhérents à l'exploitation commerciale du navire, notamment les droits de quai, de même que les frais de pilotage et de canaux.

Il acquiert et paie les soutes qui sont à bord du navire au moment où celui-ci lui est remis, ainsi que celles dont il doit le pourvoir et qui sont d'une qualité propre à assurer son bon fonctionnement.

[1991, c. 64, a. 2016].

❚ C.C.Q., 2014.

2016. The charterer bears the cost of the commercial operation of the ship, in particular wharfage, pilotage and canal dues.

He acquires and pays for the fuel on board when the ship is delivered to him and thereafter provides and pays for fuel of such a grade as to ensure the proper working of the ship.

[1991, c. 64, a. 2016].

2017. Le capitaine du navire doit obéir, dans les limites fixées par le contrat, aux instructions que lui donne l'affréteur pour tout ce qui a trait à la gestion commerciale du navire.

Si ces instructions sont incompatibles avec les droits que détient le fréteur en vertu du contrat, le capitaine peut refuser de s'y conformer. Si, néanmoins, il s'y conforme, il le fait, en ce cas, sans porter préjudice au recours du fréteur contre l'affréteur.

[1991, c. 64, a. 2017].

❚ C.C.Q., 1458, 1607-1625.

2017. The master of the ship shall, within the limits stipulated in the contract, follow the instructions of the charterer with respect to the employment and agency of the ship.

If the instructions are inconsistent with the rights of the lessor under the contract, the master may refuse to follow them. If he follows them, he does so without prejudice to the lessor's remedy against the charterer.

[1991, c. 64, a. 2017].

2018. L'affréteur est tenu d'indemniser le fréteur des pertes et des avaries qui sont

2018. The charterer shall indemnify the lessor for any loss or damage caused to the

causées au navire et qui résultent de son exploitation commerciale, exception faite de l'usure normale.

[1991, c. 64, a. 2018].

▌ C.C.Q., 2014.

ship as a result of its commercial operation, fair wear and tear excepted.

[1991, c. 64, a. 2018].

2019. Le fret court à compter du jour où le navire est remis à l'affréteur, conformément aux conditions du contrat.

Il est dû jusqu'au jour de la restitution du navire au fréteur; il n'est pas dû, cependant, pour les périodes où le fonctionnement du navire est entravé par force majeure ou pour une cause imputable à un tiers ou au fréteur.

[1991, c. 64, a. 2019].

▌ C.C.Q., 1458, 1470.

2019. Freight runs from the day the ship is delivered to the charterer, in accordance with the terms of the contract.

Freight is payable until the day the ship is returned to the lessor; it is not payable, however, for periods during which the working of the ship is prevented by superior force or by a cause imputable to a third person or to the lessor.

[1991, c. 64, a. 2019].

2020. L'affréteur restitue le navire au lieu et dans les délais convenus; il en informe le fréteur, au préalable, dans un délai raisonnable. Si aucun lieu n'a été convenu pour la restitution, elle est faite au lieu où le navire a été présenté.

[1991, c. 64, a. 2020].

▌ C.C.Q., 2015.

2020. The charterer returns the ship at the agreed place and within the agreed time; he gives reasonable prior notice to the lessor. If no place has been agreed for the return of the ship, it is returned at the place at which it was delivered.

[1991, c. 64, a. 2020].

§ 3. — De l'affrètement au voyage

§ 3. — Voyage charter

2021. L'affrètement au voyage est le contrat par lequel le fréteur met à la disposition de l'affréteur, en tout ou en partie, un navire armé et équipé dont il conserve la gestion nautique et la gestion commerciale, en vue d'accomplir, relativement à une cargaison, un ou plusieurs voyages déterminés.

Le contrat définit la nature et l'importance de la cargaison; il précise également les lieux de chargement et de déchargement, ainsi que le temps prévu pour effectuer ces opérations.

[1991, c. 64, a. 2021].

▌ C.C.Q., 2022.

2021. A voyage charter is a contract of affreightment by which a lessor places all or part of a fully-equipped and manned ship at the disposal of a charterer for the carriage of cargo on one or more specified voyages and under which he retains the navigation, management, employment and agency of the ship.

The contract specifies the nature and quantity of the cargo as well as the place of loading and discharge and the time allowed for those operations.

[1991, c. 64, a. 2021].

2022. Le fréteur présente, au lieu et au moment convenus, le navire en bon état de

2022. The lessor presents the ship in a seaworthy condition and properly manned

navigabilité, armé et équipé convenablement pour accomplir le voyage prévu.

Il s'oblige, en outre, à maintenir le navire en bon état de navigabilité et à faire toutes diligences qui dépendent de lui pour exécuter le voyage.

[1991, c. 64, a. 2022].

❚ C.C.Q., 2021.

and equipped for the voyage, at the agreed place and time.

Moreover, he is bound to maintain the ship in a seaworthy condition and to use all diligence within his means to prosecute the voyage.

[1991, c. 64, a. 2022].

2023. Le fréteur est responsable de la perte ou de l'avarie des biens reçus à bord, dans les limites prévues par le contrat. Il peut cependant se libérer de cette responsabilité en établissant que les dommages ne résultent pas d'un manquement à ses obligations.

[1991, c. 64, a. 2023].

❚ C.C.Q., 1457, 1458, 1607-1625, 2064.

2023. The lessor is responsible, within the limits stipulated in the contract, for loss or damage of the property received on board. He may, however, relieve himself from liability by proving that the damage did not result from failure on his part to perform his obligations.

[1991, c. 64, a. 2023].

2024. L'affréteur est tenu de mettre à bord la cargaison, suivant la quantité et la qualité convenues; s'il ne le fait pas, il est néanmoins tenu de payer le fret prévu.

Il peut, cependant, résilier le contrat avant de commencer le chargement; il doit alors au fréteur une indemnité correspondant au préjudice subi par ce dernier, mais qui ne peut excéder le montant du fret.

[1991, c. 64, a. 2024].

❚ C.C.Q., 1604-1625.

2024. The charterer is bound to load cargo of the agreed quality in the agreed quantity; if he does not, he is nevertheless bound to pay the stipulated freight.

The charterer may resiliate the contract before loading begins, however; in that case, he shall pay to the lessor an indemnity equal to the loss he suffers, but in no case greater than the amount of the freight.

[1991, c. 64, a. 2024].

2025. L'affréteur doit charger et décharger la cargaison dans les délais alloués par le contrat ou, à défaut†, dans un délai raisonnable ou suivant l'usage† du port.

Si le contrat établit distinctement les délais pour le chargement et le déchargement, ces délais ne sont pas réversibles et doivent être décomptés séparément.

[1991, c. 64, a. 2025].

2025. The charterer shall load and discharge the cargo within the time allowed by the contract or, failing such a stipulation†, within a reasonable period or according to the custom† of the port.

Where the periods for loading and discharging are fixed separately by the contract, they are not interchangeable and the time used for each operation is computed separately.

[1991, c. 64, a. 2025].

Note : Le contrat d'affrètement peut être conclu verbalement (*cf.* a. 2001). / The contract of affreightment may be agreed to verbally (*cf.* a. 2001).

❚ C.C.Q., 2024.

2026. Les délais pour charger ou décharger courent à compter du moment où le

2026. The time for loading or discharging runs from the moment the lessor informs

fréteur informe l'affréteur que le navire est prêt à charger ou à décharger, après son arrivée au port.

[1991, c. 64, a. 2026].

■ C.C.Q., 2025.

2027. En cas de dépassement des délais alloués, pour une cause qui n'est pas imputable au fréteur, l'affréteur doit, à compter de la fin du délai alloué pour charger ou décharger, des surestaries; celles-ci sont considérées comme un supplément du fret et sont dues pour toute la période additionnelle effectivement requise pour les opérations de chargement ou de déchargement.

Les surestaries qui ne sont pas prévues au contrat sont calculées à un taux raisonnable, suivant l'usage† du port où ont lieu les opérations ou, à défaut, suivant les usages† maritimes.

[1991, c. 64, a. 2027].

■ C.C.Q., 2025, 2026.

2028. Le fret est dû à la fin du voyage. Il n'est toutefois pas dû en toutes circonstances.

Ainsi, lorsque l'achèvement du voyage devient impossible, l'affréteur n'est tenu au fret que si cette impossibilité est due à une cause non imputable au fréteur. Toutefois, le fret dû est alors limité au fret de distance.

[1991, c. 64, a. 2028].

■ C.C.Q., 2021, 2022.

2029. Le contrat est résolu de plein droit, sans dommages-intérêts de part et d'autre, si, avant le commencement du voyage, il survient une force majeure qui rend impossible l'exécution du voyage.

Toutefois, il subsiste si la force majeure n'empêche que pour un temps la sortie du navire ou la poursuite du voyage; en ce cas, il n'y a pas lieu à une réduction du fret ou à des dommages-intérêts en raison du retard.

[1991, c. 64, a. 2029].

■ C.C.Q., 1458, 1470, 1604-1606.

the charterer that the ship is ready to load or ready to discharge, after its arrival at port.

[1991, c. 64, a. 2026].

2027. Where the time allowed for loading or discharging is exceeded for any reason not imputable to the lessor, the charterer shall pay demurrage from the expiry of the allowed time; demurrage is considered a supplement to freight and is payable for the entire additional time actually required for loading or discharging.

Demurrage not fixed by the contract is calculated at a reasonable rate, according to the custom† of the port of loading or discharge or, failing that, according to general custom†.

[1991, c. 64, a. 2027].

2028. Freight is payable on completion of the voyage. However, it is not due in all circumstances.

Where completion of the voyage is prevented, the charterer is bound to pay freight only if it was prevented by a cause not imputable to the lessor. In that case, freight is due only proportionately to the distance travelled.

[1991, c. 64, a. 2028].

2029. The contract is resolved by operation of law, with no claim for damages on either part, if superior force prevents the voyage before its commencement.

The contract stands, however, if superior force prevents the sailing of the ship or the prosecution of the voyage for a time only; in that case, no reduction of freight or damages may be claimed by reason of the delay.

[1991, c. 64, a. 2029].

Chapitre VI ━	Chapter VI ━
Du transport	**Carriage**

SECTION I ━
DES RÈGLES APPLICABLES À TOUS LES
MODES DE TRANSPORT

SECTION I ━
RULES APPLICABLE TO ALL MEANS OF
TRANSPORTATION

§ 1. ━ Dispositions générales

§ 1. ━ General provisions

2030. Le contrat de transport est celui par lequel une personne, le transporteur, s'oblige principalement à effectuer le déplacement d'une personne ou d'un bien, moyennant un prix qu'une autre personne, le passager, l'expéditeur ou le destinataire du bien, s'engage à lui payer, au temps convenu.

[1991, c. 64, a. 2030].

❚ C.C.Q., 2036-2060.

2030. A contract of carriage is a contract by which one person, the carrier, undertakes principally to carry a person or property from one place to another, in return for a price which another person, the passenger or the shipper or receiver of the property, undertakes to pay at the agreed time.

[1991, c. 64, a. 2030].

2031. Le transport successif est celui qui est effectué par plusieurs transporteurs qui se succèdent en utilisant le même mode de transport; le transport combiné est celui où les transporteurs se succèdent en utilisant des modes différents de transport.

[1991, c. 64, a. 2031].

❚ C.C.Q., 2039, 2051.

2031. Successive carriage is effected by several carriers in succession, using the same means of transportation; combined carriage is effected by several carriers in succession, using different means of transportation.

[1991, c. 64, a. 2031].

2032. Sauf s'il est effectué par un transporteur qui offre ses services au public dans le cours des activités de son entreprise, le transport à titre gratuit d'une personne ou d'un bien n'est pas régi par les règles du présent chapitre et celui qui offre le transport n'est tenu, en ces cas, que d'une obligation de prudence et de diligence.

[1991, c. 64, a. 2032].

❚ C.C.Q., 1457.

2032. Except where it is effected by a carrier offering his services to the public in the course of the activities of his enterprise, gratuitous carriage of a person or property is not governed by the rules contained in this chapter and the carrier is bound only by an obligation of prudence and diligence.

[1991, c. 64, a. 2032].

2033. Le transporteur qui offre ses services au public doit transporter toute personne qui le demande et tout bien qu'on lui demande de transporter, à moins qu'il n'ait un motif sérieux de refus; mais le passager, l'expéditeur ou le destinataire est tenu de suivre les instructions données par le transporteur, conformément à la loi.

[1991, c. 64, a. 2033].

2033. A carrier who provides services to the general public shall carry any person requesting it and any property he is requested to carry, unless he has serious cause for refusal; the passenger, shipper or receiver is bound to follow the instructions given, according to law, by the carrier.

[1991, c. 64, a. 2033].

2034. Le transporteur ne peut exclure ou limiter sa responsabilité que dans la mesure et aux conditions prévues par la loi.

Il est tenu de réparer le préjudice résultant du retard, à moins qu'il ne prouve la force majeure.

[1991, c. 64, a. 2034].

▌C.C.Q., 1457, 1458, 1470, 1474, 1607-1625, 2039, 2070.

2035. Lorsque le transporteur se substitue un autre transporteur pour exécuter, en tout ou en partie, son obligation, la personne qu'il se substitue est réputée être partie au contrat de transport.

Le paiement effectué par l'expéditeur à l'un des transporteurs est libératoire.

[1991, c. 64, a. 2035].

▌C.C.Q., 2030.

§ 2. — Du transport de personnes

2036. Le transport de personnes couvre, outre les opérations de transport, celles d'embarquement et de débarquement.

[1991, c. 64, a. 2036].

▌C.C.Q., 2030.

2037. Le transporteur est tenu de mener le passager, sain et sauf, à destination.

Il est tenu de réparer le préjudice subi par le passager, à moins qu'il n'établisse que ce préjudice résulte d'une force majeure, de l'état de santé du passager ou de la faute de celui-ci. Il est aussi tenu à réparation lorsque le préjudice résulte de son état de santé ou de celui d'un de ses préposés, ou encore de l'état ou du fonctionnement du véhicule.

[1991, c. 64, a. 2037].

▌C.C.Q., 1457, 1458, 1470, 1474, 1607-1625.

2038. Le transporteur est responsable de la perte des bagages et des autres effets qui lui ont été confiés par le passager, à moins qu'il ne prouve la force majeure, le vice propre du bien ou la faute du passager.

2034. A carrier may not exclude or limit his liability except to the extent and subject to the conditions established by law.

He is liable for any damage resulting from delay, unless he proves superior force.

[1991, c. 64, a. 2034].

2035. Where the carrier entrusts another carrier with the performance of all or part of his obligation, the substitute carrier is deemed to be a party to the contract.

The shipper is discharged by payment to one of the carriers.

[1991, c. 64, a. 2035].

§ 2. — Carriage of persons

2036. Carriage of persons includes, in addition to carriage itself, embarking and disembarking operations.

[1991, c. 64, a. 2036].

2037. The carrier is bound to take his passengers safe and sound to their destination.

The carrier is liable for injury suffered by a passenger unless he proves it was caused by superior force or by the state of health or fault of the passenger. He is also liable where the injury is caused by his state of health or that of one of his servants or by the condition or working of the vehicle.

[1991, c. 64, a. 2037].

2038. The carrier is liable for any loss of the luggage or other effects placed in his care by a passenger, unless he proves superior force, an inherent defect in the property or the fault of the passenger.

Cependant, il n'est pas responsable de la perte de documents, d'espèces ou d'autres biens de grande valeur, à moins que la nature ou la valeur du bien ne lui ait été déclarée et qu'il n'ait accepté de le transporter; il n'est pas, non plus, responsable de la perte des bagages à main et des autres effets qui ont été laissés sous la surveillance du passager, à moins que ce dernier ne prouve la faute du transporteur.

[1991, c. 64, a. 2038].

▌ C.C.Q., 1457, 1458, 1470, 1607-1625.

2039. En cas de transport successif ou combiné de personnes, celui qui effectue le transport au cours duquel le préjudice est survenu en est responsable, à moins que, par stipulation expresse, l'un des transporteurs n'ait assumé la responsabilité pour tout le voyage.

[1991, c. 64, a. 2039].

▌ C.C.Q., 2031, 2037, 2038, 2051.

§ 3. — Du transport de biens

2040. Le transport de biens couvre la période qui s'étend de la prise en charge du bien par le transporteur, en vue de son déplacement, jusqu'à la délivrance.

[1991, c. 64, a. 2040].

▌ C.C.Q., 1457, 1458, 1470, 1717.

2041. Le connaissement est l'écrit qui constate le contrat de transport de biens.

Il mentionne, entre autres†, les noms de l'expéditeur, du destinataire, du transporteur et, s'il y a lieu, de celui qui doit payer le fret et les frais de transport. Il mentionne également les lieu et date de la prise en charge du bien, les points de départ et de destination, le fret, ainsi que la nature, la quantité, le volume ou le poids et l'état apparent du bien et, s'il y a lieu, son caractère dangereux.

[1991, c. 64, a. 2041].

▌ C.C.Q., 2001-2084, 2708.

However, the carrier is not liable for any loss of documents, money or other property of great value, unless he agreed to carry the property after its nature or value was declared to him; moreover, the carrier is not liable for any loss of hand luggage or other effects which remain in the care of the passenger, unless the passenger proves the fault of the carrier.

[1991, c. 64, a. 2038].

2039. In the case of successive or combined carriage of persons, the carrier who effects the carriage during which the injury occurs is liable therefor, unless one of the carriers has, by express stipulation, assumed liability for the entire journey.

[1991, c. 64, a. 2039].

§ 3. — Carriage of property

2040. Carriage of property extends from the time the carrier receives the property into his charge for carriage until its delivery.

[1991, c. 64, a. 2040].

2041. A bill of lading is a writing which evidences a contract for the carriage of property.

A bill of lading states† the names of the shipper, receiver and carrier and, where applicable, of the person who is to pay the freight and carriage charges. It also states the place and date of receipt of the property by the carrier into his charge, the points of origin and destination, the freight as well as the nature, quantity, volume or weight, and apparent condition of the property and any dangerous properties it may have.

[1991, c. 64, a. 2041].

2042. Le connaissement est établi en plusieurs exemplaires; le transporteur qui l'émet en conserve un, il en remet un à l'expéditeur et un autre accompagne le bien jusqu'à sa destination.

Il fait foi, jusqu'à preuve du contraire, de la prise en charge, de la nature et de la quantité, ainsi que de l'état apparent du bien.

[1991, c. 64, a. 2042].

▌ C.C.Q., 2041.

2043. Le connaissement n'est pas négociable, à moins que la loi ou le contrat ne prévoie le contraire.

Lorsqu'il est négociable, la négociation a lieu soit par endossement et délivrance, soit par la seule délivrance, s'il est au porteur.

[1991, c. 64, a. 2043].

▌ C.C.Q., 1647, 2709.

2044. Le transporteur est tenu de délivrer le bien transporté au destinataire ou au détenteur du connaissement.

Le détenteur d'un connaissement est tenu de le remettre au transporteur lorsqu'il exige la délivrance du bien transporté.

[1991, c. 64, a. 2044].

▌ C.C.Q., 2045.

2045. Sous réserve des droits de l'expéditeur, le destinataire, par son acceptation du bien ou du contrat, acquiert les droits et assume les obligations résultant du contrat.

[1991, c. 64, a. 2045].

▌ C.C.Q., 2044, 2066.

2046. Le transporteur est tenu d'informer le destinataire de l'arrivée du bien et du délai imparti pour son enlèvement, à moins que la délivrance du bien ne s'effectue à la résidence ou à l'établissement du destinataire.

[1991, c. 64, a. 2046].

▌ C.C.Q., 1717.

2042. The bill of lading is issued in several copies; the issuing carrier keeps a copy and gives one to the shipper; another copy accompanies the property to its destination.

In the absence of any evidence to the contrary, the bill of lading is proof of the receipt of the property by the carrier into his charge and of its nature, quantity and apparent condition.

[1991, c. 64, a. 2042].

2043. A bill of lading is not negotiable, unless otherwise provided by law or by the contract.

Negotiation of a negotiable bill of lading is effected by endorsement and delivery, or by mere delivery if the bill is made to bearer.

[1991, c. 64, a. 2043].

2044. The carrier is bound to deliver the property to the receiver or to the holder of the bill of lading.

The holder of a bill of lading shall hand it over to the carrier when he demands delivery of the property.

[1991, c. 64, a. 2044].

2045. Subject to the rights of the shipper, the receiver upon accepting the property or the contract acquires the rights and assumes the obligations arising out of the contract.

[1991, c. 64, a. 2045].

2046. The carrier is bound to notify the receiver of the arrival of the property and of the time allowed to remove it, unless it is delivered to the receiver's residence or premises.

[1991, c. 64, a. 2046].

2047. Lorsque le destinataire est introuvable ou qu'il refuse ou néglige de prendre délivrance du bien, ou que, pour toute autre raison, le transporteur ne peut, sans qu'il y ait faute de sa part, effectuer la délivrance, ce dernier doit, sans délai, en aviser l'expéditeur et lui demander des instructions sur la façon de disposer du bien; il n'y est pas tenu, cependant, s'il y a urgence et si le bien est périssable, auquel cas il peut en disposer sans avis.

2047. Where the receiver cannot be found or refuses or neglects to take delivery of the property or where, for any other reason, the carrier cannot deliver the property through no fault of his own, the carrier shall notify the shipper without delay and request instructions as to disposal of the property; in an emergency, however, the carrier may dispose of perishable property without notice.

Faute d'avoir reçu, lorsqu'il y a lieu†, des instructions dans les quinze jours de l'avis, le transporteur peut retourner les biens à l'expéditeur, aux frais de celui-ci ou en disposer conformément aux règles prescrites au livre Des biens pour le détenteur du bien confié et oublié.

[1991, c. 64, a. 2047].

❚ C.C.Q., 945.

If the carrier receives† no instructions within fifteen days of notification, he may return the property to the shipper at the shipper's expense or dispose of it in accordance with the rules contained in Book Four on Property concerning the holder of property entrusted and forgotten.

[1991, c. 64, a. 2047].

2048. À l'expiration du délai d'enlèvement, ou à compter de l'avis donné à l'expéditeur, les obligations du transporteur deviennent celles d'un dépositaire à titre gratuit; néanmoins, il a droit, pour la conservation ou l'entreposage du bien, à une rémunération raisonnable, qui est à la charge du destinataire ou, à défaut, de l'expéditeur.

[1991, c. 64, a. 2048].

❚ C.C.Q., 2046, 2047, 2283-2292.

2048. From the expiry of the time allowed for removal or from notification of the shipper, the obligations of the carrier are those of a gratuitous depositary; he is entitled, however, to reasonable remuneration for the preservation and storage of the property, payable by the receiver or, failing him, by the shipper.

[1991, c. 64, a. 2048].

2049. Le transporteur est tenu de transporter le bien à destination.

2049. The carrier is bound to carry the property to its destination.

Il est tenu de réparer le préjudice résultant du transport, à moins qu'il ne prouve que la perte résulte d'une force majeure, du vice propre du bien ou d'une freinte normale.

[1991, c. 64, a. 2049].

❚ C.C.Q., 1457, 1458, 1470, 1607-1625, 2067, 2071.

He is liable for any injury resulting from the carriage, unless he proves that the loss was caused by superior force, an inherent defect in the property or natural shrinkage.

[1991, c. 64, a. 2049].

2050. Le délai de prescription de l'action en dommages-intérêts contre un transporteur court à compter de la délivrance du bien ou de la date à laquelle il aurait dû être délivré.

2050. Prescription of any action in damages against a carrier runs from the delivery of the property or from the date on which it should have been delivered.

L'action n'est pas recevable à moins qu'un avis écrit de réclamation n'ait été préalablement donné au transporteur, dans les

The action is not admissible unless a notice of the claim is priorly given to the carrier in writing within sixty days after the

soixante jours à compter de la délivrance du bien, que la perte survenue au bien soit apparente ou non, ou, s'il n'est pas délivré, dans les neuf mois à compter de la date de son expédition. Aucun avis n'est nécessaire si l'action est intentée dans ce délai.

[1991, c. 64, a. 2050].

■ C.C.Q., 1457, 1458, 2079, 2921-2933; D.T., 112.

delivery of the property, whether or not the loss is apparent, or if the property is not delivered, within nine months after the date on which it was sent. No notice is required if the action is brought within that time.

[1991, c. 64, a. 2050].

2051. En cas de transport successif ou combiné de biens, l'action en responsabilité peut être exercée contre le transporteur avec qui le contrat a été conclu ou le dernier transporteur.

[1991, c. 64, a. 2051].

■ C.C.Q., 1457, 1458, 2031, 2039.

2051. In the case of successive or combined carriage of property, an action in liability may be brought against the carrier with whom the contract was made or the last carrier.

[1991, c. 64, a. 2051].

2052. La responsabilité du transporteur, en cas de perte, ne peut excéder la valeur du bien déclarée par l'expéditeur.

À défaut de déclaration, la valeur du bien est établie suivant sa valeur au lieu et au moment de l'expédition.

[1991, c. 64, a. 2052].

■ C.C.Q., 2049.

2052. The liability of the carrier, in the case of loss, may not exceed the value of the property declared by the shipper.

If no value has been declared, it is established on the basis of the value of the property at the place and time of shipment.

[1991, c. 64, a. 2052].

2053. Le transporteur n'est pas tenu de transporter des documents, des espèces ou des biens de grande valeur.

S'il accepte de transporter ce type de bien, il n'est responsable de la perte que dans le cas où la nature ou la valeur du bien lui a été déclarée; la déclaration mensongère qui trompe sur la nature ou qui augmente la valeur du bien l'exonère de toute responsabilité.

[1991, c. 64, a. 2053].

■ C.C.Q., 1457, 1458, 1607-1625.

2053. No carrier is bound to carry documents, money or property of great value.

If a carrier agrees to carry that type of property, he is not liable for loss unless its nature or value has been declared to him; any declaration which is deliberately misleading as to the nature of the property or deliberately inflates its value exempts the carrier from all liability.

[1991, c. 64, a. 2053].

2054. L'expéditeur qui remet au transporteur un bien dangereux, sans en avoir fait connaître au préalable la nature exacte, doit indemniser le transporteur du préjudice que celui-ci subit en raison de ce transport.

De plus, il doit, le cas échéant, acquitter les frais d'entreposage de ce bien et en assumer les risques.

[1991, c. 64, a. 2054].

2054. A shipper who places dangerous property into the charge of a carrier without prior disclosure of its exact nature shall indemnify the carrier for any loss he suffers by reason of carriage of the property.

Moreover, the shipper shall pay any storage charges and assume all risks.

[1991, c. 64, a. 2054].

❚ C.C.Q., 1457, 1607-1625.

2055. L'expéditeur est tenu de réparer le préjudice subi par le transporteur lorsque ce préjudice résulte du vice propre du bien ou de l'omission, de l'insuffisance ou de l'inexactitude de ses déclarations relativement au bien transporté.

Toutefois, le transporteur demeure responsable envers les tiers qui subissent un préjudice en raison de l'un de ces faits, sous réserve de son recours contre l'expéditeur.

[1991, c. 64, a. 2055].

❚ C.C.Q., 1457, 1607-1625.

2055. The shipper is bound to compensate any loss suffered by the carrier as a result of an inherent defect in the property or any omission, deficiency or inaccuracy in the shipper's declarations as to the property carried.

However, the carrier remains liable towards third persons who suffer loss as a result of any of these acts or omissions, subject to his remedy against the shipper.

[1991, c. 64, a. 2055].

2056. Le fret et les frais de transport sont payables avant la délivrance, à moins de stipulation contraire sur le connaissement.

Dans l'un ou l'autre cas, si le bien n'est pas de la même nature† que celui décrit dans le contrat ou si sa valeur est supérieure au montant déclaré, le transporteur peut réclamer le prix qu'il aurait pu exiger pour ce transport.

[1991, c. 64, a. 2056].

❚ C.C.Q., 2041.

2056. The freight and carriage charges are payable before delivery, unless otherwise stipulated in the bill of lading.

In either case, if the property is not as† described in the contract or if its value is greater than the declared amount, the carrier may claim the amount he could have charged for its carriage.

[1991, c. 64, a. 2056].

2057. Lorsque le prix du bien transporté est payable lors de la délivrance, le transporteur ne doit le délivrer qu'après avoir reçu le paiement.

À moins que l'expéditeur ne donne des instructions contraires sur le connaissement, les frais sont à sa charge.

[1991, c. 64, a. 2057].

❚ C.C.Q., 2030.

2057. Where the price of the property carried is payable on delivery, the carrier shall not deliver the property until he receives payment.

The shipper pays the charges unless he has instructed otherwise on the bill of lading.

[1991, c. 64, a. 2057].

2058. Le transporteur a le droit de retenir le bien transporté jusqu'au paiement du fret, des frais de transport et, le cas échéant, des frais raisonnables d'entreposage.

Si, selon les instructions de l'expéditeur, ces sommes sont dues par le destinataire, le transporteur qui n'en exige pas l'exécution perd son droit de les réclamer de l'expéditeur.

[1991, c. 64, a. 2058].

2058. The carrier may retain the property carried until the freight, the carriage charges and any reasonable storage charges are paid.

If, according to the shipper's instructions, those amounts are payable by the receiver and the carrier does not demand payment according to instructions, he loses his right to claim payment from the shipper.

[1991, c. 64, a. 2058].

■ C.C.Q., 1592, 1593, 2651.

SECTION II
SECTION II
DES RÈGLES PARTICULIÈRES AU
TRANSPORT MARITIME DE BIENS

SECTION II
SPECIAL RULES GOVERNING CARRIAGE
OF PROPERTY BY WATER

§ 1. — Dispositions générales

§ 1. — General provisions

2059. À moins que les parties n'en conviennent autrement, la présente section s'applique au transport de biens par voie d'eau, lorsque les ports de départ et de destination sont situés au Québec.

[1991, c. 64, a. 2059].

2059. Unless otherwise agreed by the parties, this section applies to carriage of property by water where the ports of sailing and of destination are situated in Québec.

[1991, c. 64, a. 2059].

■ C.C.Q., 2060-2084.

2060. Le transport de biens couvre la période qui s'étend de la prise en charge des biens par le transporteur jusqu'à leur délivrance.

[1991, c. 64, a. 2060].

2060. Carriage of property extends from the time the carrier receives the property into his charge until its delivery.

[1991, c. 64, a. 2060].

■ C.C.Q., 2040.

§ 2. — Des obligations des parties

§ 2. — Obligations of parties

2061. L'expéditeur ou chargeur doit le fret.

Le destinataire en est également débiteur lorsque le fret est payable à destination et qu'il accepte la délivrance du bien.

[1991, c. 64, a. 2061].

2061. Freight is payable by the shipper.

Freight is also payable by the receiver where he takes delivery of property in respect of which freight is payable on arrival.

[1991, c. 64, a. 2061].

■ C.C.Q., 2056, 2075.

2062. Le chargeur doit présenter le bien, au lieu et au moment fixés par la convention des parties ou l'usage† du port de chargement. À défaut, il doit payer au transporteur une indemnité correspondant au préjudice subi par celui-ci, sans toutefois excéder le montant du fret convenu.

[1991, c. 64, a. 2062].

2062. The shipper shall present the property at the time and place fixed by agreement between the parties or according to the custom† of the port of loading, failing which he shall pay to the carrier an indemnity equal to the loss he suffers, but in no case greater than the amount of the freight.

[1991, c. 64, a. 2062].

■ C.C.Q., 1457, 1458, 1607-1625.

2063. Le transporteur est tenu, au début du transport et même avant, de faire diligence pour mettre le navire en état de navigabi-

2063. At the beginning of the voyage and even before, the carrier is bound to exercise diligence to make the ship seaworthy,

lité, pour convenablement l'armer, l'équiper et l'approvisionner, et pour approprier et mettre en bon état toute partie de navire où les biens doivent être chargés et conservés pendant le transport.

[1991, c. 64, a. 2063].

▮ C.C.Q., 2051, 2071.

properly man, equip and supply it, and make fit and safe all parts of the ship where property is to be loaded and kept during the voyage.

[1991, c. 64, a. 2063].

2064. Le transporteur est tenu de procéder, de façon appropriée, au chargement, à la manutention, à l'arrimage, au transport, à la garde et au déchargement des biens transportés.

Sauf dans le petit cabotage, il commet une faute si, en l'absence de consentement du chargeur ou de règlements ou d'usages† qui le permettent, il arrime le bien sur le pont du navire. Ce consentement est présumé en cas de chargement en conteneur, lorsque le navire est approprié pour ce type de transport.

[1991, c. 64, a. 2064].

▮ C.C.Q., 1457, 1607-1625, 2051, 2067.

2064. The carrier is bound to proceed in an appropriate manner with the loading, handling, stowing, carrying, keeping and discharging of the property carried.

Except in the coasting trade, a fault is committed by the carrier if, without the consent of the shipper and in the absence of rules or custom† so permitting, he stows the property on deck. Consent is presumed where containers are loaded on a ship fitted for the carriage of containers.

[1991, c. 64, a. 2064].

2065. Le transporteur doit, sur demande du chargeur, lui délivrer un connaissement qu'il établit d'après les déclarations du chargeur.

Outre les mentions propres au connaissement, celui-ci porte les inscriptions qui permettent d'identifier clairement les biens à transporter, en indiquant les marques principales et les renseignements pertinents.

Le transporteur peut refuser d'inscrire des indications sur le connaissement lorsqu'il a des motifs sérieux de douter de leur exactitude ou qu'il n'a pas eu les moyens de les vérifier.

[1991, c. 64, a. 2065].

▮ C.C.Q., 2041, 2076.

2065. The carrier shall issue to the shipper, at his request, a bill of lading based on the declarations of the shipper.

In addition to the usual particulars, such a bill of lading contains entries allowing the property to be carried to be clearly identified, including the leading marks appearing on it, and any relevant information.

The carrier may refuse to include in the bill of lading any particular whose accuracy he has serious reason to suspect or which he has had no means of verifying.

[1991, c. 64, a. 2065; 2002, c. 19, s. 15].

2066. Le chargeur est garant au moment du chargement de l'exactitude des déclarations qu'il a faites et il est responsable du préjudice qu'il cause au transporteur en raison de leur inexactitude.

2066. The shipper is warrantor for the accuracy of his declarations at the time of shipment and is liable for any injury the carrier may suffer as a result of inaccuracies in his declarations.

Le transporteur ne peut se prévaloir de ce droit qu'à l'égard du chargeur.

[1991, c. 64, a. 2066].

▌ C.C.Q., 1457, 1607-1625, 2076.

2067. Lorsque le chargeur fait, sciemment, une déclaration inexacte de la nature ou de la valeur du bien, le transporteur n'encourt aucune responsabilité pour la perte qui survient.

[1991, c. 64, a. 2067].

▌ C.C.Q., 2076.

2068. L'enlèvement du bien fait présumer que celui-ci a été reçu par le destinataire dans l'état indiqué au connaissement ou, en l'absence d'indication, dans l'état où il était lors du chargement, à moins que, par écrit, le destinataire ne dénonce la perte du bien au transporteur, ou à son représentant au port du déchargement, au plus tard au moment de l'enlèvement du bien ou, si la perte n'est pas apparente, dans les trois jours de l'enlèvement.

Le transporteur et le destinataire peuvent, lors de l'enlèvement, requérir une constatation de l'état du bien.

[1991, c. 64, a. 2068].

▌ D.T., 112.

2069. En cas de perte du bien, certaine ou présumée, le transporteur et le destinataire sont tenus de se donner réciproquement les moyens d'inspecter le bien et de vérifier le nombre de colis†.

[1991, c. 64, a. 2069].

2070. Est nulle toute stipulation du contrat qui exonère le transporteur ou le propriétaire du navire de l'obligation de réparer le préjudice résultant des pertes survenues aux biens transportés, à moins qu'il ne s'agisse du transport d'animaux vivants ou de marchandises en pontée, mais non, en ce cas, du transport de conteneurs chargés à bord, si le navire est muni d'installations appropriées pour ce type de transport.

Une clause cédant le bénéfice de l'assurance au transporteur ou toute clause sem-

The carrier may exercise his rights under this article against no person other than the shipper.

[1991, c. 64, a. 2066].

2067. Where the nature or value of the property is knowingly misstated by the shipper, the carrier is not liable for any loss.

[1991, c. 64, a. 2067].

2068. Removal of the property creates a presumption of delivery of the property to the receiver in the condition indicated in the bill of lading or, failing such an indication, in its condition at the time of shipment, unless the receiver gives notice in writing to the carrier or his representative at the port of discharge, of any loss of the property, not later than upon removal or, if the loss is not apparent, not later than three days after removal.

The carrier and the receiver may, at the time of removal, require a statement as to the condition of the property.

[1991, c. 64, a. 2068].

2069. In the case of any actual or apprehended loss of the property, the carrier and the receiver are bound to give each other facilities for inspecting and tallying the items of property†.

[1991, c. 64, a. 2069].

2070. Any stipulation in a contract whereby the carrier or the lessor is relieved from the obligation to make reparation for injury resulting from the loss sustained by the property carried, except in the case of carriage of live animals or property stowed on deck other than containers loaded on a ship fitted for the carriage of containers, is null.

Any clause assigning the benefit of insurance to the carrier or any similar clause is

blable est considérée comme une stipulation exonérant le transporteur.

[1991, c. 64, a. 2070].

▌ C.C.Q., 2034, 2528-2531.

considered to be a stipulation relieving the
carrier from liability.

[1991, c. 64, a. 2070].

2071. Le transporteur est responsable de la
perte survenue aux biens transportés, depuis la prise en charge† jusqu'à la
délivrance.

Il l'est, notamment, si la perte résulte de
l'état d'innavigabilité du navire, à moins
qu'il n'établisse avoir fait diligence pour
mettre le navire en état.

[1991, c. 64, a. 2071].

▌ C.C.Q., 1457, 1458, 1607-1625, 2074; D.T., 112.

2071. The carrier is liable for any loss sustained by the property from the time he re-
ceives† it into his charge until delivery.

He is liable, in particular, for any loss resulting from unseaworthiness unless he
proves that he exercised diligence to make
the ship seaworthy.

[1991, c. 64, a. 2071].

2072. Le transporteur n'est pas responsable de la perte du bien résultant:

1° Des fautes nautiques du capitaine, du
pilote ou des† préposés du transporteur;

2° D'un incendie, à moins qu'il ne soit
causé par son fait† ou sa faute;

3° D'une force majeure;

4° D'une faute du propriétaire du bien ou
du chargeur, notamment dans l'emballage,
le conditionnement ou le marquage du
bien;

5° Du vice propre du bien ou de la
freinte†;

6° D'un acte ou d'une tentative de sauvetage de vies ou de biens au cours du transport ou d'un déroutement à cette fin.

[1991, c. 64, a. 2072].

▌ C.C.Q., 1457, 1458, 1470.

2072. The carrier is not liable for any loss
of the property resulting from

(1) fault in the navigation and management of the ship by the master, pilot or
other† servants of the carrier;

(2) fire, unless caused by an act† or the
fault of the carrier;

(3) superior force;

(4) fault of the owner of the property or
shipper, particularly in packing, packaging
or marking the property;

(5) an inherent defect in the property or
natural† shrinkage;

(6) an act or attempt to save life or property in the course of a carriage or a deviation for that purpose.

[1991, c. 64, a. 2072].

2073. Le chargeur n'est pas responsable
du préjudice subi par le transporteur ni du
dommage causé au navire sans qu'il y ait
eu faute de sa part ou de ses préposés.

[1991, c. 64, a. 2073].

▌ C.C.Q., 1457, 1463, 1607-1625.

2073. The shipper is not liable for any injury suffered by the carrier or for any damage caused to the ship, if it is not due to
his fault or that of his servants.

[1991, c. 64, a. 2073].

2074. Le transporteur est tenu de la perte
du bien transporté jusqu'à concurrence de
la somme fixée par règlement du gouver-

2074. The carrier is liable for any loss of
the property carried up to the sum fixed by
government regulation, unless a higher in-

nement, mais il peut convenir avec le chargeur d'une indemnité différente, dans la mesure où elle est supérieure à celle fixée par règlement.

Il peut être tenu au-delà du montant fixé par règlement lorsqu'il y a eu dol de sa part, ou que la nature et la valeur des biens ont été déclarées par le chargeur avant leur embarquement et que cette déclaration a été jointe au connaissement. Pareille déclaration fait foi à l'égard du transporteur, sauf preuve contraire de sa part.

[1991, c. 64, a. 2074].

▌C.C.Q., 2071.

2075. Il n'est dû aucun fret pour les biens perdus par fortune de mer ou par suite de la négligence du transporteur à mettre le navire en état de navigabilité.

[1991, c. 64, a. 2075].

▌C.C.Q., 2071.

2076. Le transporteur peut débarquer, détruire ou rendre inoffensifs les biens dangereux, à l'embarquement desquels il n'aurait pas consenti s'il avait connu leur nature ou leur caractère.

Le chargeur de ces biens est responsable du préjudice qui résulte de leur embarquement et des dépenses faites par le transporteur pour se départir de ces biens ou les rendre inoffensifs.

[1991, c. 64, a. 2076].

▌C.C.Q., 1457, 1607-1625.

2077. Lorsqu'un bien dangereux a été embarqué à la connaissance et avec le consentement du transporteur et qu'il devient un danger pour le navire ou la cargaison, il peut néanmoins être débarqué, détruit ou rendu inoffensif par le transporteur, sans responsabilité de sa part, si ce n'est qu'à titre d'avaries communes, s'il y a lieu.

[1991, c. 64, a. 2077].

▌C.C.Q., 2051, 2599.

2078. Le contrat est résolu, sans dommages-intérêts de part et d'autre si, en raison d'une force majeure, le départ du navire qui devait effectuer le transport est

demnity has been fixed by agreement between him and the shipper.

He may be held liable beyond the amount fixed by regulation if he committed fraud or if the nature and value of the property were declared by the shipper before shipment and the declaration was attached to the bill of lading. The shipper's declaration is binding on the carrier, saving his right to make proof to the contrary.

[1991, c. 64, a. 2074].

2075. No freight is payable in respect of property lost by reason of perils of the sea or the carrier's neglect to make the ship seaworthy.

[1991, c. 64, a. 2075].

2076. The carrier may land, destroy or render innocuous any dangerous property if he would not have consented to its shipment had he been aware of its nature or properties.

The shipper of such property is liable for any injury resulting from its shipment and for any expense incurred by the carrier to dispose of it or render it innocuous.

[1991, c. 64, a. 2076].

2077. Where dangerous property shipped with the knowledge and consent of the carrier becomes a danger to the ship or cargo, it may be landed, destroyed or rendered innocuous by the carrier without any liability on his part except by way of general average, if any.

[1991, c. 64, a. 2077].

2078. The contract is resolved with no claim for damages on either part if, by reason of superior force, the sailing of the ship which was to effect the carriage is

empêché ou retardé d'une manière telle que le transport ne puisse plus se faire utilement pour le chargeur et sans risque d'engager sa responsabilité à l'égard du transporteur.

[1991, c. 64, a. 2078].

▌ C.C.Q., 1458, 1470, 1606, 1699.

prevented or so delayed that carriage can no longer be effected usefully for the shipper and without the risk of his incurring liability to the carrier.

[1991, c. 64, a. 2078].

2079. Toute action contre le transporteur, le chargeur ou le destinataire, en raison du contrat de transport, se prescrit par un an à compter de la délivrance du bien ou, en cas de perte totale, de la date à laquelle il eût dû être délivré.

[1991, c. 64, a. 2079].

▌ C.C.Q., 2921-2933.

2079. Any action against the carrier, shipper or receiver under a contract of carriage is prescribed one year after the delivery of the property or, in the case of total loss, one year after the date it should have been delivered.

[1991, c. 64, a. 2079].

§ 3. — De la manutention des biens

§ 3. — Handling of property

2080. L'entrepreneur de manutention est chargé de toutes les opérations de mise à bord et de débarquement des biens, y compris les opérations qui en sont le préalable ou la suite nécessaire.

Il est présumé, dans ses activités, avoir reçu le bien tel qu'il a été déclaré par le déposant.

[1991, c. 64, a. 2080].

▌ D.T., 113.

2080. The handling contractor is in charge of all loading and discharging operations, including all necessary operations prior and subsequent to loading and discharge.

For the purposes of his activities, the handling contractor is presumed to have received the property as declared by the depositor.

[1991, c. 64, a. 2080].

2081. L'entrepreneur de manutention agit pour le compte de celui qui a requis ses services, et sa responsabilité n'est engagée qu'envers celui-ci qui seul a une action contre lui.

[1991, c. 64, a. 2081].

▌ C.C.Q., 1607-1625.

2081. The handling contractor acts on behalf of the person who hired his services and is liable only to that person, who alone has an action against him.

[1991, c. 64, a. 2081].

2082. L'entrepreneur de manutention peut, éventuellement, être appelé à effectuer pour le compte du transporteur, du chargeur ou du destinataire la réception et la reconnaissance à terre des biens à embarquer, ainsi que leur garde jusqu'à leur embarquement; il peut, de même, être appelé à effectuer la réception et la reconnaissance à terre des biens débarqués, ainsi que leur garde et leur délivrance.

2082. The handling contractor may be called upon to receive, tally and keep property on land until loading, on behalf of the carrier, shipper or receiver; he may likewise be called upon to receive, tally and keep property on land after its discharge as well as to deliver it.

Ces services supplémentaires sont dus s'ils sont convenus ou sont conformes aux usages† du port.

[1991, c. 64, a. 2082].

▌ C.C.Q., 2080.

These additional services are due if they have been agreed or if they are consistent with the custom† of the port.

[1991, c. 64, a. 2082].

2083. L'entrepreneur de manutention peut être exonéré de sa responsabilité pour la perte d'un bien pour les mêmes motifs que le transporteur; néanmoins, le demandeur peut, dans ces cas, faire la preuve que la perte est due à une faute de l'entrepreneur ou de ses préposés.

L'entrepreneur de manutention ne peut en aucun cas être tenu au-delà de la somme fixée par règlement du gouvernement, à moins qu'il n'y ait eu dol de sa part ou qu'une déclaration de la valeur du bien ne lui ait été notifiée.

[1991, c. 64, a. 2083].

▌ C.C.Q., 1457, 1463, 2072.

2083. The handling contractor may be exonerated from liability for any loss of property for the same reasons as the carrier; however, the plaintiff may in those cases establish that the loss is due to the fault of the handling contractor or his servants.

The liability of the handling contractor may not exceed the sum fixed by government regulation, unless he committed fraud or has been notified of a declaration of the value of the property.

1991, c. 64, a. 2083].

2084. Est inopposable au chargeur et au destinataire, toute clause ayant pour objet ou pour effet de dégager l'entrepreneur de manutention de sa responsabilité, de renverser la charge de la preuve qui lui incombe, de limiter sa responsabilité à une somme inférieure à celle fixée par règlement, ou de lui céder le bénéfice d'une assurance du bien.

[1991, c. 64, a. 2084].

▌ C.C.Q., 2528-2531.

2084. No clause for the purpose or to the effect of relieving the handling contractor from liability, shifting the burden of proof to the other party, limiting his liability to a sum lower than that fixed by regulation or assigning the benefit of insurance to him may be set up against the shipper or the receiver.

[1991, c. 64, a. 2084].

Chapitre VII ▬
Du contrat de travail

Chapter VII ▬
Contract of employment

2085. Le contrat de travail est celui par lequel une personne, le salarié, s'oblige, pour un temps limité et moyennant rémunération, à effectuer un travail† sous la direction ou le contrôle d'une autre personne, l'employeur.

[1991, c. 64, a. 2085].

▌ C.C.Q., 1378, 1463, 2099.

2085. A contract of employment is a contract by which a person, the employee, undertakes for a limited period to do work for remuneration, according to the instructions† and under the direction or control of another person, the employer.

[1991, c. 64, a. 2085].

2086. Le contrat de travail est à durée déterminée ou indéterminée.

[1991, c. 64, a. 2086].

2086. A contract of employment is for a fixed term or an indeterminate term.

[1991, c. 64, a. 2086].

▌C.C.Q., 2085.

2087. L'employeur, outre qu'il est tenu de permettre l'exécution de la prestation de travail convenue et de payer la rémunération fixée, doit prendre les mesures appropriées à la nature du travail, en vue de protéger la santé, la sécurité et la dignité du salarié.

[1991, c. 64, a. 2087].

2087. The employer is bound not only to allow the performance of the work agreed upon and to pay the remuneration fixed, but also to take any measures consistent with the nature of the work to protect the health, safety and dignity of the employee.

[1991, c. 64, a. 2087].

2088. Le salarié, outre qu'il est tenu d'exécuter son travail avec prudence et diligence, doit agir avec loyauté†[1] et ne pas faire usage de l'information à caractère confidentiel qu'il obtient dans l'exécution ou à l'occasion de son travail.

Ces obligations survivent pendant un délai raisonnable après cessation du contrat, et survivent en tout temps lorsque l'information réfère à la réputation et à la vie privée†[2] d'autrui.

[1991, c. 64, a. 2088].

2088. The employee is bound not only to carry on his work with prudence and diligence, but also to act faithfully and honestly†[1] and not to use any confidential information he may obtain in carrying on or in the course of his work.

These obligations continue for a reasonable time after cessation of the contract, and permanently where the information concerns the reputation and private life†[2] of another person.

[1991, c. 64, a. 2088].

Note 1 : Comp. a. 2138(2).

Note 2 : Comp. a. 3.

▌C.C.Q., 35, 322, 1309, 1472, 2138.

2089. Les parties peuvent, par écrit et en termes exprès, stipuler que, même après la fin du contrat, le salarié ne pourra faire concurrence à l'employeur ni participer à quelque titre que ce soit à une entreprise qui lui ferait concurrence.

Toutefois, cette stipulation doit être limitée, quant au temps, au lieu et au genre de travail, à ce qui est nécessaire pour protéger les intérêts légitimes de l'employeur.

Il incombe à l'employeur de prouver que cette stipulation est valide.

[1991, c. 64, a. 2089].

▌C.C.Q., 2095.

2089. The parties may stipulate in writing and in express terms that, even after the termination of the contract, the employee may neither compete with his employer nor participate in any capacity whatsoever in an enterprise which would then compete with him.

Such a stipulation shall be limited, however, as to time, place and type of employment, to whatever is necessary for the protection of the legitimate interests of the employer.

The burden of proof that the stipulation is valid is on the employer.

[1991, c. 64, a. 2089].

2090. Le contrat de travail est reconduit tacitement pour une durée indéterminée lorsque, après l'arrivée du terme, le salarié continue d'effectuer son travail durant

2090. A contract of employment is tacitly renewed for an indeterminate term where the employee continues to carry on his work for five days after the expiry of the

cinq jours, sans opposition de la part de l'employeur.

[1991, c. 64, a. 2090].

❚ C.C.Q., 2086.

2091. Chacune des parties à un contrat à durée indéterminée peut y mettre fin en donnant à l'autre un délai de congé.

Le délai de congé doit être raisonnable et tenir compte, notamment, de la nature de l'emploi, des circonstances particulières dans lesquelles il s'exerce et de la durée de la prestation de travail.

[1991, c. 64, a. 2091].

2092. Le salarié ne peut renoncer au droit qu'il a d'obtenir une indemnité en réparation du préjudice qu'il subit, lorsque le délai de congé est insuffisant ou que la résiliation est faite de manière abusive.

[1991, c. 64, a. 2092].

❚ C.C.Q., 1457.

2093. Le décès du salarié met fin au contrat de travail.

Le décès de l'employeur peut aussi, suivant les circonstances, y mettre fin.

[1991, c. 64, a. 2093].

❚ C.C.Q., 2128.

2094. Une partie peut, pour un motif sérieux, résilier unilatéralement et sans préavis le contrat de travail.

[1991, c. 64, a. 2094].

❚ C.C.Q., 2125-2129.

2095. L'employeur ne peut se prévaloir d'une stipulation de non-concurrence, s'il a résilié le contrat sans motif sérieux ou s'il a lui-même donné au salarié un tel motif de résiliation.

[1991, c. 64, a. 2095].

❚ C.C.Q., 2089.

term, without objection from the employer.

[1991, c. 64, a. 2090].

2091. Either party to a contract with an indeterminate term may terminate it by giving notice of termination to the other party.

The notice of termination shall be given in reasonable time, taking into account, in particular, the nature of the employment, the special circumstances in which it is carried on and the duration of the period of work.

[1991, c. 64, a. 2091].

2092. The employee may not renounce his right to obtain compensation for any injury he suffers where insufficient notice of termination is given or where the manner of resiliation is abusive.

1991, c. 64, a. 2092].

2093. A contract of employment terminates upon the death of the employee.

Depending on the circumstances, it may also terminate upon the death of the employer.

[1991, c. 64, a. 2093].

2094. One of the parties may, for a serious reason, unilaterally resiliate the contract of employment without prior notice.

[1991, c. 64, a. 2094].

2095. An employer may not avail himself of a stipulation of non-competition if he has resiliated the contract without a serious reason or if he has himself given the employee such a reason for resiliating the contract.

[1991, c. 64, a. 2095].

2096. Lorsque le contrat prend fin, l'employeur doit fournir au salarié qui le demande un certificat de travail faisant état uniquement de la nature et de la durée de l'emploi et indiquant l'identité des parties.

[1991, c. 64, a. 2096].

2097. L'aliénation de l'entreprise ou la modification de sa structure juridique par fusion ou autrement, ne met pas fin au contrat de travail.

Ce contrat lie l'ayant cause de l'employeur.

[1991, c. 64, a. 2097].

2096. Upon termination of the contract, the employer shall furnish to the employee, at his request, a certificate of employment, showing only the nature and duration of the employment and indicating the identities of the parties.

[1991, c. 64, a. 2096].

2097. A contract of employment is not terminated by alienation of the enterprise or any change in its legal structure by way of amalgamation or otherwise.

The contract is binding on the successor of the employer.

[1991, c. 64, a. 2097; 2002, c. 19, s. 15].

Chapitre VIII —
Du contrat d'entreprise ou de service

SECTION I —
DE LA NATURE ET DE L'ÉTENDUE DU CONTRAT

Chapter VIII —
Contract of enterprise or for services

SECTION I —
NATURE AND SCOPE OF THE CONTRACT

2098. Le contrat d'entreprise ou de service est celui par lequel une personne, selon le cas l'entrepreneur ou le prestataire de services, s'engage envers une autre personne, le client, à réaliser un ouvrage matériel ou intellectuel ou à fournir un service moyennant un prix que le client s'oblige à lui payer.

[1991, c. 64, a. 2098].

▌ C.C.Q., 2085, 2124.

2099. L'entrepreneur ou le prestataire de services a le libre choix des moyens d'exécution du contrat et il n'existe entre lui et le client aucun lien de subordination quant à son exécution.

[1991, c. 64, a. 2099].

▌ C.C.Q., 2098.

2100. L'entrepreneur et le prestataire de services sont tenus d'agir au mieux des intérêts de leur client, avec prudence et diligence. Ils sont aussi tenus, suivant la nature de l'ouvrage à réaliser ou du service à fournir, d'agir conformément aux usages

2098. A contract of enterprise or for services is a contract by which a person, the contractor or the provider of services, as the case may be, undertakes to carry out physical or intellectual work for another person, the client or to provide a service, for a price which the client binds himself to pay.

[1991, c. 64, a. 2098].

2099. The contractor or the provider of services is free to choose the means of performing the contract and no relationship of subordination exists between the contractor or the provider of services and the client in respect of such performance.

[1991, c. 64, a. 2099].

2100. The contractor and the provider of services are bound to act in the best interests of their client, with prudence and diligence. Depending on the nature of the work to be carried out or the service to be provided, they are also bound to act in ac-

et règles de leur art, et de s'assurer, le cas échéant, que l'ouvrage réalisé ou le service fourni est conforme au contrat.

Lorsqu'ils sont tenus du† résultat, ils ne peuvent se dégager de leur responsabilité qu'en prouvant la force majeure.

[1991, c. 64, a. 2100].

▌ C.C.Q., 1457, 1458, 1470.

cordance with usual practice and the rules of art, and, where applicable, to ensure that the work done or service provided is in conformity with the contract.

Where they are bound to produce † results, they may not be relieved from liability except by proving superior force.

[1991, c. 64, a. 2100].

SECTION II ──
DES DROITS ET OBLIGATIONS DES PARTIES

SECTION II ──
RIGHTS AND OBLIGATIONS OF THE PARTIES

§ 1. ── Dispositions générales appplicables tant aux services qu'aux ouvrages

§ 1. ── General provisions applicable to both services and works

2101. À moins que le contrat n'ait été conclu en considération de ses qualités personnelles ou que cela ne soit incompatible avec la nature même du contrat, l'entrepreneur ou le prestataire de services peut s'adjoindre† un tiers pour l'exécuter; il conserve néanmoins la direction et la responsabilité de l'exécution.

[1991, c. 64, a. 2101].

▌ C.C.Q., 2128.

2101. Unless a contract has been entered into specifically in view of his personal qualities or unless the very nature of the contract prevents it, the contractor or the provider of services may employ† a third person to perform the contract, but its performance remains under his supervision and responsibility.

[1991, c. 64, a. 2101].

2102. L'entrepreneur ou le prestataire de services est tenu, avant la conclusion du contrat, de fournir au client, dans la mesure où les circonstances le permettent, toute information utile relativement à la nature de la tâche qu'il s'engage à effectuer ainsi qu'aux biens et au temps nécessaires à cette fin.

[1991, c. 64, a. 2102].

▌ C.C.Q., 2103.

2102. Before the contract is entered into, the contractor or the provider of services is bound to provide the client, as far as circumstances permit, with any useful information concerning the nature of the task which he undertakes to perform and the property and time required for that task.

[1991, c. 64, a. 2102].

2103. L'entrepreneur ou le prestataire de services fournit les biens nécessaires à l'exécution du contrat, à moins que les parties n'aient stipulé qu'il ne fournirait que son travail.

Les biens qu'il fournit doivent être de

2103. The contractor or the provider of services furnishes the property necessary for the performance of the contract, unless the parties have stipulated that only his work is required.

He shall furnish only property of good

bonne qualité; il est tenu, quant à ces biens, des mêmes garanties que le vendeur.

quality; he is bound by the same warranties in respect of the property as a seller.

Il y a contrat de vente, et non contrat d'entreprise ou de service, lorsque l'ouvrage ou le service n'est qu'un accessoire par rapport à la valeur des biens fournis.

[1991, c. 64, a. 2103].

A contract is a contract of sale, and not a contract of enterprise or for services, where the work or service is merely accessory to the value of the property supplied.

[1991, c. 64, a. 2103].

❚ C.C.Q., 1723-1731.

2104. Lorsque les biens sont fournis par le client, l'entrepreneur ou le prestataire de services est tenu d'en user avec soin et de rendre compte de cette utilisation; si les biens sont manifestement impropres à l'utilisation à laquelle ils sont destinés ou s'ils sont affectés d'un vice apparent ou d'un vice caché qu'il devait connaître, l'entrepreneur ou le prestataire de services est tenu d'en informer immédiatement le client, à défaut de quoi il est responsable du préjudice qui peut résulter de l'utilisation des biens.

[1991, c. 64, a. 2104].

2104. Where the property is provided by the client, the contractor or the provider of services is bound to use it with care and to account for its use; where the property is evidently unfit for its intended use or where it has an apparent or latent defect of which the contractor or the provider of services should be aware, he is bound to inform the client immediately, failing which he is liable for any injury which may result from the use of the property.

[1991, c. 64, a. 2104].

❚ C.C.Q., 1457, 2115.

2105. Si les biens nécessaires à l'exécution du contrat périssent par force majeure, leur perte est à la charge de la partie qui les fournit.

[1991, c. 64, a. 2105].

2105. If the property necessary for the performance of the contract perishes by superior force, the party that furnished it bears the loss.

[1991, c. 64, a. 2105].

❚ C.C.Q., 950, 1470.

2106. Le prix de l'ouvrage ou du service est déterminé par le contrat, les usages ou la loi, ou encore d'après la valeur des travaux effectués ou des services rendus.

[1991, c. 64, a. 2106].

2106. The price of the work or services is fixed by the contract, by usage or by law or on the basis of the value of the work carried out or the services rendered.

[1991, c. 64, a. 2106].

❚ C.C.Q., 1426.

2107. Si, lors de la conclusion du contrat, le prix des travaux ou des services a fait l'objet d'une estimation, l'entrepreneur ou le prestataire de services doit justifier toute augmentation du prix.

Le client n'est tenu de payer cette augmentation que dans la mesure où elle résulte de travaux, de services ou de dépenses qui

2107. Where the price of the work or services is estimated at the time the contract is entered into, the contractor or the provider of the services shall give the reasons for any increase of the price.

The client is bound to pay such increase only to the extent that it results from work, services or expenses that the contractor or

n'étaient pas prévisibles par l'entrepreneur ou le prestataire de services au moment de la conclusion du contrat.

[1991, c. 64, a. 2107].

▌ C.C.Q., 2108.

2108. Lorsque le prix est établi en fonction de la valeur des travaux exécutés, des services rendus ou des biens fournis, l'entrepreneur ou le prestataire de services est tenu, à la demande du client, de lui rendre compte de l'état d'avancement des travaux, des services déjà rendus et des dépenses déjà faites.

[1991, c. 64, a. 2108].

▌ C.C.Q., 2107, 2117.

2109. Lorsque le contrat est à forfait, le client doit payer le prix convenu et il ne peut prétendre à une diminution du prix en faisant valoir que l'ouvrage ou le service a exigé moins de travail ou a coûté moins cher qu'il n'avait été prévu.

Pareillement, l'entrepreneur ou le prestataire de services ne peut prétendre à une augmentation du prix pour un motif contraire.

Le prix forfaitaire reste le même, bien que des modifications aient été apportées aux conditions d'exécution initialement prévues, à moins que les parties n'en aient convenu autrement.

[1991, c. 64, a. 2109].

▌ C.C.Q., 2107, 2108.

§ 2. — Dispositions particulières aux ouvrages

I — Dispositions générales

2110. Le client est tenu de recevoir l'ouvrage à la fin des travaux; celle-ci a lieu lorsque l'ouvrage est exécuté et en état de servir conformément à l'usage auquel on le destine.

La réception de l'ouvrage est l'acte par lequel le client déclare l'accepter, avec ou sans réserve.

[1991, c. 64, a. 2110].

the provider of services could not foresee at the time the contract was entered into.

[1991, c. 64, a. 2107].

2108. Where the price is fixed according to the value of the work performed, the services rendered or the property furnished, the contractor or the provider of services is bound, at the request of the client, to give him an account of the progress of the work or of the services rendered and expenses incurred so far.

[1991, c. 64, a. 2108].

2109. Where the price is fixed by the contract, the client shall pay the price agreed, and may not claim a reduction of the price on the ground that the work or service required less effort or cost less than had been foreseen.

Similarly, the contractor or the provider of services may not claim an increase of the price for the opposite reason.

Unless otherwise agreed by the parties, the price fixed by the contract remains unchanged notwithstanding any modification of the original terms and conditions of performance.

[1991, c. 64, a. 2109].

§ 2. — Special provisions respecting works

I — General provisions

2110. The client is bound to accept the work when work is completed; work is completed when the work has been produced and is ready to be used for its intended purpose.

Acceptance of the work is the act by which the client declares that he accepts it, with or without reservation.

[1991, c. 64, a. 2110].

▌ C.C.Q., 2111, 2114.

2111. Le client n'est pas tenu de payer le prix avant la réception de l'ouvrage.

Lors du paiement, il peut retenir sur le prix, jusqu'à ce que les réparations ou les corrections soient faites à l'ouvrage, une somme suffisante pour satisfaire aux réserves faites quant aux vices ou malfaçons apparents† qui existaient lors de la réception de l'ouvrage.

Le client ne peut exercer ce droit si l'entrepreneur lui fournit une sûreté suffisante garantissant l'exécution de ses obligations.
[1991, c. 64, a. 2111].

2111. The client is not bound to pay the price before the work is accepted.

At the time of payment, the client may deduct from the price, until the repairs or corrections are made to the work, a sufficient amount to meet the reservations which he made as to the apparent† defects or poor workmanship that existed when he accepted the work.

The client may not exercise this right if the contractor furnishes him with sufficient security to guarantee the performance of his obligations.
[1991, c. 64, a. 2111].

Note : On peut se demander si le terme « *apparent* » vise à la fois, dans le texte anglais, les vices et les malfaçons, compte tenu de l'emploi répété, à l'article 2113, de l'adjectif « *nonapparent* ». / It is unclear whether the term "apparent" modifies both "defects" and "poor workmanship", given the repetition of the adjective "nonapparent" in a similar context in article 2113.

▌ C.C.Q., 2123.

2112. Si les parties ne s'entendent pas sur la somme à retenir et les travaux à compléter, l'évaluation est faite par un expert que désignent les parties ou, à défaut, le tribunal.
[1991, c. 64, a. 2112].

2112. If the parties do not agree on the amount to be deducted and on the work to be completed, an assessment is made by an expert designated by the parties or, failing that, by the court.
[1991, c. 64, a. 2112].

▌ C.C.Q., 483, 854, 1034.

2113. Le client qui accepte sans réserve, conserve, néanmoins, ses recours contre l'entrepreneur aux cas de vices ou malfaçons non apparents.
[1991, c. 64, a. 2113].

2113. A client who accepts without reservation retains his right to pursue his remedies against the contractor in cases of non-apparent defects or nonapparent poor workmanship.
[1991, c. 64, a. 2113].

▌ C.C.Q., 1726-1731, 2118, 2120.

2114. Si l'ouvrage est exécuté par phases successives, il peut être reçu par parties; le prix afférent à chacune d'elles est payable au moment de la délivrance et de la réception de cette partie et le paiement fait présumer qu'elle a été ainsi reçue, à moins que les sommes versées ne doivent être considérées comme de simples acomptes sur le prix.
[1991, c. 64, a. 2114].

2114. Where the work is performed in successive phases, it may be accepted in parts; the price for each part is payable upon delivery and acceptance of the part; payment creates a presumption that the part has been accepted, unless the sums paid are to be considered as merely partial payments on the price.
[1991, c. 64, a. 2114].

▌ C.C.Q., 2110.

2115. L'entrepreneur est tenu de la perte de l'ouvrage qui survient avant sa délivrance, à moins qu'elle ne soit due à la faute du client ou que celui-ci ne soit en demeure de recevoir l'ouvrage.

Toutefois, si les biens sont fournis par le client, l'entrepreneur n'est pas tenu de la perte de l'ouvrage, à moins qu'elle ne soit due à sa faute ou à un autre manquement de sa part. Il ne peut réclamer le prix de son travail que si la perte de l'ouvrage résulte du vice propre des biens fournis ou d'un vice du bien qu'il ne pouvait déceler, ou encore si la perte est due à la faute du client.

[1991, c. 64, a. 2115].

❚ C.C.Q., 1594, 1693, 2104.

2115. The contractor is liable for loss of the work occurring before its delivery, unless it is due to the fault of the client or the client is in default to receive the work.

Where the property is furnished by the client, the contractor is not liable for the loss of the work unless it is due to his fault or some other failure on his part. He may not claim the price of his work except where the loss of the work results from an inherent defect in the property furnished or a defect in the property that he was unable to detect, or where the loss is due to the fault of the client.

[1991, c. 64, a. 2115].

2116. La prescription des recours entre les parties ne commence à courir qu'à compter de la fin des travaux, même à l'égard de ceux qui ont fait l'objet de réserves lors de la réception de l'ouvrage.

[1991, c. 64, a. 2116].

❚ C.C.Q., 2110, 2925.

2116. The prescription of rights to pursue remedies between the parties begins to run only from the time that work is completed, even in respect of work that was subject to reservations at the time of acceptance of the work.

[1991, c. 64, a. 2116].

II — Des ouvrages immobiliers

II — Immovable works

2117. À tout moment de la construction ou de la rénovation d'un immeuble, le client peut, mais de manière à ne pas nuire au déroulement des travaux, vérifier leur état d'avancement, la qualité des matériaux utilisés et celle du travail effectué, ainsi que l'état des dépenses faites.

[1991, c. 64, a. 2117].

❚ C.C.Q., 2108.

2117. At any time during the construction or renovation of an immovable, the client, provided he does not interfere with the work, may examine the progress of the work, the quality of the materials used and of the work performed, and the statement of expenses incurred so far.

1991, c. 64, a. 2117].

2118. À moins qu'ils ne puissent se dégager de leur responsabilité, l'entrepreneur, l'architecte et l'ingénieur qui ont, selon le cas, dirigé ou surveillé les travaux, et le sous-entrepreneur pour les travaux qu'il a exécutés, sont solidairement tenus de la perte de l'ouvrage qui survient dans les cinq ans qui suivent la fin des travaux, que la perte résulte d'un vice de conception, de construction ou de réalisation de l'ouvrage, ou, encore, d'un vice[1] du sol.

[1991, c. 64, a. 2118].

2118. Unless they can be relieved from liability, the contractor, the architect and the engineer who, as the case may be, directed or supervised the work, and the subcontractor with respect to work performed by him, are solidarily liable for the loss of the work occurring within five years after the work was completed, whether the loss results from faulty design, construction or production of the work, or the unfavourable nature[1] of the ground.

[1991, c. 64, a. 2118].

Note 1 : Comp. a. 1081.

❚ C.C.Q., 1457, 1523, 1525, 1726; D.T., 114.

2119. L'architecte ou l'ingénieur ne sera dégagé de sa responsabilité qu'en prouvant que les vices de l'ouvrage ou de la partie qu'il a réalisée ne résultent ni d'une erreur ou d'un défaut dans les expertises ou les plans qu'il a pu fournir, ni d'un manquement dans la direction ou dans la surveillance des travaux.

L'entrepreneur n'en sera dégagé qu'en prouvant que ces vices résultent d'une erreur ou d'un défaut dans les expertises ou les plans de l'architecte ou de l'ingénieur choisi par le client. Le sous-entrepreneur n'en sera dégagé qu'en prouvant que ces vices résultent des décisions de l'entrepreneur ou des expertises ou plans de l'architecte ou de l'ingénieur.

Chacun pourra encore se dégager de sa responsabilité en prouvant que ces vices résultent de décisions imposées par le client dans le choix du sol ou des matériaux, ou dans le choix des sous-entrepreneurs, des experts ou des méthodes de construction.

[1991, c. 64, a. 2119].

❚ D.T., 114.

2119. The architect or the engineer may be relieved from liability only by proving that the defects in the work or in the part of it completed do not result from any erroneous or faulty expert opinion or plan he may have submitted or from any failure to direct or supervise the work.

The contractor may be relieved from liability only by proving that the defects result from an erroneous or faulty expert opinion or plan of the architect or engineer selected by the client. The subcontractor may be relieved from liability only by proving that the defects result from decisions made by the contractor or from the expert opinions or plans furnished by the architect or engineer.

They may, in addition, be relieved from liability by proving that the defects result from decisions imposed by the client in selecting the land or materials, or the subcontractors, experts, or construction methods.

[1991, c. 64, a. 2119].

2120. L'entrepreneur, l'architecte et l'ingénieur pour les travaux qu'ils ont dirigés ou surveillés et, le cas échéant, le sous-entrepreneur pour les travaux qu'il a exécutés, sont tenus conjointement pendant un an de garantir l'ouvrage contre les malfaçons existantes au moment de la réception, ou découvertes dans l'année qui suit la réception.

[1991, c. 64, a. 2120].

Note : Comp. a. 2118.

❚ C.C.Q., 1518, 2113; D.T., 114.

2120. The contractor, the architect and the engineer, in respect of work they directed or supervised, and, where applicable, the subcontractor, in respect of work he performed, are jointly liable to warrant the work for one year against poor workmanship existing at the time of acceptance or discovered within one year after acceptance.

[1991, c. 64, a. 2120; 2002, c. 19, s. 15].

2121. L'architecte et l'ingénieur qui ne dirigent pas ou ne surveillent pas les travaux ne sont responsables que de la perte qui résulte d'un défaut ou d'une erreur dans les plans ou les expertises qu'ils ont fournis.

[1991, c. 64, a. 2121].

2121. An architect or an engineer who does not direct or supervise work is liable only for the loss occasioned by a defect or error in the plans or in the expert opinions furnished by him.

[1991, c. 64, a. 2121].

❚ D.T., 114.

2122. Pendant la durée des travaux, l'entrepreneur peut, si la convention le prévoit, exiger des acomptes sur le prix du contrat pour la valeur des travaux exécutés et des matériaux nécessaires à la réalisation de l'ouvrage; il est tenu, préalablement, de fournir au client un état des sommes payées aux sous-entrepreneurs, à ceux qui ont fourni ces matériaux et autres personnes qui ont participé à ces travaux, et des sommes qu'il leur doit encore pour terminer les travaux.

[1991, c. 64, a. 2122].

❚ C.C.Q., 2111.

2123. Au moment du paiement, le client peut retenir, sur le prix du contrat, une somme suffisante pour acquitter les créances des ouvriers, de même que celles des autres personnes qui peuvent faire valoir une hypothèque légale sur l'ouvrage immobilier et qui lui ont dénoncé leur contrat avec l'entrepreneur, pour les travaux faits ou les matériaux ou services fournis après cette dénonciation.

Cette retenue est valable tant que l'entrepreneur n'a pas remis au client une quittance de ces créances.

Il ne peut exercer ce droit si l'entrepreneur lui fournit une sûreté suffisante garantissant ces créances.

[1991, c. 64, a. 2123].

❚ C.C.Q., 2724, 2726, 2952, 3061.

2124. Pour l'application des dispositions du présent chapitre, le promoteur immobilier qui vend, même après son achèvement, un ouvrage qu'il a construit ou a fait construire est assimilé à l'entrepreneur.

[1991, c. 64, a. 2124].

❚ C.C.Q., 1785-1794; D.T., 114.

2122. During the performance of the work, the contractor may, if so provided in the agreement, require partial payments on the price of the contract for the value of the work performed and of the materials needed to produce the work; before doing so, he is bound to furnish the client with a statement of the amounts paid to the subcontractors, to the persons having supplied the materials and to any other person having participated in the work, and of the amounts he still owes them for the completion of the work.

[1991, c. 64, a. 2122].

2123. At the time of payment, the client may deduct from the price of the contract an amount sufficient to pay the claims of the workman, and those of other persons who may exercise a legal hypothec on the immovable work and who have given him notice of their contract with the contractor in respect of the work performed or the materials or services supplied after such notice was given.

The deduction is valid until such time as the contractor gives the client an acquittance of such claims.

The client may not exercise the right set out in the first paragraph if the contractor furnishes him with sufficient security to guarantee the claims.

[1991, c. 64, a. 2123].

2124. For the purposes of this chapter, the promoter of an immovable who sells the work which he has built or caused to be built, even after its completion, is deemed to be a contractor.

[1991, c. 64, a. 2124; 1992, c. 57, s. 716].

2125. Le client peut, unilatéralement, résilier le contrat, quoique la réalisation de l'ouvrage ou la prestation du service ait déjà été entreprise.

[1991, c. 64, a. 2125].

■ C.C.Q., 1607-1625, 2094.

2125. The client may unilaterally resiliate the contract even though the work or provision of service is already in progress.

[1991, c. 64, a. 2125].

2126. L'entrepreneur ou le prestataire de services ne peut résilier unilatéralement le contrat que pour un motif sérieux et, même alors, il ne peut le faire à contretemps; autrement, il est tenu de réparer le préjudice causé au client par cette résiliation.

Il est tenu, lorsqu'il résilie le contrat, de faire tout ce qui est immédiatement nécessaire pour prévenir une perte.

[1991, c. 64, a. 2126].

■ C.C.Q., 1359, 2094, 2178.

2126. The contractor or the provider of services may not resiliate the contract unilaterally except for a serious reason, and never at an inopportune moment; otherwise, he is liable for any injury caused to the client as a result of the resiliation.

Where the contractor or the provider of services resiliates the contract, he is bound to do all that is immediately necessary to prevent any loss.

[1991, c. 64, a. 2126].

2127. Le décès du client ne met fin au contrat que si cela rend impossible ou inutile l'exécution du contrat.

[1991, c. 64, a. 2127].

■ C.C.Q., 2093.

2127. The death of the client does not terminate the contract unless its performance thereby becomes impossible or useless.

[1991, c. 64, a. 2127].

2128. Le décès ou l'inaptitude de l'entrepreneur ou du prestataire de services ne met pas fin au contrat, à moins qu'il n'ait été conclu en considération de ses qualités† personnelles ou qu'il ne puisse être continué de manière adéquate par celui qui lui succède dans ses activités, auquel cas le client peut résilier le contrat.

[1991, c. 64, a. 2128].

■ C.C.Q., 2101.

2128. The contract is not terminated by the death or incapacity of the contractor or the provider of services unless it has been entered into specifically in view of his personal qualifications† or cannot be adequately continued by his successor in his professional activities, in which case the client may resiliate it.

[1991, c. 64, a. 2128].

2129. Le client est tenu, lors de la résiliation du contrat, de payer à l'entrepreneur ou au prestataire de services, en proportion du prix convenu, les frais et dépenses actuelles†, la valeur des travaux exécutés avant la fin du contrat ou avant la notification de la résiliation, ainsi que, le cas échéant, la valeur des biens fournis, lors-

2129. Upon resiliation of the contract, the client is bound to pay to the contractor or the provider of services, in proportion to the agreed price, the actual† costs and expenses, the value of the work performed before the end of the contract or before the notice of resiliation and, as the case may be, the value of the property furnished,

que ceux-ci peuvent lui être remis et qu'il peut les utiliser.

L'entrepreneur ou le prestataire de services est tenu, pour sa part, de restituer les avances qu'il a reçues en excédent de ce qu'il a gagné.

Dans l'un et l'autre cas, chacune des parties est aussi tenue de tout autre préjudice que l'autre partie a pu subir.

[1991, c. 64, a. 2129].

❚ C.C.Q., 1611-1625.

where it can be returned to him and used by him.

For his part, the contractor or the provider of services is bound to repay any advances he has received in excess of what he has earned.

In either case, each party is liable for any other injury that the other party may have suffered.

[1991, c. 64, a. 2129].

Chapitre IX ⎯ Du mandat

Chapter IX ⎯ Mandate

SECTION I ⎯ DE LA NATURE ET DE L'ÉTENDUE DU MANDAT

SECTION I ⎯ NATURE AND SCOPE OF MANDATE

2130. Le mandat est le contrat par lequel une personne, le mandant, donne le pouvoir de la représenter dans l'accomplissement† d'un acte juridique avec un tiers, à une autre personne, le mandataire qui, par le fait de son acceptation, s'oblige à l'exercer.

Ce pouvoir et, le cas échéant, l'écrit qui le constate, s'appellent aussi† procuration.

[1991, c. 64, a. 2130].

2130. Mandate is a contract by which a person, the mandator, empowers another person, the mandatary, to represent him in the performance† of a juridical act with a third person, and the mandatary, by his acceptance, binds himself to exercise the power.

The power and, where applicable, the writing evidencing it are called† the power of attorney.

[1991, c. 64, a. 2130].

❚ C.C.Q., 4, 155, 256, 397, 398, 1299, 1398; C.P.C., 59, 61, 955, 1003.

2131. Le mandat peut aussi avoir pour objet les actes destinés à assurer, en prévision de l'inaptitude du mandant à prendre soin de lui-même ou à administrer ses biens, la protection de sa personne, l'administration, en tout ou en partie, de son patrimoine et, en général, son bien-être moral et matériel.

[1991, c. 64, a. 2131].

2131. The object of the mandate may also be the performance of acts intended to ensure the personal protection of the mandator, the administration, in whole or in part, of his patrimony as well as his moral and material well-being, should he become incapable of taking care of himself or administering his property.

[1991, c. 64, a. 2131; 2002, c. 19, s. 15].

❚ C.C.Q., 2166-2174.

2132. L'acceptation du mandat est expresse ou tacite; elle est tacite lorsqu'elle s'induit des actes et même du silence du mandataire.

[1991, c. 64, a. 2132].

2132. Acceptance of a mandate may be express or tacit. Tacit acceptance may be inferred from the acts and even from the silence of the mandatary.

[1991, c. 64, a. 2132].

❚ C.C.Q., 2131.

2133. Le mandat est à titre gratuit ou à titre onéreux. Le mandat conclu entre deux personnes physiques est présumé à titre gratuit, mais le mandat professionnel est présumé à titre onéreux.

[1991, c. 64, a. 2133].

❚ C.C.Q., 1367, 2150.

2133. Mandate is either by gratuitous title or by onerous title. A mandate entered into between two natural persons is presumed to be by gratuitous title but a professional mandate is presumed to be given by onerous title.

[1991, c. 64, a. 2133].

2134. La rémunération, s'il y a lieu, est déterminée par le contrat, les usages ou la loi, ou encore d'après la valeur des services rendus.

[1991, c. 64, a. 2134].

❚ C.C.Q., 1300.

2134. Remuneration, if any, is determined by the contract, usage or law or on the basis of the value of the services rendered.

[1991, c. 64, a. 2134].

2135. Le mandat peut être soit spécial pour une affaire particulière, soit général pour toutes les affaires du mandant.

Le mandat conçu en termes généraux ne confère que le pouvoir de passer des actes de simple administration. Il doit être exprès lorsqu'il confère le pouvoir de passer des actes autres que ceux-là, à moins que, s'agissant d'un mandat donné en prévision d'une inaptitude, il ne confie la pleine administration.

[1991, c. 64, a. 2135].

❚ C.C.Q., 1301, 1306, 1431, 2168.

2135. A mandate may be special, namely for a particular business, or general, namely for all the business of the mandator.

A mandate expressed in general terms confers the power to perform acts of simple administration only. The power to perform other acts is conferred only by express mandate, except where, in the case of a mandate given in anticipation of the mandator's incapacity, that mandate confers full administration.

[1991, c. 64, a. 2135].

2136. Les pouvoirs du mandataire s'étendent non seulement à ce qui est exprimé dans le mandat, mais encore à tout ce qui peut s'en déduire. Le mandataire peut faire tous les actes qui découlent de ces pouvoirs et qui sont nécessaires à l'exécution du mandat.

[1991, c. 64, a. 2136].

❚ C.C.Q., 1305, 1431, 1434, 2158.

2136. The powers of a mandatary extend not only to what is expressed in the mandate, but also to anything that may be inferred therefrom. The mandatary may carry out all acts which are incidental to such powers and which are necessary for the performance of the mandate.

[1991, c. 64, a. 2136].

2137. Les pouvoirs que l'on donne à des personnes de faire un acte qui n'est pas étranger à la profession ou aux fonctions qu'elles exercent, mais se déduisent de leur nature, n'ont pas besoin d'être mentionnés expressément.

[1991, c. 64, a. 2137].

2137. Powers granted to persons to perform an act which is an ordinary part of their profession or calling or which may be inferred from the nature of such profession or calling, need not be mentioned expressly.

1991, c. 64, a. 2137].

▌ C.P.C., 59, 492.

SECTION II —
SECTION II —
DES OBLIGATIONS DES PARTIES ENTRE
ELLES

OBLIGATIONS BETWEEN PARTIES

§ 1. — Des obligations du
mandataire envers le mandant

§ 1. — Obligations of the
mandatary towards the mandator

2138. Le mandataire est tenu d'accomplir le mandat qu'il a accepté et il doit, dans l'exécution de son mandat, agir avec prudence et diligence.

Il doit également agir avec honnêteté et loyauté dans le meilleur intérêt du mandant et éviter de se placer dans une situation de conflit entre son intérêt personnel et celui de son mandant.

[1991, c. 64, a. 2138].

▌ C.C.Q., 1309, 1310.

2138. A mandatary is bound to fulfill the mandate he has accepted, and he shall act with prudence and diligence in performing it.

He shall also act honestly and faithfully in the best interests of the mandator, and avoid placing himself in a position that puts his own interest in conflict with that of his mandator.

[1991, c. 64, a. 2138].

2139. Au cours du mandat, le mandataire est tenu, à la demande du mandant ou lorsque les circonstances le justifient, de l'informer de l'état d'exécution du mandat.

Il doit, sans délai, faire savoir au mandant qu'il a accompli son mandat.

[1991, c. 64, a. 2139].

▌ C.C.Q., 2138.

2139. During the mandate, the mandatary is bound to inform the mandator, at his request or where circumstances warrant it, of the stage reached in the performance of the mandate.

The mandatary shall inform the mandator without delay that he has fulfilled his mandate.

[1991, c. 64, a. 2139].

2140. Le mandataire est tenu d'accomplir personnellement le mandat, à moins que le mandant ne l'ait autorisé à se substituer une autre personne pour exécuter tout ou partie du mandat.

Il doit cependant, si l'intérêt du mandant l'exige, se substituer un tiers, lorsque des circonstances imprévues l'empêchent d'accomplir le mandat et qu'il ne peut en aviser le mandant en temps utile.

[1991, c. 64, a. 2140].

▌ C.C.Q., 1337.

2140. The mandatary is bound to fulfill the mandate in person unless he is authorized by the mandator to appoint another person to perform all or part of it in his place.

If the interests of the mandator so require, however, the mandatary shall appoint a third person to replace him where unforeseen circumstances prevent him from fulfilling the mandate and he is unable to inform the mandator thereof in due time.

[1991, c. 64, a. 2140].

2141. Le mandataire répond, comme s'il les avait personnellement accomplis, des

2141. The mandatary is accountable for the acts of the person he has appointed

actes de la personne qu'il s'est substituée, lorsqu'il n'était pas autorisé à le faire; s'il était autorisé à se substituer quelqu'un, il ne répond que du soin avec lequel il a choisi son substitut et lui a donné ses instructions.

Dans tous les cas, le mandant a une action directe contre la personne que le mandataire s'est substituée.

[1991, c. 64, a. 2141].

❚ C.C.Q., 1337, 1458, 2140, 2148, 2161.

2142. Le mandataire peut, dans l'exécution du mandat, se faire assister par une autre personne et lui déléguer des pouvoirs à cette fin, à moins que le mandant ou l'usage ne l'interdise.

Il demeure tenu, à l'égard du mandant, des actes accomplis par la personne qui l'a assisté.

[1991, c. 64, a. 2142].

❚ C.C.Q., 1337, 2101.

2143. Un mandataire qui accepte de représenter, pour un même acte, des parties dont les intérêts sont en conflit ou susceptibles de l'être, doit en informer chacun des mandants, à moins que l'usage ou leur connaissance respective du double mandat ne l'en dispense, et il doit agir envers chacun d'eux avec impartialité.

Le mandant qui n'était pas en mesure de connaître le double mandat peut, s'il en subit un préjudice, demander la nullité de l'acte du mandataire.

[1991, c. 64, a. 2143].

❚ C.C.Q., 1311, 1312.

2144. Lorsque plusieurs mandataires sont nommés ensemble pour la même affaire, le mandat n'a d'effet que s'il est accepté par tous.

Ils doivent agir de concert quant à tous les actes visés par le mandat, à moins d'une stipulation contraire ou que cela ne découle implicitement du mandat. Ils sont tenus solidairement à l'exécution de leurs obligations.

[1991, c. 64, a. 2144].

without authorization as his substitute as if he had performed them in person; where he was authorized to make such an appointment, he is accountable only for the care with which he selected his substitute and gave him instructions.

In any case, the mandator has a direct action against the person appointed by the mandatary as his substitute.

[1991, c. 64, a. 2141].

2142. In the performance of the mandate, the mandatary, unless prohibited by the mandator or usage, may require the assistance of another person and delegate powers to him for that purpose.

The mandatary remains liable towards the mandator for the acts of the person assisting him.

[1991, c. 64, a. 2142].

2143. A mandatary who agrees to represent, in the same act, persons whose interests conflict or could conflict shall so inform each of the mandators, unless he is exempted by usage or the fact that each of the mandators is aware of the double mandate; he shall act impartially towards each of them.

Where a mandator was not in a position to know of the double mandate, he may have the act of the mandatary declared null if he suffers injury as a result.

[1991, c. 64, a. 2143].

2144. Where several mandataries are appointed in respect of the same business, the mandate has effect only if it is accepted by all of them.

The mandataries shall act jointly for all acts contemplated in the mandate, unless otherwise stipulated or implied by the mandate. They are solidarily liable for the performance of their obligations.

[1991, c. 64, a. 2144].

du préjudice que ce dernier a subi en raison de l'exécution du mandat.

[1991, c. 64, a. 2154].

❚ C.C.Q., 1486.

2155. Si aucune faute n'est imputable au mandataire, les sommes qui lui sont dues le sont lors même que l'affaire n'aurait pas réussi.

[1991, c. 64, a. 2155].

❚ C.C.Q., 2154.

2156. Si le mandat a été donné par plusieurs personnes, leur obligation à l'égard du mandataire est solidaire.

[1991, c. 64, a. 2156].

❚ C.C.Q., 1334, 1370, 1525.

SECTION III —
DES OBLIGATIONS DES PARTIES ENVERS LES TIERS

§ 1. — Des obligations du mandataire envers les tiers

2157. Le mandataire qui, dans les limites de son mandat, s'oblige au nom et pour le compte du mandant, n'est pas personnellement tenu envers le tiers avec qui il contracte.

Il est tenu envers lui lorsqu'il agit en son propre nom, sous réserve des droits du tiers contre le mandant, le cas échéant.

[1991, c. 64, a. 2157].

❚ C.C.Q., 1319, 1489.

2158. Le mandataire qui outrepasse ses pouvoirs est personnellement tenu envers le tiers avec qui il contracte, à moins que le tiers n'ait eu une connaissance suffisante du mandat, ou que le mandant n'ait ratifié les actes que le mandataire a accomplis.

[1991, c. 64, a. 2158].

❚ C.C.Q., 1320, 2160.

him for any injury he has suffered by reason of the performance of the mandate.

[1991, c. 64, a. 2154].

2155. If no fault is imputable to the mandatary, the sums owed to him are payable even though the business has not been successfully concluded.

[1991, c. 64, a. 2155].

2156. If a mandate is given by several persons, their obligations towards the mandatary are solidary.

[1991, c. 64, a. 2156].

SECTION III —
OBLIGATIONS OF PARTIES TOWARDS THIRD PERSONS

§ 1. — Obligations of the mandatary towards third persons

2157. Where a mandatary binds himself, within the limits of his mandate, in the name and on behalf of the mandator, he is not personally liable to the third person with whom he contracts.

The mandatary is liable to the third person if he acts in his own name, subject to any rights the third person may have against the mandator.

[1991, c. 64, a. 2157].

2158. Where a mandatary exceeds his powers, he is personally liable to the third person with whom he contracts, unless the third person was sufficiently aware of the mandate, or unless the mandator has ratified the acts performed by the mandatary.

[1991, c. 64, a. 2158].

2159. Le mandataire s'engage personnelle-ment, s'il convient avec le tiers que, dans un délai fixé, il révélera l'identité de son mandant et qu'il omet de le faire.

Il s'engage aussi personnellement s'il est tenu de taire le nom du mandant ou s'il sait que celui* qu'il déclare est insolvable, mineur ou placé sous un régime de protec-tion et qu'il omet de le mentionner.

[1991, c. 64, a. 2159].

C.C.Q., 2158.

2159. Where the mandatary agrees with a third person to disclose the identity of his mandator within a fixed period and fails to do so, he is personally liable.

The mandatary is also personally liable if he is bound to conceal the name of the mandator or if he knows that the person whose identity he discloses is insolvent, is a minor or is under protective supervision and he fails to mention this fact.

[1991, c. 64, a. 2159].

§ 2. — Des obligations du mandant envers les tiers

§ 2. — Obligations of the mandator towards third persons

2160. Le mandant est tenu envers le tiers pour les actes accomplis par le mandataire dans l'exécution et les limites du mandat, sauf si, par la convention ou les usages, le mandataire est seul tenu.

Il est aussi tenu des actes qui excédaient les limites du mandat et qu'il a ratifiés.

[1991, c. 64, a. 2160].

C.C.Q., 1319, 1320, 1423.

2160. A mandator is liable to third persons for the acts performed by the mandatary in the performance and within the limits of his mandate unless, under the agreement or by virtue of usage, the mandatary alone is liable.

The mandator is also liable for any acts which exceed the limits of the mandate, if he has ratified them.

[1991, c. 64, a. 2160].

2161. Le mandant peut, s'il en subit un préjudice, répudier les actes de la personne que le mandataire s'est substituée lorsque cette substitution s'est faite sans l'autorisa-tion du mandant ou sans que son intérêt ou les circonstances justifient la substitution.

[1991, c. 64, a. 2161].

C.C.Q., 1338, 1458, 2140.

2161. The mandator may repudiate the acts of the person appointed by the manda-tary as his substitute if he suffers any in-jury thereby, where the appointment was made without his authorization or where his interest or the circumstances did not warrant the appointment.

[1991, c. 64, a. 2161].

2162. Le mandant ou, à son décès, ses hé-ritiers, sont tenus envers le tiers des actes accomplis par le mandataire dans l'exécu-tion et les limites du mandat après la fin de celui-ci, lorsque ces actes étaient la suite nécessaire de ceux déjà accomplis ou qu'ils ne pouvaient être différés sans ris-que de perte, ou encore lorsque la fin du mandat est restée inconnue du tiers.

[1991, c. 64, a. 2162].

C.C.Q., 1251, 1362, 2182.

2162. The mandator or, upon his death, his heirs are liable to third persons for acts done by the mandatary in the performance and within the limits of the mandate after the termination of the mandate, where the acts were the necessary consequence of those already performed or could not be deferred without risk of loss, or where the third person was unaware of the termina-tion of the mandate.

[1991, c. 64, a. 2162].

2163. Celui qui a laissé croire qu'une personne était son mandataire est tenu, comme s'il y avait eu mandat, envers le tiers qui a contracté de bonne foi avec celle-ci, à moins qu'il n'ait pris des mesures appropriées pour prévenir l'erreur dans des circonstances qui la rendaient prévisible.

[1991, c. 64, a. 2163].

▮ C.C.Q., 1323.

2163. A person who has allowed it to be believed that a person was his mandatary is liable, as if he were his mandatary, to the third person who has contracted in good faith with the latter, unless, in circumstances in which the error was foreseeable, he has taken appropriate measures to prevent it.

[1991, c. 64, a. 2163].

2164. Le mandant répond du préjudice causé par la faute du mandataire dans l'exécution de son mandat, à moins qu'il ne prouve, lorsque le mandataire n'était pas son préposé, qu'il n'aurait pas pu empêcher le dommage.

[1991, c. 64, a. 2164].

▮ C.C.Q., 1457, 1463.

2164. A mandator is liable for any injury caused by the fault of the mandatary in the performance of his mandate unless he proves, where the mandatary was not his servant, that he could not have prevented the injury.

[1991, c. 64, a. 2164].

2165. Le mandant peut, après avoir révélé au tiers le mandat qu'il avait consenti, poursuivre directement le tiers pour l'exécution des obligations contractées par ce dernier à l'égard du mandataire qui avait agi en son propre nom; toutefois, le tiers peut lui opposer l'incompatibilité du mandat avec les stipulations ou la nature de son contrat et les moyens respectivement opposables au mandant et au mandataire.

Si une action est déjà intentée par le mandataire contre le tiers, le droit du mandant ne peut alors s'exercer que par son intervention dans l'instance.

[1991, c. 64, a. 2165].

▮ C.C.Q., 2157.

2165. A mandator, after disclosing to a third person the mandate he had given, may take action directly against the third person for the performance of the obligations he contracted towards the mandatary, who was acting in his own name. However, the third person may plead the inconsistency of the mandate with the stipulations or nature of his contract and the defenses which can be set up against the mandator and the mandatary, respectively.

If proceedings have already been instituted against the third person by the mandatary, the mandator may exercise his right only by intervening in the proceedings.

[1991, c. 64, a. 2165].

SECTION IV —
DES RÈGLES PARTICULIÈRES AU MANDAT DONNÉ EN PRÉVISION DE L'INAPTITUDE DU MANDANT

SECTION IV —
SPECIAL RULES GOVERNING THE MANDATE GIVEN IN ANTICIPATION OF THE MANDATOR'S INCAPACITY

2166. Le mandat donné par une personne majeure en prévision de son inaptitude à prendre soin d'elle-même ou à administrer ses biens est fait par acte notarié en minute ou devant témoins.

Son exécution est subordonnée à la survenance de l'inaptitude et à l'homologation

2166. A mandate given by a person of full age in anticipation of his incapacity to take care of himself or to administer his property is made by a notarial act *en minute* or in the presence of witnesses.

The performance of the mandate is subordinate to the occurrence of the inca-

par le tribunal, sur demande du mandataire désigné dans l'acte.

[1991, c. 64, a. 2166].

❚ C.P.C., 884.1-884.6.

2167. Le mandat devant témoins est rédigé par le mandant ou par un tiers.

Le mandant, en présence de deux témoins qui n'ont pas d'intérêt à l'acte et qui sont en mesure de constater son aptitude à agir, déclare la nature de l'acte mais sans être tenu d'en divulguer le contenu. Il signe cet acte à la fin ou, s'il l'a déjà signé, il reconnaît[1] sa signature; il peut aussi le faire signer par un tiers pour lui, en sa présence et suivant ses instructions. Les témoins signent aussitôt le mandat en présence du mandant.

[1991, c. 64, a. 2167].

Note 1 : Comp. a. 727.

❚ C.C.Q., 727.

2167.1. Le tribunal peut, au cours de l'instance d'homologation du mandat ou même avant si une demande d'homologation est imminente et qu'il y a lieu d'agir pour éviter au mandant un préjudice sérieux, rendre toute ordonnance qu'il estime nécessaire pour assurer la protection de la personne du mandant, sa représentation dans l'exercice de ses droits civils ou l'administration de ses biens.

L'acte par lequel le mandant a déjà chargé une autre personne de l'administration de ses biens continue de produire ses effets malgré l'instance, à moins que, pour un motif sérieux, cet acte ne soit révoqué par le tribunal.

[2002, c. 19, a. 9].

2168. Lorsque la portée du mandat est douteuse, le mandataire l'interprète selon les règles relatives à la tutelle au majeur.

Si, alors, des avis, consentements ou autorisations sont requis en application des

pacity and to homologation by the court, at the request of the mandatary designated in the act.

[1991, c. 64, a. 2166].

2167. A mandate given in the presence of witnesses is written by the mandator or by a third person.

The mandator, in the presence of two witnesses who have no interest in the act and who are in a position to ascertain whether he is capable of acting, declares the nature of the act but need not disclose its contents. The mandator signs the act at the end or, if he has already signed it, recognizes[1] his signature; he may also have a third person sign the writing for him in his presence and according to his instructions. The witnesses sign the mandate forthwith in the presence of the mandator.

[1991, c. 64, a. 2167].

2167.1. During homologation proceedings or even before if a request for homologation is imminent and it is necessary to act to prevent serious harm to the mandator, the court may issue any order it considers necessary to ensure the personal protection of the mandator, his representation in the exercise of civil rights or the administration of his property.

An act under which the mandator has entrusted the administration of his property to another person continues to produce its effects notwithstanding the proceedings, unless the act is revoked by the court for a serious reason.

[2002, c. 19, s. 9].

2168. Where the scope of the mandate is in doubt, the mandatary interprets it according to the rules respecting tutorship to persons of full age.

If any notice, consent or authorization is then required pursuant to the rules respect-

règles relatives à l'administration du bien d'autrui, le mandataire les obtient du curateur public ou du tribunal.

[1991, c. 64, a. 2168].

▪ C.C.Q., 285-290, 1299-1370.

2169. Lorsque le mandat ne permet pas d'assurer pleinement les soins de la personne ou l'administration de ses biens, un régime de protection peut être établi pour le compléter; le mandataire poursuit alors l'exécution de son mandat et fait rapport, sur demande et au moins une fois l'an, au tuteur ou au curateur et, à la fin du mandat, il leur rend compte.

Le mandataire n'est tenu de ces obligations qu'à l'égard du tuteur ou curateur à la personne. S'il assure lui-même la protection de la personne, le tuteur ou le curateur aux biens est tenu aux mêmes obligations envers le mandataire.

[1991, c. 64, a. 2169].

▪ C.C.Q., 256-297.

2170. Les actes faits antérieurement à l'homologation du mandat peuvent être annulés ou les obligations qui en découlent réduites, sur la seule preuve que l'inaptitude était notoire ou connue du cocontractant à l'époque où les actes ont été passés.

[1991, c. 64, a. 2170].

▪ C.C.Q., 284, 290, 1409.

2171. Sauf stipulation contraire dans le mandat, le mandataire est autorisé à exécuter à son profit les obligations du mandant prévues aux articles 2150 à 2152 et 2154.

[1991, c. 64, a. 2171].

▪ C.C.Q., 2150-2152, 2154.

2172. Le mandat cesse d'avoir effet lorsque le tribunal constate que le mandant est redevenu apte; ce dernier peut alors, s'il le considère approprié, révoquer son mandat.

[1991, c. 64, a. 2172].

▪ C.C.Q., 2173.

ing the administration of the property of others, the mandatary may obtain it from the Public Curator or from the court.

[1991, c. 64, a. 2168].

2169. Where the mandate is not such as to fully* ensure the care of the person or the administration of his property, protective supervision may be instituted to complete it; the mandatary then proceeds to carry out the mandate and makes a report, on application and at least once each year, to the tutor or curator. At the end of the mandate, he renders an account to the tutor or curator.

The mandatary is bound by such obligations only with respect to the tutor or curator to the person. If the protection of the person is assumed by the mandatary himself, the tutor or curator to property is bound by the same obligations towards the mandatary.

[1991, c. 64, a. 2169].

2170. Acts performed before the homologation of the mandate may be annulled or the resulting obligations may be reduced, on the mere proof that the mandator's incapacity was notorious or known to the other party at the time that the acts were entered into.

[1991, c. 64, a. 2170].

2171. Unless otherwise stipulated in the mandate, the mandatary is authorized to perform, to his benefit, the obligations of the mandator provided in articles 2150 to 2152 and 2154.

[1991, c. 64, a. 2171].

2172. The mandate ceases to have effect when the court ascertains that the mandator has again become capable; the mandator may then revoke his mandate if he considers it appropriate to do so.

[1991, c. 64, a. 2172].

2173. S'il constate que le mandant est redevenu apte, le directeur général de l'établissement de santé ou de services sociaux qui prodigue des soins ou procure des services au mandant doit attester cette aptitude dans un rapport qu'il dépose au greffe du tribunal. Ce rapport est constitué, entre autres, de l'évaluation médicale et psychosociale.

Le greffier avise de ce dépôt le mandataire, le mandant et les personnes habilitées à intervenir à une demande d'ouverture de régime de protection. À défaut d'opposition dans les trente jours, la constatation de l'aptitude du mandant par le tribunal est présumée et le greffier doit transmettre un avis de la cessation des effets du mandat, sans délai, au mandant, au mandataire et au curateur public.

[1991, c. 64, a. 2173].

■ C.C.Q., 256-267, 276.

2174. Le mandataire ne peut, malgré toute stipulation contraire, renoncer à son mandat sans avoir au préalable pourvu à son remplacement si le mandat y pourvoit, ou sans avoir demandé l'ouverture d'un régime de protection à l'égard du mandant.

[1991, c. 64, a. 2174].

■ C.C.Q., 2178.

SECTION V — DE LA FIN DU MANDAT

2175. Outre les causes d'extinction communes aux obligations, le mandat prend fin par la révocation qu'en fait le mandant, par la renonciation du mandataire ou par l'extinction du pouvoir qui lui a été donné, ou encore par le décès de l'une ou l'autre des parties.

Il prend aussi fin par la faillite, sauf dans le cas où le mandat a été donné en prévision de l'inaptitude d'une personne, à titre gratuit; il peut également prendre fin, en certains cas, par l'ouverture d'un régime de protection à l'égard de l'une ou l'autre des parties.

[1991, c. 64, a. 2175].

■ C.C.Q., 1355, 1439.

2173. If the director general of the health and social services establishment which provides care or services to the mandator ascertains that the mandator has again become capable, he shall attest to such capacity in a report filed in the office of the court. Such a report includes the medical and psychosocial assessment.

The clerk informs the mandatary, the mandator and the persons qualified to intervene in an application for the institution of protective supervision that the report has been filed. If no objection is made within thirty days, the court is presumed to have found that the mandator has again become capable, and the clerk shall, without delay, transmit a notice of cessation of the effects of the mandate to the mandator, the mandatary and the Public Curator.

[1991, c. 64, a. 2173].

2174. The mandatary may not, notwithstanding any provision to the contrary, renounce his mandate unless he has previously provided for his replacement if the mandate provides therefor or has applied for the institution of protective supervision in respect of the mandator.

[1991, c. 64, a. 2174].

SECTION V — TERMINATION OF MANDATE

2175. In addition to the causes of extinction common to obligations, revocation of the mandate by the mandator, renunciation by the mandatary, the extinction of the power conferred on the mandatary or the death of one of the parties terminates the mandate.

The mandate is also terminated by bankruptcy, except where it was given by gratuitous title in anticipation of the mandator's incapacity; it may be terminated as well, in certain cases, by the institution of protective supervision in respect of one of the parties.

[1991, c. 64, a. 2175].

2176. Le mandant peut révoquer le mandat et contraindre le mandataire à lui remettre la procuration, pour qu'il y fasse mention de la fin du mandat. Le mandataire a le droit d'exiger du mandant qu'il lui fournisse un double de la procuration portant cette mention.

Si la procuration est faite par acte notarié en minute, le mandant effectue la mention sur une copie et peut donner avis de la fin du mandat au dépositaire de la minute[1], lequel est tenu d'en faire mention sur celle-ci et sur toute copie qu'il en délivre.

[1991, c. 64, a. 2176].

2176. The mandator may revoke the mandate and compel the mandatary to return to him the power of attorney in order to make a notation therein of the termination of the mandate. The mandatary has a right to require the mandator to furnish him with a duplicate of the power of attorney containing such notation.

Where the power of attorney is made by notarial act *en minute*, the mandator makes the notation on a copy and may give notice of termination of the mandate to the depository of the document[1], who, on being notified, is bound to note it on the document[1] and on every copy of it which he issues.

[1991, c. 64, a. 2176].

Note 1 : Comp. a./arts 441, 521.16.

▌ C.C.Q., 2213; C.P.C., 252.

2177. Lorsque le mandant est inapte, toute personne intéressée, y compris le curateur public, peut, si le mandat n'est pas fidèlement exécuté ou pour un autre motif sérieux, demander au tribunal de révoquer le mandat, d'ordonner la reddition de compte du mandataire et d'ouvrir un régime de protection à l'égard du mandant.

[1991, c. 64, a. 2177].

2177. Where the mandator is incapable, any interested person, including the Public Curator, may, if the mandate is not faithfully performed or for any other serious reason, apply to the court for the revocation of the mandate, the rendering of an account by the mandatary and the institution of protective supervision in respect of the mandator.

[1991, c. 64, a. 2177].

▌ C.C.Q., 2175.

2178. Le mandataire peut renoncer au mandat qu'il a accepté, en notifiant sa renonciation au mandant. Il a alors droit, si le mandat était donné à titre onéreux, à la rémunération qu'il a gagnée jusqu'au jour de sa renonciation.

Toutefois, il est tenu de réparer le préjudice causé au mandant par la renonciation faite sans motif sérieux et à contretemps.

[1991, c. 64, a. 2178].

2178. A mandatary may renounce the mandate he has accepted by so notifying the mandator. He is thereupon entitled, if the mandate was given by onerous title, to the remuneration he has earned until the day of his renunciation.

The mandatary is liable for injury caused to the mandator by his renunciation, if he submits it without a serious reason and at an inopportune moment.

[1991, c. 64, a. 2178].

▌ C.C.Q., 1357, 1359, 1367, 1597.

2179. Le mandant peut, pour une durée déterminée ou pour assurer l'exécution d'une

2179. The mandator may, for a determinate term or to ensure the performance of

obligation particulière, renoncer à son droit de révoquer unilatéralement le mandat.

a special obligation, renounce his right to revoke the mandate unilaterally.

Le mandataire peut, de la même façon, s'engager à ne pas exercer le droit qu'il a de renoncer.

The mandatary may, in the same manner, undertake not to exercise his right of renunciation.

La révocation unilatérale ou la renonciation faite, selon le cas, par le mandant ou le mandataire malgré son engagement met fin au mandat.

[1991, c. 64, a. 2179; 2002, c. 19, a. 10].

Unilateral revocation or renunciation by the mandator or the mandatary, as the case may be, despite his undertaking terminates the mandate.

[1991, c. 64, a. 2179; 2002, c. 19, s. 10].

■ C.C.Q., 2175.

2180. La constitution par le mandant d'un nouveau mandataire, pour la même affaire, vaut révocation du premier mandataire, à compter du jour où elle lui a été notifiée.

[1991, c. 64, a. 2180].

2180. The appointment of a new mandatary by the mandator for the same business is equivalent to revocation of the first mandatary from the day the first mandatary was notified of the new appointment.

[1991, c. 64, a. 2180].

■ C.C.Q., 1356; C.P.C., 252.

2181. Le mandant qui révoque le mandat demeure tenu d'exécuter ses obligations envers le mandataire; il est aussi tenu de réparer le préjudice causé au mandataire par la révocation faite sans motif sérieux et à contretemps.

Si avis n'en a été donné qu'au mandataire, la révocation ne peut affecter le tiers qui, dans l'ignorance de cette révocation, traite avec lui, sauf le recours du mandant contre le mandataire.

[1991, c. 64, a. 2181].

2181. A mandator who revokes a mandate remains bound to perform his obligations towards the mandatary; he is also liable for any injury caused to the mandatary as a result of a revocation made without a serious reason and at an inopportune moment.

Where notice of the revocation has been given only to the mandatary, the revocation does not affect a third person who deals with him while unaware of the revocation, without prejudice, however, to the remedy of the mandator against the mandatary.

[1991, c. 64, a. 2181].

■ C.C.Q., 1362, 2178, 2233, 2262.

2182. Lorsque le mandat prend fin, le mandataire est tenu de faire ce qui est la suite nécessaire de ses actes ou ce qui ne peut être différé sans risque de perte.

[1991, c. 64, a. 2182].

2182. Upon termination of the mandate, the mandatary is bound to do everything which is a necessary consequence of his acts or which cannot be deferred without risk of loss.

[1991, c. 64, a. 2182].

■ C.C.Q., 1362, 2162.

2183. En cas de décès du mandataire ou en cas d'ouverture à son égard d'un régime de protection, le liquidateur, tuteur ou curateur qui connaît le mandat et qui n'est

2183. Upon the death of the mandatary or his being placed under protective supervision, the liquidator, tutor or curator, if aware of the mandate and able to act, is

pas dans l'impossibilité d'agir est tenu d'en† aviser le mandant et de faire, dans les affaires commencées, tout ce qui ne peut être différé sans risque de perte.

Si le mandat a été donné en prévision de l'inaptitude du mandant, le liquidateur du mandataire est tenu, dans les mêmes circonstances, d'aviser le curateur public du décès du mandataire.

[1991, c. 64, a. 2183].

▌ C.C.Q., 1361.

2184. À la fin du mandat, le mandataire est tenu de rendre compte et de remettre au mandant tout ce qu'il a reçu dans l'exécution de ses fonctions, même si ce qu'il a reçu n'était pas dû au mandant.

Il doit l'intérêt des sommes qu'il a reçues et qui constituent le reliquat du compte, depuis la demeure.

[1991, c. 64, a. 2184].

▌ C.C.Q., 1363-1370.

2185. Le mandataire a le droit de déduire, des sommes qu'il doit remettre, ce que le mandant lui doit en raison du mandat.

Il peut aussi retenir, jusqu'au paiement des sommes qui lui sont dues, ce qui lui a été confié par le mandant pour l'exécution du mandat.

[1991, c. 64, a. 2185].

▌ C.C.Q., 1369.

Chapitre X ——
Du contrat de société et d'association

SECTION I ——
DISPOSITIONS GÉNÉRALES

2186. Le contrat de société est celui par lequel les parties conviennent, dans un esprit de collaboration, d'exercer une activité, incluant celle d'exploiter une entreprise, d'y contribuer par la mise en commun de

bound to notify the mandator of the death† and, in respect of any business already begun, to do everything which cannot be deferred without risk of loss.

In the case of a mandate given in anticipation of the mandator's incapacity, the liquidator of the mandatary is bound, in the same circumstances, to give notice of the mandatary's death to the Public Curator.

[1991, c. 64, a. 2183].

2184. Upon termination of the mandate, the mandatary is bound to render an account and return to the mandator everything he has received in the performance of his duties, even if what he has received was not due to the mandator.

The mandatary owes interest, computed from the time he is in default, on any balance in the account consisting of sums he has received.

[1991, c. 64, a. 2184].

2185. A mandatary is entitled to deduct what the mandator owes him by reason of the mandate from the sums he is required to remit.

The mandatary may also retain what was entrusted to him by the mandator for the performance of the mandate until payment of the sums due to him.

[1991, c. 64, a. 2185].

Chapter X ——
Contract of partnership and of association

SECTION I ——
GENERAL PROVISIONS

2186. A contract of partnership is a contract by which the parties, in a spirit of cooperation, agree to carry on an activity, including the operation of an enterprise, to contribute thereto by combining property,

biens, de connaissances ou d'activités et de partager entre elles les bénéfices pécuniaires qui en résultent.

Le contrat d'association est celui par lequel les parties conviennent de poursuivre un but commun autre que la réalisation de bénéfices pécuniaires à partager entre les membres de l'association.

[1991, c. 64, a. 2186].

knowledge or activities and to share any resulting pecuniary profits.

A contract of association is a contract by which the parties agree to pursue a common goal other than the making of pecuniary profits to be shared between the members of the association.

[1991, c. 64, a. 2186].

■ C.C.Q., 1525, 2203, 2250, 2267; C.P.C., 60, 629, 1003.

2187. La société ou l'association est formée dès la conclusion du contrat, si une autre époque n'y est indiquée.

[1991, c. 64, a. 2187].

2187. The partnership or association is created upon the formation of the contract if no other date is indicated in the contract.

[1991, c. 64, a. 2187].

■ C.C.Q., 2186.

2188. La société est en nom collectif, en commandite ou en participation.

Elle peut être aussi par actions; dans ce cas, elle est une personne morale.

[1991, c. 64, a. 2188].

2188. Partnerships are either general partnerships, limited partnerships or undeclared partnerships.

Partnerships may also be joint-stock companies, in which case they are legal persons.

[1991, c. 64, a. 2188].

■ C.C.Q., 298-364, 2198-2266; D.T., 116-118; C.P.C., 409.

2189. La société en nom collectif ou en commandite est formée sous un nom commun aux associés.

Elle doit produire une déclaration d'immatriculation conformément à la *Loi sur la publicité légale des entreprises* (chapitre P-44.1); à défaut de le faire, elle est réputée être une société en participation, sous réserve des droits des tiers de bonne foi.

[1991, c. 64, a. 2189; 2010, c. 7, a. 168].

2189. A general or limited partnership is formed under a name that is common to the partners.

It shall file a registration declaration in accordance with the *Act respecting the legal publicity of enterprises* (chapter P-44.1); otherwise, it is deemed to be an undeclared partnership, subject to the rights of third persons in good faith.

[1991, c. 64, a. 2189; 2010, c. 7, s. 168].

■ C.C.Q., 2195, 2197, 2219-2225, 2238, 2243, 2246, 2247; D.T., 115; C.P.C., 115.

2190. (*Abrogé*).

[2010, c. 7, a. 169].

2190. (*Repealed*).

[2010, c. 7, s. 169].

2191. Lorsque la société constate ou est informée que sa déclaration d'immatriculation est incomplète, inexacte ou irrégulière, celle-ci peut être corrigée par une déclaration de mise à jour produite

2191. If the partnership discovers or is informed that its registration declaration is incomplete, inaccurate or irregular, the declaration may be corrected by filing an updating declaration in accordance with

conformément à la *Loi sur la publicité légale des entreprises* (chapitre P-44.1).

[1991, c. 64, a. 2191; 2010, c. 7, a. 170].

the *Act respecting the legal publicity of enterprises* (chapter P-44.1).

[1991, c. 64, a. 2191; 2010, c. 7, s. 170].

2192. La correction qui porterait atteinte aux droits des associés ou des tiers est sans effet à leur égard, à moins qu'ils n'y aient consenti ou que le tribunal n'ait ordonné la production de la déclaration, après avoir entendu les intéressés et modifié, au besoin, la déclaration proposée.

[1991, c. 64, a. 2192; 2010, c. 7, a. 170].

❚ C.C.Q., 2198-2225, 2236-2238, 2246.

2192. A correction that would infringe upon the rights of the partners or of third persons has no effect in their regard unless they consented to it or unless the court, after hearing the persons concerned and, if necessary, amending the proposed updating declaration, ordered that it be filed.

[1991, c. 64, a. 2192; 2010, c. 7, s. 170].

2193. La correction est réputée faire partie de la déclaration d'immatriculation et avoir pris effet au même moment, à moins qu'une date ultérieure ne soit prévue à la déclaration de mise à jour ou au jugement.

[1991, c. 64, a. 2193; 2010, c. 7, a. 170].

2193. The correction is deemed to be part of the registration declaration and to have taken effect simultaneously with it unless a later date is provided in the updating declaration or in the judgment.

[1991, c. 64, a. 2193; 2010, c. 7, s. 170].

2194. Tout changement apporté au contenu de la déclaration d'immatriculation de la société doit faire l'objet d'une mise à jour conformément à la *Loi sur la publicité légale des entreprises* (chapitre P-44.1).

[1991, c. 64, a. 2194; 2010, c. 7, a. 171].

2194. Any change to the content of the registration declaration of the partnership shall be set forth in an updating declaration in accordance with the *Act respecting the legal publicity of enterprises* (chapter P-44.1).

[1991, c. 64, a. 2194; 2010, c. 7, s. 171].

2195. Les déclarations relatives à la société sont opposables aux tiers à compter du moment où les informations qu'elles contiennent sont inscrites au registre des entreprises. Elles font preuve de leur contenu en faveur des tiers de bonne foi.

Les tiers peuvent contredire les mentions d'une déclaration par tous moyens.

[1991, c. 64, a. 2195; 2010, c. 7, a. 172; 2010, c. 40, a. 92].

❚ C.C.Q., 2222, 2234, 2263, 2811, 2863.

2195. Declarations relating to a partnership may be set up against third persons from the time the information they contain is recorded in the enterprise register. They constitute proof of their content in favour of third persons in good faith.

Third persons may submit any proof to refute the statements contained in a declaration.

[1991, c. 64, a. 2195; 2010, c. 7, s. 172; 2010, c. 40, s. 92].

2196. Si la déclaration d'immatriculation de la société est incomplète, inexacte ou irrégulière ou si, malgré un changement intervenu dans la société, la mise à jour n'est pas faite, les associés sont responsables, envers les tiers, des obligations de la société qui en résultent; cependant, les commanditaires qui ne sont pas par ail-

2196. If the registration declaration of the partnership is incomplete, inaccurate or irregular or if, although a change has been made in the partnership, no updating declaration has been filed, the partners are liable towards third persons for the resulting obligations of the partnership; however, special partners who are not otherwise lia-

leurs tenus des obligations de la société n'encourent pas cette responsabilité.

[1991, c. 64, a. 2196; 2010, c. 7, a. 173].

▌C.C.Q., 2244, 2246, 2247; D.T., 119.

ble for the obligations of the partnership are not liable under this article.

[1991, c. 64, a. 2196; 2010, c. 7, s. 173].

2197. La société en nom collectif ou en commandite doit, dans le cours de ses activités, indiquer sa forme juridique dans son nom même ou à la suite de celui-ci.

À défaut d'une telle mention dans un acte conclu par la société, le tribunal peut, pour statuer sur l'action d'un tiers de bonne foi, décider que la société et les associés seront tenus, à l'égard de cet acte, au même titre qu'une société en participation et ses associés.

[1991, c. 64, a. 2197].

▌C.C.Q., 2253.

2197. A general or limited partnership shall, in carrying on business, indicate its juridical form in its name or after its name.

Failing such indication in an act concluded by the partnership, the court, in ruling on the action of a third person in good faith, may decide that the partnership and its partners are liable, in respect of that act, in the same manner as an undeclared partnership and its partners.

[1991, c. 64, a. 2197; 2002, c. 19, s. 15].

SECTION II —
DE LA SOCIÉTÉ EN NOM COLLECTIF

SECTION II —
GENERAL PARTNERSHIPS

§ 1. — Des rapports des associés entre eux et envers la société

§ 1. — Relations of partners between themselves and with the partnership

2198. L'associé est débiteur envers la société de tout ce qu'il promet d'y apporter.

Celui qui a promis d'apporter une somme d'argent et qui manque de le faire est tenu des intérêts, à compter du jour où son apport devait être versé, sous réserve des dommages-intérêts additionnels qui peuvent lui être réclamés.

[1991, c. 64, a. 2198].

▌C.C.Q., 1458, 1565, 1607-1625, 2249, 2251.

2198. A partner is a debtor to the partnership for everything he promises to contribute to it.

Where a person undertakes to contribute a sum of money and fails to do so, he is liable for interest from the day his contribution ought to have been made, subject to any additional damages which may be claimed from him.

[1991, c. 64, a. 2198].

2199. L'apport de biens est réalisé par le transfert des droits de propriété ou de jouissance et par la mise des biens à la disposition de la société.

Dans ses rapports avec la société, celui qui apporte des biens en est garant, de la même manière que le vendeur l'est envers l'acheteur, lorsque son apport est en propriété; lorsque son apport est en jouis-

2199. A contribution of property is made by transferring rights of ownership or of enjoyment and by placing the property at the disposal of the partnership.

In his relations with the partnership, the person who contributes property is warrantor therefor in the same manner as a seller towards a buyer where his contribution consists in property; he is warrantor there-

sance, il en est garant comme le locateur l'est envers le locataire.

for in the same manner as a lessor towards a lessee, where his contribution consists in the enjoyment of property.

L'apport en jouissance de biens normalement appelés à être renouvelés pendant la durée de la société transfère la propriété des biens à la société, à la charge, pour celle-ci, d'en rendre une pareille quantité, qualité et valeur.

[1991, c. 64, a. 2199].

A contribution consisting in the enjoyment of property that would normally be required to be renewed during the term of the partnership transfers ownership of the property to the partnership, which becomes liable to return property of the same quantity, quality and value.

[1991, c. 64, a. 2199].

∎ C.C.Q., 1453-1455, 1716-1733, 1854, 1858.

2200. L'apport de connaissances ou d'activités est dû de façon continue, tant que l'associé qui s'est engagé à fournir un tel apport est membre de la société; l'associé est tenu envers cette dernière des bénéfices qu'il réalise par cet apport.

[1991, c. 64, a. 2200].

2200. A contribution consisting in knowledge or activities is owed continuously so long as the partner who undertook to make such a contribution is a member of the partnership; the partner is liable to the partnership for any profit he realizes from the contribution.

[1991, c. 64, a. 2200].

∎ C.C.Q., 2198.

2201. La participation aux bénéfices d'une société emporte l'obligation de partager les pertes.

[1991, c. 64, a. 2201].

2201. Participation in the profits of a partnership entails the obligation to share in the losses.

[1991, c. 64, a. 2201].

∎ C.C.Q., 2202, 2203.

2202. La part de chaque associé dans l'actif, dans les bénéfices et dans la contribution aux pertes est égale si elle n'est pas déterminée par le contrat.

2202. The share of each partner in the assets, profits and losses is equal if it is not fixed in the contract.

Si le contrat ne détermine que la part de chacun dans l'actif, dans les bénéfices ou dans la contribution aux pertes, cette détermination est présumée faite pour les trois cas.

[1991, c. 64, a. 2202].

If the contract fixes the share of each partner in only the assets, profits or losses, it is presumed to fix the share for all three cases.

[1991, c. 64, a. 2202].

∎ C.C.Q., 2201.

2203. La stipulation qui exclut un associé de la participation aux bénéfices de la société est sans effet.

2203. Any stipulation whereby a partner is excluded from participation in the profits is without effect.

Celle qui dispense l'associé de l'obligation de partager les pertes est inopposable aux tiers.

[1991, c. 64, a. 2203].

Any stipulation whereby a partner is exempt from the obligation to share in the losses may not be set up against third persons.

[1991, c. 64, a. 2203].

∎ C.C.Q., 2201.

2204. L'associé ne peut, pour son compte ou celui d'un tiers, faire concurrence à la société ni participer à une activité qui prive celle-ci des biens, des connaissances ou de l'activité qu'il est tenu d'y apporter; le cas échéant, les bénéfices qui en résultent sont acquis à la société, sans préjudice des recours que celle-ci peut exercer.

[1991, c. 64, a. 2204].

∎ C.C.Q., 1458, 1607-1625.

2204. A partner may not compete with the partnership on his own account or on behalf of a third person or take part in an activity which deprives the partnership of the property, knowledge or activity he is bound to contribute to it; any profits arising from such competition belong to the partnership, without prejudice to any remedy it may pursue.

1991, c. 64, a. 2204].

2205. L'associé a le droit, s'il était de bonne foi, de recouvrer la somme qu'il a déboursée pour le compte de la société et d'être indemnisé en raison des obligations qu'il a contractées et des pertes qu'il a subies en agissant pour celle-ci.

[1991, c. 64, a. 2205].

∎ C.C.Q., 2150, 2152, 2154, 2155.

2205. A partner is entitled to recover the amount of the disbursements he has made on behalf of the partnership and to be indemnified for the obligations he has contracted or the losses he has suffered in acting for the partnership if he was in good faith.

[1991, c. 64, a. 2205].

2206. Lorsque l'un des associés est, pour son propre compte, créancier d'une personne qui est aussi débitrice de la société, et que les dettes sont également exigibles, l'imputation de ce qu'il reçoit de ce débiteur doit se faire sur les deux créances dans la proportion de leur montant respectif.

[1991, c. 64, a. 2206].

∎ C.C.Q., 1569-1572.

2206. Where one of the partners is, on his own account, the creditor of a person who is also indebted to the partnership, and the debts are exigible to the same degree, the amounts he receives from the debtor shall be allocated to both claims in proportion to the amount of each.

[1991, c. 64, a. 2206].

2207. Lorsque l'un des associés a reçu sa part entière d'une créance de la société et que le débiteur devient insolvable, cet associé est tenu de rapporter à la société ce qu'il a reçu, encore qu'il ait donné quittance pour sa part.

[1991, c. 64, a. 2207].

∎ C.C.Q., 2201.

2207. Where a partner has been paid his full share of a debt due to the partnership, and the debtor becomes insolvent, the partner is bound to return to the partnership what he has received, even though he may have given an acquittance for his share.

[1991, c. 64, a. 2207].

2208. Chaque associé peut utiliser les biens de la société pourvu qu'il les emploie dans l'intérêt de la société et suivant leur destination, et de manière à ne pas empêcher les autres associés d'en user selon leur droit.

Chacun peut aussi, dans le cours des acti-

2208. Each partner may use the property of the partnership, provided he uses it in the interest of the partnership and according to its destination, and in such a way as not to prevent the other partners from using it as they are entitled.

Each partner may also bind the partnership

§ 4. — De la dissolution et de la liquidation de la société

§ 4. — Dissolution and liquidation of the partnership

2230. La société, outre les causes de dissolution prévues par le contrat, est dissoute par l'accomplissement de son objet ou l'impossibilité de l'accomplir, ou, encore, du consentement de tous les associés. Elle peut aussi être dissoute par le tribunal, pour une cause légitime.

On procède alors à la liquidation de la société.

[1991, c. 64, a. 2230].

❚ C.C.Q., 2235; D.T., 125.

2230. A partnership is dissolved by the causes of dissolution provided in the contract, by the accomplishment of its object or the impossibility of accomplishing it, or by consent of all the partners. It may also be dissolved by the court for a legitimate cause.

Liquidation of the partnership is then proceeded with.

[1991, c. 64, a. 2230].

2231. La société constituée pour une durée déclarée peut être continuée du consentement de tous les associés.

[1991, c. 64, a. 2231].

❚ C.C.Q., 2216.

2231. Any partnership constituted for an agreed term may be continued by consent of all the partners.

[1991, c. 64, a. 2231].

2232. La réunion de toutes les parts sociales entre les mains d'un seul associé n'emporte pas la dissolution de la société, pourvu que, dans les cent vingt jours, au moins un autre associé se joigne à la société.

[1991, c. 64, a. 2232].

❚ C.C.Q., 2230.

2232. The uniting of all the shares in the hands of a single partner does not entail dissolution of the partnership, provided at least one other partner joins the partnership within one hundred and twenty days.

[1991, c. 64, a. 2232].

2233. Les pouvoirs des associés d'agir pour la société cessent avec la dissolution de celle-ci, sauf quant aux actes qui sont une suite nécessaire des opérations en cours.

Néanmoins, tout ce qui est fait dans le cours des activités de la société par un associé agissant de bonne foi et dans l'ignorance de la dissolution de la société, lie cette dernière et les autres associés, comme si la société subsistait.

[1991, c. 64, a. 2233].

❚ C.C.Q., 2152, 2162.

2233. The powers of the partners to act on behalf of the partnership cease upon the dissolution of the partnership, except in respect of acts which are a necessary consequence of business already begun.

Anything done, however, in the ordinary course of business of the partnership by a partner unaware of the dissolution of the partnership and acting in good faith binds the partnership and the other partners as if the partnership were still in existence.

[1991, c. 64, a. 2233].

2234. La dissolution de la société ne porte pas atteinte aux droits des tiers de bonne foi qui contractent subséquemment avec

2234. Dissolution of the partnership does not affect the rights of third persons in good faith who subsequently enter into a

un associé ou un mandataire agissant pour le compte de la société.

[1991, c. 64, a. 2234].

▌ C.C.Q., 2162.

2235. On suit, pour la liquidation de la société, les règles prévues aux articles 358 à 364 du livre Des personnes, compte tenu des adaptations nécessaires et du fait que les avis requis par ces règles doivent être produits conformément à la *Loi sur la publicité légale des entreprises* (chapitre P-44.1).

[1991, c. 64, a. 2235; 2010, c. 7, a. 174].

▌ D.T., 125.

Section III —
DE LA SOCIÉTÉ EN COMMANDITE

2236. La société en commandite est constituée entre un ou plusieurs commandités, qui sont seuls autorisés à administrer la société et à l'obliger, et un ou plusieurs commanditaires qui sont tenus de fournir un apport au fonds commun de la société.

[1991, c. 64, a. 2236].

▌ C.C.Q., 2240, 2244, 2245; D.T., 121; C.P.C., 478.

2237. La société en commandite peut faire publiquement appel† à l'épargne de tiers pour la constitution ou l'augmentation du fonds commun et émettre des titres négociables.

Le tiers qui s'engage à fournir un apport devient commanditaire de la société.

[1991, c. 64, a. 2237].

2238. Les commandités ont les pouvoirs, droits et obligations des associés de la société en nom collectif, mais ils sont tenus de rendre compte de leur administration aux commanditaires.

Ils sont tenus, envers ces derniers, des mêmes obligations que celles auxquelles l'administrateur chargé de la pleine admi-

contract with a partner or a mandatary acting on behalf of the partnership.

[1991, c. 64, a. 2234].

2235. Liquidation of the partnership is subject to the rules provided in articles 358 to 364 of the Book on Persons, adapted as required. The notices required by those rules shall be filed in accordance with the *Act respecting the legal publicity of enterprises* (chapter P-44.1).

[1991, c. 64, a. 2235; 2010, c. 7, s. 174].

Section III —
LIMITED PARTNERSHIPS

2236. A limited partnership is a partnership consisting of one or more general partners who are the sole persons authorized to administer and bind the partnership, and of one or more special partners who are bound to furnish a contribution to the common stock of the partnership.

[1991, c. 64, a. 2236].

2237. A limited partnership may make a distribution† of securities to the public to establish or increase the common stock, and issue negotiable instruments.

A third person who undertakes to make a contribution becomes a special partner of the partnership.

[1991, c. 64, a. 2237].

2238. General partners have the powers, rights and obligations of the partners of a general partnership but they are bound to render an account of their administration to the special partners.

The general partners are bound by the same obligations towards the special partners as those binding an administrator

nistration du bien d'autrui est tenu envers le bénéficiaire de l'administration.

charged with full administration of the property of others towards the beneficiary of the administration.

Les clauses limitant les pouvoirs des commandités sont inopposables aux tiers de bonne foi.

[1991, c. 64, a. 2238].

Clauses restricting the powers of the general partners may not be set up against third persons in good faith.

[1991, c. 64, a. 2238].

❚ C.C.Q., 1306, 1308-1318, 2208, 2212, 2215, 2246; C.P.C., 532-539.

2239. Les commandités tiennent, au lieu du principal établissement de la société, un registre dans lequel sont inscrits les nom et domicile des commanditaires et tous les renseignements concernant leur apport au fonds commun.

[1991, c. 64, a. 2239].

2239. The general partners keep a register at the place of the principal establishment of the partnership, containing the name and domicile of each of the special partners and any information concerning their contributions to the common stock.

[1991, c. 64, a. 2239].

❚ C.C.Q., 2190.

2240. L'apport du commanditaire, lorsque cet apport consiste en une somme d'argent ou en un autre bien, est fourni lors de la constitution du fonds commun ou en tout autre temps, comme apport additionnel à ce fonds.

Le commanditaire assume jusqu'à la délivrance, les risques de perte, par force majeure, de l'apport convenu.

[1991, c. 64, a. 2240].

2240. The contribution of a special partner, where it consists of a sum of money or of any other property, is furnished at the time of establishment of the common stock or at any other time as an additional contribution to the common stock.

The special partner assumes the risk of loss of the agreed contribution by superior force until it is delivered.

[1991, c. 64, a. 2240].

❚ C.C.Q., 1470.

2241. Pendant la durée de la société, le commanditaire ne peut, de quelque manière, retirer une partie de son apport en biens au fonds commun, à moins d'obtenir le consentement de la majorité des autres associés et que suffisamment de biens subsistent, après ce retrait, pour acquitter les dettes de la société.

[1991, c. 64, a. 2241].

2241. While the partnership exists, no special partner may withdraw part of his contribution in property to the common stock, in any way, unless he obtains the consent of a majority of the other partners and the property remaining after the withdrawal is sufficient to discharge the debts of the partnership.

[1991, c. 64, a. 2241].

❚ C.C.Q., 2240.

2242. Le commanditaire a le droit de recevoir sa part des bénéfices, mais si le paiement de ces bénéfices entame le fonds commun, le commanditaire qui les reçoit est tenu de remettre la somme nécessaire pour couvrir sa part du déficit, avec intérêts.

Dans le cas d'une société dont le capital

2242. A special partner is entitled to receive his share of the profits, but if the payment of the profits reduces the common stock, every special partner who receives such a payment is bound to restore the sum necessary to cover his share of the deficit, with interest.

In the case of a partnership whose capital

comprend des biens qui se consomment par l'exploitation qu'elle en fait, le commanditaire ne peut recevoir sa part des bénéfices que si suffisamment de biens subsistent, après ce paiement, pour acquitter les dettes de la société.

[1991, c. 64, a. 2242].

▌C.C.Q., 1565.

includes property that is consumed by its exploitation by the partnership, the special partner may receive his share of the profits only if the property remaining after the payment is sufficient to discharge the debts of the partnership.

[1991, c. 64, a. 2242].

2243. La part d'un commanditaire dans le fonds commun de la société est cessible.

À l'égard des tiers, le cédant demeure tenu des obligations pouvant résulter de sa participation à la société, alors qu'il en était encore commanditaire.

[1991, c. 64, a. 2243].

▌C.C.Q., 2246.

2243. The share of a special partner in the common stock of the partnership is transferable.

In respect of third persons, the transferor remains liable for the obligations which may result from his share in the partnership while he was still a special partner.

[1991, c. 64, a. 2243].

2244. Les commanditaires ne peuvent donner que des avis de nature consultative concernant la gestion de la société.

Ils ne peuvent négocier aucune affaire pour le compte de la société, ni agir pour celle-ci comme mandataire ou agent, ni permettre que leur nom soit utilisé dans un acte de la société; le cas échéant, ils sont tenus, comme un commandité, des obligations de la société résultant de ces actes et, suivant l'importance ou le nombre de ces actes, ils peuvent être tenus, comme celui-ci, de toutes les obligations de la société.

[1991, c. 64, a. 2244].

▌D.T., 122.

2244. A special partner may not give other than an advisory opinion with regard to the management of the partnership.

A special partner may not negotiate any business on behalf of the partnership or act as mandatary or agent for the partnership or allow his name to be used in any act of the partnership; otherwise, he is liable in the same manner as a general partner for the obligations of the partnership resulting from such acts and, according to the importance or number of such acts, he may be liable in the same manner as a general partner for all the obligations of the partnership.

[1991, c. 64, a. 2244].

2245. Les commanditaires peuvent faire les actes de simple administration que requiert la gestion de la société, lorsque les commandités ne peuvent plus agir.

Si les commandités ne sont pas remplacés dans les cent vingt jours, la société est dissoute.

[1991, c. 64, a. 2245].

▌C.C.Q., 1301-1305; D.T., 123.

2245. Where the general partners can no longer act, the special partners may perform any act of simple administration required for the management of the partnership.

If the general partners are not replaced within one hundred and twenty days, the partnership is dissolved.

[1991, c. 64, a. 2245].

2246. En cas d'insuffisance des biens de la société, chaque commandité est tenu solidairement des dettes de la société envers les tiers; le commanditaire y est tenu jusqu'à concurrence de l'apport convenu, malgré toute cession de part dans le fonds commun.

Est sans effet la stipulation qui oblige le commanditaire à cautionner ou à assumer les dettes de la société au-delà de l'apport convenu.

[1991, c. 64, a. 2246].

▌C.C.Q., 1523-1540, 2221, 2243, 2244; D.T., 119, 124.

2246. Where the property of the partnership is insufficient, the general partners are solidarily liable for the debts of the partnership in respect of third persons; a special partner is liable for the debts up to the agreed amount of his contribution, notwithstanding any transfer of his share in the common stock.

Any stipulation whereby a special partner is bound to secure or assume the debts of the partnership beyond the agreed amount of his contribution is without effect.

[1991, c. 64, a. 2246].

2247. Le commanditaire dont le nom apparaît dans le nom de la société, répond des obligations de la société de la même manière qu'un commandité, à moins que sa qualité de commanditaire ne soit clairement indiquée.

[1991, c. 64, a. 2247].

▌C.C.Q., 2197; D.T., 124.

2247. A special partner whose name appears in the firm name of the partnership is liable for the obligations of the partnership in the same manner as a general partner, unless his quality of special partner is clearly indicated.

[1991, c. 64, a. 2247].

2248. Dans le cas d'insuffisance des biens de la société, le commanditaire ne peut, en cette qualité, réclamer comme créancier avant que les autres créanciers de la société n'aient été satisfaits.

[1991, c. 64, a. 2248].

▌C.C.Q., 2246.

2248. Where the property of the partnership is insufficient, a special partner may not, in that quality, claim as a creditor until the other creditors of the partnership are satisfied.

[1991, c. 64, a. 2248].

2249. Les règles relatives à la société en nom collectif sont, pour le reste, applicables à la société en commandite, compte tenu des adaptations nécessaires.

[1991, c. 64, a. 2249].

▌C.C.Q., 2198-2235; D.T., 121.

2249. In all other respects, the rules governing general partnerships, adapted as required, apply to limited partnerships.

[1991, c. 64, a. 2249].

SECTION IV —
DE LA SOCIÉTÉ EN PARTICIPATION

§ 1. — De la constitution de la société

SECTION IV —
UNDECLARED PARTNERSHIPS

§ 1. — Establishment of an undeclared partnership

2250. Le contrat constitutif de la société en participation est écrit ou verbal. Il peut

2250. The contract by which an undeclared partnership is established may be

aussi résulter de faits manifestes qui indiquent l'intention de s'associer.

La seule indivision de biens existant entre plusieurs personnes ne fait pas présumer leur intention de s'associer.

[1991, c. 64, a. 2250].

∎ C.C.Q., 1012-1014; D.T., 116, 118.

written or verbal. It may also arise from an overt act indicating the intention to form an undeclared partnership.

Mere indivision of property existing between several persons does not create a presumption of their intention to form an undeclared partnership.

[1991, c. 64, a. 2250].

§ 2. —— Des rapports des associés entre eux

2251. Les associés conviennent de l'objet, du fonctionnement, de la gestion et des autres modalités de la société en participation.

En l'absence de convention particulière, les rapports des associés entre eux sont réglés par les dispositions qui régissent les rapports des associés en nom collectif, entre eux et envers leur société, compte tenu des adaptations nécessaires.

[1991, c. 64, a. 2251].

∎ C.C.Q., 2198-2235.

§ 2. —— Relations of the partners between themselves

2251. The partners agree upon the object, operation, management and any other terms and conditions of an undeclared partnership.

Failing any special agreement, the relations of the partners between themselves are subject to the provisions governing the relations of general partners between themselves and with the partnership, adapted as required.

[1991, c. 64, a. 2251].

§ 3. —— Des rapports des associés envers les tiers

2252. À l'égard des tiers, chaque associé demeure propriétaire des biens constituant son apport à la société.

Sont indivis entre les associés, les biens dont l'indivision existait avant la mise en commun de leur apport, ou a été convenue par eux, et ceux acquis par l'emploi de sommes indivises pendant que subsiste le contrat de société.

[1991, c. 64, a. 2252].

∎ C.C.Q., 1012-1037.

§ 3. —— Relations of the partners with third persons

2252. In respect of third persons, each partner retains the ownership of the property constituting his contribution to the undeclared partnership.

Property that was undivided before the combination of the contributions of the partners or that is undivided by agreement of the partners, or any property acquired by the use of undivided sums during the term of the contract of partnership is undivided property in respect of the partners.

[1991, c. 64, a. 2252].

2253. Chaque associé contracte en son nom personnel et est seul obligé à l'égard des tiers.

Toutefois, lorsque les associés agissent en qualité d'associés à la connaissance des

2253. Each partner contracts in his own name and is alone liable towards third persons.

Where, however, to the knowledge of third persons, the partners act in the quality of

tiers, chaque associé est tenu à l'égard de ceux-ci des obligations résultant des actes accomplis en cette qualité par l'un des autres associés.

[1991, c. 64, a. 2253].

❚ C.C.Q., 2257, 2262, 2263.

2254. Les associés ne sont pas tenus solidairement des dettes contractées dans l'exercice de leur activité, à moins que celles-ci n'aient été contractées pour le service† ou l'exploitation d'une entreprise commune; ils sont tenus envers le créancier, chacun pour une part égale, encore que leurs parts dans la société soient inégales.

[1991, c. 64, a. 2254].

Note : Comp. a./arts 2221(1), 2274(1).

❚ C.C.Q., 1523, 1525, 2253.

2255. Toute stipulation qui limite l'étendue de l'obligation des associés envers les tiers est inopposable à ces derniers.

[1991, c. 64, a. 2255].

❚ C.C.Q., 2253.

2256. Les associés peuvent exercer tous les droits résultant des contrats conclus par un autre associé, mais le tiers n'est lié qu'envers l'associé avec lequel il a contracté, sauf si cet associé a déclaré sa qualité.

[1991, c. 64, a. 2256].

❚ C.C.Q., 2253.

2257. Toute action qui peut être intentée contre tous les associés peut aussi l'être contre l'un ou plusieurs d'entre eux, en tant qu'associés d'autres personnes, sans que celles-ci y soient nommées.

Si le jugement est rendu contre celui ou ceux des associés qui sont poursuivis, tous les autres peuvent ensuite être poursuivis ensemble ou séparément, sur la même cause d'action. Si l'action est fondée sur une obligation constatée dans un écrit où sont nommés tous les associés obligés,

partners, each partner is liable towards the third persons for the obligations resulting from acts performed in that quality by any of the other partners.

[1991, c. 64, a. 2253].

2254. The partners are not solidarily liable for debts contracted in carrying on their business unless the debts have been contracted for the use† or operation of a common enterprise; they are liable towards the creditor, each for an equal share, even if their shares in the undeclared partnership are unequal.

[1991, c. 64, a. 2254].

2255. No stipulation limiting the extent of the partners' obligation towards third persons may be set up against the third persons.

[1991, c. 64, a. 2255].

2256. The partners may exercise all the rights arising from contracts entered into by another partner, but the third person is bound only towards the partner with whom he entered into the contract, unless the partner declared his quality.

[1991, c. 64, a. 2256].

2257. Any action which may be brought against all the partners may also be brought against one or more of them, as partners of other persons, without naming the other persons in the action.

Where judgment is rendered against the partner or partners sued, all the other partners may be sued jointly or separately on the same cause of action. Where the action is founded on an obligation evidenced in a writing naming all the partners bound thereby, the judgment may not be set up

tous doivent être partie à l'action pour que le jugement leur soit opposable.

[1991, c. 64, a. 2257].

❚ C.C.Q., 2253.

against them unless all of them are parties to the action.

[1991, c. 64, a. 2257].

§ 4. — De la fin du contrat de société

§ 4. — Termination of the contract of undeclared partnership

2258. Le contrat de société, outre sa résiliation du consentement de tous les associés, prend fin par l'arrivée du terme ou l'avènement de la condition apposée au contrat, par l'accomplissement de l'objet du contrat ou par l'impossibilité d'accomplir cet objet.

Il prend fin aussi par le décès ou la faillite de l'un des associés, par l'ouverture à son égard d'un régime de protection ou par un jugement ordonnant la saisie de sa part.

[1991, c. 64, a. 2258].

❚ C.C.Q., 256-297, 1604-1606; D.T., 125; C.P.C., 631.

2258. A contract of undeclared partnership is terminated by consent of all the partners or by the expiry of its term or the fulfilment of the condition attached to the contract, by the accomplishment or impossibility of accomplishing the object of the contract.

It is also terminated by the death or bankruptcy of one of the partners, by his being placed under protective supervision or by a judgment ordering the seizure of his share.

[1991, c. 64, a. 2258].

2259. Il est permis de stipuler qu'advenant le décès de l'un des associés, la société continuera avec ses représentants légaux ou entre les associés survivants. Dans le second cas, les représentants de l'associé défunt ont droit au partage des biens de la société seulement telle qu'elle existait au moment du décès de cet associé. Ils ne peuvent réclamer le bénéfice des opérations subséquentes, à moins qu'elles ne soient la suite nécessaire des opérations faites avant le décès.

[1991, c. 64, a. 2259].

❚ C.C.Q., 2258.

2259. It may be stipulated that in the case of death of one of the partners the undeclared partnership will continue with his legal representatives or among the surviving partners. In the latter case, the representatives of the deceased partner are entitled to the partition of the property of the undeclared partnership only as it existed at the time of death of the partner. They may not claim benefits arising from subsequent transactions unless they are a necessary consequence of transactions carried out before the death.

[1991, c. 64, a. 2259].

2260. Le contrat de société dont la durée n'est pas fixée ou qui réserve un droit de retrait peut prendre fin à tout moment sur simple avis adressé par un associé aux autres associés, pourvu que cet avis soit donné de bonne foi et non à contretemps.

[1991, c. 64, a. 2260].

❚ C.C.Q., 2228.

2260. Where a contract of undeclared partnership is made for a term that is not fixed or where it reserves a right of withdrawal, it may be terminated at any time by mere notice from one of the partners to the other partners, provided it is given in good faith and not at an inopportune moment.

[1991, c. 64, a. 2260].

2261. Le contrat de société peut être résilié pour une cause légitime, notamment si l'un des associés manque à ses obligations ou nuit à l'exercice de l'activité des associés.

[1991, c. 64, a. 2261].

∎ C.C.Q., 2252-2257.

2261. A contract of undeclared partnership may be resiliated for a legitimate cause, in particular where one of the partners fails to perform his obligations or hinders the carrying on of the business of the partners.

[1991, c. 64, a. 2261].

2262. Les pouvoirs des associés d'agir en vertu du contrat de société cessent avec la fin de celui-ci, sauf quant aux actes qui sont une suite nécessaire des opérations en cours.

Néanmoins, tout ce qui est fait dans le cours des activités de la société par un associé agissant de bonne foi et dans l'ignorance de la fin du contrat lie tous les associés comme si la société subsistait.

[1991, c. 64, a. 2262].

∎ C.C.Q., 2152, 2162.

2262. The powers of the partners to act under the contract of undeclared partnership cease upon the termination of the contract, except as regards necessary consequences of business transactions already begun.

Anything done, however, in the course of activities of the undeclared partnership by a partner who is unaware of the termination of the contract and is acting in good faith binds all the partners as if the undeclared partnership continued to exist.

[1991, c. 64, a. 2262].

2263. La fin du contrat de société ne porte pas atteinte aux droits des tiers de bonne foi qui contractent subséquemment avec un associé ou un autre mandataire de tous les associés.

[1991, c. 64, a. 2263].

∎ C.C.Q., 2162, 2234.

2263. The termination of a contract of undeclared partnership does not affect the rights of third persons in good faith who subsequently contract with a partner or any other mandatary of all the partners.

[1991, c. 64, a. 2263].

2264. À défaut d'accord sur le mode de liquidation de la société ou sur le choix d'un liquidateur, tout intéressé peut s'adresser au tribunal afin qu'un liquidateur soit nommé.

[1991, c. 64, a. 2264].

: ∎ C.P.C., 809-811; D.T., 125.

2264. Failing agreement as to the mode of liquidation of the undeclared partnership or the selection of a liquidator, any interested person may apply to the court for the appointment of a liquidator.

[1991, c. 64, a. 2264].

2265. L'associé a le droit d'obtenir la restitution des biens correspondant à la part dont il a la propriété, et d'exiger l'attribution, en nature ou par équivalent, des biens dont il a la propriété indivise dans la société, au moment où le contrat prend fin.

En l'absence d'accord sur la valeur d'une part, cette valeur est déterminée par le liquidateur ou, à défaut, par le tribunal. Le

2265. A partner is entitled to restitution of the property corresponding to the share he owns, and to demand the apportionment of the undivided property he owns in the undeclared partnership, in kind or in equivalence, upon termination of the contract.

Failing agreement as to the value of the share, the liquidator or, failing him, the court determines it. The liquidator or the

liquidateur ou le tribunal peut, toutefois, différer l'évaluation d'éléments éventuels qui sont compris dans l'actif ou le passif.

[1991, c. 64, a. 2265].

❚ C.C.Q., 1030-1037, 2252; C.P.C., 809-811.

court may, however, defer assessment of contingent assets or liabilities.

[1991, c. 64, a. 2265].

2266. Le liquidateur a la saisine des biens mis en commun et agit à titre d'administrateur du bien d'autrui chargé de la pleine administration.

Il procède au paiement des dettes, puis au remboursement des apports et, ensuite, au partage de l'actif entre les associés.

[1991, c. 64, a. 2266].

❚ C.C.Q., 1306-1318.

2266. The liquidator has the seisin of the common property and acts as an administrator of the property of others entrusted with full administration.

The liquidator first pays the debts, then reimburses the contributions and, finally, partitions the assets among the partners.

[1991, c. 64, a. 2266].

SECTION V —
DE L'ASSOCIATION

SECTION V —
ASSOCIATIONS

2267. Le contrat constitutif de l'association est écrit ou verbal. Il peut aussi résulter de faits manifestes qui indiquent l'intention de s'associer.

[1991, c. 64, a. 2267].

❚ C.C.Q., 2186.

2267. The contract by which an association is established may be written or verbal. It may also arise from overt acts indicating the intention to form an association.

[1991, c. 64, a. 2267].

2268. Le contrat d'association régit l'objet, le fonctionnement, la gestion et les autres modalités de l'association.

Il est présumé permettre l'admission de membres autres que les membres fondateurs.

[1991, c. 64, a. 2268].

❚ C.C.Q., 2186, 2267.

2268. The contract of association governs the object, functioning, management and other terms and conditions of the association.

It is presumed to allow the admission of members other than the founding members.

[1991, c. 64, a. 2268].

2269. En l'absence de règles particulières dans le contrat d'association, les administrateurs de l'association sont choisis parmi ses membres, et les membres fondateurs sont, de plein droit, les administrateurs jusqu'à ce qu'ils soient remplacés.

[1991, c. 64, a. 2269].

❚ C.C.Q., 2186, 2268.

2269. Failing any special rules in the contract of association, the directors of the association are elected from among its members, and the founding members are, of right, the directors of the association until they are replaced.

[1991, c. 64, a. 2269].

2270. Les administrateurs agissent à titre de mandataire des membres de l'association.

Ils n'ont pas d'autres pouvoirs que ceux qui leur sont conférés par le contrat d'association ou par la loi, ou qui découlent de leur mandat.

[1991, c. 64, a. 2270].

❙ C.C.Q., 1299, 1300, 2130-2185.

2270. The directors act as mandataries of the members of the association.

Their only powers are those conferred on them by the contract of association or by law, or those arising from their mandate.

[1991, c. 64, a. 2270].

2271. Les administrateurs peuvent ester en justice pour faire valoir les droits et les intérêts de l'association.

[1991, c. 64, a. 2271].

: ❙ C.P.C., 60.

2271. The directors may sue and be sued to assert the rights and interests of the association.

[1991, c. 64, a. 2271].

2272. Tout membre a le droit de participer aux décisions collectives et le contrat d'association ne peut empêcher l'exercice de ce droit.

Ces décisions, y compris celles qui ont trait à la modification du contrat d'association, se prennent à la majorité des voix des membres, sauf stipulation contraire dudit contrat.

[1991, c. 64, a. 2272].

❙ C.C.Q., 2216.

2272. Every member is entitled to participate in collective decisions, and he may not be prevented from exercising that right by the contract of association.

Collective decisions, including those to amend the contract of association, are taken by a majority vote of the members, unless otherwise stipulated in the contract.

[1991, c. 64, a. 2272].

2273. Tout membre, même s'il est exclu de la gestion, et malgré toute stipulation contraire, a le droit de se renseigner sur l'état des affaires de l'association et de consulter les livres et registres de celle-ci.

Il est tenu d'exercer ce droit de manière à ne pas entraver indûment les activités de l'association ou à ne pas empêcher les autres membres d'exercer ce même droit.

[1991, c. 64, a. 2273].

❙ C.C.Q., 2218.

2273. Notwithstanding any stipulation to the contrary, any member may inform himself of the affairs of the association and consult its books and records even if he is excluded from management.

In exercising this right, the member is bound not to impede the activities of the association unduly nor to prevent the other members from exercising the same right.

[1991, c. 64, a. 2273].

2274. En cas d'insuffisance des biens de l'association, les administrateurs et tout membre qui administre de fait les affaires de l'association, sont solidairement ou conjointement tenus des obligations de l'association qui résultent des décisions auxquelles ils ont souscrit pendant leur administration, selon que ces obligations ont

2274. Where the property of the association is insufficient, the directors and any member administering in fact the affairs of the association are solidarily or jointly liable for the obligations of the association resulting from decisions to which they gave their approval during their administration, whether or not the obligations have

été, ou non, contractées pour le service ou l'exploitation d'une entreprise de l'association.

Toutefois, les biens de chacune de ces personnes ne sont affectés au paiement des créanciers de l'association qu'après paiement de leurs propres créanciers.

[1991, c. 64, a. 2274].

▌ C.C.Q., 1518-1523.

2275. Le membre qui n'a pas administré l'association n'est tenu des dettes de celle-ci qu'à concurrence de la contribution promise et des cotisations échues.

[1991, c. 64, a. 2275].

▌ C.C.Q., 2274.

2276. Un membre peut, malgré toute stipulation contraire, se retirer de l'association, même constituée pour une durée déterminée; le cas échéant, il est tenu au paiement de la contribution promise et des cotisations échues.

Il peut être exclu de l'association par une décision des membres.

[1991, c. 64, a. 2276].

▌ C.C.Q., 2228, 2260.

2277. Le contrat d'association prend fin par l'arrivée du terme ou l'avènement de la condition apposée au contrat, par l'accomplissement de l'objet du contrat ou par l'impossibilité d'accomplir cet objet.

En outre, il prend fin par une décision des membres.

[1991, c. 64, a. 2277].

▌ C.C.Q., 2258.

2278. Lorsque le contrat prend fin, l'association est liquidée par une personne nommée par les administrateurs ou, à défaut, par le tribunal.

[1991, c. 64, a. 2278].

▌ C.C.Q., 2235, 2264.

been contracted for the service or operation of an enterprise of the association.

The property of each of these persons is not applied to the payment of creditors of the association, however, until after his own creditors are paid.

[1991, c. 64, a. 2274].

2275. A member who has not administered the association is liable for the debts of the association only up to the promised contribution and the subscriptions due for payment.

[1991, c. 64, a. 2275].

2276. Notwithstanding any stipulation to the contrary, a member may withdraw from the association, even if it has been established for a fixed term; if he withdraws, he is bound to pay the promised contribution and any subscriptions due.

A member may be excluded from the association by decision of the members.

[1991, c. 64, a. 2276].

2277. A contract of association is terminated by the expiry of its term or the fulfilment of the condition attached to the contract, or by the accomplishment or impossibility of accomplishing the object of the contract.

It is also terminated by decision of the members.

[1991, c. 64, a. 2277].

2278. When a contract of association is terminated, the association is liquidated by a person appointed by the directors or, failing that, by the court.

[1991, c. 64, a. 2278].

2279. Après le paiement des dettes, les biens qui restent sont dévolus conformément aux règles du contrat d'association ou, en l'absence de règles particulières, partagés entre les membres, en parts égales.

Toutefois, les biens qui proviennent des contributions de tiers sont, malgré toute stipulation contraire, dévolus à une association, à une personne morale ou à une fiducie partageant des objectifs semblables à l'association; si les biens ne peuvent être ainsi employés, ils sont dévolus à l'État et administrés par le ministre du Revenu comme des biens sans maître ou, s'ils sont de peu d'importance, partagés également entre les membres.

[1991, c. 64, a. 2279; 2005, c. 44, a. 54].

▌ C.C.Q., 934-946.

2279. After payment of the debts, the remaining property devolves in accordance with the rules respecting the contract of association or, failing special rules, it is shared equally among the members.

However, any property derived from contributions of third persons devolves, notwithstanding any stipulation to the contrary, to an association, legal person or trust sharing objectives similar to those of the association; if that is not possible, it devolves to the State and is administered by the Minister of Revenue as property without an owner or, if of little value, is shared equally among the members.

[1991, c. 64, a. 2279; 2005, c. 44, s. 54].

Chapitre XI —
Du dépôt

Chapter XI —
Deposit

SECTION I —
DU DÉPÔT EN GÉNÉRAL

SECTION I —
DEPOSIT IN GENERAL

§ 1. — Dispositions générales

§ 1. — General provisions

2280. Le dépôt est le contrat par lequel une personne, le déposant, remet un bien meuble à une autre personne, le dépositaire, qui s'oblige à garder le bien pendant un certain temps et à le restituer.

Le dépôt est à titre gratuit; il peut, cependant, être à titre onéreux lorsque l'usage ou la convention le prévoit.

[1991, c. 64, a. 2280].

▌ C.C.Q., 2295-2297, 2305-2311.

2280. Deposit is a contract by which a person, the depositor, hands over movable property to another person, the depositary, who undertakes to keep it for a certain time and to restore it to him.

Deposit is gratuitous but may be by onerous title where permitted by usage or an agreement.

[1991, c. 64, a. 2280].

2281. La remise du bien est essentielle pour que le contrat de dépôt soit parfait.

La remise feinte suffit quand le dépositaire détient déjà le bien à un autre titre.

[1991, c. 64, a. 2281].

▌ C.C.Q., 2280.

2281. Handing over of the property to be deposited is essential for the completion of the contract of deposit.

Fictitious handing over is sufficient where the depositary already has detention of the property under another title.

[1991, c. 64, a. 2281].

2282. Si le dépôt a été fait à une personne mineure ou placée sous un régime de protection, le déposant peut revendiquer le bien déposé, tant qu'il demeure entre les mains de cette personne; il a le droit, si la restitution en nature est impossible, de demander la valeur du bien, jusqu'à concurrence de l'enrichissement qu'en a retiré celle qui l'a reçu.

[1991, c. 64, a. 2282].

❚ C.C.Q., 256-297, 1416-1421, 1699, 1706.

2282. Where the deposit has been made with a minor person or with a person under protective supervision, the depositor may revendicate the property deposited so long as it remains in the hands of that person; where restitution in kind is impossible, he is entitled to claim the value of the property up to the amount of the enrichment of the person who received it.

[1991, c. 64, a. 2282].

§ 2. — Des obligations du dépositaire

§ 2. — Obligations of the depositary

2283. Le dépositaire doit agir, dans la garde† du bien, avec prudence et diligence; il ne peut se servir du bien sans la permission du déposant.

[1991, c. 64, a. 2283].

2283. The depositary shall act with prudence and diligence in the safekeeping† of the property; he may not use it without the permission of the depositor.

[1991, c. 64, a. 2283].

Note : Comp. a. 2295; O.R.C.C., Livre V, a. 803. / Comp. a. 2295; C.C.R.O., Book V, a. 803.

❚ C.P.C., 744.

2284. Le dépositaire ne peut exiger du déposant la preuve qu'il est propriétaire du bien déposé; il ne peut l'exiger, non plus, de la personne à qui le bien doit être restitué.

[1991, c. 64, a. 2284].

❚ C.C.Q., 928.

2284. The depositary may not require the depositor to prove that he is the owner of the property deposited, or require such proof of the person to whom the property is to be restored.

[1991, c. 64, a. 2284].

2285. Le dépositaire est tenu de restituer au déposant le bien déposé, dès que ce dernier le demande, alors même qu'un terme aurait été fixé pour la restitution.

Il peut, s'il a émis un reçu ou un autre titre qui constate le dépôt ou donne à celui qui le détient le droit de retirer le bien, exiger la remise de ce titre.

[1991, c. 64, a. 2285].

❚ C.C.Q., 2292, 2294.

2285. The depositary is bound to restore the deposited property to the depositor on demand, even if a term has been fixed for restitution.

Where the depositary has issued a receipt or any other document evidencing the deposit or giving the person holding it the right to withdraw the property, he may require that the document be returned to him.

[1991, c. 64, a. 2285].

2286. Le dépositaire doit rendre le bien même qu'il a reçu en dépôt.

S'il a reçu quelque chose en remplacement

2286. The depositary shall return the identical property he received on deposit.

Where the depositary has received some-

du bien qui a péri par force majeure, il doit rendre au déposant ce qu'il a ainsi reçu.

[1991, c. 64, a. 2286].

❚ C.C.Q., 1470.

2287. Le dépositaire est tenu de restituer les fruits et les revenus qu'il a perçus du bien déposé.

Il ne doit les intérêts des sommes déposées que lorsqu'il est en demeure de les restituer.

[1991, c. 64, a. 2287].

❚ C.C.Q., 1565, 1594, 1595, 1600, 1617.

2288. L'héritier ou un autre représentant légal du dépositaire, qui vend de bonne foi le bien dont il ignorait le dépôt, n'est tenu que de rendre le prix qu'il a reçu, ou de céder son droit contre l'acheteur si le prix n'a pas été payé.

[1991, c. 64, a. 2288].

❚ C.C.Q., 1637-1646, 1740-1743.

2289. Le dépositaire est tenu, si le dépôt est à titre gratuit, de la perte du bien déposé qui survient par sa faute; si le dépôt est à titre onéreux ou s'il a été exigé par le dépositaire, celui-ci est tenu de la perte du bien, à moins qu'il ne prouve la force majeure.

[1991, c. 64, a. 2289].

❚ C.C.Q., 1457, 1458, 1562, 1607-1625, 2296, 2298; C.P.C., 744.

2290. Le tribunal peut réduire les dommages-intérêts dus par le dépositaire, lorsque le dépôt est à titre gratuit ou que le dépositaire a reçu en dépôt des documents, espèces ou autres biens de valeur, sans que le déposant ait déclaré leur nature ou leur valeur.

[1991, c. 64, a. 2290].

❚ C.C.Q., 2289.

2291. La restitution du bien se fait au lieu où le bien a été remis en dépôt, à moins que les parties n'aient convenu d'un autre lieu.

[1991, c. 64, a. 2291].

thing to replace property that had perished by superior force, he shall return what he has received to the depositor.

[1991, c. 64, a. 2286].

2287. The depositary is bound to restore the fruits and revenues he has received from the property deposited.

The depositary owes interest on money deposited only when he is in default to restore the money.

[1991, c. 64, a. 2287].

2288. Where the heir or other legal representative of the depositary sells in good faith property deposited without his knowledge, he is bound only to return the price he has received or to assign his claim against the purchaser if the price has not been paid.

[1991, c. 64, a. 2288].

2289. Where a deposit is gratuitous, the depositary is liable for the loss of the property deposited, if caused by his fault; where a deposit is by onerous title or where it was required by the depositary, he is liable for the loss of the property, unless he proves superior force.

[1991, c. 64, a. 2289].

2290. The court may reduce the damages payable by the depositary where the deposit is gratuitous or where the depositary received in deposit documents, money or other valuables whose nature or value was not declared by the depositor.

[1991, c. 64, a. 2290].

2291. The property is restored at the place where it was handed over for deposit, unless the parties have agreed on another place.

[1991, c. 64, a. 2291].

❚ C.C.Q., 1566, 2292.

2292. Lorsque le dépôt est à titre gratuit, les frais de la restitution sont à la charge du déposant; cependant, ils sont à la charge du dépositaire si celui-ci a, à l'insu du déposant, transporté le bien ailleurs qu'au lieu convenu pour la restitution, à moins qu'il ne l'ait fait pour en assurer la conservation.

Lorsque le dépôt est à titre onéreux, les frais de la restitution sont à la charge du dépositaire.

[1991, c. 64, a. 2292].

❚ C.C.Q., 2291.

2292. Where the deposit is gratuitous, the cost of restitution of the property is borne by the depositor, but it is borne by the depositary if he, without the knowledge of the depositor, has transported the property elsewhere than the place agreed for its restitution, unless he did it to preserve the property.

Where the deposit is by onerous title, the cost of restitution is borne by the depositary.

[1991, c. 64, a. 2292].

§ 3. — Des obligations du déposant

§ 3. — Obligations of the depositor

2293. Le déposant est tenu de rembourser au dépositaire les dépenses faites pour la conservation du bien, de l'indemniser de toute perte que le bien lui a causée et de lui verser la rémunération convenue.

Le dépositaire a le droit de retenir le bien déposé jusqu'au paiement.

[1991, c. 64, a. 2293].

❚ C.C.Q., 1591-1593.

2293. The depositor is bound to reimburse the depositary for any expenses he has incurred for the preservation of the property, to indemnify him for any loss the property may have caused him and to pay him the agreed remuneration.

The depositary is entitled to retain the deposited property until he is paid.

[1991, c. 64, a. 2293].

2294. Le déposant est tenu d'indemniser le dépositaire du préjudice que lui cause la restitution anticipée du bien si le terme a été convenu dans le seul intérêt du dépositaire.

[1991, c. 64, a. 2294].

❚ C.C.Q., 1458, 1607-1625, 2285.

2294. The depositor is liable to indemnify the depositary for any injury caused to him by the premature restitution of the property if the term was agreed upon in the sole interest of the depositary.

[1991, c. 64, a. 2294].

SECTION II — DU DÉPÔT NÉCESSAIRE

SECTION II — NECESSARY DEPOSIT

2295. Il y a dépôt nécessaire lorsqu'une personne est contrainte par une nécessité imprévue et pressante provenant d'un accident ou d'une force majeure de remettre à une autre la garde d'un bien.

[1991, c. 64, a. 2295].

❚ C.C.Q., 1470.

2295. Necessary deposit takes place where a person is compelled, by an unforeseen and urgent necessity due to an accident or to superior force, to entrust the custody of property to another person.

[1991, c. 64, a. 2295].

2296. Le dépositaire ne peut refuser de recevoir le bien, à moins qu'il n'ait un motif sérieux de le faire.

Il est tenu de la perte du bien, de la même façon qu'un dépositaire à titre gratuit.

[1991, c. 64, a. 2296].

❙ C.C.Q., 2289.

2296. The depositary may not refuse to accept the property without a serious reason.

The depositary is liable for loss of the property in the same manner as a depositary by gratuitous title.

[1991, c. 64, a. 2296].

2297. Le dépôt d'un bien dans un établissement de santé ou de services sociaux est présumé être un dépôt nécessaire.

[1991, c. 64, a. 2297].

❙ C.C.Q., 2289, 2295, 2296.

2297. The deposit of property in a health or social services establishment is presumed to be a necessary deposit.

[1991, c. 64, a. 2297].

SECTION III —
DU DÉPÔT HÔTELIER

SECTION III —
DEPOSIT WITH AN INNKEEPER

2298. La personne qui offre au public des services d'hébergement, appelée l'hôtelier, est tenue de la perte des effets personnels et des bagages apportés par ceux qui logent chez elle, de la même manière qu'un dépositaire à titre onéreux, jusqu'à concurrence de dix fois le prix quotidien du logement qui est affiché ou, s'il s'agit de biens qu'elle a acceptés en dépôt, jusqu'à concurrence de cinquante fois ce prix.

[1991, c. 64, a. 2298].

❙ D.T., 126.

2298. A person who offers lodging to the public, called an innkeeper, is liable in the same manner as a depositary by onerous title for the loss of the personal effects and baggage brought by persons who lodge with him, up to ten times the displayed cost of lodging for one day or, in the case of property he has accepted for deposit, up to fifty times such cost.

[1991, c. 64, a. 2298].

2299. L'hôtelier est tenu d'accepter en dépôt les documents, les espèces et les autres biens de valeur apportés par ses clients; il ne peut les refuser que si, compte tenu de l'importance ou des conditions d'exploitation de l'hôtel, les biens paraissent d'une valeur excessive ou sont encombrants, ou encore s'ils sont dangereux.

Il peut examiner les biens qui lui sont remis en dépôt et exiger qu'ils soient placés dans un réceptacle fermé ou scellé.

[1991, c. 64, a. 2299].

❙ C.C.Q., 2298; D.T., 126.

2299. An innkeeper is bound to accept for deposit the documents, sums of money and other valuables brought by his guests; he may not refuse them unless, given the size and operating conditions of the hotel, they appear to be of excessive value or cumbersome, or unless they are dangerous.

The innkeeper may examine the property handed over to him for deposit and require it to be placed in a closed or sealed receptacle.

[1991, c. 64, a. 2299].

2300. L'hôtelier qui met à la disposition de ses clients un coffre-fort dans la chambre même, n'est pas réputé avoir accepté

2300. An innkeeper who places a safe at the disposal of guests in the room itself is not deemed to have accepted for deposit

en dépôt les biens qui y sont déposés par les clients.

[1991, c. 64, a. 2300].

▌ C.C.Q., 2298; D.T., 126.

the property placed in such a safe by a guest.

[1991, c. 64, a. 2300].

2301. Malgré ce qui précède, la responsabilité de l'hôtelier est illimitée lorsque la perte d'un bien apporté par un client provient de la faute intentionnelle ou lourde de l'hôtelier ou d'une personne dont celui-ci est responsable.

La responsabilité de l'hôtelier est encore illimitée lorsqu'il refuse le dépôt de biens qu'il est tenu d'accepter, ou lorsqu'il n'a pas pris les moyens nécessaires pour informer le client des limites de sa responsabilité.

[1991, c. 64, a. 2301].

▌ C.C.Q., 1459-1464, 1474; D.T., 126.

2301. Notwithstanding the foregoing, the liability of the innkeeper is unlimited where the loss of property brought by a guest is caused by the intentional or gross fault of the innkeeper or of a person for whom he is responsible.

The liability of the innkeeper is also unlimited where he refuses the deposit of property he is bound to accept, or where he has not taken the necessary measures to inform the guest of the limits of his liability.

[1991, c. 64, a. 2301].

2302. L'hôtelier a le droit, en garantie du paiement du prix du logement, ainsi que des services et prestations† effectivement fournis par lui, de retenir les effets et les bagages apportés par le client à l'hôtel, à l'exclusion des papiers et des effets personnels de ce dernier qui n'ont pas de valeur marchande.

[1991, c. 64, a. 2302].

▌ C.C.Q., 1591-1593.

2302. The innkeeper is entitled to retain, as security for payment of the cost of lodging and services† actually provided by him, the effects and baggage brought into the hotel by the guest, except his personal documents and effects of no market value.

[1991, c. 64, a. 2302].

2303. L'hôtelier peut disposer des biens retenus, à défaut de paiement, conformément aux règles prescrites au livre Des biens pour le détenteur du bien confié et oublié.

[1991, c. 64, a. 2303].

▌ C.C.Q., 945, 2302.

2303. The innkeeper may dispose of the property retained, failing payment, in accordance with the rules prescribed in the Book on Property, which apply to the holder of property entrusted and forgotten.

[1991, c. 64, a. 2303].

2304. L'hôtelier est tenu d'afficher, dans les bureaux, les salles et les chambres de son établissement, le texte, imprimé en caractères lisibles, des articles de la présente section.

[1991, c. 64, a. 2304].

▌ C.C.Q., 2298-2303.

2304. The innkeeper is bound to post up the text of the articles of this section, printed in legible type, in the offices, public rooms and bedrooms of his establishment.

[1991, c. 64, a. 2304].

SECTION IV —
DU SÉQUESTRE

SECTION IV —
SEQUESTRATION

2305. Le séquestre est le dépôt par lequel des personnes remettent un bien qu'elles se disputent entre les mains d'une autre personne de leur choix qui s'oblige à ne le restituer qu'à celle qui y aura droit, une fois la contestation† terminée.

[1991, c. 64, a. 2305].

2305. Sequestration is the deposit by which persons place property over which they are in dispute in the hands of another person chosen by them, who binds himself to restore it, once the issue† is decided, to the person who will then be entitled to it.

[1991, c. 64, a. 2305].

Note : Comp. a. 2309.

❚ C.C.Q., 1144, 2311; C.P.C., 742.

2306. Le séquestre peut porter tant sur un bien immeuble que sur un bien meuble.

La remise de l'immeuble s'effectue par l'abandon de la détention de l'immeuble au dépositaire chargé d'agir à titre de séquestre.

[1991, c. 64, a. 2306].

2306. The object of sequestration may be immovable property as well as movable property.

An immovable is handed over by abandoning detention of the immovable to the depositary charged with acting as sequestrator.

[1991, c. 64, a. 2306].

❚ C.C.Q., 2764; C.P.C., 540.

2307. Les parties choisissent le séquestre d'un commun accord; elles peuvent désigner l'une d'entre elles pour agir à ce titre.

Si elles ne s'accordent pas sur le choix de la personne à nommer ou sur certaines conditions de sa charge, elles peuvent demander au tribunal d'en décider.

[1991, c. 64, a. 2307].

2307. The parties elect the sequestrator by mutual agreement; they may elect one of their number to act as sequestrator.

Where the parties disagree on the election of a sequestrator or on certain conditions attached to his duties, they may apply to the court for a ruling on the issue.

[1991, c. 64, a. 2307].

❚ C.C.Q., 2305.

2308. Le séquestre ne peut faire, relativement au bien sous séquestre, ni impense ni aucun acte autre que de simple administration, à moins de stipulation contraire ou d'autorisation du tribunal.

Il peut, cependant, avec le consentement des parties ou, à défaut, avec l'autorisation du tribunal, aliéner, sans délai ni formalités, les biens dont la garde ou l'entretien entraîne des frais disproportionnés par rapport à leur valeur.

[1991, c. 64, a. 2308].

2308. A sequestrator may not make any disbursement or perform any act other than acts of simple administration in respect of the sequestered property unless otherwise stipulated or unless authorized by the court.

He may, however, with the consent of the parties or, failing that, with the authorization of the court, alienate, without delay or formalities, property which entails costs of custody or maintenance disproportionate to its value.

[1991, c. 64, a. 2308].

❚ C.C.Q., 1301-1305; C.P.C., 745.

2309. Le séquestre est déchargé, lorsque la contestation est terminée, par la restitution du bien à celui qui y a droit.

2309. The sequestrator is discharged, upon the termination of the contestation, by the restitution of the property to the person entitled to it.

Il ne peut, auparavant, être déchargé et restituer le bien que si toutes les parties y consentent ou, à défaut d'accord, s'il existe une cause suffisante; en ce dernier cas, la décharge doit être autorisée par le tribunal.

[1991, c. 64, a. 2309].

The sequestrator may not be discharged and restore the property before the contestation is terminated except with the consent of all the parties or, failing that, for sufficient cause; in this last case, he may be discharged only with the authorization of the court.

[1991, c. 64, a. 2309].

▌ C.C.Q., 2305.

2310. Le séquestre doit rendre compte de sa gestion à la fin de son administration, et même auparavant si les parties le requièrent ou si le tribunal l'ordonne.

[1991, c. 64, a. 2310].

2310. The sequestrator shall render an account of his management at the end of his administration, and also earlier at the request of the parties or by order of the court.

[1991, c. 64, a. 2310].

▌ C.C.Q., 1351-1354, 1363; C.P.C., 532-539.

2311. Le séquestre peut être constitué par l'autorité judiciaire; il est alors soumis aux dispositions du *Code de procédure civile* (chapitre C-25), ainsi qu'aux règles du présent chapitre, s'il n'y a pas incompatibilité.

[1991, c. 64, a. 2311].

2311. A sequestrator may be appointed by judicial authority; in such a case, he is subject to the provisions of the *Code of Civil Procedure* (chapter C-25) and to the rules contained in this chapter, so far as they are consistent.

[1991, c. 64, a. 2311].

▌ C.C.Q., 2280-2310; C.P.C., 742-750.

Chapitre XII —— Du prêt

Chapter XII —— Loan

SECTION I —— DES ESPÈCES DE PRÊT ET DE LEUR NATURE

SECTION I —— NATURE AND KINDS OF LOANS

2312. Il y a deux espèces de prêt: le prêt à usage et le simple prêt.

[1991, c. 64, a. 2312].

2312. There are two kinds of loans: loan for use and simple loan.

[1991, c. 64, a. 2312].

▌ C.C.Q., 2313, 2314, 2317-2332.

2313. Le prêt à usage est le contrat à titre gratuit par lequel une personne, le prêteur, remet un bien à une autre personne, l'emprunteur, pour qu'il en use, à la charge de le lui rendre après un certain temps.

[1991, c. 64, a. 2313].

2313. Loan for use is a gratuitous contract by which a person, the lender, hands over property to another person, the borrower, for his use, under the obligation to return it to him after a certain time.

[1991, c. 64, a. 2313].

∎ C.C.Q., 2317-2326.

2314. Le simple prêt est le contrat par lequel le prêteur remet une certaine quantité d'argent ou d'autres biens qui se consomment par l'usage à l'emprunteur, qui s'oblige à lui en rendre autant, de même espèce et qualité, après un certain temps.

[1991, c. 64, a. 2314].

2314. A simple loan is a contract by which the lender hands over a certain quantity of money or other property that is consumed by the use made of it, to the borrower, who binds himself to return a like quantity of the same kind and quality to the lender after a certain time.

[1991, c. 64, a. 2314].

∎ C.C.Q., 2327-2332.

2315. Le simple prêt est présumé fait à titre gratuit, à moins de stipulation contraire ou qu'il ne s'agisse d'un prêt d'argent, auquel cas il est présumé fait à titre onéreux.

[1991, c. 64, a. 2315].

2315. A simple loan is presumed to be made by gratuitous title unless otherwise stipulated or unless it is a loan of money, in which case it is presumed to be made by onerous title.

[1991, c. 64, a. 2315].

∎ C.C.Q., 2330.

2316. La promesse de prêter ne confère au bénéficiaire de la promesse, à défaut par le promettant de l'exécuter, que le droit de réclamer des dommages-intérêts de ce dernier.

[1991, c. 64, a. 2316].

2316. A promise to lend confers on the beneficiary of the promise, failing fulfilment of the promise by the promisor, only the right to claim damages from the promisor.

[1991, c. 64, a. 2316].

∎ C.C.Q., 1458, 1607-1611.

SECTION II — DU PRÊT À USAGE

SECTION II — LOAN FOR USE

2317. L'emprunteur est tenu, quant à la garde† et à la conservation du bien prêté, d'agir avec prudence et diligence.

[1991, c. 64, a. 2317].

2317. The borrower is bound to act with prudence and diligence in the safekeeping† and preservation of the property loaned.

[1991, c. 64, a. 2317].

Note : Comp. O.R.C.C., Livre V, a. 829, 1465. / Comp. C.C.R.O., Book V, arts 829, 1465.

∎ C.C.Q., 2313.

2318. L'emprunteur ne peut se servir du bien prêté que pour l'usage auquel ce bien est destiné; il ne peut, non plus, permettre qu'un tiers l'utilise, à moins que le prêteur ne l'autorise.

[1991, c. 64, a. 2318].

2318. The borrower may not put the property loaned to a use other than that for which it is intended; nor may he allow a third person to use it without the authorization of the lender.

[1991, c. 64, a. 2318

∎ C.C.Q., 2322.

2319. Le prêteur peut réclamer le bien avant l'échéance du terme, ou, si le terme est indéterminé, avant que l'emprunteur ait cessé d'en avoir besoin, lorsqu'il en a lui-même un besoin urgent et imprévu, lorsque l'emprunteur décède ou lorsqu'il manque à ses obligations.

[1991, c. 64, a. 2319].

■ C.C.Q., 1508, 1513, 2317, 2318.

2319. The lender may claim the property before the due term or, if the term is indeterminate, before the borrower ceases to need it, where he himself is in urgent and unforeseen need of the property or where the borrower dies or fails to perform his obligations.

[1991, c. 64, a. 2319].

2320. L'emprunteur a le droit d'être remboursé des dépenses nécessaires et urgentes faites pour la conservation du bien.

Il supporte seul les dépenses qu'il a dû faire pour utiliser le bien.

[1991, c. 64, a. 2320].

■ C.C.Q., 2324.

2320. The borrower is entitled to the reimbursement of any necessary and urgent expenses incurred for the preservation of the property.

The borrower alone bears the expenses he has incurred in using the property.

[1991, c. 64, a. 2320].

2321. Le prêteur qui connaissait les vices cachés du bien prêté et n'en a pas averti l'emprunteur, est tenu de réparer le préjudice qui en résulte pour ce dernier.

[1991, c. 64, a. 2321].

■ C.C.Q., 1457, 1607-1625, 1726-1731, 1854-1876, 2328.

2321. Where the lender knew that the property loaned had latent defects but failed to inform the borrower, he is liable for any injury suffered by the borrower as a result.

[1991, c. 64, a. 2321].

2322. L'emprunteur n'est pas tenu de la perte du bien qui résulte de l'usage pour lequel il est prêté.

Cependant, s'il emploie le bien à un usage autre que celui auquel il est destiné ou pour un temps plus long qu'il ne le devait, il est tenu de la perte, même si celle-ci résulte d'une force majeure, sauf dans le cas où la perte se serait, de toute façon, produite en raison de cette force majeure.

[1991, c. 64, a. 2322].

■ C.C.Q., 1470, 1562, 1594, 1595, 1597, 1600.

2322. The borrower is not liable for loss of the property resulting from the use for which it is loaned.

Where, however, the borrower puts the property to a use other than that for which it is intended, or uses it for a longer time than agreed, he is liable for its loss even where caused by superior force, unless the superior force would in any case have caused the loss of the property.

[1991, c. 64, a. 2322].

2323. Si le bien prêté périt par force majeure, alors que l'emprunteur pouvait le protéger en employant le sien propre, ou si, ne pouvant en sauver qu'un, il a préféré le sien, il est tenu de la perte.

[1991, c. 64, a. 2323].

■ C.C.Q., 1470.

2323. Where the property loaned perishes by superior force and the borrower could have protected it by using his own property or if, being unable to save both, he chose to save his own, he is liable for the loss.

[1991, c. 64, a. 2323].

2324. L'emprunteur ne peut retenir le bien pour ce que le prêteur lui doit, à moins que la dette ne consiste en une dépense nécessaire et urgente faite pour la conservation du bien.

[1991, c. 64, a. 2324].

▌C.C.Q., 1561, 1676, 2320.

2324. The borrower may not retain the property for what the lender owes him unless the debt is an urgent and necessary expense incurred for the preservation of the property.

[1991, c. 64, a. 2324].

2325. L'action en réparation† du dommage causé par la faute d'un tiers au bien prêté appartient au plus diligent du prêteur ou de l'emprunteur.

[1991, c. 64, a. 2325].

▌C.C.Q., 1457, 1607-1625.

2325. An action in damages† for injury caused by the fault of a third person to the property loaned may be taken by the lender or the borrower, whichever is the more diligent.

[1991, c. 64, a. 2325].

2326. Si plusieurs personnes ont emprunté ensemble le même bien, elles en sont solidairement responsables envers le prêteur.

[1991, c. 64, a. 2326].

▌C.C.Q., 1523-1540.

2326. Where several persons borrow the same property together, they are solidarily liable towards the lender.

[1991, c. 64, a. 2326].

SECTION III — DU SIMPLE PRÊT

SECTION III — SIMPLE LOAN

2327. Par le simple prêt, l'emprunteur devient le propriétaire du bien prêté et il en assume, dès la remise, les risques de perte.

[1991, c. 64, a. 2327].

▌C.C.Q., 2312.

2327. By simple loan, the borrower becomes the owner of the property loaned and he bears the risks of loss of the property from the time it is handed over to him.

[1991, c. 64, a. 2327].

2328. Le prêteur est tenu, de la même manière que le prêteur à usage, du préjudice causé par les défauts ou les vices du bien prêté.

[1991, c. 64, a. 2328].

▌C.C.Q., 1457, 1458, 1607-1625, 1726-1733, 1854-1876.

2328. The lender is liable, in the same manner as the lender for use, for any injury resulting from defects in the property loaned.

[1991, c. 64, a. 2328].

2329. L'emprunteur est tenu de rendre la même quantité et qualité de biens qu'il a reçue et rien de plus, quelle que soit l'augmentation ou la diminution de leur prix.

Si le prêt porte sur une somme d'argent, il n'est tenu de rendre que la somme nomi-

2329. The borrower is bound to return the same quantity and quality of property as he received and nothing more, notwithstanding any increase or reduction of its price.

In the case of a loan of a sum of money, the borrower is bound to return only the

nale reçue, malgré toute variation de valeur du numéraire.

[1991, c. 64, a. 2329].

▌C.C.Q., 1561, 2314.

nominal amount received, notwithstanding any variation in its value.

[1991, c. 64, a. 2329].

2330. Le prêt d'une somme d'argent porte intérêt à compter de la remise de la somme à l'emprunteur.

[1991, c. 64, a. 2330].

▌C.C.Q., 1565, 1617, 2315.

2330. The loan of a sum of money bears interest from the date the money is handed over to the borrower.

[1991, c. 64, a. 2330].

2331. La quittance du capital d'un prêt d'une somme d'argent emporte celle des intérêts.

[1991, c. 64, a. 2331].

▌C.C.Q., 1570.

2331. The discharge of the capital of a loan of money entails the discharge of the interest.

[1991, c. 64, a. 2331].

2332. Lorsque le prêt porte sur une somme d'argent, le tribunal peut prononcer la nullité du contrat, ordonner la réduction des obligations qui en découlent ou, encore, réviser les modalités de leur exécution dans la mesure où il juge, eu égard au risque et à toutes les circonstances, qu'il y a eu lésion à l'égard de l'une des parties.

[1991, c. 64, a. 2332].

▌C.C.Q., 1406, 1416-1421, 1609, 1699; D.T., 127.

2332. In the case of a loan of a sum of money, the court may pronounce the nullity of the contract, order the reduction of the obligations arising from the contract or revise the terms and conditions of the performance of the obligations to the extent that it finds that, having regard to the risk and to all the circumstances, one of the parties has suffered lesion.

[1991, c. 64, a. 2332].

Chapitre XIII ——
Du cautionnement

Chapter XIII ——
Suretyship

SECTION I ——
DE LA NATURE, DE L'OBJET ET DE L'ÉTENDUE DU CAUTIONNEMENT

SECTION I ——
NATURE, OBJECT AND EXTENT OF SURETYSHIP

2333. Le cautionnement est le contrat par lequel une personne, la caution, s'oblige envers le créancier, gratuitement ou contre rémunération, à exécuter l'obligation du débiteur si celui-ci n'y satisfait pas.

[1991, c. 64, a. 2333].

▌C.C.Q., 1371 et s., 1377-1456, 2334-2366.

2333. Suretyship is a contract by which a person, the surety, binds himself towards the creditor, gratuitously or for remuneration, to perform the obligation of the debtor if he fails to fulfil it.

[1991, c. 64, a. 2333].

2334. Outre qu'il puisse résulter d'une convention, le cautionnement peut être imposé par la loi ou ordonné par jugement.

[1991, c. 64, a. 2334].

▌C.C.Q., 2333, 2731, 2771, 2779; C.P.C., 65, 497, 525-530, 547, 677, 716, 755.

2334. Suretyship may result from an agreement, or may be imposed by law or ordered by judgment.

[1991, c. 64, a. 2334].

2335. Le cautionnement ne se présume pas; il doit être exprès.

[1991, c. 64, a. 2335].

❚ C.C.Q., 1398, 1425-1432.

2335. Suretyship is not presumed; it is effected only if it is express.

[1991, c. 64, a. 2335].

2336. On peut se rendre caution d'une obligation sans ordre de celui pour lequel on s'oblige, et même à son insu.

On peut aussi se rendre caution non seulement du débiteur principal, mais encore de celui qui l'a cautionné.

[1991, c. 64, a. 2336].

❚ C.C.Q., 2333, 2347, 2356.

2336. A person may become surety for an obligation without the order or even the knowledge of the person for whom he binds himself.

A person may also become surety not only for the principal debtor but also for his surety.

[1991, c. 64, a. 2336].

2337. Le débiteur tenu de fournir une caution doit en présenter une qui a et maintient au Québec des biens suffisants pour répondre de l'objet de l'obligation et qui a son domicile au Canada; à défaut de quoi, il doit en donner une autre.

Cette règle ne s'applique pas lorsque le créancier a exigé pour caution une personne déterminée.

[1991, c. 64, a. 2337].

❚ C.C.Q., 75, 2333, 2334, 2339; C.P.C., 527, 528.

2337. A debtor bound to furnish a surety shall offer a surety having and maintaining sufficient property in Québec to meet the object of the obligation and having his domicile in Canada; otherwise, he shall furnish another surety.

This rule does not apply where the creditor has required that a specific person should be the surety.

[1991, c. 64, a. 2337].

2338. Le débiteur tenu de fournir une caution, légale ou judiciaire, peut donner à la place une autre sûreté suffisante.

[1991, c. 64, a. 2338].

❚ C.C.Q., 2334, 2339, 2660; C.P.C., 525-531.

2338. Where a debtor is bound to furnish a legal or judicial surety, he may offer any other sufficient security instead.

[1991, c. 64, a. 2338].

2339. S'il y a litige quant à la suffisance des biens de la caution ou quant à la suffisance de la sûreté offerte, il est tranché par le tribunal.

[1991, c. 64, a. 2339].

❚ C.C.Q., 2337, 2338; C.P.C., 527, 528.

2339. Any dispute as to the sufficiency of the property of the surety or the sufficiency of the security offered is decided by the court.

[1991, c. 64, a. 2339].

2340. Le cautionnement ne peut exister que pour une obligation valable.

On peut cautionner l'obligation dont le débiteur principal peut se faire décharger en invoquant son incapacité, à la condition d'en avoir connaissance, ainsi que l'obligation naturelle.

[1991, c. 64, a. 2340].

2340. Suretyship may be contracted only for a valid obligation.

It may be for the fulfilment of an obligation from which the principal debtor may be discharged by invoking his incapacity, provided the surety is aware of this, or the fulfilment of a purely natural obligation.

[1991, c. 64, a. 2340].

C.C.Q., 1554, 2353, 2357.

2341. Le cautionnement ne peut excéder ce qui est dû par le débiteur, ni être contracté à des conditions plus onéreuses.

Le cautionnement qui ne respecte pas cette exigence n'est pas nul pour autant; il est seulement réductible à la mesure de l'obligation principale.
[1991, c. 64, a. 2341].

C.C.Q., 2342-2344, 2354.

2341. Suretyship may not be contracted for an amount in excess of that owed by the debtor or under more onerous conditions.

Suretyship which does not meet that requirement is not null; it is only reducible to the measure of the principal obligation.
[1991, c. 64, a. 2341].

2342. Le cautionnement peut être contracté pour une partie de l'obligation principale seulement et à des conditions moins onéreuses.
[1991, c. 64, a. 2342].

C.C.Q., 2341, 2343, 2344.

2342. Suretyship may be contracted for part of the principal obligation and under less onerous conditions.
[1991, c. 64, a. 2342].

2343. Le cautionnement ne peut être étendu au-delà des limites dans lesquelles il a été contracté.
[1991, c. 64, a. 2343].

C.C.Q., 2335, 2341, 2342, 2344.

2343. A suretyship may not be extended beyond the limits for which it was contracted.
[1991, c. 64, a. 2343].

2344. Le cautionnement d'une obligation principale s'étend à tous les accessoires de la dette, même aux frais de la première demande et à tous ceux qui sont postérieurs à la dénonciation qui en est faite à la caution.
[1991, c. 64, a. 2344].

C.C.Q., 2341-2343.

2344. Suretyship extends to all the accessories of the principal obligation, even to the costs of the original action, and to all costs subsequent to notice of such action given to the surety.
[1991, c. 64, a. 2344].

Section II —
Des effets du cautionnement

§ 1. — Des effets entre le créancier et la caution

Section II —
Effects of suretyship

§ 1. — Effects between the creditor and the surety

2345. Le créancier est tenu de fournir à la caution, sur sa demande, tout renseignement utile sur le contenu et les modalités de l'obligation principale et sur l'état de son exécution.
[1991, c. 64, a. 2345].

2345. At the request of the surety, the creditor is bound to provide him with any useful information respecting the content and the terms and conditions of the principal obligation and the progress made in its performance.
[1991, c. 64, a. 2345].

▌ C.C.Q., 6, 7, 1375, 2355.

2346. La caution n'est tenue de satisfaire à l'obligation du débiteur qu'à défaut par celui-ci de l'exécuter.

[1991, c. 64, a. 2346].

▌ C.C.Q., 1523, 2333, 2347, 2348, 2352.

2346. The surety is bound to fulfil the obligation of the debtor only if the debtor fails to perform it.

[1991, c. 64, a. 2346].

2347. La caution conventionnelle ou légale jouit du bénéfice de discussion, à moins qu'elle n'y renonce expressément.

Celui qui a cautionné la caution judiciaire ne peut demander la discussion du débiteur principal, ni de la caution.

[1991, c. 64, a. 2347].

▌ C.C.Q., 1523, 1537, 2334, 2336, 2348, 2352; C.P.C., 168, al. 1(2).

2347. A conventional or legal surety enjoys the benefit of discussion unless he renounces it expressly.

A person who is surety of a judicial surety may not demand the discussion of the principal debtor nor of the surety.

[1991, c. 64, a. 2347].

2348. La caution qui se prévaut du bénéfice de discussion doit l'invoquer dans l'action intentée contre elle, indiquer au créancier les biens saisissables du débiteur principal en lui avançant les sommes nécessaires pour la discussion.

Le créancier qui néglige de procéder à la discussion est tenu, à l'égard de la caution et jusqu'à concurrence de la valeur des biens indiqués, de l'insolvabilité du débiteur principal survenue après l'indication, par la caution, des biens saisissables du débiteur principal.

[1991, c. 64, a. 2348].

▌ C.C.Q., 2347; C.P.C., 159, 168, al. 1(2).

2348. A surety who avails himself of the benefit of discussion shall invoke it in any action taken against him and indicate to the creditor the seizable property of the principal debtor advancing to him the sums required for the costs of discussion.

Where the creditor neglects to carry out the discussion, he is liable towards the surety, up to the value of the property indicated, for any insolvency of the principal debtor occurring after the surety has indicated the seizable property of the principal debtor.

[1991, c. 64, a. 2348].

2349. Lorsque plusieurs personnes se sont rendues cautions d'un même débiteur pour une même dette, chacune d'elles est obligée à toute la dette, mais elle peut invoquer le bénéfice de division si elle n'y a pas renoncé expressément à l'avance.

Les cautions qui se prévalent du bénéfice de division peuvent exiger que le créancier divise son action et la réduise à la part et portion de chacune d'elles.

[1991, c. 64, a. 2349].

▌ C.C.Q., 2350-2532; C.P.C., 172, 199.

2349. Where several persons become sureties of the same debtor for the same debt, each of them is liable for the whole debt but may invoke the benefit of division if he has not renounced it expressly in advance.

Each surety who avails himself of the benefit of division may require the creditor to divide his action and to reduce it to the amount of the share and portion of each surety.

[1991, c. 64, a. 2349].

2350. Lorsque, dans le temps où l'une des cautions a fait prononcer la division, il y

2350. If, at the time division was obtained by one of the sureties, some of them were

en avait d'insolvables, cette caution est proportionnellement tenue de ces insolvabilités; mais elle ne peut plus être recherchée en raison des insolvabilités survenues depuis la division.

[1991, c. 64, a. 2350].

▌C.C.Q., 2349.

insolvent, that surety is proportionately liable for their insolvency, but he may not be made liable for insolvencies occurring after the division.

[1991, c. 64, a. 2350].

2351. Si le créancier a divisé lui-même et volontairement son action, il ne peut remettre en cause cette division, quoiqu'il y eût, même antérieurement au moment où il l'a ainsi consentie, des cautions insolvables.

[1991, c. 64, a. 2351].

▌C.C.Q., 2349, 2350.

2351. Where the creditor has himself voluntarily divided his action, he may not call the division into question, although at the time some of the sureties had become insolvent.

[1991, c. 64, a. 2351].

2352. Lorsque la caution s'oblige, avec le débiteur principal, en prenant la qualification de caution solidaire ou de codébiteur solidaire, elle ne peut plus invoquer les bénéfices de discussion et de division; les effets de son engagement se règlent par les principes établis pour les dettes solidaires, dans la mesure où ils sont compatibles avec la nature du cautionnement.

[1991, c. 64, a. 2352].

▌C.C.Q., 1523-1540, 2347, 2349.

2352. Where the surety binds himself with the principal debtor as solidary surety or solidary codebtor, he may no longer invoke the benefits of discussion and division; the effects of his undertaking are governed by the rules established with respect to solidary debts so far as they are consistent with the nature of the suretyship.

[1991, c. 64, a. 2352].

2353. La caution, même qualifiée de solidaire, peut opposer au créancier tous les moyens que pouvait opposer le débiteur principal, sauf ceux qui sont purement personnels à ce dernier ou qui sont exclus par les termes de son engagement.

[1991, c. 64, a. 2353].

▌C.C.Q., 1530, 1665, 1671, 1679, 1684, 1692, 2340; C.P.C., 163, 165, 168, 172.

2353. A surety, whether or not he is a solidary surety, may set up against the creditor all the defences of the principal debtor, except those which are purely personal to the principal debtor or that are excluded by the terms of his undertaking.

[1991, c. 64, a. 2353].

2354. La caution n'est point déchargée par la simple prorogation du terme accordée par le créancier au débiteur principal; de même, la déchéance du terme encourue par le débiteur principal produit ses effets à l'égard de la caution.

[1991, c. 64, a. 2354].

▌C.C.Q., 1508, 1514, 1515, 1517, 2359; D.T., 128.

2354. The surety is not discharged by mere prorogation of the term granted by the creditor to the principal debtor; in the same way, forfeiture of the term by the principal debtor produces its effects in respect of the surety.

[1991, c. 64, a. 2354].

2355. La caution ne peut renoncer à l'avance au droit à l'information et au bénéfice de subrogation.

[1991, c. 64, a. 2355].

2355. A surety may not renounce in advance the right to be provided with information or the benefit of subrogation.

[1991, c. 64, a. 2355].

▌ C.C.Q., 2345, 2365; D.T., 129.

§ 2. —— Des effets entre le débiteur et la caution

§ 2. —— Effects between the debtor and the surety

2356. La caution qui s'est obligée avec le consentement du débiteur peut lui réclamer ce qu'elle a payé en capital, intérêts et frais, outre les dommages-intérêts pour la réparation de tout préjudice qu'elle a subi en raison du cautionnement; elle peut aussi exiger des intérêts sur toute somme qu'elle a dû verser au créancier, même si la dette principale ne produisait pas d'intérêts.

Celle qui s'est obligée sans le consentement du débiteur ne peut recouvrer de ce dernier que ce qu'il aurait été tenu de payer, y compris les dommages-intérêts, si le cautionnement n'avait pas eu lieu, sauf les frais subséquents à la dénonciation du paiement, lesquels sont à la charge du débiteur.

[1991, c. 64, a. 2356].

▌ C.C.Q., 2336, 2357-2359.

2356. A surety who has bound himself with the consent of the debtor may claim from him what he has paid in capital, interest and costs, in addition to damages for any injury he has suffered by reason of the suretyship; he may also charge interest on any sum he has had to pay to the creditor, even if the principal debt was not producing interest.

A surety who has bound himself without the consent of the debtor may only recover from him what the debtor would have been bound to pay, including damages, if there had been no suretyship; however, costs subsequent to indication of the payment are payable by the debtor.

[1991, c. 64, a. 2356].

2357. Lorsque le débiteur principal s'est fait décharger de son obligation en invoquant son incapacité, la caution a, dans la mesure de l'enrichissement qu'en conserve† ce débiteur, un recours en remboursement contre lui.

[1991, c. 64, a. 2357].

▌ C.C.Q., 2340.

2357. Where the principal debtor has been released from his obligation by invoking his incapacity, the surety has, to the extent of the resulting† enrichment of the debtor, a remedy for reimbursement against him.

[1991, c. 64, a. 2357].

2358. La caution qui a payé une dette n'a point de recours contre le débiteur principal qui l'a payée ultérieurement, lorsqu'elle ne l'a pas averti du paiement.

Celle qui a payé sans avertir le débiteur principal n'a point de recours contre lui si, au moment du paiement, le débiteur avait des moyens pour faire déclarer la dette éteinte. Elle n'a, dans les mêmes circonstances, de recours que pour la somme que le débiteur aurait pu être appelé à payer, dans la mesure où ce dernier pouvait oppo-

2358. A surety having paid a debt has no remedy against the principal debtor who pays it subsequently, if he failed to inform the debtor that he had paid it.

A surety who has paid without informing the principal debtor has no remedy against him if, at the time of the payment, the debtor had defences that could have enabled him to have the debt declared extinguished. In these circumstances, the surety has a remedy only for the sum the debtor could have been required to pay, to the ex-

ser au créancier d'autres moyens pour faire réduire la dette.

Dans tous les cas, la caution conserve son action en répétition contre le créancier.

[1991, c. 64, a. 2358].

▮ C.C.Q., 1554, 2356.

2359. La caution qui s'est obligée avec le consentement du débiteur peut agir contre lui, même avant d'avoir payé, lorsqu'elle est poursuivie en justice pour le paiement ou que le débiteur est insolvable, ou que celui-ci s'est obligé à lui rapporter† sa quittance dans un certain temps.

Il en est de même lorsque la dette est devenue exigible par l'arrivée de son terme, abstraction faite du délai que le créancier a, sans le consentement de la caution, accordé au débiteur ou lorsque, en raison de pertes subies par le débiteur ou d'une faute que ce dernier a commise, elle court des risques sensiblement plus élevés qu'au moment où elle s'est obligée.

[1991, c. 64, a. 2359].

▮ C.C.Q., 2336, 2341, 2354, 2360, 2362.

§ 3. — Des effets entre les cautions

2360. Lorsque plusieurs personnes ont cautionné un même débiteur pour une même dette, la caution qui a acquitté la dette a, outre l'action subrogatoire, une action personnelle contre les autres cautions, chacune pour sa part et portion.

Cette action personnelle n'a lieu que lorsque la caution a payé dans l'un des cas où elle pouvait agir contre le débiteur, avant d'avoir payé.

S'il y a insolvabilité de l'une des cautions, elle se répartit par contribution entre les autres et celle qui a fait le paiement.

[1991, c. 64, a. 2360].

▮ C.C.Q., 1651, 1656(3), 1692, 2349, 2359.

tent that the debtor could set up other defences against the creditor to cause the debt to be reduced.

In any case, the surety retains his right of action for recovery against the creditor.

[1991, c. 64, a. 2358].

2359. A surety who has bound himself with the consent of the debtor may take action against him, even before paying, if he is sued for payment or the debtor is insolvent, or if the debtor has bound himself to effect† his acquittance within a certain time.

The same rule applies where the debt becomes payable by the expiry of its term, disregarding any extension granted to the debtor by the creditor without the consent of the surety, or where, by reason of losses incurred by the debtor or of any fault committed by the debtor, the surety is at appreciably higher risk than at the time he bound himself.

[1991, c. 64, a. 2359].

§ 3. — Effects between sureties

2360. Where several persons have become sureties of the same debtor for the same debt, the surety who has paid the debt has in addition to the action in subrogation, a personal right of action against the other sureties, each for his share and portion.

The personal right of action may only be exercised where the surety has paid in one of the cases in which he could take action against the debtor before paying.

Where one of the sureties is insolvent, his insolvency is apportioned by contribution among the other sureties, including the surety who made the payment.

[1991, c. 64, a. 2360].

SECTION III —
DE LA FIN DU CAUTIONNEMENT

SECTION III —
TERMINATION OF SURETYSHIP

2361. Le décès de la caution met fin au cautionnement, malgré toute stipulation† contraire.

[1991, c. 64, a. 2361].

▌ C.C.Q., 625, 2364; D.T., 130.

2361. Notwithstanding any contrary provision†, the death of the surety terminates the suretyship.

[1991, c. 64, a. 2361].

2362. Le cautionnement consenti en vue de couvrir des dettes futures ou indéterminées, ou encore pour une période indéterminée, comporte, après trois ans et tant que la dette n'est pas devenue exigible, la faculté pour la caution d'y mettre fin en donnant un préavis suffisant au débiteur, au créancier et aux autres cautions.

Cette règle ne s'applique pas dans le cas d'un cautionnement judiciaire.

[1991, c. 64, a. 2362].

▌ C.C.Q., 2334, 2364.

2362. Where the suretyship is contracted with a view to covering future or indeterminate debts, or for an indeterminate period, the surety may terminate it after three years, so long as the debt has not become exigible, by giving prior and sufficient notice to the debtor, the creditor and the other sureties.

This rule does not apply in the case of a judicial suretyship.

[1991, c. 64, a. 2362].

2363. Le cautionnement attaché à l'exercice de fonctions particulières prend fin lorsque cessent ces fonctions.

[1991, c. 64, a. 2363].

▌ C.C.Q., 9, 2364; D.T., 131.

2363. A suretyship attached to the performance of special duties is terminated upon cessation of the duties.

[1991, c. 64, a. 2363].

2364. Lorsque le cautionnement prend fin, la caution demeure tenue des dettes existantes à ce moment, même si elles sont soumises à une condition ou à un terme.

[1991, c. 64, a. 2364].

▌ C.C.Q., 1497-1517, 2361-2363.

2364. Upon termination of the suretyship, the surety remains liable for debts existing at that time, even if those debts are subject to a condition or a term.

[1991, c. 64, a. 2364].

2365. Lorsque la subrogation aux droits du créancier ne peut plus, par le fait† de ce dernier, s'opérer utilement en faveur de la caution, celle-ci est déchargée dans la mesure du préjudice qu'elle en subit.

[1991, c. 64, a. 2365].

▌ C.C.Q., 1375, 1651, 1656, 1658, 2355; D.T., 129.

2365. Where, as a result of the act† of the creditor, the surety can no longer be usefully subrogated to his rights, the surety is discharged to the extent of the prejudice he has suffered.

[1991, c. 64, a. 2365].

2366. L'acceptation volontaire que le créancier a faite d'un bien, en paiement de la dette principale, décharge la caution, encore que le créancier vienne à être évincé.

[1991, c. 64, a. 2366].

▌ C.C.Q., 1553, 1561, 1799.

2366. Where a creditor voluntarily accepts property in payment of the capital debt, the surety is discharged even if the creditor is subsequently evicted.

[1991, c. 64, a. 2366].

Chapitre XIV ——
De la rente

Chapter XIV ——
Annuities

SECTION I ——
DE LA NATURE DU CONTRAT ET DE LA
PORTÉE DES RÈGLES QUI LE RÉGISSENT

SECTION I ——
NATURE OF THE CONTRACT AND SCOPE
OF THE RULES GOVERNING IT

2367. Le contrat constitutif de rente est celui par lequel une personne, le débirentier, gratuitement ou moyennant l'aliénation à son profit d'un capital, s'oblige à servir périodiquement et pendant un certain temps des redevances à une autre personne, le crédirentier.

Le capital peut être constitué d'un bien immeuble ou meuble; s'il s'agit d'une somme d'argent, il peut être payé au comptant ou par versements.

[1991, c. 64, a. 2367].

2367. A contract for the constitution of an annuity is a contract by which a person, the debtor, undertakes, gratuitously or in exchange for the alienation of capital for his benefit, to make periodical payments to another person, the annuitant, for a certain time.

The capital may consist of immovable or movable property; if it is a sum of money, it may be paid in cash or by instalments.

[1991, c. 64, a. 2367].

2368. Lorsque le débirentier s'oblige au service de la rente moyennant le transfert, à son profit, de la propriété d'un immeuble, le contrat est dit bail à rente et est principalement régi par les règles du contrat de vente auquel il s'apparente.

[1991, c. 64, a. 2368].

2368. Where the debtor undertakes to pay the annuity in return for the transfer, for his benefit, of ownership of an immovable, the contract is called alienation for rent and it is principally governed by the rules respecting the contract of sale, to which it is similar.

[1991, c. 64, a. 2368].

❚ C.C.Q., 1802-1805, 2387, 2959.

2369. La rente peut être constituée au profit d'une personne autre que celle qui en fournit le capital.

En ce cas, le contrat n'est point assujetti aux formes requises pour les donations, bien que la rente ainsi constituée soit reçue à titre gratuit par le crédirentier.

[1991, c. 64, a. 2369].

2369. An annuity may be constituted for the benefit of a person other than the person who furnishes the capital.

In such a case, the contract is not subject to the forms required for gifts even though the annuity so constituted is received gratuitously by the annuitant.

[1991, c. 64, a. 2369].

❚ C.C.Q., 1432.

2370. Outre qu'elle puisse être constituée par contrat, la rente peut l'être aussi par testament, par jugement ou par la loi.

Les règles du présent chapitre s'appliquent à ces rentes, compte tenu des adaptations nécessaires.

[1991, c. 64, a. 2370].

2370. An annuity may be constituted by contract, will, judgment or law.

The rules of this chapter, adapted as required, apply to such annuities.

[1991, c. 64, a. 2370].

❚ C.C.Q., 703, 825, 1171, 2376.

SECTION II —
DE L'ÉTENDUE DU CONTRAT

SECTION II —
SCOPE OF THE CONTRACT

2371. La rente peut être viagère ou non viagère.

Elle est viagère lorsque la durée de son service est limitée au temps de la vie d'une ou de plusieurs personnes.

Elle est non viagère lorsque la durée de son service est autrement déterminée.

[1991, c. 64, a. 2371].

❚ C.C.Q., 2376.

2371. An annuity may be constituted for life or for a fixed term.

A life annuity is an annuity payable for a duration limited to the lifetime of one or several persons.

A fixed term annuity is an annuity payable for a duration determined otherwise.

[1991, c. 64, a. 2371].

2372. La rente viagère peut être établie pour la durée de la vie de la personne qui la constitue ou qui la reçoit, ou pour la vie d'un tiers qui n'a aucun droit† de jouir de cette rente.

Néanmoins, il peut être stipulé que le service de la rente se continuera au-delà du décès de la personne en fonction de laquelle la durée du service a été établie, au profit, selon le cas, d'une personne déterminée ou des héritiers du crédirentier.

[1991, c. 64, a. 2372].

2372. A life annuity may be set up for the lifetime of the person who constitutes it or receives it or for the lifetime of a third person who has no entitlement† whatever to enjoyment of the annuity.

It may be stipulated, however, that the payment of the annuity will continue beyond the death of the person for whose lifetime the duration of payment was constituted, for the benefit, as the case may be, of a determinate person or of the heirs of the annuitant.

[1991, c. 64, a. 2372].

Note : Comp. a. 1902 C.c.B.C./ C.C.L.C.

❚ C.C.Q., 2371.

2373. Est sans effet la rente viagère établie pour la durée de la vie d'une personne qui est décédée au jour où le débirentier doit commencer à servir la rente, ou qui décède dans les trente jours qui suivent.

De même, est sans effet la rente viagère établie pour la durée de la vie d'une personne n'existant pas encore au jour où le débirentier doit commencer à servir la rente, à moins que cette personne n'ait été alors conçue et qu'elle naisse vivante et viable.

[1991, c, 64, a. 2373].

❚ C.C.Q., 1373.

2373. A life annuity set up for the lifetime of a person who is dead on the day the debtor is to begin paying the annuity or who dies within the following thirty days is without effect.

Similarly, a life annuity set up for the lifetime of a person who does not exist on the day on which the debtor is to begin paying the annuity, unless the person was conceived at that time and is born alive and viable, is without effect.

[1991, c. 64, a. 2373].

2374. La rente viagère qui est établie pour la durée de la vie de plusieurs personnes successivement n'a d'effet que si la pre-

2374. Where a life annuity is set up for the lifetime of several persons successively, it has effect only if the first of those persons

mière d'entre elles existe au jour où le débirentier doit commencer à servir la rente ou si, étant alors conçue, elle naît vivante et viable.

Elle prend fin lorsque les personnes visées sont décédées ou lorsqu'elles ne sont pas nées vivantes et viables, mais au plus tard, cent ans après sa constitution.

[1991, c. 64, a. 2374].

❚ C.C.Q., 1123, 1197, 1272, 2371, 2376.

2375. Le prêt à fonds perdu est présumé constituer une rente viagère au profit du prêteur et pour la durée de sa vie.

[1991, c. 64, a. 2375].

❚ C.C.Q., 2371.

2376. La durée du service de toute rente, qu'elle soit viagère ou non, est dans tous les cas limitée ou réduite à cent ans depuis la constitution de la rente, même si le contrat prévoit une durée plus longue ou constitue une rente successive.

[1991, c. 64, a. 2376].

❚ C.C.Q., 2371.

SECTION III —
DE CERTAINS EFFETS DU CONTRAT

2377. La rente ne peut être stipulée insaisissable et inaliénable que lorsqu'elle est reçue à titre gratuit par le crédirentier; même alors, la stipulation n'a d'effet qu'à concurrence du montant de la rente qui est nécessaire au crédirentier en tant qu'aliments.

[1991, c. 64, a. 2377].

❚ C.C.Q., 585-596, 1212, 2457, 2645.

2378. Le capital accumulé pour le service de la rente est insaisissable, lorsque la rente doit être servie à un crédirentier et à celui qui lui est substitué, tant que ce capital demeure affecté au service d'une rente.

Il ne l'est, cependant, que pour cette partie du capital qui, suivant l'appréciation du créancier saisissant, du débirentier et du

exists on the day the debtor is to begin paying the annuity or if he is conceived at that time and is born alive and viable.

It terminates where the persons concerned are dead or are not born alive and viable, but not later than one hundred years after it is constituted.

[1991, c. 64, a. 2374].

2375. A non-returnable loan is presumed to constitute a life annuity for the benefit and for the lifetime of the lender.

[1991, c. 64, a. 2375].

2376. The duration of payment of any annuity, whether or not it is a life annuity, is in all cases limited or reduced to one hundred years after the annuity is constituted even if the contract provides for a longer duration or constitutes a successive annuity.

[1991, c. 64, a. 2376].

SECTION III —
CERTAIN EFFECTS OF THE CONTRACT

2377. A stipulation to the effect that the annuity is unseizable and inalienable is without effect unless the annuity is received gratuitously by the annuitant and, even in such a case, the stipulation has effect only up to the amount of the annuity necessary for the annuitant as support.

[1991, c. 64, a. 2377].

2378. Any capital accumulated for the payment of the annuity is unseizable where the annuity is payable to the annuitant and to the person substituted for him, so long as the capital is applied to the payment of an annuity.

Only that part of the capital is unseizable, however, which, in the estimation of the seizing creditor, the debtor and the annui-

crédirentier ou, s'ils ne s'entendent pas, du tribunal, serait nécessaire pour servir, pendant la durée prévue au contrat, une rente qui satisferait les besoins d'aliments du crédirentier.

[1991, c. 64, a. 2378].

■ C.C.Q., 2377.

tant or, if they disagree, the court, would be necessary, for the duration fixed in the contract, for the payment of an annuity which would meet the requirements of the annuitant for support.

[1991, c. 64, a. 2378].

2379. La désignation ou la révocation d'un crédirentier autre que la personne qui a fourni le capital de la rente, est régie par les règles de la stipulation pour autrui.

Toutefois, la désignation ou la révocation d'un crédirentier, au titre de rentes pratiquées par les assureurs ou dans le cadre d'un régime de retraite, est régie par les règles du contrat d'assurance relatives aux bénéficiaires et aux titulaires subrogés, compte tenu des adaptations nécessaires.

[1991, c. 64, a. 2379].

■ C.C.Q., 1444-1450, 2445-2452.

2379. The designation or revocation of an annuitant, other than the person who furnished the capital of the annuity, is governed by the rules respecting stipulation for another.

However, the designation or revocation of an annuitant, in respect of annuities transacted by insurers or of retirement plan annuities, is governed by those rules respecting the contract of insurance which relate to beneficiaries and subrogated holders, adapted as required.

[1991, c. 64, a. 2379].

2380. La rente viagère constituée au profit de deux ou plusieurs crédirentiers conjointement peut être stipulée réversible, au décès de l'un d'eux, sur la tête des crédirentiers qui lui survivent.

Celle qui est, de même, constituée au profit de conjoints est, au décès de l'un d'eux, présumée réversible sur la tête du conjoint survivant.

[1991, c. 64, a. 2380].

■ C.C.Q., 2371.

2380. A stipulation may be made to the effect that a life annuity constituted for the benefit of two or more annuitants jointly is revertible, on the death of one of them, upon the life of the annuitants who survive him.

Similarly, a life annuity constituted for the benefit of spouses is presumed, on the death of either spouse, to be revertible upon the life of the surviving spouse.

[1991, c. 64, a. 2380].

2381. La rente viagère n'est due au crédirentier, que dans la proportion du nombre de jours qu'a vécu la personne en fonction de laquelle la durée du service de la rente a été établie, et le crédirentier n'en peut demander le paiement qu'en justifiant l'existence de cette personne.

Toutefois, s'il a été stipulé que la rente serait payée d'avance, ce qui a dû être payé est acquis du jour où le paiement a dû en être fait.

[1991, c. 64, a. 2381].

2381. The life annuity is due to the annuitant only in proportion to the number of days in the lifetime of the person upon whose life the duration of payment of the annuity was established, and the annuitant may not require payment of the annuity unless he establishes the existence of the person.

Where it was stipulated that the annuity would be paid in advance, however, every amount that should have been paid is acquired from the day payment was to have been made.

[1991, c. 64, a. 2381].

❚ C.C.Q., 1504, 1590, 2803.

2382. Les redevances se paient à la fin de chaque période prévue, laquelle ne peut excéder un an; elles sont comptées à partir du jour où le débirentier doit commencer à servir la rente.

[1991, c. 64, a. 2382].

❚ C.C.Q., 1802, 2386.

2382. Payments are made at the end of each payment period, which may not exceed one year; the amount due is computed from the day the debtor is bound to begin paying the annuity.

[1991, c. 64, a. 2382].

2383. Le débirentier ne peut se libérer du service de la rente en offrant de rembourser la valeur de la rente en capital et en renonçant à la répétition des redevances payées; il est tenu de servir la rente pendant toute la durée prévue au contrat.

[1991, c. 64, a. 2383].

❚ C.C.Q., 1554, 2376, 2387.

2383. In no case may the debtor free himself from the payment of the annuity by offering to reimburse the capital value of the annuity and renouncing the recovery of the annuity payments made; he is bound to pay the annuity for the whole duration stipulated in the contract.

[1991, c. 64, a. 2383].

2384. Le débirentier a la faculté de se faire remplacer par un assureur autorisé en lui versant la valeur de la rente qu'il doit.

De même, le propriétaire d'un immeuble grevé d'une sûreté pour la garantie du service de la rente, a la faculté de substituer la sûreté attachée à cette rente par celle qui est offerte par un assureur autorisé.

Le crédirentier ne peut s'opposer à la substitution, mais il peut demander que l'achat de la rente se fasse auprès d'un autre assureur ou contester la valeur du capital arrêté ou celle de la rente en découlant.

[1991, c. 64, a. 2384].

❚ C.C.Q., 2385.

2384. The debtor of an annuity may appoint an authorized insurer to replace him, by paying him the value of the annuity.

Similarly, the owner of an immovable charged as security for the payment of the annuity may substitute the security offered by an authorized insurer for that securing the annuity.

The annuitant may not object to the substitution, but he may require that the purchase of the annuity be made with another insurer, or he may contest the determined capital value or the value of the annuity arising therefrom.

[1991, c. 64, a. 2384].

2385. La substitution libère le débirentier ou le propriétaire de l'immeuble grevé d'une sûreté pour la garantie du service de la rente, dès le paiement du capital requis; elle oblige l'assureur envers le crédirentier et, le cas échéant, emporte extinction de l'hypothèque garantissant le service de la rente.

[1991, c. 64, a. 2385].

❚ C.C.Q., 2384.

2385. The substitution releases the debtor or the owner of the immovable charged as security for the payment of the annuity, upon payment of the required capital; it binds the insurer towards the annuitant and, as the case may be, entails the extinction of the hypothec securing the payment of the annuity.

[1991, c. 64, a. 2385].

2386. Le seul défaut du paiement des redevances n'est pas une cause qui permette au

2386. The non-payment of the annuity is not a reason to permit the annuitant to de-

consulter la police à l'établissement du preneur et d'en prendre copie et, en cas de divergence entre la police et l'attestation d'assurance, ils peuvent invoquer l'une ou l'autre, selon leur intérêt.

[1991, c. 64, a. 2401].

▌ C.C.Q., 2406.

2402. En matière d'assurance terrestre, est réputée non écrite la clause générale par laquelle l'assureur est libéré de ses obligations en cas de violation de la loi, à moins que cette violation ne constitue un acte criminel.

Est aussi réputée non écrite la clause de la police par laquelle l'assuré consent en faveur de son assureur, en cas de sinistre, une cession de créance qui aurait pour effet d'accorder à ce dernier plus de droits que ceux que lui confèrent les règles de la subrogation.

[1991, c. 64, a. 2402].

▌ C.C.Q., 1438, 1651, 2414.

2403. Sous réserve des dispositions particulières à l'assurance maritime, l'assureur ne peut invoquer des conditions ou déclarations qui ne sont pas énoncées par écrit dans le contrat.

[1991, c. 64, a. 2403].

▌ C.C.Q., 2417.

2404. En matière d'assurance de personnes, l'assureur ne peut invoquer que les exclusions ou les clauses de réduction de la garantie qui sont clairement indiquées sous un titre approprié.

[1991, c. 64, a. 2404].

▌ C.C.Q., 2416, 2417, 2441.

2405. En matière d'assurance terrestre, les modifications que les parties apportent au contrat sont constatées par un avenant à la police.

Toutefois, l'avenant constatant une réduction des engagements de l'assureur ou un accroissement des obligations de l'assuré autre que l'augmentation de la prime, n'a d'effet que si le titulaire de la police consent, par écrit, à cette modification.

amine and make copies of the policy at the place of business of the client and, in case of discrepancies between the policy and the insurance certificate, they may invoke either one according to their interest.

[1991, c. 64, a. 2401].

2402. In non-marine insurance, any general clause whereby the insurer is released from his obligations if the law is violated is deemed not written, unless the violation is an indictable offence.

Any clause of a policy whereby the insured consents, in case of loss, to effect an assignment of claim to his insurer that would result in granting his insurer more rights than he would have under the rules on subrogation is also deemed not written.

[1991, c. 64, a. 2402].

2403. Subject to the special provisions on marine insurance, the insurer may not invoke conditions or representations not written in the contract.

[1991, c. 64, a. 2403].

2404. In insurance of persons, the insurer may not invoke any exclusions or clauses of reduction of coverage except those clearly indicated under an appropriate heading.

[1991, c. 64, a. 2404].

2405. In non-marine insurance, changes to the contract made by the parties are evidenced by riders attached to the policy.

Any rider stipulating a reduction of the insurer's liability or an increase in the insured's obligations, other than an increased premium, has no effect unless the policyholder consents to the change in writing.

Lorsqu'une telle modification est faite à l'occasion du renouvellement du contrat, l'assureur doit l'indiquer clairement à l'assuré dans un document distinct de l'avenant qui la constate. La modification est présumée acceptée par l'assuré trente jours après la réception du document.

[1991, c. 64, a. 2405].

▌C.C.Q., 2398.

Where such a change is made upon renewal of the contract, the insurer shall indicate it clearly to the insured in a separate document from the rider which stipulates it. The change is presumed to be accepted by the insurer thirty days after receipt of the document.

[1991, c. 64, a. 2405].

2406. Les déclarations de celui qui adhère à une assurance collective ne lui sont opposables que si l'assureur lui en a remis copie.

[1991, c. 64, a. 2406].

▌C.C.Q., 2401.

2406. The representations of a participant in group insurance may be invoked against him only if the insurer has furnished him with a copy of them.

[1991, c. 64, a. 2406].

2407. Le certificat de participation dans une société mutuelle peut établir les droits et obligations des membres par référence aux statuts de la société, mais seuls l'acte constitutif et les règlements qui sont précisément indiqués dans le certificat sont opposables aux membres.

Tout membre a le droit d'obtenir une copie des statuts de la société qui sont en vigueur.

[1991, c. 64, a. 2407].

2407. A certificate of participation in a mutual association may establish the rights and obligations of the members by reference to the articles of the association, but only the constituting instrument and those by-laws which are specifically indicated in the certificate may be invoked against the members.

Every member is entitled to a copy of the articles of the association in force.

[1991, c. 64, a. 2407].

§ 3. — Des déclarations et engagements du preneur † en assurance terrestre

§ 3. — Representations and warranties of insured † in non-marine insurance

2408. Le preneur, de même que l'assuré si l'assureur le demande, est tenu de déclarer toutes les circonstances connues de lui qui sont de nature à influencer de façon importante un assureur dans l'établissement de la prime, l'appréciation du risque ou la décision de l'accepter, mais il n'est pas tenu de déclarer les circonstances que l'assureur connaît ou est présumé connaître en raison de leur notoriété, sauf en réponse aux questions posées.

[1991, c. 64, a. 2408].

▌C.C.Q., 1401, 2546, 2547, 2550.

2408. The client, and the insured if the insurer requires it, is bound to represent all the facts known to him which are likely to materially influence an insurer in the setting of the premium, the appraisal of the risk or the decision to cover it, but he is not bound to represent facts known to the insurer or which from their notoriety he is presumed to know, except in answer to inquiries.

[1991, c. 64, a. 2408].

2409. L'obligation relative aux déclarations est réputée correctement exécutée

2409. The obligation respecting representations is deemed properly met if the rep-

lorsque les déclarations faites sont celles d'un assuré normalement prévoyant, qu'elles ont été faites sans qu'il y ait de réticence importante et que les circonstances en cause sont, en substance, conformes à la déclaration qui en est faite.

[1991, c. 64, a. 2409].

▌ C.C.Q., 2408.

resentations are such as a normally provident insured would make, if they were made without material concealment and if the facts are substantially as represented.

[1991, c. 64, a. 2409].

2410. Sous réserve des dispositions relatives à la déclaration de l'âge et du risque, les fausses déclarations et les réticences du preneur ou de l'assuré à révéler les circonstances en cause entraînent, à la demande de l'assureur, la nullité du contrat, même en ce qui concerne les sinistres non rattachés au risque ainsi dénaturé.

[1991, c. 64, a. 2410].

▌ C.C.Q., 1401, 2420, 2424, 2472, 2552.

2410. Subject to the provisions on statement of age and risk, any misrepresentation or concealment of relevant facts by either the client or the insured nullifies the contract at the instance of the insurer, even in respect of losses not connected with the risks so misrepresented or concealed.

1991, c. 64, a. 2410].

2411. En matière d'assurance de dommages, à moins que la mauvaise foi du preneur ne soit établie ou qu'il ne soit démontré que le risque n'aurait pas été accepté par l'assureur s'il avait connu les circonstances en cause, ce dernier demeure tenu de l'indemnité envers l'assuré, dans le rapport de la prime perçue à celle qu'il aurait dû percevoir.

[1991, c. 64, a. 2411].

▌ C.C.Q., 2466, 2805.

2411. In damage insurance, unless the bad faith of the client is established or unless it is established that the insurer would not have covered the risk if he had known the true facts, the insurer remains liable towards the insured for such proportion of the indemnity as the premium he collected bears to the premium he should have collected.

[1991, c. 64, a. 2411].

2412. Les manquements aux engagements formels aggravant le risque suspendent la garantie. La suspension prend fin dès que l'assureur donne son acquiescement ou que l'assuré respecte à nouveau ses engagements.

[1991, c. 64, a. 2412].

▌ C.C.Q., 2553.

2412. A breach of warranty aggravating the risk suspends the coverage. The suspension ceases upon the acquiescence of the insurer or the remedy of the breach.

[1991, c. 64, a. 2412].

2413. Lorsque les déclarations contenues dans la proposition d'assurance y ont été inscrites ou suggérées par le représentant de l'assureur ou par tout courtier d'assurance, la preuve testimoniale est admise pour démontrer qu'elles ne correspondent pas à ce qui a été effectivement déclaré.

[1991, c. 64, a. 2413].

▌ C.C.Q., 2549, 2843, 2864.

2413. Where the representations contained in the application for insurance have been entered or suggested by the representative of the insurer or by an insurance broker, proof may be made by testimony that they do not correspond to what was actually represented.

[1991, c. 64, a. 2413].

§ 4. — Disposition particulière

2414. Toute clause d'un contrat d'assurance terrestre qui accorde au preneur, à l'assuré, à l'adhérent, au bénéficiaire ou au titulaire du contrat moins de droits que les dispositions du présent chapitre est nulle.

Est également nulle la stipulation qui déroge aux règles relatives à l'intérêt d'assurance ou, en matière d'assurance de responsabilité, à celles protégeant les droits du tiers lésé.

[1991, c. 64, a. 2414].

▌ C.C.Q., 8, 9, 1438, 2402, 3081.

SECTION II — DES ASSURANCES DE PERSONNES

§ 1. — Du contenu de la police d'assurance

2415. Outre les mentions prescrites pour toute police d'assurance, la police d'assurance de personnes doit, le cas échéant, indiquer le nom de l'assuré ou un moyen de l'identifier, les délais de paiement de prime et les droits de participation aux bénéfices, ainsi que la méthode et le tableau devant servir à établir la valeur de rachat et les droits à la valeur de rachat et aux avances sur police.

Elle doit aussi indiquer, le cas échéant, les conditions de remise en vigueur, les droits de transformation de l'assurance, les modalités de paiement des sommes dues et la période durant laquelle les prestations sont payables.

[1991, c. 64, a. 2415].

▌ C.C.Q., 2399.

2416. L'assureur doit, dans une police d'assurance contre la maladie ou les accidents, indiquer expressément et en caractères apparents† la nature de la garantie qui y est stipulée.

Lorsque l'assurance porte sur l'invalidité, il doit indiquer, de la même manière, les

§ 4. — Special provision

2414. Any clause in a non-marine insurance contract which grants the client, the insured, the participant, the beneficiary or the policyholder fewer rights than are granted by the provisions of this chapter is null.

Any stipulation which derogates from the rules on insurable interest or, in liability insurance, from those protecting the rights of injured third persons is also null.

[1991, c. 64, a. 2414].

SECTION II — INSURANCE OF PERSONS

§ 1. — Content of policy

2415. In addition to the particulars prescribed for policies generally, an indication shall be made, where applicable, in a policy of insurance of persons, of the name of the insured or a means to identify him, the time limits for payment of premiums, the right of the holder to participate in the profits, the method and table according to which the surrender value is established and the rights relating to the surrender value of or advances on the policy.

The conditions of reinstatement, the right to convert the insurance, the terms and conditions of payment of sums due and the period during which benefits are payable shall also be set out in the policy, where applicable.

[1991, c. 64, a. 2415; 2002, c. 19, s. 15].

2416. In an accident and sickness policy, the insurer shall set out, expressly and in clearly legible† characters, the nature of the coverage stipulated in it.

Where the contract provides coverage against disability, he shall set out in the

conditions de paiement des indemnités, ainsi que la nature et le caractère de l'invalidité assurée. À défaut d'indication claire dans la police concernant la nature et le caractère de l'invalidité assurée, cette invalidité est l'inaptitude à exercer le travail habituel.

[1991, c. 64, a. 2416].

▌C.C.Q., 2404.

2417. En matière d'assurance contre la maladie ou les accidents, si l'affection est déclarée dans la proposition, l'assureur ne peut, sauf en cas de fraude, exclure ou réduire la garantie en raison de cette affection, si ce n'est en vertu d'une clause la désignant nommément.

L'assureur ne peut, par une clause générale, exclure ou limiter la garantie d'assurance en raison d'une affection non déclarée dans la proposition, à moins que cette affection ne se manifeste dans les deux premières années de l'assurance ou qu'il n'y ait fraude.

[1991, c. 64, a. 2417].

▌C.C.Q., 2434.

§ 2. —— De l'intérêt d'assurance

2418. Le contrat d'assurance individuelle est nul si, au moment où il est conclu, le preneur n'a pas un intérêt susceptible d'assurance dans la vie ou la santé de l'assuré, à moins que ce dernier n'y consente par écrit.

Sous cette même réserve, la cession d'un tel contrat est aussi nulle lorsque, au moment où elle est consentie, le cessionnaire n'a pas l'intérêt requis.

[1991, c. 64, a. 2418].

▌C.C.Q., 2419, 2475, 2484.

2419. Une personne a un intérêt susceptible d'assurance dans sa propre vie et sa propre santé, ainsi que dans la vie et la santé de son conjoint, de ses descendants et des descendants de son conjoint ou des personnes qui contribuent à son soutien ou à son éducation.

Elle a aussi un intérêt dans la vie et la

same manner the terms and conditions of payment of the indemnities and the nature and extent of the disability covered. Failing clear indication as to the nature and extent of the disability covered, the inability to carry on one's usual occupation constitutes the disability.

[1991, c. 64, a. 2416].

2417. In accident and sickness insurance, the insurer may not, except in case of fraud, exclude or reduce the coverage by reason of a disease or ailment disclosed in the application except under a clause referring by name to the disease or ailment.

Except in the case of fraud, an insurer may not, by a general clause, exclude or limit the coverage by reason of a disease or ailment not disclosed in the application unless the disease or ailment appears within the first two years of the insurance.

[1991, c. 64, a. 2417].

§ 2. —— Insurable interest

2418. In individual insurance, a contract is null if at the time the contract is made the client has no insurable interest in the life or health of the insured, unless the insured consents in writing.

Subject to the same reservation, the assignment of such a contract is null if the assignee does not have the required interest at the time of the assignment.

[1991, c. 64, a. 2418].

2419. A person has an insurable interest in his own life and health and in the life and health of his spouse, of his descendants and the descendants of his spouse, or of persons who contribute to his support or education.

He also has an interest in the life and

santé de ses préposés†[1] et de son personnel, ou des personnes dont la vie et la santé présentent pour elle un intérêt moral ou pécuniaire.

[1991, c. 64, a. 2419].

Note 1 : Comp. a./arts 1463, 2085.

❚ C.C.Q., 2418.

health of his employees†[1] and staff or of persons in whose life and health he has a pecuniary or moral interest.

[1991, c. 64, a. 2419].

§ 3. — De la déclaration de l'âge et du risque

§ 3. — Representation of age and risk

2420. La fausse déclaration sur l'âge de l'assuré n'entraîne pas la nullité de l'assurance. Dans ce cas, la somme assurée est ajustée suivant le rapport de la prime perçue à celle qui aurait dû être perçue.

Toutefois, si l'assurance porte sur la maladie ou les accidents, l'assureur peut choisir de redresser la prime pour la rendre conforme aux tarifs applicables à l'âge véritable de l'assuré.

[1991, c. 64, a. 2420].

❚ C.C.Q., 2410.

2420. Misrepresentation of the age of the insured does not entail the nullity of the insurance. In such circumstances, the sum insured is adjusted in such proportion as the premium collected bears to the premium that should have been collected.

In accident and sickness insurance, however, the insurer may elect to adjust the premium to make it correspond to the premium applicable to the true age of the insured.

[1991, c. 64, a. 2420].

2421. L'assureur est fondé à demander la nullité du contrat d'assurance sur la vie lorsque l'âge de l'assuré se trouve, au moment où se forme le contrat, hors des limites d'âge fixées par les tarifs de l'assureur.

Ce dernier est tenu d'agir dans les trois ans de la conclusion du contrat, pourvu qu'il le fasse du vivant de l'assuré et dans les soixante jours de la connaissance de l'erreur par l'assureur.

[1991, c. 64, a. 2421].

❚ C.C.Q., 1400, 1401, 1407, 2927.

2421. In life insurance, the insurer may bring an action for the annulment of the contract if, at the time of formation of the contract, the age of the insured exceeds the limits fixed by the insurer's rates.

The insurer may bring the action only within three years of the making of the contract, during the life-time of the insured and within sixty days after becoming aware of the error.

[1991, c. 64, a. 2421].

2422. Seul l'âge véritable est déterminant lorsque le début ou la fin d'un contrat d'assurance contre la maladie ou les accidents dépend de l'âge de l'assuré.

Cet âge détermine aussi la fin d'un contrat d'assurance sur la vie lorsque l'assurance doit prendre fin à un âge donné et que la

2422. In accident and sickness insurance, the true age is the determining factor in cases where the commencement or termination of the insurance depends on the age of the insured.

In life insurance, the true age is also the determining factor for termination of a contract which is to terminate at a speci-

fausse déclaration est découverte avant le décès de l'assuré.

[1991, c. 64, a. 2422].

▌ C.C.Q., 2420, 2421.

fied age, where the misrepresentation of age is discovered before the death of the insured.

[1991, c. 64, a. 2422].

2423. Les fausses déclarations et les réticences de l'adhérent à un contrat d'assurance collective, sur l'âge ou le risque, n'ont d'effet que sur l'assurance des personnes qui en font l'objet.

[1991, c. 64, a. 2423].

▌ C.C.Q., 2420.

2423. In group insurance, misrepresentation or concealment by a participant as to age or risk affects only the insurance of the persons who are the subject of the misrepresentation or concealment.

[1991, c. 64, a. 2423].

2424. En l'absence de fraude, la fausse déclaration ou la réticence portant sur le risque ne peut fonder la nullité ou la réduction de l'assurance qui a été en vigueur pendant deux ans.

Toutefois, cette règle ne s'applique pas à l'assurance portant sur l'invalidité si le début de celle-ci est survenu durant les deux premières années de l'assurance.

[1991, c. 64, a. 2424].

▌ C.C.Q., 2434.

2424. In the absence of fraud, misrepresentation or concealment as to risk does not justify the annulment or reduction of insurance which has been in force for two years.

This rule does not apply in the case of disability insurance if the disability begins during the first two years of the insurance.

[1991, c. 64, a. 2424].

§ 4. —— De la prise d'effet de l'assurance

§ 4. —— Effective date

2425. L'assurance sur la vie prend effet au moment de l'acceptation de la proposition par l'assureur, pour autant que cette dernière ait été acceptée sans modification, que la première prime ait été versée et qu'aucun changement ne soit intervenu dans le caractère assurable du risque depuis la signature de la proposition.

[1991, c. 64, a. 2425].

▌ C.C.Q., 1553, 2398.

2425. Life insurance takes effect when the application is accepted by the insurer, provided that it is accepted without modification, that the initial premium has been paid, and that there has been no change in the insurability of the risk since the application was signed.

[1991, c. 64, a. 2425].

2426. L'assurance contre la maladie ou les accidents prend effet au moment de la délivrance de la police au preneur, même si cette délivrance n'est pas le fait d'un représentant de l'assureur.

La police est aussi valablement délivrée lorsqu'elle est établie conformément à la

2426. Accident and sickness insurance takes effect upon the delivery of the policy to the client, even if it is delivered by a person other than a representative of the insurer.

A policy issued in accordance with the application and given to a representative of

proposition et remise à un représentant de l'assureur pour délivrance au preneur, sans réserve.

[1991, c. 64, a. 2426].

▌ C.C.Q., 2401.

the insurer for unconditional delivery to the client is also validly delivered.

[1991, c. 64, a. 2426].

§ 5. — Des primes, des avances et de la remise en vigueur de l'assurance

§ 5. — Premiums, advances and reinstatement

2427. Le titulaire d'une police d'assurance sur la vie bénéficie pour le paiement de chaque prime, sauf la première, d'un délai de trente jours; l'assurance reste en vigueur pendant ce délai, mais le défaut de paiement à l'intérieur de ce délai met fin à l'assurance.

Le délai court en même temps que tout autre délai consenti par l'assureur, mais aucune convention ne peut le réduire.

[1991, c. 64, a. 2427].

▌ C.C.Q., 1605, 2425.

2427. In life insurance, the policyholder is entitled to thirty days for the payment of each premium, except the initial premium; the insurance remains in force during the thirty days, but failure to pay the premium within that period terminates the insurance.

The period runs concurrently with any other period granted by the insurer, but it may not be reduced by agreement.

[1991, c. 64, a. 2427].

2428. Lorsque le paiement est fait au moyen d'une lettre de change, il est réputé fait si la lettre est payée dès la première présentation.

Il l'est également si le défaut de paiement est attribuable au décès de celui qui a émis la lettre de change, sous réserve du paiement de la prime.

[1991, c. 64, a. 2428].

▌ C.C.Q., 1564.

2428. When payment is made by bill of exchange, it is deemed made only if the bill is honoured when first presented.

The payment is also deemed made when the bill is not honoured by reason of the death of the person who issued the bill of exchange, subject to payment of the premium.

[1991, c. 64, a. 2428].

2429. La prime ne porte pas intérêt durant le délai de paiement, sauf en assurance collective.

Lorsque l'assureur a droit à des intérêts sur la prime échue, ceux-ci ne peuvent être supérieurs au taux fixé par les règlements pris à ce sujet par le gouvernement.

[1991, c. 64, a. 2429].

▌ C.C.Q., 1565.

2429. The premium does not bear interest during the period allowed for payment, except in group insurance.

Where the insurer is entitled to interest on a premium due, the interest may not be at a higher rate than that fixed by the regulations made to that effect by the Government.

[1991, c. 64, a. 2429].

2430. Le contrat d'assurance contre la maladie ou les accidents, lorsqu'il est en vi-

2430. No accident and sickness insurance contract that is in force may be cancelled

gueur, ne peut être résilié pour défaut de paiement de la prime, à moins que le débiteur n'en ait été avisé par écrit au moins quinze jours auparavant.

[1991, c. 64, a. 2430].

■ C.C.Q., 1439.

for non-payment of the premium unless fifteen day's prior notice in writing is given to the debtor.

[1991, c. 64, a. 2430].

2431. L'assureur est tenu de remettre en vigueur l'assurance individuelle sur la vie qui a été résiliée pour défaut de paiement de la prime, si le titulaire de la police lui en fait la demande dans les deux ans de la date de la résiliation et s'il établit que l'assuré remplit encore les conditions nécessaires pour être assurable au titre du contrat résilié. Le titulaire est alors tenu de payer les primes en souffrance et de rembourser les avances qu'il a reçues sur la police, avec un intérêt n'excédant pas le taux fixé par les règlements pris à ce sujet par le gouvernement.

Toutefois, l'assureur n'est pas tenu de le faire lorsque la valeur de rachat de la police a été payée ou que le titulaire a opté pour la réduction ou la prolongation de l'assurance.

[1991, c. 64, a. 2431].

■ C.C.Q., 2427.

2431. The insurer is bound to reinstate individual life insurance that has been cancelled for non-payment of the premium if the policyholder applies to him therefor within two years from the date of the cancellation and establishes that the insured still meets the conditions required to be insured under the cancelled contract. The policyholder is bound in that case to pay the overdue premiums and repay the advances he has obtained on the policy, with interest at a rate not exceeding the rate fixed by the regulations made to that effect by the Government.

The insurer is not bound by the first paragraph if the surrender value has been paid or if the policyholder has elected for a reduction or extension of coverage.

[1991, c. 64, a. 2431].

2432. Le remboursement qui doit être effectué pour la remise en vigueur d'un contrat peut se faire au moyen des avances à recevoir sur la police, jusqu'à concurrence de la somme stipulée par le contrat.

[1991, c. 64, a. 2432].

■ C.C.Q., 2454.

2432. Any amount payable for the reinstatement of a contract may be made out of advances receivable on the policy up to the sum stipulated in the contract.

[1991, c. 64, a. 2432].

2433. L'assureur peut exiger le paiement des primes échues lorsqu'il s'agit d'exécuter un contrat d'assurance collective sur la vie ou un contrat d'assurance contre la maladie ou les accidents.

Il peut, pour tout contrat d'assurance individuelle[1], retenir le montant de la prime due sur les prestations qu'il doit verser.

[1991, c. 64, a. 2433].

2433. The insurer may require the payment of overdue premiums when settling a claim under a group life insurance contract or an accident and sickness insurance contract.

The insurer may, for any personal[1] insurance contract, deduct the amount of any overdue premium out of the benefits payable.

[1991, c. 64, a. 2433].

Note 1 : Comp. a. 2418.

■ C.C.Q., 1369, 2543.

2434. Dès que le contrat d'assurance est remis en vigueur, le délai de deux ans pendant lequel l'assureur est fondé à demander la nullité du contrat ou la réduction de l'assurance pour les fausses déclarations ou réticences relatives à la déclaration du risque, ou l'exécution d'une clause d'exclusion de garantie en cas de suicide de l'assuré, court à nouveau.

[1991, c. 64, a. 2434].

❚ C.C.Q., 2417, 2424, 2441, 2903.

2434. Upon the reinstatement of a contract of insurance, the two year period during which the insurer may bring an action for the annulment of the contract or reduction of coverage by reason of misrepresentation or concealment relating to the risk, or by reason of the application of a clause of exclusion of coverage in case of the suicide of the insured, runs again.

[1991, c. 64, a. 2434].

§ 6. ── De l'exécution du contrat d'assurance

§ 6. ── Performance of the contract of insurance

2435. Le titulaire, le bénéficiaire ou l'assuré d'une police d'assurance contre la maladie ou les accidents est tenu d'informer l'assureur, par écrit, du sinistre dans les trente jours de celui où il en a eu connaissance. Il doit également, dans les quatre-vingt-dix jours, transmettre à l'assureur tous les renseignements auxquels ce dernier peut raisonnablement s'attendre sur les circonstances et sur l'étendue du sinistre.

Lorsque la personne qui a droit à la prestation démontre qu'il lui a été impossible d'agir dans les délais impartis, elle n'est pas pour autant empêchée de toucher la prestation, pourvu que l'information† soit transmise à l'assureur dans l'année du sinistre.

[1991, c. 64, a. 2435].

❚ C.C.Q., 2470, 2471, 2575.

2435. The holder of an accident and sickness policy or the beneficiary or insured shall give written notice of loss to the insurer within thirty days of acquiring knowledge of it. He shall also, within ninety days, transmit all the information to the insurer that he may reasonably expect as to the circumstances and extent of the loss.

The person entitled to the payment is not prevented from receiving it if he proves that it was impossible for him to act within the prescribed time, provided the notice† is sent to the insurer within one year of the loss.

[1991, c. 64, a. 2435].

2436. L'assureur est tenu de payer les sommes assurées et les autres avantages prévus au contrat†, suivant les conditions qui y† sont fixées, dans les trente jours suivant la réception de la justification requise pour le paiement.

Toutefois, ce délai est de soixante jours lorsque l'assurance porte sur la maladie ou les accidents, à moins que l'assurance† ne couvre la perte de revenus occasionnée par l'invalidité.

[1991, c. 64, a. 2436].

❚ C.C.Q., 2435.

2436. The insurer is bound to pay the sums insured and the other benefits provided in the policy†, in accordance with the conditions of the policy†, within thirty days after receipt of the required proof of loss.

In accident and sickness insurance, the period is of sixty days, unless the policy† covers losses of income due to disability.

[1991, c. 64, a. 2436].

2437. Lorsque l'assurance couvre la perte de revenus occasionnée par l'invalidité et que le contrat† stipule un délai de carence, le délai de trente jours pour payer la première indemnité court à compter de l'expiration du délai de carence.

Les paiements ultérieurs sont effectués à des intervalles d'au plus trente jours, pourvu que justification soit fournie à l'assureur sur demande.

[1991, c. 64, a. 2437].

▌ C.C.Q., 2436.

2438. L'assuré doit se soumettre à un examen médical, lorsque l'assureur est justifié de le demander en raison de la nature de l'invalidité.

[1991, c. 64, a. 2438].

▌ C.C.Q., 11.

2439. L'assureur peut, lorsqu'il y a eu aggravation du risque professionnel persistant pendant six mois ou plus, réduire l'indemnité prévue par le contrat† d'assurance contre la maladie ou les accidents, à la somme qui aurait été payable en fonction de la prime stipulée au contrat†, pour le nouveau risque.

Cependant, lorsqu'il y a diminution du risque professionnel, il est tenu, à compter de l'avis qu'il en reçoit, de réduire le taux de la prime ou de prolonger l'assurance en fonction du taux correspondant au nouveau risque, au choix du preneur.

[1991, c. 64, a. 2439].

▌ C.C.Q., 2466.

2440. Les héritiers du bénéficiaire d'une assurance peuvent exiger de l'assureur qu'il leur escompte en un paiement unique toutes les sommes payables par versements.

[1991, c. 64, a. 2440].

▌ C.C.Q., 2456.

2441. L'assureur ne peut refuser de payer les sommes assurées en raison du suicide de l'assuré, à moins qu'il n'ait stipulé l'exclusion de garantie expresse pour ce cas. Même alors, la stipulation est sans effet si

2437. Where the insurance covers losses of income due to disability and the policy† stipulates a waiting period, the thirty day period for payment of the first indemnity runs from the expiry of the waiting period.

Subsequent payments are made at intervals of not more than thirty days, provided that proof is furnished to the insurer on request.

[1991, c. 64, a. 2437].

2438. The insured shall submit to a medical examination when the insurer is entitled to require it owing to the nature of the disability.

[1991, c. 64, a. 2438].

2439. In accident and sickness insurance, where an aggravation of the occupational risk has lasted for six months or more, the insurer may reduce the indemnity provided under the policy† to the sum payable for the new risk according to the premium stipulated in the policy†.

Where there is a reduction of the occupational risk, the insurer is bound, from receipt of a notice to that effect, to reduce the rate of the premium or to extend the insurance by applying the rate corresponding to the new risk, as the client may elect.

[1991, c. 64, a. 2439].

2440. The heirs of the beneficiary of an insurance contract may require the insurer to make a single lump sum payment to them of any sums payable by instalments.

[1991, c. 64, a. 2440].

2441. The insurer may not refuse payment of the sums insured by reason of the suicide of the insured unless he stipulated an express exclusion of coverage in such a case and, even then, the stipulation is with-

le suicide survient après deux ans d'assurance ininterrompue.

Toute modification du contrat portant augmentation du montant d'assurance est, en ce qui a trait au montant additionnel, sujette à la clause d'exclusion initialement stipulée pour une période de deux ans d'assurance ininterrompue s'appliquant à compter de la prise d'effet de l'augmentation.

[1991, c. 64, a. 2441; 2002, c. 70, a. 156].

▌C.C.Q., 2404, 2434.

2441.1. Le contrat d'assurance de frais funéraires est celui par lequel un assureur, moyennant une prime, s'engage à verser à un titulaire d'un permis de directeur de funérailles requis en vertu de la *Loi sur les laboratoires médicaux, la conservation des organes, des tissus, des gamètes et des embryons et la disposition des cadavres* une prestation lors du décès de l'assuré pour acquitter, en tout ou en partie, les frais funéraires convenus dans un contrat d'arrangements préalables de services funéraires ou un contrat d'achat préalable de sépulture.

L'excédent de la prestation due par l'assureur sur les frais funéraires réellement engagés par le titulaire du permis est remis à la personne désignée dans le contrat d'assurance comme bénéficiaire de l'excédent ou, à défaut, à la succession de l'assuré.

L'assureur est tenu de veiller à ce que la prestation qu'il verse serve effectivement à acquitter les frais funéraires convenus.

La nullité, la résolution ou la résiliation du contrat d'arrangements préalables de services funéraires ou du contrat d'achat préalable de sépulture n'emporte pas résiliation du contrat d'assurance de frais funéraires.

[2009, c. 25, a. 48].

2442. Le contrat d'assurance de frais funéraires par lequel une personne, moyennant une prime payée en une seule fois ou par versements, s'engage à fournir des ser-

---

out effect if the suicide occurs after two years of uninterrupted insurance.

Any change made to a contract to increase the insurance coverage is, in respect of the additional coverage, subject to the clause of exclusion initially stipulated for a period of two years of uninterrupted insurance beginning on the effective date of the increase.

[1991, c. 64, a. 2441; 2002, c. 70, s. 156].

2441.1. A funeral insurance contract is a contract whereby an insurer undertakes, for a premium, to make a payment, upon the death of the insured, to a funeral director holding a permit under the *Act respecting medical laboratories, organ, tissue, gamete and embryo conservation and the disposal of human bodies*, in order to cover all or part of the funeral expenses agreed on in a prearranged funeral services contract or prepurchased sepulture contract.

If the payment due by the insurer exceeds the funeral costs actually incurred by the funeral director, the surplus is paid to the person designated in the insurance contract as the beneficiary of such surplus or, if there is no such person, to the succession of the insured.

The insurer must see to it that the payment made under the insurance contract is actually used to cover the funeral expenses agreed on.

Annulment, resolution or resiliation of the prearranged funeral services contract or prepurchased sepulture contract does not entail the resiliation of the funeral insurance contract.

[2009, c. 25, s. 48].

2442. A contract of insurance for funeral expenses whereby a person undertakes, for a premium paid in a single payment or by instalments, to provide services or goods

vices ou effets lors du décès d'une autre personne, à acquitter des frais funéraires ou à affecter une somme d'argent à cette fin, est nul.

La nullité de ce contrat, de même que la répétition de la prime payée, ne peut être demandée que par ceux qui ont payé la prime ou fait des versements, ou par l'Autorité des marchés financiers agissant en leur nom.

[1991, c. 64, a. 2442; 2002, c. 45, a. 161; 2004, c. 37, a. 90].

■ C.C.Q., 1411, 1554.

upon the death of another person, to pay funeral expenses or to set aside a sum of money for that purpose is null.

Only the person who paid the premium or instalments or the Autorité des marchés financiers acting on his behalf may bring an action for the annulment of the contract or recovery of the premium.

[1991, c. 64, a. 2442; 2002, c. 45, s. 161; 2004, c. 37, s. 90].

2443. L'attentat à la vie de l'assuré par le titulaire de la police entraîne de plein droit la résiliation de l'assurance et le paiement de la valeur de rachat.

L'attentat à la vie de l'assuré par toute autre personne n'entraîne la déchéance qu'à l'égard du droit de cette personne à la garantie.

[1991, c. 64, a. 2443].

■ C.C.Q., 620, 621, 1836.

2443. An attempt on the life of the insured by the policyholder entails, by operation of law, cancellation of the insurance and payment of the surrender value.

An attempt on the life of the insured by a person other than the policyholder entails forfeiture only in respect of that person's right to the coverage.

[1991, c. 64, a. 2443].

2444. Les avantages établis en faveur d'un membre d'une société de secours mutuels, de son époux ou son conjoint uni civilement, de ses ascendants et de ses descendants, sont insaisissables, tant pour les dettes de ce membre que pour celles des personnes avantagées.

[1991, c. 64, a. 2444; 2002, c. 6, a. 55].

■ C.P.C., 553.

2444. The benefits established in favour of a member of a mutual benefit association, or of his or her married or civil union spouse, ascendants or descendants are unseizable either for debts of the member or for debts of the beneficiaries.

[1991, c. 64, a. 2444; 2002, c. 6, s. 55].

§ 7. — De la désignation des bénéficiaires et des titulaires subrogés

§ 7. — Designation of beneficiaries and subrogated policyholders

I — Des conditions de la désignation

I — Conditions of designation

2445. La somme assurée peut être payable au titulaire de la police, à l'adhérent ou à un bénéficiaire déterminé.

Lorsqu'une assurance individuelle porte sur la tête d'un tiers, le titulaire de la police peut désigner un titulaire subrogé qui le remplacera à son décès; il peut aussi dé-

2445. The sum insured may be payable to the policyholder, the participant or a specified beneficiary.

In individual insurance, the holder of a policy on the life of a third person may designate a subrogated policyholder to replace him upon his death; he may also des-

signer plusieurs titulaires subrogés et déterminer l'ordre dans lequel chacun succédera au titulaire précédent.

ignate several subrogated policyholders and specify the order in which they will succeed to any preceding policyholder.

La police d'assurance-vie ne peut être payable au porteur.

[1991, c. 64, a. 2445].

▌ C.C.Q., 1444, 2372.

The proceeds of a life insurance policy may not be payable to bearer.

[1991, c. 64, a. 2445].

2446. La désignation de bénéficiaires ou de titulaires subrogés se fait dans la police ou dans un autre écrit revêtu, ou non, de la forme testamentaire.

[1991, c. 64, a. 2446].

▌ C.C.Q., 2445.

2446. The designation of beneficiaries or of subrogated policyholders is made in the policy or in another writing which may or may not be in the form of a will.

[1991, c. 64, a. 2446].

2447. Il n'est pas nécessaire que le bénéficiaire ou le titulaire subrogé existe lors de la désignation, ni qu'il soit alors expressément déterminé; il suffit qu'à l'époque où son droit devient exigible, le bénéficiaire ou le titulaire subrogé existe ou, s'il est conçu, mais non encore né, qu'il naisse vivant et viable, et que sa qualité soit reconnue.

La désignation de bénéficiaire est présumée faite sous la condition de l'existence de la personne bénéficiaire à l'époque de l'exigibilité de la somme assurée; celle du titulaire subrogé, sous la condition de l'existence de la personne ainsi désignée au décès du titulaire précédent de la police.

[1991, c. 64, a. 2447].

▌ C.C.Q., 192, 617, 1445, 1814, 2373.

2447. The beneficiary or the subrogated policyholder need not exist at the time of designation or be then expressly determined; it is sufficient that at the time his right becomes exigible he exist or, if he is conceived but not born, that he be born alive and viable and that his quality be recognized.

The designation of a beneficiary is presumed made on the condition that the beneficiary exists at the time the proceeds of the insurance become exigible; the designation of the subrogated policyholder is presumed made on the condition that the person so designated exists at the death of the preceding policyholder.

[1991, c. 64, a. 2447].

2448. Lorsque l'assuré et le bénéficiaire décèdent en même temps ou dans des circonstances qui ne permettent pas d'établir l'ordre des décès, l'assuré est, aux fins de l'assurance, réputé avoir survécu au bénéficiaire. Dans le cas où l'assuré décède *ab intestat* et ne laisse aucun héritier au degré successible, le bénéficiaire est réputé avoir survécu à l'assuré. De même, entre le titulaire précédent et le titulaire subrogé, le premier est réputé avoir survécu au second.

[1991, c. 64, a. 2448].

▌ C.C.Q., 616.

2448. Where the insured and the beneficiary die at the same time or in circumstances which make it impossible to determine which of them died first, the insured is, for the purposes of the insurance, deemed to have survived the beneficiary. Where the insured dies intestate, leaving no heir within the degrees of succession, the beneficiary is deemed to have survived the insured. In similar circumstances, the preceding policyholder is deemed to have survived the subrogated policyholder.

[1991, c. 64, a. 2448].

2449. La désignation de la personne à laquelle il est marié ou uni civilement à titre de bénéficiaire, par le titulaire de la police ou l'adhérent, dans un écrit autre qu'un testament, est irrévocable, à moins de stipulation contraire. La désignation de toute autre personne à titre de bénéficiaire est révocable, sauf stipulation contraire dans la police ou dans un écrit distinct autre qu'un testament. La désignation d'une personne en tant que titulaire subrogé est toujours révocable.

Lorsqu'elle peut être faite, la révocation doit résulter d'un écrit; il n'est pas nécessaire, toutefois, qu'elle soit expresse.

[1991, c. 64, a. 2449; 2002, c. 6, a. 56].

▌ C.C.Q., 2452, 2459.

2449. The designation in a writing other than a will, by the policyholder or participant, of his or her married or civil union spouse as beneficiary is irrevocable unless otherwise stipulated. The designation of any other person as beneficiary is revocable unless otherwise stipulated in the policy or in a separate writing other than a will. The designation of a person as subrogated policyholder is always revocable.

Where revocation is permitted, it may only result from a writing but it need not be express.

[1991, c. 64, a. 2449; 2002, c. 6, s. 56].

2450. La désignation ou la révocation contenue dans un testament nul pour vice de forme n'est pas nulle pour autant; mais elle l'est si le testament est révoqué.

Cependant, la désignation ou la révocation contenue dans un testament ne vaut pas à l'encontre d'une autre désignation ou révocation postérieure à la signature du testament. Elle ne vaut pas, non plus, à l'encontre d'une désignation antérieure à la signature du testament, à moins que le testament ne mentionne la police d'assurance en cause ou que l'intention du testateur à cet égard ne soit évidente.

[1991, c. 64, a. 2450].

▌ C.C.Q., 713, 714, 763-771.

2450. A designation or revocation contained in a will that is null by reason of a defect of form is not null for that sole reason; such a designation or revocation is null, however, if the will is revoked.

A designation or revocation made in a will does not avail against another designation or revocation subsequent to the signing of the will. Nor does it avail against a designation prior to the signing of the will unless the will refers to the insurance policy in question or unless the intention of the testator in that respect is manifest.

[1991, c. 64, a. 2450].

2451. Toute désignation de bénéficiaire demeure révocable tant que l'assureur ne l'a pas reçue, quels que soient les termes employés.

[1991, c. 64, a. 2451].

▌ C.C.Q., 2449.

2451. Regardless of the terms used, every designation of beneficiaries remains revocable until received by the insurer.

[1991, c. 64, a. 2451].

2452. Les désignation et révocation ne sont opposables à l'assureur que du jour où il les a reçues; lorsque plusieurs désignations de bénéficiaires irrévocables sont faites, sans être conjointes ou simultanées, la priorité est donnée suivant les dates auxquelles l'assureur les reçoit.

Le paiement que l'assureur fait de bonne

2452. Designations and revocations may be set up against the insurer only from the day he receives them; where several irrevocable designations of beneficiaries are made separately and at different times, they are given priority according to their dates of receipt by the insurer.

The insurer is discharged by payment in

foi, suivant ces règles, à la dernière personne connue qui y a droit, est libératoire.

[1991, c. 64, a. 2452].

❚ C.C.Q., 2445-2447, 2449-2451.

good faith in accordance with these rules to the last known person entitled to it.

[1991, c. 64, a. 2452].

II — Des effets de la désignation

II — Effects of designation

2453. Le bénéficiaire et le titulaire subrogé sont créanciers de l'assureur; toutefois, l'assureur peut alors opposer les causes de nullité ou de déchéance susceptibles d'être invoquées contre le titulaire ou l'adhérent.

[1991, c. 64, a. 2453].

❚ C.C.Q., 2421, 2424, 2430, 2443.

2453. Beneficiaries and subrogated policyholders are the creditors of the insurer but the insurer may set up against them the causes of nullity or forfeiture that may be invoked against the policyholder or participant.

[1991, c. 64, a. 2453].

2454. Le titulaire de la police a le droit de participer aux bénéfices et aux autres avantages qui lui sont conférés par le contrat, même si le bénéficiaire a été désigné irrévocablement.

Les participations et avantages doivent être imputés par l'assureur à toute prime échue afin de maintenir l'assurance en vigueur.

Dans les deux cas, le contrat peut en disposer autrement.

[1991, c. 64, a. 2454].

❚ C.C.Q., 1572.

2454. The policyholder is entitled to the profits and other benefits conferred on him by the contract even if the beneficiary has been designated irrevocably.

Profits and benefits shall be applied by the insurer to any premium due to keep the insurance in force.

In either case, the contract may provide otherwise.

[1991, c. 64, a. 2454].

2455. La somme assurée payable à un bénéficiaire ne fait pas partie de la succession de l'assuré. De même, le contrat transmis au titulaire subrogé ne fait pas partie de la succession du titulaire précédent.

[1991, c. 64, a. 2455].

❚ C.C.Q., 2.

2455. Sums insured payable to a beneficiary do not form part of the succession of the insured. Similarly, a contract transferred to a subrogated policyholder does not form part of the succession of the preceding policyholder.

[1991, c. 64, a. 2455].

2456. L'assurance payable à la succession ou aux ayants cause, héritiers, liquidateurs ou autres représentants légaux d'une personne, en vertu d'une stipulation employant ces expressions ou des expressions analogues, fait partie de la succession de cette personne.

Les règles sur la représentation successorale ne jouent pas en matière d'assurance,

2456. Insurance payable to the succession or to the assigns, heirs, liquidators or other legal representatives of a person pursuant to a stipulation in which those terms or similar terms are employed forms part of the succession of such person.

The rules respecting representation of heirs do not apply to insurance matters but

mais celles sur l'accroissement au profit des légataires particuliers s'appliquent entre cobénéficiaires et entre cotitulaires subrogés.

[1991, c. 64, a. 2456].

■ C.C.Q., 755, 756.

2457. Lorsque le bénéficiaire désigné de l'assurance est l'époux ou le conjoint uni civilement, le descendant ou l'ascendant du titulaire ou de l'adhérent, les droits conférés par le contrat sont insaisissables, tant que le bénéficiaire n'a pas touché la somme assurée.

[1991, c. 64, a. 2457; 2002, c. 6, a. 57].

■ C.C.Q., 2444.

2458. La stipulation d'irrévocabilité lie le titulaire de la police, même si le bénéficiaire désigné n'en a pas connaissance. Tant que la désignation à titre irrévocable subsiste, les droits conférés par le contrat au titulaire, à l'adhérent et au bénéficiaire sont insaisissables.

[1991, c. 64, a. 2458].

■ C.C.Q., 2449.

2459. La séparation de corps ne porte pas atteinte aux droits du conjoint, qu'il soit bénéficiaire ou titulaire subrogé. Toutefois, le tribunal peut, au moment où il prononce la séparation, les déclarer révocables ou caducs.

Le divorce ou la nullité du mariage et la dissolution ou la nullité de l'union civile rendent caduque toute désignation du conjoint à titre de bénéficiaire ou de titulaire subrogé.

[1991, c. 64, a. 2459; 2002, c. 6, a. 58].

■ C.C.Q., 385, 386, 510, 519, 520, 2449.

2460. Même si le bénéficiaire a été désigné à titre irrévocable, le titulaire de la police et l'adhérent peuvent disposer de leurs droits, sous réserve des droits du bénéficiaire.

[1991, c. 64, a. 2460].

■ C.C.Q., 1841, 2454.

those respecting accretion to the benefit of particular legatees apply among co-beneficiaries or subrogated co-policyholders.

[1991, c. 64, a. 2456].

2457. Where the designated beneficiary of the insurance is the married or civil union spouse, descendant or ascendant of the policyholder or of the participant, the rights under the contract are exempt from seizure until the beneficiary receives the sum insured.

[1991, c. 64, a. 2457; 2002, c. 6, s. 57].

2458. A stipulation of irrevocable designation binds the policyholder even if the designated beneficiary has no knowledge of it. As long as the designation remains irrevocable, the rights conferred by the contract on the policyholder, participant or beneficiary are exempt from seizure.

[1991, c. 64, a. 2458].

2459. Separation from bed and board does not affect the rights of the spouse, whether a beneficiary or a subrogated policyholder, but the court may declare them revocable or lapsed when granting a separation.

Divorce or nullity of marriage or the dissolution or nullity of a civil union causes any designation of the spouse as beneficiary or subrogated policyholder to lapse.

[1991, c. 64, a. 2459; 2002, c. 6, s. 58].

2460. Even if the beneficiary has been designated irrevocably, the policyholder and the participant may dispose of their rights, subject to the rights of the beneficiary.

[1991, c. 64, a. 2460].

§ 8. — De la cession et de l'hypothèque d'un droit résultant d'un contrat d'assurance

2461. La cession ou l'hypothèque d'un droit résultant d'un contrat d'assurance n'est opposable à l'assureur, au bénéficiaire ou aux tiers qu'à compter du moment où l'assureur en reçoit avis.

En présence de plusieurs cessions ou hypothèques[1] d'un droit résultant d'un contrat d'assurance, la priorité est fonction de la date à laquelle l'assureur est avisé.

[1991, c. 64, a. 2461].

Note 1 : Comp. a. 2660.

■ C.C.Q., 1637-1650, 2418, 2475, 2478, 2663.

2462. La cession d'une assurance confère au cessionnaire tous les droits et obligations du cédant; elle entraîne la révocation de la désignation du bénéficiaire révocable et du titulaire subrogé.

Cependant, l'hypothèque d'un droit résultant d'un contrat d'assurance ne confère de droits au créancier hypothécaire qu'à concurrence† du solde de la créance, des intérêts et des accessoires; elle n'emporte révocation du bénéficiaire révocable et du titulaire subrogé que pour ces sommes.

[1991, c. 64, a. 2462].

■ C.C.Q., 2449.

SECTION III — DE L'ASSURANCE DE DOMMAGES

§ 1. — Dispositions communes à l'assurance de biens et de responsabilité

I — Du caractère indemnitaire de l'assurance

2463. L'assurance de dommages oblige l'assureur à réparer le préjudice subi au

§ 8. — Assignment and hypothecation of a right under a contract of insurance

2461. The assignment or hypothecation of a right resulting from a contract of insurance may not be set up against the insurer, the beneficiary or third persons until the insurer receives notice thereof.

Where a right under a contract of insurance is subject to several assignments or hypothecations[1] priority is determined by the date on which the insurer is notified.

[1991, c. 64, a. 2461].

2462. The assignment of insurance confers on the assignee all the rights and obligations of the assignor and entails the revocation of any revocable designation of a beneficiary and of any designation of a subrogated policyholder.

The hypothecation of a right arising out of a contract of insurance confers on the hypothecary creditor only a right to† the balance of the debt, interest and accessories and entails revocation of the revocable designation of the beneficiary or the subrogated policyholder only in respect of those amounts.

[1991, c. 64, a. 2462].

SECTION III — DAMAGE INSURANCE

§ 1. — Provisions common to property insurance and liability insurance

I — Principle of indemnity

2463. In damage insurance, the insurer is obliged to compensate for any injury suf-

moment du sinistre, mais seulement jusqu'à concurrence du montant de l'assurance.

[1991, c. 64, a. 2463].

▌C.C.Q., 2395, 2396, 2490-2493.

fered at the time of the loss but only up to the amount of the insurance.

[1991, c. 64, a. 2463].

2464. L'assureur est tenu de réparer le préjudice causé par une force majeure ou par la faute de l'assuré, à moins qu'une exclusion ne soit expressément et limitativement stipulée dans le contrat†. Il n'est toutefois jamais tenu de réparer le préjudice qui résulte de la faute intentionnelle de l'assuré. En cas de pluralité d'assurés, l'obligation de garantie demeure à l'égard des assurés qui n'ont pas commis de faute intentionnelle.

Lorsque l'assureur est garant du préjudice que l'assuré est tenu de réparer en raison du fait † d'une autre personne, l'obligation de garantie subsiste quelles que soient la nature et la gravité de la faute commise par cette personne.

[1991, c. 64, a. 2464].

▌C.C.Q., 1457, 1459-1464, 1470-1478, 2485, 2486, 2494, 2576.

2464. The insurer is liable to compensate for injury resulting from superior force or the fault of the insured, unless an exclusion is expressly and restrictively stipulated in the policy†. However, the insurer is never liable to compensate for injury resulting from the insured's intentional fault. Where there is more than one insured, the obligation of coverage remains in respect of those insured who have not committed an intentional fault.

Where the insurer is liable for injury caused by a person for whose acts† the insured is liable, the obligation of coverage subsists regardless of the nature or gravity of the fault committed by that person.

[1991, c. 64, a. 2464].

2465. L'assureur n'est pas tenu d'indemniser le préjudice qui résulte des freintes, diminutions ou pertes du bien et qui proviennent de son vice propre ou de la nature de celui-ci*.

[1991, c. 64, a. 2465].

2465. The insurer is not liable to indemnify for injury resulting from natural loss, diminution or losses sustained by the property arising from an inherent defect in or the nature of the property.

[1991, c. 64, a. 2465].

Note : Comp. O.R.C.C., Livre V, titre précédant l'article 961. / Comp. C.C.R.O., Book V, title preceding article 961.

▌C.C.Q., 2038, 2072, 2577.

II — De l'aggravation† du risque

II — Material change† in risk

2466. L'assuré est tenu de déclarer à l'assureur, promptement, les circonstances qui aggravent les risques stipulés dans la police et qui résultent de ses faits et gestes si elles sont de nature à influencer de façon importante un assureur dans l'établissement du taux de la prime, l'appréciation du risque ou la décision de maintenir l'assurance.

Lorsque l'assuré ne remplit pas cette obli-

2466. The insured shall promptly notify the insurer of any change that increases the risks stipulated in the policy and that results from events within his control if it is likely to materially influence an insurer in setting the rate of the premium, appraising the risk or deciding to continue to insure it.

If the insured fails to discharge his obliga-

gation, les dispositions de l'article 2411 s'appliquent, compte tenu des adaptations nécessaires.

[1991, c. 64, a. 2466].

▌ C.C.Q., 2411, 2439.

tion, the provisions of article 2411 apply, adapted as required.

[1991, c. 64, a. 2466].

2467. L'assureur qui est informé des nouvelles† circonstances peut résilier le contrat ou proposer, par écrit, un nouveau taux de prime, auquel cas l'assuré est tenu d'accepter et d'acquitter la prime ainsi fixée, dans les trente jours de la proposition qui lui est faite, à défaut de quoi la police cesse d'être en vigueur.

Toutefois, s'il continue d'accepter les primes ou s'il paie une indemnité après un sinistre, il est réputé avoir acquiescé au changement qui lui a été déclaré.

[1991, c. 64, a. 2467].

▌ C.C.Q., 2466, 2477.

2467. On being notified of any material† change in the risk, the insurer may cancel the contract or propose, in writing, a new rate of premium. Unless the new premium is accepted and paid by the insured within thirty days of the proposal, the policy ceases to be in force.

If the insurer continues to accept the premiums or if he pays an indemnity after a loss, he is deemed to have acquiesced in the change notified to him.

[1991, c. 64, a. 2467].

2468. L'inoccupation d'une résidence ne constitue pas une aggravation du risque lorsqu'elle ne dure pas plus de trente jours consécutifs ou que l'assurance porte sur une résidence secondaire désignée comme telle.

Ne constitue pas, non plus, une aggravation du risque le fait d'y laisser entrer des gens de métier pour effectuer des travaux d'entretien ou de réparation d'une durée d'au plus trente jours.

[1991, c. 64, a. 2468].

▌ C.C.Q., 2466.

2468. The lack of occupation of a residence does not constitute a change which increases the risk if it does not last more than thirty consecutive days or if the insurance relates to a second residence designated as such.

Nor does the admission of tradesmen into the residence to do maintenance or repair work for a period of not more than thirty days constitute a change which increases the risk.

[1991, c. 64, a. 2468].

III — Du paiement de la prime

III — Payment of premium

2469. L'assureur n'a droit à la prime qu'à compter du moment où le risque commence, et uniquement pour sa durée si le risque disparaît totalement par suite d'un événement qui ne fait pas l'objet de l'assurance.

Il peut poursuivre le paiement de la prime ou la déduire de l'indemnité qu'il doit verser.

[1991, c. 64, a. 2469].

▌ C.C.Q., 2389.

2469. The insurer is entitled to the premium only from the time the risk begins, and only for its duration if the risk disappears completely as a result of an event that is not covered by the insurance.

The insurer may bring an action for payment of the premium or deduct it from the indemnity payable.

[1991, c. 64, a. 2469].

IV — **De la déclaration de sinistre et du paiement de l'indemnité**

IV — **Notice of loss and payment of indemnity**

2470. L'assuré doit déclarer à l'assureur tout sinistre de nature à mettre en jeu la garantie†, dès qu'il en a eu connaissance. Tout intéressé peut faire cette déclaration.

Lorsque l'assureur n'a pas été ainsi informé et qu'il en a subi un préjudice, il est admis à invoquer, contre l'assuré, toute clause de la police qui prévoit la déchéance du droit à l'indemnisation dans un tel cas.

[1991, c. 64, a. 2470].

▌ C.C.Q., 2435, 2472, 2575.

2470. The insured shall notify the insurer of any loss which may give rise to an indemnity†, as soon as he becomes aware of it. Any interested person may give such notice.

An insurer who has not been so notified may, where he sustains injury therefrom, set up against the insured any clause of the policy providing for forfeiture of the right to indemnity in such a case.

[1991, c. 64, a. 2470].

2471. À la demande de l'assureur, l'assuré doit, le plus tôt possible, faire connaître à l'assureur toutes les circonstances entourant le sinistre, y compris sa cause probable, la nature et l'étendue des dommages, l'emplacement du bien, les droits des tiers et les assurances concurrentes; il doit aussi lui fournir les pièces justificatives et attester, sous serment, la véracité de celles-ci.

Lorsque l'assuré ne peut, pour un motif sérieux, remplir cette obligation, il a droit à un délai raisonnable pour l'exécuter.

À défaut par l'assuré de se conformer à son obligation, tout intéressé peut le faire à sa place.

[1991, c. 64, a. 2471].

▌ C.C.Q., 2470, 2472.

2471. At the request of the insurer, the insured shall inform the insurer as soon as possible of all the circumstances surrounding the loss, including its probable cause, the nature and extent of the damage, the location of the insured property, the rights of third persons, and any concurrent insurance; he shall also furnish him with vouchers and attest under oath to the truth of the information.

Where, for a serious reason, the insured is unable to fulfil such obligation, he is entitled to a reasonable time in which to do so.

If the insured fails to fulfil his obligation, any interested person may do so on his behalf.

[1991, c. 64, a. 2471].

2472. Toute déclaration mensongère entraîne pour son auteur la déchéance de son droit à l'indemnisation à l'égard du risque auquel se rattache ladite déclaration.

Toutefois, si la réalisation du risque a entraîné la perte à la fois de biens mobiliers et immobiliers, ou à la fois de biens à usage professionnel et à usage personnel, la déchéance ne vaut qu'à l'égard de la catégorie de biens à laquelle se rattache la déclaration mensongère.

[1991, c. 64, a. 2472].

▌ C.C.Q., 2410, 2470, 2552.

2472. Any deceitful representation entails the loss of the right of the person making it to any indemnity in respect of the risk to which the representation relates.

However, if the occurrence of the event insured against entails the loss of both movable and immovable property or of both property for occupational use and personal property, forfeiture is incurred only with respect to the class of property to which the representation relates.

[1991, c. 64, a. 2472].

2473. L'assureur est tenu de payer l'indemnité dans les soixante jours suivant la réception de la déclaration de sinistre ou, s'il en a fait la demande, des renseignements pertinents et des pièces justificatives.

[1991, c. 64, a. 2473].

▎ C.C.Q., 2436.

2473. The insurer is bound to pay the indemnity within sixty days after receiving the notice of loss or, at his request, the relevant information and vouchers.

[1991, c. 64, a. 2473].

2474. L'assureur est subrogé dans les droits de l'assuré contre l'auteur† du préjudice, jusqu'à concurrence des indemnités qu'il a payées. Quand, du fait† de l'assuré, il ne peut être ainsi subrogé, il peut être libéré, en tout ou en partie, de son obligation envers l'assuré.

L'assureur ne peut jamais être subrogé contre les personnes qui font partie de la maison de l'assuré.

[1991, c. 64, a. 2474].

▎ C.C.Q., 1531, 1651.

2474. The insurer is subrogated to the rights of the insured against the person responsible† for the loss, up to the amount of indemnity paid. The insurer may be fully or partly released from his obligation towards the insured where, owing to any act† of the insured, he cannot be so subrogated.

The insurer may not be subrogated against persons who are members of the household of the insured.

[1991, c. 64, a. 2474].

V — De la cession de l'assurance

V — Assignment

2475. Le contrat d'assurance ne peut être cédé qu'avec le consentement de l'assureur et qu'en faveur d'une personne ayant un intérêt d'assurance dans le bien assuré.

[1991, c. 64, a. 2475].

▎ C.C.Q., 2084, 2461, 2478, 2481, 2528.

2475. A contract of insurance may be assigned only with the consent of the insurer and in favour of a person who has an insurable interest in the insured property.

[1991, c. 64, a. 2475].

2476. Lors du décès de l'assuré, de sa faillite ou de la cession, entre coassurés, de leur intérêt dans l'assurance, celle-ci continue au profit de l'héritier, du syndic ou de l'assuré restant, à charge pour eux d'exécuter les obligations dont l'assuré était tenu.

[1991, c. 64, a. 2476].

▎ C.C.Q., 2481.

2476. Upon the death or bankruptcy of the insured or the assignment of his interest in the insurance to a co-insured, the insurance continues in favour of the heir, trustee in bankruptcy or remaining insured, subject to his performing the obligations that were incumbent upon the insured.

[1991, c. 64, a. 2476].

VI — De la résiliation du contrat

VI — Cancellation of the contract

2477. L'assureur peut résilier le contrat moyennant un préavis qui doit être envoyé à chacun des assurés nommés dans la police. La résiliation a lieu quinze jours après

2477. The insurer may cancel the contract on prior notice which shall be sent to every insured named in the policy. The cancellation takes place fifteen days after

la réception du préavis par l'assuré à sa dernière adresse connue.

notice is received by the insured at his last known address.

Le contrat d'assurance peut aussi être résilié sur simple avis écrit donné à l'assureur par chacun des assurés nommés dans la police. La résiliation a lieu dès la réception de l'avis.

A contract of insurance may also be cancelled on mere notice in writing given to the insurer by each of the insured named in the policy. The cancellation takes place upon receipt of the notice.

Les assurés nommés dans la police peuvent toutefois confier à un ou plusieurs d'entre eux le mandat de recevoir ou d'expédier l'avis de résiliation.

[1991, c. 64, a. 2477].

The insured named in the policy may, however, give one or more of their number the mandate of receiving or sending the notice of cancellation.

[1991, c. 64, a. 2477].

▮ C.C.Q., 1439, 2430.

2478. Lorsque le droit à l'indemnité a été hypothéqué et que notification en a été faite à l'assureur, le contrat ne peut être ni résilié ni modifié au détriment du créancier hypothécaire, à moins que l'assureur n'ait avisé ce dernier au moins quinze jours à l'avance.

[1991, c. 64, a. 2478].

2478. Where the right to the indemnity has been hypothecated and notice has been given to the insurer, the contract may not be cancelled or amended to the detriment of the hypothecary creditor unless the insurer has given him prior notice of at least fifteen days.

[1991, c. 64, a. 2478].

▮ C.C.Q., 2475.

2479. Lorsque l'assurance est résiliée, l'assureur n'a droit qu'à la portion de prime acquise, calculée au jour le jour si la résiliation procède de lui ou d'après le taux à court terme si elle procède de l'assuré; il est alors tenu de rembourser le trop-perçu de prime.

[1991, c. 64, a. 2479].

2479. Where the insurance is cancelled the insurer is entitled to only the earned portion of the premium, computed day by day if the contract is cancelled by the insurer, or at the short-term rate if cancelled by the insured; the insurer is bound to refund any overpayment of premium.

[1991, c. 64, a. 2479].

▮ C.C.Q., 1606.

2479.1. Lorsque l'assuré a cédé ou hypothéqué son droit au remboursement du trop-perçu de prime† en faveur de celui qui a payé la prime et que l'assureur en a reçu avis, l'assureur est tenu de rembourser le trop-perçu au cessionnaire ou au titulaire de l'hypothèque.

2479.1. If the insured has assigned or hypothecated his right to a premium overpayment refund to† or in favour of the person who paid the premium and the insurer has received notice of the assignment or hypothec, the insurer is bound to make the overpayment refund to the assignee or to the holder of the hypothec.

La cession ou l'hypothèque du droit au remboursement du trop-perçu de prime n'est opposable aux tiers qu'à compter du moment où l'assureur en reçoit avis.

The assignment or hypothec may not be set up against third persons until the insurer receives notice of the assignment or hypothec.

En présence de plusieurs cessions ou hypothèques du droit au remboursement du

If two or more assignments or hypothecs are made or granted on the same right to a

trop-perçu de prime, la priorité est fonction du moment où l'assureur est avisé.

[2008, c. 20, a. 131].

premium overpayment refund, priority is determined according to when the insurer received notice.

[2008, c. 20, s. 131].

§ 2. — Des assurances de biens

§ 2. — Property insurance

I — Du contenu de la police

I — Content of policy

2480. Outre les mentions prescrites pour toute police d'assurance, la police d'assurance de biens doit indiquer les exclusions de garantie qui ne résultent pas du sens courant des mots ou les limitations qui s'appliquent à des objets ou à des catégories d'objets déterminés, et préciser les conditions de résiliation du contrat par l'assuré, ainsi que les conditions de rétablissement ou de continuation de l'assurance après un sinistre.

[1991, c. 64, a. 2480].

■ C.C.Q., 2399, 3119.

2480. In addition to the particulars prescribed for insurance policies generally, an indication shall be made in a property insurance policy of any exclusion of coverage not resulting from the ordinary meaning of the words or any limitation of coverage applying to specified objects or classes of objects, specifying the conditions on which the contract may be cancelled by the insured, as well as those on which the insurance may be reinstated or continued after a loss.

[1991, c. 64, a. 2480].

II — De l'intérêt d'assurance

II — Insurable interest

2481. Une personne a un intérêt d'assurance dans un bien lorsque la perte† de celui-ci peut lui causer un préjudice direct et immédiat.

L'intérêt doit exister au moment du sinistre, mais il n'est pas nécessaire que le même intérêt ait existé pendant toute la durée du contrat.

[1991, c. 64, a. 2481].

■ C.C.Q., 2511.

2481. A person has an insurable interest in a* property where the loss or deterioration† of the property may cause him direct and immediate damage.

It is necessary that the insurable interest exist at the time of the loss but not necessary that the same interest have existed throughout the duration of the contract.

[1991, c. 64, a. 2481].

2482. Les biens à venir et les biens incorporels peuvent faire l'objet d'un contrat d'assurance.

[1991, c. 64, a. 2482].

■ C.C.Q., 2395, 2396.

2482. Future property and incorporeal property may be the subject of a contract of insurance.

[1991, c. 64, a. 2482].

2483. L'assurance de biens peut être contractée pour le compte de qui il appartiendra. La clause vaut, tant comme assurance au profit du titulaire de la police que comme stipulation pour autrui au profit du

2483. Property insurance may be contracted on behalf of whomever it may concern. The clause is valid as insurance for the benefit of the policyholder or as a stipulation for a third person in favour of the

bénéficiaire connu ou éventuel de ladite clause.

Le titulaire de la police est seul tenu au paiement de la prime envers l'assureur; les exceptions que l'assureur pourrait lui opposer sont également opposables au bénéficiaire du contrat, quel qu'il soit.

[1991, c. 64, a. 2483].

∎ C.C.Q., 1444.

2484. L'assurance d'un bien dans lequel l'assuré n'a aucun intérêt d'assurance est nulle.

[1991, c. 64, a. 2484].

∎ C.C.Q., 2418, 2481.

III — De l'étendue de la garantie

2485. L'assureur qui assure un bien contre l'incendie est tenu de réparer le préjudice qui est une conséquence immédiate du feu ou de la combustion, quelle qu'en soit la cause, y compris le dommage subi par le bien en cours de transport, ou occasionné par les moyens employés pour éteindre le feu, sauf les exceptions particulières contenues dans la police. Il est aussi garant de la disparition des objets assurés survenue pendant l'incendie, à moins qu'il ne prouve qu'elle provient d'un vol qu'il n'assure pas.

Il n'est cependant pas tenu de réparer le préjudice occasionné uniquement par la chaleur excessive d'un appareil de chauffage ou par une opération comportant l'application de la chaleur, lorsqu'il n'y a ni incendie ni commencement d'incendie mais, même en l'absence d'incendie, il est tenu de réparer le préjudice causé par la foudre ou l'explosion d'un combustible.

[1991, c. 64, a. 2485].

∎ C.C.Q., 1919, 2464.

2486. L'assureur qui assure un bien contre l'incendie n'est pas garant du préjudice causé par les incendies ou les explosions résultant d'une guerre étrangère ou civile,

beneficiary of the clause, whether known or contingent.

The policyholder alone is liable for payment of the premium to the insurer; any exception that the insurer may set up against him may also be set up against the beneficiary of the contract, whoever he may be.

[1991, c. 64, a. 2483].

2484. The insurance of a* property in which the insured has no insurable interest is null.

[1991, c. 64, a. 2484].

III — Extent of coverage

2485. In fire insurance, the insurer is bound to repair any damage which is an immediate consequence of fire or combustion, whatever the cause, including damage to the property during removal or that caused by the means employed to extinguish the fire, subject to the exceptions specified in the policy. The insurer is also liable for the disappearance of insured things during the fire, unless he proves that the disappearance is due to theft which is not covered.

The insurer is not liable for damage caused solely by excessive heat from a heating apparatus or by any process involving the application of heat where there is no fire or commencement of fire but, even where there is no fire, the insurer is liable for damage caused by lightning or the explosion of fuel.

[1991, c. 64, a. 2485].

2486. An insurer who insures a* property against fire is not liable for damage due to fires or explosions caused by foreign or civil war, riot or civil disturbance, nuclear

d'une émeute ou d'un mouvement populaire, d'une explosion nucléaire, d'une éruption volcanique, d'un tremblement de terre ou d'autres cataclysmes.

[1991, c. 64, a. 2486].

explosion, volcanic eruption, earthquake or other cataclysm.

[1991, c. 64, a. 2486].

2487. L'assureur est tenu de réparer le dommage causé au bien assuré par les mesures de secours ou de sauvetage.

[1991, c. 64, a. 2487].

∎ C.C.Q., 2485.

2487. The insurer is liable for damage to the insured property caused by measures taken to save or protect it.

[1991, c. 64, a. 2487].

2488. L'assurance portant sur des objets désignés généralement comme se trouvant en un lieu couvre tous les objets du même genre qui s'y trouvent au moment du sinistre.

[1991, c. 64, a. 2488].

∎ C.C.Q., 2480.

2488. Insurance of things generally described as being in a certain place covers all things of the same kind which are in that place at the time of the loss.

[1991, c. 64, a. 2488].

2489. L'assurance d'une résidence meublée et celle des meubles en général couvre toutes les catégories de meubles, à l'exception de ce qui est exclu expressément ou de ce qui n'est assuré que pour un montant limité.

[1991, c. 64, a. 2489].

∎ C.C.Q., 2480.

2489. The insurance of a furnished residence and that of movable property in general covers every class of movable property except what is expressly excluded or what is insured for only a limited amount.

[1991, c. 64, a. 2489

IV — Du montant d'assurance

IV — Amount of insurance

2490. La valeur du bien assuré s'établit de la manière habituelle lorsque le contrat ne prévoit pas de formule d'évaluation particulière.

[1991, c. 64, a. 2490].

∎ C.C.Q., 2491.

2490. The value of the insured property is determined in the ordinary manner unless a special valuation formula is contained in the policy.

[1991, c. 64, a. 2490].

2491. Dans les contrats† à valeur indéterminée, le montant de l'assurance ne fait pas preuve de la valeur du bien assuré.

Dans les contrats† à valeur agréée, la valeur convenue fait pleinement foi, entre l'assureur et l'assuré, de la valeur du bien.

[1991, c. 64, a. 2491].

∎ C.C.Q., 2604, 2606.

2491. In unvalued policies†, the amount of insurance does not make proof of the value of the insured property.

In valued policies†, the agreed value makes complete proof, between the insurer and the insured, of the value of the insured property.

[1991, c. 64, a. 2491].

2492. Le contrat fait sans fraude pour un montant supérieur à la valeur du bien est valable jusqu'à concurrence de cette valeur; l'assureur n'a pas le droit d'exiger une prime pour l'excédent, mais celles qui ont été payées ou sont échues lui restent acquises.

[1991, c. 64, a. 2492].

∎ C.C.Q., 2491.

2492. A contract made without fraud for an amount greater than the value of the insured property is valid up to that value; the insurer has no right to charge any premium for the excess but premiums paid or due remain vested in him.

[1991, c. 64, a. 2492].

2493. L'assureur ne peut, pour la seule raison que le montant de l'assurance est inférieur à la valeur du bien, refuser de couvrir le risque. En pareil cas, l'assureur est libéré par le paiement du montant de l'assurance, s'il y a perte totale, ou d'une indemnité proportionnelle, s'il y a perte partielle.

[1991, c. 64, a. 2493].

∎ C.C.Q., 2491.

2493. The insurer may not refuse to cover a risk for the sole reason that the amount of insurance is less than the value of the insured property. In such a case, he is released by paying the amount of the insurance in the event of total loss or a proportional indemnity in the event of partial loss.

[1991, c. 64, a. 2493].

V — Du sinistre et du paiement de l'indemnité

V — Losses, and payment of indemnity

2494. Sous réserve des droits des créanciers prioritaires† et hypothécaires, l'assureur peut se réserver la faculté de réparer, de reconstruire ou de remplacer le bien assuré. Il bénéficie alors du droit au sauvetage et peut récupérer le bien.

[1991, c. 64, a. 2494].

Note : Comp. a./arts 2497, 2656, 2658.

∎ C.C.Q., 2495.

2494. Subject to the rights of preferred† and hypothecary creditors, the insurer may reserve the right to repair, rebuild or replace the insured property. He is then entitled to salvage and may take over the property.

[1991, c. 64, a. 2494].

2495. L'assuré ne peut abandonner le bien endommagé en l'absence de convention à cet effet.

Il doit faciliter le sauvetage du bien assuré et les vérifications de l'assureur. Il doit, notamment, permettre à l'assureur et à ses représentants de visiter les lieux et d'examiner le bien assuré.

[1991, c. 64, a. 2495].

∎ C.C.Q., 2494, 2587.

2495. The insured may not abandon the damaged property if there is no agreement to that effect.

The insured shall facilitate the salvage and inspection of the insured property by the insurer. He shall, in particular, permit the insurer and his representatives to visit the premises and examine the insured property.

[1991, c. 64, a. 2495].

2496. Celui qui, sans fraude, est assuré auprès de plusieurs assureurs, par plusieurs polices, pour un même intérêt et contre un

2496. Any person who, without fraud, is insured by several insurers, under several policies, for the same interest and against

même risque, de telle sorte que le total des indemnités qui résulteraient de leur exécution indépendante dépasse le montant du préjudice subi, peut se faire indemniser par le ou les assureurs de son choix, chacun n'étant tenu que pour le montant auquel il s'est engagé.

Est inopposable à l'assuré la clause qui suspend, en tout ou en partie, l'exécution du contrat en cas de pluralité d'assurances.

Entre les assureurs, à moins d'entente contraire, l'indemnité est répartie en proportion de la part de chacun dans la garantie totale, sauf en ce qui concerne une assurance spécifique, laquelle constitue une assurance en première ligne.

[1991, c. 64, a. 2496].

❚ C.C.Q., 2621-2625.

2497. Les indemnités dues à l'assuré sont attribuées aux créanciers prioritaires ou aux créanciers titulaires d'une hypothèque sur le bien endommagé, suivant leur rang et sans délégation expresse, moyennant une simple dénonciation et justification de leur part, malgré toute disposition contraire.

Néanmoins, les paiements faits de bonne foi par l'assureur, avant la dénonciation, sont libératoires.

[1991, c. 64, a. 2497].

❚ C.C.Q., 2452.

§ 3. — Des assurances de responsabilité

2498. La responsabilité civile, contractuelle ou extracontractuelle, peut faire l'objet d'un contrat d'assurance.

[1991, c. 64, a. 2498].

❚ C.C.Q., 1457-1481.

2499. Outre les mentions prescrites pour toute police d'assurance, la police d'assurance de responsabilité doit indiquer la relation entre les personnes et les biens, ainsi que celle entre les personnes et les faits†, qui entraîne la responsabilité, de même que les montants et les exclusions de ga-

the same risk so that the total amount of indemnity that would result from the separate performance of such policies would exceed the loss incurred may be indemnified by the insurer or insurers of his choice, each being liable only for the amount he has contracted for.

No clause suspending all or part of the performance of the contract by reason of plurality of insurance may be set up against the insured.

Unless otherwise agreed, the indemnity is apportioned among the insurers in proportion to the share of each in the total coverage, except in respect of individual insurance, which constitutes first line insurance.

[1991, c. 64, a. 2496].

2497. Notwithstanding any contrary provision, the indemnities due to the insured are apportioned among the prior creditors or creditors holding hypothecs on the damaged property, according to their rank and without express delegation, upon mere notice and proof by them.

However, payments made in good faith before the notice discharge the insurer.

[1991, c. 64, a. 2497].

§ 3. — Liability insurance

2498. Civil liability, whether contractual or extracontractual, may be the subject of a contract of insurance.

[1991, c. 64, a. 2498].

2499. In addition to the particulars prescribed for insurance policies generally, in a liability insurance policy the relation between persons and property and between persons and acts† which entails liability shall be specified, together with the amounts of and exclusions from coverage,

rantie, le caractère obligatoire ou facultatif de l'assurance et les bénéficiaires directs et indirects de celle-ci.

[1991, c. 64, a. 2499].

▌ C.C.Q., 2399.

and the compulsory or optional nature of the insurance and the direct and indirect beneficiaries of it.

[1991, c. 64, a. 2499].

2500. Le montant de l'assurance est affecté exclusivement au paiement des tiers lésés.

[1991, c. 64, a. 2500].

▌ C.C.Q., 2501.

2500. The proceeds of the insurance are applied exclusively to the payment of third persons injured.

[1991, c. 64, a. 2500].

2501. Le tiers lésé peut faire valoir son droit d'action contre l'assuré ou l'assureur ou contre l'un et l'autre.

Le choix fait par le tiers lésé à cet égard n'emporte pas renonciation à ses autres recours.

[1991, c. 64, a. 2501].

▌ C.C.Q., 1528, 1529, 2414, 2628; C.P.C., 69.

2501. An injured third person may bring an action directly against the insured or against the insurer, or against both.

The option chosen in this respect by the third person injured does not deprive him of his other recourses.

[1991, c. 64, a. 2501].

2502. L'assureur peut opposer au tiers lésé les moyens qu'il aurait pu faire valoir contre l'assuré au jour du sinistre, mais il ne peut opposer ceux qui sont relatifs à des faits survenus postérieurement au sinistre; l'assureur dispose, quant à ceux-ci, d'une action récursoire contre l'assuré.

[1991, c. 64, a. 2502].

▌ C.C.Q., 2501.

2502. The insurer may set up against the injured third person any grounds he could have invoked against the insured at the time of the loss, but not grounds pertaining to facts that occurred after the loss; the insurer has a right of action against the insured in respect of facts that occurred after the loss.

[1991, c. 64, a. 2502].

2503. L'assureur est tenu de prendre fait et cause pour toute personne qui a droit au bénéfice de l'assurance et d'assumer sa défense dans toute action dirigée contre elle.

Les frais et dépens qui résultent des actions contre l'assuré, y compris ceux de la défense, ainsi que les intérêts sur le montant de l'assurance, sont à la charge de l'assureur, en plus du montant d'assurance.

[1991, c. 64, a. 2503].

▌ C.P.C., 168, 477.

2503. The insurer is bound to take up the interest of any person entitled to the benefit of the insurance and assume his defence in any action brought against him.

Costs and expenses resulting from actions against the insured, including those of the defence, and interest on the proceeds of the insurance are borne by the insurer over and above the proceeds of the insurance.

[1991, c. 64, a. 2503].

2504. Aucune transaction conclue sans le consentement de l'assureur ne lui est opposable.

[1991, c. 64, a. 2504].

▌C.C.Q., 1609, 2631.

2504. No transaction made without the consent of the insurer may be set up against him.

[1991, c. 64, a. 2504].

SECTION IV —
DE L'ASSURANCE MARITIME

SECTION IV —
MARINE INSURANCE

§ 1. — Dispositions générales

§ 1. — General provisions

2505. Outre les risques relatifs à une opération maritime, l'assurance maritime peut couvrir les risques découlant d'opérations analogues aux opérations maritimes, les risques terrestres qui se rattachent à une opération maritime, de même que les risques relatifs à la construction, à la réparation et au lancement des navires.

[1991, c. 64, a. 2505].

2505. In addition to providing coverage against the losses incident to marine adventure, marine insurance may cover the risks of any adventure analogous to a marine adventure, land risks which are incidental to a marine adventure or risks incident to the building, repair and launch of a ship.

[1991, c. 64, a. 2505].

2506. Il y a risque relatif à une opération maritime, notamment lorsqu'un navire, des marchandises ou d'autres biens meubles sont exposés à des périls de la mer ou lorsqu'en raison de ces périls, la responsabilité civile d'une personne qui a un intérêt dans les biens assurables ou à leur égard peut être engagée.

Il en est de même lorsque les avances, notamment† le fret, le prix de passage, la commission et la sûreté donnée pour les avances, les prêts ou les débours, sont compromises parce que les biens assurables en cause sont exposés à des périls de la mer.

[1991, c. 64, a. 2506].

2506. In particular, there is a marine adventure where any ship, goods or other movables are exposed to maritime perils or where by reason of such perils, civil liability may be incurred by any person interested in, or responsible for, insurable property.

There is also a marine adventure where the earning or acquisition† of any freight, passage money, commission or other pecuniary benefit, or the security for any advances, loan or disbursements, is endangered by the exposure of insurable property to maritime perils.

[1991, c. 64, a. 2506].

Note : La discordance tient à l'absence, dans le texte anglais, de terme équivalent au mot « notamment ». / The discordance stems from the absence of an equivalent to the word "*notamment*" in the English text.

▌C.C.Q., 2507.

2507. Les périls de la mer sont notamment ceux mentionnés dans la police et ceux qui sont connexes à la navigation ou qui en découlent, comme les fortunes de mer, le fait des écumeurs de mer, les contraintes,

2507. Maritime perils include the perils designated by the policy and the perils consequent on or incidental to navigation such as perils of the sea, piracy, restraints, jettisons and barratry, and the capture, re-

le jet à la mer et la baraterie, ainsi que la prise, la contrainte, la saisie ou la détention du navire ou des autres biens assurables par un gouvernement.

[1991, c. 64, a. 2507].

straint, seizure or detainment of the ship or other insurable property by a government.

[1991, c. 64, a. 2507].

2508. L'assurance d'un navire porte tant sur la coque du navire que sur l'armement, les approvisionnements, les machines et chaudières et, dans le cas d'un navire affecté à un transport particulier, sur les accessoires prévus à cette fin, de même que sur les approvisionnements des machines et le carburant qui appartiennent à l'assuré.

[1991, c. 64, a. 2508].

2508. The insurance of a ship covers the hull of the ship as well as her outfit, stores and provisions, the machinery and boilers and, in the case of a ship engaged in a special trade, the ordinary fittings requisite for that trade, and, if owned by the insured, the bunkers and engine stores.

[1991, c. 64, a. 2508].

2509. L'assurance du fret porte tant sur le profit que peut retirer un armateur de l'emploi de son navire au transport de ses propres marchandises ou de ses autres biens meubles, que sur le fret payable par un tiers, mais elle ne couvre pas le prix du passage.

[1991, c. 64, a. 2509].

2509. Insurance on freight covers the profit derivable by a shipowner from the employment of his ship to carry his own goods or other movables as well as freight payable by a third party, but does not include passage money.

[1991, c. 64, a. 2509].

2510. L'assurance des biens meubles porte sur tous les meubles non couverts par l'assurance du navire.

[1991, c. 64, a. 2510].

2510. The insurance on movables covers all movables not covered by the insurance on the ship.

[1991, c. 64, a. 2510].

▌ C.C.Q., 2563.

§ 2. — De l'intérêt d'assurance

I — De la nécessité de l'intérêt

§ 2. — Insurable interest

I — Necessity of interest

2511. Il n'est pas nécessaire que l'intérêt d'assurance existe à la conclusion du contrat, mais il doit exister au moment du sinistre.

L'acquisition d'un intérêt après la survenance du sinistre ne rend pas l'assurance valide. Toutefois, l'assurance sur bonnes ou mauvaises nouvelles est valide, que l'assuré ait acquis son intérêt avant ou après le sinistre, pourvu, en ce dernier cas, qu'au moment de la conclusion du contrat, l'assuré n'ait pas été au courant du sinistre.

[1991, c. 64, a. 2511].

2511. It is not necessary that the insurable interest exist when the contract is made but it is necessary that it exist at the time of the loss.

The acquisition of an interest after a loss does not validate the insurance. However, where the property is insured'lost or not lost', the insurance is valid although the insured may not have acquired his interest until after the loss provided that, at the time of making the contract, the insured was not aware of the loss.

[1991, c. 64, a. 2511].

▎C.C.Q., 1410, 1411, 2481, 2513, 2847, 2866.

2512. Un contrat d'assurance maritime par manière de jeu ou de pari est nul, de nullité absolue.

Il y a contrat de jeu ou de pari lorsque l'assuré n'a pas d'intérêt d'assurance et que le contrat est conclu sans l'attente d'en acquérir un.

Sont réputés des contrats de jeu et pari ceux qui comportent des stipulations† comme « intérêt ou sans intérêt », ou « sans autre preuve d'intérêt que la police elle-même », de même que ceux qui stipulent qu'il n'y aura pas de délaissement en faveur de l'assureur alors que, dans les faits, il y a possibilité de délaissement.

[1991, c. 64, a. 2512].

2512. Every contract of marine insurance by way of gaming or wagering is absolutely null.

There is a gaming or wagering contract where the insured has no insurable interest and the contract is entered into with no expectation of acquiring such an interest.

A contract of marine insurance is deemed to be a gaming or wagering contract where the policy is made† "interest or no interest" or "without further proof of interest than the policy itself", or "without benefit of abandonment to the insurer" where there is in fact a possibility of abandonment.

[1991, c. 64, a. 2512].

II — Des cas d'intérêt d'assurance

II — Instances of insurable interest

2513. L'intérêt d'assurance existe lorsqu'une personne est intéressée dans une opération maritime et, particulièrement, lorsqu'il existe, entre cette personne et l'opération ou entre elle et le bien assurable, un rapport de nature telle que sa responsabilité puisse être engagée ou qu'elle puisse tirer un avantage de la sécurité ou de la bonne arrivée du bien assurable ou subir un préjudice en cas de détention, perte ou avarie.

[1991, c. 64, a. 2513].

▎C.C.Q., 2481, 2511.

2513. Insurable interest exists where a person is interested in a marine adventure and, in particular, where the relation between that person and the adventure or the insurable property is such that he may incur liability in respect thereof or derive benefit from the safety or due arrival of the insurable property or be prejudiced in case of detainment, loss or damage.

[1991, c. 64, a. 2513].

2514. Un intérêt d'assurance annulable, éventuel ou partiel† peut faire l'objet du contrat d'assurance maritime.

[1991, c. 64, a. 2514].

2514. A contingent or partial insurable interest† subject to annulment may be the subject of a contract of marine insurance.

[1991, c. 64, a. 2514].

Note : Le texte français énumère trois types d'intérêt qui peuvent faire l'objet d'un contrat d'assurance, alors que le texte anglais n'en désigne que deux, qui doivent au surplus être annulables (« *subject to annulment* »). Comp. O.R.C.C., Livre V, a. 1015. / The French text enumerates three types of interest that may be subject to a contract of marine insurance whereas the English text only enumerates two such interests which, in addition, must be "subject to annulment". Comp. C.C.R.O., Book V, a. 1015.

2515. Ont, notamment, un intérêt d'assurance, l'assureur, pour le risque qu'il assure, l'assuré, pour les frais de l'assurance souscrite et pour assurer la solvabilité de

2515. Insurable interest exists, in particular, for the insurer in respect of the risk insured, for the insured in respect of the charges of insurance effected and the sol-

son assureur, ainsi que le capitaine du navire ou un membre de l'équipage, pour son salaire.

Ont aussi un tel intérêt la personne qui paie le fret à l'avance lorsqu'il ne lui† est pas remboursable en cas de sinistre, l'acheteur de marchandises, même s'il est en droit de refuser les marchandises ou de les considérer aux risques du vendeur, ainsi que le débiteur hypothécaire, pour le plein montant de la valeur du bien hypothéqué, et le créancier hypothécaire, sur le bien hypothéqué, à concurrence de sa créance.

[1991, c. 64, a. 2515].

❚ C.C.Q., 2419, 2513.

vency of his insurer and for the master or any member of the crew of a ship in respect of his wages.

Insurable interest also exists for the person advancing freight so far as it is not repayable in case of loss, the purchaser of goods even where he is† entitled to reject the goods or treat them as at the seller's risk, and for the hypothecary debtor in respect of the full value of the hypothecated property, and the hypothecary creditor up to the amount of his claim.

[1991, c. 64, a. 2515].

III — De l'étendue de l'intérêt d'assurance

III — Extent of insurable interest

2516. Toute personne ayant un intérêt dans le bien assuré peut souscrire une assurance aussi bien pour son propre compte que pour celui d'un tiers qui y a un intérêt.

[1991, c. 64, a. 2516].

❚ C.C.Q., 1444, 2483.

2516. A person having an interest in the insured property may insure on behalf and for the benefit of other persons interested as well as for his own benefit.

[1991, c. 64, a. 2516].

2517. L'intérêt d'assurance du propriétaire d'un bien est la valeur de celui-ci, sans qu'il y ait lieu de considérer l'obligation qu'un tiers pourrait avoir de l'indemniser en cas de sinistre.

[1991, c. 64, a. 2517].

2517. The owner of insurable property has an insurable interest in respect of the full value thereof, notwithstanding that some third person might have agreed, or be liable, to indemnify him in case of loss.

[1991, c. 64, a. 2517].

§ 3. — De la détermination de la valeur assurable des biens

§ 3. — Measure of insurable value

2518. La valeur assurable des biens est la valeur des biens qui, au moment où le contrat est formé†, est aux risques de l'assuré.

Elle comprend aussi les frais d'assurance sur les biens.

[1991, c. 64, a. 2518].

2518. The insurable value is the amount at the risk of the insured when the policy attaches†.

The insurable value includes the charges of insurance on the property.

[1991, c. 64, a. 2518].

Note : O.R.C.C., Livre V, a. 1024. / C.C.R.O., Book V, a. 1024.

❚ C.C.Q., 2490.

2519. La valeur assurable d'un navire comprend, outre la valeur du navire, celle

2519. In insurance on ship, the insurable value is the value of the ship plus the

des débours et des avances sur le salaire des membres de l'équipage, ainsi que la valeur des dépenses faites pour réaliser le voyage ou l'opération prévue au contrat.

Celle du fret est le montant brut du fret aux risques de l'assuré, qu'il ait été payé à l'avance ou autrement et celle des marchandises est le prix coûtant de celles-ci, augmenté des frais d'embarquement et de ceux s'y rattachant.

[1991, c. 64, a. 2519].

money advanced for seamen's wages and any other disbursements incurred to make the ship fit for the voyage or adventure contemplated by the policy.

In insurance on freight, whether paid in advance or otherwise, the insurable value is the gross amount of the freight at the risk of the insured; in insurance on goods, the insurable value is the cost price of the goods plus the expenses of and incidental to shipping.

[1991, c. 64, a. 2519].

§ 4. — Du contrat et de la police

I — De la souscription

2520. La souscription de chaque assureur constitue un contrat distinct avec l'assuré.
[1991, c. 64, a. 2520].

§ 4. — Contract and policy

I — Subscription

2520. The subscription of each insurer constitutes a distinct contract with the insured.

[1991, c. 64, a. 2520].

II — Des espèces de contrats

2521. Les contrats sont au voyage ou de durée; ils peuvent faire l'objet d'une seule et même police.

Ils sont aussi à valeur agréée, à valeur indéterminée ou flottants.
[1991, c. 64, a. 2521].
█ C.C.Q., 2491.

II — Kinds of contract

2521. A contract may be for a voyage or for a period of time; a contract for both voyage and time may be included in the same policy.

A contract may be valued, unvalued or floating.
[1991, c. 64, a. 2521].

2522. Le contrat au voyage couvre l'assuré d'un lieu de départ à un ou plusieurs lieux d'arrivée et, lorsque le contrat le précise, au lieu de départ même.

Le contrat de durée couvre l'assuré pour la période stipulée.
[1991, c. 64, a. 2522].
█ C.C.Q., 2560.

2522. A voyage contract covers the insured from one place to another or others and, where specified in the policy, at the place of departure.

A time contract covers the insured for the period of time specified in the policy.
[1991, c. 64, a. 2522].

2523. Le contrat à valeur agréée fixe la valeur convenue du bien assuré.

En l'absence de fraude, la valeur ainsi fixée fait foi, entre l'assureur et l'assuré, de la valeur du bien, qu'il y ait perte totale ou seulement avarie, mais elle ne les lie pas lorsqu'il s'agit de déterminer s'il y a perte totale implicite.

[1991, c. 64, a. 2523].

▌ C.C.Q., 2491, 2606.

2524. Le contrat à valeur indéterminée ne fixe pas la valeur du bien assuré, mais permet, sans excéder le montant de la garantie, d'établir ultérieurement la valeur qui était assurable.

Lorsque la valeur d'un bien assuré n'est pas déclarée avant l'avis de l'arrivée ou de la perte, le contrat est considéré à valeur indéterminée en ce qui concerne ce bien, à moins que la police n'en dispose autrement.

[1991, c. 64, a. 2524].

▌ C.C.Q., 2491.

2525. Le contrat flottant décrit l'assurance en termes généraux et permet de déclarer ultérieurement les précisions nécessaires, dont le nom du navire.

[1991, c. 64, a. 2525].

▌ C.C.Q., 1431.

2526. Les déclarations peuvent être faites au moyen d'une mention dans la police ou de toute autre manière consacrée par l'usage, mais, lorsqu'elles concernent des biens à expédier ou à charger, elles doivent, à moins que la police n'en dispose autrement, être faites dans l'ordre d'expédition ou de chargement, indiquer la valeur de ces biens et porter sur tous les envois visés par la police.

Les omissions et les déclarations erronées, faites de bonne foi, peuvent être corrigées, même après le sinistre ou après l'arrivée des biens à destination.

[1991, c. 64, a. 2526].

2523. A valued contract is a contract which specifies the agreed value of the insured property.

In the absence of fraud, the value fixed by the policy is, as between the insurer and the insured, conclusive of the value of the insured property whether the loss be total or partial, but is not conclusive for the purpose of determining whether there has been a constructive total loss.

[1991, c. 64, a. 2523].

2524. An unvalued contract is a contract which does not specify the value of the insured property but, without exceeding the amount of coverage, leaves the insurable value to be subsequently ascertained.

Where a declaration of the value of an insured property is not made until after notice of loss or arrival, the contract is treated as an unvalued contract as regards that property, unless the policy provides otherwise.

[1991, c. 64, a. 2524].

2525. A floating contract is a contract which describes the insurance in general terms and leaves the necessary particulars such as the name of the ship to be defined by subsequent declaration.

[1991, c. 64, a. 2525].

2526. Subsequent declarations may be made by indorsement on the policy or in other customary manner but, where they pertain to goods to be dispatched or shipped, they shall, unless the policy provides otherwise, be made in the order of dispatch or shipment, state the value of the goods and comprise all consignments within the terms of the policy.

Omissions or erroneous declarations made in good faith may be rectified even after loss or arrival.

[1991, c. 64, a. 2526].

C.C.Q., 2041, 2545-2552.

III — Du contenu de la police d'assurance	III — Content of policy

2527. Une police d'assurance maritime doit, outre le nom de l'assureur, de l'assuré ou de la personne qui effectue l'assurance pour son compte, spécifier le bien assuré, le risque contre lequel il est assuré et les sommes assurées, ainsi que le voyage ou la période de temps couverts par l'assurance, la date et le lieu de la souscription, le montant ou† le taux des primes et les dates de leur échéance.

[1991, c. 64, a. 2527].

C.C.Q., 2399, 2480.

2527. In addition to the name of the insurer and of the insured or of the person who effects the insurance on his behalf, in a marine insurance policy, the property insured and the risk insured against shall be specified, together with the sums insured, the voyage or period of time covered by the insurance, the date and place of subscription, the amount and† rate of the premiums and the dates on which they become due.

[1991, c. 64, a. 2527].

IV — De la cession de la police d'assurance	IV — Assignment of policy

2528. La cession de l'assurance est permise, que ce soit avant ou après le sinistre.

Elle se fait au moyen d'une mention dans la police ou de toute autre manière consacrée par l'usage.

[1991, c. 64, a. 2528].

C.C.Q., 1641.

2528. A marine policy may be assigned either before or after loss.

A marine policy may be assigned by indorsement on the policy or in other customary manner.

1991, c. 64, a. 2528].

2529. L'assuré qui a aliéné ou perdu son intérêt dans le bien assuré ne peut céder l'assurance, à moins qu'il n'ait, auparavant ou à ce moment, convenu expressément ou implicitement de la céder.

[1991, c. 64, a. 2529].

C.C.Q., 2418, 2475, 2484.

2529. Where the insured has alienated or lost his interest in the insured property, and has not, before or at the time of so doing expressly or impliedly agreed to assign the policy, he may not subsequently assign the policy.

[1991, c. 64, a. 2529].

2530. L'aliénation du bien assuré n'emporte pas la cession de l'assurance, à moins qu'elle ne résulte d'une transmission qui a lieu par l'effet de la loi ou par succession au profit d'un héritier†.

[1991, c. 64, a. 2530].

Note : *Cf.* a. 619.

C.C.Q., 2529.

2530. The alienation of the insured property does not assign the insurance except in the case of transmission by operation of law or by succession†.

[1991, c. 64, a. 2530].

2531. Le cessionnaire peut faire valoir ses droits contre l'assureur directement, mais celui-ci peut lui opposer tous les moyens découlant du contrat qu'il aurait pu invoquer contre l'assuré.

[1991, c. 64, a. 2531].

■ C.C.Q., 1643.

V — De la preuve et de la ratification du contrat

2532. Le contrat ne se prouve que par la production de la police d'assurance, mais lorsque celle-ci a été établie, les attestations d'assurance, comme la note de couverture, sont recevables comme preuve, notamment † pour établir la teneur† véritable du contrat et le moment où l'assureur a accepté la demande d'assurance.

[1991, c. 64, a. 2532].

■ C.C.Q., 2826.

2533. Lorsqu'un contrat est fait de bonne foi pour le compte d'un tiers, ce dernier peut le ratifier, même après avoir eu connaissance du sinistre.

[1991, c. 64, a. 2533].

§ 5. — Des droits et obligations des parties relativement à la prime

2534. L'assureur n'est pas tenu de délivrer la police avant qu'il n'y ait eu paiement de la prime ou que des offres réelles de paiement ne lui aient été faites.

[1991, c. 64, a. 2534].

■ C.C.Q., 1573-1589, 2426.

2535. Lorsque l'assurance souscrite prévoit que le montant de la prime doit être établi par une entente ultérieure et que celle-ci n'intervient pas, l'assuré doit néanmoins une prime raisonnable.

Il en est de même lorsque l'assurance est souscrite à la condition qu'une prime supplémentaire soit fixée dans une éven-

2531. The assignee may enforce his rights directly against the insurer but the insurer may make any defense arising out of the contract which he would have been entitled to make against the insured.

[1991, c. 64, a. 2531].

V — Evidence and ratification of the contract

2532. A contract is inadmissible in evidence unless it is embodied in an insurance policy, but once the policy has been issued, customary memorandums of the contract such as the slip or covering note are admissible in evidence † for the purpose of determining the actual terms† of the contract and showing when the proposal was accepted.

[1991, c. 64, a. 2532].

2533. Where a contract is effected in good faith on behalf of another person, that person may ratify it even after he is aware of a loss.

[1991, c. 64, a. 2533].

§ 5. — Rights and obligations of the parties as regards the premium

2534. The insurer is not bound to issue the policy until payment or tender of the premium.

[1991, c. 64, a. 2534].

2535. Where an insurance is effected at a premium to be arranged, and no arrangement is made, a reasonable premium is payable.

The same applies where an insurance is effected on the terms that an additional premium is to be arranged in a given event

tualité donnée et que celle-ci se présente sans que cette prime ait été fixée.

[1991, c. 64, a. 2535].

and that event happens but no arrangement is made.

[1991, c. 64, a. 2535].

2536. Le courtier doit la prime à l'assureur lorsque la police est obtenue par son intermédiaire; sinon, elle est due par l'assuré.

[1991, c. 64, a. 2536].

■ C.C.Q., 2544.

2536. Where a marine policy is effected on behalf of the insured by a broker, the broker is responsible to the insurer for the premium. In other cases, the insured is responsible.

[1991, c. 64, a. 2536].

2537. L'assureur est redevable des sommes exigibles envers l'assuré. Lors d'un sinistre ou d'une ristourne de la prime, l'assureur doit ces sommes à l'assuré, qu'il ait ou non perçu la prime du courtier.

[1991, c. 64, a. 2537].

2537. The insurer is responsible to the insured for the amounts payable. In the event of a loss or return of premium, the insurer is responsible to the insured for such amounts whether or not he has collected the premium from the broker.

[1991, c. 64, a. 2537].

2538. L'assureur est tenu de restituer la prime quand la contrepartie du paiement de celle-ci fait totalement défaut et qu'il n'y a eu ni fraude ni illégalité de la part de l'assuré.

Si la contrepartie du paiement de la prime est divisible et qu'une fraction de cette contrepartie fait totalement défaut, l'assureur est également tenu, aux mêmes conditions, de restituer la prime, en proportion de l'absence de contrepartie.

[1991, c. 64, a. 2538].

2538. Where the consideration for the payment of the premium totally fails and there has been no fraud or illegality on the part of the insured, the premium is returnable to the insured.

Where the consideration for the payment of the premium is apportionable and there is a total failure of any apportionable part of the consideration, a proportionable part of the premium is, under the same conditions, returnable to the insured.

[1991, c. 64, a. 2538].

Note : Sur l'emploi des termes « contrepartie »/« *consideration* », comp. a. 1842. / In respect of the use of the terms "consideration" / « *contrepartie* », comp. a. 1842.

■ C.C.Q., 1519.

2539. Lorsque la police est nulle ou qu'elle est annulée par l'assureur avant le commencement du risque, ce dernier doit restituer la prime, pourvu qu'il n'y ait eu ni fraude ni illégalité de la part de l'assuré; toutefois, lorsque le risque n'est pas divisible et qu'il a commencé à courir, cette restitution n'est pas due.

[1991, c. 64, a. 2539].

2539. Where the policy is null or is cancelled by the insurer before the commencement of the risk, the premium is returnable provided there has been no fraud or illegality on the part of the insured; but if the risk is not apportionable, and has once attached, the premium is not returnable.

[1991, c. 64, a. 2539].

2540. Il y a lieu à une ristourne intégrale lorsque les biens assurés n'ont jamais été exposés au risque; il y a lieu à une ristourne partielle lorsqu'une partie seule-

2540. Where the insured property, or part thereof, has never been imperilled, the premium, or a proportionate part thereof, is returnable.

ment des biens assurés n'a pas été exposée au risque.

Toutefois, en assurance sur bonnes ou mauvaises nouvelles, lorsque les biens assurés étaient déjà arrivés à destination en bon état, au moment de la conclusion du contrat, il n'y a lieu à une ristourne que si l'assureur était déjà au courant de la bonne arrivée.

[1991, c. 64, a. 2540].

Where the property has been insured "lost or not lost" and has arrived in safety at the time when the contract is concluded, the premium is not returnable unless, at such time, the insurer knew of the safe arrival.

[1991, c. 64, a. 2540].

2541. Il y a lieu à une ristourne lorsque l'assuré n'a eu aucun intérêt d'assurance pendant toute la durée du risque et qu'il ne s'agit pas d'un contrat de jeu ou de pari.

Cependant, il n'a pas ce droit lorsque l'intérêt d'assurance est annulable et qu'il prend fin pendant la durée du risque.

[1991, c. 64, a. 2541].

2541. Where the insured has no insurable interest throughout the currency of the risk, the premium is returnable, provided the contract was not effected by way of gaming or wagering.

Where the insured has an interest subject to annulment which is terminated during the currency of the risk, the premium is not returnable.

[1991, c. 64, a. 2541].

▌ C.C.Q., 2481, 2484, 2511-2517.

2542. L'assurance souscrite pour un montant supérieur à la valeur du bien, dans un contrat à valeur indéterminée, donne lieu à une restitution proportionnelle de la prime.

Il en est de même de la surassurance résultant du cumul de contrats, survenue hors de la connaissance de l'assuré. Toutefois, lorsque les contrats ont pris effet à des époques différentes et qu'un des contrats, à un moment donné, a couvert seul l'intégralité du risque, ou si, encore, une indemnité a été acquittée par l'assureur en regard du plein montant de l'assurance, il n'y a pas lieu à la restitution de la prime de ce contrat.

[1991, c. 64, a. 2542].

2542. Where the insured has over-insured under an unvalued contract, a proportionate part of the premium is returnable.

The same applies in the case of over-insurance resulting from several contracts, if effected without the knowledge of the insured. But if the contracts have become effective at different times, and any of the contracts has, at any time, borne the entire risk or if a claim has been paid by the insurer in respect of the full sum insured thereby, no premium is returnable in respect of that contract.

[1991, c. 64, a. 2542].

▌ C.C.Q., 2491, 2492, 2621.

2543. Le courtier a le droit de retenir la police pour le montant de la prime et des frais engagés pour la souscription de la police.

Lorsque le courtier a fait affaire avec une personne comme si cette dernière agissait pour son propre compte, il a également le droit de retenir la police pour le solde de tout compte d'assurance qui peut lui être

2543. The broker has a right of retention upon the policy for the amount of the premium and his charges in respect of effecting the policy.

Where the broker has dealt with a person as if that person were a principal, he also has a right of retention upon the policy in respect of any balance on any insurance account which may be due to him from

dû par cette personne, à moins qu'au moment où la dette a été contractée, il n'ait eu de bonnes raisons de croire que cette personne n'agissait que pour le compte d'autrui.

[1991, c. 64, a. 2543].

▌ C.C.Q., 1592, 1593, 2433.

such person, unless, when the debt was incurred, he had reason to believe that such person was only acting on behalf of another.

[1991, c. 64, a. 2543].

2544. Lorsque la police obtenue par un courtier mentionne que la prime a été payée, cette mention, en l'absence de fraude, fait foi entre l'assureur et l'assuré, mais non entre l'assureur et le courtier.

[1991, c. 64, a. 2544].

▌ C.C.Q., 2536.

2544. Where a policy effected by a broker acknowledges the receipt of the premium, the acknowledgement is, in the absence of fraud, conclusive as between the insurer and the insured, but not as between the insurer and the broker.

[1991, c. 64, a. 2544].

§ 6. — Des déclarations

§ 6. — Disclosure and representations

2545. La formation du contrat d'assurance maritime nécessite la plus* absolue bonne foi.

Si celle-ci n'est pas observée par l'une des parties, l'autre peut demander la nullité du contrat.

[1991, c. 64, a. 2545].

2545. A contract of marine insurance is a contract based upon the utmost good faith.

If the utmost good faith is not observed by either party, the other party may bring an action for the annulment of the contract.

[1991, c. 64, a. 2545].

Note : Y a-t-il des degrés dans l'absolu? / Can the "absolu" be a matter of degree?

▌ C.C.Q., 6, 7, 1375, 1416, 2805.

2546. L'assuré doit, avant la formation du contrat, déclarer toutes les circonstances qu'il connaît et qui sont de nature à influencer de façon importante un assureur dans l'établissement de la prime, l'appréciation du risque ou la décision de l'accepter; ces déclarations doivent être vraies.

L'obligation de déclaration s'étend aux communications qui ont été faites à l'assuré et aux renseignements reçus par lui.

[1991, c. 64, a. 2546].

▌ C.C.Q., 2408, 2409.

2546. The insured shall disclose to the insurer, before the formation of the contract, all circumstances known to him which would materially influence an insurer in fixing the premium, appreciating the risk or determining whether he will take it; the insured shall make only true representations.

Circumstances requiring disclosure include any communication made to or information received by the insured.

[1991, c. 64, a. 2546].

2547. S'il n'est pas interrogé, l'assuré n'est pas tenu de déclarer les circonstances qui ont pour effet de réduire le risque, de

2547. In the absence of inquiry, the insured need not disclose circumstances which diminish the risk and circumstances

même que celles qu'il est superflu de déclarer en raison d'engagements exprès ou implicites.

De même, il n'est pas tenu de déclarer ce qui est de notoriété, ni les circonstances que l'assureur connaît ou sur lesquelles il renonce à être informé.

[1991, c. 64, a. 2547].

■ C.C.Q., 2408, 2550.

2548. Les déclarations portant sur des faits sont réputées vraies lorsque la différence entre la réalité et ce qui est déclaré n'est pas de nature à influencer, de façon importante, le jugement d'un assureur.

Les déclarations exprimant des attentes ou des croyances sont réputées vraies lorsqu'elles sont faites de bonne foi.

[1991, c. 64, a. 2548].

2549. Lorsque l'assurance est conclue par un représentant de l'assuré, le représentant est soumis aux mêmes obligations que l'assuré quant aux déclarations à faire.

Toutefois, on ne peut pas lui imputer d'omission lorsque les circonstances sont arrivées trop tard à la connaissance de l'assuré pour lui être communiquées.

[1991, c. 64, a. 2549].

2550. L'assuré et l'assureur, de même que leurs représentants, sont réputés connaître toutes les circonstances qui, dans le cours de leurs activités, devraient être connues d'eux.

[1991, c. 64, a. 2550].

2551. Les déclarations peuvent être rectifiées ou retirées avant la formation du contrat.

[1991, c. 64, a. 2551].

2552. Toute omission ou fausse déclaration de la part de l'assuré entraîne la nullité du contrat à la demande de l'assureur, même en ce qui concerne les pertes et

which it is superfluous to disclose by reason of an express or implied warranty.

Similarly, the insured need not disclose matters of common notoriety or circumstances which are known to the insurer or as to which information is waived by the insurer.

[1991, c. 64, a. 2547].

2548. A representation as to a matter of fact is deemed true if the difference between what is represented and what is actually correct would not materially influence the judgment of an insurer.

A representation as to a matter of expectation or belief is deemed true if it is made in good faith.

[1991, c. 64, a. 2548].

2549. Where insurance is effected for an insured by a person acting on behalf of the insured, that person is subject to the same obligations as the insured with respect to representations and disclosures.

The person acting on behalf of the insured may not be held responsible for the non-disclosure of circumstances which come to the knowledge of the insured too late to be communicated to him.

[1991, c. 64, a. 2549].

2550. The insured and the insurer as well as persons acting on their behalf are deemed to know every circumstance which, in the ordinary course of business, they ought to know.

[1991, c. 64, a. 2550].

2551. A representation may be withdrawn or corrected before the formation of the contract.

[1991, c. 64, a. 2551].

2552. If the insured fails to make a disclosure or if a representation made by him is untrue, the insurer may apply for annulment of the contract, even with respect to

dommages qui ne sont pas rattachés aux risques ainsi dénaturés.

[1991, c. 64, a. 2552].

▌ C.C.Q., 2067, 2411, 2423, 2472.

losses or damage not connected with the risks misrepresented or not disclosed.

[1991, c. 64, a. 2552].

§ 7. — Des engagements

§ 7. — Warranties

2553. Il y a engagement lorsque l'assuré affirme ou nie l'existence d'un certain état de fait ou lorsqu'il s'oblige à ce qu'une chose soit faite ou ne soit pas faite ou que certaines conditions soient remplies.

L'affirmation ou la négation d'un état de fait sous-entend nécessairement que cet état ne variera pas.

[1991, c. 64, a. 2553].

▌ C.C.Q., 1373.

2553. A warranty is an undertaking by the insured whereby he affirms or negatives the existence of a particular state of facts or promises that some particular thing will or will not be done or that some condition will be fulfilled.

The affirmation or negation of a particular state of facts necessarily implies that such state of facts will not vary.

[1991, c. 64, a. 2553].

2554. Les engagements doivent être respectés intégralement, qu'ils soient susceptibles ou non d'influencer de façon importante le jugement d'un assureur.

S'ils ne sont pas ainsi respectés, l'assureur est libéré de ses obligations, à compter de la violation de l'engagement, quant à tout sinistre qui survient ultérieurement; l'assuré ne peut invoquer en défense le fait qu'il a été remédié à la violation et que l'on s'est conformé à l'engagement avant le sinistre.

[1991, c. 64, a. 2554].

2554. A warranty shall be exactly complied with whether or not it may materially influence the judgment of an insurer.

Where a warranty is not complied with, the insurer is discharged from liability as from the date of the breach of warranty with respect to any loss which occurs subsequently; the insured may not avail himself of the defence that the breach has been remedied, and the warranty complied with, before the loss.

[1991, c. 64, a. 2554].

2555. L'assuré n'est pas obligé de respecter les engagements qui sont devenus illégaux ou qui, en raison d'un changement de circonstances, ne sont plus pertinents au contrat.

[1991, c. 64, a. 2555].

▌ C.C.Q., 1373, 2564.

2555. The insured is not required to comply with a warranty which has become unlawful or which has ceased, by reason of a change of circumstances, to be applicable to the circumstances of the contract.

[1991, c. 64, a. 2555].

2556. L'engagement peut être exprès ou implicite. L'engagement exprès n'est soumis à aucune forme particulière, mais il doit figurer dans la police ou dans un document qui y est intégré par un avenant.

Un engagement exprès n'exclut pas un en-

2556. A warranty may be express or implied. An express warranty may be in any form of words but shall be written in the policy or contained in a document incorporated into the policy by way of a rider.

An express warranty does not exclude an

lieu de départ qui y est indiqué, l'opération maritime commencera, néanmoins, dans un délai raisonnable.

Si tel n'est pas le cas, le contrat peut être annulé à la demande de l'assureur, à moins que l'assuré ne démontre que le retard était dû à des circonstances connues de l'assureur avant la conclusion du contrat.

[1991, c. 64, a. 2565].

▌ C.C.Q., 2078, 2522, 2550, 2572.

2566. Lorsque le navire prend la mer d'un lieu de départ autre que celui indiqué au contrat, le risque n'est pas assuré.

Il en est de même lorsque le navire, au départ, prend la mer pour une destination autre que celle indiquée au contrat.

[1991, c. 64, a. 2566].

II —
Du changement de voyage

2567. Il y a changement de voyage dès que se manifeste, après le début du risque, la décision de changer volontairement la destination du navire de celle indiquée au contrat.

L'assureur est libéré de ses obligations dès ce changement, que l'itinéraire ait ou non, en fait, été changé au moment du sinistre.

[1991, c. 64, a. 2567].

III — **Du déroutement**

2568. Il y a déroutement lorsque le navire s'écarte effectivement de l'itinéraire indiqué au contrat ou, lorsque aucun itinéraire n'étant indiqué, il s'écarte de l'itinéraire habituel.

L'assureur est libéré de ses obligations, dès qu'il y a déroutement sans excuse légitime, que le navire ait ou non repris son itinéraire avant le sinistre.

[1991, c. 64, a. 2568].

ture specified therein, the adventure will nevertheless commence within a reasonable time.

If the adventure is not so commenced, the insurer may apply for the annulment of the contract unless the insured shows that the delay was caused by circumstances known to the insurer before the contract was made.

[1991, c. 64, a. 2565].

2566. Where the ship sails from a place other than the place of departure specified in the contract the risk does not attach.

The same applies where the ship sails for a destination other than that specified in the contract.

[1991, c. 64, a. 2566].

II — **Change of voyage**

2567. There is a change of voyage from such time as, after the commencement of the risk, the determination to voluntarily change the destination specified in the contract is manifested.

The insurer is discharged from liability from the time of the change whether or not the course has in fact been changed when the loss occurs.

[1991, c. 64, a. 2567].

III — **Deviation**

2568. There is a deviation where the ship departs in fact from the course specified in the contract or, if none is specified, where the usual and customary course is departed from.

The insurer is discharged from liability from the time of a deviation without lawful excuse, whether or not the ship has regained her route before any loss occurs.

[1991, c. 64, a. 2568].

2569. Lorsque le contrat indique plusieurs lieux de déchargement, il n'est pas obligatoire que le navire se rende à tous ces lieux.

Toutefois, en l'absence d'usage contraire ou d'excuse légitime, il doit se rendre aux lieux qu'il touchera, en suivant l'ordre indiqué au contrat, sans quoi il y a déroutement.

[1991, c. 64, a. 2569].

2570. Lorsque le contrat désigne les lieux de déchargement d'une région, généralement et sans les nommer, le navire doit, en l'absence d'usage contraire† ou d'excuse légitime, se rendre aux lieux qu'il touchera dans l'ordre géographique, sans quoi il y a déroutement.

[1991, c. 64, a. 2570].

IV — Du retard

2571. Lorsque le contrat est au voyage, l'opération maritime doit être poursuivie avec diligence†; si, sans excuse légitime, elle ne se poursuit pas ainsi, l'assureur est libéré de ses obligations à compter du moment où l'absence de diligence† devient manifeste.

[1991, c. 64, a. 2571].

Note : Comp. a. 2573.

V — Des retards et des déroutements excusables

2572. Les déroutements et les retards dans la poursuite du voyage sont excusés lorsqu'ils sont autorisés par le contrat ou qu'ils sont rendus nécessaires pour respecter un engagement prévu† au contrat; ils le sont, aussi, lorsqu'ils sont causés par des circonstances qui échappent au contrôle du capitaine et de son employeur ou qu'ils sont rendus nécessaires pour la sécurité des biens assurés.

Ils sont également excusés lorsqu'il s'agit de sauver des vies humaines ou de rendre des services de sauvetage à un navire en

2569. Where several places of discharge are specified in the contract, the ship may proceed to all or any of them.

In the absence of any usage or lawful excuse to the contrary, the ship shall proceed to such of the places as she goes to in the order specified in the contract; if she does not, there is a deviation.

[1991, c. 64, a. 2569].

2570. Where several places of discharge within a given area are referred to in the contract in general terms but are not named, the ship shall, in the absence of any usage or lawful excuse to the contrary†, proceed to such of them as she goes to in their geographical order; if she does not, there is a deviation.

[1991, c. 64, a. 2570].

IV — Delay

2571. In the case of a voyage contract, the adventure shall be prosecuted with dispatch† and, if without lawful excuse it is not so prosecuted, the insurer is discharged from liability from the time when the lack of dispatch† becomes manifest.

[1991, c. 64, a. 2571].

V — Excuses for deviation or delay

2572. Deviation or delay in prosecuting the voyage is excused where authorized by the contract or necessary in order to comply with an express or implied† warranty or where caused by circumstances beyond the control of the master and his employer or necessary for the safety of the insured property.

Deviation or delay is also excused where it occurs for the purpose of saving human life or aiding a ship in distress where

détresse, à bord duquel des vies humaines peuvent être en danger, ou qu'ils sont nécessaires en vue de procurer des soins médicaux ou chirurgicaux à une personne à bord du navire, ou encore lorsqu'ils sont causés par la baraterie du capitaine ou de l'équipage, à condition que la baraterie soit un risque assuré.

[1991, c. 64, a. 2572].

▌ C.C.Q., 1471, 2072.

human life may be in danger or where necessary for the purpose of obtaining medical or surgical aid for any person on board the ship, or where caused by the barratrous conduct of the master or crew, provided barratry is one of the perils insured against.

[1991, c. 64, a. 2572].

2573. Lorsque la cause excusant le déroutement ou le retard disparaît, le navire doit, avec diligence, reprendre son itinéraire et poursuivre son voyage.

[1991, c. 64, a. 2573].

2573. When the cause excusing the deviation or delay ceases to operate, the ship shall resume her course, and prosecute her voyage with reasonable dispatch.

1991, c. 64, a. 2573].

2574. L'assureur n'est pas libéré de ses obligations lorsque, par suite de la réalisation d'un risque couvert par l'assurance, le voyage est interrompu dans un lieu intermédiaire, dans des circonstances qui, à moins de stipulation particulière dans le contrat d'affrètement, autorisent le capitaine à débarquer et à rembarquer les marchandises ou autres biens meubles ou à les transborder et à les envoyer à leur destination.

[1991, c. 64, a. 2574].

2574. Where, by the occurrence of an event insured against, the voyage is interrupted at an intermediate place under such circumstances as, apart from any special stipulation in the contract of affreightment, to justify the master in landing and reshipping the goods or other movables, or in transhipping them, and sending them on to their destination, the liability of the insurer continues.

[1991, c. 64, a. 2574].

§ 9. —— De la déclaration du sinistre, des pertes et des dommages

§ 9. —— Notice of loss

2575. La déclaration d'un sinistre obéit aux règles applicables à l'assurance terrestre de dommages.

[1991, c. 64, a. 2575].

▌ C.C.Q., 2470-2474.

2575. The notice of loss is governed by the rules applicable in non-marine damage insurance.

[1991, c. 64, a. 2575].

2576. L'assureur n'est tenu que des pertes et des dommages résultant directement d'un risque couvert par la police.

Il est libéré de ses obligations lorsque ces pertes et dommages résultent de la faute[1] intentionnelle de l'assuré, mais il ne l'est pas s'ils résultent de la faute[1] du capitaine ou de l'équipage.

[1991, c. 64, a. 2576].

2576. The insurer is liable only for losses directly caused by a peril insured against.

The insurer is not liable for any such loss caused by the wilful misconduct[1] of the insured, but he is liable if it is caused by the misconduct[1] of the master or crew.

[1991, c. 64, a. 2576].

Note 1 : Comp. a. 1457.

▌ C.C.Q., 1474, 2464.

2577. L'assureur du navire ou des marchandises est libéré de ses obligations lorsque les pertes et dommages résultent directement du retard, même si le retard est imputable à la réalisation d'un risque couvert.

Il l'est également si les dommages causés aux machines ne résultent pas directement d'un péril de la mer ou si les pertes et les dommages proviennent directement du fait des rats et de la vermine, de l'usure, du coulage et du bris qui se produisent normalement au cours d'un voyage, ou de la nature même du bien assuré ou de son vice propre.

[1991, c. 64, a. 2577].

▌ C.C.Q., 2072, 2465, 2507, 2571.

2577. The insurer on ship or goods is not liable for any loss directly caused by delay, although the delay may be attributable to the occurrence of an event insured against.

The insurer is not liable for any injury to machinery not directly caused by maritime perils nor for any loss directly caused by rats or vermin, nor for ordinary wear and tear, leakage and breakage during a voyage, or inherent defect or nature of the insured property.

[1991, c. 64, a. 2577].

2578. Le préjudice subi par l'assuré peut être soit une avarie, soit la perte totale des biens assurés.

Les pertes totales sont réelles ou implicites.

Seules les pertes visées au présent paragraphe peuvent être considérées comme des pertes totales.

[1991, c. 64, a. 2578].

2578. A loss may be either total or partial.

A total loss may be either an actual total loss or a constructive total loss.

Only a loss contemplated by this subsection may be considered a total loss.

[1991, c. 64, a. 2578].

2579. L'assurance contre les pertes totales comprend tant celles qui sont réelles que celles qui sont implicites, à moins que les conditions du contrat n'autorisent des conclusions différentes.

[1991, c. 64, a. 2579].

2579. Unless a different intention appears from the terms of the policy, an insurance against total loss includes a constructive total loss as well as an actual total loss.

[1991, c. 64, a. 2579].

2580. La perte est totale et réelle lorsque l'assuré est irrémédiablement privé du bien assuré ou que celui-ci est détruit ou endommagé à un point tel qu'il perd son identité. Elle est présumée telle lorsque le navire a disparu et qu'on n'a pas reçu de ses nouvelles pendant une période de temps raisonnable.

[1991, c. 64, a. 2580].

▌ C.C.Q., 2587.

2580. There is an actual total loss where the insured is irretrievably deprived of the insured property or where it is destroyed or so damaged as to cease to be a thing of the kind insured. An actual total loss may be presumed where the ship is missing and no news of her has been received for a reasonable period of time.

[1991, c. 64, a. 2580].

2581. La perte est totale et implicite lorsque le bien assuré est abandonné et qu'il l'a été parce que la perte totale réelle paraissait inévitable ou qu'elle ne pouvait être évitée qu'en engageant des frais excédant la valeur du bien assuré.

2581. There is a constructive total loss where the insured property is abandoned on account of its actual total loss appearing to be unavoidable, or because it could not be preserved from actual total loss without an expenditure which would exceed the value of the insured property.

Elle l'est également lorsque l'assuré est privé de la possession du bien assuré, en raison de la réalisation d'un risque couvert par l'assurance, et qu'il est soit improbable qu'il puisse recouvrer le bien, soit trop onéreux de le tenter; elle l'est encore lorsque le bien est endommagé et qu'il serait trop onéreux de le réparer.

[1991, c. 64, a. 2581].

There is also a constructive total loss where the insured is deprived of the possession of the insured property by a peril insured against and it is either unlikely that he can recover it, or too costly to attempt to do so; there is also constructive total loss where repairing the damage to the insured property would be too costly.

[1991, c. 64, a. 2581].

▌ C.C.Q., 2507.

2582. Le recouvrement ou la réparation est présumé trop onéreux lorsque le coût excéderait la valeur du bien au moment où il serait fait, ou lorsque les frais à engager pour la réparation des biens† et leur envoi à destination excéderaient leur valeur à l'arrivée ou lorsque les frais à engager pour la réparation du navire excéderaient sa valeur une fois réparé.

[1991, c. 64, a. 2582].

2582. Recovery or repair is presumed to be too costly where the cost would exceed the value of the insured property at the time the expense was incurred or where the cost of repairing the damage and forwarding the goods† to their destination would exceed their value on arrival or where the cost of repairing the damage to the ship would exceed the value of the ship when repaired.

[1991, c. 64, a. 2582].

Note : Comp. a. 2563(1).

2583. Les contributions d'avarie commune à percevoir d'un tiers pour la réparation d'un navire ne sont pas comptées pour calculer les frais à engager pour cette réparation.

2583. In estimating the cost of repairs, no deduction is to be made in respect of general average contributions to those repairs payable by other interests.

Cependant, on tient compte des frais d'opération de sauvetage et des contributions d'avarie commune auxquels serait tenu le navire s'il était réparé.

[1991, c. 64, a. 2583].

However, account is to be taken of the expense of future salvage operations and of any future general average contributions to which the ship would be liable if repaired.

[1991, c. 64, a. 2583].

▌ C.C.Q., 2599.

2584. L'assuré a le choix de considérer les pertes totales implicites soit comme des avaries, soit, en délaissant les biens assurés à l'assureur, comme des pertes totales réelles.

[1991, c. 64, a. 2584].

2584. Where there is a constructive total loss, the insured may either treat the loss as a partial loss, or abandon the insured property to the insurer and treat the loss as if it were an actual total loss.

[1991, c. 64, a. 2584

▌ C.C.Q., 2578.

2585. Lorsque l'assuré intente une action pour une perte totale et que la preuve révèle qu'il n'y a eu qu'avarie, il a quand même le droit d'être indemnisé pour le préjudice subi, à destination, à moins que le contrat ne couvre pas les avaries.

[1991, c. 64, a. 2585].

❚ C.C.Q., 2578.

2585. Where the insured brings an action for a total loss and the evidence proves only a partial loss, he may nevertheless recover for a partial loss, unless partial losses are not covered by the contract.

[1991, c. 64, a. 2585].

2586. L'impossibilité d'identifier les marchandises, à destination, pour quelque raison que ce soit et notamment par suite de l'oblitération des marques, ne donne droit qu'à une action d'avaries.

[1991, c. 64, a. 2586].

❚ C.C.Q., 2072, 2578.

2586. Where goods that have reached their destination are incapable of identification by reason of obliteration of marks or otherwise, the insured has a right of action for partial loss only.

[1991, c. 64, a. 2586].

§ 10. ⸺ Du délaissement

§ 10. ⸺ Abandonment

2587. L'assuré qui choisit de délaisser le bien assuré doit donner un avis de délaissement; il est dispensé de donner l'avis lorsque la perte est totale et réelle. Autrement, il n'a droit qu'à une action d'avaries.

[1991, c. 64, a. 2587].

❚ C.C.Q., 2578, 2580, 2584, 2590.

2587. Where the insured elects to abandon the insured property, he shall give notice of abandonment, except in the case of total actual loss. If he fails to do so, he has a right of action for partial loss only.

[1991, c. 64, a. 2587].

2588. Il n'y a aucune exigence particulière quant à la forme ou à la teneur de l'avis de délaissement, mais l'intention de l'assuré d'effectuer un délaissement sans condition doit être manifeste.

[1991, c. 64, a. 2588].

2588. There are no special requirements as to the form or substance of the notice of abandonment but the insured shall make his intention to effect unconditional abandonment manifest.

[1991, c. 64, a. 2588].

2589. L'avis de délaissement doit être donné avec diligence, dès que l'assuré est informé, de sources dignes de foi, de la survenance d'un sinistre.

Cependant, lorsque la nature des renseignements est douteuse, l'assuré a droit à un délai raisonnable pour faire enquête.

[1991, c. 64, a. 2589].

2589. Notice of abandonment shall be given with diligence after the receipt of reliable information of the loss.

Where the information is of a doubtful character the insured is entitled to a reasonable time to make inquiry.

[1991, c. 64, a. 2589].

2590. L'avis de délaissement n'est pas nécessaire si, au moment où l'assuré a été mis au courant de la perte, l'assureur n'au-

2590. Notice of abandonment is unnecessary if, at the time the insured receives information of the loss, there would be no

rait pu de toute façon tirer aucun avantage du délaissement, même si l'avis lui avait été donné.

[1991, c. 64, a. 2590].

▌ C.C.Q., 2587.

2591. L'assureur n'est pas tenu de donner un avis du délaissement à son réassureur.

[1991, c. 64, a. 2591].

2592. L'assureur peut accepter ou refuser le délaissement qui lui est valablement offert. Il peut aussi renoncer à l'avis de délaissement.

L'acceptation du délaissement est expresse ou découle de la conduite de l'assureur, mais son silence ne constitue pas une acceptation.

[1991, c. 64, a. 2592].

▌ C.C.Q., 1394.

2593. L'acceptation de l'avis en justifie la validité, rend le délaissement irrévocable et comporte reconnaissance de la part de l'assureur de son obligation d'indemniser l'assuré.

[1991, c. 64, a. 2593].

2594. L'assureur qui accepte le délaissement devient propriétaire, à compter du sinistre, tant de l'intérêt de l'assuré dans tout ce qui peut subsister du bien assuré que des droits qui y sont afférents. Il assume, en même temps, les obligations qui s'y rattachent.

L'assureur qui a accepté le délaissement d'un navire a droit au fret gagné après le sinistre, déduction faite des frais engagés, après le sinistre, pour le gagner. De plus, quand le navire transporte les marchandises du propriétaire du navire, l'assureur a droit à une rémunération raisonnable pour le transport effectué après le sinistre.

[1991, c. 64, a. 2594].

▌ C.C.Q., 2002, 2019, 2509.

2595. Le refus de l'assureur d'accepter le délaissement, alors même que l'avis en a été valablement donné, ne porte pas atteinte aux droits de l'assuré, notamment à

possibility of benefit to the insurer if notice were given to him.

[1991, c. 64, a. 2590].

2591. The insurer need not give notice of the abandonment to his reinsurer.

[1991, c. 64, a. 2591].

2592. The insurer may either accept or refuse an abandonment validly tendered. He may also waive notice of abandonment.

The acceptance of an abandonment may be either express or implied* from the conduct of the insurer, but the mere silence of the insurer is not an acceptance.

[1991, c. 64, a. 2592].

2593. The acceptance of the notice admits sufficiency of the notice, renders the abandonment irrevocable and conclusively admits the insurer's liability for the insured's loss.

[1991, c. 64, a. 2593].

2594. Where the insurer accepts the abandonment, he becomes, from the time of the loss, the owner of the interest of the insured in whatever may remain of the insured property and all rights and obligations incidental thereto.

An insurer who has accepted the abandonment of a ship is entitled to any freight earned after the loss, less the expenses of earning it incurred after the loss. And, where the ship is carrying the ship owner's goods, the insurer is entitled to a reasonable remuneration for the carriage of them subsequent to the loss.

[1991, c. 64, a. 2594].

2595. Where the notice of abandonment is properly given, the rights of the insured, particularly the right of recovery for a constructive total loss, are not prejudiced by

celui d'être indemnisé pour une perte totale implicite.

the fact that the insurer refuses to accept the abandonment.

L'assuré conserve son intérêt dans tout ce qui peut subsister du bien assuré, ainsi que les droits et les obligations qui s'y rattachent, même si l'assureur l'indemnise des pertes et des dommages qui ont donné lieu au délaissement.

[1991, c. 64, a. 2595].

▌C.C.Q., 2581, 2584.

The insured retains his interest in whatever may remain of the insured property and all incidental rights and obligations, even if the insurer indemnifies him for the loss or damage which gave rise to the abandonment.

[1991, c. 64, a. 2595].

§ 11. — Des espèces d'avaries

§ 11. — Kinds of average loss

2596. Ne sont considérées comme avaries particulières que les avaries matérielles causées par la réalisation d'un risque assuré et qui ne résultent pas d'un fait d'avarie commune.

[1991, c. 64, a. 2596].

2596. A particular average loss is a partial loss of the insured property, caused by a peril insured against, and which is not a general average loss.

[1991, c. 64, a. 2596].

2597. Les avaries-frais sont les frais engagés par l'assuré, ou pour son compte, pour la préservation ou la sécurité du bien assuré, à l'exclusion des frais d'avarie commune et de sauvetage.

Elles ne sont pas comprises dans les avaries particulières.

[1991, c. 64, a. 2597].

2597. Expenses incurred by or on behalf of the insured for the preservation or safety of the insured property, other than general average and salvage charges, are called particular charges.

Particular charges are not included in particular average.

[1991, c. 64, a. 2597].

2598. Les frais de sauvetage engagés pour prévenir des pertes et des dommages résultant de la réalisation d'un risque assuré peuvent être recouvrés comme une perte causée par ces risques.

On entend par frais de sauvetage, les frais qui, en vertu du droit maritime, peuvent être recouvrés par un sauveteur agissant sans contrat de sauvetage. Ils ne comprennent pas les frais pour les services de sauvetage rendus par l'assuré ou son mandataire†, ou par toute autre personne employée par eux, à seule fin d'éviter la réalisation du risque, à moins que ces frais ne soient justifiés, auquel cas ils peuvent être recouvrés à titre d'avaries-frais ou de pertes par avarie commune, compte tenu des circonstances dans lesquelles ils ont été engagés.

[1991, c. 64, a. 2598].

▌C.C.Q., 2487, 2583, 2612.

2598. Salvage charges incurred in preventing a loss by perils insured against may be recovered as a loss by those perils.

"Salvage charges" means the charges recoverable under maritime law by a salvor independently of contract. They do not include the expenses of services in the nature of salvage rendered by the insured or by persons acting on his behalf†, or any person employed for hire by them, for the sole purpose of averting a peril insured against, unless such expenses are properly incurred, in which case they may be recovered as particular charges or as a general average loss, according to the circumstances in which they were incurred.

[1991, c. 64, a. 2598].

2599. La perte par avarie commune est celle qui résulte d'un fait d'avarie commune.

Il y a fait d'avarie commune lorsqu'un sacrifice ou une dépense extraordinaire est volontairement et raisonnablement consenti à un moment périlleux, dans le but de préserver les biens en péril.

[1991, c. 64, a. 2599].

▌ C.C.Q., 2487, 2583, 2612.

2600. Sous réserve des règles du droit maritime, la perte par avarie commune donne le droit, à la partie qui la subit, d'exiger une contribution proportionnelle des autres intéressés; cette contribution est dite contribution d'avarie commune.

[1991, c. 64, a. 2600].

2601. L'assuré qui a engagé une dépense d'avarie commune peut se faire indemniser par l'assureur, dans la mesure et la proportion de la perte qui lui incombe; celui qui a consenti un sacrifice d'avarie commune peut se faire indemniser par l'assureur de la totalité de la perte qu'il a subie, sans être tenu d'exiger une contribution des autres parties.

[1991, c. 64, a. 2601].

2602. L'assureur n'est pas tenu d'indemniser les pertes par avarie commune ou les contributions à leur égard si les dommages n'ont pas été subis dans le but d'éviter la réalisation d'un risque couvert ou s'ils ne se rattachent pas à des mesures prises pour l'éviter.

[1991, c. 64, a. 2602].

▌ C.C.Q., 2576.

2603. Lorsque le navire, le fret, les marchandises ou d'autres biens meubles, ou au moins deux d'entre eux, sont la propriété d'un même assuré, la responsabilité de l'assureur, en ce qui concerne les pertes par avarie commune ou les contributions à leur égard, est établie comme si les biens appartenaient à des personnes différentes.

[1991, c. 64, a. 2603].

2599. A general average loss is a loss caused by a general average act.

There is a general average act where any extraordinary sacrifice or expense is intentionally and reasonably made or incurred in time of peril for the purpose of preserving the property imperilled.

[1991, c. 64, a. 2599].

2600. Where there is a general average loss, the party on whom it falls is entitled, subject to the conditions imposed by maritime law, to a rateable contribution from other interested persons, and such contribution is called a general average contribution.

[1991, c. 64, a. 2600].

2601. Where the insured has incurred a general average expenditure, he may recover from the insurer in respect of the proportion of the loss which falls upon him, if any; in the case of a general average sacrifice, he may recover from the insurer in respect of the whole loss without having enforced his right of contribution from the other parties.

[1991, c. 64, a. 2601].

2602. The insurer is not liable for any general average loss or contribution where the loss was not incurred for the purpose of avoiding, or in connection with the avoidance of, a peril insured against.

1991, c. 64, a. 2602].

2603. Where the ship, freight, and cargo, or other movable property, or any two of them, are owned by the same insured, the liability of the insurer in respect of general average losses or contributions is to be determined as if those properties were owned by different persons.

[1991, c. 64, a. 2603].

§ 12. —— Du calcul de l'indemnité

§ 12. —— Measure of indemnity

2604. L'indemnité exigible se calcule en fonction de la pleine valeur assurable, si le contrat est à valeur indéterminée, ou en fonction de la somme fixée au contrat, si celui-ci est à valeur agréée.

[1991, c. 64, a. 2604].

▌ C.C.Q., 2491, 2523, 2524.

2604. The measure of indemnity is the sum recoverable, to the full extent of the insurable value in the case of an unvalued policy or, in the case of a valued policy, to the full extent of the value fixed in the policy.

[1991, c. 64, a. 2604].

2605. Lorsqu'une perte ou une avarie donne le droit d'exiger une indemnité, l'assureur ou chacun d'eux, s'il y en a plusieurs, est tenu de payer une indemnité égale au rapport existant entre, d'une part, le montant de sa souscription et, d'autre part, soit la valeur fixée au contrat, si celui-ci est à valeur agréée, soit la valeur assurable, si le contrat est à valeur indéterminée.

[1991, c. 64, a. 2605].

2605. Where there is a loss recoverable under the contract, the insurer, or each insurer if there are more than one, is liable for such proportion of the measure of indemnity as the amount of his subscription bears to the value fixed in the policy in the case of a valued policy, or to the insurable value in the case of an unvalued policy.

[1991, c. 64, a. 2605].

2606. L'indemnité pour la perte totale est la somme fixée au contrat, s'il est à valeur agréée, ou la valeur assurable du bien assuré, si le contrat est à valeur indéterminée.

[1991, c. 64, a. 2606].

▌ C.C.Q., 2491, 2523, 2524, 2578.

2606. The measure of indemnity for a total loss is the sum fixed in the contract in the case of a valued policy, or the insurable value of the insured property in the case of an unvalued policy.

[1991, c. 64, a. 2606].

2607. L'indemnité due pour la perte de fret est déterminée par comparaison entre la valeur globale du fret assuré et celle du fret obtenu, le taux de dépréciation ainsi obtenu devant être appliqué sur la valeur agréée, le cas échéant, sinon sur la valeur assurable.

[1991, c. 64, a. 2607].

2607. Where freight is lost, the measure of indemnity is such proportion of the sum fixed in the policy, in the case of a valued policy, or of the insurable value, in the case of an unvalued policy, as the proportion of freight lost bears to the whole insured freight.

[1991, c. 64, a. 2607].

2608. L'avarie d'un navire donne droit aux indemnités qui suivent:

1° Lorsque le navire a été réparé, l'assuré a droit au coût raisonnable des réparations, moins les déductions habituelles, mais sans que l'indemnité puisse excéder, pour un sinistre, la somme assurée;

2608. Where a ship is damaged, but is not totally lost, the measure of indemnity is as follows:

(1) where the ship has been repaired, the insured is entitled to the reasonable cost of the repairs, less the customary deductions, but not exceeding the sum insured in respect of any one casualty;

2° Lorsque le navire n'a été que partiellement réparé, l'assuré a droit au coût raisonnable des réparations, calculé conformément au 1°; il a également le droit d'être indemnisé pour la dépréciation raisonnable résultant des dommages non réparés, sans toutefois que le montant total de l'indemnité puisse excéder le coût de la réparation de la totalité des dommages;

3° Lorsque le navire n'a pas été réparé et n'a pas été vendu dans son état d'avarie pendant la durée du risque, l'assuré a droit à une indemnité pour la dépréciation raisonnable résultant des dommages non réparés sans, toutefois, que l'indemnité puisse excéder le coût raisonnable et† la réparation de ces dommages, calculé conformément au 1°.

[1991, c. 64, a. 2608].

▌ C.C.Q., 2519.

2609. L'indemnité due pour la perte totale d'une partie des marchandises ou des autres biens meubles assurés par un contrat à valeur agréée est égale à la somme fixée au contrat, multipliée par le rapport existant entre la valeur assurable de la partie perdue et la valeur assurable du tout, ces deux valeurs étant établies de la même façon que s'il s'agissait d'un contrat à valeur indéterminée.

Celle due pour la perte totale d'une partie des biens assurés par un contrat à valeur indéterminée est la valeur assurable de la partie perdue, établie de la même façon que s'il s'agissait d'une perte totale de tous les biens.

[1991, c. 64, a. 2609].

2610. Lorsque la totalité ou une partie quelconque des marchandises ou des autres biens meubles assurés a été livrée à destination en état d'avarie, l'indemnité due est déterminée par comparaison entre la valeur brute à l'état sain et la valeur brute en état d'avarie, le taux de dépréciation ainsi obtenu devant être appliqué sur la valeur agréée, le cas échéant, sinon sur la valeur assurable.

On entend par valeur brute, le prix de gros au lieu de destination ou, à défaut, l'estimation de la valeur des biens en y ajou-

(2) where the ship has been only partially repaired, the insured is entitled to the reasonable cost of such repairs computed as in paragraph 1, and also to be indemnified for the reasonable depreciation arising from the unrepaired damage, provided that the aggregate amount does not exceed the cost of repairing the whole damage;

(3) where the ship has not been repaired, and has not been sold in her damaged state during the risk, the insured is entitled to be indemnified for the reasonable depreciation arising from the unrepaired damage, but not exceeding the reasonable cost of† repairing such damage, computed as in paragraph 1.

[1991, c. 64, a. 2608].

2609. Where part of the goods or other movable property insured by a valued contract is totally lost, the measure of indemnity is such proportion of the sum fixed in the contract as the insurable value of the part lost bears to the insurable value of the whole, ascertained as in the case of an unvalued contract.

Where part of the property insured by an unvalued contract is totally lost, the measure of indemnity is the insurable value of the part lost, ascertained as in case of total loss.

[1991, c. 64, a. 2609].

2610. Where the whole or any part of the goods or other movable property insured has been delivered damaged at its destination, the measure of indemnity is such proportion of the sum fixed or, as the case may be, of the insurable value, as the difference between the gross sound and damaged values bears to the gross sound value.

"Gross value" means the wholesale price at destination or, if there is no such price, the estimated value of the property with, in

tant, dans chaque cas, les droits acquittés à l'avance, ainsi que les frais de débarquement et le fret ou, pour les marchandises qui se vendent ordinairement en entrepôt, le prix en entrepôt.

[1991, c. 64, a. 2610].

either case, freight, landing charges and duty paid beforehand or, in the case of goods customarily sold in bond, the bonded price.

[1991, c. 64, a. 2610].

2611. La ventilation de la valeur assurée de biens de nature différente ayant fait l'objet d'une évaluation globale se fait en proportion de la valeur assurable de chaque groupe; de même, la ventilation de la valeur assurée de chacun des éléments d'un groupe se fait en proportion de la valeur assurable de chacun des éléments du groupe.

La ventilation de la valeur assurée de marchandises de nature différente dont il est impossible de déterminer séparément le prix facturé, la qualité ou le genre peut se faire en fonction de la valeur nette des marchandises saines à destination.

[1991, c. 64, a. 2611].

2611. Where different species of property are insured under a single valuation, the valuation is apportioned over the different species in proportion to their respective insurable values; similarly, the insured value of any part of a species is such proportion of the total insured value of that species as the insurable value of the part bears to the insurable value of the whole.

Where the valuation of the insured value of different species of goods has to be apportioned, and particulars of the invoice value, quality, or description of each separate species cannot be ascertained, the division of the valuation may be made over the net arrived sound values of the goods.

[1991, c. 64, a. 2611].

2612. L'assuré appelé à contribuer aux pertes par avarie commune a droit à une indemnité pour le montant total de sa contribution, si le bien est assuré pour sa pleine valeur contributive. S'il n'est pas ainsi assuré ou s'il n'est assuré qu'en partie, l'indemnité est réduite en proportion de la sous-assurance.

La somme attribuée en compensation du préjudice subi par l'assuré, en raison d'une avarie particulière garantie par l'assureur et déductible de la valeur contributive, doit être déduite de la valeur assurée, afin d'établir le montant de la contribution qui incombe à l'assureur.

Ces règles s'appliquent également pour calculer les frais de sauvetage que l'assureur est tenu de rembourser.

[1991, c. 64, a. 2612].

▌ C.C.Q., 2626.

2612. Where the insured has paid, or is liable for, any general average contribution, the measure of indemnity is the full amount of such contribution if the property is insured for its full contributory value; if the property is not insured for its full contributory value or if only part of it is insured, the indemnity is reduced in proportion to the under-insurance.

The amount awarded as compensation for damage suffered by the insured by reason of a particular average loss which constitutes a deduction from the contributory value, and for which the insurer is liable, shall be deducted from the insured value in order to ascertain what the insurer is liable to contribute.

The extent of the insurer's liability for salvage charges is determined on the same principle.

[1991, c. 64, a. 2612].

2613. L'indemnité exigible en vertu d'une assurance de responsabilité civile est la

2613. The measure of indemnity payable under a civil liability insurance contract is

somme payée ou payable aux tiers, jusqu'à concurrence du montant de l'assurance.

[1991, c. 64, a. 2613].

∎ C.C.Q., 2498, 2500.

2614. Lorsque les pertes ou les dommages subis ne sont pas visés par le présent paragraphe, l'indemnité s'établit néanmoins, autant que possible, conformément à celui-ci.

[1991, c. 64, a. 2614].

2615. Lorsque le bien est assuré franc d'avaries particulières, l'assuré n'a pas droit à une indemnité pour la perte partielle du bien assuré, à moins que la perte ne résulte d'un sacrifice d'avarie commune ou que le contrat ne puisse faire l'objet d'un fractionnement.

Dans ce dernier cas, l'assuré a droit à une indemnité pour la perte totale de toute fraction du bien assuré.

[1991, c. 64, a. 2615].

∎ C.C.Q., 2616.

2616. Lorsque le bien est assuré franc d'avaries particulières, soit totalement, soit en deçà d'un certain pourcentage, l'assureur est néanmoins tenu aux frais de sauvetage, de même qu'aux frais engagés pour éviter une perte couverte par l'assurance et, notamment, aux avaries-frais et aux frais engagés conformément à la clause sur les mesures conservatoires et préventives.

On ne peut ajouter les avaries communes aux avaries particulières pour atteindre le pourcentage stipulé au contrat. De la même façon, on ne tient pas compte des avaries-frais et des frais engagés pour établir le montant du préjudice subi.

[1991, c. 64, a. 2616].

2617. Sous réserve des dispositions du présent paragraphe, l'assureur est garant des sinistres successifs, même si le montant total des pertes et des dommages dépasse la somme assurée.

Toutefois, lorsque des avaries sont suivies d'une perte totale, l'assuré ne peut, en

the sum paid or payable to third persons, up to the amount of insurance.

[1991, c. 64, a. 2613].

2614. Where the loss sustained is not expressly provided for in this subsection, the measure of indemnity is ascertained, as nearly as may be, in accordance with this subsection.

[1991, c. 64, a. 2614].

2615. Where the insured property is warranted free from particular average, the insured may not recover for a loss of part of the insured property other than a loss incurred by a general average sacrifice, unless the contract is apportionable.

If the contract is apportionable, the insured may recover for a total loss of any apportionable part of the insured property.

[1991, c. 64, a. 2615].

2616. Where the insured property is warranted free from particular average, either wholly or under a certain percentage, the insurer is nevertheless liable for salvage charges, and for particular charges and other expenses properly incurred pursuant to the provisions of the suing and labouring clause in order to avert a loss insured against.

A general average loss may not be added to a particular average loss to make up the percentage stipulated in the contract. Likewise, no regard is had to particular charges and the expenses of and incidental to ascertaining the loss.

[1991, c. 64, a. 2616].

2617. Subject to the provisions of this subsection, the insurer is liable for successive losses, even though the total amount of such losses may exceed the sum insured.

Where, under the same policy†, a partial loss which has not been the subject of re-

vertu d'un même contrat†, recouvrer que l'indemnité due pour la perte totale, à moins que l'avarie n'ait déjà fait l'objet de réparations ou d'un remplacement.

Les obligations de l'assureur, en vertu de la clause sur les mesures conservatoires et préventives, demeurent.

[1991, c. 64, a. 2617].

pairs or replacement is followed by a total loss, the insured may only recover in respect of the total loss.

The liability of the insurer under the suing and labouring clause is not affected.

[1991, c. 64, a. 2617].

2618. La clause sur les mesures conservatoires et préventives est réputée supplémentaire au contrat d'assurance; l'assuré peut, en vertu de cette clause, recouvrer tous les frais qu'il a engagés, même si l'assureur a déjà réglé les dommages sur la base d'une perte totale ou même si le bien a été assuré franc d'avaries particulières, totalement ou en deçà d'un certain pourcentage.

Cette clause ne couvre cependant pas les pertes par avarie commune, les contributions aux avaries communes, les frais de sauvetage, ni les frais engagés pour éviter ou limiter des pertes ou des dommages non couverts par le contrat.

[1991, c. 64, a. 2618].

2618. A suing and labouring clause is deemed to be supplementary to the contract of insurance; the insured may recover from the insurer any expenses properly incurred pursuant to the clause, notwithstanding that the insurer may have paid for a total loss, or that the property may have been warranted free from particular average, either wholly or under a certain percentage.

General average losses and contributions, salvage charges, and expenses incurred for the purpose of averting or diminishing any loss not covered by the contract are not recoverable under the suing and labouring clause.

[1991, c. 64, a. 2618].

2619. Il est du devoir de l'assuré et de ses représentants de prendre, dans tous les cas, les mesures raisonnables afin d'éviter ou de limiter les pertes et les dommages.

[1991, c. 64, a. 2619].

2619. It is the duty of the insured and of persons acting on his behalf, in all cases, to take reasonable measures for the purpose of averting or minimizing a loss.

[1991, c. 64, a. 2619].

§ 13. — Dispositions diverses

§ 13. — Miscellaneous provisions

I — De la subrogation

I — Subrogation

2620. Lorsque l'assureur indemnise l'assuré en raison d'une perte totale, soit pour le tout, soit, s'il s'agit de marchandises, pour une partie divisible du bien assuré, il acquiert de ce fait le droit de recueillir l'intérêt de l'assuré dans tout ce qui peut subsister du bien qu'il assurait; il est, par là même, subrogé dans tous les droits et recours de l'assuré relativement à ce bien, depuis le moment de l'événement qui a causé la perte.

Cependant, l'indemnisation de l'assuré

2620. Where the insurer pays for a total loss, either of the whole, or, in the case of goods, of any apportionable part of the insured property, he becomes entitled to take over the interest of the insured in whatever may remain of the property so paid for and he is thereby subrogated to all the rights and remedies of the insured in and in respect of the insured property from the time of the event causing the loss.

Subject to the foregoing provisions, where

pour des avaries particulières ne confère à l'assureur aucun droit dans le bien assuré ou dans ce qui peut en rester. L'assureur est de ce fait subrogé, à compter du sinistre, dans tous les droits de l'assuré relativement à ce bien, jusqu'à concurrence de l'indemnité d'assurance payée.

[1991, c. 64, a. 2620].

■ C.C.Q., 1651-1659.

II — Du cumul de contrats

2621. Il y a cumul de contrats lorsque plusieurs polices d'assurance sont établies par l'assuré ou pour son compte, couvrant en tout ou en partie le même intérêt d'assurance et la même opération maritime, et que les sommes assurées sont supérieures au montant de l'indemnité exigible.

[1991, c. 64, a. 2621].

■ C.C.Q., 2496, 2542.

2622. L'assuré peut, en cas de cumul de contrats, exiger le paiement de ses assureurs dans l'ordre de son choix, mais, en aucun cas, il ne peut recevoir une somme supérieure à l'indemnité exigible.

[1991, c. 64, a. 2622].

2623. Lorsque le contrat est à valeur agréée, l'assuré doit déduire, jusqu'à concurrence de l'évaluation, les sommes qu'il a reçues en vertu d'un autre contrat, sans égard à la valeur réelle du bien assuré.

Lorsque le contrat est à valeur indéterminée, il doit déduire, jusqu'à concurrence de la pleine valeur d'assurance, les sommes qu'il a reçues en vertu d'un autre contrat.

[1991, c. 64, a. 2623].

2624. L'assuré qui recouvre une somme supérieure à l'indemnité exigible est réputé détenir cette somme pour le compte des assureurs, selon leurs droits respectifs.

[1991, c. 64, a. 2624].

the insurer pays for a particular average loss, he acquires no right to the insured property, or to any part of it that may remain, but he is thereupon subrogated to all rights and remedies of the insured in or in respect of the property from the time of the event causing the loss, up to the indemnity paid.

[1991, c. 64, a. 2620].

II — Double insurance

2621. Where two or more insurance policies are effected by or on behalf of the insured on the same adventure and interest or any part thereof and the sums insured exceed the indemnity recoverable, the insured is said to be over-insured by double insurance.

[1991, c. 64, a. 2621].

2622. Where the insured is over-insured by double insurance, he may claim payment from the insurers in such order as he may think fit, but in no case is he entitled to receive any sum in excess of the indemnity recoverable.

[1991, c. 64, a. 2622].

2623. Where the contract under which the insured claims is a valued policy, the insured shall give credit as against the valuation for any sum received by him under any other policy without regard to the actual value of the insured property.

Where the contract under which the insured claims is an unvalued policy, the insured shall give credit, as against the full insurable value, for any sum received by him under any other policy.

[1991, c. 64, a. 2623].

2624. Where the insured receives any sum in excess of the indemnity recoverable, he is deemed to hold such sum on behalf of the insurers according to their right of contribution among themselves.

[1991, c. 64, a. 2624].

2625. Lorsqu'il y a cumul de contrats, chaque assureur est tenu à l'égard des autres de contribuer à l'indemnisation de l'assuré, proportionnellement à la somme qu'il assure aux termes de son contrat.

L'assureur qui contribue au-delà de sa part a le droit de recouvrer l'excédent des autres assureurs, de la même manière que la caution qui contribue au-delà de sa part.

[1991, c. 64, a. 2625].

2625. Where the insured is over-insured by double insurance, each insurer is bound, as between himself and the other insurers, to contribute to the loss rateably to the amount for which he is liable under his contract.

If any insurer pays more than his proportion of the loss, he is entitled to recover the excess from the other insurers in the same manner as a surety who has paid more than his proportion of the debt.

[1991, c. 64, a. 2625].

III — De la sous-assurance

2626. Lorsque l'assuré est couvert pour une somme inférieure à la valeur assurable ou, si le contrat est à valeur agréée, pour une somme inférieure à la valeur convenue, l'assuré est son propre assureur pour la différence.

[1991, c. 64, a. 2626].

∎ C.C.Q., 2612.

III — Under-insurance

2626. Where the insured is insured for an amount less than the insurable value or, in the case of a valued policy, for an amount less than the policy valuation, the insured is deemed to be his own insurer in respect of the uninsured balance.

[1991, c. 64, a. 2626].

IV — De l'assurance mutuelle

2627. L'assurance est mutuelle lorsque plusieurs personnes décident de s'assurer les unes les autres contre des risques maritimes.

Elle obéit aux règles de la présente section, sauf quant à la prime et les parties peuvent substituer toute autre forme d'engagement à celle-ci.

[1991, c. 64, a. 2627].

IV — Mutual insurance

2627. Where two or more persons mutually agree to insure each other against marine losses there is said to be a mutual insurance.

Mutual insurance is governed by the provisions of this section except those relating to the premium but such arrangement as may be agreed upon may be substituted for the premium.

[1991, c. 64, a. 2627].

V — De l'action directe

2628. Les articles 2500 à 2502, relatifs à l'action directe du tiers lésé, s'appliquent à l'assurance maritime. Toute stipulation qui déroge à ces règles est nulle.

[1991, c. 64, a. 2628].

∎ C.C.Q., 2500-2502.

V — Direct action

2628. Articles 2500 to 2502 respecting the direct action of injured third persons apply to marine insurance. Any stipulation that is inconsistent with such rules is null.

[1991, c. 64, a. 2628].

Chapitre XVI —— Du jeu et du pari

Chapter XVI —— Gaming and wagering

2629. Les contrats de jeu et de pari sont valables dans les cas expressément autorisés par la loi.

Ils le sont aussi lorsqu'ils portent sur des exercices et des jeux licites qui tiennent à la seule adresse des parties ou à l'exercice de leur corps, à moins que la somme en jeu ne soit excessive, compte tenu des circonstances, ainsi que de l'état et des facultés des parties.

[1991, c. 64, a. 2629].

■ C.C.Q., 9, 1400.

2629. Gaming and wagering contracts are valid in the cases expressly authorized by law.

They are also valid where related to lawful activities and games requiring only skill or bodily exercises on the part of the parties, unless the amount at stake is immoderate according to the circumstances and in view of the condition and means of the parties.

[1991, c. 64, a. 2629].

2630. Lorsque le jeu et le pari ne sont pas expressément autorisés, le gagnant ne peut exiger le paiement de la dette et le perdant ne peut répéter la somme payée.

Toutefois, il y a lieu à répétition dans les cas de fraude ou de supercherie, ou lorsque le perdant est un mineur ou un majeur protégé ou non doué de raison.

[1991, c. 64, a. 2630].

■ C.C.Q., 1398, 1554, 1699.

2630. Where gaming and wagering contracts are not expressly authorized by law, the winning party may not exact payment of the debt and the losing party may not recover the sum paid.

The losing party may recover the sum paid, however, in cases of fraud or trickery or where the losing party is a minor or a person of full age who is protected or not endowed with reason.

[1991, c. 64, a. 2630].

Chapitre XVII —— De la transaction

Chapter XVII —— Transaction

2631. La transaction est le contrat par lequel les parties préviennent une contestation à naître, terminent un procès ou règlent les difficultés qui surviennent lors de l'exécution d'un jugement, au moyen de concessions ou de réserves réciproques.

Elle est indivisible quant à son objet.

[1991, c. 64, a. 2631].

■ C.C.Q., 885, 1431, 1609, 2504, 2896; C.P.C., 1025.

2631. Transaction is a contract by which the parties prevent a future contestation, put an end to a lawsuit or settle difficulties arising in the execution of a judgment, by way of mutual concessions or reservations.

A transaction is indivisible as to its object.

[1991, c. 64, a. 2631].

2632. On ne peut transiger relativement à l'état ou à la capacité des personnes ou sur les autres questions qui intéressent l'ordre public.

[1991, c. 64, a. 2632].

■ C.C.Q., 9, 153-297, 1409, 2639.

2632. No transaction may be made with respect to the status or capacity of persons or to other matters of public order.

[1991, c. 64, a. 2632].

2633. La transaction a, entre les parties, l'autorité de la chose jugée.

La transaction n'est susceptible d'exécution forcée qu'après avoir été homologuée.
[1991, c. 64, a. 2633].

❚ C.C.Q., 2848.

2633. A transaction has, between the parties, the authority of a final judgment (*res judicata*).

A transaction is not subject to compulsory execution until it is homologated.
[1991, c. 64, a. 2633].

2634. L'erreur de droit n'est pas une cause de nullité de la transaction. Sauf cette exception, la transaction peut être annulée pour les mêmes causes que les contrats en général†.
[1991, c. 64, a. 2634].

❚ C.C.Q., 1399, 1407, 1411, 1413.

2634. Error of law is not a cause for annulling a transaction. Apart from such exception, a transaction may be annulled for lesion† or any other cause of nullity of contracts in general.
[1991, c. 64, a. 2634].

2635. La transaction fondée sur un titre nul est également nulle, à moins que les parties n'aient expressément traité sur la nullité.

Celle fondée sur des pièces qui ont depuis été reconnues fausses est aussi nulle.
[1991, c. 64, a. 2635].

❚ C.C.Q., 1410, 1411, 1423.

2635. A transaction based on a title that is null is also null, unless the parties have expressly referred to and covered the nullity.

A transaction based on writings later found to be false is also null.
[1991, c. 64, a. 2635].

2636. La transaction sur un procès est nulle si les parties, ou l'une d'elles, ignoraient qu'un jugement passé en force de chose jugée avait terminé le litige.
[1991, c. 64, a. 2636].

❚ C.C.Q., 2631.

2636. A transaction based on a lawsuit is null if either party was unaware that the litigation had been terminated by a judgment having acquired the authority of a final judgment (*res judicata*).
[1991, c. 64, a. 2636].

2637. Lorsque les parties ont transigé sur l'ensemble de leurs affaires, la découverte subséquente de documents qui leur étaient alors inconnus n'est pas une cause de nullité de la transaction, à moins qu'ils n'aient été retenus par le fait de l'une des parties ou, à sa connaissance, par un tiers.

Cependant, la transaction est nulle si elle n'a qu'un objet et que les documents nouvellement découverts établissent que l'une des parties n'y avait aucun droit.
[1991, c. 64, a. 2637].

❚ C.C.Q., 2631.

2637. Where the parties have made a transaction on all matters between them, the subsequent discovery of documents of which they were unaware at the time of the transaction does not constitute a cause for annulling the transaction, unless the documents were withheld by one of the parties or, to his knowledge, by a third person.

However, the transaction is null if it relates to only one object and if the documents later discovered prove that one of the parties had no rights in it.
[1991, c. 64, a. 2637].

Chapitre XVIII ——	Chapter XVIII ——
De la convention d'arbitrage	**Arbitration agreements**

2638. La convention d'arbitrage est le contrat par lequel les parties s'engagent à soumettre un différend né ou éventuel à la décision d'un ou de plusieurs arbitres, à l'exclusion des tribunaux.

[1991, c. 64, a. 2638].

▌C.C.Q., 1372, 1410, 1434, 2895, 3121, 3133; C.P.C., 940-951.2.

2639. Ne peut être soumis à l'arbitrage, le différend portant sur l'état et la capacité des personnes, sur les matières familiales ou sur les autres questions qui intéressent l'ordre public.

Toutefois, il ne peut être fait obstacle à la convention d'arbitrage au motif que les règles applicables pour trancher le différend présentent un caractère d'ordre public.

[1991, c. 64, a. 2639].

▌C.C.Q., 9, 153-297, 1409, 2632; C.P.C., 946.5, 947.2.

2640. La convention d'arbitrage doit être constatée par écrit; elle est réputée l'être si elle est consignée dans un échange de communications qui en atteste l'existence ou dans un échange d'actes de procédure où son existence est alléguée par une partie et non contestée par l'autre.

[1991, c. 64, a. 2640].

▌C.C.Q., 2826, 2863.

2641. Est nulle la stipulation qui confère à une partie une situation privilégiée quant à la désignation des arbitres.

[1991, c. 64, a. 2641].

▌C.P.C., 941-941.3.

2642. Une convention d'arbitrage contenue dans un contrat est considérée comme une convention distincte des autres clauses de ce contrat et la constatation de la nullité du contrat par les arbitres ne rend pas nulle pour autant la convention d'arbitrage.

[1991, c. 64, a. 2642].

▌C.C.Q., 1438.

2638. An arbitration agreement is a contract by which the parties undertake to submit a present or future dispute to the decision of one or more arbitrators, to the exclusion of the courts.

[1991, c. 64, a. 2638].

2639. Disputes over the status and capacity of persons, family matters or other matters of public order may not be submitted to arbitration.

An arbitration agreement may not be opposed on the ground that the rules applicable to settlement of the dispute are in the nature of rules of public order.

[1991, c. 64, a. 2639].

2640. An arbitration agreement shall be evidenced in writing; it is deemed to be evidenced in writing if it is contained in an exchange of communications which attest to its existence or in an exchange of proceedings in which its existence is alleged by one party and is not contested by the other party.

[1991, c. 64, a. 2640].

2641. A stipulation which places one party in a privileged position with respect to the designation of the arbitrators is null.

[1991, c. 64, a. 2641].

2642. An arbitration agreement contained in a contract is considered to be an agreement separate from the other clauses of the contract and the ascertainment by the arbitrators that the contract is null does not entail the nullity of the arbitration agreement.

[1991, c. 64, a. 2642].

2643. Sous réserve des dispositions de la loi auxquelles on ne peut déroger, la procédure d'arbitrage est réglée par le contrat ou, à défaut, par le *Code de procédure civile* (chapitre C-25).

[1991, c. 64, a. 2643].

▌ C.P.C., 940-951.2.

2643. Subject to the peremptory provisions of law, the procedure of arbitration is governed by the contract or, failing that, by the *Code of Civil Procedure* (chapter C-25).

[1991, c. 64, a. 2643].

LIVRE 6 ——
DES PRIORITÉS ET DES HYPOTHÈQUES

BOOK 6 ——
PRIOR CLAIMS AND HYPOTHECS

TITRE 1 ——
DU GAGE COMMUN DES CRÉANCIERS

TITLE 1 ——
COMMON PLEDGE OF CREDITORS

2644. Les biens du débiteur sont affectés à l'exécution de ses obligations et constituent le gage commun de ses créanciers.

[1991, c. 64, a. 2644].

▌ C.C.Q., 2, 302, 915; D.T., 133.

2644. The property of a debtor is charged with the performance of his obligations and is the common pledge of his creditors.

[1991, c. 64, a. 2644].

2645. Quiconque est obligé personnellement est tenu de remplir son engagement sur tous ses biens meubles et immeubles, présents et à venir, à l'exception de ceux qui sont insaisissables et de ceux qui font l'objet d'une division de patrimoine permise par la loi.

Toutefois, le débiteur peut convenir avec son créancier qu'il ne sera tenu de remplir son engagement que sur les biens qu'ils désignent.

[1991, c. 64, a. 2645].

▌ C.C.Q., 625, 1830, 2649, 2668, 2753; C.P.C., 552, 553.

2645. Any person under a personal obligation charges, for its performance, all his property, movable and immovable, present and future, except property which is exempt from seizure or property which is the object of a division of patrimony permitted by law.

However, the debtor may agree with his creditor to be bound to fulfil his obligation only from the property they designate.

[1991, c. 64, a. 2645].

2646. Les créanciers peuvent agir en justice pour faire saisir et vendre les biens de leur débiteur.

En cas de concours† entre les créanciers, la distribution du prix se fait en proportion de leur créance, à moins qu'il n'y ait entre eux des causes légitimes de préférence.

[1991, c. 64, a. 2646].

2646. Creditors may institute judicial proceedings to cause the property of their debtor to be seized and sold.

If the creditors rank† equally, the price is distributed proportionately to their claims, unless some of them have a legal cause of preference.

[1991, c. 64, a. 2646].

Note : Comp. O.R.C.C., Livre IV, a. 279. / Comp. C.C.R.O., Book IV, a. 279.

▌ C.C.Q., 1590, 1757-1766, 2647, 2651; C.P.C., 568-732.

2647. Les causes légitimes de préférence sont les priorités et les hypothèques.

[1991, c. 64, a. 2647].

▮ C.C.Q., 2650, 2660.

2647. Prior claims and hypothecs are the legal causes of preference.

[1991, c. 64, a. 2647].

2648. Peuvent être soustraits à la saisie, dans les limites fixées par le *Code de procédure civile* (chapitre C-25), les meubles du débiteur qui garnissent sa résidence principale, servent à l'usage du ménage et sont nécessaires à la vie de celui-ci, sauf si ces meubles sont saisis pour les sommes dues sur le prix.

Peuvent l'être aussi, dans les limites ainsi fixées, les instruments de travail nécessaires à l'exercice personnel d'une activité professionnelle[1], sauf si ces meubles sont saisis par un créancier détenant une hypothèque sur ceux-ci.

[1991, c. 64, a. 2648].

Note 1 : Comp. a. 450(6).

▮ C.C.Q., 401, 415, 1525, 2668; C.P.C., 552, 553, 553.2, 569, 652.

2648. The movable property of the debtor which furnishes his main residence, used by and necessary for the life of the household, may be exempted from seizure to the extent fixed by the *Code of Civil Procedure* (chapter C-25), except where such movables are seized for sums owed on the price.

The same rule applies to instruments of work needed for the personal exercise of a professional[1] activity, except where such movables are seized by a creditor holding a hypothec thereon.

[1991, c. 64, a. 2648].

2649. La stipulation d'insaisissabilité est sans effet, à moins qu'elle ne soit faite dans un acte à titre gratuit et qu'elle ne soit temporaire et justifiée par un intérêt sérieux et légitime; néanmoins, le bien demeure saisissable dans la mesure prévue au *Code de procédure civile* (chapitre C-25).

Elle n'est opposable aux tiers que si elle est publiée au registre approprié.

[1991, c. 64, a. 2649].

▮ C.C.Q., 1212, 1215, 2668, 2970; C.P.C., 553.

2649. A stipulation of unseizability is without effect, unless it is made in an act by gratuitous title and is temporary and justified by a serious and legitimate interest. Nevertheless, the property remains liable to seizure to the extent provided in the *Code of Civil Procedure* (chapter C-25).

It may be set up against third persons only if it is published in the appropriate register.

[1991, c. 64, a. 2649; 2002, c. 19, s. 15].

TITRE 2 ——
DES PRIORITÉS

TITLE 2 ——
PRIOR CLAIMS

2650. Est prioritaire la créance à laquelle la loi attache, en faveur d'un créancier, le

2650. A claim to which the law attaches the right of the creditor to be preferred

droit d'être préféré aux autres créanciers, même hypothécaires, suivant la cause de sa créance[1].

over the other creditors, even the hypothecary creditors, is a prior claim[1].

La priorité est indivisible.

[1991, c. 64, a. 2650].

The priority of a claim is indivisible.

[1991, c. 64, a. 2650].

Note 1 : Comp. a. 1983 C.c.B.C. qui dit, explicitement dans son texte anglais, que l'on tient compte de l' « *origin of his claim* ». / Comp. a. 1983 C.C.L.C. which provides, explicitly in the English text, that one takes account of the "origin of his claim".

▮ C.C.Q., 2647, 2651-2659.

2651. Les créances prioritaires sont les suivantes et, lorsqu'elles se rencontrent, elles sont, malgré toute convention contraire, colloquées dans cet ordre:

2651. The following are the prior claims and, notwithstanding any agreement to the contrary, they are in all cases collocated in the order here set out:

1° Les frais de justice et toutes les dépenses faites dans l'intérêt commun;

(1) legal costs and all expenses incurred in the common interest;

2° La créance du vendeur[1] impayé pour le prix du meuble vendu à une personne physique qui n'exploite pas une entreprise;

(2) the claim of a vendor[1] who has not been paid the price of a movable sold to a natural person who does not operate an enterprise;

3° Les créances de ceux qui ont un droit de rétention sur un meuble, pourvu que ce droit subsiste;

(3) the claims of persons having the right to retain movable property, provided that the right subsists;

4° Les créances de l'État pour les sommes dues en vertu des lois fiscales;

(4) claims of the State for amounts due under fiscal laws;

5° Les créances des municipalités et des commissions scolaires pour les impôts fonciers sur les immeubles qui y sont assujettis, de même que celles des municipalités, spécialement prévues par les lois qui leur sont applicables, pour les taxes autres que foncières[2] sur les immeubles et les meubles en raison desquels ces taxes sont dues.

(5) claims of municipalities and school boards for property taxes on taxable immovables as well as claims of municipalities, specially provided for by laws applicable to them, for taxes other than property[2] taxes on immovables and movables in respect of which the taxes are due.

[1991, c. 64, a. 2651; 1999, c. 90, a. 41].

1991, c. 64, a. 2651; 1999, c. 90, s. 41].

Note 1 : Comp. a./arts 1708, 1740.

Note 2 : Comp. a. 1791.

▮ C.C.Q., 875, 946, 1250, 1369, 1525, 1592, 1593, 2003, 2058, 2185, 2293, 2324, 2652-2654.1, 2658, 2770; D.T., 134.

2652. La créance prioritaire couvrant les frais de justice et les dépenses faites dans l'intérêt commun peut être exécutée sur les biens meubles ou immeubles.

[1991, c. 64, a. 2652].

2652. Prior claims covering legal costs and expenses incurred in the common interest may be executed on movable or immovable property.

[1991, c. 64, a. 2652].

▮ C.C.Q., 2651; C.P.C., 616.

686

Chapitre I ——
Dispositions générales

Chapter I ——
General provisions

SECTION I ——
DE LA NATURE DE L'HYPOTHÈQUE

SECTION I ——
NATURE OF HYPOTHECS

2660. L'hypothèque est un droit réel sur un bien, meuble ou immeuble, affecté à l'exécution d'une obligation; elle confère au créancier le droit de suivre le bien en quelques mains qu'il soit, de le prendre en possession ou en paiement, de le vendre ou de le faire vendre et d'être alors préféré sur le produit de cette vente suivant le rang fixé dans le présent code.

[1991, c. 64, a. 2660].

■ C.C.Q., 899-907, 2666, 2733, 2748.

2660. A hypothec is a real right on a movable or immovable property made liable for the performance of an obligation. It confers on the creditor the right to follow the property into whosever hands it may be, to take possession of it or to take it in payment, or to sell it or cause it to be sold and, in that case, to have a preference upon the proceeds of the sale ranking as determined in this Code.

[1991, c. 64, a. 2660].

2661. L'hypothèque n'est qu'un accessoire et ne vaut qu'autant que l'obligation dont elle garantit l'exécution subsiste.

[1991, c. 64, a. 2661].

■ C.C.Q., 2660, 2797.

2661. A hypothec is merely an accessory right, and subsists only as long as the obligation whose performance it secures continues to exist.

[1991, c. 64, a. 2661].

2662. L'hypothèque est indivisible et subsiste en entier sur tous les biens qui sont grevés, sur chacun d'eux et sur chaque partie de ces biens, malgré la divisibilité du bien ou de l'obligation.

[1991, c. 64, a. 2662].

■ C.C.Q., 1051, 1519, 2650, 2742, 2753.

2662. A hypothec is indivisible and subsists in its entirety over all the charged properties*, over each of them and over every part of them, even where the property or obligation is divisible.

[1991, c. 64, a. 2662].

2663. L'hypothèque doit être publiée, conformément au présent livre ou au livre De la publicité des droits, pour que les droits hypothécaires qu'elle confère soient opposables aux tiers.

[1991, c. 64, a. 2663].

■ C.C.Q., 2701.1, 2703, 2712, 2714, 2714.1, 2716, 2725, 2938, 2941, 2970, 3028.1.

2663. The hypothecary rights conferred by a hypothec may be set up against third persons only when the hypothec is published in accordance with this Book or the Book on Publication of Rights.

[1991, c. 64, a. 2663].

SECTION II ——
DES ESPÈCES D'HYPOTHÈQUE

SECTION II ——
KINDS OF HYPOTHEC

2664. L'hypothèque n'a lieu que dans les conditions et suivant les formes† autorisées par la loi.

2664. Hypothecation may take place only on the conditions and according to the formalities† authorized by law.

Elle est conventionnelle ou légale.
[1991, c. 64, a. 2664].

A hypothec may be conventional or legal.
[1991, c. 64, a. 2664].

Note : Comp. a./arts 704, 2683.

❚ D.T., 134.

2665. L'hypothèque est mobilière ou immobilière, selon qu'elle grève† un meuble ou un immeuble, ou une universalité soit mobilière, soit immobilière.

2665. A hypothec is movable or immovable depending on whether the object † charged is movable or immovable property or a universality of movable or immovable property.

L'hypothèque mobilière a lieu avec dépossession ou sans dépossession du meuble hypothéqué. Lorsqu'elle a lieu avec dépossession, elle est aussi appelée gage.
[1991, c. 64, a. 2665].

A movable hypothec may be created with or without delivery of the movable hypothecated. Where it is created with delivery, it may also be called a pledge.
[1991, c. 64, a. 2665].

❚ C.C.Q., 899-907, 2666, 2693-2714.7, 2798, 2799.

SECTION III —
DE L'OBJET ET DE L'ÉTENDUE DE
L'HYPOTHÈQUE

SECTION III —
OBJECT AND EXTENT OF HYPOTHECS

2666. L'hypothèque grève soit un ou plusieurs biens particuliers, corporels ou incorporels, soit un ensemble† de biens compris dans une universalité.
[1991, c. 64, a. 2666].

2666. A hypothec is a charge on one or several specific corporeal or incorporeal properties*, or on all† the properties * included in a universality.
[1991, c. 64, a. 2666].

❚ C.C.Q., 2665, 2684, 2684.1.

2667. L'hypothèque garantit, outre le capital, les intérêts qu'il produit et les frais, autres que les honoraires extrajudiciaires, légitimement engagés pour les recouvrer ou pour conserver le bien grevé.
[1991, c. 64, a. 2667; 2002, c. 19, a. 11].

2667. A hypothec secures the capital, the interest accrued thereon and the legitimate costs, other than extra-judicial professional fees, incurred for their recovery or for conserving the charged property.
[1991, c. 64, a. 2667; 2002, c. 19, s. 11, 15].

❚ C.C.Q., 1565, 2689, 2690, 2728, 2740, 2762, 2959, 2960; C.P.C., 720.

2668. L'hypothèque ne peut grever des biens insaisissables.

2668. Property exempt from seizure may not be hypothecated.

Elle ne peut non plus grever les meubles du débiteur qui garnissent sa résidence principale, servent à l'usage du ménage et sont nécessaires à la vie de celui-ci.
[1991, c. 64, a. 2668].

The same rule applies to movable property belonging to a debtor which furnishes his main residence and which is used by and is necessary for the life of the household.
[1991, c. 64, a. 2668].

❚ C.C.Q., 401, 404, 1215, 2645, 2648, 2649, 2683, 2684, 2684.1, 2748, 2753, 2761; C.P.C., 552, 553.

2669. L'hypothèque constituée sur la nue-propriété ne s'étend pas à la pleine propriété lors de l'extinction du démembrement du droit de propriété.

[1991, c. 64, a. 2669].

∎ C.C.Q., 1162, 1208, 2752.

2669. A hypothec granted on the bare ownership does not extend to the full ownership upon extinction of the dismemberment of the right of ownership.

[1991, c. 64, a. 2669].

2670. L'hypothèque sur le bien d'autrui ou sur un bien à venir ne grève ce bien qu'à compter du moment où le constituant devient le titulaire du droit hypothéqué.

[1991, c. 64, a. 2670].

∎ C.C.Q., 1374, 2681, 2948, 2954.

2670. A hypothec on the property of another or on future property begins to affect it only when the grantor acquires title to the hypothecated right.

[1991, c. 64, a. 2670].

2671. L'hypothèque s'étend à tout ce qui s'unit au bien par accession.

[1991, c. 64, a. 2671].

∎ C.C.Q., 948, 2673.

2671. A hypothec extends to everything united to the property by accession.

[1991, c. 64, a. 2671].

2672. Les meubles grevés d'hypothèque qui sont, à demeure, matériellement attachés ou réunis à l'immeuble, sans perdre leur individualité et sans y être incorporés, sont considérés, pour l'exécution de l'hypothèque, conserver leur nature mobilière tant que subsiste l'hypothèque.

[1991, c. 64, a. 2672].

∎ C.C.Q., 903, 2795; D.T., 48.

2672. Movables charged with a hypothec which are permanently physically attached or joined to an immovable without losing their individuality and without being incorporated with the immovable are deemed, for the enforcement of the hypothec, to retain their movable character for as long as the hypothec subsists.

[1991, c. 64, a. 2672].

2673. L'hypothèque subsiste sur le meuble nouveau qui résulte de la transformation d'un bien grevé d'hypothèque et s'étend à celui qui résulte du mélange ou de l'union de plusieurs meubles dont certains sont ainsi grevés. Celui qui acquiert la propriété du nouveau bien, notamment par application des règles de l'accession mobilière, est tenu de cette hypothèque.

[1991, c. 64, a. 2673].

∎ C.C.Q., 948, 971-975, 2953.

2673. A hypothec subsists on the new movable resulting from the transformation of property charged with a hypothec and extends to property resulting from the mixture or combination of several movables of which some are so charged. A person acquiring ownership of the new property, particularly through application of the rules on movable accession, is bound by such hypothecs.

[1991, c. 64, a. 2673].

2674. L'hypothèque qui grève une universalité de biens subsiste mais se reporte sur le bien de même nature qui remplace celui qui a été aliéné dans le cours des activités de l'entreprise.

Celle qui grève un bien individualisé† ainsi aliéné se reporte sur le bien qui le

2674. A hypothec on a universality of property subsists but extends to any property of the same nature which replaces property that has been alienated in the ordinary course of business of an enterprise.

A hypothec on an* individual† property alienated in the same way extends to pro-

691

remplace, par l'inscription d'un avis identifiant ce nouveau bien.

Si aucun bien ne remplace le bien aliéné, l'hypothèque ne subsiste et n'est reportée que sur les sommes d'argent† provenant de l'aliénation, pourvu que celles-ci puissent être identifiées.

[1991, c. 64, a. 2674].

Note : Comp. a. 813.

▌C.C.Q., 2675, 2684, 2684.1, 2700.

2675. L'hypothèque qui grève une universalité de biens subsiste, malgré la perte des biens hypothéqués, lorsque le débiteur ou le constituant les remplace dans un délai qui, eu égard à la quantité et à la nature de ces biens, revêt un caractère raisonnable.

[1991, c. 64, a. 2675].

▌C.C.Q., 2494, 2497, 2674, 2795.

2676. L'hypothèque qui grève une universalité de créances ne s'étend pas aux nouvelles créances de celui qui a constitué l'hypothèque, quand celles-ci résultent de la vente de ses autres biens, faite par un tiers dans l'exercice de ses droits.

Elle ne s'étend pas, non plus, à la créance qui résulte d'un contrat d'assurance sur les autres biens du constituant.

[1991, c. 64, a. 2676].

▌C.C.Q., 1642, 2497, 2710-2713.

2677. L'hypothèque sur des actions individualisées du capital-actions d'une personne morale subsiste sur les actions ou autres valeurs mobilières reçues ou émises lors de l'achat, du rachat, de la conversion ou de l'annulation, ou d'une autre transformation des actions hypothéquées. La publicité par inscription de cette hypothèque ne subsiste que si cette inscription est renouvelée sur les actions ou les autres valeurs reçues ou émises.

Le créancier ne peut s'opposer à ces transformations en raison de son hypothèque.

[1991, c. 64, a. 2677; 2008, c. 20, a. 132].

▌C.C.Q., 2701.1, 2703, 2714.1, 2934.

perty that replaces it, by the registration of a notice identifying the new property.

If no property replaces the alienated property, the hypothec subsists but extends only to the proceeds† of the alienation, provided they may be identified.

[1991, c. 64, a. 2674].

2675. A hypothec on a universality of property subsists notwithstanding the loss of the hypothecated property where the debtor or the grantor replaces it in a reasonable time, having regard to the quantity and nature of the property.

[1991, c. 64, a. 2675].

2676. A hypothec on a universality of claims does not extend to the subsequent claims of the person granting the hypothec when such claims result from the sale of his other property by a third person exercising his rights.

Nor does it extend to a claim under an insurance contract on the other property of the grantor.

[1991, c. 64, a. 2676; 2002, c. 19, s. 15].

2677. A hypothec on certain and determinate shares of the capital stock of a legal person subsists on the shares or other securities received or issued on the purchase, redemption, conversion or cancellation or any other transformation of the hypothecated shares. Publication of the hypothec by registration subsists only if the registration is renewed against the shares or other securities received or issued.

The creditor may not object to the transformation on the ground of his hypothec.

[1991, c. 64, a. 2677; 2008, c. 20, s. 132].

2678. Lorsque ce qui est dû au créancier fait l'objet d'offres réelles ou d'une consignation selon les termes du présent code, le tribunal peut, à la demande du débiteur qui les fait, autoriser le report de l'hypothèque sur le bien offert ou consigné, et permettre la réduction du montant initialement inscrit.

Dès lors que la réduction du montant initial est inscrite au registre approprié, le débiteur ne peut plus retirer ses offres ou le bien consigné.

[1991, c. 64, a. 2678].

▌ C.C.Q., 1573-1589, 2731, 3066.

2678. Where what is owed to the creditor is the object of a tender or deposit in accordance with this Code, the court may, following an application by the debtor making the tender or deposit, authorize the extension of the hypothec on the property tendered or deposited, and it may allow the amount initially registered to be reduced.

Once the reduction of the initial amount is entered in the appropriate register, the debtor is no longer entitled to withdraw his tender or the property deposited.

[1991, c. 64, a. 2678].

2679. L'hypothèque sur une partie indivise d'un bien subsiste si, par le partage ou par un autre acte déclaratif ou attributif de propriété, le constituant ou son ayant cause conserve des droits sur quelque partie de ce bien, sous réserve des dispositions du livre Des successions.

Si le constituant ne conserve aucun droit sur le bien, l'hypothèque subsiste néanmoins, mais elle est reportée, selon son rang, sur le prix de la cession qui revient au constituant, sur le paiement résultant de l'exercice d'un droit de retrait ou d'un pacte de préférence, ou sur la soulte payable au constituant.

[1991, c. 64, a. 2679].

▌ C.C.Q., 884, 885, 1021, 1022, 1037, 1039.

2679. A hypothec on an undivided share of a* property subsists if the grantor or his successor preserves rights over some part of the property by partition or other act declaratory or act of attribution of ownership, subject to the Book on Successions.

If the grantor does not preserve any rights over the property, the hypothec nevertheless subsists and extends, according to its rank, to the price of transfer payable to the grantor, to the payment resulting from the exercise of a right of redemption or a first refusal agreement, or to the balance payable to the grantor.

[1991, c. 64, a. 2679].

2680. Lorsqu'il y a lieu à distribution ou à collocation entre plusieurs créanciers hypothécaires, celui dont la créance est indéterminée ou non liquidée, ou suspendue† par une condition, est colloqué suivant son rang, sujet cependant aux conditions prescrites par le *Code de procédure civile* (chapitre C-25).

[1991, c. 64, a. 2680].

2680. In the case of distribution or collocation among several hypothecary creditors, the creditor of an indeterminate, unliquidated or conditional† claim is collocated according to his rank, but subject to the conditions prescribed in the *Code of Civil Procedure* (chapter C-25).

[1991, c. 64, a. 2680].

Note : Comp. a. 2051 C.c.B.C./C.C.L.C.

▌ C.C.Q., 1497, 2658; C.P.C., 716-718.

Chapitre II ——
De l'hypothèque conventionnelle

Chapter II ——
Conventional hypothecs

SECTION I ——
DU CONSTITUANT DE L'HYPOTHÈQUE

SECTION I ——
GRANTOR OF A HYPOTHEC

2681. L'hypothèque conventionnelle ne peut être consentie que par celui qui a la capacité d'aliéner les biens qu'il y soumet.

Elle peut être consentie par le débiteur de l'obligation qu'elle garantit ou par un tiers.
[1991, c. 64, a. 2681].

■ C.C.Q., 155, 213, 214, 256, 303, 401, 804, 1229, 1305, 1307, 1385, 1398, 1409, 2211, 2219, 2236, 2664; D.T., 134.

2681. A conventional hypothec may be granted only by a person having the capacity to alienate the property hypothecated.

It may be granted by the debtor of the obligation secured or by a third person.
[1991, c. 64, a. 2681].

2682. Celui qui n'a sur un bien qu'un droit conditionnel ou susceptible d'être frappé de nullité ne peut consentir qu'une hypothèque sujette à la même condition ou nullité.
[1991, c. 64, a. 2682].

■ C.C.Q., 1229, 1707, 1743, 1752, 2261, 2659.

2682. A person whose right in a* property is conditional or open to an attack in nullity may only grant a hypothec subject to the same condition or nullity.
[1991, c. 64, a. 2682].

2683. À moins qu'elle n'exploite une entreprise et que l'hypothèque ne grève les biens de l'entreprise, une personne physique ne peut consentir une hypothèque mobilière sans dépossession que dans les conditions et sur les véhicules routiers et autres biens meubles déterminés par règlement.

L'acte constitutif de l'hypothèque est, s'il s'agit d'un acte accessoire à un contrat de consommation, assujetti aux règles de forme et de contenu prévues par le présent livre ou par règlement.
[1991, c. 64, a. 2683; 1998, c. 5, a. 9].

■ C.C.Q., 1525, 2684, 2684.1, 2696-2714.7.

2683. Except where he operates an enterprise and the hypothec is charged on the property of that enterprise, a natural person may grant a movable hypothec without delivery only on road vehicles or other movable property determined by regulation and subject to the conditions determined by regulation.

Where the act constituting the hypothec is accessory to a consumer contract, it is subject to the rules as to form and contents prescribed by this Book or by regulation.
[1991, c. 64, a. 2683; 1998, c. 5, s. 9].

2684. Seule la personne ou le fiduciaire qui exploite une entreprise peut consentir une hypothèque sur une universalité de biens, meubles ou immeubles, présents ou à venir, corporels ou incorporels.

Celui qui exploite l'entreprise peut, ainsi, hypothéquer les animaux, l'outillage ou le matériel d'équipement professionnel†, les créances et comptes clients, les brevets et marques de commerce, ou encore les meubles corporels qui font partie de l'actif

2684. Only a person or a trustee carrying on an enterprise may grant a hypothec on a universality of property, movable or immovable, present or future, corporeal or incorporeal.

The person or trustee may thus hypothecate animals, tools or equipment pertaining to the enterprise†, claims and customer accounts, patents and trademarks, or corporeal movables included in the assets of any of his enterprises kept for sale, lease

de l'une ou l'autre de ses entreprises et qui sont détenus afin d'être vendus, loués ou traités dans le processus de fabrication ou de transformation d'un bien destiné à la vente, à la location ou à la prestation de services.

[1991, c. 64, a. 2684].

or processing in the manufacture or transformation of property intended for sale, for lease or for use in providing a service.

[1991, c. 64, a. 2684].

❚ C.C.Q., 1525, 2684.1, 2685, 2686, 2773.

2684.1. Nonobstant l'article 2684, la personne physique qui n'exploite pas une entreprise peut, si ces valeurs ou titres sont de la nature de ceux qu'elle peut grever d'une hypothèque sans dépossession, consentir une hypothèque sur une universalité de valeurs mobilières ou de titres intermédiés, présents ou à venir, visés par la *Loi sur le transfert de valeurs mobilières et l'obtention de titres intermédiés* (chapitre T-11.002).

Elle peut aussi, si les biens sont de la nature de ceux qu'elle peut grever d'une hypothèque sans dépossession, consentir une hypothèque sur toute autre universalité de biens, présents ou à venir, déterminée par règlement.

[2008, c. 20, a. 133].

2684.1. Notwithstanding article 2684, a natural person not carrying on an enterprise may grant a hypothec on a universality of present or future securities or security entitlements, within the meaning of the *Act respecting the transfer of securities and the establishment of security entitlements* (chapter T-11.002), provided the securities or security entitlements are securities or security entitlements that the person may encumber with a hypothec without delivery.

Such a natural person may also grant a hypothec on any other universality of present or future property determined by regulation, provided the property is property that the person may encumber with a hypothec without delivery.

[2008, c. 20, s. 133].

❚ C.C.Q., 1525, 2684.

2685. Seule la personne qui exploite une entreprise peut consentir une hypothèque sur un meuble représenté par un connaissement.

[1991, c. 64, a. 2685].

2685. Only a person carrying on an enterprise may grant a hypothec on a movable represented by a bill of lading.

[1991, c. 64, a. 2685].

❚ C.C.Q., 1525, 2041, 2684, 2686, 2699, 2708.

2686. Seule la personne ou le fiduciaire qui exploite une entreprise peut consentir une hypothèque ouverte sur les biens de l'entreprise.

[1991, c. 64, a. 2686].

2686. Only a person or a trustee carrying on an enterprise may grant a floating hypothec on the property of the enterprise.

[1991, c. 64, a. 2686].

❚ C.C.Q., 1278, 1307, 1525, 2684, 2685, 2715, 2720, 2755, 2955.

SECTION II —
DE L'OBLIGATION GARANTIE PAR HYPOTHÈQUE

SECTION II —
OBLIGATIONS SECURED BY HYPOTHECS

2687. L'hypothèque peut être consentie pour quelque obligation que ce soit.

[1991, c. 64, a. 2687].

▌ C.C.Q., 1371-1376, 2688, 2689, 2691, 2692, 2797.

2687. A hypothec may be granted to secure any obligation whatever.

[1991, c. 64, a. 2687].

2688. L'hypothèque constituée pour garantir le paiement d'une somme d'argent est valable, encore qu'au moment de sa constitution le débiteur n'ait pas reçu ou n'ait reçu que partiellement la prestation en raison de laquelle il s'est obligé.

Cette règle s'applique, notamment, en matière d'ouverture de crédit ou d'émission d'obligations et autres titres d'emprunt.

[1991, c. 64, a. 2688].

▌ C.C.Q., 2314, 2690, 2691, 2692, 2797.

2688. A hypothec granted to secure payment of a sum of money is valid even if, when it is granted, the debtor has not received the prestation in consideration of which he has undertaken the obligation or has received only part of it.

This rule is applicable in particular to lines of credit and the issue of bonds or other titles of indebtedness.

[1991, c. 64, a. 2688].

2689. L'acte constitutif d'hypothèque doit indiquer la somme déterminée pour laquelle elle est consentie.

Cette règle s'applique alors même que l'hypothèque est constituée pour garantir l'exécution d'une obligation dont la valeur ne peut être déterminée ou est incertaine.

[1991, c. 64, a. 2689].

▌ C.C.Q., 2667, 2690.

2689. An act validly constituting a hypothec indicates the specific sum for which it is granted.

The same rule applies even where the hypothec is constituted to secure the performance of an obligation of which the value cannot be determined or is uncertain.

[1991, c. 64, a. 2689].

2690. La somme pour laquelle l'hypothèque est consentie n'est pas considérée indéterminée si l'acte, plutôt que de stipuler un taux fixe d'intérêt, contient les éléments nécessaires à la détermination du taux d'intérêt effectif de cette somme.

[1991, c. 64, a. 2690].

▌ C.C.Q., 2667, 2688, 2689.

2690. The sum for which the hypothec is granted is not considered to be indeterminate where the act, rather than stipulating a fixed rate of interest, contains the necessary particulars for determining the actual rate of interest on the obligation.

[1991, c. 64, a. 2690].

2691. Si le créancier refuse de remettre les sommes d'argent qu'il s'est engagé à prêter et en garantie desquelles il détient une hypothèque, le débiteur ou le constituant peut obtenir, aux frais du créancier, la réduction ou la radiation de l'hypothèque, sur paiement, en ce dernier cas, des seules sommes alors dues.

[1991, c. 64, a. 2691].

2691. Where the creditor refuses to hand over the sums of money he has undertaken to lend and for which he holds a hypothec as security, the debtor or the grantor may, at the expense of the creditor, cause the hypothec to be reduced or cancelled, upon payment, in the latter case, of only the amounts that may then be due.

[1991, c. 64, a. 2691].

▌ C.C.Q., 2741, 3057-3075.1.

2692. L'hypothèque qui garantit le paiement des obligations ou autres titres d'emprunt, émis par le fiduciaire, la société en commandite ou la personne morale autorisée à le faire en vertu de la loi, doit, à peine de nullité absolue, être constituée par acte notarié en minute, en faveur du fondé de pouvoir des créanciers.

[1991, c. 64, a. 2692].

2692. A hypothec securing payment of bonds or other titles of indebtedness issued by a trustee, a limited partnership or a legal person authorized to do so by law shall, on pain of absolute nullity, be granted by notarial act *en minute* in favour of the person holding the power of attorney of the creditors.

[1991, c. 64, a. 2692].

▌ C.C.Q., 2237, 2687, 2799, 2819.

SECTION III — DE L'HYPOTHÈQUE IMMOBILIÈRE

SECTION III — IMMOVABLE HYPOTHECS

2693. L'hypothèque immobilière doit, à peine de nullité absolue, être constituée par acte notarié en minute.

[1991, c. 64, a. 2693].

2693. An immovable hypothec is, on pain of absolute nullity, granted by notarial act *en minute*.

[1991, c. 64, a. 2693].

▌ C.C.Q., 1416, 2695, 2799, 2819.

2694. L'hypothèque immobilière n'est valable qu'autant que l'acte constitutif désigne de façon précise le bien hypothéqué.

[1991, c. 64, a. 2694].

2694. An immovable hypothec is valid only so far as the constituting act specifically designates the hypothecated property.

[1991, c. 64, a. 2694].

▌ C.C.Q., 3026-3056; D.T., 155.

2695. Sont considérées comme immobilières l'hypothèque des loyers, présents et à venir, que produit un immeuble, et celle des indemnités versées en vertu des contrats d'assurance qui couvrent ces loyers.

Ces hypothèques sont publiées au registre foncier.

[1991, c. 64, a. 2695].

2695. Hypothecs on the present and future rents produced by an immovable and hypothecs on the indemnities paid under the insurance contracts covering the rents are considered to be immovable hypothecs.

Such hypothecs are published in the land register.

[1991, c. 64, a. 2695].

▌ C.C.Q., 2670, 2693, 2743-2745, 2941, 2970, 2972; D.T., 133, 136.

SECTION IV —
DE L'HYPOTHÈQUE MOBILIÈRE

SECTION IV —
MOVABLE HYPOTHECS

§ 1. — Dispositions particulières
à l'hypothèque mobilière sans
dépossession

§ 1. — Movable hypothecs
without delivery

2696. L'hypothèque mobilière sans dépossession doit, à peine de nullité absolue, être constituée par écrit.

[1991, c. 64, a. 2696].

▌ C.C.Q., 1416-1418, 2665, 2683, 2798; D.T., 157-157.2.

2696. A movable hypothec without delivery shall, on pain of absolute nullity, be granted in writing.

1991, c. 64, a. 2696].

2697. L'acte constitutif d'une hypothèque mobilière doit contenir une description suffisante du bien qui en est l'objet ou, s'il s'agit d'une universalité de meubles, l'indication de la nature de cette universalité.

[1991, c. 64, a. 2697].

▌ C.C.Q., 2674, 2684, 2696, 2700, 2950, 2981, 3024.

2697. A sufficient description of the hypothecated property shall be contained in the act constituting a movable hypothec or, in the case of a universality of movables, an indication of the nature of that universality.

1991, c. 64, a. 2697].

2698. L'hypothèque mobilière grevant les fruits et les produits du sol, ainsi que les matériaux ou d'autres choses qui font partie intégrante d'un immeuble, prend effet au moment où ceux-ci deviennent des meubles ayant une entité distincte. Elle prend rang à compter de† son inscription au registre des droits personnels et réels mobiliers.

[1991, c. 64, a. 2698].

▌ C.C.Q., 900, 901, 2670, 2671, 2795, 2941, 2945, 2980.

2698. A movable hypothec charging the fruits and products of the soil, and the materials and other things forming an integral part of an immovable, takes effect when they become movables with a separate existence. It ranks from its date† of registration in the register of personal and movable real rights.

[1991, c. 64, a. 2698].

2699. L'hypothèque mobilière qui grève des biens représentés par un connaissement ou un autre titre négociable ou qui grève des créances est opposable aux créanciers du constituant depuis le moment où le créancier a exécuté sa prestation†, si elle est inscrite dans les dix jours qui suivent.

[1991, c. 64, a. 2699].

▌ C.C.Q., 1371, 1373, 2041, 2663, 2685, 2708, 2710, 2941, 2945; D.T., 136.

2699. A movable hypothec on property represented by a bill of lading or other negotiable instrument or on claims may be set up against the creditors of the grantor from the time the creditor gives value†, provided it is registered within the following ten days.

[1991, c. 64, a. 2699].

2700. L'hypothèque mobilière sur un bien qui n'est pas aliéné dans le cours des activités de l'entreprise et qui n'est pas inscrite sur une fiche établie sous la description de ce bien est conservée par la

2700. A movable hypothec on property that is not alienated in the ordinary course of business of an enterprise and that is not registered in a file opened under the description of the property is preserved by

production au registre des droits personnels et réels mobiliers, d'un avis de conservation de l'hypothèque.

Cet avis doit être inscrit dans les quinze jours qui suivent le moment où le créancier a été informé, par écrit, du transfert du bien et du nom de l'acquéreur† ou le moment où il a consenti par écrit à ce transfert; dans le même délai, le créancier transmet une copie de l'avis à l'acquéreur†.

L'avis doit indiquer le nom du débiteur ou du constituant, de même que celui de l'acquéreur†, et contenir une description du bien.

[1991, c. 64, a. 2700; 1998, c. 5, a. 10].

∎ C.C.Q., 1525, 2674, 2701, 2732, 2980; D.T., 138, 157.2.

2701. L'hypothèque mobilière assumée par un acquéreur† peut être publiée.

[1991, c. 64, a. 2701].

∎ C.C.Q., 2700.

2701.1. L'hypothèque mobilière constituée[1] par un intermédiaire en valeurs mobilières sur des valeurs mobilières ou des titres intermédiés visés par la *Loi sur le transfert de valeurs mobilières et l'obtention de titres intermédiés* (chapitre T-11.002) est réputée publiée par sa seule constitution, sans la nécessité d'une inscription.

Lorsque l'intermédiaire a constitué[1] plusieurs hypothèques mobilières sur les mêmes valeurs ou titres, ces hypothèques viennent en concurrence, quel que soit le moment de leur publication.

[2008, c. 20, a. 134].

Note 1 : Comp. a. 3108.8 ("granted").

∎ C.C.Q., 2663, 2665, 2934, 2941, 2945.

§ 2. — Dispositions particulières à l'hypothèque mobilière avec dépossession

2702. L'hypothèque mobilière avec dépossession est constituée par la remise matérielle du bien ou du titre au créancier ou, si

filing a notice of preservation of hypothec in the register of personal and movable real rights.

The notice shall be registered within fifteen days after the creditor is informed in writing of the transfer of the property and the name of the purchaser†, or after he consents in writing to the transfer. The creditor transmits a copy of the notice to the purchaser† within the same time.

The name of the debtor or grantor and of the purchaser† and a description of the property shall be indicated in the notice.

[1991, c. 64, a. 2700; 1998, c. 5, s. 10].

2701. A movable hypothec assumed by a purchaser† may be published.

[1991, c. 64, a. 2701].

2701.1. A movable hypothec constituted[1] by a securities intermediary on securities or security entitlements within the meaning of the *Act respecting the transfer of securities and the establishment of security entitlements* (chapter T-11.002) is deemed to be published by the sole fact of its constitution, and does not require registration.

If the securities intermediary has constituted[1] two or more movable hypothecs on the same securities or security entitlements, the hypothecs rank concurrently among themselves, regardless of when they were published.

[2008, c. 20, s. 134].

§ 2. — Movable hypothecs with delivery

2702. A movable hypothec with delivery is granted by physical delivery of the property or title to the creditor or, if the pro-

le bien est déjà entre ses mains, par le maintien de la détention matérielle, du consentement du constituant, afin de garantir sa créance.

[1991, c. 64, a. 2702; 2008, c. 20, a. 135].

▌ C.C.Q., 2665, 2705, 2709, 2714.1-2714.7, 2736-2742, 2798.

perty is already in his hands, by his continuing to physically hold it, with the grantor's consent, to secure his claim.

[1991, c. 64, a. 2702; 2008, c. 20, s. 135].

2703. L'hypothèque mobilière avec dépossession est publiée par la détention du bien ou du titre qu'exerce le créancier, et elle ne le demeure que si la détention est continue.

[1991, c. 64, a. 2703].

▌ C.C.Q., 2461, 2479.1, 2663, 2702, 2704, 2705, 2707, 2708, 2710-2712, 2714.1, 2798.

2703. A movable hypothec with delivery is published by the creditor's holding the property or title, and remains so only as long as he continues to hold it.

[1991, c. 64, a. 2703].

2704. La détention demeure continue même si son exercice est empêché par le fait† d'un tiers, sans que le créancier y ait consenti, ou même si cet exercice est interrompu, temporairement, par la remise du bien ou du titre au constituant, ou à un tiers, afin qu'il l'évalue, le répare, le transforme ou l'améliore.

[1991, c. 64, a. 2704].

▌ C.C.Q., 2703, 2706.

2704. Holding is continuous even if its exercise is prevented by the act† of a third person without the consent of the creditor or is temporarily interrupted by the handing over of the property or title to the grantor or to a third person for evaluation, repair, transformation or improvement.

[1991, c. 64, a. 2704].

2705. Le créancier peut, avec l'accord du constituant, exercer sa détention par l'intermédiaire d'un tiers, mais, en ce cas, la détention par le tiers n'équivaut à publicité qu'à compter du moment où celui-ci reçoit une preuve écrite de l'hypothèque.

[1991, c. 64, a. 2705].

▌ C.C.Q., 2703.

2705. The creditor, with the consent of the grantor, may hold the property through a third person, but if so, detention by the third person effects publication only from the time the third person receives evidence in writing of the hypothec.

[1991, c. 64, a. 2705].

2706. Le créancier qui est empêché d'exercer sa détention peut revendiquer le bien de celui qui le détient, à moins que l'empêchement ne résulte de l'exercice, par un autre créancier, de ses droits hypothécaires ou d'une procédure de saisie-exécution.

[1991, c. 64, a. 2706].

▌ C.C.Q., 2704, 2748; C.P.C., 580-616.1, 734.

2706. A creditor prevented from holding the property may revendicate it from the person holding it, unless he is prevented as a result of the exercise of hypothecary rights or a seizure in execution by another creditor.

[1991, c. 64, a. 2706].

2707. L'hypothèque mobilière avec dépossession peut être, postérieurement à sa constitution, publiée par inscription, pourvu qu'il n'y ait pas interruption de publicité.

[1991, c. 64, a. 2707].

2707. A movable hypothec granted with delivery may be published by registration at a later date, provided publication is not interrupted.

[1991, c. 64, a. 2707].

❚ C.C.Q., 2703, 2704.

2708. L'hypothèque mobilière qui grève des biens représentés par un connaissement ou un autre titre négociable ou qui grève des créances, est opposable aux créanciers du constituant depuis le moment où le créancier a exécuté sa prestation†, si le titre lui est remis dans les dix jours qui suivent.

[1991, c. 64, a. 2708].

❚ C.C.Q., 1371, 1373, 2041, 2663, 2685, 2699, 2709, 2710.

2708. A movable hypothec on property represented by a bill of lading or other negotiable instrument or on claims may be set up against the creditors of the grantor from the time the creditor gives value†, provided the title is remitted to him within ten days from that time.

[1991, c. 64, a. 2708].

2709. Si le titre est négociable par endossement et délivrance, ou par délivrance seulement, la remise au créancier a lieu par l'endossement et la délivrance, ou par la délivrance seulement.

[1991, c. 64, a. 2709].

❚ C.C.Q., 2043, 2702, 2708; C.P.C., 570.

2709. Where the title is negotiable by endorsement and delivery, or delivery alone, its remittance to the creditor takes place by endorsement and delivery, or by delivery alone.

[1991, c. 64, a. 2709].

§ 3. — Dispositions particulières à l'hypothèque mobilière sur des créances

§ 3. — Movable hypothecs on claims

2710. L'hypothèque mobilière qui grève une créance que détient le constituant contre un tiers, ou une universalité de créances, peut être constituée avec ou sans dépossession.

Cependant, dans l'un et l'autre cas, le créancier ne peut faire valoir son hypothèque à l'encontre des débiteurs des créances hypothéquées tant qu'elle ne leur est pas rendue opposable de la même manière qu'une cession de créance.

[1991, c. 64, a. 2710].

❚ C.C.Q., 1641-1648, 1680, 2676, 2711, 2712, 2743-2747, 3014.1.

2710. A movable hypothec on a claim held by the grantor against a third person or on a universality of claims may be granted with or without delivery.

However, in either case the creditor may not set up his hypothec against the debtors of hypothecated claims as long as it may not be set up against them in the same way as an assignment of claim.

[1991, c. 64, a. 2710].

2711. L'hypothèque qui grève une universalité de créances doit, même lorsqu'elle est constituée par la remise du titre au créancier, être inscrite au registre approprié.

[1991, c. 64, a. 2711].

❚ C.C.Q., 1642, 2676, 2702, 2703, 2718.

2711. A hypothec on a universality of claims, even when granted by the remittance of the title to the creditor, shall be entered in the proper register.

[1991, c. 64, a. 2711].

2712. L'hypothèque qui grève une créance que détient le constituant contre un tiers, créance qui est elle-même garantie par une

2712. A hypothec on a claim held by the grantor against a third person shall, where the claim is itself secured by a registered

hypothèque inscrite, doit être publiée par inscription; le créancier doit remettre une copie d'un état certifié de l'inscription au débiteur de la créance hypothéquée.

[1991, c. 64, a. 2712].

▌ C.C.Q., 2934, 3003, 3011, 3014.1.

2713. Dans tous les cas, le créancier ou le constituant peut, en mettant l'autre en cause, intenter une action en recouvrement d'une créance hypothéquée.

[1991, c. 64, a. 2713].

▌ C.C.Q., 2733, 2735, 2743-2747; C.P.C., 216-222.

§ 4. — Dispositions particulières à l'hypothèque mobilière sur navire, cargaison ou fret

2714. L'hypothèque mobilière qui grève un navire n'a d'effet que si, au moment où elle est publiée, le navire qui en fait l'objet n'est pas immatriculé en vertu de la *Loi sur la marine marchande du Canada* (L.R.C. (1985), c. S-9) ou en vertu d'une loi étrangère équivalente.

L'hypothèque peut aussi être constituée sur la cargaison d'un navire immatriculé ou sur le fret, que les biens soient ou non à bord, mais elle est alors assujettie, le cas échéant, aux droits que d'autres personnes peuvent avoir sur les biens en vertu de telles lois.

[1991, c. 64, a. 2714].

▌ C.C.Q., 2696 et s.

§ 5. — Dispositions particulières à l'hypothèque mobilière avec dépossession sur certaines valeurs ou certains titres

2714.1. La remise et la détention nécessaires à la constitution et à l'opposabilité d'une hypothèque mobilière avec dépossession peuvent, dans le cas de valeurs mobilières ou de titres intermédiés visés par la *Loi sur le transfert de valeurs mobilières et l'obtention de titres intermédiés* (chapitre T-11.002), s'opérer par la maî-

hypothec, be published by registration; the creditor shall remit a copy of a certified statement of registration of the hypothecated claim to the debtor.

[1991, c. 64, a. 2712].

2713. In all cases, either the creditor or the grantor may institute proceedings in recovery of a hypothecated claim, provided he impleads the other.

[1991, c. 64, a. 2713].

§ 4. — Movable hypothecs on ships, cargo or freight

2714. A movable hypothec on a ship is effective only if at the time of publication the ship is not registered under the *Canada Shipping Act* (R.S.C. (1985), c. S-9) or under an equivalent foreign law.

A movable hypothec may also be granted on the cargo of a registered ship or on the freight, whether or not the property is on board, but in that case it is subject to any rights over the property which other persons may have under such legislation.

[1991, c. 64, a. 2714].

§ 5. — Movable Hypothecs with Delivery on Certain Securities or Security Entitlements

2714.1. In the case of securities and security entitlements within the meaning of the *Act respecting the transfer of securities and the establishment of security entitlements* (chapter T-11.002), the requirement that the property be delivered to and held by the creditor in order for a movable hypothec with delivery to be constituted and

Le caractère ouvert de l'hypothèque doit être expressément stipulé dans l'acte.

[1991, c. 64, a. 2715].

▍ C.C.Q., 2686, 2693, 2696, 2755, 2955.

The floating character of the hypothec shall be expressly stipulated in the act.

[1991, c. 64, a. 2715].

2716. Il est nécessaire pour que l'hypothèque ouverte produise ses effets qu'elle ait été publiée au préalable et, dans le cas d'une affectation de biens immeubles, qu'elle ait été inscrite contre chacun des biens.

Elle n'est opposable aux tiers que par l'inscription de l'avis de clôture.

[1991, c. 64, a. 2716].

▍ C.C.Q., 2715, 2722, 2755, 2955.

2716. A floating hypothec has effect only if it was published beforehand and, if immovable properties* are charged, only if it was registered against each of them.

It may not be set up against third persons except by registration of the notice of crystallization.

[1991, c. 64, a. 2716].

2717. Les conditions ou restrictions stipulées à l'acte constitutif quant au droit du constituant d'aliéner, d'hypothéquer ou de disposer des biens grevés ont effet entre les parties avant même la clôture.

[1991, c. 64, a. 2717].

▍ C.C.Q., 2715, 2716.

2717. Any condition or restriction stipulated in the constituting act in respect of the right of the grantor to alienate, hypothecate or dispose of the charged property has effect between the parties even before crystallization.

[1991, c. 64, a. 2717].

2718. L'hypothèque ouverte qui grève plusieurs créances produit ses effets à l'égard des débiteurs des créances hypothéquées dès l'inscription de l'avis de clôture, à condition que cet avis soit publié dans un journal distribué dans la localité de la dernière adresse connue du constituant de l'hypothèque ouverte ou, si celui-ci exploite une entreprise, dans la localité où son principal établissement est situé.

La publication de l'avis n'est pas nécessaire si l'hypothèque et l'avis de clôture sont rendus opposables aux débiteurs des créances hypothéquées, de la même manière qu'une cession de créance.

[1991, c. 64, a. 2718].

▍ C.C.Q., 1641, 1642, 2716.

2718. A floating hypothec on more than one claim has effect in respect of the debtors of hypothecated claims, upon registration of the notice of crystallization, provided the notice has been published in a newspaper circulated in the locality of the last known address of the grantor of the floating hypothec or, where he carries on an enterprise, in the locality where the enterprise has its principal establishment.

The notice need not be published if the hypothec and the notice of crystallization may be set up against the debtors of the hypothecated claims in the same way as an assignment of claim.

[1991, c. 64, a. 2718].

2719. L'hypothèque ouverte emporte, par sa clôture, les effets d'une hypothèque, mobilière ou immobilière, à l'égard des droits que le constituant peut encore avoir, à ce moment, dans les biens grevés; si,

2719. By crystallization, a floating hypothec has all the effects of a movable or immovable hypothec in respect of whatever rights the grantor may have at that time in the charged property; if the

parmi ceux-ci, se trouve une universalité, elle grève aussi les biens acquis par le constituant après la clôture.

[1991, c. 64, a. 2719].

▌C.C.Q., 2715, 2716.

property includes a universality, the hypothec also charges properties* acquired by the grantor after crystallization.

[1991, c. 64, a. 2719].

2720. La vente d'entreprise consentie par le constituant n'est pas opposable au titulaire de l'hypothèque ouverte; il en est de même de la fusion ou de la réorganisation dont l'entreprise fait l'objet.

[1991, c. 64, a. 2720].

▌C.C.Q., 2686.

2720. The sale of an enterprise by the grantor may not be set up against the holder of a floating hypothec. The same applies to a merger or reorganization of an enterprise.

[1991, c. 64, a. 2720].

2721. Le créancier titulaire d'une hypothèque ouverte grevant une universalité de biens peut, à compter de l'inscription de l'avis de clôture, prendre possession des biens pour les administrer, par préférence à tout autre créancier qui n'aurait publié son hypothèque qu'après l'inscription de l'hypothèque ouverte.

[1991, c. 64, a. 2721].

▌C.C.Q., 2716, 2750, 2755, 2773.

2721. The creditor holding a floating hypothec on a universality of property may, from registration of the notice of crystallization, take possession of the property to administer it in preference to any other creditor having published his hypothec after the date of registration of the floating hypothec.

[1991, c. 64, a. 2721].

2722. Lorsque plusieurs hypothèques ouvertes grèvent les mêmes biens, la clôture de l'une d'elles permet aux autres créanciers d'inscrire eux-mêmes un avis de clôture au bureau de la publicité des droits.

[1991, c. 64, a. 2722].

▌C.C.Q., 2715, 2955.

2722. Where there are several floating hypothecs on the same property, crystallization of one of them enables the creditors holding the others to register their own notice of crystallization at the registry office.

[1991, c. 64, a. 2722].

2723. Lorsqu'il est remédié au défaut du débiteur, le créancier requiert l'officier de la publicité des droits de radier l'avis de clôture.

Les effets de la clôture cessent à compter de cette radiation et les effets de l'hypothèque sont à nouveau suspendus.

[1991, c. 64, a. 2723; 2000, c. 42, a. 4].

▌C.C.Q., 2715, 3057; D.T., 139.

2723. Where the default of the debtor has been remedied, the creditor requires the registrar to cancel the notice of crystallization.

The effects of crystallization cease with the cancellation, and the effects of the hypothec are again suspended.

[1991, c. 64, a. 2723].

Chapitre III ——
De l'hypothèque légale

Chapter III ——
Legal hypothecs

2724. Les seules créances qui peuvent donner lieu à une hypothèque légale sont les suivantes:

2724. Only the following claims may give rise to a legal hypothec:

1° Les créances de l'État pour les sommes dues en vertu des lois fiscales, ainsi que certaines autres créances de l'État ou de personnes morales de droit public, spécialement prévues dans les lois particulières†;

2° Les créances des personnes qui ont participé à la construction ou à la rénovation d'un immeuble;

3° La créance du syndicat des copropriétaires pour le paiement des charges communes et des contributions au fonds de prévoyance;

4° Les créances qui résultent d'un jugement.

[1991, c. 64, a. 2724].

(1) claims of the State for sums due under fiscal laws, and certain other claims of the State or of legal persons established in the public interest, under specific provision of law†;

(2) claims of persons having taken part in the construction or renovation of an immovable;

(3) the claim of a syndicate of co-owners for payment of the common expenses and contributions to the contingency fund;

(4) claims under a judgment.

[1991, c. 64, a. 2724].

█ C.C.Q., 2651, 2664, 2725-2732, 2800, 2952, 3061, 3068; D.T., 134, 140.

2725. Les hypothèques légales de l'État, y compris celles pour les sommes dues en vertu des lois fiscales, de même que les hypothèques des personnes morales de droit public, peuvent grever des biens meubles ou immeubles.

Ces hypothèques ne sont acquises que par leur inscription sur le registre approprié. La réquisition d'inscription se fait par la présentation d'un avis qui indique la loi créant l'hypothèque, les biens du débiteur sur lesquels le créancier entend la faire valoir, la cause et le montant de la créance. L'avis doit être signifié au débiteur.

L'inscription, par l'État, d'une hypothèque légale mobilière pour les sommes dues en vertu des lois fiscales, ne l'empêche pas de se prévaloir plutôt de sa créance prioritaire.

[1991, c. 64, a. 2725].

2725. The legal hypothecs of the State, including those for sums due under fiscal laws, and the hypothecs of legal persons established in the public interest may be charged on movable or immovable property.

Such hypothecs take effect only from their registration in the proper register. Application for registration is made by filing a notice indicating the legislation granting the hypothec, the property of the debtor on which the creditor intends to exercise it, and stating the cause and the amount of the claim. The notice shall be served on the debtor.

Registration by the State of a legal movable hypothec for sums due under fiscal laws does not prevent it from exercising its prior claim.

[1991, c. 64, a. 2725].

█ C.C.Q., 2653, 2724, 2731, 2732, 2981, 3068.

2726. L'hypothèque légale en faveur des personnes qui ont participé à la construction ou à la rénovation d'un immeuble ne peut grever que cet immeuble. Elle n'est acquise qu'en faveur des architecte, ingénieur, fournisseur de matériaux, ouvrier, entrepreneur ou sous-entrepreneur, à raison† des travaux demandés par le propriétaire de l'immeuble, ou à raison† des matériaux ou services qu'ils ont fournis ou

2726. A legal hypothec in favour of the persons having taken part in the construction or renovation of an immovable may not charge any other immovable. It exists only in favour of the architect, engineer, supplier of materials, workman and contractor or sub-contractor in proportion† to the work requested by the owner of the immovable or to the materials or services supplied or prepared by them for the work.

préparés pour ces travaux. Elle existe sans qu'il soit nécessaire de la publier.

[1991, c. 64, a. 2726].

It is not necessary to publish a legal hypothec for it to exist.

[1991, c. 64, a. 2726; 1992, c. 57, s. 716].

■ C.C.Q., 2123, 2724, 2727, 2728, 2952, 3061; D.T., 140; C.P.C., 721.

2727. L'hypothèque légale en faveur des personnes qui ont participé à la construction ou à la rénovation d'un immeuble subsiste, quoiqu'elle n'ait pas été publiée, pendant les trente jours qui suivent la fin des travaux.

Elle est conservée si, avant l'expiration de ce délai, il y a eu inscription d'un avis désignant l'immeuble grevé et indiquant le montant de la créance. Cet avis doit être signifié au propriétaire de l'immeuble.

Elle s'éteint six mois après la fin des travaux à moins que, pour conserver l'hypothèque, le créancier ne publie une action contre le propriétaire de l'immeuble ou qu'il n'inscrive un préavis d'exercice d'un droit hypothécaire.

[1991, c. 64, a. 2727].

2727. A legal hypothec in favour of persons having taken part in the construction or renovation of an immovable subsists, even if it has not been published, for thirty days after the work has been completed.

It subsists if, before the thirty-day period expires, a notice describing the charged immovable and indicating the amount of the claim is registered. The notice shall be served on the owner of the immovable.

It is extinguished six months after the work is completed, unless, to preserve the hypothec, the creditor publishes an action against the owner of the immovable or registers a prior notice of the exercise of a hypothecary right.

[1991, c. 64, a. 2727].

■ C.C.Q., 2110, 2123, 2724, 2726, 2728, 2735, 2748, 2757, 2952; D.T., 140.

2728. L'hypothèque garantit la plus-value donnée à l'immeuble par les travaux, matériaux ou services fournis ou préparés pour ces travaux; mais, lorsque ceux en faveur de qui elle existe n'ont pas eux-mêmes contracté avec le propriétaire, elle est limitée aux travaux, matériaux ou services qui suivent la dénonciation écrite du contrat au propriétaire. L'ouvrier n'est pas tenu de dénoncer son contrat.

[1991, c. 64, a. 2728].

2728. The hypothec secures the increase in value added* to the immovable by the work, materials or services supplied or prepared for the work. However, where those in favour of whom it exists did not themselves enter into a contract with the owner, the hypothec is limited to the work, materials or services supplied after written declaration of the contract to the owner. A workman is not bound to declare his contract.

[1991, c. 64, a. 2728].

■ C.C.Q., 2123, 2724, 2726, 2727, 2952.

2729. L'hypothèque légale du syndicat des copropriétaires grève la fraction du copropriétaire en défaut, pendant plus de trente jours, de payer sa quote-part des charges communes ou sa contribution au fonds de prévoyance; elle n'est acquise qu'à compter de l'inscription d'un avis indiquant la nature de la réclamation, le montant exigible au jour de l'inscription de l'avis, le montant prévu pour les charges et créances

2729. The legal hypothec of a syndicate of co-owners charges the fraction of the co-owner who has defaulted for more than thirty days on payment of his common expenses or his contribution to the contingency fund, and has effect only upon registration of a notice indicating the nature of the claim, the amount exigible on the day the notice is registered, and the expected amount of charges and claims for

de l'année financière en cours et celles des deux années qui suivent.

[1991, c. 64, a. 2729].

▌ C.C.Q., 1039, 1064, 1069, 1071, 2724, 2800, 3061.

the current financial year and the next two years.

[1991, c. 64, a. 2729].

2730. Tout créancier en faveur de qui un tribunal ayant compétence au Québec a rendu un jugement portant condamnation à verser une somme d'argent, peut acquérir une hypothèque légale sur un bien, meuble ou immeuble, de son débiteur.

Il l'acquiert par l'inscription d'un avis désignant le bien grevé par l'hypothèque et indiquant le montant de l'obligation, et, s'il s'agit de rente ou d'aliments, le montant des versements et, le cas échéant, l'indice d'indexation. L'avis est présenté avec une copie du jugement; il doit être signifié au débiteur.

[1991, c. 64, a. 2730; 2000, c. 42, a. 5].

▌ C.C.Q., 585 et s., 2724, 2731; C.P.C., 553.2.

2730. Every creditor in whose favour a judgment awarding a sum of money has been rendered by a court having jurisdiction in Québec may acquire a legal hypothec on the movable or immovable property of his debtor.

He may acquire it by registering a notice describing the property charged with the hypothec and specifying the amount of the obligation, and, in the case of an annuity or support, the amount of the instalments and, where applicable, the annual Pension Index. The notice is filed with a copy of the judgment; it must be served on the debtor.

[1991, c. 64, a. 2730; 2000, c. 42, s. 5].

2731. À moins que l'hypothèque légale ne soit celle de l'État ou d'une personne morale de droit public, le tribunal peut, à la demande du propriétaire du bien grevé d'une hypothèque légale, déterminer le bien que l'hypothèque pourra grever, réduire le nombre de ces biens ou permettre au requérant de substituer à cette hypothèque une autre sûreté suffisante pour garantir le paiement; il peut alors ordonner la radiation de l'inscription de l'hypothèque légale.

[1991, c. 64, a. 2731].

▌ C.C.Q., 2724, 2725; D.T., 135.

2731. Except in the case of the legal hypothec of the State or of a legal person established in the public interest, the court, on application of the owner of the property charged with a legal hypothec, may determine which property the hypothec may charge, reduce the number of the properties* or give leave to the applicant to substitute other security for the hypothec sufficient to secure payment; it may thereupon order the registration of the legal hypothec to be cancelled.

[1991, c. 64, a. 2731].

2732. Le créancier qui a inscrit son hypothèque légale conserve son droit de suite sur le bien meuble qui n'est pas aliéné dans le cours des activités d'une entreprise, de la même manière que s'il était titulaire d'une hypothèque conventionnelle.

[1991, c. 64, a. 2732].

▌ C.C.Q., 1525, 2674, 2700, 2751, 2980.

2732. A creditor who has registered his legal hypothec preserves his right to follow it on movable property which is not alienated in the ordinary course of business of an enterprise, as though he were the holder of a conventional hypothec.

[1991, c. 64, a. 2732].

Chapitre IV ——
De certains effets de l'hypothèque

Chapter IV ——
Certain effects of hypothecs

SECTION I ——
DISPOSITIONS GÉNÉRALES

SECTION I ——
GENERAL PROVISIONS

2733. L'hypothèque ne dépouille ni le constituant ni le possesseur qui continuent de jouir des droits qu'ils ont sur les biens grevés et peuvent en disposer, sans porter atteinte aux droits du créancier hypothécaire.

[1991, c. 64, a. 2733].

▌C.C.Q., 2660, 2751, 2760.

2733. A hypothec does not divest the grantor or the person in possession, who continue to enjoy their rights over the charged property and may dispose of it, subject to the rights of the hypothecary creditor.

[1991, c. 64, a. 2733].

2734. Ni le constituant ni son ayant cause ne peuvent détruire ou détériorer le bien hypothéqué, ou en diminuer sensiblement la valeur, si ce n'est par une utilisation normale ou en cas de nécessité.

Dans le cas où il en subit une perte, le créancier peut, outre ses autres recours et encore que sa créance ne soit ni liquide ni exigible, recouvrer des dommages-intérêts compensatoires jusqu'à concurrence de sa créance et au même titre d'hypothèque; la somme ainsi perçue est imputée sur sa créance.

[1991, c. 64, a. 2734].

2734. Neither the grantor nor his successor may destroy or deteriorate the hypothecated property or materially reduce its value except by normal use or in case of necessity.

Where he suffers a loss, the creditor may, in addition to his other remedies, and even though his claim is neither liquid nor exigible, recover damages and interest* in compensation up to the amount of his claim and with the same right of hypothec; the amount so collected is imputed upon his claim.

[1991, c. 64, a. 2734].

▌C.C.Q., 1067, 1168, 1204, 1457, 1514, 1607, 1611-1625, 2494, 2497, 2675, 2739, 2748; C.P.C., 733, 751.

2735. Les créanciers hypothécaires peuvent agir en justice pour faire reconnaître leur hypothèque et interrompre la prescription, encore que leur créance ne soit ni liquide ni exigible.

[1991, c. 64, a. 2735].

2735. Hypothecary creditors may institute legal proceedings to have their hypothec recognized and interrupt prescription, even though their claims are neither liquid nor exigible.

[1991, c. 64, a. 2735].

▌C.C.Q., 818, 912, 1233, 1504, 1626, 2727, 2746, 2748, 2889-2903, 2957.

SECTION II ——
DES DROITS ET OBLIGATIONS DU
CRÉANCIER QUI DÉTIENT† LE BIEN
HYPOTHÉQUÉ

SECTION II ——
RIGHTS AND OBLIGATIONS OF
CREDITORS IN POSSESSION† OF
HYPOTHECATED PROPERTY

2736. Le créancier d'une hypothèque mobilière avec dépossession doit faire tous les actes nécessaires à la conservation du bien grevé dont il a la détention; il ne peut l'utiliser sans la permission du constituant.

[1991, c. 64, a. 2736].

2736. Where the creditor of a movable hypothec with delivery holds the property charged, he shall do whatever is necessary to preserve it; he may not use it without the permission of the grantor.

[1991, c. 64, a. 2736].

▌C.C.Q., 2702-2709, 2733, 2739.

2737. Le créancier perçoit les fruits et revenus du bien hypothéqué.

À moins d'une stipulation contraire, le créancier remet au constituant les fruits qu'il a perçus et il impute les revenus perçus, d'abord au paiement des frais, puis des intérêts qui lui sont dus, et enfin au paiement du capital de la dette.

[1991, c. 64, a. 2737].

▌C.C.Q., 910, 949, 1126, 1570, 2743.

2737. The fruits and revenues of the hypothecated property are collected by the creditor.

Unless otherwise stipulated, the creditor hands over the fruits collected to the grantor, and applies the revenues collected, first, to expenses, then to any interest owing to him, and lastly to the capital of the debt.

[1991, c. 64, a. 2737].

2738. Dans le cas de rachat en espèces des actions du capital-actions d'une personne morale par l'émetteur, le créancier qui reçoit le prix l'impute comme s'il s'agissait de revenus.

[1991, c. 64, a. 2738].

▌C.C.Q., 910, 2737.

2738. Where shares of the capital stock of a legal person are redeemed for cash by the issuer, the creditor collecting the price applies it as if it were revenue.

[1991, c. 64, a. 2738].

2739. Le créancier ne répond pas de la perte du bien hypothéqué, survenue par suite de force majeure ou résultant de la vétusté† du bien, de son dépérissement ou de son usage normal et autorisé.

[1991, c. 64, a. 2739].

▌C.C.Q., 950, 1160, 1161, 1167, 1168, 1308, 1470, 1562, 1701, 1702, 1846, 2049, 2072, 2286, 2289, 2322, 2675, 2734.

2739. The creditor is not liable for loss of the hypothecated property by superior force or as a result of its ageing†, perishability, or normal and authorized use.

[1991, c. 64, a. 2739].

2740. Le constituant est tenu de rembourser au créancier les impenses[1] faites par ce dernier pour la conservation du bien.

[1991, c. 64, a. 2740].

Note 1 : Comp. a./arts 957 et suiv.

▌C.C.Q., 958-964, 1020, 1137, 1210, 1248, 1488, 1703, 2293, 2667, 2736.

2740. The grantor is bound to repay to the creditor his expenses[1] incurred for the preservation of the property.

[1991, c. 64, a. 2740].

2741. Le constituant ne peut obtenir la restitution du bien hypothéqué qu'après l'exécution de l'obligation, à moins que le créancier n'abuse du bien.

Le créancier tenu de restituer le bien en vertu d'un jugement perd alors son hypothèque.

[1991, c. 64, a. 2741].

▌C.C.Q., 7, 2691, 2702, 2736.

2741. The grantor may not recover possession of the hypothecated property until performance of his obligation, unless the creditor abuses the property.

The creditor loses his hypothec upon a judgment compelling him to return the property.

[1991, c. 64, a. 2741].

2742. L'héritier du débiteur, qui paie sa part de la dette, ne peut demander sa portion du bien hypothéqué tant qu'une partie de la dette reste due.

L'héritier du créancier qui reçoit sa portion de la dette, ne peut remettre le bien hypothéqué au préjudice de ceux de ses cohéritiers qui n'ont pas été payés.

[1991, c. 64, a. 2742].

∎ C.C.Q., 823, 872, 1520, 1540, 2662.

2742. An heir of the debtor who has paid his share of the debt may not demand his share of the hypothecated property until the whole debt is paid.

An heir of the creditor may not, on receiving his share of the debt, return the hypothecated property to the prejudice of any unpaid coheir.

[1991, c. 64, a. 2742].

SECTION III —
DES DROITS ET OBLIGATIONS DU CRÉANCIER TITULAIRE D'UNE HYPOTHÈQUE SUR DES CRÉANCES

2743. Le créancier titulaire d'une hypothèque sur une créance perçoit les revenus qu'elle produit, ainsi que le capital qui échoit durant l'existence de l'hypothèque; il donne aussi quittance des sommes qu'il perçoit.

À moins d'une stipulation contraire, il impute les sommes perçues au paiement de l'obligation, même non encore exigible, suivant les règles générales du paiement.

[1991, c. 64, a. 2743].

∎ C.C.Q., 1570, 2695, 2710-2713, 2737, 2747.

SECTION III —
RIGHTS AND OBLIGATIONS OF CREDITORS HOLDING HYPOTHECATED CLAIMS

2743. A creditor holding a hypothec on a claim collects the revenues it produces, together with the capital falling due while the hypothec is in effect; he also gives an acquittance for the sums he collects.

Unless otherwise stipulated, he applies the amounts collected to payment of the obligation, even if it is not yet exigible, according to the rules governing payment generally.

[1991, c. 64, a. 2743].

2744. Le créancier peut, dans l'acte d'hypothèque, autoriser le constituant à percevoir, à leur échéance, les remboursements de capital ou les revenus des créances hypothéquées.

[1991, c. 64, a. 2744].

∎ C.C.Q., 2695, 2743, 2745.

2744. The creditor may, in the act constituting the hypothec, authorize the grantor to collect repayments of capital or the revenues from the hypothecated claims as they fall due.

[1991, c. 64, a. 2744].

2745. Le créancier peut, à tout moment, retirer l'autorisation de percevoir qu'il a donnée au constituant. Il doit alors notifier le constituant et le débiteur des droits hypothéqués qu'il percevra désormais lui-même les sommes exigibles†. Le retrait d'autorisation doit être inscrit.

[1991, c. 64, a. 2745; 1998, c. 5, a. 11].

∎ C.C.Q., 2695, 2743, 2744.

2745. The creditor may at any time withdraw his authorization to the grantor to collect. To do so he shall notify the grantor and the debtor of the hypothecated rights that he himself will thenceforth collect the sums falling† due. The withdrawal of authorization shall be registered.

1991, c. 64, a. 2745; 1998, c. 5, s. 11].

2746. Le créancier n'est pas tenu, durant l'existence de l'hypothèque, d'agir en justice pour recouvrer les droits hypothéqués, en capital ou en intérêts, mais il doit, dans un délai raisonnable, informer le constituant de toute irrégularité dans le paiement des sommes exigibles sur ces droits.

[1991, c. 64, a. 2746].

▌ C.C.Q., 2713, 2743.

2746. While the hypothec is in effect, the creditor need not sue in order to recover the capital or interest of the hypothecated rights, but he shall inform the grantor within a reasonable time of any irregularity in the payment of any sums exigible on the rights.

[1991, c. 64, a. 2746].

2747. Le créancier rend au constituant les sommes perçues qui excèdent l'obligation due en capital, intérêts et frais, malgré toute stipulation selon laquelle le créancier les conserverait, à quelque titre que ce soit.

[1991, c. 64, a. 2747].

▌ C.C.Q., 2661.

2747. The creditor remits to the grantor any sums collected over and above the obligation owed in capital, interest and expenses, notwithstanding any stipulation by which the creditor may keep them on any ground whatever.

[1991, c. 64, a. 2747].

Chapitre V ——
De l'exercice des droits hypothécaires

SECTION I ——
DISPOSITION GÉNÉRALE

Chapter V ——
Exercise of hypothecary rights

SECTION I ——
GENERAL PROVISION

2748. Outre leur action personnelle et les mesures provisionnelles prévues au *Code de procédure civile* (chapitre C-25), les créanciers ne peuvent, pour faire valoir et réaliser leur sûreté, exercer que les droits hypothécaires prévus au présent chapitre.

Ils peuvent ainsi, lorsque leur débiteur est en défaut et que leur créance est liquide et exigible, exercer les droits hypothécaires suivants: ils peuvent prendre possession du bien grevé pour l'administrer, le prendre en paiement de leur créance, le faire vendre sous contrôle de justice ou le vendre eux-mêmes.

[1991, c. 64, a. 2748].

2748. In addition to their personal right of action and the provisional measures provided in the *Code of Civil Procedure* (chapter C-25), creditors have only the hypothecary rights provided in this chapter for the enforcement and realization of their security.

Thus, where their debtor is in default and their claim is liquid and exigible, they may exercise the following hypothecary rights: they may take possession of the charged property to administer it, take it in payment of their claim, have it sold by judicial authority or sell it themselves.

[1991, c. 64, a. 2748].

▌ C.C.Q., 818, 1627, 1631, 2735, 2749, 2757, 2763, 2773, 2778, 2784, 2791; D.T., 133; C.P.C., 733-761.

SECTION II —
SECTION II —
DES CONDITIONS GÉNÉRALES D'EXERCICE DES DROITS HYPOTHÉCAIRES

SECTION II —
GENERAL CONDITIONS FOR THE EXERCISE OF HYPOTHECARY RIGHTS

2749. Les créanciers ne peuvent exercer leurs droits hypothécaires avant l'expiration du délai imparti pour délaisser le bien tel qu'il est fixé par l'article 2758.

[1991, c. 64, a. 2749].

❚ C.C.Q., 2758, 2761, 2763 et s.

2749. Creditors may not exercise their hypothecary rights before the period established in article 2758 for surrender of the property has expired.

[1991, c. 64, a. 2749].

2750. Celui des créanciers dont le rang est antérieur a priorité, pour l'exercice de ses droits hypothécaires, sur ceux qui viennent après lui.

Il peut cependant être tenu de payer les frais engagés par un créancier subséquent si, étant avisé de l'exercice d'un droit hypothécaire par cet autre créancier, il néglige, dans un délai raisonnable, d'invoquer l'antériorité de ses droits.

[1991, c. 64, a. 2750].

❚ C.C.Q., 2753, 2754, 2762, 2945.

2750. Earlier ranking creditors take priority over later creditors when exercising their hypothecary rights.

An earlier ranking creditor may, however, be liable for payment of expenses of a later creditor if, after being notified of the exercise of a hypothecary right by the latter, he delays unreasonably before invoking the priority of his rights.

[1991, c. 64, a. 2750].

2751. Le créancier exerce ses droits hypothécaires en quelques mains que le bien se trouve.

[1991, c. 64, a. 2751].

❚ C.C.Q., 818, 2660, 2661, 2663, 2700, 2732, 2733, 2748, 2757, 2797; C.P.C., 800-803.

2751. The creditor may exercise his hypothecary rights in whosoever hands the property lies.

[1991, c. 64, a. 2751].

2752. Lorsque le bien grevé d'une hypothèque fait subséquemment l'objet d'un usufruit, les droits hypothécaires doivent être exercés simultanément contre le nu-propriétaire et contre l'usufruitier, ou dénoncés à celui contre qui ils n'ont pas été exercés en premier.

[1991, c. 64, a. 2752].

❚ C.C.Q., 1120 et s., 2669, 2733, 2757; C.P.C., 168, 207.

2752. Where property charged with a hypothec subsequently comes under usufruct, the hypothecary rights shall be exercised against the bare owner and the usufructuary simultaneously, or notified to whichever of them they are not exercised against first.

1991, c. 64, a. 2752].

2753. Le créancier dont l'hypothèque grève plusieurs biens peut exercer ses droits hypothécaires, simultanément ou successivement, sur les biens qu'il juge à propos.

[1991, c. 64, a. 2753].

❚ C.C.Q., 2645, 2662, 2665, 2666, 2742, 2754, 2782, 2785, al. 2.

2753. A creditor whose hypothec charges more than one* property may exercise his hypothecary rights simultaneously or successively against such properties* as he sees fit.

[1991, c. 64, a. 2753].

2754. Lorsque des créanciers de rang postérieur n'ont d'hypothèque à faire valoir que sur un seul des biens grevés en faveur d'un même créancier, l'hypothèque de ce dernier se répartit, si au moins deux de ces biens sont vendus sous l'autorité de la justice et que le prix à distribuer soit suffisant pour acquitter sa créance, proportionnellement à ce qui reste à distribuer sur leurs prix respectifs.

[1991, c. 64, a. 2754].

❚ C.C.Q., 2750, 2753, 2945 et s.

2754. Where later ranking creditors are secured by a hypothec on only one of the properties* charged in favour of one and the same creditor, his hypothec is spread among them, where two or more of the properties* are sold under judicial authority and the proceeds still to be distributed are sufficient to pay his claim, proportionately over what remains to be distributed of their respective prices.

[1991, c. 64, a. 2754].

2755. Le titulaire d'une hypothèque ouverte ne peut exercer ses droits hypothécaires qu'après l'inscription de l'avis de clôture.

[1991, c. 64, a. 2755].

❚ C.C.Q., 2686, 2715-2723, 2955.

2755. The holder of a floating hypothec may not exercise his hypothecary rights until after registration of notice of crystallization.

[1991, c. 64, a. 2755].

2756. (*Abrogé*).

[2008, c. 20, a. 137].

2756. (*Repealed*).

[2008, c. 20, s. 137].

SECTION III —
DES MESURES PRÉALABLES À
L'EXERCICE DES DROITS
HYPOTHÉCAIRES

SECTION III —
PRELIMINARY MEASURES

§ 1. — Du préavis

§ 1. — Prior notice

2757. Le créancier qui entend exercer un droit hypothécaire doit produire au bureau de la publicité des droits un préavis, accompagné de la preuve de la signification au débiteur et, le cas échéant, au constituant, ainsi qu'à toute autre personne contre laquelle il entend exercer son droit.

L'inscription de ce préavis est dénoncée conformément au livre De la publicité des droits.

[1991, c. 64, a. 2757].

2757. A creditor intending to exercise a hypothecary right shall file a prior notice at the registry office, together with evidence that it has been served on the debtor and, where applicable, on the grantor and on any other person against whom he intends to exercise his right.

Registration of such a notice is made in accordance with the Book on Publication of Rights.

[1991, c. 64, a. 2757].

❚ C.C.Q., 2654, 2749, 2751, 2752, 2755, 2758, 2759, 2934 et s., 3017, 3022, 3069; C.P.C., 119.2-146.02, 800-803.

2758. Le préavis d'exercice d'un droit hypothécaire doit dénoncer tout défaut par le débiteur d'exécuter ses obligations et rappeler le droit, le cas échéant, du débiteur ou d'un tiers, de remédier à ce défaut. Il doit aussi indiquer le montant de la créance en capital et intérêts, s'il en existe,

2758. In a prior notice of the exercise of a hypothecary right, any failure by the debtor to fulfil his obligations shall be indicated, together with a reminder, where necessary, that the debtor or a third person has a right to remedy the default. In addition, the amount of the claim in capital and

et la nature du droit hypothécaire que le créancier entend exercer, fournir une description du bien grevé et sommer celui contre qui le droit hypothécaire est exercé de délaisser le bien, avant l'expiration du délai imparti.

Ce délai est de vingt jours à compter de l'inscription du préavis s'il s'agit d'un bien meuble, de soixante jours s'il s'agit d'un bien immeuble, ou de dix jours lorsque l'intention du créancier est de prendre possession du bien; il est toutefois de trente jours pour tout préavis relatif à un bien meuble grevé d'une hypothèque dont l'acte constitutif est accessoire à un contrat de consommation.

[1991, c. 64, a. 2758; 1998, c. 5, a. 12].

∎ C.C.Q., 1384, 2748, 2749, 2757, 2761, 2767, 3032 et s.

2759. Les créanciers titulaires d'une hypothèque grevant des valeurs mobilières ou des titres intermédiés visés par la *Loi sur le transfert de valeurs mobilières et l'obtention de titres intermédiés* (chapitre T-11.002) peuvent, si la convention qu'ils ont avec le constituant le permet et si, lorsqu'ils n'ont pas la maîtrise des valeurs ou titres, ceux-ci sont négociables sur une bourse ou sur les marchés de capitaux, vendre ces valeurs ou titres ou autrement en disposer sans être tenus de donner un préavis, d'obtenir un délaissement ou de respecter les délais prescrits par le présent titre.

Le créancier qui dispose ainsi d'une valeur ou d'un titre agit au nom du constituant et il n'est pas tenu de dénoncer sa qualité à l'acquéreur†. Il impute le produit de la disposition au paiement des frais qu'il a engagés pour y procéder, au paiement des créances primant ses droits, puis à celui de sa créance; il remet ensuite au constituant le surplus, s'il en existe. La disposition purge les droits réels grevant la valeur ou le titre dans la mesure prévue au *Code de procédure civile* (chapitre C-25) quant à l'effet de l'adjudication.

interest, if any, and the nature of the hypothecary right which the creditor intends to exercise shall be included in the notice, together with a description of the charged property and a call on the person against whom the right is to be exercised to surrender the property before the expiry of the period specified in the notice.

This period is of twenty days after registration of the notice in the case of a movable property, sixty days in the case of an immovable property, or ten days if the creditor intends to take possession of the property; however, the period is of thirty days in the case of a notice relating to movable property charged with a hypothec constituted by an act accessory to a consumer contract.

[1991, c. 64, a. 2758; 1998, c. 5, s. 12].

2759. A creditor holding a hypothec on securities or security entitlements within the meaning of the *Act respecting the transfer of securities and the establishment of security entitlements* (chapter T-11.002) may sell the securities or security entitlements or otherwise dispose of them without having to give a prior notice, obtain their surrender or observe the time limits prescribed by this Title, if the agreement between the creditor and the grantor so permits and, when the creditor does not have control of the securities or security entitlements, if they are, or are of a type, dealt in or traded on securities exchanges or financial markets.

A creditor who so disposes of securities or security entitlements acts on behalf of the grantor and is not bound to declare the creditor's position as creditor to the purchaser†. The creditor imputes the proceeds of the disposition to payment of the costs incurred to dispose of the securities or security entitlements, to payment of the hypothecary claims prior to the creditor's claim and, finally, to payment of the creditor's claim; the creditor remits any surplus to the grantor. The disposition purges the real rights to the extent provided by the *Code of Civil Procedure* (chapter C-25) in respect of the effect of a sale of property seized.

Les règles du présent titre relatives à la vente par le créancier sont, pour le reste, applicables à la disposition d'une valeur ou d'un titre par le créancier, compte tenu des adaptations nécessaires.

[1991, c. 64, a. 2759; 2008, c. 20, a. 138].

❚ C.C.Q., 2714.1-2714.7, 2749, 2757 et s., 2763 et s., 2784-2790.

2760. L'aliénation volontaire du bien grevé d'une hypothèque, faite après l'inscription par le créancier du préavis d'exercice d'un droit hypothécaire, est inopposable à ce créancier, à moins que l'acquéreur, avec le consentement du créancier, n'assume personnellement la dette, ou que ne soit consignée une somme suffisante pour couvrir le montant de la dette, les intérêts dus et les frais engagés par le créancier.

[1991, c. 64, a. 2760].

❚ C.C.Q., 1583 et s., 2667, 2674, 2733, 2757-2759, 2783, 2790, 2794.

§ 2. — Des droits du débiteur ou de celui contre qui le droit hypothécaire est exercé

2761. Le débiteur ou celui contre qui le droit hypothécaire est exercé, ou tout autre intéressé, peut faire échec à l'exercice du droit du créancier en lui payant ce qui lui est dû ou en remédiant à l'omission ou à la contravention mentionnée dans le préavis et à toute omission ou contravention subséquente et, dans l'un ou l'autre cas, en payant les frais engagés.

Il peut exercer ce droit jusqu'à ce que le bien ait été pris en paiement ou vendu ou, si le droit exercé est la prise de possession, à tout moment.

[1991, c. 64, a. 2761].

❚ C.C.Q., 1573-1589, 1651 et s., 2758, 2762, 2781.

2762. Le créancier qui a donné un préavis d'exercice d'un droit hypothécaire n'a le droit d'exiger du débiteur aucune indemnité autre que les intérêts échus et les frais engagés.

Nonobstant toute stipulation contraire, les frais engagés excluent les honoraires extrajudiciaires dus par le créancier pour des

The rules of this Title pertaining to a sale by a creditor are applicable in all other respects to the disposition of securities or security entitlements by a creditor, with the necessary modifications.

[1991, c. 64, a. 2758; 2008, c. 20, s. 138].

2760. The voluntary alienation of property charged with a hypothec, effected after the creditor has registered a prior notice of the exercise of a hypothecary right, may not be set up against the creditor unless the acquirer, with the consent of the creditor, personally assumes the debt, or unless a sum sufficient to cover the amount of the debt, interest and costs due to the creditor is deposited.

[1991, c. 64, a. 2760].

§ 2. — Rights of the debtor or person against whom a hypothecary right is exercised

2761. A debtor or a person against whom a hypothecary right is exercised, or any other interested person, may defeat exercise of the right by paying the creditor the amount due to him or, where that is the case, by remedying the omission or breach set forth in the prior notice and any subsequent omission or breach, and, in either case, by paying the costs incurred.

This right may be exercised before the property is taken in payment or sold, or, if the right exercised is taking in possession, at any time.

[1991, c. 64, a. 2761].

2762. A creditor having given prior notice of the exercise of a hypothecary right is not entitled to demand any indemnity from the debtor except interest owing and costs.

Notwithstanding any stipulation to the contrary, costs exclude extra-judicial professional fees payable by the creditor for

services professionnels qu'il a requis pour recouvrer le capital et les intérêts garantis par l'hypothèque ou pour conserver le bien grevé.

[1991, c. 64, a. 2762; 2002, c. 19, a. 12].

❚ C.C.Q., 1565, 1622-1625, 2667, 2757, 2758, 2761.

services required by the creditor in order to recover the capital and interest secured by the hypothec or to conserve the charged property.

[1991, c. 64, a. 2762; 2002, c. 19, s. 12].

§ 3. — Du délaissement

§ 3. — Surrender

2763. Le délaissement est volontaire ou forcé.

[1991, c. 64, a. 2763].

❚ C.C.Q., 2764-2772.

2763. Surrender is voluntary or forced.

[1991, c. 64, a. 2763].

2764. Le délaissement est volontaire lorsque, avant l'expiration du délai indiqué dans le préavis, celui contre qui le droit hypothécaire est exercé abandonne le bien au créancier afin qu'il en prenne possession ou consent, par écrit, à le remettre au créancier au moment convenu.

Si le droit hypothécaire exercé est la prise en paiement, le délaissement volontaire doit être constaté dans un acte consenti par celui qui délaisse le bien et accepté par le créancier.

[1991, c. 64, a. 2764; 2000, c. 42, a. 6].

❚ C.C.Q., 2749, 2758, 2761, 2763, 2765, 2768, 2778 et s., 2781; C.P.C., 540-542.

2764. Surrender is voluntary where, before the period indicated in the prior notice expires, the person against whom the hypothecary right is exercised abandons the property to the creditor in order that the creditor may take possession of it or consents in writing to turn it over to the creditor at the agreed time.

If the hypothecary right exercised is taking in payment, voluntary surrender shall be attested in a deed made by the person surrendering the property and accepted by the creditor.

[1991, c. 64, a. 2764; 2000, c. 42, s. 6].

2765. Le délaissement est forcé lorsque le tribunal l'ordonne, après avoir constaté l'existence de la créance, le défaut du débiteur, le refus de délaisser volontairement et l'absence d'une cause valable d'opposition†.

Le jugement fixe le délai dans lequel le délaissement doit s'opérer, en détermine la manière et désigne la personne en faveur de qui il a lieu.

[1991, c. 64, a. 2765].

❚ C.C.Q., 2748, 2763-2772; C.P.C., 796-799.

2765. Surrender is forced where the court orders it after ascertaining the existence of the claim, the debtor's default, the refusal to surrender voluntarily and the absence of a valid cause for objection†.

The judgment fixes the period within which surrender shall be effected, determines the manner of effecting it and designates the person in whose favour it is carried out.

[1991, c. 64, a. 2765].

2766. Si la bonne foi du créancier ou son aptitude à administrer le bien dont il demande le délaissement, ou son habileté à le vendre est mise en doute, le tribunal

2766. If the good faith of the creditor or his capacity to administer or ability to sell the property to which his motion of surrender applies is challenged, the court may

peut ordonner au créancier de fournir une sûreté† pour garantir l'exécution de ses obligations.

[1991, c. 64, a. 2766].

order the creditor to furnish a surety† to guarantee performance of his obligations.

[1991, c. 64, a. 2766].

Note : Comp. a. 1324.

▌ C.C.Q., 2765, 2773 et s., 2784 et s., 2805.

2767. Le délaissement est également forcé lorsque le tribunal, à la demande du créancier, ordonne le délaissement du bien, avant même que le délai indiqué dans le préavis ne soit expiré, parce qu'il est à craindre que, sans cette mesure, le recouvrement de sa créance ne soit mis en péril, ou lorsque le bien est susceptible de dépérir ou de se déprécier† rapidement. En ces derniers cas, le créancier est autorisé à exercer immédiatement ses droits hypothécaires.

2767. Surrender is also forced where the court, on a motion of the creditor, orders surrender of the property before the period indicated in the prior notice expires, where there is reason to fear that otherwise recovery of his claim may be endangered, or where the property may perish or deteriorate† rapidly. In the latter cases, the creditor is authorized to exercise his hypothecary rights immediately.

La demande n'a pas à être signifiée à celui contre qui le droit hypothécaire est exercé, mais l'ordonnance doit l'être. Si celle-ci est annulée par la suite, le créancier est tenu de remettre le bien ou de rembourser le prix de l'aliénation.

[1991, c. 64, a. 2767].

The motion need not be served on the person against whom the hypothecary right is exercised, but the order shall be served on him. If the order is subsequently rescinded, the creditor is bound to return the property or pay back the price of alienation.

[1991, c. 64, a. 2767].

▌ C.C.Q., 2748, 2749, 2757, 2758, 2763-2772; C.P.C., 575, 733, 796-799.

2768. Le créancier qui a obtenu le délaissement du bien en a la simple administration jusqu'à ce que le droit hypothécaire qu'il entend exercer soit effectivement exercé.

[1991, c. 64, a. 2768].

2768. A creditor who has obtained surrender of the property has simple administration thereof until the hypothecary right he intends to exercise has in fact been exercised.

[1991, c. 64, a. 2768].

▌ C.C.Q., 1301-1305, 2763-2767.

2769. Celui contre qui le droit hypothécaire est exercé et qui n'est pas tenu de la dette en devient personnellement responsable s'il fait défaut de délaisser le bien dans le délai imparti par le jugement.

[1991, c. 64, a. 2769].

2769. The person against whom the hypothecary right is exercised and who is not responsible for the debt becomes personally liable therefor if he fails to surrender the property within the time allotted by the judgment.

[1991, c. 64, a. 2769].

▌ C.C.Q., 2681, al. 2, 2748, 2751, 2763-2767.

2770. Lorsque celui contre qui le droit hypothécaire est exercé a une créance prioritaire en raison du droit qu'il a de re-

2770. Where the person against whom the hypothecary right is exercised has a prior claim by reason of his right to hold the

tenir le meuble, il est tenu de le délaisser, mais à charge de sa priorité.

[1991, c. 64, a. 2770].

movable property, he is bound to surrender it, subject to his priority.

[1991, c. 64, a. 2770].

■ C.C.Q., 875, 946, 974, 1137, 1176, 1250, 1369, 1592, 1593, 1714, 2003, 2058, 2185, 2293, 2302, 2324, 2650, 2651, 2657.

2771. Celui contre qui le droit hypothécaire est exercé peut, lorsqu'il a reçu le bien en paiement de sa créance, prioritaire ou hypothécaire, antérieure à celle visée au préavis, ou lorsqu'il a acquitté des créances prioritaires ou hypothécaires antérieures, exiger que le créancier procède lui-même à la vente du bien ou le fasse vendre sous contrôle de justice[1]; il n'est alors tenu de délaisser le bien qu'à la condition que le créancier lui donne caution que la vente du bien se fera à un prix suffisamment élevé qu'il sera payé intégralement de ses créances prioritaires ou hypothécaires antérieures.

[1991, c. 64, a. 2771].

2771. The person against whom the hypothecary right is exercised may, where he has received the property in payment of his prior or hypothecary claim, which is anterior to the claim contemplated in the prior notice, or where he has paid the prior or hypothecary claims anterior to his own, require that the creditor himself sell the property or cause it to be sold by court order[1]; he is then bound to surrender the property only subject to the creditor's giving him security that the property will be sold at a sufficient price to ensure full payment of his anterior prior or hypothecary claim.

[1991, c. 64, a. 2771].

Note 1 : Comp. a. 2779.

■ C.C.Q., 1656, 1799, 2334, 2784, 2791.

2772. Les droits réels que celui contre qui le droit hypothécaire est exercé avait sur le bien au moment où il l'a acquis, ou qu'il a éteints durant sa possession, renaissent après le délaissement s'ils n'ont pas été radiés.

[1991, c. 64, a. 2772].

2772. Real rights which the person against whom the hypothecary right is exercised had in the property when he acquired it, or that he extinguished while it was in his possession, revive after surrender unless they have been cancelled.

[1991, c. 64, a. 2772].

■ C.C.Q., 1114, 1162, 1176, 1191, 1208(4), 3057 et s.

SECTION IV —
DE LA PRISE DE POSSESSION À DES FINS D'ADMINISTRATION

SECTION IV —
TAKING POSSESSION FOR PURPOSES OF ADMINISTRATION

2773. Le créancier qui détient une hypothèque sur les biens d'une entreprise peut prendre temporairement possession des biens hypothéqués et les administrer ou en déléguer généralement l'administration à un tiers. Le créancier, ou celui à qui il a délégué l'administration, agit alors à titre d'administrateur du bien d'autrui chargé de la pleine administration.

[1991, c. 64, a. 2773].

2773. A creditor who holds a hypothec on the property of an enterprise may temporarily take possession of the hypothecated property and administer it or generally delegate its administration to a third person. The creditor or the person to whom he has delegated the administration acts in such a case as administrator of the property of others entrusted with full administration.

[1991, c. 64, a. 2773].

■ C.C.Q., 1299 et s., 1306, 1307, 1525, al. 3, 2721, 2758, al. 2, 2766, 2768, 2774-2777.

2774. La prise de possession du bien ne porte pas atteinte aux droits du locataire.

[1991, c. 64, a. 2774].

▌ C.C.Q., 1851 et s., 2773, 2775-2777.

2774. The taking of possession of a* property does not affect the rights of the lessee.

[1991, c. 64, a. 2774].

2775. Outre qu'elle cesse lorsque le créancier est satisfait de sa créance en capital, intérêts et frais, ou lorsqu'il est fait échec à l'exercice de son droit, ou lorsque le créancier a publié un préavis d'exercice d'un autre droit hypothécaire, la prise de possession prend fin dans les circonstances où prend fin l'administration du bien d'autrui. La faillite de celui contre qui le droit hypothécaire est exercé ne met pas fin à la prise de possession.

[1991, c. 64, a. 2775].

▌ C.C.Q., 1355-1362, 2750, 2757, 2758, 2761, 2773, 2774, 2776, 2777.

2775. Taking of possession terminates under the same circumstances as administration of the property of others, and also where the creditor is satisfied with his claim in capital, interest and costs, or where he fails in the attempt to exercise his right, or where the creditor has published a prior notice of the exercise of another hypothecary right. The bankruptcy of the person against whom the hypothecary right is exercised does not terminate taking of possession.

[1991, c. 64, a. 2775].

2776. À la fin de la possession, le créancier doit rendre compte de son administration et, à moins qu'il n'ait publié un préavis d'exercice d'un autre droit hypothécaire, remettre les biens possédés à celui contre qui le droit hypothécaire a été exercé, ou encore à ses ayants cause, au lieu préalablement convenu ou, à défaut, au lieu où ils se trouvent.

Il inscrit au registre approprié un avis de remise des biens.

[1991, c. 64, a. 2776].

▌ C.C.Q., 1363-1370, 2773-2775, 2777.

2776. When possession ends, the creditor shall render account of his administration and, unless he has published a prior notice of the exercise of another hypothecary right, return the property in possession to the person against whom the hypothecary right was exercised, or to his successors, at the previously agreed place or, failing that, at the place where it is.

He registers a notice of return of property in the proper register.

[1991, c. 64, a. 2776].

2777. Le créancier qui, en raison de son administration, obtient le paiement de la dette, est tenu de remettre à celui contre qui le droit hypothécaire a été exercé, outre le bien, tout surplus restant entre ses mains après l'acquittement de la dette, des dépenses de l'administration et des frais engagés pour exercer la possession du bien.

[1991, c. 64, a. 2777].

▌ C.C.Q., 2773-2776.

2777. A creditor who has, through his administration, obtained payment of the debt, is bound to return to the person against whom the hypothecary right was exercised, in addition to the property, any surplus remaining in his hands after payment of the debt, the expenses of administration and the costs incurred for the exercise of possession of the property.

[1991, c. 64, a. 2777].

2778. À moins que celui contre qui le droit est exercé ne délaisse volontairement le bien, le créancier doit obtenir l'autorisation du tribunal pour exercer la prise en paiement lorsque le débiteur a déjà acquitté, au moment de l'inscription du préavis du créancier, la moitié, ou plus, de l'obligation garantie par hypothèque.

[1991, c. 64, a. 2778].

2778. Where, at the time of registration of the creditor's prior notice, the debtor has already discharged one-half or more of the obligation secured by the hypothec, the creditor shall obtain authorization from the court before taking property in payment, except where the person against whom the right is exercised has voluntarily surrendered the property.

[1991, c. 64, a. 2778].

▮ C.C.Q., 2750, 2757, 2758, 2764, 2765, 2767, 2771, 2779-2783.

2779. Les créanciers hypothécaires subséquents ou le débiteur peuvent, dans les délais impartis pour délaisser, exiger que le créancier abandonne la prise en paiement et procède lui-même à la vente du bien ou le fasse vendre sous contrôle de justice; ils doivent, au préalable, avoir inscrit un avis à cet effet, remboursé les frais engagés par le créancier et avancé les sommes nécessaires à la vente du bien.

L'avis doit être signifié au créancier, au constituant ou au débiteur, ainsi qu'à celui contre qui le droit hypothécaire est exercé et son inscription est dénoncée, conformément au livre De la publicité des droits.

Les créanciers subséquents qui exigent que le créancier procède à la vente du bien doivent, en outre, lui donner caution que la vente se fera à un prix suffisamment élevé qu'il sera payé intégralement de sa créance.

[1991, c. 64, a. 2779].

2779. Subsequent hypothecary creditors or the debtor may, within the time allotted for surrender, require the creditor to abandon the taking in payment and sell the property himself or have it sold by judicial authority; they shall have registered a notice beforehand to that effect, reimbursed the creditor for the costs he has incurred and advanced the amounts needed for the sale of the property.

The notice shall be served on the creditor, the grantor or the debtor and the person against whom the hypothecary right is exercised, and registration thereof is made in accordance with the Book on Publication of Rights.

Subsequent creditors who require the creditor to proceed with the sale shall also furnish him with a security guaranteeing that the property will be sold at a sufficiently high price to enable his claim to be paid in full.

[1991, c. 64, a. 2779; 1992, c. 57, s. 716; 2002, c. 19, s. 15].

▮ C.C.Q., 2749, 2750, 2758, 2761-2767, 2771, 2778, 2780-2794, 3017.

2780. Le créancier requis de vendre doit procéder à la vente, à moins qu'il ne préfère désintéresser les créanciers subséquents qui ont inscrit l'avis ou, si l'avis a été inscrit par le débiteur, que le tribunal n'autorise le créancier, aux conditions qu'il détermine, à prendre en paiement.

À défaut par le créancier d'agir, le tribunal peut permettre à celui qui a inscrit l'avis

2780. A creditor required to sell shall proceed to do so unless he prefers to pay the subsequent creditors who registered the notice, or, if the notice was registered by the debtor, unless the court authorizes the creditor to take the property in payment on such conditions as it determines.

If the creditor does not act, the court may allow the person who registered the notice

exigeant la vente, ou à toute autre personne qu'il† désigne, d'y procéder.

[1991, c. 64, a. 2780].

▌C.C.Q., 2779, 2784, 2791.

requiring the sale, or any other person designated by him†, to proceed with it.

[1991, c. 64, a. 2780].

2781. Lorsqu'il n'a pas été remédié au défaut ou que le paiement n'a pas été fait dans le délai imparti pour délaisser, le créancier prend le bien en paiement par l'effet du jugement en délaissement, ou par un acte volontairement consenti par celui contre qui le droit hypothécaire est exercé, et accepté par le créancier, si les créanciers subséquents ou le débiteur n'ont pas exigé qu'il procède à la vente.

Le jugement en délaissement ou l'acte† volontairement consenti et accepté constitue le titre de propriété du créancier.

[1991, c. 64, a. 2781; 2000, c. 42, a. 7].

2781. Where the default has not been remedied or the payment has not been made in the time allotted for surrender, the creditor takes the property in payment by the effect of the judgment of surrender, or of a deed voluntarily made by the person against whom the hypothecary right is exercised, and accepted by the creditor, if neither the subsequent creditors nor the debtor have required him to proceed with the sale.

The judgment of surrender or the deed† voluntarily made and accepted constitutes the creditor's title of ownership.

[1991, c. 64, a. 2781; 2000, c. 42, s. 7].

Note : Comp. a. 2797 et 2801, où le contexte semble imposer de lire les mêmes termes comme visant l'*instrumentum*. / Comp. arts 2797 and 2801 in which the context would suggest that the same terms should be read as denoting the *instrumentum*.

▌C.C.Q., 2758, 2761, 2764, 2765, 2767, 2779, 2801.

2782. La prise en paiement éteint l'obligation.

Le créancier qui a pris le bien en paiement ne peut réclamer ce qu'il paie à un créancier prioritaire ou hypothécaire qui lui est préférable. Il n'a pas droit, dans tel cas, à subrogation contre son ancien débiteur.

[1991, c. 64, a. 2782].

2782. Taking in payment extinguishes the obligation.

A creditor who has taken property in payment may not claim what he pays to a prior or hypothecary creditor whose claim is preferred to his. In such a case, he is not entitled to subrogation against his former debtor.

[1991, c. 64, a. 2782].

▌C.C.Q., 1651, 1656(1), 1686, 2650 et s., 2660 et s., 2770, 2771, 2778-2781, 2783, 2797, 2945 et s.

2783. Le créancier qui a pris le bien en paiement en devient le propriétaire à compter de l'inscription du préavis. Il le prend dans l'état où il se trouvait alors, mais libre des hypothèques publiées après la sienne.

Les droits réels créés après l'inscription du préavis ne sont pas opposables au créancier s'il n'y a pas consenti.

[1991, c. 64, a. 2783].

2783. A creditor who has taken property in payment becomes the owner of it from the time of registration of prior notice. He takes it as it then stood, but free of all hypothecs published after his.

Real rights created after registration of the notice may not be set up against the creditor if he did not consent to them.

[1991, c. 64, a. 2783; 1992, c. 57, s. 716].

▌C.C.Q., 2757, 2772, 2778-2782, 2801, 2945 et s., 3069.

SECTION VI —
DE LA VENTE PAR LE CRÉANCIER

2784. Le créancier qui détient une hypothèque sur les biens d'une entreprise peut, s'il a présenté au bureau de la publicité des droits un préavis indiquant son intention de vendre lui-même le bien grevé et, après avoir obtenu le délaissement du bien, procéder à la vente de gré à gré, par appel d'offres ou aux enchères†.

[1991, c. 64, a. 2784].

■ C.C.Q., 1525, 2749, 2757, 2758, 2763-2772, 2785-2790, 3000.

2785. Le créancier doit vendre le bien sans retard inutile, pour un prix commercialement raisonnable, et dans le meilleur intérêt de celui contre qui le droit hypothécaire est exercé.

S'il y a plus d'un bien, il peut les vendre ensemble ou séparément.

[1991, c. 64, a. 2785].

■ C.C.Q., 6, 7, 2662, 2753, 2784, 2786-2790.

2786. Le créancier qui vend lui-même le bien agit au nom du propriétaire et il est tenu de dénoncer sa qualité à l'acquéreur lors de la vente.

[1991, c. 64, a. 2786].

■ C.C.Q., 1695, 1696, 2768, 2784, 2785, 2787-2790.

2787. Le créancier qui procède par appel d'offres peut le faire par la voie des journaux ou sur invitation.

L'appel d'offres doit contenir les renseignements suffisants pour permettre à toute personne intéressée de présenter, en temps et lieu, une soumission.

Le créancier est tenu d'accepter la soumission la plus élevée, à moins que les conditions dont elle est assortie ne la rendent moins avantageuse qu'une autre offrant un prix moins élevé, ou que le prix offert ne soit pas un prix commercialement raisonnable.

[1991, c. 64, a. 2787].

■ C.C.Q., 2784-2786, 2789-2790.

SECTION VI —
SALE BY THE CREDITOR

2784. A creditor who holds a hypothec on the property of an enterprise and who has filed a prior notice at the registry office indicating his intention to sell the charged property himself may, after obtaining surrender of the property, proceed with the sale by agreement, by a call for tenders or by public† auction.

[1991, c. 64, a. 2784].

2785. The creditor shall sell the property without unnecessary delay, at a commercially reasonable price, and in the best interest of the person against whom the hypothecary right is exercised.

If there is more than one* property, he may sell them together or separately.

[1991, c. 64, a. 2785].

2786. A creditor who sells the property himself acts in the name of the owner and is bound to declare his quality to the purchaser at the time of the sale.

[1991, c. 64, a. 2786].

2787. A creditor who proceeds by a call for tenders may do so through the newspapers or by invitation.

Sufficient information shall be included in the call for tenders to enable any interested person to make an offer at the proper time and place.

The creditor is bound to accept the highest offer unless the conditions attached to it render it less advantageous than another lower offer, or unless the price offered is not commercially reasonable.

[1991, c. 64, a. 2787].

2788. Le créancier qui procède à la vente aux enchères† doit le faire aux date, heure et lieu fixés dans l'avis de vente signifié à celui contre qui le droit hypothécaire est exercé et au constituant, et notifié aux autres créanciers qui ont publié leur droit à l'égard du bien.

Il doit, en outre, informer de ses démarches les personnes intéressées qui lui en font la demande.

[1991, c. 64, a. 2788].

∎ C.C.Q., 1757-1766, 2784-2787, 2789, 2790, 3000.

2789. Le créancier impute le produit de la vente au paiement des frais engagés pour l'*exercer, au paiement des créances primant† ses droits, puis à celui de sa créance.

Si d'autres créanciers ont des droits à faire valoir, le créancier qui a vendu le bien rend compte du produit de la vente au greffier du tribunal compétent et lui remet ce qui reste du prix après l'imputation; dans le cas contraire, il doit, dans les dix jours, rendre compte du produit de la vente au propriétaire des biens et lui remettre le surplus, s'il en existe; la reddition de compte peut être contestée de la manière établie au *Code de procédure civile* (chapitre C-25).

Si le produit de la vente ne suffit pas à payer sa créance et les frais, le créancier conserve, à l'encontre de son débiteur, une créance pour ce qui lui reste dû.

[1991, c. 64, a. 2789].

∎ C.C.Q., 2646, 2647, 2667, 2762, 2784-2788, 2790, 2945 et s.; C.P.C., 532 et s.

2790. L'acquéreur prend le bien à charge des droits réels qui le grevaient au moment de l'inscription du préavis, à l'exclusion de l'hypothèque du créancier qui a vendu le bien et des créances qui primaient les droits de ce dernier.

Les droits réels créés après l'inscription du préavis ne sont pas opposables à l'acquéreur s'il n'y a pas consenti.

[1991, c. 64, a. 2790].

∎ C.C.Q., 2646, 2647, 2757, 2784-2790, 2945 et s., 3069.

2788. A creditor who proceeds with a sale by public† auction shall hold it at the date, time and place fixed in the notice of sale served on the person against whom the hypothecary right is exercised and the grantor and notified to the other creditors who have published their right in respect of the property.

He shall also inform any interested person who requests such information of what he is doing.

[1991, c. 64, a. 2788].

2789. The creditor imputes the proceeds of the sale to payment of the costs of exercising the right, payment of the claims prior† to his rights, and, finally, payment of his claim.

If other creditors have rights to be claimed, the creditor who sold the property renders account of the proceeds of the sale to the clerk of the competent court and remits what remains of the price after imputation; where no such creditors exist, he shall, within ten days, render account of the proceeds of the sale to the owner of the property and remit any surplus to him; the rendering of account may be opposed in the manner established in the *Code of Civil Procedure* (chapter C-25).

Where the proceeds of the sale are insufficient to pay his claim and costs, the creditor retains a claim against his debtor for the balance due to him.

[1991, c. 64, a. 2789].

2790. The purchaser takes the property subject to the real rights charging it at the time of registration of the prior notice, except the hypothec of the creditor who sold the property and the claims which ranked ahead of his rights.

Real rights created after registration of the prior notice may not be set up against the purchaser if he did not consent to them.

[1991, c. 64, a. 2790].

Section VII —
Section VII —
De la vente sous contrôle de justice

Section VII —
Sale by judicial authority

2791. La vente a lieu sous contrôle de justice lorsque le tribunal désigne la personne qui y procédera, détermine les conditions et les charges de la vente, indique si elle peut être faite de gré à gré, par appel d'offres ou aux enchères † et, s'il le juge opportun, fixe, après s'être enquis de la valeur du bien, une mise à prix.

[1991, c. 64, a. 2791].

2791. A sale takes place by judicial authority where the court designates the person who will proceed with it, fixes the conditions and charges of the sale, indicates whether it may be made by agreement, a call for tenders or public † auction and, if it considers it expedient, after enquiring as to the value of the property, fixes the upset price.

[1991, c. 64, a. 2791].

∎ C.C.Q., 2792-2794, 3000; C.P.C., 897-910.3.

2792. Un créancier ne peut demander que la vente ait lieu à charge de son hypothèque.

[1991, c. 64, a. 2792].

2792. No creditor may require that the sale be subject to his hypothec.

[1991, c. 64, a. 2792].

∎ C.C.Q., 2387, 2791, 2793, 2794.

2793. La personne chargée de vendre le bien est tenue, outre de suivre les règles prescrites au *Code de procédure civile* (chapitre C-25) pour la vente du bien d'autrui, d'informer de ses démarches les parties intéressées si celles-ci le demandent.

Elle agit au nom du propriétaire et elle est tenue de dénoncer sa qualité à l'acquéreur.

[1991, c. 64, a. 2793].

2793. The person entrusted with the sale of the property is bound to observe the rules prescribed in the *Code of Civil Procedure* (chapter C-25) for the sale of the property of another and, in addition to inform the interested parties of the steps he is taking if they require him to do so.

The person acts in the name of the owner and is bound to declare his quality to the purchaser.

[1991, c. 64, a. 2793].

∎ C.C.Q., 1695, 1731, 2768, 2786, 2791, 2792, 2794; C.P.C., 712-723, 897-910.3.

2794. La vente sous contrôle de justice purge les droits réels dans la mesure prévue au *Code de procédure civile* (chapitre C-25) quant à l'effet du décret d'adjudication.

[1991, c. 64, a. 2794].

2794. Sale by judicial authority purges the real rights to the extent provided by the *Code of Civil Procedure* (chapter C-25) in respect of the effect of the order to sell.

[1991, c. 64, a. 2794].

∎ C.C.Q., 2791-2793, 3069; C.P.C., 696, 696.1.

Chapitre VI —
De l'extinction des hypothèques

Chapter VI —
Extinction of hypothecs

2795. Les hypothèques s'éteignent par la perte du bien grevé, son changement de nature, sa mise hors commerce ou son ex-

2795. Hypothecs are extinguished by the loss, change of nature, exclusion from being an object of commerce or expropria-

propriation, lorsque ces événements portent sur la totalité du bien.

[1991, c. 64, a. 2795].

tion of the charged property, where such events affect the property as a whole.

[1991, c. 64, a. 2795].

▌ C.C.Q., 899-907, 2494, 2497, 2675, 2734, 2796, 2802; C.P.C., 804, 808.

2796. Lorsqu'un bien meuble est incorporé à un immeuble, l'hypothèque mobilière peut subsister, à titre d'hypothèque immobilière, si elle est inscrite sur le registre foncier, malgré le changement de nature du bien; elle prend rang selon les règles établies au livre De la publicité des droits.

[1991, c. 64, a. 2796].

2796. Where a* movable property is incorporated in an immovable, the movable hypothec may subsist as an immovable hypothec, notwithstanding the change of nature of the property, provided it is registered in the land register; it is ranked according to the rules set out in the Book on Publication of Rights.

[1991, c. 64, a. 2796].

▌ C.C.Q., 901, 902, 2951.

2797. L'hypothèque s'éteint par l'extinction de l'obligation dont elle garantit l'exécution. Cependant, dans le cas d'une ouverture de crédit et dans tout autre cas où le débiteur s'oblige à nouveau en vertu d'une stipulation dans l'acte constitutif d'hypothèque, celle-ci subsiste malgré l'extinction de l'obligation, à moins qu'elle n'ait été radiée.

[1991, c. 64, a. 2797].

2797. A hypothec is extinguished by the extinction of the obligation whose performance it secures. In the case of a line of credit or in any other case where the debtor obligates himself again under a provision of the deed of hypothec, the hypothec, unless cancelled, subsists notwithstanding the extinction of the obligation.

[1991, c. 64, a. 2797].

▌ C.C.Q., 1662, 1663, 1671 et s., 1686, 1691, 2661, 2688, 2782, 3057 et s.

2798. L'hypothèque mobilière s'éteint au plus tard dix ans après son inscription ou après l'inscription d'un avis qui lui donne effet ou la renouvelle.

Le gage s'éteint lorsque cesse la détention.

[1991, c. 64, a. 2798].

2798. A movable hypothec is extinguished not later than ten years after the date of its registration or registration of a notice giving it effect or renewing it.

Pledge is extinguished upon termination of detention.

[1991, c. 64, a. 2798].

▌ C.C.Q., 2663, 2665, al. 2, 2696-2701.1, 2702-2713, 2714.1-2714.7, 2715, 2716, 2937, 2942, 3058.

2799. L'hypothèque immobilière s'éteint au plus tard trente ans après son inscription ou après l'inscription d'un avis qui lui donne effet ou la renouvelle.

Cette règle ne reçoit pas application dans le cas d'une hypothèque garantissant le prix de l'emphytéose, la rente créée pour le prix de l'immeuble, la rente viagère ou l'usufruit viager, d'une hypothèque constituée en faveur de La Financière agricole du Québec ou de la Société d'habitation du Québec, ou d'une hypothèque constituée en faveur d'un fondé de pouvoir des créan-

2799. An immovable hypothec is extinguished not later than thirty years after the date of its registration or registration of a notice giving it effect or renewing it.

This rule does not apply in the case of hypothecs securing the price of emphyteusis, a rent constituted for the price of an immovable, a life annuity or a usufruct for life, hypothecs given in favour of La Financière agricole du Québec or the Société d'habitation du Québec, or hypothecs in favour of a person holding a power of attorney from the creditors to secure pay-

ciers pour garantir le paiement d'obligations ou autres titres d'emprunt.

[1991, c. 64, a. 2799; 2000, c. 42, a. 8; 2000, c. 53, a. 67].

❚ C.C.Q., 2663, 2692, 2715, 2716, 2937, 2942, 3058.

ment of bonds or other evidences of indebtedness.

[1991, c. 64, a. 2799; 2000, c. 42, s. 8; 2000, c. 53, s. 67].

2800. L'hypothèque légale du syndicat des copropriétaires sur la fraction d'un copropriétaire s'éteint trois ans après son inscription, à moins que le syndicat, afin de la conserver, ne publie une action contre le propriétaire en défaut ou n'inscrive un préavis d'exercice d'un droit hypothécaire.

[1991, c. 64, a. 2800].

❚ C.C.Q., 1009, 1010, 1038 et s., 2724(3), 2729, 2757 et s., 3058, 3061, al. 2 et 3.

2800. The legal hypothec of a syndicate of co-owners on the fraction of a co-owner is extinguished three years after it is registered, unless the syndicate publishes an action in default against the owner to preserve it or registers a prior notice of the exercise of a hypothecary right.

[1991, c. 64, a. 2800].

2801. Dans le cas où un créancier hypothécaire prend le bien hypothéqué en paiement, l'hypothèque des créanciers de rang postérieur ne s'éteint que par l'inscription de l'acte volontairement consenti et accepté ou du jugement en délaissement.

[1991, c. 64, a. 2801; 2000, c. 42, a. 9].

❚ C.C.Q., 2764, 2765, 2767, 2778-2783, 2945 et s., 3069, 3075.1.

2801. Where a hypothecary creditor takes the hypothecated property in payment, the hypothec of the creditors ranking behind him is not extinguished except by registration of the deed voluntarily made and accepted or of the judgment of surrender.

[1991, c. 64, a. 2801; 2000, c. 42, s. 9].

2802. L'hypothèque s'éteint aussi par les autres causes prévues par la loi.

[1991, c. 64, a. 2802].

❚ C.C.Q., 1662, 1671, 1686, 2385, 2661, 2682, 2782, 2790, 2794, 2795-2801.

2802. Other causes of extinction of hypothecs are provided by law.

[1991, c. 64, a. 2802].

LIVRE 7 ▬
DE LA PREUVE

BOOK 7 ▬
EVIDENCE

TITRE 1 ▬
DU RÉGIME GÉNÉRAL DE LA PREUVE

TITLE 1 ▬
GENERAL RULES OF EVIDENCE

Chapitre I ▬
Dispositions générales

Chapter I ▬
General provisions

2803. Celui qui veut faire valoir un droit doit prouver les faits qui soutiennent sa prétention.

Celui qui prétend qu'un droit est nul, a été modifié ou est éteint doit prouver les faits sur lesquels sa prétention est fondée.

[1991, c. 64, a. 2803].

❚ C.C.Q., 2804, 2805.

2803. A person wishing to assert a right shall prove the facts on which his claim is based.

A person who alleges the nullity, modification or extinction of a right shall prove the facts on which he bases his allegation.

[1991, c. 64, a. 2803].

2804. La preuve qui rend l'existence d'un fait plus probable que son inexistence est suffisante, à moins que la loi n'exige une preuve plus convaincante.

[1991, c. 64, a. 2804].

∎ C.C.Q., 2803, 2805.

2804. Evidence is sufficient if it renders the existence of a fact more probable than its non-existence, unless the law requires more convincing proof.

[1991, c. 64, a. 2804].

2805. La bonne foi se présume toujours, à moins que la loi n'exige expressément de la prouver.

[1991, c. 64, a. 2805].

∎ C.C.Q., 2803, 2804.

2805. Good faith is always presumed, unless the law expressly requires that it be proved.

[1991, c. 64, a. 2805].

Chapitre II ▬
De la connaissance d'office

Chapter II ▬
Judicial notice

2806. Nul n'est tenu de prouver ce dont le tribunal est tenu de prendre connaissance d'office.

[1991, c. 64, a. 2806].

∎ C.C.Q., 2807-2810.

2806. No proof is required of a matter of which judicial notice shall be taken.

[1991, c. 64, a. 2806].

2807. Le tribunal doit prendre connaissance d'office du droit en vigueur au Québec.

Doivent cependant être allégués les textes d'application des lois en vigueur au Québec, qui ne sont pas publiés à la *Gazette officielle du Québec* ou d'une autre manière prévue par la loi, les traités et accords internationaux s'appliquant au Québec qui ne sont pas intégrés dans un texte de loi, ainsi que le droit international coutumier.

[1991, c. 64, a. 2807].

∎ C.C.Q., 2806.

2807. Judicial notice shall be taken of the law in force in Québec.

However, statutory instruments in force in Québec but not published in the *Gazette officielle du Québec* or in any other manner prescribed by law, international treaties and agreements applicable to Québec but not contained in a text of law, and customary international law, shall be pleaded.

[1991, c. 64, a. 2807].

2808. Le tribunal doit prendre connaissance d'office de tout fait dont la notoriété rend l'existence raisonnablement incontestable.

[1991, c. 64, a. 2808].

∎ C.C.Q., 2806.

2808. Judicial notice shall be taken of any fact that is so generally known that it cannot reasonably be questioned.

[1991, c. 64, a. 2808].

2809. Le tribunal peut prendre connaissance d'office du droit des autres provinces ou territoires du Canada et du droit d'un État étranger, pourvu qu'il ait été allégué. Il peut aussi demander que la

2809. Judicial notice may be taken of the law of other provinces or territories of Canada and of that of a foreign state, provided it has been pleaded. The court may also require that proof be made of such

preuve en soit faite, laquelle peut l'être, entre autres, par le témoignage d'un expert ou par la production d'un certificat établi par un jurisconsulte.

Lorsque ce droit n'a pas été allégué ou que sa teneur n'a pas été établie, il applique le droit en vigueur au Québec.

[1991, c. 64, a. 2809].

▌ C.C.Q., 2806; C.P.C., 76-93.

law; this may be done, among other means, by expert testimony or by the production of a certificate drawn up by a jurisconsult.

Where such law has not been pleaded or its content has not been established, the court applies the law in force in Québec.

[1991, c. 64, a. 2809; 2002, c. 19, s. 15].

2810. Le tribunal, peut, en toute matière, prendre connaissance des faits litigieux, en présence des parties ou lorsque celles-ci ont été dûment appelées. Il peut procéder aux constatations qu'il estime nécessaires, et se transporter, au besoin, sur les lieux.

[1991, c. 64, a. 2810].

▌ C.C.Q., 2806, 2854-2856; C.P.C., 290, 294, 312, 318, 426-437.

2810. The court may, in any matter, take judicial notice of the facts in dispute in the presence of the parties or where the parties have been duly called. It may make any verifications it considers necessary and go to the scene, if need be.

[1991, c. 64, a. 2810].

TITRE 2 ——
DES MOYENS DE PREUVE

TITLE 2 ——
PROOF

2811. La preuve d'un acte juridique ou d'un fait peut être établie par écrit, par témoignage, par présomption, par aveu ou par la présentation d'un élément matériel[1], conformément aux règles énoncées dans le présent livre et de la manière indiquée par le *Code de procédure civile* (chapitre C-25) ou par quelque autre loi.

[1991, c. 64, a. 2811].

2811. Proof of a fact or juridical act may be made by a writing, by testimony, by presumption, by admission or by the production of material[1] things, according to the rules set forth in this Book and in the manner provided in the *Code of Civil Procedure* (chapter C-25) or in any other Act.

[1991, c. 64, a. 2811].

Note 1 : Comp. élément matériel/real evidence, a./arts 312, 313, 331.1 C.p.c./C.C.P.; a. 2839 C.c.Q./C.C.Q.

▌ C.C.Q., 2854-2856; C.P.C., 274-447.

Chapitre I ——
De l'écrit

Chapter I ——
Writings

SECTION I ——
DES COPIES DE LOIS

SECTION I ——
COPIES OF STATUTES

2812. Les copies de lois qui ont été ou sont en vigueur au Canada, et qui sont attestées par un officier public compétent ou publiées par un éditeur autorisé, font preuve de l'existence et de la teneur de ces lois, sans qu'il soit nécessaire de prouver

2812. Copies of statutes which have been or are in force in Canada, attested by a competent public officer or published by an authorized publisher, make proof of the existence and content of such statutes, and neither the signature or seal appended to

la signature ni le sceau y apposés, non plus que la qualité de l'officier ou de l'éditeur.

[1991, c. 64, a. 2812].

❚ C.C.Q., 2811.

such a copy nor the quality of the officer or publisher need be proved.

[1991, c. 64, a. 2812].

SECTION II —
DES ACTES AUTHENTIQUES

SECTION II —
AUTHENTIC ACTS

2813. L'acte authentique est celui qui a été reçu ou attesté par un officier public compétent selon les lois du Québec ou du Canada, avec les formalités requises par la loi.

L'acte dont l'apparence matérielle respecte ces exigences est présumé authentique.

[1991, c. 64, a. 2813].

❚ C.C.Q., 2814-2817, 2819.

2813. An authentic act is one that has been received or attested by a competent public officer according to the laws of Québec or of Canada, with the formalities required by law.

Every act whose material appearance satisfies such requirements is presumed to be authentic.

[1991, c. 64, a. 2813].

2814. Sont authentiques, notamment les documents suivants, s'ils respectent les exigences de la loi:

1° Les documents officiels du Parlement du Canada et du Parlement du Québec;

2° Les documents officiels émanant du gouvernement du Canada ou du Québec, tels les lettres patentes, les décrets et les proclamations;

3° Les registres des tribunaux judiciaires ayant juridiction au Québec;

4° Les registres et les documents officiels émanant des municipalités et des autres personnes morales de droit public constituées par une loi du Québec;

5° Les registres à caractère public dont la loi requiert la tenue par des officiers publics;

6° L'acte notarié;

7° Le procès-verbal de bornage.

[1991, c. 64, a. 2814].

❚ C.C.Q., 103, 978, 2819, 2969, 2996; C.P.C., 787-794.

2814. The following documents in particular are authentic if they conform to the requirements of law:

(1) official documents of the Parliament of Canada or the Parliament of Québec;

(2) official documents issued by the government of Canada or of Québec, such as letters patent, orders and proclamations;

(3) records of the courts of justice having jurisdiction in Québec;

(4) records of and official documents issued by municipalities and other legal persons established in the public interest by an Act of Québec;

(5) public records required by law to be kept by public officers;

(6) notarial acts;

(7) minutes of determination of boundaries.

[1991, c. 64, a. 2814].

2815. La copie de l'original d'un acte authentique ou, en cas de perte de l'original,

2815. A copy of the original of an authentic act or, where the original is lost, a copy

731

la copie d'une copie authentique de tel acte est authentique lorsqu'elle est attestée par l'officier public qui en est le dépositaire.

[1991, c. 64, a. 2815].

▪ C.P.C., 871.1-871.4.

of an authentic copy of the act is authentic if it is attested by the public officer having custody of it.

[1991, c. 64, a. 2815].

2816. Lorsque l'original d'un document, inscrit sur un registre dont la loi requiert la tenue et conservé par l'officier chargé du registre, est perdu ou est en la possession de la partie adverse ou d'un tiers, sans la collusion de la partie qui l'invoque, la copie de ce document est aussi authentique, si elle est attestée par l'officier public qui en est le dépositaire ou, si elle a été versée ou déposée aux archives nationales, par le Conservateur des archives nationales du Québec.

[1991, c. 64, a. 2816].

▪ C.P.C., 871.1-871.4.

2816. Where the original of a document entered in a register kept as required by law, and retained by the officer in charge of the register, is lost or in the possession of the adverse party or of a third person without collusion on the part of the person invoking it, the copy of the document is also authentic if it is attested by the public officer having custody of it or, if it has been deposited or filed in the Archives nationales, by the Keeper of the Archives nationales du Québec.

[1991, c. 64, a. 2816].

2817. L'extrait qui reproduit textuellement une partie d'un acte authentique est lui-même authentique lorsqu'il est certifié par le dépositaire de l'acte, pourvu qu'il indique la date de la délivrance et mentionne, quant à l'acte original, la date et la nature de celui-ci, le lieu où il a été passé et, le cas échéant, le nom des parties à l'acte et celui de l'officier public qui l'a rédigé.

[1991, c. 64, a. 2817].

▪ C.P.C., 871.1-871.4.

2817. An extract which textually reproduces part of an authentic act is itself authentic if it is certified by the person having lawful custody of the act, provided the extract bears its date of issue and indicates the date, nature and place of execution of the original act and, where such is the case, the names of the parties and of the public officer who drew it up.

[1991, c. 64, a. 2817].

2818. Les énonciations, dans l'acte authentique, des faits que l'officier public avait mission de constater ou d'inscrire, font preuve à l'égard de tous.

[1991, c. 64, a. 2818].

▪ C.C.Q., 2819.

2818. The recital, in an authentic act, of the facts which the public officer had the task of observing or recording makes proof against all persons.

[1991, c. 64, a. 2818].

2819. L'acte notarié, pour être authentique, doit être signé par toutes les parties; il fait alors preuve, à l'égard de tous, de l'acte juridique qu'il renferme et des déclarations des parties qui s'y rapportent directement.

Lorsque les parties ne peuvent pas signer, leur déclaration ou consentement doit être reçu en présence d'un témoin qui signe.

2819. To be authentic, a notarial act shall be signed by all the parties; it then makes proof against all persons of the juridical act which it sets forth and of those declarations of the parties which directly relate to the act.

Where the parties are unable to sign, their declaration or consent shall be given before a witness who signs. Minors, per-

Ne peuvent servir de témoins, les mineurs, les majeurs inaptes à consentir, de même que les personnes qui ont un intérêt dans l'acte.

[1991, c. 64, a. 2819].

❚ C.C.Q., 2818.

2820. La copie authentique d'un document fait preuve, à l'égard de tous, de sa conformité à l'original et supplée à ce dernier.

L'extrait authentique fait preuve de sa conformité avec la partie du document qu'il reproduit.

[1991, c. 64, a. 2820].

❚ C.C.Q., 2815.

2821. L'inscription de faux n'est nécessaire que pour contredire les énonciations dans l'acte authentique des faits que l'officier public avait mission de constater.

Elle n'est pas requise pour contester la qualité de l'officier public et des témoins ou la signature de l'officier public.

[1991, c. 64, a. 2821].

❚ C.P.C., 223, 223.1, 224, 228, 230.

SECTION III —
DES ACTES SEMI-AUTHENTIQUES

2822. L'acte qui émane apparemment d'un officier public étranger compétent fait preuve, à l'égard de tous, de son contenu, sans qu'il soit nécessaire de prouver la qualité ni la signature de cet officier.

De même, la copie d'un document dont l'officier public étranger est dépositaire fait preuve, à l'égard de tous, de sa conformité à l'original et supplée à ce dernier, si elle émane apparemment de cet officier.

[1991, c. 64, a. 2822].

❚ C.C.Q., 2825.

2823. Fait également preuve, à l'égard de tous, la procuration sous seing privé faite hors du Québec lorsqu'elle est certifiée par

sons of full age who are unable to give consent and persons who have an interest in the act may not be witnesses.

[1991, c. 64, a. 2819].

2820. An authentic copy of a document makes proof against all persons of its conformity to the original and replaces it.

An authentic extract makes proof of its conformity to the part of the document which it reproduces.

[1991, c. 64, a. 2820].

2821. Improbation is necessary only to contradict the recital in the authentic act of the facts which the public officer had the task of observing.

Improbation is not required to contest the quality of the public officer or witnesses or the signature of the public officer.

[1991, c. 64, a. 2821].

SECTION III —
SEMI-AUTHENTIC ACTS

2822. An act purporting to be issued by a competent foreign public officer makes proof of its content against all persons and neither the quality nor the signature of the officer need be proved.

Similarly, a copy of a document in the custody of the foreign public officer makes proof of its conformity to the original against all persons, and replaces the original if it purports to be issued by the officer.

[1991, c. 64, a. 2822].

2823. A power of attorney under a private writing made outside Québec also makes proof against all persons where it is certi-

un officier public compétent qui a vérifié l'identité et la signature du mandant.

[1991, c. 64, a. 2823].

▌C.C.Q., 2130-2137.

2824. Les actes, copies et procurations mentionnés dans la présente section peuvent être déposés chez un notaire pour qu'il en délivre copie.

La copie fait preuve de sa conformité au document déposé et supplée à ce dernier.

[1991, c. 64, a. 2824].

▌C.C.Q., 2822, 2823, 2825.

2825. Lorsqu'ont été contestés les actes et copies émanant d'un officier public étranger, de même que les procurations certifiées par un officier public étranger, il incombe à celui qui les invoque de faire la preuve de leur authenticité.

[1991, c. 64, a. 2825].

▌C.C.Q., 2822; C.P.C., 89.

SECTION IV —
DES ACTES SOUS SEING PRIVÉ

2826. L'acte sous seing privé est celui qui constate un acte juridique et qui porte la signature des parties; il n'est soumis à aucune autre formalité.

[1991, c. 64, a. 2826].

▌C.C.Q., 2827.

2827. La signature consiste dans l'apposition qu'une personne fait à un acte de son nom ou d'une marque qui lui est personnelle et qu'elle utilise de façon courante, pour manifester son consentement†.

[1991, c. 64, a. 2827; 2001, c. 32, a. 77].

Note : Comp. O.R.C.C., Livre VI, a. 30. / Comp. C.C.R.O., Book VI, a. 30.

▌C.C.Q., 2826.

2828. Celui qui invoque un acte sous seing privé doit en faire la preuve.

Toutefois, l'acte opposé à celui qui paraît l'avoir signé ou à ses héritiers est tenu

fied by a competent public officer who has verified the identity and signature of the mandator.

[1991, c. 64, a. 2823].

2824. Acts, copies and powers of attorney mentioned in this section may be deposited with a notary, who may then issue copies of them.

Such a copy makes proof of its conformity to the deposited document and replaces it.

[1991, c. 64, a. 2824].

2825. Where an act or copy issued by a foreign public officer or a power of attorney certified by a foreign public officer has been contested, the person invoking it has the burden of proving that it is authentic.

[1991, c. 64, a. 2825].

SECTION IV —
PRIVATE WRITINGS

2826. A private writing is a writing setting forth a juridical act and bearing the signature of the parties; it is not subject to any other formality.

[1991, c. 64, a. 2826].

2827. A signature is the affixing by a person, to a writing, of his name or the distinctive mark which he regularly uses to signify his intention†.

[1991, c. 64, a. 2827; 2001, c. 32, s. 77].

2828. A person who invokes a private writing has the burden of proving it.

Where a writing is set up against the person purporting to have signed it or his

pour reconnu s'il n'est pas contesté de la manière prévue au *Code de procédure civile* (chapitre C-25).

[1991, c. 64, a. 2828].

▮ C.P.C., 89.

2829. L'acte sous seing privé fait preuve, à l'égard de ceux contre qui il est prouvé, de l'acte juridique qu'il renferme et des déclarations des parties qui s'y rapportent directement.

[1991, c. 64, a. 2829].

▮ C.C.Q., 2828.

2830. L'acte sous seing privé n'a point de date contre les tiers, mais celle-ci peut être établie contre eux par tous moyens.

Néanmoins, les actes passés dans le cours des activités d'une entreprise sont présumés l'avoir été à la date qui y est inscrite.

[1991, c. 64, a. 2830].

▮ C.C.Q., 1525.

SECTION V —
DES AUTRES ÉCRITS

2831. L'écrit non signé, habituellement utilisé dans le cours des activités d'une entreprise pour constater un acte juridique, fait preuve de son contenu.

[1991, c. 64, a. 2831].

▮ C.C.Q., 1525.

2832. L'écrit ni authentique ni semi-authentique qui rapporte un fait peut, sous réserve des règles contenues dans ce livre, être admis en preuve à titre de témoignage ou à titre d'aveu contre son auteur.

[1991, c. 64, a. 2832].

▮ C.C.Q., 2869-2874.

2833. Les papiers domestiques qui énoncent un paiement reçu ou qui contiennent la mention que la note supplée au défaut de titre en faveur de celui au profit duquel

heirs, it is presumed to be admitted unless it is contested in the manner provided in the *Code of Civil Procedure* (chapter C-25).

[1991, c. 64, a. 2828].

2829. A private writing makes proof, in respect of the persons against whom it is proved, of the juridical act which it sets forth and of the statements of the parties directly relating to the act.

[1991, c. 64, a. 2829].

2830. A private writing does not make proof of its date against third persons but that date may be established against them in any manner.

However, writings relating to acts carried out in the ordinary course of business of an enterprise are presumed to have been made on the date they bear.

[1991, c. 64, a. 2830].

SECTION V —
OTHER WRITINGS

2831. An unsigned writing regularly used in the ordinary course of business of an enterprise to evidence a juridical act makes proof of its content.

[1991, c. 64, a. 2831].

2832. A writing that is neither authentic nor semi-authentic which relates a fact is admissible as proof against the person who wrote it, subject to the rules of this Book, by way of testimony or admission.

[1991, c. 64, a. 2832].

2833. A domestic paper stating that payment has been received or mentioning that it supplies the lack of a title in favour of the person for whose benefit it sets forth

ils énoncent une obligation, font preuve contre leur auteur.

[1991, c. 64, a. 2833].

▌ C.C.Q., 1553.

an obligation makes proof against the person who wrote it.

[1991, c. 64, a. 2833].

2834. La mention libératoire apposée par le créancier sur le titre, ou une copie de celui-ci qui est toujours restée en sa possession, bien que non signée ni datée, fait preuve contre lui.

Cependant, la mention n'est pas admise comme preuve de paiement, si elle a pour effet de soustraire la dette aux règles relatives à la prescription.

[1991, c. 64, a. 2834].

▌ C.C.Q., 2835.

2834. A release, although unsigned and undated, inscribed by a creditor on the title of his debt or on a copy thereof which has always remained in his possession makes proof against him.

The release is not admissible in proof of payment, however, if it has the effect of withdrawing the debt from the rules governing prescription.

[1991, c. 64, a. 2834].

2835. Celui qui invoque un écrit non signé doit prouver que cet écrit émane de celui qu'il prétend en être l'auteur.

[1991, c. 64, a. 2835].

▌ C.C.Q., 2834.

2835. A person who invokes an unsigned writing shall prove that it originates from the person whom he claims to be its author.

[1991, c. 64, a. 2835].

2836. Les écrits visés par la présente section peuvent être contredits par tous moyens.

[1991, c. 64, a. 2836].

▌ C.C.Q., 2831-2833.

2836. Writings contemplated in this section may be contested in any manner.

[1991, c. 64, a. 2836].

SECTION VI —
DES SUPPORTS DE L'ÉCRIT ET DE LA NEUTRALITÉ TECHNOLOGIQUE

SECTION VI —
MEDIA FOR WRITINGS AND TECHNOLOGICAL NEUTRALITY

2837. L'écrit est un moyen de preuve quel que soit le support du document, à moins que la loi n'exige l'emploi d'un support ou d'une technologie spécifique.

Lorsque le support de l'écrit fait appel aux technologies de l'information, l'écrit est qualifié de document technologique au sens de la *Loi concernant le cadre juridique des technologies de l'information* (chapitre C-1.1).

[1991, c. 64, a. 2837; 2001, c. 32, a. 78].

▌ C.C.Q., 2840-2842.

2837. A writing is a means of proof whatever the medium, unless the use of a specific medium or technology is required by law.

Where a writing is in a medium that is based on information technology, the writing is referred to as a technology-based document within the meaning of the *Act to establish a legal framework for information technology* (chapter C-1.1).

[1991, c. 64, a. 2837; 2001, c. 32, s. 78].

2838. Outre les autres exigences de la loi, il est nécessaire, pour que la copie d'une loi, l'acte authentique, l'acte semi-authentique ou l'acte sous seing privé établi sur un support faisant appel aux technologies de l'information fasse† preuve au même titre qu'un document de même nature établi sur support papier, que son intégrité soit assurée.

[1991, c. 64, a. 2838; 2001, c. 32, a. 78].

❚ C.C.Q., 2837, 2839, 2840, 2860.

2838. In addition to meeting all other legal requirements, the integrity of a copy of a statute, an authentic writing, a semi-authentic writing or a private writing drawn up in a medium based on information technology must be ensured for it to be used to adduce† proof in the same way as a writing of the same kind drawn up as a paper document.

[1991, c. 64, a. 2838; 2001, c. 32, s. 78].

2839. L'intégrité d'un document est assurée, lorsqu'il est possible de vérifier que l'information n'en est pas altérée et qu'elle est maintenue dans son intégralité, et que le support qui porte cette information lui procure la stabilité et la pérennité voulue.

Lorsque le support ou la technologie utilisé ne permet ni d'affirmer ni de dénier que l'intégrité du document est assurée, celui-ci peut, selon les circonstances, être reçu à titre de témoignage ou d'élément matériel de preuve et servir de commencement de preuve.

[1991, c. 64, a. 2839; 2001, c. 32, a. 78].

❚ C.C.Q., 2837, 2838.

2839. The integrity of a document is ensured if it is possible to verify that the information it contains has not been altered and has been maintained in its entirety, and that the medium used provides stability and the required perennity to the information.

Where the medium or technology used does not allow the integrity of the document to be confirmed or denied, the document may, depending on the circumstances, be admitted as testimonial evidence or real evidence and serve as commencement of proof.

[1991, c. 64, a. 2839; 1992, c. 57, s. 716; 2001, c. 32, s. 78].

2840. Il n'y a pas lieu de prouver que le support du document ou que les procédés, systèmes ou technologies utilisés pour communiquer au moyen d'un document permettent d'assurer son intégrité, à moins que celui qui conteste l'admissibilité du document n'établisse, par prépondérance de preuve, qu'il y a eu atteinte à l'intégrité du document.

[1991, c. 64, a. 2840; 2001, c. 32, a. 78].

❚ C.C.Q., 298, 300, 2837.

2840. It is not necessary to prove that the medium of a document or that the processes, systems or technology used to communicate by means of a document ensure its integrity, unless the person contesting the admission of the document establishes, upon a preponderance of evidence, that the integrity of the document has been affected.

[1991, c. 64, a. 2840; 2001, c. 32, s. 78].

SECTION VII —
DES COPIES ET DES DOCUMENTS
RÉSULTANT D'UN TRANSFERT

SECTION VII —
COPIES AND DOCUMENTS RESULTING
FROM A TRANSFER

2841. La reproduction d'un document peut être faite soit par l'obtention d'une copie sur un même support ou sur un support qui ne fait pas appel à une technologie diffé-

2841. A document may be reproduced either by generating a copy in the same medium or in a medium that is based on the same technology, or by transferring the in-

rente, soit par le transfert de l'information que porte le document vers un support faisant appel à une technologie différente.

Lorsqu'ils reproduisent un document original ou un document technologique qui remplit cette fonction aux termes de l'article 12 de la *Loi concernant le cadre juridique des technologies de l'information* (chapitre C-1.1), la copie, si elle est certifiée, et le document résultant du transfert de l'information, s'il est documenté, peuvent légalement tenir lieu du document reproduit.

La certification est faite, dans le cas d'un document en la possession de l'État, d'une personne morale, d'une société ou d'une association, par une personne en autorité ou responsable de la conservation du document.

[1991, c. 64, a. 2841; 2001, c. 32, a. 78].

▌ C.C.Q., 2832, 2841.

2842. La copie certifiée est appuyée, au besoin, d'une déclaration établissant les circonstances et la date de la reproduction, le fait que la copie porte la même information que le document reproduit et l'indication des moyens utilisés pour assurer l'intégrité de la copie. Cette déclaration est faite par la personne responsable de la reproduction ou qui l'a effectuée.

Le document résultant du transfert de l'information est appuyé, au besoin, de la documentation visée à l'article 17 de la *Loi concernant le cadre juridique des technologies de l'information* (chapitre C-1.1).

[1991, c. 64, a. 2842; 2001, c. 32, a. 78].

▌ C.C.Q., 2841.

Chapitre II ▬▬
Du témoignage

2843. Le témoignage est la déclaration par laquelle une personne relate les faits dont elle a eu personnellement connaissance ou par laquelle un expert donne son avis.

Il doit, pour faire preuve, être contenu dans une déposition faite à l'instance, sauf

formation contained in the document to a medium based on different technology.

Where it reproduces an original document or a technology-based document fulfilling the functions of an original as provided for in section 12 of the *Act to establish a legal framework for information technology* (chapter C-1.1), a copy, provided it is certified, or a document resulting from the transfer of information, provided it is documented, may legally replace the reproduced document.

In the case of a document in the possession of the State, a legal person, a partnership or an association, certification is effected by a person in authority or the person responsible for document retention.

[1991, c. 64, a. 2841; 2001, c. 32, s. 78].

2842. A certified copy is supported, if necessary, by a statement establishing the circumstances and the date of the reproduction, attesting that the copy contains the same information as the reproduced document and indicating the means used to ensure the integrity of the copy. The statement is made by the person responsible for document reproduction or by the person who reproduced the document.

A document resulting from the transfer of information is supported, if necessary, by the documentation referred to in section 17 of the *Act to establish a legal framework for information technology* (chapter C-1.1).

[1991, c. 64, a. 2842; 2001, c. 32, s. 78].

Chapter II ▬▬
Testimony

2843. Testimony is a statement whereby a person relates facts of which he has personal knowledge or whereby an expert gives his opinion.

To make proof, testimony shall be given by deposition in a judicial proceeding un-

du consentement des parties ou dans les cas prévus par la loi.

[1991, c. 64, a. 2843].

▌ C.C.Q., 2862-2864, 2869; C.P.C., 294-323, 397-398.2.

2844. La preuve par témoignage peut être apportée par un seul témoin.

L'enfant qui, de l'avis du juge, ne comprend pas la nature du serment, peut être admis à rendre témoignage sans cette formalité, si le juge estime qu'il est assez développé pour pouvoir rapporter des faits dont il a eu connaissance, et qu'il comprend le devoir de dire la vérité; toutefois, un jugement ne peut être fondé sur la foi de ce seul témoignage.

[1991, c. 64, a. 2844].

▌ C.P.C., 299.

2845. La force probante du témoignage est laissée à l'appréciation du tribunal.

[1991, c. 64, a. 2845].

▌ C.C.Q., 2843.

Chapitre III ——
De la présomption

2846. La présomption est une conséquence que la loi ou le tribunal tire d'un fait connu à un fait inconnu.

[1991, c. 64, a. 2846].

▌ C.C.Q., 2847.

2847. La présomption légale est celle qui est spécialement attachée par la loi à certains faits; elle dispense de toute autre preuve celui en faveur de qui elle existe.

Celle qui concerne des faits présumés est simple et peut être repoussée par une preuve contraire; celle qui concerne des faits réputés est absolue et aucune preuve ne peut lui être opposée.

[1991, c. 64, a. 2847].

▌ D.T., 141.

2848. L'autorité de la chose jugée est une présomption absolue; elle n'a lieu qu'à l'égard de ce qui a fait l'objet du juge-

less otherwise agreed by the parties or provided by law.

[1991, c. 64, a. 2843].

2844. Proof by testimony may be adduced by a single witness.

A child who, in the opinion of the judge, does not understand the nature of an oath, may be permitted to testify without that formality, if the judge is of the opinion that he is sufficiently mature to be able to report the facts of which he had knowledge, and that he understands the duty to tell the truth. However, a judgment may not be based upon such testimony alone.

[1991, c. 64, a. 2844].

2845. The probative force of testimony is left to the appraisal of the court.

[1991, c. 64, a. 2845].

Chapter III ——
Presumptions

2846. A presumption is an inference established by law or the court from a known fact to an unknown fact.

[1991, c. 64, a. 2846].

2847. A legal presumption is one that is specially attached by law to certain facts; it exempts the person in whose favour it exists from making any other proof.

A presumption concerning presumed facts is simple and may be rebutted by proof to the contrary; a presumption concerning deemed facts is absolute and irrebuttable.

[1991, c. 64, a. 2847].

2848. The authority of a final judgment (*res judicata*) is an absolute presumption; it applies only to the object of the judg-

ment, lorsque la demande est fondée sur la même cause et mue entre les mêmes parties, agissant dans les mêmes qualités, et que la chose demandée est la même.

ment when the demand is based on the same cause and is between the same parties acting in the same qualities and the thing applied for is the same.

Cependant, le jugement qui dispose d'un recours collectif a l'autorité de la chose jugée à l'égard des parties et des membres du groupe qui ne s'en sont pas exclus.

[1991, c. 64, a. 2848].

However, a judgment deciding a class action has the authority of a final judgment in respect of the parties and the members of the group who have not excluded themselves therefrom.

[1991, c. 64, a. 2848].

▌ C.P.C., 165, 999-1052.

2849. Les présomptions qui ne sont pas établies par la loi sont laissées à l'appréciation du tribunal qui ne doit prendre en considération que celles qui sont graves, précises et concordantes.

[1991, c. 64, a. 2849].

2849. Presumptions which are not established by law are left to the discretion of the court which shall take only serious, precise and concordant presumptions into consideration.

[1991, c. 64, a. 2849].

▌ C.C.Q., 2846.

Chapitre IV —
De l'aveu

Chapter IV —
Admissions

2850. L'aveu est la reconnaissance d'un fait de nature à produire des conséquences juridiques contre son auteur.

[1991, c. 64, a. 2850].

2850. An admission is the acknowledgment of a fact which may produce legal consequences against the person who makes it.

[1991, c. 64, a. 2850].

▌ C.C.Q., 2867.

2851. L'aveu peut être exprès ou implicite.

Il ne peut toutefois résulter du seul silence que dans les cas prévus par la loi.

[1991, c. 64, a. 2851].

2851. An admission may be express or implied.

An admission may not be inferred from mere silence, however, except in the cases provided by law.

[1991, c. 64, a. 2851].

▌ C.P.C., 85, 86, 89, 403, 411, 413.

2852. L'aveu fait par une partie au litige, ou par un mandataire autorisé à cette fin, fait preuve contre elle, s'il est fait au cours de l'instance où il est invoqué. Il ne peut être révoqué, à moins qu'on ne prouve qu'il a été la suite d'une erreur de fait.

La force probante de tout autre aveu est laissée à l'appréciation du tribunal.

[1991, c. 64, a. 2852].

2852. An admission made by a party to a dispute or by an authorized mandatary makes proof against him if it is made in the proceeding in which it is invoked. It may not be revoked, unless it is proved to have been made through an error of fact.

The probative force of any other admission is left to the appraisal of the court.

[1991, c. 64, a. 2852].

▌ C.C.Q., 2866, 2867; C.P.C., 331.

2853. L'aveu ne peut être divisé, à moins qu'il ne contienne des faits étrangers à la contestation liée[1], que la partie contestée de l'aveu soit invraisemblable ou contredite par des indices de mauvaise foi ou par une preuve contraire, ou qu'il n'y ait pas de connexité entre les faits mentionnés dans l'aveu.

[1991, c. 64, a. 2853].

2853. An admission may not be divided except where it contains facts which are foreign to the issue[1], or where the part of the admission objected to is improbable or contradicted by indications of bad faith or by contrary evidence, or where the facts contained in the admission are unrelated to each other.

[1991, c. 64, a. 2853].

Note 1 : Comp. contestation liée/issue joined, a./arts 186, 274, 537, 752 C.p.c./C.C.P.

❚ C.P.C., 186.

Chapitre V ——
De la présentation d'un élément matériel

Chapter V ——
Production of material things

2854. La présentation d'un élément matériel constitue un moyen de preuve qui permet au juge de faire directement ses propres constatations. Cet élément matériel peut consister en un objet, de même qu'en la représentation sensorielle de cet objet, d'un fait ou d'un lieu.

[1991, c. 64, a. 2854].

2854. The production of material things is a means of proof which allows the judge to make his own findings. Such a material thing may consist of an object, as well as the sense impression of an object, fact or place.

[1991, c. 64, a. 2854].

❚ C.C.Q., 2868; C.P.C., 290, 312, 403.

2855. La présentation d'un élément matériel, pour avoir force probante, doit au préalable faire l'objet d'une preuve distincte qui en établisse l'authenticité. Cependant, lorsque l'élément matériel est un document technologique au sens de la *Loi concernant le cadre juridique des technologies de l'information* (chapitre C-1.1), cette preuve d'authenticité n'est requise que dans le cas visé au troisième alinéa de l'article 5 de cette loi.

[1991, c. 64, a. 2855; 2001, c. 32, a. 79].

2855. The production of material things does not have probative force until their authenticity has been established by separate proof. However, where the material thing produced is a technology-based document within the meaning of the *Act to establish a legal framework for information technology* (chapter C-1.1), authenticity need only be established in cases to which the third paragraph of section 5 of that Act applies.

[1991, c. 64, a. 2855; 2001, c. 32, s. 79].

❚ C.C.Q., 2838, 2854.

2856. Le tribunal peut tirer de la présentation d'un élément matériel toute conclusion qu'il estime raisonnable.

[1991, c. 64, a. 2856].

2856. The court may draw any inference it considers reasonable from the production of a material thing.

[1991, c. 64, a. 2856].

❚ C.C.Q., 2854.

TITRE 3 ——
DE LA RECEVABILITÉ DES ÉLÉMENTS ET
DES MOYENS DE PREUVE

TITLE 3 ——
ADMISSIBILITY OF EVIDENCE AND PROOF

Chapitre I ——
Des éléments de preuve

Chapter I ——
Evidence

2857. La preuve de tout fait pertinent au litige est recevable et peut être faite par tous moyens.

[1991, c. 64, a. 2857].

∎ C.C.Q., 2859-2868.

2857. All evidence of any fact relevant to a dispute is admissible and may be presented by any means.

[1991, c. 64, a. 2857].

2858. Le tribunal doit, même d'office, rejeter tout élément de preuve obtenu dans des conditions qui portent atteinte aux droits et libertés fondamentaux et dont l'utilisation est susceptible de déconsidérer l'administration de la justice.

Il n'est pas tenu compte de ce dernier critère lorsqu'il s'agit d'une violation du droit au respect du secret professionnel[1].

[1991, c. 64, a. 2858].

2858. The court shall, even of its own motion, reject any evidence obtained under such circumstances that fundamental rights and freedoms are breached and that its use would tend to bring the administration of justice into disrepute.

The latter criterion is not taken into account in the case of violation of the right of professional privilege[1].

[1991, c. 64, a. 2858].

Note 1 : Comp. *Charte des droits et libertés de la personne*, RLRQ, c. C-12, a. 9, qui emploie, en anglais, le terme *professional secrecy*/Comp. *Charter of Human Rights and Freedoms*, CQLR, c. C-12, s. 9, which employs the term professional secrecy.

∎ C.P.C., 307, 308.

Chapitre II ——
Des moyens de preuve

Chapter II ——
Proof

2859. Le tribunal ne peut suppléer d'office les moyens d'irrecevabilité résultant des dispositions du présent chapitre qu'une partie présente ou représentée a fait défaut d'invoquer.

[1991, c. 64, a. 2859].

∎ C.C.Q., 2860-2863, 2866-2868.

2859. The court may not of its own motion invoke grounds of inadmissibility under this chapter which a party who is present or represented has failed to invoke.

[1991, c. 64, a. 2859].

2860. L'acte juridique constaté dans un écrit ou le contenu d'un écrit doit être prouvé par la production de l'original ou d'une copie qui légalement en tient lieu.

Toutefois, lorsqu'une partie ne peut, malgré sa bonne foi et sa diligence, produire l'original de l'écrit ou la copie qui légalement en tient lieu, la preuve peut être faite par tous moyens.

2860. A juridical act set forth in a writing or the content of a writing shall be proved by the production of the original or a copy which legally replaces it.

However, where a party acting in good faith and with dispatch is unable to produce the original of a writing or a copy which legally replaces it, proof may be made by any other means.

À l'égard d'un document technologique, la fonction d'original est remplie par un document qui répond aux exigences de l'article 12 de la *Loi concernant le cadre juridique des technologies de l'information* (chapitre C-1.1) et celle de copie qui en tient lieu, par la copie d'un document certifié qui satisfait aux exigences de l'article 16 de cette loi.

[1991, c. 64, a. 2860; 2001, c. 32, a. 80].

▌ C.C.Q., 2838, 2861.

2861. Lorsqu'il n'a pas été possible à une partie, pour une raison valable, de se ménager la preuve écrite d'un acte juridique, la preuve de cet acte peut être faite par tous moyens.

[1991, c. 64, a. 2861].

▌ C.C.Q., 2860.

2862. La preuve d'un acte juridique ne peut, entre les parties, se faire par témoignage lorsque la valeur du litige excède 1 500 $.

Néanmoins, en l'absence d'une preuve écrite et quelle que soit la valeur du litige, on peut prouver par témoignage tout acte juridique dès lors qu'il y a un commencement de preuve; on peut aussi prouver par témoignage, contre une personne, tout acte juridique passé par elle dans le cours des activités d'une entreprise.

[1991, c. 64, a. 2862].

▌ C.C.Q., 2865.

2863. Les parties à un acte juridique constaté par un écrit ne peuvent, par témoignage, le contredire ou en changer les termes, à moins qu'il n'y ait un commencement de preuve.

[1991, c. 64, a. 2863].

▌ C.C.Q., 2836, 2865.

2864. La preuve par témoignage est admise lorsqu'il s'agit d'interpréter un écrit, de compléter un écrit manifestement incomplet ou d'attaquer la validité de l'acte juridique qu'il constate.

[1991, c. 64, a. 2864].

In the case of technology-based documents, the functions of the original are fulfilled by a document meeting the requirements of section 12 of the *Act to establish a legal framework for information technology* (chapter C-1.1) and the functions of the copy replacing the original are fulfilled by a certified copy of the document meeting the requirements of section 16 of that Act.

[1991, c. 64, a. 2860; 2001, c. 32, s. 80].

2861. Where a party has been unable, for a valid reason, to produce written proof of a juridical act, such an act may be proved by any other means.

[1991, c. 64, a. 2861].

2862. Proof of a juridical act may not be made, between the parties, by testimony where the value in dispute exceeds $1,500.

However, failing proof in writing and regardless of the value in dispute, proof may be made by testimony of any juridical act where there is a commencement of proof; proof may also be made by testimony, against a person, of a juridical act carried out by him in the ordinary course of business of an enterprise.

[1991, c. 64, a. 2862].

2863. The parties to a juridical act set forth in a writing may not contradict or vary the terms of the writing by testimony unless there is a commencement of proof.

[1991, c. 64, a. 2863].

2864. Proof by testimony is admissible to interpret a writing, to complete a clearly incomplete writing or to impugn the validity of the juridical act which the writing sets forth.

[1991, c. 64, a. 2864].

■ C.C.Q., 2843-2845.

2865. Le commencement de preuve peut résulter d'un aveu ou d'un écrit émanant de la partie adverse, de son témoignage ou de la présentation d'un élément matériel, lorsqu'un tel moyen rend vraisemblable† le fait allégué.

[1991, c. 64, a. 2865].

■ C.C.Q., 2812-2845, 2850-2856.

2865. A commencement of proof may arise where an admission or writing of the adverse party, his testimony or the production of a material thing gives an indication that the alleged fact may† have occurred.

[1991, c. 64, a. 2865].

2866. Nulle preuve n'est admise contre une présomption légale, lorsque, à raison de cette présomption, la loi annule certains actes ou refuse l'action en justice, sans avoir réservé la preuve contraire.

Toutefois, cette présomption peut être contredite par un aveu fait à l'instance au cours de laquelle la présomption est invoquée, lorsqu'elle n'est pas d'ordre public.

[1991, c. 64, a. 2866].

■ C.C.Q., 2847, 2848.

2866. No proof is admitted to rebut a legal presumption where, on the ground of such presumption, the law annuls certain acts or disallows an action, unless the law has reserved the right to make proof to the contrary.

However, the presumption, if not of public order, may be rebutted by an admission made during the proceeding in which the presumption is invoked.

1991, c. 64, a. 2866].

2867. L'aveu, fait en dehors de l'instance où il est invoqué, se prouve par les moyens recevables pour prouver le fait qui en est l'objet.

[1991, c. 64, a. 2867].

■ C.C.Q., 2850-2853.

2867. An admission made outside the proceeding in which it is invoked is proved by the means admissible as proof of the fact which is its object.

[1991, c. 64, a. 2867].

2868. La preuve par la présentation d'un élément matériel est admise conformément aux règles de recevabilité prévues pour prouver l'objet, le fait ou le lieu qu'il représente.

[1991, c. 64, a. 2868].

■ C.C.Q., 2854.

2868. Proof by the production of a material thing is admissible in accordance with the relevant rules on admissibility as proof of the object, the fact or the place represented by it.

[1991, c. 64, a. 2868].

Chapitre III ——
De certaines déclarations

Chapter III ——
Certain statements

2869. La déclaration d'une personne qui ne témoigne pas à l'instance ou celle d'un témoin faite antérieurement à l'instance est admise à titre de témoignage si les parties y consentent; est aussi admise à titre de té-

2869. A statement made by a person who does not testify in a judicial proceeding or by a witness prior to a judicial proceeding is admissible as testimony if the parties consent thereto; a statement that meets the

moignage la déclaration qui respecte les exigences prévues par le présent chapitre ou par la loi.

[1991, c. 64, a. 2869].

❚ C.C.Q., 2870, 2871; C.P.C., 294.1.

2870. La déclaration faite par une personne qui ne comparaît pas comme témoin, sur des faits au sujet desquels elle aurait pu légalement déposer, peut être admise à titre de témoignage, pourvu que, sur demande et après qu'avis en ait été donné à la partie adverse, le tribunal l'autorise.

Celui-ci doit cependant s'assurer qu'il est impossible d'obtenir la comparution du déclarant comme témoin, ou déraisonnable de l'exiger, et que les circonstances entourant la déclaration donnent à celle-ci des garanties suffisamment sérieuses pour pouvoir s'y fier.

Sont présumés présenter ces garanties, notamment, les documents établis dans le cours des activités d'une entreprise et les documents insérés dans un registre dont la tenue est exigée par la loi, de même que les déclarations spontanées et contemporaines de la survenance des faits.

[1991, c. 64, a. 2870].

❚ C.C.Q., 2869.

2871. Lorsqu'une personne comparaît comme témoin, ses déclarations antérieures sur des faits au sujet desquels elle peut légalement déposer peuvent être admises à titre de témoignage, si elles présentent des garanties suffisamment sérieuses pour pouvoir s'y fier.

[1991, c. 64, a. 2871].

❚ C.C.Q., 2843-2845.

2872. Doit être prouvée par la production de l'écrit, la déclaration qui a été faite sous cette forme.

Toute autre déclaration ne peut être prouvée que par la déposition de l'auteur ou de ceux qui en ont eu personnellement connaissance, sauf les exceptions prévues aux articles 2873 et 2874.

[1991, c. 64, a. 2872].

requirements of this chapter or of the law is also admissible as testimony.

[1991, c. 64, a. 2869].

2870. A statement made by a person who does not appear as a witness, concerning facts to which he could legally testify, is admissible as testimony on application and after notice is given to the adverse party, provided the court authorizes it.

The court shall, however, ascertain that it is impossible for the declarant to appear as a witness, or that it is unreasonable to require him to do so, and that the reliability of the statement is sufficiently guaranteed by the circumstances in which it is made.

The reliability of documents drawn up in the ordinary course of business of an enterprise, of documents entered in a register kept as required by law and of spontaneous and contemporaneous statements concerning the occurrence of facts is, in particular, presumed to be sufficiently guaranteed.

[1991, c. 64, a. 2870].

2871. Previous statements by a person who appears as a witness, concerning facts to which he may legally testify, are admissible as testimony if their reliability is sufficiently guaranteed.

[1991, c. 64, a. 2871].

2872. Statements thus made shall be proved by producing the writing.

No other statement may be proved except by the testimony of the declarant or of the persons having had personal knowledge of it, unless otherwise provided in articles 2873 and 2874.

[1991, c. 64, a. 2872].

❚ C.C.Q., 2869-2871.

2873. La déclaration, consignée dans un écrit par une personne autre que celle qui l'a faite, peut être prouvée par la production de cet écrit lorsque le déclarant a reconnu qu'il reproduisait fidèlement sa déclaration.

Il en est de même lorsque l'écrit a été rédigé à la demande de celui qui a fait la déclaration ou par une personne agissant dans l'exercice de ses fonctions, s'il y a lieu de présumer, eu égard aux circonstances, que l'écrit reproduit fidèlement la déclaration.

[1991, c. 64, a. 2873].

❚ C.C.Q., 2870, 2871.

2873. A statement recorded in writing by a person other than the declarant may be proved by producing the writing if the declarant has acknowledged that the writing faithfully reproduces his statement.

The same rule applies where the writing was drawn up at the request of the declarant or by a person acting in the performance of his duties, if there is reason to presume, having regard to the circumstances, that the writing accurately reproduces the statement.

[1991, c. 64, a. 2873].

2874. La déclaration qui a été enregistrée sur ruban magnétique ou par une autre technique d'enregistrement à laquelle on peut se fier, peut être prouvée par ce moyen, à la condition qu'une preuve distincte en établisse l'authenticité. Cependant, lorsque l'enregistrement est un document technologique au sens de la *Loi concernant le cadre juridique des technologies de l'information* (chapitre C-1.1), cette preuve d'authenticité n'est requise que dans le cas visé au troisième alinéa de l'article 5 de cette loi.

[1991, c. 64, a. 2874; 2001, c. 32, a. 81].

❚ C.C.Q., 2837-2839.

2874. A statement recorded on magnetic tape or by any other reliable recording technique may be proved by such means, provided its authenticity is separately proved. However, where the recording is a technology-based document within the meaning of the *Act to establish a legal framework for information technology* (chapter C-1.1), authenticity need only be established in cases to which the third paragraph of section 5 of that Act applies.

[1991, c. 64, a. 2874; 2001, c. 32, s. 81].

LIVRE 8 ━━
DE LA PRESCRIPTION

BOOK 8 ━━
PRESCRIPTION

TITRE 1 ━━
DU RÉGIME DE LA PRESCRIPTION

TITLE 1 ━━
RULES GOVERNING PRESCRIPTION

Chapitre I ━━
Dispositions générales

Chapter I ━━
General provisions

2875. La prescription est un moyen d'acquérir ou de se libérer par l'écoulement du temps et aux conditions déterminées par la

2875. Prescription is a means of acquiring or of being released by the lapse of time and according to the conditions fixed by

loi: la prescription est dite acquisitive dans le premier cas et, dans le second, extinctive.

[1991, c. 64, a. 2875].

▌ C.C.Q., 916, 2910, 2921; D.T., 6; C.P.C., 805.

law: prescription is called acquisitive in the first case and extinctive in the second.

[1991, c. 64, a. 2875].

2876. Ce qui est hors commerce, incessible ou non susceptible d'appropriation, par nature ou par affectation, est imprescriptible.

[1991, c. 64, a. 2876].

▌ C.C.Q., 913, 915-919, 935, 936.

2876. That which is not an object of commerce, not transferable or not susceptible of appropriation by reason of its nature or appropriation may not be prescribed.

[1991, c. 64, a. 2876].

2877. La prescription s'accomplit en faveur ou à l'encontre de tous, même de l'État, sous réserve des dispositions expresses de la loi.

[1991, c. 64, a. 2877].

▌ C.C.Q., 916, 2904-2909.

2877. Prescription takes effect in favour of or against all persons, including the State, subject to express provision of law.

[1991, c. 64, a. 2877].

2878. Le tribunal ne peut suppléer d'office le moyen résultant de la prescription.

Toutefois, le tribunal doit déclarer d'office la déchéance du recours, lorsque celle-ci est prévue par la loi. Cette déchéance ne se présume pas; elle résulte d'un texte exprès.

[1991, c. 64, a. 2878].

▌ C.C.Q., 9, 3081; C.P.C., 165.

2878. The court may not, of its own motion, supply the plea of prescription.

However, it shall, of its own motion, declare the remedy forfeited where so provided by law. Such forfeiture is never presumed; it is effected only where it is expressly stated in the text.

[1991, c. 64, a. 2878].

2879. Le délai de prescription se compte par jour entier. Le jour à partir duquel court la prescription n'est pas compté dans le calcul du délai.

La prescription n'est acquise que lorsque le dernier jour du délai est révolu. Lorsque le dernier jour est un samedi ou un jour férié†, la prescription n'est acquise qu'au premier jour ouvrable† qui suit.

[1991, c. 64, a. 2879].

2879. The period of time required for prescription is reckoned by full days. The day on which prescription begins to run is not counted in computing such period.

Prescription is acquired only when the last day of the period has elapsed. Where the last day is a Saturday or a non-juridical† day, prescription is acquired only on the following juridical† day.

[1991, c. 64, a. 2879].

Note : Le terme « jour férié » est défini à l'a. 61(23°) de la *Loi d'interprétation*, RLRQ, c. I-16, avec « holiday » comme équivalent anglais. Le terme « *non-juridical day* » est défini à l'a. 6 du *Code de procédure civile*, RLRQ, c. C-25, avec « jour non juridique » comme équivalent français. / The term "*jour férié*" is defined at s. 61(23) of the *Interpretation Act*, CQLR, c. I-16, with "holiday" as its English equivalent. The term "non-juridical day" is defined at a. 6 of the *Code of Civil Procedure*, CQLR, c. C-25, with "*jour non juridique*" as its French equivalent.

▌ C.C.Q., 2880, 2917, 2922.

2880. La dépossession fixe le point de départ du délai de la prescription acquisitive.

Le jour où le droit d'action a pris naissance fixe le point de départ de la prescription extinctive.

[1991, c. 64, a. 2880].

❚ C.C.Q., 2875.

2880. Dispossession fixes the beginning of the period of acquisitive prescription.

The day on which the right of action arises fixes the beginning of the period of extinctive prescription.

[1991, c. 64, a. 2880].

2881. La prescription peut être opposée en tout état de cause, même en appel, à moins que la partie qui n'aurait pas opposé le moyen n'ait, en raison des circonstances, manifesté son intention d'y renoncer.

[1991, c. 64, a. 2881].

❚ C.C.Q., 2883-2888.

2881. Prescription may be pleaded at any stage of judicial proceedings, even in appeal, unless the party who has not pleaded prescription has, in light of the circumstances, demonstrated his intention of renouncing it.

[1991, c. 64, a. 2881].

2882. Même si le délai pour s'en prévaloir par action directe est expiré, le moyen qui tend à repousser une action peut toujours être invoqué, à la condition qu'il ait pu constituer un moyen de défense valable à l'action, au moment où il pouvait encore fonder une action directe.

Ce moyen, s'il est reçu, ne fait pas revivre l'action directe prescrite.

[1991, c. 64, a. 2882].

❚ C.C.Q., 2875.

2882. A ground of defence that may be raised to defeat an action may still be invoked, even if the time for using it by way of a direct action has expired, provided such ground could have constituted a valid defence to an action at the time when it could have served as the basis of a direct action.

Maintenance of this ground does not revive a direct action that is prescribed.

[1991, c. 64, a. 2882].

Chapitre II ——
De la renonciation à la prescription

Chapter II ——
Renunciation of prescription

2883. On ne peut pas renoncer d'avance à la prescription, mais on peut renoncer à la prescription acquise et au bénéfice du temps écoulé pour celle commencée.

[1991, c. 64, a. 2883].

❚ C.C.Q., 2898.

2883. Prescription may not be renounced in advance, but prescription which has been acquired or any benefit of time elapsed by which prescription has begun may be renounced.

[1991, c. 64, a. 2883].

2884. On ne peut pas convenir d'un délai de prescription autre que celui prévu par la loi.

[1991, c. 64, a. 2884].

❚ C.C.Q., 2917-2933.

2884. No prescriptive period other than that provided by law may be agreed upon.

[1991, c. 64, a. 2884].

2885. La renonciation à la prescription est soit expresse, soit tacite; elle est tacite lorsqu'elle résulte d'un fait† qui suppose l'abandon du droit acquis.

Toutefois, la renonciation à la prescription acquise de droits réels immobiliers doit être publiée au bureau de la publicité des droits.

[1991, c. 64, a. 2885].

❚ C.C.Q., 2881, 2938.

2886. Celui qui ne peut aliéner ne peut renoncer à la prescription acquise.

[1991, c. 64, a. 2886].

❚ C.C.Q., 153-297, 2885.

2887. Toute personne ayant intérêt à ce que la prescription soit acquise peut l'opposer, lors même que le débiteur ou le possesseur y renonce.

[1991, c. 64, a. 2887].

❚ C.C.Q., 1626-1636.

2888. Après la renonciation, la prescription recommence à courir par le même laps de temps.

[1991, c. 64, a. 2888].

❚ C.C.Q., 2903.

Chapitre III ——
De l'interruption de la prescription

2889. La prescription peut être interrompue naturellement ou civilement.

[1991, c. 64, a. 2889].

❚ C.C.Q., 2957.

2890. Il y a interruption naturelle de la prescription acquisitive lorsque le possesseur est privé, pendant plus d'un an, de la jouissance du bien.

[1991, c. 64, a. 2890].

❚ C.C.Q., 929, 2923.

2891. Il y a interruption naturelle de la prescription extinctive lorsque le titulaire

2885. Renunciation of prescription is either express or tacit; tacit renunciation results from an act† which implies the abandonment of an acquired right.

However, renunciation of prescription which has been acquired in respect of immovable real rights shall be published at the registry office.

[1991, c. 64, a. 2885].

2886. A person who may not alienate may not renounce any prescription that is acquired.

[1991, c. 64, a. 2886].

2887. Any person who has an interest in the acquisition of prescription may plead it, even if the debtor or the possessor renounces it.

[1991, c. 64, a. 2887].

2888. Following renunciation, prescription begins to run again for the same period.

[1991, c. 64, a. 2888].

Chapter III ——
Interruption of prescription

2889. Prescription may be interrupted naturally or civilly.

[1991, c. 64, a. 2889].

2890. Acquisitive prescription is interrupted naturally where the possessor is deprived of the enjoyment of the property for more than one year.

[1991, c. 64, a. 2890].

2891. Extinctive prescription is interrupted naturally where the holder of a right, hav-

d'un droit, après avoir omis de s'en prévaloir, exerce ce droit.

[1991, c. 64, a. 2891].

❚ C.C.Q., 2921-2933.

ing failed to avail himself of it, exercises that right.

[1991, c. 64, a. 2891].

2892. Le dépôt d'une demande en justice, avant l'expiration du délai de prescription, forme une interruption civile, pourvu que cette demande soit signifiée à celui qu'on veut empêcher de prescrire, au plus tard dans les soixante jours qui suivent l'expiration du délai de prescription.

La demande reconventionnelle, l'intervention, la saisie et l'opposition sont considérées comme des demandes en justice. Il en est de même de l'avis exprimant l'intention d'une partie de soumettre un différend à l'arbitrage, pourvu que cet avis expose l'objet du différend qui y sera soumis et qu'il soit signifié suivant les règles et dans les délais applicables à la demande en justice.

[1991, c. 64, a. 2892].

❚ C.C.Q., 2894-2897, 2899; C.P.C., 110, 120 , 172, 208, 554, 944.

2892. The filing of a judicial demand before the expiry of the prescriptive period constitutes a civil interruption, provided the demand is served on the person to be prevented from prescribing not later than sixty days following the expiry of the prescriptive period.

Cross demands, interventions, seizures and oppositions, are considered to be judicial demands. The notice expressing the intention by one party to submit a dispute to arbitration is also considered to be a judicial demand, provided it describes the object of the dispute to be submitted and is served in accordance with the rules and time limits applicable to judicial demands.

[1991, c. 64, a. 2892].

2893. Interrompt également la prescription, toute demande faite par un créancier en vue de participer à une distribution en concurrence avec d'autres créanciers.

[1991, c. 64, a. 2893].

❚ C.P.C., 641, 652.

2893. Any application by a creditor to share in a distribution with other creditors also interrupts prescription.

[1991, c. 64, a. 2893].

2894. L'interruption n'a pas lieu s'il y a rejet de la demande, désistement ou péremption de l'instance.

[1991, c. 64, a. 2894].

❚ C.P.C., 75.1, 163, 165, 262, 265.

2894. Interruption does not occur if the application is dismissed, the suit discontinued or perempted.

[1991, c. 64, a. 2894].

2895. Lorsque la demande d'une partie est rejetée sans qu'une décision ait été rendue sur le fond de l'affaire et que, à la date du jugement, le délai de prescription est expiré ou doit expirer dans moins de trois mois, le demandeur bénéficie d'un délai supplémentaire de trois mois à compter de la signification du jugement, pour faire valoir son droit.

Il en est de même en matière d'arbitrage; le délai de trois mois court alors depuis le dépôt† de la sentence, la fin de la mission

2895. Where the application of a party is dismissed without a decision having been made on the merits of the action and where, on the date of the judgment, the prescriptive period has expired or will expire in less than three months, the plaintiff has an additional period of three months from service of the judgment in which to claim his right.

The same applies to arbitration; the three-month period then runs from the time the award is made†, from the end of the arbi-

2906. La prescription ne court point entre les époux ou les conjoints unis civilement pendant la vie commune†.

[1991, c. 64, a. 2906; 2002, c. 6, a. 59].

❚ C.C.Q., 392, 416, 466, 493, 515.

2906. Married or civil union spouses do not prescribe against each other during co-habitation†.

[1991, c. 64, a. 2906; 2002, c. 6, s. 59].

2907. La prescription ne court pas contre l'héritier, à l'égard des créances qu'il a contre la succession.

[1991, c. 64, a. 2907].

❚ C.C.Q., 639, 780, 801.

2907. Prescription does not run against an heir with respect to his claims against the succession.

[1991, c. 64, a. 2907].

2908. La requête pour obtenir l'autorisation d'exercer un recours collectif suspend la prescription en faveur de tous les membres du groupe auquel elle profite ou, le cas échéant, en faveur du groupe que décrit le jugement qui fait droit à la requête.

Cette suspension dure tant que la requête n'est pas rejetée, annulée ou que le jugement qui y fait droit n'est pas annulé; par contre, le membre qui demande à être exclu du recours, ou qui en est exclu par la description que fait du groupe le jugement qui autorise le recours, un jugement interlocutoire ou le jugement qui dispose du recours, cesse de profiter de la suspension de la prescription.

Toutefois, s'il s'agit d'un jugement, la prescription ne recommence à courir qu'au moment où le jugement n'est plus susceptible d'appel.

[1991, c. 64, a. 2908].

❚ C.P.C., 999-1052.

2908. A motion for leave to bring a class action suspends prescription in favour of all the members of the group for whose benefit it is made or, as the case may be, in favour of the group described in the judgment granting the motion.

The suspension lasts until the motion is dismissed or annulled or until the judgment granting the motion is set aside; however, a member requesting to be excluded from the action or who is excluded therefrom by the description of the group made by the judgment on the motion, an interlocutory judgment or the judgment on the action ceases to benefit from the suspension of prescription.

In the case of a judgment, however, prescription runs again only when the judgment is no longer susceptible of appeal.

[1991, c. 64, a. 2908].

2909. La suspension de la prescription des créances solidaires et des créances indivisibles produit ses effets à l'égard des créanciers ou débiteurs et de leurs héritiers suivant les règles applicables à l'interruption de la prescription de ces mêmes créances.

[1991, c. 64, a. 2909].

❚ C.C.Q., 2900-2902.

2909. Suspension of prescription of solidary claims and indivisible claims produces its effects in respect of creditors and debtors and their heirs in accordance with the rules applicable to interruption of prescription of such claims.

[1991, c. 64, a. 2909].

TITRE 2 ▬
DE LA PRESCRIPTION ACQUISITIVE

TITLE 2 ▬
ACQUISITIVE PRESCRIPTION

Chapitre I ▬
Des conditions d'exercice de la
prescription acquisitive

Chapter I ▬
Conditions of acquisitive
prescription

2910. La prescription acquisitive est un moyen d'acquérir le droit de propriété ou l'un de ses démembrements, par l'effet de la possession.

[1991, c. 64, a. 2910].

▌ C.C.Q., 921-933, 1119-1211, 2917, 2957.

2910. Acquisitive prescription is a means of acquiring a right of ownership, or one of its dismemberments, through the effect of possession.

[1991, c. 64, a. 2910].

2911. La prescription acquisitive requiert une possession conforme aux conditions établies au livre Des biens.

[1991, c. 64, a. 2911].

▌ C.C.Q., 921-933.

2911. Acquisitive prescription requires possession in accordance with the conditions laid down in the Book on Property.

[1991, c. 64, a. 2911].

2912. L'ayant cause à titre particulier peut, pour compléter la prescription, joindre à sa possession celle de ses auteurs.

L'ayant cause universel ou à titre universel continue la possession de son auteur.

[1991, c. 64, a. 2912].

▌ C.C.Q., 921-933, 2920.

2912. A successor by particular title may join to his possession that of his predecessors in order to complete prescription.

A successor by universal title or by general title continues the possession of his predecessor.

[1991, c. 64, a. 2912].

2913. La détention ne peut fonder la prescription, même si elle se poursuit au-delà du terme convenu.

[1991, c. 64, a. 2913].

▌ C.C.Q., 921, 923, 924, 2914.

2913. Detention does not serve as the basis for prescription, even if it extends beyond the term agreed upon.

[1991, c. 64, a. 2913].

2914. Un titre précaire peut être interverti au moyen d'un titre émanant d'un tiers ou d'un acte du détenteur inconciliable avec la précarité.

L'interversion rend la possession utile à la prescription, à compter du moment où le propriétaire a connaissance du nouveau titre ou de l'acte du détenteur.

[1991, c. 64, a. 2914].

▌ C.C.Q., 2913.

2914. A precarious title may be interverted by a title proceeding from a third person or by an act performed by the holder which is incompatible with precarious holding.

Interversion renders the possession available for prescription from the time the owner learns of the new title or of the act of the holder.

[1991, c. 64, a. 2914].

2915. Les tiers peuvent prescrire contre le propriétaire durant le démembrement ou la précarité.

[1991, c. 64, a. 2915].

❚ C.C.Q., 626, 2920.

2915. Third persons may prescribe against the owner of property during its dismemberment or when it is held precariously.

[1991, c. 64, a. 2915].

2916. Le grevé et ses ayants cause universels ou à titre universel ne peuvent prescrire contre l'appelé avant l'ouverture de la substitution.

[1991, c. 64, a. 2916].

❚ C.C.Q., 1218-1255.

2916. The institute and his successors by universal title or by general title do not prescribe against the substitute before the opening of the substitution.

[1991, c. 64, a. 2916].

Chapitre II ▬▬
Des délais de la prescription acquisitive

Chapter II ▬▬
Periods of acquisitive prescription

2917. Le délai de prescription acquisitive est de dix ans, s'il n'est autrement fixé par la loi.

[1991, c. 64, a. 2917].

❚ C.C.Q., 2910.

2917. The period for acquisitive prescription is ten years, except as otherwise fixed by law.

1991, c. 64, a. 2917].

2918. Celui qui, pendant dix ans, a possédé un immeuble à titre de propriétaire ne peut en acquérir la propriété qu'à la suite d'une demande en justice.

[1991, c. 64, a. 2918; 2000, c. 42, a. 10].

❚ C.C.Q., 2934, 2941, 2943, 2969, 3026, 3030; D.T., 143; C.P.C., 805.

2918. A person who has for ten years possessed an immovable as its owner may acquire the ownership of it only upon a judicial demand.

[1991, c. 64, a. 2918; 2000, c. 42, s. 10].

2919. Le possesseur de bonne foi d'un meuble en acquiert la propriété par trois ans à compter de la dépossession du propriétaire.

Tant que ce délai n'est pas expiré, le propriétaire peut revendiquer le meuble, à moins qu'il n'ait été acquis sous l'autorité de la justice.

[1991, c. 64, a. 2919].

❚ C.C.Q., 925-928, 932, 1714.

2919. The possessor in good faith of movable property acquires the ownership of it by three years running from the dispossession of the owner.

Until the expiry of that period, the owner may revendicate the movable property, unless it has been acquired under judicial authority.

[1991, c. 64, a. 2919].

2920. Pour prescrire, il suffit que la bonne foi des tiers acquéreurs ait existé lors de l'acquisition, quand même leur possession utile n'aurait commencé que depuis cette date.

Il en est de même en cas de jonction des

2920. To prescribe, a subsequent acquirer need have been in good faith only at the time of the acquisition, even where his effective possession began only after that time.

The same applies where there is joinder of

possessions, à l'égard de chaque acquéreur précédent.

[1991, c. 64, a. 2920].

■ C.C.Q., 925-927, 932.

possession, with respect to each previous acquirer.

[1991, c. 64, a. 2920].

Titre 3 ——
De la prescription extinctive

2921. La prescription extinctive est un moyen d'éteindre un droit par non-usage ou d'opposer une fin de non-recevoir à une action.

[1991, c. 64, a. 2921].

■ C.C.Q., 2875.

Title 3 ——
Extinctive prescription

2921. Extinctive prescription is a means of extinguishing a right which has not been used or of pleading the non-admissibility of an action.

1991, c. 64, a. 2921].

2922. Le délai de la prescription extinctive est de dix ans, s'il n'est autrement fixé par la loi.

[1991, c. 64, a. 2922].

■ C.C.Q., 531, 536, 894, 1635, 2079, 2421, 2917.

2922. The period for extinctive prescription is ten years, except as otherwise fixed by law.

[1991, c. 64, a. 2922].

2923. Les actions qui visent à faire valoir un droit réel immobilier se prescrivent par dix ans.

Toutefois, l'action qui vise à conserver ou obtenir la possession d'un immeuble doit être exercée dans l'année où survient le trouble ou la dépossession.

[1991, c. 64, a. 2923].

■ C.C.Q., 929; C.P.C., 565-567.

2923. Actions to enforce immovable real rights are prescribed by ten years.

However, an action to retain or obtain possession of an immovable may be brought only within one year from the disturbance or dispossession.

[1991, c. 64, a. 2923].

2924. Le droit qui résulte d'un jugement se prescrit par dix ans s'il n'est pas exercé.

[1991, c. 64, a. 2924].

■ C.C.Q., 2922.

2924. A right resulting from a judgment is prescribed by ten years if it is not exercised.

[1991, c. 64, a. 2924].

2925. L'action qui tend à faire valoir un droit personnel ou un droit réel mobilier et dont le délai de prescription n'est pas autrement fixé se prescrit par trois ans.

[1991, c. 64, a. 2925].

■ C.P.C., 565-567.

2925. An action to enforce a personal right or movable real right is prescribed by three years, if the prescriptive period is not otherwise established.

[1991, c. 64, a. 2925].

2926. Lorsque le droit d'action résulte d'un préjudice moral, corporel ou matériel qui se manifeste graduellement ou tardivement, le délai court à compter du jour où il se manifeste pour la première fois.

[1991, c. 64, a. 2926].

■ C.C.Q., 1457, 2930.

2926.1. L'action en réparation† du préjudice corporel résultant d'un acte pouvant constituer une infraction criminelle se prescrit par 10 ans à compter du jour où la victime a connaissance que son préjudice est attribuable à cet acte. Ce délai est toutefois de 30 ans si le préjudice résulte d'une agression à caractère sexuel, de la violence subie pendant l'enfance, ou de la violence d'un conjoint ou d'un ancien conjoint.

En cas de décès de la victime ou de l'auteur de l'acte, le délai applicable, s'il n'est pas déjà écoulé, est ramené à trois ans et il court à compter du décès.

[2013, c. 8, a. 7].

2927. Le délai de prescription de l'action en nullité d'un contrat court à compter de la connaissance de la cause de nullité par celui qui l'invoque, ou à compter de la cessation de la violence ou de la crainte.

[1991, c. 64, a. 2927].

■ C.C.Q., 1399, 1416, 2904.

2928. La demande du conjoint survivant pour faire établir la prestation compensatoire se prescrit par un an à compter du décès de son conjoint.

[1991, c. 64, a. 2928].

■ C.C.Q., 427-430, 654; C.P.C., 827.1.

2929. L'action fondée sur une atteinte à la réputation se prescrit par un an, à compter du jour où la connaissance en fut acquise par la personne diffamée.

[1991, c. 64, a. 2929].

■ C.C.Q., 35, 36, 1457.

2930. Malgré toute disposition contraire, lorsque l'action est fondée sur l'obligation

2926. Where the right of action arises from moral, corporal or material damage appearing progressively or tardily, the period runs from the day the damage appears for the first time.

[1991, c. 64, a. 2926].

2926.1. An action in damages† for bodily injury resulting from an act which could constitute a criminal offence is prescribed by 10 years from the date the victim becomes aware that the injury suffered is attributable to that act. However, the prescriptive period is 30 years if the injury results from a sexual aggression, violent behaviour suffered during childhood, or the violent behaviour of a spouse or former spouse.

If the victim or the author of the act dies, the prescriptive period, if not already expired, is reduced to three years and runs from the date of death.

[2013, c. 8, s. 7].

2927. In an action in nullity of contract, the prescriptive period runs from the day the person invoking the cause of nullity becomes aware of such cause or, in the case of violence or fear, from the day it ceases.

[1991, c. 64, a. 2927].

2928. The application by a surviving spouse for the fixing of the compensatory allowance is prescribed by one year from the death of his spouse.

[1991, c. 64, a. 2928].

2929. An action for defamation is prescribed by one year from the day on which the defamed person learned of the defamation.

[1991, c. 64, a. 2929].

2930. Notwithstanding any provision to the contrary, where an action is based on

de réparer le préjudice corporel causé à autrui, l'exigence de donner un avis préalablement à l'exercice d'une action, ou d'intenter celle-ci dans un délai inférieur à trois ans, 10 ans ou 30 ans, selon le cas, ne peut faire échec au délai de prescription prévu par le présent livre.

[1991, c. 64, a. 2930; 2013, c. 8, a. 8].

▌ C.C.Q., 2926.

the obligation to make reparation for bodily injury caused to another, the requirement that notice be given prior to bringing the action or that the action be instituted within a period of less than 3 years, 10 years or 30 years, as the case may be, cannot affect a prescriptive period provided for in this Book.

[1991, c. 64, a. 2930; 2013, c. 8, s. 8].

2931. Lorsque le contrat est à exécution successive, la prescription des paiements dus a lieu quoique les parties continuent d'exécuter l'une ou l'autre des obligations du contrat.

[1991, c. 64, a. 2931].

▌ C.C.Q., 1383.

2931. In the case of a contract of successive performance, prescription runs in respect of payments due, even though the parties continue to perform one or another of their obligations under the contract.

[1991, c. 64, a. 2931].

2932. Le délai de prescription de l'action en réduction d'une obligation qui s'exécute de manière successive, que cette obligation résulte d'un contrat, de la loi ou d'un jugement, court à compter du jour où l'obligation est devenue exigible.

[1991, c. 64, a. 2932].

▌ C.C.Q., 2880.

2932. In an action to reduce an obligation which is performed successively, the prescriptive period runs from the day the obligation becomes exigible, whether the obligation arises from a contract, the law or a judgment.

[1991, c. 64, a. 2932].

2933. Le détenteur ne peut se libérer par prescription de la prestation attachée à sa détention, mais la quotité et les arrérages en sont prescriptibles.

[1991, c. 64, a. 2933].

▌ C.C.Q., 921.

2933. No holder may be released by prescription from the prestation attached to his detention; the amount may be prescribed, however, as may the instalments.

[1991, c. 64, a. 2933].

LIVRE 9 ——
DE LA PUBLICITÉ DES DROITS

BOOK 9 ——
PUBLICATION OF RIGHTS

TITRE 1 ——
DU DOMAINE† DE LA PUBLICITÉ

TITLE 1 ——
NATURE† AND SCOPE OF PUBLICATION

Chapitre I ——
Dispositions générales

Chapter I ——
General provisions

2934. La publicité des droits résulte de l'inscription qui en est faite sur le registre des droits personnels et réels mobiliers ou sur le registre foncier, à moins que la loi ne permette expressément un autre mode.

2934. The publication of rights is effected by their registration in the register of personal and movable real rights or in the land register, unless some other mode is expressly permitted by law.

L'inscription profite aux personnes dont les droits sont ainsi rendus publics.

[1991, c. 64, a. 2934].

▌ C.C.Q., 2703, 2941, 2972, 2980.

Registration benefits the persons whose rights are thereby published.

[1991, c. 64, a. 2934].

2934.1. L'inscription des droits sur le registre foncier consiste à indiquer sommairement la nature du document présenté à l'officier de la publicité des droits et à faire référence à la réquisition en vertu de laquelle elle est faite.

Cette inscription ne vaut que pour les droits soumis ou admis à la publicité qui sont mentionnés dans la réquisition ou, lorsque celle-ci prend la forme d'un sommaire, dans le document qui l'accompagne.

[2000, c. 42, a. 11].

▌ C.C.Q., 2663, 2941, 2972.

2934.1. The registration of rights in the land register is effected by indicating summarily the nature of the document presented to the registrar and making a reference to the application pursuant to which registration is effected.

The registration is valid only for the rights requiring or admissible for publication that are mentioned in the application, or where the application is in the form of a summary, in the accompanying document.

[2000, c. 42, s. 11].

2935. La publication d'un droit peut être requise par toute personne, même mineure ou placée sous un régime de protection, pour elle-même ou pour une autre.

[1991, c. 64, a. 2935].

▌ C.C.Q., 2964.

2935. Any person, even a minor or a protected person, may request the publication of a right, on his own behalf or on behalf of another.

[1991, c. 64, a. 2935].

2936. Toute renonciation ou restriction au droit de publier un droit soumis ou admis à la publicité, ainsi que toute clause pénale qui s'y rapporte, sont sans effet.

[1991, c. 64, a. 2936].

▌ C.C.Q., 1622, 1852, 2938, 2940, 2966.

2936. Any renunciation or restriction of the right to publish a right which shall or may be published, as well as any penal clause relating thereto, is without effect.

[1991, c. 64, a. 2936].

2937. La publicité d'un droit peut être renouvelée à la demande de toute personne intéressée.

[1991, c. 64, a. 2937].

▌ C.C.Q., 2942, 3014.

2937. Publication of a right may be renewed at the request of any interested person.

[1991, c. 64, a. 2937].

Chapitre II ——
Des droits soumis ou admis à la publicité

Chapter II ——
Rights requiring or admissible for publication

2938. Sont soumises à la publicité, l'acquisition, la constitution, la reconnaissance, la modification, la transmission et l'extinction d'un droit réel immobilier.

2938. The acquisition, creation, recognition, modification, transmission or extinction of an immovable real right requires publication.

Le sont aussi la renonciation à une succession, à un legs, à une communauté de biens, au partage de la valeur des acquêts ou du patrimoine familial, ainsi que le jugement qui annule la renonciation.

Les autres droits personnels et les droits réels mobiliers sont soumis à la publicité dans la mesure où la loi prescrit ou autorise expressément leur publication. La modification ou l'extinction d'un droit ainsi publié est soumise à la publicité.

[1991, c. 64, a. 2938].

❚ C.C.Q., 423, 469, 795, 1455, 2885, 2948, 2970; D.T., 163.

Renunciation of a succession, legacy, community of property, partition of the value of acquests or of the family patrimony, and the judgment annulling renunciation, also require publication.

Other personal rights and movable real rights require publication to the extent prescribed or expressly authorized by law. Modification or extinction of a published right shall also be published.

[1991, c. 64, a. 2938].

2939. Les restrictions au droit de disposer[1] qui ne sont pas purement personnelles, ainsi que les droits† de résolution, de résiliation ou d'extinction éventuelle d'un droit soumis ou admis à la publicité, sont aussi soumises ou admises à la publicité, de même que la cession ou la transmission de ces droits.

[1991, c. 64, a. 2939].

Note 1 : Comp. a. 1212.

❚ C.C.Q., 1214, 1218.

2939. Restrictions on the right to alienate[1], other than purely personal restrictions, and clauses† of resolution, resiliation or eventual extinction of any right which shall or may be published, and any transfer or transmission of such rights, themselves shall or may be published.

[1991, c. 64, a. 2939; 1992, c. 57, s. 716].

2940. Les transferts d'autorité relatifs à des immeubles par le gouvernement du Québec en faveur du gouvernement du Canada, et inversement, sont admis à la publicité.

Il en est de même des transferts d'autorité par le gouvernement du Canada ou par le gouvernement du Québec en faveur de personnes morales de droit public, et inversement.

L'inscription du transfert s'obtient par la présentation d'un avis qui désigne l'immeuble visé, précise l'étendue de l'autorité transférée, ainsi que la durée du transfert, et qui indique la loi en vertu de laquelle le transfert est fait.

[1991, c. 64, a. 2940].

❚ C.C.Q., 2938.

2940. Transfers of authority over immovables between the governments of Québec and Canada may be published.

Transfers of authority between the government of Québec or Canada and legal persons established in the public interest may also be published.

Registration of a transfer is obtained by filing a notice describing the immovable to be transferred and specifying the extent of the authority transferred, the term of the transfer and under which Act it is made.

[1991, c. 64, a. 2940].

Chapitre I ▬
De l'opposabilité

Chapter I ▬
Setting up of rights

2941. La publicité des droits les rend opposables aux tiers, établit leur rang et, lorsque la loi le prévoit, leur donne effet.

Entre les parties, les droits produisent leurs effets, encore qu'ils ne soient pas publiés, sauf disposition expresse de la loi.
[1991, c. 64, a. 2941].

❚ C.C.Q., 2663, 2945, 2970; D.T., 157-160.

2941. Publication of rights allows them to be set up against third persons, establishes their rank and, where the law so provides, gives them effect.

Rights produce their effects between the parties even before publication, unless the law expressly provides otherwise.
[1991, c. 64, a. 2941].

2942. Le renouvellement de la publicité d'un droit se fait par avis, de la manière prescrite par les règlements pris en application du présent livre; ce renouvellement conserve à ce droit son caractère d'opposabilité à son rang initial.
[1991, c. 64, a. 2942].

❚ C.C.Q., 2798, 2937, 2953, 3014, 3024; D.T., 157.

2942. The publication of a right is renewed by notice, in the manner prescribed in the regulations under this Book; such renewal preserves the opposability of the right at its original rank.
[1991, c. 64, a. 2942].

2943. Un droit inscrit sur les registres à l'égard d'un bien est présumé connu de celui qui acquiert ou publie un droit sur le même bien.

La personne qui s'abstient de consulter le registre approprié et, dans le cas d'un droit inscrit sur le registre foncier, la réquisition à laquelle il est fait référence dans l'inscription, ainsi que le document qui l'accompagne lorsque cette réquisition prend la forme d'un sommaire, ne peut repousser cette présomption en invoquant sa bonne foi.
[1991, c. 64, a. 2943; 2000, c. 42, a. 13].

2943. A right that is registered in a register in respect of property is presumed known to any person acquiring or publishing a right in the same property.

A person who does not consult the appropriate register or, in the case of a right registered in the land register, the application to which the registration refers, and the accompanying document if the application is in the form of a summary, may not invoke good faith to rebut the presumption.
[1991, c. 64, a. 2943; 2000, c. 42, s. 13].

2943.1. L'inscription sur le registre foncier d'un droit réel établi par une convention ou d'une convention afférente à un droit réel ne prend effet qu'à compter de l'inscription du titre du constituant ou du dernier titulaire du droit visé.

Cette règle ne s'applique ni aux cas où le droit du constituant ou du dernier titulaire a été acquis sans titre, notamment par ac-

2943.1. The registration in the land register of a real right established by agreement or of an agreement concerning a real right takes effect only from the registration of the title of the grantor or last holder of the right.

This rule does not apply where the right of the grantor or last holder was acquired without a title, in particular by natural ac-

cession naturelle, ni à ceux où le titre visé est un titre originaire de l'État.

[2000, c. 42, a. 14].

■ C.C.Q., 2941, 2972.

cession, or where the title concerned is an original title of the State.

[2000, c. 42, s. 14].

2944. L'inscription d'un droit sur le registre des droits personnels et réels mobiliers ou sur le registre foncier emporte, à l'égard de tous, présomption simple de l'existence de ce droit.

[1991, c. 64, a. 2944; 2000, c. 42, a. 15].

■ C.C.Q., 2847, 2943, 2970.

2944. Registration of a right in the register of personal and movable real rights or the land register carries, in respect of all persons, simple presumption of the existence of that right.

[1991, c. 64, a. 2944; 2000, c. 42, s. 15].

Chapitre II ——
Du rang des droits

Chapter II ——
Ranking of rights

2945. À moins que la loi n'en dispose autrement, les droits prennent rang suivant la date, l'heure et la minute inscrites sur le bordereau de présentation ou, si la réquisition qui les concerne est présentée au registre foncier, dans le livre de présentation, pourvu que les inscriptions soient faites sur les registres appropriés.

Lorsque la loi autorise ce mode de publicité, les droits prennent rang suivant le moment de la remise du bien ou du titre au créancier.

[1991, c. 64, a. 2945; 2000, c. 42, a. 16].

■ C.C.Q., 2946.

2945. Unless otherwise provided by law, rights rank according to the date, hour and minute entered on the memorial of presentation or, in the case of an application for registration in the land register, in the book of presentation, provided that the entries have been made in the proper registers.

Where publication by delivery is authorized by law, rights rank according to the time at which the property or title is delivered to the creditor.

[1991, c. 64, a. 2945; 2000, c. 42, s. 16].

2946. De deux acquéreurs d'un immeuble qui tiennent leur titre du même auteur, le droit est acquis à celui qui, le premier, publie son droit.

[1991, c. 64, a. 2946].

■ C.C.Q., 2947.

2946. Where two acquirers of an immovable hold their title from the same predecessor in title, the right is acquired by the acquirer who first publishes his right.

[1991, c. 64, a. 2946].

2947. Lorsque des inscriptions concernant le même bien et des droits de même nature sont requises en même temps, les droits viennent en concurrence.

[1991, c. 64, a. 2947].

■ C.C.Q., 2952, 2953.

2947. Where several registrations concerning the same property and rights of the same nature are requested at the same time, the rights rank concurrently.

[1991, c. 64, a. 2947].

2948. L'hypothèque immobilière ne prend rang qu'à compter de l'inscription du titre

2948. An immovable hypothec ranks only from registration of the grantor's title, but

du constituant, mais après l'hypothèque du vendeur créée dans l'acte d'acquisition du constituant.

after the vendor's hypothec created in the grantor's act of acquisition.

Si plusieurs hypothèques ont été inscrites avant le titre du constituant, elles prennent rang suivant l'ordre de leur inscription respective.

[1991, c. 64, a. 2948].

If several hypothecs have been registered before the grantor's title, they rank in the order of their respective registrations.

[1991, c. 64, a. 2948].

▮ C.C.Q., 1743, 2954.

2949. L'hypothèque qui grève une universalité d'immeubles ne prend rang, à l'égard de chaque immeuble, qu'à compter de l'inscription de l'hypothèque sur chacun d'eux.

2949. A hypothec affecting a universality of immovables ranks, in respect of each immovable, only from the time of registration of the hypothec against each.

L'inscription de l'hypothèque sur les immeubles acquis postérieurement s'obtient par la présentation d'un avis désignant l'immeuble acquis, faisant référence à l'acte constitutif d'hypothèque et indiquant la somme déterminée pour laquelle cette hypothèque a été consentie.

Registration of a hypothec against immovables acquired subsequently is obtained by presenting a notice containing the description of the immovable acquired and a reference to the act creating the hypothec, and setting forth the specific amount for which the hypothec was granted.

Toutefois, si l'hypothèque n'a pas été publiée dans le livre foncier de la circonscription foncière où se trouve l'immeuble acquis postérieurement, l'inscription de l'hypothèque s'obtient par le moyen d'un sommaire de l'acte constitutif, qui contient la désignation de l'immeuble acquis.

[1991, c. 64, a. 2949; 2000, c. 42, a. 17].

However, if the hypothec was not published in the land book for the registration division in which the immovable acquired subsequently is located, its registration is obtained by means of a summary of the act creating the hypothec, containing a description of the acquired immovable.

[1991, c. 64, a. 2949; 2000, c. 42, s. 17].

▮ C.C.Q., 2684, 2753.

2950. L'hypothèque qui grève une universalité de meubles ne prend rang, à l'égard de chaque meuble composant l'universalité, qu'à compter de l'inscription qui en est faite sur le registre, sous la désignation du constituant et sous l'indication de la nature de l'universalité.

[1991, c. 64, a. 2950].

2950. A hypothec affecting a universality of movables ranks, in respect of each movable included in the universality, only from registration thereof in the register, under the description of the grantor and under the indication of the nature of the universality.

[1991, c. 64, a. 2950].

▮ C.C.Q., 2665, 2674, 2675.

2951. L'hypothèque qui grevait un meuble incorporé ultérieurement à un immeuble et devenue immobilière ne peut être opposée aux tiers qu'à compter de son inscription sur le registre foncier.

2951. A hypothec on a movable subsequently incorporated into an immovable, having become an immovable hypothec, may not be set up against third persons before its registration in the land register.

Entre l'hypothèque qui grevait un meuble ultérieurement incorporé à un immeuble et l'hypothèque immobilière qui concerne le

The first hypothec registered in the land register has priority of rank, whether it be the hypothec on the movable subsequently

même immeuble, la priorité de rang est acquise à la première hypothèque inscrite sur le registre foncier.

L'inscription sur le registre foncier de l'hypothèque qui grevait le meuble s'obtient par la présentation d'un avis désignant l'immeuble visé, faisant référence à l'acte constitutif d'hypothèque, à l'inscription de celle-ci sur le registre des droits personnels et réels mobiliers et indiquant la somme déterminée pour laquelle cette hypothèque a été consentie.

[1991, c. 64, a. 2951].

∎ C.C.Q., 2796.

2952. Les hypothèques légales en faveur des personnes qui ont participé à la construction ou à la rénovation d'un immeuble prennent rang avant toute autre hypothèque publiée, pour la plus-value apportée à l'immeuble; entre elles, ces hypothèques viennent en concurrence, proportionnellement à la valeur de chacune des créances.

[1991, c. 64, a. 2952].

∎ C.C.Q., 2724, 2726-2728, 2947, 3061; C.P.C., 721.

2953. Les hypothèques grevant des meubles qui ont été transformés, mélangés ou unis, de telle sorte qu'un meuble nouveau en est résulté, prennent le rang de la première hypothèque qui a été publiée sur l'un des biens qui ont servi à former le meuble nouveau, pourvu que la publicité de l'hypothèque grevant le meuble qui a été transformé, mélangé ou uni ait été renouvelée sur le meuble nouveau; ces hypothèques viennent alors en concurrence, proportionnellement à la valeur respective des meubles ainsi transformés, mélangés ou unis.

[1991, c. 64, a. 2953].

∎ C.C.Q., 2673.

2954. L'hypothèque mobilière qui, au moment où elle a été acquise, l'a été sur le meuble d'autrui ou sur un meuble à venir, prend rang à compter du moment où elle a été publiée†, mais, le cas échéant, après l'hypothèque du vendeur créée dans l'acte d'acquisition du constituant si cette hypothèque est publiée dans les quinze jours de la vente.

[1991, c. 64, a. 2954].

incorporated into the immovable, or the immovable hypothec on the same immovable.

Registration in the land register of the hypothec on the movable is obtained by presenting a notice containing the description of the immovable concerned, a reference to the act creating the hypothec and its registration in the register of personal and movable real rights, and an indication of the particular sum for which the hypothec was granted.

[1991, c. 64, a. 2951].

2952. Legal hypothecs in favour of persons having taken part in the construction or renovation of an immovable are ranked before any other published hypothec, for the increase in value added* to the immovable; such hypothecs rank concurrently among themselves, in proportion to the value of each claim.

[1991, c. 64, a. 2952].

2953. Hypothecs on movables that have been transformed, mixed or combined so as to form a new movable take the rank of the first hypothec published against any property having served to form the new movable, provided that the registration of the hypothec on the movable that was transformed, mixed or combined has been renewed against the new movable; if that is the case, the hypothecs rank concurrently, in proportion to the value of each movable thus transformed, mixed or combined.

[1991, c. 64, a. 2953; 2002, c. 19, s. 15].

2954. A movable hypothec acquired on the movable of another or on a future movable ranks from the time of its registration† but after the vendor's hypothec, if any, created in the grantor's act of acquisition, provided it is published within fifteen days after the sale.

[1991, c. 64, a. 2954].

❚ C.C.Q., 2670.

2955. L'inscription de l'avis de clôture détermine le rang de l'hypothèque ouverte.

Si plusieurs hypothèques ouvertes ont fait l'objet d'un avis de clôture, elles prennent rang suivant leur inscription respective, sans égard à l'inscription des avis de clôture.

[1991, c. 64, a. 2955].

❚ C.C.Q., 2715-2723.

2955. Registration of the notice of crystallization determines the rank of a floating hypothec.

If several floating hypothecs are the subject of notices of crystallization, they rank among themselves from their respective registrations, regardless of the registration of the notices of crystallization.

[1991, c. 64, a. 2955].

2956. La cession de rang entre créanciers hypothécaires doit être publiée.

Lorsqu'elle a lieu, une interversion s'opère entre les créanciers dans la mesure de leurs créances respectives, mais de manière à ne pas nuire aux créanciers intermédiaires, s'il s'en trouve.

[1991, c. 64, a. 2956].

❚ C.C.Q., 1646.

2956. Cession of rank between hypothecary creditors shall be published.

Where it occurs, the rank of the creditors is inverted, to the extent of their respective claims, but in such a manner as not to prejudice any intermediate creditors.

[1991, c. 64, a. 2956].

Chapitre III ▬
De certains autres effets

Chapter III ▬
Other effects

2957. La publicité n'interrompt pas le cours de la prescription.

[1991, c. 64, a. 2957; 2000, c. 42, a. 18].

❚ C.C.Q., 2918, 2944.

2957. Publication does not interrupt prescription.

[1991, c. 64, a. 2957; 2000, c. 42, s. 18].

2958. Le créancier qui saisit un immeuble ne peut se voir opposer les droits publiés après l'inscription du procès-verbal de saisie, pourvu que celle-ci soit suivie d'une vente en justice.

[1991, c. 64, a. 2958].

❚ C.P.C., 660-732.

2958. Rights published after the registration of the minutes of the creditor's seizure of an immovable may not be set up against that creditor, provided the seizure is followed by a judicial sale.

[1991, c. 64, a. 2958].

2959. L'inscription d'une hypothèque conserve au créancier, au même rang que le capital, les intérêts échus de l'année courante et des trois années précédentes.

De même, l'inscription d'un droit de rente conserve au crédirentier, au même rang que la prestation, les redevances de l'an-

2959. Registration of a hypothec preserves, in favour of the creditor, the same rank for the interest due for the current year and the three preceding years as for the capital.

Similarly, the registration of an annuity preserves, in favour of the annuitant, the same rank for the periodic payments for

née courante et les arrérages des trois années précédentes.

[1991, c. 64, a. 2959].

▮ C.C.Q., 1565, 2667, 2960.

the current year and the arrears for the three preceding years as for the prestation.

[1991, c. 64, a. 2959].

2960. Le créancier ou le crédirentier n'a d'hypothèque pour le surplus des intérêts échus ou des arrérages de rente, qu'à compter de l'inscription d'un avis indiquant le montant réclamé.

Néanmoins, les intérêts échus ou les arrérages dus lors de l'inscription de l'hypothèque ou de la rente et dont le montant est indiqué dans la réquisition sont conservés par cette inscription.

[1991, c. 64, a. 2960].

▮ C.C.Q., 2959.

2960. The creditor or annuitant has a hypothec for the surplus of interest due or arrears of annuity only from the time of registration of a notice setting forth the amount claimed.

However, interest due or arrears owing at the time of registration of the hypothec or annuity are preserved by the registration if the amount is stated in the application.

[1991, c. 64, a. 2960].

2961. La substitution n'a d'effet, à l'égard des biens acquis en remploi de biens substitués, que s'il en est fait mention dans l'acte d'acquisition et que cette substitution est publiée.

La publicité de la substitution ne porte pas atteinte aux droits des tiers qui ont déjà publié les droits qu'ils tiennent du grevé en vertu d'un acte à titre onéreux.

[1991, c. 64, a. 2961].

▮ C.C.Q., 1218-1255.

2961. Substitution has no effect in respect of property acquired in replacement of substituted property unless the substitution is mentioned in the act of acquisition and is published.

Publication of the substitution does not affect the rights of third persons who have already published the rights they derive from the institute under an act by onerous title.

[1991, c. 64, a. 2961].

2961.1. L'inscription de réserves de propriété, de facultés de rachat ou de leur cession consenties entre des personnes qui exploitent une entreprise, lorsqu'elle porte sur l'universalité des biens meubles d'une même nature susceptibles d'être l'objet de ventes ou de cessions entre ces personnes dans le cours de leurs activités, conserve au vendeur ou au cessionnaire tous ses droits, non seulement sur ces biens, mais aussi sur tous les biens de même nature qui font l'objet, entre ces mêmes personnes, de réserves, de facultés ou de cessions consenties postérieurement à l'inscription. Toutefois, ces réserves, facultés ou cessions ne sont pas opposables au tiers qui acquiert l'un de ces biens dans le cours des activités de l'entreprise de son vendeur.

L'inscription vaut pour une période de dix

2961.1. The registration of reservations of ownership or rights of redemption, or of any transfer thereof, in respect of a universality of movable property of the same kind that may be involved in sales or transfers in the ordinary course of business between persons operating enterprises preserves all the rights of the seller or transferee not only in that property but also in any property of the same kind involved in reservations of ownership, rights of redemption or transfers between those persons subsequent to the registration. However, such reservations, rights or transfers do not have effect against a third person who acquires any such property in the ordinary course of business of the seller's enterprise.

Registration preserves the rights for a pe-

ans; elle peut néanmoins valoir pour une période plus longue si elle est renouvelée.

Ces règles sont également applicables à l'inscription de droits de propriété résultant de crédits-bails, de droits résultant de baux de plus d'un an ou de leur cession consentis entre des personnes qui exploitent une entreprise, lorsque l'inscription porte sur une universalité de biens meubles d'une même nature susceptible d'être l'objet de tels contrats entre ces personnes dans le cours de leurs activités.

[1998, c. 5, a. 13].

riod of ten years; the period may be extended if the registration is renewed.

These rules also apply to the registration of rights of ownership under leasing contracts and of rights under leases with a term of more than one year, or of any transfer thereof, in respect of a universality of movable property of the same kind that may be involved in such contracts in the ordinary course of business between persons operating enterprises.

[1998, c. 5, s. 13].

Chapitre IV ━━
De la protection des tiers de bonne foi

Chapter IV ━━
Protection of third persons in good faith

2962. (*Abrogé*).

[2000, c. 42, a. 19].

▌ C.C.Q., 2943, 2944, 3075.

2962. (*Repealed*).

[2000, c. 42, s. 19].

2963. L'avis donné ou la connaissance acquise d'un droit non publié ne supplée jamais le défaut de publicité.

[1991, c. 64, a. 2963].

▌ C.C.Q., 2934, 2958.

2963. Notice given or knowledge acquired of a right that has not been published never compensates for absence of publication.

[1991, c. 64, a. 2963].

2964. Le défaut de publicité peut être opposé par tout intéressé à toute personne, même mineure ou placée sous un régime de protection, ainsi qu'à l'État.

[1991, c. 64, a. 2964].

▌ C.C.Q., 2935.

2964. Absence of publication may be set up by any interested person against any person, even a minor or a protected person, and against the State.

[1991, c. 64, a. 2964].

2965. Tout intéressé peut demander au tribunal, en cas d'erreur, de faire rectifier ou radier une inscription.

[1991, c. 64, a. 2965].

▌ C.C.Q., 3016.

2965. Every interested person may apply to the court, in cases of error, to obtain the correction or cancellation of a registered entry.

[1991, c. 64, a. 2965].

Chapitre V ━━
De la préinscription

Chapter V ━━
Advance registration

2966. Toute demande en justice qui concerne un droit réel soumis ou admis à l'inscription sur le registre foncier, peut,

2966. Any judicial demand concerning a real right which shall or may be published in the land register may, by means of a no-

au moyen d'un avis, faire l'objet d'une préinscription.

La demande en justice qui concerne un droit réel mobilier qui a été inscrit sur le registre des droits personnels et réels mobiliers, peut aussi, au moyen d'un avis, faire l'objet d'une préinscription.

[1991, c. 64, a. 2966].

❚ C.C.Q., 2968.

2967. Lorsque, par suite du recel, de la suppression ou de la contestation d'un testament, ou à cause de tout autre obstacle, une personne se trouve, sans sa faute, hors d'état de publier un droit résultant de ce testament, elle peut, pour conserver ce droit, procéder, dans l'année qui suit le décès, à la préinscription du droit auquel elle prétend par la présentation d'un avis.

[1991, c. 64, a. 2967].

❚ C.C.Q., 767, 774, 2968.

2968. Sont réputés publiés à compter de la préinscription les droits qui font l'objet du jugement ou de la transaction qui met fin à l'action, pourvu qu'ils soient publiés dans les trente jours qui suivent celui où le jugement est passé en force de chose jugée ou celui de la transaction.

Sont aussi réputés publiés depuis la préinscription les droits résultant d'un testament que l'on était empêché de publier, pourvu que le testament soit publié dans les trente jours qui suivent celui où l'obstacle a cessé, ou encore celui où il a été obtenu ou vérifié, et, au plus tard, dans les trois ans de l'ouverture de la succession.

[1991, c. 64, a. 2968].

❚ C.C.Q., 2966.

tice, be the subject of an advance registration.

A judicial demand concerning a movable real right entered in the register of personal and movable real rights may also, by means of a notice, be the subject of an advance registration.

[1991, c. 64, a. 2966].

2967. Where a person is, through no fault of his own, prevented from publishing a right arising from a will by reason of the concealment, destruction or contestation of the will or of any other obstacle, he may, to preserve that right, make an advance registration of the right he claims by presenting a notice within one year after the testator's death.

[1991, c. 64, a. 2967].

2968. Rights which are the object of a judgment or transaction terminating an action are deemed published from the time of their advance registration, provided they are published within thirty days after the judgment acquires the authority of a final judgment (*res judicata*) or the transaction takes place.

Rights under a will that was prevented from being published are also deemed published from the time of their advance registration, provided the will is published within thirty days after the obstacle is removed or after the will is obtained or probated and within three years from the opening of the succession.

[1991, c. 64, a. 2968].

TITRE 3 ——
DES MODALITÉS† DE LA PUBLICITÉ

TITLE 3 ——
FORMALITIES† OF PUBLICATION

Chapitre I ——
Des registres où sont inscrits les droits

Chapter I ——
Registers of rights

SECTION I ——
DISPOSITIONS GÉNÉRALES

SECTION I ——
GENERAL PROVISIONS

2969. Il est tenu, au Bureau de la publicité foncière, un registre foncier et un registre des mentions, de même que tout autre registre dont la tenue est prescrite par la loi ou par les règlements pris en application du présent livre.

Il est aussi tenu, au Bureau de la publicité des droits personnels et réels mobiliers, un registre des droits personnels et réels mobiliers.

L'Officier de la publicité foncière et l'Officier de la publicité des droits personnels et réels mobiliers sont respectivement chargés de la tenue de ces registres.

[1991, c. 64, a. 2969; 1998, c. 5, a. 14; 2000, c. 42, a. 20].

❙ C.C.Q., 2970.

2969. A land register and a register of mentions are kept in the Land Registry Office, together with any other register the keeping of which is prescribed by law or by the regulations under this Book.

In addition, a register of personal and movable real rights is kept in the Personal and Movable Real Rights Registry Office.

The Land Registrar and the Personal and Movable Real Rights Registrar are charged, respectively, with keeping such registers.

[1991, c. 64, a. 2969; 1998, c. 5, s. 14; 2000, c. 42, s. 20].

2970. La publicité des droits qui concernent un immeuble se fait au registre foncier, dans le livre foncier de la circonscription foncière dans laquelle est situé l'immeuble.

La publicité des droits qui concernent un meuble et celle de tout autre droit s'opère par l'inscription du droit sur le registre des droits personnels et réels mobiliers; si le droit réel mobilier porte aussi sur un immeuble, l'inscription doit également être faite sur le registre foncier suivant les normes applicables à ce registre et déterminées par le présent livre ou par les règlements pris en application du présent livre.

[1991, c. 64, a. 2970; 2000, c. 42, a. 21].

❙ C.C.Q., 795, 2982, 2983.

2970. Publication of rights concerning an immovable is made in the land register, in the land book for the registration division in which the immovable is situated.

Rights concerning a movable and any other rights are published by registration in the register of personal and movable real rights; if the movable real right also pertains to an immovable, registration shall also be made in the land register in accordance with the standards applicable to that register and determined by this Book or by the regulations under this Book.

[1991, c. 64, a. 2970; 2000, c. 42, s. 21].

2971. Les registres et les autres documents conservés dans les bureaux de la publicité des droits à des fins de publicité sont des

2971. The registers and other documents kept for publication purposes in registry offices are public documents; the consulta-

documents publics; les règlements pris en application du présent livre prévoient les modalités de consultation de ces documents.

[1991, c. 64, a. 2971; 2000, c. 42, a. 22].

❚ C.C.Q., 3018, 3019.

2971.1. Nul ne peut utiliser les renseignements figurant sur les registres et autres documents conservés dans les bureaux de la publicité des droits de manière à porter atteinte à la réputation ou à la vie privée d'une personne désignée dans ces registres et documents.

[1998, c. 5, a. 15; 2000, c. 42, a. 23].

tion procedure is prescribed by the regulations under this Book.

[1991, c. 64, a. 2971; 2000, c. 42, s. 22].

2971.1. No one may use the information contained in the registers and other documents kept in registry offices in such a manner as to damage the reputation or invade the privacy of a person identified in such a register or document.

[1998, c. 5, s. 15; 2000, c. 42, s. 23].

SECTION II —
DU REGISTRE FONCIER

SECTION II —
LAND REGISTER

2972. Le registre foncier est constitué d'autant de livres fonciers qu'il y a de circonscriptions foncières au Québec.

Chaque livre foncier est constitué à son tour d'un index des immeubles, d'un registre des droits réels d'exploitation de ressources de l'État, d'un registre des réseaux de services publics et des immeubles situés en territoire non cadastré et d'un index des noms. L'index des noms renferme toutes les inscriptions qui ne peuvent être faites dans l'index des immeubles ou les autres registres tenus par l'Officier de la publicité foncière.

[1991, c. 64, a. 2972; 2000, c. 42, a. 24].

2972. The land register contains one land book for each registration division in Québec.

Each land book contains an index of immovables, a register of real rights of State resource development, a register of public service networks and immovables situated in territory without a cadastral survey and an index of names. The index of names comprises all the entries that cannot be made in the index of immovables or the other registers kept by the Land Registrar.

[1991, c. 64, a. 2972; 2000, c. 42, s. 24].

2972.1. L'index des immeubles comprend autant de fiches immobilières qu'il y a d'immeubles immatriculés sur le plan cadastral afférent à la circonscription foncière.

[2000, c. 42, a. 24].

2972.1. The index of immovables contains one land file for each immatriculated immovable on the cadastral plan for the registration division.

[2000, c. 42, s. 24].

2972.2. Le registre des droits réels d'exploitation de ressources de l'État comprend autant de fiches immobilières établies sous un numéro d'ordre qu'il y a de tels droits réels dont l'assiette n'est pas immatriculée dans la circonscription foncière.

Le registre des réseaux de services publics

2972.2. The register of real rights of State resource development contains one land file, identified by a serial number, for each such real right in the registration division the *situs* of which is not immatriculated.

The register of public service networks

et des immeubles situés en territoire non cadastré comprend, de même, autant de fiches immobilières établies sous un numéro d'ordre qu'il y a de tels réseaux ou immeubles non immatriculés dans la circonscription foncière, même si ces réseaux ou immeubles appartiennent à un même propriétaire.

Un répertoire des titulaires de droits réels complète ces deux registres.

[2000, c. 42, a. 24].

2972.3. Les fiches immobilières relatives à des immeubles, droits ou réseaux situés dans un territoire non cadastré et, lorsque la loi le permet, en territoire cadastré, sont établies de la manière prévue par règlement.

[2000, c. 42, a. 24].

2972.4. Chaque fiche immobilière comprise dans l'index des immeubles, dans le registre des droits réels d'exploitation de ressources de l'État ou dans le registre des réseaux de services publics et des immeubles situés en territoire non cadastré répertorie les inscriptions qui concernent l'immeuble, les droits réels ou le réseau.

[2000, c. 42, a. 24].

2973.-2977. (*Abrogés*)

[2000, c. 42, a. 25].

2978. Le propriétaire de plusieurs immeubles non immatriculés mais contigus, grevés des mêmes droits réels et situés dans une même circonscription foncière, peut requérir de l'officier de la publicité des droits qu'il regroupe, sur une même fiche immobilière, les fiches établies pour chacun des immeubles.

Le titulaire d'un droit réel d'exploitation de ressources de l'État dont l'assiette n'est pas immatriculée peut faire la même réquisition, pourvu que les droits réels d'exploitation soient de même nature, de même durée, contigus et grevés des mêmes droits réels.

Le propriétaire ou le titulaire présente une réquisition désignant l'immeuble qui résulte de ce regroupement, indiquant les

and immovables situated in territory without a cadastral survey contains one land file, identified by a serial number, for each such non-immatriculated network or immovable in the registration division, even if two or more networks or immovables belong to the same owner.

A directory of real right holders completes the two registers.

[2000, c. 42, s. 24].

2972.3. Land files relating to immovables, rights or networks situated in territory without a cadastral survey and, where permitted by law, in territory with a cadastral survey, are opened in the manner prescribed in the regulations.

[2000, c. 42, s. 24].

2972.4. Each land file contained in the index of immovables, the register of real rights of State resource development or the register of public service networks and immovables situated in territory without a cadastral survey lists the entries made concerning the immovable, the real rights or the network concerned.

[2000, c. 42, s. 24].

2973.-2977. (*Repealed*)

[2000, c. 42, s. 25].

2978. The owner of several immovables not immatriculated but contiguous, charged with the same real rights and situated in the same registration division, may require the registrar to consolidate the files opened for each immovable into a single file.

The same applies to the holder of a real right of State resource development of which the *situs* is not immatriculated, provided the real rights of development are of the same nature, of the same duration, contiguous and charged with the same real rights.

The owner or holder presents an application containing the description of the immovable resulting from the consolidation

fiches visées et les inscriptions subsistantes à reporter sur la nouvelle fiche. L'officier de la publicité indique la concordance entre les fiches anciennes et la nouvelle et procède au report des inscriptions.

[1991, c. 64, a. 2978].

▌ C.C.Q., 2972.

2979. Tout morcellement[1] d'un immeuble non immatriculé donne lieu à l'établissement de nouvelles fiches immobilières.

Le document constatant le morcellement[1] doit comporter une déclaration, incluse ou annexée, désignant les immeubles visés et indiquant la fiche primitive et les inscriptions à reporter sur les nouvelles fiches.

L'officier de la publicité établit la concordance entre l'ancienne fiche et les nouvelles et procède au report des inscriptions.

[1991, c. 64, a. 2979].

and identifying the related land files and any subsisting entries to be carried over to the new land file. The registrar indicates the correspondence between the old and the new land files and carries over the entries.

[1991, c. 64, a. 2978].

2979. Upon any partition[1] of an immovable which has not been immatriculated, new land files are opened.

In the document evidencing the partition[1] shall be included a declaration containing a description of the immovables concerned and identifying the original land file and any subsisting entries to be carried over to the new land files.

The registrar establishes the correspondence between the old and the new land files and carries over the entries.

[1991, c. 64, a. 2979].

Note 1 : Comp. a. 1030, partage/partition; 1183, morcellement/parcelling; 3043, morcellement/dividing up.

SECTION III —
DU REGISTRE DES MENTIONS

2979.1. Le registre des mentions porte, dans les cas prévus par la loi, les mentions et inscriptions requises par celle-ci ou par les règlements pris en application du présent livre relativement à des inscriptions faites sur le registre foncier ou sur les autres registres tenus par l'Officier de la publicité foncière.

[2000, c. 42, a. 26].

SECTION III —
REGISTER OF MENTIONS

2979.1. The register of mentions contains, in the cases prescribed by law, the mentions and entries required by law or by the regulations under this Book in connection with entries made in the land register or the other registers kept by the Land Registrar.

[2000, c. 42, s. 26].

SECTION IV —
DU REGISTRE DES DROITS PERSONNELS ET RÉELS MOBILIERS

2980. Le registre des droits personnels et réels mobiliers est constitué, en ce qui concerne les droits personnels, de fiches tenues par ordre alphabétique, alphanumérique ou numérique, sous la désignation des personnes nommées dans les réquisitions d'inscription et, en ce qui concerne

SECTION IV —
REGISTER OF PERSONAL AND MOVABLE REAL RIGHTS

2980. The register of personal and movable real rights consists, with respect to personal rights, of files kept in alphabetical, alphanumerical or numerical order, under the description of the persons named in the application for registration and, with respect to movable real rights, of files kept

les droits réels mobiliers, de fiches tenues par catégories de biens ou d'universalités, sous la désignation des meubles grevés ou l'indication de la nature de l'universalité ou, encore, de fiches tenues sous le nom du constituant.

Les droits résultant de baux mobiliers sont inscrits sur des fiches tenues sous la seule désignation des locataires nommés dans les réquisitions dans tous les cas où les biens visés par celles-ci donnent lieu, par ailleurs, à l'établissement de fiches tenues sous leur numéro d'identification.

Sur chaque fiche sont répertoriées les inscriptions qui concernent la personne ou le meuble.

[1991, c. 64, a. 2980; 2000, c. 42, a. 27].

▌ D.T., 157-157.2, 161, 163, 164.

Chapitre II ▬
Des réquisitions d'inscription

SECTION I ▬
RÈGLES GÉNÉRALES

2981. Les réquisitions d'inscription sur le registre foncier portent notamment, outre les mentions prescrites par la loi ou par les règlements pris en application du présent livre, la désignation des titulaires et constituants des droits qui en sont l'objet, de même que la désignation des biens qui y sont visés.

Les réquisitions d'inscription sur le registre des droits personnels et réels mobiliers désignent les titulaires et constituants des droits, qualifient ces droits, désignent les biens visés et mentionnent tout autre fait pertinent à des fins de publicité, ainsi qu'il est prescrit par la loi ou par les règlements pris en application du présent livre.

[1991, c. 64, a. 2981; 2000, c. 42, a. 28].

▌ C.C.Q., 3012; D.T., 158, 160.

2981.1. À moins qu'elle ne concerne un immeuble à l'égard duquel une fiche tenue sous un numéro d'ordre est établie, la réquisition d'inscription sur le registre fon-

by categories of property or of universalities, under the designation of the movables charged or the indication of the nature of the universality, or of files under the name of the grantor.

Rights under a lease on movable property are registered in files kept solely under the description of the lessee named in the application whenever a file is otherwise kept under the identification number of the leased property.

The registrations pertaining to the person or the movable property are listed in each file.

[1991, c. 64, a. 2980; 2000, c. 42, s. 27].

Chapter II ▬
Applications for registration

SECTION I ▬
GENERAL RULES

2981. Applications for registration in the land register, in addition to identifying the holders and grantors of the rights to be registered, contain, in particular, the description of the property concerned and the mentions prescribed by law or by the regulations under this Book.

Applications for registration in the register of personal and movable real rights identify the holders and grantors of the rights, state the nature of the rights, describe the property concerned and mention any other fact that is relevant for registration purposes, as prescribed by law or by the regulations under this Book.

[1991, c. 64, a. 2981; 2000, c. 42, s. 28].

2981.1. Unless a land file identified by a serial number has been opened for the immovable concerned, an application for registration in the land register must include

cier doit indiquer le nom de la circonscription foncière dans laquelle est situé l'immeuble qui y est visé.

[2000, c. 42, a. 29].

▌ C.C.Q., 2981, 2982; D.T., 158.

the name of the registration division in which the immovable is situated.

[2000, c. 42, s. 29].

2981.2. La réquisition d'inscription sur le registre foncier d'une hypothèque, d'une restriction au droit de disposer, ou d'un droit dont la durée est déterminée, peut fixer la date extrême d'effet de l'inscription.

Celle qui est présentée au registre des droits personnels et réels mobiliers relativement à une hypothèque, à une telle restriction ou à un tel droit doit fixer la date extrême d'effet de l'inscription.

[2000, c. 42, a. 29].

▌ C.C.Q., 2981, 2983; D.T., 160.

2981.2. An application for registration in the land register of a hypothec, a restriction on the right to dispose of property or a right of fixed duration may fix the date after which the registration ceases to have effect.

An application for registration in the register of personal and movable real rights of a hypothec or of such a restriction or right must fix the date after which the registration ceases to have effect.

[2000, c. 42, s. 29].

2982. La réquisition d'inscription sur le registre foncier est présentée au Bureau de la publicité foncière ou, si la réquisition est présentée sur support papier, au bureau de la publicité des droits établi pour la circonscription foncière dans laquelle est situé l'immeuble.

La réquisition se fait par la présentation de l'acte lui-même ou d'un extrait authentique de celui-ci, par le moyen d'un sommaire qui résume le document ou encore, lorsque la loi le prévoit, au moyen d'un avis.

[1991, c. 64, a. 2982; 2000, c. 42, s. 30].

▌ C.C.Q., 2817, 2985, 2991, 2992, 2994, 3057-3066.

2982. An application for registration in the land register is presented at the Land Registry Office or, if the application is presented in paper form, at the registry office established for the registration division in which the immovable is situated.

The application is made by presenting the act itself or an authentic extract of the act, by presenting a summary of the act or, where the law so provides, by means of a notice.

[1991, c. 64, a. 2982; 2000, c. 42, s. 30].

2983. La réquisition d'inscription sur le registre des droits personnels et réels mobiliers est produite en un seul exemplaire au Bureau de la publicité des droits personnels et réels mobiliers; elle se fait par la présentation d'un avis, à moins que la loi ou les règlements n'en disposent autrement.

[1991, c. 64, a. 2983; 2000, c. 42, a. 31].

▌ C.C.Q., 2995, 3057-3066.

2983. A single copy of an application for registration in the register of personal and movable real rights is filed in the Personal and Movable Real Rights Registry Office; application is made by the presentation of a notice, unless otherwise provided by law or the regulations.

[1991, c. 64, a. 2983; 2000, c. 42, s. 31].

2984. Les réquisitions d'inscription sont signées, attestées et présentées de la ma-

2984. Applications for registration are signed, certified and presented in the man-

nière prévue par la loi, le présent titre ou les règlements.

[1991, c. 64, a. 2984].

▌ C.C.Q., 3024.

2985. La personne qui requiert une inscription sur le registre foncier est tenue de présenter, à des fins de conservation et de consultation, avec le sommaire, l'acte, l'extrait ou tout autre document qui en fait l'objet.

[1991, c. 64, a. 2985].

▌ C.C.Q., 3007.

2986. Quelle que soit la forme que prenne la réquisition d'inscription sur le registre des droits personnels et réels mobiliers, seuls y sont publiés les droits qui sont énoncés à la réquisition et qui doivent être inscrits sur ce registre.

Néanmoins, pour préciser l'assiette ou l'étendue du droit, il est permis, lorsque les règlements l'autorisent, de faire référence, dans l'inscription, au document en vertu duquel celle-ci est requise.

[1991, c. 64, a. 2986; 2000, c. 42, a. 32].

▌ C.C.Q., 2941, 2943, 2944.

2987. Lorsque la réquisition d'inscription se fait par la présentation d'un sommaire, on ne peut utiliser le même sommaire pour résumer des documents qui ne se complètent pas ou qui n'ont aucune relation entre eux.

Il suffit cependant d'un seul sommaire lorsque le droit qu'on entend publier est constaté dans plusieurs documents.

[1991, c. 64, a. 2987].

▌ C.C.Q., 2982.

SECTION II —
DES ATTESTATIONS

2988. Le notaire qui reçoit un acte donnant lieu à l'inscription ou à la suppression d'un droit sur le registre foncier, ou à la réduction d'une inscription, atteste, par sa seule signature, qu'il a vérifié l'identité, la qualité et la capacité des parties, et que le

ner prescribed by law, this Title or the regulations.

[1991, c. 64, a. 2984].

2985. Every person requiring registration in the land register is bound to present, in addition to the summary, the act itself, the extract or any document summarized in the extract or summary, for conservation and consultation.

[1991, c. 64, a. 2985; 1992, c. 57, s. 716].

2986. Whatever the form of the application for registration in the register of personal and movable real rights, only those rights which are set out in the application and which shall be entered in the register are published therein.

Nevertheless, where authorized by regulation, reference in the registration to the document under which registration is required is permitted to identify the *situs* of the right or the extent of the right.

[1991, c. 64, a. 2986; 2000, c. 42, s. 32].

2987. Where an application for registration is made by the presentation of a summary, that summary may not be used to summarize non-complementary or unrelated documents.

However, one summary is sufficient where the right intended to be published is evidenced in several documents.

[1991, c. 64, a. 2987].

SECTION II —
CERTIFICATES

2988. A notary who executes an act requiring the registration of a right in or the removal of a right from the land register, or the reduction of an entry, certifies, merely by signing the document, that he has verified the identity, quality and ca-

document traduit la volonté exprimée par elles.

[1991, c. 64, a. 2988; 2000, c. 42, a. 33].

■ C.C.Q., 2992, 3009; D.T., 156.

pacity of the parties, and that the document represents the will expressed by the parties.

[1991, c. 64, a. 2988; 2000, c. 42, s. 33].

2989. L'arpenteur-géomètre qui dresse un procès-verbal de bornage amiable, même celui fait sans formalité, atteste, par sa seule signature, qu'il a vérifié l'identité, la qualité et la capacité des parties et que le document traduit la volonté exprimée par elles.

[1991, c. 64, a. 2989; 2000, c. 42, a. 34].

■ C.C.Q., 2996, 3009; D.T., 156.

2989. A land surveyor who draws up the minutes following a voluntary determination of boundaries, even one done informally, certifies, merely by signing the document, that he has verified the identity, quality and capacity of the parties and that the document represents the will expressed by the parties.

[1991, c. 64, a. 2989; 2000, c. 42, s. 34].

2990. Les officiers de justice, les secrétaires ou greffiers municipaux, ainsi que les autres rédacteurs d'actes authentiques publics autres que les actes juridictionnels, doivent attester qu'ils ont vérifié l'identité des parties aux actes dressés par eux et soumis à la publicité foncière.

[1991, c. 64, a. 2990; 2000, c. 42, a. 35].

■ C.C.Q., 2818, 3009; D.T., 156.

2990. Officers of justice, municipal clerks or secretaries and other drafters of public authentic acts other than adjudicative acts must certify that they have verified the identity of the parties to the acts drawn up by them which require publication by registration in the land register.

[1991, c. 64, a. 2990; 2000, c. 42, s. 35].

2991. L'acte sous seing privé[1] donnant lieu à l'inscription ou à la suppression d'un droit sur le registre foncier, ou à la réduction d'une inscription, doit indiquer la date et le lieu où il a été dressé; il y est joint l'attestation par un notaire ou un avocat qu'il a vérifié l'identité, la qualité et la capacité des parties, la validité de l'acte quant à sa forme et que le document traduit la volonté exprimée par les parties.

[1991, c. 64, a. 2991; 2000, c. 42, a. 36].

2991. An act in private writing[1] requiring the registration of a right in or the removal of a right from the land register, or the reduction of an entry, must indicate the date and place it is drawn up and be accompanied with a certificate of a notary or advocate attesting that he has verified the identity, quality and capacity of the parties and the validity of the act as to form, and that the document represents the will expressed by the parties.

[1991, c. 64, a. 2991; 2000, c. 42, s. 36].

Note 1 : Comp. a. 2826, acte sous seing privé/private writing.

■ C.C.Q., 2992; D.T., 156.

2992. Lorsque l'inscription sur le registre foncier est requise au moyen d'un sommaire, l'attestation du notaire ou de l'avocat qui dresse le sommaire du document porte en outre sur l'exactitude du contenu du sommaire.

[1991, c. 64, a. 2992].

■ C.C.Q., 2982, 2987.

2992. Where registration in the land register is required by means of a summary, the certificate of the notary or advocate who draws up the document also attests that the summary is accurate.

[1991, c. 64, a. 2992].

2993. Sauf dans les cas où elle résulte de la signature du notaire ou de l'arpenteur-géomètre, l'attestation est consignée dans une déclaration qui énonce obligatoirement, outre la date à laquelle elle est faite, les nom et qualité de son auteur[1] et le lieu où il exerce ses fonctions ou sa profession.

[1991, c. 64, a. 2993; 1995, c. 33, a. 30; 2000, c. 42, a. 37].

2993. Unless implicit in the signature of the notary or land surveyor, the certification is recorded in a declaration which must contain, in addition to the date on which it is made, the name and quality of the declarer[1] and the place where the declarer exercises his functions or practises his profession.

[1991, c. 64, a. 2993; 1995, c. 33, s. 30; 2000, c. 42, s. 37].

Note 1 : Comp. a. 2872.

∎ C.C.Q., 2988-2992.

2994. Lorsque l'attestation requise relativement à un acte soumis ou admis à la publicité foncière est impossible, le tribunal peut autoriser la publicité des droits constatés dans cet acte malgré le défaut d'attestation.

La réquisition d'inscription doit être accompagnée d'une copie du jugement; elle n'est recevable que si ce jugement a acquis force de chose jugée.

[1991, c. 64, a. 2994; 2000, c. 42, a. 38].

2994. Where an act requiring or admissible for publication by registration in the land register cannot be certified as required, the court may authorize publication of the rights evidenced in the act despite the lack of certification.

The application for registration must be accompanied with a copy of the judgment; the application is not admissible unless the judgment has acquired the authority of *res judicata*.

[1991, c. 64, a. 2994; 2000, c. 42, s. 38].

Note : Comp. a. 3064: « force de chose jugée » / "authority of a final judgment (*res judicata*)".

∎ C.C.Q., 2984, 2988, 2991, 2992.

2995. Aucune attestation de vérification n'est requise pour l'inscription sur le registre des droits personnels et réels mobiliers.

Pour l'inscription sur le registre foncier des déclarations de résidence familiale, des baux immobiliers ou des avis prévus par la loi, à l'exception des avis requis pour l'inscription d'une hypothèque légale ou mobilière, ou de l'avis cadastral d'inscription d'un droit, les documents présentés n'ont pas à être attestés par un notaire ou un avocat, mais par deux témoins, dont l'un sous serment.

[1991, c. 64, a. 2995].

2995. No certificate of verification is required for the registration in the register of personal and movable real rights.

Documents presented for registration in the land register of declarations of family residence, immovable leases or notices prescribed by law, other than notices required for the registration of a legal or movable hypothec or the cadastral notice for the registration of a right, need not be certified by a notary or advocate, but by two witnesses, including one under oath.

[1991, c. 64, a. 2995].

∎ C.C.Q., 2972, 2980.

2996. Le procès-verbal de bornage est accompagné du plan qui s'y rapporte. Le cas échéant, le procès-verbal est présenté avec la réquisition d'inscription du jugement qui l'homologue. Il doit mentionner expressément que la limite entre les propriétés bornées coïncide avec la limite cadastrale des lots qui y sont visés.

À défaut de cette mention, l'inscription du procès-verbal sur le registre foncier doit être refusée jusqu'à ce qu'une modification du plan soit indiquée sur le registre foncier et qu'un avis de la modification relatif aux lots visés soit inscrit sur ce registre.

[1991, c. 64, a. 2996; 2000, c. 42, a. 39].

▌ C.C.Q., 3009; D.T., 155.

2997. La publicité d'un plan dont le dépôt au bureau de la publicité des droits est exigé en vertu d'une loi s'obtient par la présentation, avec le plan même, d'un avis désignant l'immeuble visé par ce plan.

La présente disposition ne s'applique pas aux plans cadastraux.

[1991, c. 64, a. 2997; 2000, c. 42, a. 40].

▌ C.C.Q., 3026-3042.

2998. Les droits de l'héritier et du légataire particulier dans un immeuble de la succession sont publiés par l'inscription d'une déclaration faite par acte notarié en minute.

Toutefois, en matière mobilière, l'inscription du droit de l'héritier et du légataire particulier est admise seulement si elle concerne la transmission d'une créance hypothécaire, d'une restriction au droit de disposer[1], ou une préinscription. La déclaration prend la forme d'un avis, lequel fait référence, le cas échéant, au testament.

[1991, c. 64, a. 2998].

Note 1 : Comp. a. 1212.

▌ C.C.Q., 2670.

2996. The minutes of boundary determination are presented with the related plan and, where applicable, with the application for registration of the judgment of homologation. An express statement that the boundary between the properties* coincides with the boundaries between the corresponding lots on the cadastre shall be included in the minutes.

If the minutes do not state that the boundaries coincide, registration of the minutes in the land register shall be refused until an amendment to the plan is indicated in the land register and notice of the amendment relating to the lots concerned is registered in that register.

[1991, c. 64, a. 2996; 2000, c. 42, s. 39].

2997. Where the deposit of a plan in the registry office is required by an Act, publication of the plan is obtained by presenting the plan and a notice describing the immovable represented on the plan.

This provision does not apply to cadastral plans.

[1991, c. 64, a. 2997; 2000, c. 42, s. 40].

2998. The rights of an heir or of a legatee by particular title in an immovable of the succession are published by registration of a declaration made by notarial act *en minute*.

However, where movable property is concerned, the right of an heir or of a legatee by particular title may be registered only if it relates to the transmission of a hypothecary claim or of a restriction on the right to alienate[1], or to an advance registration. The declaration takes the form of a notice in which, where applicable, reference is made to the will.

[1991, c. 64, a. 2998].

2999. La déclaration indique, quant au défunt, son nom, l'adresse de son dernier domicile, la date et le lieu de sa naissance, la date et le lieu de son décès, sa nationalité et son état civil, ainsi que son régime matrimonial ou d'union civile, s'il y a lieu.

Elle indique également la nature légale ou testamentaire de la succession, la qualité d'héritier, de légataire particulier, d'époux ou de conjoint uni civilement, de même que le degré de parenté de chacun des héritiers avec le défunt, les renonciations, la désignation des biens et des personnes visées, ainsi que le droit de chacun dans les biens.

[1991, c. 64, a. 2999; 2002, c. 6, a. 60].

❚ C.C.Q., 2998, 3098.

2999.1. L'inscription des droits résultant d'un bail immobilier autre qu'un bail relatif à un logement, de même que celle de la cession d'un tel bail, peuvent, outre les autres modes prévus par le présent livre, s'obtenir par la présentation d'un avis à l'officier de la publicité foncière.

L'avis fait référence au bail auquel il se rapporte, identifie le locateur et locataire et contient la désignation de l'immeuble où sont situés les lieux loués. À moins que l'inscription ne vise la cession du bail ou l'extinction des droits résultant du bail, l'avis indique aussi, notamment, la date du début et, le cas échéant, de la fin du bail ou les éléments nécessaires à leur détermination, ainsi que les droits de renouvellement ou de reconduction[1] du bail, s'il en est.

L'exactitude du contenu de l'avis doit, dans tous les cas, être attestée† par un notaire ou un avocat.

[1999, c. 49, a. 2; 2000, c. 42, a. 41].

Note 1 : Comp. a. 910.

❚ C.C.Q., 1852, 1887, 2982, 2988-2995, 3033, 3034.

3000. Les avis de vente forcée et les autres avis prescrits au livre Des priorités et des hypothèques doivent être publiés.

Lorsqu'un immeuble fait l'objet d'une vente forcée ou consécutive à l'exercice d'un droit hypothécaire, il ne peut être dé-

2999. The declaration sets forth the name and last domiciliary address, the date and place of birth and of death, the nationality and civil status, and the matrimonial or civil union regime, if any, of the deceased.

It also sets forth whether the succession is legal or testamentary, the quality of the declarant as heir, legatee by particular title or married or civil union spouse, the degree of relationship between each of the heirs and the deceased, any renunciations, the description of the property and of the persons concerned, and the right of each in the property.

[1991, c. 64, a. 2999; 2002, c. 6, s. 60].

2999.1. Registration of rights under a lease on an immovable other than a dwelling or of the assignment of such a lease may be obtained, in addition to the other modes provided for in this Book, by presenting a notice to the land registrar.

The notice must refer to the lease concerned, identify the lessor and the lessee and contain the description of the immovable in which the leased premises are situated. It must also, unless the registration concerns the assignment of the lease or the extinction of rights under the lease, indicate, in particular, the effective date of the lease and the date of expiry, if any, or the particulars needed to determine such dates, as well as any rights existing in respect of the renewal[1] of the lease.

The accuracy of the content of the notice must in all cases be verified† by a notary or an advocate.

[1999, c. 49, s. 2; 2000, c. 42, s. 41].

3000. Notices of forced sales and other notices prescribed in the Book on Prior Claims and Hypothecs shall be published.

Where an immovable is sold by way of a forced sale or a sale following the exercise of a hypothecary right, no copy of the act

livré copie de l'acte constatant la vente avant que celle-ci n'ait été publiée, aux frais de l'acquéreur, par la personne habilitée à procéder à la vente.

[1991, c. 64, a. 3000; 1998, c. 5, a. 16].

❚ C.P.C., 665.

evidencing the sale may be issued before the sale is published, at the purchaser's expense, by the person entrusted with the sale.

[1991, c. 64, a. 3000; 1998, c. 5, s. 16].

3001. La personne habilitée à procéder à la vente aux enchères pour défaut de paiement de l'impôt foncier est tenue de présenter, dans les dix jours de l'adjudication, une liste désignant les immeubles vendus, leur acquéreur et leur dernier propriétaire et indiquant le mode d'acquisition et le numéro d'inscription du titre du dernier propriétaire.

La vente est inscrite avec la mention qu'il s'agit d'une adjudication pour défaut de paiement de l'impôt foncier.

[1991, c. 64, a. 3001].

❚ C.C.Q., 3070.

3001. The person entrusted with an auction sale for non-payment of immovable taxes is bound to present, within ten days after adjudication, a list identifying each immovable sold, its purchaser and last owner and indicating the mode of acquisition and the registration number of the title of the last owner.

The sale is registered with the mention that it was an adjudication for non-payment of immovable taxes.

[1991, c. 64, a. 3001].

3002. La réquisition fondée sur un jugement qui ordonne la rectification d'une inscription sur le registre foncier ou qui prononce la reconnaissance du droit de propriété dans un immeuble n'est admise que si le jugement est passé en force de chose jugée.

[1991, c. 64, a. 3002].

❚ C.C.Q., 2918, 2965, 2966, 3073.

3002. An application based on a judgment ordering the correction of an entry in the land register or pronouncing the recognition of a right of ownership in an immovable may be made only if the judgment has acquired the authority of a final judgment (*res judicata*).

[1991, c. 64, a. 3002].

3003. Lorsqu'une hypothèque a été acquise par subrogation ou cession, la publicité de la subrogation ou de la cession se fait au registre foncier ou au registre des droits personnels et réels mobiliers, selon la nature immobilière ou mobilière de l'hypothèque.

Un état certifié de l'inscription, auquel sont joints, dans le cas d'une inscription faite sur le registre foncier, la réquisition et, lorsque celle-ci prend la forme d'un sommaire, le document qui l'accompagne, doit être fourni au débiteur.

À défaut de l'accomplissement de ces formalités, la subrogation ou la cession est inopposable au cessionnaire subséquent qui s'y est conformé.

[1991, c. 64, a. 3003; 2000, c. 42, a. 42].

3003. Where a hypothec is transferred by subrogation or assignment, the subrogation or assignment is published in the land register or in the register of personal and movable real rights, according to the immovable or movable nature of the hypothec.

A certified statement of registration must be furnished to the debtor, together with the application for registration in the case of registration in the land register and, if such application is in the form of a summary, the accompanying document.

If these formalities are not observed, the subrogation or assignment may not be set up against a subsequent assignee who has observed them.

[1991, c. 64, a. 3003; 2000, c. 42, s. 42].

▌C.C.Q., 1637-1659, 3004.

3004. Lorsque la subrogation à une créance hypothécaire est acquise de plein droit, la publicité de la subrogation s'opère par l'inscription de l'acte dont elle résulte; en l'absence d'acte, elle s'opère par la présentation d'un avis énonçant les causes de la subrogation.

[1991, c. 64, a. 3004].

3004. Where subrogation to a hypothecary claim is acquired by operation of law, publication of the subrogation is effected by registering the act from which it derives; if there is no act, publication of the subrogation is effected by presenting a notice stating the causes of the subrogation.

[1991, c. 64, a. 3004].

▌C.C.Q., 1651-1659.

3005. Le sommaire attesté par un notaire peut énoncer le numéro de lot, au cadastre ou à l'arpentage primitif, attribué à l'immeuble sur lequel s'exerce le droit ou le numéro de la fiche tenue sous un numéro d'ordre qui s'y attache avec, le cas échéant, l'indication de ses tenants et aboutissants ou, encore, énoncer les coordonnées géographiques ou les coordonnées planes ou rectangulaires permettant de désigner l'immeuble, même si ces informations ne figurent pas dans le document que le sommaire résume.

Le sommaire attesté par un avocat ou par un notaire peut, même si l'acte n'en fait pas mention, contenir l'indication du nom de la municipalité ou de la circonscription foncière dans laquelle est situé l'immeuble, ou de la date et du lieu de naissance des personnes nommées dans l'acte, ainsi que les déclarations qu'exige la loi pour certaines mutations immobilières.

[1991, c. 64, a. 3005; 2000, c. 42, a. 43; 2002, c. 19, a. 13].

3005. A summary certified by a notary may set forth the lot number assigned to the immovable in which the right is held in the cadastre or the original survey, or the serial land file number assigned to the immovable with, if applicable, its description by metes and bounds, or may state the geographic coordinates or the plane rectangular coordinates by which the immovable may be described, even if such information does not appear in the document summarized.

A summary certified by an advocate or a notary may include, even if the act contains no mention thereof, the name of the municipality or registration division in which the immovable is situated, and the date and place of birth of the persons named in the act, as well as the declarations required by law for certain transfers of immovables.

[1991, c. 64, a. 3005; 2000, c. 42, s. 43; 2002, c. 19, s. 13].

▌C.C.Q., 2994.

3006. Lorsque la loi prescrit que la réquisition doit être présentée accompagnée de documents, ces documents, s'ils sont rédigés dans une langue autre que le français ou l'anglais, doivent, en plus, être accompagnés d'une traduction vidimée au Québec.

[1991, c. 64, a. 3006].

3006. Where the law prescribes that the application shall, upon presentation, be accompanied with other documents, any such documents drawn up in a language other than French or English shall themselves be accompanied with a translation authenticated in Québec.

[1991, c. 64, a. 3006].

▌C.C.Q., 2985.

Chapitre III ——	Chapter III ——
Des devoirs et fonctions de l'officier de la publicité des droits	Duties and functions of the registrar

3006.1. L'officier de la publicité des droits, en matière foncière, reçoit les réquisitions et porte, dans le livre de présentation, la date, l'heure et la minute exactes de leur présentation, ainsi que les mentions nécessaires pour les identifier. Il procède aussi, lorsqu'elles sont présentées sur un support papier, à la reproduction des réquisitions, avec les documents qui les accompagnent, sur un support informatique et à leur transmission, sur ce support, au Bureau de la publicité foncière, puis les remet aux requérants.

Ensuite, dans l'ordre de la présentation des réquisitions, l'officier fait, avec la plus grande diligence, les inscriptions, mentions ou références prescrites par la loi ou par les règlements pris en application du présent livre sur le registre approprié. Celles découlant de réquisitions d'inscription de droits sont faites au jour le jour et, dans tous les cas, prioritairement à celles découlant de réquisitions visant la suppression ou la réduction d'une inscription antérieure.

[2000, c. 42, a. 44].

∎ C.C.Q., 3007, 3008.

3006.1. For purposes of land registration, the registrar receives applications and enters the exact date, hour and minute of their presentation in the book of presentation, together with the particulars required to identify each application. Where an application is presented in paper form, the registrar converts the application and the accompanying documents to electronic form and forwards them in electronic form to the Land Registry Office, and returns the originals to the applicant.

Subsequently, in the order of presentation of the applications and with all possible diligence, the registrar makes the entries, mentions and references prescribed by law or by the regulations under this Book, in the appropriate register. The entries, mentions and references required by applications for the registration of rights are made day by day, giving priority in all cases to those entries, mentions and references over any that are required by applications to strike or reduce an earlier entry.

[2000, c. 42, s. 44].

3007. L'Officier de la publicité des droits personnels et réels mobiliers reçoit les réquisitions et délivre à celui qui les présente un bordereau sur lequel il indique la date, l'heure et la minute exactes de leur présentation, ainsi que les mentions nécessaires pour identifier la réquisition.

Ensuite, au jour le jour, dans l'ordre de la présentation des réquisitions, il fait, avec la plus grande diligence, les inscriptions prescrites par la loi ou par les règlements pris en application du présent livre sur le registre.

[1991, c. 64, a. 3007; 2000, c. 42, a. 45].

∎ C.C.Q., 2965, 2971, 2985, 3008; D.T., 159.

3007. The Personal and Movable Real Rights Registrar receives the applications and issues to the person presenting them a memorandum on which he indicates the exact date, hour and minute of presentation, as well as the particulars necessary for identifying the application.

Subsequently, day by day, in the order of presentation of applications, and with all possible diligence, he makes the entries prescribed by law or by the regulations under this Book in the register.

[1991, c. 64, a. 3007; 2000, c. 42, s. 45].

3008. L'officier s'assure que la réquisition présentée à l'appui d'une inscription sur un registre contient les mentions prescrites et qu'elle satisfait aux dispositions de la

3008. The registrar ascertains that the application presented in support of an entry in a register contains the prescribed particulars and meets the requirements pre-

loi et des règlements pris en application du présent livre et, le cas échéant, que les documents qui doivent l'accompagner sont aussi présentés.

[1991, c. 64, a. 3008].

❚ C.C.Q., 3007.

3009. Lorsque la réquisition d'inscription sur le registre foncier a été attestée par un avocat ou un notaire, l'identité et la capacité des parties sont tenues pour vérifiées et le sommaire du document est tenu pour être exact. Il en est de même de l'identité et de la capacité des parties à un procès-verbal de bornage attesté par un arpenteur-géomètre.

L'identité des personnes est aussi tenue pour vérifiée lorsqu'elle est attestée par l'une des personnes visées à l'article 2990.

L'identité des parties à toute autre réquisition d'inscription sur le registre foncier ou sur le registre des droits personnels et réels mobiliers est présumée exacte et leur capacité tenue pour vérifiée.

[1991, c. 64, a. 3009].

❚ C.C.Q., 2988-2990.

3010. Lorsque la réquisition présentée est irrecevable, ou qu'elle contient des inexactitudes ou des irrégularités, l'officier ne fait aucune inscription sur les registres; il informe le requérant des motifs du refus d'inscription.

[1991, c. 64, a. 3010].

❚ C.C.Q., 2996, 3014, 3033, 3035.

3011. L'officier remet au requérant un état certifié de l'inscription qu'il a faite sur le registre, sur le fondement de la réquisition présentée. Un double de cet état certifié est, en matière foncière, joint à la réquisition conservée dans le Bureau de la publicité foncière.

[1991, c. 64, a. 3011; 2000, c. 42, a. 46].

❚ C.C.Q., 2985.

3012. Les réquisitions sont réputées présentées dès le moment de leur réception

scribed by law and the regulations under this Book and, where applicable, that the required documents are also presented.

[1991, c. 64, a. 3008].

3009. Where the application for registration in the land register has been attested by an advocate or a notary, the identity and capacity of the parties are held to have been verified and the summary of the document is held to be accurate. The same rule applies to the identity and capacity of the parties to minutes of boundary determination attested by a land surveyor.

The identity of the persons is also held to have been verified where it is attested by one of the persons mentioned in article 2990.

The identity of parties to any other application for registration in the land register or in the register of personal and movable real rights is presumed to be accurate and their capacity is held to have been verified.

[1991, c. 64, a. 3009].

3010. Where the application presented is not admissible or contains inaccuracies or irregularities, the registrar makes no entry in the registers, but informs the applicant of the reasons for refusing registration.

[1991, c. 64, a. 3010].

3011. The registrar remits to the applicant a certified statement of the entry he has made in the register, on the basis of the application presented. As regards land registration, a duplicate of the certified statement is appended to the application kept in the Land Registry Office.

[1991, c. 64, a. 3011; 2000, c. 42, s. 46].

3012. Applications are deemed presented from the time they are received by the reg-

par l'officier du bureau de la publicité des droits où elles doivent être présentées.

Si plusieurs réquisitions parviennent au bureau de la publicité par le même courrier ou sont présentées par le même porteur, elles sont réputées présentées simultanément. Les réquisitions acheminées en bloc par un moyen technologique déterminé par les règlements sont assimilées à des réquisitions présentées simultanément; elles portent, toutefois, la date, l'heure et la minute de la réception de la dernière réquisition ainsi acheminée.

Les réquisitions qui parviennent au bureau de la circonscription foncière dans laquelle est situé l'immeuble, ou au Bureau de la publicité des droits personnels et réels mobiliers, en dehors des heures prévues pour la présentation des documents ou alors que le bureau est fermé sont réputées présentées à l'heure de la reprise de l'activité dans le bureau; celles qui parviennent au Bureau de la publicité foncière, en dehors des heures prévues pour la présentation des documents au bureau de la circonscription foncière dans laquelle est situé l'immeuble, ou alors que ce bureau est fermé, sont réputées présentées à l'heure de la reprise de l'activité dans ce dernier bureau.

[1991, c. 64, a. 3012; 2000, c. 42, a. 47].

❚ C.C.Q., 3007, 3008.

istrar of the registry office where they are to be presented.

If several applications are delivered to the registry office by the same mail delivery or are presented by the same bearer, they are deemed presented simultaneously. Applications forwarded in bulk by a technological means determined by regulation are considered to be presented simultaneously; however, they all bear the date, hour and minute of reception of the last application forwarded in that way.

Applications delivered to the registry office of the registration division in which the immovable concerned is situated, or to the Personal and Movable Real Rights Registry Office, outside the hours for the presentation of documents or when the office is closed, are deemed presented at the time activities resume in the office; applications delivered to the Land Registry Office outside the hours for the presentation of documents at the registry office of the registration division in which the immovable concerned is situated, or when the latter registry office is closed, are deemed presented at the time activities resume in the latter registry office.

[1991, c. 64, a. 3012; 2000, c. 42, s. 47].

3013. (*Abrogé*).

[2000, c. 42, a. 48].

3013. (*Repealed*).

[2000, c. 42, s. 48].

3014. Avant d'inscrire sur le registre approprié une subrogation, une cession de créance, un préavis d'exercice d'un droit hypothécaire ou le renouvellement de la publicité† d'un droit, l'officier doit vérifier le numéro d'inscription, s'il en existe, du titre de créance. En cas d'inexactitude, il refuse l'inscription.

Lorsque l'inscription est faite sur le registre foncier, mention de la subrogation, de la cession ou du renouvellement, avec l'indication de son numéro d'inscription, est portée au registre des mentions.

[1991, c. 64, a. 3014; 2000, c. 42, a. 49].

❚ C.C.Q., 3003, 3004, 3010.

3014. Before registering a subrogation, the assignment of a claim, prior notice of the exercise of a hypothecary right or the renewal of the registration† of a right in the proper register, the registrar shall verify the registration number, if any, of the title of indebtedness. If the number is inaccurate, he refuses registration.

Where the registration is made in the land register, a mention of the subrogation, assignment or renewal, together with its registration number, is entered in the register of mentions.

[1991, c. 64, a. 3014; 2000, c. 42, s. 49].

3014.1. Lors de l'inscription sur le registre foncier d'une hypothèque sur une créance assortie d'une hypothèque immobilière, mention de cette hypothèque, avec l'indication de son numéro d'inscription, est portée au registre des mentions.

[2000, c. 42, a. 50].

▌C.C.Q., 2710.

3014.1. Upon registration in the land register of a hypothec on a claim secured by an immovable hypothec, a mention of the hypothec, together with its registration number, is entered in the register of mentions.

[2000, c. 42, s. 50].

3015. L'officier doit, lorsqu'il reçoit un avis du changement de nom du titulaire ou du constituant d'un droit publié, contenant la référence au numéro d'inscription de ce droit et accompagné d'une copie certifiée du document constatant le changement, porter celui-ci sur le registre approprié, établir la concordance entre le nom ancien et le nouveau et indiquer le numéro d'inscription du droit visé.

Pour obtenir l'inscription du changement de nom sur le registre foncier, l'avis doit aussi désigner l'immeuble visé.

[1991, c. 64, a. 3015].

▌C.C.Q., 67, 129, 3023.

3015. The registrar, upon receiving notice of a change of name of the holder or grantor of a published right, containing a reference to the registration number of that right and accompanied with a certified copy of the document evidencing the change, shall enter the change in the proper register, establish the correspondence between the former name and the new name and indicate the registration number of the right concerned.

To obtain registration of a change of name in the land register, the description of the immovable concerned shall also be included in the notice.

[1991, c. 64, a. 3015].

3016. Lorsque l'officier constate une erreur matérielle dans un registre, dans l'état certifié d'une inscription ou dans une mention faite en marge d'un document, ou qu'il constate l'omission d'une inscription ou d'une mention dans un registre ou en marge d'un document, il procède à la rectification ou à l'inscription, ou effectue la mention, de la manière prescrite par règlement.

Tout intéressé peut, s'il constate de telles erreurs ou omissions, demander à l'officier de procéder à la rectification ou à l'inscription ou d'effectuer la mention; le requérant qui les constate est tenu de le faire.

Dans tous les cas, l'officier indique la date, l'heure et la minute de la rectification, de l'inscription ou de la mention.

[1991, c. 64, a. 3016; 2000, c. 42, a. 51].

▌C.C.Q., 2965, 3020; D.T., 161.

3016. Where the registrar notes a clerical error in a register, a certified statement or a mention in the margin of a document, or the omission of an entry or of a mention in a register or in the margin of a document, he corrects the error or makes the entry or mention in the manner prescribed by regulation.

Any interested person may, upon noting such an error or omission, request the registrar to make the appropriate correction, entry or mention; if an applicant notes such an error or omission, he is bound to make such a request.

In all cases, the registrar indicates the date, hour and minute the correction, entry or mention is made.

[1991, c. 64, a. 3016; 2000, c. 42, s. 51].

3017. L'officier est tenu de notifier, dans les meilleurs délais, à chaque personne qui

3017. The registrar is bound to notify, as soon as possible, each person having re-

a requis l'inscription de son adresse, que le bien sur lequel son droit est publié est l'objet d'un préavis d'exercice d'un droit hypothécaire ou d'un préavis de vente pour défaut de paiement de l'impôt foncier. Il fait de même lorsqu'un avis exige l'abandon de la prise en paiement ou lorsque le bien doit être vendu sous l'autorité de la justice ou, s'il s'agit d'un immeuble a été adjugé pour défaut de paiement de l'impôt foncier ou fait l'objet d'une saisie; l'officier indique, le cas échéant, le lieu et la date de la vente.

Une telle notification doit être faite au procureur général lorsqu'il s'agit d'un bien grevé d'une hypothèque ou s'il s'agit d'une créance prioritaire publiée en faveur de l'État.

La personne qui a requis l'inscription d'une adresse électronique est réputée avoir été notifiée sur simple preuve de la transmission, à cette adresse, des renseignements exigés de l'officier.

[1991, c. 64, a. 3017; 2000, c. 42, a. 52].

■ C.C.Q., 3000, 3001, 3069; C.P.C., 665.

3018. L'officier ne peut, si ce n'est pour des fins prévues par règlement, utiliser les registres et les autres documents qu'il conserve à d'autres fins que d'assurer, conformément à la loi, la publicité des droits qui y sont inscrits ou mentionnés, notamment pour les rendre opposables aux tiers, établir leur rang ou leur donner effet.

Il ne peut, non plus, utiliser les registres et documents pour fournir à quiconque une liste de propriétaires, de créanciers hypothécaires ou d'autres titulaires de droits, une liste de débiteurs ou de constituants de droits ou une liste des biens qu'une personne possède†. De plus, aucune recherche effectuée à partir du nom d'une personne n'est admise dans les registres et documents conservés par un officier de la publicité foncière, à moins qu'elle ne concerne les avis d'adresse ou qu'elle ne soit

quired registration of his address, that the property in which he holds a published right is the subject of a notice of intention to exercise a hypothecary right or a prior notice of sale for non-payment of immovable taxes. He does the same where a notice requires the abandonment of a taking in payment or where the property is to be sold by judicial authority or, in the case of an immovable, has been adjudicated for non-payment of immovable taxes, or is under seizure; the registrar indicates the place and date of any sale.

Similar notification shall be sent to the Attorney General in the case of any property charged with a hypothec or in the case of a published prior claim in favour of the State.

A person having required registration of an electronic address is deemed to have been notified upon simple proof that the information the registrar is required to notify has been transmitted to that address.

[1991, c. 64, a. 3017; 2000, c. 42, s. 52].

3018. The registrar may not, except for purposes prescribed by regulation, use the registers, or the other documents he keeps for purposes other than ensuring, in accordance with the law, the publication of the rights registered or mentioned therein, particularly so as to render them effective against third persons, establish their rank and give them effect.

Nor may the registrar use the registers or documents to furnish to any person a list of owners, hypothecary creditors or other holders of rights, a list of debtors or grantors of rights or a list of the properties* owned† by a person. Furthermore, no search by reference to a person's name is permitted in the registers and documents kept by a land registrar, unless it concerns a notice of address, is carried out in the index of names or concerns an immovable, a real right of State resource development or

faite dans l'index des noms ou relativement à un immeuble, un droit réel d'exploitation de ressources de l'État ou un réseau de services publics qui n'est pas immatriculé.

[1991, c. 64, a. 3018; 1998, c. 5, a. 17; 2000, c. 42, a. 53].

public service network which is not immatriculated.

[1991, c. 64, a. 3018; 1998, c. 5, s. 17; 2000, c. 42, s. 53].

Note : L'expression « *to have effect against third persons* » utilisée à titre d'équivalent de « pour être opposable aux tiers » peut être comparée à celle, plus fréquemment usitée, de « *to set up against third persons* », employée notamment à l'a. 2941. / The expression "to have effect against third persons" as equivalent for "*pour être opposable aux tiers*" may be compared to the more frequent use of "to set up against third persons" in, *e.g.*, a. 2941.

▌ C.C.Q., 1464, 2971.

3019. L'officier est tenu de délivrer à toute personne qui le requiert un état certifié des droits réels, ou des seules hypothèques ou charges, subsistant à l'égard d'un immeuble déterminé ou de son propriétaire ou, lorsque la demande concerne le registre des droits personnels et réels mobiliers, un état certifié des droits inscrits sur ce registre; l'état énonce la date, l'heure et la minute de mise à jour du registre et il doit, s'il est délivré par un officier de la publicité foncière, faire mention de la demande.

Il est aussi tenu de fournir, à toute personne qui le demande, une copie des documents conservés dans les bureaux de la publicité des droits, ou un état certifié d'une inscription particulière.

[1991, c. 64, a. 3019; 2000, c. 42, a. 54].

▌ D.T., 164; C.P.C., 703-707.

3019. The registrar is bound to issue to any person who applies therefor a certified statement of the real rights, or of the hypothecs or charges, subsisting against a determined immovable or its owner or, where the application concerns the register of personal and movable real rights, a certified statement of the rights entered in that register; the statement indicates the date, hour and minute of updating of the register and if it is issued by a land registrar, it refers to the application.

The registrar is also bound to issue, to any person requesting it, a copy of documents kept in the registry offices or a certified statement of a particular entry.

[1991, c. 64, a. 3019; 2000, c. 42, s. 54].

3020. L'officier n'est pas responsable du préjudice pouvant résulter des renseignements qu'il a fournis, par suite d'une erreur qui n'est pas de son fait, dans l'identification d'une personne ou la désignation d'un bien.

[1991, c. 64, a. 3020].

▌ C.C.Q., 3007-3009.

3020. The registrar is not liable for any prejudice which may result from information furnished by him as a result of an error not due to his act or omission in the identification of a person or the description of a* property.

[1991, c. 64, a. 3020].

3021. Les officiers sont tenus:

1° De conserver dans les bureaux de la publicité des droits, sur leur support d'origine ou sur un autre support, les documents qui leur sont transmis à des fins de publicité;

3021. Registrars are bound

(1) to keep, in their original form or in any other form, in the registry offices, the documents transmitted to them for publication purposes;

2° De faire les inscriptions sur les registres de manière à assurer l'intégrité de l'information;

3° De préserver les inscriptions contre toute altération;

4° D'établir et de conserver dans un autre lieu que les bureaux de la publicité, en sûreté, un exemplaire des registres et autres documents tenus sur support informatique;

5° De maintenir, à des fins d'archives, le relevé des inscriptions sur le registre des droits personnels et réels mobiliers qui n'ont plus d'effet;

6° De conserver à des fins d'archives, dans les bureaux de la publicité ou dans tout autre lieu, les registres et documents sur support papier qui ont fait l'objet, conformément à un arrêté ministériel pris en application de la *Loi sur les bureaux de la publicité des droits* (chapitre B-9), d'une opération visant à les reproduire sur un support informatique.

Les officiers ne peuvent ni se départir des registres et documents, ni être requis d'en produire une copie hors du bureau, sauf en justice, dans le cadre d'une procédure d'inscription en faux ou d'une contestation portant sur l'authenticité d'un document.

De même, ils ne peuvent ni corriger ni modifier les plans cadastraux; s'il s'y trouve des omissions ou des erreurs dans la description, l'étendue ou le numéro d'un lot, dans le nom du propriétaire, le mode d'acquisition ou le numéro d'inscription du titre, ils doivent en faire rapport au ministre responsable du cadastre qui peut, chaque fois qu'il y a lieu, en corriger l'original ainsi que la copie, certifiant la correction.

[1991, c. 64, a. 3021; 2000, c. 42, a. 55].

■ C.C.Q., 2821, 3016, 3026, 3045; C.P.C., 223.

Chapitre IV —
De l'inscription des adresses

3022. Les créanciers prioritaires ou hypothécaires, ou leurs ayants cause, les titulaires d'un droit réel, les époux ou conjoints unis civilement qui publient une

(2) to make entries in the registers so as to ensure the integrity of the information;

(3) to protect the entries in the registers against any alteration;

(4) to establish and keep in a safe place other than the registry offices, a copy of the registers and other documents kept on a computer system;

(5) for archival purposes, to maintain a record of entries in the register of personal and movable real rights which are no longer effective;

(6) for archival purposes, to keep, in the registry offices or in any other place, the registers and documents in paper form which were converted to electronic form pursuant to a ministerial order under the *Act respecting registry offices* (chapter B-9).

Registrars may not surrender the registers and documents or be required to produce a copy of them outside the registry office except in judicial proceedings in improbation or in contestation of the authenticity of a document.

In addition, they may not correct or amend the cadastral plans; if there are omissions or errors in the description, dimensions or number of any lot, or in the name of the owner, the mode of acquisition or the registration number of the title, they shall report the error or omission to the Minister responsible for the cadastre who may, where necessary, correct the original and the copy and certify the correction.

[1991, c. 64, a. 3021; 2000, c. 42, s. 55].

Chapter IV —
Registration of addresses

3022. The prior or hypothecary creditors or their successors, holders of real rights, married or civil union spouses having published a declaration of family residence or

déclaration de résidence familiale ou les bénéficiaires de cette déclaration, ou encore toute autre personne intéressée, peuvent requérir, de la manière prévue par les règlements, l'inscription de leur adresse afin que l'officier leur notifie certains événements qui touchent leur droit. Ils ne peuvent, toutefois, requérir cette inscription en regard d'un droit publié à l'index des noms du registre foncier.

L'inscription d'une adresse sur le registre foncier vaut pour une période de trente ans; elle peut être renouvelée. Celle qui est faite sur le registre des droits personnels et réels mobiliers vaut tant que subsiste la publicité† du droit auquel elle se rapporte.

Les réquisitions d'inscription d'une adresse ne sont soumises à aucune exigence d'attestation.

[1991, c. 64, a. 3022; 2000, c. 42, a. 56; 2002, c. 6, a. 61].

▌ C.C.Q., 3023, 3051.

3023. La personne qui bénéficie de l'inscription d'une adresse peut, au moyen d'un avis, requérir l'officier d'apporter des modifications dans cette adresse ou dans son nom, ou dans la référence faite au numéro d'inscription de l'adresse.

Elle peut aussi, par le même moyen, requérir l'officier de porter sur le registre une référence omise au numéro d'inscription de l'adresse.

[1991, c. 64, a. 3023; 2000, c. 42, a. 57].

▌ C.C.Q., 3015, 3022.

3023.1. Il suffit, pour désigner un immeuble visé par une réquisition présentée en vertu des dispositions du présent chapitre, d'indiquer dans la réquisition le numéro de lot au cadastre qui a été attribué à l'immeuble ou le numéro de la fiche immobilière tenue sous un numéro d'ordre qui le concerne.

La désignation d'un immeuble n'est pas requise dans le cas d'un avis de modification dans l'adresse ou dans le nom d'une personne inscrit sur le registre.

[2000, c. 42, a. 58].

beneficiaries under such a declaration, or any other interested persons, may require their addresses to be registered, in the manner prescribed by regulation, in order to receive notification from the registrar of certain events affecting their rights. They may not require that their address be registered in connection with a right published in the index of names of the land register.

Registration of an address in the land register is valid for a period of thirty years; it may be renewed. Registration of an address in the register of personal and movable real rights is valid for as long as the publication of the right† to which it relates subsists.

Applications for the registration of an address require no certification.

[1991, c. 64, a. 3022; 2000, c. 42, a. 56; 2002, c. 6, s. 61].

3023. The person for whose benefit an address is registered may, by means of a notice, require the registrar to effect a change in the address or in the person's name, or in the reference to the registration number of the address.

The person may also, by means of a notice, require the registrar to enter in the register an omitted reference to the registration number of the address.

[1991, c. 64, a. 3023; 2000, c. 42, s. 57].

3023.1. To describe an immovable in an application presented pursuant to the provisions of this chapter, it is sufficient to indicate the lot number assigned to the immovable in the cadastre or the serial number of the land file concerning the immovable.

However, the immovable need not be described in a notice to change the address or name of a person that is registered in the register.

[2000, c. 42, s. 58].

▌C.C.Q., 3022, 3023.

Chapitre V —
Des règlements d'application

3024. Le gouvernement peut, par règlement, prendre toute mesure nécessaire à la mise en application du présent livre; il peut notamment établir les normes de présentation des réquisitions d'inscription et en déterminer la forme et le contenu; il peut déterminer également la forme et le contenu des documents, avis, attestations et déclarations qui ne sont pas régis† par la loi.

Le gouvernement peut aussi déterminer les normes et les critères permettant l'individualisation particulière d'un bien meuble et son identification spécifique, les catégories et les abréviations qui peuvent être utilisées pour désigner un bien meuble et la manière d'établir, de tenir et de clôturer les fiches.

Le gouvernement peut déterminer en outre la forme, le support et la teneur de tout registre et fiche tenus par un officier de la publicité, le support de conservation des réquisitions, le mode de numérotation de toute fiche immobilière, la manière de faire les différentes inscriptions sur les registres. Il fixe aussi les jours et les heures d'ouverture des bureaux, les modalités de consultation des registres et les formalités de délivrance des relevés ou des certificats.

[1991, c. 64, a. 3024].

3025. Si les circonstances l'exigent, le ministre chargé de la direction de l'organisation et de l'inspection d'un bureau de la publicité des droits peut, par arrêté, modifier les heures d'ouverture de ce bureau ou prévoir sa fermeture temporaire.

[1991, c. 64, a. 3025; 2000, c. 42, a. 59].

Chapter V —
Regulations

3024. The Government may, by regulation, take all the necessary steps for the implementation of the provisions of this Book; it may, in particular, establish the standards of presentation of applications for registration and determine the form and content thereof; it may also determine the form and content of documents, notices, certificates and declarations which are not specified† by law.

The Government may also determine the standards and criteria which allow the particulars identifying a movable to be specified, the categories and abbreviations which may be used in the description of a movable and the manner of opening, keeping and closing files.

The Government may also determine the form, medium and content of any register or file kept by a registrar, the system for keeping applications, the method of numbering the land files of immovables, the manner of making various entries in the registers. It also fixes the business days and business hours of the registry offices, the procedure for examining registers and the rules governing the issuance of statements or certificates.

[1991, c. 64, a. 3024; 1992, c. 57, s. 716].

3025. Where required by the circumstances, the minister in charge of the organization and inspection of a registry office may, by order, change the business hours of the registry office or close· the registry office temporarily.

[1991, c. 64, a. 3025; 2000, c. 42, s. 59].

Titre 4 —
De l'immatriculation des immeubles

Title 4 —
Immatriculation of immovables

Chapitre I —
Du plan cadastral

Chapter I —
Cadastral plan

3026. L'immatriculation consiste à situer les immeubles en position relative sur un plan cadastral, à indiquer leurs limites, leurs mesures et leur contenance† et à leur attribuer un numéro particulier.

Elle est complétée par l'identification du propriétaire, par l'indication du mode d'acquisition et du numéro d'inscription du titre et, le cas échéant, par l'établissement de la concordance entre les numéros cadastraux ancien et nouveau, ou entre le numéro d'ordre de la fiche de l'immeuble et le numéro cadastral nouveau.

[1991, c. 64, a. 3026; 2000, c. 42, a. 60].

3026. The immatriculation of an immovable consists in establishing its relative position on a cadastral plan, indicating its boundaries, measurements and area† and assigning a number to it.

Immatriculation is completed by the identification of the owner, an indication of the mode of acquisition, the registration number of the title and, where applicable, the correspondence between the old and new cadastral numbers, or between the serial number of the file for the immovable and the new cadastral number.

[1991, c. 64, a. 3026; 2000, c. 42, s. 60].

3027. Le plan cadastral est établi conformément à la loi et fait partie du registre foncier; il est présumé exact.

S'il y a discordance entre les limites, les mesures et la contenance† indiquées sur le plan et celles mentionnées dans les documents présentés, l'exactitude des premières est présumée.

Le plan cadastral transmis sur support papier est, s'il n'est pas reproduit sur un support informatique, conservé dans le bureau de la publicité des droits de la circonscription foncière dans laquelle les immeubles visés par ce plan sont situés.

[1991, c. 64, a. 3027; 2000, c. 42, a. 61].

3027. The cadastral plan is drawn up according to law and forms part of the land register; it is presumed accurate.

In the case of discrepancy between the boundaries, measurements and area† shown on the plan and those mentioned in the documents presented, those on the plan are presumed accurate.

The cadastral plan, if transmitted in paper form and not converted to electronic form, is kept in the registry office for the registration division in which the immovables represented on the plan are situated.

[1991, c. 64, a. 3027; 2000, c. 42, s. 61].

Note : Comp. a. 1720, 1737.

▌C.C.Q., 2847.

3028. Le plan cadastral entre en vigueur le jour de l'établissement de la fiche immobilière au registre foncier.

L'établissement d'une fiche doit se faire dans l'ordre de la réception de chaque plan cadastral, avec la plus grande diligence.

[1991, c. 64, a. 3028; 2000, c. 42, a. 62].

▌C.C.Q., 3032, 3033.

3028. The cadastral plan comes into force on the day the land file is opened in the land register.

The opening of land files shall be made in the order of receipt of cadastral plans, with all possible diligence.

[1991, c. 64, a. 3028; 2000, c. 42, s. 62].

3028.1. La publicité d'une hypothèque sur un immeuble faisant l'objet d'un plan cadastral établi en vertu de l'article 1 de la

3028.1. The publication of a hypothec on an immovable represented on a cadastral plan established pursuant to section 1 of

Loi sur le cadastre (chapitre C-1) doit, sauf si l'hypothèque a été inscrite sur la fiche sous un numéro d'ordre établie pour cet immeuble, être renouvelée dans les deux ans de l'établissement de la fiche immobilière à l'index des immeubles.

En l'absence de renouvellement, les droits conservés† par l'inscription initiale n'ont aucun effet à l'égard des autres créanciers, ou des acquéreurs† subséquents, dont les droits sont régulièrement publiés.

[2000, c. 42, a. 63].

the *Cadastre Act* (chapter C-1) must, except if the hypothec has been entered in a serially-numbered land file opened for that immovable, be renewed within two years following the opening of the land file in the index of immovables.

If the publication is not renewed, the rights recorded† by the initial registration have no effect with respect to other creditors or subsequent purchasers† whose rights are duly published.

[2000, c. 42, s. 63].

3029. Tout plan cadastral doit être soumis au ministre responsable du cadastre, qui, s'il le trouve conforme à la loi et correct, en transmet pour dépôt une copie qu'il certifie au bureau de la publicité des droits; il en transmet aussi une copie au greffe de la municipalité de la situation de l'immeuble.

[1991, c. 64, a. 3029; 2000, c. 42, a. 64].

3029. Every cadastral plan shall be submitted to the Minister responsible for the cadastre, who, if satisfied that the plan is made according to law and is accurate, transmits a copy certified by him for deposit in the registry office; he also sends a copy to the office of the municipality where the immovable is situated.

[1991, c. 64, a. 3029; 2000, c. 42, s. 64].

3030. À moins qu'il ne porte sur un immeuble situé en territoire non cadastré, aucun droit de propriété ne peut être publié au registre foncier si l'immeuble visé n'est pas identifié par un numéro de lot distinct au cadastre.

Aucune déclaration de copropriété ou de cœmphytéose ne peut être inscrite, à moins que l'immeuble n'ait fait l'objet d'un plan cadastral qui pourvoit à l'immatriculation des parties privatives et communes.

[1991, c. 64, a. 3030].

▌ C.C.Q., 3026.

3030. Except where it pertains to an immovable situated in territory without a cadastral survey, no right of ownership may be published in the land register unless the immovable concerned is identified by a separate lot number on the cadastre.

No declaration of co-ownership or of co-emphyteusis may be registered unless a cadastral plan of the immovable has been made, and contains the immatriculation of the private and common portions.

[1991, c. 64, a. 3030].

3031. L'assiette d'un droit réel d'exploitation de ressources de l'État, que la loi déclare propriété distincte de celle du sol sur lequel il porte, tel un droit minier, ainsi que celle d'un réseau de voies ferrées, ou d'un réseau de télécommunication par câble, de distribution d'eau ou de gaz, de lignes électriques, de canalisations pour le transport de produits pétroliers† ou l'évacuation des eaux usées, peut être immatriculée.

Toutefois, le raccordement du réseau et

3031. The *situs* of a real right of State resource development which the law declares to be property separate from the land on which it is exercisable, such as a mining right, or the *situs* of a railway network or a network of cable communications, water or gas† distribution, power lines, oil or gas pipelines or sewage conduits may be immatriculated.

However, connections between a network

des immeubles desservis n'est pas marqué sur le plan cadastral.

[1991, c. 64, a. 3031; 1995, c. 33, a. 31].

3032. Dès le jour de l'entrée en vigueur du plan cadastral, le numéro donné à un lot est sa seule désignation et suffit dans tout document qui y fait référence.

Lorsque le droit à publier porte sur un immeuble formé de plusieurs lots entiers, chacun des lots doit être individuellement désigné.

[1991, c. 64, a. 3032].

■ C.P.C., 118, 664, 670.

3033. Dès l'entrée en vigueur du plan cadastral, toute personne qui rédige un acte soumis ou admis à la publicité est tenue de désigner les immeubles par le numéro qui leur est attribué sur le plan.

À défaut de cette désignation, la réquisition d'inscription d'un droit doit être refusée, à moins qu'un avis désignant l'immeuble visé ne soit présenté, avec l'acte même, l'extrait de celui-ci ou le sommaire, suivant les règles établies au présent livre.

L'avis cadastral d'inscription du droit doit être fait de la manière prescrite par les règlements pris en application du présent livre.

[1991, c. 64, a. 3033].

■ C.C.Q., 2995.

3034. Dès l'établissement, à la réquisition du propriétaire d'un immeuble situé en territoire non cadastré ou d'un réseau, ou du titulaire d'un droit réel d'exploitation de ressources de l'État, d'une fiche immobilière sous un numéro d'ordre, ce numéro est la seule désignation de l'immeuble qui fait l'objet de la fiche et suffit dans tout document qui y fait référence.

Après l'établissement de la fiche, toute personne qui rédige un acte soumis ou admis à la publicité est tenue de désigner l'immeuble qui a fait l'objet de l'établissement de la fiche par le numéro qui lui a été attribué et de préciser que cet immeuble correspond en tout ou en partie à celui qui

and the immovables served by it are not shown on the cadastral plan.

[1991, c. 64, a. 3031; 1995, c. 33, s. 31].

3032. From the day a cadastral plan comes into force, the number assigned to a lot is its sole description and is sufficient description in any document referring to it.

Where the right which is to be published pertains to an immovable composed of several whole lots, each lot shall be individually described.

[1991, c. 64, a. 3032].

3033. From the day a cadastral plan comes into force, every person drafting an act which shall or may be published is bound to describe immovables by the number assigned to them on the cadastral plan.

Failing such description, the application for registration of a right shall be refused, unless a notice containing the description of the immovable is presented, with the act itself or an extract or summary thereof, in accordance with the rules established in this Book.

The cadastral notice for registration of the right shall be made in the manner prescribed in the regulations made under this Book.

[1991, c. 64, a. 3033; 1992, c. 57, s. 716].

3034. When, on an application from the owner of an immovable situated in a territory without a cadastral survey or of a network or the holder of a real right of State resource development, a land file is opened under a serial number, that number is the sole description of the immovable to which the file applies, and is sufficient in any document making reference thereto.

After the file is opened, any person who drafts an act which shall or may be published is bound to describe the immovable to which the file applies by the number assigned to it, and to indicate that the immovable corresponds, wholly or in part, to the immovable for which the file was

a justifié l'établissement de la fiche. Faute de ces précisions, l'inscription doit être refusée.

[1991, c. 64, a. 3034; 2000, c. 42, a. 65].

opened. If this indication does not appear in the application, the registration shall be refused.

[1991, c. 64, a. 3034; 2000, c. 42, s. 65].

3035. L'officier ne peut accepter la réquisition relative à un immeuble situé en territoire non cadastré, à un réseau, ou à un droit réel d'exploitation de ressources de l'État, lorsqu'elle ne contient pas la désignation de la fiche immobilière visée ou qu'elle n'est pas accompagnée d'un avis qui fait référence à cette fiche, à moins qu'elle ne comprenne ou ne soit accompagnée d'une réquisition visant l'établissement d'une fiche.

La réquisition visant l'établissement d'une fiche n'est toutefois pas nécessaire lorsque la réquisition relative à l'immeuble, au réseau ou au droit visé ne constate† aucun droit réel établi par une convention ni convention afférente à un droit réel; mais l'inscription ne peut en ce cas, jusqu'à l'établissement d'une fiche, être faite qu'à l'index des noms.

Un droit réel d'exploitation de ressources de l'État ne peut donner lieu à l'établissement d'une fiche immobilière sous un numéro d'ordre que si la loi le déclare propriété† distincte de celle du sol sur lequel il porte.

[1991, c. 64, a. 3035; 2000, c. 42, a. 66].

3035. In no case may the registrar accept an application in respect of an immovable situated in a territory which has no cadastral survey, or in respect of a network or a real right of State ressource development, which does not contain the description of the land file concerned or is not accompanied with a notice making reference to the file, except where the application includes or is accompanied with an application for the opening of a file.

No application for the opening of a file is necessary, if the application in respect of the immovable, network or right does not pertain† to any real right established by agreement or to any agreement relating to a real right; however, until a land file is opened, registration may only be effected in the index of names.

A land file identified by a serial number cannot be opened in respect of a real right of State resource development unless the right is declared by law to be property† separate from the land in which it is held.

[1991, c. 64, a. 3035; 2000, c. 42, s. 66].

3036. Dans un territoire non cadastré et, le cas échéant, en territoire cadastré, lorsque la loi le permet, l'immeuble doit être désigné par la mention de ses tenants et aboutissants et de ses mesures; la désignation doit aussi contenir les éléments utiles pour situer l'immeuble en position relative et faire état de l'absence de fiche.

La désignation d'un immeuble, faite par référence à l'arpentage primitif ou au moyen de coordonnées géographiques ou de coordonnées planes ou rectangulaires, est néanmoins admise en territoire non cadastré pourvu que cette désignation, qui doit aussi faire état de l'absence de fiche, permette de bien identifier l'immeuble et le situer en position relative. La désignation d'un immeuble par référence à l'ar-

3036. In territory without a cadastral survey and also in territory with a cadastral survey if permitted by law, an immovable shall be described by metes and bounds and by its measurements; an indication of the elements useful for locating the relative position of the immovable and a statement that no land file exists, shall also be included in the description.

The description of an immovable by reference to the original survey or by means of geographic coordinates or plane rectangular coordinates is nevertheless admissible in a territory without a cadastral survey, provided that the description, which must also state that no land file exists, allows the immovable to be properly identified and its relative position to be properly located. Where the description of an immov-

tion, l'expropriant doit notifier ce dépôt à toute personne qui a fait inscrire son adresse, mais le consentement des créanciers et du bénéficiaire d'une déclaration de résidence familiale n'est pas requis pour l'obtention de la nouvelle numérotation cadastrale.

L'inscription du transfert visé par la *Loi sur l'expropriation* (chapitre E-24), ou de la cession de la partie de lot requise, ne peut être faite avant l'entrée en vigueur du plan.

Le premier alinéa s'applique également aux municipalités qui sont autorisées par la loi à s'approprier, sans formalité ni indemnité à verser, un droit de propriété†[1] en superficie, en surface ou dans le tréfonds[2] d'un immeuble, pour une cause d'utilité†[3] publique.

[1991, c. 64, a. 3042; 2000, c. 42, a. 69; 2010, c. 4, a. 2].

of a plan involving a renumbering, the expropriating party shall give notice of the deposit to every person having caused his address to be registered, but the consent of the creditors and the beneficiary of a declaration of family residence is not required for the obtention of the new cadastral numbering.

No transfer under the *Expropriation Act* (chapter E-24) or cession of the required part of the lot may be registered before the plan comes into force.

The first paragraph also applies to municipalities authorized by law to appropriate, without formality or indemnity, a right†[1] of superficies above, on or under[2] an immovable, for public use†[3].

[1991, c. 64, a. 3042; 2000, c. 42, s. 69; 2010, c. 4, s. 2].

Note 1 : Comp. a./arts 1011, 1110.

Note 2 : Comp. a. 1111.

Note 3 : Comp. a. 916(2).

Chapitre II ——
Des modifications du cadastre

Chapter II ——
Amendments to the cadastre

3043. Toute personne peut soumettre au ministre responsable du cadastre un plan, approuvé par elle, pour modifier le plan d'un lot dont elle est propriétaire* ou sur lequel elle a acquis, autrement qu'à la suite d'une convention, un droit de propriété; l'approbation, signée par le propriétaire, est reçue en minute par un arpenteur-géomètre et réfère à la minute du plan visé. Elle peut aussi demander le numérotage d'un lot, l'annulation ou le remplacement de la numérotation existante ou en obtenir une nouvelle.

L'acceptation, par le ministre, d'un plan visant à modifier par le plan d'un lot sur lequel une personne a acquis un droit de propriété autrement qu'à la suite d'une convention supplée à l'approbation de toute autre personne ayant des droits sur le lot visé par le plan.

3043. Any person may submit a plan, approved by him, to the minister responsible for the cadastre in order to amend the plan of a lot he owns or the ownership of which he has acquired otherwise than by agreement; the approval, signed by the owner, is received *en minute* by a land surveyor and refers to the minute number of the plan concerned. The owner may also request the numbering of a lot, the striking out or replacement of the existing numbering or obtain a new numbering.

The acceptance by the minister of a plan the purpose of which is to amend the plan of a lot the ownership of which has been acquired by a person otherwise than by agreement compensates for the absence of the approval of any other person having rights in the lot represented on the plan.

Le ministre peut aussi, en cas d'erreur, corriger un plan ou modifier la numérotation d'un lot, ajouter la numérotation omise, ou annuler ou remplacer la numérotation existante. Il doit alors notifier la modification au propriétaire inscrit sur le registre foncier et à toute personne qui a fait inscrire son adresse. La notification est motivée; il y est joint un extrait des plans cadastraux ancien et nouveau.

Le morcellement d'un lot oblige à l'immatriculation simultanée des parties qui résultent de ce morcellement.

[1991, c. 64, a. 3043; 2000, c. 42, a. 70; 2010, c. 4, a. 3].

The minister may also, in case of error, correct a plan or change the number of a lot, supply any omitted number or strike out or replace the existing numbering. He shall in such a case notify the amendment to the owner registered in the land register and any person having caused his address to be registered. Such notification includes reasons and is accompanied with extracts from the old and the new cadastral plans.

Upon the dividing up of a lot, the parts resulting therefrom shall be immatriculated simultaneously.

[1991, c. 64, a. 3043; 2000, c. 42, s. 70; 2010, c. 4, s. 3].

Note : L'article 70(1°) de la *Loi modifiant le Code civil et d'autres dispositions législatives relativement à la publicité foncière*, L.Q. 2000, c. 42 prévoit l'ajout, à la fin de la première phrase du premier alinéa de l'article 3043, des mots « ou pour modifier par morcellement le plan d'un lot sur lequel elle a acquis, autrement qu'à la suite d'une convention, un droit de propriété ». Le passage devrait vraisemblablement être inséré à la suite de « propriétaire », conformément au texte anglais. / Section 70, para. 1 of an *Act to Amend the Civil Code and other legislative provisions relating to land registration*, S.Q. 2000, c. 42 provides for the addition, at the end of the first paragraph of the French text of article 3043, of the words "*ou pour modifier par morcellement le plan d'un lot sur lequel elle a acquis, autrement qu'à la suite d'une convention, un droit de propriété*". The passage should most probably be inserted after the word "*propriétaire*" in keeping with the English text.

∎ C.C.Q., 3046; D.T., 155.

3044. Le consentement des créanciers hypothécaires et du bénéficiaire d'une déclaration de résidence familiale est nécessaire pour l'obtention par le propriétaire d'une modification cadastrale qui entraîne une nouvelle numérotation.

Ce consentement, donné par acte notarié en minute, doit être publié†.

[1991, c. 64, a. 3044; 2000, c. 42, a. 71; 2010, c. 4, a. 4].

3044. The consent of the hypothecary creditors and of the beneficiary of a declaration of family residence is required for the proprietor to obtain a cadastral amendment involving a renumbering.

The consent is given by notarial act *en minute*, and shall be registered†.

[1991, c. 64, a. 3044; 2000, c. 42, s. 71; 2010, c. 4, s. 4].

3045. L'officier de la publicité des droits indique au registre, sous le numéro du lot visé, la nature de toute modification apportée au plan qui ne modifie pas le numéro cadastral.

Lors de l'établissement d'une fiche immobilière exigée par une nouvelle numérotation cadastrale, il établit, le cas échéant, suivant les données du plan, la concordance entre l'ancien numéro de lot ou l'ancien numéro d'ordre de la fiche immobilière et le numéro de lot nouveau.

[1991, c. 64, a. 3045; 2000, c. 42, a. 72].

3045. The registrar indicates in the register, under the number of the lot concerned, the nature of any amendment made to the plan which does not affect the cadastral number.

When opening a land file required by a cadastral renumbering, the registrar establishes, where applicable, according to what is shown on the plan, the correspondence between the old lot number or the old serial number of the land file and the new lot number.

[1991, c. 64, a. 3045; 2000, c. 42, s. 72].

Chapitre III ——
Du report des droits (*Abrogé*)

Chapter III ——
Carry-over of rights (*Repealed*)

3046.-3053. (*Abrogés*).

[2000, c. 42, a. 73].

3046.-3053. (*Repealed*).

[2000, c. 42, s. 73].

Chapitre IV ——
Des parties de lot

Chapter IV ——
Parts of lots

3054. Les droits énoncés dans la réquisition qui constate l'acquisition d'une partie de lot ne peuvent être inscrits sur le registre foncier, jusqu'à ce qu'une modification cadastrale attribue:

3054. Rights set forth in an application evidencing the acquisition of a part of a lot may not be registered in the land register until a cadastral amendment assigns

1° Soit un numéro cadastral distinct à la partie acquise et à la partie résiduelle; ou,

(1) a separate cadastral number to the acquired part and to the remainder; or

2° Soit, lorsque la partie acquise est fusionnée à un lot contigu, un numéro cadastral distinct à l'immeuble qui résulte du fusionnement, ainsi qu'à l'immeuble qui résulte du morcellement.

[1991, c. 64, a. 3054; 2000, c. 42, a. 74].

(2) a separate cadastral number, where the acquired part is amalgamated with a contiguous lot, to the immovable resulting from the amalgamation and to the immovable resulting from the partition.

[1991, c. 64, a. 3054; 2000, c. 42, s. 74].

❚ C.C.Q., 3055; D.T., 155.

3055. Sur la recommandation du ministre responsable du cadastre, le gouvernement peut, par décret, permettre, aux conditions qu'il détermine, dans un territoire qui a fait l'objet d'une rénovation cadastrale, l'inscription sur le registre foncier de l'aliénation d'une partie de lot qui est située dans une zone agricole établie en vertu de la *Loi sur la protection du territoire et des activités agricoles* (chapitre P-41.1), ou qui est située à plus de 345 kilomètres du bureau de la publicité des droits de la circonscription foncière dans laquelle le lot est situé.

3055. On the recommendation of the minister responsible for the cadastre, the Government, by order and on the conditions it determines, and in a territory that has been the subject of a cadastral renovation, may allow registration in the land register of the alienation of part of a lot situated in an agricultural zone established under the *Act respecting the preservation of agricultural land and agricultural activities* (chapter P-41.1), or situated over 345 kilometres from the registry office for the registration division in which the lot is situated.

Le décret est publié dans la *Gazette officielle du Québec*; il entre en vigueur à la date, ultérieure à sa publication, qui y est fixée.

[1991, c. 64, a. 3055; 1996, c. 26, a. 85; 2000, c. 42, a. 75].

The order is published in the *Gazette officielle du Québec*; it comes into force on such date after its publication as is fixed therein.

[1991, c. 64, a. 3055; 1996, c. 26, s. 85; 2000, c. 42, s. 75].

❚ C.C.Q., 3054, 3056.

3056. L'officier transmet au ministre responsable du cadastre une copie de tout document énonçant une aliénation qu'il a

3056. The registrar transmits to the minister responsible for the cadastre a copy of any document evidencing an alienation

inscrite sur le registre foncier, sous l'autorité du décret.

Sur réception du document, le ministre prépare la modification qui donne lieu à l'attribution d'un numéro cadastral distinct à chacune des parties de lot qui résulte de l'aliénation.

[1991, c. 64, a. 3056].

■ C.C.Q., 3055.

registered by him in the land register on the authority of the order.

On receipt of the document, the minister prepares the amendment providing a separate cadastral number for each part of a lot resulting from the alienation.

[1991, c. 64, a. 3056].

TITRE 5 ▬▬
DE LA RADIATION

TITLE 5 ▬▬
CANCELLATION

Chapitre I ▬▬
Des causes de radiation

Chapter I ▬▬
Causes of cancellation

3057. La radiation résulte d'une inscription qui vise la suppression d'une inscription antérieure sur le registre approprié†.

L'inscription est faite, en matière foncière, sur le registre des mentions.

[1991, c. 64, a. 3057; 2000, c. 42, a. 76].

■ C.C.Q., 2965; D.T., 161; C.P.C., 804.

3057. Cancellation arises from an entry to strike an earlier registration from a† register.

To cancel a registration in the land register, the entry is made in the register of mentions.

[1991, c. 64, a. 3057; 2000, c. 42, s. 76].

3057.1. La radiation s'obtient, à moins que la loi n'en dispose autrement, par la présentation d'une réquisition faite suivant les règles applicables au registre foncier ou au registre des droits personnels et réels mobiliers. Cependant, les réquisitions de radiation sur le registre foncier ne peuvent prendre la forme d'un sommaire que dans les cas prévus par la loi.

La radiation est volontaire ou, à défaut, judiciaire; elle peut aussi être légale.

[2000, c. 42, a. 76].

3057.1. Unless otherwise provided by law, cancellation is obtained by presenting an application made in accordance with the rules applicable to the land register or the register of personal and movable real rights. However, applications for cancellation of a registration in the land register may be presented in the form of a summary only in the cases determined by law.

Cancellation is voluntary or, failing that, judicial; it may also be legal.

[2000, c. 42, s. 76].

3057.2. La radiation qui résulte d'une inscription sur le registre des mentions doit faire l'objet d'une indication sur le registre foncier, sauf à l'index des noms.

[2000, c. 42, a. 76].

3057.2. Cancellation arising from an entry in the register of mentions must be noted in the land register, except in the index of names.

[2000, c. 42, s. 76].

3058. L'inscription dont la date extrême d'effet est limitée par la loi, ou par la réquisition d'inscription, est périmée de plein droit le lendemain, à zéro heure, de la date d'expiration du délai fixé par la loi ou par la réquisition et inscrit, le cas échéant, sur le registre, si elle n'a pas préalablement été renouvelée.

[1991, c. 64, a. 3058; 2000, c. 42, a. 77].

❙ C.C.Q., 3057.

3058. Registration for which the date after which it will cease to be effective is restricted by law or by the application for registration expires by operation of law at midnight on the expiry date of the period fixed by law or by the application and, where applicable, entered in the register, if it has not been renewed before that time.

[1991, c. 64, a. 3058; 2000, c. 42, s. 77].

3059. L'inscription d'un droit est radiée, du consentement du titulaire ou du bénéficiaire de ce droit.

Néanmoins, l'inscription sur le registre foncier d'une hypothèque ou d'une restriction au droit de disposer, ou de tout autre droit dont la durée est déterminée, qui est périmée par l'arrivée de sa date extrême d'effet, peut, de même que celle d'une hypothèque éteinte par l'écoulement du temps prévu par la loi, être radiée sur présentation d'une réquisition faite par toute personne intéressée; et l'inscription sur le registre des droits personnels et réels mobiliers d'une hypothèque, ou d'une telle restriction ou d'un tel autre droit, qui, d'après le registre, est périmée, de même que celle de l'adresse qui n'a plus d'effet, peut être radiée d'office par l'officier. La radiation de l'inscription sur le registre des droits personnels et réels mobiliers doit être motivée et datée.

[1991, c. 64, a. 3059; 2000, c. 42, a. 78].

❙ C.C.Q., 3057-3058.

3059. The registration of a right is cancelled with the consent of the holder of, or beneficiary under, that right.

Nevertheless, the registration in the land register of a hypothec or of a restriction to the right to dispose of property, or of any other right with a fixed term, which has expired because the date after which it ceases to be effective has arrived, or the registration of a hypothec which is extinguished because the time prescribed by law has elapsed, may be cancelled on presentation of an application made by any interested person; the registration in the register of personal and movable real rights of a hypothec, or of such a restriction or right which, according to the register, has expired, or the registration of an address that no longer has effect, may be cancelled by the registrar on his own initiative. The cancellation of a registration in the register of personal and movable real rights must give reasons and be dated.

1991, c. 64, a. 3059; 2000, c. 42, s. 78].

3060. (*Abrogé*).

[2000, c. 42, a. 79].

3060. (*Repealed*).

[2000, c. 42, s. 79].

3061. L'inscription de l'hypothèque légale des personnes qui ont participé à la construction ou à la rénovation d'un immeuble est radiée, à la réquisition de tout intéressé, lorsque dans les six mois qui suivent soit la date de l'inscription, soit la date de la fin des travaux, selon la dernière éventualité aucune action n'a été intentée et publiée ou aucun préavis d'exercice d'un droit hypothécaire n'a été publié; la réquisition doit faire état de ces causes de radiation et être accompagnée d'une preuve qu'elle a été signifiée aux créanciers au

3061. The registration of the legal hypothec of persons having participated in the construction or renovation of an immovable is cancelled, on the application of any interested person, where, within six months after the later of the date of registration and the date of completion of the work, no action has been brought and published or no prior notice of the exercise of a hypothecary right has been published; the application must state the reasons for the cancellation and be presented with proof that it was served upon the creditors

moins dix jours précédant sa présentation à l'officier de la publicité des droits.

L'inscription de l'hypothèque légale du syndicat des copropriétaires sur la fraction d'une copropriété est radiée, à la réquisition de tout intéressé, à l'expiration des trois ans de sa date, à moins qu'une action n'ait été préalablement intentée et publiée.

Toutefois, si une action a été intentée et publiée, la radiation s'obtient par l'inscription du jugement rejetant l'action ou ordonnant la radiation, ou par la présentation d'un certificat du greffier du tribunal attestant que l'action a été discontinuée.

[1991, c. 64, a. 3061; 2000, c. 42, a. 80].

❚ C.C.Q., 2724-2732.

3062. L'inscription d'une déclaration de résidence familiale n'est radiée, à la réquisition de tout intéressé, que dans les cas suivants: les époux ou conjoints unis civilement y consentent, l'un des conjoints est décédé et sa succession est liquidée, les conjoints sont séparés de corps ou divorcés, l'union civile est dissoute, la nullité du mariage ou de l'union civile est prononcée ou l'immeuble a été aliéné du consentement des conjoints ou avec l'autorisation du tribunal.

Hormis le cas où les conjoints y consentent, la réquisition doit être accompagnée d'un certificat de décès et d'une déclaration attestée de la liquidation de la succession ou d'une copie du jugement ou de la déclaration commune notariée de dissolution, selon le cas.

[1991, c. 64, a. 3062; 2002, c. 6, a. 62].

❚ C.C.Q., 2995, 3063; C.P.C., 813.4.

3063. La radiation d'une inscription peut être ordonnée par le tribunal lorsque l'inscription a été faite sans droit ou irrégulièrement, sur un titre nul ou informe, ou lorsque le droit inscrit est annulé, résolu†, résilié ou éteint par prescription ou autrement.

Elle est† aussi ordonnée lorsque l'immeuble sur lequel une déclaration de résidence

not less than ten days before its presentation to the registrar.

The registration of the legal hypothec of a syndicate of co-owners on a fraction of the co-ownership is cancelled, on the application of any interested person, upon the expiry of three years after its date, unless an action has previously been brought and published.

However, where an action has been brought and published, cancellation is obtained by registering the judgment dismissing the action or ordering the cancellation, or by filing a certificate of the clerk of the court attesting that the action has been discontinued.

[1991, c. 64, a. 3061; 2000, c. 42, s. 80].

3062. Registration of a declaration of family residence is cancelled, on the application of any interested person, only in the following cases: where the married or civil union spouses consent, where one of the spouses has died and his succession is liquidated, where the spouses are separated from bed and board or are divorced, where the civil union has been dissolved, the marriage or civil union has been annulled, or where the immovable has been alienated with the consent of the spouses or with the authorization of the court.

Except where the spouses consent to the cancellation, the application shall be accompanied with a death certificate and an attested declaration of the liquidation of the succession or a copy of the judgment or the notarized joint declaration of dissolution, as the case may be.

[1991, c. 64, a. 3062; 2002, c. 6, s. 62].

3063. The court may order the cancellation of a registration effected without right or irregularly, or on the basis of a title that is null or that is irregular as to form or where the registered right has been annulled, rescinded†, resiliated or extinguished by prescription or otherwise.

It may† also order cancellation where the immovable against which a declaration of

familiale avait été inscrite a cessé de servir à cette fin.

[1991, c. 64, a. 3063].

❚ C.P.C., 804.

family residence that had been registered has ceased to be used for that purpose.

[1991, c. 64, a. 3063].

3064. (*Abrogé*).

[2000, c. 42, a. 81].

3064. (*Repealed*).

[2000, c. 42, s. 81].

3065. La quittance totale d'une créance emporte le consentement à la radiation. La quittance partielle n'entraîne que le consentement à une réduction équivalente.

Le créancier est tenu de faire inscrire la quittance, s'il reçoit une somme suffisante pour acquitter les frais d'inscription et les frais d'acheminement de la réquisition au bureau de la publicité des droits; il ne peut exiger aucune autre somme, malgré toute stipulation contraire.

[1991, c. 64, a. 3065].

❚ C.C.Q., 1557, 1568, 3012.

3065. Total acquittance of a debt entails consent to its cancellation. Partial acquittance entails consent to only an equivalent reduction.

The creditor is bound to register the acquittance if he receives a sufficient amount to pay the registration fee and the costs of sending the application to the registry office; he may not claim any other amount, notwithstanding any stipulation to the contrary.

[1991, c. 64, a. 3065].

3066. La réduction de l'hypothèque garantissant la créance que la consignation d'une somme d'argent est destinée à payer, se fait par l'inscription du jugement qui déclare les offres valables et qui, le cas échéant, détermine la personne qui a droit à la somme consignée, ou par l'inscription du jugement qui autorise, à la demande du débiteur, la réduction de l'hypothèque et le report de celle-ci sur le bien offert ou consigné.

[1991, c. 64, a. 3066].

❚ C.C.Q., 2678.

3066. Reduction of a hypothec securing a claim to be paid with a sum of money deposited for that purpose is made by registering the judgment declaring the tender to be valid and specifying, where applicable, the person entitled to the sum of money deposited, or by registering the judgment authorizing, at the debtor's request, the reduction of the hypothec and its transfer onto the property tendered or deposited.

[1991, c. 64, a. 3066].

Chapitre II ▬
De certaines radiations

Chapter II ▬
Certain cases of cancellation

3066.1. L'inscription de l'adresse d'un indivisaire peut être radiée à la réquisition de tout intéressé.

La réquisition doit contenir, outre une référence à l'acte constitutif de l'indivision et à celui qui y met fin à l'égard de l'indivisaire, la désignation de cet indivisaire et l'indication du numéro d'inscription de son adresse sur le registre.

[2000, c. 42, a. 82].

3066.1. Registration of the address of a co-owner in indivision may be cancelled on the application of any interested person.

The application for cancellation must refer to the act constituting the undivided co-ownership and the act terminating the undivided co-ownership with respect to the co-owner and contain the description of the co-owner and the registration number of his address in the register.

[2000, c. 42, s. 82].

▌ C.C.Q., 1014.

3066.2. L'avis de préinscription d'une demande en justice est radié par l'inscription d'un jugement rejetant la demande ou ordonnant la radiation, ou par la présentation d'un certificat du greffier du tribunal attestant que la demande a été discontinuée.

L'avis de préinscription de droits résultant d'un testament est radié à la réquisition de tout intéressé, lorsque le testament n'a pas été publié dans les trois ans de la date de l'ouverture de la succession. La réquisition doit être accompagnée de l'acte de décès du testateur.

[2000, c. 42, a. 82].

▌ C.C.Q., 2966-2968, 2998, 3052, 3053.

3067. L'inscription d'un droit viager ou de l'hypothèque qui le garantit ne peut être radiée que du consentement du titulaire ou du bénéficiaire; s'il est décédé, la personne qui requiert la radiation doit présenter l'acte de décès, accompagné d'une déclaration sous serment concernant l'identité du défunt.

[1991, c. 64, a. 3067].

▌ C.C.Q., 122.

3068. L'inscription d'une hypothèque en faveur de l'État est radiée ou réduite par la présentation d'un certificat du procureur général ou du sous-procureur général du Québec, ou d'une personne désignée par le procureur général, énonçant que telle hypothèque est éteinte ou réduite.

Elle l'est aussi par la présentation d'un certificat du ministre du Revenu, ou d'une personne désignée par lui, énonçant que telle hypothèque est éteinte ou réduite, si cette hypothèque a été constituée en vertu d'une loi dont l'application relève de ce ministre.

Elle peut l'être encore par la présentation d'une copie d'un décret du gouvernement, certifiée par le greffier du Conseil exécutif.

[1991, c. 64, a. 3068; 2010, c. 31, a. 81].

▌ C.C.Q., 2724, 2725, 3017.

3066.2. A notice of advance registration of a judicial demand is cancelled upon registration of a judgment dismissing the demand or ordering the cancellation, or upon presentation of a certificate of the clerk of the court stating that the demand has been discontinued.

A notice of advance registration of rights arising from a will is cancelled upon the application of any interested person, if the will was not published within three years of the date of opening of the succession. The application must be accompanied with the act of death of the testator.

[2000, c. 42, s. 82].

3067. Registration of a right ending at death or of a hypothec securing it may not be cancelled without the consent of the holder or beneficiary; after his death, the person requiring the cancellation shall present the act of death and a sworn statement as to the identity of the deceased.

[1991, c. 64, a. 3067].

3068. Registration of a hypothec in favour of the State is cancelled or the registered amount thereof is reduced by filing a certificate of the Attorney General or Deputy Attorney General of Québec, or of a person designated by the Attorney General, stating that the hypothec is extinguished or reduced.

It is also cancelled by filing a certificate of the Minister of Revenue, or a person designated by the Minister of Revenue, stating that the hypothec is extinguished or reduced, if the hypothec was created by virtue of an Act under the administration of that Minister.

It may further be cancelled by filing a copy of an order of the Government, certified by the clerk of the Executive Council.

[1991, c. 64, a. 3068; 2010, c. 31, s. 81].

3069. L'inscription des droits éteints par l'exercice des droits hypothécaires, par la vente forcée ou par la vente définitive du bien pour défaut de paiement de l'impôt foncier est radiée à la suite de l'inscription de la vente ou de la prise en paiement. Toutes les inscriptions des procès-verbaux de saisie, des préavis de vente, des préavis d'exercice d'un recours ou d'un droit et, le cas échéant, d'un avis exigeant l'abandon de la prise en paiement en vertu du livre Des priorités et des hypothèques, sont alors radiées par l'officier.

Cependant, lorsqu'il n'est pas procédé à la vente, les inscriptions des procès-verbaux, des préavis et des avis ne sont radiées que par la présentation d'un certificat constatant le fait et délivré par le greffier du tribunal ou par la personne désignée pour procéder à la vente.

Les réquisitions de radiation des inscriptions sur le registre foncier visées par le présent article peuvent prendre la forme d'un sommaire du document.

[1991, c. 64, a. 3069; 2000, c. 42, a. 83].

3069. Registration of rights extinguished by the exercise of hypothecary rights, by forced sale or by definitive sale of the property for failure to pay immovable taxes are cancelled following registration of the sale or of the taking in payment. All registrations of minutes of seizure, prior notices of sale, notices of intention to pursue a remedy or the exercise of a right and notices requiring abandonment of the taking in payment under the Book on Prior Claims and Hypothecs are thereupon cancelled by the registrar.

Where the sale is not proceeded with, registration of minutes of seizure and notices is cancelled only upon the filing of a certificate attesting to that fact issued by the clerk of the court or by the person designated to proceed with the sale.

Applications for the cancellation of a registration in the land register under this article may be in the form of a summary of the document.

[1991, c. 64, a. 3069; 1992, c. 57, s. 716; 2000, c. 42, s. 83].

Note : Sur l'emploi des termes « impôt foncier » / « *immovable taxes* », comp. a. 1050 et 1205. / Comp. arts 1050 and 1205 in respect of the use of the expressions "immovable taxes" / "*impôts fonciers*".

❚ C.C.Q., 2794; C.P.C., 663, 665, 696, 804.

3070. L'inscription du préavis de vente pour défaut de paiement de l'impôt foncier et celle de l'adjudication sont radiées à la suite de l'inscription de la vente définitive consentie par l'autorité municipale ou scolaire ou de l'acte constatant que l'immeuble a fait l'objet d'un retrait.

L'inscription du préavis de vente pour défaut de paiement de l'impôt foncier est aussi radiée à la suite de la présentation de la liste des immeubles non vendus.

La radiation de ces inscriptions peut être requise au moyen d'un sommaire du document.

[1991, c. 64, a. 3070; 2000, c. 42, a. 84].

3070. Registration of a notice of sale for non-payment of immovable taxes and of the adjudication are cancelled following the registration of the definitive sale made by the municipal or school authority or by the act evidencing the redemption of the immovable.

Registration of the prior notice of sale for non-payment of immovable taxes is also cancelled following the production of the list of immovables that have not been sold.

The cancellation of a registration under this article may be applied for by means of a summary of the document.

[1991, c. 64, a. 3070; 2000, c. 42, s. 84].

❚ C.C.Q., 2724, 2725, 2651, 2653, 3017, 3069.

3071. L'inscription d'un droit réel d'exploitation de ressources de l'État est ra-

3071. Registration of a real right of State resource development is cancelled when

diée, lorsque le ministre responsable de la loi qui régit ce droit avise l'officier de la publicité des droits de l'abandon ou de la révocation du droit qui n'est pas exempté de l'inscription.

the minister responsible for the Act governing the right notifies the registrar of the abandonment or revocation of the right not exempt from registration.

L'avis doit désigner le droit abandonné ou révoqué et identifier la fiche immobilière visée; l'abandon ou la révocation est inscrite sur cette fiche, ainsi que sur celle de l'immeuble sur lequel s'exerçait le droit.

In the notice, the minister shall include the description of the abandoned or revoked right and identify the land file concerned; the abandonment or revocation is entered on the land file concerned and on the land file of the immovable on which the right was exercised.

Lorsque l'abandon ou la révocation concerne un droit dont l'assiette a été immatriculée, l'officier en donne avis au ministre responsable du cadastre afin qu'il puisse, d'office, annuler l'immatriculation du droit.

[1991, c. 64, a. 3071].

❚ C.C.Q., 3034, 3039, 3040.

Where the abandonment or revocation concerns a right of which the *situs* has been immatriculated, the registrar informs the minister responsible for the cadastre so that he may, by virtue of his office, cancel the immatriculation of the right.

[1991, c. 64, a. 3071].

Chapitre III ——
Des formalités et des effets de la radiation

Chapter III ——
Formalities and effects of cancellation

3072. La réquisition qui vise la réduction d'une inscription suit les règles applicables au registre approprié.

[1991, c. 64, a. 3072].

❚ C.P.C., 804.

3072. Applications for the reduction of a registration are made in accordance with the rules applicable to the appropriate register.

[1991, c. 64, a. 3072].

3072.1. La réquisition qui vise la radiation ou la réduction d'une inscription sur le registre foncier n'a pas à contenir la désignation des biens qui y sont visés, sauf lorsqu'il s'agit de réduire l'assiette même du droit inscrit.

[2000, c. 42, a. 85].

❚ C.C.Q., 3072.

3072.1. Applications for the cancellation of a registration or the reduction of an entry in the land register need not contain the description of the property concerned, except where a reduction in the *situs* of the registered right is applied for.

[2000, c. 42, s. 85].

3073. La réquisition fondée sur un jugement qui ordonne la radiation d'un droit publié ou la réduction d'une inscription n'est admise que si ce jugement est passé en force de chose jugée.

L'exécution provisoire n'est pas admise

3073. An application based on a judgment ordering the cancellation of a published right or the reduction of a registration is not admissible unless the judgment has acquired the authority of a final judgment (*res judicata*).

Provisional execution of a judgment relat-

lorsque le jugement porte sur la rectification, la réduction ou la radiation d'une inscription.

Le greffier du tribunal est tenu de délivrer un certificat attestant que le jugement n'est pas susceptible d'appel ou que, les délais d'appel étant expirés, il n'y a pas eu d'appel ou encore qu'à l'expiration d'un délai de trente jours de la date du jugement aucune demande en rétractation de jugement n'a été présentée.

[1991, c. 64, a. 3073].

■ C.C.Q., 3061; C.P.C., 497, 547, 804.

ing to the correction, reduction or cancellation of a registration is not admissible.

The clerk of the court is bound to issue a certificate attesting that no appeal lies from the judgment or that, the time for appeal having expired, no appeal has been taken or that, on the lapse of thirty days from the date of judgment, no motion in revocation of judgment has been filed.

[1991, c. 64, a. 3073].

3074. La radiation de l'inscription d'un droit principal autorise la radiation de l'inscription des droits accessoires et de toutes les mentions relatives à ces inscriptions.

[1991, c. 64, a. 3074].

■ C.P.C., 804.

3074. Cancellation of the registration of a principal right authorizes cancellation of the registration of rights accessory to that right and of all references to such registrations.

[1991, c. 64, a. 3074].

3075. L'inscription de la radiation faite sans droit ou à la suite d'une erreur est radiée sur ordonnance du tribunal, à la demande de toute personne intéressée.

L'inscription de l'ordonnance ne peut porter atteinte aux droits du tiers de bonne foi qui a publié son droit après la radiation faite sans droit ou à la suite d'une erreur.

[1991, c. 64, a. 3075].

■ C.P.C., 804.

3075. Registration of a cancellation made without right or by error may be cancelled by order of the court on the application of any interested person.

In no case does registration of such an order affect the rights of a third person in good faith who published his right after a cancellation made without right or following an error.

[1991, c. 64, a. 3075].

3075.1. Toute réquisition présentée à un officier de la publicité foncière, y compris celle présentée en vertu des articles 3069 et 3070, qui vise à la fois l'inscription d'un droit et la radiation ou la réduction d'une inscription sur le registre foncier, doit, de la manière prescrite par règlement, indiquer expressément à quelles fins la réquisition est présentée.

À défaut d'une telle indication, l'officier n'est tenu de procéder qu'à l'inscription du droit visé.

[2000, c. 42, a. 86].

■ C.C.Q., 3069, 3070.

3075.1. Any application presented to a land registrar, including an application under article 3069 or 3070, for both the registration of a right and the cancellation of a registration or the reduction of an entry in the land register must indicate expressly, in the manner prescribed by regulation, for what purposes the application is presented.

In the absence of such indication, the registrar is only required to proceed with the registration of the right.

[2000, c. 42, s. 86].

3076. Les règles du présent livre s'appliquent sous réserve des règles de droit en vigueur au Québec dont l'application s'impose en raison de leur but particulier.

[1991, c. 64, a. 3076].

❚ C.C.Q., 3079, 3081, 3084, 3129.

3076. The rules contained in this Book apply subject to those rules of law in force in Québec which are applicable by reason of their particular object.

[1991, c. 64, a. 3076].

3077. Lorsqu'un État comprend plusieurs unités territoriales ayant des compétences législatives distinctes, chaque unité territoriale est considérée comme un État.

Lorsqu'un État comprend plusieurs systèmes juridiques applicables à différentes catégories de personnes, toute référence à la† loi de cet État vise le système juridique déterminé par les règles en vigueur dans cet État; à défaut de telles règles, la référence vise le système juridique ayant les liens les plus étroits avec la situation.

[1991, c. 64, a. 3077].

❚ C.C.Q., 3080.

3077. Where a country comprises several territorial units having different legislative jurisdictions, each territorial unit is regarded as a country.

Where a country comprises several legal systems applicable to different categories of persons, any reference to a† law of that country is a reference to the legal system prescribed by the rules in force in that country; in the absence of such rules, any such reference is a reference to the legal system most closely connected with the situation.

[1991, c. 64, a. 3077].

3078. La qualification est demandée au système juridique du tribunal saisi; toutefois, la qualification des biens, comme meubles ou immeubles, est demandée à la loi du lieu de leur situation.

Lorsque le tribunal ignore une institution juridique ou qu'il ne la connaît que sous une désignation ou avec un contenu distincts, la loi étrangère peut être prise en considération.

[1991, c. 64, a. 3078].

❚ C.C.Q., 899-907.

3078. Characterization is made according to the legal system of the court seised of the matter; however, characterization of property as movable or immovable is made according to the law of the place where it is situated.

Where a legal institution is unknown to the court or known to it under a different designation or with a different content, foreign law may be taken into account.

[1991, c. 64, a. 3078].

3079. Lorsque des intérêts légitimes et manifestement prépondérants l'exigent, il peut être donné effet à une disposition impérative de la loi d'un autre État avec lequel la situation présente un lien étroit.

3079. Where legitimate and manifestly preponderant interests so require, effect may be given to a mandatory provision of the law of another country with which the situation is closely connected.

Pour en décider, il est tenu compte du but de la disposition, ainsi que des conséquences qui découleraient de son application.

[1991, c. 64, a. 3079].

❚ C.C.Q., 3076.

3080. Lorsqu'en vertu des règles du présent livre la loi d'un État étranger s'applique, il s'agit des règles du droit interne de cet État, à l'exclusion de ses règles de conflits de lois.

[1991, c. 64, a. 3080].

❚ C.C.Q., 3079.

3081. L'application des dispositions de la loi d'un État étranger est exclue lorsqu'elle conduit à un résultat manifestement incompatible avec l'ordre public tel qu'il est entendu dans les relations internationales.

[1991, c. 64, a. 3081].

❚ C.C.Q., 3076, 3079, 3080, 3099, 3117, 3118, 3155(5).

3082. À titre exceptionnel, la loi désignée par le présent livre n'est pas applicable si, compte tenu de l'ensemble des circonstances, il est manifeste que la situation n'a qu'un lien éloigné avec cette loi et qu'elle se trouve en relation beaucoup plus étroite avec la loi d'un autre État. La présente disposition n'est pas applicable lorsque la loi est désignée dans un acte juridique.

[1991, c. 64, a. 3082].

❚ C.C.Q., 3135.

In deciding whether to do so, consideration is given to the purpose of the provision and the consequences of its application.

[1991, c. 64, a. 3079].

3080. Where, under the provisions of this Book, the law of a foreign country applies, the law in question is the internal law of that country, but not its rules governing conflict of laws.

[1991, c. 64, a. 3080].

3081. The provisions of the law of a foreign country do not apply if their application would be manifestly inconsistent with public order as understood in international relations.

[1991, c. 64, a. 3081].

3082. Exceptionally, the law designated by this Book is not applicable if, in the light of all attendant circumstances, it is clear that the situation is only remotely connected with that law and is much more closely connected with the law of another country. This provision does not apply where the law is designated in a juridical act.

[1991, c. 64, a. 3082].

TITRE 2 ——
DES CONFLITS DE LOIS

TITLE 2 ——
CONFLICT OF LAWS

Chapitre I ——
Du statut personnel

Chapter I ——
Personal status

SECTION I ——
DISPOSITIONS GÉNÉRALES

SECTION I ——
GENERAL PROVISIONS

3083. L'état et la capacité d'une personne physique sont régis par la loi de son domicile.

L'état et la capacité d'une personne morale sont régis par la loi de l'État en vertu de laquelle elle est constituée, sous réserve, quant à son activité, de la loi du lieu où elle s'exerce.

[1991, c. 64, a. 3083].

▌ C.C.Q., 50, 75, 153-364, 3084-3093.

3083. The status and capacity of a natural person are governed by the law of his domicile.

The status and capacity of a legal person are governed by the law of the country under which it was formed subject, with respect to its activities, to the law of the place where they are carried on.

[1991, c. 64, a. 3083].

3084. En cas d'urgence ou d'inconvénients sérieux, la loi du tribunal saisi peut être appliquée à titre provisoire, en vue d'assurer la protection d'une personne ou de ses biens.

[1991, c. 64, a. 3084].

▌ C.C.Q., 3140, 3085.

3084. In cases of emergency or serious inconvenience, the law of the court seised of the matter may be applied provisionally to ensure the protection of a person or of his property.

[1991, c. 64, a. 3084].

SECTION II ——
DISPOSITIONS PARTICULIÈRES

SECTION II ——
SPECIAL PROVISIONS

§ 1. —— Des incapacités

§ 1. —— Incapacity

3085. Le régime juridique des majeurs protégés et la tutelle du mineur sont régis par la loi du domicile des personnes qui en font l'objet.

Lorsqu'un mineur ou un majeur protégé domicilié hors du Québec possède des biens au Québec ou a des droits à y† exercer et que la loi de son domicile ne pourvoit pas à ce qu'il ait un représentant, il peut lui être nommé un tuteur ou un curateur pour le représenter dans tous les cas où un tuteur ou un curateur peut représenter un mineur ou un majeur protégé d'après les lois du Québec.

[1991, c. 64, a. 3085].

▌ C.C.Q., 177-298, 3084.

3085. Protective supervision of persons of full age and tutorship to minors are governed by the law of the domicile of each person subject thereto.

Whenever a minor or a protected person of full age domiciled outside Québec possesses property in Québec or has rights to be exercised† and the law of his domicile does not provide for him to have a representative, a tutor or a curator may be appointed to represent him in all cases where a tutor or a curator may represent a minor or a protected person of full age under the laws of Québec.

[1991, c. 64, a. 3085].

3086. La partie à un acte juridique qui est incapable selon la loi de l'État de son domicile ne peut pas invoquer cette incapacité si elle était capable selon la loi de l'État du domicile de l'autre partie lorsque l'acte a été passé dans cet État, à moins que cette autre partie n'ait connu ou dû connaître cette incapacité.

[1991, c. 64, a. 3086].

3086. A party to a juridical act who is incapable under the law of the country of his domicile may not invoke his incapacity if he was capable under the law of the country in which the other party was domiciled when the act was formed in that country, unless the other party was or should have been aware of the incapacity.

[1991, c. 64, a. 3086; 2002, c. 19, s. 15].

Note : Comp. a. 3109(1).

❚ C.C.Q., 1409, 3083, 3087.

3087. La personne morale qui est partie à un acte juridique ne peut pas invoquer les restrictions au pouvoir de représentation des personnes qui agissent pour elle si ces restrictions n'existaient pas selon la loi de l'État du domicile de l'autre partie lorsque l'acte a été passé dans cet État, à moins que cette autre partie n'ait connu ou dû connaître ces restrictions en raison de sa fonction ou de sa relation avec la partie qui les invoque.

[1991, c. 64, a. 3087].

3087. A legal person who is a party to a juridical act may not invoke restrictions upon the power of representation of the persons acting for it if the restrictions did not exist under the law of the country in which the other party was domiciled when the act was formed in that country, unless the other party was or should have been aware of the restrictions by virtue of his position with or relationship to the party invoking them.

[1991, c. 64, a. 3087; 2002, c. 19, s. 15].

Note : Comp. a. 3109(1).

❚ C.C.Q., 321-330, 3086, 3116.

§ 2. — Du mariage

§ 2. — Marriage

3088. Le mariage est régi, quant à ses conditions de fond, par la loi applicable à l'état de chacun des futurs époux.

Il est régi, quant à ses conditions de forme, par la loi du lieu de sa célébration ou par la loi de l'État du domicile ou de la nationalité de l'un des époux.

[1991, c. 64, a. 3088].

3088. Marriage is governed with respect to its essential validity by the law applicable to the status of each of the intended spouses.

With respect to its formal validity, it is governed by the law of the place of its solemnization or by the law of the country of domicile or of nationality of one of the spouses.

[1991, c. 64, a. 3088].

❚ C.C.Q., 365-521; D.T., 167.

3089. Les effets du mariage, notamment ceux qui s'imposent à tous les époux quel que soit leur régime matrimonial, sont soumis à la loi de leur domicile.

Lorsque les époux sont domiciliés dans des États différents, la loi du lieu de leur

3089. The effects of marriage, particularly, those which are binding on all spouses regardless of their matrimonial regime, are subject to the law of the domicile of the spouses.

Where the spouses are domiciled in different countries, the applicable law is the law

résidence commune s'applique ou, à défaut, la loi de leur dernière résidence commune ou, à défaut, la loi du lieu de la célébration du mariage.

[1991, c. 64, a. 3089].

▌ C.C.Q., 82, 391-430, 3090.1 al. 2, 3122, 3123.

of their common residence or, failing that, the law of their last common residence or, failing that, the law of the place of solemnization of the marriage.

[1991, c. 64, a. 3089].

§ 3. — De la séparation de corps

§ 3. — Separation from bed and board

3090. La séparation de corps est régie par la loi du domicile des époux.

3090. Separation from bed and board is governed by the law of the domicile of the spouses.

Lorsque les époux sont domiciliés dans des États différents, la loi du lieu de leur résidence commune s'applique ou, à défaut, la loi de leur dernière résidence commune ou, à défaut, la loi du tribunal saisi.

Where the spouses are domiciled in different countries, the applicable law is the law of their common residence or, failing that, the law of their last common residence or, failing that, the law of the court seised of the case.

Les effets de la séparation de corps sont soumis à la loi qui a été appliquée à la séparation de corps.

[1991, c. 64, a. 3090].

▌ C.C.Q., 493-515, 3096, 3130.

The effects of separation from bed and board are subject to the law governing the separation.

[1991, c. 64, a. 3090].

§ 3.1. — De l'union civile

§ 3.1. — Civil union

3090.1. L'union civile est régie, quant à ses conditions de fond et de forme, par la loi du lieu où elle est célébrée.

3090.1. A civil union is governed with respect to its essential and formal validity by the law of the place of its solemnization.

La même loi s'applique aux effets de l'union civile, à l'exception de ceux qui s'imposent aux conjoints quel que soit leur régime d'union, lesquels sont soumis à la loi de leur domicile.

[2002, c. 6, a. 63].

▌ C.C.Q., 3090.2, 3090.3, 3096, 3122-3124, 3144, 3145, 3154, 3167 al. 2.

That law also applies to the effects of a civil union, except those binding all spouses regardless of the civil union regime, which are subject to the law of the country of domicile of the spouses.

[2002, c. 6, s. 63].

3090.2. La dissolution de l'union civile est régie par la loi du domicile des conjoints ou par la loi du lieu de la célébration de l'union. Les effets de la dissolution sont soumis à la loi qui a été appliquée à la dissolution de l'union.

[2002, c. 6, a. 63].

▌ C.C.Q., 3167 al. 2.

3090.2. The dissolution of a civil union is governed by the law of the country of domicile of the spouses or by the law of the place of its solemnization. The effects of the dissolution are subject to the law governing the dissolution.

[2002, c. 6, s. 63].

3090.3. Lorsque les conjoints sont domiciliés dans des États différents, la loi du lieu de leur résidence commune s'applique ou, à défaut, la loi de leur dernière résidence commune ou, à défaut, la loi du lieu de la célébration de leur union civile ou du tribunal saisi de la demande en dissolution, selon le cas.

[2002, c. 6, a. 63].

▌ C.C.Q., 3090.1, 3090.2.

3090.3. Where the spouses are domiciled in different countries, the applicable law is the law of their common place of residence or, failing that, the law of their last common place of residence or, failing that, the law of the place of solemnization of the civil union or the law of the court seized of the application for dissolution, as the case may be.

[2002, c. 6, s. 63].

§ 4. — De la filiation par le sang et de la filiation adoptive

§ 4. — Filiation by blood or through* adoption

3091. L'établissement de la filiation est régi par la loi du domicile ou de la nationalité de l'enfant ou de l'un de ses parents, lors de la naissance de l'enfant, selon celle qui est la plus avantageuse pour celui-ci.

Ses effets sont soumis à la loi du domicile de l'enfant.

[1991, c. 64, a. 3091].

▌ C.C.Q., 523-542, 3083, 3093.

3091. Filiation is established in accordance with the law of the domicile or nationality of the child or of one of his parents, at the time of the child's birth, whichever is more beneficial to the child.

The effects of filiation are subject to the law of the domicile of the child.

[1991, c. 64, a. 3091].

3092. Les règles relatives au consentement et à l'admissibilité à l'adoption d'un enfant sont celles que prévoit la loi de son domicile.

Les effets de l'adoption sont soumis à la loi du domicile de l'adoptant.

[1991, c. 64, a. 3092].

▌ C.C.Q., 563, 565, 568, 573.1-575, 581.

3092. The rules respecting consent to the adoption and the eligibility of the child for adoption are those provided by the law of his domicile.

The effects of adoption are subject to the law of the domicile of the adopter.

[1991, c. 64, a. 3092].

3093. La garde de l'enfant est régie par la loi de son domicile.

[1991, c. 64, a. 3093].

▌ C.C.Q., 514, 521, 3091 al. 2, 3142.

3093. Custody of the child is governed by the law of his domicile.

[1991, c. 64, a. 3093].

§ 5. — De l'obligation alimentaire

§ 5. — Obligation of support

3094. L'obligation alimentaire est régie par la loi du domicile du créancier. Toutefois, lorsque le créancier ne peut obtenir d'aliments du débiteur en vertu de cette

3094. The obligation of support is governed by the law of the domicile of the creditor. However, where the creditor cannot obtain support from the debtor under

loi, la loi applicable est celle du domicile de ce dernier.

[1991, c. 64, a. 3094].

▌ C.C.Q., 585-596.

3095. La créance alimentaire d'un collatéral ou d'un allié est irrecevable si, selon la loi de son domicile, il n'existe pour le débiteur aucune obligation alimentaire à l'égard du demandeur.

[1991, c. 64, a. 3095].

▌ C.C.Q., 585-596, 3094.

3096. L'obligation alimentaire entre époux divorcés ou séparés de corps, entre conjoints unis civilement dont l'union est dissoute ou entre conjoints dont le mariage ou l'union civile a été déclaré nul est régie par la loi applicable au divorce, à la séparation de corps, à la dissolution de l'union civile ou à la nullité d'une union.

[1991, c. 64, a. 3096; 2002, c. 6, a. 64].

▌ C.C.Q., 502, 511, 517, 585-596, 3094.

that law, the applicable law is that of the domicile of the debtor.

[1991, c. 64, a. 3094].

3095. No claim of support of a collateral relation or a person connected by marriage or a civil union is admissible if, under the law of his domicile, there is no obligation for the debtor to provide support to the plaintiff.

[1991, c. 64, a. 3095; 2002, c. 6, s. 235].

3096. The obligation of support between spouses who are divorced or separated from bed and board, between spouses whose civil union is dissolved or spouses whose marriage or union has been declared null is governed by the law applicable to the divorce, separation from bed and board, dissolution of the civil union or annulment of the marriage or civil union.

[1991, c. 64, a. 3096; [2002, c. 6, s. 64].

Chapitre II ⸺
Du statut réel

Chapter II ⸺
Status of property

SECTION I ⸺
DISPOSITION GÉNÉRALE

SECTION I ⸺
GENERAL PROVISION

3097. Les droits réels ainsi que leur publicité sont régis par la loi du lieu de la situation du bien qui en fait l'objet.

Cependant, les droits réels sur des biens en transit sont régis par la loi de l'État du lieu de leur destination.

[1991, c. 64, a. 3097].

▌ C.C.Q., 911-920, 3102, 3103, 3108.6, 3108.8.

3097. Real rights and their publication are governed by the law of the place where the property concerned is situated.

However, real rights on property in transit are governed by the law of the country of their place of destination.

[1991, c. 64, a. 3097].

SECTION II
SPECIAL PROVISIONS

SECTION II
DISPOSITIONS PARTICULIÈRES

§ 1. — Des successions

§ 1. — Successions

3098. Les successions portant sur des meubles sont régies par la loi du dernier domicile du défunt; celles portant sur des immeubles sont régies par la loi du lieu de leur situation.

Cependant, une personne peut désigner, par testament, la loi applicable à sa succession à la condition que cette loi soit celle de l'État de sa nationalité ou de son domicile au moment de la désignation ou de son décès ou, encore, celle de la situation d'un immeuble qu'elle possède†, mais en ce qui concerne cet immeuble seulement.

[1991, c. 64, a. 3098].

▌ C.C.Q., 613-616, 3099-3101, 3109; D.T., 168.

3098. Succession to movable property is governed by the law of the last domicile of the deceased; succession to immovable property is governed by the law of the place where the property is situated.

However, a person may designate, in a will, the law applicable to his succession, provided it is the law of the country of his nationality or of his domicile at the time of the designation or of his death or that of the place where an immovable owned† by him is situated, but only with regard to that immovable.

[1991, c. 64, a. 3098].

3099. La désignation d'une loi applicable à la succession est sans effet dans la mesure où la loi désignée prive, dans une proportion importante, l'époux ou le conjoint uni civilement ou un enfant du défunt d'un droit de nature successorale† auquel il aurait eu droit en l'absence d'une telle désignation.

Elle est aussi sans effet dans la mesure où elle porte atteinte aux régimes successoraux particuliers auxquels certains biens sont soumis par la loi de l'État de leur situation en raison de leur destination économique, familiale ou sociale.

[1991, c. 64, a. 3099; 2002, c. 6, a. 65].

▌ C.C.Q., 3079, 3098 al. 2.

3099. The designation of a law applicable to the succession is without effect to the extent that the law designated deprives the married or civil union spouse or a child of the deceased of a right of succession† to which, but for such designation, he or she would have been entitled.

In addition, the designation has no effect to the extent that it affects special rules of inheritance to which certain categories of property are subject under the law of the country in which they are situated because of their economic, family or social destination.

[1991, c. 64, a. 3099; 2002, c. 6, s. 65].

3100. Dans la mesure où l'application de la loi successorale sur des biens situés à l'étranger† ne peut se réaliser, des correctifs peuvent être apportés à même les biens situés au Québec notamment au moyen d'un rétablissement des parts, d'une nouvelle participation aux dettes ou d'un prélèvement compensatoire constatés par un partage rectificatif.

[1991, c. 64, a. 3100].

3100. To the extent that the law on successions may not be enforced in respect of property situated outside Québec†, corrective measures may be applied to property situated in Québec, in particular, by means of the restoration of shares, a new debt sharing or a compensatory deduction established by a rectified partition.

[1991, c. 64, a. 3100].

▌D.T., 169.

3101. Lorsque la loi régissant la succession du défunt ne pourvoit pas à ce qu'il y ait un administrateur ou un liquidateur capable d'agir au Québec, mais que les héritiers ont des droits à y exercer ou que certains biens de la succession s'y trouvent, il peut lui en être nommé un suivant la loi du Québec.

[1991, c. 64, a. 3101].

▌C.C.Q., 783-807, 1299-1370, 3085 al. 2, 3098.

3101. Where the law governing the succession of the deceased does not provide for him to have an administrator or liquidator authorized to act in Québec and the heirs have rights to be exercised in Québec or certain property of the succession is situated in Québec, an administrator or a liquidator may be appointed under the law of Québec.

[1991, c. 64, a. 3101].

§ 2. —— Des sûretés mobilières

§ 2. —— Movable securities

3102. La validité d'une sûreté mobilière est régie par la loi de l'État de la situation du bien qu'elle grève au moment de sa constitution.

La publicité et ses effets sont régis par la loi de l'État de la situation actuelle du bien grevé.

[1991, c. 64, a. 3102].

▌C.C.Q., 2696, 2934, 3097, 3103-3105, 3108.8.

3102. The validity of a movable security is governed by the law of the country in which the property charged with it is situated at the time of creation of the security.

Publication and its effects are governed by the law of the country in which the property charged with the security is currently situated.

[1991, c. 64, a. 3102].

3103. Tout meuble qui n'est pas destiné à rester dans l'État où il se trouve peut être grevé d'une sûreté suivant la loi de l'État de sa destination; cette sûreté peut être publiée suivant la loi de cet État, mais la publicité n'a d'effet que si le bien y parvient effectivement dans les trente jours de la constitution de la sûreté.

[1991, c. 64, a. 3103].

▌C.C.Q., 3097.

3103. Any movable that is not intended to remain in the country in which it is situated may be charged with a security according to the law of the country for which it is destined; the security may be published according to the law of that country, but publication has effect only if the property actually reaches the country within thirty days of the creation of the security.

[1991, c. 64, a. 3103].

3104. La sûreté qui a été publiée selon la loi de l'État où le bien était situé au moment de sa constitution sera réputée publiée au Québec, à compter de la première publication, si elle est publiée au Québec avant que se réalise la première des éventualités suivantes:

3104. A security published according to the law of the country where the property was situated at the time of creation of the security will be deemed to be published in Québec, from the first publication, if it is published in Québec before any of the following events, whichever occurs first:

1° La publicité dans l'État où était situé le bien lors de la constitution de la sûreté cesse d'avoir effet;

2° Un délai de trente jours s'est écoulé depuis le moment où le bien est parvenu au Québec;

3° Un délai de quinze jours s'est écoulé depuis le moment où le créancier a été avisé que le bien est parvenu au Québec.

Toutefois, la sûreté n'est pas opposable à l'acheteur qui a acquis le bien dans le cours des activités du constituant.
[1991, c. 64, a. 3104].

▮ C.C.Q., 2674, 3103, 3108.8.

3105. La validité d'une sûreté grevant un meuble corporel ordinairement utilisé dans plus d'un État ou de celle grevant un meuble incorporel est régie par la loi de l'État où était domicilié le constituant au moment de sa constitution.

La publicité et ses effets sont régis par la loi de l'État du domicile actuel du constituant.

La présente disposition ne s'applique ni à la sûreté grevant un meuble incorporel constaté par un titre au porteur ni à celle publiée par la détention du titre qu'exerce le créancier.
[1991, c. 64, a. 3105; 1998, c. 5, a. 18].

▮ C.C.Q., 3102, 3103, 3106, 3108.2, 3108.8.

3106. La sûreté régie, au moment de sa constitution, par la loi de l'État du domicile du constituant et qui a été publiée, sera réputée publiée au Québec, à compter de la première publication, si elle est publiée au Québec avant que se réalise la première des éventualités suivantes:

1° La publicité dans l'État de l'ancien domicile du constituant cesse d'avoir effet;

(1) the cessation of effect of publication in the country where the property was situated at the time of creation of the security;

(2) the expiry of thirty days from the time the property reaches Québec;

(3) the expiry of fifteen days from the time the creditor is advised that the property has arrived in Québec.

However, the security may not be set up against a buyer who has acquired the property in the ordinary course of the activities of the grantor.
[1991, c. 64, a. 3104; 1992, c. 57, s. 716].

3105. The validity of a security charged on a corporeal movable ordinarily used in more than one country or charged on an incorporeal movable is governed by the law of the country where the grantor was domiciled at the time of creation of the security.

Publication and its effects are governed by the law of the country in which the grantor is currently domiciled.

However, the provisions of this article do not apply to a security encumbering an incorporeal movable established by a title in bearer form or to a security published by the holding of the title exercised by the creditor.
[1991, c. 64, a. 3105; 1992, c. 57, s. 716; 1998, c. 5, s. 18].

3106. A security which, when it is created, is governed by the law of the country where the grantor is then domiciled and which has been published will be deemed to have been published in Québec, from the first publication, provided it is published in Québec before any of the following events, whichever occurs first:

(1) the cessation of effect of publication in the country where the grantor was formerly domiciled;

2° Un délai de trente jours s'est écoulé depuis le moment où le constituant a établi son nouveau domicile au Québec;

3° Un délai de quinze jours s'est écoulé depuis que le créancier a été avisé du nouveau domicile du constituant au Québec.

Toutefois, la sûreté n'est pas opposable à l'acheteur qui a acquis le bien dans le cours† des activités du constituant.

[1991, c. 64, a. 3106].

▌ C.C.Q., 2674, 3103, 3104.

(2) the expiry of thirty days from the time the grantor established his new domicile in Québec;

(3) the expiry of fifteen days from the time the creditor was advised of the new domicile of the grantor in Québec.

However, the security may not be set up against a buyer who has acquired the property in the ordinary† course of the activities of the grantor.

[1991, c. 64, a. 3106].

§ 3. —— De la fiducie

§ 3. —— Trusts

3107. À défaut d'une loi désignée expressément dans l'acte ou dont la désignation résulte d'une façon certaine des dispositions de cet acte, ou si la loi désignée ne connaît pas l'institution, la loi applicable à la fiducie créée par acte juridique est celle qui présente avec la fiducie les liens les plus étroits.

Afin de déterminer la loi applicable, il est tenu compte, notamment, du lieu où la fiducie est administrée, de la situation des biens, de la résidence ou de l'établissement du fiduciaire, de la finalité de la fiducie et des lieux où celle-ci s'accomplit.

Un élément de la fiducie susceptible d'être isolé, notamment son administration, peut être régi par une loi distincte.

[1991, c. 64, a. 3107].

▌ C.C.Q., 1260.

3107. Where no law is expressly designated by, or may be inferred with certainty from, the terms of the act creating a trust, or where the law designated does not recognize the institution, the applicable law is that with which the trust is most closely connected.

To determine the applicable law, account is taken in particular of the place of administration of the trust, the place where the trust property is situated, the residence or the establishment of the trustee, the objects of the trust and the places where they are to be fulfilled.

Any severable aspect of a trust, particularly its administration, may be governed by a different law.

[1991, c. 64, a. 3107].

3108. La loi qui régit la fiducie détermine si la question soumise concerne sa validité ou son administration.

Cette loi détermine également la possibilité et les conditions de son remplacement, ainsi que du remplacement de la loi applicable à un élément de la fiducie susceptible d'être isolé, par la loi d'un autre État.

[1991, c. 64, a. 3108].

▌ C.C.Q., 3078, 3107.

3108. The law governing the trust determines whether the question to be resolved concerns the validity or the administration of the trust.

It also determines whether that law or the law governing a severable aspect of the trust may be replaced by the law of another country and, if so, the conditions of replacement.

[1991, c. 64, a. 3108].

§ 4. — Des valeurs mobilières et titres intermédiés sur actifs financiers

§ 4. — Securities and Security Entitlements to Financial Assets

3108.1. La validité d'une valeur mobilière est régie par la loi de l'État en vertu de laquelle l'émetteur est constitué ou, lorsque l'émission de la valeur est le fait d'un État, par la loi de cet État.

[2008, c. 20, a. 139].

❚ C.C.Q., 3108.2, 3108.4, 3108.5, 3108.8.

3108.1. The validity of a security is governed by the law of the country under which the issuer is constituted or, if the security is issued by a country, by the law of that country.

[2008, c. 20, s. 139].

3108.2. Les questions suivantes sont régies par la loi de l'État en vertu de laquelle l'émetteur est constitué ou, si la loi de cet État le permet, par toute autre loi désignée, le cas échéant, par l'émetteur :

1° les droits et obligations de l'émetteur relativement à l'inscription du transfert d'une valeur mobilière sur ses registres et la validité de cette inscription;

2° les obligations de l'émetteur, s'il en a, envers une personne qui fait valoir des revendications relativement à une valeur mobilière qu'il a émise;

3° l'existence de revendications à l'encontre d'une personne à l'égard de laquelle le transfert d'une valeur mobilière est inscrit sur les registres de l'émetteur ou qui obtient la maîtrise d'une valeur mobilière sans certificat qu'il a émise.

Lorsque l'émetteur est constitué en vertu de la loi d'un État qui comprend plusieurs unités territoriales ayant des compétences législatives distinctes, la loi applicable est celle qui est en vigueur dans l'unité territoriale où est situé le siège de l'émetteur ou, si la loi de l'État qui comprend les unités territoriales le permet, toute autre loi désignée, le cas échéant, par l'émetteur.

[2008, c. 20, a. 139].

❚ C.C.Q., 3083, 3108.1, 3108.3-3108.6.

3108.2. The following matters are governed by the law of the country under which the issuer is constituted or, if permitted by the law of that country, by another law specified by the issuer:

(1) the rights and duties of the issuer with respect to the registration of transfer of a security on its books, and the validity of the registration;

(2) whether the issuer owes any duty to an adverse claimant to a security issued by the issuer; and

(3) whether an adverse claim may be asserted against a person to whom the transfer of a security is registered in the records of the issuer or who obtains control of an uncertificated security issued by the issuer.

If the issuer is constituted under the law of a country that comprises several territorial units having different legislative jurisdictions, the applicable law is the law in force in the territorial unit where the issuer has its head office or, if permitted by the law of the country that comprises the territorial units, another law specified by the issuer.

[2008, c. 20, s. 139].

3108.3. Nonobstant l'article 3108.2, les questions qui y sont visées sont régies, lorsque l'émetteur est un État, par la loi de cet État ou, si cette loi le permet, par la loi désignée, le cas échéant, par cet État.

[2008, c. 20, a. 139].

3108.3. Despite article 3108.2, if the issuer is a country, the matters listed in that article are governed by the law of that country or, if the law of that country so permits, by the law specified by that country.

[2008, c. 20, s. 139].

■ C.C.Q., 3108.2, 3108.4, 3108.5.

3108.4. L'État du Québec, de même que tout émetteur constitué en vertu d'une loi du Québec, peuvent désigner la loi applicable aux questions visées à l'article 3108.2.

[2008, c. 20, a. 139].

■ C.C.Q., 3108.2, 3108.3.

3108.4. Québec as an issuer and any issuer constituted under a law of Québec may specify the law governing the matters listed in article 3108.2.

[2008, c. 20, s. 139].

3108.5. L'opposabilité d'une valeur mobilière à l'émetteur malgré l'existence de vices ou de moyens de défense qu'il peut faire valoir et qui relèvent de questions autres que celles qui sont visées aux articles 3108.1 et 3108.2 est régie par la loi de l'État en vertu de laquelle l'émetteur est constitué ou, lorsque l'émetteur est constitué en vertu de la loi d'un État qui comprend plusieurs unités territoriales ayant des compétences législatives distinctes, par la loi de l'unité territoriale où est situé le siège de l'émetteur.

Lorsque l'émetteur est un État, la loi applicable est celle de cet État. Lorsque l'État émetteur comprend plusieurs unités territoriales ayant des compétences législatives distinctes, la loi applicable est celle de cet État ou toute autre loi désignée, le cas échéant, par ce même État.

[2008, c. 20, a. 139].

■ C.C.Q., 3108.1-3108.3.

3108.5. Whether a security is enforceable against the issuer despite a defect or defence related to matters other than those listed in articles 3108.1 and 3108.2 is governed by the law of the country under which the issuer is constituted or, if the issuer is constituted under the law of a country that comprises several territorial units having different legislative jurisdictions, by the law of the territorial unit in which the issuer has its head office.

If the issuer is a country, the applicable law is the law of that country. If the issuer is a country that comprises several territorial units having different legislative jurisdictions, the applicable law is the law of that country or any other law specified by that country.

[2008, c. 20, s. 139].

3108.6. La loi de l'État de la situation d'un certificat de valeur mobilière au moment de la livraison de ce certificat détermine si la valeur mobilière qu'il représente peut faire l'objet de revendications à l'encontre de la personne à qui le certificat est livré.

[2008, c. 20, a. 139].

■ C.C.Q., 1717, 3097, 3108.2.

3108.6. The law of the country in which a security certificate is located at the time of its delivery determines whether an adverse claim to the security it represents may be asserted against a person to whom the security certificate is delivered.

[2008, c. 20, s. 139].

3108.7. À moins qu'un acte juridique régissant le compte de titres ne désigne expressément la loi qui leur est applicable, les questions suivantes sont régies par la loi désignée expressément dans l'acte juridique régissant le compte de titres tenu par l'intermédiaire en valeurs mobilières pour le titulaire du compte comme étant la loi applicable à cet acte: :

3108.7. The law expressly specified in a juridical act governing a securities account maintained for an entitlement holder by a securities intermediary as the law applicable to that act governs the following matters, unless the act specifies another law as the law applicable to them:

1° l'obtention d'un titre intermédié sur des actifs financiers auprès de l'intermédiaire en valeurs mobilières;

(1) acquisition of a security entitlement from the securities intermediary;

2° les droits et obligations de l'intermédiaire en valeurs mobilières ou du titulaire du compte relativement à un titre intermédié;

(2) the rights and duties of the securities intermediary and the entitlement holder arising out of the security entitlement;

3° les obligations de l'intermédiaire en valeurs mobilières, s'il en a, envers une personne qui fait valoir des revendications relativement à un titre intermédié;

(3) whether the securities intermediary owes any duty to a person who has an adverse claim to a security entitlement; and

4° l'existence de revendications à l'encontre d'une personne qui obtient un titre intermédié auprès de l'intermédiaire en valeurs mobilières ou qui acquiert de son titulaire des droits sur un tel titre.

(4) whether an adverse claim may be asserted against a person who acquires a security entitlement from the securities intermediary or who acquires rights in a security entitlement from the entitlement holder.

En l'absence de toute désignation dans un acte juridique régissant le compte de titres, la loi applicable est celle de l'État de la situation de l'établissement mentionné expressément dans un tel acte comme étant le lieu où est tenu le compte de titres ou, si cet établissement n'y est pas expressément mentionné, de l'établissement où, selon un relevé de compte, se trouve le compte du titulaire du titre. Si le relevé de compte ne permet pas de la déterminer, la loi applicable est celle de l'État dans lequel est situé le centre de décision de l'intermédiaire en valeurs mobilières.

[2008, c. 20, a. 139].

If no law is specified in a juridical act governing a securities account, the applicable law is the law of the country in which the establishment expressly mentioned in such an act as being the place where the securities account is maintained is located or, if no establishment is expressly specified in such an act, the law of the country in which the establishment identified in an account statement as the establishment serving the entitlement holder's account is located. If no law may be determined on the basis of the account statement, the applicable law is the law of the country in which the decision-making centre of the securities intermediary is located.

[2008, c. 20, s. 139].

▌ C.C.Q., 3108.8.

3108.8. La validité d'une sûreté grevant une valeur mobilière ou un titre intermédié sur un actif financier, de même que la publicité de la sûreté et les effets de cette publicité, sont régis par l'une ou l'autre des lois qui suivent, déterminée, quant à la validité de la sûreté, au moment de la constitution de celle-ci :

3108.8. The validity of a security encumbering a security or security entitlement to a financial asset, the publication of the encumbering security and the effects of publication are governed by the following laws, determined, with respect to the validity of the encumbering security, at the time of its creation:

1° la loi de l'État de la situation du certificat de valeur mobilière, lorsque la sûreté grève une valeur mobilière représentée par un certificat;

(1) in the case of a certificated security, the law of the country in which the security certificate is located;

2° la loi régissant les questions visées à l'article 3108.2 relatives, entre autres, à

(2) in the case of an uncertificated security, the law governing the matters listed in

certains droits et obligations de l'émetteur, lorsque la sûreté grève une valeur mobilière non représentée par un certificat;

3° la loi régissant l'obtention d'un titre intermédié auprès de l'intermédiaire en valeurs mobilières, lorsque la sûreté grève un titre intermédié sur un actif financier.

La publicité de la sûreté au moyen de l'inscription, ainsi que la question de savoir si une sûreté sans dépossession constituée[1] par un intermédiaire en valeurs mobilières est considérée publiée par sa seule constitution, sont toutefois régies par la loi de l'État du domicile du constituant.

[2008, c. 20, a. 139].

Note 1 : Comp. a. 2701.1 ("constituted").

❚ C.C.Q., 3102, 3105, 3108.2, 3108.7.

article 3108.2 relating, among other things, to certain rights and duties of the issuer; and

(3) in the case of a security entitlement to a financial asset, the law governing acquisition of a security entitlement from a securities intermediary.

However, whether an encumbering security is published by registration and whether an encumbering security without delivery granted[1] by a securities intermediary is considered to be published by the sole fact of its being granted are governed by the law of the country in which the grantor is domiciled.

[2008, c. 20, s. 139].

Chapitre III
Du statut des obligations

SECTION I
DISPOSITIONS GÉNÉRALES

§ 1. — De la forme des actes juridiques

3109. La forme d'un acte juridique est régie par la loi du lieu où il est passé.

Est néanmoins valable l'acte qui est fait dans la forme prescrite par la loi applicable au fond de cet acte ou par celle du lieu où, lors de sa conclusion, sont situés les biens qui en font l'objet ou, encore, par celle du domicile de l'une des parties lors de la conclusion de l'acte.

Une disposition testamentaire peut, en outre, être faite dans la forme prescrite par la loi du domicile ou de la nationalité du testateur soit au moment où il a disposé, soit au moment de son décès.

[1991, c. 64, a. 3109].

❚ C.C.Q., 3088 al. 2, 3110, 3117.

Chapter III
Status of obligations

SECTION I
GENERAL PROVISIONS

§ 1. — Form of juridical acts

3109. The form of a juridical act is governed by the law of the place where it is made.

A juridical act is nevertheless valid if it is made in the form prescribed by the law applicable to the content of the act, by the law of the place where the property which is the object of the act is situated when it is made or by the law of the domicile of one of the parties when the act is made.

A testamentary disposition may be made in the form prescribed by the law of the domicile or nationality of the testator either at the time of the disposition or at the time of his death.

[1991, c. 64, a. 3109].

3110. Un acte peut être reçu hors du Québec par un notaire du Québec lorsqu'il porte sur un droit réel dont l'objet est situé au Québec, ou lorsque l'une des parties y a son domicile.

[1991, c. 64, a. 3110].

❚ C.C.Q., 3109.

3110. An act may be made outside Québec before a Québec notary if it pertains to a real right the object of which is situated in Québec or if one of the parties is domiciled in Québec.

[1991, c. 64, a. 3110].

§ 2. — Du fond des actes juridiques

§ 2. — Content of juridical acts

3111. L'acte juridique, qu'il présente ou non un élément d'extranéité, est régi par la loi désignée expressément dans l'acte ou dont la désignation résulte d'une façon certaine des dispositions de cet acte.

Néanmoins, s'il ne présente aucun élément d'extranéité, il demeure soumis aux dispositions impératives de la loi de l'État qui s'appliquerait en l'absence de désignation.

On peut désigner expressément la loi applicable à la totalité ou à une partie seulement d'un acte juridique.

[1991, c. 64, a. 3111].

❚ C.C.Q., 1426, 1434, 3112, 3114-3119, 3121, 3122, 3129, 3133.

3111. A juridical act, whether or not it contains any foreign element, is governed by the law expressly designated in the act or the designation of which may be inferred with certainty from the terms of the act.

A juridical act containing no foreign element remains, nevertheless, subject to the mandatory provisions of the law of the country which would apply if none were designated.

The law of a country may be expressly designated as applicable to the whole or a part only of a juridical act.

[1991, c. 64, a. 3111].

3112. En l'absence de désignation de la loi dans l'acte ou si la loi désignée rend l'acte juridique invalide, les tribunaux appliquent la loi de l'État qui, compte tenu de la nature de l'acte et des circonstances qui l'entourent, présente les liens les plus étroits avec cet acte.

[1991, c. 64, a. 3112].

❚ C.C.Q., 1426, 3111, 3113.

3112. If no law is designated in the act or if the law designated invalidates the juridical act, the courts apply the law of the country with which the act is most closely connected, in view of its nature and the attendant circumstances.

[1991, c. 64, a. 3112].

3113. Les liens les plus étroits sont présumés exister avec la loi de l'État dans lequel la partie qui doit fournir la prestation caractéristique de l'acte a sa résidence ou, si celui-ci est conclu dans le cours des activités d'une entreprise, son établissement.

[1991, c. 64, a. 3113].

❚ C.C.Q., 3112.

3113. A juridical act is presumed to be most closely connected with the law of the country where the party who is to perform the prestation which is characteristic of the act has his residence or, if the act is made in the ordinary course of business of an enterprise, his establishment.

[1991, c. 64, a. 3113].

SECTION II —
SPECIAL PROVISIONS

SECTION II —
DISPOSITIONS PARTICULIÈRES

§ 1. — De la vente

3114. En l'absence de désignation par les parties, la vente d'un meuble corporel est régie par la loi de l'État où le vendeur avait sa résidence ou, si la vente est conclue dans le cours des activités d'une entreprise, son établissement, au moment de la conclusion du contrat. Toutefois, la vente est régie par la loi de l'État où l'acheteur avait sa résidence ou son établissement, au moment de la conclusion du contrat, dans l'un ou l'autre des cas suivants:

1° Des négociations ont été menées et le contrat a été conclu dans cet État;

2° Le contrat prévoit expressément que l'obligation de délivrance doit être exécutée dans cet État;

3° Le contrat est conclu sous les conditions fixées principalement par l'acheteur, en réponse à un appel d'offres.

En l'absence de désignation par les parties, la vente d'un immeuble est régie par la loi de l'État où il est situé.

[1991, c. 64, a. 3114].

▌C.C.Q., 1708-1805, 3111, 3112, 3115.

3115. En l'absence de désignation par les parties, la vente aux enchères ou la vente réalisée dans un marché de bourse est régie par la loi de l'État où sont effectuées les enchères ou celle de l'État où se trouve la bourse.

[1991, c. 64, a. 3115].

▌C.C.Q., 1757-1766, 3111, 3114, 3076, 3079.

§ 2. — De la représentation conventionnelle

3116. L'existence et l'étendue des pouvoirs du représentant dans ses relations avec un tiers, ainsi que les conditions auxquelles sa responsabilité ou celle du représenté peut être engagée, sont régies par la

§ 1. — Sale

3114. If no law is designated by the parties, the sale of a corporeal movable is governed by the law of the country where the seller had his residence or, if the sale is made in the ordinary course of business of an enterprise, his establishment, at the time of formation of the contract. However, the sale is governed by the law of the country in which the buyer had his residence or his establishment at the time of formation of the contract in any of the following cases:

(1) negotiations have taken place and the contract has been formed in that country;

(2) the contract provides expressly that delivery shall be made in that country;

(3) the contract is formed on terms determined mainly by the buyer, in response to a call for tenders.

If no law is designated by the parties, the sale of immovable property is governed by the law of the country where it is situated.

[1991, c. 64, a. 3114].

3115. Failing any designation by the parties, a sale by auction or on a stock exchange is governed by the law of the country where the auction takes place or the exchange is situated.

[1991, c. 64, a. 3115].

§ 2. — Conventional representation

3116. The existence and scope of the powers of a representative in his relations with a third person and the conditions under which his personal liability or that of the person he represents may be incurred are

loi désignée expressément par le représenté et le tiers ou, à défaut, par la loi de l'État où le représentant a agi si le représenté ou le tiers a son domicile ou sa résidence dans cet État.

[1991, c. 64, a. 3116].

governed by the law expressly designated by the person represented and the third person or, where none is designated, by the law of the country in which the representative acted if the person he represents or the third person has his domicile or residence in that country.

[1991, c. 64, a. 3116].

■ C.C.Q., 2130-2137, 2157-2165, 3111-3113, 3118, 3126.

§ 3. — Du contrat de consommation

§ 3. — Consumer contract

3117. Le choix par les parties de la loi applicable au contrat de consommation ne peut avoir pour résultat de priver le consommateur de la protection que lui assurent les dispositions impératives de la loi de l'État où il a sa résidence si la conclusion du contrat a été précédée, dans ce lieu, d'une offre spéciale ou d'une publicité et que les actes nécessaires à sa conclusion y ont été accomplis par le consommateur, ou encore, si la commande de ce dernier y a été reçue.

Il en est de même lorsque le consommateur a été incité par son cocontractant à se rendre dans un État étranger afin d'y conclure le contrat.

En l'absence de désignation par les parties, la loi de la résidence du consommateur est, dans les mêmes circonstances, applicable au contrat de consommation.

[1991, c. 64, a. 3117].

3117. The choice by the parties of the law applicable to a consumer contract does not result in depriving the consumer of the protection to which he is entitled under the mandatory provisions of the law of the country where he has his residence if the formation of the contract was preceded by a special offer or an advertisement in that country and the consumer took all the necessary steps for the formation of the contract in that country or if the order was received from the consumer in that country.

The same rule also applies where the consumer was induced by the other contracting party to travel to a foreign country for the purpose of forming the contract.

If no law is designated by the parties, the law of the place where the consumer has his residence is, in the same circumstances, applicable to the consumer contract.

[1991, c. 64, a. 3117].

■ C.C.Q., 1384, 3112-3114, 3149.

§ 4. — Du contrat de travail

§ 4. — Contract of employment

3118. Le choix par les parties de la loi applicable au contrat de travail ne peut avoir pour résultat de priver le travailleur de la protection que lui assurent les dispositions impératives de la loi de l'État où il accomplit habituellement son travail, même s'il est affecté à titre temporaire dans un autre État ou, s'il n'accomplit pas habituellement son travail dans un même État, de la loi de l'État où son employeur a son domicile ou son établissement.

3118. The designation by the parties of the law applicable to a contract of employment does not result in depriving the worker of the protection to which he is entitled under the mandatory provisions of the law of the country where the worker habitually carries on his work, even if he is on temporary assignment in another country or, if the worker does not habitually carry on his work in any one country, the mandatory provisions of the law of the

En l'absence de désignation par les parties, la loi de l'État où le travailleur accomplit habituellement son travail ou la loi de l'État où son employeur a son domicile ou son établissement sont, dans les mêmes circonstances, applicables au contrat de travail.

[1991, c. 64, a. 3118].

▌ C.C.Q., 2085-2097, 3111, 3149.

country where his employer has his domicile or establishment.

If no law is designated by the parties, the law of the country where the worker habitually carries on his work or the law of the country where his employer has his domicile or establishment is, in the same circumstances, applicable to the contract of employment.

[1991, c. 64, a. 3118].

§ 5. — Du contrat d'assurance terrestre

3119. Malgré toute convention contraire, le contrat d'assurance qui porte sur un bien ou un intérêt situé au Québec ou qui est souscrit au Québec par une personne qui y réside, est régi par la loi du Québec dès lors que le preneur en fait la demande au Québec ou que l'assureur y signe ou y délivre la police.

De même, le contrat d'assurance collective de personnes est régi par la loi du Québec, lorsque l'adhérent a sa résidence au Québec au moment de son adhésion.

Toute somme due en vertu d'un contrat d'assurance régi par la loi du Québec est payable au Québec.

[1991, c. 64, a. 3119].

▌ C.C.Q., 2389-2504, 3111-3113, 3150.

§ 5. — Contract of non-marine insurance

3119. Notwithstanding any agreement to the contrary, a contract of insurance respecting property or an interest situated in Québec or subscribed in Québec by a person resident in Québec is governed by the law of Québec if the policyholder applies therefor in Québec or the insurer signs or delivers the policy in Québec.

Similarly, a contract of group insurance of persons is governed by the law of Québec where the participant has his residence in Québec at the time he becomes a participant.

Any sum due under a contract of insurance governed by the law of Québec is payable in Québec.

[1991, c. 64, a. 3119; 1992, c. 57, s. 716].

§ 6. — De la cession de créance

3120. Le caractère cessible de la créance, ainsi que les rapports entre le cessionnaire et le débiteur cédé, sont soumis à la loi qui régit les rapports entre le cédé et le cédant.

[1991, c. 64, a. 3120].

▌ C.C.Q., 1637-1650, 3111-3113.

§ 6. — Assignment of claim

3120. The assignability of a claim and relations between the assignee and the assigned debtor are governed by the law governing relations between the assigned debtor and the assignor.

[1991, c. 64, a. 3120].

§ 7. —
De l'arbitrage

3121. En l'absence de désignation par les parties, la convention d'arbitrage est régie par la loi applicable au contrat principal ou, si cette loi a pour effet d'invalider la convention, par la loi de l'État où l'arbitrage se déroule.

[1991, c. 64, a. 3121].

▌C.C.Q., 2638-2643, 3133, 3148, 3165, 3168.

§ 7. — Arbitration

3121. Failing any designation by the parties, an arbitration agreement is governed by the law applicable to the principal contract or, where that law invalidates the agreement, by the law of the country where arbitration takes place.

[1991, c. 64, a. 3121].

§ 8. — Du régime matrimonial
ou d'union civile

3122. La loi applicable au régime matrimonial ou d'union civile conventionnel est déterminée par les règles générales applicables au fond des actes juridiques.

[1991, c. 64, a. 3122; 2002, c. 6, a. 67].

▌C.C.Q., 431-492, 3109-3112.

§ 8. — Matrimonial or civil
union regime

3122. The law applicable to a conventional matrimonial or civil union regime is determined according to the general rules applicable to the content of juridical acts.

[1991, c. 64, a. 3122; 2002, c. 6, s. 67].

3123. Le régime matrimonial ou d'union civile des conjoints qui se sont unis sans passer de conventions matrimoniales ou d'union civile est régi par la loi de leur domicile au moment de leur union.

Lorsque les conjoints sont alors domiciliés dans des États différents, la loi de leur première résidence commune s'applique ou, à défaut, la loi de leur nationalité commune ou, à défaut, la loi du lieu de la célébration de leur union.

[1991, c. 64, a. 3123; 2002, c. 6, a. 68].

▌C.C.Q., 432, 448-484.

3123. The matrimonial or civil union regime of spouses who have not entered into matrimonial or civil union agreements is governed by the law of their country of domicile at the time of their marriage or civil union.

If the spouses are at that time domiciled in different countries, the applicable law is the law of their first common residence or, failing that, the law of their common nationality or, failing that, the law of the place of solemnization of their marriage or civil union.

[1991, c. 64, a. 3123; 2002, c. 6, s. 68].

3124. La validité d'une modification conventionnelle du régime matrimonial ou d'union civile est régie par la loi du domicile des conjoints au moment de la modification.

Si les conjoints sont alors domiciliés dans des États différents, la loi applicable est celle de leur résidence commune ou, à défaut, la loi qui gouverne leur régime.

[1991, c. 64, a. 3124; 2002, c. 6, a. 69].

3124. The validity of any agreed change to a matrimonial or civil union regime is governed by the law of the domicile of the spouses at the time of the change.

If the spouses are at that time domiciled in different countries, the applicable law is the law of their common residence or, failing that, the law governing their matrimonial or civil union regime.

[1991, c. 64, a. 3124; 2002, c. 6, s. 69].

▌ C.C.Q., 433, 438, 441, 3122, 3123.

§ 9. — De certaines autres sources de l'obligation

§ 9. — Certain other sources of obligations

3125. Les obligations fondées sur la gestion d'affaires, la réception de l'indu ou l'enrichissement injustifié sont régies par la loi du lieu de survenance du fait† dont elles résultent.

[1991, c. 64, a. 3125].

▌ C.C.Q., 1482-1496.

3125. Obligations based on management of the business of another, reception of a thing not due or unjust enrichment are governed by the law of the place of occurrence of the act† from which they derive.

[1991, c. 64, a. 3125].

§ 10. — De la responsabilité civile

§ 10. — Civil liability

3126. L'obligation de réparer le préjudice causé à autrui est régie par la loi de l'État où le fait† générateur du préjudice est survenu. Toutefois, si le préjudice est apparu dans un autre État, la loi de cet État s'applique si l'auteur devait prévoir que le préjudice s'y manifesterait.

Dans tous les cas, si l'auteur et la victime ont leur domicile ou leur résidence dans le même État, c'est la loi de cet État qui s'applique.

[1991, c. 64, a. 3126].

▌ C.C.Q., 1457-1481, 3127-3129.

3126. The obligation to make reparation for injury caused to another is governed by the law of the country where the injurious act† occurred. However, if the injury appeared in another country, the law of the latter country is applicable if the person who committed the injurious act† should have foreseen that the damage would occur.

In any case where the person who committed the injurious act† and the victim have their domiciles or residences in the same country, the law of that country applies.

[1991, c. 64, a. 3126].

3127. Lorsque l'obligation de réparer un préjudice résulte de l'inexécution d'une obligation contractuelle, les prétentions fondées sur l'inexécution sont régies par la loi applicable au contrat.

[1991, c. 64, a. 3127].

▌ C.C.Q., 1433-1456, 3111, 3112, 3126, 3128.

3127. Where an obligation to make reparation for injury arises from nonperformance of a contractual obligation, claims based on the nonperformance are governed by the law applicable to the contract.

[1991, c. 64, a. 3127].

3128. La responsabilité du fabricant d'un bien meuble, quelle qu'en soit la source, est régie, au choix de la victime:

1° Par la loi de l'État dans lequel le fabricant a son établissement ou, à défaut, sa résidence;

3128. The liability of the manufacturer of a movable, whatever the source thereof, is governed, at the choice of the victim,

(1) by the law of the country where the manufacturer has his establishment or, failing that, his residence, or

2° Par la loi de l'État dans lequel le bien a été acquis.

[1991, c. 64, a. 3128].

▌ C.C.Q., 1468, 1469, 3117, 3126, 3129.

(2) by the law of the country where the movable was acquired.

[1991, c. 64, a. 3128].

3129. Les règles du présent code s'appliquent de façon impérative à la responsabilité civile pour tout préjudice subi au Québec ou hors du Québec et résultant soit de l'exposition à une matière première provenant du Québec, soit de son utilisation, que cette matière première ait été traitée ou non.

[1991, c. 64, a. 3129].

▌ C.C.Q., 3076, 3126, 3128, 3151, 3165.

3129. The application of the rules of this Code is imperative in matters of civil liability for damage suffered in or outside Québec as a result of exposure to or the use of raw materials, whether processed or not, originating in Québec.

[1991, c. 64, a. 3129].

§ 11. — De la preuve

§ 11. — Evidence

3130. La preuve est régie par la loi qui s'applique au fond du litige, sous réserve des règles du tribunal saisi qui sont plus favorables à son établissement.

[1991, c. 64, a. 3130].

▌ C.C.Q., 2809, 2822-2825, 3132.

3130. Evidence is governed by the law applicable to the merits of the dispute, subject to any rules of the court seised of the matter which are more favourable to the establishment of evidence.

[1991, c. 64, a. 3130].

§ 12. — De la prescription

§ 12. — Prescription

3131. La prescription est régie par la loi qui s'applique au fond du litige.

[1991, c. 64, a. 3131].

▌ C.C.Q., 2875-2933.

3131. Prescription is governed by the law applicable to the merits of the dispute.

[1991, c. 64, a. 3131].

Chapitre IV — Du statut de la procédure

Chapter IV — Status of procedure

3132. La procédure est régie par la loi du tribunal saisi.

[1991, c. 64, a. 3132].

▌ C.C.Q., 3133.

3132. Procedure is governed by the law of the court seised of the matter.

[1991, c. 64, a. 3132].

3133. La procédure de l'arbitrage est régie par la loi de l'État où il se déroule lorsque les parties n'ont pas désigné soit la loi

3133. Arbitration proceedings are governed by the law of the country where arbitration takes place unless either the law

d'un autre État, soit un règlement d'arbitrage institutionnel ou particulier.

[1991, c. 64, a. 3133].

■ C.C.Q., 3132; C.P.C., 940-951.2.

of another country or an institutional or special arbitration procedure has been designated by the parties.

[1991, c. 64, a. 3133; 1992, c. 57, s. 716].

Titre 3 ——
DE LA COMPÉTENCE INTERNATIONALE
DES AUTORITÉS DU QUÉBEC

Title 3 ——
INTERNATIONAL JURISDICTION OF
QUÉBEC AUTHORITIES

Chapitre I ——
Dispositions générales

Chapter I ——
General provisions

3134. En l'absence de disposition particulière, les autorités du Québec sont compétentes lorsque le défendeur a son domicile au Québec.

[1991, c. 64, a. 3134].

■ C.C.Q., 3135; C.P.C., 68.

3134. In the absence of any special provision, the Québec authorities have jurisdiction when the defendant is domiciled in Québec.

[1991, c. 64, a. 3134].

3135. Bien qu'elle soit compétente pour connaître d'un litige, une autorité du Québec peut, exceptionnellement et à la demande d'une partie, décliner cette compétence si elle estime que les autorités d'un autre État sont mieux à même de trancher le litige.

[1991, c. 64, a. 3135].

■ C.C.Q., 3082, 3137, 3138.

3135. Even though a Québec authority has jurisdiction to hear a dispute, it may exceptionally and on an application by a party, decline jurisdiction if it considers that the authorities of another country are in a better position to decide.

[1991, c. 64, a. 3135].

3136. Bien qu'une autorité québécoise ne soit pas compétente pour connaître d'un litige, elle peut, néanmoins, si une action à l'étranger† se révèle impossible ou si on ne peut† exiger qu'elle y soit introduite, entendre le litige si celui-ci présente un lien suffisant avec le Québec.

[1991, c. 64, a. 3136].

Note : Comp. a. 3110.

■ C.C.Q., 3134.

3136. Even though a Québec authority has no jurisdiction to hear a dispute, it may hear it, if the dispute has a sufficient connection with Québec, where proceedings cannot possibly be instituted outside Québec† or where the institution of such proceedings outside Québec cannot reasonably† be required.

[1991, c. 64, a. 3136].

3137. L'autorité québécoise, à la demande d'une partie, peut, quand une action est introduite devant elle, surseoir à statuer si une autre action entre les mêmes parties,

3137. On the application of a party, a Québec authority may stay its ruling on an action brought before it if another action, between the same parties, based on the same

fondée sur les mêmes faits et ayant le même objet, est déjà pendante devant une autorité étrangère, pourvu qu'elle puisse donner lieu à une décision pouvant être reconnue au Québec, ou si une telle décision a déjà été rendue par une autorité étrangère.

[1991, c. 64, a. 3137].

█ C.C.Q., 3135, 3148, 3151, 3152, 3155.

facts and having the same object is pending before a foreign authority, provided that the latter action can result in a decision which may be recognized in Québec, or if such a decision has already been rendered by a foreign authority.

[1991, c. 64, a. 3137].

3138. L'autorité québécoise peut ordonner des mesures provisoires ou conservatoires, même si elle n'est pas compétente pour connaître du fond du litige.

[1991, c. 64, a. 3138].

█ C.C.Q., 3084; C.P.C., 438-447, 813.9, 813.10.

3138. A Québec authority may order provisional or conservatory measures even if it has no jurisdiction over the merits of the dispute.

[1991, c. 64, a. 3138].

3139. L'autorité québécoise, compétente pour la demande principale, est aussi compétente pour la demande incidente ou reconventionnelle.

[1991, c. 64, a. 3139].

█ C.P.C., 172, 199-207.

3139. Where a Québec authority has jurisdiction to rule on the principal demand, it also has jurisdiction to rule on an incidental demand or a cross demand.

[1991, c. 64, a. 3139].

3140. En cas d'urgence ou d'inconvénients sérieux, les autorités québécoises sont compétentes pour prendre les mesures qu'elles estiment nécessaires à la protection d'une personne qui se trouve au Québec ou à la protection de ses biens s'ils y sont situés.

[1991, c. 64, a. 3140].

█ C.C.Q., 3084, 3138, 3141.

3140. In cases of emergency or serious inconvenience, Québec authorities may also take such measures as they consider necessary for the protection of the person or property of a person present in Québec.

[1991, c. 64, a. 3140].

Chapitre II ——
Dispositions particulières

Chapter II ——
Special provisions

SECTION I ——
DES ACTIONS PERSONNELLES À CARACTÈRE EXTRAPATRIMONIAL ET FAMILIAL

SECTION I ——
PERSONAL ACTIONS OF AN EXTRAPATRIMONIAL AND FAMILY NATURE

3141. Les autorités du Québec sont compétentes pour connaître des actions personnelles à caractère extrapatrimonial et familial, lorsque l'une des personnes concernées est domiciliée au Québec.

[1991, c. 64, a. 3141].

█ C.C.Q., 3083-3085, 3134, 3140; C.P.C., 70.

3141. A Québec authority has jurisdiction to hear personal actions of an extrapatrimonial and family nature when one of the persons concerned is domiciled in Québec.

[1991, c. 64, a. 3141].

3142. Les autorités québécoises sont compétentes pour statuer sur la garde d'un enfant pourvu que ce dernier soit domicilié au Québec.

[1991, c. 64, a. 3142].

❚ C.C.Q., 80, 514, 521, 3093, 3140, 3146.

3142. A Québec authority has jurisdiction to rule on the custody of a child provided he is domiciled in Québec.

[1991, c. 64, a. 3142].

3143. Les autorités québécoises sont compétentes pour statuer sur une action en matière d'aliments ou sur la demande de révision d'un jugement étranger rendu en matière d'aliments qui peut être reconnu au Québec lorsque l'une des parties a son domicile ou sa résidence au Québec.

[1991, c. 64, a. 3143].

❚ C.C.Q., 502, 511, 517, 521, 585, 3141.

3143. A Québec authority has jurisdiction to decide cases of support or applications for review of a foreign judgment which may be recognized in Québec respecting support when one of the parties has his domicile or residence in Québec.

[1991, c. 64, a. 3143].

3144. En matière de nullité du mariage et en matière de nullité ou de dissolution de l'union civile, les autorités québécoises sont compétentes lorsque l'un des conjoints a son domicile ou sa résidence au Québec ou que l'union y a été célébrée.

[1991, c. 64, a. 3144; 2002, c. 6, a. 70].

❚ C.C.Q., 380, 3141.

3144. A Québec authority has jurisdiction in matters relating to the nullity of a marriage or the dissolution or nullity of a civil union when the domicile or place of residence of one of the spouses or the place of solemnization of their marriage or civil union is in Québec.

[1991, c. 64, a. 3144; 2002, c. 6, s. 70].

3145. Pour ce qui est des effets du mariage ou de l'union civile, notamment ceux qui s'imposent à tous les conjoints quel que soit leur régime matrimonial ou d'union civile, les autorités québécoises sont compétentes lorsque l'un des conjoints a son domicile ou sa résidence au Québec.

[1991, c. 64, a. 3145; 2002, c. 6, a. 71].

❚ C.C.Q., 391, 3089, 3141, 3143, 3154.

3145. As regards the effects of marriage or a civil union, particularly those that are binding on all spouses regardless of their matrimonial or civil union regime, a Québec authority has jurisdiction when the domicile or place of residence of one of the spouses is in Québec.

[1991, c. 64, a. 3145; 2002, c. 6, s. 71].

3146. Les autorités québécoises sont compétentes pour statuer sur la séparation de corps, lorsque l'un des époux a son domicile ou sa résidence au Québec à la date de l'introduction de l'action.

[1991, c. 64, a. 3146].

❚ C.C.Q., 493, 3090, 3141.

3146. A Québec authority has jurisdiction to rule on separation from bed and board when one of the spouses has his domicile or residence in Québec at the time of the institution of the proceedings.

[1991, c. 64, a. 3146].

3147. Les autorités québécoises sont compétentes, en matière de filiation, si l'enfant ou l'un de ses parents a son domicile au Québec.

En matière d'adoption, elles sont compé-

3147. A Québec authority has jurisdiction in matters of filiation if the child or one of his parents is domiciled in Québec.

It has jurisdiction in matters of adoption if

tentes si l'enfant ou le demandeur est domicilié au Québec.

[1991, c. 64, a. 3147].

▌C.C.Q., 522, 3091, 3092.

the child or plaintiff is domiciled in Québec.

[1991, c. 64, a. 3147].

SECTION II ——
DES ACTIONS PERSONNELLES À CARACTÈRE PATRIMONIAL

SECTION II ——
PERSONAL ACTIONS OF A PATRIMONIAL NATURE

3148. Dans les actions personnelles à caractère patrimonial, les autorités québécoises sont compétentes dans les cas suivants:

1° Le défendeur a son domicile ou sa résidence au Québec;

2° Le défendeur est une personne morale qui n'est pas domiciliée au Québec mais y a un établissement et la contestation est relative à son activité au Québec;

3° Une faute a été commise au Québec, un préjudice y a été subi, un fait† dommageable s'y est produit ou l'une des obligations découlant d'un contrat devait y être exécutée;

4° Les parties, par convention, leur ont soumis les litiges nés ou à naître entre elles à l'occasion d'un rapport de droit déterminé;

5° Le défendeur a reconnu leur compétence.

Cependant, les autorités québécoises ne sont pas compétentes lorsque les parties ont choisi, par convention, de soumettre les litiges nés ou à naître entre elles, à propos d'un rapport juridique déterminé, à une autorité étrangère ou à un arbitre, à moins que le défendeur n'ait reconnu la compétence des autorités québécoises.

[1991, c. 64, a. 3148].

▌C.P.C., 68.

3148. In personal actions of a patrimonial nature, a Québec authority has jurisdiction where

(1) the defendant has his domicile or his residence in Québec;

(2) the defendant is a legal person, is not domiciled in Québec but has an establishment in Québec, and the dispute relates to its activities in Québec;

(3) a fault was committed in Québec, damage was suffered in Québec, an injurious act† occurred in Québec or one of the obligations arising from a contract was to be performed in Québec;

(4) the parties have by agreement submitted to it all existing or future disputes between themselves arising out of a specified legal relationship;

(5) the defendant submits to its jurisdiction.

However, a Québec authority has no jurisdiction where the parties, by agreement, have chosen to submit all existing or future disputes between themselves relating to a specified legal relationship to a foreign authority or to an arbitrator, unless the defendant submits to the jurisdiction of the Québec authority.

[1991, c. 64, a. 3148].

3149. Les autorités québécoises sont, en outre, compétentes pour connaître d'une action fondée sur un contrat de consommation ou sur un contrat de travail si le consommateur ou le travailleur[1] a son domicile ou sa résidence au Québec; la re-

3149. A Québec authority also has jurisdiction to hear an action involving a consumer contract or a contract of employment if the consumer or worker[1] has his domicile or residence in Québec; the waiver of such jurisdiction by the con-

nonciation du consommateur ou du travailleur[1] à cette compétence ne peut lui être
opposée.

[1991, c. 64, a. 3149].

sumer or worker[1] may not be set up
against him.

[1991, c. 64, a. 3149].

Note 1 : Comp. a. 2085.

▌ C.C.Q., 3117, 3118. 3148.

3150. Les autorités québécoises ont également compétence pour décider de l'action
fondée sur un contrat d'assurance lorsque
le titulaire, l'assuré ou le bénéficiaire du
contrat a son domicile ou sa résidence au
Québec, lorsque le contrat porte sur un intérêt d'assurance qui y est situé, ou encore
lorsque le sinistre y est survenu.

[1991, c. 64, a. 3150].

▌ C.C.Q., 2389-2504, 3119, 3148; C.P.C., 69.

3150. A Québec authority has jurisdiction
to hear an action based on a contract of insurance where the holder, the insured or
the beneficiary of the contract is domiciled
or resident in Québec, the contract is related to an insurable interest situated in
Québec or the loss took place in Québec.

[1991, c. 64, a. 3150].

3151. Les autorités québécoises ont compétence exclusive pour connaître en première instance de toute action fondée sur
la responsabilité prévue à l'article 3129.

[1991, c. 64, a. 3151].

▌ C.C.Q., 1457, 3129, 3165.

3151. A Québec authority has exclusive
jurisdiction to hear in first instance all actions founded on liability under article
3129.

[1991, c. 64, a. 3151].

SECTION III —
DES ACTIONS RÉELLES ET MIXTES

SECTION III —
REAL AND MIXED ACTIONS

3152. Les autorités québécoises sont compétentes pour connaître d'une action réelle
si le bien en litige est situé au Québec.

[1991, c. 64, a. 3152].

▌ C.C.Q., 3097.

3152. A Québec authority has jurisdiction
over a real action if the property in dispute
is situated in Québec.

[1991, c. 64, a. 3152].

3153. En matière successorale, les autorités québécoises sont compétentes lorsque
la succession est ouverte au Québec ou
lorsque le défendeur ou l'un des défen-
deurs y a son domicile ou, encore, lorsque
le défunt a choisi le droit québécois pour
régir sa succession.

Elles le sont, en outre, lorsque des biens
du défunt sont situés au Québec et qu'il
s'agit de statuer sur leur dévolution ou leur
transmission.

[1991, c. 64, a. 3153].

▌ C.C.Q., 613-616, 3098; C.P.C., 74.

3153. A Québec authority has jurisdiction
in matters of succession if the succession
opens in Québec, the defendant or one of
the defendants is domiciled in Québec or
the deceased had elected that Québec law
should govern his succession.

It also has jurisdiction if any property of
the deceased is situated in Québec and a
ruling is required as to the devolution or
transmission of the property.

[1991, c. 64, a. 3153].

3154. Les autorités québécoises sont compétentes en matière de régime matrimonial ou d'union civile dans les cas suivants:

1° Le régime est dissout par le décès de l'un des conjoints et les autorités sont compétentes quant à la succession de ce conjoint;

2° L'objet de la procédure ne concerne que des biens situés au Québec.

Dans les autres cas, les autorités québécoises sont compétentes lorsque l'un des conjoints a son domicile ou sa résidence au Québec à la date de l'introduction de l'action.

[1991, c. 64, a. 3154; 2002, c. 6, a. 72].

∎ C.C.Q., 431-492, 3153.

3154. A Québec authority has jurisdiction in matters relating to a matrimonial or civil union regime in the following cases:

(1) the regime is dissolved by the death of one of the spouses and the authority has jurisdiction in respect of the succession of that spouse;

(2) the object of the proceedings relates only to property situated in Québec.

In other cases, a Québec authority has jurisdiction if one of the spouses has his or her domicile or residence in Québec on the date of institution of the proceedings.

[1991, c. 64, a. 3154; 2002, c. 6, s. 72].

TITRE 4 ━━
DE LA RECONNAISSANCE ET DE L'EXÉCUTION DES DÉCISIONS ÉTRANGÈRES ET DE LA COMPÉTENCE DES AUTORITÉS ÉTRANGÈRES

Chapitre I ━━
De la reconnaissance et de l'exécution des décisions étrangères

TITLE 4 ━━
RECOGNITION AND ENFORCEMENT OF FOREIGN DECISIONS AND JURISDICTION OF FOREIGN AUTHORITIES

Chapter I ━━
Recognition and enforcement of foreign decisions

3155. Toute décision rendue hors du Québec est reconnue et, le cas échéant, déclarée exécutoire par l'autorité du Québec, sauf dans les cas suivants:

1° L'autorité de l'État dans lequel la décision a été rendue n'était pas compétente suivant les dispositions du présent titre;

2° La décision, au lieu où elle a été rendue, est susceptible d'un recours ordinaire, ou n'est pas définitive ou exécutoire;

3° La décision a été rendue en violation des principes essentiels de la procédure;

3155. A Québec authority recognizes and, where applicable, declares enforceable any decision rendered outside Québec except in the following cases:

(1) the authority of the country where the decision was rendered had no jurisdiction under the provisions of this Title;

(2) the decision is subject to ordinary remedy or is not final or enforceable at the place where it was rendered;

(3) the decision was rendered in contravention of the fundamental principles of procedure;

4° Un litige entre les mêmes parties, fondé sur les mêmes faits et ayant le même objet, a donné lieu au Québec à une décision passée ou non en force de chose jugée, ou est pendant devant une autorité québécoise, première saisie†[1], ou a été jugé dans un État tiers et la décision remplit les conditions nécessaires pour sa reconnaissance au Québec;

(4) a dispute between the same parties, based on the same facts and having the same object has given rise to a decision rendered in Québec, whether it has acquired the authority of a final judgment (*res judicata*) or not, or is pending before a Québec authority, in first instance†[1], or has been decided in a third country and the decision meets the necessary conditions for recognition in Québec;

5° Le résultat de la décision étrangère est manifestement incompatible avec l'ordre public tel qu'il est entendu dans les relations internationales;

(5) the outcome of a foreign decision is manifestly inconsistent with public order as understood in international relations;

6° La décision sanctionne des obligations découlant des lois fiscales d'un État étranger.

[1991, c. 64, a. 3155].

(6) the decision enforces obligations arising from the taxation laws of a foreign country.

[1991, c. 64, a. 3155].

Note 1 : Comp. O.R.C.C., Livre IX, a. 60. / Comp. C.C.R.O., Book IX, a. 60.

∎ C.C.Q., 574, 3156-3168, 3081; D.T., 170.

3156. Une décision rendue par défaut ne sera reconnue et déclarée exécutoire que si le demandeur prouve que l'acte introductif d'instance a été régulièrement signifié à la partie défaillante, selon la loi du lieu où elle a été rendue.

3156. A decision rendered by default may not be recognized or declared enforceable unless the plaintiff proves that the act of procedure initiating the proceedings was duly served on the defaulting party in accordance with the law of the place where the decision was rendered.

Toutefois, l'autorité pourra refuser la reconnaissance ou l'exécution si la partie défaillante prouve que, compte tenu des circonstances, elle n'a pu prendre connaissance de l'acte introductif d'instance ou n'a pu disposer d'un délai suffisant pour présenter sa défense.

[1991, c. 64, a. 3156].

However, the authority may refuse recognition or enforcement if the defaulting party proves that, owing to the circumstances, he was unable to learn of the act of procedure initiating the proceedings or was not given sufficient time to offer his defence.

[1991, c. 64, a. 3156].

∎ C.C.Q., 3155; D.T., 170.

3157. La reconnaissance ou l'exécution ne peut être refusée pour la seule raison que l'autorité d'origine a appliqué une loi autre que celle qui aurait été applicable, d'après les règles du présent livre.

[1991, c. 64, a. 3157].

3157. Recognition or enforcement may not be refused on the sole ground that the original authority applied a law different from the law that would be applicable under the rules contained in this Book.

[1991, c. 64, a. 3157].

∎ C.C.Q., 574, 3155 (5°); D.T., 170.

3158. L'autorité québécoise se limite à vérifier si la décision dont la reconnaissance ou l'exécution est demandée remplit les

3158. A Québec authority confines itself to verifying whether the decision in respect of which recognition or enforcement

conditions prévues au présent titre, sans procéder à l'examen au fond de cette décision.

[1991, c. 64, a. 3158].

▮ C.C.Q., 3155; D.T., 170.

is sought meets the requirements prescribed in this Title, without entering into any examination of the merits of the decision.

[1991, c. 64, a. 3158].

3159. Si la décision statue sur plusieurs demandes qui sont dissociables, la reconnaissance ou l'exécution peut être accordée partiellement.

[1991, c. 64, a. 3159].

▮ C.C.Q., 3155; D.T., 170.

3159. Recognition or enforcement may be granted partially if the decision deals with several claims that can be dissociated.

[1991, c. 64, a. 3159].

3160. La décision rendue hors du Québec qui accorde des aliments par versements périodiques peut être reconnue et déclarée exécutoire pour les versements échus et à échoir.

[1991, c. 64, a. 3160].

▮ C.C.Q., 3155 (2°); D.T., 170.

3160. A decision rendered outside Québec awarding periodic payments of support may be recognized and declared enforceable in respect of both payments due and payments to become due.

[1991, c. 64, a. 3160].

3161. Lorsqu'une décision étrangère condamne le débiteur au paiement d'une somme d'argent exprimée dans une monnaie étrangère, l'autorité québécoise convertit cette somme en monnaie canadienne, au cours du jour où la décision est devenue exécutoire au lieu où elle a été rendue.

La détermination des intérêts que peut porter une décision étrangère est régie par la loi de l'autorité qui l'a rendue, jusqu'à sa conversion.

[1991, c. 64, a. 3161].

▮ C.C.Q., 3155; D.T., 170.

3161. Where a foreign decision orders a debtor to pay a sum of money expressed in foreign currency, a Québec authority converts the sum into Canadian currency at the rate of exchange prevailing on the day the decision became enforceable at the place where it was rendered.

The determination of interest payable under a foreign decision is governed by the law of the authority that rendered the decision until its conversion.

[1991, c. 64, a. 3161].

3162. L'autorité du Québec reconnaît et sanctionne les obligations découlant des lois fiscales d'un État† qui reconnaît et sanctionne les obligations découlant des lois fiscales du Québec.

[1991, c. 64, a. 3162].

▮ C.C.Q., 3155 (6°); D.T., 170.

3162. A Québec authority recognizes and enforces the obligations resulting from the taxation laws of foreign† countries in which the obligations resulting from the taxation laws of Québec are recognized and enforced.

[1991, c. 64, a. 3162].

3163. Les transactions exécutoires au lieu d'origine sont reconnues et, le cas échéant, déclarées exécutoires au Québec aux mêmes conditions que les décisions judi-

3163. A transaction enforceable in the place of origin is recognized and, as the case may be, declared to be enforceable in Québec on the same conditions as a judi-

ciaires pour autant que ces conditions leur sont applicables.

[1991, c. 64, a. 3163].

▌C.C.Q., 2631, 2633, 3155; D.T., 170.

cial decision, to the extent that those conditions apply to the transaction.

[1991, c. 64, a. 3163; 2002, c. 19, s. 15].

Chapitre II ——
De la compétence des autorités étrangères

Chapter II ——
Jurisdiction of foreign authorities

3164. La compétence des autorités étrangères est établie suivant les règles de compétence applicables aux autorités québécoises en vertu du titre troisième du présent livre dans la mesure où le litige se rattache d'une façon importante à l'État dont l'autorité a été saisie.

[1991, c. 64, a. 3164].

▌C.C.Q., 3134-3155, 3165-3168.

3164. The jurisdiction of foreign authorities is established in accordance with the rules on jurisdiction applicable to Québec authorities under Title Three of this Book, to the extent that the dispute is substantially connected with the country whose authority is seised of the case.

[1991, c. 64, a. 3164].

3165. La compétence des autorités étrangères n'est pas reconnue par les autorités québécoises dans les cas suivants:

1° Lorsque, en raison de la matière ou d'une convention entre les parties, le droit du Québec attribue à ses autorités une compétence exclusive pour connaître de l'action qui a donné lieu à la décision étrangère;

2° Lorsque le droit du Québec admet, en raison de la matière ou d'une convention entre les parties, la compétence exclusive d'une autre autorité étrangère;

3° Lorsque le droit du Québec reconnaît une convention par laquelle la compétence exclusive a été attribuée à un arbitre.

[1991, c. 64, a. 3165].

▌C.C.Q., 3148, 3164, 3168.

3165. The jurisdiction of a foreign authority is not recognized by Québec authorities in the following cases:

(1) where, by reason of the subject matter or an agreement between the parties, Québec law grants exclusive jurisdiction to its authorities to hear the action which gave rise to the foreign decision;

(2) where, by reason of the subject matter or an agreement between the parties, Québec law recognizes the exclusive jurisdiction of another foreign authority;

(3) where Québec law recognizes an agreement by which exclusive jurisdiction has been conferred upon an arbitrator.

[1991, c. 64, a. 3165].

3166. La compétence des autorités étrangères est reconnue en matière de filiation lorsque l'enfant ou l'un de ses parents est domicilié dans cet État ou a la nationalité qui y est rattachée.

[1991, c. 64, a. 3166].

▌C.C.Q., 522-584, 3147, 3155, 3164.

3166. The jurisdiction of a foreign authority is recognized in matters of filiation where the child or either of his parents is domiciled in that country or is a national thereof.

[1991, c. 64, a. 3166].

3167. Dans les actions en matière de divorce, la compétence des autorités étran-

3167. The jurisdiction of a foreign authority is recognized in actions relating to di-

gères est reconnue soit que l'un des époux avait son domicile dans l'État où la décision a été rendue, ou y résidait depuis au moins un an, avant l'introduction de l'action, soit que les époux ont la nationalité de cet État, soit que la décision serait† reconnue dans l'un de ces États.

Dans les actions en matière de dissolution de l'union civile, la compétence des autorités étrangères n'est reconnue que si l'État connaît† cette institution; elle l'est alors aux mêmes conditions que s'il s'agissait d'un divorce.

[1991, c. 64, a. 3167; 2002, c. 6, a. 73].

❚ C.C.Q., 3155, 3164.

3168. Dans les actions personnelles à caractère patrimonial, la compétence des autorités étrangères n'est reconnue que dans les cas suivants:

1° Le défendeur était domicilié dans l'État où la décision a été rendue;

2° Le défendeur avait un établissement dans l'État où la décision a été rendue et la contestation est relative à son activité dans cet État;

3° Un préjudice a été subi dans l'État où la décision a été rendue et il résulte d'une faute qui y a été commise ou d'un fait† dommageable qui s'y est produit;

4° Les obligations découlant d'un contrat devaient y être exécutées;

5° Les parties leur ont soumis les litiges nés ou à naître entre elles à l'occasion d'un rapport de droit déterminé; cependant, la renonciation du consommateur ou du travailleur[1] à la compétence de l'autorité de son domicile ne peut lui être opposée;

6° Le défendeur a reconnu leur compétence.

[1991, c. 64, a. 3168].

vorce if one of the spouses had his or her domicile in the country where the decision was rendered or had his or her residence in that country for at least one year before the institution of the proceedings, or if the spouses are nationals of that country or, again, if the decision has been† recognized in that country.

In actions relating to the dissolution of a civil union, the jurisdiction of a foreign authority is recognized only if the country concerned recognizes† that institution; where that is the case, its jurisdiction is recognized subject to the same conditions as in matters of divorce.

[1991, c. 64, a. 3167; 2002, c. 6, s. 73].

3168. In personal actions of a patrimonial nature, the jurisdiction of a foreign authority is recognized only in the following cases:

(1) the defendant was domiciled in the country where the decision was rendered;

(2) the defendant possessed an establishment in the country where the decision was rendered and the dispute relates to its activities in that country;

(3) a prejudice was suffered in the country where the decision was rendered and it resulted from a fault which was committed in that country or from an injurious act† which took place in that country;

(4) the obligations arising from a contract were to be performed in that country;

(5) the parties have submitted to the foreign authority disputes which have arisen or which may arise between them in respect of a specific legal relationship; however, renunciation by a consumer or a worker[1] of the jurisdiction of the authority of his place of domicile may not be set up against him;

(6) the defendant has recognized the jurisdiction of the foreign authority.

[1991, c. 64, a. 3168].

Note 1 : Comp. a. 2085.

❚ C.C.Q., 3148-3151, 3155, 3164, 3165.

Dispositions finales

Final provisions

Le présent code remplace le *Code civil du Bas-Canada* adopté par le chapitre 41 des lois de 1865 de la législature de la province du Canada, *Acte concernant le Code civil du Bas-Canada*, tel qu'il a été modifié. Il remplace aussi l'article premier du chapitre 39 des lois de 1980, *Loi instituant un nouveau Code civil et portant réforme du droit de la famille*, tel qu'il a été modifié, ainsi que le chapitre 18 des lois de 1987, *Loi portant réforme au Code civil du Québec du droit des personnes, des successions et des biens*.

Le présent code entrera en vigueur à la date qui sera fixée par le gouvernement, conformément à ce qui sera prévu dans la loi relative à l'application de la réforme du Code civil.

This Code replaces the *Civil Code of Lower Canada* adopted by chapter 41 of the statutes of 1865 of the Legislature of the Province of Canada, An *Act respecting the Civil Code of Lower Canada*, as amended. It also replaces the first section of chapter 39 of the statutes of 1980, An Act to establish a new Civil Code and to reform family law, as amended, and chapter 18 of the statutes of 1987, *An Act to add the reformed law of persons, successions and property to the Civil Code of Québec*.

This Code will come into force on the date to be fixed by the Government, in accordance with the provisions of the legislation respecting the implementation of the Civil Code reform.

DISPOSITIONS TRANSITOIRES DE LA LOI SUR L'APPLICATION DE LA RÉFORME DU CODE CIVIL

TRANSITIONAL PROVISIONS OF THE ACT RESPECTING THE IMPLEMENTATION OF THE REFORM OF THE CIVIL CODE

TABLE DES MATIÈRES

TABLE OF CONTENTS

TABLE DES MATIÈRES

TABLE OF CONTENTS

847

Table of Contents

MODIFICATIONS/AMENDMENTS

- Loi modifiant, en matière de sûretés et de publicité des droits, la Loi sur l'application de la réforme du Code civil et d'autres dispositions législatives, L.Q. 1995, c. 33 / An Act to amend the Act respecting the implementation of the reform of the Civil Code and other legislative provisions as regards security and the publication of rights S.Q. 1995, ch. 33

- Loi modifiant le Code civil et d'autres dispositions législatives relativement à la publicité des droits personnels et réels mobiliers et à la constitution d'hypothèques mobilières sans dépossession, L.Q. 1998, c. 5, a. 19 / An Act to amend the Civil Code and other legislative provisions as regards the publication of personal and movable real rights and the constitution of movable hypothecs without delivery, S.Q. 1998, c. 5, s. 19

- Loi concernant l'harmonisation au Code civil des lois publiques, L.Q. 1999, c. 40, a. 335 / An Act to harmonize public statutes with Civil Code, S.Q. 1999, c. 40, s. 335

- Loi modifiant le Code civil et d'autres dispositions législatives relativement à la publicité foncière, L.Q. 2000, c. 42, a. 87-94 / An Act to amend the Civil Code and other provisions relating to land registration, S.Q. 2000, c. 42, s. 87-94

LOI SUR L'APPLICATION DE LA RÉFORME DU CODE CIVIL (1-170),

L.Q. 1992, c. 57

TITRE I —
DISPOSITIONS TRANSITOIRES

Disposition préliminaire

TITLE I —
TRANSITIONAL PROVISIONS

Preliminary provision

1. Les dispositions du présent titre ont pour objet de régler les conflits de lois résultant de l'entrée en vigueur du *Code civil du Québec* et des modifications corrélatives apportées par la présente loi.

Le chapitre premier pose les règles générales de droit transitoire. Le second présente les règles particulières à chacun des livres du code, lesquelles contiennent des ajouts ou des dérogations aux règles générales ou précisent, dans certains cas, l'application ou la portée de ces règles.

[1992, c. 57, a. 1].

1. The object of the provisions of this Title is to govern conflicts of legislation resulting from the coming into force of the *Civil Code of Québec* and the corresponding amendments introduced by this Act.

Chapter I lays down the general transitional rules of law. Chapter II sets forth the special rules for each Book of the Code; these rules contain certain additions and exceptions to the general rules, or specify the application or scope of the general rules in certain cases.

[1992, c. 57, s. 1].

Chapitre I —
Dispositions générales

Chapter I —
General provisions

2. La loi nouvelle n'a pas d'effet rétroactif: elle ne dispose que pour l'avenir.

Ainsi, elle ne modifie pas les conditions de

2. The new legislation has no retroactive effect; it applies only to the future.

It does not, therefore, change the condi-

création d'une situation juridique antérieurement créée ni les conditions d'extinction d'une situation juridique antérieurement éteinte. Elle n'altère pas non plus les effets déjà produits par une situation juridique.

[1992, c. 57, a. 2].

3. La loi nouvelle est applicable aux situations juridiques en cours lors de son entrée en vigueur.

Ainsi, les situations en cours de création ou d'extinction sont, quant aux conditions de création ou d'extinction qui n'ont pas encore été remplies, régies par la loi nouvelle; celle-ci régit également les effets à venir des situations juridiques en cours.

[1992, c. 57, a. 3].

4. Dans les situations juridiques contractuelles en cours lors de l'entrée en vigueur de la loi nouvelle, la loi ancienne survit lorsqu'il s'agit de recourir à des règles supplétives pour déterminer la portée et l'étendue des droits et des obligations des parties, de même que les effets du contrat.

Cependant, les dispositions de la loi nouvelle s'appliquent à l'exercice des droits et à l'exécution des obligations, à leur preuve, leur transmission, leur mutation ou leur extinction.

[1992, c. 57, a. 4].

5. Les stipulations d'un acte juridique antérieures à la loi nouvelle et qui sont contraires à ses dispositions impératives sont privées d'effet pour l'avenir.

[1992, c. 57, a. 5].

6. Lorsque la loi nouvelle allonge un délai, le nouveau délai s'applique aux situations en cours, compte tenu du temps déjà écoulé.

Si elle abrège un délai, le nouveau délai s'applique, mais il court à partir de l'entrée en vigueur de la loi nouvelle. Le délai prévu par la loi ancienne est cependant maintenu lorsque l'application du délai nouveau aurait pour effet de proroger l'ancien.

Si un délai, qui n'existait pas dans la loi

tions for creation of a previously created legal situation, nor the conditions for extinction of a previously extinguished legal situation, and it does not alter the effects already produced by a legal situation.

[1992, c. 57, s. 2].

3. The new legislation is applicable to legal situations which exist when it comes into force.

Any hitherto unfulfilled conditions for the creation or extinction of situations in the course of being created or extinguished are therefore governed by the new legislation; it also governs the future effects of existing legal situations.

[1992, c. 57, s. 3].

4. In contractual situations which exist when the new legislation comes into force, the former legislation subsists where supplementary rules are used to determine the extent and scope of the rights and obligations of the parties and the effects of the contract.

However, the provisions of the new legislation apply to the exercise of the rights and the performance of the obligations, and to their proof, transfer, alteration or extinction.

[1992, c. 57, s. 4].

5. The stipulations of a juridical act made prior to the new legislation which are contrary to its imperative provisions are without effect for the future.

[1992, c. 57, s. 5].

6. Where the new legislation lengthens a prescribed period of time, the new period applies to existing situations and account is taken of the time already elapsed.

Where it shortens a prescribed period, the new period applies, but begins to run from the coming into force of the new legislation. However, the period prescribed in the former legislation is maintained where it would in fact be extended if the new period applied.

Where a period of time not prescribed in

ancienne, est introduit par la loi nouvelle et prend comme point de départ un événement qui, en l'espèce, s'est produit avant son entrée en vigueur, ce délai, s'il n'est pas déjà écoulé, court à compter de cette entrée en vigueur.

[1992, c. 57, a. 6].

7. Les actes juridiques entachés de nullité lors de l'entrée en vigueur de la loi nouvelle ne peuvent plus être annulés pour un motif que la loi nouvelle ne reconnaît plus.

[1992, c. 57, a. 7].

8. Peuvent valablement être prises avant l'entrée en vigueur de la loi nouvelle les mesures préalables à l'exercice d'un droit ou d'un pouvoir conféré par cette dernière, y compris l'envoi d'un avis ou l'obtention d'une autorisation.

[1992, c. 57, a. 8].

9. Les instances en cours demeurent régies par la loi ancienne.

Cette règle reçoit exception lorsque le jugement à venir est constitutif de droits ou que la loi nouvelle, en application des dispositions de la présente loi, a un effet rétroactif. Elle reçoit aussi exception pour tout ce qui concerne la preuve et la procédure en l'instance.

[1992, c. 57, a. 9].

10. Les demandes introduites suivant la procédure ordinaire en première instance sont continuées conformément aux règles nouvelles applicables à une telle procédure, même lorsque la loi nouvelle prévoit que de telles demandes seront désormais introduites par voie de requête, sauf aux parties à convenir de procéder suivant la voie nouvelle.

[1992, c. 57, a. 10].

the former legislation is introduced by the new legislation and begins with an event which in fact occurred before the coming into force of that legislation, the period, if not already expired, runs from that coming into force.

[1992, c. 57, s. 6].

7. Juridical acts which may be annulled when the new legislation comes into force may not be annulled thenceforth for any reason which is no longer recognized under the new legislation.

[1992, c. 57, s. 7].

8. The measures to be taken before the exercise of a right or power conferred by the new legislation, including the sending of a notice or the obtaining of an authorization, may validly be taken before the coming into force of the new legislation.

[1992, c. 57, s. 8].

9. Proceedings pending continue to be governed by the former legislation.

An exception is made to this rule where the judgment to be rendered creates rights or where the new legislation has a retroactive effect pursuant to the provisions of this Act. A further exception is made for all matters concerning proof and procedure in such proceedings.

[1992, c. 57, s. 9].

10. Applications made according to the ordinary procedure in first instance are continued in accordance with the new rules applicable to ordinary procedure, even where the new legislation provides that in the future such applications are to be made by way of a motion, unless the parties agree to proceed according to the new provisions.

[1992, c. 57, s. 10].

<table>
<tr><td>

Chapitre II ——
Dispositions particulières

</td><td>

Chapter II ——
Special provisions

</td></tr>
<tr><td>

SECTION I ——
PERSONNES

</td><td>

SECTION I ——
PERSONS

</td></tr>
<tr><td>

§1. —— Changement de nom

</td><td>

§1. —— Change of name

</td></tr>
</table>

11. Les demandes de changement de nom ou de changement de la mention du sexe et du prénom formées antérieurement au 1er janvier 1994 demeurent régies par la loi ancienne.

Toutefois, celles qui avaient été adressées au ministre de la Justice sont déférées au directeur de l'état civil.

[1992, c. 57, a. 11].

11. Applications for a change of name or for a change of designation of sex and given name made prior to 1 January 1994 are governed by the former legislation.

However, applications which were addressed to the Minister of Justice are referred to the registrar of civil status.

[1992, c. 57, s. 11].

§2. —— Absence

§2. —— Absence

12. Les curateurs à l'absent deviennent tuteurs à l'absent.

[1992, c. 57, a. 12].

12. Curators to absentees become tutors to absentees.

13. Les envoyés en possession provisoire des biens d'un absent demeurent en possession provisoire et sont soumis au régime de la simple administration du bien d'autrui.

La possession provisoire se termine par la nomination d'un tuteur en application de l'article 87 du nouveau code ou par l'une des causes énumérées à l'article 90 du même code.

[1992, c. 57, a. 13].

13. The persons authorized to take provisional possession of the property of an absentee remain in provisional possession and are subject to the regime of simple administration of the property of others.

Provisional possession is terminated by the appointment of a tutor pursuant to article 87 of the new Code or by one of the causes of termination set forth in article 90 of that Code.

[1992, c. 57, s. 13].

14. Pourvu qu'il y ait préalablement eu envoi en possession provisoire des héritiers présomptifs, les jugements déclaratifs de décès prononcés après le 31 décembre 1993 pour une absence survenue avant le 1er janvier 1994 fixent la date du décès au jour de la disparition de l'absent, sauf si les présomptions tirées des circonstances permettent de tenir la mort pour certaine à une autre date.

[1992, c. 57, a. 14].

14. Where the presumptive heirs have been authorized to take provisional possession, a declaratory judgment of death pronounced after 31 December 1993 in respect of an absence beginning before 1 January 1994 fixes as the date of death the day of the disappearance of the absentee, except where the presumptions drawn from the circumstances allow the death to be held to be certain at another date.

[1992, c. 57, s. 14].

§3. — Registres et actes de
l'état civil

§3. — Registers and acts of
civil status

15. Le double de tout registre qui n'aurait pas déjà été remis au greffier de la Cour supérieure, doit sans délai être remis au directeur de l'état civil. L'autre exemplaire est conservé par son détenteur ou, à défaut, remis au directeur de l'état civil.

Lorsque les registres n'ont été tenus qu'en un seul exemplaire, celui-ci doit être remis au directeur de l'état civil. Doivent lui être remis également les registres détenus par des greffiers. Le directeur de l'état civil authentifie tout registre qui n'aurait pas déjà été authentifié.

[1992, c. 57, a. 15].

15. The duplicate of a register which has not already been handed over to the clerk of the Superior Court shall be handed over without delay to the registrar of civil status. The other copy is retained by its holder or, if not, is handed over to the registrar of civil status.

Where only one copy of a register has been kept, it shall be handed over to the registrar of civil status, as shall any register held by a clerk. The registrar of civil status authenticates any register which has not already been authenticated.

[1992, c. 57, s. 15].

16. Le directeur de l'état civil peut, de la manière prévue au nouveau code, procéder à l'insertion et à la correction d'actes dans les registres déjà tenus.

Avec l'autorisation du ministre de la Justice et selon les conditions que celui-ci détermine, le directeur de l'état civil peut reconstituer, conformément au *Code de procédure civile* (chapitre C-25), mais à l'exception de la signification prévue à l'article 871.2, des registres perdus, détruits ou détériorés, ou encore qui devaient être tenus et ne l'ont pas été ou compléter ceux qui l'ont été de manière incomplète.

À ces fins, le directeur de l'état civil jouit de l'immunité et est investi des pouvoirs prévus par la *Loi sur les commissions d'enquête* (chapitre C-37), sauf le pouvoir d'imposer l'emprisonnement.

[1992, c. 57, a. 16].

16. The registrar of civil status may, in the manner provided for in the new Code, insert and correct acts in the registers already kept by him.

With the authorization of and in accordance with the conditions determined by the Minister of Justice, the registrar of civil status may, in accordance with the *Code of Civil Procedure* (chapter C-25) and with the exception of the notification provided for in article 871.2, reconstitute any register which has been lost, destroyed or damaged, or which ought to have been kept and has not been kept, or which has been kept in an incomplete manner.

For those purposes, the registrar of civil status has the immunity and is vested with the powers provided for in the *Act respecting public inquiry commissions* (chapter C-37), except the power to order imprisonment.

[1992, c. 57, s. 16].

17. Les constats faits en application de la *Loi sur la protection de la santé publique* (chapitre P-35) et qualifiés par la loi ancienne de déclarations peuvent servir,

17. Attestations made pursuant to the *Public Health Protection Act* (chapter P-35) and described as declarations by the former legislation may, after 31 December

après le 31 décembre 1993, à établir un acte de l'état civil.

[1992, c. 57, a. 17].

1993, be used to establish an act of civil status.

[1992, c. 57, s. 17].

18. Les extraits des registres de l'état civil délivrés avant le 1ᵉʳ janvier 1994 demeurent valables.

[1992, c. 57, a. 18].

18. Extracts from the registers of civil status issued before 1 January 1994 remain valid.

[1992, c. 57, s. 18].

19. Les reconstitutions de registres en cours sont complétées suivant l'ancienne *Loi sur la reconstitution des registres de l'état civil* (chapitre R-2).

[1992, c. 57, a. 19].

19. Where a register is in the process of being reconstituted, the reconstitution is completed in accordance with the former *Act respecting the reconstitution of civil status registers* (chapter R-2).

[1992, c. 57, s. 19].

20. Le directeur de l'état civil n'est pas tenu de porter aux actes de naissance, de mariage ou de décès et aux certificats d'état civil qu'il délivre les mentions prévues aux articles 134 et 135 du nouveau code résultant d'événements antérieurs au 1ᵉʳ janvier 1994.

Il assure la publicité des décès survenus avant le 1ᵉʳ janvier 1994 au moyen de copies d'actes de décès, ainsi que de certificats et d'attestations de décès, tirés des actes de sépulture dressés en application de la loi ancienne, et au moyen des constats de décès faits en application de la *Loi sur la protection de la santé publique* (chapitre P-35), qualifiés de déclarations par la loi ancienne. S'il y a divergence entre le constat de décès et l'acte de sépulture, celui-ci prévaut.

[1992, c. 57, a. 20].

20. The registrar of civil status is not bound to make, on acts of birth, marriage or death and on certificates of civil status which he issues, the notations provided for in articles 134 and 135 of the new Code if the events from which such notations result occurred prior to 1 January 1994.

He publishes deaths occurring before 1 January 1994 by means of copies of acts of death and certificates and attestations of death based on the acts of burial drawn up under the former legislation, and by means of attestations of death made under the *Public Health Protection Act* (chapter P-35) and described as declarations by the former legislation. In cases of divergence between the attestation of death and the act of burial, the latter prevails.

[1992, c. 57, s. 20].

21. Le directeur de l'état civil peut permettre à toute église qui était autorisée par la loi ancienne à tenir des registres de l'état civil de reconstituer l'exemplaire des registres qu'elle conservait en utilisant le double dont il a la garde.

[1992, c. 57, a. 21].

21. The registrar of civil status may allow a church authorized to keep registers of civil status under the former legislation to reconstitute the copy of the registers preserved by that church by using the duplicate of which he has custody.

[1992, c. 57, s. 21].

§4. — Tutelle au mineur

§4. — Tutorship to minors

22. Le curateur au mineur émancipé en justice devient le tuteur au mineur émancipé.

[1992, c. 57, a. 22].

22. A curator to a judicially emancipated minor becomes a tutor to an emancipated minor.

[1992, c. 57, s. 22].

23. Le mineur qui exerçait la tutelle à son enfant continue d'exercer sa charge, conformément aux règles nouvelles de la tutelle.

[1992, c. 57, a. 23].

23. A minor having tutorship of his child retains it in accordance with the new rules of tutorship.

[1992, c. 57, s. 23].

24. Les tutelles datives qui, le 1er janvier 1994, sont exercées par un seul des père et mère peuvent, sur simple accord des parents constaté par écrit ou, à défaut, sur décision du tribunal, être converties en tutelles légales attribuées aux deux parents. Ces derniers doivent aviser le curateur public de cette conversion.

Si elles sont exercées par un tiers, elles peuvent, sur demande adressée au tribunal par les parents ou l'un d'eux, être converties en tutelles légales attribuées aux deux parents ou à l'un d'eux, selon le cas.

[1992, c. 57, a. 24].

24. A dative tutorship exercised by the father or mother alone on 1 January 1994 may, by simple agreement of the parents in writing or, where there is no such agreement, by decision of the court, be converted to a legal tutorship conferred on both parents. The parents must notify the Public Curator of the conversion.

Where a dative tutorship is exercised by a third person, it may, upon an application to the court by one or both of the parents, be converted to a legal tutorship conferred on one or both of the parents, as the case may be.

[1992, c. 57, s. 24].

25. A plein effet la tutelle prévue par testament fait avant le 1er janvier 1994, si le décès survient postérieurement au 31 décembre 1993.

[1992, c. 57, a. 25].

25. A tutorship provided by a will made before 1 January 1994 has full effect, provided that death occurs after 31 December 1993.

[1992, c. 57, s. 25].

26. Les curatelles à l'enfant conçu mais non encore né, qui sont en cours le 1er janvier 1994, demeurent régies par la loi ancienne.

[1992, c. 57, a. 26].

26. Curatorships to children conceived but yet unborn which are in effect on 1 January 1994 continue to be governed by the former legislation.

[1992, c. 57, s. 26].

27. Les subrogés-tuteurs et les subrogés-curateurs deviennent des conseils de tu-

27. Subrogate tutors and subrogate curators become tutorship councils composed

telle formés d'une seule personne. Ils ont les pouvoirs et devoirs d'un conseil de tutelle.

Tout intéressé peut demander au tribunal la constitution d'un nouveau conseil, sans avoir à invoquer des motifs graves.

[1992, c. 57, a. 27].

28. Par dérogation à l'article 188 du nouveau code, les tuteurs aux biens qui sont parties à une instance en cours le 1er janvier 1994 la continuent.

[1992, c. 57, a. 28].

29. Les avis donnés par le conseil de famille en application de l'article 297 de l'ancien code, en vue de passer un acte visé à cet article, valent comme avis du conseil de tutelle.

[1992, c. 57, a. 29].

§5. — Personnes morales

30. Les personnes morales qui existaient au temps de la cession du pays et qui, n'ayant pas été continuées et reconnues par autorité compétente aux termes du second alinéa de l'article 353 de l'ancien code, agissent toujours comme personnes morales sont réputées être légalement constituées.

[1992, c. 57, a. 30].

SECTION II — FAMILLE

31. Les mariages célébrés avant 1er janvier 1994 ne peuvent être annulés que pour les causes que la loi nouvelle reconnaît.

[1992, c. 57, a. 31].

32. La répartition, en propres et en acquêts, des biens visés à l'article 456 du

---

of only one person. They have the powers and duties of tutorship councils.

Any interested person may apply to the court for the establishment of a new council without invoking grave reasons.

[1992, c. 57, s. 27].

28. By way of exception to article 188 of the new Code, a tutor to property who is a party to proceedings pending on 1 January 1994 has continuance of suit.

[1992, c. 57, s. 28].

29. Advice given by a family council pursuant to article 297 of the former Code with a view to the making of an act contemplated in that article is valid as advice from a tutorship council.

[1992, c. 57, s. 29].

§5. — Legal persons

30. Legal persons which existed at the time of the cession of the country and which, although they have not been continued or recognized by competent authority pursuant to the second paragraph of article 353 of the former Code, still act as legal persons, are deemed to be legally constituted.

[1992, c. 57, s. 30].

SECTION II — THE FAMILY

31. Marriages solemnized before 1 January 1994 may not be annulled except for causes recognized by the new legislation.

[1992, c. 57, s. 31].

32. Property contemplated by article 456 of the new Code is divided into private

nouveau code est faite suivant la loi en vigueur lors de leur acquisition.

[1992, c. 57, a. 32].

property and acquests in accordance with the legislation in force when the property is acquired.

[1992, c. 57, s. 32].

33. L'article 476 du nouveau code est applicable à toute société d'acquêts dissoute avant le 1er janvier 1994, lorsque la faculté d'accepter le partage des acquêts ou d'y renoncer n'a pas encore été exercée par les intéressés et que le délai pour l'exercer n'est pas encore écoulé.

[1992, c. 57, a. 33].

33. Article 476 of the new Code is applicable to every partnership of acquests dissolved before 1 January 1994, where the interested parties have not yet accepted or renounced the partition of acquests and where the period for so doing has not yet expired.

[1992, c. 57, s. 33].

34. L'usufruit légal du conjoint survivant, en cours le 1er janvier 1994, demeure régi par les articles 1426 à 1433 de l'ancien code.

[1992, c. 57, a. 34].

34. The legal usufruct of a surviving consort in effect on 1 January 1994 continues to be governed by articles 1426 to 1433 of the former Code.

[1992, c. 57, s. 34].

35. L'article 540 du nouveau code est applicable même lorsque le consentement à la procréation médicalement assistée a été donné avant le 1er janvier 1994.

[1992, c. 57, a. 35].

35. Article 540 of the new Code is applicable even where consent to medically assisted procreation was given before 1 January 1994.

[1992, c. 57, s. 35].

36. Les avis donnés par un conseil de famille en application de l'article 655 de l'ancien *Code civil du Québec* sont considérés comme des avis d'un conseil de tutelle.

[1992, c. 57, a. 36].

36. Advice given by a family council pursuant to article 655 of the former *Civil Code of Québec* is considered to be advice from a tutorship council.

[1992, c. 57, s. 36].

SECTION III —
SUCCESSIONS

SECTION III —
SUCCESSIONS

37. Les successions sont régies par la loi en vigueur au jour de leur ouverture.

[1992, c. 57, a. 37].

37. Successions are governed by the legislation in force on the day they open.

[1992, c. 57, s. 37].

38. Les causes d'indignité et de révocation de testament ou de legs prévues respectivement par les articles 610 et 893 de l'ancien code qui n'ont pas encore été appliquées le 1er janvier 1994, ne peuvent plus

38. The causes of unworthiness and revocation of wills and legacies set forth in articles 610 and 893, respectively, of the former Code which have not yet been applied on 1 January 1994 may no longer be ap-

l'être si elles ne sont pas reconnues par la loi nouvelle.

plied if they are not recognized by the new legislation.

En ce qui concerne les successions ouvertes après le 31 décembre 1993, les causes d'indignité prévues par les articles 620 et 621 du nouveau code sont applicables bien que la cause d'indignité soit survenue antérieurement au 1er janvier 1994.

[1992, c. 57, a. 38].

The causes of unworthiness set forth in articles 620 and 621 of the new Code are applicable to successions which open after 31 December 1993, even where the cause of unworthiness arose before 1 January 1994.

[1992, c. 57, s. 38].

39. Pour les successions ouvertes avant le 1er janvier 1994:

1° la capacité requise pour exercer le droit d'option après le 31 décembre 1993 s'apprécie suivant les dispositions de la loi nouvelle;

2° le droit, prévu par l'article 626 du nouveau code, de se faire reconnaître la qualité d'héritier s'éteint à l'expiration des 10 années qui suivent le 1er janvier 1994 ou, si ce droit s'ouvre après le 31 décembre 1993, à l'expiration des 10 années qui suivent cette ouverture;

3° le droit de rétractation prévu à l'article 657 de l'ancien code ne peut être exercé que dans les 10 ans qui suivent le 1er janvier 1994;

4° le successible qui n'a pas exercé son droit d'option avant l'expiration des 10 années qui suivent le 1er janvier 1994 est réputé avoir renoncé à la succession.

[1992, c. 57, a. 39].

39. For successions which open before 1 January 1994,

(1) the capacity required to exercise the right of option after 31 December 1993 is appraised according to the provisions of the new legislation;

(2) the right provided in article 626 of the new Code to be recognized as an heir is extinguished upon the expiry of ten years from 1 January 1994 or, where the right arises after 31 December 1993, upon the expiry of ten years after it arises;

(3) the right to retract a renunciation under article 657 of the former Code may be exercised only within ten years from 1 January 1994;

(4) a successor who has not exercised his right of option before the expiry of ten years from 1 January 1994 is deemed to have renounced the succession.

[1992, c. 57, s. 39].

40. Sous réserve de l'article 7, la capacité requise pour tester et les formes du testament s'apprécient suivant la loi en vigueur au jour où le testament est fait.

[1992, c. 57, a. 40].

40. Subject to section 7, the capacity required to make a will and the form of the will are appraised according to the legislation in force on the day the will is made.

[1992, c. 57, s. 40].

41. La représentation, dans les successions testamentaires, n'a lieu que dans la mesure prévue par la loi en vigueur au jour où le testament est fait.

[1992, c. 57, a. 41].

41. In testamentary successions, representation takes place only to the extent provided by the legislation in force on the day the will is made.

[1992, c. 57, s. 41].

42. Les dispositions de l'article 758 du nouveau code, relatives aux clauses pénales et aux clauses d'exhérédation qui prennent la forme d'une clause pénale, sont applicables aux testaments faits avant le 1er janvier 1994.

Cette règle reçoit exception lorsque, s'agissant de successions ouvertes avant le 1er janvier 1994, leur liquidation est déjà commencée le 1er janvier 1994.

[1992, c. 57, a. 42].

42. The provisions of article 758 of the new Code, concerning penal clauses or exheredations taking the form of penal clauses, are applicable to wills made before 1 January 1994.

An exception is made to this rule where liquidation of a succession having opened before 1 January 1994 has already begun on 1 January 1994.

[1992, c. 57, s. 42].

43. Dans les successions ouvertes après le 31 décembre 1993, la stipulation d'hypothèque testamentaire, faite en application des dispositions de l'article 880 de l'ancien code, est réputée imposer au liquidateur de la succession la constitution d'une hypothèque immobilière conventionnelle au profit des personnes en faveur desquelles elle a été stipulée.

[1992, c. 57, a. 43].

43. In a succession which opens after 31 December 1993, a testamentary stipulation of hypothecation made under the provisions of article 880 of the former Code is deemed to require the liquidator of the succession to grant a conventional immovable hypothec for the benefit of the persons in whose favour the stipulation was made.

[1992, c. 57, s. 43].

44. Sont applicables aux testaments faits antérieurement au 1er janvier 1994 les dispositions de l'article 771 du nouveau code, relatives à l'exécution de charges devenues impossibles ou trop onéreuses, ainsi que celles des articles 772 à 775 de ce code, relatives à la preuve et à la vérification des testaments.

[1992, c. 57, a. 44].

44. The provisions of article 771 of the new Code, concerning the execution of a charge which becomes impossible or too burdensome, and the provisions of articles 772 to 775 of that Code, concerning proof and probate of wills, are applicable to wills made before 1 January 1994.

[1992, c. 57, s. 44].

45. Les successions ouvertes dont la liquidation n'est pas encore commencée le 1er janvier 1994 sont liquidées suivant la loi nouvelle et il peut être fait application, à ces successions, de l'article 835 du nouveau code.

La liquidation d'une succession est réputée commencée dès qu'un legs particulier ou une dette de la succession, autre que celles résultant de comptes usuels d'entreprises de services publics ou dont le paiement revêt un caractère de nécessité, est payé.

[1992, c. 57, a. 45].

45. Successions that have opened but have not yet begun to be liquidated on 1 January 1994 are liquidated pursuant to the new legislation, and article 835 of the new Code may be applied to those successions.

Liquidation of a succession is deemed to have begun when a legacy by particular title or a debt of the succession, other than the ordinary public utility bills or debts in need of payment, is paid.

[1992, c. 57, s. 45].

46. Les articles 837 à 847, 849 à 866 et 884 à 898 du nouveau code sont applicables, compte tenu des adaptations néces-

46. Articles 837 to 847, 849 to 866 and 884 to 898 of the new Code are applicable, adapted as required, to successions which

saires, aux successions ouvertes avant le 1er janvier 1994 quant aux biens dont le partage n'est pas encore commencé; le partage d'un bien est réputé commencé dès lors qu'une opération est réalisée, en vue d'y procéder, postérieurement à la décision des héritiers ou du tribunal de partager le bien.

La présente règle ne s'applique pas aux actions en partage en cours le 1er janvier 1994.

[1992, c. 57, a. 46].

open before 1 January 1994 in respect of property partition of which has not begun; partition of property is deemed to have begun when an operation is effected for the purpose of proceeding therewith, after the decision of the heirs or the court to partition the property.

This rule does not apply to an action in partition which is pending on 1 January 1994.

[1992, c. 57, s. 46].

47. Pour les successions ouvertes après le 31 décembre 1993, les donations faites avant le 1er janvier 1994 sont exclues de l'application de l'article 630 de l'ancien code, mais demeurent sujettes au rapport en application de ce code.

[1992, c. 57, a. 47].

47. For successions which open after 31 December 1993, gifts made before 1 January 1994 are excluded from the application of article 630 of the former Code, but remain subject to return pursuant to that Code.

[1992, c. 57, s. 47].

SECTION IV —
BIENS

SECTION IV —
PROPERTY

48. L'article 903 du nouveau code est censé ne permettre de considérer immeubles que les meubles visés qui assurent l'utilité de l'immeuble, les meubles qui, dans l'immeuble, servent à l'exploitation d'une entreprise ou à la poursuite d'activités étant censés demeurer meubles.

[1992, c. 57, a. 48].

48. Under article 903 of the new Code, only those movables referred to which ensure the utility of the immovable are to be considered as immovables, and any movables which, in the immovable, are used for the operation of an enterprise or the pursuit of activities are to remain movables.

[1992, c. 57, s. 48].

49. Toute impense faite avant le 1er janvier 1994 est régie par la loi nouvelle.

[1992, c. 57, a. 49].

49. All disbursements made before 1 January 1994 are governed by the new legislation.

[1992, c. 57, s. 49].

50. Le détenteur d'un bien qui lui a été confié pour être gardé, travaillé ou transformé peut, si le bien n'a pas été réclamé à la fin du travail ou de la période convenue ou s'il a été oublié, en disposer conformément aux dispositions des articles 944 et 945 du nouveau code. Il conserve néanmoins la faculté de procéder à la vente conformément à la loi ancienne si toutes

50. The holder of a thing entrusted for safekeeping, work or processing may, if it is not claimed upon completion of the work or at the end of the agreed period or if it is forgotten, dispose of it in accordance with the provisions of articles 944 and 945 of the new Code. He nevertheless remains entitled to proceed with the sale thereof in accordance with the former leg-

les formalités de publicité prévues par cette loi ont déjà été accomplies le 1ᵉʳ janvier 1994.

[1992, c. 57, a. 50].

islation if all the formalities of publication required by that legislation have already been completed on 1 January 1994.

[1992, c. 57, s. 50].

51. L'indivision établie par convention avant le 1ᵉʳ janvier 1994 est régie par la loi nouvelle quant aux droits et obligations des indivisaires, à l'administration du bien indivis ou à la fin de l'indivision et au partage.

[1992, c. 57, a. 51].

51. In situations of indivision established by agreement before 1 January 1994, the rights and obligations of undivided co-owners, the administration of the undivided property and the end of indivision and partition are governed by the new legislation.

[1992, c. 57, s. 51].

52. En matière de copropriété divise d'un immeuble, les collectivités de copropriétaires deviennent des syndicats. Les droits et obligations des administrateurs des copropriétés passent aux syndicats.

Les administrateurs de la copropriété deviennent les administrateurs du syndicat et en constituent le conseil d'administration, sauf cause d'inhabilité.

Le syndicat est désigné par le nom que s'est donné la collectivité des copropriétaires ou sous lequel elle est généralement connue, ou encore par l'adresse du lieu où est situé l'immeuble.

[1992, c. 57, a. 52].

52. In matters concerning divided co-ownership of an immovable, a group of coproprietors becomes a syndicate. The rights and obligations of the administrators of the co-ownership are transferred to the syndicate.

The administrators of the co-ownership become the directors of the syndicate and constitute the board of directors thereof, except where there is cause for disqualification.

The syndicate is designated by the name which the co-owners as a body have given themselves or by which they are generally known, or by the address of the place where the immovable is located.

[1992, c. 57, s. 52].

53. La copropriété divise d'un immeuble établie avant le 1ᵉʳ janvier 1994 est régie par la loi nouvelle.

La stipulation de la déclaration de copropriété qui pose la règle de l'unanimité pour les décisions visant à changer la destination de l'immeuble est toutefois maintenue, malgré l'article 1101 du nouveau code.

Est également maintenue, malgré l'article 1064 du nouveau code, la stipulation de la déclaration de copropriété qui fixe la contribution aux charges résultant de la copropriété et de l'exploitation de l'immeuble

53. Divided co-ownership of an immovable established before 1 January 1994 is governed by the new legislation.

However, any stipulation of the declaration of co-ownership which establishes the rule of unanimous approval for decisions changing the destination of the immovable is maintained notwithstanding article 1101 of the new Code.

Notwithstanding article 1064 of the new Code, any stipulation of the declaration of co-ownership which fixes the contribution for expenses arising from the co-ownership and the operation of the immovable

suivant les dimensions de la partie privative de chaque fraction.

[1992, c. 57, a. 53].

on the basis of the dimensions of the private portion of each fraction is also maintained.

[1992, c. 57, s. 53].

54. Les clauses contenues dans les déclarations de copropriété existantes sont classées dans l'une ou l'autre des catégories visées à l'article 1052 du nouveau code, suivant ce que prévoient les articles 1053 à 1055 de ce code.

[1992, c. 57, a. 54].

54. The clauses contained in existing declarations of co-ownership are placed in one of the categories contemplated in article 1052 of the new Code, in accordance with the provisions of articles 1053 to 1055 of that Code.

[1992, c. 57, s. 54].

55. L'article 1057 du nouveau code est applicable au locataire dont le bail est en cours le 1er janvier 1994.

[1992, c. 57, a. 55].

55. Article 1057 of the new Code is applicable to a lessee under a lease in effect on 1 January 1994.

[1992, c. 57, s. 55].

56. L'article 1058 du nouveau code ne s'applique pas aux copropriétés divises d'immeubles existantes le 1er janvier 1994 dans lesquelles plusieurs personnes détiennent, sur une même fraction, un droit de jouissance périodique et successif.

Toutefois, tant que l'acte constitutif de copropriété n'aura pas été modifié comme le prévoit cet article, l'aliénation de tout droit sur ces fractions, ou sur toute autre fraction du même immeuble, est subordonnée, sous peine de nullité, à l'accomplissement des conditions prévues par les dispositions du nouveau code relatives à la vente d'immeubles résidentiels.

[1992, c. 57, a. 56].

56. Article 1058 of the new Code does not apply to divided co-ownership of immovables existing on 1 January 1994 and in which several persons have a periodic and successive right of enjoyment in the same fraction.

However, as long as the act constituting the co-ownership has not been amended pursuant to article 1058, the alienation of any right in such a fraction, or in any other fraction of the same immovable, is subordinate, on pain of nullity, to the fulfillment of the conditions relating to the sale of residential immovables provided in the new Code.

[1992, c. 57, s. 56].

57. Le défaut de diligence visé au second alinéa de l'article 1081 du nouveau code, s'apprécie conformément à la loi ancienne si le vice caché s'est manifesté avant le 1er janvier 1994.

[1992, c. 57, a. 57].

57. The failure to act with diligence referred to in the second paragraph of article 1081 of the new Code is appraised in accordance with the former legislation if the latent defect was discovered before 1 January 1994.

[1992, c. 57, s. 57].

58. Dans les copropriétés divises existantes le 1er janvier 1994, les délais prévus

58. In divided co-ownerships which exist on 1 January 1994, the periods provided

aux articles 1104 et 1107 du nouveau code courent à compter du 1er janvier 1994.

[1992, c. 57, a. 58].

for in articles 1104 and 1107 of the new Code run from 1 January 1994.

[1992, c. 57, s. 58].

59. Les situations juridiques visées par l'ancienne *Loi sur les constituts ou sur le régime de tenure* (chapitre C-64) sont régies par les dispositions du nouveau code relatives à la propriété superficiaire, à l'exception des offres d'acquisition déjà faites en application de cette loi.

[1992, c. 57, a. 59].

59. Legal situations which were governed by the former *Constitut or Tenure System Act* (chapter C-64), other than offers to acquire already made under that Act, are governed by the provisions of the new Code relating to superficies.

[1992, c. 57, s. 59].

60. Les articles 1139 à 1141 du nouveau code sont applicables aux usufruits établis par contrat qui sont en cours le 1er janvier 1994.

[1992, c. 57, a. 60].

60. Articles 1139 to 1141 of the new Code are applicable to usufructs established by contract and existing on 1 January 1994.

[1992, c. 57, s. 60].

61. Le retard injustifié de l'usufruitier à faire inventaire ou à fournir une sûreté pour un usufruit ouvert avant 1er janvier 1994 ne donne pas lieu à l'application de l'article 1146 du nouveau code, sauf si l'usufruitier a été mis en demeure par le nu-propriétaire, auquel cas il a 60 jours pour remplir ses obligations.

[1992, c. 57, a. 61].

61. Any unjustified delay on the part of the usufructuary in making an inventory or in furnishing security for a usufruct which opens before 1 January 1994 does not give rise to the application of article 1146 of the new Code, except where the usufructuary has been put in default by the bare owner, in which case he has 60 days to fulfill his obligations.

[1992, c. 57, s. 61].

62. Les dispositions des articles 1148 et 1149 du nouveau code, relatives à l'assurance du bien sujet à un usufruit, ne s'appliquent pas aux usufruits établis avant le 1er janvier 1994.

[1992, c. 57, a. 62].

62. The provisions of articles 1148 and 1149 of the new Code concerning insurance of property subject to usufruct do not apply to usufructs established before 1 January 1994.

[1992, c. 57, s. 62].

63. Les dispositions du second alinéa de l'article 1153 du nouveau code, relatives au droit de l'usufruitier de se faire rembourser, à la fin de l'usufruit, le coût des réparations majeures auxquelles il a procédé, sont applicables aux réparations faites par l'usufruitier après le 31 décembre 1993.

[1992, c. 57, a. 63].

63. The provisions of the second paragraph of article 1153 of the new Code, concerning the right of usufructuaries to be reimbursed at the end of the usufruct for the cost of major repairs made by them, are applicable to repairs made by a usufructuary after 31 December 1993.

[1992, c. 57, s. 63].

64. Pour les servitudes existantes le 1er janvier 1994, la faculté de racheter une

64. Servitudes of right of way which exist on 1 January 1994 may be redeemed pur-

servitude de passage en application de l'article 1189 du nouveau code peut être exercée à l'expiration d'un délai de 30 ans à compter du 1er janvier 1994.

[1992, c. 57, a. 64].

suant to article 1189 of the new Code upon the expiry of a period of 30 years from 1 January 1994.

[1992, c. 57, s. 64].

65. En matière d'emphytéose, les règles de la loi nouvelle sont applicables aux contrats d'emphytéose en cours, lorsqu'il s'agit d'en compléter les dispositions.

[1992, c. 57, a. 65].

65. The rules of the new legislation concerning emphyteusis are applicable to existing contracts of emphyteusis insofar as they complete the provisions thereof.

[1992, c. 57, s. 65].

66. Celui dont le bien est inaliénable le 1er janvier 1994, par suite d'une stipulation contenue dans une libéralité antérieure au 1er janvier 1994, peut être autorisé par le tribunal à disposer du bien si l'une ou l'autre des conditions prévues à l'article 1213 du nouveau code est réalisée.

[1992, c. 57, a. 66].

66. A person whose property is inalienable on 1 January 1994, as a result of a stipulation contained in a liberality made prior to 1 January 1994, may be authorized by the court to dispose of the property if any of the conditions provided in article 1213 of the new Code is satisfied.

[1992, c. 57, s. 66].

67. La substitution constituée par contrat avant le 1er janvier 1994 est régie, quant à ses effets et à son ouverture, par la loi nouvelle, de la même manière que la substitution établie par testament.

[1992, c. 57, a. 67].

67. The effects and opening of a substitution established by contract before 1 January 1994 are governed by the new legislation in the same manner as a substitution established by will.

[1992, c. 57, s. 67].

68. Les substitutions non encore ouvertes le 1er janvier 1994, alors que le grevé est déjà décédé, ou celles dont le grevé est une personne morale, seront ouvertes 30 ans après cette date, à moins qu'une époque antérieure n'ait été fixée par le disposant dans l'acte constitutif de la substitution.

[1992, c. 57, a. 68].

68. Substitutions which have not yet opened on 1 January 1994, and in respect of which the institute is already deceased or is a legal person, open 30 years after that date, except where an earlier time has been fixed by the grantor in the act constituting the substitution.

[1992, c. 57, s. 68].

69. Lorsqu'avant le 1er janvier 1994 le grevé a aliéné ou affecté d'une sûreté les biens substitués, ou lorsque ces biens ont fait l'objet d'une saisie ou d'une vente forcée, le droit de l'appelé de reprendre les biens à l'ouverture de la substitution demeure régi par la loi ancienne.

[1992, c. 57, a. 69].

69. Where, before 1 January 1994, the institute has alienated the substituted property or used it as security, or where the property has been the subject of a seizure or a forced sale, the right of the substitute to take back the property when the substitution opens continues to be governed by the former legislation.

[1992, c. 57, s. 69].

70. Les sommes détenues par le protonotaire à titre de dépôt judiciaire en vertu de l'article 953*a* de l'ancien code sont remises au grevé. Les remboursements du capital prêté qui devaient être faits au protonotaire en vertu de ce même article le sont au grevé.

[1992, c. 57, a. 70].

70. Amounts held by a prothonotary as judicial deposits under article 953a of the former Code are remitted to the institute. Reimbursements of capital loaned which, under that article, were to be made to the prothonotary, are made to the institute.

[1992, c. 57, s. 70].

71. Les fondations et les fiducies établies par donation avant le 1er janvier 1994 sont régies, quant à leurs effets et leur extinction, par la loi nouvelle, de la même manière que celles établies par testament.

[1992, c. 57, a. 71].

71. The effects and extinction of foundations and trusts constituted by gift before 1 January 1994 are governed by the new legislation in the same manner as foundations and trusts constituted by will.

[1992, c. 57, s. 71].

72. La période maximale de 100 ans prévue à l'article 1272 du nouveau code court à compter du 1er janvier 1994 pour les fiducies constituées antérieurement, et pour les personnes morales bénéficiaires d'une fiducie si leurs droits sont alors ouverts.

[1992, c. 57, a. 72].

72. The maximum period of 100 years provided for in article 1272 of the new Code runs from 1 January 1994 for trusts constituted before that time and for legal persons who are beneficiaries of a trust, provided, in the latter case, that their rights have opened at that time.

[1992, c. 57, s. 72].

73. L'administration du bien d'autrui confiée par contrat au gérant de biens indivis ou au fiduciaire avant le 1er janvier 1994 est régie par la loi nouvelle, de la même manière que l'administration du bien d'autrui confiée par un autre mode.

[1992, c. 57, a. 73].

73. Administration of the property of others entrusted by contract to a manager of undivided property or to a trustee before 1 January 1994 is governed by the new legislation, as in the case of the administration of the property of others entrusted otherwise than by contract.

[1992, c. 57, s. 73].

74. Les placements faits avant le 1er janvier 1994 suivant les dispositions de l'article 981*o* de l'ancien code sont des placements présumés sûrs au sens du nouveau code.

[1992, c. 57, a. 74].

74. Investments made in accordance with the provisions of article 981o of the former Code before 1 January 1994 are presumed sound investments within the meaning of the new Code.

[1992, c. 57, s. 74].

SECTION V —
OBLIGATIONS

SECTION V —
OBLIGATIONS

§1. — Obligations en général

§1. — Obligations in general

I — Formation du contrat

I — Formation of contracts

75. La nullité d'un contrat conclu avant le 1er janvier 1994 ne peut plus être prononcée sur le fondement de l'erreur inexcusable d'une des parties.

[1992, c. 57, a. 75].

75. The nullity of a contract made before 1 January 1994 may no longer be pronounced on the basis of an inexcusable error on the part of one of the parties.

[1992, c. 57, s. 75].

76. Le vice de consentement provoqué par le dol d'une partie contractante ou d'un tiers à la connaissance d'une partie contractante avant le 1er janvier 1994 peut désormais être invoqué par l'autre partie, lors même qu'elle aurait néanmoins contracté, mais à des conditions différentes.

[1992, c. 57, a. 76].

76. The defect of consent induced by fraud committed before 1 January 1994 by one of the parties to the contract or by a third person with the knowledge of one of the parties may henceforth be invoked by the other party even where he would still have contracted, but on different terms.

[1992, c. 57, s. 76].

77. Aucune action, fondée sur la crainte suscitée par un tiers chez une partie à un contrat conclu avant le 1er janvier 1994, ne peut désormais être reçue ou maintenue si la violence ou les menaces du tiers étaient inconnues de l'autre partie au moment du contrat.

[1992, c. 57, a. 77].

77. No action based on fear induced by a third person in a party to a contract made before 1 January 1994 may henceforth be received or maintained if the violence exerted or threats made by the third person were unknown to the other party at the time the contract was made.

[1992, c. 57, s. 77].

78. Les dispositions des articles 1407, 1408 et 1421 du nouveau code, concernant respectivement les recours qui s'offrent à celui dont le consentement est vicié, le pouvoir conféré au tribunal de maintenir dans certains cas le contrat dont la nullité est demandée et la présomption de nullité relative s'attachant au contrat qui n'est pas conforme aux conditions nécessaires à sa formation, sont applicables aux contrats formés avant le 1er janvier 1994.

[1992, c. 57, a. 78].

78. The provisions of articles 1407, 1408 and 1421 of the new Code concerning, respectively, the remedies available to the person whose consent is vitiated, the power granted to the court to maintain, in certain cases, a contract in respect of which a demand for annulment has been made, and the presumption of relative nullity of a contract which does not meet the necessary conditions of its formation, are applicable to contracts formed before 1 January 1994.

[1992, c. 57, s. 78].

79. La nullité relative d'un contrat conclu avant le 1er janvier 1994 peut être invoquée par le cocontractant de la personne en faveur de qui elle est établie, dans les con-

79. The relative nullity of a contract made before 1 January 1994 may, in the conditions set forth in article 1420 of the new Code, be invoked by the party contracting

ditions prévues à l'article 1420 du nouveau code.

[1992, c. 57, a. 79].

80. La confirmation d'un contrat faite antérieurement au 1er janvier 1994 sans respecter les conditions de l'article 1214 de l'ancien code est néanmoins valable si elle satisfait aux conditions établies par l'article 1423 du nouveau code.

II — Interprétation du contrat

81. Les dispositions de l'article 1432 du nouveau code, relatives à l'interprétation d'un contrat d'adhésion ou de consommation, s'appliquent aux contrats en cours.

[1992, c. 57, a. 81].

III — Effets du contrat

82. Les clauses abusives, illisibles ou incompréhensibles d'un contrat antérieur à la loi nouvelle sont nulles, ou l'obligation qui en découle, réductible, dans les conditions prévues aux articles 1436 et 1437 du nouveau code.

[1992, c. 57, a. 82].

83. Pour tout contrat conclu antérieurement au 1er janvier 1994, la loi ancienne demeure applicable aux garanties, légales ou conventionnelles, dues par les parties contractantes entre elles ou à l'égard de leurs héritiers ou ayants cause à titre particulier.

[1992, c. 57, a. 83].

84. Les dispositions de l'article 1456 du nouveau code, relatives à la charge des risques afférents à un bien qui est l'objet d'un droit réel transféré par contrat, ne s'appliquent pas aux situations où l'obligation de délivrance du bien, même exigible après le 31 décembre 1993, découle d'un transfert effectué avant le 1er janvier 1994.

[1992, c. 57, a. 84].

with the person in whose interest the nullity is established.

[1992, c. 57, s. 79].

80. The confirmation of a contract given prior to 1 January 1994 but which does not comply with the conditions of article 1214 of the former Code is nevertheless valid if it satisfies the conditions established by article 1423 of the new Code.

[1992, c. 57, s. 80].

II — Interpretation of contracts

81. The provisions of article 1432 of the new Code, concerning the interpretation of contracts of adhesion or consumer contracts, apply to existing contracts.

[1992, c. 57, s. 81].

III — Effects of contracts

82. Abusive, illegible or incomprehensible clauses of a contract made prior to the new legislation are null, or the obligation arising from them may be reduced, in the conditions set forth in articles 1436 and 1437 of the new Code.

[1992, c. 57, s. 82].

83. In any contract made before 1 January 1994, the former legislation continues to apply to the warranties, both legal or conventional, to which the contracting parties are obliged between themselves or in respect of their heirs or successors by particular title.

[1992, c. 57, s. 83].

84. The provisions of article 1456 of the new Code, concerning the bearing of risks attached to a property which is the subject of a real right transferred by contract, do not apply to situations in which the obligation to deliver the property, even where exigible after 31 December 1993, arises from a transfer made before 1 January 1994.

[1992, c. 57, s. 84].

IV — **Responsabilité civile**

85. Les conditions de la responsabilité civile sont régies par la loi en vigueur au moment de la faute ou du fait qui a causé le préjudice.

[1992, c. 57, a. 85].

86. Le droit d'une personne à la réparation du préjudice qu'elle subit en raison du décès d'une autre personne demeure régi par les dispositions de l'article 1056 de l'ancien code, dès lors que le décès résulte d'une faute ou d'un fait antérieurs au 1er janvier 1994.

[1992, c. 57, a. 86].

V — **Exécution de l'obligation**

87. Le paiement est régi par la loi en vigueur au moment où il est effectué.

[1992, c. 57, a. 87].

88. Les droits du créancier en cas d'inexécution de l'obligation du débiteur sont régis par la loi en vigueur au moment de l'inexécution, sous réserve des dispositions qui suivent.

[1992, c. 57, a. 88].

89. Est sans effet la stipulation ou la déclaration antérieures au 1er janvier 1994 visant à dispenser le créancier de prouver que le débiteur est en demeure de plein droit.

[1992, c. 57, a. 89].

90. Les dispositions de l'article 1604 du nouveau code, relatives à la résolution ou à la résiliation du contrat et à la réduction des obligations qui en découlent, s'appliquent dès le 1er janvier 1994, même si l'inexécution reprochée au débiteur s'est produite antérieurement.

[1992, c. 57, a. 90].

91. Les dispositions des articles 1614 et 1615, du second alinéa de l'article 1616, et de l'article 1618 du nouveau code, relatives à la réparation du préjudice corporel

IV — **Civil liability**

85. The conditions of civil liability are governed by the legislation in force at the time of the fault or act which causes the injury.

[1992, c. 57, s. 85].

86. The right of a person to damages for injury suffered by reason of the death of another person continues to be governed by the provisions of article 1056 of the former Code, provided the death occurred as a result of a fault or act having occurred prior to 1 January 1994.

[1992, c. 57, s. 86].

V — **Performance of obligations**

87. Payment is governed by the legislation in force at the time it is made.

[1992, c. 57, s. 87].

88. The rights of a creditor in case of nonperformance of an obligation of a debtor are governed by the legislation in force at the time of the nonperformance, subject to the provisions which follow.

[1992, c. 57, s. 88].

89. A stipulation or statement made prior to 1 January 1994 and intended to exempt the creditor from the obligation to prove that the debtor is in default by operation of law is without effect.

[1992, c. 57, s. 89].

90. The provisions of article 1604 of the new Code, concerning the resolution or resiliation of a contract and the reduction of the obligations arising from it, apply as of 1 January 1994, even where nonperformance by the debtor occurred before that time.

[1992, c. 57, s. 90].

91. The provisions of articles 1614 and 1615, the second paragraph of article 1616 and article 1618 of the new Code, concerning damages for bodily injury and in-

et aux intérêts que portent certains dommages-intérêts, sont applicables aux demandes introduites après le 31 décembre 1993, même si l'inexécution de l'obligation, ou encore la faute ou le fait qui a causé le préjudice, se sont produits avant le 1er janvier 1994.

[1992, c. 57, a. 91].

terest on certain damages, are applicable to applications filed after 31 December 1993, even where the nonperformance of the obligation or the fault or act causing the injury occurred before 1 January 1994.

[1992, c. 57, s. 91].

92. Les dispositions des articles 1623 à 1625 du nouveau code sont applicables aux clauses pénales non encore exécutées, même si l'inexécution de l'obligation s'est produite antérieurement.

[1992, c. 57, a. 92].

92. The provisions of articles 1623 to 1625 of the new Code are applicable to penal clauses not yet executed, even if the nonperformance of the obligation occurred previously.

[1992, c. 57, s. 92].

93. Les actions obliques ou en inopposabilité en cours ne peuvent être rejetées pour le seul motif que la créance du demandeur n'était pas liquide ou exigible au moment où il a intenté l'action.

[1992, c. 57, a. 93].

93. Pending oblique or paulian actions may not be dismissed for the sole reason that the claim of the plaintiff was not liquid and exigible at the time the action was instituted.

[1992, c. 57, s. 93].

VI — Transmission et mutations de l'obligation

VI — Transfer and alteration of obligations

94. Les cessions de créance sont régies par la loi en vigueur au moment de la cession, mais les conditions d'opposabilité prévues par le nouveau code sont applicables aux cessions antérieures au 1er janvier 1994 lorsque les conditions prévues par l'ancien code n'ont pas encore été remplies.

[1992, c. 57, a. 94].

94. The assignment of a claim is governed by the legislation in force when the assignment is made, but the conditions provided by the new Code for setting it up are applicable to an assignment made prior to 1 January 1994 if the conditions provided by the former Code have not yet been fulfilled.

[1992, c. 57, s. 94].

95. Sont privés d'effet pour l'avenir les stipulations antérieures au 1er janvier 1994 subordonnant la subrogation au consentement préalable du débiteur.

[1992, c. 57, a. 95].

95. Stipulations made prior to 1 January 1994 which render subrogation dependent on the prior consent of the debtor are without effect for the future.

[1992, c. 57, s. 95].

VII — Extinction de l'obligation

VII — Extinction of obligations

96. La libération d'un débiteur, à la suite de l'acquisition, faite antérieurement au 1er janvier 1994, par un créancier privilégié ou hypothécaire d'un bien qui lui appartenait, demeure régie par la loi ancienne.

[1992, c. 57, a. 96].

96. The discharge of a debtor, following the acquisition, prior to 1 January 1994 by a privileged or hypothecary creditor of property which belonged to him, continues to be governed by the former legislation.

[1992, c. 57, s. 96].

VIII — **Restitution des prestations**

97. Les dispositions des articles 1699 à 1707 du nouveau code sont applicables aux restitutions postérieures au 31 décembre 1993, mais fondées sur des causes de restitution antérieures.

[1992, c. 57, a. 97].

§2. — **Contrats nommés**

I — **Contrat de vente**

98. (*Abrogé*).

[1998, c. 5, a. 19].

99. Dans les ventes à tempérament faites avant le 1er janvier 1994, le transfert des risques de perte du bien demeure régi par la loi ancienne.

[1992, c. 57, a. 99].

100. Par dérogation à l'article 1753 du nouveau code, la faculté de rachat stipulée avant le 1er janvier 1994, pour un terme excédant cinq ans, conserve son terme initial.

[1992, c. 57, a. 100].

101. Les ventes en bloc faites avant le 1er janvier 1994 demeurent régies par les dispositions des articles 1569*a* et suivants de l'ancien code.

[1992, c. 57, a. 101].

102. L'article 1801 du nouveau code s'applique aux clauses de dation en paiement stipulées dans un acte portant hypothèque avant le 1er janvier 1994 si, à ce moment, le droit à leur exécution n'a pas encore été mis en oeuvre suivant les règles de l'article 1040*a* de l'ancien code.

Les droits rattachés aux clauses de dation en paiement, qui survivent ou sont exercées suivant le premier alinéa, ou les droits qui découlent de l'exécution de ces clauses sont aussi conservés.

[1992, c. 57, a. 102].

VIII — **Restitution of prestations**

97. The provisions of articles 1699 to 1707 of the new Code are applicable to restitutions based on former causes of restitution but made after 31 December 1993.

[1992, c. 57, s. 97].

§2. — **Nominate contracts**

I — **Contracts of sale**

98. (*Repealed*).

[1998, c. 5, s. 19].

99. In instalment sales made before 1 January 1994, transfers of the risks of loss of the property continue to be governed by the former legislation.

[1992, c. 57, s. 99].

100. By way of exception to article 1753 of the new Code, a right of redemption stipulated before 1 January 1994 for a term exceeding five years retains its original term.

[1992, c. 57, s. 100].

101. Bulk sales made before 1 January 1994 continue to be governed by the provisions of articles 1569*a* and following of the former Code.

[1992, c. 57, s. 101].

102. Article 1801 of the new Code applies to clauses of giving in payment stipulated in an act constituting a hypothec before 1 January 1994 if, at that time, the right to execution thereof has not yet been acquired by completion of the formalities set out in article 1040*a* of the former Code.

The rights attached to clauses of giving in payment which survive or are executed pursuant to the first paragraph, and the rights arising from the execution of such clauses, are also maintained.

[1992, c. 57, s. 102].

II — Contrat de donation

103. Les dispositions de l'article 1812 du nouveau code, relatives à la promesse de donation, sont applicables aux promesses antérieures au 1er janvier 1994.

Toutefois, le bénéficiaire de la promesse n'a droit, en cas d'inexécution de celle-ci, qu'à des dommages-intérêts équivalents aux avantages qu'il a concédés à compter du 1er janvier 1994 et aux frais qu'il a faits à compter de cette date.

[1992, c. 57, a. 103].

104. Le donataire qui, lors d'une donation entre vifs faite par contrat de mariage avant le 1er janvier 1994, s'était obligé à acquitter des dettes ou des charges à venir dont ni la nature ni le montant n'étaient déterminés, n'a désormais cette obligation qu'à concurrence de la valeur des biens donnés.

[1992, c. 57, a. 104].

105. Les donations à cause de mort valablement faites en vertu des dispositions de l'ancien code ne peuvent être annulées sur la base des dispositions de l'article 1840 du nouveau code, même si leur acceptation n'a lieu qu'après le 31 décembre 1993.

[1992, c. 57, a. 105].

106. Les dispositions de l'article 1841 du nouveau code sont applicables aux donations à cause de mort faites avant le 1er janvier 1994, si elles n'ont pas encore été exécutées le 1er janvier 1994.

[1992, c. 57, a. 106].

III — Contrat de crédit-bail

107. (*Abrogé*).

[1998, c. 5, a. 19].

IV — Contrat de louage

108. Le sous-locateur d'un logement autre qu'une chambre est dispensé du préavis de fin de bail prévu par l'article 1940 du nou-

II — Contracts of gift

103. The provisions of article 1812 of the new Code concerning the promise of a gift are applicable to promises made prior to 1 January 1994.

However, where the promise is not fulfilled, the beneficiary of the promise is entitled to damages equivalent only to the benefits he has granted and the expenses he has incurred since 1 January 1994.

[1992, c. 57, s. 103].

104. A donee who, at the time of a gift inter vivos made by marriage contract before 1 January 1994, obligated himself to pay future debts or charges of an undetermined nature and amount, is thenceforth bound by that obligation only up to the value of the property given.

[1992, c. 57, s. 104].

105. Gifts in contemplation of death validly made pursuant to the provisions of the former Code may not be annulled on the basis of the provisions of article 1840 of the new Code, even where their acceptance takes place after 31 December 1993.

[1992, c. 57, s. 105].

106. The provisions of article 1841 of the new Code are applicable to gifts in contemplation of death made before 1 January 1994, provided such gifts have not yet been executed on 1 January 1994.

[1992, c. 57, s. 106].

III — Contracts of leasing

107. (*Repealed*).

[1998, c. 5, s. 19].

IV — Contracts of lease

108. A sublessor of a dwelling other than a room is not required to provide a prior notice of termination of a lease under article

veau code, lorsque le bail, ayant été conclu avant le 1er janvier 1994, doit prendre fin dans les 10 jours qui suivent le 1er janvier 1994.

[1992, c. 57, a. 108].

1940 of the new Code if the lease is entered into before 1 January 1994 and terminates within ten days after 1 January 1994.

[1992, c. 57, s. 108].

109. Les dispositions du dernier alinéa de l'article 1955 du nouveau code ne s'appliquent pas aux baux conclus avant le 1er janvier 1994.

[1992, c. 57, a. 109].

109. The provisions of the last paragraph of article 1955 of the new Code do not apply to a lease entered into before 1 January 1994.

[1992, c. 57, s. 109].

110. Outre le cas prévu par l'article 1958 du nouveau code, celui qui, le 1er janvier 1994, est propriétaire d'une part indivise d'un immeuble peut reprendre un logement s'y trouvant si les conditions prévues par les paragraphes 2 et 3 de l'article 1659 de l'ancien code sont remplies.

[1992, c. 57, a. 110].

110. Except in the case contemplated in article 1958 of the new Code, the person who, on 1 January 1994, is the owner of an undivided share of an immovable may repossess a dwelling therein if the conditions set forth in subparagraphs 2 and 3 of the second paragraph of article 1659 of the former Code are fulfilled.

[1992, c. 57, s. 110].

111. Les dispositions de l'article 1988 du nouveau code, relatives aux recours du locateur en cas de fausse déclaration du locataire, sont applicables aux déclarations précédant d'un an ou moins le 1er janvier 1994.

Le délai prévu par l'article 1988 court à compter du 1er janvier 1994.

[1992, c. 57, a. 111].

111. The provisions of article 1988 of the new Code, concerning the remedies of a lessor in the case of a false statement by the lessee, are applicable to statements made one year or less before 1 January 1994.

The period provided in article 1988 runs from 1 January 1994.

[1992, c. 57, s. 111].

V — Contrat de transport

V — Contracts of carriage

112. Le droit d'action contre un transporteur de biens, pour les pertes ou avaries survenues avant le 1er janvier 1994, demeure régi par les dispositions de l'article 1680 de l'ancien code.

[1992, c. 57, a. 112].

112. The right of action against a carrier of property in respect of loss or damage occurring before 1 January 1994 continues to be governed by the provisions of article 1680 of the former Code.

[1992, c. 57, s. 112].

113. Les dispositions des articles 2080 à 2084 du nouveau code, relatives à la responsabilité de l'entrepreneur de manutention, ne s'appliquent que si la faute ou le fait qui a causé le préjudice est survenu après le 31 décembre 1993; au cas contraire, la faute ou le fait demeure régi par

113. The provisions of articles 2080 to 2084 of the new Code concerning the liability of the handling contractor apply only if the fault or act which caused the injury occurred after 31 December 1993; if this is not the case, the fault or act continues to be governed by the former legislation,

l'ancien droit, même si le préjudice ne s'est manifesté qu'après le 31 décembre 1993.

[1992, c. 57, a. 113].

even where the injury becomes evident only after 31 December 1993.

[1992, c. 57, s. 113].

VI — Contrat d'entreprise ou de service

VI — Contracts of enterprise or for services

114. Les articles 2118 à 2121 et 2124 du nouveau code s'appliquent, à l'égard des pertes résultant d'un vice ou d'une malfaçon, dans la mesure où l'origine du vice ou de la malfaçon est postérieure au 31 décembre 1993.

[1992, c. 57, a. 114].

114. Articles 2118 to 2121 and 2124 of the new Code apply in respect of losses resulting from a defect or poor workmanship, to the extent that the origin of the defect or poor workmanship is subsequent to 31 December 1993.

[1992, c. 57, s. 114].

VII — Contrat de société et d'association

VII — Contracts of partnership and of association

115. Les sociétés civiles deviennent, dès le 1er janvier 1994, des sociétés en nom collectif; la responsabilité de la société et des associés envers les tiers demeure, néanmoins, régie par la loi ancienne pour les actes conclus et les obligations contractées antérieurement.

Ces sociétés sont tenues de se déclarer en application des dispositions des articles 2189 et 2190 du nouveau code, dans un délai d'un an à compter du 1er janvier 1994; à défaut, elles deviennent des sociétés en participation.

[1992, c. 57, a. 115].

115. Civil partnerships become general partnerships as of 1 January 1994; the liability of the partnership and the partners towards third persons nevertheless continues to be governed by the former legislation for acts performed and obligations contracted before that time.

Such partnerships are bound to make declarations, in accordance with the provisions of articles 2189 and 2190 of the new Code, within one year from 1 January 1994; if they fail to do so, they become undeclared partnerships.

[1992, c. 57, s. 115].

116. Les sociétés anonymes deviennent des sociétés en participation.

La responsabilité des associés à l'égard des tiers demeure toutefois régie par les dispositions de l'article 1870 de l'ancien code pour toute obligation contractée avant le 1er janvier 1994.

[1992, c. 57, a. 116].

116. Anonymous partnerships become undeclared partnerships.

The liability of the partners towards third persons continues, however, to be governed by the provisions of article 1870 of the former Code with respect to any obligation contracted before 1 January 1994.

[1992, c. 57, s. 116].

117. Les sociétés par actions qui étaient soumises, suivant l'article 1889 de l'ancien code, aux règles générales des sociétés commerciales en nom collectif deviennent des sociétés en nom collectif.

[1992, c. 57, a. 117].

117. Joint-stock companies which, under article 1889 of the former Code, are subject to the general rules established for commercial partnerships under a collective name become general partnerships.

[1992, c. 57, s. 117].

118. Les sociétés qui sont en défaut de se déclarer le 1er janvier 1994 deviennent des sociétés en participation, en application des dispositions du nouveau code, si elles n'y ont pas remédié à l'expiration d'un délai d'un an à compter du 1er janvier 1994.

[1992, c. 57, a. 118].

118. Partnerships which have not made a declaration on 1 January 1994 become undeclared partnerships, pursuant to the provisions of the new Code, unless they make a declaration before the expiry of a period of one year from 1 January 1994.

[1992, c. 57, s. 118].

119. La responsabilité, à l'égard des tiers, des associés d'une société en nom collectif ou en commandite relativement aux obligations de la société résultant d'une déclaration incomplète, inexacte ou irrégulière ou du défaut de produire une déclaration modificative, est régie par la loi en vigueur au moment où l'obligation est née.

[1992, c. 57, a. 119].

119. The liability of the partners of a general or limited partnership towards third persons in respect of obligations of the partnership resulting from an incomplete, inaccurate or irregular declaration or from a failure to produce an amending declaration, is governed by the legislation in force at the time the obligation arises.

[1992, c. 57, s. 119].

120. Le droit d'un associé, prévu par l'article 2209 du nouveau code, d'écarter une personne étrangère à la société qui a acquis, à titre onéreux, la part d'un des associés peut être exercé à l'égard de toute acquisition faite dans l'année qui précède le 1er janvier 1994.

En ce cas, le délai de 60 jours prévu par l'article 2209 court à compter du 1er janvier 1994.

[1992, c. 57, a. 120].

120. The right of a partner under article 2209 of the new Code to exclude a person who is not a member of the partnership and who has acquired the share of one of the partners by onerous title may be exercised in respect of any acquisition made in the year preceding 1 January 1994.

In such a case, the period of 60 days provided in article 2209 runs from 1 January 1994.

[1992, c. 57, s. 120].

121. Les actes conclus et les obligations contractées par une société en nom collectif ou en commandite ou par l'un de ses associés avant le 1er janvier 1994 demeurent régis par la loi ancienne en ce qui a trait à l'ensemble des rapports de la société et des associés envers les tiers.

[1992, c. 57, a. 121].

121. Acts performed and obligations contracted by a general or limited partnership or by a partner thereof before 1 January 1994 continue to be governed by the former legislation for matters concerning all relations of the partnership and the partners with third persons.

[1992, c. 57, s. 121].

122. Les dispositions du deuxième alinéa de l'article 2244 du nouveau code sont applicables aux actes d'immixtion accomplis par un commanditaire avant le 1er janvier 1994.

[1992, c. 57, a. 122].

122. The provisions of the second paragraph of article 2244 of the new Code are applicable to acts of interference by special partners before 1 January 1994.

[1992, c. 57, s. 122].

123. Les dispositions de l'article 2245 du nouveau code s'appliquent aux situations existantes d'impossibilité d'agir des commandités, et le délai de 120 jours prévu par

123. The provisions of article 2245 of the new Code apply to existing situations in which the general partners are unable to act, and the period of 120 days provided in

cet article pour remplacer les commandités court à compter du 1er janvier 1994.

[1992, c. 57, a. 123].

124. Toute stipulation qui oblige le commanditaire à cautionner ou à prendre en charge les dettes d'une société en commandite au-delà de l'apport convenu devient sans effet à compter du 1er janvier 1994.

[1992, c. 57, a. 124].

125. Les liquidations de sociétés commencées avant le 1er janvier 1994 sont poursuivies en application de la loi ancienne, mais les pouvoirs du liquidateur sont ceux prévus par le nouveau code.

La liquidation d'une société est réputée commencer dès la désignation du liquidateur

[1992, c. 57, a. 125].

VIII — Contrat de dépôt

126. La responsabilité de l'hôtelier, résultant de dépôts antérieurs au 1er janvier 1994, demeure régie par les dispositions des articles 1814 à 1816 de l'ancien code.

[1992, c. 57, a. 126].

IX — Contrat de prêt

127. Les dispositions de l'article 2332 du nouveau code, relatives à la nullité ou à la réduction des obligations découlant d'un prêt d'argent, ainsi qu'à la révision de leurs modalités d'exécution, ne s'appliquent aux contrats en cours qu'en ce qui concerne les obligations pécuniaires qui en découlent.

[1992, c. 57, a. 127].

X — Contrat de cautionnement

128. Les effets, à l'égard de la caution, de la déchéance du terme encourue par le dé-

that article for replacing the general partners runs from 1 January 1994.

[1992, c. 57, s. 123].

124. Any stipulation whereby a special partner is bound to secure or assume the debts of a limited partnership beyond the agreed amount of his contribution is without effect from 1 January 1994.

[1992, c. 57, s. 124].

125. A liquidation of a partnership begun before 1 January 1994 is continued under the former legislation, but the powers of the liquidator are as provided in the new Code.

Liquidation of a partnership is deemed to begin upon designation of the liquidator.

[1992, c. 57, s. 125].

VIII — Contracts of deposit

126. The liability of an innkeeper resulting from deposits made prior to 1 January 1994 continues to be governed by the provisions of articles 1814 to 1816 of the former Code.

[1992, c. 57, s. 126].

IX — Contracts of loan

127. The provisions of article 2332 of the new Code, concerning the nullity or reduction of the obligations arising from a loan of a sum of money, as well as the revision of the terms and conditions of their performance, apply to existing contracts only with respect to the resulting pecuniary obligations.

[1992, c. 57, s. 127].

X — Contracts of suretyship

128. The effects in respect of the surety of forfeiture of the term by the principal

biteur principal sont déterminés par la loi en vigueur au moment de la déchéance.

[1992, c. 57, a. 128].

129. Toute renonciation à l'avance au droit à l'information ou au bénéfice de subrogation, faite par une caution avant le 1er janvier 1994, devient sans effet.

[1992, c. 57, a. 129].

130. Les obligations des héritiers de la caution s'éteignent dès le 1er janvier 1994, sauf quant aux dettes existantes à ce moment.

[1992, c. 57, a. 130].

131. Le cautionnement attaché à l'exercice de fonctions particulières qui ont cessé avant le 1er janvier 1994 prend fin, sauf quant aux dettes existantes, le 1er janvier 1994.

[1992, c. 57, a. 131].

XI — Contrat de rente

132. Le droit du crédirentier de demander que la vente forcée d'un bien hypothéqué pour garantir le service de sa rente soit réalisée à charge de cette dernière ne peut être exercé que si le processus conduisant à la vente a débuté avant le 1er janvier 1994; autrement, le crédirentier peut seulement exiger, en application de l'article 2387 du nouveau code, que le créancier lui fournisse une caution suffisante pour que la rente continue d'être servie.

[1992, c. 57, a. 132].

SECTION VI —
PRIORITÉS ET HYPOTHÈQUES

133. Les biens affectés d'une sûreté ayant pris naissance sous le régime de la loi ancienne demeurent régis par cette loi dans la mesure où le droit à l'exécution de la sûreté a été mis en oeuvre, par l'envoi et la publication des avis requis par la loi an-

debtor are determined by the legislation in force at the time of the forfeiture.

[1992, c. 57, s. 128].

129. Any renunciation in advance of the right to be provided with information or the benefit of subrogation, made by a surety before 1 January 1994, ceases to have effect.

[1992, c. 57, s. 129].

130. The obligations of the heirs of a surety are extinguished as of 1 January 1994, except with respect to debts existing at that time.

[1992, c. 57, s. 130].

131. A suretyship attached to the performance of special duties which ceased before 1 January 1994 terminates on 1 January 1994, except with respect to existing debts.

[1992, c. 57, s. 131].

XI — Contracts of annuity

132. The right of an annuitant to require that the forced sale of a property which is hypothecated to secure payment of his annuity be carried out subject to his annuity may be exercised only if the process leading to the sale begins before 1 January 1994; otherwise, the annuitant may only demand, pursuant to article 2387 of the new Code, that the creditor furnish him with sufficient surety to ensure continued payment of the annuity.

[1992, c. 57, s. 132].

SECTION VI —
PRIOR CLAIMS AND HYPOTHECS

133. Property charged as security under the rules of the former legislation continues to be governed by that legislation to the extent that the right to the realization of the security has been acquired by the sending and publication of the notices re-

cienne ou, à défaut, par une demande en justice, avant le 1ᵉʳ janvier 1994.

Si le droit à l'exécution de la sûreté n'a pas encore été mis en oeuvre, la loi nouvelle est applicable.

[1992, c. 57, a. 133].

134. Sous réserve que leur enregistrement, s'il était requis par la loi ancienne, ait lieu dans les délais que celle-ci prévoyait:

1º les sûretés conventionnelles autres que les transports de créances visés à l'article 136 deviennent des hypothèques conventionnelles, mobilières ou immobilières, selon qu'elles grèvent des biens meubles ou immeubles;

2º les hypothèques testamentaires deviennent des hypothèques conventionnelles;

3º les hypothèques légales ou judiciaires deviennent des hypothèques légales si la loi nouvelle attache cette qualité aux créances qui les fondent;

4º les hypothèques légales en faveur des mineurs ou des majeurs en tutelle ou en curatelle demeurent des hypothèques légales tant que le tuteur ou le curateur, en application des dispositions des articles 242, 243 et 266 du nouveau code, n'offre pas une autre sûreté de valeur suffisante;

5º les privilèges deviennent soit des priorités, soit des hypothèques légales, selon la qualité que la loi nouvelle attache aux créances qui les fondent. Toutefois, le privilège du vendeur d'un immeuble devient une hypothèque légale; le privilège du locateur d'un immeuble autre que résidentiel sur les meubles devient une hypothèque légale mobilière qui conserve son opposabilité pour une période d'au plus dix ans à la condition d'être publiée, comme s'il s'agissait d'un renouvellement fait conformément à l'article 157.

Les sûretés ci-dessus conservent dans tous les cas le rang que leur conférait la loi ancienne; cependant, les hypothèques sur des biens qui, en raison de l'application de la loi nouvelle, ont changé de nature doivent,

quired under the former legislation or, if not, by means of a judicial demand, before 1 January 1994.

If the right to the realization of the security has not yet been acquired, the new legislation is applicable.

134. Subject to registration, if the former legislation so required, within the time prescribed by that legislation,

(1) conventional securities other than transfers of claims contemplated by section 136 become conventional, movable or immovable hypothecs, depending on whether the property charged is movable or immovable property;

(2) hypothecs created by will become conventional hypothecs;

(3) legal or judicial hypothecs become legal hypothecs if the new legislation attributes this quality to the claims on which they are based;

(4) legal hypothecs in favour of minors or persons of full age under tutorship or curatorship continue to be legal hypothecs as long as the tutor or curator does not offer another security of sufficient value pursuant to articles 242, 243 and 266 of the new Code;

(5) privileges become either prior claims or legal hypothecs, depending on the quality attributed by the new legislation to the claims on which they are based. However, the privilege of the seller of an immovable becomes a legal hypothec; the privilege of the lessor of an immovable, other than a residential immovable, on the furniture becomes a legal movable hypothec which retains its opposability for a period of not more than ten years provided it is published, as though it were a renewal made in accordance with section 157.

The abovementioned securities conserve their rank under the former legislation in all cases; however, hypothecs on property which, by reason of the application of the new legislation, have changed in nature

pour conserver ce rang, être publiées dans les 12 mois qui suivent, sur le registre approprié.

Les anciennes sûretés légales ou judiciaires autres que le privilège du vendeur d'un immeuble, fondées sur des créances auxquelles la loi nouvelle n'accorde plus aucune préférence, deviennent des priorités colloquées après toute autre priorité.

135. L'application de la loi nouvelle n'aura en aucun cas pour effet de modifier l'objet initial de la sûreté, sans préjudice des pouvoirs accordés au tribunal par l'article 2731 du nouveau code.

[1992, c. 57, a. 135].

136. Les transports des loyers présents et à venir que produit un immeuble, et les transports d'indemnités prévues par les contrats d'assurance qui couvrent ces loyers, deviennent des hypothèques immobilières; ils prennent rang selon la date d'enregistrement des actes qui les renferment, à moins qu'ils n'aient acquis un autre rang en vertu de la loi ancienne. Ces transports, s'ils ne sont pas renfermés dans un acte qui a été porté soit à l'index des immeubles en territoire cadastré, soit à l'index des noms en territoire non cadastré doivent, pour conserver ce rang, faire l'objet d'un renouvellement d'inscription ou d'une inscription, selon le cas, sur le registre foncier avant le 27 février 1996; le renouvellement ou l'inscription se fait par avis.

Les transports par connaissement deviennent des hypothèques conventionnelles et conservent leur rang initial, pourvu qu'ils soient inscrits avant le 27 février 1996.

[1992, c. 57, a. 136; 1995, c. 33, a. 1].

137. (*Abrogé*).

[1998, c. 5, a. 19].

138. Les aliénations de biens ayant préalablement fait l'objet d'une sûreté mobilière, faites en dehors du cours des activités de l'entreprise et antérieures au 1er janvier 1994, sont soumises aux dispositions de l'article 2700 du nouveau code.

must, to conserve their rank, be published in the appropriate register within the following 12 months.

Former legal or judicial securities, other than the privilege of the seller of an immovable, based on claims which, under the new legislation, no longer have preference, become prior claims collocated after all other prior claims.

135. In no case does the application of the new legislation have the effect of changing the initial object of the security, without prejudice to the powers granted to the court by article 2731 of the new Code.

[1992, c. 57, s. 135].

136. Transfers of present and future rents produced by an immovable, and transfers of indemnities provided by the insurance contracts covering the rents, become immovable hypothecs; they rank according to the date of registration of the acts in which they are contained, unless they have a different rank under the former legislation. Any such transfer not contained in an act entered either in the index of immovables in territory with a cadastral survey or in the index of names in territory without a cadastral survey requires, to conserve its rank, renewal of registration or registration, as the case may be, in the land register before 27 February 1996; the renewal or registration are effected by notice.

Transfers by bill of lading become conventional hypothecs and conserve their initial rank, provided they are registered before 27 February 1996.

[1992, c. 57, s. 136; 1995, c. 33, s. 1].

137. (*Repealed*).

[1998, c. 5, s. 19].

138. An alienation of property having been the object of a movable security, made prior to 1 January 1994 and outside the ordinary course of business of an enterprise, is subject to the provisions of article 2700 of the new Code.

Cependant, le délai d'inscription de l'avis visé audit article court à compter du 31 août 1996, mais le créancier peut toujours inscrire l'avis avant cette date.

[1992, c. 57, a. 138; 1995, c. 33, a. 2].

However, the period for registration of the notice provided in that article runs from 31 August 1996, but the creditor may register the notice at any time before that date.

[1992, c. 57, s. 138; 1995, c. 33, s. 2].

139. Les dispositions de l'article 2723 du nouveau code, relatives à la radiation des avis de clôture d'hypothèques ouvertes, sont applicables aux avis d'omission ou de contravention enregistrés en application de l'article 1040*a* de l'ancien code.

[1992, c. 57, a. 139].

139. The provisions of article 2723 of the new Code, concerning cancellation of the notice of crystallization of a floating hypothec, are applicable to notices of omission or breach registered pursuant to article 1040*a* of the former Code.

[1992, c. 57, s. 139].

140. Les privilèges acquis par des ouvriers résultant de travaux faits sur un immeuble et terminés avant le 1er janvier 1994, sont soumis à la publication d'un avis de conservation d'hypothèque légale dans les 30 jours de cette date, pourvu qu'ils subsistent encore à cette même date. .

[1992, c. 57, a. 140].

140. The privileges acquired by workmen as a result of work done on an immovable and completed before 1 January 1994 are subject to publication of a notice of preservation of legal hypothec within 30 days after that date, provided they still exist on that date.

[1992, c. 57, s. 140].

SECTION VII —
PREUVE

SECTION VII —
PROOF

141. En matière de preuve préconstituée et de présomptions légales, la loi en vigueur au jour de la conclusion de l'acte juridique ou de la survenance des faits s'applique.

[1992, c. 57, a. 141].

141. In questions of preconstituted proof and legal presumptions, the applicable legislation is the legislation in force on the day on which the juridical act is entered into or the facts occur.

[1992, c. 57, s. 141].

142. (*Supprimé*).

[1999, c. 40, a. 335].

142. (*Striked out*).

[1999, c. 40, s. 335].

SECTION VIII —
PRESCRIPTION

SECTION VIII —
PRESCRIPTION

143. Celui qui n'a pas encore acquis par prescription, le 1er janvier 1994, un immeuble qu'il a possédé à titre de propriétaire est soumis aux dispositions de l'article 2918 du nouveau code.

Celui qui à cette date est devenu, suivant la loi ancienne, propriétaire d'un immeu-

143. A person who, on 1 January 1994, has not yet acquired by prescription ownership of an immovable which he has possessed as owner is subject to the provisions of article 2918 of the new Code.

A person who, on 1 January 1994, has become the owner of an immovable by pre-

ble par prescription est toujours admis à s'adresser au tribunal dans le ressort duquel est situé l'immeuble, pour obtenir, par requête, la reconnaissance judiciaire de son droit de propriété.

[1992, c. 57, a. 143; 2000, c. 42, a. 87].

scription, pursuant to the former legislation, may still apply to the court in whose territory the immovable is located to obtain, by motion, judicial recognition of his right of ownership.

[1992, c. 57, s. 143; 2000, c. 42, s. 87].

SECTION IX —
PUBLICITÉ DES DROITS

SECTION IX —
PUBLICATION OF RIGHTS

§1. — Publicité foncière

§1. — Publication by registration
in the land register

144.-145. (*Abrogés*).

[2000, c. 42, a. 88].

144.-145. (*Repealed*).

[2000, c. 42, s. 88].

146. À compter du 1er janvier 1994, le registre minier sera connu sous le nom de registre des droits réels d'exploitation de ressources de l'État et le fichier personnel des titulaires de droits miniers sera connu sous le nom de Répertoire des titulaires de droits réels.

[1992, c. 57, a. 146; 2000, c. 42, a. 89].

146. From 1 January 1994, the mining register will be known as the register of real rights of State resource development, and the card-index file of the holders of mining rights will be known as the Directory of holders of real rights.

[1992, c. 57, s. 146; 2000, c. 42, s. 89].

147.-149. (*Abrogés*).

[2000, c. 42, a. 90].

147.-149. (*Repealed*).

[2000, c. 42, s. 90].

149.1. Pour la période comprise entre le 1er janvier 1994 et le 31 août 1995, et sous réserve des droits des tiers de bonne foi dont les droits ont été publiés pendant cette période, l'absence d'indication quant à l'étendue d'un droit, de même que l'insuffisance ou l'imprécision dans la qualification ou l'étendue d'un droit tant dans l'inscription visée à l'article 149, tel qu'il se lisait le 30 août 1995, que dans la réquisition qui la sous-tend, lorsque celle-ci prend la forme d'un sommaire, ne peut porter atteinte aux droits des parties à la réquisition qui bénéficient de l'inscription, dès lors que l'analyse de la réquisition ou, lorsque celle-ci prend la forme d'un sommaire, du document qui l'accompagne, permet de suppléer à cette absence, à cette insuffisance ou à cette imprécision.

[1995, c. 33, a. 4].

149.1. For the period from 1 January 1994 to 31 August 1995 and subject to the rights of third persons in good faith whose rights were published during that period, absence of an indication as to the extent of a right or insufficiency or inaccuracy in stating the nature or extent of a right either in a registration effected under section 149 as it read on 30 August 1995 or in the application on which the registration is based, where the application is made by means of a summary, shall not affect the rights of the parties to the application who benefit from the registration, if analysis of the application or, where the application is made by means of a summary, of the accompanying document compensates for the absence, insufficiency or inaccuracy.

[1995, c. 33, s. 4].

149.2. On peut, pour compléter une réquisition faite sous forme d'extrait au cours

149.2. A person may complete an application made by means of an extract during

de la période comprise entre le 1ᵉʳ janvier 1994 et le 31 août 1995, présenter au bureau de la publicité des droits, dans les 180 jours qui suivent la fin de cette période, une copie authentique de l'acte en y joignant, à raison d'un avis par acte visé, un avis en double exemplaire établissant le lien entre l'acte et l'extrait et indiquant, outre la désignation des immeubles, le lieu et le numéro d'inscription de l'extrait. L'avis, qui n'a pas à être attesté, est inscrit sur les registres de la publicité des droits.

À compter de l'inscription de l'avis, et sous réserve des droits des tiers de bonne foi dont les droits ont été publiés entre le 1ᵉʳ janvier 1994 et la date de l'inscription, les dispositions de l'article 149.1 s'appliquent à l'extrait, compte tenu des adaptations nécessaires.

[1995, c. 33, a. 44].

150.-154. (*Abrogés*).

[2000, c. 42, a. 91].

155. Tant que le territoire dans lequel un immeuble est situé n'a pas fait l'objet d'une rénovation cadastrale, les dispositions du livre neuvième du nouveau code doivent être considérées avec les réserves exprimées ci-après relativement à l'immeuble:

1° le deuxième alinéa de l'article 2996, le premier alinéa de l'article 3030, le dernier alinéa de l'article 3043 et l'article 3054 ne reçoivent pas application;

2° l'exigence de la mention des mesures prévue par les articles 3036 et 3037 ne reçoit pas application et les dispositions suivantes s'appliquent en lieu et place des dispositions du deuxième alinéa de l'article 3037: « La désignation d'une partie de lot par distraction des parties de ce lot n'est admise qu'à condition que les parties distraites soient désignées conformément aux dispositions de l'article 3036. »;

3° l'article 3042 ne s'applique pas lorsque la réquisition d'inscription du transfert, de la cession ou du droit visés audit article comporte la déclaration, faite par celui qui est autorisé à exproprier l'immeuble ou à s'approprier un droit de propriété dans celui-ci, que l'immeuble, formé de la partie

the period from 1 January 1994 to 31 August 1995 by presenting at the registry office, within 180 days after the end of that period, an authentic copy of the act, accompanied with a notice in duplicate for every act concerned establishing the connection between the act and the extract and indicating, in addition to the description of the immovables, the place of registration and the registration number of the extract. The notice, which does not require certification, shall be entered in the registers.

From the registration of the notice and subject to the rights of third persons in good faith whose rights were published during the period from 1 January 1994 to the date of registration, the provisions of section 149.1, adapted as required, apply to the extract.

[1995, c. 33, s. 4].

150.-154. (*Repealed*).

[2000, c. 42, s. 91].

155. Until the territory in which an immovable is situated has been the subject of a cadastral renovation, the articles of Book Nine of the new Code shall apply, with regard to that immovable, subject to the following restrictions:

(1) the second paragraph of article 2996, the first paragraph of article 3030, the last paragraph of article 3043 and article 3054 are not applicable;

(2) the requirement under articles 3036 and 3037 that measurements be mentioned is not applicable, and the following shall apply in place of the provisions of the second paragraph of article 3037: "The description of a part of a lot as the remainder after separation of other parts of the lot is admissible only if the separated parts are described in accordance with the provisions of article 3036.";

(3) article 3042 is not applicable where the application for registration of the transfer, cession or right referred to in that article includes a statement, made by the person authorized to expropriate the immovable or to appropriate a right of ownership in the immovable, that the immovable com-

requise et de la partie résiduelle, correspondait à une ou plusieurs parties de lot au moment de l'inscription de l'avis d'expropriation ou d'appropriation.

En outre, tant que ce territoire n'a pas fait l'objet d'une rénovation cadastrale, postérieure au 22 juin 1992, en application de la *Loi favorisant la réforme du cadastre québécois* (chapitre R-3.1), la présomption d'exactitude qui s'attache au plan cadastral, prévue par l'article 3027 du nouveau code, ne reçoit pas application et les titres relatifs à l'immeuble priment le plan cadastral.

[1992, c. 57, a. 155; 1995, c. 33, a. 6; 2000, c. 42, a. 92].

prising the required part and the remainder corresponded to one or more parts of a lot at the time when the notice of expropriation or appropriation was registered.

In addition, if the territory has not been the subject of a cadastral renovation after 22 June 1992, pursuant to the *Act to promote the reform of the cadastre in Québec* (chapter R-3.1), the presumption of accuracy attaching to the cadastral plan, as established by article 3027 of the new Code, is not applicable and the titles relating to the immovable prevail over the cadastral plan.

[1992, c. 57, s. 155; 1995, c. 33, s. 6; 2000, c. 42, s. 92].

155.1. (*Abrogé*).

[2000, c. 42, a. 93].

155.1. (*Repealed*).

[2000, c. 42, s. 93].

156. Les actes faits avant le 1er janvier 1994 sont admis à la publicité sans qu'il soit nécessaire d'y joindre l'attestation prévue par les articles 2988 à 2991 du nouveau code.

[1992, c. 57, a. 156; 1995, c. 33, a. 8].

156. Acts made before 1 January 1994 may be published without the accompanying certificate contemplated in articles 2988 to 2991 of the new Code.

[1992, c 57, s. 156; 1995, c 33, s. 8].

§2. —— Publicité des droits personnels et réels mobiliers

§2. —— Publication of personal and movable real rights

157. La publication des cessions de biens en stock, des nantissements agricoles et forestiers, des nantissements commerciaux et des autres sûretés réelles mobilières constituées et enregistrées suivant la loi ancienne, doit être renouvelée dans les 12 mois du 1er janvier 1994 par une inscription portée sur le registre des droits personnels et réels mobiliers; il en est de même des hypothèques mobilières publiées en application du deuxième alinéa de l'article 134.

157. Publications of transfers of property in stock, pledges of agricultural and forest property, commercial pledges and other movable real securities created and registered in accordance with the former legislation must be renewed within 12 months from 1 January 1994 by registration in the register of personal and movable real rights; the same applies to movable hypothecs published pursuant to the second paragraph of section 134.

L'inscription de l'avis de renouvellement au registre des droits personnels et réels mobiliers conserve à la sûreté, nonobstant l'article 2942 du nouveau code, son caractère d'opposabilité au rang qu'elle avait à la date de la première publication antérieure, sans égard aux autres dates de publication de la même sûreté.

Registration of the notice of renewal in the register of personal and movable real rights preserves the opposability of the security, notwithstanding article 2942 of the new Code, at the rank it held on the date of the first prior publication, regardless of the other dates of publication of the same security.

En l'absence de ce renouvellement, les

If the publication is not renewed, the rights

droits conservés par l'inscription initiale n'ont, à l'expiration des 15 mois après le 31 décembre 1993, aucun effet à l'égard des autres créanciers ou des acquéreurs subséquents de bonne foi dont les droits sont régulièrement publiés.

[1992, c. 57, a. 157].

preserved by the original registration have no effect, upon the expiry of 15 months after 31 December 1993, in respect of other creditors or subsequent purchasers in good faith whose claims have been regularly published.

[1995, c. 33, s. 157].

157.1. Les sûretés mobilières constituées en vertu de la loi ancienne qui n'étaient pas soumises à la formalité de l'enregistrement, mais qui sont devenues, par l'effet de la loi nouvelle, des hypothèques mobilières soumises à l'inscription doivent, pour conserver leur opposabilité à leur rang initial, être inscrites sur le registre des droits personnels et réels mobiliers avant le 31 août 1996.

[1995, c. 33, a. 9].

157.1. All movable securities created under the former legislation that were not subject to the formality of registration but which have become, under the new legislation, movable hypothecs subject to registration require, to preserve their opposability at their original rank, registration in the register of personal and movable real rights before 31 August 1996.

[1995, c. 33, s. 9].

157.2. Par exception à l'article 2700 du nouveau code, le délai d'inscription de l'avis prévu audit article pour la conservation des sûretés visées aux articles 157 et 157.1 ne court, à l'égard des aliénations de biens faites entre le 1er janvier 1994 et le 31 août 1996, qu'à compter de cette dernière date, que ces aliénations soient antérieures ou postérieures à l'inscription des sûretés visées. Cette règle n'a pas pour effet d'empêcher un créancier d'inscrire l'avis avant le 31 août 1996.

[1995, c. 33, a. 9].

157.2. Notwithstanding article 2700 of the new Code, the period for registering the notice required by the said article to preserve the securities referred to in sections 157 and 157.1 runs, in respect of alienations of property occurring from 1 January 1994 to 31 August 1996, from the latter date, whether the alienation occurs before or after the registration of the securities affected. This rule shall not prevent a creditor from registering a notice before 31 August 1996.

[1995, c. 33, s. 9].

158. Aucune réquisition qui renvoie à un droit dont l'inscription doit être renouvelée ni aucun préavis d'exercice d'un droit hypothécaire, ou autre avis, ne peut être inscrit, à moins que le droit lui-même ne soit publié.

[1992, c. 57, a. 158; 1995, c. 33, a. 10].

158. No application for registration referring to a right the registration of which must be renewed, no prior notice of intention to exercise a hypothecary right and no other notice may be registered unless the right itself is published.

[1992, c. 57, s. 158; 1995, c. 33, s. 10].

159. Il suffit d'un seul avis lorsque la sûreté mobilière dont on entend renouveler la publicité a été publiée, conformément à la loi ancienne, dans plusieurs circonscriptions foncières. L'avis fait alors mention des diverses circonscriptions foncières et

159. A single notice is sufficient if the movable security for which publication is to be renewed has been published, in accordance with the former legislation, in several registration divisions. In this case, the notice mentions the various registra-

indique les dates et numéros d'inscription respectifs de la sûreté.

Durant les 15 mois qui suivent le 1ᵉʳ janvier 1994, l'officier peut, nonobstant le deuxième alinéa de l'article 3007 du nouveau code, si les circonstances l'exigent, traiter en priorité les réquisitions d'inscription qui ne prennent pas la forme d'un avis de renouvellement. Tout relevé des droits inscrits sur le registre des droits personnels et réels mobiliers doit indiquer les dates de certification spécifiques aux différentes inscriptions.

L'officier n'est tenu de faire la notification prévue à l'article 3017 du nouveau code qu'aux créanciers dont les droits auront été inscrits sur le registre des droits personnels et réels mobiliers et qui auront requis l'inscription de leur adresse à des fins de notification.

[1992, c. 57, a. 159].

160. Les droits personnels et les droits réels mobiliers enregistrés suivant la loi ancienne, pour lesquels la loi nouvelle n'exige aucun renouvellement d'inscription, conservent leur caractère d'opposabilité. Ils peuvent être consultés dans les anciens registres.

[1992, c. 57, a. 160].

161. Le registre des nantissements agricoles et forestiers, le registre des nantissements commerciaux et le registre des cessions de biens en stock sont réputés clôturés dès le 1ᵉʳ janvier 1994 et aucune radiation, incluant la réduction d'une hypothèque, ne peut y être faite après l'expiration d'un délai de 12 mois; ce délai commence à courir dès le 1ᵉʳ janvier 1994.

L'officier dépositaire de ces registres peut, en application de l'article 3016 du nouveau code, y apporter des corrections.

[1992, c. 57, a. 161].

162. (*Abrogé*).

[1998, c. 5, a. 19].

tion divisions and indicates the respective registration dates and numbers of the security.

Notwithstanding the second paragraph of article 3007 of the new Code, the registrar may, in the 15 months following 1 January 1994, and if circumstances so require, give priority to applications for registration which are not in the form of a notice of renewal. Any statement of rights registered in the register of personal and movable real rights must indicate the specific dates of certification for each registration.

The registrar is bound, under article 3017 of the new Code, to notify only those creditors whose rights are registered in the register of personal and movable real rights and who have requested registration of their address for the purpose of notification.

[1992, c. 57, s. 159].

160. The personal rights and movable real rights registered in accordance with the former legislation and in respect of which the new legislation requires no renewal of registration retain their opposability. The entries may be consulted in the former registers.

[1992, c. 57, s. 160].

161. The register of farm and forest pledges, the register of commercial pledges and the register of transfers of property in stock are deemed to be closed as of 1 January 1994, and no cancellation, or reduction of a hypothec, may be made therein after the expiry of a period of 12 months; this period begins to run from 1 January 1994.

The registrar who is depositary of the registers may, pursuant to article 3016 of the new Code, make corrections thereto.

[1992, c. 57, s. 161].

162. (*Repealed*).

[1998, c. 5, s. 19].

163. Les avis de contrat de mariage ou de modification d'un contrat de mariage inscrits au registre central des régimes matrimoniaux sont portés d'office au registre central des droits personnels et réels mobiliers.

[1992, c. 57, a. 163].

163. Notices of marriage contracts or changes to marriage contracts entered in the central register of matrimonial regimes are entered as of right in the central register of personal and movable real rights.

[1992, c. 57, s. 163].

164. Durant les 15 mois qui suivent le 1er janvier 1994, la consultation du registre des droits personnels et réels mobiliers ne dispense pas de consulter, selon le cas, le registre des cessions de biens en stock, le registre des nantissements agricoles et forestiers, le registre des nantissements commerciaux et l'index des noms.

L'officier de la publicité dépositaire de ces registres ou qui était habilité à y faire des inscriptions peut, pendant cette période, délivrer des relevés certifiés des droits subsistants quant aux droits créés avant le 1er janvier 1994 et traiter les réquisitions en réduction ou en radiation qui s'y rapportent.

Avant l'expiration de ce délai, l'officier de la publicité chargé du registre des droits personnels et réels mobiliers n'est tenu de délivrer un état certifié des droits inscrits sur ce registre que si ces droits ont été publiés après le 31 décembre 1993 ou si l'inscription de ces droits résulte d'un renouvellement fait conformément à l'article 157.

[1992, c. 57, a. 164].

164. In the 15 months following 1 January 1994, consultation of the register of personal and movable real rights does not grant exemption from consultation, where applicable, of the register of transfers of property in stock, the register of farm and forest pledges, the register of commercial pledges and the index of names.

The registrar who is depositary of the registers or who was qualified to make entries therein may, during that period, issue certified statements of subsisting rights in respect of rights created before 1 January 1994, and may process applications for reduction or cancellation pertaining to such rights.

Before the expiry of that period, the registrar entrusted with the register of personal and movable real rights is bound to issue a certified statement of the rights entered in the register only if such rights were published after 31 December 1993 or if the registration of those rights is the result of a renewal made in accordance with section 157.

[1992, c. 57, s. 164].

§3. — (*L'intitulé de cette section est abrogé*)

165.-166. (*Abrogés*).

[2000, c. 42, a. 94].

§3. — (*The title of this subdivision is repealed*)

165.-166. (*Repealed*).

[2000, c. 42, s. 94].

SECTION X — DROIT INTERNATIONAL PRIVÉ

167. En matière de conflits de lois, la loi régissant les conditions de forme d'un mariage est déterminée en application des dispositions du second alinéa de l'article 3088 du nouveau code, même si le ma-

SECTION X — PRIVATE INTERNATIONAL LAW

167. In questions of conflict of laws, the law governing the formal validity of a marriage is determined pursuant to the provisions of the second paragraph of article 3088 of the new Code, even if the mar-

riage a été célébré avant le 1ᵉʳ janvier 1994.

[1992, c. 57, a. 167].

riage was solemnized before 1 January 1994.

[1992, c. 57, s. 167].

168. La désignation, faite par testament avant le 1ᵉʳ janvier 1994, de la loi applicable à une succession qui s'ouvre postérieurement au 31 décembre 1993 a plein effet, pourvu que les conditions prévues par le second alinéa de l'article 3098 du nouveau code soient remplies.

[1992, c. 57, a. 168].

168. A designation made by will, before 1 January 1994, of the law applicable to a succession which opens after 31 December 1993 has full effect, provided the conditions set forth in the second paragraph of article 3098 of the new Code are satisfied.

[1992, c. 57, s. 168].

169. Les dispositions de l'article 3100 du nouveau code s'appliquent aux successions ouvertes avant le 1ᵉʳ janvier 1994, quant aux biens situés au Québec et dont le partage n'est pas encore commencé le 1ᵉʳ janvier 1994.

[1992, c. 57, a. 169].

169. The provisions of article 3100 of the new Code apply to successions which open before 1 January 1994 in respect of property situated in Québec and of which partition has not yet begun on 1 January 1994.

[1992, c. 57, s. 169].

170. Les dispositions du nouveau code, relatives à la reconnaissance et à l'exécution des décisions étrangères, ne s'appliquent pas aux décisions déjà rendues le 1ᵉʳ janvier 1994 ni aux instances alors en cours devant les autorités étrangères.

[1992, c. 57, a. 170].

170. The provisions of the new Code concerning the recognition and enforcement of foreign decisions do not apply to decisions already rendered on 1 January 1994, or to proceedings pending at that time before foreign authorities.

[1992, c. 57, s. 170].

TITRE II —
CODE DE PROCÉDURE CIVILE

171.-422. (*Omis*).

TITLE II —
CODE OF CIVIL PROCEDURE

171.-422. (*Omitted*).

TITRE III —
DISPOSITIONS RELATIVES AUX AUTRES
LOIS

423.-710. (*Omis*).[1]

DISPOSITIONS DIVERSES

711.-718. (*Omis*).

DISPOSITIONS FINALES

TITLE III —
PROVISIONS RELATING TO OTHER ACTS

423.-710. (*Omitted*).[1]

MISCELLANEOUS PROVISIONS

711.-718. (*Omitted*).

FINAL PROVISIONS

719. À l'exception des articles 717 et 718 de la présente loi, qui entrent en vigueur le 18 décembre 1992, le *Code civil du Québec* et la présente loi entreront en vigueur à la date qui sera fixée par décret du gouvernement. Le décret doit être pris au moins six mois avant cette date.

Toutefois, les dispositions de la présente loi qui modifient des textes non encore en vigueur ne prennent effet qu'à la date d'entrée en vigueur de ces textes et celles qui remplacent de tels textes entreront en vigueur à la date ou aux dates fixées par décret du gouvernement.

[1992, c. 57, a. 719].

719. With the exception of sections 717 and 718 of this Act, which will come into force on 18 December 1992, the *Civil Code of Québec* and this Act will come into force on the date which will be fixed by government order. The order shall be made at least six months before the said date.

However, the provisions of this Act which amend texts not yet in force will take effect only on the date of coming into force of those texts, and the provisions which replace such texts will come into force on the date or dates fixed by order of the Government.

[1992, c. 57, s. 179].

---

[1]Le texte des dispositions interprétatives (art. 423 et 424) se trouve aux pages 1425 à 1429.

INDEX
ANALYTIQUE

**(Code civil du Québec et
dispositions transitoires)**

INDEX

Contrat d'entreprise *(suite)*
• • Ingénieur, 2118-2121
• • Sous-entrepreneur, 2118-2120
• Usages et règles de l'art, 2100
• Utilisation des biens, 2104
• Vices
• • Prix, retenue, 2111-2112
• • Recours du client, 2113
• • Responsabilité, 2118; DT : 114

Contrat d'union civile, *voir* Union civile

Contrat de consommation, 1384, 1435-1437; DT : 81
• Clause abusive, 1437; DT : 82
• Clause externe, 1435
• Clause illisible ou incompréhensible, 1436
• Droit hypothécaire, préavis d'exercice, acte accessoirenn, 2758
• Droit international privé
• • Compétence des autorités étrangères, 3168
• • Compétence internationale des autorités du Québec, 3149
• • Conflit de lois, 3117
• Faculté de rachat, avis, 1751
• Hypothèque mobilière sans dépossession, acte accessoire, 2683
• Interprétation, 1432; DT : 81
• Vente à tempérament
• • Reprise du bien vendu, 1749
• • Risque de perte du bien, 1746

Contrat de mariage, *voir aussi* Donation consentie en considération du mariage, Donation par contrat de mariage ou d'union civile
• Avis
• • Inscription au registre, 442; DT : 163
• Forme, 440
• Modification
• • Avis, 441
• • Convention matrimoniale, 437
• • Donation, 438-439
• • Procédure, 441

• • Régime matrimonial, 438
• • Stipulations, 438
• Registre des droits personnels et réels mobiliers, 442
• Stipulations
• • Restriction, 431
• Union civile
• • Règles applicables, 521.8

Contrat de service, *voir aussi* Contrat d'entreprise
• Biens impropres, vices, 2104
• Conformité, 2100
• Contrat à forfait, 2109
• Contrat de vente, distinction, 2103
• Décès
• • Client, 2127
• • Prestataire de services, 2128
• Définition, 2098
• Direction de l'exécution, 2101
• Estimation, 2107
• Exécutant, 2101
• Fourniture des biens, 2103
• Inaptitude du prestataire de services, 2128
• Information au client, 2102, 2104
• Intérêt du client, 2100
• Lien de subordination, 2099
• Obligation de résultat, 2100
• Perte des biens, 2105
• Prix
• • Détermination, 2106-2109
• • Résiliation du contrat, 2129
• Prudence et diligence, 2100
• Reddition de compte, 2104, 2108
• Résiliation, 2125-2129
• Responsabilité, 2100, 2104, 2126, 2129
• Usages et règles de l'art, 2100
• Utilisation des biens, 2104

Contrat de société, *voir aussi* Société
• Définition, 2186
• Société en nom collectif, modification, 2216

Index

G

Gage, *voir* Hypothèque mobilière avec dépossession

Gage commun des créanciers
- Biens visés, 2644-2645
- Causes légitimes de préférence, 2647
- Distribution du prix de vente, 2646
- Saisie et vente des biens, 2646
- • Biens soustraits à la saisie, 2648
- Stipulation d'insaisissabilité, 2649

Garantie
- Contrat, DT : 83
- Cession de créances, 1639-1640, 1646

Garantie conventionnelle
- Vendeur, 1732-1733
- • Crédit-bail, 1845

Garantie de qualité
- Fabricant, distributeur, fournisseur, 1730
- Vendeur, 1726-1731
- • Crédit-bail, 1845

Garantie des copartageants, 889-894

Garantie du droit de propriété
- Vendeur, 1723-1725
- • Crédit-bail, 1845

Garde des enfants
- Autorité parentale, 599
- • Délégation, 601
- • Perte de la garde, effet, 605
- Droit international privé
- • Compétence internationale des autorités du Québec, 3142
- • Conflit de lois, 3093
- Nullité du mariage, 388
- Responsabilité civile, 1459-1460
- Retour de l'absent, 97
- Séparation de corps, 514
- • Mesures provisoires, 501
- Tutelle au mineur, exercice, 195
- Union civile, dissolution, 521.17

Garde en établissement
- Autorisation de la loi, 26
- Autorisation du tribunal, 26, 30-30.1, 32
- • • Motifs sérieux, 30
- Consentement, 26-27
- • • Défaut, 28
- Danger, 27, 29
- Délai, 28
- Durée, 30.1
- Garde préventive, 27
- Libération, 30.1
- Ordonnance de garde, 27-28
- Plan de soins, information, 31
- Rapport, 29

Gardien des biens
- Responsabilité du fait des biens, 1465-1469
- Transport maritime, 2064, 2082

Gardien des enfants
- Recours alimentaire, 586

Gazette officielle du Québec, 67, 151, 333, 564, 699, 2807, 3055
- Attribution judiciaire de la personnalité, 333
- Changement de nom, 67
- Lois en vigueur, 2807
- Registre de l'état civil, 151
- Succession de l'État, 699
- Zone agricole, 3055

Gestation pour le compte d'autrui
- Convention, nullité, 541

Gestion d'affaires
- Continuation de la gestion, 1484
- Définition, 1482
- Dépenses, 1486-1487
- Droit international privé, 3125
- Gestion inopportune, 1490
- Gestion, obligations, 1484
- Impenses, 1488
- Indemnisation, 1486
- Information, 1483

Index

Index

Board of directors, *see* Legal person

Body, *see* Death

Borough council
- Member, solemnization of marriage, 366, 376

Boundaries, *see* Determination of boundaries

Bulk sale, TP: 101

Brother, *see* Collateral, Relationship

Buyer, *see also* Sale
- Content or quantity specified in contract, 1737
- Failure to deliver, 1736
- Obligation, 1734-1735
- Property with defect, 1739
- Rights, 1736-1739
- Risk of infringement of the right of ownership, 1738

By-law
- Bodily injury, 1614
- Change of name, 64
- Marriage, 376
- Publication of rights, 3024
- Register of civil status, 151

C

Cadastral plan, 3026-3042; TP: 155, *see also* Immatriculation of immovables, Land register
- Amendment, 3021, 3043-3045
- Certified copy, deposit, 3029
- Co-emphyteusis, 3030
- Co-ownership, 1070, 1100, 3030
- Coming into force, 3028
- Complementary file, 3034
- Description of a lot, 3032
- Description of an immovable, 3033-3036; TP: 155
- Description of parts of several lots, 3037; TP: 155
- Discrepancy between the boundaries, measurements and area, 3027
- Electronic form, 3027

- Establishment, 3027
- Expropriation, 3042; TP: 155
- Hypothec, publication of rights, 3028.1
- Land register, part, 3027
- Limit of land, 977
- Lot number, 3030, 3032, 3043-3045
- Municipal office, copy, 3029
- Network, public utilities, 3034-3035, 3038
- Preservation, 3027
- Presumption of accuracy, 3027; TP: 155
- Real right of State resource development, 3034-3035, 3039-3040
- Submitted to the Minister, 3029
- Territory without a cadastral survey, 3030, 3034-3036, 3038

Cadastre, *see* Cadastral plan, Immatriculation of immovables

Cadastre Act, 3028.1

Canada Shipping Act, 2714

Canadian citizenship, 59-60, 71

Cancellation of registration, 3057-3075
- Accessory right, 3074
- Acquittance, 3065
- Application, 3057.1, 3058-3059, 3069, 3072-3073, 3075.1
- Cancellation by the registrar on his own initiative, 3059
- Closing of legal person, 364
- Co-owner in indivision, address, 3066.1
- Consent, 3059
- Declaration of family residence, 3062
- Definition, 3057
- Description of the property, 3072.1
- Error, 3075
- Expiry date, 3058-3059; TP: 155
- Extinguishing, 3069
- Family residence, declaration, 3062-3063
- Final judgment, 3073
- Forced sale, 3069

Index

Index

Immatriculation of immovables

- Amendment to the cadastre, 3043-3045; TP: 155
- Cadastral plan, 3026
- • Accuracy, 3027; TP: 155
- • Approval of minister, 3029
- • Coming into force, 3028
- • Divided co-ownership, 3041
- • Establishment, 3027
- • Expropriation, 3042; TP: 155
- • Network, 3038
- • Number assigned to a lot, 3032-3034, 3037; TP: 155
- • Real right of State resource development, 3039-3040; TP: 146
- • Right of ownership, 3030-3031; TP: 155
- • Territory with no cadastral survey, 3035-3036; TP: 155
- Declaration of co-ownership or of co-emphyteusis, 3030
- Description of an immovable, 3030, 3032-3034, 3036
- • Geographic coordinates, 3036
- • Metes and bounds, 3036-3037; TP: 155
- • Plane rectangular coordinates, 3036
- • Reference to the original survey, 3036
- Expropriation, 3042
- Family residence, 3044
- Identification of immovable, 3030, 3032-3034, 3036
- Metes and bounds, 3036-3037; TP: 155
- Minister responsible, 3029, 3042-3043, 3056
- Network, public utilities, 3031
- Parts of lots, 3054; TP: 155
- • Agricultural zone, 3055
- • Function of registrar, 3056
- Real right of State resource development, 3031, 3034-3035, 3039-3040
- Serial number, 3034
- Subdivision, 3034

- Territory without a cadastral survey, 3030, 3035-3036; TP: 155

Immovable, 455, *see also* Divided co-ownership, Immatriculation of immovables, Immovable hypothec, Immovable tax, Immovable work, Index of immovables, Lease, Property, Sale of an immovable

- Accession, 954-964
- Annuity, 2384
- Divided co-ownership, 1038-1109
- Family residence, 404-405
- Immatriculation, 3026-3056
- Lease, presumption, 1853
- Lease, publication of rights, 2999.1
- Legacy, 745
- Legal hypothec, 2724(2), 2726-2728
- Liability of the owner, 1467
- Ownership, 976-1008
- Partition of succession, 849, 857
- Prescription, 2923
- Without owner, 936

Immovable accession, 954

Immovable hypothec, TP: 136

- Assignment, publicity, 3003
- Designation of property, 2694
- Extinction, 2799
- • Not applicable rule, 2799
- Form, 2693
- Indemnity of insurance, 2695
- Notarial act, 2693
- Of rents, 2695
- Publication of rights, 2695, 2796, 2948-2949, 2951, 3003
- Rank, 2796, 2948-2949, 2951
- Subrogation, publicity, 3003
- Universality of immovables, 2949

Immovable not immatriculated

- Partition, land register, 2979

Immovable not immatriculated and contiguous

- Land register, 2978

Municipal officer
- Solemnization of marriage, 366, 376

Municipality, 941, 1339(2), 3070
- Attestation, 2990
- Authentic act, 2814(4)
- Found property, 942-943
- Prior claim, 2651(5), 2654.1
- Property without owner, 935

Mutual association, *see also* Insurance
- Certificate, 2407

N

Name of a legal person
- Change, 308
- Designation, 305-306

Name of a person, 3, 55, *see also* Change of name, Surname of the mother or father
- Act of civil status, transcription, 108
- Adoption, 576
- Adoption of a child domiciled outside Québec
- • Declaration containing the name chosen for the child, 132.1
- Assignment, 50
- Change, 54, 57-70
- Civil rights, 5
- Other than his own, 56
- Spouse, 393
- Substitution, 54
- Surname, 50-51, 55
- Use, 36(5)

Naskapi, 152

Native persons, 152

Natural accession, 2943.1
- Accretion, 966
- Alluvion, 965
- Island, 968-969
- New bed, 970
- Watercourse, 967

Necessary deposit
- Definition, 2295

- Loss of property, 2296
- Presumption, 2297
- Refusal of depositary, 2296

Neighbour, *see also* Immovable ownership
- Neighbourhood annoyances, 976

Network
- Immatriculation, 3031, 3035, 3038

Network (public service), *see* Public service network

Newspaper, *see* Public notice

Non-marine insurance, 2389
- Aggravation of the risk, 2412
- Change to contract, 2405
- Clause deemed not written, 2402
- Conflict of laws, 3119
- Definition, 2391
- Nullity of clause, 2414
- Nullity of contract, 2410
- Remittance of policy, 2400
- Representations of insured, 2408-2409
- • Misrepresentation or concealment, 2410
- • Testimony, 2413
- Rider, 2405

Notarial act, *see also* Notarial will, Notarized joint declaration
- Acceptance of succession, 649
- Administration of the property of others
- • Inventory, 1327
- Amendment to the cadastre, 3044
- Authentic act, 2814
- • Conditions, 2819
- Beneficiary of a trust
- • Renunciation, 1285
- Civil union
- • Joint declaration of dissolution, 521.13
- Declaration of co-ownership, 1059
- Gift, 1824
- Hypothec, 2692
- Immovable hypothec, 2693

Privacy, 3, 35, *see also* File on a person
- Invasion, 35-36
- Publication of rights, 2971.1

Private communication
- Invasion of the privacy of a person, 36(2)

Private international law, 3076-3168, *see also* Conflict of laws, International jurisdiction of Québec authorities, Jurisdiction of foreign authorities
- Adoption, 3092, 3147
- Arbitration, 3121, 3133
- Assignment of claims, 3120
- Characterization, 3078
- Civil liability, 3126-3129, 3151
- Consumer contract, 3117, 3149
- Contract of employment, 3118, 3149
- Contract of insurance, 3119, 3150
- Conventional representation, 3116
- Country, 3077
- Custody of the child, 3093, 3142
- Divorce, 3167
- Domicile, 3134, 3141, 3148
- Emergency, 3084, 3140
- Evidence, 3130
- Filiation, 3091-3093, 3147, 3166
- Foreign decision (recognition and enforcement), 3155-3163
- General provisions, 3076-3082
- Immovable property (characterization), 3078
- Incapacity, 3085-3087
- Incidental and cross demand, 3139
- Juridical act (form and content), 3109-3113
- Law of another country, 3079
- • Application, 3080, 3082
- • Matters of public order, 3081
- Legal person (status and capacity), 3083
- Legal system, 3077
- Management of the business of another, 3125
- Marriage, 3088-3089, 3144-3145

- Matrimonial regime, 3122-3124, 3154
- Movable property (characterization), 3078
- Movable security, 3102-3106
- Obligation for support, 3094-3096, 3143, 3160
- Obligation (status), 3109-3131
- Personal status, 3083-3096
- Prescription, 3131
- Procedure, 3132-3133
- Property (status), 3097-3108.8
- Provisional or conservatory measure, 3138
- Public order, 3081
- Real and mixed action, 3152-3154
- Reception of a thing not due, 3125
- Rules, 3076
- Sale, 3114-3115
- Securities, 3108.1-3108.8
- Security entitlement, 3108.1-3108.8
- Separation from bed and board, 3090, 3146
- Succession, 3098-3101, 3153
- Taxation law, 3162
- Transaction, 3163
- Trust, 3107-3108
- Unjust enrichment, 3125

Private life under observation
- Invasion of privacy, 36(4)

Private property, *see* Partnership of acquests

Private writing, 2826-2830
- Date, 2830
- Definition, 2826
- In summary form, 2991
- Proof, 2828-2829
- Signing, 2827
- Technology-based document, integrity, 2838

Privilege, TP: 134

Procedure
- Conflict of laws, TP: 10

Index

TABLES DE CONCORDANCE

TABLE DES MATIÈRES

Note: Les tables de concordance du *Code civil du Bas Canada* et du *Code
civil du Québec* (ancien) ont été élaborées à l'aide de l'information
contenue dans la troisième table préparée par Me Sophie Dufour, pro-
fesseure adjointe à la Faculté de droit de l'Université de Sherbrooke.

TABLE DE CONCORDANCE DES ARTICLES DU CODE CIVIL DU BAS CANADA ET DU CODE CIVIL DU QUÉBEC

C.c.B.C.	C.c.Q.	C.c.B.C.	C.c.Q.
1		**45a**	
2		**46**	104, 108
3		**47**	104, 105
4		**48**	105, 106
5		**49**	106
6	3078, 3081, 3083–3085, 3088–3091, 3093, 3094, 3097, 3098, 3102, 3126, 3132	**50**	103, 144, 145, 148, 149
		51	143
		52	
		53	
7	137, 3109	**53a**	113, 130
7.1	3088	**53b**	
8	3111, 3112	**54**	110, 114, 115
8.1	3129	**55**	110, 113, 114
9		**55.1**	
10		**56**	
11		**56.1**	51
12		**56.2**	53
13	8, 9, 3081	**56.3**	57, 65
14		**56.4**	66
15		**64**	110, 118, 121
17	1470	**65**	110, 119, 120
18	1	**66**	48
19	10	**66a**	
19.1	11	**67**	125, 126
19.2		**68**	
19.3	12	**69**	47
19.4	16	**69a**	49
20	19–25	**70**	92
21	42	**71**	93, 94
22	43–45	**72**	95, 129, 133
23	46, 47	**73**	97, 99, 100
27		**75**	130, 141, 142
28	3134	**79**	75
30	33	**80**	76
31	34	**81**	76
39	107	**82**	79
40	114	**83**	80, 81, 171
41		**84**	
42	103, 105	**85**	83, 3149
42a	107	**86**	84
42b		**87**	86
42c		**88**	87
43		**89**	1309
44		**90**	
45	105		

C.c.B.C.	C.c.Q.	C.c.B.C.	C.c.Q.
91		266	179, 181, 1361
92	90	266.1	
93	89, 92	267	222, 236
94		268	251
95		269	190
96		270	
97		271	
98	85, 92	272	180
99	96	273	
100		274	
101	99	275	
102		276	180
103		277	
104		278	
105	617	282	179
106		284	
107	101	285	179, 1309
108	95	286	251
109	89	287	
110		288	254
115		289	253
116		290	158, 177, 188, 208, 209,
117			218, 220, 1309, 1310, 1312
118	373	290a	208, 1303
119	373	291	1309
120	373	292	240, 1324
124	373	293	
125	373	294	1304
126	373	295	1304
148		296	
149		296a	1304, 1341
150		297	208, 213, 214, 1305
151		298	213, 1305
152		300	
153		301	638
154		302	
155		303	211, 1814
156		304	159, 160, 216
246	153	305	
247	170, 171	306	212
248	155	307	212
249	178, 200, 205, 224	308	247
250	206, 224	309	1351
251	222, 224, 226, 228	310	247, 255
254	227	311	166, 248
264	185, 187, 188, 246	312	1364
265		313	1368

C.c.B.C.	C.c.Q.	C.c.B.C.	C.c.Q.
314	175, 176	335.1	292
315	168	335.2	293, 1815
316		335.3	294
317	169	336	295
318	169	336.1	296
319	172, 1815	336.2	
320	173	336.3	297
321	174	337	
322	173, 1815	337a	
323	1318	338	
324	4, 153	339	
325	256	340	169, 170
326	257	345	192
327	258	346	
328	259	347	
329	260	347a	
330	261	348	
331	262	348a	3085, 3101
331.1	263	352	298, 300, 301, 314
331.2	264	353	299
331.3	265	354	
331.4	266	355	
331.5	267	356	300
332	268	357	305
332.1	269	358	303
332.2	270	359	338
332.3	270	360	312, 321, 335
332.4	271	361	310, 335
332.5	272	362	
332.6	273	363	309, 315
332.7	274	364	303
332.8	275	365	189
332.9	276	366	
332.10	277	366a	
332.11	278	367	
332.12	279, 280	368	355, 356
333	281	369	
333.1	282	370	
333.2	283	371	363
333.3	284	374	899
334	285	375	900
334.1	286	376	900
334.2	287	377	900
334.3	288	378	900
334.4	289	379	903
334.5	290	380	903
335	291	381	904

C.c.B.C.	C.c.Q.	C.c.B.C.	C.c.Q.
382		428	988, 989
383		429	971, 972, 973, 975
384	905	430	
385		431	986
386	902	432	
387	906	433	
388		434	973
389	1803, 2374, 2376, 2383, 2384	435	972, 973
		436	973
390		437	973
391	2374, 2376	438	973
392		439	
393	1803	440	
394	2383, 2384	441	974
395		441a	1357
396	401	441b	1010, 1038
397		441b.1	1040
398		441c	1047
399	915	441d	1046
400	918, 919	441e	1048
401	914, 935, 936	441f	1043, 1044
402		441g	1045
403		441h	1063
404		441i	
405	911	441j	1051
406	947	441k	1064
407	952	441l	1041, 1053, 1054, 1055
408	948, 949, 954, 984	441m	1059, 1060, 1062
409	949, 984	441n	1062
410	949, 1129	441o	1056
411	931	441p	1049, 1056
412	932	441q	1084, 1300
413	948	441r	1085, 1309
414	951, 1110	441s	1358
415	955	441t	1105, 1351, 1353, 1361, 1363
416	956		
417	933, 957, 958, 959	441u	1085
418	957, 960	441v	1039, 1085, 1319
419	963	441w	1076
420	965	441x	1076
421	966	441x.1	1082
422		441y	
423	967	441z	1077
424	968	442	1078
425	968	442a	1073, 1331
426	969	442b	
427	970	442c	1054, 1087

C.c.B.C.	C.c.Q.	C.c.B.C.	C.c.Q.
442d	1090	476	1159
442e	1089, 1096	477	1161
442f	1096, 1097, 1100	478	1161
442g	1068, 1102	479	1123, 1162, 1163
442h	1098	480	1168
442i		481	1123
442j	1072	482	1123, 1165
442k	2729	483	1125
442l	1066, 1067	484	
442m		485	1163
442n	1050	486	
442o	1108	487	1172
442p	1109	488	1176
442q		489	1176
443	1120, 1124	490	1176
444	1121	491	1176
445		492	1176
446		493	
447	910, 1124, 1126	494	1173
448	910	495	
449	910	496	
450	1129	497	1173
451	1130, 1349	498	1175
452	1127	499	1177
453		500	
454		501	979
455	1139, 1140	502	980
456	1139	503	981
457	1135	504	978
458	1124	505	1002
459		506	
460	1141	507	
461		508	
462	1125, 1137	509	
463	1124, 1142	510	1003
464	1144	511	
465	1145	512	1006
466	1145, 1147	513	1006
467	1146	514	1005
468	1151	515	1007
469	1152	516	1007
470	1160	517	1008
471	1154	518	1004
472	825	519	1005
473	1155	520	1002
474	1156, 1157	522	
475	1158	523	1003

TABLES DE CONCORDANCE

C.c.B.C.	C.c.Q.	C.c.B.C.	C.c.Q.
524	1003	569	1195, 1200
525	1003	569.1	
526		570	1200
527	1003	571	1199
528		572	1206
529	985	573	
530	1003	574	1207
531	986	575	1202
532		576	1205
533		577	1203
534	995	578	1204
535	995	579	1208
536	993	580	1211
537		581	1210
538	994	582	1210
539	983	583	916, 2875
540	997	584	914, 934, 935, 936
541	998	585	913
542	998	586	938
543	999	587	934, 935
544	1001	588	934, 935
545		589	935, 939
546		591	935
547	1179	592	939
548	1180	593	939
549	1181	594	939
550		595	
551	1183	596	
552	1177	597	613, 619, 738
553	996, 1184	598	617, 618, 653
554	1184	599	614
555	1185	599a	
556	1187	600	613
557	1186	601	613
558	1186	603	616
559	1194	606	653
560	1194	607	625
561	1191	607.1	684
562	1191	607.2	685
563	1192	607.3	686
564	1193	607.4	687
565		607.5	688
566		607.6	689
567	1195	607.7	690
567.1	1196	607.8	691
568	1197	607.9	692
568.1	1198	607.10	693

C.c.B.C.	C.c.Q.	C.c.B.C.	C.c.Q.
607.11	694	653	647
608	617	654	664
610	620, 621	655	652
611	620, 621	656	648, 650
612	628	657	649
613	660	658	631
614		659	651
615	656	660	
616	656, 657, 658, 659	661	2970
617	657	662	
618	659	663	790
619	660	664	
620	661	665	644
621	662	666	632, 634
622	663	667	633
623	665	668	634
624	660, 664	669	633, 648
624a	671	670	651
624b	666, 672, 673	671	
624d		672	802
625	667, 668	673	802
626	674, 675	674	
627	674, 675	675	
628	677, 678, 679, 680	676	795, 808, 810, 811
629	678, 679, 680	676a	805
630	614	677	821
631		678	821
632	674	679	815
633	675, 676	680	816
634	677, 678, 679, 680	681	792
635	682, 683	682	
636	696	683	
639		684	696
640	702	685	
641	630	686	698
642		687	
643	638	688	699, 700
644	632, 645	689	836, 837, 843, 845, 1030, 1031
645	637		
646	642	690	
647	641	691	847
648	635	692	
649	635	693	838
650	636	694	
650a	615	695	
651	646	697	855, 862, 863
652	647	698	862, 863

TABLES DE CONCORDANCE

C.c.B.C.	C.c.Q.	C.c.B.C.	C.c.Q.
700	879	746	884
701	871	747	885
702	850	748	889, 891
703	852	749	892, 893
704	852	750	890
705	854	751	895, 896
706	854	752	897
707	850	753	898
708		754	763
709		755	1806
710	848	756	
711	865, 866	757	1808, 1819
712	867	758	1808, 1819, 1839
713	867	759	
714		760	757
715		761	
716	868	762	1820
717		763	172, 1315, 1813
718	869	764	
719		765	
720		766	
721		767	
722	878	769	
723	869	771	
724	870	772	
725	870	773	1816
726	870	774	
727	876	775	
728	870	776	1824
729	874	777	1281, 1807
730	874	778	1818, 1819
731	870, 877	779	
732	875	780	1823
733	861, 873	781	1823
734	861, 873	782	1822
735	823, 827	783	1822
735.1	809, 823	784	1821
736	823	785	
737	823	786	
738		787	
739	818	788	
740	829	789	1814, 1815
741		790	
742	830	791	
743	780	792	1814
744	780, 781	794	
745	864	795	1806

C.c.B.C.	C.c.Q.	C.c.B.C.	C.c.Q.
981b	1260, 1296	**1007**	164
981c	1276, 1277	**1008**	166
981d	1360	**1009**	162
981e	1361	**1010**	
981f	1332	**1011**	1318, 1706
981g	1300, 1367	**1012**	
981h	1357	**1013**	1425
981i		**1014**	1428
981j	1278, 1307, 1319	**1015**	1429
981k	1309, 1343	**1016**	1426
981l	1297, 1363, 1366	**1017**	1426
981m	1334, 1353, 1363	**1018**	1427
981n		**1019**	1432
981o	1230, 1339, 1340	**1020**	1431
981p	1342	**1021**	1430
981q	1230	**1022**	1433, 1439, 1453
981r	1341	**1023**	1440
981s	1342	**1024**	1434
981t	1343	**1025**	1453, 1455
981u	1343	**1026**	1453
981v	1304	**1027**	1454, 1455, 2919
982	1371	**1028**	886, 1441, 1443
983	1372	**1029**	1444, 1446
984	1385	**1030**	1441, 1442
985	1409	**1031**	1627
986	155, 1409, 1813	**1032**	1631
987		**1033**	1631
988	1386, 1398	**1034**	1633
989	1410, 1411	**1035**	1632
990	1411, 1412	**1036**	1632
991	1399	**1038**	1632
992	1400	**1039**	1634
993	1401	**1040**	1635
994	1402	**1040a**	1743, 1749, 1751, 2757, 2758
995	1402		
996	1402	**1040b**	2758, 2761, 2762, 2781
997	1403	**1040c**	2332
998	1403	**1040d**	1756
999	1404	**1040e**	
1000	1407	**1041**	1482
1001	1404	**1042**	
1002	157, 158, 163, 173, 174, 1404	**1043**	1482, 1484, 1489
		1044	1484
1003	165	**1045**	1484
1004	164	**1046**	1319, 1486
1005	1318	**1047**	1491, 1492, 1700
1006		**1048**	1491

C.c.B.C.	C.c.Q.	C.c.B.C.	C.c.Q.
1049	1492	**1088**	1506, 1507
1050	1492, 1701	**1089**	1508
1051	1492, 1701	**1090**	1513
1052	1492, 1703	**1091**	1511
1053	1457, 1462	**1092**	1514
1054	1457, 1459, 1460, 1461, 1463, 1465	**1093**	1545, 1547
1054.1	1461	**1094**	1546
1055	1466, 1467	**1095**	1545
1056		**1096**	1548
1056a		**1097**	1549
1056b	1609	**1098**	1550
1056c	1618, 1619	**1099**	1551
1056d		**1100**	
1057		**1101**	1666, 1678, 1685
1058	1373	**1102**	
1059		**1103**	1523
1060	1374	**1104**	1524
1061	631, 1374	**1105**	1525
1062	1373	**1106**	1526
1063		**1107**	1528
1064		**1108**	1529
1065	1590, 1601, 1602, 1604, 1605, 1607	**1109**	1527
		1110	1541, 1542
1066	1603	**1111**	1543
1067	1594, 1595	**1112**	1530, 1539
1068	1597	**1113**	1685
1069		**1114**	1532
1070	1597	**1115**	1533, 1535
1071	1470	**1116**	1534
1072	1470	**1117**	1536
1073	1611	**1118**	1536, 1538, 2360
1074	1613	**1119**	1538
1075	1607, 1613	**1120**	1537
1076		**1121**	1519
1077	1600, 1617	**1122**	1519, 1522, 1540
1078	1620	**1123**	1519
1078.1	1618, 1619	**1124**	1519
1079	1497, 1498	**1125**	1521
1080	1499	**1126**	1520
1081	1500	**1127**	1520
1082	1501	**1128**	
1083	1502	**1129**	1520
1084	1503	**1130**	
1085	1505, 1506	**1131**	1622
1086	1504	**1132**	
1087	1507	**1133**	1622
		1134	

C.c.B.C.	C.c.Q.	C.c.B.C.	C.c.Q.
1135	1623	1182	1691
1136	1624	1183	1689
1137	1625	1184	1690
1138	1517, 1671, 2875	1185	1692
1139	1553	1186	1692
1140	1554	1187	1672
1141	1555	1188	1672, 1673
1142	1555	1189	1675
1143	1556	1190	1676
1144	1557	1191	1678, 1679
1145	1559, 1643	1192	1680
1146	1558	1193	1674
1147	1560	1194	
1148	1561	1195	1677
1149	1561, 2332	1196	1681
1150	1562	1197	1682
1151	1563	1198	1683
1152	1566	1199	1684
1153	1567	1200	1600, 1693
1154	1651, 1652	1201	
1155	1653, 1654, 1655	1202	1600, 1693, 1694
1156	1656	1202a	1695
1157	1657	1202b	1695
1158	1569	1202c	1695
1159	1570	1202d	
1160	1571	1202e	
1161	1572	1202f	1696
1162	1573, 1583, 1586, 1588	1202g	1696
1163	1573, 1574	1202h	1697
1164	1577	1202i	1698
1165	1577, 1581, 1582	1202j	
1166	1584	1202k	
1167	1585	1202l	
1168		1203	2803
1169	1660	1204	2860
1170		1205	2811, 2869
1171	1661	1206	
1172	1660	1207	107, 144, 2811, 2812, 2813, 2814, 2815
1173	1667, 1668	1208	2814, 2819, 3110
1174	1667	1209	
1175		1210	102, 2818, 2819
1176	1662	1211	2821
1177	1663	1212	1451, 1452
1178	1664	1213	
1179	1665	1214	1423
1180	1663, 1669, 1670	1215	2815, 2820
1181	1688, 1689, 1690		

TABLES DE CONCORDANCE

C.c.B.C.	C.c.Q.	C.c.B.C.	C.c.Q.
1216	2817, 2820	**1481**	
1217	2815, 2816	**1482**	
1218	2816	**1484**	1310, 1312, 1709, 2147
1219	2816	**1485**	1783
1220	137, 2822, 2823, 2824	**1486**	
1221	2826	**1487**	1713
1222	2829	**1488**	1713, 1714
1223	2828	**1489**	1714
1224	2828	**1490**	1714
1225	2830	**1491**	1716, 1825
1226	2830	**1492**	1825
1227	2833	**1493**	1717, 1825
1228	2834	**1494**	
1229	2834	**1495**	1722
1233	775, 2860, 2861, 2862	**1496**	
1234	2863	**1497**	1721
1235		**1498**	1718
1236		**1499**	1718
1237		**1500**	1720, 1737
1237a		**1501**	1737
1238	2846	**1502**	1737
1239	2847	**1503**	1720
1240	2866	**1504**	
1241	2848	**1505**	
1242	2849	**1506**	1716
1243	2853	**1507**	1716, 1732
1244	2867	**1508**	1723, 1732
1245	2852	**1509**	1732
1426		**1510**	1639, 1733
1427		**1511**	
1428		**1512**	
1429		**1513**	
1430		**1514**	
1431		**1515**	
1432		**1516**	
1433		**1517**	
1434		**1518**	
1435		**1519**	
1472	1455, 1708	**1520**	1738
1473	1377	**1521**	
1474		**1522**	1726
1475	1744	**1523**	1726
1476	1712	**1524**	1733
1477	1711	**1525**	
1478	1710	**1526**	
1479	1734	**1527**	1728
1480		**1528**	1728

TABLES DE CONCORDANCE

C.c.B.C.	C.c.Q.	C.c.B.C.	C.c.Q.
1529	1727	**1571**	1641, 2710
1530	1081, 1739	**1571a**	1641, 2710
1531	1731	**1571b**	1641, 2710
1532	1734	**1571c**	
1533	1734	**1571d**	1642, 2710, 2711
1534	1735	**1572**	1643
1535		**1573**	1647, 2709
1536	1742	**1574**	1638
1537	1742, 1743	**1575**	1638
1538		**1576**	1639
1539		**1577**	1640
1540		**1578**	2710
1541		**1579**	1779
1542		**1580**	1780
1543		**1581**	1781
1544	1740	**1582**	1784
1545		**1583**	1782
1546	1751	**1584**	1784
1547	1752	**1585**	
1548	1753	**1586**	1766
1549	1753	**1587**	1766
1550		**1588**	1758
1551	1753	**1589**	
1552	1751	**1590**	
1553		**1591**	1758
1554		**1592**	1800
1555	1754	**1593**	1802, 1805, 2368
1556	1755	**1594**	1802, 1805, 2368
1557	1755	**1595**	1804, 2368
1558	1755	**1596**	1795
1559	1755	**1597**	1796
1560	1755	**1598**	1797
1561		**1599**	1798
1562		**1600**	1851
1563		**1601**	1851
1564	1758	**1602**	1851
1565		**1603**	1842, 1845
1566		**1604**	1854
1567	1759, 1762	**1605**	1864
1568	1765	**1606**	1854
1569	1779	**1607**	1856
1569a	1767	**1608**	1859
1569b	1768	**1609**	1858
1569c	1776	**1610**	1863
1569d	1771, 1773, 1776	**1611**	1863
1569e	1778	**1612**	1867
1570		**1613**	1867

C.c.B.C.	C.c.Q.	C.c.B.C.	C.c.Q.
1614	1867, 1869	**1651.5**	1903, 1904
1615	1869	**1651.6**	1903
1616		**1651.7**	1908
1617	1855	**1652**	1910
1618	1856	**1652.1**	1911
1619	1870, 1871, 1872	**1652.2**	1912
1620	1874	**1652.3**	1911
1621	1862	**1652.4**	1912
1622	1857	**1652.5**	1920
1623	1890	**1652.6**	1866
1624	1891	**1652.7**	1978
1625	1865	**1652.8**	1913
1626	1865	**1652.9**	1915, 1975
1627	1864	**1652.10**	1916
1628	1863	**1652.11**	1913, 1917
1629	1877	**1653**	1922
1630	1877, 1882	**1653.1**	1923
1631	1882	**1653.1.1**	1924
1632	1884	**1653.1.2**	1925, 1927
1633	1883	**1653.1.3**	1926, 1927
1634	1853	**1653.1.4**	1927
1635	1859, 1860	**1653.1.5**	1928
1636	1859, 1861	**1653.2**	1929
1637		**1653.3**	1911
1638		**1653.4**	1868, 1869
1639		**1653.5**	1933
1640		**1654**	1930
1641	1879	**1654.1**	1931
1642	1881	**1654.2**	1932
1643	1862	**1654.3**	1932
1644	1868	**1654.4**	1934
1645	1857, 1885	**1655**	1870, 1871, 1872
1646	1886, 1887	**1655.1**	1875
1647	1886, 1887	**1655.2**	1981
1648	1889	**1656**	1863, 1907
1649	1888	**1656.1**	1909
1650	1892	**1656.2**	1973
1650.1	1892	**1656.3**	1918
1650.2	1892	**1656.4**	1971
1650.3	1892	**1656.5**	1883
1650.4	1893, 1937	**1656.6**	1973
1650.5	1940	**1657**	1936
1651	1057, 1894	**1657.1**	1937
1651.1	1895	**1657.2**	1938
1651.2	1896	**1657.3**	1938
1651.3	1897	**1657.4**	1939
1651.4	1898	**1657.5**	1940

TABLES DE CONCORDANCE

C.c.B.C.	C.c.Q.	C.c.B.C.	C.c.Q.
1755	1355, 1356, 2175	**1801**	1318, 2282
1756	1360, 2176	**1802**	2283
1756.1	2177	**1803**	1314, 2283
1757	2180	**1804**	1308, 2286
1758	2181	**1805**	1308, 2289, 2739
1759	1357, 1359, 2178	**1806**	2288
1760	1362	**1807**	2287
1761	1361, 1362, 2183	**1808**	2284
1762	2312, 2313, 2314	**1809**	1309, 1365, 2292
1763	2313	**1810**	2285
1764		**1811**	
1765		**1812**	1367, 1369, 2293, 2740
1766	2317, 2318	**1813**	2295
1767	2322	**1814**	2298
1768	2323	**1815**	2298, 2299, 2301, 2304
1769	1308, 2322	**1816**	
1770	2324	**1816a**	2302, 2303
1771	2320	**1817**	
1772	1334, 2326	**1818**	2305
1773	2319	**1819**	
1774	2319	**1820**	2306
1775	2320	**1821**	2309
1776	2321, 2328	**1822**	
1777	2314	**1823**	2311
1778	2327	**1827**	2311
1779	2329	**1830**	2186
1780	2329	**1831**	2201, 2203
1781	2327, 2328	**1832**	2187
1782	2314	**1833**	314, 2228
1783	1512, 2319	**1834**	306, 307, 308, 2189
1784		**1834a**	
1785	1565, 2330	**1834b**	
1786	1565, 2331	**1835**	2194, 2195
1787	2367, 2376	**1836**	2257
1788	2370	**1837**	2189, 2257
1789	2376	**1838**	
1790	2386	**1839**	315, 2198, 2199
1791		**1840**	2198
1792	2387	**1841**	2198
1793		**1842**	2204
1794		**1843**	2206
1795	2280	**1844**	2207
1796	2280	**1845**	
1797	2281	**1846**	2199
1798		**1847**	2205
1799		**1848**	2202
1800		**1849**	2213

C.c.B.C.	C.c.Q.	C.c.B.C.	C.c.Q.
1850	2214	1893	
1851	337, 1335, 2208, 2212, 2215	1894	2226, 2259
		1895	2228, 2260
1852	2217	1896	355, 2229, 2230, 2261
1853	2209	1896a	358, 359, 360, 2235, 2264, 2266
1854	2221, 2254		
1855	2219	1897	2233, 2262
1856	2219	1898	2235
1857	2188	1899	2221, 2235, 2246
1858	2188	1900	2234, 2263
1859	2188	1901	2370
1860	2188	1902	2372
1861	2188	1903	2371, 2374, 2376
1862	2188	1904	2369
1863	2188	1905	2373
1864	2188	1906	2373
1865	2189, 2221	1907	2386
1866	2212	1908	2387
1867	2220	1909	2383
1868	2223	1910	2381
1869	2222	1911	2377
1870	2188	1912	2383
1871	2189	1913	2381
1872	2236	1914	2387
1873	2236, 2240	1915	2388
1874	2240	1916	
1875	2246	1917	
1876	2236, 2238	1918	2631
1877	306, 307, 308, 2189, 2190	1919	
1878	2189	1920	2633
1879	308, 2194	1921	1377, 2634
1880	2196	1922	2635
1881	342, 2239	1923	2635
1882	2243	1924	2636
1883	2197, 2247	1925	2637
1883.1	2237	1926	
1884		1926.1	2638
1885	2241	1926.2	2632, 2639
1886	2242	1926.3	2640
1887	2218, 2244, 2273	1926.4	2641
1888	2238	1926.5	2642
1888a	2248	1926.6	2643
1888b		1927	2630
1889	2188	1928	2629
1890	2188	1929	2333
1891	2188	1930	2334
1892	355, 356, 2226, 2230, 2258	1931	2346

C.c.B.C.	C.c.Q.	C.c.B.C.	C.c.Q.
1932	2340	**1979**	2970
1933	2341, 2342	**1979a**	2684
1934	2336	**1979b**	2696, 2697
1935	2335, 2343	**1979c**	2684, 2757, 2758, 2784, 2789
1936	2344		
1937	2361	**1979d**	
1938	2337	**1979e**	
1939	1940 2337	**1979f**	2696, 2697
1941	2346, 2347, 2352	**1979g**	2970
1942	2348	**1979h**	
1943	2348	**1979i**	2757, 2758, 2784
1944	2348	**1979j**	2789
1945	2349	**1979k**	
1946	2349, 2350	**1980**	2645
1947	2351	**1981**	2644, 2646
1948	2356	**1982**	2647
1949	2356	**1983**	2650
1950		**1984**	2657
1951		**1985**	2657
1952	2358	**1986**	1658
1953	2359, 2362	**1987**	1659
1954	2362	**1988**	1646
1955	2360	**1989**	
1956		**1990**	
1957		**1991**	
1958	2353	**1992**	2652
1959	1531, 2365	**1993**	
1960	2366	**1994**	2651, 2652, 2725
1961	2354, 2359	**1994a**	2652
1962		**1994b**	2652
1963	2338	**1994c**	2652
1964	2347	**1994d**	2652
1965	2347	**1995**	2652
1966	2681, 2702	**1996**	2652
1966a		**1997**	
1967	2737	**1998**	1741
1968	2665	**1999**	1741
1969		**2000**	1741
1970	2703, 2705, 2707, 2798	**2001**	
1971	2747	**2002**	
1972	2736	**2003**	
1973	2739, 2740	**2004**	
1974	2737, 2743	**2005**	
1975	2741	**2005a**	
1976	2662, 2742	**2006**	
1977		**2006a**	2724
1978		**2007**	

C.c.B.C.	C.c.Q.	C.c.B.C.	C.c.Q.
2008	2658	2049	2753
2009	2651, 2652, 2725	2050	2753, 2772
2010		2051	2658, 2680
2011		2052	1646, 1658, 1659
2012		2053	2733
2013	2726, 2728, 2952	2054	2734
2013a	2726	2055	2734
2013b		2056	2751
2013c		2057	2735, 2748
2013d	2122, 2123, 2726, 2727, 2728	2058	2748
		2059	2752
2013e	2123, 2726, 2727, 2728	2060	
2013f	2123, 2726, 2727, 2728	2061	2763, 2765
2014	2724	2062	
2015		2063	
2016	2660, 2751	2064	
2017	2661, 2662, 2667, 2669, 2671	2065	
		2066	
2018	2664	2067	
2019	2664	2068	
2020	2664	2069	
2021	1021, 2679	2070	
2022	2660	2071	
2023		2072	2770
2024	2724	2073	2771
2025		2074	2760
2026	2725, 2730	2075	2763, 2764, 2765, 2769
2027		2076	
2028		2077	2764
2030	242	2078	2772
2031	242	2079	2761
2031.1		2080	2761
2032		2081	1686, 2659, 2794, 2795, 2797
2034	2724, 2730		
2035		2081a	2798, 2799
2036	2731	2082	2941
2037	2681	2083	2941, 2948
2038	2669, 2682	2084	3013
2039		2085	2963
2040	2693	2086	2964
2042	2694	2087	2935
2043	2670, 2948	2088	
2044	2689	2089	2946
2045		2090	
2046	2687	2091	2958
2047		2092	2970, 2982
2048	2956	2093	

C.c.B.C.	C.c.Q.	C.c.B.C.	C.c.Q.
2094		**2129l**	2979, 3036
2095	2957	**2129m**	
2096		**2129n**	3018
2097		**2129o**	
2098	2670, 2938, 2948, 2998, 2999, 3013	**2129p**	3071
		2129q	2977
2099		**2129s**	
2100	2948	**2130**	2663, 2945, 2947
2101	2938	**2131**	2937, 2942, 2982, 2995
2102	1743, 1750, 2939	**2132**	2945, 3007, 3008
2103	2952, 3061	**2133**	
2104		**2134**	3007, 3008, 3011
2105		**2135**	
2106		**2136**	2945, 2986, 3007
2107		**2137**	
2108	2938, 2939, 2961	**2138**	2987
2109	2938, 2961	**2138a**	2987
2110	2938, 2998	**2139**	3005
2111	2967, 2968	**2140**	2985
2112	2967, 2968	**2141**	
2116		**2142**	
2116a	2938	**2143**	
2116b	2938	**2144**	
2117	242	**2145**	3007, 3011
2118	242	**2147**	
2119		**2148**	3057, 3059, 3065, 3073
2120		**2148.1**	3062
2120a	2938, 2949	**2149**	
2121	2725, 2730, 2938	**2150**	3063
2122	2959	**2151**	3067, 3068
2123	2959	**2152**	3072
2124	2958	**2152a**	3072
2125	2960	**2153**	3073
2125a	2960	**2154**	
2125b		**2155**	3000
2126	2938, 2970	**2156**	3000
2127	2712, 2956, 3003, 3004, 3014	**2157**	3069
		2157a	
2129a	2997	**2157b**	
2129b	2935	**2158**	2938, 2970, 2982
2129d	3040	**2159**	
2129e		**2160**	3024, 3025
2129g	2976, 3035	**2160.1**	3012
2129h	3040	**2161**	2945, 2969, 2972, 2976, 3012, 3024
2129i	3040		
2129j		**2161a**	
2129k	2978	**2161b**	3022

C.c.B.C.	C.c.Q.	C.c.B.C.	C.c.Q.
2161c	3022, 3023	2188	2878
2161d	3000, 3069	2189	3131
2161e	3017	2190	3131
2161f		2191	3131
2161g	3069	2192	921
2161h	3069, 3070	2193	922
2161i	3001, 3070	2194	921
2161j		2195	923
2161k	3070	2196	924
2161l		2197	
2164	3024	2198	926
2164a		2199	925
2165		2200	2912
2166	3027, 3029	2201	2876
2167		2202	2805
2168	927, 3032, 3033, 3034, 3037	2203	2913, 2933
		2204	
2169	3028, 3032	2205	2914
2170	2972, 3028	2206	2915
2171	2972, 3007	2207	2916
2172		2208	2914
2172a		2209	
2173	3046	2210	
2173.2	3030, 3033, 3054	2211	
2173.3	3055, 3056	2212	
2173.4	3055, 3056	2213	
2173.5		2214	
2173.6	3042	2215	
2173.7	2996	2216	916, 936
2174	3021, 3043	2217	643
2174a	3043	2218	
2174b	3043, 3045	2219	
2175	3029, 3030, 3044	2220	916, 925
2176c		2221	916
2177	3019	2222	2889
2178	3019	2223	2890
2179	2971	2224	2892, 2893, 2896, 2897
2180	3007, 3012	2225	
2181		2226	2894
2181a	3059	2227	2898
2182	3021	2228	2899
2183	2875, 2910, 2921	2229	
2183a		2230	2900, 2901, 2902
2184	2883	2231	2900, 2901, 2902
2185	2885	2232	2877, 2904, 2905
2186	2886	2233	2906
2187	2887	2233a	2908

C.c.B.C.	C.c.Q.	C.c.B.C.	C.c.Q.
2235		2373	
2236	2880	2374	2714
2237	2907	2383	
2238		2384	
2239	2909	2385	2003
2240	1509, 2879	2386	
2241		2387	
2242	626, 894, 2917, 2922	2388	
2243		2389	
2244		2390	
2245		2391	2007
2246	930, 2882	2392	
2247		2393	
2248		2394	
2249		2395	
2250		2396	
2251		2397	
2252		2398	
2253	2920	2399	
2254		2400	
2255	2903	2401	
2256		2402	
2257		2403	
2258	2927	2406	
2259		2407	
2260		2408	
2260a		2409	
2260b		2410	2028
2261		2411	2028
2261.1	2906	2412	2028
2261.2	2928	2413	
2261.3		2414	
2262	2929	2415	
2263		2416	
2264	2888, 2903	2417	
2265	2924	2418	
2266	2931	2419	
2267	2878	2420	2041, 2042
2268	930, 939, 2880, 2919	2421	2043
2269		2422	
2270		2423	
2278		2424	
2355		2425	
2356		2426	
2359		2427	
2361		2428	
2362		2429	

C.c.B.C.	C.c.Q.	C.c.B.C.	C.c.Q.
2430		2478	2400
2431		2479	
2432		2480	2399
2433		2481	2402
2434		2482	2403, 2405
2435		2483	2406
2436		2484	2407
2437		2485	2408
2438		2486	2408, 2409
2439		2487	2410
2440		2488	2411
2441		2489	2412
2442		2490	
2443	2002	2491	2413
2444		2492	
2445	2028	2493	2397
2446	2028	2494	1608
2447	2028	2495	
2448	2028	2496	3119
2449	2028	2497	3119
2450	2028	2498	3119
2451	2028	2499	1432
2452	2028	2500	2414, 3119
2453	2003, 2028	2501	2415
2454	2028	2502	2404, 2416
2455	2028	2503	2417
2456		2504	2417
2457		2505	2401
2458		2507	2419
2459		2508	2418
2460		2509	2418
2461		2510	
2462		2511	2420, 2422
2464		2512	2421
2465		2513	2422
2466		2514	2423
2467		2515	2424
2468	2389	2516	2425
2469	2389	2517	2426
2470	2390	2518	2426
2471	2391	2519	2427
2472	2392	2520	2429
2473	2393	2521	2429
2474	2394	2522	2428
2475	2395, 2396	2523	2430
2476	2398	2524	2431, 2434
2477	2399	2525	2431

TABLE DE CONCORDANCE DES ARTICLES DES LIVRES II (L.Q. 1980, C. 39) ET IV (L.Q. 1987, C. 18) DU CODE CIVIL DU QUÉBEC (ANCIEN) ET DU CODE CIVIL DU QUÉBEC

C.c.Q., L.II/L.IV	C.c.Q.	C.c.Q., L.II/L.IV	C.c.Q.
400	365	443	393
401	365	444	82, 395
402		445	396
403		446	397
404		447	398
405		448	400
406	578	449	401
407	372	450	
408	372	451	
409		452	
410	365	453	
411	366	454	
412	367	455	407
413	368	455.1	408
414	369	456	399
415	370	457	409
416	371	458	410
417	373	459	
418	374	460	411
419	375	461	412
420	376	462	413, 3089
421	102, 378	462.1	414
422	379	462.2	415
423		462.3	416
424		462.4	417
425		462.5	418
426		462.6	419
427		462.7	420
428		462.8	421
429		462.9	422
430	380	462.10	423
431	381	462.11	424
432	382	462.12	425
433	383	462.13	426
434	384	462.14	427
435	385	462.15	428
436	386	462.16	429
437	386	462.17	430
438	387	463	431
439	388	464	432
440	391, 3089	465	433
441	82, 392	466	434
442	62, 393	467	435

C.c.Q., L.II/L.IV	C.c.Q.	C.c.Q., L.II/L.IV	C.c.Q.
468	436	514	481
469	437	515	482, 856, 857
470	438	516	483
471	439	517	484
472	440	518	485
473	441	519	486
474	442	520	487
475	443	521	488
476	444	522	489
477	445	523	490
478	446	524	491
479	447	524.1	492
480	448	525	493
481	449	526	494
482	450	527	495
483	451	528	496, 498–506
484	452	529	507
485	453	530	508
486	454	531	509
487	455, 745	532	510
488	456	533	
489	457	534	511
490	458	535	
491	459	536	515
492	460	536.1	513, 514, 521
493	461	537	516
494	462	538	
495	463	539	
496	464	540	494
497	96, 465	541	494
498	96, 466	542	494
499	467	543	496
500	468	544	497
501	469	545	498
502	470	546	499
503	471	547	500
504	472	548	501
505	473	549	502
506	474	550	503
507	475	551	504
508	475	552	504
509	476	553	505
510	477	554	506
511	478	555	
512	479	556	518
513	480	557	519, 764

C.c.Q., L.II/L.IV	C.c.Q.	C.c.Q., L.II/L.IV	C.c.Q.
558	520	604	552
559		605	553
560	389	606	554
561	389	607	555
562		608	556
563	594	609	557
564	389	610	558
565	390	611	559
566	512	612	560
567		613	561
568	513	614	562
569	514	614.1	563
570	605	614.2	564
571	612	614.3	565
572	523	614.4	
573	524	615	566
574	525	616	567
575	525	617	568
576	525	617.1	
577	526	618	569
578	527	619	570
579	528	620	571
580	529	621	572
581	531	622	573
582	531	622.1	574
583	532	623	575
584	537	624	576
585	535	625	129, 132
586		626	580
587	530	626.1	129, 581
588	531	627	577
589	532, 533	628	578, 655
590	534	629	579
591	532	630	579
592	535	631	149, 582
593	536	632	149, 583
594	522, 655	633	585, 684
595	543	634	586
596	544, 3092	635	587, 686
597	545	636	588
598	546	637	589, 685
599	547	638	590
600	548	639	591
601	549	640	592
602	550	641	593, 693
603	551	642	594

C.c.Q., L.II/L.IV	C.c.Q.	C.c.Q., L.II/L.IV	C.c.Q.
643	595	1367	1327
644	596	1368	1328
645	597	1369	
646	171, 598	1370	1329
647	599	1371	1330
648	193, 600	1372	1331
649	601	1373	1332
650	602	1374	1333
651		1375	1334
652	603	1376	1335
653	196, 604	1377	1336
654	606	1378	1337
655	607	1379	1338
656	608	1380	1339
657	609	1381	1340
658	610	1382	1341
659	611	1383	1342
1338	1299	1384	1343
1339	1300	1385	1344
1340	1301	1386	1345
1341	1302	1387	1346
1342	1303	1388	1347
1343	1304	1389	1348
1344	1305	1390	1349
1345	1306	1391	1350
1346	1307	1392	1351
1347	1308	1393	1352
1348	1309	1394	1353
1349	1309	1395	1354
1350	1310	1396	1355
1351	1311	1397	1356
1352	1312	1398	1357
1353	1313	1399	1358
1354	1314	1400	1359
1355	1315	1401	1360
1356	1316	1402	1361
1357	1317	1403	1362
1358	1318	1404	1363
1359	1319	1405	1364
1360	1320	1406	1365
1361	1321	1407	1366
1362	1322	1408	1367
1363	1323	1409	1368
1364	1324	1410	1369
1365	1325	1411	1370
1366	1326		

RÈGLEMENTS RELATIFS AU CODE CIVIL DU QUÉBEC

TABLE DES MATIÈRES

RÈGLEMENT SUR LA CAPITALISATION BOURSIÈRE MINIMALE D'UNE SOCIÉTÉ AUX FINS DU PARAGRAPHE 9° DE L'ARTICLE 1339 DU CODE CIVIL DU QUÉBEC,

D. 1683-93, (1993) 125 *G.O.* II, 8647 [CCQ, r. 2]

Code civil du Québec, 1991, c. 64, a. 1339, par. 9°

REGULATION RESPECTING THE MINIMUM MARKET CAPITALIZATION OF A COMPANY FOR THE PURPOSES OF PARAGRAPH 9 OF ARTICLE 1339 OF THE CIVIL CODE OF QUÉBEC,

O.C. 1683-93, (1993) 125 *G.O.* II, 6733 [CCQ, r. 2]

Code civil du Québec, 1991, c. 64, a. 1339, par. 9°

1. Aux fins du paragraphe 9° de l'article 1339 du *Code civil du Québec* (1991, c. 64), la capitalisation boursière d'une société dont les actions ordinaires sont inscrites à la cote d'une bourse reconnue par le gouvernement doit être d'au moins 75 000 000 $.

2. (*Omis*).

1. For the purposes of paragraph 9 of article 1339 of the *Civil Code of Québec* (1991, c. 64), the market capitalization of a company whose common shares are listed by a stock exchange recognized by the Government shall be at least 75 000 000 $.

2. (*Omitted*).

RÈGLEMENT RELATIF AU CHANGEMENT DE NOM ET D'AUTRES QUALITÉS DE L'ÉTAT CIVIL,

D. 1592-93, (1993) 125 *G.O.* II, 8053 [CCQ, r. 4]

Code civil du Québec, 1991, c. 64, a. 64 et 73

REGULATION RESPECTING CHANGE OF NAME AND OF OTHER PARTICULARS OF CIVIL STATUS,

O.C. 1592-93, (1993) 125 *G.O.* II, 6209 [CCQ, r. 4]

Civil Code of Québec, 1991, c. 64, a. 64 and 73

SECTION I — DEMANDE DE CHANGEMENT DE NOM

1. La demande de changement de nom, présentée au directeur de l'état civil, est appuyée d'une déclaration sous serment du demandeur attestant que les motifs qui y sont exposés et les renseignements qui y sont donnés sont exacts.

2. La demande qui porte uniquement sur le changement de nom d'une personne majeure comprend les renseignements suivants sur le demandeur:

1° son nom, tel qu'il est constaté dans son acte de naissance, le nom qu'il demande ainsi que le nom qu'il utilise à la date de la présentation de la demande;

SECTION I — APPLICATION FOR A CHANGE OF NAME

1. An application for a change of name submitted to the registrar of civil status must be supported by an affidavit of the applicant attesting that the reasons and information given in the application are true.

2. An application to change the name of a person of full age only must include the following information:

(1) the applicant's name, as recorded on the act of birth, the name applied for and the name being used on the date on which the application is submitted;

1187

2° son sexe;

(2) the applicant's sex;

3° les date et lieu de naissance ainsi que l'endroit où elle a été enregistrée;

(3) the applicant's date and place of birth and the place where the birth was registered;

4° l'adresse de son domicile à la date de la présentation de la demande et depuis combien d'années il est domicilié au Québec;

(4) the address of the applicant's domicile on the date on which the application is submitted and the number of years the applicant has been domiciled in Québec;

5° la date à laquelle il est devenu citoyen canadien, s'il est né ailleurs qu'au Canada;

(5) the date on which the applicant, if born outside Canada, became a Canadian citizen;

6° les noms de ses père et mère;

(6) the name of the applicant's father and mother;

7° son état civil et, s'il est marié, le nom de son conjoint ainsi que les date et lieu de leur mariage;

(7) the applicant's marital status and, if the applicant is married, the spouse's name and the date and place of their marriage;

8° le nom de ses enfants, s'il en a, ainsi que leur date de naissance et le nom de l'autre parent de chacun d'eux;

(8) the names of the applicant's children, if any, as well as their date of birth and the name of each child's other parent;

9° s'il a déjà changé de nom, à la suite d'une décision judiciaire ou administrative, le nom qu'il portait avant cette décision ou, si un tel changement de nom lui a été refusé, les motifs de ce refus;

(9) if the applicant's name has been changed following a judicial or administrative decision, the applicant's name before that decision or, if a change of name was refused, the reasons for the refusal; and

10° les motifs pour lesquels il demande le changement de son nom.

(10) the reasons for which the applicant is applying for a change of name.

3. La demande qui porte sur le changement du nom de famille d'une personne majeure et de son enfant mineur, de même que celle qui porte uniquement sur le changement de nom d'un enfant mineur comprend, en outre, des renseignements exigés à l'article 2, les renseignements additionnels suivants sur l'enfant:

3. An application to change the surname of a person of full age and of that person's minor child and an application to change the name of a minor child only must include the following information, in addition to the information required in section 2:

1° son nom, tel qu'il est constaté dans son acte de naissance, le nom demandé pour lui et le nom qu'il utilise à la date de la présentation de la demande;

(1) the child's name, as recorded on the act of birth, the name applied for in respect of the child and the name the child is using on the date on which the application is submitted;

2° son sexe;

(2) the child's sex;

3° les date et lieu de naissance ainsi que l'endroit où elle a été enregistrée;

(3) the child's date and place of birth and the place where the birth was registered;

4° l'adresse de son domicile à la date de la présentation de la demande et depuis combien d'années il est domicilié au Québec;

(4) the address of the child's domicile on the date on which the application is submitted and the number of years the child has been domiciled in Québec;

5° la date à laquelle il est devenu citoyen canadien, s'il est né ailleurs qu'au Canada;

(5) the date on which the child, if born outside Canada, became a Canadian citizen;

6° les noms de ses père et mère ainsi que l'adresse de leur domicile à la date de la présentation de la demande;

(6) the names of the child's father and mother and the address of their domicile on the date on which the application is submitted;

7° s'il a déjà changé de nom, à la suite d'une décision judiciaire ou administrative, le nom qu'il portait avant cette décision ou, si un tel changement de nom a été refusé, les motifs de ce refus;

(7) if the child's name has been changed before following a judicial or administrative decision, the child's name before that decision or, if a change of name was refused, the reasons for the refusal;

8° le cas échéant, l'indication que son père ou sa mère a été déchu de l'autorité parentale par jugement du tribunal;

(8) if the child's father or mother has been deprived of parental authority by a judicial decision, an indication of that fact;

9° le cas échéant, l'indication que sa filiation a été changée par jugement du tribunal;

(9) if the child's filiation has been changed by a judicial decision, an indication of that fact;

10° le cas échéant, l'indication qu'un tuteur lui a été nommé, soit par jugement du tribunal, soit par testament ou déclaration au curateur public conformément à l'article 200 du *Code civil du Québec*, le nom du tuteur, l'adresse de son domicile à la date de la présentation de la demande, le mode de sa nomination ainsi que la date de prise d'effet de la tutelle;

(10) where such is the case, a statement that a tutor has been appointed to the child, either by a judicial decision, or by will or by a declaration filed with the Public Curator in accordance with article 200 of the *Civil Code of Québec*, the name of the tutor, the address of the tutor's domicile on the date on which the application is submitted, the mode of appointment of the tutor and the date on which the tutorship took effect; and

11° les motifs pour lesquels le changement de son nom est demandé.

(11) the reasons for which the change of the child's name is applied for.

4. La demande de changement de nom est accompagnée des documents suivants:

4. An application for a change of name must be accompanied with the following documents:

1° copie des actes de naissance, de mariage et de décès mentionnés à la demande, lorsque ces actes ont été faits hors du Québec;

(1) a copy of the acts of birth, marriage and death referred to in the application, where they were drawn up outside Québec;

2° copie du certificat de citoyenneté canadienne du demandeur et de l'enfant mineur pour lequel le changement de nom est demandé, s'ils sont nés ailleurs qu'au Canada;

(2) a copy of the certificates of Canadian citizenship of the applicant and of the minor child for whom the change of name is applied for, if they were born outside Canada;

3° copie du jugement irrévocable ou du certificat de divorce du demandeur, si celui-ci est divorcé;

4° copie du jugement prononçant la nullité du mariage du demandeur, le cas échéant;

5° copie des décisions antérieures de changement de nom du demandeur et de l'enfant mineur pour lequel le changement de nom est demandé, s'ils ont déjà changé de nom;

6° si un tuteur a été nommé à l'enfant mineur pour lequel le changement de nom est demandé, la copie du jugement nommant le tuteur à l'enfant ou, si la désignation du tuteur a été faite par testament ou par une déclaration au curateur public, conformément à l'article 200 du *Code civil du Québec*, la copie du testament ou de la déclaration.

La demande de changement de nom est également accompagnée du paiement des droits exigibles.

SECTION II — PUBLICITÉ
DE LA DEMANDE DE CHANGEMENT DE NOM

5. À moins qu'il n'en ait été dispensé par le ministre de la Justice, conformément à l'article 63 du *Code civil du Québec*, le demandeur donne avis de sa demande, une fois par semaine, pendant 2 semaines consécutives, à la *Gazette officielle du Québec* et dans un journal publié ou circulant dans le district judiciaire où il a son domicile.

Ces publications sont également faites dans le district judiciaire où l'enfant mineur, pour lequel le changement de nom est demandé, a son domicile si celui-ci est distinct de celui du demandeur.

6. L'avis de demande de changement de nom comprend, lorsque celle-ci porte sur le changement de nom d'une personne majeure, les renseignements suivants:

1° le nom du demandeur, tel qu'il est constaté dans son acte de naissance;

(3) a copy of the applicant's absolute decree of divorce or certificate of divorce, if the applicant is divorced;

(4) a copy of the judgment declaring the nullity of the applicant's marriage, where applicable;

(5) a copy of the previous decisions changing the names of the applicant and of the minor child for whom the change of name is applied for, if their names have been changed before; and

(6) if the minor child for whom the change of name is applied for has a tutor, a copy of the judgment appointing the tutor or, if the tutor was appointed by will or by a declaration filed with the Public Curator in accordance with article 200 of the *Civil Code of Québec*, a copy of the will or declaration.

The application must also be accompanied with the payable duties.

SECTION II — PUBLICATION OF AN
APPLICATION FOR A CHANGE OF NAME

5. Unless an exemption from publication has been granted by the Minister of Justice in accordance with article 63 of the *Civil Code of Québec*, the applicant shall publish a notice of his application once a week for 2 consecutive weeks in the *Gazette officielle du Québec* and in a newspaper published or distributed in the judicial district where the applicant is domiciled.

The notice shall also be published in the same manner in the judicial district where the minor child for whom a change of name is applied for is domiciled, if the child's domicile is different from the applicant's.

6. Where the application is to change the name of a person of full age, the notice of application must include the following information:

(1) the applicant's name, as it appears on the act of birth;

2° l'adresse du domicile du demandeur;

3° le nom demandé au directeur de l'état civil;

4° les lieu et date de l'avis;

5° la signature du demandeur.

Lorsque la demande porte sur le changement de nom d'un enfant mineur, l'avis de demande comprend les renseignements suivants:

1° les nom et adresse du domicile du demandeur;

2° le nom de l'enfant, tel qu'il est constaté dans son acte de naissance;

3° le nom demandé pour l'enfant au directeur de l'état civil;

4° les lieu et date de l'avis;

5° la qualité du demandeur et sa signature.

7. Le demandeur doit fournir au directeur de l'état civil, soit la dispense de publication accordée par le ministre de la Justice en application de l'article 63 du *Code civil du Québec*, soit les pages complètes des journaux et de la *Gazette officielle du Québec* sur lesquelles a été publié l'avis de demande de changement de nom.

SECTION III —— AVIS DE DEMANDE DE CHANGEMENT DE NOM D'UN ENFANT MINEUR

8. Le demandeur notifie, de la manière prescrite à la section VI, un avis de la demande qui porte sur le changement de nom d'un enfant mineur aux père et mère de l'enfant, à son tuteur, le cas échéant, et à l'enfant lui-même, s'il est âgé de quatorze ans et plus. Il joint à l'avis une copie de la demande.

9. L'avis de demande comprend les renseignements suivants:

(2) the address of the applicant's domicile;

(3) the name applied for to the registrar of civil status;

(4) the place and date of the notice; and

(5) the applicant's signature.

Where the application is to change the name of a minor child, the notice of application must include the following information:

(1) the applicant's name and the address of the applicant's domicile;

(2) the child's name, as recorded on the act of birth;

(3) the name applied for in respect of the child to the registrar of civil status;

(4) the place and date of the notice; and

(5) the applicant's capacity and signature.

7. The applicant shall provide the registrar of civil status with either the exemption from publication granted by the Minister of Justice pursuant to article 63 of the *Civil Code of Québec* or the full pages on which the notice of application for a change of name was published in the newspapers and in the *Gazette officielle du Québec*.

SECTION III —— NOTICE OF AN APPLICATION TO CHANGE THE NAME OF A MINOR CHILD

8. The applicant shall, in the manner prescribed in Division VI, notify the child's father and mother, the child's tutor, where applicable, and the child, if 14 years of age or older, of the notice of application to change the name of a minor child. The applicant shall append to the notice a copy of the application.

9. The notice of application must include the following information:

1° les nom et adresse du domicile de la personne à qui l'avis doit être notifié;

(1) the name of the person who must be notified of the notice and the address of the person's domicile;

2° le nom de l'enfant, tel qu'il est constaté dans son acte de naissance;

(2) the child's name, as recorded on the act of birth;

3° le nom demandé pour l'enfant;

(3) the name applied for in respect of the child;

4° les nom, qualité et adresse du domicile du demandeur;

(4) the applicant's name and capacity and the address of the applicant's domicile;

5° les lieu et date de l'avis;

(5) the place and date of the notice; and

6° la signature du demandeur.

(6) the applicant's signature.

10. Le demandeur fournit au directeur de l'état civil, de la manière prévue à l'article 22, la preuve que la notification requise par l'article 8 a été faite; dans le cas contraire, il doit démontrer au directeur qu'il n'a pu procéder à la notification.

10. The applicant shall provide the registrar of civil status, in the manner set out in section 22, with proof that the notification required by section 8 has been made; otherwise, the applicant must prove to the registrar that he was unable to make the required notification.

SECTION IV — OBSERVATIONS SUR UNE DEMANDE, OPPOSITION ET RÉPONSE DU DEMANDEUR

SECTION IV — STATEMENT OF VIEWS OF AN APPLICATION, OBJECTION AND APPLICANT'S REPLY

11. Toute personne intéressée peut, dans les 20 jours suivant la date de la dernière publication requise par la section II, notifier ses observations au demandeur et au directeur de l'état civil.

11. Any interested person may, within 20 days following the date of the last publication required by Division II, notify the registrar of civil status and the applicant of his views.

12. Les personnes avisées d'une demande de changement de nom d'un enfant mineur, conformément à la section III, peuvent s'opposer à la demande sous réserve toutefois du cas prévu au deuxième alinéa de l'article 62 du *Code civil du Québec*.

12. The persons notified of an application to change the name of a minor child, in accordance with Division III, may object to the application subject, however, to the second paragraph of article 62 of the *Civil Code of Québec*.

Elles notifient, conformément à la section VI, leur opposition au directeur de l'état civil et au demandeur, au plus tard le vingtième jour suivant la date de la notification de l'avis de demande.

The registrar of civil status and the applicant must be notified of their objection in accordance with Division VI, not later than the twentieth day following the date of notification of the notice of application.

13. L'opposition à la demande de changement de nom d'un enfant mineur comprend les renseignements suivants:

13. An objection to an application to change the name of a minor child must include the following information:

1° les nom, qualité et adresse du domicile de l'opposant;

(1) the objector's name and capacity and the address of the objector's domicile;

2° le nom du demandeur;

(2) the applicant's name;

3° le nom de l'enfant, tel qu'il est constaté dans son acte de naissance;

(3) the child's name, as recorded on the act of birth;

4° le nom demandé pour l'enfant;

(4) the name applied for in respect of the child;

5° les motifs de l'opposition;

(5) the reasons for the objection;

6° les lieu et date de l'opposition;

(6) the place and date of the objection; and

7° la signature de l'opposant.

(7) the objector's signature.

14. Le demandeur peut, dans les 15 jours de la notification qui lui en est faite, répondre à une opposition ou aux observations formulées sur sa demande.

14. The applicant may reply to an objection or to the views stated on the application within 15 days from the day on which the applicant receives notification thereof.

Il notifie, conformément à la section VI, sa réponse au directeur de l'état civil et à l'opposant et, le cas échéant, aux autres personnes intéressées.

The applicant shall, in accordance with Division VI, give notice of his or her reply to the registrar of civil status, to the objector and, where applicable, to the other interested persons.

15. La réponse du demandeur comprend les renseignements suivants:

15. The applicant's reply must include the following information:

1° les nom et adresse du domicile du demandeur;

(1) the applicant's name and the address of the applicant's domicile;

2° le nom de l'opposant ou de la personne qui a formulé des observations sur la demande;

(2) the name of the objector or of the person who stated views on the application;

3° la date de la notification au demandeur de l'opposition ou des observations sur la demande;

(3) the date on which the applicant was notified of the objection or the views on the application;

4° le nom inscrit à l'acte de naissance de la personne dont le changement de nom est demandé;

(4) the name recorded on the act of birth of the person for whom a change of name is applied for;

5° le nom demandé pour cette personne;

(5) the name applied for in respect of that person;

6° les motifs pour lesquels le demandeur considère que l'opposition ou les observations sont mal fondées;

(6) the reasons for which the applicant deems the objection or views ill-founded;

7° les date et lieu de la réponse du demandeur;

(7) the date and place of the applicant's reply; and

8° la signature du demandeur.

(8) the applicant's signature.

16. La décision du directeur de l'état civil d'autoriser ou de refuser un changement de nom doit être motivée.

Elle est notifiée au demandeur, à l'opposant et, le cas échéant, aux personnes qui ont formulé des observations sur la demande.

17. Lorsque la décision du directeur de l'état civil d'autoriser un changement de nom n'est plus susceptible d'être révisée, soit à l'expiration du délai de 30 jours prévu à l'article 864.2 du *Code de procédure civile* (chapitre C-25), il en donne avis à la *Gazette officielle du Québec*, à moins qu'une dispense spéciale de publication ne soit accordée par le ministre de la Justice en application de l'article 67 du *Code civil du Québec*.

18. L'avis de changement de nom comprend les renseignements suivants:

1° la date de la décision d'autoriser le changement de nom;

2° le nom inscrit à l'acte de naissance de la personne dont le changement de nom était demandé;

3° la date de naissance de cette personne;

4° le nouveau nom accordé à cette personne;

5° la date de prise d'effet de la décision d'autoriser le changement de nom;

6° les lieu et date de l'avis;

7° la signature du directeur de l'état civil.

19. Le directeur de l'état civil expédie au demandeur un certificat de changement de nom. Il fait au registre de l'état civil les

16. The decision of the registrar of civil status to authorize or to refuse a change of name must give reasons.

The applicant, and, where applicable, the objector and the persons who made observations on the application must be notified of the decision.

17. When the decision of the registrar of civil status to authorize a change of name is no longer open to review, namely, upon the expiry of the 30-day period provided for in article 864.2 of the *Code of Civil Procedure* (chapter C-25), the registrar shall give notice of the decision in the *Gazette officielle du Québec*, unless a special exemption from publication is granted by the Minister of Justice pursuant to article 67 of the *Civil Code of Québec*.

18. The notice of a change of name must include the following information:

(1) the date of the decision to authorize the change of name;

(2) the name recorded on the act of birth of the person for whom the change of name was applied for;

(3) the date of birth of that person;

(4) the new name granted to that person;

(5) the date on which the decision to authorize the change of name takes effect;

(6) the place and date of the notice; and

(7) the signature of the registrar of civil status.

19. The registrar of civil statut shall send to the applicant a certificate of change of name. The registrar shall also make the re-

RÈGLEMENT CONCERNANT LA PUBLICATION D'UN AVIS DE DÉCLARATION TARDIVE DE FILIATION,

D. 489-2002 (2002) 134 *G.O.* II. 2922 [CCQ, r. 5]

Code civil du Québec, 1991, c. 64, a. 130; 1999, c. 47, a. 8

REGULATION RESPECTING THE PUBLICATION OF A NOTICE OF TARDY DECLARATION OF FILIATION,

O.C. 489-2002 (2002) 134 *G.O.* II, 2291 [CCQ, r. 5]

Civil Code of Québec, 1991, c. 64, a. 130; 1999, c. 47, s. 8

1. L'auteur d'une déclaration tardive de filiation faite au directeur de l'état civil, conformément à l'article 130 du *Code civil du Québec* (L.Q. 1991, c. 64), donne avis de sa déclaration, une fois par semaine, pendant 2 semaines consécutives, à la *Gazette officielle du Québec* et dans un journal publié ou circulant dans le district judiciaire où il a son domicile.

Ces publications sont également faites dans un journal publié ou circulant dans le district judiciaire du domicile de l'enfant dont la filiation est déclarée tardivement, si ce domicile est distinct de celui de l'auteur de la déclaration tardive.

2. L'avis de déclaration tardive de filiation comprend:

1° les nom, qualité et adresse du domicile de l'auteur de cette déclaration;

1. The author of a tardy declaration of filiation made to the registrar of civil status, in accordance with article 130 of the *Civil Code of Québec* (S.Q. 1991, c. 64) shall give notice of the declaration, once a week for 2 consecutive weeks, in the *Gazette officielle du Québec* and in a newspaper published or circulated in the judicial district of the author's domicile.

The notice shall also be published in a newspaper published or circulated in the judicial district of the domicile of the child whose filiation is tardily declared, if the child's domicile is not the same as that of the author of the tardy declaration.

2. The notice of tardy declaration shall contain

(1) the name, status and domiciliary address of the author of the declaration;

2° les nom, date et lieu de naissance de l'enfant dont la filiation est déclarée tardivement, tels qu'ils sont constatés dans son acte de naissance;

3° les nom, qualité et adresse du domicile de l'auteur de la déclaration précédente;

4° le cas échéant, l'ajout au nom de famille de l'enfant, du nom de famille de l'auteur de la déclaration tardive de filiation ou d'une partie de ce nom, s'il est composé;

5° les lieux et date de l'avis;

6° la signature de l'auteur de la déclaration tardive de filiation;

7° la mention que l'objection d'un tiers à la déclaration tardive de filiation doit être notifiée aux déclarants, à l'enfant mineur âgé de 14 ans ou plus et au directeur de l'état civil au plus tard dans les 20 jours de la dernière publication d'un avis de cette déclaration.

3. Le présent règlement entre en vigueur le 1ᵉʳ mai 2002.

(2) the name, date and place of birth of the child whose filiation is tardily declared, as they appear on the act of birth;

3° the name, status and domiciliary address of the author of the previous declaration;

4° where applicable, the surname of the author of the tardy declaration of filiation to be added to the child's surname, or part of the author's surname if it is a compound name;

5° the date and place of the notice;

6° the signature of the author of the tardy declaration of filiation; and

7° a mention that objections from third persons to the tardy declaration of filiation must be notified known to the authors of the declaration, to the minor child of 14 years of age or over and to the registrar of civil status within 20 days of the last publication of a notice of that declaration.

3. The Regulation comes into force on the 1 May 2002.

RÈGLEMENT SUR LE REGISTRE DES DROITS PERSONNELS ET RÉELS MOBILIERS,

D. 1594-93, (1993) 125 *G.O.* II, 8058 [CCQ, r. 8], tel que modifié par D. 444-98, (1999) 130 *G.O.* II, 2015; E.E.V.: 98-05-19; D. 755-99, (1999) 131 *G.O.* II, 3035; E.E.V.: 99-08-05; *Erratum*, (1999) 131 *G.O.* II, 3825; D. 907-99, (1999) 131 *G.O.* II, 3846; E.E.V.: 99-09-17; D. 972-99, (1999) 131 *G.O.* II, 3997; E.E.V.: 99-09-01; D. 30-2009, (2009) 141 *G.O.* II, 23A; E.E.V.: 2009-01-16.

Code civil du Québec, 1991, c. 64, a. 3024

Loi sur l'application de la réforme du Code civil, 1992, c. 57, a. 165

Loi sur les bureaux de la publicité des droits, chapitre B-9, a. 5

REGULATION RESPECTING THE REGISTER OF PERSONAL AND MOVABLE REAL RIGHTS,

O.C. 1594-93, (1993) 125 *G.O.* II, 6215 [CCQ, r. 8], as amended by O.C. 444-98, (1999) 130 *G.O.* II, 1513; C.I.F.: 98-05-19; O.C. 755-99, (1999) 131 *G.O.* II, 2055; C.I.F.: 99-08-05; O.C. 907-99, (1999) 131 *G.O.* II, 2719; C.I.F.: 99-09-17; O.C. 972-99, (1999) 131 *G.O.* II, 2835; C.I.F.: 99-09-01; O.C. 30-2009, (2009) 141 *G.O.* II, 17A; C.I.F.: 2009-01-16.

Civil Code of Québec, 1991, c. 64, a. 3024

An Act respecting the implementation of the reform of the Civil Code, 1992, c. 57, s. 165

An Act respecting registry offices, chapter B-9, s. 5

Chapitre I — Du registre des droits personnels et réels mobiliers

Chapter I — Register of Personal and Movable Real Rights

SECTION I — DISPOSITIONS GÉNÉRALES

SECTION I — GENERAL PROVISIONS

1. Le registre des droits personnels et réels mobiliers est informatisé.

1. The register of personal and movable real rights shall be kept on computer.

2. Les réquisitions d'inscription sont numérotées par l'officier de la publicité. La numérotation fait référence à un numéro de séquence commençant par les 2 derniers chiffres de l'année civile.

2. Applications for registration shall be numbered by the registrar, using sequence numbers beginning with the last 2 numerals of the calendar year.

SECTION II — DU BORDEREAU DE PRÉSENTATION

SECTION II — MEMORIALS OF PRESENTATION

3. Les bordereaux de présentation sont numérotés par l'officier. La numérotation fait référence à un numéro de séquence que précède un caractère distinctif.

3. Memorials of presentation shall be numbered by the registrar, using sequence numbers preceded by an identifying character.

4. Le bordereau peut aussi être utilisé par le bureau à des fins d'établissement et de perception des frais exigibles, ainsi que de facturation.

4. Memorials may also be used by the registry office for the purposes of fixing and collecting exigible fees, and for billing purposes.

SECTION III — DE LA STRUCTURE DU REGISTRE

SECTION III — STRUCTURE OF THE REGISTER

5. Le registre des droits personnels et réels mobiliers est constitué de fiches nominatives et de fiches descriptives.

5. The register of personal and movable real rights is composed of name files and descriptive files.

6. Il est établi une fiche nominative pour chaque constituant identifié dans la réquisition d'inscription.

6. A name file shall be opened for each grantor named in an application for registration.

7. Seul un véhicule routier visé à l'article 15 donne lieu à l'établissement d'une fiche descriptive; les fiches nominative et descriptive sont complémentaires.

[D. 444-98, a. 1].

7. A descriptive file shall be opened only for a road vehicle listed in section 15. Name files and descriptive files are supplementary.

[O.C. 444-98, s. 1; O.C. 972-99, s. 1].

8. Chacune des fiches nominative et descriptive est constituée d'une fiche synoptique et d'une ou de plusieurs fiches détaillées.

8. Both name files and descriptive files are composed of a synoptic file and one or more detailed files.

9. Toute fiche nominative ou descriptive comporte un intitulé qui indique notamment le nom du registre, le nom du constituant ou le numéro d'identification du bien visé ainsi que les dates de certification du registre.

[D. 444-98, a. 2].

9. Each name file and descriptive file shall bear a heading indicating, in particular, the name of the register, the name of the grantor or the identification number of the property in question, and the dates of certification of the register.

[O.C. 444-98, s. 2].

10. La fiche synoptique, outre l'intitulé mentionné à l'article 9, relate la date, l'heure et la minute de présentation de la réquisition, le numéro d'inscription ainsi que la nature du droit inscrit; elle renvoie aux différentes fiches détaillées.

[D. 444-98, a. 2].

11. La fiche détaillée, outre l'intitulé mentionné à l'article 9, comprend l'inscription du droit donnant lieu à l'établissement de cette fiche.

Après l'établissement d'une fiche détaillée, les inscriptions concernant un droit qui en fait l'objet sont faites sur cette fiche; mention de l'inscription est aussi effectuée sur la fiche synoptique.

12. La radiation d'une inscription sur une fiche détaillée donne lieu à une épuration de concordance sur la fiche synoptique; la réduction qui soustrait totalement de l'inscription le bien qui a donné lieu à l'établissement d'une fiche descriptive entraîne la suppression de cette inscription sur celle-ci et mention de la réduction est portée sur la fiche nominative.

10. A synoptic file, in addition to bearing the heading prescribed in section 9, shall record the date, hour and minute of presentation of the application, as well as the registration number, and shall indicate the nature of the right registered; it shall cross-refer to the various detailed files.

[O.C. 444-98, s. 2].

11. A detailed file, in addition to bearing the heading prescribed in section 9, shall contain the registered entry of the right in respect of which such file has been opened.

Once a detailed file is opened, entries concerning the right in question shall be made in that file, and each such entry shall also be recorded in the synoptic file.

12. Where an entry is cancelled in a detailed file, the record of that entry shall be deleted from the corresponding synoptic file. Where a reduction completely eliminates from a registered entry the property in respect of which a descriptive file was opened, the registered entry shall be deleted from the descriptive file, and the reduction shall be recorded in the name file.

SECTION IV — DE L'ÉTABLISSEMENT DE LA FICHE AU REGISTRE

SECTION IV — OPENING A FILE IN THE REGISTER

§1. — De la fiche nominative

§1. — Name Files

13. La fiche nominative est établie comme suit:

1° s'il s'agit d'une personne physique: sous son nom et sa date de naissance;

1.1° s'il s'agit d'une succession: sous le nom et la date de naissance de la personne décédée;

1.2° s'il s'agit d'une fiducie: sous son nom et le code postal correspondant à l'établissement visé si celui-ci est situé au Canada;

13. Name files shall be opened as follows:

(1) in the case of a natural person, under the person's name and date of birth;

(1.1) in the case of a succession, under the name and date of birth of the deceased;

(1.2) in the case of a trust, under its name and the postal code for the establishment concerned by the registration, if that establishment is located in Canada;

2° s'il s'agit d'une personne morale: sous son nom et le code postal correspondant à l'établissement directement visé, si celui-ci est situé au Canada;

3° s'il s'agit d'une société en nom collectif ou en commandite ou d'une association: sous son nom et le code postal correspondant à l'établissement directement visé, si celui-ci est situé au Canada;

4° s'il s'agit de l'État: sous le nom de l'autorité administrative visée et le code postal correspondant au principal établissement de cette autorité.

Lorsqu'une personne physique agit dans le cadre d'une entreprise qu'elle exploite ou qu'une personne morale agit sous un nom autre que le sien et que sa désignation à la réquisition comprend aussi le nom de l'entreprise ou l'autre nom, la fiche nominative est également établie sous le nom de l'entreprise ou l'autre nom et sous le code postal relatif à l'adresse correspondante à ce nom.

[D. 444-98, a. 3].

13.1. Lors de l'établissement d'une fiche nominative, un algorithme de normalisation d'écriture est appliqué au nom sous lequel la fiche est établie; aucune demande pour éviter l'application de cet algorithme n'est admise.

[D. 444-98, a. 4].

§2. — De la fiche descriptive

14. La fiche descriptive est établie sous le numéro d'identification d'un véhicule routier.

15. Donne lieu à l'établissement d'une fiche descriptive, s'il est décrit conformément aux dispositions de l'article 20, un véhicule routier muni d'un numéro d'identification apposé conformément à l'article 210 du *Code de la sécurité routière* (chapitre C-24.2) et qui est:

(2) in the case of a legal person, under the person's name and the postal code for the establishment directly concerned by the registration, if that establishment is located in Canada;

(3) in the case of a general partnership, a limited partnership or an association, under the name of the partnership or association and the postal code for the establishment directly concerned by the registration, if that establishment is located in Canada;

(4) in the case of the State, under the name of the administrative authority concerned by the registration and the postal code for the main establishment of that authority.

Where a natural person acts within the framework of a business that the person operates or where a legal person acts under a name other than its own name and the designation of that natural or legal person on the application includes the name of the business or the other name, a name file shall also be opened under the name of the business or the other name and under the postal code for the address corresponding to that name.

[O.C. 444-98, s. 3].

13.1. When a name file is opened, a writing standardization algorithm shall be applied to the name under which the file is opened; any request to waive application of the algorithm shall be denied.

[O.C. 444-98, s. 4].

§2. — Descriptive Files

14. A descriptive file shall be opened under the identification number of a road vehicle.

15. Descriptive files shall be opened for the following road vehicles, where the description complies with section 20 and the road vehicle is provided with an identification number affixed in accordance with section 210 of the *Highway Safety Code* (chapter C-24.2):

droits découlant d'un contrat d'assurance et les droits de propriété intellectuelle, à l'exception, dans tous les cas, des biens constituant un Régime enregistré d'épargne retraite, un Fonds enregistré de revenu de retraite, un Régime enregistré d'épargne études ou un Régime enregistré d'épargne invalidité au sens de la *Loi sur les impôts*.

[D. 755-99, a. 2; D. 30-2009, a. 1].

and intellectual property rights, excluding in all cases property constituting a registered retirement savings plan, a registered retirement income fund, a registered education savings plan or a registered disability savings plan within the meaning of the *Taxation Act*.

[O.C. 907-99, s. 2; O.C. 30-2009, s. 1].

Chapitre II —— Des moyens d'assurer la fiabilité des documents transmis par voie électronique

SECTION I —— DE LA STRUCTURE TECHNOLOGIQUE

Chapter II —— Measures to Guarantee the Reliability of Documents Transmitted Electronically

SECTION I —— TECHNOLOGICAL STRUCTURE

15.1. Lors de la transmission par voie électronique d'une réquisition d'inscription et de la demande de service qui y est jointe, les normes de fiabilité et de sécurité prescrites au présent chapitre doivent être respectées.

Le système informatique mis en place et les normes auxquelles il répond, notamment en ce qui a trait à la sécurité, doivent permettre de protéger la confidentialité des documents durant la transmission et, pour assurer leur non-répudiation, d'établir l'identité du requérant ou de la personne qui transmet ces documents sur des réseaux ouverts de communication et de garantir en tout temps leur intégrité et leur intégralité.

[D. 755-99, a. 2].

15.1. Where an application for registration and the accompanying request for service are transmitted electronically, the reliability and security standards prescribed in this Chapter shall apply.

The computer system that is installed and the standards with which it must comply, in particular with respect to security, shall protect the confidentiality of the documents during transmission, ensure their nonrepudiation by establishing the identity of the applicant or of the person who sends the documents over an open communications network, and guarantee their integrity and completeness at all times.

[O.C. 755-99, s. 2].

15.2. Un système de cryptographie asymétrique, auquel est joint d'une manière auxiliaire un système de cryptographie symétrique, doit être utilisé pour assurer la fiabilité des données qui forment les documents électroniques transmis au bureau de la publicité des droits.

[D. 755-99, a. 2].

15.2. An asymmetric cryptographic system, combined with an auxiliary symmetric cryptographic system, shall be used to ensure the reliability of the data constituting the electronic documents transmitted to the registry office.

[O.C. 755-99, s. 2].

15.3. La structure technologique utilisée dans le cadre de la transmission électronique de documents au bureau de la publicité des droits doit être établie conformément à un ensemble de recommandations, de normes et de standards internationaux

15.3. The technological structure used for the electronic transmission of documents to the registry office shall be established in accordance with international or internationally recognized recommendations and standards, and more specifically, at a mini-

ou reconnus comme tels et, plus particulièrement, selon les critères minima suivants ou selon des critères au moins équivalents:

1° la Recommandation X.500 (11/93) de l'Union internationale des télécommunications (UIT), de façon générale, reprise comme norme internationale par l'Organisation internationale de normalisation (ISO) et la Commission électrotechnique internationale (CEI) sous l'appellation globale d'ISO/ CEI 9594: 1995, pour ce qui est de la gestion du répertoire dans lequel sont inscrits des renseignements relatifs aux certificats et aux clés publiques qui font partie intégrante des biclés;

2° la Recommandation X.509 (11/93) de l'UIT, de façon particulière, reprise comme norme internationale par l'ISO et la CEI sous l'appellation d'ISO/CEI 9594-8: 1995 Technologies de l'information — Interconnexion de systèmes ouverts (OSI) — L'Annuaire: Cadre d'authentification, pour ce qui est de la délivrance et de l'archivage des biclés et des certificats de signature et de chiffrement;

3° le standard X12 de l'American National Standard Institute (ANSI), pour ce qui est du format et du balisage des données;

4° le standard FIPS 140-1 du National Institute of Standards and Technology (NIST), du gouvernement fédéral américain, pour ce qui est des algorithmes DES, DSA et SHA-1 utilisés dans le cadre de la cryptographie;

5° le jeu de caractères graphiques ISO/CEI 8859-1: 1988 (Alphabet latin no. 1), pour ce qui est de la présentation, de l'emmagasinage, de l'impression ou de la matérialisation des documents.

Les standards décrits aux paragraphes 3 et 4 sont tels qu'ils se trouvaient dans l'état de leur évolution au 1er décembre 1997.

[D. 755-99, a. 2; *Erratum*, (1999) 131 *G.O.* II, 3825].

mum, with the following criteria or criteria that are at least equivalent:

(1) International Telecommunication Union (ITU) Recommendation X.500 (11/93), in general, adopted as an international standard by the International Organization for Standardization (ISO) and the International Electrotechnical Commission (IEC) under the general designation of ISO/IEC 9594: 1995, for the management of the directory containing the information relating to the certificates and public keys that form an integral part of key pairs;

(2) ITU Recommendation X.509 (11/93), in particular, adopted as an international standard by ISO and IEC under the designation ISO/IEC 9594-8: 1995 Information Technology - Open systems interconnection (OSI) - The Directory: Authentication framework, for the issue and storage of key pairs and signature verification and encryption certificates;

(3) American National Standards Institute (ANSI) Standard X12 for data format and markup;

(4) The American federal government's National Institute of Standards and Technology (NIST) Standard FIPS 140-1 for the DES, DSA and SHA-1 algorithms used in cryptography; and

(5) ISO/IEC 8859-1: 1988 graphic character sets (Latin alphabet No. 1) for the processing and storage of documents and their printing or conversion into hard copy.

Subsections 3 and 4 above refer to standards as they existed on 1 December 1997.

[O.C. 755-99, s. 2

15.4. Le système de cryptographie asymétrique doit prévoir la délivrance d'une biclé de signature qui permet notamment de signer les documents transmis et d'identifier le signataire.

Il doit prévoir également la délivrance

15.4. The asymmetric cryptographic system shall provide for the issue of a signing key pair by means of which the transmitted documents are signed and their source identified.

The system shall also provide for the issue

d'une biclé de chiffrement dont la fonction est d'assurer la confidentialité des documents lors de leur transmission. La confidentialité des données résulte de leur chiffrement au moyen d'une clé secrète variable de façon aléatoire issue du système de cryptographie symétrique. Cette clé est elle-même chiffrée avec la clé publique qui compose la biclé de chiffrement du destinataire de la transmission, soit le bureau de la publicité des droits, qui déchiffre les données transmises avec sa clé privée.

Ce système doit comporter de plus une fonction de hachage qui permet de vérifier l'intégrité et l'intégralité des documents reçus au bureau.

[D. 755-99, a. 2].

of an encryption key pair to protect the confidentiality of the documents being transmitted. Confidentiality is ensured by encrypting the data by means of a randomly variable secret key generated by the symmetric cryptographic system. That key is itself encrypted with the public key that forms part of the encryption key pair of the intended recipient, namely, the registry office, which decrypts the transmitted data with its private key.

The system shall also include a hash function by means of which the registry office can verify the integrity and completeness of the documents it receives.

[O.C. 755-99, s. 2].

15.5. Chacune des biclés de signature et de chiffrement doit être constituée d'une paire unique et indissociable de clés, l'une publique et l'autre privée, mathématiquement liées entre elles. Chaque clé publique doit être mentionnée dans un certificat servant à associer une clé publique au titulaire de la biclé.

La vérification de l'identité du titulaire est faite au moyen de sa clé publique et de son certificat de signature.

[D. 755-99, a. 2].

15.5. Each signing and encryption key pair shall consist of a unique and indissociable pair of keys, one public and the other private, that are linked mathematically. Each public key shall be referred to in a certificate which serves to bind the key to the key pair holder.

The identity of the holder is verified by means of his public key and his signature verification certificate.

[O.C. 755-99, s. 2].

15.6. Les certificats de signature et de chiffrement doivent être sur support électronique. Ils doivent mentionner notamment les éléments suivants:

1° le nom distinctif du titulaire de la biclé et du certificat constitué de son nom auquel est joint un code unique;

2° la clé publique de vérification de signature ou la clé publique de chiffrement, selon le cas, ainsi que le numéro de série, la version, la date de délivrance et celle d'expiration du certificat;

3° le nom de l'émetteur, l'identification de l'algorithme qu'il utilise ainsi que le sceau numérique qui en résulte et par lequel l'émetteur effectue la certification.

[D. 755-99, a. 2].

15.6. The signature verification certificate and encryption certificate shall be in electronic form and shall include the following information:

(1) the distinguishing name of the key pair and certificate holder which consists of his name combined with a unique code;

(2) the signature verification public key or the encryption public key, as the case may be, together with the certificate serial number, version, issue date and expiry date; and

(3) the name of the issuer, the characteristics of the algorithm and the resulting hash code used in delivering the certificate.

[O.C. 755-99, s. 2].

15.7. Les certificats de chiffrement doivent être inscrits dans un répertoire tenu sur support électronique et mis à jour par l'officier de la publicité des droits.

Ce répertoire doit contenir notamment les numéros de série des certificats de signature et de chiffrement suspendus, révoqués, retirés ou supprimés. Au moment de la transmission des documents, la validité d'un certificat est vérifiée automatiquement par le logiciel de réalisation de formulaires.

[D. 755-99, a. 2].

15.7. The encryption certificates shall be entered in an electronic directory and kept up-to-date by the registrar of the registry office.

The directory shall include the serial numbers of the signature verification certificates and encryption certificates that have been suspended, revoked, withdrawn or deleted. The form generation software automatically verifies the validity of a certificate when documents are transmitted.

[O.C. 755-99, s. 2].

SECTION II — DE LA DÉLIVRANCE ET DU RENOUVELLEMENT DES BICLÉS ET DES CERTIFICATS

SECTION II — ISSUE AND RENEWAL OF KEY PAIRS AND CERTIFICATES

15.8. L'officier est responsable de la délivrance et de l'archivage des biclés et des certificats attestant l'identité des titulaires de biclés.

[D. 755-99, a. 2].

15.8. The registrar is charged with the issue and storage of key pairs and certificates attesting to the identity of the key pair holders.

[O.C. 755-99, s. 2].

15.9. Pour qu'une personne puisse transmettre des réquisitions d'inscription par voie électronique au bureau de la publicité des droits, elle doit obtenir les biclés et les certificats appropriés. Ceux-ci sont obtenus à la suite de la vérification de son identité par un notaire accrédité par l'officier. Cette vérification d'identité est faite aux frais de la personne qui en fait la demande.

[D. 755-99, a. 2; *Erratum*, (1999) 131 *G.O.* II, 3825].

15.9. In order to send an application for registration to the registry office electronically, a person shall first obtain the appropriate key pairs and certificates. They will be issued after a notary accredited by the registrar has verified the person's identity. The person requiring that verification shall bear its cost.

[O.C. 755-99, s. 2

15.10. La vérification d'identité requiert la présence de la personne dont l'identité doit être vérifiée, laquelle doit fournir des renseignements exacts et produire les pièces ou documents pertinents.

[D. 755-99, a. 2].

15.10. The person whose identity is to be verified shall appear in person and provide accurate information and relevant supporting documents.

[O.C. 755-99, s. 2].

15.11. Le notaire qui fait la vérification d'identité doit recueillir les renseignements requis par l'officier notamment le code de vérification que la personne a choisi et qu'elle seule peut utiliser pour s'identifier auprès de l'officier.

Le notaire doit dresser un procès-verbal en minute dans lequel il atteste que l'identité

15.11. The notary verifying an identity shall record the information required by the registrar, including the verification code selected by the applicant that only he can use to identify himself to the registrar.

The notary shall draw up an act *en minute* in which he certifies that the identity of the

de la personne est établie, que la vérification d'identité est faite dans le but d'obtenir des biclés et des certificats pour transmettre par voie électronique des documents au bureau de la publicité des droits et, selon le cas, que la personne dont l'identité est établie a l'intention de transmettre des réquisitions pour son compte ou qu'elle est autorisée à le faire pour le compte d'une autre personne désignée.

Il doit communiquer à l'officier les renseignements recueillis et les faits attestés, par voie électronique, dans un envoi signé et chiffré au moyen de biclés qui offrent au moins le même degré de sécurité et de fiabilité que celles délivrées par l'officier.

[D. 755-99, a. 2].

15.12. Lorsqu'une personne veut obtenir des biclés et des certificats et qu'elle en a été titulaire dans l'année précédente, la vérification de son identité peut être faite à l'aide de son code de vérification si elle a l'intention de transmettre des réquisitions pour son compte seulement.

[D. 755-99, a. 2].

15.13. L'officier doit transmettre séparément, à la personne dont l'identité a été vérifiée, 2 parties d'un jeton à partir duquel elle doit générer, de son poste de travail ou sur sa carte à puce, sa biclé de signature.

Elle doit choisir en outre un mot de passe servant principalement à déclencher le processus de signature, de chiffrement et de transmission de données électroniques.

La clé publique qui permet la vérification de la signature du titulaire doit être transmise à l'officier. Cette transmission se fait automatiquement par voie électronique.

[D. 755-99, a. 2].

15.14. Après réception de la clé publique qui fait partie de la biclé de signature, une biclé de chiffrement ainsi que 2 certificats, l'un de signature et l'autre de chiffrement, doivent être délivrés au titulaire. Lorsque le titulaire est autorisé à transmettre des réquisitions pour le compte d'une autre personne, un lien électronique ou par réfé-

person has been established, that the identity has been verified for the purpose of obtaining key pairs and certificates for the electronic transmission of documents to the registry office and, where applicable, that the person whose identity has been established intends to send applications on his own behalf or that he is authorized to send applications on behalf of another person who is named.

He shall convey the recorded information and the certified facts to the registrar electronically in a transmission signed and encrypted by means of key pairs that provide at least the same degree of security and reliability as those issued by the registrar.

[O.C. 755-99, s. 2].

15.12. Where a person who applies for key pairs and certificates has been a holder of key pairs and certificates in the preceding year, his identify verification code may be used to verify his identity providing he intends to send applications only on his own behalf.

[O.C. 755-99, s. 2].

15.13. The registrar shall send to the person whose identity has been verified, in separate deliveries, 2 parts of a token with which the person shall generate his signing key pair from his workstation or chip card.

The person shall also choose a password to be used primarily to initiate the process of signing, encrypting and transmitting electronic data.

The public key required to verify the holder's signature shall be sent to the registrar. The transmission is done electronically and is automatic.

[O.C. 755-99, s. 2].

15.14. After receipt of the public key forming part of the signing key pair, an encryption key pair, together with a signature verification certificate and an encryption certificate, shall be issued to the holder. Where the holder is authorized to transmit applications on behalf of another person, that information shall be linked electroni-

rence doit être établi entre cette information et son certificat de signature.

Le titulaire doit, avant de transmettre des documents par voie électronique, informer l'officier de la réception de ses biclés et de ses certificats afin qu'il les rende utilisables.

[D. 755-99, a. 2].

15.15. Un certificat en vigueur peut être renouvelé avant sa date d'expiration pour une durée égale à celle pour laquelle il a été délivré. Le renouvellement s'effectue alors par le branchement du système informatique du titulaire à celui de l'officier dans les délais suivants:

1° dans les 2 mois précédant la date d'expiration du certificat, lorsque celui-ci a été délivré pour un an;

2° dans les 4 mois précédant la date d'expiration du certificat, lorsque celui-ci a été délivré pour 2 ans;

3° dans les 7 mois précédant la date d'expiration du certificat, lorsque celui-ci a été délivré pour 3 ans;

4° dans les 9 mois précédant la date d'expiration du certificat, lorsque celui-ci a été délivré pour 4 ans;

5° dans les 12 mois précédant la date d'expiration du certificat, lorsque celui-ci a été délivré pour 5 ans.

Le renouvellement entraîne la génération d'une nouvelle biclé. La nouvelle clé publique qui en fait partie est automatiquement transmise à l'officier qui doit ensuite délivrer au titulaire le certificat relatif à la biclé.

[D. 755-99, a. 2; *Erratum*, (1999) 131 *G.O.* II, 3825].

SECTION III — DES OBLIGATIONS DU TITULAIRE DE BICLÉS ET DE CERTIFICATS

15.16. Le titulaire ne doit utiliser ses biclés et ses certificats que pour la transmission électronique de documents au bureau de la publicité des droits.

[D. 755-99, a. 2].

cally, or cross-referenced, to his signature verification certificate.

The holder shall, before transmitting documents electronically, notify the registrar of the receipt of his key pairs and certificates in order that the registrar may activate them.

[O.C. 755-99, s. 2].

15.15. A valid certificate may be renewed before its expiry date for the same term as that for which it was issued. The renewal shall be effected by means of a link-up between the holder's and the registrar's computer systems within the following time limits:

(1) within 2 months of the certificate's expiry date, where it was issued for one year;

(2) within 4 months of the certificate's expiry date, where it was issued for 2 years;

(3) within 7 months of the certificate's expiry date, where it was issued for 3 years;

(4) within 9 months of the certificate's expiry date, where it was issued for 4 years; or

(5) within 12 months of the certificate's expiry date, where it was issued for 5 years.

A renewal requires the generation of a new key pair. The new public key that is part of the key pair is automatically sent to the registrar who shall then issue to the holder the certificate relating to the key pair.

[O.C. 755-99, s. 2

SECTION III — OBLIGATIONS OF KEY PAIR AND CERTIFICATE HOLDERS

15.16. The holder shall use his key pairs and certificates solely for the electronic transmission of documents to the registry office.

[O.C. 755-99, s. 2].

L'officier doit suspendre les biclés et les certificats avant de les révoquer et, sauf dans le cas prévu au paragraphe quatrième du premier alinéa, il doit notifier le titulaire, par tout mode de communication qui permet de ménager une preuve, du fait que son certificat est suspendu et qu'il se propose de le révoquer. Le titulaire a 15 jours à compter de la date où la notification a été faite pour présenter ses observations.

À la suite de cette suspension, les certificats doivent, selon le cas, être remis en vigueur ou révoqués. La révocation prend effet lorsque les numéros de série des certificats sont inscrits dans la liste des certificats retirés ou révoqués, soit au plus tard une journée ouvrable après la révocation.

[D. 755-99, a. 2].

15.23. Lorsque le titulaire n'est plus autorisé à transmettre électroniquement des documents pour autrui au bureau de la publicité des droits, la personne pour laquelle il était autorisé à effectuer des transmissions doit en informer l'officier.

[D. 755-99, a. 2].

15.24. L'officier doit refuser de délivrer, pendant une période de 2 ans à compter de la révocation, d'autres biclés et certificats pour la transmission de documents au bureau de la publicité des droits à une personne dont les biclés et les certificats ont été révoqués en raison du non-respect de ses obligations.

[D. 755-99, a. 2; *Erratum* (1999) 131 *G.O.* II, 3825].

15.25. Lorsque le titulaire des biclés et des certificats demande la récupération d'un certificat ou son retrait, la suppression de l'inscription d'un certificat dans le répertoire ou la rectification du code unique qui compose son nom distinctif, la vérification de son identité peut être faite à l'aide de son code de vérification.

[D. 755-99, a. 2].

15.26. Le titulaire doit être informé de la rectification, du renouvellement, du retrait, de la remise en vigueur après suspension ou de la révocation d'un certificat ainsi que de la suppression de l'inscription d'un

The registrar shall suspend the key pairs and certificates before revoking them and, except in the situation described in subparagraph 4 of the first paragraph, notify the holder, by any manner providing proof of delivery, that his certificate has been suspended and that he intends to revoke it. Any comments by the holder shall be submitted within 15 days from the date the notice was given.

Following the suspension, the certificates shall be either reactivated or revoked. The revocation shall take effect when the certificate serial numbers are entered on the list of withdrawn or revoked certificates, which shall be at the latest one working day following the revocation.

[O.C. 755-99, s. 2].

15.23. Where a holder is no longer authorized to transmit documents electronically to the registry office on behalf of another person, that person shall notify the registrar accordingly.

[O.C. 755-99, s. 2].

15.24. The registrar shall refuse to issue, for a period of 2 years from the revocation, new key pairs and certificates for the transmission of documents to the registry office to a person whose key pairs and certificates were revoked as a result of a failure to fulfil his obligations.

[O.C. 755-99, s. 2

15.25. Where the holder of key pairs and certificates requests the retrieval or withdrawal of a certificate, the deletion of a certificate from a directory, or the correction of the unique code that forms part of his distinguishing name, his identity may be verified by means of his identity verification code.

[O.C. 755-99, s. 2].

15.26. The holder shall be notified of any correction, renewal or withdrawal of a certificate, reactivation of a certificate following its suspension or revocation, or deletion of a certificate from the directory. He

certificat dans le répertoire. Il doit en outre être informé du refus de délivrer un certificat et des motifs de ce refus.

[D. 755-99, a. 2].

shall also be notified of any refusal to issue a certificate and the grounds therefor.

[O.C. 755-99, s. 2].

Chapitre III — Des réquisitions d'inscription

SECTION I — DES DÉSIGNATIONS, DES DESCRIPTIONS ET DES QUALIFICATIONS

Chapter III — Applications for Registration

SECTION I — DESIGNATION, DESCRIPTION AND CHARACTERIZATION

16. La désignation des personnes doit indiquer:

1° pour une personne physique: le nom, et la date de naissance;

2° pour une personne morale: le nom et l'adresse de son siège ou, s'il y a lieu, le nom et l'adresse de l'établissement directement visé.

Lorsqu'une personne physique agit dans le cadre d'une entreprise qu'elle exploite ou qu'une personne morale agit sous un nom autre que le sien, la désignation peut comprendre aussi le nom de l'entreprise ou l'autre nom et l'adresse correspondante.

[D. 907-99, a. 3].

16. The designation of persons shall state,

(1) in the case of a natural person, the person's name, and date of birth;

(2) in the case of a legal person, its name and the address of its head office or, where applicable, the name and address of the establishment directly concerned by the application for registration.

Where a natural person acts within the framework of a business that the person operates or where a legal person acts under a name other than its own name, the designation may include the name of the business or the other name, and the corresponding address.

[O.C. 907-99, s. 3].

17. La désignation doit indiquer:

1° pour une société en nom collectif ou en commandite ou une association: le nom, la forme juridique qu'elle emprunte et son adresse;

2° pour l'État: le nom de l'autorité administrative visée et l'adresse correspondant au principal établissement de cette autorité;

3° pour une fiducie: le nom de la fiducie et son adresse, s'il en est; le fiduciaire doit également être désigné.

[D. 444-98, a. 6].

17. The designation shall state,

(1) in the case of a general partnership, a limited partnership or an association, its name, juridical form and address;

(2) in the case of the State, the name of the administrative authority concerned and the address of the main establishment of that authority; and

(3) in the case of a trust, its name and address, if any. The trustee shall also be designated.

[O.C. 444-98, s. 6].

18. La réquisition d'inscription doit indiquer clairement pour chaque personne qui

18. An application for registration shall clearly state whether each person named

y est nommée sa qualité de constituant ou de titulaire du droit qui en fait l'objet.

therein is a grantor or a holder of the right whose registration is being applied for.

19. L'adresse de tout lieu indique le numéro, la rue, la municipalité, la province ou le territoire et, si l'adresse est située au Canada, le code postal. Cette adresse est complétée, le cas échéant, par l'indication du pays, s'il s'agit d'un pays autre que le Canada.

[D. 444-98, a. 7].

19. All addresses shall state the number, the street name, the name of the municipality, the province or territory and, in the case of an address in Canada, the postal code. Where the country is not Canada, the name of the country shall also be given.

[O.C. 444-98, s. 7].

20. Le véhicule routier appartenant à l'une des catégories visées aux paragraphes 1 et 3 à 9 du premier alinéa de l'article 15, si son numéro d'identification compte 17 caractères et est conforme à l'algorithme de contrôle, ainsi que celui appartenant à l'une des catégories visées aux paragraphes 2, 10 et 11 de cet alinéa doit être décrit sous la rubrique « Véhicule routier » du formulaire. La description doit contenir le numéro d'identification du véhicule et la catégorie à laquelle il appartient.

20. A road vehicle included in one of the classes referred to in subparagraphs 1 and 3 to 9 of the first paragraph of section 15, where its identification number has at least 17 characters and complies with the control algorithm, and a road vehicle included in one of the classes referred to in subparagraphs 2, 10 and 11 of that paragraph shall be described under the heading 'Road vehicle' of the form. The description must contain the vehicle's identification number and class.

Tout autre véhicule routier, y compris celui dont le numéro d'identification ne compte pas les 17 caractères requis ou n'est pas conforme à l'algorithme de contrôle, doit être décrit sous la rubrique « Autres biens » du formulaire.

[D. 444-98, a. 7; D. 907-99, a. 4].

Any other road vehicle, including one whose identification number does not have the required 17 characters or does not comply with the control algorithm, shall be described under the heading 'Other property' of the form.

[O.C. 444-98, s. 7; O.C. 907-99, s. 4].

21. Le droit dont l'inscription est requise doit être qualifié de façon précise en utilisant, s'il en est, les termes de la loi.

21. The right whose registration is requested shall be characterized exactly, using the legal wording where possible.

SECTION II — DES MODES DE RÉALISATION ET DE TRANSMISSION

SECTION II — MEDIUM AND TRANSMISSION

22. Une réquisition d'inscription peut être réalisée sur support papier. Elle peut aussi être réalisée sur support électronique, dans la mesure où elle est réalisée au moyen du logiciel de réalisation de formulaires mis à la disposition du requérant par le bureau de la publicité des droits.

22. An application for registration may be in paper form. It may also be submitted in electronic form insofar as it is generated by means of the form generation software provided to the applicant by the registry office.

Elle peut être transmise au dépôt électronique du bureau conformément aux dispositions prévues au chapitre II relatives à la transmission électronique de documents si

It may be transmitted to the registry office's electronic depository in accordance with the provisions of Chapter II relating to the electronic transmission of

elle est réalisée et expédiée au moyen de ce logiciel.

[D. 444-98, a. 8; D. 755-99, a. 3].

documents where it is generated and delivered by means of that software.

[O.C. 444-98, s. 8; O.C. 755-99, s. 3].

23. La réquisition d'inscription qui prend la forme d'un avis doit être faite en utilisant, soit le formulaire sur support papier produit par le bureau de la publicité des droits, soit le logiciel prévu à l'article 22. Le formulaire utilisé doit être choisi parmi ceux édictés en annexe et correspondre au type de réquisition présentée.

[D. 444-98, a. 9; D. 755-99, a. 3].

23. The application for registration in the form of a notice shall be prepared by using either the paper form provided by the registry office or the software referred to in section 22. The form to be completed shall be as prescribed in the Schedules to this Regulation and shall be appropriate to the type of application filed.

[O.C. 444-98, s. 9; O.C. 755-99, s. 3].

23.1. Le logiciel de réalisation de formulaires doit être scellé au moyen d'un sceau numérique pour en garantir l'intégrité. Le requérant ne doit pas modifier le logiciel et il doit utiliser l'une des versions en vigueur au bureau.

[D. 755-99, a. 3].

23.1. The form generation software shall be locked in by means of a hash code that will guarantee its integrity. The applicant shall not modify the software and he shall use one of the versions in use at the registry office.

[O.C. 755-99, s. 3].

23.2. Un formulaire de réquisition se compose de textes et de mots-clés ainsi que de rubriques et d'espaces qui doivent être remplis conformément aux indications pertinentes au type de réquisition présentée. Les éléments d'information qui composent le formulaire peuvent être disposés différemment selon que le formulaire est sur support papier ou électronique.

[D. 755-99, a. 3].

23.2. An application form consists of texts and key words in addition to headings and spaces that shall be filled in according to the instructions relating to the type of application filed. The basic information making up the form may be arranged differently depending on whether the paper form or electronic form is used.

[O.C. 755-99, s. 3].

23.3. Toute réquisition d'inscription sur support papier doit être sur des feuilles de 215 mm de largeur sur 355 mm de hauteur, d'au moins 75 g/m² à la rame et le formulaire utilisé pour la réquisition qui prend la forme d'un avis ne doit être imprimé que sur l'une des faces de la feuille.

[D. 755-99, a. 3].

23.3. An application for registration in paper form shall be submitted on paper measuring 215×355 mm and weighing at least 75 g/m² per ream; an application in the form of a notice shall be printed on only one side of the sheet.

[O.C. 755-99, s. 3].

23.4. Une réquisition d'inscription sur support papier ne doit pas être décalquée; elle doit être dactylographiée, imprimée ou écrite en lettres moulées. L'encre utilisée doit être de bonne qualité. Les caractères doivent être clairs, nets et lisibles, sans rature ni surcharge.

Elle doit porter la signature manuscrite du requérant et son nom doit être dactylographié, imprimé ou écrit en lettres moulées

23.4. An application for registration in paper form may not be a copy; it shall be typed, printed or written in block letters using good quality ink. The characters shall be clear, neat and legible, without deletions or alterations.

It shall bear the applicant's handwritten signature and his name shall be typed, printed or written in block letters under the

sous la signature ou, le cas échéant, dans l'espace approprié du formulaire de réquisition.

Elle peut être présentée au bureau de la publicité des droits ou y être acheminée par courrier.

[D. 755-99, a. 3].

signature or in the space provided on the application form.

It may be filed in person at the registry office or sent by mail.

[O.C. 755-99, s. 3].

23.5. Une réquisition d'inscription sur support électronique se compose des données qui forment et permettent de visualiser sur des pages-écrans le formulaire de réquisition et les mentions qui y sont inscrites. Les données du formulaire et des mentions sont jointes électroniquement ou par référence.

[D. 755-99, a. 3].

23.5. An application for registration in electronic form shall consist of the data constituting the application form and inserted information that appear as screen pages. The form and inserted information data are linked electronically or by reference.

[O.C. 755-99, s. 3].

23.6. Une réquisition d'inscription sur support électronique doit être signée, au moyen du procédé de signature numérique, par le titulaire de la biclé utilisée pour effectuer la transmission électronique des données au bureau de la publicité des droits. Une seule signature est requise pour la transmission d'un groupe de documents composé de réquisitions d'inscription et d'une demande de service.

Le titulaire doit effectuer la transmission par transfert de fichiers au dépôt électronique du bureau où ils sont reçus par l'officier. Il doit joindre aux données transmises son certificat de signature.

[D. 755-99, a. 3; *Erratum*, (1999) 131 *G.O.* II, 3825].

23.6. An application for registration in electronic form shall be signed by means of the digital signature process by the holder of the key pair used to transmit data electronically to the registry office. Only one signature is required for the transmission of a set of documents consisting of several applications for registration and one request for service.

The holder shall make the transmission by file transfer to the registry office's electronic depository where it will be received by the registrar. The holder shall attach his signature verification certificate to the transmitted data.

[O.C. 755-99, s. 3

23.7. Les données ne sont considérées reçues que si elles sont transmises intégralement et si l'officier peut y avoir accès et les déchiffrer.

[D. 755-99, a. 3].

23.7. The data shall be considered received only where they have been transmitted in full and where the registrar is able to access and decrypt them.

[O.C. 755-99, s. 3].

23.8. Lors de la réception d'une réquisition d'inscription sur support électronique, l'officier doit s'assurer que le certificat de signature du titulaire des biclés ainsi que sa signature numérique sont valides et que les données transmises sont intègres.

[D. 755-99, a. 3; *Erratum*, (1999) 131 *G.O.* II, 3825].

23.8. Upon receipt of an application for registration in electronic form, the registrar shall make sure that the key pair holder's signature verification certificate and digital signature are valid and that the transmitted data are intact.

[O.C. 755-99, s. 3

24. (*Remplacé*).

[D. 755-99, a. 3].

24. (*Replaced*).

[O.C. 755-99, s. 3].

SECTION III — CONTENU DE LA RÉQUISITION

25. La réquisition d'inscription d'un droit, en plus de faire référence, s'il en est, au document constitutif du droit, doit contenir l'information suivante:

1° la désignation des personnes visées à la réquisition et, lorsqu'une personne est représentée par un tuteur, un curateur, un mandataire désigné dans le mandat donné en prévision de l'inaptitude d'une partie, un liquidateur, un syndic à la faillite ou un séquestre, le nom et la qualité du représentant;

2° la description du bien, s'il y a lieu;

3° la qualification du droit dont l'inscription est requise, son étendue ainsi que, s'il en est, la date extrême d'effet de l'inscription demandée;

4° l'événement ou la condition, s'il en est, dont dépend l'existence du droit;

5° pour faire référence à un droit qui a fait l'objet d'une inscription antérieure sur le registre, le numéro d'inscription de ce droit;

6° lorsqu'il y a lieu de faire référence à un droit qui fait l'objet d'une réquisition présentée simultanément, le numéro de formulaire de cette réquisition.

La référence à un document constitutif de droit doit énoncer:

1° s'il en est, la date et le lieu de signature du document;

2° si ce document est notarié: le nom du notaire et le numéro de la minute ou la mention qu'il s'agit d'un acte en brevet;

SECTION III — CONTENT OF APPLICATIONS

25. An application for registration of a right, in addition to referring to the constituting document, if any, shall contain the following information:

(1) designation of the persons named in the application and, where a person is represented by a tutor, a curator, a mandatary appointed in a mandate conferred in anticipation of a party's incapacity, a liquidator, a bankruptcy trustee or a sequestrator, the name and quality of the representative;

(2) a description of the property, if applicable;

(3) characterization of the right whose registration is requested, its extent and, where applicable, the date after which the registration applied for ceases to be effective;

(4) the event or condition, if any, on which the existence of the right depends;

(5) to refer to a right in respect of which an entry was previously made in the register, the registration number of the right; and

(6) where it is necessary to refer to a right in respect of which an application is presented simultaneously, the form number of the application.

The reference to a document constituting a right shall state

(1) the date on which the document was signed and its place of signature, where applicable;

(2) in the case of a notarized document, the name of the notary and the number of the minute or, where the document is an act en brevet, an indication of that fact;

30. La réquisition d'inscription d'une adresse est faite au moment de la présentation de la réquisition d'inscription du droit visé ou ultérieurement.

La réquisition désigne le bénéficiaire de l'inscription et indique l'adresse où doit être faite la notification ainsi que le numéro d'inscription du droit visé ou, si le droit visé est relaté dans une réquisition présentée simultanément, le numéro de formulaire de cette réquisition. Elle peut également indiquer le numéro de télécopieur du bénéficiaire.

[D. 444-98, a. 14].

31. Le bénéficiaire de l'inscription de l'adresse se voit attribuer par l'officier, lors d'une première inscription d'adresse, un numéro d'avis d'adresse. Dans toute réquisition d'inscription subséquente, l'indication de l'adresse à des fins de notification se fait par référence au numéro d'avis d'adresse ainsi attribué.

32. La réquisition visant le changement ou la modification de l'adresse de notification ou du nom du bénéficiaire, ou l'ajout, le changement ou la modification du numéro de télécopieur, désigne le bénéficiaire et indique le numéro de l'avis d'adresse attribué par l'officier; elle spécifie, en outre, suivant le cas, les adresses de notification ancienne et nouvelle, les noms ancien et nouveau du bénéficiaire ou les numéros de télécopieur ancien et nouveau.

[D. 444-98, a. 15].

Chapitre IV —— Des inscriptions

33. Les inscriptions doivent être claires et précises; elles sont limitées aux indications exigées par la loi et le présent règlement.

34. Lorsque la réquisition fixe la date extrême d'effet de l'inscription, il y a lieu de l'indiquer dans l'inscription du droit. Si la date extrême d'effet indiquée dans la réquisition dépasse le délai de péremption légal, l'officier ramène la date au dernier jour de ce délai.

30. An application for registration of an address may be made at the same time as an application for registration of a right or at some later date.

The application shall designate the beneficiary of the registration and shall state the address to which notification must be sent, as well as the registration number of the right in question or, where that right is recorded on an application presented simultaneously, the form number of that application. It may also indicate the fax number of the beneficiary.

[O.C. 444-98, s. 14].

31. When an address is first registered, the registrar shall assign a notice of address number to the person who will benefit from the registration. In all subsequent applications for registration, the address to which notification must be sent shall be indicated by means of the notice of address number thus assigned.

32. An application to have an address to which notification must be sent or the name of the beneficiary of the registration changed or altered or to have a fax number added, changed or altered shall designate the beneficiary and indicate the number of the notice of address assigned by the registrar; it shall also state the former and new addresses to which notification must be sent, the beneficiary's former and new names or the former and new fax numbers, as the case may be.

[O.C. 444-98, s. 15].

Chapter IV —— Registered Entries

33. Entries shall be clear and exact. They shall contain only the particulars prescribed by law and this Regulation.

34. Where an application specifies a date after which the registration will cease to be effective, that date should be indicated in the entry concerning the right. If the date after which the registration ceases to be effective, indicated in the application, is later than the last day of the legal time

limit, the registrar shall bring that date forward to the last day of the time limit.

35. L'inscription d'un droit comprend l'indication précise de la nature du droit, son numéro d'inscription ainsi que la date, l'heure et la minute de présentation de la réquisition d'inscription de ce droit.

[D. 444-98, a. 16].

35. The registered entry of a right shall contain an exact statement of the nature of the right and shall record its registration number, as well as the date, hour and minute of presentation of the application for its registration.

[O.C. 444-98, s. 16].

36. La désignation d'une partie dans une inscription sur le registre comprend les indications prescrites aux articles 16 à 19.

[D. 444-98, a. 16].

36. The designation of a party in an entry in the register shall contain the particulars prescribed in sections 16 to 19.

[O.C. 444-98, s. 16].

36.1. Pour préciser l'assiette ou l'étendue d'un droit, l'officier peut, dans l'inscription de ce droit, faire référence à la réquisition par laquelle cette inscription est requise.

[D. 444-98, a. 16].

36.1. To specify the *situs* or extent of a right, the registrar may, in registering the right, include a reference to the application requesting registration.

[O.C. 444-98, s. 16].

37. Lorsqu'il y a lieu, dans l'inscription d'un droit, de faire référence à un droit qui a fait l'objet d'une inscription antérieure sur le registre, cette référence se fait par l'indication de la nature et du numéro d'inscription du droit visé.

Lorsque la réquisition d'inscription fait référence au droit visé en indiquant un numéro de formulaire tel que prévu au paragraphe 6 du premier alinéa de l'article 25, l'officier peut, dans l'inscription du nouveau droit, substituer au numéro de formulaire le numéro d'inscription correspondant.

[D. 444-98, a. 16].

37. Where, in registering a right, reference should be made to a right in respect of which an entry was previously made in the register, such reference shall be made by stating the nature of the right in question, along with its registration number.

Where the application for registration refers to the right in question by indicating a form number, as provided for in subparagraph 6 of the first paragraph of section 25, the registrar may, in registering the new right, replace the form number with the corresponding registration number.

[O.C. 444-98, s. 16].

38. (*Abrogé*).

[D. 444-98, a. 17].

38. (*Revoked*).

[O.C. 444-98, s. 17].

39. L'inscription d'une réduction ou d'une radiation volontaire, judiciaire ou légale indique la date de présentation de la réquisition et son numéro d'inscription.

L'inscription de la réduction ou de la radiation qui est faite d'office sur le fonde-

39. The entry of a legal or voluntary reduction or cancellation or of a reduction or cancellation ordered by judgment shall state the date on which the application was presented and its registration number.

The entry of a reduction or cancellation made as of right on the basis of the pe-

ment de la péremption d'une inscription est datée.

Dans tous les cas, l'inscription indique le caractère de la réduction ou de la radiation effectuée, ainsi que les numéros des inscriptions visées.

40. L'inscription de la réduction d'une somme indique le montant de cette réduction.

L'inscription de la réduction qui vise certains des biens grevés indique les biens visés par la réduction.

Lorsque la réduction n'est pas accordée par tous les créanciers ou titulaires du droit visé, l'inscription doit en faire mention.

[D. 444-98, a. 18].

41. Lorsque l'officier a porté erronément une inscription sur une fiche nominative ou descriptive ou qu'il a omis de faire une inscription, il porte l'inscription sur la fiche appropriée à la suite des inscriptions qui y figurent et supprime, s'il y a lieu, l'inscription erronée.

Une mention de la rectification ainsi que de ses date, heure et minute est faite dans l'espace réservé à cette fin, sous l'inscription du droit visé sur la fiche détaillée appropriée; cette mention indique aussi le nom de l'officier qui a fait la rectification.

[D. 444-98, a. 19].

42. La rectification d'une inscription faite sur la fiche nominative ou descriptive appropriée mais dont le contenu est incomplet ou erroné est faite en ajoutant l'élément omis ou en substituant l'information correcte à celle qui est erronée.

Une mention de la rectification ainsi que de ses date, heure et minute est faite dans l'espace réservé à cette fin sous l'inscription du droit visé sur la fiche détaillée; cette mention indique aussi le nom de l'officier qui a fait la rectification.

remption of a registered entry shall be dated.

In all cases, a registered entry shall state the nature of a reduction or cancellation that is registered, along with the registration numbers in question.

40. The entry for the reduction of a sum shall indicate the amount of the reduction.

An entry concerning a reduction that affects some of the property in question shall specify which property is affected by the reduction.

Where a reduction is not granted by all the creditors or all the holders of the right in question, those facts shall be recorded in the entry.

[O.C. 444-98, s. 18].

41. Where a registrar mistakenly records an entry on a name file or descriptive file, or where the registrar fails to make an entry, the entry shall be made on the appropriate file, below any entries already recorded, and any erroneous entry shall be deleted.

An indication of the fact that a correction has been made, and the date, hour and minute of correction, shall be entered in the appropriate detailed file, in the space reserved for that purpose below the entry of the right in question. The name of the registrar making the correction shall be entered in the same place.

[O.C. 444-98, s. 19].

42. Where an entry is made on the appropriate name file or descriptive file, but the content of that file is incomplete or erroneous, the entry shall be corrected by adding the missing item or by substituting the correct information for the erroneous.

An indication of the fact that a correction has been made, and the date, hour and minute of correction, shall be entered in the detailed file, in the space reserved for that purpose below the entry of the right in question. The name of the registrar making

the correction shall be entered in the same place.

Chapitre V —— Du fichier des adresses

Chapter V —— List of Addresses

43. Un fichier des adresses complète le registre des droits personnels et réels mobiliers.

43. The register of personal and movable real rights shall include a list of addresses.

Le fichier est constitué de fiches établies, s'il s'agit d'une personne physique, sous le nom du bénéficiaire de l'inscription de l'adresse et sa date de naissance et, dans les autres cas, sous son nom et le code postal correspondant à son adresse si celle-ci est située au Canada.

The list of addresses is composed of files opened, in the case of a natural person, under the name and date of birth of the beneficiary of the registration of an address and, in the other cases, under the name of the beneficiary and, where the address is in Canada, the postal code.

Chaque fiche comprend notamment le nom du bénéficiaire, son adresse à des fins de notification, son numéro de télécopieur, s'il en est, ainsi que le numéro d'avis d'adresse attribué par l'officier au bénéficiaire de l'inscription.

[D. 444-98, a. 20].

Each file shall state, in particular, the name of the beneficiary, the beneficiary's address for notification purposes, the fax number, if any, and the notice of address number assigned to the beneficiary by the registrar.

[O.C. 444-98, s. 20].

43.1. Lors de l'établissement d'une fiche au fichier des adresses, un algorithme de normalisation d'écriture est appliqué au nom sous lequel la fiche est établie; aucune demande pour éviter l'application de cet algorithme n'est admise.

[D. 444-98, a. 21].

43.1. When a file is opened in the list of addresses, a writing standardization algorithm shall be applied to the name under which the file is opened; any request to waive application of the algorithm shall be denied.

[O.C. 444-98, s. 21].

44. Toute réquisition d'inscription d'une adresse, tout changement ou modification de l'adresse ou du nom du bénéficiaire, ou tout ajout, changement ou modification du numéro de télécopieur, sont inscrits au fichier des adresses sous le nom du bénéficiaire. Lorsqu'il y a lieu, mention est faite du numéro d'avis d'adresse sur la fiche détaillée pertinente sous l'inscription du droit visé, dans l'espace réservé à cette fin.

[D. 444-98, a. 22].

44. Any application to have an address registered, to have the address or name of the beneficiary of the registration changed or altered, or to have a fax number added, changed or altered shall be entered in the list of addresses under the name of the beneficiary. Where applicable, the notice of address number shall be entered in the appropriate detailed file, in the space reserved for that purpose below the entry of the right in question.

[O.C. 444-98, s. 22].

44.1. La notification prévue à l'article 3017 du Code civil (L.Q. 1991, c. 64) peut être faite par télécopieur, au numéro mentionné au fichier des adresses sous le nom du bénéficiaire concerné.

44.1. Notification under article 3017 of the *Civil Code of Québec* (S.Q. 1991, c. 64) may be made by fax, at the number indicated in the list of addresses under the name of the beneficiary in question.

La preuve de notification peut être établie au moyen d'un bordereau de transmission ou, à défaut, d'une déclaration sous serment de la personne qui a effectué l'envoi et, dans tous les cas, d'une confirmation d'envoi, laquelle spécifie les numéros de télécopieur de l'officier et du bénéficiaire, la date, l'heure et le statut de la transmission ainsi que le nombre de pages acheminées.

Proof of notification may be established by means of a transmittal slip or, failing that, by means of a sworn statement by the person who sent the fax and, in all instances, by means of a confirmation of transmittal indicating the fax numbers of the registrar and the beneficiary, as well as the date, time and status of the transmittal and the number of pages sent.

Le bordereau de transmission ou, à défaut, la déclaration sous serment doit mentionner:

A transmittal slip or, failing that, a sworn statement, shall state

1º le nom, l'adresse, le numéro de téléphone de l'officier et le numéro de télécopieur utilisé;

(1) the name, address, telephone number of the registrar and fax number used;

2º le nom et le numéro de télécopieur du bénéficiaire à qui la notification est effectuée;

(2) the name and fax number of the beneficiary to whom notification is given;

3º le nombre total de pages transmises, y compris le bordereau de transmission;

(3) the total number of pages sent, including the transmittal slip; and

4º la nature du document.

(4) the nature of the document.

[D. 444-98, a. 22].

[O.C. 444-98, s. 22].

Chapitre VI —— De la consultation

Chapter VI —— Examination of the Register

45. La consultation du registre se fait sur place ou à distance, par téléphone ou à partir d'un écran de visualisation.

45. The register may be examined at the registry office, or through a telephone intermediary or by means of a display screen.

46. La recherche au registre s'effectue lorsqu'elle concerne:

46. A search in the register shall be done,

1º une personne physique ou sa succession, à partir des éléments prévus à l'article 13;

(1) where it concerns a natural person or his succession, using the particulars provided for in section 13;

2º une personne morale, une société, une association ou une fiducie, à partir du nom de celle-ci;

(2) where it concerns a legal person, a partnership, an association or a trust, using the name thereof;

3º l'État, à partir du nom de l'autorité administrative visée;

(3) where it concerns the State, using the name of the administrative authority concerned by the registration;

4° un véhicule routier visé à l'article 15, à partir de son numéro d'identification;

(4) where it concerns a road vehicle referred to in section 15, using its identification number; and

5° une inscription non radiée, à partir du numéro d'inscription ou du numéro de formulaire qui y correspond.

[D. 444-98, a. 23].

(5) where it concerns an uncancelled entry, using the corresponding registration number or form number.

[O.C. 444-98, s. 23].

46.1. Lors de la consultation d'une inscription par téléphone ou à partir d'un écran de visualisation, la liste des biens visés peut ne pas être accessible. En tels cas, l'officier fait parvenir au requérant, sur demande, un état certifié de l'inscription lorsque cette liste est contenue dans le registre ou, dans le cas prévu à l'article 36.1, une copie certifiée de la réquisition qui contient la liste des biens.

[D. 444-98, a. 23].

46.1. Where a registered entry is examined through a telephone intermediary or by means of a display screen, it may not be possible to access the list of property in question. In such cases, the registrar shall send to the person so requesting a certified statement of the entry where the list is contained in the register or, in the case provided for in section 36.1, a certified copy of the application containing the list of the property.

[O.C. 444-98, s. 23].

46.2. La consultation du fichier des adresses s'effectue, sous le nom du bénéficiaire de l'inscription de l'adresse, à partir des mêmes éléments que pour la consultation du registre.

Elle peut s'effectuer également à partir du numéro d'avis d'adresse du bénéficiaire.

[D. 444-98, a. 23].

46.2. The list of addresses may be examined, under the name of the beneficiary of the registration of the address, using the same particulars as those used for examination of the register.

It may also be examined using the beneficiary's notice of address number.

[O.C. 444-98, s. 23].

46.3. Lors d'une consultation, le nom qui fait l'objet de la recherche est soumis à l'application de l'algorithme de normalisation mentionné aux articles 13.1 et 43.1.

[D. 444-98, a. 23].

46.3. During examination, the standardization algorithm referred to in sections 13.1 and 43.1 shall be applied to the name under which the search is made.

[O.C. 444-98, s. 23].

47. La consultation d'une inscription radiée ou d'une inscription qui vise la radiation d'une autre s'effectue par une demande spécifique qui désigne le droit visé et son numéro d'inscription.

47. A cancelled entry or an entry that will cancel another entry may be examined upon presentation of an application to that effect; the application shall designate the right in question and shall state its registration number.

47.1. Lorsque l'officier doit fournir une copie d'un document électronique signé numériquement, le document doit être matérialisé à partir des données qui ont été reçues et déchiffrées et dont l'intégrité a été vérifiée. À ces données, s'ajoutent les mentions qui forment le formulaire.

47.1. Where the registrar must provide a copy of a digitally signed electronic document, the document shall be converted into hard copy from the data that was received and decrypted and whose integrity has been verified. The information constituting the form shall be added to these data.

Le nom du signataire résultant de la vérification de son identité ainsi que, le cas échéant, le nom de la personne pour laquelle la réquisition d'inscription a été transmise doivent apparaître sur le document matérialisé.

[D. 755-99, a. 5].

The name of the signatory resulting from the verification of his identity and, if applicable, the name of the person on whose behalf the application for registration was transmitted shall appear on the hard copy.

[O.C. 755-99, s. 5].

48. La signature de l'officier apposée à des fins de certification sur un état des droits inscrits sur le registre, sur un état d'une inscription particulière ou sur une copie des documents faisant partie des archives du bureau peut l'être par un moyen mécanique ou informatique.

48. The registrar's signature may be affixed mechanically or by computer for the purposes of certifying a statement concerning rights entered in the register, a statement concerning a specific entry, or a copy of a document forming part of the records of the registry office.

Chapitre VII — De la conservation, de la reproduction et du transfert

Chapter VII — Conservation, Reproduction and Transfer

49. La réquisition d'inscription et la pièce justificative qui y est jointe, le cas échéant, peuvent, lorsqu'elles sont sur support papier, être reproduites sur microfilms ou sur un support optique non réinscriptible.

[D. 755-99, a. 6].

49. An application for registration and any supporting document may, where they are in paper from, be reproduced on microfilm or on a non-rewritable optical medium.

[O.C. 755-99, s. 6].

49.1. Les données qui forment les réquisitions d'inscription et les documents transmis sur support électronique au bureau de la publicité des droits doivent être conservées telles que reçues.

Elles peuvent cependant être transférées sur un support optique non réinscriptible, afin de protéger les données reçues, notamment contre des altérations accidentelles.

[D. 755-99, a. 6].

49.1. The data constituting the applications for registration and documents transmitted in electronic form to the registry office shall be conserved as received.

They may however be transferred to a non-rewritable optical medium in order to protect the data received, in particular against accidental alterations.

[O.C. 755-99, s. 6].

49.2. Une copie de sauvegarde des microfilms ou des disques optiques doit être entreposée ailleurs qu'au bureau de la publicité des droits.

[D. 755-99, a. 6].

49.2. A backup copy of the microfilm or optical disks shall be stored elsewhere than at the registry office.

[O.C. 755-99, s. 6].

50. Les inscriptions radiées ainsi que les inscriptions qui visent la radiation d'une inscription peuvent être transférées sur un support magnétique ou optique non réinscriptible.

[D. 755-99, a. 6].

50. Cancelled entries or entries cancelling other entries may be transferred to a magnetic or non-rewritable optical medium.

[O.C. 755-99, s. 6].

Chapitre VIII ⸺ Dispositions diverses

Chapter VIII ⸺ Miscellaneous Provisions

51. (*Abrogé*).

[D. 444-98, a. 24].

51. (*Revoked*).

[O.C. 444-98, s. 24].

52. Le bureau où est tenu le registre est ouvert tous les jours, excepté les samedis et les jours visés à l'article 6 du *Code de procédure civile* (chapitre C-25).

Les heures de présentation des réquisitions sont de 9 h à 15 h; celles de consultation sur place ou par téléphone sont de 9 h à 16 h.

Malgré le deuxième alinéa, le bureau est ouvert de 9h00 à 10h00 les 24 et 31 décembre.

[D. 444-98, a. 25].

52. The office at which the register is kept shall be open every day, except Saturdays and the days referred to in article 6 of the *Code of Civil Procedure* (chapter C-25).

Applications may be presented from 9:00 a.m. to 3:00 p.m. The register may be examined at the registry office or through a telephone intermediary from 9:00 a.m. to 4:00 p.m.

Notwithstanding the second paragraph, the registry office shall be open from 9:00 a.m. to 10:00 a.m. on 24 and 31 December.

[O.C. 444-98, s. 25].

52.1. La consultation du registre à distance, faite à partir d'un écran de visualisation, est disponible de 8 h à 21 h tous les jours, excepté les samedis et les jours visés à l'article 6 du *Code de procédure civile* (chapitre C-25).

Les samedis, le registre peut être consulté à distance de 8 h à 17 h.

Malgré les premier et deuxième alinéas, le registre peut être consulté à distance de 9 h à 10 h les 24 et 31 décembre.

[D. 444-98, a. 26].

52.1. The register may be examined by remote by means of a display screen every day from 8:00 a.m. to 9:00 p.m., except Saturdays and the days referred to in article 6 of the *Code of Civil Procedure* (chapter C-25).

The register may be examined by remote on Saturdays, from 8:00 a.m. to 5:00 p.m.

Notwithstanding the first and second paragraphs, the register may be examined by remote on 24 and 31 December, from 9:00 a.m. to 10:00 a.m.

[O.C. 444-98, s. 26].

52.2. La réquisition d'inscription d'un droit visé à l'article 24 de la *Loi modifiant le Code civil et d'autres dispositions législatives relativement à la publicité des droits personnels et réels mobiliers et à la constitution d'hypothèques mobilières sans dépossession* (1998, c. 5) est faite sur

52.2. The application for registration of a right referred to in section 24 of the *Act to amend the Civil Code and other legislative provisions as regards the publication of personal and movable real rights and the constitution of movable hypothecs without delivery* (1998, c. 5) shall be made on the

le formulaire RZ « Réquisition d'inscription d'une réserve de propriété, des droits résultant d'un bail ou de certains autres droits — Droit transitoire ».

Toutefois, cette réquisition est faite sur le formulaire RD « Réquisition d'inscription d'une réserve de propriété, des droits résultant d'un bail ou de certains autres droits » lorsque l'inscription du droit est requise en vertu de l'article 2961.1 du Code civil.

[D. 907-99, a. 5].

form RZ "Application for registration of a reservation of ownership, rights under a lease or certain other rights - Transitional law".

Notwithstanding the foregoing, the application shall be made on the form RD "Application for registration of a reservation of ownership, rights under a lease or certain other rights" where registration of the right is required under article 2961.1 of the Civil Code.

[O.C. 907-99, s. 5].

53. (*Omis*).

53. (*Omitted*).

ANNEXE I

(a. 23)

Registre des droits personnels et réels mobiliers
Québec

RÉQUISITION D'INSCRIPTION D'UNE HYPOTHÈQUE MOBILIÈRE
Formulaire RH — Page 1

NATURE

1- Cocher une seule case

a ☐ Hypothèque conventionnelle sans dépossession
b ☐ Hypothèque conventionnelle avec dépossession (gage)
c ☐ Hypothèque ouverte
d ☐ Hypothèque légale de l'État ou d'une personne morale de droit public
e ☐ Hypothèque légale résultant d'un jugement
f ☐ Renouvellement de la publicité d'une hypothèque

g ☐ Renouvellement sur un meuble nouveau
h ☐ Renouvellement sur de nouvelles actions
i ☐ Report sur le bien offert ou consigné
j ☐ Report sur le bien acquis en remplacement
k ☐ Affectation d'un bien à une hypothèque légale

D.E.E.

2- DATE EXTRÊME D'EFFET DE L'INSCRIPTION   Note: L'inscription pourra être radiée le lendemain de cette date sans présentation d'une réquisition à cet effet

Année   Mois   Jour

PARTIES

① TITULAIRE   Consulter les directives

3- Numéro d'avis d'adresse

4- Nom   5- Prénom   6- Date de naissance

7- Nom de l'organisme   Année   Mois   Jour

8- Adresse (numéro, rue, ville, province)   9- Code postal

Au besoin, utiliser les annexes AP ou AD

② CONSTITUANT   Consulter les directives

10- Nom   11- Prénom   12- Date de naissance

13- Nom de l'organisme   Année   Mois   Jour

14- Adresse (numéro, rue, ville, province)   15- Code postal

Au besoin, utiliser les annexes AP ou AD   S'il y a lieu, cocher ☐ état certifié des droits, expédié aussi par ☐ télécopieur ☐ messagerie électronique

BIENS

VÉHICULE ROUTIER   Consulter les directives

16- Catégorie   17- Numéro d'identification   18- Année   19- Description
①

Au besoin, utiliser l'annexe AV   S'il y a lieu, cocher ☐ état certifié des droits, expédié aussi par ☐ télécopieur ☐ messagerie électronique

20- AUTRES BIENS

Au besoin, utiliser l'annexe AG

21- Somme de l'hypothèque   Consulter les directives

22- Référence à la loi créant l'hypothèque   23- Cause de la créance

MENTIONS

RÉFÉRENCE À L'INSCRIPTION VISÉE AU REGISTRE DES DROITS PERSONNELS ET RÉELS MOBILIERS

24- Numéro ①   Au besoin, utiliser l'annexe AI

25- S'il y a lieu, cocher une case
a ☐ L'hypothèque est consentie pour garantir le paiement d'obligations ou autres titres d'emprunt (article 2692 C.c.Q.)
b ☐ L'hypothèque est consentie en garantie d'un droit viager

RÉFÉRENCE À L'ACTE CONSTITUTIF
26- Forme de l'acte   Cocher une seule case   a ☐ Sous seing privé   b ☐ Notarié en minute   c ☐ Notarié en brevet   d ☐ Jugement
27- Date   28- Lieu ou district judiciaire

Année   Mois   Jour
29- N° de minute ou de dossier   30- Nom et prénom du notaire ou tribunal

31- AUTRES MENTIONS

Au besoin, utiliser l'annexe AG

SIGNATURE

Le signataire requiert l'inscription du présent avis.
32- Nom du signataire

33- X
Signature

[D. 907-99, a. 6].

1230

SCHEDULE I

(s. 23)

Gouvernement du Québec
Ministère de la Justice
Register of personal and movable real rights

APPLICATION FOR REGISTRATION OF A MOVABLE HYHPOTHEC
Form RH — Page 1

NATURE

1- Check one

a Conventional hypothec without delivery
b Conventional hypothec with delivery (pledge)
c Floating hypothec
d Legal hypothec of the State or of a legal person established in the public interest
e Legal hypothec under a judgment
f Renewal or publication of a hypothec

g Renewal on a new movable
h Renewal on new shares
i Extension of hypothec on property tendered or deposited
j Extension of hypothec on property acquired as a replacement
k Charging of property with legal hypothec

DWKDE

2- DATE AFTER WHICH REGISTRATION CEASES TO BE EFFECTIVE   Note : Registration may be cancelled on the day following this date without presentation of an application to that effect

Year   Month   Day

PARTIES

① HOLDER   See instructions

3- Notice of address number

4- Surname   5- Given name   6- Date of birth

Year   Month   Day

7- Name of organization or government agency

8- Address (no., street, municipality, province)   9- Postal code

If necessary, use Annex AP or AD

② GRANTOR   See instructions

10- Surname   11- Given name   12- Date of birth

Year   Month   Day

13- Name of organization or government agency

14- Address (no., street, municipality, province)   15- Postal code

If necessary, use Annex AP or AD   Where applicable, check ☐ certified statement of rights, also sent by ☐ fax ☐ e-mail

PROPERTY

ROAD VEHICLE   See instructions

① 16- Class   17- Identification number   18- Year   19- Description

If necessary, use Annex AV   Where applicable, check ☐ certified statement of rights, also sent by ☐ fax ☐ e-mail

20- OTHER PROPERTY

If necessary, use Annex AG

21- Sum of hypothec   See instructions

22- Reference to legislation granting hypothec   23- Cause of claim

PARTICULARS

REFERENCE TO REGISTRATION IN THE REGISTER OF PERSONAL AND MOVABLE REAL RIGHTS
24- Entry no. ①   If necessary, use Annex AI
25- Where applicable, check one
a The hypothec is granted to secure payment of bonds or other titles of indebtedness (C.c.Q., art. 2692).
b The hypothec is granted to secure a right arising at death.
REFERENCE TO CONSTITUTING ACT
26- Form of act   Check one   a Private writing   b Notarial act en minute   c Notarial act en brevet   d Judgment
27- Date   28- Place or judicial district

Year   Month   Day
29- No. of minute of record   30- Full name of notary or name of court

31- OTHER PARTICULARS

If necessary, use Annex AG

SIGNATURE

The undersigned hereby requests that this notice be registered.   Form no.
32- Name of person signing

33- X _____   Signature

[O.C. 907-99, s. 6].

ANNEXE II

(a. 23)

Registre des droits personnels et réels mobiliers
Québec

RÉQUISITION D'INSCRIPTION D'UNE RÉSERVE DE
PROPRIÉTÉ, DES DROITS RÉSULTANT D'UN BAIL OU DE
CERTAINS AUTRES DROITS
Formulaire RD — Page 1

NATURE

1- NATURE *Cocher une seule case*

a ☐ Réserve de propriété (vente à tempérament)
b ☐ Droits résultant d'un bail
c ☐ Faculté de rachat (vente à réméré)
d ☐ Droits de propriété du crédit-bailleur

e ☐ Réserve de propriété et cession de la réserve
f ☐ Droits résultant d'un bail et cession des droits
g ☐ Faculté de rachat et cession de la faculté de rachat
h ☐ Droits de propriété du crédit-bailleur et cession

2- INSCRIPTION GLOBALE

a ☐ Cocher cette case, s'il y a lieu, pour que l'inscription vaille aussi à l'égard des droits de même nature
consentis ultérieurement à l'inscription (article 2961.1 Code civil)

D.E.E.

3- DATE EXTRÊME D'EFFET DE L'INSCRIPTION   *Note: L'inscription pourra être radiée le lendemain de cette date*
sans présentation d'une réquisition à cet effet
☐ - -
Année   Mois   Jour

PARTIES

① **4- Cocher une seule case** a ☐ Vendeur   b ☐ Locateur   c ☐ Crédit-bailleur   *Consulter les directives* 5- N° d'avis d'adresse ☐

6- Nom   7- Prénom   8- Date de naissance
☐ - -
Année   Mois   Jour

9- Nom de l'organisme

10- Adresse (numéro, rue, ville, province)   11- Code postal

Au besoin, utiliser les annexes AP ou AD

② **12- Cocher une seule case** d ☐ Acheteur   e ☐ Locataire   f ☐ Crédit-preneur   *Consulter les directives*
13- Nom   14- Prénom   15- Date de naissance
☐ - -
Année   Mois   Jour

16- Nom de l'organisme

17- Adresse (numéro, rue, ville, province)   18- Code postal

Au besoin, utiliser les annexes AP ou AD   S'il y a lieu, cocher ☐ état certifié des droits, expédié aussi par ☐ télécopieur ☐ messagerie électronique

③ **CESSIONNAIRE**   *Consulter les directives*   19- N° d'avis d'adresse ☐
20- Nom   21- Prénom   22- Date de naissance
☐ - -
Année   Mois   Jour

23- Nom de l'organisme

24- Adresse (numéro, rue, ville, province)   25- Code postal

Au besoin, utiliser les annexes AP ou AD

BIENS

VÉHICULE ROUTIER   *Consulter les directives*
26- Catégorie   27- Numéro d'identification   28- Année   29- Description
①

Au besoin, utiliser l'annexe AV   S'il y a lieu, cocher ☐ état certifié des droits, expédié aussi par ☐ télécopieur ☐ messagerie électronique
30- AUTRES BIENS

Au besoin, utiliser l'annexe AG

MENTIONS

RÉFÉRENCE À L'ACTE CONSTITUTIF
31- Forme de l'acte   *Cocher une seule case*   a ☐ Sous seing privé   b ☐ Notarié en minute   c ☐ Notarié en brevet
32- Date   33- Lieu
☐
Année   Mois   Jour
34- N° de minute   35- Nom et prénom du notaire

36- ÉTENDUE DE LA CESSION   *Cocher une seule case, s'il y a lieu*
a ☐ Cession de tous les droits   b ☐ Cession d'une partie des droits
37- AUTRES MENTIONS

Au besoin, utiliser l'annexe AG

SIGNATURE

Le signataire requiert l'inscription du présent avis.
38- Nom du signataire

39- X
Signature

[D. 907-99, a. 6].

SCHEDULE II

(s. 23)

Gouvernement du Québec Ministère de la Justice **Register of personal and movable real rights**	**APPLICATION FOR REGISTRATION OF A RESERVATION OF OWNERSHIP, RIGHTS UNDER A LEASE OR CERTAIN OTHER RIGHTS** Form RD — Page 1

NATURE

1- NATURE *Check one*

a	Reservation of ownership (instalment sale)	e	Reservation of ownership and transfer of the reservation of ownership
b	Rights under a lease	f	Rights under a lease and transfer of rights
c	Right of redemption	g	Right of redemption and transfer of the right of redemption
d	Rights of ownership of the lessor (leasing)	h	Rights of ownership of the lessor (leasing) and transfer

2- SINGLE REGISTRATION

a Check where the registration is to apply to rights of the same nature granted subsequently to the registration (C.C.Q., art. 2961.1).

D.R.C.E.

3- DATE AFTER WHICH REGISTRATION CEASES TO BE EFFECTIVE   *Note: Registration may be cancelled on the day following this date without presentation of an application to that effect.*

Year   Month   Day

PARTIES

① 4- Check one   a   Seller   b   Lessor (Lease)   c   Lessor (Leasing)   *See instructions*   5- Notice of address no.

6- Surname   7- Given Name   8- Date of birth Year Month Day

9- Name of organization or government agency

10- Address (no., street, municipality, province)   11- Postal code

If necessary, use Annex AP or AD

② 12- Check one   d   Buyer   e   Lessee (Lease)   f   Lessee (Leasing)   *See instructions*

13- Surname   14- Given Name   15- Date of birth Year Month Day

16- Name of organization or government agency

17- Address (no., street, municipality, province)   18- Postal code

If necessary, use Annex AP or AD   Where applicable, check certified statement of rights, also sent by fax e-mail

③ TRANSFEREE   *See instructions*   19- Notice of address no.

20- Surname   21- Given name   22- Date of birth Year Month Day

23- Name of organization or government agency

24- Address (no., street, municipality, province)   25- Postal code

If necessary, use Annex AP or AD

PROPERTY

ROAD VEHICLE   *See instructions*

26- Class   27- Identification no.   28- Year   29- Description

If necessary, use Annex AV   Where applicable, check certified statement of rights, also sent by fax e-mail

30- OTHER PROPERTY

If necessary, use Annex AG

PARTICULARS

REFERENCE TO CONSTITUTING ACT

31- Form of act   *Check one*   a   Private writing   b   Notarial act *en minute*   c   Notarial act *en brevet*

32- Date Year Month Day   33- Place

34- No. of minute   35- Full name of notary

36- EXTENT OF THE TRANSFER   *Check one, where applicable*
a   Transfer of all the rights   b   Transfer of a part of the rights

37- OTHER PARTICULARS

If necessary, use Annex AG

SIGNATURE

The undersigned hereby requests that this notice be registered

38- Name of person signing   Form No.

39- X   *Signature*

[O.C. 907-99, s. 6].

ANNEXE III

(a. 23)

Gouvernement du Québec
Ministère de la Justice
Registre des droits personnels et réels mobiliers

RÉQUISITION D'INSCRIPTION D'UNE RÉSERVE DE PROPRIÉTÉ, DES DROITS RÉSULTANT D'UN BAIL OU DE CERTAINS AUTRES DROITS - DROIT TRANSITOIRE
Formulaire **RZ** — Page 1

NATURE

1- Cocher une seule case

a Réserve de propriété (vente à tempérament)
b Droits résultant d'un bail
c Faculté de rachat (vente à réméré)
d Droits de propriété du crédit-bailleur

e Réserve de propriété et cession de la réserve
f Droits résultant d'un bail et cession des droits
g Faculté de rachat et cession de la faculté de rachat
h Droits de propriété du crédit-bailleur et cession

i Stipulation d'insaisissabilité

D.E.E.

2- DATE EXTRÊME D'EFFET DE L'INSCRIPTION

Année   Mois   Jour

Note: L'inscription pourra être requise le lendemain de cette date sans présentation d'une réquisition à cet effet

PARTIES

① 3- Cocher une seule case a Vendeur b Locateur c Crédit-bailleur d Stipulant   Consulter les directives
4- N° d'avis d'adresse
5- Nom
6- Prénom
7- Date de naissance
8- Nom de l'organisme   Année Mois Jour
9- Adresse (numéro, rue, ville, province)
10- Code postal

Au besoin, utiliser les annexes AP ou AD

② 11- Cocher une seule case e Acheteur f Locataire g Crédit-preneur h Bénéficiaire   Consulter les directives
12- Nom
13- Prénom
14- Date de naissance
15- Nom de l'organisme   Année Mois Jour
16- Adresse (numéro, rue, ville, province)
17- Code postal

Au besoin, utiliser les annexes AP ou AD   s'il y a lieu, cocher   état certifié des droits, expédié aussi par   télécopieur   messagerie électronique

③ **CESSIONNAIRE**   Consulter les directives
19- Nom   18- N° d'avis d'adresse
20- Prénom   21- Date de naissance
22- Nom de l'organisme   Année Mois Jour
23- Adresse (numéro, rue, ville, province)
24- Code postal

Au besoin, utiliser les annexes AP ou AD

BIENS

VÉHICULE ROUTIER   Consulter les directives
25- Catégorie   26- Numéro d'identification   27- Année   28- Description

Au besoin, utiliser l'annexe AV   s'il y a lieu, cocher   état certifié des droits, expédié aussi par   télécopieur   messagerie électronique
29- AUTRES BIENS

Au besoin, utiliser l'annexe AG

MENTIONS

RÉFÉRENCE À L'ACTE CONSTITUTIF
30- Forme de l'acte   Cocher une seule case   a Sous seing privé   b Notarié en minute   c Notarié en brevet   d Jugement
31- Date   32- Lieu ou district judiciaire
Année Mois Jour
33- N° de minute, ou de dossier   34- Nom et prénom du notaire ou tribunal

35- ÉTENDUE DE LA CESSION   Cocher une seule case, s'il y a lieu
a Cession de tous les droits   b Cession d'une partie des droits
36- AUTRES MENTIONS

Au besoin, utiliser l'annexe AG

SIGNATURE

Le signataire requiert l'inscription du présent avis.
37- Nom du signataire   Numéro du formulaire

38- X   Signature

[D. 907-99, a. 6].

SCHEDULE III

(s. 23)

Gouvernement du Québec
Ministère de la Justice
**Register of personal and movable
real rights**

APPLICATION FOR REGISTRATION OF A
RESERVATION OF OWNERSHIP,
RIGHTS UNDER A LEASE OR CERTAIN
OTHER RIGHTS — TRANSITIONAL LAW
Form **RZ** — Page 1

NATURE

1- Check one

a Reservation of ownership (instalment sale)
b Rights under a lease
c Right of redemption
d Rights of ownership of the lessor

e Reservation of ownership and transfer of the reservation of ownership
f Rights under a lease and transfer of rights
g Right of redemption and transfer of the right of redemption
h Rights of ownership of the lessor and transfer

i Stipulation of unseizability

D.R.C.E.

2- DATE AFTER WHICH REGISTRATION CEASES TO BE EFFECTIVE

Year   Month   Day

Note: Registration may be cancelled on the day following this date
without presentation of an application to that effect

PARTIES

① 3- Check one   a   Seller   b   Lessor (Lease) c   Lessor (Leasing) d   Stipulator   See instructions   4- Notice of address n°
5- Surname   6- Given Name   7- Date of birth
Year   Month   Day

8- Name of organization or government agency

9- Address (no., street, municipality, province)   10- Postal code

If necessary, use Annex AP or AD

② 11- Check one   e   Buyer   f   Lessee (Lease)   g   Lessee (Leasing)   h   Beneficiary   See instructions
12- Surname   13- Given Name   14- Date of birth
Year   Month   Day

15- Name of organization or government agency

16- Address (no., street, municipality, province)   17- Postal code

If necessary, use Annex AP or AD   Where applicable, check   certified statement of rights. Also sent by   fax   e-mail

③ TRANSFEREE   See instructions
19- Surname   20- Given name   18- Notice of address no.
21- Date of birth
Year   Month   Day

22- Name of organization or government agency

23- Address (no., street, municipality, province)   24- Postal code

If necessary, use Annex AP or AD

PROPERTY

ROAD VEHICULE   See instructions
25- Class   26- Identification no.   27- Year   28- Description

If necessary, use Annex AV   Where applicable, check   certified statement of rights. Also sent by   fax   e-mail

29- OTHER PROPERTY

If necessary, use Annex AG

PARTICULARS

REFERENCE TO CONSTITUTING ACT
30- Form of act   Check one   a   Private writing   b   Notarial act en minute   c   Notarial act en brevet   d   Judgment
31- Date   32- Place or judicial district
Year   Month   Day
33- No. of minute or record   34- Full name of notary or name of court

35- EXTENT OF THE TRANSFER   Check one, where applicable
a   Transfer of all the rights   b   Transfer of a part of the rights
36- OTHER PARTICULARS

If necessary, use Annex AG

SIGNATURE

This undersigned hereby requests that this notice be registered.
37- Name of person signing

Form No.

38- X   Signature

[O.C. 907-99, s. 6].

ANNEXE IV
(a. 23)

Registre
des droits personnels
et réels mobiliers
Québec 🍁

**RÉQUISITION D'INSCRIPTION
DE NATURE MATRIMONIALE**
Formulaire **RM** --- Page 1

NATURE

1- *Cocher une seule case*

MARIAGE   a ☐ Contrat de mariage   b ☐ Modification d'un contrat de mariage ou d'un régime matrimonial

JUGEMENT   c ☐ Séparation de corps   d ☐ Séparation de biens   e ☐ Nullité de mariage   f ☐ Divorce

RENONCIATION   g ☐ Partage de la valeur des acquêts   h ☐ Partage de la valeur du patrimoine familial   i ☐ Communauté de biens

ANNULATION D'UNE RENONCIATION   j ☐ Partage de la valeur des acquêts   k ☐ Partage de la valeur du patrimoine familial
    l ☐ Communauté de biens

PARTIES

① **2-** *Cocher une seule case*   a ☐ Époux   b ☐ Époux renonçant   e ☐ Époux décédé   *Consulter les directives*

3- Nom   **4-** Prénom   **5-** Date de naissance
    Année   Mois   Jour

6- Adresse (numéro, rue, ville, province)   **7-** Code postal

S'il y a lieu, cocher ☐ état certifié des droits, expédié aussi par ☐ télécopieur ☐ messagerie électronique

② **3-** *Cocher une seule case*   c ☐ Épouse   d ☐ Épouse renonçante   f ☐ Épouse décédée   *Consulter les directives*

9- Nom   **10-** Prénom   **11-** Date de naissance
    Année   Mois   Jour

12- Adresse (numéro, rue, ville, province)   **13-** Code postal

Au besoin, utiliser l'annexe AP   *S'il y a lieu, cocher* ☐ état certifié des droits, expédié aussi par ☐ télécopieur ☐ messagerie électronique

MENTIONS

14- CHOIX DU RÉGIME   *Cocher une seule case*

  a ☐ Séparation de biens   b ☐ Société d'acquêts   c ☐ Communauté de biens

  d ☐ Autre, préciser

15- OBJET DE LA MODIFICATION(autre que celle du régime matrimonial)

Au besoin, utiliser l'annexe AG

RÉFÉRENCE AU CONTRAT DE MARIAGE ANTÉRIEUR   *Remplir une seule des sections a, b ou c*

  a- Contrat de mariage inscrit au registre des droits personnels et réels mobiliers,
    16- Numéro

  b- Contrat de mariage antérieur au 1ᵉʳ juillet 1970,
    17- Numéro de minute   **18-** Date   Année   Mois   Jour
    19- Nom et prénom du notaire

  c- Sans contrat de mariage,
    20- Date du mariage   Année   Mois   Jour   **21-** Lieu

CONJOINT DU RENONÇANT OU DU DÉFUNT

22- Nom et prénom

RÉFÉRENCE À L'INSCRIPTION DE LA RENONCIATION ANNULÉE   *Remplir la rubrique 23 ou les rubriques 24 et 25*

23- Numéro au registre des droits personnels et réels mobiliers

24- Numéro   **25-** Circonscription foncière

RÉFÉRENCE À L'ACTE CONSTITUTIF

26- Forme de l'acte   *Cocher une seule case*   a ☐ Notarié en minute   b ☐ Jugement

27- Date   Année   Mois   Jour   **28-** Lieu ou district judiciaire

29- Nº de minute ou de dossier **30-** Nom et prénom du notaire ou du tribunal

31- AUTRES MENTIONS

Au besoin, utiliser l'annexe AG

SIGNATURE

Le signataire requiert l'inscription du présent avis.

32- Nom du signataire

33- X _____
        Signature

[D. 907-99, a. 6].

SCHEDULE IV
(s. 23)

Gouvernement du Québec
Ministère de la Justice
Register of personal and movable real rights

APPLICATION FOR A MATRIMONIAL REGISTRATION
Form **RM** — Page 1

NATURE

1- *Check one*

MARRIAGE
  a Marriage contract
  b Change in marriage contract or matrimonial regime

JUGMENT
  c Separation from bed and board
  d Separation as to property
  e Nullity of marriage
  f Divorce

RENONCIATION
  g Partition of value of acquests
  h Partition of value of family patrimony
  i Community of property

ANNULMENT OF A RENUNCIATION
  j Partition of value of acquests
  k Partition of value of family patrimony
  l Community of property

PARTIES

① 2- *Check one*
  a Husband
  b Renouncing husband
  c Husband deceased
  See instructions
3- Surname
4- Given name
5- Date of birth
6- Address (no., street, municipality, province)
7- Postal code

Where applicable, check ☐ certified statement of rights, also sent by ☐ fax ☐ e-mail

② 8- *Check one*
  c Wife
  d Renouncing wife
  f Wife deceased
  See instructions
9- Surname
10- Given name
11- Date of birth
12- Address (no., street, municipality, province)
13- Postal code

If necessary, use Annex AP

Where applicable, check ☐ certified statement of rights, also sent by ☐ fax ☐ e-mail

PARTICULARS

14- REGIME CHOSEN *Check one*
  a Separation as to property
  b Partnership of acquests
  c Community of property
  d Other (specify)

15- OBJECT OF CHANGE (other than change of matrimonial regime)

If necessary, use Annex AG

REFERENCE TO PREVIOUS MARRIAGE CONTRACT *Fill in a, b or c*
  a- Marriage contract registered in the Register of personal and real rights
16- Number of entry
  b- Marriage contract signed prior to 1 July 1970
17- Minute number
18- Date Year Month Day
19- Full name of notary
  c- No marriage contract
20- Date of marriage Year Month Day
21- Place

SPOUSE OF PERSON RENOUNCING OR SPOUSE OF DECEASED
22- Full name

REFERENCE TO REGISTRATION OF ANNULED RENUNCIATION *Fill in space 23 or spaces 24 and 25*
23- Number of entry in the Register of personal and movable real rights
24- Number
25- Registration division

REFERENCE TO CONSTITUTING ACT
26- Forms of act *Check one*
  a Notarial act in minute
  b Judgment
27- Date
28- Place or judicial district
29- No. of minute or record
30- Full name of notary or name of court

31- OTHER PARTICULARS

If necessary, use Annex AG

SIGNATURE

The undersigned hereby requests that this notice be registered.
Form no.
32- Name of person signing

33- X _____ Signature

• RC (rel.int.dn)

[O.C. 907-99, s. 6].

ANNEXE V

(a. 23)

Registre
des droits personnels
et réels mobiliers
Québec 🔲🔲

RÉQUISITION GÉNÉRALE
D'UNE INSCRIPTION
Formulaire RG — Page 1

D.E.E. NATURE

Indiquer une seule nature de droit

1- Nature

2- **DATE EXTRÊME D'EFFET DE L'INSCRIPTION**   *Note : L'inscription pourra être radiée le lendemain de cette date sans présentation d'une réquisition à cet effet*

Année Mois Jour

PARTIES

① *Consulter les directives*

4- Cocher une seule case a ☐ Titulaire b ☐ Constituant c ☐ Autre, préciser   3- N° d'avis d'adresse

5- Nom   6- Prénom   7- Date de naissance

8- Nom de l'organisme   Année Mois Jour

9- Adresse (numéro, rue, ville, province)   10- Code postal

S'il y a lieu, cocher ☐ état certifié des droits, expédié aussi par ☐ télécopieur ☐ messagerie électronique

② *Consulter les directives*

12- Cocher une seule case a ☐ Titulaire b ☐ Constituant c ☐ Autre, préciser   11- N° d'avis d'adresse

13- Nom   14- Prénom   15- Date de naissance

16- Nom de l'organisme   Année Mois Jour

17- Adresse (numéro, rue, ville, province)   18- Code postal

Au besoin, utiliser les annexes AP ou AD   S'il y a lieu, cocher ☐ état certifié des droits, expédié aussi par ☐ télécopieur ☐ messagerie électronique

VÉHICULE ROUTIER   *Consulter les directives*

19- Catégorie 20- Numéro d'identification 21- Année 22- Description
①

Au besoin, utiliser l'annexe AV   S'il y a lieu, cocher ☐ état certifié des droits, expédié aussi par ☐ télécopieur ☐ messagerie électronique

BIENS

23- **AUTRES BIENS**

Au besoin, utiliser l'annexe AG

MENTIONS

24- Montant

RÉFÉRENCE À L'INSCRIPTION VISÉE AU REGISTRE DES DROITS PERSONNELS ET RÉELS MOBILIERS
25- Numéro ①   ②   Au besoin, utiliser l'annexe AI

RÉFÉRENCE À L'ACTE CONSTITUTIF
26- Forme de l'acte   *Cocher une seule case*

a ☐ Sous seing privé b ☐ Notarié en minute c ☐ Notarié en brevet d ☐ Jugement e ☐ Autre, préciser

27- Date   28- Lieu ou district judiciaire

Année Mois Jour

29- N° de minute ou de dossier 30- Nom et prénom du notaire, tribunal ou nom et prénom des témoins

31- **AUTRES MENTIONS**

Au besoin, utiliser l'annexe AG

SIGNATURE

Le signataire requiert l'inscription du présent avis.

32- Nom du signataire

33- X _____
Signature

[D. 907-99, a. 6].

SCHEDULE V

(s. 23)

Gouvernement du Québec
Ministère de la Justice
Register of personal and movable real rights

GENERAL APPLICATION
FOR REGISTRATION
Form RG — Page 1

NATURE OF RIGHT

Indicate one nature of right

1- Nature

2- DATE AFTER WHICH REGISTRATION CEASES TO BE EFFECTIVE   Note : *Registration may be cancelled on the day following this date without presentation of an application to that effect*

Year   Month   Day

PARTIES

① *See instructions*
3- Notice of address no.

4- Check one   **a** Holder   **b** Grantor   **c** Other (specify)
5- Surname   6- Given name   7- Date of birth
Year   Month   Day

8- Name of organization or government agency

9- Address (no., street, municipality, province)   10- Postal code

Where applicable, check ☐ certified statement of rights, also sent by ☐ fax ☐ e-mail

② *See instructions*   11- Notice of address no.

12- Check one   **a** Holder   **b** Grantor   **c** Other (specify)
13- Surname   14- Given name   15- Date of birth
Year   Month   Day

16- Name of organization or government agency

17- Address (no., street, municipality, province)   18- Postal code

If necessary, use Annex AP or AD   Where applicable, check ☐ certified statement of rights, also sent by ☐ fax ☐ e-mail

PROPERTY

ROAD VEHICLE   *See instructions*

19- Class   20- Identification number   21- Year   22- Description
①

If necessary, use Annex AV   Where applicable, check ☐ certified statement of rights, also sent by ☐ fax ☐ e-mail

23- OTHER PROPERTY

If necessary, use Annex AG

24- Amount

REFERENCE TO REGISTRATION IN THE REGISTER OF PERSONAL AND MOVABLE REAL RIGHTS
25- Entry number   ①   ②   *If necessary, use annex AI.*

PARTICULARS

REFERENCE TO CONSTITUTING ACT
26- Form of act   Check one
a Private writing   **b** Notarial act en minute   **c** Notarial act en brevet   **d** Judgment
e Other (specify)

27- Date   28- Place or judicial district
Year   Month   Day

29- No. of minute or record   30- Full name of notary, name of court or full names of witnesses

31- OTHER PARTICULARS

If necessary, use Annex AG

SIGNATURE

The undersigned hereby requests that this notice be registered.   Form no.
32- Name of person signing

33- X   Signature

[O.C. 907-99, s. 6].

ANNEXE VI
(a. 23)

Registre des droits personnels et réels mobiliers
Québec

RÉQUISITION D'INSCRIPTION
D'UN PRÉAVIS D'EXERCICE
Formulaire RP — Page 1

NATURE

1- Nature du préavis Cocher une seule case
a ☐ Préavis d'exercice d'un droit hypothécaire
b ☐ Préavis d'exercice des droits résultant d'une fiducie à titre onéreux
c ☐ Préavis d'exercice du droit de reprise du vendeur
d ☐ Préavis exigeant du vendeur l'exercice de la faculté de rachat
e ☐ Autre, préciser

PARTIES

① Cocher une seule case   a ☐ TITULAIRE   b ☐ VENDEUR   Consulter les directives
2- Nom
3- Prénom
4- Date de naissance   Année Mois Jour
5- Nom de l'organisme
6- Adresse (numéro, rue, ville, province)
7- Code postal
Au besoin, utiliser les annexes AP ou AD

① Cocher une seule case   c ☐ CONSTITUANT   d ☐ ACHETEUR   Consulter les directives
8- Nom
9- Prénom
10- Date de naissance   Année Mois Jour
11- Nom de l'organisme
12- Adresse (numéro, rue, ville, province)
13- Code postal
Au besoin, utiliser les annexes AP ou AD   S'il y a lieu, cocher ☐ état certifié des droits, expédié aussi par ☐ télécopieur ☐ messagerie électronique

VÉHICULE ROUTIER   Consulter les directives
14- Catégorie 15- Numéro d'identification 16- Année 17- Description
①
Au besoin, utiliser l'annexe AV   S'il y a lieu, cocher ☐ état certifié des droits, expédié aussi par ☐ télécopieur ☐ messagerie électronique

BIENS

18- AUTRES BIENS

Au besoin, utiliser l'annexe AG

19- Droit dont l'exercice est projeté Cocher une seule case
a ☐ Prise de possession à des fins d'administration
b ☐ Prise en paiement
c ☐ Vente par le créancier
d ☐ Vente sous contrôle de justice
e ☐ Autre, préciser

RÉFÉRENCE À L'INSCRIPTION VISÉE AU REGISTRE DES DROITS PERSONNELS ET RÉELS MOBILIERS
20- Numéro ①

RÉFÉRENCE AU PRÉAVIS
21- Forme de préavis Cocher une seule case   a ☐ Sous seing privé   b ☐ Notarié en minute   c ☐ Notarié en brevet

MENTIONS

22- Date   Année Mois Jour
23- Lieu
24- N° de minute
25- Nom et prénom du notaire
26- AUTRES MENTIONS

Au besoin, utiliser l'annexe AG
Le débiteur étant en défaut d'exécuter ses obligations, le titulaire a signifié un préavis d'exercice conformément aux dispositions de la loi.
Le préavis d'exercice ainsi que la preuve de sa signification sont produits avec la présente.

SIGNATURE

Le signataire requiert l'inscription du présent avis.
27- Nom du signataire
28- X   Signature

[D. 907-99, a. 6].

1240

SCHEDULE VI
(s. 23)

Gouvernement du Québec
Ministère de la Justice
Register of personal and movable real rights

APPLICATION FOR REGISTRATION OF PRIOR NOTICE OF INTENTION
Form **RP** — Page 1

NATURE

1- Nature of prior notice   Check one

a Prior notice of intention to exercise *hypothecary right*
b Prior notice of intention to exercise rights resulting from a trust by onerous title
c Prior notice of intention to exercise seller's right of repossession
d Prior notice requiring seller to exercise right of redemption
e Other (specify)

PARTIES

① - Check one   a ☐ Holder   b ☐ Seller   *See instructions*

2- Surname   3- Given name   4- Date of birth
Year   Month   Day

5- Name of organization or government agency

6- Address (no., street, municipality, province)   7- Postal code

If necessary, use Annex AP or AD

② - Check one   c ☐ Grantor   d ☐ Buyer   *See instructions*

8- Surname   9- Given name   10- Date of birth
Year   Month   Day

11- Name of organization or government agency

12- Address (no., street, municipality, province)   13- Postal code

If necessary, use Annex AP or AD   Where applicable, check ☐ certified statement of rights, also sent by ☐ fax ☐ e-mail

ROAD VEHICLE   *See instructions*
14- Class   15- Identification number   16- Year   17- Description
①

If necessary, use Annex AV   Where applicable, check ☐ certified statement of rights, also sent by ☐ fax ☐ e-mail

PROPERTY

18- OTHER PROPERTY

If necessary, use Annex AG

19- Right whose exercise is intended   Check one

a Taking possession for administrative purposes
b Taking in payment
c Sale by creditor
d Sale by judicial authority
e Other (specify)

REFERENCE TO REGISTRATION IN THE REGISTER OF PERSONAL AND MOVABLE REAL RIGHTS
20- Entry no. ①

PARTICULARS

REFERENCE TO PRIOR NOTICE
21- Form of prior notice   Check one   a Private writing   b Notarial act *en minute*   c Notarial act *en brevet*

22- Date   23- Place
Year   Month   Day

24- Minute number   25- Full name of notary

26- OTHER PARTICULARS

If necessary, use Annex AG

The debtor having failed to fulfil his obligations, the holder has served a prior notice of intention in accordance with the legislative provisions. **The prior notice of intention is filed with this application, along with proof of its service.**

SIGNATURE

The undersigned hereby requests that this notice be registered.   Form no.
27- Name of person signing

28- X
Signature

[O.C. 907-99, s. 6].

1241

ANNEXE VII
(a. 23)

Registre
des droits personnels
et réels mobiliers
Québec

RÉQUISITION D'INSCRIPTION
D'UNE RECTIFICATION
Formulaire RR — Page 1

NATURE

1- Cocher une seule case

a ☐ Rectification par une personne intéressée   b ☐ Rectification judiciaire

PARTIES

① Consulter les directives

2- Cocher une seule case   a ☐ Titulaire   b ☐ Constituant   c ☐ Autre, préciser

3- N° d'avis d'adresse

4- Nom

5- Prénom

6- Date de naissance
Année   Mois   Jour

7- Nom de l'organisme

8- Adresse (numéro, rue, ville, province)

9- Code postal

S'il y a lieu, cocher ☐ état certifié des droits, expédié aussi par ☐ télécopieur ☐ messagerie électronique

② Consulter les directives

10- Cocher une seule case   a ☐ Titulaire   b ☐ Constituant   c ☐ Autre, préciser

11- N° d'avis d'adresse

12- Nom

13- Prénom

14- Date de naissance
Année   Mois   Jour

15- Nom de l'organisme

16- Adresse (numéro, rue, ville, province)

17- Code postal

Au besoin, utiliser les annexes AP ou AD

S'il y a lieu, cocher ☐ état certifié des droits, expédié aussi par ☐ télécopieur ☐ messagerie électronique

MENTIONS

RÉFÉRENCE À L'INSCRIPTION VISÉE AU REGISTRE DES DROITS PERSONNELS ET RÉELS MOBILIERS
18- Numéro   Au besoin, utiliser l'annexe AI

RÉFÉRENCE AU JUGEMENT

19- Date   20- District judiciaire
Année   Mois   Jour
21- N° de dossier   22- Tribunal

23- OBJET DE LA RECTIFICATION

Au besoin, utiliser l'annexe AG

Si la rectification porte sur un véhicule routier, inscrire la description correcte ci-dessous :
24- Catégorie   25- Numéro d'identification   26- Année   27- Description

Au besoin, utiliser l'annexe AV   S'il y a lieu, cocher ☐ état certifié des droits, expédié aussi par ☐ télécopieur ☐ messagerie électronique

Si la rectification consiste à ramener à la baisse la date extrême d'effet de l'inscription, inscrire la date extrême d'effet corrigée ci-dessous :

28- DATE EXTRÊME D'EFFET DE L'INSCRIPTION
Année   Mois   Jour   Note : L'inscription pourra être radiée le lendemain de cette date
                          sans présentation d'une réquisition à cet effet

29- AUTRES MENTIONS

Au besoin, utiliser l'annexe AG

SIGNATURE

Le signataire requiert l'inscription du présent avis.
50- Nom et signature du signataire

[D. 907-99, a. 6].

1242

SCHEDULE VII

(s. 23)

Gouvernement du Québec
Ministère de la Justice
Register of personal and movable real rights

APPLICATION FOR REGISTRATION OF A CORRECTION
Form **RR** — Page 1

NATURE

1- *Check one*

a Correction by an interested person   b Correction ordered by judgment

PARTIES

① *See instructions*

2- *Check one* a Holder b Grantor c Other (specify)

4- Surname   5- Given name

3- Notice of address number

6- Date of birth Year Month Day

7- Name of organization or government agency

8- Address (no., street, municipality, province)

9- Postal code

Where applicable, check ☐ certified statement of rights, also sent by ☐ fax ☐ e-mail

② *See instructions*

10- *Check one* a Holder b Grantor c Other (specify)

12- Surname   13- Given name

11- Notice of address number

14- Date of birth Year Month Day

15- Name of organization or government agency

16- Address (no., street, municipality, province)

17- Postal code

If necessary, use Annex AP or AD

Where applicable, check ☐ certified statement of rights, also sent by ☐ fax ☐ e-mail

PARTICULARS

REFERENCE TO REGISTRATION IN THE REGISTER OF PERSONAL AND MOVABLE REAL RIGHTS

18- Entry No. ①   *If necessary, use Annex A)*

REFERENCE TO JUDGMENT

19- Date Year Month Day   20- Judicial district

21- Court record number   22- Court

23- OBJET OF CORRECTION

If necessary, use Annex AG
If the correction concerns a road vehicle, enter the corrected description below

24- Class ① 25- Identification number 26- Year 27- Description

If necessary, use Annex AV

Where applicable, check ☐ certified statement of rights, also sent by ☐ fax ☐ e-mail

If the correction brings forward the date after which registration ceases to be effective, enter the corrected description below

28- DATE AFTER WHICH REGISTRATION CEASES TO BE EFFECTIVE

Year Month Day   Note : Registration may be cancelled on the day following this date without presentation of an application to that effect

29- OTHER PARTICULARS

If necessary, use Annex AG

The undersigned hereby requests that this notice be registered.

30- Name and signature of person signing

SIGNATURE

Form no.

[O.C. 907-99, s. 6].

ANNEXE VIII
(a. 23)

Registre
des droits personnels
et réels mobiliers
Québec ✛✛

RÉQUISITION D'INSCRIPTION
D'UNE ADRESSE
Formulaire RA — Page 1

NATURE

1- Cocher une seule case *et remplir la section correspondante*
- ☐ Inscription d'adresse à des fins de notification
- ☐ Inscription d'un numéro d'avis d'adresse ultérieure à l'inscription du droit visé
- b ☐ Changement de nom ou d'adresse de notification
- d ☐ Rectification

BÉNÉFICIAIRE

Consulter les directives

2- Nom | 3- Prénom | 4- Date de naissance
Année Mois Jour

5- Nom de l'organisme

6- Adresse (numéro, rue, ville, province) | 7- Code postal

OBJET DE L'INSCRIPTION

A- INSCRIPTION D'ADRESSE À DES FINS DE NOTIFICATION   *Remplir la section RÉFÉRENCES*

ADRESSE DE NOTIFICATION

8- Adresse | 9- Code postal | 10- Numéro de télécopieur

B- CHANGEMENT DE NOM OU D'ADRESSE DE NOTIFICATION

11- Numéro d'avis d'adresse

Changement de nom   *Remplir les rubriques 12, 13, 14, 16, 17, 18 ou 19*

Ancien nom
12- Nom | 13- Prénom | 14- Date de naissance
Année Mois Jour

15- Nom de l'organisme

Nouveau nom
16- Nom | 17- Prénom | 18- Date de naissance
Année Mois Jour

19- Nom de l'organisme

Changement d'adresse de notification   *Remplir les rubriques 20 à 25*

Ancienne adresse
20- Adresse | 21- Code postal | 22- Numéro de télécopieur

Nouvelle adresse
23- Adresse | 24- Code postal | 25- Numéro de télécopieur

C- INSCRIPTION D'UN NUMÉRO D'AVIS D'ADRESSE ULTÉRIEURE À L'INSCRIPTION DU DROIT VISÉ

26- Numéro d'avis d'adresse   *Remplir la section RÉFÉRENCES*

D- RECTIFICATION   *Remplir a ou b*

a- D'un numéro d'inscription
27- Numéro d'inscription erroné
28- Numéro d'inscription exact

29- Numéro d'avis d'adresse visé

b- D'un numéro d'avis d'adresse   *Remplir la section RÉFÉRENCES*

30- Numéro d'avis d'adresse erroné | 31- Numéro d'avis d'adresse exact

RÉFÉRENCES

32- NUMÉRO D'INSCRIPTION OU DE FORMULAIRE

① | ② | ③ | ④
⑤ | ⑥ | ⑦ | ⑧

Au besoin, utiliser l'annexe AI

Le signataire requiert l'inscription du présent avis.

SIGNATURE

33- Nom du signataire

34- X
Signature

[D. 907-99, a. 6].

SCHEDULE VIII
(s. 23)

★ Gouvernement du Québec Ministère de la Justice **Register of personal and movable real rights**		**APPLICATION FOR REGISTRATION OF AN ADDRESS** Form **RA** — Page 1

NATURE

1- *Check one and fill in the corresponding section*

- **a** Registration of address for notification purposes
- **c** Registration of notice of address number following registration of the right in question
- **b** Change of name or of address for notification
- **d** Correction

See Instructions

BENEFICIARY

2- Surname	3- Given name	4- Date of birth
		Year Month Day

5- Name of organization or government agency

6- Address (no., street, municipality, province)	7- Postal code

OBJECT OF REGISTRATION

A- REGISTRATION OF ADDRESS FOR NOTIFICATION PURPOSES *Fill in the References section*

ADDRESS FOR NOTIFICATION

8- Address

	9- Postal code	10- Fax number

B- CHANGE OF NAME OR OF ADDRESS FOR NOTIFICATION

11- Notice of address number

Change of name *Fill in spaces 12, 13, 14, 16, 17, 18 or 15, 19*

Former name

12- Surname	13- Given name	14- Date of birth
		Year Month Day

15- Name of organization or government agency

New name

16- Surname	17- Given name	18- Date of birth
		Year Month Day

19- Name of organization or government agency

Change of address for notification *Fill in spaces 20 à 25*

Previous address

20- Address	21- Postal code	22- Fax number

New address

23- Address	24- Postal code	25- Fax number

C- REGISTRATION OF NOTICE OF ADDRESS NUMBER FOLLOWING REGISTRATION OF THE RIGHT IN QUESTION

26- Notice of address number   *Fill in the References section*

D- CORRECTION *Fill in a or b*

a- Of a registration number

27- Incorrect registration number
28- Correct registration number

29- Notice of address number in question

b- Of a notice of address number   *Fill in the References section*

30- Incorrect notice of address number   31- Correct notice of address number

REFERENCES

32- REGISTRATION NUMBER OR FORM NUMBER

①	②	③	④
⑤	⑥	⑦	⑧

If necessary, use Annex AI

SIGNATURE

The undersigned hereby requests that this notice be registered.

33- Name of person signing

Form no.

34- X _____
Signature

[O.C. 907-99, s. 6].

ANNEXE IX

(a. 23)

Registre
des droits personnels
et réels mobiliers
Québec ⬛⬛ ⬛⬛

RÉQUISITION D'INSCRIPTION
D'UNE RADIATION VOLONTAIRE
Formulaire **RV** — Page 1

1- TITULAIRE
Désigner la personne qui consent à la radiation.
- S'il y a lieu, expliquer le changement de titulaire et produire la pièce justificative requise.
- S'il y a représentation, indiquer le nom et la qualité du représentant de même que la nature de la pièce justificative en vertu de laquelle il agit.

Au besoin, utiliser l'annexe AG

2- CONSTITUANT
Indiquer le nom du constituant

Au besoin, utiliser l'annexe AG

Remplir les rubriques 3 et 4 ou 5 et 6

QUITTANCE TOTALE -Le titulaire avise l'officier de la publicité qu'il a été entièrement payé de toute la somme due en vertu de la créance garantie par le droit auquel il est fait référence ci-dessous et qu'en conséquence, il requiert la radiation des inscriptions suivantes :

3- Numéro ① ② ③   **4- Nature**

Au besoin, utiliser l'annexe AG

CONSENTEMENT À RADIATION - Le titulaire avise l'officier de la publicité qu'il consent, par la présente, à la radiation de l'inscription suivante :

5- Numéro ① ② ③   **6- Nature**

Au besoin, utiliser l'annexe AG

7- AUTRES MENTIONS

Au besoin, utiliser l'annexe AG

Le signataire requiert l'inscription du présent avis.
8- Nom et signature du signataire

PARTIES

OBJET DE LA RADIATION

SIGNATURE

[D. 907-99, a. 6].

SCHEDULE IX

(s. 23)

Gouvernement du Québec
Ministère de la Justice
Register of personal and movable real rights

APPLICATION FOR REGISTRATION
OF A VOLUNTARY CANCELLATION
Form RV — Page 1

PARTIES

1- HOLDER

Designate the person consenting to the cancellation.
- *if the holder has changed, explain the change and file the required supporting document.*
- *if the holder is represented, indicate the name and quality of the representative, as well as the nature of the document authorizing the representative to act.*

If necessary, use Annex AG

2- GRANTOR
State the grantor's name.

If necessary, use Annex AG

OBJECT OF CANCELLATION

Fill in spaces 3 and 4 or 5 and 6

TOTAL ACQUITTANCE – This holder hereby informs the registrar that any sum owing by virtue of the claim secured by the right referred to below has been paid to him in full and that, accordingly, he requests cancellation of the following registration(s) :

3- Entry number
① ② ③

4- Nature

If necessary, use Annex AG

CONSENT TO CANCELLATION – The holder hereby informs the registrar that he consents to the cancellation of the following registration(s) :

5- Entry number
① ② ③

6- Nature

If necessary, use Annex AG

7- OTHER PARTICULARS

If necessary, use Annex AG

SIGNATURE

The undersigned hereby requests that this notice be registered.
8- Name and signature of person signing

Form no.

[O.C. 907-99, s. 6].

ANNEXE X

(a. 23)

Registre
des droits personnels
et réels mobiliers
Québec 🔲🔲

RÉQUISITION D'INSCRIPTION
D'UNE RÉDUCTION VOLONTAIRE
Formulaire RE — Page 1

PARTIES

1- TITULAIRE
Désigner la personne qui consent à la réduction.
- S'il y a lieu, expliquer le changement de titulaire et produire la pièce justificative requise.
- S'il y a représentation, indiquer le nom et la qualité du représentant de même que la nature de la pièce justificative en vertu de laquelle il agit.

Au besoin, utiliser l'annexe AG

2- CONSTITUANT
Indiquer le nom du constituant

Au besoin, utiliser l'annexe AG

CONSENTEMENT À LA RÉDUCTION

3- LE TITULAIRE AVISE L'OFFICIER DE LA PUBLICITÉ QU'IL, CONSENT, PAR LA PRÉSENTE, À LA RÉDUCTION SUIVANTE:

Au besoin, utiliser l'annexe AG

Si la réduction porte sur un véhicule routier, le décrire ci-dessous
4- Catégorie   5- Numéro d'identification   6- Année   7- Description

Au besoin, utiliser l'annexe AV

Le signataire requiert l'inscription du présent avis.
8- Nom et signature du signataire

SIGNATURE

[D. 907-99, a. 6].

SCHEDULE X

(s. 23)

Gouvernement du Québec
Ministère de la Justice
Register of personal and movable real rights

APPLICATION FOR REGISTRATION
OF A VOLUNTARY REDUCTION
Form RE — Page 1

PARTIES

1- HOLDER
Designate the person consenting to the reduction.
- *If the holder has changed, explain the change and file the required supporting document.*
- *If the holder is represented, indicate the name and quality of the representative, as well as the nature of the document authorizing the representative to act.*

If necessary, use Annex AG

2- GRANTOR
State the grantor's name

If necessary, use Annex AG

CONSENT TO REDUCTION

3- THE HOLDER HEREBY INFORMS THE REGISTRAR THAT HE CONSENTS TO THE FOLLOWING REDUCTION:

If necessary, use Annex AG

If the reduction concerns a road vehicle, enter the description below

4- Class   **5- Identification number**   **6- Year**   **7- Description**
①

If necessary, use Annex AV

SIGNATURES

The undersigned hereby requests that this notice be registered.

8- Name and signature of person signing

Form no.

· RE 171-N1 (01)

[O.C. 907-99, s. 6].

1249

ANNEXE XI

(a. 23)

[D. 907-99, a. 6].

SCHEDULE XI

(s. 23)

Gouvernement du Québec
Ministère de la Justice
Register of personal and movable
real rights

**APPLICATION FOR REGISTRATION OF A REDUCTION
OR CANCELLATION ORDERED BY JUDGMENT**

Form **RJ** — Page 1

REFERENCE TO JUDGMENT

1- Name and quality of parties

If necessary, use Annex AG

2- Date of judgment
3- Court
4- Judicial district
5- Court record number

6- CONCLUSIONS OF JUDGMENT

The undersigned hereby notifies the registrar that the conclusions of the judgment designated above are as follows:

OBJECT OF REGISTRATION

If necessary, use Annex AG

The undersigned hereby requests that this notice be registered.

7- Name of person signing

Form no.

SIGNATURE

8- X

Signature

[O.C. 907-99, s. 6].

ANNEXE XII

(a. 23)

Registre
des droits personnels
et réels mobiliers
Québec 🔲🔲

RÉQUISITION D'INSCRIPTION
D'UNE REDUCTION OU
D'UNE RADIATION LÉGALE
Formulaire RL — Page 1

NATURE

1- *Cocher une seule case*
RÉDUCTION OU RADIATION LÉGALE
a ☐ d'un droit viager et de l'hypothèque qui le garantit à la suite du décès du bénéficiaire (art. 3067 C.c.Q.)
b ☐ à la suite d'une prise en paiement (art. 3069 al.1 C.c.Q.)
c ☐ à la suite d'une vente par un créancier (art. 3069 al.1 C.c.Q.)
d ☐ à la suite d'une vente sous contrôle de justice (art. 3069 al.1 C.c.Q.)
e ☐ à la suite d'une vente forcée (art. 3069 al.1 C.c.Q. et 911.1 C.p.c.)
f ☐ Autre, préciser

PARTIES

① *Consulter les directives*
2- Cocher une seule case   a ☐ Titulaire b ☐ Constituant c ☐ Autre, préciser
3- Nom   4- Prénom   5- Date de naissance
                                                                                                    Année Mois Jour
6- Nom de l'organisme

7- Adresse (numéro, rue, ville, province)   8- Code postal

② *Consulter les directives*
9- Cocher une seule case   a ☐ Titulaire b ☐ Constituant c ☐ Autre, préciser
10- Nom   11- Prénom   12- Date de naissance
                                                                                                    Année Mois Jour
13- Nom de l'organisme

14- Adresse (numéro, rue, ville, province)   15- Code postal

Au besoin, utiliser les annexes AP ou AD

OBJET DE L'INSCRIPTION

16- LE SIGNATAIRE AVISE L'OFFICIER DE LA PUBLICITÉ DE CE QUI SUIT :   Relater les événements, les documents et tout fait pertinent qui permettent la réduction ou la radiation légale. Faire référence aux inscriptions et décrire, s'il y a lieu, les biens visés par la présente.

Au besoin, utiliser l'annexe AG

SIGNATURE

Le signataire requiert l'inscription du présent avis.
17- Nom du signataire

18- X _____
              Signature

[D. 907-99, a. 6].

SCHEDULE XII
(s. 23)

Gouvernement du Québec
Ministère de la Justice
**Register of personal and movable
real rights**

**APPLICATION FOR REGISTRATION
OF A LEGAL REDUCTION OR CANCELLATION**

Form RL — Page 1

NATURE

1- Check one

LEGAL REDUCTION OR CANCELLATION:

a   of a right ending at death and of the hypothec securing it following the death of the beneficiary (C.C.Q., art. 3067)
b   following a taking in payment (C.C.Q., art. 3069, par. 1)
c   following a sale by a creditor (C.C.Q., art. 3069, par. 1)
d   following a sale by judicial authority (C.C.Q., art. 3069, par. 1)
e   following a forced sale (C.C.Q., art. 3069, par. 1, and C.C.P., art. 611.1)
f   Other (specify)

PARTIES

① See instructions

3- Check one   a Holder   b Grantor   c Other (specify)
3- Surname   4- Given name
5- Date of birth   Year Month Day

6- Name of organization or government agency

7- Address (no., street, municipality, province)
8- Postal code

② See instructions

9- Check one   a Holder   b Grantor   c Other (specify)
10- Surname   11- Given name
12- Date of birth   Year Month Day

13- Name of organization or government agency

14- Address (no., street, municipality, province)
15- Code postal

If necessary, use Annex AP or AD

OBJECT OF REGISTRATION

16- THE UNDERSIGNED HEREBY NOTIFIES THE REGISTRAR THAT: Describe the events, documents and all relevant facts warranting a legal reduction or cancellation. Give references for the registered entries and, where applicable, describe the property in respect of which this application is being filed.

If necessary, use Annex AG

SIGNATURE

The undersigned hereby requests that this notice be registered

17- Name of person signing

Form no.

18- X
Signature

[O.C. 907-99, s. 6].

1253

ANNEXE XIII

(a. 23)

Registre des droits personnels et réels mobiliers
Québec

ANNEXE PARTIES
Formulaire AP

Indiquer le numéro de formulaire de la première page de la réquisition	Paginer l'annexe selon son ordre de présentation dans la réquisition

③ Consulter les directives

2- N° d'avis d'adresse

1- *Cocher une seule case* a ☐ Titulaire b ☐ Constituant c ☐ Autre, préciser

3- Nom   4- Prénom   5- Date de naissance

Année Mois Jour

6- Nom de l'organisme

7- Adresse (numéro, rue, ville, province)   8- Code postal

9- Représenté par   10- En qualité de

S'il y a lieu, cocher ☐ état certifié des droits, expédié aussi par ☐ télécopieur ☐ messagerie électronique

④ Consulter les directives

2- N° d'avis d'adresse

1- *Cocher une seule case* a ☐ Titulaire b ☐ Constituant c ☐ Autre, préciser

3- Nom   4- Prénom   5- Date de naissance

Année Mois Jour

6- Nom de l'organisme

7- Adresse (numéro, rue, ville, province)   8- Code postal

9- Représenté par   10- En qualité de

S'il y a lieu, cocher ☐ état certifié des droits, expédié aussi par ☐ télécopieur ☐ messagerie électronique

⑤ Consulter les directives

2- N° d'avis d'adresse

1- *Cocher une seule case* a ☐ Titulaire b ☐ Constituant c ☐ Autre, préciser

3- Nom   4- Prénom   5- Date de naissance

Année Mois Jour

6- Nom de l'organisme

7- Adresse (numéro, rue, ville, province)   8- Code postal

9- Représenté par   10- En qualité de

S'il y a lieu, cocher ☐ état certifié des droits, expédié aussi par ☐ télécopieur ☐ messagerie électronique

⑥ Consulter les directives

2- N° d'avis d'adresse

1- *Cocher une seule case* a ☐ Titulaire b ☐ Constituant c ☐ Autre, préciser

3- Nom   4- Prénom   5- Date de naissance

Année Mois Jour

6- Nom de l'organisme

7- Adresse (numéro, rue, ville, province)   8- Code postal

9- Représenté par   10- En qualité de

S'il y a lieu, cocher ☐ état certifié des droits, expédié aussi par ☐ télécopieur ☐ messagerie électronique

⑦ Consulter les directives

2- N° d'avis d'adresse

1- *Cocher une seule case* a ☐ Titulaire b ☐ Constituant c ☐ Autre, préciser

3- Nom   4- Prénom   5- Date de naissance

Année Mois Jour

6- Nom de l'organisme

7- Adresse (numéro, rue, ville, province)   8- Code postal

9- Représenté par   10- En qualité de

S'il y a lieu, cocher ☐ état certifié des droits, expédié aussi par ☐ télécopieur ☐ messagerie électronique

[D. 907-99, a. 6].

Schedule XIII

(s. 23)

Gouvernement du Québec
Ministère de la Justice
Register of personal and movable real rights

ANNEX: PARTIES

Form **AP**

Enter the form number of the first page of the application.	Number the annex in the order in which it appears on the application form.

③ See instructions

1- Check one   a   Holder   b   Grantor   c   Other (specify)

2- Notice of address number

3- Surname   4- Given name

5- Date of birth   Year   Month   Day

6- Name of organization or government agency

7- Address (no., street, municipality, province)   8- Postal code

9- Represented by   10- Quality of representative

Where applicable, check ☐ certified statement of rights, also sent by ☐ fax ☐ e-mail

---

④ See instructions

1- Check one   a   Holder   b   Grantor   c   Other (specify)

2- Notice of address number

3- Surname   4- Given name

5- Date of birth   Year   Month   Day

6- Name of organization or government agency

7- Address (no., street, municipality, province)   8- Postal code

9- Represented by   10- Quality of representative

Where applicable, check ☐ certified statement of rights, also sent by ☐ fax ☐ e-mail

---

⑤ See instructions

1- Check one   a   Holder   b   Grantor   c   Other (specify)

2- Notice of address number

3- Surname   4- Given name

5- Date of birth   Year   Month   Day

6- Name of organization or government agency

7- Address (no., street, municipality, province)   8- Postal code

9- Represented by   10- Quality of representative

Where applicable, check ☐ certified statement of rights, also sent by ☐ fax ☐ e-mail

---

⑥ See instructions

1- Check one   a   Holder   b   Grantor   c   Other (specify)

2- Notice of address number

3- Surname   4- Given name

5- Date of birth   Year   Month   Day

6- Name of organization or government agency

7- Address (no., street, municipality, province)   8- Postal code

9- Represented by   10- Quality of representative

Where applicable, check ☐ certified statement of rights, also sent by ☐ fax ☐ e-mail

---

⑦ See instructions

1- Check one   a   Holder   b   Grantor   c   Other (specify)

2- Notice of address number

3- Surname   4- Given name

5- Date of birth   Year   Month   Day

6- Name of organization or government agency

7- Address (no., street, municipality, province)   8- Postal code

9- Represented by   10- Quality of representative

Where applicable, check ☐ certified statement of rights, also sent by ☐ fax ☐ e-mail

Form no.

[O.C. 907-99, s. 6].

ANNEXE XIV

(a. 23)

---

*Registre
des droits personnels
et réels mobiliers*
Québec 🏛️🏛️

ANNEXE DÉNOMINATION
Formulaire AD

Indiquer le numéro de formulaire de la première page de la réquisition [ ]	Paginer l'annexe selon son ordre de présentation dans la réquisition [ ]

① IDENTIFICATION DE LA DÉNOMINATION (NOM D'EMPRUNT)

1- Cocher *une seule case* a ☐ Titulaire b ☐ Constituant c ☐ Autre, préciser [_____]

2- Dénomination

[_____]

3- Adresse (numéro, rue, ville, province) 4- Code postal

S'il y a lieu, cocher ☐ état certifié des droits, expédié aussi par ☐ télécopieur ☐ messagerie électronique

NOM DES PERSONNES AGISSANT SOUS CETTE DÉNOMINATION (CE NOM D'EMPRUNT)

④ *Consulter les directives* 5- N° d'avis d'adresse [ ]

6- Nom 7- Prénom 8- Date de naissance
                                        Année Mois Jour

9- Nom de l'organisme

10- Adresse (numéro, rue, ville, province) 11- Code postal

S'il y a lieu, cocher ☐ état certifié des droits, expédié aussi par ☐ télécopieur ☐ messagerie électronique

⑤ *Consulter les directives* 5- N° d'avis d'adresse [ ]

6- Nom 7- Prénom 8- Date de naissance
                                        Année Mois Jour

9- Nom de l'organisme

10- Adresse (numéro, rue, ville, province) 11- Code postal

S'il y a lieu, cocher ☐ état certifié des droits, expédié aussi par ☐ télécopieur ☐ messagerie électronique

⑥ *Consulter les directives* 5- N° d'avis d'adresse [ ]

6- Nom 7- Prénom 8- Date de naissance
                                        Année Mois Jour

9- Nom de l'organisme

10- Adresse (numéro, rue, ville, province) 11- Code postal

S'il y a lieu, cocher ☐ état certifié des droits, expédié aussi par ☐ télécopieur ☐ messagerie électronique

⑦ *Consulter les directives* 5- N° d'avis d'adresse [ ]

6- Nom 7- Prénom 8- Date de naissance
                                        Année Mois Jour

9- Nom de l'organisme

10- Adresse (numéro, rue, ville, province) 11- Code postal

S'il y a lieu, cocher ☐ état certifié des droits, expédié aussi par ☐ télécopieur ☐ messagerie électronique

⑧ *Consulter les directives* 5- N° d'avis d'adresse [ ]

6- Nom 7- Prénom 8- Date de naissance
                                        Année Mois Jour

9- Nom de l'organisme

10- Adresse (numéro, rue, ville, province) 11- Code postal

S'il y a lieu, cocher ☐ état certifié des droits, expédié aussi par ☐ télécopieur ☐ messagerie électronique

[D. 907-99, a. 6].

SCHEDULE XIV
(s. 23)

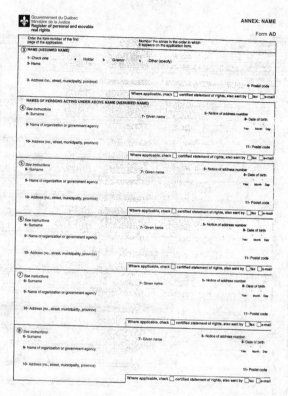

[O.C. 907-99, s. 6].

ANNEXE XV

(a. 23)

Registre des droits personnels et réels mobiliers
Québec

ANNEXE DESCRIPTION DES VÉHICULES ROUTIERS
Formulaire AV

Indiquer le numéro de formulaire de la première page de la réquisition ☐ Paginer l'annexe selon son ordre de présentation dans la réquisition ☐

VÉHICULES ROUTIERS

	1- Catégorie	2- Numéro d'identification	3- Année	4- Description
②	☐	☐	☐	☐ S'il y a lieu, cocher ☐ état certifié des droits, expédié aussi par ☐ télécopieur ☐ messagerie électronique
③	☐	☐	☐	☐ S'il y a lieu, cocher ☐ état certifié des droits, expédié aussi par ☐ télécopieur ☐ messagerie électronique
④	☐	☐	☐	☐ S'il y a lieu, cocher ☐ état certifié des droits, expédié aussi par ☐ télécopieur ☐ messagerie électronique
⑤	☐	☐	☐	☐ S'il y a lieu, cocher ☐ état certifié des droits, expédié aussi par ☐ télécopieur ☐ messagerie électronique
⑥	☐	☐	☐	☐ S'il y a lieu, cocher ☐ état certifié des droits, expédié aussi par ☐ télécopieur ☐ messagerie électronique
⑦	☐	☐	☐	☐ S'il y a lieu, cocher ☐ état certifié des droits, expédié aussi par ☐ télécopieur ☐ messagerie électronique
⑧	☐	☐	☐	☐ S'il y a lieu, cocher ☐ état certifié des droits, expédié aussi par ☐ télécopieur ☐ messagerie électronique
⑨	☐	☐	☐	☐ S'il y a lieu, cocher ☐ état certifié des droits, expédié aussi par ☐ télécopieur ☐ messagerie électronique
⑩	☐	☐	☐	☐ S'il y a lieu, cocher ☐ état certifié des droits, expédié aussi par ☐ télécopieur ☐ messagerie électronique
⑪	☐	☐	☐	☐ S'il y a lieu, cocher ☐ état certifié des droits, expédié aussi par ☐ télécopieur ☐ messagerie électronique
⑫	☐	☐	☐	☐ S'il y a lieu, cocher ☐ état certifié des droits, expédié aussi par ☐ télécopieur ☐ messagerie électronique
⑬	☐	☐	☐	☐ S'il y a lieu, cocher ☐ état certifié des droits, expédié aussi par ☐ télécopieur ☐ messagerie électronique
⑭	☐	☐	☐	☐ S'il y a lieu, cocher ☐ état certifié des droits, expédié aussi par ☐ télécopieur ☐ messagerie électronique
⑮	☐	☐	☐	☐ S'il y a lieu, cocher ☐ état certifié des droits, expédié aussi par ☐ télécopieur ☐ messagerie électronique
⑯	☐	☐	☐	☐ S'il y a lieu, cocher ☐ état certifié des droits, expédié aussi par ☐ télécopieur ☐ messagerie électronique
⑰	☐	☐	☐	☐ S'il y a lieu, cocher ☐ état certifié des droits, expédié aussi par ☐ télécopieur ☐ messagerie électronique
⑱	☐	☐	☐	☐ S'il y a lieu, cocher ☐ état certifié des droits, expédié aussi par ☐ télécopieur ☐ messagerie électronique
⑲	☐	☐	☐	☐ S'il y a lieu, cocher ☐ état certifié des droits, expédié aussi par ☐ télécopieur ☐ messagerie électronique
⑳	☐	☐	☐	☐ S'il y a lieu, cocher ☐ état certifié des droits, expédié aussi par ☐ télécopieur ☐ messagerie électronique
㉑	☐	☐	☐	☐ S'il y a lieu, cocher ☐ état certifié des droits, expédié aussi par ☐ télécopieur ☐ messagerie électronique
㉒	☐	☐	☐	☐ S'il y a lieu, cocher ☐ état certifié des droits, expédié aussi par ☐ télécopieur ☐ messagerie électronique

[D. 907-99, a. 6].

SCHEDULE XV

(s. 23)

Gouvernement du Québec
Ministère de la Justice
Register of personal and movable real rights

ANNEX
DESCRIPTION OF ROAD VEHICLES
Form **AV**

| Enter the form no. of the first page of the application. | Number the annex in the order in which it appears on the application form. |

ROAD VEHICLES

1- Class 2- Identification number 3- Year 4- Description

②

③ Where applicable, check ☐ certified statement of rights, also sent by ☐ fax ☐ e-mail

④ Where applicable, check ☐ certified statement of rights, also sent by ☐ fax ☐ e-mail

⑤ Where applicable, check ☐ certified statement of rights, also sent by ☐ fax ☐ e-mail

⑥ Where applicable, check ☐ certified statement of rights, also sent by ☐ fax ☐ e-mail

⑦ Where applicable, check ☐ certified statement of rights, also sent by ☐ fax ☐ e-mail

⑧ Where applicable, check ☐ certified statement of rights, also sent by ☐ fax ☐ e-mail

⑨ Where applicable, check ☐ certified statement of rights, also sent by ☐ fax ☐ e-mail

⑩ Where applicable, check ☐ certified statement of rights, also sent by ☐ fax ☐ e-mail

⑪ Where applicable, check ☐ certified statement of rights, also sent by ☐ fax ☐ e-mail

⑫ Where applicable, check ☐ certified statement of rights, also sent by ☐ fax ☐ e-mail

⑬ Where applicable, check ☐ certified statement of rights, also sent by ☐ fax ☐ e-mail

⑭ Where applicable, check ☐ certified statement of rights, also sent by ☐ fax ☐ e-mail

⑮ Where applicable, check ☐ certified statement of rights, also sent by ☐ fax ☐ e-mail

⑯ Where applicable, check ☐ certified statement of rights, also sent by ☐ fax ☐ e-mail

⑰ Where applicable, check ☐ certified statement of rights, also sent by ☐ fax ☐ e-mail

⑱ Where applicable, check ☐ certified statement of rights, also sent by ☐ fax ☐ e-mail

⑲ Where applicable, check ☐ certified statement of rights, also sent by ☐ fax ☐ e-mail

⑳ Where applicable, check ☐ certified statement of rights, also sent by ☐ fax ☐ e-mail

㉑ Where applicable, check ☐ certified statement of rights, also sent by ☐ fax ☐ e-mail

㉒ Where applicable, check ☐ certified statement of rights, also sent by ☐ fax ☐ e-mail

Where applicable, check ☐ certified statement of rights, also sent by ☐ fax ☐ e-mail

Form no.

[O.C. 907-99, s. 6].

ANNEXE XVI

(a. 23)

Registre
des droits personnels
et réels mobiliers
Québec

ANNEXE GÉNÉRALE
Formulaire AG

Indiquer le numéro de formulaire
de la première page de la réquisition

Paginer l'annexe selon son ordre
de présentation dans la réquisition

Utiliser la présente annexe lorsque l'espace prévu aux rubriques «Autres biens», «Objet de la modification», «Objet de la rectification» ou «Autres mentions» est insuffisant ou encore pour compléter l'information d'une rubrique dans une réquisition d'inscription de réduction ou de radiation lorsque aucune autre annexe n'est prévue. Dans ces cas, indiquer, dans la colonne de gauche, le numéro de la rubrique du formulaire auquel la présente annexe se rattache si dont l'information est complétée. Si une rubrique autre que celles identifiées ci-dessus est complétée sur la présente annexe, indiquer, dans la colonne de gauche, le numéro de la rubrique «Autres mentions» du formulaire auquel la présente annexe se rattache.

Numéro
de la
rubrique
complétée

Note : laisser un espace entre chaque rubrique.

[D. 907-99, a. 6].

1260

SCHEDULE XVI
(s. 23)

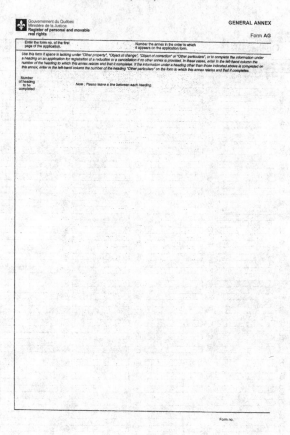

Gouvernement du Québec
Ministère de la Justice
Register of personal and movable real rights

GENERAL ANNEX

Form AG

Enter the form no. of the first page of the application.

Number the annex in the order in which it appears on the application form.

Use this form if space is lacking under "Other property", "Object of change", "Object of correction" or "Other particulars", or to complete the information under a heading on an application for registration of a reduction or a cancellation if no other annex is provided. In these cases, enter in the left-hand column the number of the heading to which this annex relates and that it completes. If the information under a heading other than those indicated above is completed on this annex, enter in the left-hand column the number of the heading "Other particulars" on the form to which this annex relates and that it completes.

Number of heading to be completed

Note : Please leave a line between each heading.

Form no.

[O.C. 907-99, s. 6].

ANNEXE XVII
(a. 23)

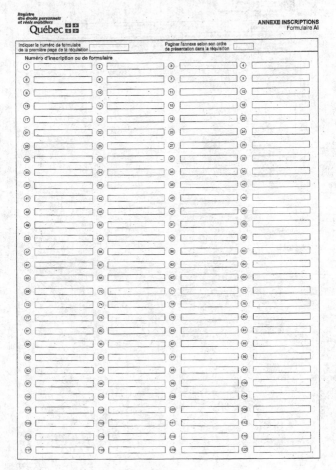

[D. 907-99, a. 6].

Règlement sur la publicité foncière,

D. 1067-2001, (2001) 133 G.O. II, 6345 [CCQ, r. 6], tel que modifié par L.Q. 2004, c. 25

Code civil du Québec, 1991, c. 64, a. 3024
Loi sur les bureaux de la publicité des droits, chapitre B-9, a. 5

Regulation respecting Land Registration,

O.C. 1067-2001, (2001) 133 *G.O.* II, 4989 [CCQ, r. 6], as amended by S.Q. 2004, c.25

Civil Code of Québec, 1991, c. 64, s. 3024
An Act respecting Registry Offices, chapter B-9, s. 5

Chapitre Premier — Des registres de la publicité foncière

Section I — Dispositions générales

1. Sont tenus au Bureau de la publicité foncière, pour chacune des circonscriptions foncières du Québec et comme faisant partie du registre foncier, les registres suivants:

1° un index des immeubles;

2° un registre des droits réels d'exploitation de ressources de l'État;

3° un registre des réseaux de services publics et des immeubles situés en territoire non cadastré;

4° un index des noms.

Les registres qui suivent sont également tenus au Bureau de la publicité foncière:

Chapter One — Registers

Section I — General

1. The following registers shall be kept in the Land Registry Office for every Québec registration division and as part of the land register:

(1) an index of immovables;

(2) a register of real rights of State resource development;

(3) a register of public service networks and immovables situated in territory without a cadastral survey; and

(4) an index of names.

The following registers shall also be kept in the Land Registry Office:

1° un répertoire des titulaires de droits réels, pour chacune des circonscriptions foncières du Québec;

(1) a directory of holders of real rights, for every Québec registration division;

2° un registre des mentions;

(2) a register of mentions;

3° un livre de présentation;

(3) a book of presentation; and

4° un répertoire des adresses.

(4) a directory of addresses.

Les registres visés par le présent article sont tenus et conservés sur un support informatique.

Registers referred to in this section shall be kept on a computer system.

2. Il est tenu, dans chacun des bureaux de la publicité des droits établis pour les circonscriptions foncières de Montréal et de Laval, un registre complémentaire de l'index des noms microfilmé ou microfiché.

2. In each registry office established for the registration divisions of Montréal and Laval, a register complementary to the index of names in the form of microfilms or microfiches shall be kept.

Ce registre est tenu et conservé sur un support papier.

That register shall be kept in paper form.

3. Les fiches établies conformément aux règles du présent chapitre n'ont pas à être signées par l'officier de la publicité des droits.

3. Files opened in accordance with the rules of this Chapter do not need to be signed by the registrar.

SECTION II — DE L'INDEX DES IMMEUBLES

SECTION II — INDEX OF IMMOVABLES

4. Chaque fiche immobilière comprise dans un index des immeubles comporte un en-tête dans lequel sont portés, outre le nom de cet index, les renseignements suivants:

4. Each land file contained in an index of immovables comprises a heading in which the following information is recorded in addition to the name of the index:

1° le nom de la circonscription foncière et du cadastre dans lesquels est situé l'immeuble faisant l'objet de la fiche;

(1) the name of the registration division and of the cadastre in which the immovable that is the subject of the file is situated;

2° le numéro du lot marqué sur le plan cadastral auquel la fiche se rapporte;

(2) the lot number on the cadastral plan to which the file relates;

3° la date d'établissement de la fiche;

(3) the date the file was opened

4° l'indication du plan cadastral en vertu duquel la fiche est établie;

(4) the cadastral plan under which the file was opened;

5° la concordance, le cas échéant, entre l'ancien numéro de lot ou l'ancien numéro

(5) the correspondence, if any, between the former lot number or the former serial

d'ordre de la fiche immobilière et le numéro de lot nouveau;

6° la date, l'heure et la minute des dernières mises à jour des inscriptions de droits et des indications de radiation ou de réduction faites sur la fiche.

5. La fiche immobilière doit permettre d'y porter, à la suite de l'en-tête, les renseignements suivants:

1° la date de présentation des réquisitions d'inscription de droits se rapportant à l'immeuble qui fait l'objet de la fiche et le numéro d'inscription de ces réquisitions;

2° l'indication sommaire de la nature des documents présentés à l'officier de la publicité des droits, ainsi que le nom et la qualité des titulaires et constituants de droits qui y sont désignés;

3° le numéro d'inscription des avis d'adresse donnés relativement à l'immeuble qui fait l'objet de la fiche;

4° les indications de radiation ou de réduction se rapportant aux inscriptions faites sur la fiche;

5° toute remarque jugée pertinente par l'officier de la publicité des droits.

6. Nonobstant l'article 4, les renseignements visés aux paragraphes 3°, 4° et 5° du même article ne sont portés dans l'en-tête de la fiche immobilière que si celle-ci est établie postérieurement à la date fixée dans l'avis du ministre des Ressources naturelles et de la Faune indiquant que le bureau de la publicité des droits de la circonscription foncière dans laquelle est situé l'immeuble qui fait l'objet de la fiche est pleinement informatisé en ce qui a trait à la publicité foncière ou, dans les cas où l'immeuble qui fait l'objet de cette fiche est situé dans les circonscriptions foncières de Montréal et de Laval, postérieurement au 1er septembre 1980 et au 1er août 1980 respectivement.

Si la fiche a été établie antérieurement à cette date, les renseignements visés sont portés à la fin de la fiche qui la reproduit

number of the land file and the new lot number; and

(6) the date, hour and minute of the last updates of the registrations of rights and the indication that cancellations or reductions were made on the file.

5. A land file must allow the addition of the following information after the heading:

(1) the date of presentation of the applications for registration of rights relating to the immovable that is the subject of the file and the registration numbers of the applications;

(2) a brief statement of the nature of the documents presented to the registrar and the name and quality of the holders and grantors of rights designated therein;

(3) the registration numbers of notices of addresses given with respect to the immovable that is the subject of the file;

(4) the indication that cancellations or reductions were made with respect to entries on the file; and

(5) any comment considered relevant by the registrar.

6. Notwithstanding section 4, the information referred to in paragraphs 3, 4 and 5 of the same section shall be recorded in the heading of the land file only if the file is opened after the date fixed in the notice of the Minister of Natural Resources and Wildlife stating that the registry office of the registration division in which the immovable that is the subject of the file is situated is fully computerized for land registration purposes or, where the immovable that is the subject of the file is situated in the registration division of Montréal or Laval, after 1 September 1980 and 1 August 1980, respectively.

If the file was opened before that date, the information in question shall be recorded at the end of the file that reproduces it pur-

en application d'un arrêté ministériel pris en vertu de l'article 3 de la *Loi sur les bureaux de la publicité des droits* (chapitre B-9), dans une section distincte réservée, d'une part, à la reproduction de la fiche et, d'autre part, aux inscriptions, mentions ou indications relatives à cette fiche.

7. Chaque fiche immobilière comprise dans un registre des droits réels d'exploitation de ressources de l'État comporte un en-tête dans lequel sont portés, outre le nom de ce registre, les renseignements suivants:

1° le nom de la circonscription foncière dans laquelle est situé l'immeuble sur lequel s'exerce le droit réel faisant l'objet de la fiche;

2° le numéro d'ordre de la fiche;

3° la date d'établissement de la fiche;

4° la nature du droit réel visé;

5° la concordance, le cas échéant, entre l'ancien numéro d'ordre de la fiche et son nouveau numéro d'ordre;

6° la concordance, le cas échéant, entre cette fiche et la fiche établie, relativement à l'immeuble sur lequel s'exerce le droit réel, à l'index des immeubles ou au registre des réseaux de services publics et des immeubles situés en territoire non cadastré;

7° la date, l'heure et la minute des dernières mises à jour des inscriptions de droits et des indications de radiation ou de réduction faites sur la fiche.

8. La fiche immobilière doit permettre d'y porter, à la suite de l'en-tête, les renseignements suivants:

1° la date de présentation des réquisitions d'inscription de droits se rapportant au

suant to a ministerial order under section 3 of the *Act respecting registry offices* (chapter B-9), in a distinct section reserved, on the one hand, for the reproduction of the file and, on the other hand, for entries, mentions or indications related to that file.

7. Every land file contained in a register of real rights of State resource development comprises a heading in which the following information is recorded in addition to the name of the register:

(1) the name of the registration division in which the real right that is the subject of the file is exercised;

(2) the serial number of the file;

(3) the date the file was opened;

(4) the nature of the real right in question;

(5) the correspondence, if any, between the former serial number of the file and its new serial number;

(6) the correspondence, if any, between that file and the file that was opened, relating to the immovable on which the real right is exercised in the index of immovables or in the register of public service networks and immovables situated in territory without a cadastral survey; and

(7) the date, hour and minute of the last updates of the registrations of rights and the indication that cancellations or reductions were made on the file.

8. A land file must allow the addition of the following information after the heading:

(1) the date of presentation of the applications for registration of rights relating to

droit réel qui fait l'objet de la fiche et le numéro d'inscription de ces réquisitions;

2° l'indication sommaire de la nature des documents présentés à l'officier de la publicité des droits, ainsi que le nom et la qualité des titulaires et constituants de droits qui y sont désignés;

3° le numéro d'inscription des avis d'adresse donnés relativement au droit réel qui fait l'objet de la fiche;

4° les indications de radiation ou de réduction se rapportant aux inscriptions faites sur la fiche;

5° toute remarque jugée pertinente par l'officier de la publicité des droits.

9. Nonobstant l'article 7, les renseignements visés aux paragraphes 3°, 4°, 5° et 6° du même article ne sont portés dans l'en-tête de la fiche immobilière que si celle-ci est établie postérieurement à la date fixée dans l'avis du ministre des Ressources naturelles et de la Faune indiquant que le bureau de la publicité des droits de la circonscription foncière dans laquelle est situé l'immeuble sur lequel s'exerce le droit réel qui fait l'objet de la fiche est pleinement informatisé en ce qui a trait à la publicité foncière.

Si la fiche a été établie antérieurement à cette date, les renseignements visés sont portés à la fin de la fiche qui la reproduit en application d'un arrêté ministériel pris en vertu de l'article 3 de la *Loi sur les bureaux de la publicité des droits* (chapitre B-9), dans une section distincte réservée, d'une part, à la reproduction de la fiche et, d'autre part, aux inscriptions, mentions ou indications relatives à cette fiche.

10. La numérotation des fiches immobilières comprises dans un registre des droits réels d'exploitation de ressources de l'État se fait par l'attribution d'un numéro composé, dans l'ordre, des éléments suivants qu'un tiret sépare les uns des autres:

1° le code de la circonscription foncière tel qu'établi au répertoire des codes de cadas-

the real right that is the subject of the file and the registration numbers of the applications;

(2) a brief statement of the nature of the documents presented to the registrar and the name and quality of the holders and grantors of rights designated therein;

(3) the registration numbers of notices of addresses given with respect to the real right that was the subject of the file;

(4) the indication that cancellations or reductions were made with respect to entries on the file; and

(5) any comment considered relevant by the registrar.

9. Notwithstanding section 7, the information referred to in paragraphs 3, 4, 5 and 6 of the same section shall be recorded in the heading of the land file only if the file is opened after the date fixed in the notice of the Minister of Natural Resources and Wildlife stating that the registry office of the registration division, in which the immovable on which the right is exercised and that is the subject of the file is situated, is fully computerized for land registration purposes.

If the file was opened before that date, the information in question shall be recorded at the end of the file that reproduces it pursuant to a ministerial order under section 3 of the *Act respecting registry offices* (chapter B-9), in a distinct section reserved, on the one hand, for the reproduction of the file and, on the other hand, for entries, mentions or indications related to that file.

10. The land files contained in a register of real rights of State resource development shall be assigned a number composed of the following elements, separated by a dash:

(1) the code of the registration division, as recorded in the directory of cadastre codes

tre tenu au ministère des Ressources naturelles et de la Faune;

2° la lettre *A*;

3° un nombre d'une même série consécutive commençant par le chiffre 1.

11. Chaque fiche immobilière comprise dans un registre des réseaux de services publics et des immeubles situés en territoire non cadastré comporte un en-tête dans lequel sont portés, outre le nom de ce registre, les renseignements suivants:

1° le nom de la circonscription foncière dans laquelle est situé le réseau ou l'immeuble;

2° le numéro d'ordre de la fiche;

3° la date d'établissement de la fiche;

4° la nature générale du réseau ou le lieu où se trouve l'immeuble;

5° la concordance, le cas échéant, entre l'ancien numéro d'ordre de la fiche et son nouveau numéro d'ordre;

6° la date, l'heure et la minute des dernières mises à jour des inscriptions de droits et des indications de radiation ou de réduction faites sur la fiche.

12. La fiche immobilière doit permettre d'y porter, à la suite de l'en-tête, les renseignements suivants:

1° la date de présentation des réquisitions d'inscription de droits se rapportant au réseau ou à l'immeuble qui fait l'objet de la fiche et le numéro d'inscription de ces réquisitions;

2° l'indication sommaire de la nature des documents présentés à l'officier de la publicité des droits, ainsi que le nom et la qualité des titulaires et constituants de droits qui y sont désignés;

---

kept at the Ministère des Ressources naturelles et de la Faune;

(2) the letter A; and

(3) a number in a single consecutive series beginning with 1.

11. Each land file contained in a register of public service networks and immovables situated in territory without a cadastral survey comprises a heading in which the following information is recorded in addition to the name of the register:

(1) the name of the registration division in which the network or the immovable is situated;

(2) the serial number of the file;

(3) the date the file was opened;

(4) the general nature of the network or the place where the immovable is situated;

(5) the correspondence, if any, between the former serial number of the file and its new serial number; and

(6) the date, hour and minute of the last updates of the registrations of rights and the indication that cancellations or reductions were made on the file.

12. A land file must allow the addition of the following information after the heading:

(1) the date of presentation of the applications for registration of rights relating to the network or the immovable in respect of which the file was opened and the registration numbers of the applications;

(2) a brief statement of the nature of the documents presented to the registrar and the name and quality of the holders and grantors of rights designated therein;

3° le numéro d'inscription des avis d'adresse donnés relativement au réseau ou à l'immeuble qui fait l'objet de la fiche;

4° les indications de radiation ou de réduction se rapportant aux inscriptions faites sur la fiche;

5° toute remarque jugée pertinente par l'officier de la publicité des droits.

13. Nonobstant l'article 11, les renseignements visés aux paragraphes 3°, 4° et 5° du même article ne sont portés dans l'en-tête de la fiche immobilière que si celle-ci est établie postérieurement à la date fixée dans l'avis du ministre des Ressources naturelles et de la Faune indiquant que le bureau de la publicité des droits de la circonscription foncière dans laquelle est situé le réseau ou l'immeuble qui fait l'objet de la fiche est pleinement informatisé en ce qui a trait à la publicité foncière.

Si la fiche a été établie antérieurement à cette date, les renseignements visés sont portés à la fin de la fiche qui la reproduit en application d'un arrêté ministériel pris en vertu de l'article 3 de la *Loi sur les bureaux de la publicité des droits* (chapitre B-9), dans une section distincte réservée, d'une part, à la reproduction de la fiche et, d'autre part, aux inscriptions, mentions ou indications relatives à cette fiche.

14. La numérotation des fiches immobilières comprises dans un registre des réseaux de services publics et des immeubles situés en territoire non cadastré se fait par l'attribution d'un numéro composé, dans l'ordre, des éléments suivants qu'un tiret sépare les uns des autres:

1° le code de la circonscription foncière tel qu'établi au répertoire des codes de cadastre tenu au ministère des Ressources naturelles et de la Faune;

2° la lettre *B*;

3° un nombre d'une même série consécutive commençant par le chiffre 1.

(3) the registration numbers of notices of addresses given with respect to the network or the immovable in respect of which the file was opened;

(4) the indication that cancellations or reductions were made with respect to entries on the file; and

(5) any comment considered relevant by the registrar.

13. Notwithstanding section 11, the information referred to in paragraphs 3, 4 and 5 of the same section shall be recorded in the heading of the land file only if the file is opened after the date fixed in the notice of the Minister of Natural Resources and Wildlife stating that the registry office of the registration division, in which the network or immovable that is the subject of the file is situated, is fully computerized for land registration purposes.

If the file was opened before that date, the information in question shall be recorded at the end of the file that reproduces it pursuant to a ministerial order under section 3 of the *Act respecting registry offices* (chapter B-9), in a distinct section reserved, on the one hand, for the reproduction of the file and, on the other hand, for entries, mentions or indications related to that file.

14. The land files contained in a register of public service networks and immovables situated in territory without a cadastral survey shall be assigned a number composed of the following elements, separated by a dash:

(1) the code of the registration division, as recorded in the directory of cadastre codes kept at the Ministère des Ressources naturelles et de la Faune;

(2) the letter B ; and

(3) a number in a single consecutive series beginning with 1.

15. Tout index des noms comprend autant de fiches qu'il y a de noms de titulaires et de constituants de droits désignés dans les réquisitions qui sont publiées à cet index relativement à des immeubles situés dans la circonscription foncière visée.

Les cas où plusieurs titulaires ou constituants de droits portent le même nom ne donnent lieu qu'à une seule fiche, établie sous ce nom commun.

16. Chaque fiche comprise dans un index des noms comporte un en-tête dans lequel sont portés, outre le nom de cet index, ceux de la circonscription foncière visée et du titulaire ou constituant à l'égard duquel elle est établie, ainsi que les date, heure et minute de la dernière mise à jour des inscriptions de droits qui y sont faites.

17. La fiche doit permettre d'y porter, à la suite de l'en-tête, les renseignements suivants:

1° la date de présentation des réquisitions d'inscription de droits se rapportant aux droits des titulaires et constituants visés et le numéro d'inscription de celles-ci;

2° l'indication sommaire de la nature des documents présentés à l'officier de la publicité des droits, ainsi que le nom et la qualité des titulaires et constituants de droits qui y sont désignés;

3° toute remarque jugée pertinente par l'officier de la publicité des droits.

18. Tout répertoire des titulaires de droits réels comprend, pour la circonscription foncière à l'égard de laquelle il est tenu, autant de fiches qu'il y a de noms de titulaires de droits réels d'exploitation de ressources de l'État ou de propriétaires de réseaux de services publics ou d'immeubles

15. An index of names contains one file for each name of the holder or grantor of rights designated in the applications published in that index with respect to immovables situated in the registration division in question.

Where several holders or grantors of rights bear the same name, only one file is opened under that common name.

16. Each file contained in an index of names comprises a heading in which the names of the index, of the registration division in question and of the holder or grantor in respect of which a file was opened and the date, hour and minute of the last update of the registrations of rights made therein are recorded.

17. A land file must allow the addition of the following information after the heading:

(1) the date of presentation of the applications for registration of rights relating to the rights of the holders and grantors in question and the registration numbers of the applications;

(2) a brief statement of the nature of the documents presented to the registrar and the name and quality of the holders and grantors of rights designated therein; and

(3) any comment considered relevant by the registrar.

18. A directory of holders of real rights contains, for the registration division for which it is kept, one file for every name of the holder of real rights of State resource development or of the owner of public service networks or immovables situated in territory without a cadastral survey de-

situés en territoire non cadastré désignés dans les réquisitions qui sont publiées aux registres qu'il complète.

scribed in the applications published in the registers that the directory completes.

Les cas où plusieurs titulaires de droits réels ou propriétaires de réseaux ou d'immeubles portent le même nom ne donnent lieu qu'à une seule fiche, établie sous ce nom commun.

Where several holders of real rights or owners of networks or immovables bear the same name, only one file shall be established under that common name.

19. Chaque fiche comprise dans un répertoire des titulaires de droits réels comporte un en-tête dans lequel sont portés, outre le nom de ce répertoire, ceux de la circonscription foncière visée et du titulaire ou propriétaire à l'égard duquel elle est établie.

19. Each file contained in a directory of holders of real rights comprises a heading in which the names of the directory, of the registration division in question and of the holder or owner in respect of which the file was opened are recorded.

20. La fiche doit permettre d'y porter, à la suite de l'en-tête, les renseignements suivants:

20. A file must allow the addition of the following information after the heading:

1° le numéro d'ordre de la fiche sur laquelle la réquisition conférant la qualité de titulaire du droit réel ou de propriétaire du réseau ou de l'immeuble a été inscrite et le numéro d'inscription de cette réquisition;

(1) the serial number of the file on which the application conferring the quality of the holder of the real right or owner of the network or of the immovable was entered and the registration number of the application;

2° la nature du droit réel ou du réseau, ou l'indication que la fiche concerne un immeuble situé en territoire non cadastré;

(2) the nature of the real right or of the network, or the indication that the file concerns an immovable situated in territory without a cadastral survey; and

3° toute remarque jugée pertinente par l'officier de la publicité des droits.

(3) any comment considered relevant by the registrar.

21. Toute fiche comprise dans un répertoire des titulaires de droits réels reproduisant une fiche en application d'un arrêté ministériel pris en vertu de l'article 3 de la *Loi sur les bureaux de la publicité des droits* (chapitre B-9) comporte, à la fin, une section distincte réservée, d'une part, à la reproduction de cette fiche et, d'autre part, aux inscriptions ou mentions relatives à la fiche ainsi reproduite.

21. Any file contained in a directory of holders of real rights reproducing a file pursuant to a ministerial order under section 3 of the *Act respecting registry offices* (chapter B-9) shall comprise, at the end, a distinct section reserved, on the one hand, for the reproduction of that file and, on the other hand, for entries or mentions relating to the file so converted.

SECTION VII — DU REGISTRE DES MENTIONS

SECTION VII — REGISTER OF MENTIONS

22. Le registre des mentions comprend autant de fiches qu'il y a de réquisitions

22. The register of mentions contains one file for every application for registration in

d'inscription sur le registre foncier ou sur les autres registres de la publicité foncière donnant lieu, notamment en application des articles 3014, 3014.1 et 3057 du Code civil, à une inscription ou à une mention sur le registre des mentions.

23. Chaque fiche comprise dans le registre des mentions doit permettre d'y porter, dans des sections distinctes, les mentions et inscriptions suivantes:

1° les mentions résultant de réquisitions d'inscription de droits;

2° les inscriptions de radiation ou de réduction;

3° les mentions ou inscriptions résultant de corrections d'erreurs matérielles relativement:

— à des mentions ou inscriptions faites ou omises en marge des réquisitions,
— à des mentions ou inscriptions faites ou omises sur le registre complémentaire des mentions en marge, ou sur le registre des mentions des actes microfilmés tenu dans le bureau de la publicité des droits établi pour la circonscription foncière de Montréal, visés aux articles 243 et 244 de la *Loi modifiant le Code civil et d'autres dispositions législatives relativement à la publicité foncière* (L.Q. 2000, c. 42),
— aux états certifiés d'inscription délivrés pour tout acte publié dans un bureau de la publicité des droits avant la date fixée dans l'avis du ministre des Ressources naturelles et de la Faune indiquant que ce bureau est pleinement informatisé en ce qui a trait à la publicité foncière.

Dans le cas de réquisitions d'inscription conservées dans le bureau de la publicité des droits établi pour la circonscription foncière de Montréal, la fiche doit également permettre de porter sur le registre des mentions, dans une autre section distincte, les mentions et inscriptions contenues dans le registre des mentions des actes microfilmés tenu dans ce bureau.

the land register or in the other land registration registers in respect of which an entry or a mention in the register of mentions was made, in particular, pursuant to articles 3014, 3014.1 and 3057 of the Civil Code.

23. Each file contained in the register of mentions must allow the recording in it, in distinct sections, of the following mentions and entries:

(1) the mentions resulting from the applications for registration of rights;

(2) the entries about cancellations or reductions that were made; and

(3) mentions or entries resulting from the correction of clerical errors relating to

— mentions or entries made or omitted in the margin of the applications;
— mentions or entries made or omitted in the complementary register of mentions made in the margin, or in the register of mentions for microfilmed acts kept in the registry office established for the registration division of Montréal, referred to in sections 243 and 244 of the *Act to amend the Civil Code and other legislative provisions relating to land registration* (S.Q. 2000, c. 42); and

— certified statements of registration issued for any act published in a registry office before the date fixed in the notice of the Minister of Natural Resources and Wildlife stating that that office is fully computerized for registration purposes.

For applications for registration kept in the registry office for the registration division of Montréal, the file must also allow the recording in the register of mentions, in another distinct section, of the mentions and entries contained in the register of mentions for microfilmed acts kept at that office.

SECTION VIII — DU LIVRE DE PRÉSENTATION

24. Le livre de présentation fait état de toutes les réquisitions d'inscription présentées dans les bureaux de la publicité des droits.

Il est tenu par ordre chronologique de présentation de ces réquisitions.

25. Le livre de présentation comporte un en-tête dans lequel est porté le nom de ce livre.

Il doit par ailleurs permettre d'y porter, en regard de chaque réquisition, les date, heure et minute de sa présentation, son numéro d'inscription, le nom de la personne qui acquitte les frais d'inscription ou, en cas de gratuité, celui du requérant, avec l'indication que la réquisition est acceptée, refusée ou en cours de traitement ou, le cas échéant, que le numéro d'inscription de la réquisition a été annulé.

SECTION IX — DU RÉPERTOIRE DES ADRESSES

26. Le répertoire des adresses comporte autant de fiches qu'il y a d'avis d'adresse présentés et acceptés au Bureau de la publicité foncière.

Il comporte également autant de fiches qu'il y a d'avis d'adresse qui sont présentés et acceptés dans chacun des bureaux de la publicité des droits établis pour les circonscriptions foncières à compter de la date fixée dans l'avis du ministre des Ressources naturelles et de la Faune indiquant que ce bureau est pleinement informatisé en ce qui a trait à la publicité foncière, ou qui ont été présentés et acceptés dans ce bureau:

1° entre le 23 juin 1982 et la date fixée dans l'avis du ministre ou, dans le cas d'un bureau établi pour la circonscription foncière de Montréal ou de Laval, entre le 1er septembre 1980 ou le 1er août 1980, selon le cas, et cette même date;

SECTION VIII — BOOK OF PRESENTATION

24. The book of presentation shall state all the applications for registration presented to registry offices.

It shall be kept in chronological order of presentation of the applications.

25. The book of presentation comprises a heading in which the name of the book is recorded.

It must also allow the recording in it, with respect to each application, of the date, hour and minute of its presentation, its registration number, the name of the person who pays for the registration fee or, where free of charge, the name of the applicant, with the indication that the application is accepted, refused or is being processed or, where applicable, that the registration number of the application was cancelled.

SECTION IX — DIRECTORY OF ADDRESSES

26. The directory of addresses contains one file for each notice of address presented to the registry office and accepted.

It also contains one file for each notice of address presented to and accepted at each registry office established for registration divisions as of the date fixed in the notice of the Minister of Natural Resources and Wildlife stating that the office is fully computerized for land registration purposes, or presented to that office and accepted

(1) between 23 June 1982 and the date fixed in the notice of the Minister or, for an office established for the registration division of Montréal or Laval, between 1 September 1980 or 1 August 1980, as the case may be, and that date; or

2° à toute date antérieure à la date fixée dans l'avis du ministre, si les avis d'adresse ont donné lieu, depuis cette date, soit à des notifications de la part d'un officier de la publicité des droits, soit à des modifications dans l'adresse ou dans le nom qui y est indiqué.

(2) on any date prior to the date fixed in the notice of the Minister, if the notices of addresses have given rise, since that date, to notifications from a registrar or to changes in the address or in the name indicated therein.

27. Chaque fiche comprise dans le répertoire des adresses comporte un en-tête dans lequel est porté le nom de ce répertoire.

27. Each file contained in the directory of addresses comprises a heading in which the name of the directory is recorded.

Elle doit permettre d'y porter, à la suite de l'en-tête, les renseignements suivants:

It must allow the addition of the following information after the heading:

1° le nom de la circonscription foncière du bureau de la publicité des droits dans lequel l'avis d'adresse a été présenté, lorsque cet avis a été présenté antérieurement à la date fixée dans un avis du ministre des Ressources naturelles et de la Faune indiquant que ce bureau est pleinement informatisé en ce qui a trait à la publicité foncière;

(1) the name of the registration division of the registry office in which the notice of address was presented, where that notice was presented prior to the date fixed in a notice of the Minister of Natural Resources and Wildlife stating that the office is fully computerized for land registration purposes;

2° le numéro d'inscription de l'avis d'adresse;

(2) the registration number of the notice of address; and

3° les derniers nom et adresse de la personne qui bénéficie de l'inscription de l'adresse.

(3) the latest name and address of the person who benefits from the registration of the address.

SECTION X —— DU REGISTRE COMPLÉMENTAIRE DE L'INDEX DES NOMS MICROFILMÉ OU MICROFICHÉ

SECTION X —— REGISTER COMPLEMENTARY TO THE INDEX OF NAMES IN THE FORM OF MICROFILMS OR MICROFICHES

28. Le registre complémentaire de l'index des noms microfilmé ou microfiché, tenu dans chacun des bureaux de la publicité des droits établis pour les circonscriptions foncières de Montréal et Laval, porte les corrections d'erreurs matérielles ou d'omissions relatives à des inscriptions faites à l'index des noms conservé, dans ces bureaux, sur microfilms ou microfiches.

28. The register complementary to the index of names in the form of microfilms or microfiches, kept in each registry office established for the registration divisions of Montréal and Laval contains the correction of clerical errors or omissions related to registrations made in the index of names kept, in those offices, on microfilms or microfiches.

Il est tenu sur feuilles volantes d'un format de 215 mm sur 355 mm.

It shall be kept on loose leaves measuring 215 mm by 355 mm.

29. Chaque registre complémentaire de l'index des noms microfilmé ou microfi-

29. Each register complementary to the index of names in the form of microfilms or

ché comporte autant de fiches qu'il y a de personnes bénéficiant des rectifications ou inscriptions faites sur ce registre.

Les cas où plusieurs personnes bénéficiant des rectifications ou inscriptions faites sur ce registre portent le même nom ne donnent lieu qu'à une seule fiche, établie sous ce nom commun, par circonscription foncière visée.

30. Chaque fiche comprise dans un registre complémentaire de l'index des noms microfilmé ou microfiché comporte un entête dans lequel sont portés, outre le nom de ce registre, celui de la circonscription foncière visée et de la personne pour laquelle la rectification ou l'inscription est faite.

La fiche doit permettre d'y porter, à la suite de l'entête, les renseignements suivants:

1° la date de présentation de la réquisition d'inscription et son numéro d'inscription;

2° l'indication sommaire de la nature des documents présentés à l'officier de la publicité des droits, ainsi que le nom et la qualité des titulaires et constituants de droits qui y sont désignés;

3° toute remarque jugée pertinente par l'officier de la publicité des droits.

Chapitre Deuxième —— Des réquisitions d'inscription sur les registres

Section I —— De la forme des réquisitions

31. Les réquisitions d'inscription présentées sur un support papier doivent être d'un même format de 215 mm sur 280 mm ou de 215 mm sur 355 mm; le papier utilisé doit être d'au moins 75 g/m² à la rame.

Les documents qui accompagnent ces réquisitions, lesquels doivent aussi être sur du papier d'au moins 75 g/m² à la rame, doivent être d'un format ne dépassant pas

microfiches contains one file for each person benefiting from corrections or entries made in that register.

Where several persons who benefit from corrections or entries made in the register bear the same name, only one file shall be opened under that common name per registration division in question.

30. Each file contained in a register complementary to the index of names in the form of microfilms or microfiches comprises a heading in which the names of the register, of the registration division in question and of the person for which the correction or entry was made are recorded.

The file must allow the recording of the following information after the heading:

(1) the date of presentation of the application for registration and its registration number;

(2) a brief statement of the nature of the documents presented to the registrar and the name and quality of the holders and grantors of rights designated therein; and

(3) any comment considered relevant by the registrar.

Chapter Two —— Applications for Registration in Registers

Section I —— Form of Applications

31. Applications for registration presented in paper form shall be on sheets of the same size measuring 215 mm by 280 mm or 215 mm by 355 mm, on paper weighing at least 75 g/m² per ream.

The documents accompanying the applications, which shall also be on paper weighing at least 75 g/m² per ream, shall be on sheets that do not exceed 215 mm by 355

215 mm sur 355 mm, et les pages d'un document doivent toutes être d'un même format.

mm and the pages of a document shall all be of the same size.

32. Les réquisitions d'inscription présentées sur un support papier ne doivent pas être décalquées; elles peuvent être manuscrites, dactylographiées, imprimées ou reprographiées. L'encre utilisée pour leur confection doit être de bonne qualité.

32. Applications for registration presented in paper form may not be carbon copies; they shall be hand-written, typed, printed or photocopied. The ink used to make them shall be of good quality.

33. Le caractère de toute réquisition d'inscription, comme celui des documents qui l'accompagnent, doit être clair, net et lisible.

33. The characters of any application for registration, as for the accompanying documents, shall be clear, neat and legible.

Lorsqu'une réquisition doit être inscrite à l'index des noms ou au répertoire des titulaires de droits réels, ou être portée sur le répertoire des adresses, sauf, en ce dernier cas, si la réquisition vise à modifier seulement une adresse portée sur ce répertoire, le nom des constituants et titulaires de droits qui y sont visés doit figurer en lettres majuscules d'imprimerie, et leur prénom, sauf pour la première lettre, en lettres minuscules. À moins que d'autres éléments ne permettent d'y distinguer clairement et précisément l'un de l'autre, la réquisition qui ne rencontre pas ces exigences doit être refusée par l'officier de la publicité des droits.

Where an application must be entered in the index of names or in the directory of holders of real rights, or be recorded in the directory of addresses, except, in the latter case, if the application is intended only to change an address recorded in that directory, the surnames of the grantors and holders of rights covered thereby must be in block capitals and their given names, except for the first letter, in small letters. Unless other elements make it possible to clearly differentiate one from the other, an application that does not meet those requirements shall be refused by the registrar.

34. Les pages des réquisitions présentées sur un support papier doivent toutes être écrites ou bien sur les 2 faces, ou bien sur le recto seulement; dans le premier cas, elles doivent toutes être écrites soit tête-bêche, soit dans un même sens.

34. The pages of applications presented in paper form shall all be written on both sides or on the front side only; in the first case, they shall all be written tête-bêche or in the same direction.

35. Les réquisitions d'inscription faites par la présentation, sur un support papier, d'une copie authentique d'un titre originaire délivrée par le registraire du Québec ou Bibliothèque et Archives nationales du Québec doivent être d'un format de 215 mm sur 280 mm ou de 215 mm sur 355 mm, sur du papier d'au moins 75 g/m² à la rame. Elles peuvent être manuscrites, dactylographiées, imprimées ou reprographiées.

35. Where applications for registration are made by presenting, in paper form, authentic copies of original titles issued by the Registrar of Québec or Bibliothèque et Archives nationales du Québec, they shall be on paper measuring 215 mm by 280 mm or 215 mm by 355 mm weighing at least 75 g/m² per ream. They may be hand-written, typed, printed or photocopied.

Il en est de même des réquisitions d'inscription faites par la présentation, sur un

The foregoing shall also apply to applications for registration made by presenting,

41. Les avis requis par la loi doivent indiquer la date et le lieu où ils ont été faits et désigner la personne visée par l'avis, ainsi que celle qui le donne. Ils doivent être signés par la personne qui donne l'avis et, lorsque celle-ci n'en est pas le bénéficiaire, porter la désignation de ce dernier.

Ces avis doivent spécifier leur nature et, s'il en est, celle du document concerné, ainsi que le numéro d'inscription de ce document.

42. Outre les mentions requises par l'article 2999.1 du Code civil, l'avis qui y est visé doit indiquer, le cas échéant, la mention des locataires cédant et cessionnaire et la nature de la modification apportée au bail.

En cas de cession, de modification ou d'extinction du bail, la référence au bail requise par ce même article 2999.1 est faite par l'indication du numéro d'inscription du bail ou de l'avis visant l'inscription des droits qui en résultent sur le registre.

43. L'avis de préinscription d'une demande en justice contient la désignation des parties et indique le tribunal saisi, le district judiciaire et le numéro du dossier judiciaire; il indique aussi la nature de la demande et du droit qui en fait l'objet ainsi que, le cas échéant, le numéro d'inscription du document visé.

44. L'avis de préinscription d'un testament désigne le testateur et indique la date du décès; il indique, en outre, la nature du droit auquel une personne prétend ainsi que le motif de la préinscription.

45. La réquisition d'inscription de l'adresse des personnes visées à l'article 3022 du Code civil prend la forme d'un avis qui indique le bénéficiaire de l'inscription et l'adresse où doit être faite la notification, ainsi que la nature et, s'il y a lieu, le numéro d'inscription du droit visé,

41. The notices required by the law shall specify the place where and the date they were made and designate the person covered by the notice and the person giving notice. They shall be signed by the person giving notice and, where that person is not the beneficiary thereof, bear the designation of the beneficiary.

They shall specify the nature of the notices and, where applicable, the nature of the document in question and its registration number.

42. In addition to the particulars required under article 2999.1 of the Civil Code, the notice shall contain, where applicable, the names of the lessees, whether assignors or assignees, and the nature of the modification made to the lease.

In case of transfer of, correction to or cancellation of the lease, the reference to the lease required under article 2999.1 shall be made by specifying the registration number of the lease or the number of the notice regarding the registration of the rights arising therefrom in the register.

43. A notice of advance registration of a judicial demand shall contain the designation of the parties and shall identify the court seized of the matter, the judicial district and specify the court record number; it shall also specify the nature of the demand and of the right that is the subject of the demand and, where applicable, the registration number of the document in question.

44. A notice of advance registration of a will shall designate the testator and shall specify the date of death; it shall also specify the nature of the right claimed by a person and the reason for advance registration.

45. An application for the registration of the address of a person referred to in article 3022 of the Civil Code shall be in the form of a notice specifying the beneficiary of the registration and the address where notification shall be made, as well as the nature and, where applicable, the registra-

ou la nature du document s'il s'agit d'une hypothèque.

On ne peut, dans un même avis d'adresse, requérir l'inscription de plus d'une adresse postale et d'une adresse électronique. En outre, lorsqu'il y a plusieurs personnes à une même réquisition d'inscription de droits, chacune doit requérir une inscription d'adresse distincte.

Nonobstant les premier et deuxième alinéas, lorsqu'une personne a déjà publié son adresse sur un registre, il suffit, dans toute réquisition d'inscription présentée postérieurement concernant cette personne, de faire référence, immédiatement après la désignation de cette même personne, au numéro d'inscription de l'avis d'adresse qui la concerne et, sauf s'il s'agit d'une hypothèque, de spécifier le droit en regard duquel ce numéro d'inscription sera porté. Cette règle n'est toutefois applicable qu'à l'égard d'adresses publiées postérieurement à la date fixée dans un avis du ministre des Ressources naturelles et de la Faune indiquant que le bureau de la circonscription foncière dans laquelle est situé l'immeuble, sur lequel porte le droit réel le cas échéant, visé par l'avis d'adresse est pleinement informatisé en ce qui a trait à la publicité foncière.

46. L'avis de modification dans l'adresse ou dans le nom des personnes visées à l'article 3022 du Code civil indique le numéro d'inscription de l'avis d'adresse déjà produit. Il reprend en outre tous les renseignements relatifs aux adresses ancienne et nouvelle et aux noms ancien et nouveau de chacun des bénéficiaires de l'avis d'adresse; les notifications postérieures à la modification sont faites sur le seul fondement de ces renseignements.

Lorsque l'avis d'adresse a été publié dans une circonscription foncière antérieurement à la date fixée dans un avis du ministre des Ressources naturelles et de la Faune indiquant que le bureau de cette circonscription foncière est pleinement informatisé en ce qui a trait à la publicité foncière, l'avis de modification indique également le nom de cette circonscription foncière.

tion number of the right in question or the nature of the document for a hypothec.

It is impossible to request, in the same notice of address, the entry of more than one postal address and electronic mail address. In addition, where several persons appear on the same application for registration of rights, a separate registration of address shall be made for each of them.

Notwithstanding the first and second paragraphs, where a person has already published his address in a register, the only requirement, in any application for registration previously presented concerning that person, is to refer, immediately after the designation of that person, to the registration number of the notice of address concerning that person and, except for a hypothec, to specify the right opposite to which the registration number will be recorded. Notwithstanding the foregoing, that rule applies only to addresses published after the date fixed in a notice of the Minister of Natural Resources and Wildlife stating that the registry office of the registration division in which the immovable subject, where applicable, to the real right, is situated is fully computerized for land registration purposes.

46. A notice of a change in the addresses or names of the persons referred to in article 3022 of the Civil Code shall specify the registration number of the notice of address already filed. It shall state all the information relating to the former and new addresses and the former and new names of each of the beneficiaries of the notice of address; the notifications subsequent to the change shall be made only on the basis of that information.

Where the notice of address was published in a registration division prior to the date fixed in a notice of the Minister of Natural Resources and Wildlife stating that the registry office of the registration division is fully computerized for land registration purposes, the notice of change shall also specify the name of that registration division.

47. L'avis de modification dans la référence faite au numéro d'inscription d'une adresse mentionne la nature et le numéro d'inscription du document visé, ainsi que les références ancienne et nouvelle au numéro d'inscription de l'adresse.

L'avis d'inscription d'une référence omise au numéro d'inscription d'une adresse mentionne le numéro d'inscription du document visé et la référence au numéro d'inscription de l'adresse. Il spécifie en outre le droit en regard duquel le numéro d'inscription de l'adresse sera porté, sauf s'il s'agit d'une hypothèque.

48. Tout avis d'adresse ou de modification dans l'adresse ou dans le nom d'une personne doit porter une adresse postale à laquelle seront faites les notifications requises. Il peut aussi porter une adresse électronique.

L'adresse doit être indiquée de façon précise et être complétée, dans le cas d'une adresse postale, par le code postal lorsque le lieu est situé au Canada ou par l'équivalent du code postal, s'il en est, lorsque le lieu est situé hors du Canada.

L'indication d'une adresse électronique est réputée marquer la préférence du bénéficiaire pour une notification faite à cette adresse.

49. L'avis de renouvellement de la publicité d'un droit spécifie le droit visé; il indique aussi le lieu, la date, le numéro d'inscription et la nature du document qui constate le droit.

L'avis de renouvellement de l'inscription d'une adresse indique le numéro d'inscription de l'avis d'adresse qu'on veut renouveler, le numéro d'inscription de la réquisition afférente à cet avis, le droit visé, sauf s'il s'agit d'une hypothèque, et le nom de la circonscription foncière dans laquelle est situé l'immeuble sur lequel porte le droit.

L'avis de renouvellement de la publicité d'un droit peut viser à la fois ce renouvellement et celui de l'inscription d'une

47. The notice of amendment to the reference to the registration number of an address shall state the nature and registration number of the document in question and the former and current references in the registration number of the address.

The notice of entry of a reference omitted in the registration number of an address shall state the registration number of the document in question and the reference to the registration number of the address. In addition, it shall specify the right in respect of which the registration number of the address will be entered, except for a hypothec.

48. There shall be a postal address in any notice of address or of change in the address or name of a person to which the required notifications will be sent. There may also be an electronic mail address.

The address shall be entered in a precise manner and be completed, for a postal address, by the postal code where the place is in Canada or the equivalent of the postal code where the place is outside Canada.

Where an electronic mail address is recorded, it shall be deemed that the beneficiary prefers the notification to be sent to that address.

49. A notice of renewal of the publication of a right shall specify the right in question and the place, date, registration number and nature of the document evidencing the right.

A notice of renewal of the registration of an address shall specify the registration number of the notice of address that a person wishes to renew, the registration number of the application pertaining to that notice, the right in question, except for a hypothec, and the name of the registration division in which the immovable subject to the right is situated.

A notice of renewal of the publication of a right may apply to that renewal and to the renewal of the registration of an address

adresse portée en regard de ce droit, pourvu seulement qu'une demande expresse à cette fin, faisant référence à l'avis d'adresse visé, se retrouve dans l'avis de renouvellement de la publicité du droit.

recorded with respect to that right provided only that an express request made for that purpose, referring to the notice of address in question, appears in the notice of renewal of publication of the right.

50. L'avis cadastral fait référence à la réquisition à laquelle il se rapporte, relate la désignation de l'immeuble contenue à l'acte qui constate le droit et désigne l'immeuble sur lequel l'inscription est requise.

50. A cadastral notice shall refer to the application to which it relates, state the designation of the immovable contained in the act evidencing the right and designate the immovable for which the registration is required.

51. L'avis qui vise l'inscription d'un document sur une fiche immobilière établie sous un numéro d'ordre fait référence à la réquisition à laquelle il se rapporte et relate la désignation contenue à cette réquisition; il spécifie le numéro d'ordre de la fiche sur laquelle l'inscription est requise.

51. A notice applying to the registration of a document in a land file identified by a serial number refers to the application to which it relates and states the designation contained in that application; it shall specify the serial number of the file on which the registration is required.

52. Les réquisitions visant l'inscription d'actes de la nature de ceux qui sont énumérés à l'article 12 de la *Loi sur les bureaux de la publicité des droits* (chapitre B-9) doivent, lorsque l'immeuble visé n'est pas immatriculé, porter non seulement le nom de la municipalité locale sur le territoire de laquelle cet immeuble est situé, mais également, s'il en est, les autres éléments permettant de compléter l'adresse de cet immeuble.

52. Applications to register acts similar to those listed in section 12 of the *Act respecting registry offices* (chapter B-9) shall, where the immovable in question is not registered, bear the name of the local municipality in the territory of which the immovable is situated and any other element allowing to complete the address of that immovable.

53. Les réquisitions de radiation ou de réduction d'inscriptions sur les registres doivent, dans tous les cas, indiquer le nom des circonscriptions foncières à l'égard desquelles les inscriptions dont on requiert la radiation ou la réduction ont été faites.

53. When applications for the cancellation or reduction of entries in registers are made, the names of the registration divisions in respect of which the entries are made and for which entries the cancellation or reduction is applied for shall be specified.

SECTION IV — DES ATTESTATIONS

SECTION IV — CERTIFICATES

54. Les attestations prescrites sont portées à la fin des réquisitions, après la signature des parties, ou sont jointes aux réquisitions auxquelles elles se rapportent.

54. The prescribed certificates shall appear at the end of the applications, below the parties' signatures, or shall be appended to the applications to which they relate.

Lorsque des attestations sont jointes, elles doivent faire référence aux réquisitions auxquelles elles se rapportent par l'indica-

Where such certificates are appended, they shall refer to the applications to which they relate by specifying the nature and the

tion de la nature, de la date et du lieu de signature de ces réquisitions, ainsi que du nom des personnes qui y sont parties.

date and place of signing of the applications, and the names of the parties thereto.

SECTION V — DE LA NUMÉROTATION DES RÉQUISITIONS

SECTION V — ASSIGNMENT OF NUMBERS TO APPLICATIONS

55. Les réquisitions d'inscription sont, dès leur réception par l'officier de la publicité des droits, numérotées dans un ordre consécutif double, l'un pour les réquisitions d'inscription de droits et de radiations ou de réductions, l'autre pour les réquisitions d'inscription d'adresses.

Cette numérotation est unique pour tout le territoire du Québec; elle vaut pour l'ensemble des réquisitions présentées dans les bureaux de la publicité des droits.

55. Applications for registration shall, as of the date they are received by the registrar, be assigned numbers in a double consecutive order, one for the applications for registration of rights and cancellations or reductions and the other for the applications for registration of addresses.

Applications shall be assigned unique numbers for all the territory of Québec: the assignment of numbers shall apply to all the applications presented to registry offices.

Chapitre Troisième — Des inscriptions sur les registres et de la correction d'erreurs matérielles ou d'omissions qui s'y trouvent

SECTION I — DES INSCRIPTIONS

Chapter Three — Entries in Registers and Correction of Clerical Errors or Omissions

SECTION I — ENTRIES

56. Les inscriptions sur les registres doivent être claires et précises.

56. Entries in registers shall be clear and precise.

57. Lorsqu'une inscription sur un registre faisant partie du registre foncier concerne plus de 2 constituants ou titulaires de droits, il suffit d'inscrire le nom des 2 premières personnes désignées en cette qualité dans la réquisition, suivis des mots « et autres ».

57. Where a registration in a register that is part of the land register concerns more than 2 grantors or holders of rights, only the name of the first 2 persons designated as such in the application need be indicated, followed by the words "and others".

58. L'inscription de tout document comprend l'indication de sa nature, au long ou en abrégé.

58. The registration of any document shall state the nature of the document, in full or with abbreviations.

59. Le numéro d'inscription d'un avis d'adresse sur un registre faisant partie du registre foncier est noté, dans ce registre, en regard de la réquisition d'inscription du droit auquel se rapporte l'adresse. Toutefois, lorsque cette réquisition a été inscrite sur une fiche ayant subséquemment fait l'objet d'un arrêté ministériel pris en ap-

59. The registration number of a notice of address in a register that is part of the land register shall be noted, in that register, opposite the application for registration of the right to which the address relates. Notwithstanding the foregoing, where the application was entered in a file that was subsequently the subject of a ministerial

plication de l'article 3 de la *Loi sur les bureaux de la publicité des droits* (chapitre B-9) visant à la reproduire sur un support informatique, le numéro d'inscription de l'avis d'adresse est noté dans la section distincte, figurant à la fin de la nouvelle fiche, réservée aux inscriptions, mentions ou indications relatives à la fiche que celle-ci reproduit.

Dans tous les cas, un avis d'adresse se rapportant à une créance prioritaire non inscrite sur le registre foncier ne donne lieu qu'à une inscription isolée, après la dernière inscription figurant sur le registre, faisant référence à cette créance prioritaire.

60. L'avis de modification dans l'adresse ou dans le nom d'une personne porte le numéro d'inscription de l'avis d'adresse qu'il modifie.

À moins que l'avis d'adresse n'ait été présenté et accepté dans un bureau de la publicité des droits antérieurement à la date fixée dans l'avis du ministre des Ressources naturelles et de la Faune indiquant que ce bureau est pleinement informatisé en ce qui a trait à la publicité foncière, l'avis de modification se substitue à l'avis d'adresse qu'il modifie.

Les informations nouvelles résultant des modifications se substituent, le cas échéant, aux informations qu'elles remplacent sur la fiche du répertoire des adresses afférente à l'avis d'adresse remplacé.

L'avis de modification dans l'adresse ou dans le nom d'une personne n'est pas noté sur le registre foncier.

61. L'inscription, sur le registre des mentions, de la radiation ou de la réduction d'une inscription sur un registre indique le numéro d'inscription de la réquisition qui constate le droit faisant l'objet de la radiation ou de la réduction.

Toutefois, lorsque la radiation ou la réduction concerne l'inscription d'une adresse sur un registre faisant partie du registre foncier, l'inscription qui en est faite sur le registre des mentions indique le numéro

order under section 3 of the *Act respecting registry offices* (chapter B-9) to convert it to electronic form, the registration number of the notice of address shall be noted in the distinct section, at the end of the new file, reserved for entries, mentions or indications related to the file that is reproduced by the new file.

In all cases, for a notice of address relating to a prior claim not entered in the land register, only one isolated entry referring to that prior claim shall be entered after the last entry appearing in the register.

60. A notice of a change in a person's address or name shall bear the registration number of the notice of address it changes.

Unless the notice of address was presented and accepted in a registry office before the date fixed in the notice of the Minister of Natural Resources and Wildlife stating that the registry office is fully computerized for land registration purposes, the notice of change shall be substituted for the notice of address it changes.

New information resulting from changes shall be substituted, where applicable, for the information that is replaced on the file of the directory of addresses related to the replaced notice of address.

The notice of a change in a person's address or name shall not be noted in the land register.

61. Registration, in the register of mentions, of the cancellation or reduction of an entry shall specify the registration number of the application evidencing the right subject to the cancellation or reduction.

Notwithstanding the foregoing, where the cancellation or reduction concerns the registration of an address in a register that is part of the land register, the registration made in the register of mentions shall

1° les rectifications sur le registre foncier sont faites non seulement par la rature de l'inscription ou de l'indication erronée, mais également par la rature de toutes les inscriptions ou indications qui y sont accolées, et le texte raturé est suivi immédiatement, en dessous, non seulement de l'inscription ou de l'indication nouvelle, mais également de toutes les autres inscriptions ou indications ainsi raturées;

2° les inscriptions résultant d'une rectification faite sur le registre foncier ou sur le livre de présentation, lorsqu'elles portent sur la date, l'heure ou la minute de présentation de la réquisition d'inscription, ne suivent pas le texte raturé, mais sont plutôt portées à l'endroit où elles auraient dû apparaître;

3° la rectification des renseignements portés dans l'en-tête d'une fiche comprise dans le registre foncier ou dans le répertoire des titulaires de droits réels est faite non pas par rature des renseignements erronés, mais par substitution des nouveaux renseignements;

4° la rectification des inscriptions, mentions ou indications portées dans une section distincte à la fin d'une fiche comprise dans le registre foncier en application des articles 6, 9, 13 et 21 sont faites au moyen d'une note, précisant la nature de la rectification, insérée à l'endroit réservé à cette fin dans la section distincte.

69. L'ajout d'une inscription, mention ou indication omise sur un registre tenu sur support informatique est fait à l'endroit où celle-ci aurait dû apparaître.

Toutefois, si l'ajout vise à porter l'inscription d'une adresse ou l'indication d'une radiation ou d'une réduction sur le registre foncier, la correction est faite par rature de toutes les inscriptions de droits ou d'adresses et de toutes les indications de radiation ou de réduction, suivie immédiatement, en dessous, de l'inscription ou indication nouvelle et de la reproduction de toutes les autres inscriptions ou indications ainsi raturées. En outre, l'ajout des inscriptions, mentions ou indications qui auraient dû être portées dans la section distincte d'une fiche comprise dans le registre foncier ou

(1) corrections in the land register are made not only by crossing out the erroneous entry or indication, but also by crossing out all related entries or indications and the crossed out text shall be followed right under by the new entry or indication and by all other entries or indications thus crossed out;

(2) entries resulting from a correction made in the land register or in the book of presentation, where they affect the date, hour or minute of presentation of the application for registration, do not follow the crossed out text, but shall be made at the place where they should have appeared;

(3) correction to information recorded in the heading of a file contained in the land register or in the directory of holders of real rights shall not be made by crossing out erroneous information but by substituting new information; and

(4) correction to entries, mentions or indications recorded in a distinct section at the end of a file contained in the land register pursuant to sections 6, 9, 13 and 21 shall be made by a note, specifying the nature of the correction, inserted at the place reserved for that purpose in the distinct section.

69. An entry, mention or indication omitted in a register kept on a computer system shall be added at the place where it should have appeared.

Notwithstanding the foregoing, if the addition is intended to record the registration of an address or the indication of a cancellation or reduction in the land register, the correction shall be made by crossing out all registrations of rights or addresses and all indications of cancellations or reductions, followed right under by the new registration or indication and the reproduction of all the other registrations or indications thus crossed out. In addition, the addition of entries, mentions or indications that should have been recorded in the distinct section of a file contained in the

dans le répertoire des titulaires de droits réels en application des articles 6, 9, 13 et 21 sont faites au moyen d'une note, précisant la nature de l'ajout, insérée à l'endroit réservé à cette fin dans la section distincte.

land register or in the directory of holders of real rights pursuant to sections 6, 9, 13 and 21 shall be made by a note, specifying the nature of the addition, inserted at the place reserved for that purpose in the distinct section.

70. Toute rectification ou tout ajout fait sur le registre foncier donne obligatoirement lieu à une référence, faite après la dernière inscription figurant sur ce registre, à cette rectification ou à cet ajout.

70. Any correction or addition made in the land register must have a reference made after the last entry appearing in that register to that correction or addition.

71. La rectification d'une inscription sur un registre conservé sur un support papier est faite par rature de l'inscription erronée, et l'inscription nouvelle, s'il en est, est faite en surcharge.

71. The correction to an entry in a register kept in paper form shall be made by crossing out the erroneous entry and any new entry shall be overwritten.

L'ajout d'une inscription omise sur un tel registre est fait après la dernière inscription figurant sur ce registre. S'il se trouve des inscriptions entre la date de l'inscription de l'ajout et la date à laquelle l'inscription aurait dû être faite, une référence à la nouvelle inscription doit être faite à l'endroit où aurait dû apparaître cette inscription.

An entry omitted in such a register shall be added after the last entry appearing in that register. If there are entries between the date the addition was entered and the date on which that entry should have been made, a reference to the new entry shall be made at the place where that entry should have appeared.

72. La rectification de l'inscription d'un droit à l'index des noms microfilmé ou microfiché tenu dans les bureaux de la publicité des droits établis pour les circonscriptions foncières de Montréal et de Laval est faite au moyen d'une note, précisant la nature de la rectification, insérée dans la fiche ouverte sous le nom de la personne qui bénéficie de cette rectification au registre complémentaire de cet index.

72. Correction in the registration of a right in the index of names in the form of microfilms or microfiches kept in the registry offices established for the registration divisions of Montréal and Laval shall be made by a note, specifying the nature of the correction, inserted in the opened file, under the name of the person who benefits from that correction, in the register complementary to that index.

L'ajout de l'inscription d'un droit à cet index est fait sur la fiche ouverte, sous le nom de la personne qui bénéficie de l'ajout, au registre complémentaire de ce même index.

The registration of a right in that index shall be added in the opened file, under the name of the person who benefits from that addition, in the register complementary to that index.

73. La rectification d'une inscription ou mention en marge d'une réquisition d'inscription, de même que sur le registre complémentaire des mentions en marge ou le registre des mentions des actes microfilmés visés aux articles 243 et 244 de la *Loi modifiant le Code civil et d'autres dispositions législatives relativement à la pu-*

73. The correction of an entry or mention in the margin of a registration for application, and in the register complementary to mentions made in the margin or the register of mentions for microfilmed acts referred to in sections 243 and 244 of the *Act to amend the Civil Code and other legislative provisions relating to land registra-*

blicité foncière (L.Q. 2000, c. 42), est faite au moyen d'une note, précisant la nature de la rectification, insérée dans la fiche tenue au registre des mentions pour la réquisition visée par la mention ou l'inscription nouvelle.

L'ajout d'une inscription ou mention omise sur la réquisition ou sur le registre est fait sur la fiche tenue au registre des mentions pour la réquisition visée par l'ajout.

74. La rectification d'un état certifié d'inscription est faite par la délivrance d'un nouvel état certifié. Lorsque la rectification concerne l'un des éléments qui doivent figurer à l'état certifié en application de l'article 66, le nouvel état indique la nature de la rectification; dans les autres cas, il ne porte aucune indication de rectification.

Nonobstant le premier alinéa, lorsque l'état certifié a été délivré par l'officier d'un bureau de la publicité des droits établi pour une circonscription foncière avant la date fixée dans un avis du ministre des Ressources naturelles et de la Faune indiquant que ce bureau est pleinement informatisé en ce qui a trait à la publicité foncière, sa rectification est faite au moyen d'une note, précisant la nature de la rectification, insérée dans la fiche tenue au registre des mentions relativement à la réquisition d'inscription pour laquelle l'état certifié a été délivré.

tion (S.Q. 2000, c. 42), shall be made by a note, specifying the nature of the correction inserted in the file kept in the register of mentions for the application covered by the new mention or entry.

An entry or mention omitted in the application or in the register shall be added in the file kept in the register of mentions for the application covered by the addition.

74. Correction to a certified statement of registration shall be made by issuing a new certified statement. Where the correction concerns one of the elements that must appear in the certified statement pursuant to section 66, the new certified statement shall specify the nature of the correction; in any other case, no specification of correction shall be made.

Notwithstanding the first paragraph, where the certified statement that has been issued by the registrar of a registry office established for a registration division before the date fixed in a notice of the Minister of Natural Resources and Wildlife stating that the registry office is fully computerized for land registration purposes, the correction shall be made by a note, specifying the nature of the correction, inserted in a file kept in the register of mentions relating to the application for registration for which the certified statement was issued.

Chapitre Quatrième —— De l'accès aux registres et autres documents

SECTION I —— DISPOSITIONS GÉNÉRALES

Chapter Four —— Access to the Registers and Other Documents

SECTION I —— GENERAL

75. Les bureaux de la publicité des droits sont ouverts tous les jours, excepté les samedis et les jours visés à l'article 6 du *Code de procédure civile* (chapitre C-25).

Le Bureau de la publicité foncière est toutefois ouvert le samedi, mais à des fins de consultation seulement.

75. Registry offices are open every day, except Saturdays and the days referred to in article 6 of the *Code of Civil Procedure* (chapter C-25).

The Land Registry Office is open on Saturdays for consultation purposes only.

76. Les heures de présentation, sur place ou à distance, des réquisitions sont de 9 h à 15 h dans tous les bureaux de la publicité des droits.

76. Applications may be presented on the premises or remotely between 9:00 a.m. and 3:00 p.m. in every registry office.

77. La consultation des registres et autres documents tenus ou conservés dans les bureaux de la publicité des droits à des fins de publicité se fait sur place ou à distance et, en ce dernier cas, elle se fait à partir d'un écran de visualisation.

77. Registers and other documents kept in registry offices for publication purposes are consulted on the premises or remotely and, in the latter case, by means of a display screen.

La consultation sur place ne peut toutefois se faire que dans les bureaux établis pour les circonscriptions foncières. En outre, la consultation à distance n'est possible qu'à l'égard des registres et autres documents tenus ou conservés sur un support informatique.

Consultation on the premises is allowed only in the offices established for registration divisions. In addition, remote consultation is allowed with respect to registers and other documents kept in electronic form only.

78. Les heures de consultation sur place sont de 9 h à 16 h; à distance, les registres doivent être accessibles à la consultation, à partir d'autres écrans de visualisation que ceux des bureaux établis pour les circonscriptions foncières, au moins de 8 h à 23 h, sauf le samedi, où ils doivent être ainsi accessibles au moins de 8 h à 17 h.

78. Consultation on the premises is allowed between 9:00 a.m. and 4:00 p.m.; remote consultation, using other display screens than those located in offices established for registration divisions, is allowed between at least 8:00 a.m. and 11:00 p.m., except on Saturdays where it is allowed between at least 8:00 a.m. and 5:00 p.m.

79. Nonobstant les articles 76 et 78, les heures de présentation des réquisitions dans les bureaux de la publicité des droits, de même que celles de consultation, sur place ou à distance, des registres et autres documents qui y sont tenus ou conservés sont de 9 h à 10 h les 24 et 31 décembre.

79. Notwithstanding sections 76 and 78, applications may be presented to registry offices and registers and other documents kept there may be consulted, on the premises or remotely, from 9:00 a.m. to 10:00 a.m. on 24 and 31 December.

80. L'état certifié que l'officier de la publicité des droits est tenu de délivrer à toute personne qui le requiert en application de l'article 3019 du code doit indiquer, outre le type de l'état certifié, le nom de la personne qui le requiert, le numéro de lot attribué à l'immeuble et le nom du cadastre dans lequel il est situé, ou le numéro d'ordre de la fiche relative au droit réel, au réseau ou à l'immeuble et le nom du registre dans lequel elle est portée, le nom de la circonscription foncière dans laquelle est situé l'immeuble, le droit ou le réseau, le nom de son propriétaire ou titulaire le cas échéant, la période pour laquelle l'état est délivré et tous les numéros

80. The certified statement that the registrar is required to issue to any person who requests it pursuant to article 3019 of the Civil Code shall specify the type of certified statement, the name of the person requesting it, the lot number given to the immovable and the name of the cadastre in which it is situated, or the serial number of the file relating to the real right, the network or the immovable and the name of the register in which the file is recorded, the name of the registration division in which the immovable, right or network is situated, the name of its owner or holder, as the case may be, the period for which the certified statement is issued and all re-

d'inscription des réquisitions qui y sont visées, s'il en est.

Daté et signé par l'officier qui le délivre, l'état certifié est complété, s'il en est, par les copies des réquisitions d'inscription qui y sont visées, avec les documents qui les accompagnent lorsqu'elles prennent la forme d'un sommaire et, le cas échéant, les extraits pertinents du registre des mentions et du registre complémentaire afférents à chacune de ces réquisitions.

81. Les copies ou extraits des documents qui ont justifié une inscription sur les registres et que l'officier de la publicité des droits est tenu de délivrer à toute personne qui le requiert en application de l'article 3019 du code doivent être accompagnés, le cas échéant, des extraits pertinents du registre des mentions et du registre complémentaire.

82. Les réquisitions d'inscription présentées au Bureau de la publicité foncière, de même que les documents qui les accompagnent, sont acheminés par voie électronique.

Ces réquisitions et documents ne peuvent y être acceptés que si l'envoi électronique est accompagné d'un sceau de même nature apposé au moyen d'un dispositif, fourni par l'Officier de la publicité foncière aux producteurs des logiciels requis, attestant que l'envoi rencontre toutes les spécifications techniques requises et qu'il comporte un fichier explicatif, conforme à ces spécifications, portant entre autres un numéro de client attribué par l'Officier de la publicité foncière.

83. La présentation des réquisitions d'inscription et des documents qui les accompagnent au Bureau de la publicité foncière requiert l'utilisation de biclés et certificats de signature et de chiffrement délivrés par un prestataire de services de certification agréé par le Conseil du trésor.

gistration numbers of the applications in question, if any.

The certified statement, dated and signed by the registrar issuing it, shall be completed, where applicable, by the copies of the applications for registration in question, with the accompanying documents where they are in the form of a summary and, where applicable, relevant extracts from the register of mentions and the complementary register related to each application.

81. Copies of or extracts from documents that justified registrations in the registers and that the registrar is required to issue to any person requesting it pursuant to article 3019 of the Civil Code must be accompanied, where applicable, by relevant extracts from the register of mentions and from the complementary register.

82. Applications for registration presented to the Land Registry Office, as well as the accompanying documents, shall be forwarded electronically.

Those applications and documents may be accepted at the Land Registry Office only if the electronic transmission is accompanied by a code of the same nature affixed by means of a device, provided by the Land Registrar for firms that develop the required software, attesting that the transmission meets all the required technical specifications and that it contains an explanatory file, complying with the specifications, bearing a client number given by the Land Registrar.

83. Presentation of applications for registration and accompanying documents to the Land Registry Office requires the use of key pairs and signature verification and encryption certificates issued by a provider of certification services certified by the Conseil du trésor.

Un prestataire de services de certification ne peut être agréé par le Conseil du trésor que si la délivrance et l'archivage des biclés et certificats qu'il assume rencontrent les conditions minimales prévues en annexe au présent règlement.

A provider of certification services may be certified by the Conseil du trésor only if the issue and storage of key pairs and certificates that it is responsible for meet the minimum conditions provided for in the Schedule to this Regulation.

84. Toute signature requise pour la présentation d'une réquisition d'inscription au Bureau de la publicité foncière doit être apposée au moyen d'une biclé de signature.

84. Any signature required for the presentation of an application for registration to the Land Registry Office shall be affixed by means of a signature key pair.

85. Les données formant les réquisitions d'inscription et les documents présentés au Bureau de la publicité foncière n'y sont considérées reçues que si elles sont transmises intégralement et si l'Officier de la publicité foncière peut y avoir accès et les déchiffrer.

85. Data constituting the applications for registration and documents presented to the Land Registry Office shall be considered received only if they are transmitted completely and if the Land Registrar may have access to them and decrypt them.

Lorsque ces conditions sont remplies, l'Officier de la publicité foncière transmet aussitôt, par voie électronique, un accusé de réception aux personnes qui ont requis l'inscription.

Where those conditions are met, the Land Registrar shall immediately transmit, electronically, an acknowledgement of receipt to the persons who requested registration.

86. Dès la réception des données formant les réquisitions d'inscription et les documents présentés au Bureau de la publicité foncière, l'Officier de la publicité foncière vérifie l'identité des personnes dont la signature était requise pour la présentation des réquisitions au moyen de la clé publique et du certificat de signature dont ces personnes sont titulaires. Il doit s'assurer que le certificat de signature de chacun de ces titulaires, ainsi que sa signature numérique, sont valides et que les données transmises sont intègres.

86. Upon receipt of the data constituting the applications for registration and documents presented to the Land Registry Office, the Land Registrar shall verify the identity of the persons whose signatures were required for the presentation of applications by means of the public key and the signature verification certificate those persons hold. He shall ensure that the signature verification certificate of each holder, and his digital signature, are valid and that the transmitted data is intact.

87. Les réquisitions d'inscription et les documents présentés au Bureau de la publicité foncière sont conservés tels quels, mais épurés des formats de transmission et des balises de données qui les accompagnaient. Ces réquisitions et documents, ainsi épurés, sont accessibles au public.

87. Applications for registration and documents presented to the Land Registry Office shall be kept as such but transmission formats and data markup that accompanied the applications shall be removed from them. Those applications and documents, from which transmission formats and data markup were thus removed, shall be available to the public.

Les réquisitions d'inscription et les documents transmis au Bureau de la publicité

Applications for registration and documents transmitted to the Land Registry Of-

(c) 60 $ par voie électronique, 65 $ par la poste et 70 $ au comptoir, à compter du 1er avril 2013.

2° dans le cas visé au paragraphe 4° du premier alinéa, 35 $.

[D. 1286–96, a. 1; D. 1276–2001, a. 1; D. 964–2010, a. 1].

(c) $60 by electronic means, $65 by mail and $70 at the counter as of 1 April 2013;

2° in the case referred to in subparagraph 4 of the first paragraph, $35.

[O.C. 1286-96, s. 1; O.C. 1276-2001, s. 1; O.C. 964-2010, s. 1].

2. (*Abrogé*).

[D. 964–2010, a. 2].

2. (*Revoked*).

[O.C. 964-2010, s. 2].

3. (*Abrogé*).

[D. 1276–2001, a. 2].

3. (*Revoked*).

[O.C. 1276-2001, s. 2].

4. Des droits de 20 $ sont exigibles pour un rapport de consultation du registre de l'état civil rendant compte de la recherche relative à une personne ou à un événement sur une période de 5 ans; s'ajoutent à ces droits 4 $ par année de recherche additionnelle.

4. Duties of 20 $ are payable for a consultation report on a search in the register of civil status concerning a person or event and covering a 5-year period; duties of 4 $ are added for each additional year searched.

5. Des droits de 100 $ sont exigibles pour la confection d'un acte de naissance à la suite d'une enquête sommaire, lorsque la naissance est déclarée plus d'un an après sa survenance; les droits exigibles ne sont toutefois que de 50 $ si la déclaration, bien que tardive, est faite au directeur de l'état civil dans l'année de la naissance.

5. Duties of 100 $ are payable for the preparation of an act of birth following a summary investigation, where the birth is declared more than one year after it occured; the duties payable are only 50 $ if the declaration, although late, is made to the registrar of civil status during the year of birth.

5.1. Des droits de 100 $ sont exigibles pour l'ajout de la filiation à un acte de naissance lorsqu'elle est déclarée plus d'un an après la naissance; les droits exigibles ne sont toutefois que de 50 $ si la déclaration de filiation, bien que tardive, est faite au directeur de l'état civil dans l'année de la naissance.

[D. 490–2002, a. 1].

5.1. Duties of 100 $ are payable for adding the filiation to an act of birth where the filiation is declared more than one year after the birth; the duties payable are only 50 $ if the declaration of filiation, although late, is made to the registrar of civil status during the year of birth.

[O.C. 490-2002, s. 1

SECTION II — DROITS RELATIFS AU CHANGEMENT DE NOM

SECTION II — DUTIES RESPECTING CHANGE OF NAME

6. Les droits exigibles pour une demande de changement du nom de famille ou du prénom d'une personne sont de 125 $.

6. The duties payable for an application to change the surname or given name of a person are 125 $.

7. Lorsque dans une même demande, la personne qui demande le changement de son nom de famille demande que le même nom de famille soit attribué à ses enfants mineurs, les droits prévus à l'article 6 sont majorés de 25 $ par enfant.

7. Where a person requests, in a single application, that his or her surname be changed and that the new surname be assigned to his or her minor children, the duties prescribed in section 6 are increased by 25 $ per child.

8. Les droits exigibles pour la délivrance d'une copie de certificat de changement de nom sont de 10 $.

8. The duties payable for the issuing of a copy of a certificate of change of name are 10 $.

SECTION III — DROITS RELATIFS AU CHANGEMENT DE LA MENTION DU SEXE

SECTION III — DUTIES RESPECTING CHANGE OF DESIGNATION OF SEX

9. Les droits exigibles pour une demande de changement de la mention du sexe sont de 125 $.

9. The duties payable for an application for a change of designation of sex are 125 $.

10. Les droits exigibles pour la délivrance d'une copie de certificat de changement de la mention du sexe sont de 10 $.

10. The duties payable for the issuing of a copy of a certificate of change of designation of sex are 10 $.

SECTION III.1 — INDEXATION

SECTION III.1 — INDEXING

10.1 Les droits exigibles prévus aux paragraphes 1° à 3° du premier alinéa et au paragraphe 1° du deuxième alinéa de l'article 1 sont indexés au 1er avril de chaque année à compter de l'année 2014 selon le taux déterminé à l'article 83.3 de la *Loi sur l'administration financière* (chapitre A-6.001).

[D. 964–2010, a. 3].

10.1 The duties prescribed in subparagraphs 1 to 3 of the first paragraph and in subparagraph 1 of the second paragraph of section 1 are indexed on 1 April of each year starting in 2014 according to the rate determined in section 83.3 of the *Financial Administration Act* (chapter A-6.001).

[O.C. 964–2010, s. 3].

10.2 Les droits exigibles prévus au paragraphe 4° du premier alinéa et au paragraphe 2° du deuxième alinéa de l'article 1, ainsi qu'aux articles 4, 5, 5.1., 6, 7, 8, 9 et 10 sont indexés de la même manière à compter de l'année 2011.

[D. 964–2010, a. 3].

10.2 The duties prescribed in subparagraph 4 of the first paragraph of section 1, in subparagraph 2 of the second paragraph of section 1 and in sections 4, 5, 5.1, 6, 7, 8, 9 and 10 are indexed in the same manner as of 2011.

[O.C. 964–2010, s. 3].

SECTION IV — DISPOSITIONS DIVERSES

SECTION IV — MISCELLANEOUS

11.-12. (*Omis*).

11.-12. (*Omitted*).

LOIS CONNEXES

TABLE DES MATIÈRES

Table des matières

CHARTE CANADIENNE DES DROITS ET LIBERTÉS,

L.R.C. (1985), App. II, n° 44

CANADIAN CHARTER OF RIGHTS AND FREEDOMS,

R.S.C. (1985), App. II, no. 44

Attendu que le Canada est fondé sur des principes qui reconnaissent la suprématie de Dieu et la primauté du droit

Whereas Canada is founded upon principles that recognize the supremacy of God and the rule of law :

Garantie des droits et libertés

Guarantee of Rights and Freedoms

1. La *Charte canadienne des droits et libertés* garantit les droits et libertés qui y sont énoncés. Ils ne peuvent être restreints que par une règle de droit, dans des limites qui soient raisonnables et dont la justification puisse se démontrer dans le cadre d'une société libre et démocratique.

1. The *Canadian Charter of Rights and Freedoms* guarantees the rights and freedoms set out in it subject only to such reasonable limits prescribed by law as can be demonstrably justified in a free and democratic society.

Libertés fondamentales

Fundamental Freedoms

2. Chacun a les libertés fondamentales suivantes:

(a) la liberté de conscience et de religion;

(b) liberté de pensée, de croyance, d'opinion et d'expression, y compris la liberté de la presse et des autres moyens de communication;

(c) liberté de réunion pacifique;

(d) liberté d'association.

2. Everyone has the following fundamental freedoms :

(a) freedom of conscience and religion;

(b) freedom of thought, belief, opinion and expression, including freedom of the press and other media of communication;

(c) freedom of peaceful assembly; and

(d) freedom of association.

Droits démocratiques

Democratic Rights

3. Tout citoyen canadien a le droit de vote et est éligible aux élections législatives fédérales ou provinciales.

3. Every citizen of Canada has the right to vote in an election of members of the House of Commons or of a legislative assembly and to be qualified for membership therein.

4. (1) Le mandat maximal de la Chambre des communes et des assemblées législatives est de cinq ans à compter de la date fixée pour le retour des brefs relatifs aux élections générales correspondantes.

4. (1) No House of Commons and no legislative assembly shall continue for longer than five years from the date fixed for the return of the writs at a general election of its members.

(2) Le mandat de la Chambre des communes ou celui d'une assemblée législative peut être prolongé respectivement par le Parlement ou par la législature en question au-delà de cinq ans en cas de guerre, d'invasion ou d'insurrection, réelles ou appréhendées, pourvu que cette prolongation ne fasse pas l'objet d'une opposition exprimée par les voix de plus du tiers des députés de la Chambre des communes ou de l'assemblée législative.

(2) In time of real or apprehended war, invasion or insurrection, a House of Commons may be continued by Parliament and a legislative assembly may be continued by the legislature beyond five years if such continuation is not opposed by the votes of more than one-third of the members of the House of Commons or the legislative assembly, as the case may be.

5. Le Parlement et les législatures tiennent une séance au moins une fois tous les douze mois.

5. There shall be a sitting of Parliament and of each legislature at least once every twelve months.

Liberté de circulation et d'établissement

Mobility Rights

6. (1) Tout citoyen canadien a le droit de demeurer au Canada, d'y entrer ou d'en sortir.

6. (1) Every citizen of Canada has the right to enter, remain in and leave Canada.

(2) Tout citoyen canadien et toute personne ayant le statut de résident permanent au Canada ont le droit:

(2) Every citizen of Canada and every person who has the status of a permanent resident of Canada has the right

    (a) de se déplacer dans tout le pays et d'établir leur résidence dans toute province;

    (a) to move to and take up residence in any province; and

    (b) de gagner leur vie dans toute province.

    (b) to pursue the gaining of a livelihood in any province.

(3) Les droits mentionnés au paragraphe (2) sont subordonnés:

(3) The rights specified in subsection (2) are subject to

    (a) aux lois et usages d'application générale en vigueur dans une province donnée, s'ils n'établissent en-

    (a) any laws or practices of general application in force in a province other than those that discriminate

tre les personnes aucune distinction fondée principalement sur la province de résidence antérieure ou actuelle;

(b) aux lois prévoyant de justes conditions de résidence en vue de l'obtention des services sociaux publics.

(4) Les paragraphes (2) et (3) n'ont pas pour objet d'interdire les lois, programmes ou activités destinés à améliorer, dans une province, la situation d'individus défavorisés socialement ou économiquement, si le taux d'emploi dans la province est inférieur à la moyenne nationale.

among persons primarily on the basis of province of present or previous residence; and

(b) any laws providing for reasonable residency requirements as a qualification for the receipt of publicly provided social services.

(4) Subsections (2) and (3) do not preclude any law, program or activity that has as its object the amelioration in a province of conditions of individuals in that province who are socially or economically disadvantaged if the rate of employment in that province is below the rate of employment in Canada.

Garanties juridiques

Legal Rights

7. Chacun a droit à la vie, à la liberté et à la sécurité de sa personne; il ne peut être porté atteinte à ce droit qu'en conformité avec les principes de justice fondamentale.

7. Everyone has the right to life, liberty and security of the person and the right not to be deprived thereof except in accordance with the principles of fundamental justice.

8. Chacun a droit à la protection contre les fouilles, les perquisitions ou les saisies abusives.

8. Everyone has the right to be secure against unreasonable search or seizure.

9. Chacun a droit à la protection contre la détention ou l'emprisonnement arbitraires.

9. Everyone has the right not to be arbitrarily detained or imprisoned.

10. Chacun a le droit, en cas d'arrestation ou de détention:

10. Everyone has the right on arrest or detention

(a) d'être informé dans les plus brefs délais des motifs de son arrestation ou de sa détention;

(a) to be informed promptly of the reasons therefor;

(b) d'avoir recours sans délai à l'assistance d'un avocat et d'être informé de ce droit;

(b) to retain and instruct counsel without delay and to be informed of that right; and

(c) de faire contrôler, par *habeas corpus*, la légalité de sa détention et d'obtenir, le cas échéant, sa libération.

(c) to have the validity of the detention determined by way of *habeas corpus* and to be released if the detention is not lawful.

11. Tout inculpé a le droit:

11. Any person charged with an offence has the right

(a) d'être informé sans délai anormal de l'infraction précise qu'on lui reproche;

(b) d'être jugé dans un délai raisonnable;

(c) de ne pas être contraint de témoigner contre lui-même dans toute poursuite intentée contre lui pour l'infraction qu'on lui reproche;

(d) d'être présumé innocent tant qu'il n'est pas déclaré coupable, conformément à la loi, par un tribunal indépendant et impartial à l'issue d'un procès public et équitable;

(e) de ne pas être privé sans juste cause d'une mise en liberté assortie d'un cautionnement raisonnable;

(f) sauf s'il s'agit d'une infraction relevant de la justice militaire, de bénéficier d'un procès avec jury lorsque la peine maximale prévue pour l'infraction dont il est accusé est un emprisonnement de cinq ans ou une peine plus grave;

(g) de ne pas être déclaré coupable en raison d'une action ou d'une omission qui, au moment où elle est survenue, ne constituait pas une infraction d'après le droit interne du Canada ou le droit international et n'avait pas de caractère criminel d'après les principes généraux de droit reconnus par l'ensemble des nations;

(h) d'une part de ne pas être jugé de nouveau pour une infraction dont il a été définitivement acquitté, d'autre part de ne pas être jugé ni puni de nouveau pour une infraction dont il a été définitivement déclaré coupable et puni;

(i) de bénéficier de la peine la moins sévère, lorsque la peine qui sanctionne l'infraction dont il est déclaré coupable est modifiée entre le moment de la perpétration de l'infraction et celui de la sentence.

12. Chacun a droit à la protection contre tous traitements ou peines cruels et inusités.

(a) to be informed without unreasonable delay of the specific offence;

(b) to be tried within a reasonable time;

(c) not to be compelled to be a witness in proceedings against that person in respect of the offence;

(d) to be presumed innocent until proven guilty according to law in a fair and public hearing by an independent and impartial tribunal;

(e) not to be denied reasonable bail without just cause;

(f) except in the case of an offence under military law tried before a military tribunal, to the benefit of trial by jury where the maximum punishment for the offence is imprisonment for five years or a more severe punishment;

(g) not to be found guilty on account of any act or omission unless, at the time of the act or omission, it constituted an offence under Canadian or international law or was criminal according to the general principles of law recognized by the community of nations;

(h) if finally acquitted of the offence, not to be tried for it again and, if finally found guilty and punished for the offence, not to be tried or punished for it again; and

(i) if found guilty of the offence and if the punishment for the offence has been varied between the time of commission and the time of sentencing, to the benefit of the lesser punishment.

12. Everyone has the right not to be subjected to any cruel and unusual treatment or punishment.

13. Chacun a droit à ce qu'aucun témoignage incriminant qu'il donne ne soit utilisé pour l'incriminer dans d'autres procédures, sauf lors de poursuites pour parjure ou pour témoignages contradictoires.

13. A witness who testifies in any proceedings has the right not to have any incriminating evidence so given used to incriminate that witness in any other proceedings, except in a prosecution for perjury or for the giving of contradictory evidence.

14. La partie ou le témoin qui ne peuvent suivre les procédures, soit parce qu'ils ne comprennent pas ou ne parlent pas la langue employée, soit parce qu'ils sont atteints de surdité, ont droit à l'assistance d'un interprète.

14. A party or witness in any proceedings who does not understand or speak the language in which the proceedings are conducted or who is deaf has the right to the assistance of an interpreter.

Droits à l'égalité

Equality Rights

15. (1) La loi ne fait acception de personne et s'applique également à tous, et tous ont droit à la même protection et au même bénéfice de la loi, indépendamment de toute discrimination, notamment des discriminations fondées sur la race, l'origine nationale ou ethnique, la couleur, la religion, le sexe, l'âge ou les déficiences mentales ou physiques.

15. (1) Every individual is equal before and under the law and has the right to the equal protection and equal benefit of the law without discrimination and, in particular, without discrimination based on race, national or ethnic origin, colour, religion, sex, age or mental or physical disability.

(2) Le paragraphe (1) n'a pas pour effet d'interdire les lois, programmes ou activités destinés à améliorer la situation d'individus ou de groupes défavorisés, notamment du fait de leur race, de leur origine nationale ou ethnique, de leur couleur, de leur religion, de leur sexe, de leur âge ou de leurs déficiences mentales ou physiques.

(2) Subsection (1) does not preclude any law, program or activity that has as its object the amelioration of conditions of disadvantaged individuals or groups including those that are disadvantaged because of race, national or ethnic origin, colour, religion, sex, age or mental or physical disability.

Langues officielles du Canada

Official Languages of Canada

16. (1) Le français et l'anglais sont les langues officielles du Canada; ils ont un statut et des droits et privilèges égaux quant à leur usage dans les institutions du Parlement et du gouvernement du Canada.

16. (1) English and French are the official languages of Canada and have equality of status and equal rights and privileges as to their use in all institutions of the Parliament and government of Canada.

(2) Le français et l'anglais sont les langues officielles du Nouveau-Brunswick; ils ont un statut et des droits et privilèges égaux quant à leur usage dans les institutions de la Législature et du gouvernement du Nouveau-Brunswick.

(2) English and French are the official languages of New Brunswick and have equality of status and equal rights and privileges as to their use in all institutions of the legislature and government of New Brunswick.

(3) La présente charte ne limite pas le pouvoir du Parlement et des législatures de favoriser la progression vers l'égalité de statut ou d'usage du français et de l'anglais.

(3) Nothing in this Charter limits the authority of Parliament or a legislature to advance the equality of status or use of English and French.

16.1 (1) La communauté linguistique française et la communauté linguistique anglaise du Nouveau-Brunswick ont un statut et des droits et privilèges égaux, notamment le droit à des institutions d'enseignement distinctes et aux institutions culturelles distinctes nécessaires à leur protection et à leur promotion.

16.1 (1) The English linguistic community and the French linguistic community in New Brunswick have equality of status and equal rights and privileges, including the right to distinct educational institutions and such distinct cultural institutions as are necessary for the preservation and promotion of those communities.

(2) Le rôle de la législature et du gouvernement du Nouveau-Brunswick de protéger et de promouvoir le statut, les droits et les privilèges visés au paragraphe (1) est confirmé.

(2) The role of the legislature and government of New Brunswick to preserve and promote the status, rights and privileges referred to in subsection (1) is affirmed.

TR/93-54

[SI/93-54]

17. (1) Chacun a le droit d'employer le français ou l'anglais dans les débats et travaux du Parlement.

17. (1) Everyone has the right to use English or French in any debates and other proceedings of Parliament.

(2) Chacun a le droit d'employer le français ou l'anglais dans les débats et travaux de la Législature du Nouveau-Brunswick.

(2) Everyone has the right to use English or French in any debates and other proceedings of the legislature of New Brunswick.

18. (1) Les lois, les archives, les comptes rendus et les procès-verbaux du Parlement sont imprimés et publiés en français et en anglais, les deux versions des lois ayant également force de loi et celles des autres documents ayant même valeur.

18. (1) The statutes, records and journals of Parliament shall be printed and published in English and French and both language versions are equally authoritative.

(2) Les lois, les archives, les comptes rendus et les procès-verbaux de la Législature du Nouveau-Brunswick sont imprimés et publiés en français et en anglais, les deux versions des lois ayant également force de loi et celles des autres documents ayant même valeur.

(2) The statutes, records and journals of the legislature of New Brunswick shall be printed and published in English and French and both language versions are equally authoritative.

19. (1) Chacun a le droit d'employer le français ou l'anglais dans toutes les affaires dont sont saisis les tribunaux établis par le Parlement et dans tous les actes de procédure qui en découlent.

19. (1) Either English or French may be used by any person in, or in any pleading in or process issuing from, any court established by Parliament.

(2) Chacun a le droit d'employer le français ou l'anglais dans toutes les affaires

(2) Either English or French may be used by any person in, or in any pleading in or

dont sont saisis les tribunaux du Nouveau-Brunswick et dans tous les actes de procédure qui en découlent.

process issuing from, any court of New Brunswick.

20. (1) Le public a, au Canada, droit à l'emploi du français ou de l'anglais pour communiquer avec le siège ou l'administration centrale des institutions du Parlement ou du gouvernement du Canada ou pour en recevoir les services; il a le même droit à l'égard de tout autre bureau de ces institutions là où, selon le cas:

> (a) l'emploi du français ou de l'anglais fait l'objet d'une demande importante;

> (b) l'emploi du français et de l'anglais se justifie par la vocation du bureau.

20. (1) Any member of the public in Canada has the right to communicate with, and to receive available services from, any head or central office of an institution of the Parliament or government of Canada in English or French, and has the same right with respect to any other office of any such institution where

> (a) there is a significant demand for communications with and services from that office in such language; or

> (b) due to the nature of the office, it is reasonable that communications with and services from that office be available in both English and French.

(2) Le public a, au Nouveau-Brunswick, droit à l'emploi du français ou de l'anglais pour communiquer avec tout bureau des institutions de la législature ou du gouvernement ou pour en recevoir les services.

(2) Any member of the public in New Brunswick has the right to communicate with, and to receive available services from, any office of an institution of the legislature or government of New Brunswick in English of French.

21. Les articles 16 à 20 n'ont pas pour effet, en ce qui a trait à la langue française ou anglaise ou à ces deux langues, de porter atteinte aux droits, privilèges ou obligations qui existent ou sont maintenus aux termes d'une autre disposition de la Constitution du Canada.

21. Nothing in sections 16 to 20 abrogates or derogates from any right, privilege or obligation with respect to the English and French languages, or either of them, that exists or is continued by virtue of any other provision of the Constitution of Canada.

22. Les articles 16 à 20 n'ont pas pour effet de porter atteinte aux droits et privilèges, antérieurs ou postérieurs à l'entrée en vigueur de la présente charte et découlant de la loi ou de la coutume, des langues autres que le français ou l'anglais.

22. Nothing in sections 16 to 20 abrogates or derogates from any legal or customary right or privilege acquired or enjoyed either before or after the coming into force of this Charter with respect to any language that is not English or French.

Droits à l'instruction dans la langue de la minorité

Minority Language Educational Rights

23. (1) Les citoyens canadiens:

> (a) dont la première langue apprise et encore comprise est celle de la

23. (1) Citizens of Canada

> (a) whose first language learned and still understood is that of the English

minorité francophone ou anglo-phone de la province où ils résident,

(b) qui ont reçu leur instruction, au niveau primaire, en français ou en anglais au Canada et qui résident dans une province où la langue dans laquelle ils ont reçu cette instruction est celle de la minorité francophone ou anglophone de la province,

ont, dans l'un ou l'autre cas, le droit d'y faire instruire leurs enfants, aux niveaux primaire et secondaire, dans cette langue.

(2) Les citoyens canadiens dont un enfant a reçu ou reçoit son instruction, au niveau primaire ou secondaire, en français ou en anglais au Canada ont le droit de faire instruire tous leurs enfants, aux niveaux primaire et secondaire, dans la langue de cette instruction.

(3) Le droit reconnu aux citoyens canadiens par les paragraphes (1) et (2) de faire instruire leurs enfants, aux niveaux primaire et secondaire, dans la langue de la minorité francophone ou anglophone d'une province:

(a) s'exerce partout dans la province où le nombre des enfants des citoyens qui ont ce droit est suffisant pour justifier à leur endroit la prestation, sur les fonds publics, de l'instruction dans la langue de la minorité;

(b) comprend, lorsque le nombre de ces enfants le justifie, le droit de les faire instruire dans des établissements d'enseignement de la minorité linguistique financés sur les fonds publics.

[Note: Alinéa 23(1) a) pour le Québec non en vigueur à la date de publication.]

or French linguistic minority population of the province in which they reside, or

(b) who have received their primary school instruction in Canada in English or French and reside in a province where the language in which they received that instruction is the language of the English or French linguistic minority population of the province,

have the right to have their children receive primary and secondary school instruction in that language in that province.

(2) Citizens of Canada of whom any child has received or is receiving primary or secondary school instruction in English or French in Canada, have the right to have all their children receive primary and secondary school instruction in the same language.

(3) The right of citizens of Canada under subsections (1) and (2) to have their children receive primary and secondary school instruction in the language of the English or French linguistic minority population of a province

(a) applies wherever in the province the number of children of citizens who have such a right is sufficient to warrant the provision to them out of public funds of minority language instruction; and

(b) includes, where the number of those children so warrants, the right to have them receive that instruction in minority language educational facilities provided out of public funds.

[The paragraph 23(1) is not in force for the Québec on the date of it's publication.]

Recours

Enforcement

24. (1) Toute personne, victime de violation ou de négation des droits ou libertés qui lui sont garantis par la présente charte, peut s'adresser à un tribunal compétent

24. (1) Anyone whose rights or freedoms, as guaranteed by this Charter, have been infringed or denied may apply to a court of competent jurisdiction to obtain such rem-

pour obtenir la réparation que le tribunal estime convenable et juste eu égard aux circonstances.

(2) Lorsque, dans une instance visée au paragraphe (1), le tribunal a conclu que des éléments de preuve ont été obtenus dans des conditions qui portent atteinte aux droits ou libertés garantis par la présente charte, ces éléments de preuve sont écartés s'il est établi, eu égard aux circonstances, que leur utilisation est susceptible de déconsidérer l'administration de la justice.

edy as the court considers appropriate and just in the circumstances.

(2) Where, in proceedings under subsection (1), a court concludes that evidence was obtained in a manner that infringed or denied any rights or freedoms guaranteed by this Charter, the evidence shall be excluded if it is established that, having regard to all the circumstances, the admission of it in the proceedings would bring the administration of justice into disrepute.

Dispositions générales

General

25. Le fait que la présente charte garantit certains droits et libertés ne porte pas atteinte aux droits ou libertés — ancestraux, issus de traités ou autres — des peuples autochtones du Canada, notamment:

    (a) aux droits ou libertés reconnus par la Proclamation royale du 7 octobre 1763;

    (b) aux droits ou libertés existants issus d'accords sur des revendications territoriales ou ceux susceptibles d'être ainsi acquis.

25. The guarantee in this Charter of certain rights and freedoms shall not be construed so as to abrogate or derogate from any aboriginal, treaty or other rights or freedoms that pertain to the aboriginal peoples of Canada including

    (a) any rights or freedoms that have been recognized by the Royal Proclamation of October 7, 1763; and

    (b) any rights or freedoms that now exist by way of land claims agreements or may be so acquired.

26. Le fait que la présente charte garantit certains droits et libertés ne constitue pas une négation des autres droits ou libertés qui existent au Canada.

26. The guarantee in this Charter of certain rights and freedoms shall not be construed as denying the existence of any other rights or freedoms that exist in Canada.

27. Toute interprétation de la présente charte doit concorder avec l'objectif de promouvoir le maintien et la valorisation du patrimoine multiculturel des Canadiens.

27. This Charter shall be interpreted in a manner consistent with the preservation and enhancement of the multicultural heritage of Canadians.

28. Indépendamment des autres dispositions de la présente charte, les droits et libertés qui y sont mentionnés sont garantis également aux personnes des deux sexes.

28. Notwithstanding anything in this Charter, the rights and freedoms referred to in it are guaranteed equally to male and female persons.

29. Les dispositions de la présente charte ne portent pas atteinte aux droits ou privilèges garantis en vertu de la Constitution

29. Nothing in this Charter abrogates or derogates from any rights or privileges guaranteed by or under the Constitution of

du Canada concernant les écoles séparées et autres écoles confessionnelles.

Canada in respect of denominational, separate or dissentient schools.

30. Dans la présente charte, les dispositions qui visent les provinces, leur législature ou leur assemblée législative visent également le territoire du Yukon, les Territoires du Nord-Ouest ou leurs autorités législatives compétentes.

30. A reference in this Charter to a Province or to the legislative assembly or legislature of a province shall be deemed to include a reference to the Yukon Territory and the Northwest Territories, or to the appropriate legislative authority thereof, as the case may be.

31. La présente charte n'élargit pas les compétences législatives de quelque organisme ou autorité que ce soit.

31. Nothing in this Charter extends the legislative powers of any body or authority.

Application de la charte

Application of Charter

32. (**1**) La présente charte s'applique:

(a) au Parlement et au gouvernement du Canada, pour tous les domaines relevant du Parlement, y compris ceux qui concernent le territoire du Yukon et les Territoires du Nord-Ouest;

(b) à la législature et au gouvernement de chaque province, pour tous les domaines relevant de cette législature.

32. (**1**) This Charter applies

(a) ato the Parliament and government of Canada in respect of all matters within the authority of Parliament including all matters relating to the Yukon Territory and Northwest Territories; and

(b) to the legislature and government of each province in respect of all matters within the authority of the legislature of each province.

(**2**) Par dérogation au paragraphe (1), l'article 15 n'a d'effet que trois ans après l'entrée en vigueur du présent article.

(**2**) Notwithstanding subsection (1), section 15 shall not have effect until three years after this section comes into force.

33. (**1**) Le Parlement ou la législature d'une province peut adopter une loi où il est expressément déclaré que celle-ci ou une de ses dispositions a effet indépendamment d'une disposition donnée de l'article 2 ou des articles 7 à 15 de la présente charte.

33. (**1**) Parliament or the legislature of a province may expressly declare in an Act of Parliament or of the legislature, as the case may be, that the Act or a provision thereof shall operate notwithstanding a provision included in section 2 or sections 7 to 15 of this Charter.

(**2**) La loi ou la disposition qui fait l'objet d'une déclaration conforme au présent article et en vigueur a l'effet qu'elle aurait sauf la disposition en cause de la charte.

(**2**) An Act or a provision of an Act in respect of which a declaration made under this section is in effect shall have such operation as it would have but for the provision of this Charter referred to in the declaration.

(**3**) La déclaration visée au paragraphe (1) cesse d'avoir effet à la date qui y est précisée ou, au plus tard, cinq ans après son entrée en vigueur.

(**3**) A declaration made under subsection (1) shall cease to have effect five years after it comes into force or on such earlier date as may be specified in the declaration.

(4) Le Parlement ou une législature peut adopter de nouveau une déclaration visée au paragraphe (1).

(5) Le paragraphe (3) s'applique à toute déclaration adoptée sous le régime du paragraphe (4).

Titre

34. Titre de la présente partie: *Charte canadienne des droits et libertés.*

[...]

52. (1) La Constitution du Canada est la loi suprême du Canada; elle rend inopérantes les dispositions incompatibles de toute autre règle de droit.

(2) La Constitution du Canada comprend :

a) la *Loi de 1982 sur le Canada*, y compris la présente loi;

b) les textes législatifs et les décrets figurant à l'annexe;

c) les modifications des textes législatifs et des décrets mentionnés aux alinéas *a*) ou *b*).

(3) La Constitution du Canada ne peut être modifiée que conformément aux pouvoirs conférés par elle.

(4) Parliament or the legislature of a province may re-enact a declaration made under subsection (1).

(5) Subsection (3) applies in respect of a re-enactment made under subsection (4).

Citation

34. This Part may be cited as the *Canadian Charter of Rights and Freedoms.*

[...]

52. (1) The Constitution of Canada is the supreme law of Canada, and any law that is inconsistent with the provisions of the Constitution is, to the extent of the inconsistency, of no force or effect.

(2) The Constitution of Canada includes

a) the *Canada Act 1982*, including this Act;

b) the Acts and orders referred to in the schedule; and

c) any amendment to any Act or order referred to in paragraph (*a*) or (*b*).

(3) Amendments to the Constitution of Canada shall be made only in accordance with the authority contained in the Constitution of Canada.

5. Toute personne a droit au respect de sa vie privée.

[1975, c. 6, a. 5].

5. Every person has a right to respect for his private life.

[1975, c. 6, s. 5].

6. Toute personne a droit à la jouissance paisible et à la libre disposition de ses biens, sauf dans la mesure prévue par la loi.

[1975, c. 6, a. 6].

6. Every person has a right to the peaceful enjoyment and free disposition of his property, except to the extent provided by law.

[1975, c. 6, s. 6].

7. La demeure est inviolable.

[1975, c. 6, a. 7].

7. A person's home is inviolable.

[1975, c. 6, s. 7].

8. Nul ne peut pénétrer chez autrui ni y prendre quoi que ce soit sans son consentement exprès ou tacite.

[1975, c. 6, a. 8].

8. No one may enter upon the property of another or take anything therefrom without his express or implied consent.

[1975, c. 6, s. 8].

9. Chacun a droit au respect du secret professionnel.

Toute personne tenue par la loi au secret professionnel et tout prêtre ou autre ministre du culte ne peuvent, même en justice, divulguer les renseignements confidentiels qui leur ont été révélés en raison de leur état ou profession, à moins qu'ils n'y soient autorisés par celui qui leur a fait ces confidences ou par une disposition expresse de la loi.

Le tribunal doit, d'office, assurer le respect du secret professionnel.

[1975, c. 6, a. 9].

9. Every person has a right to non-disclosure of confidential information.

No person bound to professional secrecy by law and no priest or other minister of religion may, even in judicial proceedings, disclose confidential information revealed to him by reason of his position or profession, unless he is authorized to do so by the person who confided such information to him or by an express provision of law.

The tribunal must, *ex officio*, ensure that professional secrecy is respected.

[1975, c. 6, s. 9].

9.1. Les libertés et droits fondamentaux s'exercent dans le respect des valeurs démocratiques, de l'ordre public et du bien-être général des citoyens du Québec.

La loi peut, à cet égard, en fixer la portée et en aménager l'exercice.

[1982, c. 61, a. 2].

9.1. In exercising his fundamental freedoms and rights, a person shall maintain a proper regard for democratic values, public order and the general well-being of the citizens of Québec.

In this respect, the scope of the freedoms and rights, and limits to their exercise, may be fixed by law.

[1982, c. 61, s. 2].

Chapitre I.1 —— Droit à l'égalité dans la reconnaissance et l'exercice des droits et libertés

Chapter I.1 —— Right to equal recognition and exercise of rights and freedoms

10. Toute personne a droit à la reconnaissance et à l'exercice, en pleine égalité, des

10. Every person has a right to full and equal recognition and exercise of his

droits et libertés de la personne, sans distinction, exclusion ou préférence fondée sur la race, la couleur, le sexe, la grossesse, l'orientation sexuelle, l'état civil, l'âge sauf dans la mesure prévue par la loi, la religion, les convictions politiques, la langue, l'origine ethnique ou nationale, la condition sociale, le handicap ou l'utilisation d'un moyen pour pallier ce handicap.

Il y a discrimination lorsqu'une telle distinction, exclusion ou préférence a pour effet de détruire ou de compromettre ce droit.

[1975, c. 6, a. 10; 1977, c. 6, a. 1; 1978, c. 7, a. 112; 1982, c. 61, a. 3].

10.1. Nul ne doit harceler une personne en raison de l'un des motifs visés dans l'article 10.

[1982, c. 61, a. 4].

11. Nul ne peut diffuser, publier ou exposer en public un avis, un symbole ou un signe comportant discrimination ni donner une autorisation à cet effet.

[1975, c. 6, a. 11].

12. Nul ne peut, par discrimination, refuser de conclure un acte juridique ayant pour objet des biens ou des services ordinairement offerts au public.

[1975, c. 6, a. 12].

13. Nul ne peut, dans un acte juridique, stipuler une clause comportant discrimination.

Une telle clause est sans effet.

[1975, c. 6, a. 13; 1999, c. 40, a. 46].

14. L'interdiction visée dans les articles 12 et 13 ne s'applique pas au locateur d'une chambre située dans un local d'habitation, si le locateur ou sa famille réside dans le local, ne loue qu'une seule chambre et n'annonce pas celle-ci, en vue de la louer, par avis ou par tout autre moyen public de sollicitation.

[1975, c. 6, a. 14].

15. Nul ne peut, par discrimination, empêcher autrui d'avoir accès aux moyens de

human rights and freedoms, without distinction, exclusion or preference based on race, colour, sex, pregnancy, sexual orientation, civil status, age except as provided by law, religion, political convictions, language, ethnic or national origin, social condition, a handicap or the use of any means to palliate a handicap.

Discrimination exists where such a distinction, exclusion or preference has the effect of nullifying or impairing such right.

[1975, c. 6, s. 10; 1977, c. 6, s. 1; 1978, c. 7, s. 112; 1980, c. 11, s. 34; 1982, c. 61, s. 3].

10.1. No one may harass a person on the basis of any ground mentioned in section 10.

[1982, c. 61, s. 4].

11. No one may distribute, publish or publicly exhibit a notice, symbol or sign involving discrimination, or authorize anyone to do so.

[1975, c. 6, s. 11].

12. No one may, through discrimination, refuse to make a juridical act concerning goods or services ordinarily offered to the public.

[1975, c. 6, s. 12].

13. No one may in a juridical act stipulate a clause involving discrimination.

Such a clause is without effect.

[1975, c. 6, s. 13; 1999, c. 40, s. 46].

14. The prohibitions contemplated in sections 12 and 13 do not apply to the person who leases a room situated in a dwelling if the lessor or his family resides in such dwelling, leases only one room and does not advertise the room for lease by a notice or any other public means of solicitation.

[1975, c. 6, s. 14].

15. No one may, through discrimination, inhibit the access of another to public

transport ou aux lieux publics, tels les établissements commerciaux, hôtels, restaurants, théâtres, cinémas, parcs, terrains de camping et de caravaning, et d'y obtenir les biens et les services qui y sont disponibles.

[1975, c. 6, a. 15].

transportation or a public place, such as a commercial establishment, hotel, restaurant, theatre, cinema, park, camping ground or trailer park, or his obtaining the goods and services available there.

[1975, c. 6, s. 15].

16. Nul ne peut exercer de discrimination dans l'embauche, l'apprentissage, la durée de la période de probation, la formation professionnelle, la promotion, la mutation, le déplacement, la mise à pied, la suspension, le renvoi ou les conditions de travail d'une personne ainsi que dans l'établissement de catégories ou de classifications d'emploi.

[1975, c. 6, a. 16].

16. No one may practise discrimination in respect of the hiring, apprenticeship, duration of the probationary period, vocational training, promotion, transfer, displacement, laying-off, suspension, dismissal or conditions of employment of a person or in the establishment of categories or classes of employment.

[1975, c. 6, s. 16].

17. Nul ne peut exercer de discrimination dans l'admission, la jouissance d'avantages, la suspension ou l'expulsion d'une personne d'une association d'employeurs ou de salariés ou de tout ordre professionnel ou association de personnes exerçant une même occupation.

[1975, c. 6, a. 17; 1994, c. 40, a. 457].

17. No one may practise discrimination in respect of the admission, enjoyment of benefits, suspension or expulsion of a person to, of or from an association of employers or employees or any professional order or association of persons carrying on the same occupation.

[1975, c. 6, s. 17; 1994, c. 40, s. 457].

18. Un bureau de placement ne peut exercer de discrimination dans la réception, la classification ou le traitement d'une demande d'emploi ou dans un acte visant à soumettre une demande à un employeur éventuel.

[1975, c. 6, a. 18].

18. No employment bureau may practise discrimination in respect of the reception, classification or processing of a job application or in any document intended for submitting an application to a prospective employer.

[1975, c. 6, s. 18].

18.1. Nul ne peut, dans un formulaire de demande d'emploi ou lors d'une entrevue relative à un emploi, requérir d'une personne des renseignements sur les motifs visés dans l'article 10 sauf si ces renseignements sont utiles à l'application de l'article 20 ou à l'application d'un programme d'accès à l'égalité existant au moment de la demande.

[1982, c. 61, a. 5].

18.1. No one may, in an employment application form or employment interview, require a person to give information regarding any ground mentioned in section 10 unless the information is useful for the application of section 20 or the implementation of an affirmative action program in existence at the time of the application.

[1982, c. 61, s. 5].

18.2. Nul ne peut congédier, refuser d'embaucher ou autrement pénaliser dans le cadre de son emploi une personne du seul fait qu'elle a été déclarée coupable d'une infraction pénale ou criminelle, si cette in-

18.2. No one may dismiss, refuse to hire or otherwise penalize a person in his employment owing to the mere fact that he was convicted of a penal or criminal offence, if the offence was in no way connected with

fraction n'a aucun lien avec l'emploi ou si cette personne en a obtenu le pardon.

[1982, c. 61, a. 5; 1990, c. 4, a. 133].

19. Tout employeur doit, sans discrimination, accorder un traitement ou un salaire égal aux membres de son personnel qui accomplissent un travail équivalent au même endroit.

Il n'y a pas de discrimination si une différence de traitement ou de salaire est fondée sur l'expérience, l'ancienneté, la durée du service, l'évaluation au mérite, la quantité de production ou le temps supplémentaire, si ces critères sont communs à tous les membres du personnel.

Les ajustements salariaux ainsi qu'un programme d'équité salariale sont, eu égard à la discrimination fondée sur le sexe, réputés non discriminatoires, s'ils sont établis conformément à la *Loi sur l'équité salariale* (chapitre E-12.001).

[1975, c. 6, a. 19; 1996, c. 43, a. 125].

20. Une distinction, exclusion ou préférence fondée sur les aptitudes ou qualités requises par un emploi, ou justifiée par le caractère charitable, philanthropique, religieux, politique ou éducatif d'une institution sans but lucratif ou qui est vouée exclusivement au bien-être d'un groupe ethnique est réputée non discriminatoire.

[1975, c. 6, a. 20; 1982, c. 61, a. 6; 1996, c. 10, a. 1].

20.1. Dans un contrat d'assurance ou de rente, un régime d'avantages sociaux, de retraite, de rentes ou d'assurance ou un régime universel de rentes ou d'assurance, une distinction, exclusion ou préférence fondée sur l'âge, le sexe ou l'état civil est réputée non discriminatoire lorsque son utilisation est légitime et que le motif qui la fonde constitue un facteur de détermination de risque, basé sur des données actuarielles.

Dans ces contrats ou régimes, l'utilisation de l'état de santé comme facteur de détermination de risque ne constitue pas une discrimination au sens de l'article 10.

[1996, c. 10, a. 2].

the employment or if the person has obtained a pardon for the offence.

[1982, c. 61, s. 5; 1990, c. 4, s. 133].

19. Every employer must, without discrimination, grant equal salary or wages to the members of his personnel who perform equivalent work at the same place.

A difference in salary or wages based on experience, seniority, years of service, merit, productivity or overtime is not considered discriminatory if such criteria are common to all members of the personnel.

Adjustments in compensation and a pay equity plan are deemed not to discriminate on the basis of gender if they are established in accordance with the *Pay Equity Act* (chapter E-12.001).

[1975, c. 6, s. 19; 1996, c. 43, s. 125].

20. A distinction, exclusion or preference based on the aptitudes or qualifications required for an employment, or justified by the charitable, philanthropic, religious, political or educational nature of a non-profit institution or of an institution devoted exclusively to the well-being of an ethnic group, is deemed non-discriminatory.

[1975, c. 6, s. 20; 1982, c. 61, s. 6; 1996, c. 10, s. 1].

20.1. In an insurance or pension contract, a social benefits plan, a retirement, pension or insurance plan, or a public pension or public insurance plan, a distinction, exclusion or preference based on age, sex or civil status is deemed non-discriminatory where the use thereof is warranted and the basis therefor is a risk determination factor based on actuarial data.

In such contracts or plans, the use of health as a risk determination factor does not constitute discrimination within the meaning of section 10.

[1996, c. 10, s. 2].

| Chapitre II — Droits politiques | Chapter II — Political rights |

21. Toute personne a droit d'adresser des pétitions à l'Assemblée nationale pour le redressement de griefs.

[1975, c. 6, a. 21].

21. Every person has a right of petition to the National Assembly for the redress of grievances.

[1975, c. 6, s. 21].

22. Toute personne légalement habilitée et qualifiée a droit de se porter candidat lors d'une élection et a droit d'y voter.

[1975, c. 6, a. 22].

22. Every person legally capable and qualified has the right to be a candidate and to vote at an election.

[1975, c. 6, s. 22].

| Chapitre III — Droits judiciaires | Chapter III — Judicial rights |

23. Toute personne a droit, en pleine égalité, à une audition publique et impartiale de sa cause par un tribunal indépendant et qui ne soit pas préjugé, qu'il s'agisse de la détermination de ses droits et obligations ou du bien-fondé de toute accusation portée contre elle.

Le tribunal peut toutefois ordonner le huis clos dans l'intérêt de la morale ou de l'ordre public.

[1975, c. 6, a. 23; 1982, c. 17, a. 42; 1993, c. 30, a. 17].

23. Every person has a right to a full and equal, public and fair hearing by an independent and impartial tribunal, for the determination of his rights and obligations or of the merits of any charge brought against him.

The tribunal may decide to sit in camera, however, in the interests of morality or public order.

[1975, c. 6, s. 23; 1982, c. 17, s. 42; 1993, c. 30, s. 17].

24. Nul ne peut être privé de sa liberté ou de ses droits, sauf pour les motifs prévus par la loi et suivant la procédure prescrite.

[1975, c. 6, a. 24].

24. No one may be deprived of his liberty or of his rights except on grounds provided by law and in accordance with prescribed procedure.

[1975, c. 6, s. 24].

24.1. Nul ne peut faire l'objet de saisies, perquisitions ou fouilles abusives.

[1982, c. 61, a. 7].

24.1. No one may be subjected to unreasonable search or seizure.

[1982, c. 61, s. 7].

25. Toute personne arrêtée ou détenue doit être traitée avec humanité et avec le respect dû à la personne humaine.

[1975, c. 6, a. 25].

25. Every person arrested or detained must be treated with humanity and with the respect due to the human person.

[1975, c. 6, s. 25].

26. Toute personne détenue dans un établissement de détention a droit d'être soumise à un régime distinct approprié à son sexe, son âge et sa condition physique ou mentale.

[1975, c. 6, a. 26].

26. Every person confined to correctional facility has the right to separate treatment appropriate to his sex, his age and his physical or mental condition.

[1975, c. 6, s. 26].

27. Toute personne détenue dans un établissement de détention en attendant l'issue de son procès a droit d'être séparée, jusqu'au jugement final, des prisonniers qui purgent une peine.

[1975, c. 6, a. 27].

27. Every person confined to a house of detention while awaiting the outcome of his trial has the right to be kept apart, until final judgment, from prisoners serving sentence.

[1975, c. 6, s. 27].

28. Toute personne arrêtée ou détenue a droit d'être promptement informée, dans une langue qu'elle comprend, des motifs de son arrestation ou de sa détention.

[1975, c. 6, a. 28].

28. Every person arrested or detained has a right to be promptly informed, in a language he understands, of the grounds of his arrest or detention.

[1975, c. 6, s. 28].

28.1. Tout accusé a le droit d'être promptement informé de l'infraction particulière qu'on lui reproche.

[1982, c. 61, a. 8].

28.1. Every accused person has a right to be promptly informed of the specific offence with which he is charged.

[1982, c. 61, s. 8].

29. Toute personne arrêtée ou détenue a droit, sans délai, d'en prévenir ses proches et de recourir à l'assistance d'un avocat. Elle doit être promptement informée de ces droits.

[1975, c. 6, a. 29; 1982, c. 61, a. 9].

29. Every person arrested or detained has a right to immediately advise his next of kin thereof and to have recourse to the assistance of an advocate. He has a right to be informed promptly of those rights.

[1975, c. 6, s. 29; 1982, c. 61, s. 9].

30. Toute personne arrêtée ou détenue doit être promptement conduite devant le tribunal compétent ou relâchée.

[1975, c. 6, a. 30; 1982, c. 61, a. 10].

30. Every person arrested or detained must be brought promptly before the competent tribunal or released.

[1975, c. 6, s. 30; 1982, c. 61, s. 10].

31. Nulle personne arrêtée ou détenue ne peut être privée, sans juste cause, du droit de recouvrer sa liberté sur engagement, avec ou sans dépôt ou caution, de comparaître devant le tribunal dans le délai fixé.

[1975, c. 6, a. 31].

31. No person arrested or detained may be deprived without just cause of the right to be released on undertaking, with or without deposit or surety, to appear before the tribunal at the appointed time.

[1975, c. 6, s. 31].

32. Toute personne privée de sa liberté a droit de recourir à l'*habeas corpus*.

[1975, c. 6, a. 32].

32. Every person deprived of his liberty has a right of recourse to *habeas corpus*.

[1975, c. 6, s. 32].

32.1. Toute accusé a le droit d'être jugé dans un délai raisonnable.

[1982, c. 61, a. 11].

32.1. Every accused person has a right to be tried within a reasonable time.

[1982, c. 61, s. 11].

33. Tout accusé est présumé innocent jusqu'à ce que la preuve de sa culpabilité ait été établie suivant la loi.

[1975, c. 6, a. 33].

33. Every accused person is presumed innocent until proven guilty according to law.

[1975, c. 6, s. 33].

46. Toute personne qui travaille a droit, conformément à la loi, à des conditions de travail justes et raisonnables et qui respectent sa santé, sa sécurité et son intégrité physique.

[1975, c. 6, a. 46; 1979, c. 63, a. 275].

46. Every person who works has a right, in accordance with the law, to fair and reasonable conditions of employment which have proper regard for his health, safety and physical well-being.

[1975, c. 6, s. 46; 1979, c. 63, s. 275].

46.1. Toute personne a droit, dans la mesure et suivant les normes prévues par la loi, de vivre dans un environnement sain et respectueux de la biodiversité.

[2006, c. 3, a. 19].

46.1. Every person has a right to live in a healthful environment in which biodiversity is preserved, to the extent and according to the standards provided by law.

[2006, c. 3, s. 19].

47. Les conjoints ont, dans le mariage ou l'union civile, les mêmes droits, obligations et responsabilités.

Ils assurent ensemble la direction morale et matérielle de la famille et l'éducation de leurs enfants communs.

[1975, c. 6, a. 47; 2002, c. 6, a. 89].

47. Married or civil union spouses have, in the marriage or civil union, the same rights, obligations and responsibilities.

Together they provide the moral guidance and material support of the family and the education of their common offspring.

[1975, c. 6, s. 47; 2002, c. 6, s. 89].

48. Toute personne âgée ou toute personne handicapée a droit d'être protégée contre toute forme d'exploitation.

Telle personne a aussi droit à la protection et à la sécurité que doivent lui apporter sa famille ou les personnes qui en tiennent lieu.

[1975, c. 6, a. 48; 1978, c. 7, a. 113].

48. Every aged person and every handicapped person has a right to protection against any form of exploitation.

Such a person also has a right to the protection and security that must be provided to him by his family or the persons acting in their stead.

[1975, c. 6, s. 48; 1978, c. 7, s. 113].

Chapitre V —— Dispositions spéciales et interprétatives

Chapter V —— Special and interpretative provisions

49. Une atteinte illicite à un droit ou à une liberté reconnu par la présente Charte confère à la victime le droit d'obtenir la cessation de cette atteinte et la réparation du préjudice moral ou matériel qui en résulte.

En cas d'atteinte illicite et intentionnelle, le tribunal peut en outre condamner son auteur à des dommages-intérêts punitifs.

[1975, c. 6, a. 49; 1999, c. 40, a. 46].

49. Any unlawful interference with any right or freedom recognized by this Charter entitles the victim to obtain the cessation of such interference and compensation for the moral or material prejudice resulting therefrom.

In case of unlawful and intentional interference, the tribunal may, in addition, condemn the person guilty of it to punitive damages.

[1975, c. 6, s. 49; 1999, c. 40, s. 46].

49.1. Les plaintes, différends et autres recours dont l'objet est couvert par la *Loi sur l'équité salariale* (chapitre E-12.001) sont réglés exclusivement suivant cette loi.

49.1. Any complaint, dispute or remedy the subject-matter of which is covered by the *Pay Equity Act* (chapter E-12.001) shall be dealt with exclusively in accordance with the provisions of that Act.

En outre, toute question relative à l'équité salariale entre une catégorie d'emplois à prédominance féminine et une catégorie d'emplois à prédominance masculine dans une entreprise qui compte moins de 10 salariés doit être résolue par la Commission de l'équité salariale en application de l'article 19 de la présente Charte.

[1996, c. 43, a. 126].

Moreover, any question concerning pay equity between a predominantly female job class and a predominantly male job class in an enterprise employing fewer than 10 employees shall be settled by the Commission de l'équité salariale in accordance with section 19 of this Charter.

[1996, c. 43, s. 126].

50. La Charte doit être interprétée de manière à ne pas supprimer ou restreindre la jouissance ou l'exercice d'un droit ou d'une liberté de la personne qui n'y est pas inscrit.

[1975, c. 6, a. 50].

50. The Charter shall not be so interpreted as to suppress or limit the enjoyment or exercise of any human right or freedom not enumerated herein.

[1975, c. 6, s. 50].

50.1. Les droits et libertés énoncés dans la présente Charte sont garantis également aux femmes et aux hommes.

[2008, c. 15, a. 2].

50.1. The rights and freedoms set forth in this Charter are guaranteed equally to women and men.

[2008, c. 15, s. 2].

51. La Charte ne doit pas être interprétée de manière à augmenter, restreindre ou modifier la portée d'une disposition de la loi, sauf dans la mesure prévue par l'article 52.

[1975, c. 6, a. 51].

51. The Charter shall not be so interpreted as to extend, limit or amend the scope of a provision of law except to the extent provided in section 52.

[1975, c. 6, s. 51].

52. Aucune disposition d'une loi, même postérieure à la Charte, ne peut déroger aux articles 1 à 38, sauf dans la mesure prévue par ces articles, à moins que cette loi n'énonce expressément que cette disposition s'applique malgré la Charte.

[1975, c. 6, a. 52; 1982, c. 61, a. 16].

52. No provision of any Act, even subsequent to the Charter, may derogate from sections 1 to 38, except so far as provided by those sections, unless such Act expressly states that it applies despite the Charter.

[1975, c. 6, s. 52; 1982, c. 61, s. 16].

53. Si un doute surgit dans l'interprétation d'une disposition de la loi, il est tranché dans le sens indiqué par la Charte.

[1975, c. 6, a. 53].

53. If any doubt arises in the interpretation of a provision of the Act, it shall be resolved in keeping with the intent of the Charter.

[1975, c. 6, s. 53].

54. La Charte lie l'État.
[1975, c. 6, a. 54; 1999, c. 40, a. 46].

54. The Charter binds the State.
[1975, c. 6, s. 54; 1999, c. 40, s. 46].

55. La Charte vise les matières qui sont de la compétence législative du Québec.

[1975, c. 6, a. 55].

55. The Charter affects those matters that come under the legislative authority of Québec.

[1975, c. 6, s. 55].

56. 1. Dans les articles 9, 23, 30, 31, 34 et 38, dans le chapitre III de la partie II ainsi que dans la partie IV, le mot « tribunal » inclut un coroner, un commissaire-enquêteur sur les incendies, une commission d'enquête et une personne ou un organisme exerçant des fonctions quasi-judiciaires.

2. Dans l'article 19, les mots « traitement » et « salaire » incluent les compensations ou avantages à valeur pécuniaire se rapportant à l'emploi.

3. Dans la Charte, le mot « loi » inclut un règlement, un décret, une ordonnance ou un arrêté en conseil pris sous l'autorité d'une loi.

[1975, c. 6, a. 56; 1989, c. 51, a. 2].

56. (1) In sections 9, 23, 30, 31, 34 and 38, in Chapter III of Part II and in Part IV, the word "tribunal" includes a coroner, a fire investigation commissioner, an inquiry commission, and any person or agency exercising quasi-judicial functions.

(2) In section 19, the words "salary" and "wages" include the compensations or benefits of pecuniary value connected with the employment.

(3) In the Charter, the word "law" or "act" includes a regulation, a decree, an ordinance or an order in council made under the authority of any act.

[1975, c. 6, s. 56; 1989, c. 51, s. 2].

PARTIE II ⸺ **LA COMMISSION DES DROITS DE LA PERSONNE ET DES DROITS DE LA JEUNESSE**

Chapitre I ⸺ **Constitution**

57. Est constituée la Commission des droits de la personne et des droits de la jeunesse.

La Commission a pour mission de veiller au respect des principes énoncés dans la présente Charte ainsi qu'à la protection de l'intérêt de l'enfant et au respect des droits qui lui sont reconnus par la *Loi sur la protection de la jeunesse* (chapitre P-34.1); à ces fins, elle exerce les fonctions et les pouvoirs que lui attribuent cette Charte et cette loi.

La Commission doit aussi veiller à l'application de la *Loi sur l'accès à l'égalité en emploi dans des organismes publics* (chapitre A-2.01). À cette fin, elle exerce les fonctions et les pouvoirs que lui attribuent la présente Charte et cette loi.

[1975, c. 6, a. 57; 1995, c. 27, a. 1, 2; 2000, c. 45, a. 27].

PART II ⸺ **LA COMMISSION DES DROITS DE LA PERSONNE ET DES DROITS DE LA JEUNESSE**

Chapter I ⸺ **Constitution**

57. A body, hereinafter called the "commission", is established under the name of "Commission des droits de la personne et des droits de la jeunesse".

The mission of the commission is to ensure that the principles set forth in this Chapter are upheld, that the interests of children are protected and that their rights recognized by the *Youth Protection Act* (chapter P-34.1) are respected; for such purposes, the commission shall exercise the functions and powers conferred on it by this Charter and the *Youth Protection Act*.

Moreover, the Commission is responsible for the administration of the *Act respecting equal access to employment in public bodies* (chapter A-2.01). For such purposes, the Commission shall exercise the functions and powers conferred on it by that Act and this Charter.

[1975, c. 6, s. 57; 1995, c. 27, s. 2; 2000, c. 45, s. 27].

58. La Commission est composée de 13 membres, dont un président et deux vice-présidents.

58. The Commission shall be composed of 13 members, including the president and two vice-presidents.

Les membres de la Commission sont nommés par l'Assemblée nationale sur proposition du premier ministre. Ces nominations doivent être approuvées par les deux tiers des membres de l'Assemblée.

[1975, c. 6, a. 58; 1989, c. 51, a. 3; 1995, c. 27, a. 3; 2002, c. 34, a. 1].

58.1. Cinq membres de la Commission sont choisis parmi des personnes susceptibles de contribuer d'une façon particulière à l'étude et à la solution des problèmes relatifs aux droits et libertés de la personne, et cinq autres parmi des personnes susceptibles de contribuer d'une façon particulière à l'étude et à la solution des problèmes relatifs à la protection des droits de la jeunesse.

[1995, c. 27, a. 3; 2002, c. 34, a. 2].

58.2. (*Abrogé*).

[2002, c. 34, a. 3].

58.3. La durée du mandat des membres de la Commission est d'au plus dix ans. Cette durée, une fois fixée, ne peut être réduite.

[1995, c. 27, a. 3].

59. Le gouvernement fixe le traitement et les conditions de travail ou, s'il y a lieu, le traitement additionnel, les honoraires ou les allocations de chacun des membres de la Commission.

Le traitement, le traitement additionnel, les honoraires et les allocations, une fois fixés, ne peuvent être réduits.

[1975, c. 6, a. 59; 1989, c. 51, a. 4].

60. Les membres de la Commission restent en fonction jusqu'à leur remplacement, sauf en cas de démission.

[1975, c. 6, a. 60; 1989, c. 51, a. 5].

61. La Commission peut constituer un comité des plaintes formé de 3 de ses membres qu'elle désigne par écrit, et lui déléguer, par règlement, des responsabilités.

[1975, c. 6, a. 61; 1989, c. 51, a. 5].

The members of the commission shall be appointed by the National Assembly upon the motion of the Prime Minister. Such appointments must be approved by two-thirds of the Members of the National Assembly.

[1975, c. 6, s. 58; 1989, c. 51, s. 3; 1995, c. 27, s. 3; 2002, c. 34, s. 1].

58.1. Five members of the Commission shall be chosen from among persons capable of making a notable contribution to the examination and resolution of problems relating to human rights and freedoms, and five other members from among persons capable of making a notable contribution to the examination and resolution of problems relating to the protection of the rights of young persons.

[1995, c. 27, s. 3; 2002, c. 34, s. 2].

58.2. (*Repealed*).

[2002, c. 34, s. 3].

58.3. The term of office of the members of the commission may not exceed ten years. Once determined, it shall not be reduced.

[1995, c. 27, s. 3].

59. The Government shall fix the salary and the conditions of employment or, as the case may be, the additional salary, fees or allowances of each member of the commission.

Their salary, additional salary, fees and allowances, once determined, shall not be reduced.

[1975, c. 6, s. 59; 1989, c. 51, s. 4].

60. The members of the commission shall remain in office until they are replaced, except in the case of resignation.

[1975, c. 6, s. 60; 1989, c. 51, s. 5].

61. The commission may establish a complaints committee composed of three of its members designated in writing by the commission and delegate certain responsibilities to it by regulation.

[1975, c. 6, s. 61; 1989, c. 51, s. 5].

62. La Commission nomme les membres du personnel requis pour s'acquitter de ses fonctions; ils peuvent être destitués par décret du gouvernement, mais uniquement sur recommandation de la Commission.

La Commission peut, par écrit, confier à une personne qui n'est pas membre de son personnel soit le mandat de faire une enquête, soit celui de rechercher un règlement entre les parties, dans les termes des paragraphes 1 et 2 du deuxième alinéa de l'article 71, avec l'obligation de lui faire rapport dans un délai qu'elle fixe.

Pour un cas d'arbitrage, la Commission désigne un seul arbitre parmi les personnes qui ont une expérience, une expertise, une sensibilisation et un intérêt marqués en matière des droits et libertés de la personne et qui sont inscrites sur la liste dressée périodiquement par le gouvernement suivant la procédure de recrutement et de sélection qu'il prend par règlement. L'arbitre agit suivant les règles prévues au Livre VII du *Code de procédure civile* (chapitre C-25), à l'exclusion du chapitre II du Titre I, compte tenu des adaptations nécessaires.

Une personne qui a participé à l'enquête ne peut se voir confier le mandat de rechercher un règlement ni agir comme arbitre, sauf du consentement des parties.

[1975, c. 6, a. 62; 1989, c. 51, a. 5; 2000, c. 8, a. 108].

62. The commission shall appoint the personnel it requires for the performance of its functions; they may be dismissed by order of the Government but only on the recommendation of the commission.

The commission may, in writing, give to a person other than a member of its personnel the mandate to either make an investigation or endeavour to effect a settlement between the parties under the terms of subparagraph 1 or 2 of the second paragraph of section 71, with the obligation to report to the commission within a specified time.

For the arbitration of a matter, the commission shall designate an arbitrator to act alone from among persons having notable experience and expertise in, sensitivity to and interest for matters of human rights and freedoms and included in the panel of arbitrators established periodically by the Government according to the recruitment and selection procedure prescribed by Government regulation. The arbitrator shall act in accordance with the rules set out in Book VII, except Chapter II of Title I, of the *Code of Civil Procedure* (chapter C-25), adapted as required.

No person having taken part in the investigation may be given the mandate to endeavour to effect a settlement or act as an arbitrator except with the consent of the parties.

[1975, c. 6, s. 62; 1989, c. 51, s. 5; 2000, c. 8, s. 108].

63. Le gouvernement établit les normes et barèmes de la rémunération ou des allocations ainsi que les autres conditions de travail qu'assume la Commission à l'égard des membres de son personnel, de ses mandataires et des arbitres.

[1975, c. 6, a. 63; 1989, c. 51, a. 5].

63. The Government shall establish standards and scales applicable to the remuneration or allowances and other conditions of employment to be borne by the commission in respect of its personnel, its mandataries and the arbitrators it designates.

[1975, c. 6, s. 63; 1989, c. 51, s. 5].

64. Avant d'entrer en fonction, les membres et mandataires de la Commission, les membres de son personnel et les arbitres prêtent les serments prévus à l'annexe I; les membres de la Commission, devant le Président de l'Assemblée natio-

64. Before entering office, the members and mandataries of the commission, the members of its personnel and the arbitrators designated by it shall make the oaths provided in Schedule I before the President of the National Assembly in the case

nale et les autres, devant le président de la Commission.

[1975, c. 6, a. 64; 1989, c. 51, a. 5; 1999, c. 40, a. 46].

of the members of the commission and before the president of the commission in all other cases.

[1975, c. 6, s. 64; 1989, c. 51, s. 5; 1999, c. 40, s. 46].

65. Le président et les vice-présidents doivent s'occuper exclusivement des devoirs de leurs fonctions.

Ils doivent tout particulièrement veiller au respect de l'intégralité des mandats qui sont confiés à la Commission tant par la présente Charte que par la *Loi sur la protection de la jeunesse* (chapitre P-34.1).

Le président désigne un vice-président qui est plus particulièrement responsable du mandat confié à la Commission par la présente Charte, et un autre qui est plus particulièrement responsable du mandat confié par la *Loi sur la protection de la jeunesse*. Il en avise le Président de l'Assemblée nationale qui en informe l'Assemblée.

[1975, c. 6, a. 65; 1989, c. 51, a. 5; 1995, c. 27, a. 4; 2002, c. 34, a. 4].

65. The president and the vice-presidents shall devote their time exclusively to the duties of their office.

In particular, they shall see to it that the mandates conferred on the commission by this Charter or by the *Youth Protection Act* (chapter P-34.1) are fully carried out.

The president shall designate a vice-president who shall be responsible more particularly for the mandate entrusted to the Commission by this Charter, and another vice-president who shall be responsible more particularly for the mandate entrusted by the Youth Protection Act. The president shall inform the President of the National Assembly thereof, who shall inform the Assembly.

[1975, c. 6, s. 65; 1989, c. 51, s. 5; 1995, c. 27, s. 4; 2002, c. 34, s. 4].

66. Le président est chargé de la direction et de l'administration des affaires de la Commission, dans le cadre des règlements pris pour l'application de la présente Charte. Il peut, par délégation, exercer les pouvoirs de la Commission prévus à l'article 61, aux deuxième et troisième alinéas de l'article 62 et au premier alinéa de l'article 77.

Il préside les séances de la Commission.

[1975, c. 6, a. 66; 1989, c. 51, a. 5].

66. The president is responsible for the administration and management of the affairs of the commission within the scope of the regulations governing the administration of this Charter. He may, by delegation, exercise the powers of the commission under section 61, the second and third paragraphs of section 62 and the first paragraph of section 77.

The president shall preside the sittings of the commission.

[1975, c. 6, s. 66; 1989, c. 51, s. 5].

67. D'office, le vice-président désigné par le gouvernement remplace temporairement le président en cas d'absence ou d'empêchement de celui-ci ou de vacance de sa fonction. Si ce vice-président est lui-même absent ou empêché ou que sa fonction est vacante, l'autre vice-président le remplace. À défaut, le gouvernement désigne un autre membre de la Commission dont il fixe, s'il y a lieu, le traitement additionnel, les honoraires ou les allocations.

67. The vice-president designated by the Government shall *ex officio*, and temporarily, replace the president if he is absent or unable to act or if the office of president is vacant. If the vice-president called upon to replace the president is himself absent or unable to act, or if that office is vacant, the other vice-president shall replace the president. Otherwise, the Government shall designate another member of the commission and, if need be, shall fix the addi-

faire rapport au procureur général et au directeur des poursuites criminelles et pénales.

[1975, c. 6, a. 71; 1989, c. 51, a. 5; 1996, c. 43, a. 127; 2005, c. 34, a. 42].

72. La Commission, ses membres, les membres de son personnel, ses mandataires et un comité des plaintes doivent prêter leur assistance aux personnes, groupes ou organismes qui en font la demande, pour la réalisation d'objets qui relèvent de la compétence de la Commission suivant le chapitre III de la présente partie, les parties III et IV et les règlements pris en vertu de la présente Charte.

Ils doivent, en outre, prêter leur concours dans la rédaction d'une plainte, d'un règlement intervenu entre les parties ou d'une demande qui doit être adressée par écrit à la Commission.

[1975, c. 6, a. 72; 1989, c. 51, a. 5].

73. La Commission remet au Président de l'Assemblée nationale, au plus tard le 30 juin, un rapport portant, pour l'année financière précédente, sur ses activités et ses recommandations tant en matière de promotion et de respect des droits de la personne qu'en matière de protection de l'intérêt de l'enfant ainsi que de promotion et de respect des droits de celui-ci.

Ce rapport est déposé devant l'Assemblée nationale si elle est en session ou, si elle ne l'est pas, dans les 30 jours de l'ouverture de la session suivante. Il est publié et distribué par l'Éditeur officiel du Québec, dans les conditions et de la manière que la Commission juge appropriées.

[1975, c. 6, a. 73; 1989, c. 51, a. 5; 1995, c. 27, a. 7; 2002, c. 34, a. 5].

Chapitre III —— Plaintes

74. Peut porter plainte à la Commission toute personne qui se croit victime d'une violation des droits relevant de la compétence d'enquête de la Commission. Peuvent se regrouper pour porter plainte, plusieurs personnes qui se croient victimes d'une telle violation dans des circonstances analogues.

under this Charter, and report its findings to the Attorney General and to the Director of Criminal and Penal Prosecutions.

[1975, c. 6, s. 71; 1989, c. 51, s. 5; 1996, c. 43, s. 127; 2005, c. 34, s. 42].

72. The commission, its members, personnel and mandataries and any complaints committee established by the commission shall lend their assistance to any person, group or organization requesting it for the carrying out of the objects within the jurisdiction of the commission under Chapter III of this Part, Parts III and IV and the regulations hereunder.

They shall, in addition, lend their assistance for the drafting of any complaint, any settlement reached between parties or any application that must be made in writing to the commission.

[1975, c. 6, s. 72; 1989, c. 51, s. 5].

73. Not later than 30 June each year, the commission shall submit to the president of the National Assembly a report on its activities for the preceding fiscal year together with its recommendations regarding the promotion and protection of human rights, the promotion and protection of children's rights and the protection of the interests of children.

The report shall be tabled in the National Assembly if it is in session or, if it is not, within 30 days after the opening of the next session. The report shall be published and distributed by the Québec Official Publisher on the terms and in the manner deemed appropriate by the Commission.

[1975, c. 6, s. 73; 1989, c. 51, s. 5; 1995, c. 27, s. 7; 2002, c. 34, s. 5].

Chapter III —— Complaints

74. Any person who believes he has been the victim of a violation of rights that is within the sphere of investigation of the commission may file a complaint with the commission. If several persons believe they have suffered a violation of their rights in similar circumstances, they may form a group to file a complaint.

La plainte doit être faite par écrit.

La plainte peut être portée, pour le compte de la victime ou d'un groupe de victimes, par un organisme voué à la défense des droits et libertés de la personne ou au bien-être d'un groupement. Le consentement écrit de la victime ou des victimes est nécessaire, sauf s'il s'agit d'un cas d'exploitation de personnes âgées ou handicapées prévu au premier alinéa de l'article 48.

[1975, c. 6, a. 74; 1989, c. 51, a. 5].

75. Toute plainte reçue par le Protecteur du citoyen et relevant de la compétence d'enquête de la Commission lui est transmise à moins que le plaignant ne s'y oppose.

La plainte transmise à la Commission est réputée reçue par celle-ci à la date de son dépôt auprès du Protecteur du citoyen.

[1975, c. 6, a. 75; 1989, c. 51, a. 5].

76. La prescription de tout recours civil, portant sur les faits rapportés dans une plainte ou dévoilés par une enquête, est suspendue de la date du dépôt de la plainte auprès de la Commission ou de celle du début de l'enquête qu'elle tient de sa propre initiative, jusqu'à la première des éventualités suivantes:

1° La date d'un règlement entre les parties;

2° la date à laquelle la victime et le plaignant ont reçu notification que la Commission soumet le litige à un tribunal;

3° la date à laquelle la victime ou le plaignant a personnellement introduit l'un des recours prévus aux articles 49 et 80;

4° la date à laquelle la victime et le plaignant ont reçu notification que la Commission refuse ou cesse d'agir.

[1975, c. 6, a. 76; 1989, c. 51, a. 5].

77. La Commission refuse ou cesse d'agir en faveur de la victime, lorsque:

1° la victime ou le plaignant en fait la de-

Every complaint must be made in writing.

A complaint may be filed on behalf of a victim or group of victims by any organization dedicated to the defence of human rights and freedoms or to the welfare of a group of persons. The written consent of the victim or victims is required except in the case of exploitation of aged persons or handicapped persons contemplated by the first paragraph of section 48.

[1975, c. 6, s. 74; 1989, c. 51, s. 5].

75. The Public Protector shall transmit to the commission every complaint he receives that is within the sphere of investigation of the commission, unless the complainant objects thereto.

Any complaint transmitted to the commission is deemed to be received by the commission on the day it is filed with the Public Protector.

[1975, c. 6, s. 75; 1989, c. 51, s. 5].

76. Prescription of any civil action respecting the facts alleged in a complaint or revealed by means of an investigation is suspended from the day the complaint is filed with the commission or the day an investigation is commenced by the commission on its own initiative until the earliest of

1) the day on which a settlement is reached between the parties;

2) the day on which the victim and the complainant are notified that the commission is referring the matter to a tribunal;

3) the day on which the victim or the complainant personally institutes proceedings in regard to one of the remedies provided for in sections 49 and 80; and

4) the day on which the victim and the complainant are notified that the commission refuses or is ceasing to act.

[1975, c. 6, s. 76; 1989, c. 51, s. 5].

77. The commission shall refuse or cease to act in favour of the victim where

1) the victim or the complainant so re-

mande, sous réserve d'une vérification par la Commission du caractère libre et volontaire de cette demande;

2° la victime ou le plaignant a exercé personnellement, pour les mêmes faits, l'un des recours prévus aux articles 49 et 80.

Elle peut refuser ou cesser d'agir en faveur de la victime, lorsque:

1° la plainte a été déposée plus de deux ans après le dernier fait pertinent qui y est rapporté;

2° la victime ou le plaignant n'a pas un intérêt suffisant;

3° la plainte est frivole, vexatoire ou faite de mauvaise foi;

4° la victime ou le plaignant a exercé personnellement, pour les mêmes faits, un autre recours que ceux prévus aux articles 49 et 80.

La décision est motivée par écrit et elle indique, s'il en est, tout recours que la Commission estime opportun; elle est notifiée à la victime et au plaignant.

[1975, c. 6, a. 77; 1989, c. 51, a. 5].

78. La Commission recherche, pour toutes situations dénoncées dans la plainte ou dévoilées en cours d'enquête, tout élément de preuve qui lui permettrait de déterminer s'il y a lieu de favoriser la négociation d'un règlement entre les parties, de proposer l'arbitrage du différend ou de soumettre à un tribunal le litige qui subsiste.

Elle peut cesser d'agir lorsqu'elle estime qu'il est inutile de poursuivre la recherche d'éléments de preuve ou lorsque la preuve recueillie est insuffisante. Sa décision doit être motivée par écrit et elle indique, s'il en est, tout recours que la Commission estime opportun; elle est notifiée à la victime et au plaignant. Avis de sa décision de cesser d'agir doit être donné, par la Commis-

quests, subject to the commission's ascertaining that such request is made freely and voluntarily;

2) the victim or the complainant has, on the basis of the same facts, personally pursued one of the remedies provided for in sections 49 and 80.

The commission may refuse or cease to act in favour of the victim where

1) the complaint is based on acts or omissions the last of which occurred more than two years before the filing of the complaint;

2) the victim or the complainant does not have a sufficient interest;

3) the complaint is frivolous, vexatious or made in bad faith;

4) the victim or the complainant has, on the basis of the same facts, personally pursued a remedy other than those provided for in sections 49 and 80.

The decision of the commission shall state in writing the reasons on which it is based and indicate any remedy which the commission may consider appropriate; it shall be notified to the victim and the complainant.

[1975, c. 6, s. 77; 1989, c. 51, s. 5].

78. The commission shall seek, in respect of every situation reported in the complaint or revealed in the course of the investigation, any evidence allowing it to decide whether it is expedient to foster the negotiation of a settlement between the parties, to propose the submission of the dispute to arbitration or to refer any unsettled issue to a tribunal.

The commission may cease to act where it believes it would be futile to seek further evidence or where the evidence collected is insufficient. Its decision shall state in writing the reasons on which it is based and indicate any remedy which the commission may consider appropriate; it shall be notified to the victim and the complainant. Where the commission decides to

sion, à toute personne à qui une violation de droits était imputée dans la plainte.

[1975, c. 6, a. 78; 1989, c. 51, a. 5].

79. Si un règlement intervient entre les parties, il doit être constaté par écrit.

S'il se révèle impossible, la Commission leur propose de nouveau l'arbitrage; elle peut aussi leur proposer, en tenant compte de l'intérêt public et de celui de la victime, toute mesure de redressement, notamment l'admission de la violation d'un droit, la cessation de l'acte reproché, l'accomplissement d'un acte, le paiement d'une indemnité ou de dommages-intérêts punitifs, dans un délai qu'elle fixe.

[1975, c. 6, a. 79; 1989, c. 51, a. 5; 1999, c. 40, a. 46].

80. Lorsque les parties refusent la négociation d'un règlement ou l'arbitrage du différend, ou lorsque la proposition de la Commission n'a pas été, à sa satisfaction, mise en oeuvre dans le délai imparti, la Commission peut s'adresser à un tribunal en vue d'obtenir, compte tenu de l'intérêt public, toute mesure appropriée contre la personne en défaut ou pour réclamer, en faveur de la victime, toute mesure de redressement qu'elle juge alors adéquate.

[1975, c. 6, a. 80; 1989, c. 51, a. 5].

81. Lorsqu'elle a des raisons de croire que la vie, la santé ou la sécurité d'une personne visée par un cas de discrimination ou d'exploitation est menacée, ou qu'il y a risque de perte d'un élément de preuve ou de solution d'un tel cas, la Commission peut s'adresser à un tribunal en vue d'obtenir d'urgence une mesure propre à faire cesser cette menace ou ce risque.

[1975, c. 6, a. 81; 1989, c. 51, a. 5].

82. La Commission peut aussi s'adresser à un tribunal pour qu'une mesure soit prise contre quiconque exerce ou tente d'exercer des représailles contre une personne, un groupe ou un organisme intéressé par le traitement d'un cas de discrimination ou d'exploitation ou qui y a participé, que ce soit à titre de victime, de plaignant, de témoin ou autrement.

cease to act, it shall give notice thereof to any person to whom a violation of rights is attributed in the complaint.

[1975, c. 6, s. 78; 1989, c. 51, s. 5].

79. Where a settlement is reached between the parties, it shall be evidenced in writing.

If no settlement is possible, the commission shall again propose arbitration to the parties; it may also propose to the parties, taking into account the public interest and the interest of the victim, any measure of redress, such as the admission of the violation of a right, the cessation of the act complained of, the performance of any act or the payment of compensation or punitive damages, within such time as it fixes.

[1975, c. 6, s. 79; 1989, c. 51, s. 5; 1999, c. 40, s. 46].

80. Where the parties will not agree to negotiation of a settlement or to arbitration of the dispute or where the proposal of the commission has not been implemented to its satisfaction within the allotted time, the commission may apply to a tribunal to obtain, where consistent with the public interest, any appropriate measure against the person at fault or to demand, in favour of the victim, any measure of redress it considers appropriate at that time.

[1975, c. 6, s. 80; 1989, c. 51, s. 5].

81. Where the commission has reason to believe that the life, health or safety of a person involved in a case of discrimination or exploitation is threatened or that any evidence or clue pertaining to such a case could be lost, it may apply to a tribunal for any emergency measure capable of putting an end to the threat or risk of loss.

[1975, c. 6, s. 81; 1989, c. 51, s. 5].

82. The commission may also apply to a tribunal for any appropriate measure against any person who attempts to take or takes reprisals against a person, group or organization having an interest in the handling of a case of discrimination or exploitation or having participated therein either as the victim, the complainant, a witness or otherwise.

Elle peut notamment demander au tribunal d'ordonner la réintégration, à la date qu'il estime équitable et opportune dans les circonstances, de la personne lésée, dans le poste ou le logement qu'elle aurait occupé s'il n'y avait pas eu contravention.

[1975, c. 6, a. 82; 1989, c. 51, a. 5].

The commission may, in particular, request the tribunal to order that, on such date as it deems fair and expedient under the circumstances, the injured person be instated in the position or dwelling he would have occupied had it not been for the contravention.

[1975, c. 6, s. 82; 1989, c. 51, s. 5].

83. Lorsqu'elle demande au tribunal de prendre des mesures au bénéfice d'une personne en application des articles 80 à 82, la Commission doit avoir obtenu son consentement écrit, sauf dans le cas d'une personne visée par le premier alinéa de l'article 48.

[1975, c. 6, a. 83; 1989, c. 51, a. 5].

83. Where the commission applies to a tribunal, pursuant to sections 80 to 82, for measures for a person's benefit, it must obtain the person's written consent, except in the case of a person contemplated by the first paragraph of section 48.

[1975, c. 6, s. 83; 1989, c. 51, s. 5].

83.1.- 83.2. (*Remplacés*).

[1989, c. 51, a. 5].

83.1.- 83.2. (*Replaced*).

[1989, c. 51, s. 5].

84. Lorsque, à la suite du dépôt d'une plainte, la Commission exerce sa discrétion de ne pas saisir un tribunal, au bénéfice d'une personne, de l'un des recours prévus aux articles 80 à 82, elle le notifie au plaignant en lui en donnant les motifs.

Dans un délai de 90 jours de la réception de cette notification, le plaignant peut, à ses frais, saisir le Tribunal des droits de la personne de ce recours, pour l'exercice duquel il est substitué de plein droit à la Commission avec les mêmes effets que si celle-ci l'avait exercé.

[1975, c. 6, a. 84; 1982, c. 61, a. 20; 1989, c. 51, a. 5].

84. Where, following the filing of a complaint, the commission exercises its discretionary power not to submit an application to a tribunal to pursue, for a person's benefit, a remedy provided for in sections 80 to 82, it shall notify the complainant of its decision, stating the reasons on which it is based.

Within 90 days after he receives such notification, the complainant may, at his own expense, submit an application to the Human Rights Tribunal to pursue such remedy and, in that case, he is, for the pursuit of the remedy, substituted by operation of law for the commission with the same effects as if the remedy had been pursued by the commission.

[1975, c. 6, s. 84; 1982, c. 61, s. 20; 1989, c. 51, s. 5].

85. La victime peut, dans la mesure de son intérêt et en tout état de cause, intervenir dans l'instance à laquelle la Commission est partie en application des articles 80 à 82. Dans ce cas, la Commission ne peut se pourvoir seule en appel sans son consentement.

La victime peut, sous réserve du deuxième alinéa de l'article 111, exercer personnellement les recours des articles 80 à 82 ou se pourvoir en appel, même si elle n'était pas partie en première instance.

85. The victim may intervene at any stage of proceedings to which the commission is party pursuant to sections 80 to 82 and in which he has an interest. If the victim does intervene, the commission cannot bring an appeal without his consent.

Subject to the second paragraph of section 111, the victim may personally pursue the remedies provided for in sections 80 to 82 or bring an appeal, even though he was not party to the proceedings in first instance.

Dans tous ces cas, la Commission doit lui donner accès à son dossier.

[1975, c. 6, a. 85; 1989, c. 51, a. 5].

In all such cases, the commission shall give the victim access to the record which concerns him.

[1975, c. 6, s. 85; 1989, c. 51, s. 5].

PARTIE III — LES PROGRAMMES D'ACCÈS À L'ÉGALITÉ

PART III — AFFIRMATIVE ACTION PROGRAM

86. Un programme d'accès à l'égalité a pour objet de corriger la situation de personnes faisant partie de groupes victimes de discrimination dans l'emploi, ainsi que dans les secteurs de l'éducation ou de la santé et dans tout autre service ordinairement offert au public.

Un tel programme est réputé non discriminatoire s'il est établi conformément à la Charte.

Un programme d'accès à l'égalité en emploi est, eu égard à la discrimination fondée sur la race, la couleur, le sexe ou l'origine ethnique, réputé non discriminatoire s'il est établi conformément à la *Loi sur l'accès à l'égalité en emploi dans des organismes publics* (chapitre A-2.01).

Un programme d'accès à l'égalité en emploi établi pour une personne handicapée au sens de la *Loi assurant l'exercice des droits des personnes handicapées en vue de leur intégration scolaire, professionnelle et sociale* (chapitre E-20.1) est réputé non discriminatoire s'il est établi conformément à la *Loi sur l'accès à l'égalité en emploi dans des organismes publics* (chapitre A-2.01).

[1982, c. 61, a. 21; 1989, c. 51, a. 11; 2000, c. 45, a. 28; 2004, c. 31, a. 61].

86. The object of an affirmative action program is to remedy the situation of persons belonging to groups discriminated against in employment, or in the sector of education or of health services and other services generally available to the public.

An affirmative action program is deemed non-discriminatory if it is established in conformity with the Charter.

An equal access employment program is deemed not to discriminate on the basis of race, colour, gender or ethnic origin if it is established in accordance with the *Act respecting equal access to employment in public bodies* (chapter A-2.01).

An equal access to employment program established for a handicapped person within the meaning of the *Act to secure handicapped persons in the exercise of their rights with a view to achieving social, school and workplace integration* (chapter E-20.1) is deemed to be non-discriminatory if it is established in conformity with the *Act respecting equal access to employment in public bodies* (chapter A-2.01).

[1982, c. 61, s. 21; 1989, c. 51, s. 11; 2000, c. 45, s. 28; 2004, c. 31, s. 61].

87. Tout programme d'accès à l'égalité doit être approuvé par la Commission à moins qu'il ne soit imposé par un tribunal.

La Commission, sur demande, prête son assistance à l'élaboration d'un tel programme.

[1982, c. 61, a. 21; 1989, c. 51, a. 6, 11].

87. Every affirmative action program must be approved by the Commission, unless it is imposed by order of a tribunal.

The Commission shall, on request, lend assistance for the devising of an affirmative action program.

[1982, c. 61, s. 21; 1989, c. 51, s. 6, 11].

88. La Commission peut, après enquête, si elle constate une situation de discrimina-

88. If, after investigation, the Commission confirms the existence of a situation in-

tion prévue par l'article 86, proposer l'implantation, dans un délai qu'elle fixe, d'un programme d'accès à l'égalité.

La Commission peut, lorsque sa proposition n'a pas été suivie, s'adresser à un tribunal et, sur preuve d'une situation visée dans l'article 86, obtenir dans le délai fixé par ce tribunal l'élaboration et l'implantation d'un programme. Le programme ainsi élaboré est déposé devant ce tribunal qui peut, en conformité avec la Charte, y apporter les modifications qu'il juge adéquates.

[1982, c. 61, a. 21; 1989, c. 51, a. 7, 11].

volving discrimination referred to in section 86, it may propose the implementation of an affirmative action program within such time as it may fix.

Where its proposal has not been followed, the Commission may apply to a tribunal and, on proof of the existence of a situation contemplated in section 86, obtain, within the time fixed by the tribunal, an order to devise and implement a program. The program thus devised is filed with the tribunal which may, in accordance with the Charter, make the modifications it considers appropriate.

[1982, c. 61, s. 21; 1989, c. 51, s. 7, 11].

89. La Commission surveille l'application des programmes d'accès à l'égalité. Elle peut effectuer des enquêtes et exiger des rapports.

[1982, c. 61, a. 21; 1989, c. 51, a. 11].

89. The Commission shall supervise the administration of the affirmative action programs. It may make investigations and require reports.

[1982, c. 61, s. 21; 1989, c. 51, s. 11].

90. Lorsque la Commission constate qu'un programme d'accès à l'égalité n'est pas implanté dans le délai imparti ou n'est pas observé, elle peut, s'il s'agit d'un programme qu'elle a approuvé, retirer son approbation ou, s'il s'agit d'un programme dont elle a proposé l'implantation, s'adresser à un tribunal conformément au deuxième alinéa de l'article 88.

[1982, c. 61, a. 21; 1989, c. 51, a. 8, 11].

90. Where the Commission becomes aware that an affirmative action program has not been implemented within the allotted time or is not being complied with, it may, in the case of a program it has approved, withdraw its approval or, if it proposed implementation of the program, it may apply to a tribunal in accordance with the second paragraph of section 88.

[1982, c. 61, s. 21; 1989, c. 51, s. 8, 11].

91. Un programme visé dans l'article 88 peut être modifié, reporté ou annulé si des faits nouveaux le justifient.

Lorsque la Commission et la personne requise ou qui a convenu d'implanter le programme s'entendent, l'accord modifiant, reportant ou annulant le programme d'accès à l'égalité est constaté par écrit.

En cas de désaccord, l'une ou l'autre peut s'adresser au tribunal auquel la Commission s'est adressée en vertu du deuxième alinéa de l'article 88, afin qu'il décide si les faits nouveaux justifient la modification, le report ou l'annulation du programme.

Toute modification doit être établie en conformité avec la Charte.

[1982, c. 61, a. 21; 1989, c. 51, a. 9, 11].

91. A program contemplated in section 88 may be modified, postponed or cancelled if new facts warrant it.

If the Commission and the person required or having consented to implement the affirmative action program agree on its modification, postponement or cancellation, the agreement shall be evidenced in writing.

Failing agreement, either party may request the tribunal to which the commission has applied pursuant to the second paragraph of section 88 to decide whether the new facts warrant the modification, postponement or cancellation of the program.

All modifications must conform to the Charter.

[1982, c. 61, s. 21; 1989, c. 51, s. 9, 11].

92. Le gouvernement doit exiger de ses ministères et organismes dont le personnel est nommé suivant la *Loi sur la fonction publique* (chapitre F-3.1.1) l'implantation de programmes d'accès à l'égalité dans le délai qu'il fixe.

Les articles 87 à 91 ne s'appliquent pas aux programmes visés dans le présent article. Ceux-ci doivent toutefois faire l'objet d'une consultation auprès de la Commission avant d'être implantés.

[1982, c. 61, a. 21; 1989, c. 51, a. 10, 11; 2000, c. 45, a. 29].

92. The Government must require its departments and agencies whose personnel is appointed in accordance with the *Public Service Act* (chapter F-3.1.1) to implement affirmative action programs within such time as it may fix.

Sections 87 to 91 do not apply to the programs contemplated in this section. The programs must, however, be the object of a consultation with the Commission before being implemented.

[1982, c. 61, s. 21; 1989, c. 51, s. 10, 11; 2000, c. 45, s. 29].

PARTIE IV — CONFIDENTIALITÉ

PART IV — CONFIDENTIALITY

93. Malgré les articles 9 et 83 de la *Loi sur l'accès aux documents des organismes publics et sur la protection des renseignements personnels* (chapitre A-2.1), un renseignement ou un document fourni de plein gré à la Commission et détenu par celle-ci aux fins de l'élaboration, l'implantation ou l'observation d'un programme d'accès à l'égalité visé par la présente Charte ou par la *Loi sur l'accès à l'égalité en emploi dans des organismes publics* (chapitre A-2.01) est confidentiel et réservé exclusivement aux fins pour lesquelles il a été transmis; il ne peut être divulgué ni utilisé autrement, sauf du consentement de celui qui l'a fourni.

Un tel renseignement ou document ne peut être révélé par ou pour la Commission devant un tribunal, ni rapporté au procureur général malgré le paragraphe 9° de l'article 71, sauf du consentement de la personne ou de l'organisme de qui la Commission tient ce renseignement ou ce document et de celui des parties au litige.

Le présent article n'a pas pour effet de restreindre le pouvoir de contraindre par assignation, mandat ou ordonnance, la communication par cette personne ou cet organisme d'un renseignement ou d'un document relatif à un programme d'accès à l'égalité.

En outre, un tel renseignement ou la teneur d'un tel document doit, sur demande, être communiqué par la Commission au minis-

93. Notwithstanding sections 9 and 83 of the *Act respecting Access to documents held by public bodies and the Protection of personal information* (chapter A-2.1), any information or document furnished voluntarily to the commission and held by it for the purpose of the devising or implementation of or compliance with an affirmative action program established under this Charter or an equal access employment program established under the *Act respecting equal access to employment in public bodies* (chapter A-2.01) is confidential and may be used only for the purposes for which it was furnished; it shall not be disclosed or used otherwise, except with the consent of the person or organization having furnished it.

No such information or document may be revealed before a tribunal by or on behalf of the commission or, despite paragraph 9 of section 71, reported to the Attorney General, except with the consent of the person or organization having furnished the information or document to the commission and the consent of the parties to the dispute.

This section shall not be construed as limiting the power to compel the person or organization, by way of a summons, warrant or order, to communicate any information or document relating to an affirmative action program.

Moreover, such information or the contents of such document must, on request, be communicated by the Commission to

tre responsable de la partie III de la présente Charte et de la *Loi sur l'accès à l'égalité en emploi dans des organismes publics* afin de lui permettre d'évaluer l'application de cette partie et de cette loi.

[1989, c. 51, a. 12; 2000, c. 45, a. 30].

the minister responsible for the administration of Part III of this Charter and the *Act respecting equal access to employment in public bodies and amending the Charter of human rights and freedoms* in order to allow the minister to assess the carrying out of that Part and that Act.

[1989, c. 51, s. 12; 2000, c. 45, s. 30].

94. Rien de ce qui est dit ou écrit à l'occasion de la négociation d'un règlement prévue à l'article 78 ne peut être révélé, même en justice, sauf du consentement des parties à cette négociation et au litige.

[1989, c. 51, a. 12].

94. Nothing said or written in the course of the negotiation of a settlement pursuant to section 78 may be revealed, even in judicial proceedings, except with the consent of the parties to the negotiation and the parties to the dispute.

[1989, c. 51, s. 12].

95. Sous réserve de l'article 61 du *Code de procédure pénale* (chapitre C-25.1), un membre ou un mandataire de la Commission ou un membre de son personnel ne peut être contraint devant un tribunal de faire une déposition portant sur un renseignement qu'il a obtenu dans l'exercice de ses fonctions ni de produire un document contenant un tel renseignement, si ce n'est aux fins du contrôle de sa confidentialité.

[1989, c. 51, a. 12; 1990, c. 4, a. 134].

95. Subject to article 61 of the *Code of Penal Procedure* (chapter C-25.1), no member or mandatary of the commission or member of its personnel may be compelled to give testimony before a tribunal as to information obtained in the performance of his duties or to produce a document containing any such information, except for the purpose of ascertaining whether it is confidential.

[1989, c. 51, s. 12; 1990, c. 4, s. 134].

96. Aucune action civile ne peut être intentée en raison ou en conséquence de la publication d'un rapport émanant de la Commission ou de la publication, faite de bonne foi, d'un extrait ou d'un résumé d'un tel rapport.

[1989, c. 51, a. 12].

96. No civil action may be taken by reason or in consequence of the publication of a report emanating from the commission or the publication, in good faith, of an abstract from or summary of such a report.

[1989, c. 51, s. 12].

PARTIE V —— RÉGLEMENTATION

97. Le gouvernement, par règlement:

1° (*paragraphe abrogé*);

2° peut fixer les critères, normes, barèmes, conditions ou modalités concernant l'élaboration, l'implantation ou l'application de programmes d'accès à l'égalité, en établir les limites et déterminer toute mesure nécessaire ou utile à ces fins;

3° édicte la procédure de recrutement et de sélection des personnes aptes à être désignées à la fonction d'arbitre ou nommées à

PART V —— REGULATIONS

97. The Government, by regulation,

1) (*subparagraph repealed*);

2) may fix the criteria, norms, scales, conditions or modalities applicable for the devising, implementation or carrying out of affirmative action programs, define their limits and determine anything necessary or useful for those purposes;

3) shall prescribe the procedure for the recruitment and selection of persons apt for designation to the function of arbitrator or

celle d'assesseur au Tribunal des droits de la personne.

Le règlement prévu au paragraphe 3°, notamment:

1° détermine la proportionnalité minimale d'avocats que doit respecter la liste prévue au troisième alinéa de l'article 62;

2° détermine la publicité qui doit être faite afin de dresser cette liste;

3° détermine la manière dont une personne peut se porter candidate;

4° autorise le ministre de la Justice à former un comité de sélection pour évaluer l'aptitude des candidats et lui fournir un avis sur eux ainsi qu'à en fixer la composition et le mode de nomination des membres;

5° détermine les critères de sélection dont le comité tient compte, les renseignements qu'il peut requérir d'un candidat ainsi que les consultations qu'il peut faire;

6° prévoit que la liste des personnes aptes à être désignées à la fonction d'arbitre ou nommées à celle d'assesseur au Tribunal des droits de la personne, est consignée dans un registre établi à cette fin au ministère de la Justice.

Les membres d'un comité de sélection ne sont pas rémunérés, sauf dans le cas, aux conditions et dans la mesure que peut déterminer le gouvernement. Ils ont cependant droit au remboursement des dépenses faites dans l'exercice de leurs fonctions, aux conditions et dans la mesure que détermine le gouvernement.

[1982, c. 61, a. 21; 1989, c. 51, a. 14; 1996, c. 10, a. 3].

98. Le gouvernement, après consultation de la Commission, publie son projet de règlement à la *Gazette officielle du Québec* avec un avis indiquant le délai après lequel ce projet sera déposé devant la Commission des institutions et indiquant qu'il pourra être pris après l'expiration des

appointment to the function of assessor with the Human Rights Tribunal.

The regulation made under subparagraph 3 of the first paragraph shall, among other things,

1) determine the minimum proportion of advocates that must be maintained on the panel provided for in the third paragraph of section 62;

2) determine the forms of publicity that must be used for the purpose of establishing such panel;

3) determine the manner in which a person may apply;

4) authorize the Minister of Justice to form a selection committee charged with evaluating the aptitude of applicants and advising him as to applicants and to fix the composition and mode of appointment of the members of the committee;

5) determine the criteria of selection on which the committee is to base its decisions, the information it may require of applicants and the consultations it may make;

6) prescribe that the panel of persons apt for designation to the function of arbitrator or appointment to the function of assessor with the Human Rights Tribunal be recorded in a register established for that purpose at the Ministère de la Justice.

The members of a selection committee receive no remuneration except in such cases, on such conditions and to such extent as may be determined by the Government. They are, however, entitled to reimbursement for expenses incurred in the performance of their duties, on the conditions and to the extent determined by the Government.

[1982, c. 61, s. 21; 1989, c. 51, s. 14; 1996, c. 10, s. 3].

98. The Government, after consultation with the commission, shall publish the draft regulation in the *Gazette officielle du Québec* with a notice stating the time after which the draft will be tabled before the Standing Committee on Institutions and stating that it may be adopted on the ex-

45 jours suivant le dépôt du rapport de cette Commission devant l'Assemblée nationale.

Le gouvernement peut, par la suite, modifier le projet de règlement. Il doit, dans ce cas, publier le projet modifié à la *Gazette officielle du Québec* avec un avis indiquant qu'il sera pris sans modification à l'expiration des 45 jours suivant cette publication.

[1982, c. 61, a. 21; 1982, c. 62, a. 143; 1989, c. 51, a. 15].

piry of 45 days after the Committee reports to the National Assembly.

The Government may subsequently amend the draft regulation. It must, in that case, publish the amended draft regulation in the *Gazette officielle du Québec* with a notice stating that it will be adopted without amendment on the expiry of 45 days after the publication.

[1982, c. 61, s. 21; 1982, c. 62, s. 143; 1989, c. 51, s. 15].

99. La Commission, par règlement:

1° peut déléguer à un comité des plaintes constitué conformément à l'article 61, les responsabilités qu'elle indique;

2° prescrit les autres règles, conditions et modalités d'exercice ou termes applicables aux mécanismes prévus aux chapitres II et III de la partie II et aux parties III et IV, y compris la forme et les éléments des rapports pertinents.

Un tel règlement est soumis à l'approbation du gouvernement qui peut, en l'approuvant, le modifier.

[1982, c. 61, a. 21; 1989, c. 51, a. 15].

99. The commission, by regulation,

1) may delegate to a complaints committee established under section 61 such responsibilities as it indicates;

2) shall prescribe the other rules, procedures, terms or conditions applicable with respect to the mechanisms provided for in Chapters II and III of Part II and in Parts III and IV, including the form and content of the related reports.

Every regulation hereunder is subject to the approval of the Government; the Government may, when granting its approval, amend the regulation.

[1982, c. 61, s. 21; 1989, c. 51, s. 15].

PARTIE VI — LE TRIBUNAL DES DROITS DE LA PERSONNE

PART VI — HUMAN RIGHTS TRIBUNAL

Chapitre I — Constitution et organisation

Chapter I — Establishment and organization

100. Est institué le Tribunal des droits de la personne, appelé le « Tribunal » dans la présente partie.

[1989, c. 51, a. 16].

100. The Human Rights Tribunal, referred to in this Part as the "Tribunal", is hereby established.

[1989, c. 51, s. 16].

101. Le Tribunal est composé d'au moins 7 membres, dont le président et les assesseurs, nommés par le gouvernement. Le président est choisi, après consultation du juge en chef de la Cour du Québec, parmi les juges de cette cour qui ont une expérience, une expertise, une sensibilisation et un intérêt marqués en matière des droits et libertés de la personne; les assesseurs le sont parmi les personnes inscrites sur la

101. The Tribunal is composed of not fewer than 7 members, including a president and assessors, appointed by the Government. The president shall be chosen, after consultation with the chief judge of the Court of Québec, from among the judges of that court having notable experience and expertise in, sensitivity to and interest for matters of human rights and freedoms; the assessors shall be chosen from among

liste prévue au troisième alinéa de l'article 62.

Leur mandat est de 5 ans, renouvelable. Il peut être prolongé pour une durée moindre et déterminée.

Le gouvernement établit les normes et barèmes régissant la rémunération, les conditions de travail ou, s'il y a lieu, les allocations des assesseurs.

[1989, c. 51, a. 16].

the persons included in the panel provided for in the third paragraph of section 62.

The term of office of the members of the Tribunal is 5 years. It may be renewed for a shorter determined time.

The Government shall establish the standards and scales governing the remuneration and conditions of employment or, where applicable, the allowances of the assessors.

[1989, c. 51, s. 16].

102. Avant d'entrer en fonction, les membres doivent prêter les serments prévus à l'annexe II; le président, devant le juge en chef de la Cour du Québec et tout autre membre, devant le président.

[1989, c. 51, a. 16; 1999, c. 40, a. 46].

102. Before entering office, the members shall make the oaths provided in Schedule II; the president shall do so before the chief judge of the Court of Québec and the other members, before the president.

[1989, c. 51, s. 16; 1999, c. 40, s. 46].

103. Le gouvernement peut, à la demande du président et après consultation du juge en chef de la Cour du Québec, désigner comme membre du Tribunal, pour entendre et décider d'une demande ou pour une période déterminée, un autre juge de cette cour qui a une expérience, une expertise, une sensibilisation et un intérêt marqués en matière des droits et libertés de la personne.

[1989, c. 51, a. 16].

103. The Government may, on the request of the president and after consultation with the chief judge of the Court of Québec, designate another judge of that court having notable experience and expertise in, sensitivity to and interest for matters of human rights and freedoms to sit as a member of the Tribunal either to hear and decide an application or for a determined period.

[1989, c. 51, s. 16].

104. Le Tribunal siège, pour l'audition d'une demande, par divisions constituées chacune de 3 membres, soit le juge qui la préside et les 2 assesseurs qui l'assistent, désignés par le président. Celui qui préside la division décide seul de la demande.

Toutefois, une demande préliminaire ou incidente ou une demande présentée en vertu de l'article 81 ou 82 est entendue et décidée par le président ou par le juge du Tribunal auquel il réfère la demande; cette demande est cependant déférée à une division du Tribunal dans les cas déterminés par les règles de procédure et de pratique ou si le président en décide ainsi.

[1989, c. 51, a. 16].

104. To hear an application, the Tribunal shall sit in a division composed of 3 members, that is, the judge presiding the division and 2 assessors assisting him, designated by the president. The member presiding the division shall decide the application alone.

However, a preliminary or incidental application or an application under section 81 or 82 shall be heard and decided by the president or by the judge to whom he refers the application; such an application shall be referred to a division of the Tribunal in the cases determined by the rules of procedure and practice or where the president so decides.

[1989, c. 51, s. 16].

105. Le greffier et le personnel de la Cour du Québec du district dans lequel une demande est produite ou dans lequel siège le

105. The clerk and staff of the Court of Québec of the district in which an application is filed or in which the Tribunal or a

Tribunal, l'une de ses divisions ou l'un de ses membres, sont tenus de lui fournir les services qu'ils fournissent habituellement à la Cour du Québec elle-même.

Les huissiers sont d'office huissiers du Tribunal et peuvent lui faire rapport, sous leur serment d'office, des significations faites par eux.

[1989, c. 51, a. 16].

division or member of the Tribunal sits shall provide it or him with the services they usually provide to the Court of Québec itself.

The bailiffs are *ex officio* bailiffs of the Tribunal and may make a return to the Tribunal, under their oath of office, of any service made by them.

[1989, c. 51, s. 16].

106. Le président s'occupe exclusivement des devoirs de ses fonctions.

Il doit notamment:

1° favoriser la concertation des membres sur les orientations générales du Tribunal;

2° coordonner et répartir le travail entre les membres qui, à cet égard, doivent se soumettre à ses ordres et directives, et veiller à leur bonne exécution;

3° édicter un code de déontologie, et veiller à son respect. Ce code entre en vigueur le quinzième jour qui suit la date de sa publication à la *Gazette officielle du Québec* ou à une date ultérieure qui y est indiquée.

[1989, c. 51, a. 16].

106. The president of the Tribunal shall devote his time exclusively to the duties of his office.

His duties include

1) fostering a consensus among the members concerning the general orientation of the Tribunal;

2) coordinating the work of the Tribunal and distributing it among the members; the members shall, in that regard, comply with his orders and directives and see to their proper implementation;

3) prescribing a code of ethics and ensuring that it is observed. The code of ethics shall come into force 15 days after its publication in the *Gazette officielle du Québec* or at any later date indicated therein.

[1989, c. 51, s. 16].

107. Un juge désigné en vertu de l'article 103 remplace le président en cas d'absence, d'empêchement ou de vacance de sa fonction.

[1989, c. 51, a. 16].

107. A judge designated under section 103 shall replace the president if he is absent or unable to act or if the office of president is vacant.

[1989, c. 51, s. 16].

108. Malgré l'expiration de son mandat, un juge décide d'une demande dont il a terminé l'audition. Si la demande n'a pu faire l'objet d'une décision dans un délai de 90 jours, elle est déférée par le président, du consentement des parties, à un autre juge du Tribunal ou instruite de nouveau.

[1989, c. 51, a. 16].

108. A judge of the Tribunal, even if no longer in office, shall render a decision on every application heard by him. If no decision is rendered within 90 days, the application shall be referred by the president to another judge of the Tribunal with the consent of the parties or heard anew.

[1989, c. 51, s. 16].

109. Sauf sur une question de compétence, aucun des recours prévus aux articles 33 et 834 à 850 du *Code de procédure civile* (chapitre C-25) ne peut être exercé ni au-

109. Except on a question of jurisdiction, no recourse provided for in articles 33 and 834 to 850 of the *Code of Civil Procedure* (chapter C-25) may be exercised nor any

cune injonction accordée contre le Tribunal, le président ou un autre membre agissant en sa qualité officielle.

Un juge de la Cour d'appel peut, sur requête, annuler sommairement toute décision, ordonnance ou injonction délivrée ou accordée à l'encontre du premier alinéa.

[1989, c. 51, a. 16].

110. Le président, avec le concours de la majorité des autres membres du Tribunal, peut adopter des règles de procédure et de pratique jugées nécessaires à l'exercice des fonctions du Tribunal.

[1989, c. 51, a. 16].

Chapitre II —— Compétence et pouvoirs

111. Le Tribunal a compétence pour entendre et disposer de toute demande portée en vertu de l'un des articles 80, 81 et 82 et ayant trait, notamment, à l'emploi, au logement, aux biens et services ordinairement offerts au public, ou en vertu de l'un des articles 88, 90 et 91 relativement à un programme d'accès à l'égalité.

Seule la Commission peut initialement saisir le Tribunal de l'un ou l'autre des recours prévus à ces articles, sous réserve de la substitution prévue à l'article 84 en faveur d'un plaignant et de l'exercice du recours prévu à l'article 91 par la personne à qui le Tribunal a déjà imposé un programme d'accès à l'égalité.

[1989, c. 51, a. 16].

111.1. Le Tribunal a aussi compétence pour entendre et disposer de toute demande portée en vertu de l'un des articles 6, 18 ou 19 de la *Loi sur l'accès à l'égalité en emploi dans des organismes publics* (chapitre A-2.01) relativement à un programme d'accès à l'égalité en emploi.

Seule la Commission, ou l'un de ses membres, peut initialement saisir le Tribunal des recours prévus à ces articles, sous réserve de l'exercice du recours prévu à

injunction granted against the Tribunal, its president or any other member acting in its or his official capacity.

A judge of the Court of Appeal may, upon a motion, annul summarily any decision, order or injunction issued or granted contrary to the first paragraph.

[1989, c. 51, s. 16].

110. The president of the Tribunal may, with the assistance of the majority of the other members, adopt such rules of procedure and practice as are considered necessary for the performance of the functions of the Tribunal.

[1989, c. 51, s. 16].

Chapter II —— Jurisdiction and powers

111. The Tribunal is competent to hear and dispose of any application submitted under section 80, 81 or 82, in particular in matters of employment or housing or in connection with goods and services generally available to the public, and any application submitted under section 88, 90 or 91 in respect of an affirmative action program.

Only the commission may initially submit an application to the Tribunal to pursue any of the remedies provided for in any of the said sections, subject to the substitution provided for in section 84 in favour of a complainant and to the pursuit of the remedy provided for in section 91 by a person on whom the Tribunal has previously imposed an affirmative action program.

[1989, c. 51, s. 16].

111.1. The Tribunal is also competent to hear and dispose of any application submitted under section 6, 18 or 19 of the *Act respecting equal access to employment in public bodies* (chapter A-2.01) regarding an equal access employment program.

Only the Commission or one of its members may initially submit an application to the Tribunal to pursue any of the remedies provided for in those sections, except the

l'article 19 de cette loi en cas de désaccord sur des faits nouveaux pouvant justifier la modification, le report ou l'annulation d'un programme d'accès à l'égalité en emploi.

[2000, c. 45, a. 31].

remedy provided for in section 19 of that Act in the event of a disagreement relating to new facts that may warrant the modification, postponement or cancellation of an equal access employment program.

[2000, c. 45, s. 31].

112. Le Tribunal, l'une de ses divisions et chacun de ses juges ont, dans l'exercice de leurs fonctions, les pouvoirs et l'immunité des commissaires nommés en vertu de la *Loi sur les commissions d'enquête* (chapitre C-37), sauf le pouvoir d'ordonner l'emprisonnement.

[1989, c. 51, a. 16].

112. The Tribunal and its divisions and judges are, in the performance of their functions, vested with the powers and immunity of commissioners appointed under the *Act respecting public inquiry commissions* (chapter C-37), except the power to impose imprisonment.

[1989, c. 51, s. 16].

113. Le Tribunal peut, en s'inspirant du *Code de procédure civile* (chapitre C-25), rendre les décisions et ordonnances de procédure et de pratique nécessaires à l'exercice de ses fonctions, à défaut d'une règle de procédure ou de pratique applicable.

Le Tribunal peut aussi, en l'absence d'une disposition applicable à un cas particulier et sur une demande qui lui est adressée, prescrire avec le même effet tout acte ou toute formalité qu'auraient pu prévoir les règles de procédure et de pratique.

[1989, c. 51, a. 16].

113. In the absence of an applicable rule of procedure and practice, the Tribunal may, on the basis of the *Code of Civil Procedure* (chapter C-25), adapted as required, render such rulings and orders of procedure and practice as the performance of its functions may require.

Moreover, in the absence of a provision applicable to a particular case, the Tribunal may, in a matter submitted to it, prescribe with the same effect any act or formality which could have been prescribed in the rules of procedure and practice.

[1989, c. 51, s. 16].

Chapitre III —— Procédure et preuve

Chapter III —— Proof and procedure

114. Toute demande doit être adressée par écrit au Tribunal et signifiée conformément aux règles du *Code de procédure civile* (chapitre C-25), à moins qu'elle ne soit présentée en cours d'audition. Lorsque ce Code prévoit qu'un mode de signification requiert une autorisation, celle-ci peut être obtenue du Tribunal.

La demande est produite au greffe de la Cour du Québec du district judiciaire où se trouve le domicile ou, à défaut, la résidence ou le principal établissement d'entreprise de la personne à qui les conclusions de la demande pourraient être imposées ou, dans le cas d'un programme d'accès à l'égalité, de la personne à qui il est ou pourrait être imposé.

[1989, c. 51, a. 16; 1999, c. 40, a. 46].

114. Every application shall be submitted to the Tribunal in writing and served in accordance with the rules provided in the *Code of Civil Procedure* (chapter C-25), unless it is made in the course of a hearing. Where the said Code provides that a mode of service requires authorization, it may be obtained from the Tribunal.

The application shall be filed at the office of the Court of Québec in the judicial district where the person on whom the conclusions of the application may be imposed or, in the case of the implementation of an affirmative action program, the person on whom the program has been or may be imposed has his domicile or, failing that, his residence or principal business establishment.

[1989, c. 51, s. 16; 1999, c. 40, s. 46].

115. Dans les 15 jours de la production d'une demande qui n'est pas visée au deuxième alinéa de l'article 104, le demandeur doit produire un mémoire exposant ses prétentions, que le Tribunal signifie aux intéressés. Chacun de ceux-ci peut, dans les 30 jours de cette signification, produire son propre mémoire que le Tribunal signifie au demandeur.

Le défaut du demandeur peut entraîner le rejet de la demande.

[1989, c. 51, a. 16].

116. La Commission, la victime, le groupe de victimes, le plaignant devant la Commission, tout intéressé à qui la demande est signifiée et la personne à qui un programme d'accès à l'égalité a été imposé ou pourrait l'être, sont de plein droit des parties à la demande et peuvent intervenir en tout temps avant l'exécution de la décision.

Une personne, un groupe ou un organisme autre peut, en tout temps avant l'exécution de la décision, devenir partie à la demande si le Tribunal lui reconnaît un intérêt suffisant pour intervenir; cependant, pour présenter, interroger ou contre-interroger des témoins, prendre connaissance de la preuve au dossier, la commenter ou la contredire, une autorisation du Tribunal lui est chaque fois nécessaire.

[1989, c. 51, a. 16].

117. Une demande peut être modifiée en tout temps avant la décision, aux conditions que le Tribunal estime nécessaires pour la sauvegarde des droits de toutes les parties. Toutefois, sauf de leur consentement, aucune modification d'où résulterait une demande entièrement nouvelle, n'ayant aucun rapport avec la demande originale, ne peut être admise.

[1989, c. 51, a. 16].

118. Toute partie peut, avant l'audition, ou en tout temps avant décision si elle justifie de sa diligence, demander la récusation d'un membre. Cette demande est adressée au président du Tribunal qui en décide ou

115. Within 15 days of the filing of an application other than an application referred to in the second paragraph of section 104, the plaintiff shall file a factum setting out his pretensions, which the Tribunal shall serve on every interested person or organization. Within 30 days of the service, every interested person or organization wishing to do so may file a factum of his or its own, which the Tribunal shall serve on the plaintiff.

Failure to comply with this section on the part of the plaintiff may entail the dismissal of the application.

[1989, c. 51, s. 16].

116. The commission, the victim, the group of victims, the complainant before the commission, any person or organization on whom or which an application is served and the person on whom an affirmative action program has been or may be imposed are parties to the application by operation of law and may intervene at any time before the execution of the decision.

Any other person, group or organization may, at any time before the execution of the decision, become a party to the application if the Tribunal is satisfied that he or it has a sufficient interest to intervene; however, the person, group or organization must obtain leave from the Tribunal each time he or it wishes to produce, examine or cross-examine witnesses, or examine any evidence in the record and comment or refute it.

[1989, c. 51, s. 16].

117. An application may be amended at any time before the decision on the conditions the Tribunal deems necessary to safeguard the rights of all parties. However, except with the consent of the parties, no amendment which would result in an entirely new application unrelated to the original shall be allowed.

[1989, c. 51, s. 16].

118. Any party may, before the hearing or at any time before the decision provided he shows that he has been diligent, request the recusation of any member of the Tribunal. The request shall be addressed to the

la réfère à un juge du Tribunal, notamment lorsque la demande le vise personnellement.

Un membre qui connaît en sa personne une cause valable de récusation, est tenu de la déclarer par un écrit versé au dossier.

[1989, c. 51, a. 16].

119. Le Tribunal siège dans le district judiciaire au greffe duquel a été produite la demande.

Toutefois, le président du Tribunal et celui qui préside la division qui en est saisie peuvent décider, d'office ou à la demande d'une partie, que l'audition aura lieu dans un autre district judiciaire, lorsque l'intérêt public et celui des parties le commandent.

[1989, c. 51, a. 16].

120. D'office ou sur demande, le président ou celui qu'il désigne pour présider l'audition en fixe la date.

Le Tribunal doit transmettre, par écrit, à toute partie et à son procureur, à moins qu'elle n'y ait renoncé, un avis d'audition d'un jour franc s'il s'agit d'une demande visée au deuxième alinéa de l'article 104 et de 10 jours francs dans les autres cas. Cet avis précise:

1° l'objet de l'audition;

2° le jour, l'heure et le lieu de l'audition;

3° le droit d'y être assisté ou représenté par avocat;

4° le droit de renoncer à une audition orale et de présenter ses observations par écrit;

5° le droit de demander le huis clos ou une ordonnance interdisant ou restreignant la divulgation, la publication ou la diffusion d'un renseignement ou d'un document;

president of the Tribunal who shall rule upon the request or refer it to a judge of the Tribunal, in particular where the request concerns him personally.

Any member of the Tribunal who is aware of a valid ground of recusation to which he is liable is bound to make and file in the record a written declaration thereof.

[1989, c. 51, s. 16].

119. The Tribunal shall sit in the judicial district at the office of which the application was filed.

However, the president of the Tribunal and the member presiding the division to which the application is referred may decide, on their own initiative or on the request of a party, that the hearing shall be held in another judicial district if the public interest and the interest of the parties so require.

[1989, c. 51, s. 16].

120. On his own initiative or on request, the president of the Tribunal or the member designated by him to preside the hearing shall fix the date of the hearing.

The Tribunal shall give written notice of the hearing to every party and to his attorney, unless the party has waived his right thereto, not less than one clear day before the hearing in the case of an application under the second paragraph of section 104 and not less than 10 clear days before the hearing in all other cases. The notice shall set out

1) the purpose of the hearing;

2) the date, time and place of the hearing;

3) the right of every party to be assisted or represented by an advocate;

4) the right of every party to waive a *viva voce* hearing and present his views in writing;

5) the right of every party to request that the hearing be held in camera or that an order be issued banning or restricting the disclosure, publication or release of any information or document;

6° le pouvoir du Tribunal d'instruire la demande et de rendre toute décision ou ordonnance, sans autre délai ni avis, malgré le défaut ou l'absence d'une partie ou de son procureur.

[1989, c. 51, a. 16].

6) the power of the Tribunal to hear the application and to render any decision or issue any order without further time or notice, despite the default or absence of any party or of his attorney.

[1989, c. 51, s. 16].

121. Le Tribunal peut, d'office ou sur demande et dans l'intérêt général ou pour un motif d'ordre public, interdire ou restreindre la divulgation, la publication ou la diffusion d'un renseignement ou d'un document qu'il indique, pour protéger la source de tel renseignement ou document ou pour respecter les droits et libertés d'une personne.

[1989, c. 51, a. 16].

121. The Tribunal may, on its own initiative or on request and in the general interest or in the interest of public order, ban or restrict the disclosure, publication or release of any information or document it indicates, to preserve the confidentiality of the source of the information or document or to protect a person's rights and freedoms.

[1989, c. 51, s. 16].

122. Le Tribunal peut instruire la demande et rendre toute décision ou ordonnance, même en l'absence d'une partie ou de son procureur qui, ayant été dûment avisé de l'audition, fait défaut de se présenter le jour de l'audition, à l'heure et au lieu de celle-ci, refuse de se faire entendre ou ne soumet pas les observations écrites requises.

Il est néanmoins tenu de reporter l'audition si l'absent lui a fait connaître unmotif valable pour excuser l'absence.

[1989, c. 51, a. 16].

122. The Tribunal may hear the application and render a decision or issue an order despite the absence of a party or his attorney who, although duly notified of the hearing, fails to present himself on the day of the hearing at the appointed time and place, refuses to be heard or fails to present his views in writing as required.

The Tribunal is required to postpone the hearing, however, if the absent party or attorney has given the Tribunal a valid excuse for his absence.

[1989, c. 51, s. 16].

123. Tout en étant tenu de respecter les principes généraux de justice, le Tribunal reçoit toute preuve utile et pertinente à une demande dont il est saisi et il peut accepter tout moyen de preuve.

Il n'est pas tenu de respecter les règles particulières de la preuve en matière civile, sauf dans la mesure indiquée par la présente partie.

[1989, c. 51, a. 16].

123. The Tribunal, though bound by the general principles of justice, may admit any evidence useful and relevant to the application submitted to it and allow any means of proof.

The Tribunal is not bound by the special rules of evidence applicable in civil matters, except to the extent determined in this Part.

[1989, c. 51, s. 16].

124. Les dépositions sont enregistrées, à moins que les parties n'y renoncent expressément.

[1989, c. 51, a. 16].

124. Depositions shall be recorded unless the parties agree expressly to dispense with recording.

[1989, c. 51, s. 16].

Chapitre IV — Décision et exécution

Chapter IV — Decision and execution

125. Une décision du Tribunal doit être rendue par écrit et déposée au greffe de la Cour du Québec où la demande a été produite. Elle doit contenir, outre le dispositif, toute interdiction ou restriction de divulguer, publier ou diffuser un renseignement ou un document qu'elle indique et les motifs à l'appui.

Toute personne peut, à ses frais mais sous réserve de l'interdiction ou de la restriction, obtenir copie ou extrait de cette décision.

[1989, c. 51, a. 16].

125. Every decision of the Tribunal must be rendered in writing and filed at the office of the Court of Québec where the application was filed. It shall contain, in addition to the purview, a statement of any ban or restriction on the disclosure, publication or release of any information or document it indicates and the reasons therefor.

Subject to any such ban or restriction, any person may, at his expense, obtain a copy of or extract from the decision.

[1989, c. 51, s. 16].

126. Le Tribunal peut, dans une décision finale, condamner l'une ou l'autre des parties qui ont comparu à l'instance, aux frais et déboursés ou les répartir entre elles dans la proportion qu'il détermine.

[1989, c. 51, a. 16].

126. The Tribunal may, in a final decision, condemn one of the parties who appeared in the proceedings to the payment of the costs and disbursements or apportion them among them as it determines.

[1989, c. 51, s. 16].

127. Le Tribunal peut, sans formalité, rectifier sa décision qui est entachée d'une erreur d'écriture, de calcul ou de quelque autre erreur matérielle, tant qu'elle n'a pas été exécutée ni portée en appel.

[1989, c. 51, a. 16].

127. The Tribunal may, without any formality, correct a decision it has rendered which contains an error in writing or in calculation or any other clerical error provided that the decision has not been executed or appealed from.

[1989, c. 51, s. 16].

128. Le Tribunal peut, d'office ou sur demande d'un intéressé, réviser ou rétracter toute décision qu'il a rendue tant qu'elle n'a pas été exécutée ni portée en appel:

1° lorsqu'est découvert un fait nouveau qui, s'il avait été connu en temps utile, aurait pu justifier une décision différente;

2° lorsqu'un intéressé n'a pu, pour des raisons jugées suffisantes, se faire entendre;

3° lorsqu'un vice de fond ou de procédure est de nature à invalider la décision.

Toutefois, dans le cas du paragraphe 3°, un juge du Tribunal ne peut réviser ni rétrac-

128. The Tribunal may, on its own initiative or on the request of an interested person or organization, revise or revoke any decision it has rendered provided that it has not been executed or appealed from,

1) where a new fact is discovered which, if it had been known in due time, might have justified a different decision;

2) where an interested person or organization was unable, for reasons deemed sufficient, to be heard;

3) where a substantive or procedural defect is likely to invalidate the decision.

However, in the case described in subparagraph 3 of the first paragraph, a judge of

ter une décision rendue sur une demande qu'il a entendue.

[1989, c. 51, a. 16].

the Tribunal cannot revise or revoke a decision rendered on an application heard by him.

[1989, c. 51, s. 16].

129. Le greffier de la Cour du Québec du district où la demande a été produite fait signifier toute décision finale aux parties qui ont comparu à l'instance et à celles que vise le premier alinéa de l'article 116, dès son dépôt au greffe.

Une décision rendue en présence d'une partie, ou de son procureur, est réputée leur avoir été signifiée dès ce moment.

[1989, c. 51, a. 16].

129. The clerk of the Court of Québec of the district where the application was filed shall cause every final decision to be served on all parties who appeared in the proceedings and on all parties contemplated by the first paragraph of section 116, as soon as it is filed at the office of the Court.

However, where a decision is rendered in the presence of a party or his attorney, it is deemed to be served on them on being so rendered.

[1989, c. 51, s. 16].

130. Une décision du Tribunal condamnant au paiement d'une somme d'argent devient exécutoire comme un jugement de la Cour du Québec ou de la Cour supérieure, selon la compétence respective de l'une et l'autre cour, et en a tous les effets à la date de son dépôt au greffe de la Cour du Québec ou de celle de son homologation en Cour supérieure.

L'homologation résulte du dépôt, par le greffier de la Cour du Québec du district où la décision du Tribunal a été déposée, d'une copie conforme de cette décision au bureau du greffier de la Cour supérieure du district où se trouve le domicile ou, à défaut, la résidence ou le principal établissement d'entreprise de la personne condamnée.

Une décision finale qui n'est pas visée au premier alinéa est exécutoire à l'expiration des délais d'appel, suivant les conditions et modalités qui y sont indiquées, à moins que le Tribunal n'en ordonne l'exécution provisoire dès sa signification ou à une autre époque postérieure qu'il fixe.

Toute autre décision du Tribunal est exécutoire dès sa signification et nonobstant appel, à moins que le tribunal d'appel n'en ordonne autrement.

[1989, c. 51, a. 16; 1999, c. 40, a. 46].

130. A decision of the Tribunal condemning a person to pay a sum of money becomes executory as a judgment of the Court of Québec or the Superior Court, according to their respective jurisdictions, and has all the effects thereof from the date of its filing at the office of the Court of Québec or of its homologation in Superior Court.

Homologation of the decision is obtained by the filing by the clerk of the Court of Québec of the district where the decision of the Tribunal was filed of a certified copy of the decision at the office of the clerk of the Superior Court of the district where the condemned person has his domicile or, failing that, his residence or principal business establishment.

A final decision of the Tribunal other than a decision described in the first paragraph is executory upon the expiry of the time for appeal, in accordance with the terms and conditions set out in the decision, unless the Tribunal orders provisional execution of the decision upon its service or at any specified later date.

Any other decision of the Tribunal is executory upon its service and notwithstanding appeal, unless the appeal tribunal orders otherwise.

[1989, c. 51, s. 16; 1999, c. 40, s. 46].

131. Quiconque contrevient à une décision du Tribunal qui lui a été dûment signifiée,

131. Every person who fails to comply with a decision of the Tribunal which has

et qui n'a pas à être homologuée en Cour supérieure, se rend coupable d'outrage au Tribunal et peut être condamné, avec ou sans emprisonnement pour une durée d'au plus un an, et sans préjudice de tous recours en dommages-intérêts, à une amende n'excédant pas 50 000 $.

Quiconque contrevient à une interdiction ou à une restriction de divulgation, de publication ou de diffusion imposée par une décision du Tribunal rendue en vertu de l'article 121, est passible de la même sanction sauf quant au montant de l'amende qui ne peut excéder 5 000 $.

[1989, c. 51, a. 16].

been duly served on him and which does not require to be homologated in Superior Court is guilty of contempt of court and may be condemned, with or without imprisonment for not over one year, and without prejudice to any suit for damages, to a fine not exceeding $ 50 000.

Every person who contravenes a ban or restriction on disclosure, publication or release imposed by a decision of the Tribunal rendered under section 121 is liable to the same sanction, except that the amount of the fine shall not exceed $ 5 000.

[1989, c. 51, s. 16].

Chapitre V — Appel

132. Il y a appel à la Cour d'appel, sur permission de l'un de ses juges, d'une décision finale du Tribunal.

[1989, c. 51, a. 16].

Chapter V — Appeal

132. Any final decision of the Tribunal may be appealed from to the Court of Appeal with leave from one of the judges thereof.

[1989, c. 51, s. 16].

133. Sous réserve de l'article 85, les règles du *Code de procédure civile* (chapitre C-25) relatives à l'appel s'appliquent, compte tenu des adaptations nécessaires, à un appel prévu par le présent chapitre.

[1989, c. 51, a. 16].

133. Subject to section 85, the rules relating to appeals set out in the *Code of Civil Procedure* (chapter C-25), with the necessary modifications, apply to any appeal under this Chapter.

[1989, c. 51, s. 16].

PARTIE VII — LES DISPOSITIONS FINALES

134. Commet une infraction:

1° quiconque contrevient à l'un des articles 10 à 19 ou au premier alinéa de l'article 48;

2° un membre ou un mandataire de la Commission ou un membre de son personnel qui révèle, sans y être dûment autorisé, toute matière dont il a eu connaissance dans l'exercice de ses fonctions;

3° quiconque tente d'entraver ou entrave la Commission, un comité des plaintes, un membre ou un mandataire de la Commission ou un membre de son personnel, dans l'exercice de ses fonctions;

PART VII — FINAL PROVISIONS

134. Every person is guilty of an offence

1) who contravenes any of sections 10 to 19 or the first paragraph of section 48;

2) who, being a member or mandatary of the commission or a member of its personnel, reveals, without being duly authorized to do so, anything of which he has gained knowledge in the performance of his duties;

3) who attempts to obstruct or obstructs the commission, a complaints committee, a member or mandatary of the commission or a member of its personnel in the performance of its or his duties;

4° quiconque enfreint une interdiction ou une restriction de divulgation, de publication ou de diffusion d'un renseignement ou d'un document visé à la partie IV ou à un règlement pris en vertu de l'article 99;

5° quiconque tente d'exercer ou exerce des représailles visées à l'article 82.

[1975, c. 6, a. 87; 1982, c. 61, a. 23; 1989, c. 51, a. 18].

135. Si une personne morale commet une infraction prévue par l'article 134, tout dirigeant, administrateur, employé ou agent de cette personne morale qui a prescrit ou autorisé l'accomplissement de l'infraction ou qui y a consenti, acquiescé ou participé, est réputé être partie à l'infraction, que la personne morale ait ou non été poursuivie ou déclarée coupable.

[1975, c. 6, a. 88; 1989, c. 51, a. 19, 21; 1999, c. 40, a. 46].

136. Une poursuite pénale pour une infraction à une disposition de la présente loi peut être intentée par la Commission.

Les frais qui sont transmis à la Commission par le défendeur avec le plaidoyer appartiennent à cette dernière, lorsqu'elle intente la poursuite pénale.

[1975, c. 6, a. 89; 1982, c. 61, a. 24; 1989, c. 51, a. 20, 21; 1992, c. 61, a. 101].

137. (*Abrogé*).

[1996, c. 10, a. 4].

138. Le ministre de la Justice est chargé de l'application de la présente Charte.

[1975, c. 6, a. 99; 1989, c. 51, a. 21; 1996, c. 21, a. 34; 2005, c. 24, a. 24].

139. (*Cet article a cessé d'avoir effet le 17 avril 1987*).

[1982, c. 21, a. 1; R.-U., 1982, c. 11, ann. B, ptie I, a. 33].

4) who contravenes a ban or restriction on the disclosure, publication or release of any information or document contemplated by Part IV or by any regulation under section 99;

5) who attempts to take or takes reprisals as described in section 82.

[1975, c. 6, s. 87; 1982, c. 61, s. 23; 1989, c. 51, s. 18].

135. If a legal person commits an offence referred to in section 134, any officer, director, employee or representative of such legal person who prescribed or authorized the committing of the offence, or who consented thereto or acquiesced or participated therein, is deemed to be a party to the offence whether or not the legal person has been prosecuted or found guilty.

[1975, c. 6, s. 88; 1989, c. 51, s. 19, 21; 1999, c. 40, s. 46].

136. Penal proceedings for an offence under a provision of this Act may be instituted by the Commission.

The costs transmitted to the Commission by the defendant with the plea belong to the Commission, where the proceedings are instituted by the Commission.

[1975, c. 6, s. 89; 1982, c. 61, s. 24; 1989, c. 51, s. 20, 21; 1992, c. 61, s. 101].

137. (*Repealed*).

[1996, c. 10, s. 4].

138. The Minister of Justice has charge of the application of this Charter.

[1975, c. 6, s. 99; 1989, c. 51, s. 21; 1996, c. 21, s. 34; 2005, c. 24, s. 24].

139. (*This section ceased to have effect on 17 April 1987*).

[1982, c. 21, s. 1; R.-U., 1982, c. 11, ann. B, ptie I, s. 33].

Les dispositions indiquées comme non en vigueur (trame grise) entreront en vigueur à la date fixée par le gouvernement (1982, c. 61, a. 35).

ANNEXE I ══ SERMENTS D'OFFICE ET DE DISCRÉTION
(*article 64*)

« Je, (*désignation de la personne*), déclare sous serment que je remplirai mes fonctions avec honnêteté, impartialité et justice et que je n'accepterai aucune autre somme d'argent ou considération quelconque, pour ce que j'aurai accompli ou accomplirai dans l'exercice de mes fonctions, que ce qui me sera alloué conformément à la loi.

De plus, je déclare sous serment que je ne révélerai et ne laisserai connaître, sans y être dûment autorisé, aucun renseignement ni document dont j'aurai eu connaissance, dans l'exercice de mes fonctions. »

[1975, c. 6, ann. A; 1989, c. 51, a. 22; 1999, c. 40, a. 46].

SCHEDULE I ══ OATHS OF OFFICE AND SECRECY
(*Section 64*)

"I, (*name of person*), declare under oath that I will fulfil the duties of my office honestly, impartially and justly and that I will accept no sum of money or other consideration for what I may have done or will do in the performance of my duties, other than what may be allowed me according to law. Furthermore, I declare under oath that I will neither reveal nor disclose, without being duly authorized to do so, any information or document I may gain knowledge of in the performance of my duties."

[1975, c. 6, sch. A; 1977, c. 5, s. 14; 1989, c. 51, s. 22; 1999, c. 40, s. 46].

ANNEXE II ══ SERMENTS D'OFFICE ET DE DISCRÉTION
(*article 102*)

« Je, (*désignation de la personne*), déclare sous serment de remplir fidèlement, impartialement, honnêtement et en toute indépendance, au meilleur de ma capacité et de mes connaissances, tous les devoirs de ma fonction, d'en exercer de même tous les pouvoirs.

De plus, je déclare sous serment que je ne révélerai et ne laisserai connaître, sans y être dûment autorisé, aucun renseignement ni document dont j'aurai eu connaissance, dans l'exercice de ma fonction. »

[1975, c. 6, ann. B; 1989, c. 51, a. 22; 1999, c. 40, a. 46].

SCHEDULE II ══ OATHS OF OFFICE AND SECRECY
(*Section 102*)

"I, (*name of person*), declare under oath that I will fulfil the duties of my office faithfully, impartially, honestly, free from any influence and to the best of my knowledge and abilities, and exercise all the powers thereof. Futhermore, I declare under oath that I will neither reveal nor disclose, without being duly authorized to do so, any information or document I may gain knowledge of in the performance of my duties."

[1975, c. 6, sch. B; 1989, c. 51, s. 22; 1999, c. 40, s. 46].

Loi sur les accidents du travail et les maladies professionnelles (1-48, 430-453),

RLRQ, c. A-3.001

An Act respecting industrial accidents and occupational diseases (1-48, 430-453),

CQLR, c. A-3.001

Chapitre I — Objet, interprétation et application	Chapter I — Object, Interpretation and Application
Section I — Objet	Section I — Object

1. La présente loi a pour objet la réparation des lésions professionnelles et des conséquences qu'elles entraînent pour les bénéficiaires.

Le processus de réparation des lésions professionnelles comprend la fourniture des soins nécessaires à la consolidation d'une lésion, la réadaptation physique, sociale et professionnelle du travailleur victime d'une lésion, le paiement d'indemnités de remplacement du revenu, d'indemnités pour préjudice corporel et, le cas échéant, d'indemnités de décès.

La présente loi confère en outre, dans les limites prévues au chapitre VII, le droit au retour au travail du travailleur victime d'une lésion professionnelle.

[1985, c. 6, a. 1; 1999, c. 40, a. 4].

1. The object of this Act is to provide compensation for employment injuries and the consequences they entail for beneficiaries.

The process of compensation for employment injuries includes provision of the necessary care for the consolidation of an injury, the physical, social and vocational rehabilitation of a worker who has suffered an injury, the payment of income replacement indemnities, compensation for bodily injury and, as the case may be, death benefits.

This Act, within the limits laid down in Chapter VII, also entitles a worker who has suffered an employment injury to return to work.

[1985, c. 6, s. 1].

SECTION II — INTERPRÉTATION

2. Dans la présente loi, à moins que le contexte n'indique un sens différent, on entend par:

« *accident du travail* »: un événement imprévu et soudain attribuable à toute cause, survenant à une personne par le fait ou à l'occasion de son travail et qui entraîne pour elle une lésion professionnelle;

« *bénéficiaire* »: une personne qui a droit à une prestation en vertu de la présente loi;

« *camelot* »: une personne physique qui, moyennant rémunération, effectue la livraison à domicile d'un quotidien ou d'un hebdomadaire;

« *chantier de construction* »: un chantier de construction au sens de la *Loi sur la santé et la sécurité du travail* (chapitre S-2.1);

« *Commission* »: la Commission de la santé et de la sécurité du travail instituée par la *Loi sur la santé et la sécurité du travail*;

« *conjoint* »: la personne qui, à la date du décès du travailleur:

1° est liée par un mariage ou une union civile au travailleur et cohabite avec lui; ou

2° vit maritalement avec le travailleur, qu'elle soit de sexe différent ou de même sexe, et:

    a) réside avec lui depuis au moins trois ans ou depuis un an si un enfant est né ou à naître de leur union; et

    b) est publiquement représentée comme son conjoint;

« *consolidation* »: la guérison ou la stabilisation d'une lésion professionnelle à la suite de laquelle aucune amélioration de l'état de santé du travailleur victime de cette lésion n'est prévisible;

SECTION II — INTERPRETATION

2. In this Act, unless the context requires otherwise,

« *beneficiary* » means a person entitled to a benefit under this Act;

« *benefit* » means compensation or an indemnity paid in money, financial assistance or services furnished under this Act;

« *Commission* » means the Commission de la santé et de la sécurité du travail established by the *Act respecting occupational health and safety* (chapter S-2.1);

« *consolidation* » means the healing or stabilization of an employment injury following which no improvement of the state of health of the injured worker is foreseeable;

« *construction site* » means a construction site within the meaning of the *Act respecting occupational health and safety*;

« *dependent* » means a person entitled to an indemnity under Subdivision 2 of Division III of Chapter III;

« *domestic* » means a natural person engaged by an individual for remuneration, whose main duty is, in the dwelling of the individual,

(1) to do housework, or

(2) to care for a child or a sick, handicapped or aged person and who lives in the dwelling;

« *employer* » means a person who, under a contract of employment or of apprenticeship, uses the services of a worker for the purposes of his establishment;

« *employment injury* » means an injury or a disease arising out of or in the course of an industrial accident, or an occupational disease, including a recurrence, relapse or aggravation;

« *equivalent employment* » means employment of a similar nature to the em-

« *dirigeant* »: un membre du conseil d'administration d'une personne morale qui exerce également les fonctions de président, de vice-président, de secrétaire ou de trésorier de cette personne morale;

« *domestique* »: une personne physique, engagée par un particulier moyennant rémunération, qui a pour fonction principale, dans le logement de ce particulier:

1° d'effectuer des travaux ménagers; ou

2° alors qu'elle réside dans ce logement, de garder un enfant, un malade, une personne handicapée ou une personne âgée;

« *emploi convenable* »: un emploi approprié qui permet au travailleur victime d'une lésion professionnelle d'utiliser sa capacité résiduelle et ses qualifications professionnelles, qui présente une possibilité raisonnable d'embauche et dont les conditions d'exercice ne comportent pas de danger pour la santé, la sécurité ou l'intégrité physique du travailleur compte tenu de sa lésion;

« *emploi équivalent* »: un emploi qui possède des caractéristiques semblables à celles de l'emploi qu'occupait le travailleur au moment de sa lésion professionnelle relativement aux qualifications professionnelles requises, au salaire, aux avantages sociaux, à la durée et aux conditions d'exercice;

« *employeur* »: une personne qui, en vertu d'un contrat de travail ou d'un contrat d'apprentissage, utilise les services d'un travailleur aux fins de son établissement;

« *établissement* »: un établissement au sens de la *Loi sur la santé et la sécurité du travail*;

« *Fonds* »: le Fonds de la santé et de la sécurité du travail constitué à l'article 136.1 de la *Loi sur la santé et la sécurité du travail*;

« *lésion professionnelle* »: une blessure ou une maladie qui survient par le fait ou à l'occasion d'un accident du travail, ou une maladie professionnelle, y compris la récidive, la rechute ou l'aggravation;

ployment held by the worker when he suffered the employment injury, from the standpoint of vocational qualifications required, wages, social benefits, duration and working conditions;

« *establishment* » means an establishment within the meaning of the *Act respecting occupational health and safety*;

« *executive officer* » means a member of the board of directors of a legal person who also exercises the functions of president, vice-president, secretary or treasurer of the legal person;

« *family-type resource* » means a family-type resource to whom the *Act respecting the representation of family-type resources and certain intermediate resources and the negotiation process for their group agreements* (chapter R-24.0.2) applies;

« *fund* » means the Fonds de la santé et de la sécurité du travail established under section 136.1 of the *Act respecting occupational health and safety*;

« *health professional* » means a professional in the field of health within the meaning of the *Health Insurance Act* (chapter A-29);

« *independent operator* » means a natural person who carries on work for his own account, alone or in partnership, and does not employ any worker;

« *industrial accident* » means a sudden and unforeseen event, attributable to any cause, which happens to a person, arising out of or in the course of his work and resulting in an employment injury to him;

« *intermediate resource* » means an intermediate resource to whom the *Act respecting the representation of family-type resources and certain intermediate resources and the negotiation process for their group agreements* applies;

« *occupational disease* » means a disease contracted out of or in the course of work and characteristic of that work or directly related to the risks peculiar to that work;

« *paper carrier* » means a natural person

« *maladie professionnelle* »: une maladie contractée par le fait ou à l'occasion du travail et qui est caractéristique de ce travail ou reliée directement aux risques particuliers de ce travail;

« *personne à charge* »: une personne qui a droit à une indemnité en vertu de la soussection 2 de la section III du chapitre III;

« *prestation* »: une indemnité versée en argent, une assistance financière ou un service fourni en vertu de la présente loi;

« *professionnel de la santé* »: un professionnel de la santé au sens de la *Loi sur l'assurance maladie* (chapitre A-29);

« *ressource de type familial* »: une ressource de type familial à laquelle s'applique la *Loi sur la représentation des ressources de type familial et de certaines ressources intermédiaires et sur le régime de négociation d'une entente collective les concernant* (chapitre R-24.0.2);

« *ressource intermédiaire* »: une ressource intermédiaire à laquelle s'applique la *Loi sur la représentation des ressources de type familial et de certaines ressources intermédiaires et sur le régime de négociation d'une entente collective les concernant*;

« *travailleur* »: une personne physique qui exécute un travail pour un employeur, moyennant rémunération, en vertu d'un contrat de travail ou d'apprentissage, à l'exclusion:

1° du domestique;

2° de la personne physique engagée par un particulier pour garder un enfant, un malade, une personne handicapée ou une personne âgée, et qui ne réside pas dans le logement de ce particulier;

3° de la personne qui pratique le sport qui constitue sa principale source de revenus;

4° du dirigeant d'une personne morale quel que soit le travail qu'il exécute pour cette personne morale;

who carries out home delivery of a daily or weekly newspaper for a remuneration;

« *spouse* » means the person who, at the date of death of a worker,

(1) is married to, or in a civil union with, and cohabits with the worker, or

(2) lives with the worker in a de facto union, whether the person is of the opposite or the same sex, and

(a) has been living with the worker for not less than three years, or one year if a child has been born or is to be born of their union, and

(b) is publicly represented as the worker's spouse;

« *suitable employment* » means appropriate employment that allows a worker who has suffered an employment injury to use his remaining ability to work and his vocational qualifications, that he has a reasonable chance of obtaining and the working conditions of which do not endanger the health, safety or physical well-being of the worker, considering his injury;

« *worker* » means a natural person who does work for an employer for remuneration under a contract of employment or of apprenticeship, except

(1) a domestic;

(2) a natural person engaged by an individual to care for a child or a sick, handicapped or aged person and who does not live in the dwelling of the individual;

(3) a person who plays sports as his main source of income;

(4) an executive officer of a legal person regardless of the work the executive officer does for the legal person;

5° de la personne physique lorsqu'elle agit à titre de ressource de type familial ou de ressource intermédiaire.

« *travailleur autonome* »: une personne physique qui fait affaires pour son propre compte, seule ou en société, et qui n'a pas de travailleur à son emploi.

[1985, c. 6, a. 2; 1997, c. 27, a. 1; 1999, c. 14, a. 2; 1999, c. 89, a. 53; 1999, c. 40, a. 4; 2002, c. 6, a. 76; 2002, c. 76, a. 27; 2006, c. 53, a. 1; 2009, c. 24, a. 72].

3. La présente loi lie le gouvernement, ses ministères et les organismes mandataires de l'État.

[1985, c. 6, a. 3; 1999, c. 40, a. 4].

4. La présente loi est d'ordre public.

Cependant, une convention ou une entente ou un décret qui y donne effet peut prévoir pour un travailleur des dispositions plus avantageuses que celles que prévoit la présente loi.

[1985, c. 6, a. 4].

5. L'employeur qui loue ou prête les services d'un travailleur à son emploi demeure l'employeur de ce travailleur aux fins de la présente loi.

La personne qui, aux fins de son établissement, utilise un travailleur dont les services lui sont loués ou prêtés est réputée être un employeur, pour l'application de l'article 316, même si elle n'a pas de travailleurs à son emploi.

[1985, c. 6, a. 5; 2006, c. 53, a. 2].

6. Aux fins de la présente loi, la Commission détermine le salaire minimum d'un travailleur d'après celui auquel il peut avoir droit pour une semaine normale de travail en vertu de la *Loi sur les normes du travail* (chapitre N-1.1) et ses règlements.

Lorsqu'il s'agit d'un travailleur qui n'occupe aucun emploi rémunéré ou pour lequel aucun salaire minimum n'est fixé par règlement, la Commission applique le salaire minimum prévu par l'article 3 du *Règlement sur les normes du travail* (chapitre N-1.1, r. 3) et la semaine normale de

(5) a natural person if that person acts as a family-type resource or an intermediate resource.

[1985, c. 6, s. 2; 1997, c. 27, s. 1; 1999, c. 14, s. 2; 1999, c. 40, s. 4; 2002, c. 6, s. 76; 2002, c. 76, s. 27; 2006, c. 53, s. 1; 2009, c. 24, s. 72].

3. This Act binds the Government and its departments and agencies that are mandataries of the State.

[1985, c. 6, s. 3; 1999, c. 40, s. 4].

4. This Act is a public Act.

Notwithstanding the first paragraph, any covenant or any agreement or order giving effect thereto may provide more favourably for a worker than does this Act.

[1985, c. 6, s. 4].

5. An employer who lends or hires out the services of a worker in his employ continues to be the worker's employer for the purposes of this Act.

A person who, for the purposes of his establishment, uses a worker whose services are lent or hired out is deemed to be an employer for the purposes of section 316, even if the person has no workers in his employ.

[1985, c. 6, s. 5; 2006, c. 53, s. 2].

6. For the purposes of this Act, the Commission shall determine the minimum wage of a worker according to the minimum wage for a normal workweek to which he may be entitled under the *Act respecting labour standards* (chapter N-1.1) and the regulations thereunder.

In the case of a worker having no remunerated employment, or for whose employment no minimum wage is fixed by regulation, the Commission shall apply the minimum wage prescribed in section 3 of the *Regulation respecting labour standards* (chapter N-1.1, r. 3) and the normal

travail mentionnée à l'article 52 de la *Loi sur les normes du travail*, tels qu'ils se lisent au jour où ils doivent être appliqués.

[1985, c. 6, a. 6].

workweek described in section 52 of the *Act respecting labour standards*, taking account of modifications and amendments thereto as they read on the day they are to be applied.

[1985, c. 6, s. 6].

6.1. Le deuxième alinéa de l'article 40 de la *Loi sur la publicité légale des entreprises* (chapitre P-44.1) ne s'applique pas aux fins de déterminer si une personne est un dirigeant à une date donnée.

[2006, c. 53, a. 3; 2010, c. 7, a. 175].

6.1. The second paragraph of section 40 of the *Act respecting the legal publicity of enterprises* (chapter P-44.1) does not apply for the purpose of determining whether a person is an executive officer on a given date.

[2006, c. 53, s. 3; 2010, c. 7, s. 175

SECTION III — APPLICATION

§1. — Application générale

SECTION III — SCOPE

§1. — General Scope

7. La présente loi s'applique au travailleur victime d'un accident du travail survenu au Québec ou d'une maladie professionnelle contractée au Québec et dont l'employeur a un établissement au Québec lorsque l'accident survient ou la maladie est contractée.

[1985, c. 6, a. 7; 1996, c. 70, a. 1].

7. This Act applies to every worker to whom an industrial accident happens in Québec or who contracts an occupational disease in Québec and whose employer, when the accident happens or the disease is contracted, has an establishment in Québec.

[1985, c. 6, s. 7; 1996, c. 70, s. 1].

8. La présente loi s'applique au travailleur victime d'un accident du travail survenu hors du Québec ou d'une maladie professionnelle contractée hors du Québec si, lorsque l'accident survient ou la maladie est contractée, il est domicilié au Québec et son employeur a un établissement au Québec.

Cependant, si le travailleur n'est pas domicilié au Québec, la présente loi s'applique si ce travailleur était domicilié au Québec au moment de son affectation hors du Québec, la durée du travail hors du Québec n'excède pas cinq ans au moment où l'accident est survenu ou la maladie a été contractée et son employeur a alors un établissement au Québec.

[1985, c. 6, a. 8; 1996, c. 70, a. 2].

8. This Act applies to a worker who is the victim of an industrial accident outside Québec or who suffers from an occupational disease contracted outside Québec if, when the accident occurs or the disease is contracted, the worker has his domicile in Québec and his employer has an establishment in Québec.

However, where the worker's domicile is not in Québec, this Act applies where the worker had his domicile in Québec at the time of his assignment outside Québec, the work outside Québec is for a duration of not over five years when the accident occurs or the disease is contracted, and his employer has an establishment in Québec.

[1985, c. 6, s. 8; 1996, c. 70, s. 2].

8.1. Une entente conclue en vertu du premier alinéa de l'article 170 de la *Loi sur la santé et la sécurité du travail* (chapitre S-2.1) peut prévoir des exceptions aux ar-

8.1. An agreement made under the first paragraph of section 170 of the *Act respecting occupational health and safety* (chapter S-2.1) may provide for exceptions

ticles 7 et 8, aux conditions et dans la mesure qu'elle détermine.

[1996, c. 70, a. 3].

to sections 7 and 8, on such conditions and to such extent as it determines.

[1996, c. 70, s. 3].

§2. — Personnes considérées travailleurs

§2. — Persons deemed workers

Travailleur autonome

Independent Operators

9. Le travailleur autonome qui, dans le cours de ses affaires, exerce pour une personne des activités similaires ou connexes à celles qui sont exercées dans l'établissement de cette personne est considéré un travailleur à l'emploi de celle-ci, sauf:

1° s'il exerce ces activités:

a) simultanément pour plusieurs personnes;

b) dans le cadre d'un échange de services, rémunérés ou non, avec un autre travailleur autonome exerçant des activités semblables;

c) pour plusieurs personnes à tour de rôle, qu'il fournit l'équipement requis et que les travaux pour chaque personne sont de courte durée; ou

2° s'il s'agit d'activités qui ne sont que sporadiquement requises par la personne qui retient ses services.

[1985, c. 6, a. 9].

9. An independent operator who in the course of his business carries on activities for a person similar to or connected with those carried on in the establishment of that person is considered to be a worker in the employ of that person, unless

(1) he carries on the activities

(a) simultaneously for several persons;

(b) under a remunerated or unremunerated service exchange agreement with another independent operator carrying on similar activities;

(c) for several persons in turn, supplies the required equipment and the work done for each person is of short duration; or

(2) in the case of activities that are only intermittently required by the person who retains his services.

[1985, c. 6, s. 9; 1999, c. 40, s. 4].

Étudiant

Student

10. Sous réserve du paragraphe 4° de l'article 11, est considéré un travailleur à l'emploi de l'établissement d'enseignement dans lequel il poursuit ses études ou, si cet établissement relève d'une commission scolaire, de cette dernière, l'étudiant qui, sous la responsabilité de cet établissement, effectue un stage non rémunéré dans

10. Subject to paragraph 4 of section 11, a student is considered to be a worker employed by the educational institution in which he is pursuing his studies, or by the school board, where the institution comes under such a board if, under the responsibility of the institution, he is undergoing a training period at an establishment, with-

un établissement ou un autre étudiant, dans les cas déterminés par règlement.

[1985, c. 6, a. 10; 1992, c. 68, a. 157; 2001, c. 44, a. 24].

out remuneration, or if his case is one of the cases determined by regulation.

[1985, c. 6, s. 10; 1999, c. 40, s. 4; 2001, c. 44, s. 24].

Camelot

Paper Carrier

10.1. Un camelot est considéré un travailleur à l'emploi de la personne qui retient ses services.

[2006, c. 53, a. 4].

10.1. A paper carrier is considered a worker in the employ of the person who hires him.

[2006, c. 53, s. 4].

Personnes considérées à l'emploi du gouvernement ou qui participent à des activités de sécutiré civile

Persons Deemed Employed by the Government or Participating in Civil Protection Activities

11. Est considéré un travailleur à l'emploi du gouvernement:

1° la personne, autre qu'un enfant visé dans le paragraphe 3°, qui exécute des travaux compensatoires en vertu du *Code de procédure pénale* (chapitre C-25.1);

2° la personne qui exécute des heures de service communautaire dans le cadre d'une ordonnance de probation ou d'une ordonnance de sursis;

3° l'enfant qui exécute un travail, rend service à la collectivité ou agit comme apprenti, qu'il soit rémunéré ou non, dans le cadre de mesures volontaires prises en vertu de la *Loi sur la protection de la jeunesse* (chapitre P-34.1) ou de mesures de rechange prises en vertu de la *Loi sur les jeunes contrevenants* (Lois révisées du Canada (1985), chapitre Y-1) ou en exécution d'une décision rendue par la Cour du Québec en vertu de l'une de ces lois ou du *Code de procédure pénale*;

4° une personne qui exécute un travail dans le cadre d'une mesure ou d'un programme établi en application du titre I de la *Loi sur l'aide aux personnes et aux familles* (chapitre A-13.1.1) ou dans le cadre du Programme alternative jeunesse ou d'un programme spécifique établis en application des chapitres III et IV du titre II de cette loi, sauf si ce travail est exécuté dans le cadre d'une mesure ou d'un programme de subvention salariale sous la

11. The following are considered to be workers employed by the Government :

(1) a person other than a child contemplated in subsection 3, carrying on compensatory work under the *Code of Penal Procedure* (chapter C-25.1);

(2) a person who performs hours of community service under a probation order or a suspension order;

(3) a child who executes tasks, renders a service to the community or acts as a trainee, with or without remuneration, under voluntary measures taken pursuant to the *Youth Protection Act* (chapter P-34.1) or alternative measures taken under the *Young Offenders Act* (Revised Statutes of Canada, 1985, chapter Y-1), or in execution of a decision rendered by the Court of Québec under one of such Acts or the *Code of Penal Procedure*;

(4) a person performing work as part of a measure or program established under Title I of the *Individual and Family Assistance Act* (chapter A-13.1.1) or as part of the Youth Alternative Program or a specific program established under Chapter III or Chapter IV of Title II of that Act, unless the work is performed within the scope of a measure or wage subsidy program under the responsibility of the Minister of Employment and Social Solidarity.

responsabilité du ministre de l'Emploi et de la Solidarité sociale.

[1985, c. 6, a. 11; 1987, c. 19, a. 13; 1988, c. 21, a. 66; 1988, c. 51, a. 93; 1990, c. 4, a. 34; 1998, c. 28, a. 12; 1998, c. 36, a. 162; 2001, c. 44, a. 25; 2005, c. 15, a. 137].

[1985, c. 6, s. 11; 1987, c. 19, s. 13; 1988, c. 21, s. 66; 1988, c. 51, s. 93; 1990, c. 4, s. 34; 1991, c. 43, s. 22; 1998, c. 28, s. 12; 1998, c. 36, s. 162; 1999, c. 40, s. 4; 2001, c. 44, s. 25; 2005, c. 15, s. 137].

12. Toute personne qui, lors d'un événement visé à la *Loi sur la sécurité civile* (chapitre S-2.3), assiste bénévolement les effectifs déployés en application de mesures d'intervention ou de rétablissement alors que son aide a été acceptée expressément par l'autorité responsable de ces mesures est considérée un travailleur à l'emploi de cette autorité sous réserve du deuxième alinéa.

Toute personne qui, lors d'un état d'urgence local ou national, assiste les effectifs déployés alors que son aide a été acceptée expressément ou requise en vertu de l'article 47 ou 93 de la *Loi sur la sécurité civile*, est considérée un travailleur à l'emploi de l'autorité locale ou du gouvernement qui a déclaré ou pour lequel a été déclaré un état d'urgence.

Toute personne qui participe à une activité de formation, organisée en vertu du paragraphe 7° de l'article 67 de la même loi, est considérée un travailleur à l'emploi du gouvernement.

Le droit au retour au travail ne s'applique toutefois pas à une personne visée au présent article.

[1985, c. 6, a. 12; 1988, c. 46, a. 26; 2001, c. 76, a. 136].

12. A person who, as a volunteer, assists the personnel deployed to carry out emergency response or recovery operations during an event that is within the purview of the *Civil Protection Act* (chapter S-2.3) after the person's assistance has been expressly accepted by the authority responsible for such measures is considered to be a worker employed by that authority, subject to the second paragraph.

Where a local or national state of emergency has been declared, a person who assists the personnel deployed after the person's assistance has been expressly accepted or required under section 47 or 93 of the *Civil Protection Act* is considered to be a worker employed by the local authority or government having declared the state of emergency or for which the state of emergency was declared.

A person who participates in a training activity organized pursuant to paragraph 7 of section 67 of the said Act is considered to be a worker employed by the Government.

However, the right to return to work does not apply to a person referred to in this section.

[1985, c. 6, s. 12; 1988, c. 46, s. 26; 1999, c. 40, s. 4; 2001, c. 76, s. 136].

Personne qui assiste les membres d'un service municipal de sécurité incendie

Persons Assisting Members of a Municipal Fire Safety Service

12.0.1. Toute personne qui, lors d'un événement visé à l'article 40 de la *Loi sur la sécurité incendie* (chapitre S-3.4), assiste les pompiers d'un service municipal de sécurité incendie, alors que son aide a été acceptée expressément ou requise en vertu du paragraphe 7° du deuxième alinéa de cet article, est considérée un travailleur à l'emploi de l'autorité responsable du service.

12.0.1. Every person who, during an event referred to in section 40 of the *Fire Safety Act* (chapter S-3.4), assists the firefighters of a municipal fire safety service after the person's assistance has been expressly accepted or required pursuant to subparagraph 7 of the second paragraph of that section, is considered to be a worker employed by the authority responsible for the service.

Le droit au retour au travail ne s'applique toutefois pas à une personne visée au premier alinéa.

[2000, c. 20, a. 159; 2001, c. 76, a. 137].

The right to return to work does not, however, apply to a person referred to in the first paragraph.

[2000, c. 20, s. 159; 2001, c. 76, s. 137].

Personne incarcérée qui exécute un travail rémunéré dans le cadre d'un programme d'activités

Confined Persons who Carry out Remunerated Work under a Program of Activities

12.1. Est considérée un travailleur à l'emploi d'un Fonds de soutien à la réinsertion sociale constitué dans un établissement de détention en vertu de l'article 74 de la *Loi sur le système correctionnel du Québec* (chapitre S-40.1), la personne incarcérée qui exécute un travail rémunéré dans le cadre d'un programme d'activités.

Les articles 91 à 93 de cette loi s'appliquent aux indemnités dues à une personne incarcérée.

[1987, c. 19, a. 14; 1991, c. 43, a. 22; 2002, c. 24, a. 205].

12.1. A confined person is considered to be a worker employed by the reintegration support fund established in a correctional facility under section 74 of the *Act respecting the Québec correctional system* (chapter S-40.1) if the person carries out remunerated work under a program of activities.

Sections 91 to 93 of the said Act apply to the indemnities owing to a confined person.

[1987, c. 19, s. 14; 1991, c. 43, s. 22; 1999, c. 40, s. 4; 2002, c. 24, s. 205].

Travailleur bénévole

Voluntary Worker

13. Est considérée un travailleur, la personne qui effectue bénévolement un travail aux fins d'un établissement si son travail est fait avec l'accord de la personne qui utilise ses services et si cette dernière transmet à la Commission une déclaration sur:

1° la nature des activités exercées dans l'établissement;

2° la nature du travail effectué bénévolement;

3° le nombre de personnes qui effectuent bénévolement un travail aux fins de l'établissement ou qui sont susceptibles de le faire dans l'année civile en cours;

4° la durée moyenne du travail effectué bénévolement; et

5° la période, pendant l'année civile en cours, pour laquelle la protection accordée par la présente loi est demandée.

La présente loi, à l'exception du droit au retour au travail, s'applique aux personnes qui effectuent bénévolement un travail aux

13. A person is considered to be a worker if he does volunteer work for the purposes of an establishment, provided that his work is done with the agreement of the person who uses his services and that the latter person sends a statement to the Commission setting out

(1) the nature of the activities carried on in the establishment;

(2) the nature of the volunteer work;

(3) the number of persons doing voluntary work for the purposes of the establishment or who are likely to do it within the current calendar year;

(4) the average duration of the volunteer work; and

(5) the period during the current calendar year for which protection is requested under this Act.

This Act, except in respect of the right to return to work, applies to persons who do volunteer work for the purposes of the es-

fins de cet établissement pour la période indiquée dans cette déclaration.

[1985, c. 6, a. 13].

tablishment for the period indicated in the statement.

[1985, c. 6, s. 13; 1999, c. 40, s. 4].

14. La personne qui transmet à la Commission la déclaration prévue par l'article 13 doit, sur demande de la Commission, tenir à jour une liste des travailleurs bénévoles visés par cette déclaration et les informer, au moyen d'un avis affiché dans un endroit facilement accessible de son établissement, qu'ils bénéficient, pour la période qu'elle indique, de la protection accordée par la présente loi, à l'exception du droit au retour au travail.

[1985, c. 6, a. 14].

14. A person who sends the statement prescribed in section 13 to the Commission shall, at the request of the Commission, keep an up-to-date list of the volunteer workers contemplated in the statement and inform them by a notice posted up in a conspicuous place in his establishment that for the period he indicates they have protection under this Act, except in respect of the right to return to work.

[1985, c. 6, s. 14].

Personnes visées dans une entente

Persons contemplated by an agreement

15. Un usager au sens de la *Loi sur les services de santé et les services sociaux* (chapitre S-4.2) qui effectue un travail en vue de sa rééducation physique, mentale ou sociale sous la responsabilité d'un établissement visé dans cette loi peut être considéré un travailleur à l'emploi de cet établissement, aux conditions et dans la mesure prévues par une entente conclue entre la Commission et le ministre de la Santé et des Services sociaux à cette fin.

Il en est de même à l'égard d'un bénéficiaire au sens de la *Loi sur les services de santé et les services sociaux pour les autochtones cris* (chapitre S-5).

[1985, c. 6, a. 15; 1985, c. 23, a. 24; 1992, c. 21, a. 77; 1994, c. 23, a. 23].

15. A user within the meaning of the *Act respecting health services and social services* (chapter S-4.2) who does work in view of his physical, mental or social reeducation under the responsibility of an institution contemplated in that Act may be considered a worker employed by that institution on the conditions and to the extent provided by an agreement to that effect between the Commission and the Minister of Health and Social Services.

The same applies in respect of a beneficiary within the meaning of the *Act respecting health services and social services for Cree Native persons* (chapter S-5).

[1985, c. 6, s. 15; 1985, c. 23, s. 24; 1992, c. 21, s. 77, 375; 1994, c. 23, s. 23; 1999, c. 40, s. 4].

16. Une personne qui accomplit un travail dans le cadre d'un projet d'un gouvernement, qu'elle soit ou non un travailleur au sens de la présente loi, peut être considérée un travailleur à l'emploi de ce gouvernement, d'un organisme ou d'une personne morale, aux conditions et dans la mesure prévues par une entente conclue entre la Commission et le gouvernement, l'organisme ou la personne morale concerné.

Les deuxième et troisième alinéas de l'article 170 de la *Loi sur la santé et la sécurité du travail* (chapitre S-2.1) s'appliquent à cette entente.

[1985, c. 6, a. 16].

16. A person doing work under a project of any government, whether or not the person is a worker within the meaning of this Act, may be considered to be a worker employed by that government, by an agency or by a legal person, on the conditions and to the extent provided by an agreement between the Commission and the government, agency or legal person concerned.

The second and third paragraphs of section 170 of the *Act respecting occupational health and safety* (chapter S-2.1) apply to the agreement.

[1985, c. 6, s. 16; 1999, c. 40, s. 4].

17. Les employés du gouvernement du Canada visés dans la *Loi sur l'indemnisation des agents de l'État* (Lois révisées du Canada (1985), chapitre G-5) sont soumis à la présente loi dans la mesure où une entente conclue en vertu de l'article 170 de la *Loi sur la santé et la sécurité du travail* (chapitre S-2.1) prévoit les modalités d'application de cette loi fédérale.

[1985, c. 6, a. 17].

17. Employees of the Government of Canada contemplated in the *Government Employees Compensation Act* (Revised Statutes of Canada, 1985, chapter G-5) are subject to this Act to the extent that an agreement entered into under section 170 of the *Act respecting occupational health and safety* (chapter S-2.1) sets out the modalities of application of that federal Act.

[1985, c. 6, s. 17].

§3. — Personnes inscrites à la Commission

§3. — Persons registered with the Commission

18. Le travailleur autonome, le domestique, la ressource de type familial, la ressource intermédiaire, l'employeur, le dirigeant ou le membre du conseil d'administration d'une personne morale peut s'inscrire à la Commission pour bénéficier de la protection accordée par la présente loi.

Toutefois, un travailleur qui siège comme membre du conseil d'administration de la personne morale qui l'emploie n'a pas à s'inscrire à la Commission pour bénéficier de la protection de la présente loi lorsqu'il remplit ses fonctions au sein de ce conseil d'administration.

[1985, c. 6, a. 18; 1999, c. 40, a. 4; 2006, c. 53, a. 5; 2009, c. 24, a. 73].

18. Independent operators, domestics, family-type resources, intermediate resources, employers, executive officers and members of the boards of directors of legal persons may register with the Commission to have protection under this Act.

However, a worker who sits on the board of directors of the legal person that employs him need not register with the Commission to have protection under this Act when the worker exercises his functions as a member of that board of directors.

[1985, c. 6, s. 18; 1999, c. 40, s. 4; 2006, c. 53, s. 5; 2009, c. 24, s. 73].

19. Une association de travailleurs autonomes ou de domestiques peut inscrire ses membres à la Commission et elle est alors considérée leur employeur aux seules fins du chapitre IX.

Le particulier qui engage un travailleur autonome peut aussi l'inscrire à la Commission et il est alors considéré son employeur aux seules fins des chapitres IX et XIII; dans ce cas, le particulier doit informer le travailleur autonome du fait qu'il bénéficie de la protection accordée par la présente loi et du montant de cette protection.

[1985, c. 6, a. 19].

19. An association of independent operators or of domestics may register its members with the Commission and if it does so is considered to be their employer, but only for the purposes of Chapter IX.

An individual who engages an independent operator also may register him with the Commission and if he does so is considered to be his employer, but only for the purposes of Chapters IX and XIII; in this case, the individual shall inform the independent operator of the fact that he benefits by the protection afforded by this Act, and of the amount of the protection.

[1985, c. 6, s. 19; 1999, c. 40, s. 4].

20. Une lésion professionnelle subie par une personne inscrite à la Commission donne droit aux prestations prévues par la présente loi comme si cette personne était un travailleur.

[1985, c. 6, a. 20].

20. If a person registered with the Commission suffers an employment injury, he is entitled thereby to the benefits provided for by this Act as if he were a worker.

[1985, c. 6, s. 20].

21. L'inscription à la Commission est faite au moyen d'un avis écrit indiquant le nom et l'adresse de la personne à inscrire, le lieu, la nature et la durée prévue des travaux et le montant pour lequel la protection est demandée.

Ce montant ne peut être inférieur au revenu brut annuel déterminé sur la base du salaire minimum en vigueur lors de l'inscription et ne peut excéder le maximum annuel assurable établi en vertu de l'article 66.

[1985, c. 6, a. 21].

21. Registration with the Commission is made by way of a notice in writing indicating the name and address of the person to be registered, the place, nature and expected duration of the work and the amount of protection applied for.

In no case may the amount be less than the gross annual income determined on the basis of the minimum wage for a regular workweek in force at the time of registration, or exceed the Maximum Yearly Insurable Earnings established under section 66.

[1985, c. 6, s. 21].

22. L'association de travailleurs autonomes ou de domestiques qui inscrit ses membres à la Commission tient à jour une liste de ceux-ci et du montant de la protection qu'elle a demandée pour chacun d'eux.

Elle informe en outre ses membres qu'ils bénéficient de la protection accordée par la présente loi, au moyen d'un avis publié dans les 30 jours de l'inscription dans un journal circulant dans chacune des régions où ils sont domiciliés.

[1985, c. 6, a. 22].

22. An association of independent operators or of domestics that registers its members with the Commission shall keep an up-to-date list of them and of the amount of protection it has applied for each of them.

The association shall also inform its members that they benefit by the protection afforded by this Act by means of a notice published within thirty days of the registration in a newspaper circulated in each area where they are domiciled.

[1985, c. 6, s. 22].

23. La protection accordée à une personne inscrite à la Commission cesse le jour où la Commission reçoit un avis écrit à cet effet de la personne ou de l'association qui a fait l'inscription.

Le défaut d'acquitter une cotisation échue met aussi fin à cette protection.

Cependant, dans le cas du défaut d'une association qui a inscrit ses membres, la protection accordée à ceux-ci cesse le dixième jour qui suit celui où la Commission fait publier un avis à cet effet, dans un journal circulant dans chacune des régions où ils sont domiciliés; cet avis doit être publié dans les 30 jours du défaut.

[1985, c. 6, a. 23].

23. Protection afforded a person registered with the Commission ceases on the day the Commission receives notice in writing to that effect from the person or association having made the registration.

Protection ceases also by failure to pay an assessment when due.

In the case of failure to pay by an association having registered its members, the protection afforded them ceases ten days after the day the Commission causes notice to that effect to be published in a newspaper circulated in each area where they are domiciled; the notice shall be published within thirty days of the failure to pay.

[1985, c. 6, s. 23].

24. L'association de travailleurs autonomes ou de domestiques qui désire retirer l'inscription d'un de ses membres doit l'en informer par écrit au moins 30 jours à l'avance.

24. An association of independent operators or of domestics that wishes to deregister one of its members shall so inform that member in writing at least thirty days in advance.

Si elle désire retirer l'inscription de plusieurs ou de tous ses membres, elle doit les en informer, dans le même délai, au moyen d'un avis publié dans un journal circulant dans chacune des régions où ils sont domiciliés.

[1985, c. 6, a. 24].

If the association wishes to deregister several or all of its members, it shall so inform them, within the same time limit, by means of a notice published in a newspaper circulated in each area where they are domiciled.

[1985, c. 6, s. 24].

§4. — Régime particulier

§4. — Special plan

24.1. La présente sous-section a pour objet la mise en oeuvre de toute entente conclue en matière de lésions professionnelles et de santé et de sécurité du travail entre le gouvernement et les Mohawks de Kahnawake représentés par le Conseil Mohawk de Kahnawake.

[2011, c. 12, a. 1].

24.1. The purpose of this subdivision is the implementation of any agreement on employment injuries and occupational health and safety between the Government and the Mohawks of Kahnawake represented by the Mohawk Council of Kahnawake.

[2011, c. 12, s. 1].

24.2. Un régime particulier établi par les Mohawks de Kahnawake, qui a pour objet la réparation des lésions professionnelles et des conséquences que celles-ci entraînent pour les bénéficiaires, se substitue au régime général établi par la présente loi à compter de la date que fixe le gouvernement après avoir estimé que ce régime particulier est semblable au régime général. Les dispositions du régime particulier prévalent ainsi sur celles de la présente loi et de ses règlements, exception faite des dispositions de la présente sous-section ainsi que, avec les adaptations nécessaires, des articles 2 à 4 et 438 à 442 et des autres dispositions que le gouvernement peut déterminer par règlement.

Toute modification au régime particulier est aussi mise en vigueur à la date que fixe le gouvernement après avoir estimé que le régime ainsi modifié reste semblable au régime général.

[2011, c. 12, a. 1].

24.2. A special plan established by the Mohawks of Kahnawake to provide compensation for employment injuries and the consequences they entail for beneficiaries is substituted for the general plan established under this Act as of the date set by the Government after it has deemed that the special plan is similar to the general plan. Thus, the provisions of the special plan take precedence over those of this Act and the regulations, except the provisions of this subdivision and, with the necessary modifications, sections 2 to 4 and 438 to 442 and any other provision the Government may determine by regulation.

Any amendment to the special plan comes into force on the date set by the Government after it has deemed that the plan so amended remains similar to the general plan.

[2011, c. 12, s. 1].

24.3. Le régime particulier s'applique au travailleur victime d'un accident du travail survenu sur les lieux suivants ou d'une maladie professionnelle contractée sur ces lieux:

1° les terres incluses dans le périmètre de ce qui est connu sous le nom de réserve indienne de Kahnawake n° 14;

24.3. The special plan applies to workers who suffer an industrial accident or contract an occupational disease on any of the following lands or sites:

(1) all lands contained within the area commonly known as Kahnawake Indian Reserve N°. 14;

2° les chantiers de construction du pont Honoré-Mercier qui relie les rives du fleuve Saint-Laurent;

3° le cas échéant:

a) les terres ajoutées aux terres mentionnées au paragraphe 1°;

b) les terres mises de côté à l'usage et au profit des Mohawks de Kahnawake visées par l'article 36 de la *Loi sur les Indiens* (L.R.C. (1985), c. I-5);

c) les terres du domaine de l'État dont la gestion ou l'administration est confiée aux Mohawks de Kahnawake;

d) après entente avec les communautés concernées, les terres incluses dans le périmètre de ce qui est connu sous le nom de réserve indienne de Doncaster n° 17 et les terres qui y sont ajoutées.

Dans les cas mentionnés au paragraphe 3° du premier alinéa, le gouvernement publie, à la *Gazette officielle du Québec*, un avis indiquant la date à laquelle l'éventualité s'est présentée.

[2011, c. 12, a. 1].

24.4. Un travailleur affecté à un travail hors de son lieu habituel de travail, dans le cadre d'un projet qui n'excède pas cinq jours ouvrables consécutifs, ne cesse pas d'être régi par le régime qui lui est applicable à son lieu habituel de travail.

[2011, c. 12, a. 1].

24.5. Malgré l'article 24.3, le travailleur qui n'est pas domicilié sur une terre visée par le régime particulier et qui est victime d'un accident du travail survenu sur un lieu visé par ce régime ou d'une maladie professionnelle contractée sur un tel lieu peut choisir de se prévaloir des dispositions du régime général en transmettant sa réclamation à la Commission.

Par ailleurs, le travailleur qui est domicilié sur une telle terre et qui est victime d'un accident du travail survenu hors des lieux visés par le régime particulier ou d'une maladie professionnelle contractée hors de ces lieux peut choisir de se prévaloir des

(2) the construction sites on the Honoré-Mercier Bridge linking the shores of the St. Lawrence River; and

(3) should the case arise,

(a) any lands added to the lands identified in subparagraph 1;

(b) any lands set apart for the use and benefit of the Mohawks of Kahnawake in accordance with section 36 of the *Indian Act* (R.S.C. (1985), ch. I-5);

(c) any public lands placed under the management or administration of the Mohawks of Kahnawake ; and

(d) following an agreement with the communities concerned, all lands contained within the area commonly known as Doncaster Indian Reserve No. 17 and any lands added to those lands.

In the cases mentioned in subparagraph 3 of the first paragraph, the Government shall publish, in the *Gazette officielle du Québec*, a notice of the date on which the contingency arose.

[2011, c. 12, s. 1].

24.4. A worker assigned to work outside his or her usual place of work, on a project whose duration does not exceed five consecutive working days, does not cease to be covered by the plan applicable at his or her usual place of work.

[2011, c. 12, s. 1].

24.5. Despite section 24.3, workers not domiciled on lands covered by the special plan who suffer an industrial accident or contract an occupational disease on a land or site covered by the special plan may opt to benefit from the provisions of the general plan by filing a claim with the Commission.

Workers domiciled on such lands who suffer an industrial accident or contract an occupational disease outside the lands or sites covered by the special plan may opt to benefit from the provisions of the special plan by filing a claim with the entity

dispositions du régime particulier en transmettant sa réclamation à l'organe chargé d'administrer ce régime.

Le choix fait par le travailleur lors de sa réclamation est irrévocable et continue de valoir en cas de récidive, de rechute ou d'aggravation.

Le cas échéant, l'organe responsable du régime choisi par le travailleur est remboursé, par l'organe responsable du régime qui aurait été autrement applicable, des sommes déboursées pour défrayer les coûts qui découlent de la réclamation.

[2011, c. 12, a. 1].

24.6. Les articles 24.3 à 24.5 ne s'appliquent pas:

1° à une personne visée par une entente interprovinciale ou internationale conclue par la Commission ou par le gouvernement;

2° à une personne visée par une entente conclue en vertu de l'une des dispositions des articles 15 à 17, à moins qu'une entente semblable ne soit conclue par l'organe chargé d'administrer le régime particulier;

3° à toute autre personne que le gouvernement peut déterminer par règlement.

[2011, c. 12, a. 1].

24.7. La Commission et l'organe chargé d'administrer le régime particulier prennent toute entente utile pour l'application de la présente sous-section. Une telle entente doit notamment déterminer les garanties nécessaires et les modalités applicables au remboursement prévu à l'article 24.5.

[2011, c. 12, a. 1].

24.8. Dans toute autre loi et tout autre texte d'application, tout renvoi à la présente loi ou à ses règlements est également un renvoi, avec les adaptations nécessaires, aux dispositions du régime particulier, à moins que le contexte ne s'y oppose ou qu'un règlement du gouvernement n'en dispose autrement. Entre autres adaptations, l'organe chargé d'administrer le ré-

entrusted with the administration of the special plan.

The option exercised by the worker upon filing the claim is irrevocable and continues to apply in the case of a recurrence, relapse or aggravation.

The entity responsible for the plan for which a worker has opted shall be reimbursed for its costs relating to the claim by the entity responsible for the plan that would have otherwise applied.

[2011, c. 12, s. 1].

24.6. Sections 24.3 to 24.5 do not apply to

(1) persons covered by an interprovincial or international agreement entered into by the Commission or the Government;

(2) persons covered by an agreement under any of sections 15 to 17, unless a similar agreement is entered into by the entity entrusted with the administration of the special plan; or

(3) any other person the Government may determine by regulation.

[2011, c. 12, s. 1].

24.7. The Commission and the entity entrusted with the administration of the special plan shall enter into any agreement to facilitate the carrying out of this subdivision. Such an agreement must, among other things, determine the guarantees required for and the terms and conditions applicable to the reimbursement provided for in section 24.5.

[2011, c. 12, s. 1].

24.8. In any other Act or statutory instrument, unless otherwise indicated by the context or otherwise provided by government regulation, a reference to this Act or the regulations is also a reference, with the necessary modifications, to the provisions of the special plan. Among other modifications, the entity entrusted with the administration of the special plan replaces the

gime particulier remplace la Commission, sauf dans les dispositions relatives à la révision ou à la contestation des décisions de celle-ci et dans les dispositions portant recours devant la Commission, lesquelles ne s'appliquent pas.

Le gouvernement peut, par règlement, prendre toute autre mesure nécessaire à l'application de la présente sous-section, notamment prévoir les adaptations qu'il convient d'apporter aux dispositions d'une loi ou d'un texte d'application.

[2011, c. 12, a. 1].

Commission, except in provisions concerning the review or contestation of a decision taken by the Commission and in provisions providing a remedy before the Commission, which are not applicable.

The Government may, by regulation, take any other necessary measures to carry out this subdivision, such as providing for any modifications to be applied to an existing Act or statutory instrument.

[2011, c. 12, s. 1].

24.9. Un règlement pris en vertu de l'article 24.2, 24.6 ou 24.8 requiert l'assentiment préalable des Mohawks de Kahnawake représentés par le Conseil Mohawk de Kahnawake.

[2011, c. 12, a. 1].

24.9. Any regulation made under section 24.2, 24.6 or 24.8 requires the prior concurrence of the Mohawks of Kahnawake represented by the Mohawk Council of Kahnawake.

[2011, c. 12, s. 1].

24.10. Le ministre publie l'entente et le régime particulier sur le site Internet de son ministère au plus tard à la date de mise en vigueur du régime et jusqu'au cinquième anniversaire de la cessation d'effet de celui-ci, le cas échéant.

[2011, c. 12, a. 1].

24.10. The Minister shall post the agreement and the special plan on the department's website not later than the date of coming into force of the special plan and, should the special plan cease to have effect, leave them posted for five years after the date of cessation of effect.

[2011, c. 12, s. 1].

24.11. Le régime particulier initial et tout premier règlement du gouvernement pris en vertu de l'article 24.2, 24.6 ou 24.8 sont déposés à l'Assemblée nationale dans les 15 jours qui suivent leur publication ou, si celle-ci ne siège pas, dans les 15 jours de la reprise de ses travaux.

Dans les six mois qui suivent un dépôt, la commission compétente de l'Assemblée nationale examine les documents déposés.

[2011, c. 12, a. 1].

24.11. The initial special plan and any first regulation under any of sections 24.2, 24.6 or 24.8 are tabled before the National Assembly within 15 days following their publication or, if the National Assembly is not sitting, within 15 days of resumption.

The documents tabled are examined by the competent committee of the National Assembly within six months following their tabling.

[2011, c. 12, s. 1].

24.12. En cas de résiliation de l'entente initiale et de ses modifications, les articles 24.1 à 24.9 et 24.11 cessent d'avoir effet à la date de la résiliation. Le cas échéant, le gouvernement peut, par règlement, prendre toutes les mesures transitoires nécessaires.

[2011, c. 12, a. 1].

24.12. Should the initial agreement and any amendments be terminated, sections 24.1 to 24.9 and section 24.11 cease to have effect as of the date of termination. In that case, the Government may, by regulation, take any necessary transitional measures.

[2011, c. 12, s. 1].

24.13. Le premier règlement pris en vertu de chacune des dispositions des articles 24.2, 24.6, 24.8 et 24.12 n'est pas soumis à l'obligation de publication prévue à l'article 8 de la *Loi sur les règlements* (chapitre R-18.1). Malgré l'article 17 de cette loi, tout règlement pris en vertu de la présente sous-section entre en vigueur à la date de sa publication à la *Gazette officielle du Québec* ou à toute date ultérieure qui y est fixé et peut toutefois, une fois publié et s'il en dispose ainsi, s'appliquer à compter de toute date non antérieure à la date de mise en vigueur du régime particulier ou, s'il s'agit d'un règlement pris en vertu de l'article 24.12, non antérieure à la date de cessation d'effet du régime.

[2011, c. 12, a. 1].

24.13. The first regulation under each of sections 24.2, 24.6, 24.8 and 24.12 is not subject to the publication requirement set out in section 8 of the *Regulations Act* (chapter R-18.1). Despite section 17 of that Act, any regulation under this subdivision comes into force on the date of its publication in the *Gazette officielle du Québec* or any later date set in the regulation and may apply, after publication and if the regulation so provides, from a date not prior to the date of coming into force of the special plan or, in the case of a regulation under section 24.12, not prior to the date on which the special plan ceases to have effect.

[2011, c. 12, s. 1].

Chapitre II — Dispositions générales

Chapter II — General Provisions

25. Les droits conférés par la présente loi le sont sans égard à la responsabilité de quiconque.

[1985, c. 6, a. 25].

25. Rights vested under this Act are conferred without regard to any personal liability.

[1985, c. 6, s. 25].

26. Un travailleur peut exercer les droits que la présente loi lui confère malgré le défaut de son employeur de se conformer aux obligations que celle-ci lui impose.

[1985, c. 6, a. 26].

26. Every worker may exercise his rights under this Act even if his employer fails to fulfil his obligations under it.

[1985, c. 6, s. 26].

27. Une blessure ou une maladie qui survient uniquement à cause de la négligence grossière et volontaire du travailleur qui en est victime n'est pas une lésion professionnelle, à moins qu'elle entraîne le décès du travailleur ou qu'elle lui cause une atteinte permanente grave à son intégrité physique ou psychique.

[1985, c. 6, a. 27].

27. An injury or a disease arising solely as a result of the gross and wilful negligence of the worker who is the victim thereof is not an employment injury unless it ends in his death or causes him severe permanent physical or mental impairment.

[1985, c. 6, s. 27].

28. Une blessure qui arrive sur les lieux du travail alors que le travailleur est à son travail est présumée une lésion professionnelle.

[1985, c. 6, a. 28].

28. An injury that happens at the workplace while the worker is at work is presumed to be an employment injury.

[1985, c. 6, s. 28].

29. Les maladies énumérées dans l'annexe I sont caractéristiques du travail correspondant à chacune de ces maladies d'après

29. The diseases listed in Schedule I are characteristic of the work appearing opposite each of such diseases on the schedule

exerce dans cet établissement les mêmes activités que celles qui y étaient exercées avant la vente.

[1985, c. 6, a. 34; 2006, c. 53, a. 6].

establishment as were carried on there before the sale.

[1985, c. 6, s. 34; 2006, c. 53, s. 6].

35. Le défaut d'un travailleur de se conformer à la présente loi n'exonère pas l'employeur d'une obligation que lui impose la présente loi.

Le défaut d'un employeur de se conformer à la présente loi n'exonère pas le travailleur d'une obligation que lui impose la présente loi.

[1985, c. 6, a. 35].

35. The failure of a worker to comply with this Act does not exempt his employer from his own obligations thereunder.

The failure of an employer to comply with this Act does not exempt the worker from his own obligations thereunder.

[1985, c. 6, s. 35].

36. Un bénéficiaire a droit d'accès, sans frais, au dossier intégral que la Commission possède à son sujet ou au sujet du travailleur décédé, selon le cas, de même qu'une personne qu'il autorise expressément à cette fin.

[1985, c. 6, a. 36].

36. A beneficiary has a right of access free of charge to the full record kept on him or on the deceased worker, as the case may be, by the Commission, and any person he expressly authorizes to that effect has the same right.

[1985, c. 6, s. 36].

37. Un employeur a droit d'accès, sans frais, au dossier que la Commission possède relativement à sa classification, sa cotisation et l'imputation des coûts qui lui est faite, de même qu'une personne qu'il autorise expressément à cette fin.

[1985, c. 6, a. 37].

37. An employer, as well as any person expressly authorized by him for that purpose, has a right of access free of charge to the record kept by the Commission on his classification and assessment and the costs charged to him.

[1985, c. 6, s. 37].

38. L'employeur a droit d'accès, sans frais, au dossier que la Commission possède au sujet de la lésion professionnelle dont a été victime le travailleur alors qu'il était à son emploi.

Un employeur à qui est imputé, en vertu du premier alinéa de l'article 326 ou du premier ou du deuxième alinéa de l'article 328, tout ou partie du coût des prestations dues en raison d'une lésion professionnelle, de même qu'un employeur tenu personnellement au paiement de tout ou partie des prestations dues en raison d'une lésion professionnelle ont également droit d'accès, sans frais, au dossier que la Commission possède au sujet de cette lésion.

Lorsqu'une opération visée à l'article 314.3 est intervenue, un employeur impliqué dans cette opération a également droit d'accès, sans frais, au dossier que la Commission possède au sujet d'une lésion

38. An employer has a right of access free of charge to the record in the possession of the Commission in respect of an employment injury suffered by a worker while he was employed by him.

An employer to whom all or part of the cost of the benefits payable by reason of an employment injury is imputed pursuant to the first paragraph of section 326 or the first or second paragraph of section 328 as well as an employer personally liable for the payment of all or part of the benefits payable by reason of an employment injury also have a right of access free of charge to the record in the possession of the Commission in respect of the injury.

Where a transaction referred to in section 314.3 has occurred, the employer involved in the transaction shall also have access free of charge to the record kept by the Commission in respect of an employment

professionnelle dont le coût sert à déterminer sa cotisation à la suite de cette opération.

L'employeur peut autoriser expressément une personne à exercer son droit d'accès.

Cependant, seul le professionnel de la santé désigné par cet employeur a droit d'accès, sans frais, au dossier médical et au dossier de réadaptation physique que la Commission possède au sujet de la lésion professionnelle dont a été victime ce travailleur.

La Commission avise le travailleur du fait que le droit visé au présent article a été exercé.

[1985, c. 6, a. 38; 1992, c. 11, a. 1; 1996, c. 70, a. 4].

38.1. L'employeur ou la personne qu'il autorise ne doit pas utiliser ou communiquer les informations reçues en vertu de l'article 38 à d'autres fins que l'exercice des droits que la présente loi confère à cet employeur.

[1992, c. 11, a. 1].

39. Le professionnel de la santé fait rapport à l'employeur qui l'a désigné au sujet du dossier médical et de réadaptation physique d'un travailleur auquel la Commission lui donne accès; il peut, à cette occasion, faire à cet employeur un résumé du dossier et lui donner un avis pour lui permettre d'exercer les droits que lui confère la présente loi.

La personne à qui le professionnel de la santé fait rapport ne doit pas utiliser ou communiquer les informations et l'avis qu'elle reçoit à cette occasion à d'autres fins que l'exercice des droits que la présente loi confère à l'employeur.

[1985, c. 6, a. 39].

40. Lorsque, en vertu de la présente loi, une personne a droit d'accès à un dossier de la Commission qui contient des documents informatisés, la Commission lui en fournit une transcription écrite et intelligible.

[1985, c. 6, a. 40].

injury the cost of which is used to determine the employer's assessment following the transaction.

The employer may expressly authorize a person to exercise his right of access.

However, only the health professional designated by the employer has a right of access free of charge to the medical record and the physical rehabilitation record in the possession of the Commission in respect of the employment injury suffered by the worker.

The Commission shall notify the worker that the right provided by this section has been exercised.

[1985, c. 6, s. 38; 1992, c. 11, s. 1; 1996, c. 70, s. 4].

38.1. In no case may the employer or the person authorized by him use or communicate information obtained under section 38 for any other purpose than the exercise of the rights of the employer under this Act.

[1992, c. 11, s. 1].

39. A health professional shall report to the employer who designated him in respect of the medical and physical rehabilitation record of a worker to which the Commission gives him access; he may on that occasion give the employer a summary of the record and an opinion to enable him to exercise his rights under this Act.

No person to whom the health professional reports may use or communicate the information or opinion received by him on that occasion for any other purpose than the exercise of the rights of the employer under this Act.

[1985, c. 6, s. 39].

40. Where, under this Act, a person has a right of access to a record held by the Commission containing computerized documents, the Commission shall furnish a written and intelligible transcript of them to the person.

[1985, c. 6, s. 40].

41. Les renseignements demandés en vertu des articles 36, 37, 38, 39 et 40 doivent être fournis dans un délai raisonnable.

[1985, c. 6, a. 41].

41. The information requested pursuant to sections 36, 37, 38, 39 and 40 shall be furnished within a reasonable time.

[1985, c. 6, s. 41].

42. La Commission peut, aux fins de l'administration de la présente loi, obtenir de la Régie de l'assurance maladie du Québec, qui doit le lui fournir, tout renseignement que celle-ci possède au sujet:

42. The Commission may, for the purposes of the administration of this Act, obtain from the Régie de l'assurance maladie du Québec, and the latter shall furnish to the Commission, any information held by the Régie on

1° de l'identification d'un travailleur victime d'une lésion professionnelle;

(1) the identification of a worker who has suffered an employment injury;

2° des coûts et des frais d'administration que la Régie récupère de la Commission.

[1985, c. 6, a. 42; 1990, c. 57, a. 41; 1999, c. 89, a. 53].

(2) administration costs and expenses the Régie recovers from the Commission.

[1985, c. 6, s. 42; 1990, c. 57, s. 41; 1999, c. 89, s. 53].

42.1. La Commission et la Régie des rentes du Québec prennent entente pour la communication des renseignements et documents nécessaires à l'application des lois et règlements qu'administre la Commission ainsi que de la *Loi sur le régime de rentes du Québec* (chapitre R-9) et de ses règlements.

42.1. The Commission and the Régie des rentes du Québec shall enter into an agreement for the communication of the information and documents required for the purposes of the Acts and regulations administered by the Commission and for the purposes of the *Act respecting the Québec Pension Plan* (chapter R-9) and the regulations thereunder.

Cette entente doit notamment permettre:

In particular, such an agreement shall permit

a) la fixation, en application du troisième alinéa de l'article 139.2 de la *Loi sur le régime de rentes du Québec*, de la date à laquelle une demande de rente d'invalidité est présumée faite;

(a) the fixing of the date on which, pursuant to the third paragraph of section 139.2 of the *Act respecting the Québec Pension Plan*, an application for a disability pension is presumed to be made;

b) l'identification, pour l'application des articles 95.4, 96.1 à 96.3, 101, 105.2, 106.3, 116.3, 139, 148 et 166 de cette loi, des cotisants qui sont bénéficiaires d'une indemnité de remplacement du revenu et des mois ou parties de mois pour lesquels cette indemnité leur est payable;

(b) the identification, for the purposes of sections 95.4, 96.1 to 96.3, 101, 105.2, 106.3, 116.3, 139, 148 and 166 of that Act, of contributors who are beneficiaries of an income replacement indemnity and the months or parts of months for which that indemnity is payable to them;

b.1) l'identification, pour l'application de l'article 105.3 de cette loi, des cotisants dont l'indemnité de remplacement du revenu a été réduite ou annulée et des mois ou parties de mois pour lesquels cette indemnité leur a été payable si, par l'effet de l'article 363, les prestations qui leur ont déjà été fournies au titre de cette indemnité ne peuvent être recouvrées;

(b.1) the identification, for the purposes of section 105.3 of that Act, of the contributors whose income replacement indemnity was reduced or cancelled and the months or parts of a month for which that indemnity was payable if, under section 363, the benefits already paid to the contributors as an income replacement indemnity are not recoverable;

c) la détermination des montants de rente d'invalidité ou de rente de retraite qui sont recouvrables par la Régie pour le motif qu'une indemnité de remplacement du revenu était payable au bénéficiaire et, pour les fins de la compensation prévue au troisième alinéa de l'article 144 de la présente loi, la détermination des modalités de demande et de remise de ces montants;

d) l'identification des cotisants qui sont bénéficiaires d'une rente d'invalidité, des mois pour lesquels cette rente leur est payable et du montant de cette rente.

[1993, c. 15, a. 87; 1997, c. 73, a. 87; 2005, c. 13, a. 76; 2008, c. 21, a. 60].

42.2. La Commission et le ministre de l'Emploi et de la Solidarité sociale prennent entente pour la communication des renseignements nécessaires à l'application de la *Loi sur l'assurance parentale* (chapitre A-29.011).

[2005, c. 13, a. 77].

43. Les articles 38, 208, 215, 219, 229 et 231, le troisième alinéa de l'article 280, le quatrième alinéa de l'article 296 et les articles 429.25, 429.26 et 429.32 s'appliquent malgré la *Loi sur l'accès aux documents des organismes publics et sur la protection des renseignements personnels* (chapitre A-2.1).

[1985, c. 6, a. 43; 1992, c. 11, a. 2; 1997, c. 27, a. 2].

(c) the determination of the amounts of disability pension or retirement pension which may be recovered by the Board on the ground that an income replacement indemnity was payable to the beneficiary and, for the purposes of the deductions provided for in the third paragraph of section 144 of this Act, the determination of the terms and conditions of application for and payment of such amounts;

(d) the identification of contributors who are beneficiaries of a disability pension, the months for which that pension is payable to them and the amount of that pension.

[1993, c. 15, s. 87; 1997, c. 73, s. 87; 2005, c. 13, s. 76; 2008, c. 21, s. 60].

42.2. The Commission and the Minister of Employment and Social Solidarity shall enter into an agreement for the communication of the information required for the purposes of the *Act respecting parental insurance* (chapter A-29.011).

[2005, c. 13, s. 77].

43. Sections 38, 208, 215, 219, 229 and 231, the third paragraph of section 280, the fourth paragraph of section 296 and sections 429.25, 429.26 and 429.32 apply notwithstanding the Act respecting Access to documents held by public bodies and the *Protection of personal information* (chapter A-2.1).

[1985, c. 6, s. 43; 1992, c. 11, s. 2; 1997, c. 27, s. 2].

Chapitre III —— Indemnités

Section I —— Indemnité de remplacement du revenu

§1. —— Droit à l'indemnité de remplacement du revenu

44. Le travailleur victime d'une lésion professionnelle a droit à une indemnité de remplacement du revenu s'il devient incapable d'exercer son emploi en raison de cette lésion.

Le travailleur qui n'a plus d'emploi lorsque se manifeste sa lésion professionnelle a droit à cette indemnité s'il devient inca-

Chapter III —— Indemnities

Section I —— Income Replacement Indemnity

§1. —— Right to the income replacement indemnity

44. A worker who suffers an employment injury is entitled to an income replacement indemnity if he becomes unable to carry on his employment by reason of the injury.

A worker who is no longer employed when his employment injury appears is entitled to the income replacement indemnity

pable d'exercer l'emploi qu'il occupait habituellement.

[1985, c. 6, a. 44].

if he becomes unable to carry on the employment he usually held.

[1985, c. 6, s. 44].

45. L'indemnité de remplacement du revenu est égale à 90 % du revenu net retenu que le travailleur tire annuellement de son emploi.

[1985, c. 6, a. 45].

45. The income replacement indemnity is equal to 90 % of the weighted net income that the worker derives annually from his employment.

[1985, c. 6, s. 45].

46. Le travailleur est présumé incapable d'exercer son emploi tant que la lésion professionnelle dont il a été victime n'est pas consolidée.

[1985, c. 6, a. 46].

46. A worker is presumed to be unable to carry on his employment until the employment injury he has suffered has consolidated.

[1985, c. 6, s. 46].

47. Le travailleur dont la lésion professionnelle est consolidée a droit à l'indemnité de remplacement du revenu prévue par l'article 45 tant qu'il a besoin de réadaptation pour redevenir capable d'exercer son emploi ou, si cet objectif ne peut être atteint, pour devenir capable d'exercer à plein temps un emploi convenable.

[1985, c. 6, a. 47].

47. A worker whose employment injury has consolidated is entitled to the income replacement indemnity provided for in section 45 for as long as he requires rehabilitation to become able to carry on his employment again or, if that is not possible, to be able to carry on a suitable full time employment.

[1985, c. 6, s. 47].

48. Lorsqu'un travailleur victime d'une lésion professionnelle redevient capable d'exercer son emploi après l'expiration du délai pour l'exercice de son droit au retour au travail, il a droit à l'indemnité de remplacement du revenu prévue par l'article 45 jusqu'à ce qu'il réintègre son emploi ou un emploi équivalent ou jusqu'à ce qu'il refuse, sans raison valable, de le faire, mais pendant au plus un an à compter de la date où il redevient capable d'exercer son emploi.

Cependant, cette indemnité est réduite de tout montant versé au travailleur, en raison de sa cessation d'emploi, en vertu d'une loi du Québec ou d'ailleurs, autre que la présente loi.

[1985, c. 6, a. 48].

48. Where a worker who has suffered an employment injury is again able to carry on his employment after the time prescribed to exercise his right to return to work, he is entitled to the income replacement indemnity provided for in section 45 until he returns to his employment or an equivalent employment or until he refuses, without valid reason, to do so, but not for more than one year from the date on which he is again able to carry on his employment.

Notwithstanding the foregoing, the indemnity shall be reduced by any amount paid to the worker by reason of the cessation of his employment under an Act of Québec other than this Act, or of any other.

[1985, c. 6, s. 48].

[...]

[...]

Chapitre XIII —— Recours

SECTION I —— RECOUVREMENT DES PRESTATIONS

Chapter XIII —— Redress

SECTION I —— RECOVERY OF BENEFITS

430. Sous réserve des articles 129 et 363, une personne qui a reçu une prestation à laquelle elle n'a pas droit ou dont le montant excède celui auquel elle a droit doit rembourser le trop-perçu à la Commission.

[1985, c. 6, a. 430].

430. Subject to sections 129 and 363, a person who has received a benefit to which he is not entitled or the amount of which exceeds that to which he is entitled shall reimburse the amount received in excess to the Commission.

[1985, c. 6, s. 430].

431. La Commission peut recouvrer le montant de cette dette dans les trois ans du paiement de l'indu ou, s'il y a eu mauvaise foi, dans l'année suivant la date où elle en a eu connaissance.

[1985, c. 6, a. 431].

431. The Commission may recover the amount of the debt within 3 years of payment of the debt not owed or in the case of bad faith, within one year following the date on which the Commission became aware of the bad faith.

[1985, c. 6, s. 431].

432. La Commission met en demeure le débiteur par un avis qui énonce le montant et les motifs d'exigibilité de la dette et le droit du débiteur de demander la révision de cette décision.

Cette mise en demeure interrompt la prescription prévue par l'article 431.

[1985, c. 6, a. 432].

432. The Commission shall give a formal notice to the debtor stating the amount and reasons for the due date of the debt and the right of the debtor to apply for a review of the decision.

The formal notice interrupts the prescription provided for in section 431.

[1985, c. 6, s. 432].

433. La dette est exigible à l'expiration du délai pour demander la révision prévue à l'article 358 ou pour former le recours prévu à l'article 359 ou, si cette demande est faite ou ce recours formé, le jour de la décision finale confirmant la décision de la Commission.

[1985, c. 6, a. 433; 1997, c. 27, a. 25].

433. The amount due is payable upon the expiry of the time for filing an application for review under section 358 or the time for bringing a proceeding under section 359 or, if the application has been filed or the proceeding brought, on the day of the final decision confirming the decision of the Commission.

[1985, c. 6, s. 433; 1997, c. 27, s. 25].

434. Si le débiteur est aussi créancier d'une indemnité de remplacement du revenu et que sa dette est exigible, la Commission peut opérer compensation jusqu'à concurrence de 25 % du montant de cette indemnité si le débiteur n'a aucune personne à charge, de 20 % s'il a une personne à charge et de 15 % s'il a plus d'une personne à charge, à moins que le débiteur ne consente à ce qu'elle opère compensation pour plus.

[1985, c. 6, a. 434].

434. If the debtor is also the creditor of an income replacement indemnity and his debt is exigible, the Commission may deduct up to 25 % from the amount of the indemnity if the debtor has no dependants, up to 20 % if he has one dependant and up to 15 % if he has more than one dependant unless the debtor consents to the Commission deducting more.

[1985, c. 6, s. 434].

435. À défaut du remboursement de la dette par le débiteur, la Commission peut, 30 jours après la date d'exigibilité de la dette ou dès cette date si elle est d'avis que le débiteur tente d'éluder le paiement, délivrer un certificat qui atteste:

1° les nom et adresse du débiteur;

2° le montant de la dette; et

3° la date de la décision finale qui établit l'exigibilité de la dette.

[1985, c. 6, a. 435].

436. Sur dépôt de ce certificat au greffe du tribunal compétent, la décision de la Commission ou de la Commission des lésions professionnelles devient exécutoire comme s'il s'agissait d'un jugement final et sans appel de ce tribunal et en a tous les effets.

[1985, c. 6, a. 436; 1997, c. 27, a. 26].

437. La Commission peut, même après le dépôt du certificat, faire remise de la dette si elle le juge équitable en raison notamment de la bonne foi du débiteur ou de sa situation financière.

Cependant, la Commission ne peut faire remise d'une dette qu'elle est tenue de recouvrer en vertu du quatrième alinéa de l'article 60 ou de l'article 133.

[1985, c. 6, a. 437].

SECTION II — RESPONSABILITÉ CIVILE

438. Le travailleur victime d'une lésion professionnelle ne peut intenter une action en responsabilité civile contre son employeur en raison de sa lésion.

[1985, c. 6, a. 438].

439. Lorsqu'un travailleur décède en raison d'une lésion professionnelle, le bénéficiaire ne peut intenter une action en responsabilité civile contre l'employeur de ce travailleur en raison de ce décès.

[1985, c. 6, a. 439].

435. If the debtor fails to reimburse the debt, the Commission may, 30 days after the due date of the debt or from that date if it is of the opinion that the debtor is attempting to evade payment, issue a certificate attesting

(1) the surname and address of the debtor,

(2) the amount of the debt, and

(3) the date of the final decision fixing the due date of the debt.

[1985, c. 6, s. 435].

436. Upon filing of the certificate in the office of the court of competent jurisdiction, the decision of the Commission or the board becomes executory as if it were a final decision without appeal of such court and has all the effects of such a decision.

[1985, c. 6, s. 436; 1997, c. 27, s. 26].

437. The Commission may, even after filing the certificate, remit the debt if it considers it fair to do so, in particular by reason of the debtor's good faith or his financial position.

However, the Commission shall not remit a debt it is required to recover under the fourth paragraph of section 60 or under section 133.

[1985, c. 6, s. 437].

SECTION II — CIVIL LIABILITY

438. No worker who has suffered an employment injury may institute a civil liability action against his employer by reason of his employment injury.

[1985, c. 6, s. 438].

439. In no case may the beneficiary of a worker who dies by reason of an employment injury, may institute a civil liability action against the employer of the worker by reason of the death.

[1985, c. 6, s. 439].

440. La personne chez qui un étudiant effectue un stage non rémunéré et celle chez qui une personne visée dans l'article 11, 12, 12.0.1 ou 12.1 exécute un travail, participe à une activité de sécurité civile, rend un service à la collectivité ou agit comme apprenti bénéficient de l'immunité accordée par les articles 438 et 439.

[1985, c. 6, a. 440; 1987, c. 19, a. 20; 2000, c. 20, a. 166; 2001, c. 76, a. 143].

441. Un bénéficiaire ne peut intenter une action en responsabilité civile, en raison d'une lésion professionnelle, contre un employeur assujetti à la présente loi, autre que celui du travailleur lésé, que:

1° si cet employeur a commis une faute qui constitue une infraction au sens du *Code criminel* (Lois révisées du Canada (1985), chapitre C-46) ou un acte criminel au sens de ce code;

2° pour recouvrer l'excédent de la perte subie sur la prestation;

3° si cet employeur est une personne responsable d'une lésion professionnelle visée dans l'article 31; ou

4° si cet employeur est tenu personnellement au paiement des prestations.

Malgré les règles relatives à la prescription édictées au Code civil, une action en responsabilité civile pour une faute visée dans le paragraphe 1° du premier alinéa ne peut être intentée que dans les six mois de l'aveu ou du jugement final de déclaration de culpabilité.

[1985, c. 6, a. 441; 1999, c. 40, a. 4].

442. Un bénéficiaire ne peut intenter une action en responsabilité civile, en raison de sa lésion professionnelle, contre un travailleur ou un mandataire d'un employeur assujetti à la présente loi pour une faute commise dans l'exercice de ses fonctions, sauf s'il s'agit d'un professionnel de la santé responsable d'une lésion professionnelle visée dans l'article 31.

Dans le cas où l'employeur est une personne morale, l'administrateur de la per-

440. A person with whom a student is undergoing an unremunerated training period and a person for whom a person described in section 11, 12, 12.0.1 or 12.1 who executes tasks, participates in a civil protection activity, renders a service to the community or acts as a trainee, benefits from the immunity granted by sections 438 and 439.

[1985, c. 6, s. 440; 1987, c. 19, s. 20; 2000, c. 20, s. 166; 2001, c. 76, s. 143].

441. No beneficiary may bring a civil liability action, by reason of an employment injury, against an employer governed by this Act other than the employer of the injured worker, except

(1) if the employer has committed a fault that constitutes an offence or indictable offence within the meaning of the *Criminal Code* (Revised Statutes of Canada, 1985, chapter C-46);

(2) to recover the amount by which the loss sustained exceeds the benefit;

(3) if the employer is a person responsible for an employment injury contemplated in section 31; or

(4) if the employer is personally liable for the payment of benefits.

Notwithstanding the rules relating to prescription enacted by the Civil Code, a civil liability action for a fault contemplated in subparagraph 1 of the first paragraph may be instituted only within six months of the admission of guilt or the final conviction.

[1985, c. 6, s. 441; 1999, c. 40, s. 4].

442. No beneficiary may bring a civil liability action, by reason of an employment injury, against a worker or a mandatary of an employer governed by this Act for a fault committed in the performance of his duties, except in the case of a health professional responsible for an employment injury contemplated in section 31.

Where the employer is a legal person, the administrator of the legal person is

sonne morale est réputé être un mandataire de cet employeur.

[1985, c. 6, a. 442; 1999, c. 40, a. 4].

deemed to be a mandatary of the employer.

[1985, c. 6, s. 442; 1999, c. 40, s. 4].

443. Un bénéficiaire qui peut intenter une action en responsabilité civile doit faire option et en aviser la Commission dans les six mois de l'accident du travail, de la date où il est médicalement établi et porté à la connaissance du travailleur qu'il est atteint d'une maladie professionnelle ou, le cas échéant, du décès qui résulte de la lésion professionnelle.

Cependant, le bénéficiaire qui peut intenter une action en responsabilité civile pour une faute visée dans le paragraphe 1° du premier alinéa de l'article 441 doit faire option et en aviser la Commission au plus tard six mois après la date de l'aveu ou du jugement final de déclaration de culpabilité.

À défaut de faire l'option prévue par le premier ou le deuxième alinéa, le bénéficiaire est réputé renoncer aux prestations prévues par la présente loi.

[1985, c. 6, a. 443; 1999, c. 40, a. 4].

443. A beneficiary who may bring a civil liability action must elect to do so and notify the Commission thereof within six months of the industrial accident of the date on which it was medically established and brought to the knowledge of the worker that he was suffering from an occupational disease or, as the case may be, of the death resulting from an employment injury.

Notwithstanding the first paragraph, a beneficiary who may bring a civil liability action for a fault contemplated in subparagraph 1 of the first paragraph of section 441 must elect to do so and notify the Commission thereof not later than six months after the date of the admission of guilt or the final conviction.

If the beneficiary fails to make the election provided for in the first or second paragraph, he is deemed to have renounced the benefits provided in this Act.

[1985, c. 6, s. 443; 1999, c. 40, s. 4].

444. Si le bénéficiaire visé dans l'article 443 choisit d'intenter une action en responsabilité civile et perçoit une somme inférieure au montant de la prestation prévue par la présente loi, il a droit à une prestation pour la différence.

Ce bénéficiaire doit réclamer cette prestation à la Commission dans les six mois du jugement final rendu sur l'action en responsabilité civile.

[1985, c. 6, a. 444].

444. If the beneficiary contemplated in section 443 elects to bring a civil liability action and collects a sum less than the amount provided for in this Act, he is entitled to a benefit for the difference.

The beneficiary shall claim the benefit from the Commission within six months of the final judgment rendered on the civil liability action.

[1985, c. 6, s. 444].

445. Si le bénéficiaire visé dans l'article 443 choisit de réclamer une prestation en vertu de la présente loi, il a droit de recouvrer de la personne responsable l'excédent de la perte subie sur la prestation.

[1985, c. 6, a. 445].

445. If the beneficiary contemplated in section 443 elects to claim a benefit under this Act, he is entitled to recover from the person liable for it the amount by which the loss sustained exceeds the benefit.

[1985, c. 6, s. 445].

446. La réclamation d'un bénéficiaire à la Commission subroge celle-ci de plein droit dans les droits de ce bénéficiaire contre le responsable de la lésion professionnelle jusqu'à concurrence du montant des pres-

446. A claim made by a beneficiary from the Commission subrogates it of right to the rights of the beneficiary against the person responsible for the employment injury up to the amount of benefits it has

tations qu'elle a payées et du capital représentatif des prestations à échoir.

Une entente ayant pour effet de priver la Commission de tout ou partie de son recours subrogatoire lui est inopposable, à moins qu'elle ne la ratifie.

[1985, c. 6, a. 446].

paid and the capital sum representing the benefits to become due.

No agreement having the effect of depriving the Commission of all or part of its recourse in subrogation may be set up against it unless it ratifies the agreement.

[1985, c. 6, s. 446].

447. L'action intentée par le bénéficiaire contre le responsable d'une lésion professionnelle interrompt, en faveur de la Commission, la prescription édictée au Code civil.

[1985, c. 6, a. 447; 1999, c. 40, a. 4].

447. The action brought by the beneficiary against the person responsible for an employment injury interrupts, in favour of the Commission, the prescription enacted by the Civil Code.

[1985, c. 6, s. 447; 1999, c. 40, s. 4].

SECTION III — RECOURS EN VERTU D'UN AUTRE RÉGIME

SECTION III — REDRESS UNDER OTHER PLANS

448. La personne à qui la Commission verse une indemnité de remplacement du revenu ou une rente pour incapacité totale en vertu d'une loi qu'elle administre et qui réclame, en raison d'un nouvel événement, une telle indemnité ou une telle rente en vertu de la *Loi sur l'assurance automobile* (chapitre A-25) ou d'une loi que la Commission administre, autre que celle en vertu de laquelle elle reçoit déjà cette indemnité ou cette rente, n'a pas le droit de cumuler ces deux indemnités pendant une même période.

La Commission continue de verser à cette personne l'indemnité de remplacement du revenu ou la rente pour incapacité totale qu'elle reçoit déjà, s'il y a lieu, en attendant que soient déterminés le droit et le montant des prestations payables en vertu de chacune des lois applicables.

[1985, c. 6, a. 448].

448. A person to whom the Commission pays an income replacement indemnity or a total disability benefit under an Act administered by it and who, by reason of a new event, claims such indemnity or benefit under the *Automobile Insurance Act* (chapter A-25) or an Act administered by the Commission other than that under which he is already receiving the indemnity or benefit, is not entitled to both one and the other indemnity for the same period.

The Commission shall continue to pay to the person the income replacement indemnity or the total disability benefit that he is already receiving, where required, while awaiting the determination of the entitlement to and the amount of benefits payable under each of the applicable Acts.

[1985, c. 6, s. 448].

449. La Commission et la Société de l'assurance automobile du Québec prennent entente pour établir un mode de traitement des réclamations faites en vertu de la *Loi sur l'assurance automobile* (chapitre A-25) par les personnes visées dans l'article 448.

Cette entente doit permettre de:

1° distinguer le préjudice qui découle du nouvel événement et celui qui est attribuable à la lésion professionnelle, au préjudice subi par le sauveteur au sens de la *Loi*

449. The Commission shall reach an agreement with the Société de l'assurance automobile du Québec to settle a mode of processing claims made under the *Automobile Insurance Act* (chapter A-25) by the persons contemplated in section 448.

The agreement must make possible to

(1) distinguish between the damage resulting from the new event and that attributable to the employment injury, to the injury sustained by the rescuer within the mean-

visant à favoriser le civisme (chapitre C-20) ou à l'acte criminel subi par une victime au sens de la *Loi sur l'indemnisation des victimes d'actes criminels* (chapitre I-6), selon le cas;

2° déterminer en conséquence le droit et le montant des prestations payables en vertu de chacune des lois applicables;

3° déterminer les prestations que doit verser chaque organisme et de préciser les cas, les montants et les modalités de remboursement entre eux.

[1985, c. 6, a. 449; 1990, c. 19, a. 11; 1999, c. 40, a. 4].

450. Lorsqu'une personne visée dans l'article 448 réclame une indemnité de remplacement du revenu en vertu de la *Loi sur l'assurance automobile* (chapitre A-25), la Commission et la Société de l'assurance automobile du Québec doivent, dans l'application de l'entente visée à l'article 449, rendre conjointement une décision qui distingue le préjudice attribuable à chaque événement et qui détermine en conséquence le droit aux prestations payables en vertu de chacune des lois applicables.

La personne qui se croit lésée par cette décision peut, à son choix, la contester suivant la présente loi, la *Loi visant à favoriser le civisme* (chapitre C-20) ou la *Loi sur l'indemnisation des victimes d'actes criminels* (chapitre I-6), selon le cas, ou suivant la *Loi sur l'assurance automobile*.

Le recours formé en vertu de l'une de ces lois empêche le recours en vertu de l'autre et la décision alors rendue lie les deux organismes.

[1985, c. 6, a. 450; 1990, c. 19, a. 11; 1997, c. 27, a. 27; 1999, c. 40, a. 4].

451. Lorsqu'une personne à qui la Commission verse une indemnité de remplacement du revenu ou une rente pour incapacité totale en vertu d'une loi qu'elle administre réclame, en raison d'un nouvel événement, une indemnité de remplacement du revenu ou une rente pour incapacité totale en vertu d'une autre loi que la Commission administre, la Commission distingue le préjudice attribuable à chaque événement et détermine en conséquence le droit et le montant des prestations paya-

ing of the Act to promote good citizenship (chapter C-20) or to the indictable offence sustained by the victim within the meaning of the *Crime Victims Compensation Act* (chapter I-6), as the case may be;

(2) determine accordingly the entitlement to and the amount of the benefits payable under each of the applicable Acts;

(3) determine the benefits each agency is required to pay and specify the cases, amounts and modalities of reimbursement among them.

[1985, c. 6, s. 449; 1990, c. 19, s. 11; 1999, c. 40, s. 4].

450. Where a person contemplated in section 448 claims an income replacement indemnity under the *Automobile Insurance Act* (chapter A-25), the Commission and the Société de l'assurance automobile du Québec shall, in carrying out the agreement contemplated in section 449, jointly render a decision which distinguishes between the damage attributable to each event and determine the corresponding entitlement to and amount of the benefits payable under each of the applicable Acts.

A person who believes he has been wronged by the decision may elect to contest the decision under this Act, the *Act to promote good citizenship* (chapter C-20) or the *Crime Victims Compensation Act* (chapter I-6), as the case may be, or under the *Automobile Insurance Act*.

A proceeding brought under any of the said Acts precludes any proceeding under any other of them and the decision made binds both agencies.

[1985, c. 6, s. 450; 1990, c. 19, s. 11; 1997, c. 27, s. 27; 1999, c. 40, s. 4].

451. Where a person to whom the Commission pays an income replacement indemnity or a total disability benefit under an Act administered by it claims, by reason of a new event, an income replacement indemnity or a total disability benefit under another Act administered by the Commission, the Commission shall distinguish between the damage attributable to each event and determine the corresponding entitlement to and amount of benefits payable under each of the applicable Acts.

bles en vertu de chacune des lois applicables.

La personne qui se croit lésée par cette décision peut, à son choix, la contester suivant la présente loi ou suivant la *Loi visant à favoriser le civisme* (chapitre C-20) ou la *Loi sur l'indemnisation des victimes d'actes criminels* (chapitre I-6), selon le cas.

Le recours formé en vertu de l'une de ces lois empêche le recours en vertu de l'autre et la décision alors rendue lie la Commission pour l'application de chacune de ces lois.

[1985, c. 6, a. 451; 1997, c. 27, a. 28; 1999, c. 40, a. 4].

A person who believes he has been wronged by the decision may elect to contest the decision under this Act, the *Act to promote good citizenship* (chapter C-20) or the *Crime Victims Compensation Act* (chapter I-6), as the case may be.

A proceeding brought under any of the said Acts precludes any proceeding under any other of them and the decision made binds the Commission for the purposes of each of the said Acts.

[1985, c. 6, s. 451; 1997, c. 27, s. 28; 1999, c. 40, s. 4].

452. Si une personne a droit, en raison d'une même lésion professionnelle, à une prestation en vertu de la présente loi et en vertu d'une loi autre qu'une loi du Parlement du Québec, elle doit faire option et en aviser la Commission dans les six mois de l'accident du travail ou de la date où il est médicalement établi et porté à la connaissance du travailleur qu'il est atteint d'une maladie professionnelle ou, le cas échéant, du décès qui résulte de la lésion professionnelle.

À défaut, elle est présumée renoncer aux prestations prévues par la présente loi.

[1985, c. 6, a. 452].

452. Where, by reason of one and the same employment injury, a person is entitled to both a benefit under this Act and a benefit under an Act other than an Act of the Parliament of Québec, he shall elect one of them and notify the Commission of his election within six months of the industrial accident or of the date when it is medically established and brought to the attention of the worker that he has contracted an occupational disease or, where such is the case, of the death as a result of the employment injury.

If the person fails to make the election, he is presumed to waive any benefit under this Act.

[1985, c. 6, s. 452].

453. Une demande de prestations à la Commission conserve au bénéficiaire son droit de réclamer les bénéfices de la *Loi sur le régime de rentes du Québec* (chapitre R-9) ou de tout autre régime public ou privé d'assurance, malgré l'expiration du délai de réclamation prévu par ce régime.

453. An application to the Commission for benefits preserves the beneficiary's right to claim benefits under the *Act respecting the Québec Pension Plan* (chapter R-9) or under any other public or private insurance plan, notwithstanding the expiry of the time limit for claims under the plan.

Ce délai recommence à courir à compter du jour de la décision finale rendue sur la demande de prestation.

[1985, c. 6, a. 453].

The time limit begins to run anew from the date of the final decision on the application for benefits.

[1985, c. 6, s. 453].

[...]

[...]

Les articles 31, 448, 449 et 450 seront modifiés lors de l'entrée en vigueur des articles 180, 184, 185 et 186 du chapitre 54 des lois de 1993 à la date fixée par le gouvernement.

L'article 451 sera abrogé lors de l'entrée en vigueur de l'article 187 du chapitre 54 des lois de 1993 à la date fixée par le gouvernement.

Sections 31, 448, 449 and 450 will be amended upon the coming into force of sections 180, 184, 185 and 186 of chapter 54 of the statutes of 1993 on the date fixed by the Government.

Section 451 will be repealed upon the coming into force of section 187 of chapter 54 of the statutes of 1993 on the date fixed by the Government.

ANNEXE I ⸺ MALADIES PROFESSIONNELLES

(Art. 29)

Section I — Maladies causées par des produits ou substances toxiques

MALADIES	GENRES DE TRAVAIL
1. Intoxication par les *métaux* et leurs composés toxiques organiques ou inorganiques :	un travail impliquant l'utilisation, la manipulation ou une autre forme d'exposition à ces métaux;
2. Intoxication par les *halogènes* et leurs composés toxiques organiques ou inorganiques :	un travail impliquant l'utilisation, la manipulation ou une autre forme d'exposition à ces halogènes;
3. Intoxication par les composés toxiques organiques ou inorganiques du *bore* :	un travail impliquant l'utilisation, la manipulation ou une autre forme d'exposition à ces composés du bore;
4. Intoxication par le *silicium* et ses composés toxiques organiques ou inorganiques :	un travail impliquant l'utilisation, la manipulation ou une autre forme d'exposition au silicium et à ces composés du silicium;
5. Intoxication par le *phosphore* et ses composés toxiques organiques ou inorganiques :	un travail impliquant l'utilisation, la manipulation ou une autre forme d'exposition au phosphore ou à ces composés du phosphore;
6. Intoxication par l'*arsenic* et ses composés toxiques organiques ou inorganiques :	un travail impliquant l'utilisation, la manipulation ou une autre forme d'exposition à l'arsenic ou à ces composés de l'arsenic;
7. Intoxication par les composés toxiques organiques ou inorganiques du *soufre* :	un travail impliquant l'utilisation, la manipulation ou une autre forme d'exposition à ces composés du soufre;
8. Intoxication par le *sélénium* et ses composés toxiques organiques ou inorganiques :	un travail impliquant l'utilisation, la manipulation ou une autre forme d'exposition au sélénium ou à ces composés du sélénium;
9. Intoxication par le *tellure* et ses composés toxiques organiques ou inorganiques :	un travail impliquant l'utilisation, la manipulation ou une autre forme d'exposition au tellure ou à ces composés du tellure;
10. Intoxication par les composés toxiques organiques ou inorganiques de l'*azote* :	un travail impliquant l'utilisation, la manipulation ou une autre forme d'exposition à ces composés de l'azote;
11. Intoxication par les composés toxiques organiques ou inorganiques de l'*oxygène* :	un travail impliquant l'utilisation, la manipulation ou une autre forme d'exposition à ces composés de l'oxygène;
12. Intoxication par les hydrocarbures aliphatiques, alicycliques et aromatiques :	un travail impliquant l'utilisation, la manipulation ou une autre forme d'exposition à ces substances.

Section II — Maladies causées par des agents infectieux

MALADIES	GENRES DE TRAVAIL
1. Infection cutanée bactérienne ou à champignon (pyodermite, folliculite bactérienne, panaris, dermatomycose, infection cutanée à candida) :	un travail impliquant le contact avec des tissus ou du matériel contaminé par des bactéries ou des champignons;
2. Parasitose :	un travail impliquant des contacts avec des humains, des animaux ou du matériel contaminé par des parasites, tels sarcoptes, scabiei, pediculus humanis;
3. Anthrax :	un travail impliquant l'utilisation, la manipulation ou une autre forme d'exposition à la laine, au crin, au poil, au cuir ou à des peaux contaminés;
4. Brucellose :	un travail relié aux soins, à l'abattage, au dépeçage ou au transport d'animaux ou un travail de laboratoire impliquant des contacts avec une brucella;
5. Hépatite virale :	un travail impliquant des contacts avec des humains, des produits humains ou des substances contaminés;
6. Tuberculose :	un travail impliquant des contacts avec des humains, des animaux, des produits humains ou animaux ou d'autres substances contanimés;
7. Verrue aux mains :	un travail exécuté dans un abattoir ou impliquant la manipulation d'animaux ou produits d'animaux en milieu humide (macération).

Section III — Maladies de la peau causées par des agents autres qu'infectieux

MALADIES	GENRES DE TRAVAIL
1. Dermite de contact irritative :	un travail impliquant un contact avec des substances telles que solvants, détergents, savons, acides, alcalis, ciments, lubrifiants et autres agents irritants;
2. Dermite de contact allergique :	un travail impliquant un contact avec des substances telles que nickel, chrome, époxy, mercure, antibiotique et autres allergènes;
3. Dermatose causée par les végétaux (photodermatose) :	un travail impliquant un contact avec des végétaux;
4. Dermatose causée par action mécanique (callosités et kératodermies localisées) :	un travail impliquant des frictions, des pressions;

MALADIES	**GENRES DE TRAVAIL**
5. Dermatose causée par le goudron, le brai, le bitume, les huiles minérales, l'anthracène et les composés, produits et résidus de ces substances (photodermatite, folliculite, dyschromie, épithélioma ou lésions paranéoplasiques) :	un travail impliquant l'utilisation ou la manipulation de goudron, de brai, de bitume, d'huiles minérales, d'anthracène ou de leurs composés, produits et résidus;
6. Dermatose causée par les radiations ionisantes (radiodermites) :	un travail impliquant une exposition à des radiations ionisantes
7. Télangiectasie cutanée :	un travail exécuté dans une aluminerie impliquant des expositions répétées à l'atmosphère des salles de cuves;
8. Dermatose causée par les huiles et les graisses (folliculite chimique) :	un travail impliquant l'utilisation ou la manipulation d'huile et de graisse.

Section IV — Maladies causées par des agents physiques

MALADIES	**GENRES DE TRAVAIL**
1. Atteinte auditive causée par le bruit :	un travail impliquant une exposition à un bruit excessif;
2. Lésion musculo-squelettique se manifestant par des signes objectifs (bursite, tendinite, ténosynovite) :	un travail impliquant des répétitions de mouvements ou de pressions sur des périodes de temps prolongées;
3. Maladie causée par le travail dans l'air comprimé :	un travail exécuté dans l'air comprimé;
4. Maladie causée par contrainte thermique :	un travail exécuté dans une ambiance thermique excessive;
5. Maladie causée par les radiations ionisantes :	un travail exposant à des radiations ionisantes;
6. Maladie causée par les vibrations :	un travail impliquant des vibrations;
7. Rétinite :	un travail impliquant l'utilisation de la soudure à l'arc électrique ou à l'acétylène;
8. Cataracte causée par les radiations non ionisantes :	un travail impliquant une exposition aux radiations infrarouges, aux micro-ondes ou aux rayons laser.

Section V — Maladies pulmonaires causées par des poussières organiques et inorganiques

MALADIES	**GENRES DE TRAVAIL**
1. Amiantose, cancer pulmonaire ou mésothéliome causé par l'amiante :	un travail impliquant une exposition à la fibre d'amiante;
2. Bronchopneumapathie causée par la poussière de métaux durs :	un travail impliquant une exposition à la poussière de métaux durs;
3. Sidérose :	un travail impliquant une exposition aux poussières et fumées ferreuses;
4. Silicose :	un travail impliquant une exposition à la poussière de silice;
5. Talcose :	un travail impliquant une exposition à la poussière de talc;

MALADIES	GENRES DE TRAVAIL
6. Byssinose :	un travail impliquant une exposition à la poussière de coton, de lin, de chanvre ou de sisal;
7. Alvéolite allergique extrinsèque :	un travail impliquant une exposition à un agent reconnu comme pouvant causer une alvéolite allergique extrinsèque;
8. Asthme bronchique :	un travail impliquant une exposition à un agent spécifique sensibilisant.
[...]	

[1985, c. 6, annexe 1].

SCHEDULE I — OCCUPATIONAL DISEASES

(Section 29)

Section I — Diseases Caused by Toxic Products or Substances

DISEASE	TYPE OF WORK
(1) Poisoning by *metals* and their organic or inorganic toxic compounds :	any work involving the utilization, handling or other form of exposure to those metals;
(2) Poisoning by *halogens* and their organic or inorganic toxic compounds :	any work involving the utilization, handling or other form of exposure to those halogens;
(3) Poisoning by the organic and inorganic toxic compounds of *boron* :	any work involving the utilization, handling or other form of exposure to the compounds of boron;
(4) Poisoning by *silicium* and its organic or inorganic toxic compounds :	any work involving the utilization, handling or other form of exposure to silicium and those compounds of silicium;
(5) Poisoning by *phosphorous* and its organic and inorganic toxic compounds :	any work involving the utilization, handling or other form of exposure to phosphorous or those compounds of phosphorous;
(6) Poisoning by *arsenic* and its organic or inorganic toxic compounds :	any work involving the utilization, handling or other form of exposure to arsenic or those compounds of arsenic;
(7) Poisoning by the organic or inorganic toxic compounds of *sulfur* :	any work involving the utilization, handling or other form of exposure to those compounds of sulfur;
(8) Poisoning by *selenium* and its organic or inorganic toxic compounds :	any work involving the utilization, handling or other form of exposure to selenium or those compounds of selenium;
(9) Poisoning by *tellurium* and its organic or inorganic toxic compounds :	any work involving the utilization, handling or other form of exposure to tellurium or those compounds of tellurium;
(10) Poisoning by the organic or inorganic toxic compounds of *nitrogen* :	any work involving the utilization, handling or other form of exposure to those compounds of nitrogen;
(11) Poisoning by the organic or inorganic toxic compounds of *oxygen* :	any work involving the utilization, handling or other form of exposure to those compounds of oxygen; oxygen :

DISEASE	TYPE OF WORK
(12) Poisoning by aliphatic, alicyclic and aromatic *hydrocarbons* :	any work involving the utilization, handling or other form of exposure to those substances.

Section II — Diseases Caused by Infectious Agents

DISEASE	TYPE OF WORK
(1) Bacterial cutaneous or fungus infections (pyodermatosis, bacterial folliculitis, panaris, dermatomycosis, candida cutaneous infection) :	any work involving contact with tissues or material contaminated by bacteria or fungi;
(2) Parasitosis :	any work involving contact with humans, animals or material contaminated by parasites such as sarcoptes scabiei, pediculus humanus;
(3) Anthrax :	any work involving the utilization, handling or other form of exposure to wool, hair, bristles, hides and contaminated skins;
(4) Brucellosis :	any work related to the care, slaughtering, cutting, transport of slaughterhouse animals or any work involving contact with brucella;
(5) Viral hepatitis :	any work involving contact with contaminated humans or animals, human or animal products or other contaminated substances;
(6) Tuberculosis :	any work involving contact with humans or animals, human or animal products or other contaminated substances;
(7) Multiple warts on the hands :	any work carried on in a slaughterhouse or involving the handling of animals or animal products under humid conditions (maceration).

Section III — Skin Diseases Caused by Agents other than Infectious Agents

DISEASE	TYPE OF WORK
(1) Irritative contact dermatitis :	any work involving contact with substances such as a solvent, detergent, soap, acid, alkali, cement, lubricant or other irritating agent;
(2) Allergic contact dermatitis :	any work involving contact with substances such as nickel, chrome, epoxy, mercury or antibiotic and other allergens;
(3) Dermatoses caused by plants (phytodermatosis) :	any work involving contact with plants;

	DISEASE	TYPE OF WORK
(4)	Dermatoses caused by mechanical action (localized callosities and keratodermia) :	any work involving friction or pressure;
(5)	Dermatoses caused by tar, pitch, asphalt, mineral oils, anthracene and its compounds, products and residues of those substances (photodermatitis, folliculitis, dyaschromia, epithelioma or paraneoplastic lesions) :	any work involving the utilization or the handling of tar, pitch, asphalt, mineral oils, anthracene or their compounds, products and residues;
(6)	Dermatosis caused by ionizing radiations (radiodermatitis) :	any work involving exposure ionizing radiations;
(7)	Cutaneous telangiectasia :	any work performed in aluminium plants, involving repeated exposure to ambient air in potrooms;
(8)	Dermatoses caused by oil or grease (chemical folliculitis) :	any work involving the utilization or handling of oil or grease.

Section IV — Diseases Caused by Physical Agents

	DISEASE	TYPE OF WORK
(1)	Hearing impairment caused by noise :	any work involving exposure to excessive noise;
(2)	Muscular-skeletal lesions manifested by objective signs (bursitis, tendinitis tenosynovitis) :	any work involving repeated movements or pressures over an extended period of time;
(3)	Illnesses caused by working in compressed air :	any work carried on in compressed air;
(4)	Disease caused by exposure to high or low temperatures :	any work carried on under conditions of high or low temperatures;
(5)	Disease caused by ionizing radiations :	any work involving exposure to ionizing radiations;
(6)	Disease caused by vibrations :	any work involving vibrations;
(7)	Retinitis :	any work involving electro-welding or acetylene welding;
(8)	Cataract caused by non-ionizing radiation :	any work involving exposure to infrared radiation, microwaves or laser beams.

Section V — Lung Diseases Caused by Organic and Inorganic Dust

	DISEASE	TYPE OF WORK
(1)	Asbestosis, lung cancer or mesthelioma caused by asbestos :	any work involving exposure to asbestos fibre;
(2)	Bronchopneumopathy caused by dust from hard metals :	any work involving exposure to the dust of hard metals;
(3)	Siderosis :	any work involving exposure to iron oxide and iron dust;
(4)	Silicosis :	any work involving exposure to silica dust;

DISEASE	TYPE OF WORK
(5) Talcosis :	any work involving exposure to talc dust;
(6) Byssinosis :	any work involving exposure to cotton, flax, hemp or sisal dust;
(7) Extrinsic allergic alveolitis :	any work involving exposure to an agent recognized as causing extrinsic allergic alveolitis;
(8) Bronchial asthma :	any work involving exposure to a specific sensitizing agent.

[...]

[1985, c. 6, schedule 1].

Loi sur l'application de la réforme du Code civil,[*]

L.Q. 1992, c. 57 (Extraits)

An Act respecting the Implementation of the Reform of the Civil Code,[*]

S.Q. 1992, c. 57 (Extracts)

[...]

[...]

Titre III — Dispositions relatives aux autres lois

Chapitre PREMIER — Dispositions interprétatives

423. Dans les lois et leurs textes d'application, les notions du nouveau Code civil remplacent les notions correspondantes de l'ancien code. Certaines de ces notions correspondantes sont identifiées ci-après:

EN MATIÈRE DE DROIT DES PERSONNES:

1° « acte de sépulture » correspond à « acte de décès »;

Title III — Provisions relating to other Acts

Chapter I — Interpretative Provisions

423. In the statutes and statutory instruments, the concepts introduced by the new Code replace the corresponding concepts of the former Code. Some of these corresponding concepts are identified hereinafter :

IN RESPECT OF THE LAW OF PERSONS :

(1) "act of burial" corresponds to "act of death";

---

[*]Le texte des dispositions transitoires (art. 1 à 170) se trouve aux pages 851 et suivantes.

[*]The provisions (s. 1 to 170) of this Act are at pages 851 and next.

2° « corporation au sens du *Code civil du Bas-Canada* » correspond à « personne morale au sens du *Code civil du Québec* »;

3° « corporation municipale » correspond à « municipalité » et « corporation scolaire », à « commission scolaire »;

4° « corporation privée ou publique » correspond à « personne morale de droit privé ou de droit public »;

5° « curatelle à l'absent » correspond à « tutelle à l'absent »;

6° « cure fermée » correspond à « garde d'une personne atteinte de maladie mentale »;

7° « incapacité physique ou mentale » correspond à « inaptitude de fait », « incapacité juridique », à « privation totale ou partielle du droit d'exercer pleinement ses droits civils », et « incapacité d'agir », que l'incapacité soit temporaire ou non, à « empêchement d'agir »;

8° « officier d'une corporation » ou « officier d'un organisme possédant les droits et pouvoirs généraux d'une corporation » correspond à « dirigeant d'une personne morale »;

9° « droits et pouvoirs généraux d'une corporation » correspond à « capacité d'une personne morale »;

10° « personnalité civile » correspond à « personnalité juridique ».

EN MATIÈRE DE DROIT DES SUCCESSIONS:

1° « exécuteur testamentaire » correspond à « liquidateur de succession »;

2° « légataire », dans l'expression « héritiers et légataires » correspond à « légataire particulier ».

EN MATIÈRE DE DROIT DES BIENS:

1° « bail emphytéotique » correspond à « emphytéose »;

(2) "corporation within the meaning of the Civil Code of Lower Canada" corresponds to "legal person within the meaning of the Civil Code of Québec";

(3) "municipal corporation" corresponds to "municipality" and "school corporation" corresponds to "school board";

(4) "private or public corporation" corresponds to "legal person established for a private interest or in the public interest";

(5) "curatorship to the absentee" corresponds to "tutorship to the absentee";

(6) "close treatment" corresponds to "confinement of a mentally ill person";

(7) "physical or mental disability" corresponds to "*de facto* incapacity", "juridical incapacity" corresponds to "total or partial deprivation of the right to the full exercise of one's civil rights" and "incapacity to act", whether temporary or not, corresponds to "inability to act";

(8) "officer of a corporation" or "officer of a body having the rights and general powers of a corporation" corresponds to "senior officer of a legal person";

(9) "rights and general powers of a corporation" corresponds to "capacity of legal persons";

(10) "civil personality" corresponds to "juridical personality".

IN RESPECT OF THE LAW OF SUCCESSIONS :

(1) "testamentary executor" corresponds to "liquidator of the succession";

(2) "legatee" in the expression "heirs and legatees" corresponds to "legatee by particular title".

IN RESPECT OF THE LAW OF PROPERTY :

(1) "emphyteutic lease" corresponds to "emphyteusis";

2° « compte en fiducie » correspond à « compte en fidéicommis » et « acte de fidéicommis » lorsque l'objet de l'acte comporte un transfert de propriété, correspond à « acte de fiducie ».

EN MATIÈRE DE DROIT DES OBLIGATIONS:

1° « cas fortuit » correspond à « cas de force majeure »;

2° « délits et quasi-délits » correspond à « la faute au sens de la responsabilité civile extracontractuelle »;

3° « dommages exemplaires » correspond à « dommages-intérêts punitifs »;

4° « droit de réméré » correspond à « faculté de rachat » et « vente à réméré », à « vente avec faculté de rachat »;

5° « louage de service personnel » correspond à « contrat de travail »;

6° « société civile » ou « société commerciale » correspond à « société contractuelle au sens du *Code civil du Québec* », que la société soit en nom collectif, en commandite ou en participation;

7° « vente en bloc » correspond à « vente d'entreprise ».

EN MATIÈRE DE DROIT DES PRIORITÉS ET DES HYPOTHÈQUES:

« cautionnement par nantissement » correspond à « cautionnement par gage »; « cautionnement par police de garantie », à « cautionnement par police d'assurance »; « cautionnement hypothécaire », à « cautionnement par hypothèque ».

EN MATIÈRE DE DROIT DE LA PREUVE:

présomption *juris* et *de jure* ou irréfragable correspond à « présomption absolue », alors que « présomption *juris tantum* ou réfragable » correspond à « présomption simple ».

(2) "trust account" corresponds to "account held in trust" and "trust deed [acte de fidéicommis]", where the object of the deed entails a transfer of ownership, corresponds to "trust deed [acte de fiducie]".

IN RESPECT OF THE LAW OF OBLIGATIONS :

(1) "fortuitous event" corresponds to "superior force";

(2) "offences and quasi-offences" corresponds to "fault in the context of extracontractual civil liability";

(3) "exemplary damages"; corresponds to "punitive damages";

(4) in French texts, "droit de réméré [right of redemption]" corresponds to "faculté de rachat [right of redemption]" and "vente à réméré [sale with a right of redemption]" corresponds to "vente avec faculté de rachat [sale with a right of redemption]";

(5) "lease and hire of personal services" corresponds to "contract of employment";

(6) "civil partnership" or "commercial partnership" corresponds to "contractual partnership within the meaning of the *Civil Code of Québec*", whether the partnership is a general, limited or undeclared partnership;

(7) "bulk sale" corresponds to "sale of an enterprise".

IN RESPECT OF THE LAW OF PRIOR CLAIMS AND HYPOTHECS :

"security by pledge" corresponds to "suretyship by pledge"; "suretyship by guarantee policy" or "security by guarantee policy" corresponds to "suretyship by insurance policy"; "hypothecary security" corresponds to "hypothecary suretyship".

IN RESPECT OF THE LAW OF EVIDENCE :

"presumption *juris et de jure*" or "irrebuttable presumption" corresponds to "absolute presumption" whereas "presumption *juris tantum*" or "rebuttable presumption" corresponds to "simple presumption".

EN MATIÈRE DE PUBLICITÉ DES DROITS:

IN RESPECT OF PUBLICATION OF RIGHTS :

1° « bureau d'enregistrement » correspond à « bureau de la publicité des droits »;

(1) in French texts, "bureau d'enregistrement [registry office]" corresponds to "bureau de la publicité des droits [registry office]";

2° « division d'enregistrement » correspond à « circonscription foncière »;

(2) in French texts, "division d'enregistrement [registration division]" corresponds to "circonscription foncière [registration division]";

3° « enregistrement » correspond à « inscription » ou « publicité »;

(3) "registration" corresponds to "registration" or "publication";

4° « index des immeubles » ou « index aux immeubles » correspond à « registre foncier »;

(4) "index of immovables" or "index to immovables" corresponds to "land register";

5° « registrateur » correspond à « officier de la publicité des droits »;

(5) in French texts, "régistrateur [registrar]" corresponds to "officier de la publicité des droits [registrar]";

6° « registre des nantissements agricoles et forestiers » correspond à « registre des droits personnels et réels mobiliers ».

(6) "register of farm and forest pledges" corresponds to "register of personal and movable real rights".

EN MATIÈRE DE PROCÉDURE CIVILE ET D'EXERCICE DES RECOURS:

IN RESPECT OF CIVIL PROCEDURE AND REMEDIES :

1° « protonotaire » correspond à « greffier »;

(1) "prothonotary" corresponds to "clerk";

2° « certificat du registrateur » correspond à « état certifié de l'officier de la publicité des droits ».

(2) "certificate of the registrar" corresponds to "certified statement of the registrar".

424. Dans les lois et leurs textes d'application, tout renvoi à une disposition de l'ancien code est un renvoi à la disposition correspondante du nouveau code.

424. In the statutes and statutory instruments, any reference to a provision of the former Code is a reference to the corresponding provision of the new Code.

En particulier:

In particular,

1° tout renvoi à l'article 981o du *Code civil du Bas-Canada* est un renvoi à la disposition équivalente concernant les placements présumés sûrs du *Code civil du Québec;*

(1) any reference to article 981o of the *Civil Code of Lower Canada* is a reference to the equivalent provision concerning presumed sound investments in the *Civil Code of Québec;*

2° tout renvoi aux articles 1203 à 1245 du *Code civil du Bas-Canada* est un renvoi à la disposition correspondante du livre De la preuve du *Code civil du Québec;*

(2) any reference to articles 1203 to 1245 of the *Civil Code of Lower Canada* is a reference to the corresponding provision of the Book on Evidence of the *Civil Code of Québec;*

3° tout renvoi aux articles 1650 à 1665.6 du *Code civil du Bas-Canada* est un renvoi à la disposition correspondante des règles particulières au bail d'un logement du livre Des obligations du *Code civil du Québec*.

[...]

(3) any reference to articles 1650 to 1665.6 of the *Civil Code of Lower Canada* is a reference to the corresponding provision of the rules governing the lease of a dwelling in the Book on Obligations of the *Civil Code of Québec*.

[...]

LOI SUR LES ASPECTS CIVILS DE L'ENLÈVEMENT INTERNATIONAL ET INTERPROVINCIAL D'ENFANTS,

RLRQ, c. A-23.01

AN ACT RESPECTING THE CIVIL ASPECTS OF INTERNATIONAL AND INTERPROVINCIAL CHILD ABDUCTION,

CQLR, c. A-23.01

ATTENDU que la Convention de La Haye du 25 octobre 1980 sur les aspects civils de l'enlèvement international d'enfants vise, au niveau international, à protéger l'enfant contre les effets nuisibles d'un déplacement ou d'un non-retour illicites;

Attendu que cette Convention établit, dans l'intérêt de l'enfant, des mécanismes en vue de garantir le retour immédiat de ce dernier dans l'État de sa résidence habituelle et d'assurer la protection du droit de visite;

Attendu que le Québec souscrit aux principes et aux règles établis par cette Convention et qu'il y a lieu de les appliquer au plus grand nombre de cas possible;

LE PARLEMENT DU QUÉBEC DÉCRÈTE CE QUI SUIT:

WHEREAS the Convention on the Civil Aspects of International Child Abduction signed at The Hague on 25 October 1980 aims to protect children internationally from the harmful effects of their wrongful removal or retention;

Whereas the Convention establishes procedures to ensure the prompt return of children to the State of their habitual residence and to secure protection for rights of access;

Whereas Québec subscribes to the principles and rules set forth in the Convention and it is expedient to apply them to the largest possible number of cases;

THE PARLIAMENT OF QUÉBEC ENACTS AS FOLLOWS :

Chapitre I —— Interprétation et application

Chapter I —— Interpretation and Application

1. La présente loi a pour objet d'assurer le retour immédiat au lieu de leur résidence habituelle des enfants déplacés ou retenus

1. The object of this Act is to secure the prompt return to the place of their habitual residence of children removed to or re-

au Québec ou dans un État désigné, selon le cas, en violation d'un droit de garde.

Elle a aussi pour objet de faire respecter effectivement, au Québec, les droits de garde et de visite existant dans un État désigné et, dans tout État désigné, les droits de garde et de visite existant au Québec.

[1984, c. 12, a. 1].

2. Au sens de la présente loi:

1° le **« droit de garde »** comprend le droit portant sur les soins de la personne de l'enfant et en particulier celui de décider de son lieu de résidence;

2° le **« droit de visite »** comprend le droit d'emmener l'enfant pour une période limitée dans un lieu autre que celui de sa résidence habituelle;

3° **« État désigné »** signifie un État, une province ou un territoire, désignés suivant l'article 41.

[1984, c. 12, a. 2].

3. Le déplacement ou le non-retour d'un enfant est considéré comme illicite au sens de la présente loi, lorsqu'il a lieu en violation d'un droit de garde, attribué à un ou plusieurs titulaires par le droit du Québec ou de l'État désigné dans lequel l'enfant avait sa résidence habituelle immédiatement avant son déplacement ou son non-retour, alors que ce droit était exercé de façon effective par un ou plusieurs titulaires, au moment du déplacement ou du non-retour, ou l'eût été si de tels événements n'étaient survenus.

Ce droit de garde peut notamment résulter d'une attribution de plein droit, d'une décision judiciaire ou administrative ou d'un accord en vigueur selon le droit du Québec ou de l'État désigné.

[1984, c. 12, a. 3].

4. Outre les cas prévus à l'article 3, le déplacement ou le non-retour d'un enfant est considéré comme illicite s'il se produit alors qu'une instance visant à déterminer

tained in Québec or a designated State, as the case may be, in breach of custody rights.

A further object of this Act is to ensure that the rights of custody and access under the law of a designated State are effectively respected in Québec and the rights of custody and access under the law of Québec are effectively respected in a designated State.

[1984, c. 12, s. 1].

2. For the purposes of this Act,

1) **« rights of custody »** shall include rights relating to the care of the person of the child and, in particular, the right to determine the child's place of residence;

2) **« rights of access »** shall include the right to take a child for a limited period of time to a place other than the child's habitual residence;

3) **« designated State »** means a State, a province or a territory designated under section 41.

[1984, c. 12, s. 2].

3. The removal or the retention of a child is to be considered wrongful, within the meaning of this Act, where it is in breach of rights of custody attributed to one or several persons or bodies under the law of Québec or of the designated State in which the child was habitually resident immediately before the removal or retention and where, at the time of removal or retention, those rights were actually exercised by one or several persons or bodies or would have been so exercised but for the removal or retention.

The rights of custody mentioned in the first paragraph may arise in particular by operation of law, or by reason of a judicial or administrative decision, or by reason of an agreement having legal effect under the law of Québec or of the designated State.

[1984, c. 12, s. 3].

4. In addition to the cases contemplated in section 3, the removal or the retention of a child is considered wrongful if it occurs when proceedings for determining or mod-

ou à modifier le droit de garde a été introduite au Québec ou dans l'État désigné où l'enfant avait sa résidence habituelle et que ce déplacement ou ce non-retour risque d'empêcher l'exécution de la décision qui doit être rendue.

[1984, c. 12, a. 4].

5. La présente loi s'applique à tout enfant de moins de 16 ans qui avait sa résidence habituelle au Québec ou dans un État désigné immédiatement avant l'atteinte aux droits de garde ou de visite. Dans tous les cas, elle cesse de s'appliquer lorsque l'enfant atteint l'âge de 16 ans.

[1984, c. 12, a. 5].

6. Aux fins de la présente loi, le ministre de la Justice est l'Autorité centrale du Québec et, dans un État désigné, l'Autorité centrale est celle que cet État indique. De plus, la Cour supérieure est, pour le Québec, l'autorité judiciaire compétente.

[1984, c. 12, a. 6].

Chapitre II ⸺ Autorités centrales

7. Le ministre de la Justice doit coopérer avec les Autorités centrales des États désignés et promouvoir une collaboration entre les autorités compétentes au Québec, pour réaliser les objets de la présente loi.

[1984, c. 12, a. 7].

8. Le ministre de la Justice doit prendre ou s'assurer que soient prises toutes les mesures appropriées pour:

1° localiser un enfant déplacé ou retenu illicitement;

2° prévenir de nouveaux dangers pour l'enfant ou des préjudices pour les parties concernées, en prenant ou en faisant prendre des mesures provisoires;

3° assurer la remise volontaire de l'enfant ou faciliter une solution à l'amiable;

ifying the rights of custody have been introduced in Québec or in the designated State where the child was habitually resident and the removal or retention might prevent the execution of the decision to be rendered.

[1984, c. 12, s. 4].

5. This Act shall apply to any child under sixteen years of age who was habitually resident in Québec or in a designated State immediately before any breach of custody or access rights. In all cases it shall cease to apply when the child attains sixteen years of age.

[1984, c. 12, s. 5].

6. For the purposes of this Act, the Minister of Justice is the Central Authority for Québec, and in a designated State the Central Authority is the authority appointed by that designated State. Furthermore, the Superior Court is the competent judicial authority for Québec.

[1984, c. 12, s. 6].

Chapter II ⸺ Central Authorities

7. The Minister of Justice shall co-operate with the Central Authorities of the designated States and promote cooperation amongst the competent authorities in Québec to achieve the objects of this Act.

[1984, c. 12, s. 7].

8. The Minister of Justice, either directly or through any intermediary, shall take all appropriate measures

1) to discover the whereabouts of a child who has been wrongfully removed or retained;

2) to prevent further harm to the child or prejudice to interested parties by taking or causing to be taken provisional measures;

3) to secure the voluntary return of the child or to bring about an amicable resolution of the issues;

4° échanger, si cela s'avère utile, des informations relatives à la situation sociale de l'enfant;

5° fournir des informations générales sur le droit québécois concernant l'application de la présente loi;

6° introduire ou favoriser l'introduction d'une procédure judiciaire aux fins de l'application de la présente loi;

7° accorder ou faciliter, le cas échéant, l'obtention de l'aide juridique;

8° assurer sur le plan administratif, si nécessaire et opportun, le retour sans danger de l'enfant;

9° informer les Autorités centrales des États désignés sur le fonctionnement de la présente loi et, autant que possible, lever les obstacles éventuellement rencontrés lors de son application.

Le ministre de la Justice et les autorités compétentes chargées de l'application de la présente loi doivent appliquer d'urgence les mesures prévues au présent article.

[1984, c. 12, a. 8].

4) to exchange, where desirable, information relating to the social background of the child;

5) to provide information of a general character as to the law of Québec in connection with the application of this Act;

6) to initiate or facilitate the institution of judicial proceedings for the purposes of the application of this Act;

7) to provide, or in certain cases, facilitate the provision of legal aid;

8) to provide such administrative arrangements as may be necessary and appropriate to secure the safe return of the child;

9) to keep the Central Authorities of the designated States informed with respect to the operation of this Act and, as far as possible, to eliminate any obstacles to its application.

The Minister of Justice and the competent authorities responsible for the application of this Act shall act expeditiously in taking the measures provided for in this section.

[1984, c. 12, s. 8].

9. Le procureur général ou une personne qu'il désigne peut présenter une requête à un juge de la Cour supérieure ou, en l'absence d'un juge chargé de rendre justice, à un greffier, afin qu'il ordonne à une personne de fournir au requérant les informations dont elle dispose, et permette qu'au besoin elle soit interrogée devant le greffier, sur l'endroit où se trouve un enfant ou la personne avec qui il se trouverait.

Le présent article s'applique malgré toute disposition incompatible d'une loi générale ou spéciale prévoyant la confidentialité ou la non-divulgation de certains renseignements ou documents. Toutefois, il ne s'applique pas à une personne qui a reçu ces informations dans l'exercice de sa profession et qui est liée par le secret professionnel envers l'enfant ou la personne avec qui il se trouverait.

[1984, c. 12, a. 9].

9. The Attorney General or a person designated by him may address a motion to a judge of the Superior Court or, in the absence of a judge responsible for rendering justice, to a clerk, for the purpose of ordering a person to furnish to the applicant the information in his possession and permitting, if need be, that that person be interrogated before the clerk as to the whereabouts of the child or the person with whom the child might be.

This section applies notwithstanding any inconsistent provision of any general law or special Act providing for the confidentiality or non-disclosure of certain information or documents. However, it does not apply to a person who has received the information in the exercise of his profession and who is bound by professional secrecy towards the child or the person with whom the child might be.

[1984, c. 12, s. 9].

10. Sur requête du procureur général ou d'une personne qu'il désigne, un juge de la

10. On a motion by the Attorney General or a person designated by him, a judge of

Cour supérieure peut décerner un mandat ordonnant à tout agent de la paix qu'il fasse les recherches nécessaires en vue de localiser un enfant et l'amène immédiatement devant le directeur de la protection de la jeunesse ayant compétence dans le district où l'enfant est localisé, afin que ce directeur exerce les responsabilités prévues au premier alinéa de l'article 11.

[1984, c. 12, a. 10].

the Superior Court may issue a warrant ordering a peace officer to make the necessary inquiries in view of discovering the whereabouts of a child and take him without delay before the director of youth protection having jurisdiction in the district where the child is in order that the director exercise his responsibilities under the first paragraph of section 11.

[1984, c. 12, s. 10].

11. Un directeur de la protection de la jeunesse peut être saisi du cas d'un enfant visé dans une demande afin qu'il prenne, à l'égard de cet enfant, les mesures d'urgence qui s'imposent, veille le cas échéant à l'application des mesures volontaires qu'il a recommandées et entreprenne des négociations en vue de la remise volontaire de l'enfant.

Le directeur ne peut appliquer ces mesures d'urgence pendant plus de 48 heures, à moins d'y être autorisé par un juge de la Cour supérieure aux conditions qu'il indique.

[1984, c. 12, a. 11].

11. The case of a child contemplated in an application may be referred to a director of youth protection to allow him to take, in respect of that child, the required urgent measures, to see, as the case may be, to the application of voluntary measures he recommends and to undertake negotiations in view of the voluntary return of the child.

In no case may the director apply the urgent measures for longer that forty-eight hours unless authorized to do so by a judge of the Superior Court on the conditions he indicates.

[1984, c. 12, s. 11].

12. Le présent chapitre s'applique également pour assurer l'exercice paisible du droit de visite et l'accomplissement de toute condition à laquelle l'exercice de ce droit serait soumis, et pour que soient levés, dans toute la mesure du possible, les obstacles de nature à s'y opposer.

[1984, c. 12, a. 12].

12. This chapter also applies to secure the peaceful enjoyment of access rights and the fulfilment of any conditions to which those rights may be subject and to remove, as far as possible, all obstacles to the exercise of such rights.

[1984, c. 12, s. 12].

Chapitre III — Retour de l'enfant

SECTION I — DEMANDE À L'AUTORITÉ CENTRALE

Chapter III — Return of the Child

SECTION I — APPLICATION TO THE CENTRAL AUTHORITY

13. Celui qui prétend qu'un enfant a été déplacé ou retenu en violation d'un droit de garde peut saisir soit le ministre de la Justice, soit l'Autorité centrale d'un État désigné, pour qu'ils prêtent leur assistance en vue d'assurer le retour de l'enfant.

[1984, c. 12, a. 13].

13. Any person claiming that a child has been removed or retained in breach of custody rights may apply either to the Minister of Justice or to the Central Authority of a designated State for assistance in securing the return of the child.

[1984, c. 12, s. 13].

14. La demande doit contenir:

14. The application shall contain

1° des informations portant sur l'identité du demandeur, de l'enfant et de la personne dont il est allégué qu'elle a emmené ou retenu l'enfant;

2° la date de naissance de l'enfant, s'il est possible de se la procurer;

3° les motifs sur lesquels se base le demandeur pour réclamer le retour de l'enfant;

4° une autorisation écrite donnant à l'Autorité centrale le pouvoir d'agir pour le compte du demandeur ou de désigner un représentant habilité à agir en son nom;

5° toute information disponible concernant la localisation de l'enfant et l'identité de la personne avec laquelle l'enfant est présumé se trouver.

[1984, c. 12, a. 14].

15. La demande peut être accompagnée ou complétée par:

1° une copie authentifiée de toute décision ou de tout accord utiles;

2° une attestation ou une déclaration sous serment, émanant de l'Autorité centrale ou d'une autre autorité compétente du Québec ou de l'État désigné où l'enfant a sa résidence habituelle, ou d'une personne qualifiée, concernant le droit applicable en la matière;

3° tout autre document utile.

[1984, c. 12, a. 15; 1999, c. 40, a. 24].

16. Lorsqu'il est manifeste que les conditions requises par la présente loi ne sont pas remplies ou que la demande n'est pas fondée, une Autorité centrale n'est pas tenue d'accepter la demande. En ce cas, elle informe immédiatement de ses motifs le demandeur ou, le cas échéant, l'Autorité centrale qui lui a transmis la demande.

[1984, c. 12, a. 16].

17. Lorsque le ministre de la Justice, après avoir été saisi d'une demande, a des raisons de penser que l'enfant se trouve dans un État désigné, il transmet cette demande

1) information concerning the identity of the applicant, of the child and of any person alleged to have removed or retained the child;

2) where available, the date of birth of the child;

3) the grounds on which the applicant's claim for return of the child are based;

4) a written authorization giving the Central Authority the power to act on behalf of the applicant or to designate a representative to act in his name;

5) all available information relating to the whereabouts of the child and the identity of the person with whom the child is presumed to be.

[1984, c. 12, s. 14].

15. The application may be accompanied or supplemented by

1) an authenticated copy of any relevant decision or agreement;

2) a certificate or an affidavit emanating from the Central Authority or another competent authority of Québec or of the designated State of the child's habitual residence, or from a qualified person, concerning the relevant law in the matter;

3) any other relevant document.

[1984, c. 12, s. 15].

16. When it is manifest that the requirements of this Act are not fulfilled or that the application is otherwise not well founded, a Central Authority is not bound to accept the application. In that case, the Central Authority shall forthwith inform the applicant or the Central Authority through which the application was submitted, as the case may be, of its reasons.

[1984, c. 12, s. 16].

17. If the Minister of Justice, after an application has been referred to him, has reason to believe that the child is in a designated State, he shall directly and without

directement et sans délai à l'Autorité centrale de cet État et en informe l'Autorité centrale requérante ou, le cas échéant, le demandeur.

[1984, c. 12, a. 17].

delay transmit the application to the Central Authority of that State and inform the requesting Central Authority, or the applicant, as the case may be.

[1984, c. 12, s. 17].

SECTION II — DEMANDE JUDICIAIRE

SECTION II — JUDICIAL PROCEEDINGS

18. Pour obtenir le retour forcé d'un enfant, le ministre de la Justice ou celui qui prétend qu'il y a eu une violation du droit de garde doit s'adresser par requête à la Cour supérieure du lieu où se trouve l'enfant ou de tout autre lieu approprié dans les circonstances.

Cette demande obéit aux règles prévues au *Code de procédure civile* (chapitre C-25) comme s'il s'agissait d'une demande fondée sur le Livre deuxième du *Code civil du Québec* (L.Q. 1991, c. 64), dans la mesure où ces règles ne sont pas incompatibles avec la présente loi.

[1984, c. 12, a. 18].

18. In order to obtain the forced return of a child, the Minister of Justice or the person claiming that there has been a breach of custody rights shall make an application by way of a motion to the Superior Court of the place where the child is or of another appropriate place according to the circumstances.

The application is subject to the rules set forth in the *Code of Civil Procedure* (chapter C-25) in respect of motions based on Book II of the *Civil Code of Québec* (L.Q. 1991, c. 64), to the extent that those rules are consistent with this Act.

[1984, c. 12, s. 18].

19. Toute demande judiciaire relative au retour d'un enfant bénéficie de la préséance prévue à l'article 861 du *Code de procédure civile* (chapitre C-25) pour les demandes d'*habeas corpus*.

[1984, c. 12, a. 19].

19. Any judicial proceedings for the return of a child have precedence over all other matters as provided in article 861 of the *Code of Civil Procedure* (chapter C-25) for *habeas corpus* proceedings.

[1984, c. 12, s. 19].

20. Lorsqu'un enfant qui se trouve au Québec a été déplacé ou retenu illicitement et qu'une période de moins d'un an s'est écoulée à partir du déplacement ou du non-retour au moment de l'introduction de la demande devant la Cour supérieure, celle-ci ordonne son retour immédiat.

Même si la demande est introduite après l'expiration de cette période, la Cour supérieure ordonne également le retour de l'enfant, à moins qu'il ne soit établi que ce dernier s'est intégré dans son nouveau milieu.

[1984, c. 12, a. 20].

20. Where a child who is in Québec has been wrongfully removed or retained and where, at the time of commencement of the proceedings before the Superior Court, a period of less than one year has elapsed from the date of the removal or retention, the Superior Court shall order the return of the child forthwith.

The Superior Court, even where the proceedings have been commenced after the expiration of the period of one year, shall also order the return of the child, unless it is demonstrated that the child is now settled in his or her new environment.

[1984, c. 12, s. 20].

21. La Cour supérieure peut refuser d'ordonner le retour de l'enfant, lorsque celui qui s'oppose à son retour établit:

21. The Superior Court may refuse to order the return of the child if the person who opposes his or her return establishes that

1º que celui qui avait le soin de la personne de l'enfant n'exerçait pas effectivement le droit de garde à l'époque du déplacement ou du non-retour ou avait consenti ou a acquiescé postérieurement à ce déplacement ou à ce non-retour; ou

2º qu'il existe un risque grave que le retour de l'enfant ne l'expose à un danger physique ou psychique ou, de toute autre manière, ne le place dans une situation intolérable.

[1984, c. 12, a. 21].

1) the person having the care of the person of the child was not actually exercising the custody rights at the time of removal or retention, or had consented to or subsequently acquiesced in the removal or retention; or

2) there is a grave risk that his or her return would expose the child to physical or psychological harm or otherwise place the child in an intolerable situation.

[1984, c. 12, s. 21].

22. La Cour supérieure peut aussi refuser d'ordonner le retour de l'enfant:

1º si elle constate que celui-ci s'oppose à son retour et qu'il a atteint un âge et une maturité où il se révèle approprié de tenir compte de cette opinion;

2º si ce retour est contraire aux droits et libertés de la personne reconnus au Québec.

[1984, c. 12, a. 22].

22. The Superior Court may also refuse to order the return of the child if

1) it finds that the child objects to being returned and has attained an age and degree of maturity at which it is appropriate to take account of his or her views;

2) the return is contrary to the human rights and freedoms recognized in Québec.

[1984, c. 12, s. 22].

23. Dans l'appréciation des circonstances visées aux articles 21 et 22, la Cour supérieure doit notamment tenir compte des informations, fournies par l'Autorité centrale ou toute autre autorité compétente de l'État désigné où l'enfant a sa résidence habituelle, concernant la situation sociale de cet enfant.

[1984, c. 12, a. 23].

23. In considering the circumstances referred to in sections 21 and 22, the Superior Court shall take into account, in particular, the information relating to the social background of the child provided by the Central Authority or other competent authority of the designated State in which the child is habitually resident.

[1984, c. 12, s. 23].

24. Lorsque la Cour supérieure a des raisons de croire que l'enfant a été emmené à l'extérieur du Québec, elle peut suspendre la procédure ou rejeter la demande de retour de l'enfant.

[1984, c. 12, a. 24].

24. Where the Superior Court has reason to believe that the child has been taken from Québec, it may stay the proceedings or dismiss the application for the return of the child.

[1984, c. 12, s. 24].

25. Après avoir été informée qu'un enfant a été déplacé ou est retenu illicitement au Québec, la Cour supérieure ne peut décider de la garde de cet enfant si les conditions prévues par la présente loi pour le retour de l'enfant peuvent être satisfaites ou si une demande de retour peut être présentée dans un délai raisonnable.

[1984, c. 12, a. 25].

25. The Superior Court, after having been notified that a child has been wrongfully removed or retained in Québec, shall not decide on the custody of the child if the conditions set out in this Act for the return of the child may be fulfilled or if an application for his or her return may be made within a reasonable time.

[1984, c. 12, s. 25].

26. Le seul fait qu'une décision relative à la garde ait été rendue ou soit susceptible d'être reconnue au Québec ne peut justifier le refus d'ordonner le retour de l'enfant, mais la Cour supérieure peut prendre en considération les motifs de cette décision qui sont pertinents à l'application de la présente loi.

[1984, c. 12, a. 26].

26. The sole fact that a decision relating to custody has been given in or is entitled to recognition in Québec shall not be a ground for refusing to order the return of a child, but the Superior Court may take account of the reasons for that decision which are relevant to the application of this Act.

[1984, c. 12, s. 26].

27. Lorsque la Cour supérieure n'a pas statué dans un délai de six semaines à compter de l'introduction d'une demande judiciaire, le ministre de la Justice indique, s'il en est requis par le demandeur ou l'Autorité centrale requérante, les raisons justifiant ce retard.

[1984, c. 12, a. 27].

27. If the Superior Court has not reached a decision within six weeks from the date of commencement of the judicial proceedings, the Minister of Justice shall indicate, if he is so required by the applicant or the requesting Central Authority, the reasons for the delay.

[1984, c. 12, s. 27].

28. Pour déterminer l'existence d'un déplacement ou d'un non-retour illicite, la Cour supérieure peut tenir compte directement du droit et des décisions judiciaires ou administratives reconnues formellement ou non dans l'État désigné où l'enfant a sa résidence habituelle, sans avoir recours aux procédures spécifiques sur la preuve de ce droit ou pour la reconnaissance des décisions étrangères qui seraient autrement applicables.

[1984, c. 12, a. 28].

28. In ascertaining whether there has been a wrongful removal or retention, the Superior Court may take notice directly of the law of, and of judicial or administrative decisions, formally recognized or not in the designated State in which the child is habitually resident, without recourse to the specific procedures for the proof of that law or for the recognition of foreign decisions which would otherwise be applicable.

[1984, c. 12, s. 28].

29. La Cour supérieure peut, avant d'ordonner le retour d'un enfant, demander la production par le demandeur d'une décision ou d'une attestation émanant des autorités de l'État désigné où l'enfant a sa résidence habituelle constatant que le déplacement ou le non-retour était illicite, dans la mesure où cette décision ou cette attestation peut être obtenue dans cet État.

La Cour supérieure peut, sur requête d'un demandeur désirant obtenir le retour d'un enfant au Québec, délivrer une attestation constatant que le déplacement ou le non-retour était illicite. Le ministre de la Justice assiste dans la mesure du possible le demandeur pour obtenir une telle attestation.

[1984, c. 12, a. 29].

29. The Superior Court, before ordering the return of a child, may request that the applicant produce a decision or attestation from the authorities of the designated State in which the child is habitually resident that the removal or retention was wrongful, where such a decision or attestation may be obtained in that State.

The Superior Court may, upon the motion of an applicant wishing to obtain the return of a child to Québec, issue an attestation stating that the removal or retention was wrongful. The Minister of Justice shall so far as practicable assist applicants to obtain such an attestation.

[1984, c. 12, s. 29].

30. Une décision sur le retour de l'enfant rendue dans le cadre de la présente loi n'affecte pas le fond du droit de garde.

[1984, c. 12, a. 30].

30. A decision under this Act concerning the return of a child shall not be taken to be a determination on the merits of any custody issue.

[1984, c. 12, s. 30].

Chapitre IV —— Droit de visite

Chapter IV —— Rights of access

31. Une demande visant l'organisation ou la protection de l'exercice effectif d'un droit de visite peut être adressée au ministre de la Justice ou à l'Autorité centrale d'un État désigné, selon les mêmes modalités qu'une demande visant au retour de l'enfant.

[1984, c. 12, a. 31].

31. An application to make arrangements for organizing or securing the effective exercise of rights of access may be presented to the Minister of Justice or to the Central Authority of a designated State in the same way as an application for the return of a child.

[1984, c. 12, s. 31].

32. Le ministre de la Justice peut introduire ou favoriser l'introduction de toute procédure en vue d'organiser ou de protéger le droit de visite et les conditions auxquelles l'exercice de ce droit pourrait être soumis.

L'article 18 s'applique si cette procédure consiste en une demande adressée à la Cour supérieure.

[1984, c. 12, a. 32].

32. The Minister of Justice may initiate or assist in the institution of proceedings with a view to organizing or protecting access rights and securing respect for the conditions to which the exercise of these rights may be subject.

Section 18 applies if the proceedings consist of an application addressed to the Superior Court.

[1984, c. 12, s. 32].

Chapitre V —— Dispositions diverses

Chapter V —— Miscellaneous provisions

33. La présente loi n'empêche pas celui qui prétend qu'il y a eu une violation du droit de garde ou de visite de s'adresser directement à la Cour supérieure ou à l'autorité judiciaire ou administrative de tout État désigné, en application ou non de la présente loi, à l'exception de l'article 10.

[1984, c. 12, a. 33].

33. This Act shall not preclude any person who claims that there has been a breach of custody or access rights from applying directly to the Superior Court or to the judicial or administrative authorities of any designated State, whether or not under the provisions of this Act, except section 10.

[1984, c. 12, s. 33].

34. Toute demande soumise au ministre de la Justice ou à l'Autorité centrale d'un État désigné ou présentée directement à la Cour supérieure ou à l'autorité judiciaire ou administrative d'un État désigné, en application de la présente loi, ainsi que tout document ou information qui y est annexé ou

34. Any application submitted to the Minister of Justice or to the Central Authority of a designated State or directly to the Superior Court or the judicial or administrative authorities of a designated State in accordance with the terms of this Act, together with documents and any other in-

qui est fourni par une Autorité centrale, sont recevables devant la Cour supérieure.

[1984, c. 12, a. 34].

formation appended thereto or provided by a Central Authority, shall be admissible in the Superior Court.

[1984, c. 12, s. 34].

35. Aucune caution ne peut être imposée pour garantir le paiement des frais et dépens à l'occasion des procédures judiciaires visées dans la présente loi.

[1984, c. 12, a. 35].

35. No security shall be required to guarantee the payment of costs and expenses in the judicial proceedings falling within the scope of this Act.

[1984, c. 12, s. 35].

36. Aucune légalisation ni formalité similaire n'est requise pour l'application de la présente loi.

[1984, c. 12, a. 36].

36. No legalization or similar formality may be required for the application of this Act.

[1984, c. 12, s. 36].

37. Les ressortissants d'un État désigné et les personnes qui y résident habituellement ont droit, pour l'application de la présente loi, à l'aide juridique au Québec, selon ce que prévoit la *Loi sur l'aide juridique et sur la prestation de certains autres services juridiques* (chapitre A-14).

[1984, c. 12, a. 37; 2010, c. 12, a. 34].

37. Nationals of a designated State and persons who are habitually resident in that State shall be entitled, in matters concerned with the application of this Act, to legal aid in Québec as provided in the *Legal Aid Act and the provision of certain other legal services* (chapter A-14).

[1984, c. 12, s. 37; 2010, c. 12, s. 34].

38. Aucune somme n'est requise du demandeur en relation avec les demandes introduites en application de la présente loi.

Cependant, le ministre de la Justice peut lui réclamer le paiement des dépenses causées ou qui seraient causées par les opérations liées au retour de l'enfant. De plus, le demandeur est tenu de payer, sous réserve de l'article 37, les frais de justice ainsi que les frais liés à l'assistance ou à la représentation juridique.

[1984, c. 12, a. 38].

38. No charge shall be required from the applicant in relation to proceedings instituted under this Act.

Notwithstanding the foregoing, the Minister of Justice may require the applicant to pay the expenses incurred or to be incurred in implementing the return of the child. The applicant is also required to pay, subject to section 37, court costs as well as costs arising from legal aid or legal representation.

[1984, c. 12, s. 38].

39. En ordonnant le retour de l'enfant ou en statuant sur le droit de visite dans le cadre de la présente loi, la Cour supérieure peut, le cas échéant, condamner la personne qui a déplacé ou retenu l'enfant, ou qui a empêché l'exercice du droit de visite, au paiement de tous les frais nécessaires engagés par le demandeur ou en son nom, notamment des frais de voyage, des frais de représentation judiciaire du demandeur et de retour de l'enfant, ainsi que de tous les coûts et dépenses faits pour localiser l'enfant.

[1984, c. 12, a. 39].

39. Upon ordering the return of a child or issuing an order concerning rights of access under this Act, the Superior Court may, where appropriate, direct the person who removed or retained the child, or who prevented the exercise of rights of access, to pay necessary expenses incurred by or on behalf of the applicant, including travel expenses, the costs of legal representation of the applicant, and those of returning the child, and any costs incurred or payments made for locating the child.

[1984, c. 12, s. 39].

40. La présente loi n'empêche pas l'application d'accords ou d'ententes entre un État désigné et le Québec ou d'autres dispositions du droit québécois notamment pour obtenir le retour d'un enfant déplacé ou retenu illicitement, pour organiser le droit de visite ou pour étendre le domaine d'application de la présente loi à tout enfant de moins de 18 ans.

Ces accords, ententes ou autres dispositions peuvent prévoir des conditions plus favorables au retour de l'enfant que celles que prévoit la présente loi.

[1984, c. 12, a. 40].

40. This Act does not preclude the implementation of conventions or agreements between a designated State and Québec or of other provisions of Québec law, particularly to obtain the return of a child wrongfully removed or retained, to organize rights of access or to extend the scope of this Act to include any child under 18 years of age.

The conventions, agreements or other provisions referred to in the first paragraph may provide for more favorable conditions for the return of a child than are provided in this Act.

[1984, c. 12, s. 40].

Chapitre VI ━━ Dispositions finales

Chapter VI ━━ Final provisions

41. Le gouvernement, sur recommandation du ministre de la Justice et, selon le cas, du ministre délégué aux Affaires intergouvernementales canadiennes ou du ministre des Relations internationales, désigne par décret tout État, province ou territoire dans lequel il estime que les résidents québécois peuvent bénéficier de mesures analogues à celles que prévoit la présente loi.

Le décret indique notamment la date de prise d'effet de la présente loi pour chaque État, province ou territoire qu'il désigne et il est publié à la *Gazette officielle du Québec*.

[1984, c. 12, a. 41; 1988, c. 41, a. 87; 1994, c. 15, a. 33; 1996, c. 21, a. 70].

41. The Government, upon the recommendation of the Minister of Justice and, as the case may be, of the Minister responsible for Canadian Intergovernmental Affairs or the Minister of International Relations, shall designate by order any State, province or territory in which he considers that Québec residents may benefit from measures similar to those set out in this Act.

The order shall indicate, in particular, the date of the taking of effect of this Act for each State, province or territory designated in it and shall be published in the *Gazette officielle du Québec*.

[1984, c. 12, s. 41; 1988, c. 41, s. 87; 1994, c. 15, s. 33; 1996, c. 21, s. 70].

42. Le gouvernement peut faire tout règlement utile à l'application de la présente loi.

Un tel règlement entre en vigueur le dixième jour après sa publication à la *Gazette officielle du Québec* ou à toute date ultérieure qui y est prévue.

[1984, c. 12, a. 42].

42. The Government may make any expedient regulation for the administration of this Act.

Such a regulation shall come into force ten days after its publication in the *Gazette officielle du Québec* or on any later date indicated therein.

[1984, c. 12, s. 42].

43. La présente loi ne s'applique qu'aux déplacements et aux non-retours illicites qui se sont produits après sa prise d'effet à l'égard de l'État désigné concerné.

[1984, c. 12, a. 43].

43. This Act applies only to wrongful removals or retentions which occurred after its taking of effect in respect of the designated State concerned.

[1984, c. 12, s. 43].

44. Les sommes requises pour la mise en application de la présente loi sont prises sur les crédits accordés annuellement à cette fin par le Parlement.

[1984, c. 12, a. 44].

44. The sums required for the implementation of this Act are taken from the appropriations granted annually for such purpose by Parliament.

[1984, c. 12, s. 44].

45. Le ministre de la Justice est responsable de l'application de la présente loi.

[1984, c. 12, a. 45].

45. The Minister of Justice is responsible for the administration of this Act.

[1984, c. 12, s. 45].

46. (*Cet article a cessé d'avoir effet le 12 décembre 1989*).

[1984, c. 12, a. 46; R.-U., 1982, c. 11, ann. B, ptie I, a. 33].

46. (*This section ceased to have effect on 12 December 1989*).

[1984, c. 12, s. 46; R.-U., 1982, c. 11, ann. B, ptie I, s. 33].

47. (*Omis*).

[1984, c. 12, a. 47].

47. (*Omitted*).

[1984, c. 12, s. 47].

Loi sur l'assurance automobile,

RLRQ, c. A-25

Automobile Insurance Act,

CQLR, c. A-25

Titre I — Définitions

1. Dans la présente loi, à moins que le contexte n'indique un sens différent, on entend par:

« **accident** » tout événement au cours duquel un préjudice est causé par une automobile;

« **automobile** » tout véhicule mû par un autre pouvoir que la force musculaire et adapté au transport sur les chemins publics mais non sur les rails;

« **chargement** » tout bien qui se trouve dans une automobile ou sur celle-ci ou est transporté par une automobile;

« **chemin public** » la partie d'un terrain ou d'un ouvrage d'art destiné à la circulation publique des automobiles, à l'exception de la partie d'un terrain ou d'un ouvrage d'art utilisé principalement pour la circulation des véhicules suivants, tels que définis par règlement:

1° un tracteur de ferme, une remorque de ferme, un véhicule d'équipement ou une remorque d'équipement;

2° une motoneige;

Title I — Definitions

1. In this Act, unless otherwise indicated by the context,

"**accident**" means any event in which damage is caused by an automobile;

"**automobile**" means any vehicle propelled by any power other than muscular force and adapted for transportation on public highways but not on rails;

"**damage caused by an automobile**" means any damage caused by an automobile, by the use thereof or by the load carried in or on an automobile, including damage caused by a trailer used with an automobile, but excluding damage caused by the autonomous act of an animal that is part of the load and injury or damage caused to a person or property by reason of an action performed by that person in connection with the maintenance, repair, alteration or improvement of an automobile;

"**load**" means any property in, on, or transported by an automobile;

"**owner**" means a person who acquires or possesses an automobile under a title of

3° un véhicule destiné à être utilisé en dehors d'un chemin public;

« **préjudice causé par une automobile** » tout préjudice causé par une automobile, par son usage ou par son chargement, y compris le préjudice causé par une remorque utilisée avec une automobile, mais à l'exception du préjudice causé par l'acte autonome d'un animal faisant partie du chargement et du préjudice causé à une personne ou à un bien en raison d'une action de cette personne reliée à l'entretien, la réparation, la modification ou l'amélioration d'une automobile;

« **propriétaire** » la personne qui acquiert une automobile ou la possède en vertu d'un titre de propriété ou en vertu d'un titre assorti d'une condition ou d'un terme qui lui donne le droit d'en devenir propriétaire ou en vertu d'un titre qui lui donne le droit d'en jouir comme propriétaire à charge de rendre ainsi que la personne qui prend en location une automobile pour une période d'au moins un an;

« **vol** » l'infraction prévue à l'article 322 du *Code criminel* (Lois révisées du Canada (1985), chapitre C-46).

[1977, c. 68, a. 1; 1980, c. 38, a. 1, 24; 1981, c. 7, a. 540; 1982, c. 59, a. 1, 68; 1982, c. 52, a. 50, 51; 1986, c. 91, a. 661; 1989, c. 15, a. 1; 1991, c. 58, a. 1; 1999, c. 40, a. 26].

1.1. (*Remplacé*).

[1989, c. 15, a. 1].

ownership, under a title involving a condition or a term giving him the right to become the owner thereof, or under a title giving him the right to use it as the owner thereof charged to deliver over, and a person who leases an automobile for a period of not less than one year;

"**public highway**" means that part of any land or structure which is intended for public automobile traffic, except any part of any land or structure which is mainly used by the following vehicles, as defined by regulation :

1) farm tractors, farm trailers, specialized equipment or drawn machinery;

2) snowmobiles;

3) vehicles intended for use off a public highway;

"**theft**" refers to the offence described in section 322 of the *Criminal Code* (Revised Statutes of Canada, (1985), chapter C-46).

[1977, c. 68, s. 1; 1980, c. 38, s. 1, 24; 1981, c. 7, s. 540; 1982, c. 52, s. 50, 51; 1982, c. 59, s. 1, 68; 1986, c. 91, s. 661; 1989, c. 15, s. 1; 1991, c. 58, s. 1].

1.1. (*Replaced*).

[1989, c. 15, s. 1].

TITRE II —— INDEMNISATION DU PRÉJUDICE CORPOREL

Chapitre I —— Dispositions générales

SECTION I —— DÉFINITIONS ET INTERPRÉTATION

2. Dans le présent titre, à moins que le contexte n'indique un sens différent, on entend par:

« **conjoint** » la personne qui est liée par un

TITLE II —— COMPENSATION FOR BODILY INJURY

Chapter I —— General provisions

SECTION I —— DEFINITIONS AND INTERPRETATION

2. In this title, unless otherwise indicated by the context,

"**bodily injury**" means any physical or mental injury, including death, suffered by

mariage ou une union civile à la victime et cohabite avec elle ou qui vit maritalement avec la victime, qu'elle soit de sexe différent ou de même sexe et qui est publiquement représentée comme son conjoint depuis au moins trois ans, ou, dans les cas suivants, depuis au moins un an:

– un enfant est né ou à naître de leur union,

– elles ont conjointement adopté un enfant,

– l'une d'elles a adopté un enfant de l'autre;

« **emploi** » toute occupation génératrice de revenus;

« **personne à charge** »

1° le conjoint;

2° la personne qui est séparée de fait ou légalement de la victime ou dont le mariage ou l'union civile avec celle-ci est dissous ou déclaré nul par un jugement définitif ou, encore, dont l'union civile est dissoute par une déclaration commune notariée de dissolution et qui a droit de recevoir de la victime une pension alimentaire en vertu d'un jugement ou d'une convention;

3° l'enfant mineur de la victime et la personne mineure à qui la victime tient lieu de mère ou de père;

4° l'enfant majeur de la victime et la personne majeure à qui la victime tient lieu de mère ou de père, à la condition que la victime subvienne à plus de 50 % de leurs besoins vitaux et frais d'entretien;

5° toute autre personne liée à la victime par le sang ou l'adoption et toute autre personne lui tenant lieu de mère ou de père, à la condition que la victime subvienne à plus de 50 % de leurs besoins vitaux et frais d'entretien.

a victim in an accident, and any damage to the clothing worn by a victim;

"**dependant**" means

1) the spouse;

2) the person who is separated from the victim de facto or legally, whose marriage to or civil union with the victim has been dissolved or declared null by a final judgment, or whose civil union has been dissolved by a notarized joint declaration of dissolution and who is entitled to receive support from the victim by virtue of a judgment or agreement;

3) a minor child of the victim and a minor person to whom the victim stands in *loco parentis*;

4) a child of full age of the victim and a person of full age to whom the victim stands in *loco parentis*, provided that their basic needs and maintenance costs are borne by the victim to the extent of over 50 %;

5) any other person related to the victim by blood or adoption and any other person who stands in *loco parentis* to the victim, provided that their basic needs and maintenance costs are borne by the victim to the extent of over 50 %.

"**employment**" means any remunerative occupation;

"**spouse**" means the person who is married to or in a civil union with and living with the victim or who has been living in a *de facto* union with the victim, whether the person is of the opposite or the same sex, and has been publicly represented as the victim's spouse for at least three years or, in the following cases, for at least one year :

– a child has been born or is to be born of their union;

– they have adopted a child together; or

– one of them has adopted a child of the other.

« **préjudice corporel** » tout préjudice corporel d'ordre physique ou psychique d'une victime y compris le décès, qui lui est causé dans un accident, ainsi que les dommages aux vêtements que porte la victime;

[1977, c. 68, a. 2; 1989, c. 15, a. 1; 1993, c. 56, a. 1; 1999, c. 14, a. 6; 1999, c. 40, a. 26; 2002, c. 6, a. 85].

[1977, c. 68, s. 2; 1989, c. 15, s. 1; 1993, c. 56, s. 1; 1999, c. 14, s. 6; 2002, c. 6, s. 85].

3. (*Abrogé*).

[1992, c. 57, a. 433].

3. (*Repealed*).

[1992, c. 57, s. 433].

4. Pour l'application du présent titre, une indemnité comprend le remboursement des frais visés au chapitre V.

[1977, c. 68, a. 4; 1985, c. 6, a. 485; 1989, c. 15, a. 1].

4. For the purposes of this title, compensation includes the reimbursement of the expenses referred to in Chapter V.

[1977, c. 68, s. 4; 1985, c. 6, s. 485; 1989, c. 15, s. 1].

SECTION I — RÈGLES D'APPLICATION GÉNÉRALE

SECTION I — GENERAL RULES

5. Les indemnités accordées par la Société de l'assurance automobile du Québec en vertu du présent titre le sont sans égard à la responsabilité de quiconque.

[1977, c. 68, a. 5; 1989, c. 15, a. 1; 1990, c. 19, a. 11].

5. Compensation under this title is granted by the Société de l'assurance automobile du Québec regardless of who is at fault.

[1977, c. 68, s. 5; 1989, c. 15, s. 1; 1990, c. 19, s. 11].

6. Est une victime, la personne qui subit un préjudice corporel dans un accident.

[1977, c. 68, a. 6; 1989, c. 15, a. 1; 1999, c. 40, a. 26; 2010, c. 34, a. 96].

6. Every person who suffers bodily injury in an accident is a victim.

[1977, c. 68, s. 6; 1989, c. 15, s. 1; 1999, c. 40, s. 26; 2010, c. 34, s. 96].

7. La victime qui réside au Québec et les personnes à sa charge ont droit d'être indemnisées en vertu du présent titre, que l'accident ait lieu au Québec ou hors du Québec.

Sous réserve du paragraphe 1° de l'article 195, est une personne qui réside au Québec, celle qui demeure au Québec, qui y est ordinairement présente et qui a le statut de citoyen canadien, de résident permanent ou de personne qui séjourne légalement au Québec.

[1977, c. 68, a. 7; 1989, c. 15, a. 1].

7. Every victim resident in Québec and his dependants are entitled to compensation under this title, whether the accident occurs in Québec or outside Québec.

Subject to paragraph 1 of section 195, a person resident in Québec is a person who lives in Québec and is ordinarily in Québec, and has the status of Canadian citizen, permanent resident or person having lawful permission to come into Québec as a visitor.

[1977, c. 68, s. 7; 1989, c. 15, s. 1].

8. Lorsque l'accident a lieu au Québec, est réputé résider au Québec le propriétaire, le conducteur ou le passager d'une automobile pour laquelle un certificat d'immatriculation a été délivré au Québec.

[1977, c. 68, a. 8; 1989, c. 15, a. 1; 1999, c. 40, a. 26; 2000, c. 64, a. 30].

8. Where an automobile for which a registration certificate has been issued in Québec is involved in an accident in Québec, the owner, the driver and the passengers are deemed to be resident in Québec.

[1977, c. 68, s. 8; 1989, c. 15, s. 1; 2000, c. 64, s. 30].

9. Lorsque l'accident a lieu au Québec, la victime qui ne réside pas au Québec a droit d'être indemnisée en vertu du présent titre mais seulement dans la proportion où elle n'est pas responsable de l'accident, à moins d'une entente différente entre la Société et la juridiction du lieu de résidence de cette victime.

Sous réserve des articles 108 à 114, la responsabilité est déterminée suivant les règles du droit commun.

Malgré les articles 83.45, 83.49 et 83.57, en cas de désaccord entre la Société et la victime sur la responsabilité de cette dernière, le recours de la victime contre la Société à ce sujet est soumis au tribunal compétent. Ce recours doit être intenté dans les 180 jours de la décision sur la responsabilité rendue par la Société.

[1977, c. 68, a. 9; 1989, c. 15, a. 1; 1990, c. 19, a. 11].

9. Where the victim of an accident that occurs in Québec is not resident in Québec, he is entitled to compensation under this title but only to the extent that he is not responsible for the accident, unless otherwise agreed between the Société and the competent authorities of the place of residence of the victim.

Subject to sections 108 to 114, responsibility is determined according to the ordinary rules of law.

Notwithstanding sections 83.45, 83.49 and 83.57, in case of disagreement between the Société and the victim with regard to his responsibility, the remedy of the victim against the Société in that respect is submitted to the competent court. The remedy must be exercised within 180 days of the decision as to responsibility rendered by the Société.

[1977, c. 68, s. 9; 1989, c. 15, s. 1; 1990, c. 19, s. 11].

10. Nul n'a droit d'être indemnisé en vertu du présent titre dans les cas suivants:

1° si le préjudice est causé, lorsque l'automobile n'est pas en mouvement dans un chemin public, soit par un appareil susceptible de fonctionnement indépendant, tel que défini par règlement, qui est incorporé à l'automobile, soit par l'usage de cet appareil;

2° si l'accident au cours duquel un préjudice est causé par un tracteur de ferme, une remorque de ferme, un véhicule d'équipement ou une remorque d'équipement, tels que définis par règlement, survient en dehors d'un chemin public;

3° si le préjudice est causé par une motoneige ou un véhicule destiné à être utilisé en dehors d'un chemin public, tels que définis par règlement;

10. No person is entitled to compensation under this title in the following cases :

1) if the injury is caused, while the automobile is not in motion on a public highway, by, or by the use of, a device that can be operated independently, as defined by regulation, and that is incorporated with the automobile;

2) if the accident in which an injury is caused by a farm tractor, a farm trailer, a specialized vehicle or drawn machinery, as defined by regulation, occurs off a public highway;

3) if the injury is caused by a snowmobile or a vehicle intended for use off a public highway, as defined by regulation;

4° si l'accident survient en raison d'une compétition, d'un spectacle ou d'une course d'automobiles sur un parcours ou un terrain fermé, de façon temporaire ou permanente, à toute autre circulation automobile, que l'automobile qui a causé le préjudice participe ou non à la course, à la compétition ou au spectacle.

Dans chaque cas, sous réserve des articles 108 à 114, la responsabilité est déterminée suivant les règles du droit commun.

Toutefois, dans les cas prévus aux paragraphes 2° et 3° du premier alinéa, une victime a droit à une indemnité si une automobile en mouvement autre que les véhicules mentionnés dans ces paragraphes est impliquée dans l'accident.

[1977, c. 68, a. 10; 1978, c. 57, a. 92; 1979, c. 63, a. 329; 1985, c. 6, a. 486; 1988, c. 51, a. 100; 1989, c. 15, a. 1; 1999, c. 40, a. 26].

11. Le droit à une indemnité visée au présent titre se prescrit par trois ans à compter de l'accident ou de la manifestation du préjudice et, dans les cas d'une indemnité de décès, à compter du décès.

La Société peut permettre à la personne qui fait la demande d'indemnité d'agir après l'expiration de ce délai si celle-ci n'a pu, pour des motifs sérieux et légitimes, agir plus tôt.

Une demande d'indemnité produite conformément au présent titre interrompt la prescription prévue au *Code civil du Québec* jusqu'à ce qu'une décision définitive soit rendue.

[1977, c. 68, a. 11; 1989, c. 15, a. 1; 1990, c. 19, a. 11; 1999, c. 22, a. 1; 1999, c. 40, a. 26].

11.1. (*Remplacé*).

[1989, c. 15, a. 1].

12. Toute cession du droit à une indemnité visée au présent titre est nulle de nullité absolue.

La personne qui transfère une partie de son indemnité en vertu d'une telle cession a droit de répétition contre celui qui la reçoit.

[1977, c. 68, a. 12; 1989, c. 15, a. 1; 1992, c. 57, a. 434; 1999, c. 40, a. 26].

4) if the accident occurs as a result of an automobile contest, show or race on a track or other location temporarily or permanently closed to all other automobile traffic, whether or not the automobile that causes the injury is participating in the race, the contest or the show.

In each case, subject to sections 108 to 114, responsibility is determined according to the ordinary rules of law.

However, in the cases described in subparagraphs 2 and 3 of the first paragraph, a victim is entitled to compensation if an automobile in motion, other than a vehicle mentioned in those subparagraphs, is involved in the accident.

[1977, c. 68, s. 10; 1978, c. 57, s. 92; 1979, c. 63, s. 329; 1985, c. 6, s. 486; 1988, c. 51, s. 100; 1989, c. 15, s. 1].

11. Entitlement to compensation under this title is prescribed by three years from the accident or the time the injury appears and, with regard to a death benefit, from the time of death.

The Société may allow an applicant to apply for compensation after the prescribed time if the applicant was unable, for serious and valid reasons, to act sooner.

An application for compensation filed in accordance with this title interrupts the prescription that applies pursuant to the *Civil Code of Québec* until a final decision is rendered.

[1977, c. 68, s. 11; 1989, c. 15, s. 1; 1990, c. 19, s. 11; 1999, c. 22, s. 1].

11.1. (*Replaced*).

[1989, c. 15, s. 1].

12. Any transfer of the right to an indemnity contemplated in this title is absolutely null.

Any person who transfers part of his indemnity pursuant to such an assignment has a right of recovery against the person receiving it.

[1977, c. 68, s. 12; 1989, c. 15, s. 1; 1992, c. 57, s. 434; 1999, c. 40, s. 26].

expérience et de ses capacités physiques et intellectuelles à la date de l'accident.

[1977, c. 68, a. 17; 1982, c. 59, a. 5; 1989, c. 15, a. 1].

§2. — Victime exerçant un emploi temporaire ou un emploi à temps partiel

18. La présente sous-section ne s'applique pas à une victime de moins de 16 ans, ni à celle âgée de 16 ans et plus qui fréquente à temps plein un établissement d'enseignement de niveau secondaire ou post-secondaire.

[1977, c. 68, a. 18; 1982, c. 59, a. 6; 1985, c. 6, a. 487; 1989, c. 15, a. 1; 1992, c. 68, a. 157].

18.1.-18.4. (*Remplacés*).

[1989, c. 15, a. 1].

19. La victime qui, lors de l'accident, exerce habituellement un emploi temporaire ou un emploi à temps partiel a droit à une indemnité de remplacement du revenu durant les premiers 180 jours qui suivent l'accident si, en raison de cet accident, elle est incapable d'exercer son emploi.

Elle a droit à cette indemnité, durant cette période, tant qu'elle demeure incapable d'exercer cet emploi en raison de cet accident.

[1977, c. 68, a. 19; 1989, c. 15, a. 1].

20. Cette indemnité de remplacement du revenu est calculée de la façon suivante:

1° si la victime exerce son emploi comme travailleur salarié, l'indemnité est calculée à partir du revenu brut qu'elle tire de son emploi;

2° si la victime exerce son emploi comme travailleur autonome, l'indemnité est calculée à partir du revenu brut que la Société fixe par règlement pour un emploi de même catégorie, ou à partir de celui qu'elle tire de son emploi s'il est plus élevé;

3° si la victime exerce plus d'un emploi, l'indemnité est calculée à partir du revenu brut qu'elle tire de l'emploi qu'elle de-

and physical and intellectual abilities of the victim on the date of the accident.

[1977, c. 68, s. 17; 1982, c. 59, s. 5; 1989, c. 15, s. 1].

§2. — Victim holding temporary or part-time Employment

18. This subdivision does not apply to a victim under 16 years of age or to a victim 16 years of age or over attending a secondary or post-secondary educational institution on a full-time basis.

[1977, c. 68, s. 18; 1982, c. 59, s. 6; 1985, c. 6, s. 487; 1989, c. 15, s. 1].

18.1.-18.4. (*Replaced*).

[1989, c. 15, s. 1].

19. A victim who, at the time of the accident, holds a regular employment on a temporary or part-time basis is entitled to an income replacement indemnity for the first 180 days following the accident if, by reason of the accident, he is unable to hold his employment.

During that period, the victim is entitled to the indemnity for such time as he remains unable, by reason of the accident, to hold that employment.

[1977, c. 68, s. 19; 1989, c. 15, s. 1].

20. The income replacement indemnity is computed in the following manner :

1) if the victim holds an employment as a salaried worker, the indemnity is computed on the basis of the gross income he derives from his employment;

2) if the victim is self-employed, the indemnity is computed on the basis of the gross income determined by regulation of the Société for an employment of the same class, or on the basis of the gross income he derives from his employment, if that is higher;

3) if the victim holds more than one employment, the indemnity is computed on the basis of the gross income he derives

vient incapable d'exercer ou s'il y a lieu, des emplois qu'elle devient incapable d'exercer.

Si en raison de cet accident, la victime est également privée de prestations régulières ou de prestations d'emploi ayant pour objet d'aider à acquérir par un programme de formation des compétences liées à l'emploi, prévues à la *Loi concernant l'assurance-emploi au Canada* (Lois du Canada, 1996, chapitre 23) auxquelles elle avait droit au moment de l'accident, elle a droit de recevoir une indemnité additionnelle calculée à partir des prestations qui lui auraient été versées. Ces prestations sont réputées faire partie de son revenu brut.

[1977, c. 68, a. 20; 1982, c. 59, a. 7; 1989, c. 15, a. 1; 1990, c. 19, a. 11; 1991, c. 58, a. 3; 1999, c. 22, a. 39; 1999, c. 40, a. 26].

from the employment or, where such is the case, the employments he becomes unable to hold.

A victim who, by reason of the accident, is deprived of regular benefits or employment benefits established to assist in obtaining skills for employment through a training program under the *Act respecting employment insurance in Canada* (Statutes of Canada, 1996, chapter 23) to which he was entitled at the time of the accident is entitled to receive an additional indemnity computed on the basis of the benefits that would have been paid to him. These benefits are deemed to form part of his gross income.

[1977, c. 68, s. 20; 1982, c. 59, s. 7; 1989, c. 15, s. 1; 1990, c. 19, s. 11; 1991, c. 58, s. 3; 1999, c. 22, s. 39].

21. À compter du cent quatre-vingt-unième jour qui suit l'accident, la Société détermine à la victime un emploi conformément à l'article 45.

La victime a droit à une indemnité de remplacement du revenu si, en raison de cet accident, elle est incapable d'exercer l'emploi que la Société lui détermine.

Cette indemnité est calculée à partir du revenu brut que la victime aurait pu tirer de l'emploi que la Société lui a déterminé. Cette dernière fixe ce revenu brut de la manière prévue par règlement en tenant compte:

1° du fait que la victime aurait pu exercer cet emploi à temps plein ou à temps partiel;

2° de l'expérience de travail de la victime durant les cinq années qui ont précédé la date de l'accident et, notamment, des périodes pendant lesquelles elle était apte à exercer un emploi ou a été sans emploi ou n'a exercé qu'un emploi temporaire ou un emploi à temps partiel;

3° du revenu brut que la victime a tiré d'un emploi qu'elle a exercé avant l'accident.

Si, lors de l'accident, la victime exerçait plus d'un emploi temporaire ou à temps

21. From the one hundred and eighty-first day after the accident, the Société shall determine an employment for the victim in accordance with section 45.

The victim is entitled to an income replacement indemnity if, by reason of the accident, he is unable to hold the employment determined by the Société.

The indemnity is computed on the basis of the gross income that the victim could have derived from the employment determined for him by the Société. The Société shall establish the gross income of the victim in the manner prescribed by regulation, taking into account

1) the fact that the victim could have held the employment on a full-time or part-time basis;

2) the work experience of the victim in the five years preceding the accident and, in particular, the periods during which he was fit to hold employment or was unemployed or held only temporary or part-time employment;

3) the gross income the victim derived from an employment held before the accident.

If the victim held more than one temporary or part-time employment at the time of the

partiel, la Société lui détermine un seul emploi conformément à l'article 45.

Le premier alinéa ne s'applique pas à la victime qui a droit à une indemnité pour frais de garde conformément à l'article 80.
[1977, c. 68, a. 21; 1982, c. 59, a. 8; 1989, c. 15, a. 1; 1990, c. 19, a. 11].

21.1.-21.3. (*Remplacés*).
[1989, c. 15, a. 1].

22. (*Abrogé*).
[1999, c. 22, a. 2].

§3. — Victime sans emploi capable de travailler

23. La présente sous-section ne s'applique pas à une victime âgée de moins de 16 ans, ni à celle âgée de 16 ans et plus qui fréquente à temps plein un établissement d'enseignement de niveau secondaire ou post-secondaire.
[1977, c. 68, a. 23; 1989, c. 15, a. 1; 1992, c. 68, a. 157].

24. La victime qui, lors de l'accident, n'exerce aucun emploi tout en étant capable de travailler a droit à une indemnité de remplacement du revenu durant les premiers 180 jours qui suivent l'accident dans les cas suivants:

1° en raison de cet accident, elle est incapable d'exercer un emploi qu'elle aurait exercé durant cette période si l'accident n'avait pas eu lieu;

2° en raison de cet accident, elle est privée de prestations régulières ou de prestations d'emploi ayant pour objet d'aider à acquérir un programme de formation des compétences liées à l'emploi, prévues à la *Loi concernant l'assurance-emploi au Canada* (Lois du Canada, 1996, chapitre 23) auxquelles elle avait droit au moment de l'accident.

La victime a droit, durant cette période, à cette indemnité, dans le cas prévu au paragraphe 1° du premier alinéa, tant que l'emploi aurait été disponible et qu'elle est incapable de l'exercer en raison de l'acci-

accident, the Société shall determine only one employment for him in accordance with section 45.

The first paragraph does not apply to a victim entitled to an indemnity for care expenses under section 80.
[1977, c. 68, s. 21; 1982, c. 59, s. 8; 1989, c. 15, s. 1; 1990, c. 19, s. 11].

21.1.-21.3. (*Replaced*).
[1989, c. 15, s. 1].

22. (*Repealed*).
[1999, c. 22, s. 2].

§3. — Victim unemployed but able to work

23. This subdivision does not apply to a victim under 16 years of age or to a victim 16 years of age or over attending a secondary or post-secondary educational institution on a full-time basis.
[1977, c. 68, s. 23; 1989, c. 15, s. 1].

24. A victim who, at the time of the accident, is unemployed but able to work is entitled to an income replacement indemnity for the first 180 days following the accident if,

1) by reason of the accident, he is unable to hold an employment that he would have held during that period had the accident not occurred;

2) by reason of the accident, he is deprived of regular benefits or employment benefits established to assist in obtaining skills for employment through a training program under the *Act respecting employment insurance in Canada* (Statutes of Canada, 1996, chapter 23) to which he was entitled at the time of the accident.

The victim is entitled, during that period, to the indemnity, in the case described in subparagraph 1 of the first paragraph, for such time as the employment would have been available and for such time as he is

dent et, dans le cas prévu au paragraphe 2° du premier alinéa, tant qu'elle en est privée pour ce motif.

Toutefois, si la victime est à la fois visée aux paragraphes 1° et 2° du premier alinéa, elle ne peut cumuler les indemnités et, tant que cette situation demeure, elle reçoit la plus élevée.

[1977, c. 68, a. 24; 1989, c. 15, a. 1; 1991, c. 58, a. 4; 1999, c. 22, a. 39].

unable to hold it by reason of the accident or, in the case described in subparagraph 2 of the first paragraph, for such time as he is deprived of benefits by reason of the accident.

However, where both subparagraphs 1 and 2 of the first paragraph apply, the victim cannot receive both indemnities, but shall, for such time as both of the said subparagraphs continue to apply, receive the greater of the indemnities.

[1977, c. 68, s. 24; 1989, c. 15, s. 1; 1991, c. 58, s. 4; 1999, c. 22, s. 39].

25. L'indemnité à laquelle a droit la victime visée au paragraphe 1° du premier alinéa de l'article 24 est calculée à partir du revenu brut tiré de l'emploi qu'elle aurait exercé si l'accident n'avait pas eu lieu.

L'indemnité à laquelle a droit la victime visée au paragraphe 2° du premier alinéa de l'article 24 est calculée à partir des prestations qui lui auraient été versées si l'accident n'avait pas eu lieu.

Pour l'application du présent article, les prestations auxquelles la victime aurait eu droit sont réputées être son revenu brut.

[1977, c. 68, a. 25; 1989, c. 15, a. 1; 1991, c. 58, a. 5; 1999, c. 22, a. 39; 1999, c. 40, a. 26].

25. The indemnity to which the victim described in subparagraph 1 of the first paragraph of section 24 is entitled is computed on the basis of the gross income he would have derived from the employment he would have held had the accident not occurred.

The indemnity to which the victim described in subparagraph 2 of the first paragraph of section 24 is entitled is computed on the basis of the benefits that would have been paid to him had the accident not occurred.

For the purposes of this section, the benefits to which the victim would have been entitled are deemed to be his gross income.

[1977, c. 68, s. 25; 1989, c. 15, s. 1; 1991, c. 58, s. 5; 1999, c. 22, s. 39; 1999, c. 40, s. 26].

26. À compter du cent quatre-vingt-unième jour qui suit l'accident, la Société détermine à la victime un emploi conformément à l'article 45.

La victime a droit à une indemnité de remplacement du revenu si, en raison de cet accident, elle est incapable d'exercer l'emploi que la Société lui détermine.

Cette indemnité est calculée conformément au troisième alinéa de l'article 21.

Le premier alinéa ne s'applique pas à la victime qui a droit à une indemnité pour frais de garde conformément à l'article 80.

[1977, c. 68, a. 26; 1982, c. 59, a. 10; 1989, c. 15, a. 1; 1990, c. 19, a. 11; 1999, c. 22, a. 3].

26. From the one hundred and eighty-first day after the accident, the Société shall determine an employment for the victim in accordance with section 45.

The victim is entitled to an income replacement indemnity if, by reason of the accident, he is unable to hold the employment determined by the Société.

The indemnity is computed in accordance with the third paragraph of section 21.

The first paragraph does not apply to a victim entitled to an indemnity for care expenses under section 80.

[1977, c. 68, s. 26; 1982, c. 59, s. 10; 1989, c. 15, s. 1; 1990, c. 19, s. 11; 1999, c. 22, s. 3].

26.1. (*Remplacé*).

[1989, c. 15, a. 1].

26.1. (*Replaced*).

[1989, c. 15, s. 1].

§4. — Victime âgée de 16 ans et plus qui fréquente à temps plein un établissement d'enseignement

§4. — Victim 16 years of age or over in full-time attendance at an educational institution

27. Pour l'application de la présente sous-section:

27. For the purposes of this subdivision,

1° les études en cours sont celles comprises dans un programme de niveau secondaire ou post-secondaire que la victime, à la date de l'accident, est admise à entreprendre ou à poursuivre dans un établissement d'enseignement;

1) current studies are studies forming part of a program of studies at the secondary or post-secondary level which, on the day of the accident, the victim has admission to begin or continue at an educational institution;

2° une victime est réputée fréquenter à temps plein un établissement dispensant des cours d'un niveau secondaire ou post-secondaire, à partir du moment où elle est admise par l'établissement à fréquenter à temps plein un programme de ce niveau, jusqu'au moment où elle complète la session terminale, abandonne ses études, ou ne satisfait plus aux exigences de l'établissement fréquenté relativement à la poursuite de ses études, selon la première éventualité.

2) a victim is deemed to be attending, on a full-time basis, an institution offering courses at the secondary or post-secondary level from such time as he is admitted by the institution as a full-time student in a program of that level, until such time as he completes the last term, abandons his studies, or no longer meets the requirements set by the institution he is attending for continuing his studies, whichever occurs first.

[1977, c. 68, a. 27 (partie); 1982, c. 59, a. 12; 1989, c. 15, a. 1; 1992, c. 68, a. 157; 1999, c. 40, a. 26

[1977, c. 68, s. 27 (part); 1982, c. 59, s. 12; 1989, c. 15, s. 1; 1999, c. 40, s. 26].

28. La victime qui, à la date de l'accident, est âgée de 16 ans et plus et qui fréquente à temps plein un établissement d'enseignement de niveau secondaire ou post-secondaire a droit à une indemnité tant que, en raison de cet accident, elle est incapable d'entreprendre ou de poursuivre ses études en cours et si elle subit un retard dans celles-ci. Le droit à cette indemnité cesse à la date prévue, au moment de l'accident, pour la fin des études en cours.

28. A victim who on the day of the accident is 16 years of age or over and attending a secondary or post-secondary educational institution on a full-time basis is entitled to an indemnity for such time as, by reason of the accident, he is unable to begin or to continue his current studies, if they are delayed. The right to the indemnity ceases on the date scheduled, at the time of the accident, for the completion of his current studies.

[1977, c. 68, a. 28; 1989, c. 15, a. 1; 1992, c. 68, a. 157].

[1977, c. 68, s. 28; 1989, c. 15, s. 1; 1992, c. 68, s. 157].

29. Cette indemnité s'élève à:

29. The indemnity shall be in the amount of

1° 5 500 $ par année scolaire ratée au niveau secondaire;

1) $ 5 500 for every school year missed at the secondary level;

2° 5 500 $ par session d'études ratée au niveau post-secondaire, jusqu'à concurrence de 11 000 $ par année.

2) $ 5 500 for every term missed at the post-secondary level, up to $ 11 000 a year.

[1977, c. 68, a. 29; 1982, c. 59, a. 13; 1989, c. 15, a. 1].

[1977, c. 68, s. 29; 1982, c. 59, s. 13; 1989, c. 15, s. 1].

29.1. La victime qui, en raison de l'accident, est privée de prestations régulières ou de prestations d'emploi ayant pour objet d'aider à acquérir par un programme de formation des compétences liées à l'emploi, prévues à la *Loi concernant l'assurance-emploi au Canada* (Lois du Canada, 1996, chapitre 23) auxquelles elle avait droit au moment de l'accident, a droit à une indemnité de remplacement du revenu tant qu'elle en est privée pour ce motif, sans toutefois excéder la date prévue au moment de l'accident pour la fin des études en cours.

L'indemnité à laquelle a droit la victime est calculée à partir des prestations qui lui auraient été versées si l'accident n'avait pas eu lieu.

Pour l'application du présent article, les prestations auxquelles la victime aurait eu droit sont réputées être son revenu brut.

[1991, c. 58, a. 6; 1999, c. 22, a. 4, 39; 1999, c. 40, a. 26].

29.1. A victim who, by reason of the accident, is deprived of regular benefits or employment benefits established to assist in obtaining skills for employment through a training program under the *Act respecting employment insurance in Canada* (Statutes of Canada, 1996, chapter 23) to which he was entitled at the time of the accident is entitled to an income replacement indemnity for such time as he is deprived of benefits by reason of the accident but not beyond the date scheduled, at the time of the accident, for the completion of current studies.

The indemnity to which the victim is entitled is computed on the basis of the benefits that would have been paid to him had the accident not occurred.

For the purposes of this section, the benefits to which the victim would have been entitled are deemed to be his gross income.

[1991, c. 58, s. 6; 1999, c. 22, s. 4, 39].

30. La victime qui, lors de l'accident, exerce également un emploi ou qui, si l'accident n'avait pas eu lieu, aurait exercé un emploi, a droit, en outre, à une indemnité de remplacement du revenu si, en raison de cet accident, elle est incapable d'exercer cet emploi.

La victime a droit à l'indemnité tant que l'emploi aurait été disponible et qu'elle est incapable de l'exercer en raison de l'accident, sans toutefois excéder la date prévue au moment de l'accident pour la fin des études en cours.

[1977, c. 68, a. 30; 1989, c. 15, a. 1; 1999, c. 22, a. 5].

30. A victim who, at the time of the accident, also holds an employment or, had the accident not occurred, would have held an employment is entitled, in addition, to an income replacement indemnity if, by reason of the accident, he is unable to hold that employment.

The victim is entitled to the indemnity for such time as the employment would have been available and for such time as he is unable to hold it by reason of the accident but not beyond the date scheduled, at the time of the accident, for the completion of current studies.

[1977, c. 68, s. 30; 1989, c. 15, s. 1; 1999, c. 22, s. 5].

31. Cette indemnité de remplacement du revenu est calculée de la façon suivante:

1° si la victime exerce ou avait pu exercer un emploi comme travailleur salarié, l'indemnité est calculée à partir du revenu brut qu'elle tire ou aurait tiré de son emploi;

2° si la victime exerce ou avait pu exercer un emploi comme travailleur autonome, l'indemnité est calculée à partir du revenu

31. The income replacement indemnity is computed in the following manner :

1) if the victim holds or could have held an employment as a salaried worker, the indemnity is computed on the basis of the gross income he derives or would have derived from his employment;

2) if the victim is or could have been self-employed, the indemnity is computed on the basis of the gross income determined

brut que la Société fixe par règlement pour un emploi de même catégorie ou, s'il est plus élevé, à partir de celui qu'elle tire ou aurait tiré de son emploi;

3° si la victime exerce ou avait pu exercer plus d'un emploi, l'indemnité est calculée à partir du revenu brut qu'elle tire ou aurait tiré de l'emploi qu'elle devient incapable d'exercer ou s'il y a lieu, des emplois qu'elle devient incapable d'exercer.

[1977, c. 68, a. 31; 1982, c. 59, a. 14; 1989, c. 15, a. 1; 1990, c. 19, a. 11].

32. La victime qui, après la date prévue au moment de l'accident pour la fin de ses études en cours, est incapable, en raison de l'accident, d'entreprendre ou de poursuivre celles-ci et d'exercer tout emploi a droit, tant que durent ces incapacités, à une indemnité de remplacement du revenu.

Cette indemnité est calculée à partir d'un revenu brut égal à une moyenne annuelle établie à partir de la rémunération hebdomadaire moyenne des travailleurs de l'ensemble des activités économiques du Québec fixée par Statistique Canada pour chacun des 12 mois précédant le 1ᵉʳ juillet de l'année qui précède la date prévue pour la fin de ses études.

[1977, c. 68, a. 32; 1982, c. 59, a. 15; 1989, c. 15, a. 1].

33. La victime qui reprend ses études mais qui est incapable, en raison de l'accident, d'exercer tout emploi après avoir terminé ses études en cours ou y avoir mis fin a droit, à compter de la fin de ses études et tant que dure cette incapacité, à une indemnité.

Si ses études prennent fin avant la date qui était prévue au moment de l'accident, la victime a droit:

1° jusqu'à la date qui était prévue pour la fin de ses études, à une indemnité de:

a) 5 500 $ par année scolaire non complétée au niveau secondaire;

by regulation of the Société for an employment of the same class, or on the basis of the gross income he derives or would have derived from his employment, if that is higher;

3) if the victim holds or could have held more than one employment, the indemnity is computed on the basis of the gross income he derives or would have derived from the employment or employments he becomes unable to hold.

[1977, c. 68, s. 31; 1982, c. 59, s. 14; 1989, c. 15, s. 1; 1990, c. 19, s. 11].

32. A victim who, after the scheduled date at the time of the accident for completion of his current studies, is unable, by reason of the accident, to begin or to continue the studies and unable to hold any employment is entitled to an income replacement indemnity for as long as he remains incapacitated for that reason.

The indemnity is computed on the basis of a gross income equal to a yearly average computed on the basis of the average weekly earnings of the Industrial Composite in Québec as established by Statistics Canada for each of the 12 months preceding 1 July of the year which precedes the scheduled date of completion of his studies.

[1977, c. 68, s. 32; 1982, c. 59, s. 15; 1989, c. 15, s. 1].

33. A victim who resumes his studies but who, by reason of the accident, is unable to hold any employment after completing or ending his current studies is entitled to an indemnity from the date of the end of his studies and for such time as he remains incapacitated for that reason.

If his studies end before the scheduled date therefor at the time of the accident, the victim is entitled

1) until the date scheduled, at the time of the accident, as the date of the end of his studies, to an indemnity of

(a) $ 5 500 for every school year not completed at the secondary level;

b) 5 500 $ par session d'études non complétée au niveau post-secondaire, jusqu'à concurrence de 11 000 $ par année;

2° à compter de la date qui était prévue pour la fin de ses études, à l'indemnité de remplacement du revenu visée au troisième alinéa.

Si elles prennent fin après cette date, elle a droit à une indemnité de remplacement du revenu calculée à partir d'un revenu brut égal à une moyenne annuelle établie à partir de la rémunération hebdomadaire moyenne des travailleurs de l'ensemble des activités économiques du Québec fixée par Statistique Canada pour chacun des 12 mois précédant le 1er juillet de l'année qui précède la date où elles prennent fin.

[1977, c. 68, a. 33; 1982, c. 59, a. 16; 1989, c. 15, a. 1; 1991, c. 58, a. 7].

§5. — Victime âgée de moins de 16 ans

34. Pour l'application de la présente sous-section:

1° une année scolaire débute le 1er juillet d'une année et se termine le 30 juin de l'année suivante;

2° le niveau primaire s'étend de la maternelle à la sixième année.

[1977, c. 68, a. 34; 1982, c. 59, a. 17; 1989, c. 15, a. 1].

35. La victime qui, à la date de l'accident, est âgée de moins de 16 ans a droit à une indemnité tant que, en raison de cet accident, elle est incapable d'entreprendre ou de poursuivre ses études et si elle subit un retard dans celles-ci.

Le droit à cette indemnité cesse à la fin de l'année scolaire au cours de laquelle elle atteint l'âge de 16 ans.

[1977, c. 68, a. 35; 1989, c. 15, a. 1].

36. Cette indemnité s'élève à:

1° 3 000 $ par année scolaire ratée au niveau primaire;

(b) $ 5 500 for every term of studies not completed at the post-secondary level, up to $ 11 000 per year;

2) from the date scheduled as the date of the end of his studies, to the income replacement indemnity provided for in the third paragraph.

If his studies end after such date, the victim is entitled to an income replacement indemnity computed on the basis of a gross income equal to an annual average established on the basis of the average weekly earnings of the Industrial Composite in Québec as established by Statistics Canada for each of the 12 months preceding 1 July of the year which precedes the date on which his studies end.

[1977, c. 68, s. 33; 1982, c. 59, s. 16; 1989, c. 15, s. 1; 1991, c. 58, s. 7].

§5. — Victim under 16 years of age

34. For the purposes of this subdivision,

1) a school year begins on 1 July in one year and ends on 30 June in the following year;

2) the elementary level extends from kindergarten to the sixth grade.

[1977, c. 68, s. 34; 1982, c. 59, s. 17; 1989, c. 15, s. 1].

35. A victim who, at the time of the accident, is under 16 years of age is entitled to an indemnity for such time as, by reason of the accident, he is unable to begin or to continue his studies, if they are delayed.

The right to the indemnity ceases at the end of the school year in which he reaches 16 years of age.

[1977, c. 68, s. 35; 1989, c. 15, s. 1].

36. The indemnity shall be in the amount of

1) $ 3 000 for every school year missed at the elementary level;

2° 5 500 $ par année scolaire ratée au niveau secondaire.

[1977, c. 68, a. 36; 1989, c. 15, a. 1].

36.1. La victime qui, en raison de l'accident, est privée de prestations régulières ou de prestations d'emploi ayant pour objet d'aider à acquérir par un programme de formation des compétences liées à l'emploi, prévues à la *Loi concernant l'assurance-emploi au Canada* (Lois du Canada, 1996, chapitre 23) auxquelles elle avait droit au moment de l'accident, a droit à une indemnité de remplacement du revenu tant qu'elle en est privée pour ce motif, sans toutefois excéder la fin de l'année scolaire au cours de laquelle elle atteint l'âge de 16 ans.

L'indemnité à laquelle a droit la victime est calculée à partir des prestations qui lui auraient été versées si l'accident n'avait pas eu lieu.

Pour l'application du présent article, les prestations auxquelles la victime aurait eu droit sont réputées être son revenu brut.

[1991, c. 58, a. 8; 1999, c. 22, a. 6, 39; 1999, c. 40, a. 26].

37. La victime qui, lors de l'accident, exerce également un emploi ou qui, si l'accident n'avait pas eu lieu, aurait exercé un emploi, a droit, en outre, à une indemnité de remplacement du revenu si, en raison de cet accident, elle est incapable d'exercer cet emploi.

La victime a droit à cette indemnité tant que l'emploi aurait été disponible et qu'elle est incapable de l'exercer en raison de cet accident, sans toutefois excéder la fin de l'année scolaire au cours de laquelle elle atteint l'âge de 16 ans.

Le calcul de cette indemnité se fait de la façon prévue à l'article 31.

Si la victime a droit à la fois à cette indemnité et à une indemnité de remplacement du revenu visée à l'article 39, elle ne peut les cumuler.

Elle reçoit, toutefois, la plus élevée des indemnités auxquelles elle a droit.

[1977, c. 68, a. 37; 1982, c. 59, a. 18; 1989, c. 15, a. 1; 1999, c. 22, a. 7].

2) $ 5 500 for every school year missed at the secondary level.

[1977, c. 68, s. 36; 1989, c. 15, s. 1].

36.1. A victim who, by reason of the accident, is deprived of regular benefits or employment benefits established to assist in obtaining skills for employment through a training program under the Act respecting employment insurance in Canada (Statutes of Canada, 1996, chapter 23) to which he was entitled at the time of the accident is entitled to an income replacement indemnity for such time as he is deprived of benefits by reason of the accident but not beyond the end of the school year in which he reaches 16 years of age.

The indemnity to which the victim is entitled is computed on the basis of the benefits that would have been paid to him had the accident not occurred. Presumption.

For the purposes of this section, the benefits to which the victim would have been entitled are deemed to be his gross income.

[1991, c. 58, s. 8; 1999, c. 22, s. 6, 39; 1999, c. 40, s. 26].

37. A victim who, at the time of the accident, also holds an employment or, had the accident not occurred, would have held an employment is, in addition, entitled to an income replacement indemnity if, by reason of the accident, he is unable to hold that employment.

The victim is entitled to the indemnity for such time as the employment would have been available and for such time as he is unable to hold it by reason of the accident but not beyond the end of the school year in which he reaches 16 years of age.

The indemnity is computed in the manner set out in section 31.

If the victim is entitled to both the income replacement indemnity contemplated in this section and that contemplated in section 39, he cannot receive both indemnities.

He shall receive, however, the greater of the indemnities to which he is entitled.

[1977, c. 68, s. 37; 1982, c. 59, s. 18; 1989, c. 15, s. 1; 1999, c. 22, s. 7].

38. La victime qui, à compter de la fin de l'année scolaire au cours de laquelle elle atteint l'âge de 16 ans, est incapable d'entreprendre ou de poursuivre ses études et d'exercer tout emploi, en raison de l'accident, a droit, tant que dure cette incapacité, à une indemnité de remplacement du revenu.

Cette indemnité est calculée à partir d'un revenu brut égal à une moyenne annuelle établie à partir de la rémunération hebdomadaire moyenne des travailleurs de l'ensemble des activités économiques du Québec fixée par Statistique Canada pour chacun des 12 mois précédant le 1er juillet de l'année qui précède la fin de l'année scolaire au cours de laquelle elle atteint l'âge de 16 ans.

[1977, c. 68, a. 38; 1982, c. 59, a. 19; 1989, c. 15, a. 1].

38. A victim who, from the end of the school year in which he reaches 16 years of age, is unable to begin or to continue his studies and to hold any employment, by reason of the accident, is entitled to an income replacement indemnity for such time as he remains incapacitated for that reason.

The indemnity is computed on the basis of a gross income equal to a yearly average established on the basis of the average weekly earnings of the Industrial Composite in Québec as established by Statistics Canada for each of the 12 months preceding 1 July of the year which precedes the end of the school year during which the victim reaches 16 years of age.

[1977, c. 68, s. 38; 1982, c. 59, s. 19; 1989, c. 15, s. 1].

39. La victime qui reprend ses études mais qui est incapable, en raison de l'accident, d'exercer tout emploi après avoir terminé ses études ou y avoir mis fin a droit, à compter de la fin de ses études, et tant que dure cette incapacité, à une indemnité.

Si ses études prennent fin avant la date qui était prévue au moment de l'accident, la victime a droit:

1° jusqu'à la date qui était prévue pour la fin de ses études, à une indemnité de:

a) 3 000 $ par année scolaire non complétée au niveau primaire;

b) 5 500 $ par année scolaire non complétée au niveau secondaire;

2° à compter de la date qui était prévue pour la fin de ses études, à l'indemnité de remplacement du revenu visée au troisième alinéa.

Si elles prennent fin après cette date, elle a droit à une indemnité de remplacement du revenu calculée à partir d'un revenu brut égal à une moyenne annuelle établie à partir de la rémunération hebdomadaire moyenne des travailleurs de l'ensemble des activités économiques du Québec fixée par Statistique Canada pour chacun des 12

39. A victim who resumes his studies but who, by reason of the accident, is unable to hold any employment after finishing or ending his studies is entitled to an indemnity from the end of his studies and for such time as he remains incapacitated for that reason.

If his studies end before the scheduled date therefor at the time of the accident, the victim is entitled

1) until the date scheduled as the date of the end of his studies, to an indemnity of

(a) 3 000 for every school year not completed at the elementary level;

(b) 5 500 for every school year not completed at the secondary level;

2) from the date scheduled as the date of the end of his studies, to the income replacement indemnity provided for in the third paragraph.

If his studies end after the scheduled date, the victim is entitled to an income replacement indemnity computed on the basis of a gross income equal to a yearly average established on the basis of the average weekly earnings of the Industrial Composite in Québec as established by Statistics Canada for each of the 12 months preced-

mois précédant le 1er juillet de l'année qui précède la date où elles prennent fin.

[1977, c. 68, a. 39; 1982, c. 59, a. 20; 1984, c. 27, a. 39; 1989, c. 15, a. 1; 1991, c. 58, a. 9].

ing 1 July of the year which precedes the date on which the studies are interrupted.

[1977, c. 68, s. 39; 1982, c. 59, s. 20; 1984, c. 27, s. 39; 1989, c. 15, s. 1; 1991, c. 58, s. 9].

§6. — Victime âgée de 64 ans et plus

§6. — Victim 64 years of age or over

40. Lorsqu'une victime, à la date de l'accident, est âgée de 64 ans et plus, l'indemnité de remplacement du revenu à laquelle elle a droit est réduite de 25 % à compter de la deuxième année qui suit la date de l'accident, de 50 % à compter de la troisième année et de 75 % à compter de la quatrième année.

La victime cesse d'avoir droit à cette indemnité quatre ans après la date de l'accident.

[1977, c. 68, a. 40; 1989, c. 15, a. 1].

40. Where a victim is 64 years of age or over on the date of the accident, the income replacement indemnity to which he is entitled is reduced by 25 % from the second year following the date of the accident, by 50 % from the third year and by 75 % from the fourth year.

The victim ceases to be entitled to the indemnity four years after the date of the accident.

[1977, c. 68, s. 40; 1989, c. 15, s. 1].

41. La victime qui, à la date de l'accident, est âgée de 65 ans et plus et n'exerce aucun emploi ne peut recevoir une indemnité de remplacement du revenu.

[1977, c. 68, a. 41; 1982, c. 59, a. 21; 1989, c. 15, a. 1].

41. A victim who, on the date of the accident, is 65 years of age or over and does not hold any employment is not entitled to an income replacement indemnity.

[1977, c. 68, s. 41; 1982, c. 59, s. 21; 1989, c. 15, s. 1].

42. Malgré l'article 41, une victime âgée de 65 ans et plus a droit à une indemnité de remplacement du revenu durant les premiers 180 jours qui suivent l'accident dans les cas suivants:

1° en raison de cet accident, elle est incapable d'exercer un emploi qu'elle aurait exercé durant cette période si l'accident n'avait pas eu lieu;

2° en raison de cet accident, elle est privée de prestations régulières ou de prestations d'emploi ayant pour objet d'aider à acquérir par un programme de formation des compétences liées à l'emploi, prévues à la *Loi concernant l'assurance-emploi au Canada* (Lois du Canada, 1996, chapitre 23) auxquelles elle avait droit au moment de l'accident.

La victime a droit, durant cette période, à cette indemnité, dans le cas prévu au paragraphe 1° du premier alinéa, tant que l'emploi aurait été disponible et qu'elle est incapable de l'exercer en raison de l'accident et, dans le cas prévu au paragraphe 2°

42. Notwithstanding section 41, a victim 65 years of age or over is entitled to an income replacement indemnity during the first 180 days following the accident if

1) by reason of the accident, he is unable to hold an employment that he would have held during that period had the accident not occurred;

2) by reason of the accident, he is deprived of regular benefits or employment benefits established to assist in obtaining skills for employment through a training program under the *Act respecting employment insurance in Canada* (Statutes of Canada, 1996, chapter 23) to which he was entitled at the time of the accident.

During that period, the victim is entitled to the indemnity, in the case described in subparagraph 1 of the first paragraph, for such time as the employment would have been available and for such time as he is unable to hold it by reason of the accident

du premier alinéa, tant qu'elle en est privée pour ce motif.

Toutefois, si la victime est à la fois visée aux paragraphes 1° et 2° du premier alinéa, elle ne peut cumuler les indemnités et, tant que cette situation demeure, reçoit la plus élevée.

À compter du cent-quatre-vingt-unième jour qui suit l'accident, la victime a droit, sous réserve de l'article 40, à une indemnité de remplacement du revenu calculée conformément à l'article 21.

[1977, c. 68, a. 42; 1989, c. 15, a. 1; 1991, c. 58, a. 10; 1999, c. 22, a. 8, 39].

42.1. L'indemnité à laquelle a droit la victime visée au paragraphe 1° du premier alinéa de l'article 42 est calculée à partir du revenu brut tiré de l'emploi qu'elle aurait exercé si l'accident n'avait pas eu lieu.

L'indemnité à laquelle a droit la victime visée au paragraphe 2° du premier alinéa de l'article 42 est calculée à partir des prestations qui lui auraient été versées si l'accident n'avait pas eu lieu.

Pour l'application du présent article, les prestations auxquelles la victime aurait eu droit sont réputées être son revenu brut.

[1991, c. 58, a. 10; 1999, c. 22, a. 39; 1999, c. 40, a. 26].

43. Lorsqu'une victime reçoit déjà une indemnité de remplacement du revenu en vertu du présent chapitre et qu'elle atteint son soixante-cinquième anniversaire de naissance, l'indemnité à laquelle elle a droit est réduite de 25 % à compter de cette date, de 50 % à compter de la date de son soixante-sixième anniversaire de naissance et de 75 % à compter de la date de son soixante-septième anniversaire.

La victime cesse d'avoir droit à cette indemnité à compter de la date de son soixante-huitième anniversaire de naissance.

[1977, c. 68, a. 43; 1989, c. 15, a. 1].

and, in the case described in subparagraph 2 of the first paragraph, for such time as he is deprived of the benefits or allowances by reason of the accident.

However, if both subparagraphs 1 and 2 of the first paragraph apply, the victim cannot receive both indemnities but shall receive the greater indemnity for as long as the situation prevails.

From the one hundred and eighty-first day following the accident, the victim is entitled to an income replacement indemnity computed in accordance with section 21, subject to section 40.

[1977, c. 68, s. 42; 1989, c. 15, s. 1; 1991, c. 58, s. 10; 1999, c. 22, s. 8, 39].

42.1. The indemnity to which the victim described in subparagraph 1 of the first paragraph of section 42 is entitled is computed on the basis of the gross income derived from the employment he would have held had the accident not occurred.

The indemnity to which the victim described in subparagraph 2 of the first paragraph of section 42 is entitled is computed on the basis of the benefits that would have been paid to him had the accident not occurred.

For the purposes of this section, the benefits to which the victim would have been entitled are deemed to be his gross income.

[1991, c. 58, s. 10; 1999, c. 22, s. 39].

43. When a victim receiving an income replacement indemnity under this chapter reaches his sixty-fifth birthday, the indemnity to which he is entitled is reduced by 25 % from that date; it is reduced by 50 % from the date of his sixty-sixth birthday and by 75 % from the date of his sixty-seventh birthday.

The victim ceases to be entitled to the indemnity from the date of his sixty-eighth birthday.

[1977, c. 68, s. 43; 1989, c. 15, s. 1].

§7. — Victime régulièrement incapable d'exercer tout emploi

§7. — Victim regularly unable to hold any employment

44. La victime qui, lors de l'accident, est régulièrement incapable d'exercer tout emploi pour quelque cause que ce soit, excepté l'âge, ne peut recevoir une indemnité de remplacement du revenu.

[1977, c. 68, a. 44; 1989, c. 15, a. 1].

44. A victim who, at the time of the accident, is regularly unable to hold any employment for any reason whatever except age is not entitled to an income replacement indemnity.

[1977, c. 68, s. 44; 1989, c. 15, s. 1].

SECTION II — DÉTERMINATION D'UN EMPLOI À UNE VICTIME

SECTION II — DETERMINATION OF AN EMPLOYMENT FOR A VICTIM

45. Lorsque la Société est tenue de déterminer un emploi à une victime à compter du cent quatre-vingt-unième jour qui suit l'accident, elle doit tenir compte, outre les normes et modalités prévues par règlement, de la formation, de l'expérience de travail et des capacités physiques et intellectuelles de la victime à la date de l'accident.

Il doit s'agir d'un emploi que la victime aurait pu exercer habituellement, à temps plein ou, à défaut, à temps partiel, lors de l'accident.

[1977, c. 68, a. 45; 1982, c. 59, a. 23; 1989, c. 15, a. 1; 1990, c. 19, a. 11].

45. Where the Société is required, from the one hundred and eighty-first day after an accident, to determine an employment for a victim, it must take into account, in addition to the standards and terms and conditions prescribed by regulation, the training, work experience and physical and intellectual abilities of the victim on the date of the accident.

The employment must be an employment which the victim could have held at the time of the accident on a regular and full-time or, failing that, part-time basis.

[1977, c. 68, s. 45; 1982, c. 59, s. 23; 1989, c. 15, s. 1; 1990, c. 19, s. 11].

46. À compter de la troisième année de la date de l'accident, la Société peut déterminer un emploi à une victime capable de travailler mais qui, en raison de l'accident, est devenue incapable d'exercer l'un des emplois suivants:

1° celui qu'elle exerçait lors de l'accident, visé à l'un des articles 14 et 16;

2° celui visé à l'article 17;

3° celui que la Société lui a déterminé à compter du cent quatre-vingt-unième jour qui suit l'accident conformément à l'article 45.

[1977, c. 68, a. 46; 1989, c. 15, a. 1; 1990, c. 19, a. 11].

46. From the third year after the date of an accident, the Société may determine an employment that could be held by a victim able to work but who, by reason of the accident, has become unable to hold

1) the employment he held at the time of the accident and which is contemplated in either section 14 or section 16;

2) an employment referred to in section 17; or

3) the employment determined for him by the Société pursuant to section 45 from the one hundred and eighty-first day after the accident.

[1977, c. 68, s. 46; 1989, c. 15, s. 1; 1990, c. 19, s. 11].

47. En tout temps à compter de la date prévue pour la fin des études en cours d'une

47. The Société may determine an employment for a victim contemplated in subdivi-

victime visée aux sous-sections 4 et 5 de la section I, la Société peut lui déterminer un emploi si cette victime est capable de travailler mais incapable, en raison de l'accident, d'exercer un emploi dont le revenu brut est égal ou supérieur à celui qui lui aurait été applicable en vertu de l'un des articles 32, 33, 38 ou 39 selon le cas, si elle avait été incapable d'exercer tout emploi en raison de l'accident.

[1977, c. 68, a. 47; 1982, c. 59, a. 24; 1989, c. 15, a. 1; 1990, c. 19, a. 11].

48. Lorsque la Société détermine un emploi dans l'un des cas visés aux articles 46 et 47, elle doit tenir compte, outre les normes et modalités prévues par règlement, des facteurs suivants:

1° la formation, l'expérience de travail et les capacités physiques et intellectuelles de la victime au moment où la Société décide de lui déterminer un emploi en vertu de cet article;

2° s'il y a lieu, les connaissances et habiletés acquises par la victime dans le cadre d'un programme de réadaptation approuvé par la Société.

Il doit s'agir d'un emploi normalement disponible dans la région où réside la victime et que celle-ci peut exercer habituellement, à temps plein ou, à défaut, à temps partiel.

[1977, c. 68, a. 48; 1989, c. 15, a. 1; 1990, c. 19, a. 11].

Section III — Cessation du droit à une indemnité de remplacement du revenu

49. Une victime cesse d'avoir droit à l'indemnité de remplacement du revenu:

1° lorsqu'elle devient capable d'exercer l'emploi qu'elle exerçait lors de l'accident;

2° lorsqu'elle devient capable d'exercer l'emploi qu'elle aurait exercé lors de l'accident, n'eût été de circonstances particulières;

sions 4 and 5 of Division 1 at any time from the scheduled date of the end of his current studies if the victim is able to work but unable, by reason of the accident, to hold an employment from which the gross income is equal to or greater than the gross income that would have applied to him under section 32, 33, 38 or 39, as the case may be, if he had been unable to hold any employment by reason of the accident.

[1977, c. 68, s. 47; 1982, c. 59, s. 24; 1989, c. 15, s. 1; 1990, c. 19, s. 11].

48. In determining an employment in any case described in section 46 or 47, the Société shall take the following factors into account, in addition to the standards and terms and conditions prescribed by regulation :

1) the training, work experience and physical and intellectual abilities of the victim at the time it decides to determine an employment for him pursuant to that section;

2) where applicable, the knowledge and skills acquired by the victim through a rehabilitation program approved by the Société.

The employment must be an employment which is normally available in the region where the victim resides and which he is able to hold on a regular and full-time or, failing that, part-time basis.

[1977, c. 68, s. 48; 1989, c. 15, s. 1; 1990, c. 19, s. 11].

Section III — Cessation of entitlement to income replacement indemnity

49. A victim ceases to be entitled to an income replacement indemnity

1) when he becomes able to hold the employment he held at the time of the accident;

2) when he becomes able to hold the employment he would have held at the time of the accident but for particular circumstances;

3° lorsqu'elle devient capable d'exercer l'emploi que la Société lui a déterminé conformément à l'article 45;

4° un an après être devenue capable d'exercer un emploi que la Société lui a déterminé conformément à l'article 46 ou à l'article 47;

4.1° lorsqu'elle exerce un emploi lui procurant un revenu brut égal ou supérieur à celui à partir duquel la Société a calculé l'indemnité de remplacement du revenu;

5° au moment fixé par une disposition de la section I du présent chapitre qui diffère de ceux prévus aux paragraphes 1° à 4°;

6° à son décès.

[1977, c. 68, a. 49; 1982, c. 59, a. 25; 1989, c. 15, a. 1; 1990, c. 19, a. 11; 1991, c. 58, a. 11].

49.1. Lorsqu'à la suite d'un examen que la Société a requis en vertu de l'article 83.12, la victime n'a plus droit à l'indemnité de remplacement du revenu qu'elle recevait à la date de cet examen en vertu des articles 14, 16, 17, 19, 21, 24, 26, 30, 32, 33, 37, 38, 39, 42 ou 57, cette indemnité continue de lui être versée jusqu'à la date de la décision de la Société.

Toutefois, le premier alinéa ne s'applique pas lorsque la victime a droit, à la date de l'examen, à une indemnité de remplacement du revenu en vertu du paragraphe 4° de l'article 49 ou de l'article 50.

[1993, c. 56, a. 3].

50. Malgré les paragraphes 1° à 3° de l'article 49, la victime qui, lors de l'accident, exerce habituellement un emploi à temps plein ou un emploi à temps partiel, continue d'avoir droit à l'indemnité de remplacement du revenu, même lorsqu'elle redevient capable d'exercer son emploi, si elle a perdu celui-ci en raison de l'accident.

Cette indemnité continue de lui être versée après qu'elle soit redevenue capable d'exercer son emploi pendant l'une des périodes suivantes:

3) when he becomes able to hold an employment determined for him by the Société pursuant to section 45;

4) one year after becoming able to hold an employment determined for him by the Société pursuant to section 46 or 47;

4.1) when he holds an employment from which he derives a gross income equal to or greater than the gross income on the basis of which the Société has computed the income replacement indemnity;

5) at any time fixed pursuant to a provision of Division I of this chapter different from the times provided for in paragraphs 1 to 4; or,

6) at his death.

[1977, c. 68, s. 49; 1982, c. 59, s. 25; 1989, c. 15, s. 1; 1990, c. 19, s. 11; 1991, c. 58, s. 11].

49.1. Where, following an examination required by the Société under section 83.12, the victim is no longer entitled to the income replacement indemnity he was receiving on the date of the examination under section 14, 16, 17, 19, 21, 24, 26, 30, 32, 33, 37, 38, 39, 42 or 57, he shall continue to receive the indemnity until the date of the decision of the Société.

However, the first paragraph does not apply where, on the date of the examination, the victim is entitled to an income replacement indemnity under paragraph 4 of section 49 or section 50.

[1993, c. 56, s. 3].

50. Notwithstanding paragraphs 1 to 3 of section 49, a victim who, at the time of the accident, held a regular full-time or part-time employment continues to be entitled to the income replacement indemnity even when he regains the ability to hold his employment, if he lost such employment by reason of the accident.

The Société shall continue to pay the indemnity to the victim after he regains the ability to hold his employment for a period of

1° 30 jours, si l'incapacité de la victime a duré au moins 90 jours mais au plus 180 jours;

2° 90 jours, si elle a duré plus de 180 jours mais au plus un an;

3° 180 jours, si elle a duré plus d'un an mais au plus deux ans;

4° un an, si elle a duré plus de deux ans.

Lorsque, à la suite d'un examen requis en vertu de l'article 83.12, la victime est avisée par la Société qu'elle n'a plus droit à l'indemnité de remplacement du revenu, la période prévue au deuxième alinéa ne débute qu'à compter de la date de la décision de la Société.

[1977, c. 68, a. 50; 1982, c. 59, a. 26; 1989, c. 15, a. 1; 1991, c. 58, a. 12; 1999, c. 22, a. 9].

SECTION IV — CALCUL DE L'INDEMNITÉ

51. L'indemnité de remplacement du revenu d'une victime visée au présent chapitre est égale à 90 % de son revenu net calculé sur une base annuelle.

Toutefois, sous réserve des articles 40, 43, 55 et 56, l'indemnité de remplacement du revenu d'une victime qui lors de l'accident, exerçait habituellement un emploi à temps plein ou d'une victime à qui la Société détermine un emploi à compter du cent quatre-vingt-unième jour qui suit l'accident conformément à l'article 45, ne peut être inférieure à l'indemnité qui serait calculée à partir d'un revenu brut annuel déterminé sur la base du salaire minimum prévu à l'article 3 du *Règlement sur les normes du travail* (chapitre N-1.1, r. 3) et sauf lorsqu'il s'agit d'un emploi à temps partiel, de la semaine normale de travail visée à l'article 52 de la *Loi sur les normes du travail* (chapitre N-1.1), tels qu'ils se lisent au jour où ils doivent être appliqués.

[1977, c. 68, a. 51; 1989, c. 15, a. 1; 1990, c. 19, a. 11; 1991, c. 58, a. 13].

52. Le revenu net de la victime est égal à son revenu brut annuel d'emploi, jusqu'à

1) 30 days if the victim's disability lasted for not less than 90 days but not more than 180 days;

2) 90 days if the disability lasted for more than 180 days but not more than one year;

3) 180 days if the disability lasted for more than one year but not more than two years;

4) one year if the disability lasted for more than two years.

Where, following an examination required under section 83.12, the victim is informed by the Société that he is no longer entitled to an income replacement indemnity, the period determined under the second paragraph only begins on the date of the Société's decision.

[1977, c. 68, s. 50; 1982, c. 59, s. 26; 1989, c. 15, s. 1; 1990, c. 19, s. 11; 1991, c. 58, s. 12; 1999, c. 22, s. 9].

SECTION IV — COMPUTATION OF INDEMNITY

51. The income replacement indemnity of a victim contemplated by this chapter is equal to 90 % of his net income computed on a yearly basis.

Subject to sections 40, 43, 55 and 56, the income replacement indemnity of a victim who, at the time of the accident, held a regular full-time employment, or of a victim for whom the Société determines an employment from the one hundred and eighty-first day following the accident, in accordance with section 45, shall not be less, however, than the indemnity that would be computed on the basis of a gross annual income determined on the basis of the minimum wage as defined in section 3 of the *Regulation respecting labour standards* (chapter N-1.1, r. 3) and, except in the case of a part-time employment, of the regular workweek as defined in section 52 of the *Act respecting labour standards* (chapter N-1.1), as they read on the day on which they are applied.

[1977, c. 68, s. 51; 1989, c. 15, s. 1; 1990, c. 19, s. 11; 1991, c. 58, s. 13].

52. The net income of the victim is equal to his gross yearly employment income up

concurrence du montant maximum annuel assurable, moins un montant équivalant à l'impôt sur le revenu établi en vertu de la *Loi sur les impôts* (chapitre I-3) et de la *Loi concernant les impôts sur le revenu* (Statuts du Canada, 1970-71-72, chapitre 63), à la cotisation ouvrière établie en vertu de la *Loi concernant l'assurance-emploi au Canada* (Lois du Canada, 1996, chapitre 23), à la cotisation du travailleur établie en vertu de la *Loi sur l'assurance parentale* (chapitre A-29.011) et à la cotisation établie en vertu de la *Loi sur le régime de rentes du Québec* (chapitre R-9), le tout calculé de la manière prévue par règlement.

Les lois énumérées au premier alinéa s'appliquent telles qu'elles se lisent au 1er janvier de l'année de laquelle la Société procède au calcul d'un revenu net.

[1977, c. 68, a. 52; 1989, c. 15, a. 1; 1990, c. 19, a. 11; 1993, c. 15, a. 91; 1999, c. 22, a. 39; 2005, c. 1, a. 1; 2001, c. 9, a. 126].

53. Pour l'application des déductions visées à l'article 52, la Société tient compte du nombre de personnes à charge à la date de l'accident.

[1977, c. 68, a. 53; 1989, c. 15, a. 1; 1990, c. 19, a. 11].

54. Pour l'année 1989, le maximum annuel assurable est de 38 000 $.

Pour l'année 1990 et chaque année subséquente, le maximum annuel assurable est obtenu en multipliant le maximum fixé pour l'année 1989 par le rapport entre la somme des rémunérations hebdomadaires moyennes des travailleurs de l'ensemble des activités économiques du Québec fixées par Statistique Canada pour chacun des 12 mois précédant le 1er juillet de l'année qui précède celle pour laquelle le maximum annuel assurable est calculé et cette même somme pour chacun des 12 mois précédant le 1er juillet 1988.

Le maximum annuel assurable est établi au plus haut 500 $ et est applicable pour une année à compter du 1er janvier de chaque année.

Pour l'application du présent article, la Société utilise les données fournies par Sta-

to the amount of the Maximum Yearly Insurable Earnings less an amount equivalent to the income tax determined under the *Taxation Act* (chapter I-3) and the *Income Tax Act* (Statutes of Canada, 1970-71-72, chapter 63), the employee's premium determined under the *Act respecting employment insurance in Canada* (Statutes of Canada, 1996, chapter 23), the worker's premium determined under the *Act respecting parental insurance* (chapter A-29.011) and the contribution determined under the *Act respecting the Québec Pension Plan* (chapter R-9), all of which are computed in the manner prescribed by regulation.

The Acts mentioned in the first paragraph apply as they read on 1 January of the year for which the Société makes the computation of net income.

[1977, c. 68, s. 52; 1989, c. 15, s. 1; 1990, c. 19, s. 11; 1999, c. 22, s. 39; 2005, c. 1, s. 1; 2001, c. 9, s. 126].

53. For the purposes of the deductions under section 52, the Société shall take into account the number of dependants of the victim on the date of the accident.

[1977, c. 68, s. 53; 1989, c. 15, s. 1; 1990, c. 19, s. 11].

54. For the year 1989, the amount of the Maximum Yearly Insurable Earnings is $ 38 000.

For the year 1990 and each subsequent year, the amount of the Maximum Yearly Insurable Earnings is obtained by multiplying the Maximum for the year 1989 by the ratio between the sum of the average of weekly salaries and wages of the Industrial Composite in Québec as established by Statistics Canada for each of the 12 months preceding 1 July of the year preceding the year for which the amount of the Maximum Yearly Insurable Earnings is computed and the same sum for each of the 12 months preceding 1 July 1988.

The amount of the Maximum Yearly Insurable Earnings shall be rounded off to the next highest $ 500 and is applicable for one year from 1 January of each year.

For the purposes of this section, the Société shall use the data furnished by Statis-

tistique Canada au 1er octobre de l'année qui précède celle pour laquelle le maximum annuel assurable est calculé.

Si les données fournies par Statistique Canada ne sont pas complètes le 1er octobre d'une année, la Société peut utiliser celles qui sont alors disponibles pour établir le maximum annuel assurable.

Si Statistique Canada applique une nouvelle méthode pour déterminer la rémunération hebdomadaire moyenne, la Société ajuste le calcul du montant maximum annuel assurable en fonction de l'évolution des rémunérations hebdomadaires moyennes à compter du 1er janvier de l'année qui suit ce changement de méthode.

[1977, c. 68, a. 54; 1989, c. 15, a. 1; 1990, c. 19, a. 11].

tics Canada on 1 October of the year preceding the year for which the amount of the Maximum Yearly Insurable Earnings is computed.

If, on 1 October in any year, the data furnished by Statistics Canada are incomplete, the Société may use the data available at that time to establish the Maximum Yearly Insurable Earnings.

If Statistics Canada uses a new method to determine the average of weekly salaries and wages, the Société shall adjust the computation of the amount of the Maximum Yearly Insurable Earnings in relation to the evolution of the average of weekly salaries and wages from 1 January of the year following the change of method.

[1977, c. 68, s. 54; 1989, c. 15, s. 1; 1990, c. 19, s. 11].

55. Si la victime est devenue capable d'exercer un emploi que la Société lui a déterminé conformément à l'article 46 ou à l'article 47 et qu'en raison de son préjudice corporel, elle ne peut tirer de cet emploi qu'un revenu brut inférieur à celui à partir duquel la Société a calculé l'indemnité de remplacement du revenu qu'elle recevait avant la détermination de cet emploi, la victime a alors droit, à l'expiration de l'année visée au paragraphe 4° de l'article 49, à une indemnité de remplacement du revenu égale à la différence entre l'indemnité qu'elle recevait au moment où la Société lui a déterminé cet emploi et le revenu net qu'elle tire ou pourrait tirer de l'emploi déterminé par la Société.

[1977, c. 68, a. 55; 1989, c. 15, a. 1; 1990, c. 19, a. 11; 1993, c. 56, a. 4; 1999, c. 40, a. 26].

55. If the victim becomes able to hold an employment determined for him by the Société pursuant to section 46 or 47 and if, by reason of his bodily injury, he can derive from his employment only a gross income that is less than the income used by the Société as the basis for computing the income replacement indemnity he was receiving before the determination of that employment, the victim is entitled, at the expiry of the year referred to in paragraph 4 of section 49, to an income replacement indemnity equal to the difference between the indemnity he was receiving at the time the Société determined the employment for him and the net income he derives or could derive from the employment determined by the Société.

[1977, c. 68, s. 55; 1989, c. 15, s. 1; 1990, c. 19, s. 11; 1993, c. 56, s. 4].

56. Lorsqu'une victime qui a droit à une indemnité de remplacement du revenu exerce un emploi lui procurant un revenu brut inférieur à celui à partir duquel la Société a calculé l'indemnité de remplacement du revenu, cette dernière est réduite de 75 % du revenu net tiré de l'emploi.

Le présent article ne s'applique pas dans le cas d'une indemnité réduite conformément à l'article 55.

[1977, c. 68, a. 56; 1989, c. 15, a. 1; 1990, c. 19, a. 11].

56. Where a victim who is entitled to an income replacement indemnity holds an employment providing him with a gross income less than the income used by the Société as the basis for computing his income replacement indemnity, such indemnity shall be reduced by 75 % of the net income he derives from the employment.

This section does not apply in the case of an indemnity reduced pursuant to section 55.

[1977, c. 68, s. 56; 1989, c. 15, s. 1; 1990, c. 19, s. 11].

57. Si la victime subit une rechute de son préjudice corporel dans les deux ans qui suivent la fin de la dernière période d'incapacité pour laquelle elle a eu droit à une indemnité de remplacement du revenu ou, si elle n'a pas eu droit à une telle indemnité, dans les deux ans de l'accident, elle est indemnisée, à compter de la date de la rechute, comme si son incapacité lui résultant de l'accident n'avait pas été interrompue.

Toutefois, si l'indemnité calculée à partir du revenu brut effectivement gagné par la victime au moment de la rechute est supérieure à l'indemnité à laquelle la victime aurait droit en vertu du premier alinéa, la victime reçoit la plus élevée.

Si la victime subit une rechute plus de deux ans après le moment indiqué au premier alinéa, elle est indemnisée comme si cette rechute était un nouvel accident.

[1977, c. 68, a. 57; 1989, c. 15, a. 1; 1999, c. 40, a. 26].

57. If a victim suffers a relapse of his bodily injury within two years from the end of his last period of disability in respect of which he was entitled to an income replacement indemnity or, if he was not entitled to such an indemnity, within two years of the accident, he shall receive compensation from the date of the relapse as though his disability resulting from the accident had not been interrupted.

However, if the indemnity computed on the basis of the gross income actually earned by the victim at the time of the relapse is greater than the indemnity to which the victim would be entitled under the first paragraph, the victim shall receive the greater indemnity.

If the victim suffers a relapse more than two years after the time referred to in the first paragraph, he shall receive compensation as if the relapse were a second accident.

[1977, c. 68, s. 57; 1989, c. 15, s. 1].

58. L'indemnité de remplacement du revenu mentionnée au premier alinéa de l'article 57 ne comprend pas l'indemnité visée à l'un des articles 55 et 56.

[1977, c. 68, a. 58; 1982, c. 59, a. 27; 1989, c. 15, a. 1].

58. The income replacement indemnity referred to in the first paragraph of section 57 does not include the indemnity contemplated in either section 55 or section 56.

[1977, c. 68, s. 58; 1982, c. 59, s. 27; 1989, c. 15, s. 1].

59. La victime qui reçoit une indemnité de remplacement du revenu, autre que celles visées aux articles 50, 55 et 56, et qui réclame une telle indemnité après un nouvel accident ou une rechute, ne peut les cumuler.

Elle reçoit, toutefois, la plus élevée des indemnités auxquelles elle a droit.

[1977, c. 68, a. 59; 1989, c. 15, a. 1].

59. A victim receiving an income replacement indemnity, other than those under sections 50, 55 and 56, who claims such an indemnity following a second accident or a relapse cannot receive both indemnities.

He shall receive, however, the greater of the indemnities to which he is entitled.

[1977, c. 68, s. 59; 1989, c. 15, s. 1].

Chapitre III —— Indemnité de décès

SECTION I —— INTERPRÉTATION ET APPLICATION

Chapter III —— Death benefit

SECTION I —— INTERPRETATION AND APPLICATION

60. Pour l'application du présent chapitre:

1° (*abrogé*);

60. For the purposes of this chapter,

1) (*repealed*);

2° la mère ou le père de la victime comprend la personne qui tient lieu de mère ou de père à la victime lors de son décès;

3° une personne est invalide lorsqu'elle est atteinte d'une invalidité physique ou mentale grave et prolongée.

Pour l'application du paragraphe 3° du premier alinéa, une invalidité est grave si elle rend la personne régulièrement incapable d'exercer une occupation véritablement rémunératrice. Elle est prolongée si elle doit vraisemblablement entraîner la mort ou durer indéfiniment.

[1977, c. 68, a. 60; 1989, c. 15, a. 1; 1993, c. 56, a. 5].

61. Pour l'application du présent chapitre, est réputée à charge de la victime qui n'avait pas d'emploi au moment de l'accident, la personne qui aurait été à la charge de la victime si cette dernière avait eu un emploi.

[1977, c. 68, a. 61; 1989, c. 15, a. 1; 1999, c. 40, a. 26].

62. Le décès d'une victime en raison d'un accident donne droit aux indemnités de décès suivantes:

1° l'indemnité forfaitaire prévue à la section II;

2° le remboursement, à la personne qui a droit à l'indemnité forfaitaire prévue au paragraphe 1°, des frais qu'elle a engagés pour suivre un traitement de psychologie, jusqu'à concurrence de 15 heures de traitement et aux conditions et selon les montants maximums prévus par le règlement pris en vertu du paragraphe 15° de l'article 195 pour un tel traitement.

Cet article s'applique dans la mesure où la victime respecte les règles prévues aux articles 7 à 11.

[1977, c. 68, a. 62; 1989, c. 15, a. 1; 2010, c. 34, a. 97].

2) mother or father of a victim includes the person who stands *in loco parentis* to the victim at the time of his death;

3) a person suffering from severe and prolonged physical or mental disability is considered to be disabled.

For the purposes of subparagraph 3 of the first paragraph, a disability is severe if the person is incapable regularly of pursuing any substantially gainful occupation; a disability is prolonged if it is likely to result in death or to be of indefinite duration.

[1977, c. 68, s. 60; 1989, c. 15, s. 1; 1993, c. 56, s. 5].

61. For the application of this chapter, a person who would have been a dependant of the victim if the victim had had an employment at the time of the accident is deemed to be a dependant of the victim although the victim had no employment at that time.

[1977, c. 68, s. 61; 1989, c. 15, s. 1; 1999, c. 40, s. 26].

62. The death of a victim by reason of an accident gives entitlement to the following compensation:

1) the lump sum death benefit provided for in Division II ; and

2) the reimbursement, to the person who is entitled to the death benefit provided for in subparagraph 1, of the expenses incurred by the person to receive up to 15 hours of psychological treatment, on the conditions and up to the maximum amounts set out for such treatment in the regulation under paragraph 15 of section 195.

This section applies to the extent that the victim complies with the rules set out in sections 7 to 11.

[1977, c. 68, s. 62; 1989, c. 15, s. 1; 2010, c. 34, s. 97].

63. Le conjoint d'une victime à la date du décès de celle-ci a droit à la plus élevée des indemnités forfaitaires suivantes:

1° une indemnité dont le montant est égal au produit obtenu en multipliant, par le facteur prévu à l'annexe I en fonction de l'âge de la victime à la date de son décès, le revenu brut servant au calcul de l'indemnité de remplacement du revenu à laquelle la victime avait droit le 181e jour qui suit la date de l'accident ou aurait eu droit à cette date si elle avait survécu et avait été incapable d'exercer tout emploi en raison de l'accident;

2° une indemnité de 49 121 $.

Si, à la date du décès de la victime, le conjoint était invalide, l'indemnité prévue au paragraphe 1° du premier alinéa est alors calculée en fonction des facteurs prévus à l'annexe II.

[1977, c. 68, a. 63; 1989, c. 15, a. 1; 1993, c. 56, a. 6; 1999, c. 22, a. 10].

63. The spouse of a victim on the date of the victim's death is entitled to a lump sum indemnity equal to the greater of

1) the amount obtained by multiplying the gross income used in computing the income replacement indemnity to which the victim was entitled on the one hundred and eighty-first day after the accident, or would have been entitled to on that date if he had survived but had been unable to hold any employment by reason of the accident, by the factor appearing in Schedule I opposite the age of the victim on the date of his death; and

2) $ 49 121.

If the spouse was disabled on the date of the victim's death, the indemnity amount referred to in subparagraph 1 of the first paragraph is determined on the basis of the factors appearing in Schedule II.

[1977, c. 68, s. 63; 1989, c. 15, s. 1; 1993, c. 56, s. 6; 1999, c. 22, s. 10].

64.-65. (*Abrogés*).

[1999, c. 22, a. 11].

64.-65. (*Repealed*).

[1999, c. 22, s. 11].

66. La personne à charge d'une victime à la date de son décès, autre que le conjoint, a droit à l'indemnité forfaitaire dont le montant est prévu à l'annexe III en fonction de son âge à cette date.

Pour l'application du présent article, l'enfant de la victime né après le décès de celle-ci est également réputé une personne à charge âgée de moins d'un an.

[1977, c. 68, a. 66; 1989, c. 15, a. 1; 1993, c. 56, a. 8; 1999, c. 40, a. 26].

66. The dependant of a victim on the date of the victim's death, other than his spouse, is entitled to a lump sum indemnity in the amount listed in Schedule III opposite the age of the dependant on that date.

For the purposes of this section, the posthumous child of the victim is deemed a dependant under one year of age.

[1977, c. 68, s. 66; 1989, c. 15, s. 1; 1993, c. 56, s. 8; 1999, c. 40, s. 26].

67. Si la personne à charge visée à l'article 66 est invalide à la date du décès de la victime, elle a droit à une indemnité forfaitaire additionnelle de 16 500 $.

[1977, c. 68, a. 67; 1989, c. 15, a. 1].

67. If the dependant referred to in section 66 is disabled on the date of death of the victim, he is entitled to an additional lump sum indemnity of $ 16 500.

[1977, c. 68, s. 67; 1989, c. 15, s. 1].

68. Lorsque la victime n'a pas de conjoint à la date de son décès mais a une personne à charge visée au paragraphe 3° ou 4° du quatrième sous-alinéa de l'article 2, celle-ci a droit, en plus de l'indemnité visée à l'article 66 et, s'il y a lieu, de celle visée à l'article 67, à une indemnité forfaitaire dont le montant est égal à l'indemnité prévue à l'article 63. S'il y a plus d'une personne à charge, l'indemnité est divisée à parts égales entre elles.

[1977, c. 68, a. 68; 1989, c. 15, a. 1; 1993, c. 56, a. 9; 1999, c. 22, a. 12].

68.1. (*Remplacé*).

[1989, c. 15, a. 1].

69. Si, à la date de son décès, la victime est mineure et n'a pas de personne à charge, son père et sa mère ont droit, à parts égales, à une indemnité forfaitaire de 40 000 $. Si l'un des deux est décédé, a été déchu de son autorité parentale ou a abandonné la victime, sa part accroît à l'autre. Si les deux sont décédés, l'indemnité est versée à sa succession sauf si c'est l'État qui en recueille les biens.

Si, à la date de son décès, la victime est majeure et n'a pas de personne à charge, l'indemnité est versée à sa succession sauf si c'est l'État qui en recueille les biens.

[1977, c. 68, a. 69; 1989, c. 15, a. 1; 1993, c. 56, a. 10; 1999, c. 22, a. 13].

70. La succession d'une victime a droit à une indemnité forfaitaire de 3 000 $ pour les frais funéraires.

[1977, c. 68, a. 70; 1981, c. 25, a. 12; 1982, c. 53, a. 57; 1986, c. 95, a. 16; 1987, c. 68, a. 17; 1989, c. 15, a. 1].

71. La Société peut, à la demande d'une personne à charge qui a droit à une indemnité en vertu de la présente section, verser celle-ci, sur une période de temps qui ne

68. If the victim has no spouse on the date of his death but has a dependant as defined in paragraph 3 or 4 of the definition of the word 'dependant' in section 2, the dependant is entitled, in addition to an indemnity under section 66 and, as the case may be, in addition to an indemnity under section 67, to a lump sum indemnity in an amount equal to the indemnity provided for by section 63. If there is more than one dependant, the indemnity shall be divided equally among them.

[1977, c. 68, s. 68; 1989, c. 15, s. 1; 1993, c. 56, s. 9; 1999, c. 22, s. 12].

68.1. (*Replaced*).

[1989, c. 15, s. 1].

69. If the victim is a minor and has no dependants on the date of his death, his mother and father are entitled to equal shares of a lump sum indemnity of $ 40 000. If one of the parents is deceased, has been deprived of parental authority or has abandoned the victim, the share of that parent accrues to the other parent. If both parents are deceased, the indemnity shall be paid to the victim's succession except where the property of the succession is to be taken by the State.

If the victim is of full age and has no dependants on the date of his death, the indemnity shall be paid to his succession except where the property of the succession is to be taken by the State.

[1977, c. 68, s. 69; 1989, c. 15, s. 1; 1993, c. 56, s. 10; 1999, c. 22, s. 13].

70. The succession of a victim is entitled to a lump sum indemnity of $ 3 000 for funeral expenses.

[1977, c. 68, s. 70; 1981, c. 25, s. 12; 1982, c. 53, s. 57; 1986, c. 95, s. 16; 1987, c. 68, s. 17; 1989, c. 15, s. 1].

71. The Société, on the application of a dependant entitled to an indemnity under this division, may pay the indemnity over a period not exceeding 20 years, in periodic in-